I0051447

Reinhold Hölscher, Nils Helms
Investition und Finanzierung

Reinhold Hölscher, Nils Helms

Investition und Finanzierung

2., vollständig überarbeitete und aktualisierte Auflage

DE GRUYTER
OLDENBOURG

ISBN 978-3-11-034955-9
e-ISBN (PDF) 978-3-11-035308-2
e-ISBN (EPUB) 978-3-11-039727-7

Library of Congress Cataloging-in-Publication Data
A CIP catalog record for this book has been applied for at the Library of Congress.

Bibliografische Information der Deutschen Nationalbibliothek
Die Deutsche Nationalbibliothek verzeichnet diese Publikation in der Deutschen Nationalbibliografie; detaillierte bibliografische Daten sind im Internet über http://dnb.dnb.de abrufbar.

Einbandabbildung: Mehmet Hilmi Barcin/iStock/Getty Images Plus
Satz: Konvertus, Haarlem
Druck und Bindung: CPI books GmbH, Leck
♾ Gedruckt auf säurefreiem Papier
Printed in Germany

www.degruyter.com

Vorwort zur zweiten Auflage

Wenn die neue Auflage eines Lehrbuchs erscheint, weisen die Autoren im Vorwort häufig darauf hin, dass sich das Konzept des Buches bewährt hat und daher lediglich Korrekturen und kleinere Ergänzungen vorgenommen werden mussten. Auch bei der nun vorliegenden zweiten Auflage des Lehrbuchs „Investition und Finanzierung" sind die bewährten Elemente beibehalten worden. Dazu zählen die Aufteilung des gesamten Stoffgebiets in einzelne, in sich weitgehend abgeschlossene Kapitel, die Kombination von Inhalten, die eher dem Bachelor- oder eher dem Masterstudium zuzurechnen sind, sowie die Verbindung klassischer mit modernen Themen und Perspektiven der Finanzwirtschaft.

Neben diesem Bewährten hat das Lehrbuch aber auch einige deutliche Veränderungen erfahren. Hierzu gehören zunächst der Verzicht auf den Teil „Steuern", der nicht in der etwaigen Erkenntnis mangelnder Relevanz, sondern in der Änderung des Bachelorstudiums am Fachbereich Wirtschaftswissenschaften der Technischen Universität Kaiserslautern begründet ist. Mit den Bedürfnissen der Leserinnen und Leser hängt auch die zweite wesentliche Änderung zusammen. Studierende, die ihr Wissen üblicherweise nach Abschluss eines Semesters in einer Klausur unter Beweis stellen müssen, sind immer mehr an Fallstudien und Fragen zur Wiederholung des Stoffs interessiert. Vor diesem Hintergrund enthält das Lehrbuch nunmehr einen eigenen, ausführlichen Teil mit kleineren und größeren Übungsaufgaben. Schließlich ist es sinnvoll, einem Lehrbuch frühzeitig ein zukunftssicheres Konzept und dabei insbesondere eine langfristig tragfähige Autorenschaft zu geben. Aus diesem Grund wurde der Kreis der Autoren auf zwei Personen erweitert, beide vom Lehrstuhl für Finanzdienstleistungen und Finanzmanagement der Technischen Universität Kaiserslautern.

Im Vergleich zur ersten Auflage wurde das Lehrbuch in den ersten beiden Teilen komplett überarbeitet, aktualisiert und teilweise ergänzt. Insbesondere erwähnenswert sind dabei an dieser Stelle die Kapitel zum vollkommenen Kapitalmarkt, zur Unternehmensbewertung, zu den Derivaten und zum Leverage-Effekt sowie zur Kapitalstrukturtheorie. Die Fragen zur Wiederholung sollen die Leserin bzw. den Leser gezielt zur kritischen Reflexion der bearbeiteten Kapitel auffordern. Die Antworten befinden sich im Text des Buchs, sodass wir bewusst darauf verzichtet haben, noch einmal Antworten zu den Fragen zu formulieren. Dagegen enthält das Lehrbuch die Lösungen zu den Fallstudien, die jeweils am Ende eines Unterkapitels zu finden sind. Trotzdem ergibt es natürlich nur Sinn, die Fallstudien selbstständig zu lösen und die Lösungshinweise des Buches erst anschließend zu studieren.

An der Erstellung der zweiten Auflage des Lehrbuchs haben erneut die Mitarbeiterinnen und Mitarbeiter des Lehrstuhls für Finanzdienstleistungen und Finanzmanagement der Technischen Universität Kaiserslautern maßgeblich mitgewirkt. Insbesondere hervorzuheben sind hierbei Herr Matthias Nelde, M.Sc., Herr Dipl.-Kfm.

DOI 10.1515/9783110353082-201

techn. Jochen Schneider und Frau Dipl.-Wirtsch.-Ing. Jana Schwahn, die zur Fertigstellung des Buches mit Kreativität und großem Engagement beigetragen haben. Ihnen gilt unser ausdrücklicher Dank. In die technische Umsetzung der Neuauflage waren maßgeblich Herr David Asel, Herr Markus Bender, Herr Christoph Esch, Herr Alexander Faas und Frau Katja Glawion eingebunden. Sie haben mit großem Fleiß Tabellen und Abbildungen erstellt und für eine konsequente Anwendung der formalen Regeln gesorgt. Auch bei ihnen möchten wir uns herzlich bedanken.

Ein besonderer Dank gilt schließlich Herrn Dr. Stefan Giesen vom De Gruyter Oldenbourg Verlag für die Geduld im Rahmen der Überarbeitung des Lehrbuchs.

Kaiserslautern, im Oktober 2017

Univ.-Prof. Dr. Reinhold Hölscher
Dr. Nils Helms

Inhalt

Teil II: Finanzierung

Teil III: **Fragen und Fallstudien**

Einleitung

Den Ausgangspunkt wirtschaftlichen Handelns bilden menschliche Bedürfnisse, denen nicht unbegrenzt Ressourcen zur Bedürfnisbefriedigung gegenüberstehen. Die natürliche Güterknappheit ist somit der Auslöser, der die privaten Haushalte, die Unternehmen und den Staat zum Wirtschaften zwingt. Unter Wirtschaften ist hierbei das Disponieren über knappe Güter, die den Gegenstand von marktlichen Austauschprozessen bilden, zu verstehen (vgl. Schierenbeck/Wöhle, 2016, S. 3 f.).

Die Unternehmen sind durch die Beschaffung von Faktoreinsatzgütern (Arbeit, Betriebsmittel und Werkstoffe) auf den Beschaffungsmärkten und Kapital (Eigen- und Fremdkapital) auf den Finanzmärkten, durch die betriebliche Leistungserstellung im Produktionsprozess sowie durch den Absatz der produzierten Güter und Dienstleistungen auf den Absatzmärkten sowohl untereinander als auch mit den privaten Haushalten und dem Staat verbunden (vgl. Abb. 1).

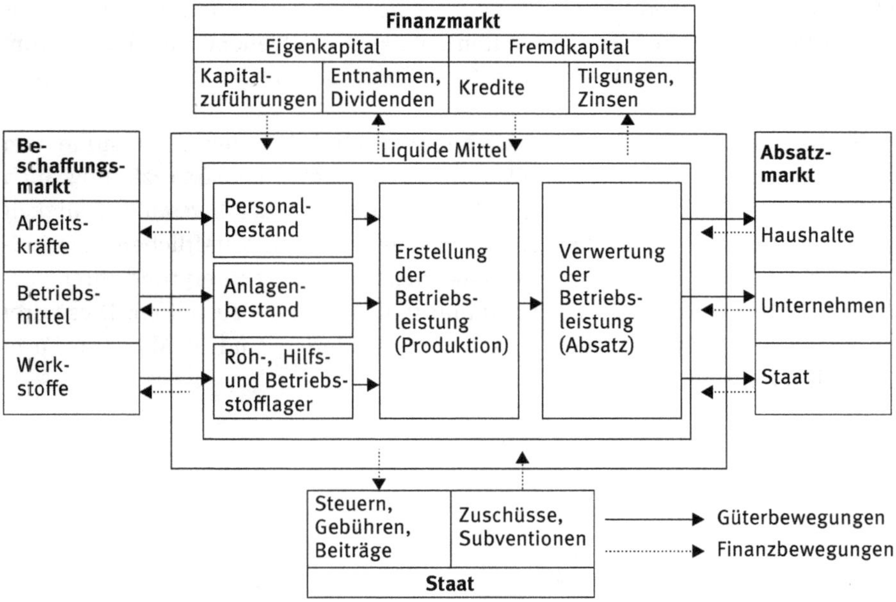

Abb. 1: Güter- und Finanzbewegungen im Unternehmen (in Anlehnung an Bieg/Kußmaul/Waschbusch, 2016a, S. 3)

Auf der einen Seite stellen private Haushalte den Unternehmen Faktoreinsatzgüter, wie beispielsweise ihre Arbeitskraft auf dem Markt für Arbeitskräfte oder Finanzmittel auf dem Finanzmarkt gegen Entgelt zur Verfügung. Auf der anderen

DOI 10.1515/9783110353082-001

Seite treten die privaten Haushalte auf den Absatzmärkten als Konsumenten auf und nehmen die von den Unternehmen produzierten Güter und Dienstleistungen gegen Kaufpreiszahlung ab. Neben den privaten Haushalten sind auch die Unternehmen und der Staat Abnehmer von unternehmerisch produzierten Gütern und Dienstleistungen.

In geldwirtschaftlich organisierten Volkswirtschaften führen die Austauschprozesse zwischen den Wirtschaftssubjekten i. d. R. dazu, dass den Güter- und Leistungsströmen zeitgleich oder zeitversetzt Geld- und Finanzmittelströme gegenüberstehen. In der Betriebswirtschaftslehre werden deshalb – trotz mittel- und unmittelbarer Zusammenhänge – häufig der leistungswirtschaftliche und der finanzwirtschaftliche Bereich voneinander abgegrenzt. Der leistungswirtschaftliche Bereich enthält sämtliche Vorgänge und Aktivitäten im Unternehmen, die zu Güter- und Leistungsströmen führen. Der finanzwirtschaftliche Bereich umfasst dagegen diejenigen Sachverhalte, die mit Geld- und Finanzmittelströmen zusammenhängen (vgl. Bieg/Kußmaul/Waschbusch, 2016b, S. 7). Die finanzwirtschaftlichen Vorgänge und Aktivitäten können dabei sowohl unmittelbar durch den leistungswirtschaftlichen Bereich ausgelöst werden (z. B. Beschaffung und Bezahlung von Roh-, Hilfs- und Betriebsstoffen), als auch weitgehend unabhängig vom leistungswirtschaftlichen Bereich sein (z. B. Steuerzahlung an den Staat, Kreditrückzahlung an eine Bank).

Die betriebliche Finanzwirtschaft befasst sich neben der Akquisition von finanziellen Mitteln auf dem Finanzmarkt zur Unternehmensfinanzierung auch mit der Disposition der finanziellen Mittel im Rahmen der Investitionstätigkeit (vgl. Perridon/Steiner/Rathgeber, 2017, S. 5). Die finanzwirtschaftlichen Entscheidungen in einem Unternehmen sind dabei stets vor dem Hintergrund ihrer Auswirkung auf die Rentabilität, die Liquidität und das Risiko zu treffen. Diese drei zentralen finanzwirtschaftlichen Entscheidungskriterien sind in Abb. 2 in Form eines Zieldreiecks dargestellt.

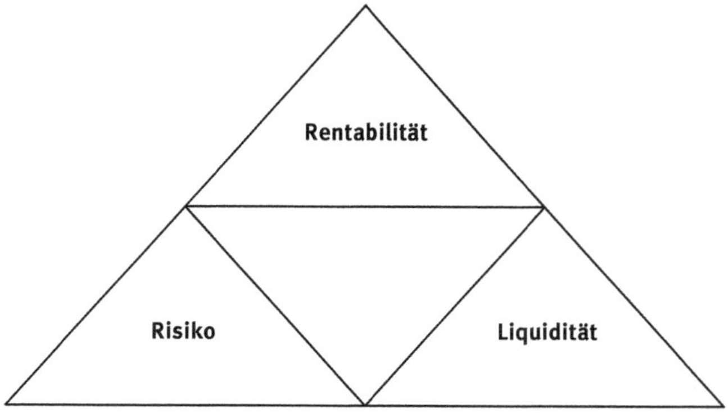

Abb. 2: Finanzwirtschaftliche Entscheidungskriterien

Als **Rentabilität** einer finanzwirtschaftlichen Maßnahme wird das Verhältnis zwischen dem Ergebnis dieser Handlung und dem eingesetzten Kapital bezeichnet (vgl. Perridon/Steiner/Rathgeber, 2017, S. 15). Die Konkretisierung der Rentabilität ist abhängig von den beiden für ihre Messung verwendeten Größen (vgl. Schneck, 2004, S. 10). So entspricht beispielsweise

- das Verhältnis zwischen dem Jahresüberschuss und dem Eigenkapital der Eigenkapitalrentabilität,
- das Verhältnis zwischen dem Jahresüberschuss zzgl. Fremdkapitalzinsen und dem Gesamtkapital der Gesamtkapitalrentabilität,
- das Verhältnis zwischen dem Betriebsergebnis und dem betriebsnotwendigen Kapital der Betriebskapitalrentabilität und
- das Verhältnis zwischen den Überschüssen eines Investitionsprojekts und dem Kapitaleinsatz der Investitionsrentabilität.

Die Höhe der Rentabilität ist zudem abhängig vom zugrunde gelegten Berechnungszeitraum, wobei eine Abrechnungsperiode oder die Gesamtdauer eines Vorhabens betrachtet werden können (vgl. Prätsch/Schikorra/Ludwig, 2012, S. 11). Eine Rentabilitätskennziffer gibt demnach an, in welcher Höhe sich das eingesetzte Kapital in der betreffenden Periode verzinst hat (vgl. Bieg/Kußmaul/Waschbusch, 2016a, S. 10).

Neben der Erhöhung bzw. Wahrung der Rentabilität stellt die Sicherstellung der **Liquidität** ein weiteres finanzwirtschaftliches Entscheidungskriterium dar (vgl. Prätsch/Schikorra/Ludwig, 2012, S. 11; Franke/Hax, 2009, S. 16). Grundsätzlich bezeichnet Liquidität die Fähigkeit eines Unternehmens, allen Zahlungsverpflichtungen vollständig und fristgerecht nachkommen zu können (vgl. Schneck, 2004, S. 9). Die Liquidität ist also gegeben, wenn die Zahlungsverpflichtungen die Zahlungsmittel eines Unternehmens nicht überschreiten. Neben der statischen Liquidität, d. h. der Liquidität am heutigen Tag, ist die dynamische Liquidität im Sinne einer erwarteten Liquidität an zukünftigen Stichtagen von Bedeutung. Zur Überprüfung der künftigen Zahlungsfähigkeit muss abgeschätzt werden, inwieweit mit den vorhandenen Zahlungsmitteln und den zukünftig erwarteten Zahlungsmittelzu- und -abflüssen die in späteren Zeitpunkten anfallenden Zahlungsverpflichtungen bedient werden können. Für die Liquidität des Unternehmens sind neben den vorhandenen Zahlungsmitteln ferner das potenziell abrufbare Fremd- und Eigenkapital bedeutsam. Die Liquidität hängt folglich auch von der Bereitschaft und finanziellen Kapazität der Eigenkapitalgeber sowie der Bonität und der Verfügbarkeit von Kreditsicherheiten für weiteres Fremdkapital ab.

Zwischen der Liquidität und der Rentabilität des Unternehmens bestehen verschiedene Zusammenhänge. Die Sicherstellung der Liquidität bildet einerseits die Voraussetzung für die Erhaltung bzw. Steigerung der Rentabilität. Ohne ausreichende Zahlungsmittel wird ein Unternehmen nicht in der Lage sein, die geplanten Projekte durchzuführen. Anderseits trägt die Rentabilität zur Sicherung der Liquidität bei, weil die Liquidität durch die Rentabilitätswirkungen der betrieblichen Entscheidungen beeinflusst wird (vgl. Perridon/Steiner/Rathgeber, 2017, S. 15).

Neben der Liquidität und der Rentabilität ist bei finanzwirtschaftlichen Entscheidungen ferner die Risikodimension zu berücksichtigen. Als **Risiko** wird die Gefahr einer negativen Zielverfehlung bezeichnet. Im Kontext der finanzwirtschaftlichen Entscheidungskriterien kann eine Zielverfehlung sowohl in Bezug auf die geplante Rentabilität als auch bezüglich der Liquidität resp. Zahlungsfähigkeit auftreten. Demnach bestehen auch zwischen dem Risiko und den beiden erstgenannten finanzwirtschaftlichen Entscheidungskriterien bestimmte Zusammenhänge.

Ein Unternehmen ist auf der einen Seite finanzwirtschaftlichen Risiken ausgesetzt, die direkt mit den Finanzprozessen im Unternehmen verbunden sind. Die finanzwirtschaftlichen Risiken umfassen insbesondere die Ausfall-, Zinsänderungs-, Aktienkurs- und Währungsrisiken (vgl. Hölscher, 2002b, S. 6). So entstehen beispielsweise bei zeitlichen Differenzen zwischen dem Absatz einer Leistung und der vollständigen Bezahlung durch den Abnehmer im Unternehmen Forderungen an den Abnehmer, deren Rückflüsse ausfallen können. Der Rückfluss der liquiden Mittel ist somit mit einem finanzwirtschaftlichen Risiko behaftet, das liquiditäts- und rentabilitätswirksam schlagend werden kann. In Verbindung mit den betrieblichen Leistungsprozessen bestehen für ein Unternehmen auf der anderen Seite Sach-, Personen-, Markt-, Rechts- und politische Risiken, die als leistungswirtschaftliche Risiken bezeichnet werden (vgl. Hölscher, 2002b, S. 6). Ein Preisverfall an den Absatzmärkten wirkt sich beispielsweise sowohl auf die Rentabilität als auch auf die Liquidität eines Unternehmens negativ aus.

Gegenstand von Liquiditätsüberlegungen bilden die Ein- und Auszahlungen resp. die Ein- und Ausgaben des Unternehmens. Während unter einer Einzahlung ein Zufluss von liquiden Mitteln in Form von Bargeld und jederzeit verfügbaren Sichtguthaben (Buchgeld) zu verstehen ist, wird der entgegengesetzte Vorgang, d. h. ein Abfluss von liquiden Mitteln, als Auszahlung bezeichnet. Den Einnahmen und Ausgaben liegt gegenüber den Ein- und Auszahlungen eine längerfristige Perspektive zugrunde. Neben einem Zahlungsmittelzu- resp. -abfluss umfassen die Einnahmen und Ausgaben auch die Erhöhung resp. Verminderung von Forderungen und die Verminderung resp. Erhöhung von Verbindlichkeiten.

Die Rentabilitäts- und Risikobetrachtungen werden dagegen häufig auf der Basis der Erträge und Aufwendungen oder auf der Grundlage der Leistungen und Kosten durchgeführt. Die Erträge und Aufwendungen stellen die in der Gewinn- und Verlustrechnung erfassten Stromgrößen dar und bilden den Wertzuwachs- bzw. den Wertverzehr in einer Rechnungsperiode ab. Die Leistungen und Kosten sind dagegen der Gegenstandsbereich der innerbetrieblichen kalkulatorischen Erfolgsrechnung. Als Leistung wird das Ergebnis der betrieblichen Tätigkeit bezeichnet, ohne dass hieraus Einnahmen entstehen müssen. Die Kosten bilden den betriebsbedingten Werteverzehr ab, der nicht unbedingt mit Ausgaben verbunden sein muss. Die Begriffe Leistungen/Kosten und Erträge/Aufwendungen sind nicht deckungsgleich, da sowohl ertragsunwirksame Leistungen, aufwandsunwirksame Kosten als auch leistungsunwirksame Erträge bzw. kostenunwirksame Aufwendungen auftreten können.

Teil I: **Investition**

1 Grundlagen der Investitionsbeurteilung

1.1 Investitionen in Unternehmen

1.1.1 Begriff und Wesen von Investitionen

Investitionen sind von zentraler Bedeutung für die zukünftige Unternehmensentwicklung und einen nachhaltigen Unternehmenserfolg. Jedoch existiert trotz ihrer großen Relevanz kein allgemeingültiges Begriffsverständnis, der Begriff „Investition“ wird daher sehr heterogen verwendet (vgl. Schäfer, 2005, S. 2). Der Ursprung des Begriffs „investieren“ kommt aus dem Lateinischen (*investire* = einkleiden). Im allgemeinen Sprachgebrauch wird unter einer Investition häufig die langfristige Kapitalanlage zur Gewinnerzielung verstanden. Dagegen sind in der wissenschaftlichen Literatur u. a. eine kapazitäts-, eine zahlungsstrom- und eine kapitalbindungsorientierte Definition zu finden (vgl. Abb. 1.1).

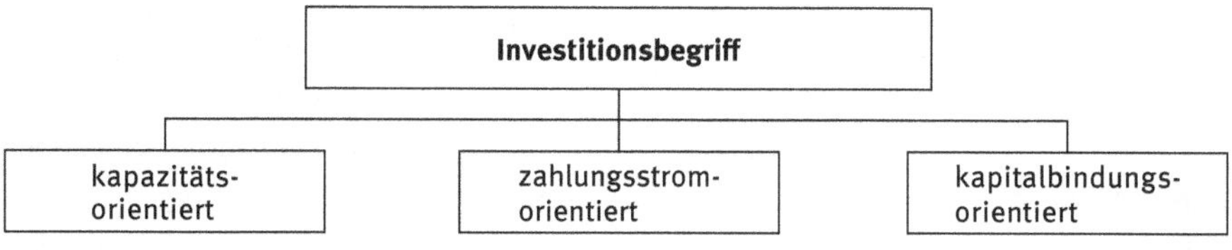

Abb. 1.1: Aspekte des Investitionsbegriffs

Der **kapazitätsorientierte Investitionsbegriff** betrachtet sämtliche Maßnahmen eines Unternehmens als Investition, die auf die qualitative und/oder quantitative Veränderung bzw. Sicherung der Produktions- und Absatzkapazität abzielen. Zum Gegenstandsbereich des kapazitätsorientierten Investitionsbegriffs gehören dementsprechend die Beschaffung und Bereitstellung von Potenzialfaktoren (insbesondere Betriebsmittel), die Planung der Betriebsgröße, die Festlegung des strategischen und taktischen Produktionsprogramms sowie der Aufbau eines leistungsfähigen Distributionssystems (vgl. Schierenbeck/Wöhle, 2016, S. 375). Eine Investition wirkt sich im kapazitätsorientierten Verständnis somit immer auf die leistungswirtschaftliche Sphäre des Unternehmens aus. Finanzinvestitionen sind damit kein Bestandteil der kapazitätsorientierten Definition einer Investition.

Nach der **zahlungsstromorientierten Investitionsdefinition** beginnt eine Investition mit einer Auszahlung, auf die in der Zukunft Einzahlungen folgen. Die Wirkungen einer Investition sind demnach in Form eines Zahlungsstroms darstellbar. Es spielt dabei keine Rolle, wie das Investitionsobjekt mit anderen Produktionsfaktoren zusammenwirkt, wie es sich auf die Vermögensstruktur auswirkt oder welchen Einfluss die Investition auf die Leistungsfähigkeit des Unternehmens besitzt. Über den zahlungsstromorientierten Investitionsbegriff können sowohl Sach- als auch

DOI 10.1515/9783110353082-002

Finanzinvestitionen abgebildet werden. Zusätzlich ist die Fristigkeit im Rahmen des zahlungsstromorientierten Investitionsbegriffs nicht relevant. Der Kauf und Verkauf einer Ware am gleichen Tag stellt nach diesem Begriffsverständnis bereits eine Investition dar (vgl. Bieg/Kußmaul/Waschbusch, 2016b, S. 21 ff.).

Im Rahmen des **kapitalbindungsorientierten Investitionsbegriffs** wird eine Investition durch eine Auszahlung, die eine längerfristige Kapitalbindung zur Folge hat, beschrieben. Als kapitalbindende Auszahlung gilt dabei ein Abgang von Zahlungsmitteln, der zu einer Vergrößerung des Anlage- bzw. des Umlaufvermögens (ohne Zahlungsmittel) des Unternehmens führt. Der Gegenwert der kapitalbindenden Auszahlung wird somit längerfristig im Unternehmen gebunden (vgl. Franke/Hax, 2009, S. 109). Das durch die Investitionsauszahlung gebundene Kapital wird anschließend durch die aus der Investition resultierenden Einzahlungen wieder freigesetzt (vgl. Schierenbeck/Wöhle, 2016, S. 375 f.). Das kapitalbindungsorientierte Verständnis verbindet die Vermögens- mit der Zahlungsstromebene und berücksichtigt ferner die Fristigkeit einer bestimmten Maßnahme. Im Folgenden soll daher vom kapitalbindungsorientierten Investitionsbegriff ausgegangen werden.

Unabhängig von der spezifischen Definition des Investitionsbegriffs können einer Investition die nachfolgenden qualitativen Merkmale zugeordnet werden:
- Investitionen sind in der Regel langfristig ausgerichtet. Ihnen kommt eine erhebliche strategische Bedeutung für den zukünftigen Unternehmenserfolg zu.
- Investitionen bergen einerseits ein Risiko für die Rentabilität und Liquidität eines Unternehmens in sich, sie sind andererseits jedoch die entscheidende Basis für die künftige Ertragskraft.
- Investitionsentscheidungen besitzen einen zukunftsorientierten Charakter. Da die zukünftige Entwicklung nur prognostiziert werden kann, sind auch die mit der Investition verbundenen Wirkungen mit Unsicherheit behaftet.
- Fehlinvestitionen können die Position eines Unternehmens nachhaltig verschlechtern. Eine nachträgliche Korrektur einer Investitionsentscheidung ist i. d. R. kostspielig.

Orientiert man sich bei der Systematisierung von Investitionen an dem **Investitionsobjekt**, so lassen sich Sach-, Finanz- und immaterielle Investitionen unterscheiden (vgl. Abb. 1.2). Sachinvestitionen werden üblicherweise in Grundstücke, Anlagen, Vorräte und Fremdleistungen vorgenommen. Finanzinvestitionen können nach den mit der Investition verbundenen Rechten in Investitionen in Anteils- und Gläubigerrechte differenziert werden. Immaterielle Investitionen erfolgen hauptsächlich in Forschung und Entwicklung, Werbung, Ausbildung und Sozialleistungen. Während Finanzinvestitionen die finanzwirtschaftliche Ebene betreffen, steht bei Sachinvestitionen und immateriellen Investitionen der leistungswirtschaftliche Bereich eines Unternehmens im Vordergrund. Des Weiteren unterscheiden sich die verschiedenen Investitionsobjekte ganz maßgeblich in der Prognostizierbarkeit der für die rechnerische Investitionsbewertung benötigten quantitativen Investitionswirkungen, insbesondere des Zahlungsstroms. Während die Zahlungsströme bestimmter Finanzinvestitionen verhältnismäßig gut zu prognostizieren sind, unterliegen die Rückflüsse aus Sachinvestitionen großen Unsicherheiten. Noch schwieriger sind die finanziellen Auswirkungen aus immateriellen Investitionen abzuschätzen. So dürfte es beispielsweise sehr schwer fallen, zu Beginn eines neuen Forschungs- und Entwicklungsprojekts die Zahlungsfolgen dieses Vorhabens zu prognostizieren.

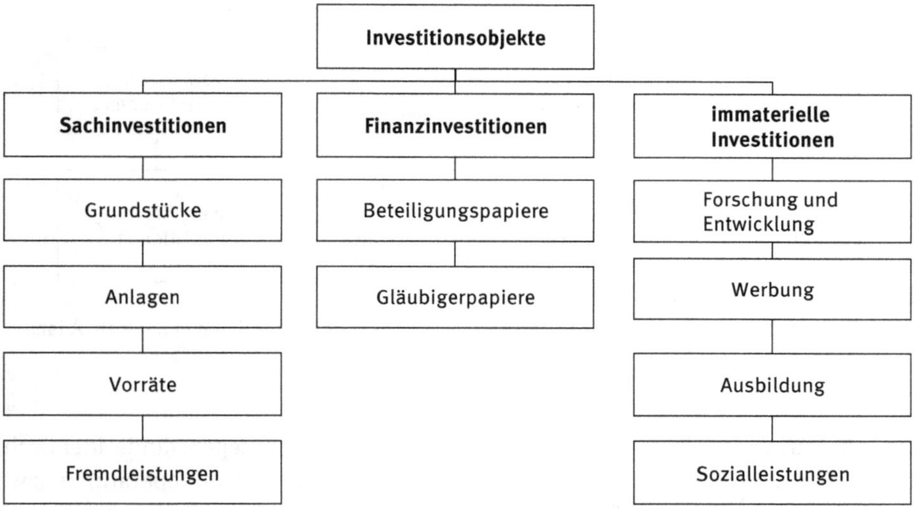

Abb. 1.2: Systematisierung von Investitionen nach dem Investitionsobjekt (vgl. Bieg/Kußmaul/Waschbusch, 2016b, S. 22)

Neben dem Investitionsobjekt können die Investitionen nach dem **Investitionszweck** systematisiert werden. Abbildung 1.3 verdeutlicht die Systematisierung von Sachinvestitionen nach dem Investitionszweck.

Der Systematisierung nach dem Investitionszweck liegt die Frage zugrunde, ob sich eine Investition auf den Bereich der bisherigen Leistungserstellung bezieht oder ob in neue Geschäftsbereiche vorgestoßen werden soll. Investitionen, die zur erstmaligen Leistungserstellung durchgeführt werden, stellen Errichtungsinvestitionen dar. Errichtungsinvestitionen, auch als Erstinvestitionen bezeichnet, werden typischerweise im Rahmen der Unternehmensgründung oder der Erschließung neuer Geschäftsbereiche vorgenommen.

Den Errichtungsinvestitionen gegenüber stehen die Ergänzungsinvestitionen, welche einen unmittelbaren Zusammenhang zu einer bereits existierenden Investition aufweisen. Eine weitere Untergliederung der Ergänzungsinvestitionen kann danach vorgenommen werden, ob eine Investition zur Erhaltung des bestehenden Leistungsprogramms (Erhaltungsinvestition), zur Ausweitung (Erweiterungsinvestition) oder zu einer Änderung der bereits bestehenden Leistungserstellung (Veränderungsinvestition) durchgeführt wird.

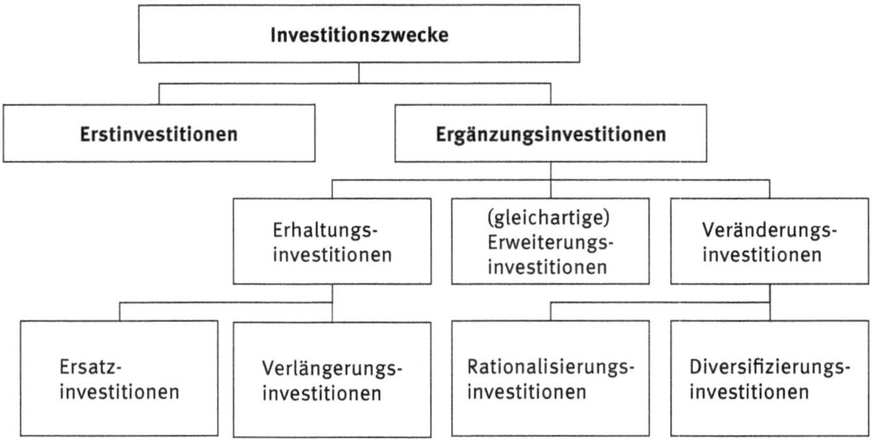

Abb. 1.3: Systematisierung von Investitionen nach dem Investitionszweck (in Anlehnung an: Adam, 2000, S. 10)

Bei Erhaltungsinvestitionen werden vorhandene Vermögensgegenstände identisch ersetzt (Ersatzinvestition) oder deren Lebensdauer wird durch Großreparaturen bzw. Überholungen verlängert (Reparaturinvestition). Insbesondere Maschinen weisen nur eine begrenzte Lebensdauer auf. Sollte eine Reparatur aus technischen Gründen nicht möglich bzw. aus wirtschaftlichen Gründen nicht sinnvoll sein, so muss die entsprechende Maschine ersetzt werden.

Von einer Erweiterungsinvestition wird dann gesprochen, wenn aufgrund der neuen Investition keine bereits realisierte Investition ersetzt wird, sich gleichzeitig jedoch das Produktionspotenzial in einem bestimmten Leistungsbereich erhöht. Erweiterungsinvestitionen werden insbesondere bei erwarteten Absatzsteigerungen oder bei der Erschließung neuer Absatzmärkte durchgeführt.

In der Regel wird sich während der Laufzeit einer Anlage die Technik derart fortentwickelt haben, dass ein identischer Ersatz dieser Anlage nicht möglich und auch nicht wünschenswert ist. Der Ersatz der Anlage ist dann mit einem bestimmten Rationalisierungseffekt verbunden. Die neue Anlage sollte im Vergleich zur alten Anlage besser sein, d. h. zu einer besseren Erreichung der gesetzten Ziele führen (vgl. Troßmann, 2013, S. 7). Neben einer Verbesserung kann eine neue Anlage des Weiteren neue Produktarten oder -varianten hervorbringen. Man spricht dann von sog. Diversifizierungsinvestitionen. Rationalisierungs- und Diversifizierungsinvestitionen bilden zusammen die Veränderungsinvestitionen.

1.1.2 Phasen des Investitionsprozesses

Die oben beschriebenen Merkmale von Investitionen verdeutlichen die herausragende Bedeutung von Investitionsentscheidungen für Unternehmen. Entscheidungen über Investitionen sollten daher das Ergebnis eines sorgfältigen Planungsprozesses sein. Neben der Planungsphase enthält der gesamte Investitionsprozess noch die Realisations- und die Kontrollphase. Abbildung 1.4 informiert über die einzelnen Elemente des Investitionsprozesses, der ein systematisches Vorgehen bei der Planung, Durchführung und Kontrolle von Investitionen gewährleistet (vgl. Michel, 2013, S. 9 ff.).

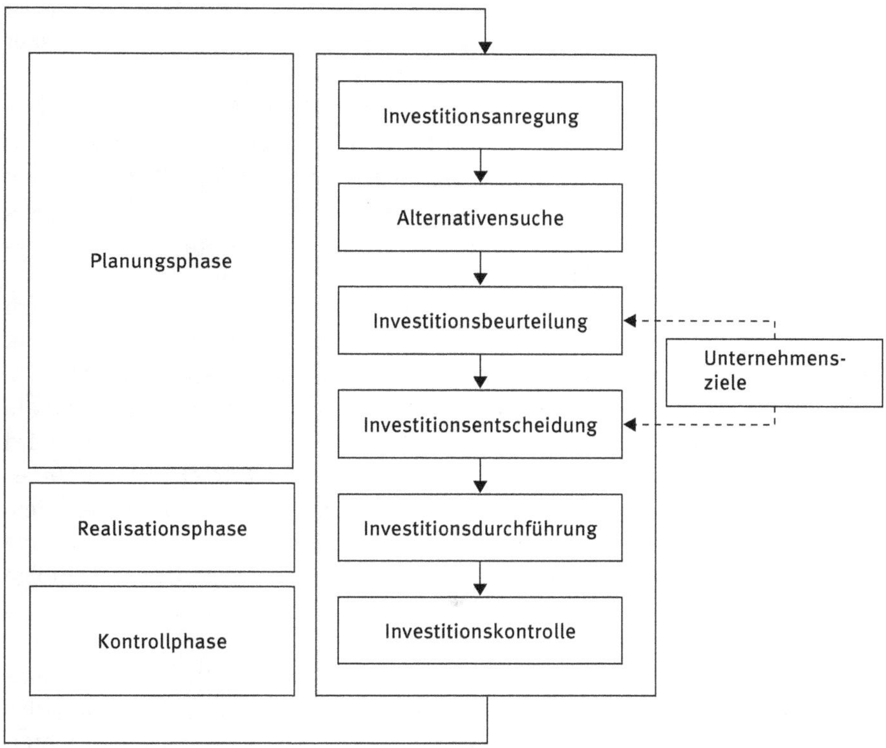

Abb. 1.4: Phasen des Investitionsprozesses (in Anlehnung an Michel, 2013, S. 9; Bieg/Kußmaul/Waschbusch, 2016b, S. 30)

Die **Planungsphase** beginnt mit der Investitionsanregung, d. h. in dieser Phase entsteht die Idee zur Durchführung einer bestimmten Investition. Ein Investitionsbedarf setzt voraus, dass das Unternehmen eine Mangellage erkennt und diesen Zustand beseitigen möchte. Investitionsanregungen können z. B. von der Fertigungsabteilung, der Marketingabteilung oder der Forschungs- und Entwicklungsabteilung kommen.

Ebenfalls können Änderungen der gesetzlichen Rahmenbedingungen einen Investitionsbedarf auslösen. Auf der Basis der Investitionsanregung beginnt das Unternehmen mit der Suche nach Investitionsalternativen.

Das zweite Element der Planungsphase stellt somit die **Alternativensuche** dar, bei der das Unternehmen nach Möglichkeiten sucht, um den zuvor erkannten Mangel zu beseitigen. Dabei sollten im Rahmen einer Vorauswahl bereits offensichtlich nicht geeignete Investitionsalternativen (bspw. aus technischen oder rechtlichen Gründen) ausgeschlossen und das Entscheidungsfeld eingegrenzt werden. Bei den grundsätzlich infrage kommenden Investitionsalternativen sind für die anschließende fundierte Investitionsbeurteilung sämtliche Veränderungen, die von einer Investition ausgehen, zu erfassen. Eine objektive Investitionsentscheidung ist letztlich nur dann möglich, wenn es tatsächlich gelingt, alle Auswirkungen einer Investition im Rahmen der Entscheidung zu berücksichtigen. Da eine Investition zukunftsbezogen ausgerichtet ist, erfordert die Feststellung der mit der Entscheidung verbundenen Konsequenzen den Einsatz von Schätz- und Prognoseverfahren. Die bei der Datenermittlung auftretenden Probleme stellen einen zentralen Problembereich der Investitionsbeurteilung dar (vgl. Bieg/Kußmaul/Waschbusch, 2016b, S. 31). Gegebenenfalls sind verschiedene Zukunftsszenarien zu formulieren, zu quantifizieren und zu verarbeiten.

An die Suchphase schließt sich die Beurteilungsphase an, in der die nach der Vorauswahl verbliebenen alternativen Investitionsobjekte zu beurteilen sind. Im Rahmen der **Investitionsbeurteilung** besteht das Ziel darin, die Investitionsalternativen unter Zugrundelegung der relevanten Daten in eine kardinale Reihenfolge zu bringen. Die Vorteilhaftigkeit einer Investitionsalternative wird dabei daran beurteilt, wie sich ihr erwarteter Beitrag zur Erreichung der Unternehmensziele darstellt. Hierzu ist es erforderlich, dass die Unternehmensziele bekannt sind und sämtliche Investitionsalternativen mit derselben Methode beurteilt werden, weil ansonsten die Bildung einer aussagekräftigen Rangfolge nicht möglich ist.

Schließlich ist die **Investitionsentscheidung** zu treffen, mit der die Planungsphase endet. Im Rahmen der Entscheidungsphase werden die in der Beurteilungsphase gewonnen Erkenntnisse vor dem Hintergrund der Zielsetzung des Unternehmens interpretiert und zu einem endgültigen Werturteil verdichtet. Sofern nicht bereits in der Beurteilungsphase die Eingliederung der Investitionsplanung in die unternehmerische Gesamtplanung vorgenommen wurde, muss die Investitionsplanung zusätzlich mit der Gesamtplanung, insbesondere der Finanzplanung, abgestimmt werden (vgl. Bieg/Kußmaul/Waschbusch, 2016b, S. 31).

Nach der Planungsphase tritt der Investitionsprozess in die **Realisationsphase** ein, in der das Investitionsvorhaben entsprechend der zuvor getroffenen Entscheidung realisiert wird. Im Zentrum der Realisationsphase steht die Bereitstellung des Investitionsobjekts. Unter dem finanzwirtschaftlichen Blickwinkel besitzt diese Phase nur insofern Relevanz, als hier die Anschaffungsauszahlungen anfallen.

Da eine Planung ohne anschließende Kontrolle wenig Sinn ergibt, gehört zum Investitionsprozess auch eine **Kontrollphase**, im Rahmen derer durch einen Soll-Ist-Vergleich zu überprüfen ist, ob das tatsächlich realisierte dem ursprünglich erwarteten Ergebnis entspricht. Sollten sich Abweichungen zu den Planungsdaten ergeben, sind ggfs. Anpassungsmaßnahmen einzuleiten, d. h. es kommt zu einer Rückkopplung im Investitionsprozess.

Der Investitionsprozess durchläuft die einzelnen Stufen nicht streng nacheinander, es kann vielmehr zu Überschneidungen kommen. So können z. B. erste Soll-Ist-Abgleiche bereits während der Realisierungsphase erfolgen oder im Rahmen der Investitionsdurchführung erlangte Erfahrungen in die zukünftige Investitionsbewertung einfließen (vgl. Michel, 2013, S. 10 f.).

Das hauptsächliche Anwendungsfeld der Verfahren zur Investitionsrechnung liegt in der Bewertung der Investitionsalternativen im Rahmen des Planungsprozesses. Zwar werden gelegentlich Investitionskontrollrechnungen im Rahmen der Kontrollphase eingesetzt, dennoch stellt die Beurteilungsphase das eigentliche Anwendungsgebiet der Verfahren zur Investitionsrechnung dar. Um ein Beurteilungsverfahren sinnvoll für ein bestimmtes Entscheidungsfeld auszuwählen, ist zunächst festzulegen, welche Einflussfaktoren bei der Investitionsentscheidung zu berücksichtigen sind.

1.1.3 Einflussfaktoren auf die Investitionsentscheidung

Bei der Beurteilung von Investitionsvorhaben sind möglichst alle Auswirkungen, die eine Investition für ein Unternehmen nach sich zieht, zu berücksichtigen. Die möglichen Konsequenzen einer Investition können dabei sehr vielfältig sein. In diesem Zusammenhang kann zunächst zwischen den monetären und den nicht monetären Auswirkungen einer Investition unterschieden werden (vgl. Abb. 1.5).

Bei den **monetären Auswirkungen** handelt es sich um zahlenmäßig messbare Konsequenzen, die sich im Zahlungsstrom, d. h. in den mit einer Investition verbundenen Ein- und Auszahlungen, äußern. Zu differenzieren ist dabei zwischen direkten und indirekten Wirkungen. Direkte monetäre Wirkungen lassen sich unmittelbar auf die Investition zurückführen. Zu den direkten Wirkungen zählen beispielsweise die Anschaffungsauszahlung, die laufenden Auszahlungen oder die Einzahlungen aus dem Verkauf der Produkte. Indirekte monetäre Wirkungen stellen sekundäre Veränderungen in anderen Unternehmensbereichen dar, die sich zwar auch in veränderten Zahlungsströmen zeigen, die aber nicht direkt durch die Investition verursacht werden. Hierunter fallen vor allem die sog. Kannibalisierungseffekte, d. h. Abschmelzungseffekte bei anderen Produkten. In der Regel ist es sehr schwierig, derartige Effekte exakt zu quantifizieren und einem Investitionsprojekt zuzuordnen.

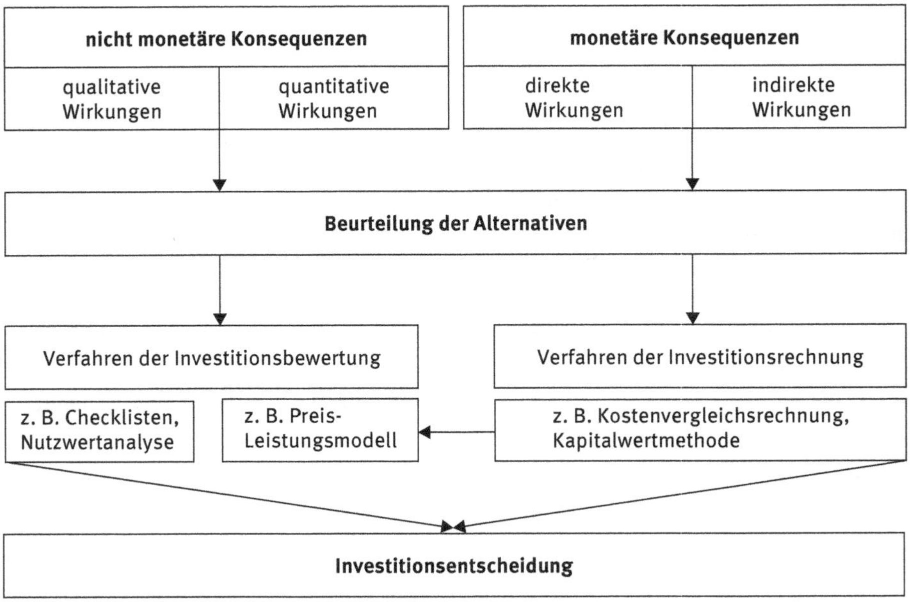

Abb. 1.5: Monetäre und nicht monetäre Konsequenzen von Investitionen

Die **nicht monetären Konsequenzen** einer Investition zeigen sich zwar letztlich auch in veränderten Zahlungsströmen, sie lassen sich jedoch im Gegensatz zu den monetären Wirkungen nicht in Geldeinheiten ausdrücken. Die nicht monetären Wirkungen einer Investition können dabei in qualitative und quantitative Konsequenzen unterteilt werden. Die quantitativen nicht monetären Konsequenzen lassen sich objektiv messen (bspw. Geräuschemission, Energieverbrauch), während die qualitativen nicht monetären Wirkungen i. d. R. nur auf subjektiver Basis beurteilt werden können (z. B. Veränderung der Mitarbeiterzufriedenheit).

Im Rahmen einer Investitionsrechnung können ausschließlich die monetären Konsequenzen von Investitionen erfasst werden. Zur Bewertung der nicht monetären Konsequenzen ist auf andere Instrumente zurückzugreifen, z. B. auf Checklisten, Nutzwertanalysen oder das Preis-Leistungsmodell. Aufgrund der Existenz der nicht monetären Konsequenzen kann eine Investitionsrechnung folglich nur einen Teil der für das Treffen der Investitionsentscheidung relevanten Faktoren abbilden. Dies bedeutet auch, dass eine Investitionsrechnung nicht die alleinige Grundlage für eine Investitionsentscheidung darstellen sollte.

Darüber hinaus ist es von wesentlicher Bedeutung, dass der Entscheidungsträger Kenntnis über das Zustandekommen des Ergebnisses der Investitionsrechnung besitzt. Jede Methode der Investitionsrechnung geht von bestimmten vereinfachenden Prämissen aus. Häufig wird dabei die Existenz eines vollkommenen Kapitalmarkts unterstellt, auf dessen Merkmale in Kap. 1.2 eingegangen wird.

1.2 Theoretische Fundamente der Investitionsbeurteilung

1.2.1 (Un-)Vollkommener Kapitalmarkt und Kalkulationszinssatz

Ein Kapitalmarkt stellt zunächst die Gesamtheit aller Möglichkeiten dar, frühere gegen spätere Zahlungen zu tauschen. In der Finanzwirtschaft besitzen der Kapitalmarkt und die Unterscheidung zwischen dem vollkommenen und dem unvollkommenen Kapitalmarkt eine große Bedeutung. Während der vollkommene Kapitalmarkt ein theoretisches Modell verkörpert, das viele finanzwirtschaftliche Entscheidungen vereinfacht, ähnelt der unvollkommene Kapitalmarkt dem in der Realität vorliegenden Kapitalmarkt.

Im Allgemeinen treffen sich auf dem Kapitalmarkt Individuen und Unternehmen, die entweder einen Kapitalbedarf haben und Kapital aufnehmen oder die ein Kapitalüberschuss aufweisen und diesen entsprechend anlegen möchten. Die Kapitalanleger investieren dabei in der Gegenwart ihre Kapitalüberschüsse und erwarten dafür in der Zukunft sowohl Zinszahlungen als auch die Rückzahlung des angelegten Nominalbetrags. Den Kapitalnachfragern wird dagegen Kapital zur Verfügung gestellt, sie verpflichten sich im Gegenzug, dieses Kapital in Zukunft verzinst zurückzuzahlen. In der einfachsten Form werden zwischen Kapitalgebern und Kapitalnehmern unbedingte Zahlungsverpflichtungen vereinbart, d. h. die Höhe und die Zeitpunkte der zukünftigen Zahlungen werden in der Gegenwart endgültig festgelegt. Grundsätzlich können jedoch auch bedingte Zahlungsverpflichtungen auf dem Kapitalmarkt gehandelt werden. Bei dieser Form hängen die zukünftigen Zahlungen vom Eintritt festgelegter Ereignisse ab (vgl. Wiedemann, 1998, S. 14 f.). Auf dem Kapitalmarkt werden somit Zahlungsströme zwischen den Marktteilnehmern gehandelt, der Preis für das Kapital wird dabei in Form eines Zinssatzes angegeben. Der Zinssatz legt fest, welcher Betrag pro Zeiteinheit bei einer Kapitalüberlassung zu leisten ist.

Neben diesen Merkmalen, die für den vollkommenen und den unvollkommenen Kapitalmarkt gelten, liegen dem vollkommenen Kapitalmarkt folgende Eigenschaften zugrunde (vgl. Franke/Hax, 2009, S. 154; Schmidt/Terberger, 1997, S. 55 ff.):
- Kapital ist ein homogenes Gut, d. h. auf dem vollkommenen Kapitalmarkt wird nicht zwischen Eigen- und Fremdkapital unterschieden.
- Der Preis (Zinssatz) für die Kapitalüberlassung und -aufnahme ist identisch. Aus dieser Eigenschaft folgt, dass die Kapitalanbieter und -nachfrager ohne Zwischenschaltung weiterer Intermediäre (z. B. Banken) direkt interagieren. Daher fallen auf dem vollkommenen Kapitalmarkt auch keine Transaktionskosten an.
- Alle Marktteilnehmer verfügen über identische Informationen, es bestehen keine Informationsasymmetrien. Aus den verfügbaren Informationen resultieren homogene Erwartungen der Marktteilnehmer.
- Sämtliche Marktteilnehmer sind Preisnehmer, d. h. sie sind nicht in der Lage, durch bewusste Aktionen den Preis zu beeinflussen.

- Es kann jedes beliebige Kapitalvolumen und der damit verbundene Zahlungsstrom gehandelt werden. Daneben sind Zahlungsströme beliebig teilbar, der Zinssatz ist unabhängig vom gehandelten Volumen.
- Auf dem vollkommenen Kapitalmarkt fallen schließlich keine Informationskosten und Steuerzahlungen an.

Als weiteres Merkmal des vollkommenen Kapitalmarkts wird oftmals ein laufzeitunabhängiger, einheitlicher Zinssatz definiert. Grundsätzlich kann jedoch auch bei laufzeitabhängigen Zinssätzen ein vollkommener Kapitalmarkt vorliegen. Es muss lediglich sichergestellt sein, dass pro Laufzeit nur ein einziger Zinssatz existiert, der für die Kapitalaufnahme und -anlage identisch ist. Dabei bilden sämtliche Zinssatz-Laufzeit-Kombinationen die sog. Zinsstruktur. Diese gegenwärtig am Kapitalmarkt zu beobachtenden laufzeitabhängigen Zinssätze werden auch als Kassamarktzinssätze bezeichnet. Im Fall laufzeitabhängiger Zinssätze ist die Höhe der einzelnen Zinssätze und damit auch die Gestalt der Zinsstruktur im Zeitverlauf nicht konstant. Der gegenwärtige Einjahreszinssatz stimmt daher z. B. nicht mit dem Einjahreszinssatz überein, der im nächsten Monat oder im nächsten Jahr gilt. Unter der Prämisse, dass sämtliche Marktteilnehmer über identische Informationen und homogene Erwartungen verfügen, sind jedoch die zukünftigen Zinssätze bereits implizit in der gegenwärtigen Zinsstruktur enthalten. Diese impliziten Terminzinssätze werden unter den getroffenen Prämissen zukünftig als Kassamarktzinssätze eintreten. Dies verhindert, dass auf dem vollkommenen Kapitalmarkt durch den Abschluss gegenläufiger Finanzgeschäfte Gewinne erzielt werden können.

Auf dem beschriebenen vollkommenen Kapitalmarkt ist, wie mit dem Fisher-Modell und dem Separationstheorem gezeigt werden kann, eine Trennung zwischen der Investitions-, der Finanzierungs- und der Konsumentscheidung möglich (vgl. Franke/Hax, 2009, S. 154 ff.). Dadurch müssen im Rahmen der Investitionsbeurteilung keine Folgewirkungen aus der Finanzierungsentscheidung berücksichtigt werden. Zusätzlich können Investitionsentscheidungen im Unternehmen unabhängig von den individuellen Konsumpräferenzen der Unternehmenseigentürmer getroffen werden. Der vollkommene Kapitalmarkt bildet damit das Fundament einer einfachen Investitionsbewertung mithilfe der klassischen Investitionsrechenverfahren.

Wie beschrieben, ist der vollkommene Kapitalmarkt von strengen Prämissen rägt. Sofern diese nicht gegeben sind und eine der folgenden Abweichungen vort, handelt es sich um einen unvollkommenen Kapitalmarkt (vgl. Schmidt/Terber-997, S. 97 ff. und Wiedemann, 1998, S. 249 ff.):

- ie Zinssätze sind im Zeitverlauf instabil, wobei die Höhe und die Richtung der ränderungen mit Unsicherheit behaftet sind. Insbesondere ist unsicher, ob die pliziten Terminzinssätze in Zukunft tatsächlich als Kassamarktzinssätze einen werden.
- Zinssätze für die Kapitalaufnahme und -anlage sind nicht identisch, für eine eit existieren somit unterschiedliche Zinssätze.

- Es liegen Beschränkungen bei der Kapitalaufnahme und/oder -anlage vor und die Zinssätze hängen von den Volumina ab.
- Es existieren Transaktions- und Informationskosten sowie Steuern, zwischen den Kapitalmarktakteuren bestehen Informationsasymmetrien.

Durch die beschriebenen Unvollkommenheiten können die Investitions- und Finanzierungsentscheidung nicht mehr unabhängig voneinander getroffen werden. Daneben stellt sich bei der Existenz mehrerer Zinssätze immer die Frage, welcher Zinssatz im Rahmen der Investitionsbewertung als Kalkulationszinssatz zu verwenden ist.

Im Rahmen der Investitionsbeurteilung nimmt der Kalkulationszinssatz eine zentrale Stellung ein und dient als Bewertungsmaßstab für eine Investition. Mithilfe des Kalkulationszinssatzes kann zum einen die generelle Vorteilhaftigkeit einer Investition für das Unternehmen festgestellt und zum anderen die Höhe des Erfolgs quantifiziert werden. Mithilfe des Kalkulationszinssatzes können zu unterschiedlichen Zeitpunkten anfallende Zahlungen vergleichbar und in eine eindeutige Rangfolge gebracht werden.

An den Kalkulationszinssatz werden dabei folgende Anforderungen gestellt (vgl. Perridon/Steiner/Rathgeber, 2017, S. 86 ff.):

(1) Der Kalkulationszinssatz muss den Vergleich zwischen der zu bewertenden Investition und einer Alternativinvestition (Opportunität) ermöglichen. Zu diesem Zweck muss der Kalkulationszinssatz der Rendite der Opportunität entsprechen.
(2) Um Investitionen mit unterschiedlichen Strukturmerkmalen vergleichen zu können, muss der Kalkulationszinssatz die Verzinsung einer Differenzinvestition abbilden.
(3) Zusätzlich muss der Kalkulationszinssatz den Vergleich der Investition mit der erforderlichen Finanzierung ermöglichen und deshalb den Finanzierungszinssatz zum Ausdruck bringen.
(4) Da der Kalkulationszinssatz die Vergleichbarkeit zwischen den zu unterschiedlichen Zeitpunkten anfallenden Zahlungen herstellen soll, muss er die Zeitpräferenz der Investoren widerspiegeln.

Auf dem vollkommenen Kapitalmarkt werden diese Anforderungen vollständig von den in der Zinsstruktur enthaltenen Zinssätzen erfüllt, wobei es unerheblich ist, ob es sich um einen oder mehrere Zinssätze handelt. Sämtliche Marktteilnehmer können zu diesem laufzeitunabhängigen Zinssatz oder zu diesen laufzeitabhängigen Zinssätzen Kapital in unbegrenzter Höhe anlegen und aufnehmen. Damit drückt der Kalkulationszinssatz sowohl die Verzinsung einer Alternativ- oder Differenzinvestition als auch die Kosten für die Kapitalbeschaffung aus.

Liegen auf dem Kapitalmarkt Unvollkommenheiten vor, sind diese bei der Ableitung des Kalkulationszinssatzes und der anschließenden Investitionsrechnung zu berücksichtigen. Auf dem unvollkommenen Kapitalmarkt existiert insbesondere kein Zinssatz, zu dem Kapital sowohl angelegt als auch aufgenommen werden kann. Deshalb stellt die Auswahl eines Kalkulationszinssatzes auf dem unvollkommenen Kapitalmarkt ein eigenes Entscheidungsproblem dar. Insbesondere ist in diesem Zusammenhang die Frage zu beantworten, ob der Kalkulationszinssatz die Finanzierungskosten oder die Verzinsung einer Opportunität abbilden soll.

Bei der finanzierungsorientierten Ableitung des Kalkulationszinssatzes wird die Investition mit den bei ihrer Durchführung entstehenden Finanzierungskosten verglichen. Eine Investition ist vorteilhaft, wenn sie zumindest die verursachten Finanzierungskosten wieder erwirtschaftet. Nimmt ein Unternehmen z. B. einen Kredit für die Realisation der Investition auf, wird der Kreditzinssatz als Kalkulationszinssatz verwendet. Bei einer vollständigen Finanzierung der Investition mit Eigenkapital, sind dagegen die Eigenkapitalkosten für die Investitionsbewertung zu berücksichtigen. Grundsätzlich werden sowohl Eigen- als auch Fremdkapitalgeber den geforderten Zinssatz am eingegangenen Risiko ausrichten. Da sich das übernommene Risiko und die Risikowahrnehmung zwischen Eigen- und Fremdkapitalgebern unterscheiden, resultieren auch unterschiedliche Zinssätze für die einzelnen Kapitalformen. Da in der Realität Investitionen oftmals mit einer Mischung aus Eigen- und Fremdkapital finanziert werden, kann auch ein Mischzinssatz für die Investitionsbewertung verwendet werden. Als Kalkulationszinssatz kann dann z. B. das arithmetische Mittel aus Eigen- und Fremdkapitalkosten berücksichtigt werden. Die finanzierungsorientierte Ableitung des Kalkulationszinssatzes setzt voraus, dass ein Unternehmen zumindest eine ungefähre Vorstellung über die Finanzierung der Investition besitzt. Bei der Finanzierungsorientierung wird eine Investition daran beurteilt, ob bei ihrer Durchführung die Zins- und Renditeforderungen der Kapitalgeber erfüllt werden können.

Die Opportunitätsperspektive unterstellt, dass statt der zu bewertenden Investition auch weitere Real- oder Finanzinvestitionen vom Unternehmen durchgeführt werden können. Das Unternehmen steht vor der Entscheidung, ob es das verfügbare Kapital in die Investition oder die Alternative investieren sollte. Als Kalkulationszinssatz wird dabei oftmals die Rendite einer alternativen Finanzinvestition verwendet, da sich diese zumeist aus öffentlich verfügbaren Daten ermitteln lässt. Bei der Auswahl der Alternativinvestition ist darauf zu achten, dass die Strukturmerkmale (z. B. Laufzeit, Risikogehalt, Volumen) der zu bewertenden Investition und der Opportunität möglichst identisch sind. Im Rahmen der Opportunitätsperspektive ist eine Investition vorteilhaft, wenn das Unternehmen durch die Durchführung einen im Vergleich zur Opportunität höheren Ertrag erwirtschaftet.

1.2.2 Separationstheorem nach Fisher

Der in Kap. 1.2.1 dargestellte vollkommene Kapitalmarkt erleichtert die Investitionsbewertung, da die Vorteilhaftigkeit einer Investition unabhängig von der

Finanzierungsentscheidung und den individuellen Konsumpräferenzen der Investoren getroffen werden kann. Anhand des von Irving Fisher entwickelten und nach ihm benannten Fisher-Theorems kann diese zentrale Funktion des vollkommenen Kapitalmarkts verdeutlicht werden (vgl. Fisher, 1930).

Das Fisher-Theorem erlaubt zum einen auf Unternehmensebene eine Trennung zwischen Investitions- und Finanzierungsentscheidungen. Zum anderen kann nach dem Fisher-Theorem über Investitionen im Unternehmen unabhängig von der Konsumpräferenz der Investoren entschieden werden. Daher wird das Fisher-Theorem auch als Separationstheorem bezeichnet. Das Fisher-Theorem basiert auf folgenden Prämissen (vgl. Schmidt/Terberger, 1997, S. 100 f.):

- Es existiert ein vollkommener Kapitalmarkt, der die zuvor beschriebenen Eigenschaften aufweist.
- Es liegen sichere Erwartungen vor, d. h. die erwarteten zukünftigen Zahlungen treten tatsächlich ein.
- Die Investitionsentscheidungen werden ausschließlich im Interesse der Investoren getroffen, die auch als Unternehmenseigentümer betrachtet werden können.
- Der Nutzen der Investoren ergibt sich aus ihren Konsummöglichkeiten.

Die vier Prämissen bilden den Rahmen für das Fisher-Theorem. Bei der folgenden Darstellung des Theorems wird zusätzlich von einer Zweizeitpunktbetrachtung ausgegangen, der Zeitpunkt $t = 0$ ist die gegenwärtige Situation, während $t = 1$ dem zukünftigen Zeitpunkt entspricht. Das Fisher-Theorem lässt sich grundsätzlich auch auf mehrere Zeitpunkte erweitern, die vorgenommene Einschränkung erlaubt jedoch eine grafische Veranschaulichung der Inhalte.

Im Fisher-Theorem sind die einzelnen Investoren bestrebt, ihren Nutzen durch den Erwerb von Konsumgütern zu maximieren. Der Nutzen wird ausschließlich durch ihren Konsum in $t = 0$ und $t = 1$ bestimmt. Im Zeitpunkt $t = 0$ müssen die Investoren sich daher entscheiden, ob das zur Verfügung stehende Kapital bereits vollständig für den Konsum ausgegeben wird oder (teilweise) gespart und erst im Zeitpunkt $t = 1$ konsumiert werden soll. Jeder Investor muss abwägen, wie hoch sein gegenwärtiger Konsum (K_0) und sein zukünftiger Konsum (K_1) sein soll.

Durch die Aufteilung des verfügbaren Kapitals in $t = 0$ versucht ein Investor den mit der Konsumkombination verbundenen Nutzen $N(K_0/K_1)$ zu maximieren, d. h. das höchste für ihn erreichbare Nutzenniveau zu realisieren (vgl. Franke/Hax, 2009, S. 151 f.). In Abb. 1.6 werden für Kombinationen aus gegenwärtigem und zukünftigem Konsum die resultierenden Nutzenniveaus gemäß der individuellen Präferenz eines Investors dargestellt. Dabei enthält Abb. 1.6 exemplarisch drei sog. Indifferenzkurven. Jede Kombination aus K_0 und K_1 auf einer Indifferenzkurve besitzt für den betrachteten Investor das gleiche Nutzenniveau. Nur durch einen „Sprung" von einer zu einer anderen Indifferenzkurve wird somit das Nutzenniveau verändert.

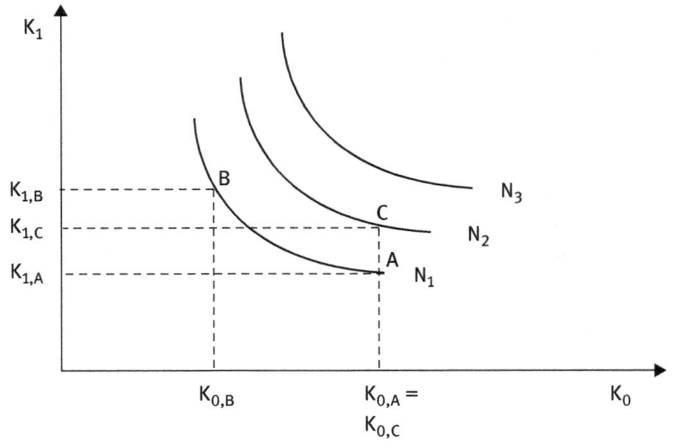

Abb. 1.6: Indifferenzkurven eines Investors

Das geringste Nutzenniveau liegt auf der Indifferenzkurve N_1 vor. Für seinen Nutzen ist es daher unerheblich, ob sich ein Investor für die Konsumkombination $K_{0,A}/K_{1,A}$ oder für $K_{0,B}/K_{1,B}$ entscheidet. Für eine Steigerung des Nutzens ist es erforderlich, dass der Investor eine Konsumkombination auf der Indifferenzkurve mit dem Nutzenniveau N_2 oder N_3 wählt. Gelingt es z. B. ausgehend vom Punkt A den gegenwärtigen Konsum konstant zu halten und den zukünftigen auf $K_{1,C}$ zu steigern, wird das Nutzenniveau N_2 erreicht.

Das erreichbare Nutzenniveau wird jedoch durch das in $t = 0$ zur Verfügung stehende Kapital beschränkt. Zunächst soll der Fall betrachtet werden, dass der Investor in $t = 0$ lediglich die Auswahl zwischen gegenwärtigem Konsum und einer unverzinsten Kassenhaltung besitzt. Es liegt somit eine Budgetgerade vor, deren Lage vom maximalen verfügbaren Investitionsbetrag I_{Max} abhängt und die eine Steigung von –1 aufweist (vgl. Abb. 1.7). Jeder Investor muss eine Konsumkombination auf dieser Budgetgerade wählen, unabhängig davon welchen Verlauf seine Indifferenzkurven besitzen (vgl. Trautmann, 2007, S. 26). Die Kombinationen rechts von der Budgetgeraden sind für ihn nicht erreichbar, da sein verfügbarer Investitionsbetrag I_{Max} deren Umsetzung nicht erlaubt. Konsummöglichkeiten links der Budgetgerade sind ineffizient, da dort nicht das gesamte zur Verfügung stehende Kapital eingesetzt wird und ein höherer Konsum möglich wäre.

Für den betrachteten Investor mit seiner individuellen Konsumpräferenz befindet sich die nutzenmaximale Konsumkombination im Tangentialpunkt T, in dem sich die Budgetgerade und die Indifferenzkurve berühren. Da der Verlauf der Indifferenzkurven investorenindividuell ist, ergeben sich bei mehreren Investoren mit gleichem Investitionsbudget unterschiedliche Tangentialpunkte, die sich jedoch alle auf der Budgetgerade befinden.

Für den bisher betrachteten Investor zeigt sich, dass das Nutzenniveau N_2 erreicht werden kann, wenn die optimale Konsumkombination $K_{0,T}/K_{1,T}$ gewählt wird. Die Konsumkombination gibt an, welchen Teil seines maximal zur Verfügung stehenden Vermögens er bereits in t = 0 für den Konsum verwendet und welcher Konsum in t = 1 aus dieser Entscheidung resultiert (vgl. Abb. 1.7).

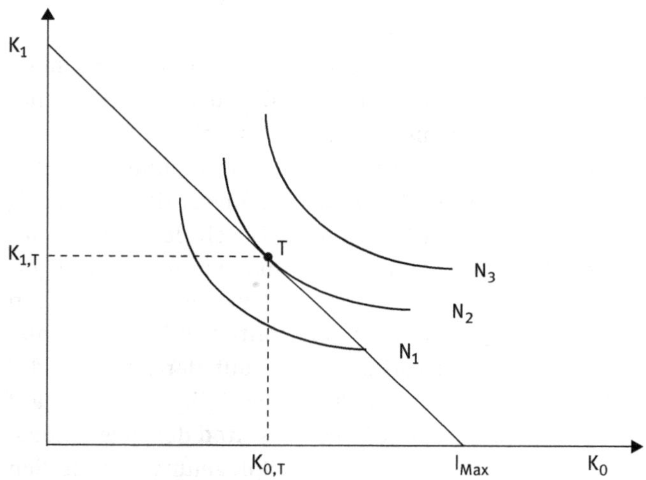

Abb. 1.7: Maximales Nutzenniveau bei unverzinster Kassenhaltung

Die beschriebene Entscheidungssituation wird im Folgenden um Realinvestitionen erweitert. Durch die Berücksichtigung von Realinvestitionen verändert sich die Ausgangssituation. Anstatt einen Teil des Vermögens in Form einer unverzinsten Kassenhaltung zu sparen, können die Investoren ihr Vermögen in Realinvestitionen investieren. Die Laufzeit der Realinvestition beträgt annahmegemäß eine Periode, in t = 1 fließt der investierte Betrag zuzüglich des jeweils aus den einzelnen Investitionen resultierenden Erfolgs an die Investoren zurück und steht zum Konsum zur Verfügung. Es stellt sich nun erneut die Frage, wie in t = 0 das verfügbare Vermögen optimal auf den gegenwärtigen Konsum und auf mögliche Realinvestitionen aufgeteilt werden sollte.

Zur Beantwortung dieser Frage muss zunächst die sog. Realinvestitionskurve betrachtet werden. Die Realinvestitionskurve bildet den Zusammenhang zwischen dem in t = 1 vorliegenden Vermögen und dem in t = 0 dafür zu investierenden Betrag ab. Es wird unterstellt, dass für die Durchführung jedes Investitionsprojekts nur ein sehr geringer Investitionsbetrag benötigt wird. Die Realinvestitionskurve enthält somit eine Vielzahl einzelner Investitionsprojekte. Dabei wird eine sinkende Grenzrendite der Investitionsprojekte angenommen, d. h. mit steigendem kumulierten

Investitionsvolumen verringert sich die Steigung der Realinvestitionskurve. Die Rendite einer zusätzlichen investierten Geldeinheit geht also mit steigendem Investitionsvolumen immer stärker zurück, bleibt jedoch positiv. Daraus folgt unmittelbar, dass mit steigendem Realinvestitionsvolumen in $t = 0$ auch stets das in $t = 1$ zu Konsumzwecken zur Verfügung stehende Kapital zunimmt. Je größer das Investitionsvolumen in $t = 0$ von einem Investor gewählt wird, desto höher ist sein für den Konsum verfügbares Vermögen in $t = 1$. Gleichzeitig sinkt das verbleibende Vermögen in $t = 0$, sodass der Konsum K_0 zurückgeht (vgl. Franke/Hax, 2009, S. 153).

Zwischen dem in $t = 0$ investierten Betrag I_0 und dem dadurch in $t = 1$ möglichen Konsum K_1 besteht ein direkter Zusammenhang. Da aufgrund der sicheren Erwartungen die Renditen der einzelnen Investitionsprojekte feststehen, können für jeden Investitionsbetrag I_0 der resultierende Gesamtrückfluss und der damit mögliche Konsum K_1 ermittelt werden. Die Höhe des Investitionsbetrags I_0 bestimmt zusätzlich den in $t = 0$ möglichen Konsum K_0. Durch den Verlauf der Realinvestitionskurve sind somit die möglichen Konsumkombinationen K_0/K_1 definiert. Durch die Spiegelung der Realinvestitionskurve an der Ordinate kann die Realinvestitionskurve in das K_0/K_1-Diagramm überführt werden. Die Spiegelung ist erforderlich, da bei der Realinvestitionskurve auf der Abszisse der kumulierte Investitionsbetrag abgetragen wird, während im K_0/K_1-Diagramm auf dieser Achse der Konsum in K_0 steht. Da sich der Konsum K_0 und der Investitionsbetrag I_0 komplementär zueinander verhalten, wird die Spiegelung erforderlich (vgl. Trautmann, 2007, S. 29). Die Übertragung der Realinvestitionskurve in das K_0/K_1-Diagramm ist in Abb. 1.8 dargestellt.

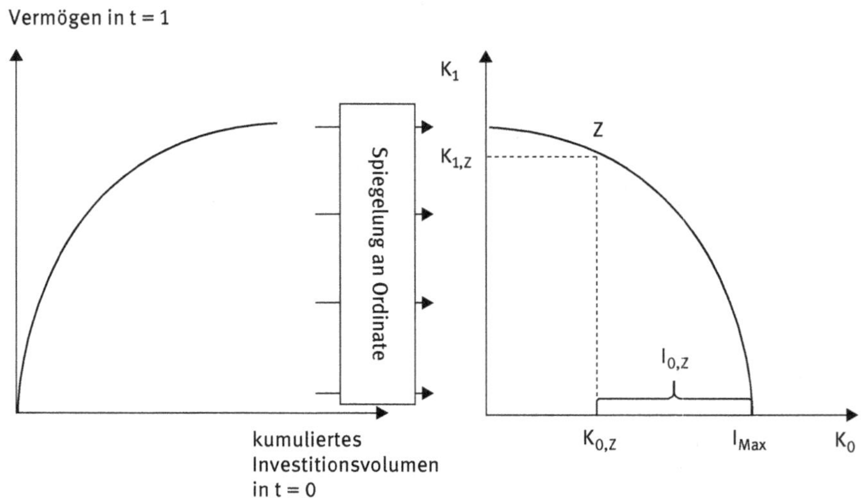

Abb. 1.8: Übertragung der Realinvestitionskurve in das K_0/K_1-Diagramm

In Abb. 1.8 werden exemplarisch der gegenwärtige Konsum $K_{0,Z}$ und der zugehörige Investitionsbetrag $I_{0,Z}$ (= $I_{Max} - K_{0,Z}$) gezeigt. Mithilfe der gespiegelten Realinvestitionskurve lässt sich auch der in t = 1 zu Konsumzwecken zur Verfügung stehende Betrag $K_{1,Z}$ bestimmen. Dazu ist ausgehend vom Konsum $K_{0,Z}$ eine senkrechte Linie auf die gespiegelte Realinvestitionskurve zu fällen. Der Ordinatenwert des Schnittpunkts zwischen der Linie und der gespiegelten Realinvestitionskurve zeigt den resultierenden Konsum K_1 an. Auch bei der Berücksichtigung von Realinvestitionen wird somit durch die Aufteilung des Vermögens in t = 0 die Höhe des Konsums in t = 1 festgelegt.

Welche Aufteilung des zur Verfügung stehenden Vermögens von einem konkreten Investor in t = 0 vorgenommen werden sollte, ist wieder auf Basis seiner individuellen Präferenzfunktion zu entscheiden. Auch bei der Berücksichtigung von Realinvestitionen versucht jeder Investor, seinen Konsumnutzen zu maximieren.

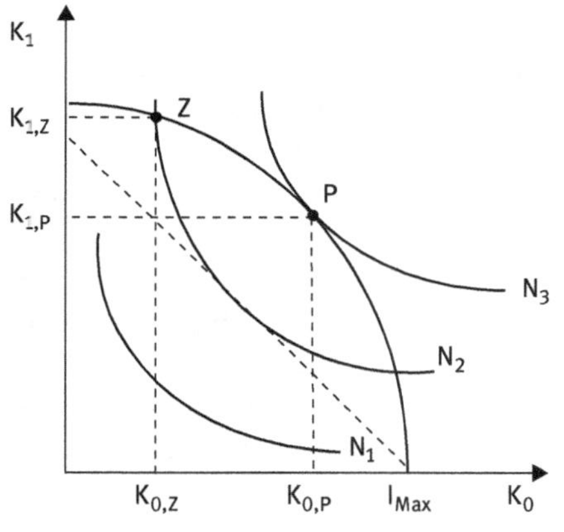

Abb. 1.9: Maximales Nutzenniveau bei Berücksichtigung von Realinvestitionen

Die optimale Aufteilung von I_{Max} wird kann in grafischer Form ermittelt werden. Abbildung 1.9 enthält die Indifferenzkurven, die sich aus der Nutzenfunktion des Investors ergeben. Es zeigt sich, dass der Investitionsbetrag $I_{0,Z}$ und der Konsum $K_{0,Z}$ bzw. $K_{1,Z}$ nicht zum maximal erreichbaren Nutzenniveau führen. Diese Konsumkombination wäre lediglich mit dem Nutzenniveau N_2 verbunden, wie Abb. 1.8 entnommen werden kann.

Wird I_{Max} dagegen auf den Konsum $K_{0,P}$ und den Investitionsbetrag $I_{0,P}$ (= $I_{Max} - K_{0,P}$) aufgeteilt, d. h. es wird in t = 0 ein größerer Betrag konsumiert, ergibt sich für den Investor das höhere Nutzenniveau N_3. Im Punkt P tangieren sich dabei die Realinvestitionskurve und die Indifferenzkurve, die den für den Investor maximal zu erreichenden Nutzen abbildet (vgl. Trautmann, 2007, S. 29). Wie zuvor der Punkt T stellt P ein Tangentialpunkt dar. Die absoluten Steigungen der Realinvestitionskurve und der

Indifferenzkurve mit dem maximal erreichbaren Nutzenniveau sind in diesem Punkt identisch. Der Grenznutzen der letzten investierten Geldeinheit und die Rendite des damit umgesetzten Realinvestitionsprojekts sind in diesem Punkt gleich groß.

Durch die Berücksichtigung der Realinvestitionen kann der betrachtete Investor insbesondere ein höheres Nutzenniveau erreichen als es zuvor bei der unverzinsten Kassenhaltung möglich war. In Abb. 1.9 ist die sich bei der unverzinsten Kassenhaltung ergebende Budgetgerade zur Verdeutlichung nochmals eingezeichnet (gestrichelte Linie). Die gespiegelte Realinvestitionskurve verläuft über dieser Geraden. Außer im Extremfall $K_0 = I_0$ ist somit stets ein größerer Konsum K_1 bei gleichem gegenwärtigen Konsum K_0 möglich. Die Berücksichtigung von Realinvestitionen führt daher zu einem höheren Nutzenniveau für die Investoren, unabhängig von ihrer jeweiligen Zeitpräferenz und dem resultierenden Verlauf der Indifferenzkurven.

Die absolute Steigung der Indifferenzkurven ist dabei von der sog. Zeitpräferenz der einzelnen Investoren abhängig. Präferieren Investoren gegenwärtigen Konsum gegenüber dem zukünftigen Konsum, so verläuft die Indifferenzkurve sehr steil und besitzt eine hohe Steigung im Tangentialpunkt. Damit ein Investor mit Gegenwartspräferenz bereit ist auf Konsum in $t = 0$ zu verzichten, muss sein zukünftiger Konsum stark ansteigen. Bei Gegenwartspräferenz wird der jeweilige Investor folglich den größten Teil seines Vermögens in $t = 0$ konsumieren und nur einen geringen Anteil investieren.

Dagegen ist ein Investor mit einer Zukunftspräferenz eher bereit, für einen höheren zukünftigen Konsum auf gegenwärtigen Konsum zu verzichten und einen größeren Anteil seines in $t = 0$ verfügbaren Vermögens in Realinvestitionen zu investieren. In Abb. 1.10 sind die Indifferenzkurven und die jeweiligen nutzenmaximalen Konsumkombinationen K_0/K_1 für drei Investoren mit unterschiedlicher Zeitpräferenz eingezeichnet.

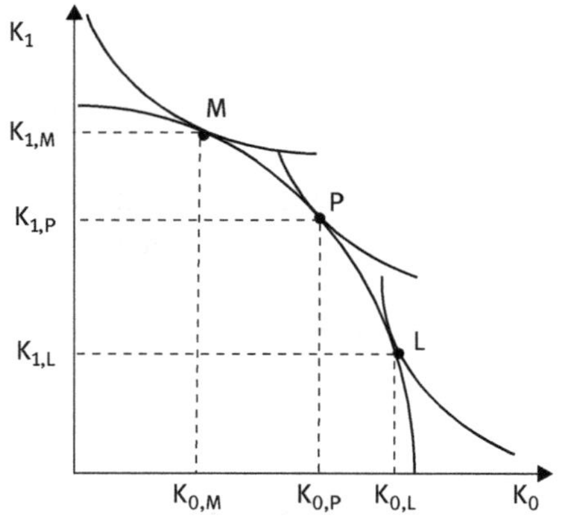

Abb. 1.10: Optimale Konsumkombinationen von unterschiedlichen Investoren

Neben dem bereits betrachteten Investor P mit der für ihn optimalen Konsumkombination $K_{0,P}/K_{1,P}$ werden zusätzlich die Investoren L und M betrachtet. Der Investor L weist eine starke Gegenwartspräferenz auf, sodass für ihn die Konsumkombination $K_{0,L}/K_{1,L}$ zum maximal erzielbaren Nutzen führt. Seine Gegenwartspräferenz spiegelt sich im steilen Verlauf der Indifferenzkurve wider. Die Indifferenzkurve des Investors M verläuft dagegen deutlich flacher, da er eine starke Zukunftspräferenz besitzt. Im Vergleich zu den beiden anderen Investoren wird er den größten Teil seines in $t = 0$ verfügbaren Vermögens investieren. Im Gegenzug ist bei Investor M der zukünftige Konsum $K_{1,M}$ im Tangentialpunkt M am höchsten.

Sofern die Investoren L, P und M unabhängig voneinander über ihre Vermögensaufteilung entscheiden können, kann jeder Investor den für ihn maximal erreichbaren Nutzen realisieren. Jeder der drei Investoren wird jedoch einen anderen Investitionsumfang wählen und somit auch zu einer unterschiedlichen Vorteilhaftigkeitsbeurteilung bei den einzelnen Investitionsprojekten kommen. Während bis zum Investitionsvolumen $I_{0,L} = I_{Max} - K_{0,L}$ die Investitionsprojekte von allen Investoren als vorteilhaft angesehen werden, ist die Beurteilung der darüber hinausgehenden Investitionsprojekte nicht mehr eindeutig. Investor P und Investor M beurteilen einen Teil der restlichen Investitionen noch positiv, während diese für Investor L unvorteilhaft sind. Wird unterstellt, dass die drei Investoren eine identische Vermögensaufteilung vornehmen müssen, ergibt sich somit nicht für jeden Investor der maximal erzielbare Nutzen. Eine solche Entscheidungssituation liegt z. B. vor, wenn die drei Investoren gemeinsam ein Unternehmen besitzen und über Investitionen entscheiden müssen. Investor L wird aufgrund seiner Gegenwartspräferenz für eine geringe Investitionstätigkeit plädieren, während Investor M einen deutlich höheren Investitionsumfang wünschen wird. Auch Investitionen mit einer geringen Grenzrendite werden von Investor M noch als vorteilhaft angesehen, Investor L wird dagegen nur Investitionen mit einer hohen Grenzrendite befürworten. In der betrachteten Situation ist die Vorteilhaftigkeit einer Investition somit nur beurteilbar, wenn die Zeitpräferenz des einzelnen Investors bekannt ist. Insbesondere wird die Vorteilhaftigkeit einer Investition von Investoren mit voneinander abweichenden Zeitpräferenzen unterschiedlich beurteilt werden.

Wird nun neben den Realinvestitionen auch der vollkommene Kapitalmarkt berücksichtigt, kann dagegen die Vorteilhaftigkeit einer Investition unabhängig von der Zeitpräferenz der einzelnen Investoren ermittelt werden.

Auf dem vollkommenen Kapitalmarkt ist es für jeden Investor möglich, Kapital zum risikolosen Zinssatz r aufzunehmen oder anzulegen. Bei einer Kapitalaufnahme ist dabei sicherzustellen, dass der verzinste Betrag in $t = 1$ auch zurückgezahlt werden kann. Im Zeitpunkt $t = 0$ können die Investoren daher zwischen zwei unterschiedlichen Alternativen wählen.

(1) Es wird zusätzliches Kapital aufgenommen, dass in $t = 1$ verzinst zurückgezahlt werden muss. Durch die Kapitalaufnahme erhöht sich der mögliche Konsum in $t = 0$.
(2) Ein Teil des verfügbaren Vermögens I_{Max} wird am Kapitalmarkt angelegt. In $t = 1$ steht der angelegte Betrag dann inklusive Zinsen zum Konsum zur Verfügung.

Durch die Berücksichtigung des vollkommenen Kapitalmarkts verändert sich somit die Entscheidungssituation. Neben der Durchführung von Realinvestitionen sind auch die Kapitalmarktgeschäfte für den Konsum in t = 0 und t = 1 entscheidend.

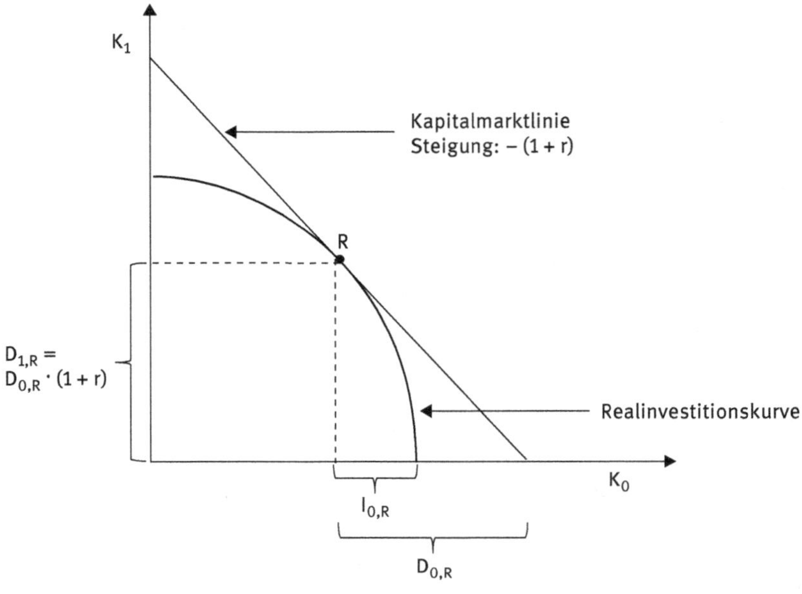

Abb. 1.11: Realinvestitionskurve und Kapitalmarklinie

In Abb. 1.11 ist neben der Realinvestitionskurve auch die sog. Kapitalmarktlinie eingezeichnet. Die Kapitalmarktlinie wird durch die K_0/K_1-Kombinationen gebildet, die durch die Berücksichtigung des vollkommenen Kapitalmarkts möglich werden. Die Steigung der Kapitalmarktlinie beträgt dabei – (1 + r) und sie berührt in einem Punkt die Realinvestitionskurve. Rechts vom Berührpunkt R ist die Steigung und damit auch die Rendite der Kapitalmarktlinie geringer als die Grenzrendite der Realinvestitionskurve. Bis zu einem Investitionsvolumen von $I_{0,R}$ ist somit die Investition in Realinvestitionen vorteilhafter gegenüber einer Anlage am Kapitalmarkt, da deren Rendite höher ist als r (vgl. Trautmann, 2007, S. 31). Insbesondere wird es durch eine Investition in Höhe von $I_{0,R}$ auch möglich, eine Kapitalaufnahme bis zu einer Höhe von $D_{0,R}$ durchzuführen. Die Rückflüsse aus den durchgeführten Realinvestitionen reichen in t = 1 aus, um das aufgenommene Kapital verzinst zurückzuzahlen. Der Rückzahlungsbetrag weist eine Höhe von $D_{1,R} = D_{0,R} \cdot (1 + r)$ auf.

Links vom Berührpunkt überschreitet dagegen die Steigung der Kapitalmarktlinie die der Realinvestitionskurve. Der Zinssatz r liegt somit über der Grenzrendite der entsprechenden Realinvestitionsprojekte. Beabsichtigt ein Investor einen höheren Betrag als $I_{0,R}$ zu investieren, sollte der darüber hinausgehende Betrag am Kapitalmarkt angelegt werden. Die Verzinsung r übersteigt die Rendite der entsprechenden Realinvestitionsprojekte.

Die Auswirkungen des Kapitalmarkts auf die Investitionsentscheidung der Investoren wird im Folgenden zunächst anhand des Investors L (Gegenwartspräferenz) und anschließend für den Investor M (Zukunftspräferenz) verdeutlicht. In Abb. 1.12 sind neben der Realinvestitionskurve und der Kapitalmarktlinie auch die Indifferenzkurven des Investors L eingezeichnet. Es ist ersichtlich, dass im Punkt L′ auf der Kapitalmarktlinie ein höheres Nutzenniveau erreicht werden kann und sich ein nutzenmaximierender Investor für diese Konsumkombination entscheiden sollte. Um diese Konsumkombination zu erreichen, wird der Investor zunächst den Betrag $I_{0,R}$ in Realinvestitionen investieren und damit alle Investitionsprojekte umsetzen, deren Renditen die Verzinsung r am Kapitalmarkt übersteigen (Trautmann, 2007, S. 33). Zusätzlich nimmt er am Kapitalmarkt Mittel in Höhe von $D_{0,L}$ auf. Der aufgenommene Betrag $D_{0,L}$ und das nicht investierte Kapital $I_{max} - I_0$ ermöglichen in $t = 0$ einen Konsum in Höhe von $K_{0,L'}$ $(= I_{max} - I_0 + D_{0,L})$. Im Vergleich zur Situation ohne Berücksichtigung des Kapitalmarkts steigt der Konsum in $t = 0$ somit an. Im Zeitpunkt $t = 1$ zahlt der Investor das aufgenommene Kapital verzinst zurück, dafür wird ein Teil der Rückflüsse aus den Realinvestitionen verwendet, die Rückzahlung beläuft sich auf $D_{1,L} = D_{0,L} \cdot (1 + r)$. Der darüber hinaus verbleibende Betrag steht in $t = 1$ für den Konsum $K_{1,L'} = K_{1,R} - D_{1,L}$ zur Verfügung. Durch die Berücksichtigung des vollkommenen Kapitalmarkts hat in dieser Situation sowohl der Konsum in $t = 0$ als auch in $t = 1$ für den Investor zugenommen und es resultiert auch ein höheres Nutzenniveau.

Auch der Investor M mit einer Zukunftspräferenz investiert zunächst den Betrag $I_{0,R}$ in alle Realinvestitionen, deren Renditen den Zinssatz r am Kapitalmarkt übersteigen. Obwohl der Investor M eine andere Zeitpräferenz als Investor L aufweist, setzen beide somit das gleiche Realinvestitionsprogramm um, wenn der vollständige Kapitalmarkt berücksichtigt wird. Investor M nimmt jedoch kein zusätzliches Kapital in $t = 0$ am Kapitalmarkt auf, sondern legt einen Teil seines noch zur Verfügung stehenden Vermögens $D_{0,M}$ am Kapitalmarkt zum Zinssatz r an. Insgesamt investiert er somit den Betrag $I_{0,R} + D_{0,M}$. Den restlichen Teil seines Ausgangsvermögens, der weder in Realinvestitionen noch am Kapitalmarkt angelegt wird, kann für Konsumzwecke verwendet werden. Es resultiert somit in $t = 0$ ein Konsum in Höhe von $K_{0,M} = I_{Max} - I_{0,R} - D_{0,M}$. Im Zeitpunkt $t = 1$ stehen dem Investor M die Rückflüsse aus den Realinvestitionen $K_{1,R}$ sowie der verzinste Anlagebetrag $D_{1,M} = D_{0,M} \cdot (1 + r)$ zur Verfügung. Das damit mögliche erreichbare Konsumniveau $K_{1,M'}$ $(= D_{1,M} + K_{1,R})$ und der Konsum $K_{0,M'}$ führen zu einem Nutzenniveau, das über dem erreichbaren Nutzenniveau ohne Berücksichtigung des vollkommenen Kapitalmarkts liegt (vgl. Abb. 1.13).

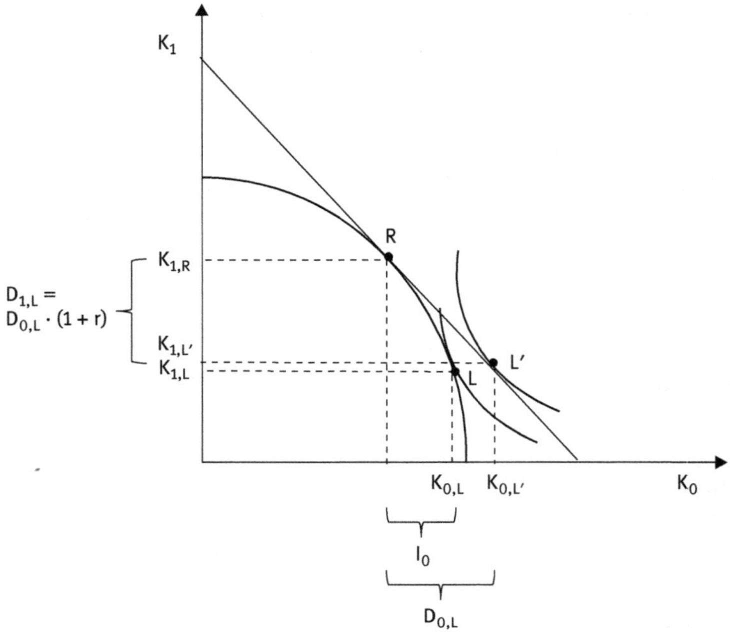

Abb. 1.12: Ermittlung des optimalen Realinvestitionsprogramms bei vollkommenem Kapitalmarkt und Gegenwartspräferenz

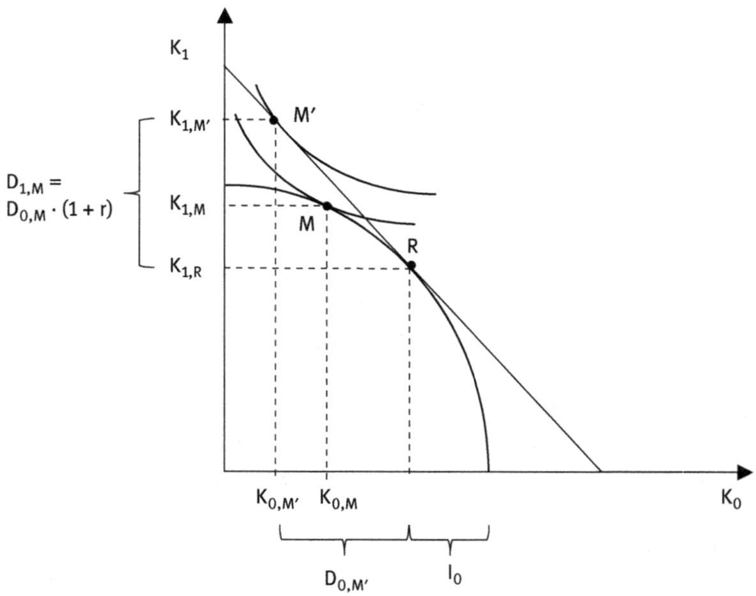

Abb. 1.13: Ermittlung des optimalen Realinvestitionsprogramms bei vollkommenem Kapitalmarkt und Zukunftspräferenz

Wie aus den beiden Beispielen ersichtlich, kann die Investitionsentscheidung bei vollkommenem Kapitalmarkt von den Konsumpräferenzen der Investoren separiert werden. Unabhängig von ihrer individuellen Zeitpräferenz werden von den Investoren die identischen Realinvestitionsprojekte als vorteilhaft beurteilt und umgesetzt. Dabei sind sämtliche Investitionsprojekte vorteilhaft, deren Renditen den risikolosen Kapitalmarktzinssatz übersteigen.

Daraus resultiert ein zweistufiger Entscheidungsprozess, in dem die Investitionsentscheidung unabhängig von der Konsumentscheidung getroffen wird (vgl. Trautmann, 2007, S. 32). Während sich in der ersten Stufe sämtliche Investoren für die Umsetzung der gleichen Realinvestitionen entscheiden, werden in der zweiten Stufe für die Realisierung des individuellen optimalen Konsumplans zusätzliche Mittel am Kapitalmarkt angelegt oder aufgenommen. Dabei hängt lediglich die Entscheidung über die Mittelaufnahme oder -anlage am Kapitalmarkt von der Zeitpräferenz der Investoren ab (vgl. Franke/Hax, 2009, S. 156).

Diese Erkenntnis und die damit einhergehende Separierung von Konsum- und Investitionsentscheidungen ist von zentraler Bedeutung für die Investitionsbeurteilung. Durch das Modell eines vollkommenen Kapitalmarkts kann die Vorteilhaftigkeit einer Investition ohne die Berücksichtigung der Zeitpräferenz der Investoren beurteilt werden.

Zusätzlich resultiert aus dem Fisher-Theorem, dass die Finanzierungsentscheidung für die Investitionsbeurteilung irrelevant ist. Jede vorteilhafte Investition muss den Kapitalmarktzinssatz r erwirtschaften, unabhängig davon, ob das benötigte Kapital direkt vom Unternehmen als Fremdkapital aufgenommen oder vom Eigentümer in Form von Eigenkapital zur Verfügung gestellt wird. Für die Investoren steht unabhängig von der Finanzierungsentscheidung jeweils der gleiche Betrag zum Konsum zur Verfügung, sofern lediglich Realinvestitionsprojekte umgesetzt werden, deren Rendite den Kapitalmarktzinssatz übersteigt (vgl. Franke/Hax, 2009, S. 156).

Das Fisher-Theorem zeigt somit, dass auf dem vollkommenen Kapitalmarkt die Investitions-, Finanzierungs- und Konsumentscheidungen unabhängig voneinander getroffen werden können. Der zentrale Maßstab zur Beurteilung der Vorteilhaftigkeit von Investitionen stellt somit der risikolose Zinssatz r dar, während die Zeitpräferenz der Investoren und die konkrete Finanzierung der Investition keinen Einfluss auf die Vorteilhaftigkeit haben.

1.3 Verfahren zur Investitionsbeurteilung

1.3.1 Systematik der Investitionsbeurteilungsverfahren

In der Theorie und Praxis haben sich eine ganze Reihe unterschiedlicher Verfahren zur Beurteilung von Investitionen herausgebildet. Abbildung 1.14 gibt einen systematischen Überblick der in den folgenden Kapiteln detaillierter dargestellten Verfahren.

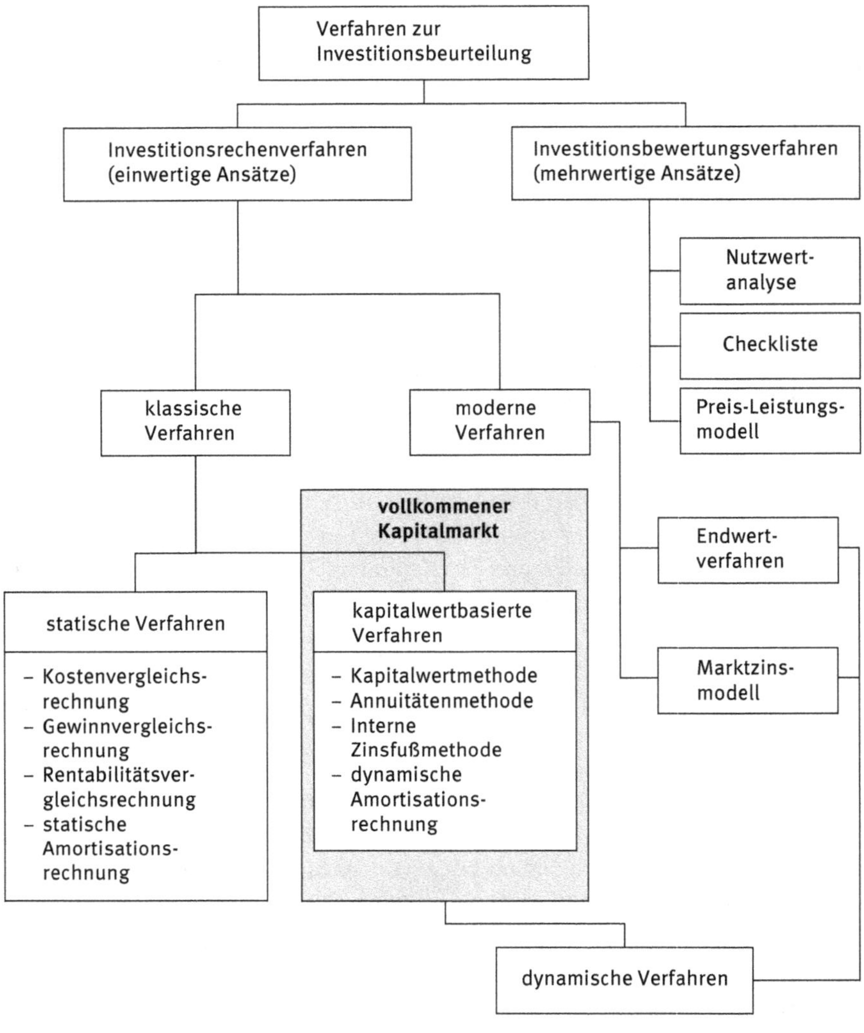

Abb. 1.14: Systematik der Verfahren zur Investitionsbeurteilung

Auf der obersten Ebene können die Verfahren nach der Anzahl der bei der Investitionsbeurteilung zu berücksichtigenden Zielen unterschieden werden (vgl. Götze, 2014, S. 46 f.). Ist für die Investitionsentscheidung nur eine einzige Zieldimension relevant, sind die Investitionsrechenverfahren zur Fundierung der Investitionsentscheidung ausreichend, da nur die monetären Wirkungen der Investition für die Investitionsentscheidung von Bedeutung sind. Verfolgt ein Unternehmen dagegen mehrere Ziele, reichen die Investitionsrechenverfahren für die Entscheidungsfundierung nicht aus. Die Investitionen müssen stattdessen mithilfe von Investitionsbewertungsverfahren beurteilt werden, die sämtliche Ziele abbilden können. Die mehrwertigen Verfahren ermöglichen es, neben den monetären Konsequenzen auch die nicht monetären Wirkungen bei der Investitionsentscheidung zu berücksichtigen.

Die Verfahren zur Investitionsrechnung können nach der Art der verwendeten Kalkulationszinssätze sowie der Berücksichtigung der Zahlungszeitpunkte folgendermaßen unterschieden werden:

- Die **klassischen Verfahren** verwenden einen einheitlichen Kalkulationszinssatz. „Einheitlich" bedeutet zum einen, dass der Zinssatz während der gesamten Laufzeit konstant ist, keine Unterschiede zwischen Soll- und Habenzinssätzen existieren und der Zinssatz für alle Laufzeiten identisch ist. Die **modernen Verfahren** erlauben dagegen eine Bewertung mit einer differenzierten Zinsstruktur und ggf. uneinheitlichen Zinssätzen. Dabei ist die Marktzinsmethode durch die Berücksichtigung von laufzeitabhängigen Zinssätzen gekennzeichnet. Durch Erweiterungen des Grundmodells, das von identischen Zinssätzen je Laufzeit ausgeht, lassen sich mithilfe der Marktzinsmethode auch unterschiedliche Soll- und Habenzinssätze in die Investitionsrechnung integrieren. Mithilfe der Endwertverfahren können u. a. die Auswirkungen von unterschiedlichen Finanzierungsformen bei der Investitionsentscheidung berücksichtigt werden.
- Der Unterscheidung zwischen den statischen und den dynamischen Verfahren liegt die Berücksichtigung des Zeitfaktors zugrunde. Bei den **statischen Verfahren** der Investitionsrechnung wird der Zeitfaktor nicht berücksichtigt. Änderungen im Zeitablauf der in die Investitionsrechnung eingehenden Größen spielen bei der Investitionsentscheidung bei den statischen Verfahren keine Rolle (vgl. Perridon/Steiner/Rathgeber, 2017, S. 36). Im Gegensatz zu den statischen Verfahren berücksichtigen die **dynamischen Verfahren** der Investitionsrechnung die Konsequenzen der Alternativen über den gesamten Investitionszeitraum hinweg, indem die konkreten Einzahlungs- und Auszahlungsströme jeder Periode bis zum Ende der wirtschaftlichen Nutzungsdauer eines Investitionsprojekts erfasst werden (vgl. Perridon/Steiner/Rathgeber, 2017, S. 52 f.).

Eine weitere Differenzierung der Investitionsrechenverfahren ist nach dem zugrunde liegenden **Kapitalmarktmodell** möglich. Die kapitalwertbasierten Verfahren unterstellen einen vollkommenen Kapitalmarkt. Die statischen Verfahren stellen „Hilfs- und Näherungsverfahren" dar, denen u. a. aufgrund der Vernachlässigung des Zeitfaktors nicht das strenge Modell des vollkommenen Kapitalmarkts zugrunde gelegt werden muss. Die erweiterten Investitionsrechenverfahren sind auf die Berücksichtigung von Marktunvollkommenheiten ausgelegt und können somit auch außerhalb der Modellwelt des vollkommenen Kapitalmarkts angewendet werden. Während der mögliche Einsatz von Endwertverfahren auf dem unvollkommenen Kapitalmarkt unbestritten ist, ist bei der Marktzinsmethode eine detailliertere Betrachtung angebracht.

Das Grundmodell der Marktzinsmethode geht davon aus, dass keine Volumensbegrenzungen für Kapitalaufnahmen und -anlagen, einheitliche Soll- und Habenzinssätze sowie keine Steuern und Transaktionskosten vorliegen. Der mit diesen Prämissen skizzierte Kapitalmarkt ähnelt dem vollkommenen Kapitalmarkt, ist mit diesem jedoch nicht identisch. Zum Beispiel ist die explizite Betrachtung des Fristentransformationserfolgs in der Marktzinsmethode nur möglich, wenn Unsicherheit über die zukünftige Zinsentwicklung besteht (vgl. Wiedemann, 1998, S. 109 ff.). Unter der auf dem vollkommenen Kapitalmarkt geltenden Prämisse, dass die impliziten Terminzinssätze in Zukunft tatsächlich eintreten werden, kann durch die Finanzierungsentscheidung kein zusätzlicher Erfolg erwirtschaftet werden. Somit liegt bereits dem Grundmodell der Marktzinsmethode kein vollkommener Kapitalmarkt zugrunde. Durch die Erweiterungen um Steuern (vgl. Schirrmeister/Reimsbach, 2014) oder unterschiedliche Soll- und Habenzinssätze entfernt sich die Marktzinsmethode immer weiter vom vollkommenen Kapitalmarkt.

1.3.2 Qualitative Bewertung von Investitionen

Die Verfahren zur mehrwertigen Investitionsbewertung werden zur Investitionsbeurteilung eingesetzt, wenn ein Unternehmen neben dem monetären Ziel weitere (z. B. ökologische und soziale) Ziele verfolgt. Strebt ein Unternehmen bspw. hohe Umweltschutzstandards an, dann spielen die resultierenden Emissionen eine große Rolle für die Entscheidung über die Errichtung einer neuen Fertigungsanlage.

Ein mehrdimensionales Zielsystem wirkt sich grundsätzlich auf alle Phasen des Planungsprozesses aus. So können sich Investitionsanregungen auch aus den sozialen und ökologischen Zielen ergeben, bei der Alternativensuche werden möglicherweise Investitionsprojekte von vorneherein ausgeschlossen, die die ökologischen Anforderungen nicht erfüllen. Die größten Auswirkungen hat die Berücksichtigung eines mehrdimensionalen Zielsystems auf die Investitionsbeurteilungs- und die Investitionsentscheidungsphase. Im Rahmen der Investitionsbeurteilung müssen Verfahren eingesetzt werden, die sämtliche für die unterschiedlichen Ziele relevanten Wirkungen einer Investition berücksichtigen können. Zusätzlich muss es im Rahmen der Investitionsentscheidung weiterhin gelingen, die Investitionsalternativen in eine sinnvolle Rangfolge zu bringen. Es ist sicherzustellen, dass die Rangfolge von dem Investitionsobjekt angeführt wird, das insgesamt den höchsten Beitrag zur Erreichung der vom Unternehmen verfolgten Ziele leistet.

Die Verfahren der mehrwertigen Investitionsbewertung berücksichtigen im Gegensatz zu den Investitionsrechenverfahren auch die nicht monetären Wirkungen einer Investition und können somit zur Beurteilung einer Investition bei einem mehrdimensionalen Zielsystem eingesetzt werden (vgl. Schneeweiß, 1990, S. 13).

Zu unterscheiden sind dabei das Checklisten-Verfahren, die Nutzwertanalyse und das Preis-Leistungsmodell:

Die **Checkliste** dient zur grundsätzlichen Strukturierung des Entscheidungsfelds und der Vorselektion der möglichen Investitionsalternativen. Das Checklisten-Verfahren umfasst dabei zwei Phasen.

- In der ersten Phase sind die für eine Entscheidung relevanten Merkmale der Investition zusammenzutragen und in die Checkliste aufzunehmen.
- In der zweiten Phase wird die entwickelte Checkliste auf die möglichen Investitionsalternativen angewendet und deren Eignung systematisch überprüft.

Die Investitionsalternativen werden mithilfe der Checkliste strukturiert und von den Entscheidungsträgern hinsichtlich der gesetzten Ziele beurteilt. Bei der Beurteilung kann zum einen das Erreichen eines festgelegten Mindestziels überprüft (Ja-/Nein-Checkliste), zum anderen können die Merkmalsausprägungen hinsichtlich der Zielerreichung auf einer Bewertungsskala eingruppiert werden. Je besser eine Merkmalsausprägung der Investitionsalternative der Zielerreichung dient, desto höher wird sie auf der Skala eingeordnet. Die Verwendung einer Bewertungsskala erhöht den Informationsgehalt der Checkliste und verbessert die Vergleichbarkeit mehrerer Investitionsalternativen. Eine unterschiedliche Gewichtung der einzelnen Merkmale wird jedoch nicht vorgenommen.

Obwohl es keine formalen Vorgaben für das Erstellen von Checklisten gibt, sollten die enthaltenen Merkmale überschneidungsfrei und vollständig sein. Nur die vollständige Erfassung der entscheidungsrelevanten Merkmale gewährleistet die umfassende Bewertung der Investition. Bei nicht überschneidungsfreien Merkmalen wird der hinter den Merkmalen stehende Faktor mehrfach bei der Beurteilung der Investition berücksichtigt. Aufgrund der fehlenden Gewichtung der unterschiedlichen Merkmale und der fehlenden Entscheidungssystematik stellen die Checklisten jedoch nur ein Verfahren zur Unterstützung von Investitionsentscheidungen dar. Die Ableitung einer konkreten Entscheidung ist mit ihnen nicht möglich.

Mit der **Nutzwertanalyse** werden für die einzelnen Alternativen Nutzwerte bestimmt, mit denen die Investitionsalternativen entsprechend ihrer Wirkungen auf ein mehrdimensionales Zielsystem geordnet werden können. Je höher dabei der Nutzwert einer Alternative ist, desto größer ist ihr Beitrag zur Erreichung der festgelegten Ziele. Der Nutzwert stellt dabei eine dimensionslose Größe dar, die ausdrückt, wie gut sich die Alternative für die Erreichung der Unternehmensziele eignet (vgl. Zangemeister, 2000, S. 56 ff.).

Im Gegensatz zum Checklisten-Verfahren können die einzelnen Merkmale unterschiedlich gewichtet werden. Die Gewichtung der Merkmale spiegelt die Bedeutung der einzelnen Ziele im Zielsystem wider. Bei der Anwendung der Nutzwertanalyse müssen zunächst die relevanten Merkmale festgelegt und ihre Bedeutung für den Unternehmenserfolg ermittelt werden. Die Bedeutung der Merkmale wird durch die Gewichtungsfaktoren zum Ausdruck gebracht, je höher der Gewichtungsfaktor, desto größer ist der

Einfluss des Merkmals auf den Unternehmenserfolg. Die Festlegung der Gewichtungsfaktoren stellt ein eigenes Entscheidungsproblem dar, für das unterschiedliche Lösungsansätze existieren. Ein Unternehmen kann die Gewichtungsfaktoren bspw. auf subjektiver Basis, mithilfe des Sukzessiv- oder des Matrixverfahrens festlegen. Im Anschluss werden die anzustrebenden Merkmalsausprägungen festgelegt und mit den jeweiligen Ausprägungen der Alternativen verglichen. Den einzelnen Alternativen werden für die relevanten Merkmale Punktwerte zugewiesen. Die Höhe der Punktwerte richtet sich danach, inwieweit die Merkmalsausprägung einer Alternative der angestrebten Ausprägung entspricht. Die Teilnutzwerte für die einzelnen Merkmale werden durch Verknüpfung der Punktwerte mit den Gewichtungsfaktoren bestimmt. Anschließend kann der Gesamtnutzwert einer Alternative durch die Addition der Teilnutzwerte ermittelt werden:

$$N_j = \sum_{k=1}^{n} w_k \cdot P_{jk}$$

mit: N_j = Nutzwert der Alternative j

w_k = Gewichtungsfaktor des Merkmals k

P_{jk} = Punktwert der Ausprägung des k-ten Merkmals der j-ten Alternative

Die Nutzwertanalyse eignet sich zur Berücksichtigung nicht monetärer Kriterien bei der Investitionsentscheidung. Zusätzlich besteht die Möglichkeit, einen mithilfe der Investitionsrechnung ermittelten monetären Wert in die Nutzwertbestimmung einzubeziehen. Dadurch ist dann allerdings die Unabhängigkeit und Überschneidungsfreiheit der Kriterien i. d. R. nicht mehr gegeben.

Die Nutzwertanalyse stellt insgesamt ein Instrument dar, mit dem alle relevanten Konsequenzen eines Investitionsvorhabens beurteilt werden können und dennoch die Entscheidung auf Basis eines eindeutigen Punktwerts (Nutzwert) getroffen werden kann. Dagegen werden gegen die Verdichtung der einzelnen Merkmalsausprägungen auf einen dimensionslosen Nutzwert folgenden Kritikpunkte angeführt (vgl. Adam, 2000, S. 102 f.):

- Der sich ergebende Nutzwert besitzt keine ökonomische oder physikalische Dimension und ist deshalb kaum interpretierbar. Auch die Differenz zwischen den Nutzwerten unterschiedlicher Investitionsalternativen lässt keine Aussage zu, wie stark die unterschiedlichen Alternativen voneinander abweichen.
- Bei der additiven Verknüpfung der einzelnen Teilnutzwerte kann die unzureichende Eignung einer Alternative bei einem Merkmal durch die Übererzielung bei einem anderen Merkmal kompensiert werden. In der Realität ist eine Alternative bei einer unzureichenden Eignung hinsichtlich eines Merkmals oftmals trotz eines hohen Nutzwerts unbrauchbar.
- Die Verdichtung auf einen Nutzwert führt zu Informationsverlusten. Die Einzelinformationen bei den einzelnen Merkmalen sind für die Entscheidungsträger häufig wichtiger als der verdichtete Nutzwert.

- Sämtliche Informationen verlieren ihre ursprüngliche Dimension. Harte und quantifizierbare Kriterien werden gemeinsam mit nur qualitativ beurteilbaren weichen Kriterien auf einen dimensionslosen Nutzwert verdichtet.

Im Rahmen des **Preis-Leistungsmodells** werden für die Investitionsmerkmale keine Nutzwerte bestimmt. Die Merkmale behalten stattdessen grundsätzlich ihre ursprüngliche Dimension und werden nicht auf den eindimensionalen Nutzwert verdichtet. Der Bewertungsprozess im Preis-Leistungsmodell erfolgt in zwei Modellstufen. Zunächst werden im Rahmen der Leistungsplanung die Sollgrößen für die nicht monetären Merkmale festgelegt. Die Alternativen müssen die in Form von Sollgrößen angegebenen Anforderungen für alle Merkmale erreichen. Werden die Anforderungen nicht erfüllt, ist das Investitionsobjekt für die Erreichung der Unternehmensziele nicht geeignet und wird bei der zweiten Stufe des Preis-Leistungsmodells nicht berücksichtigt. An die Leistungsplanung schließt mit der Preisplanung die zweite Stufe an. Im Rahmen der Preisplanung wird die Alternative ermittelt, die die beste monetäre Merkmalsausprägung besitzt.

Gegenüber der Nutzwertanalyse weist das Preis-Leistungsmodell die folgenden Vorteile auf:
- Statt einer Verdichtung auf einen dimensionslosen Nutzwert behalten sämtliche Kriterien ihre ursprüngliche Dimension.
- Qualitative und quantitative Merkmale können unabhängig voneinander beurteilt werden und müssen nicht auf einen Wert verdichtet werden.
- Eine Gewichtung der einzelnen Ziele im Zielsystem ist nicht erforderlich.
- Die unzureichende Eignung einer Alternative hinsichtlich eines Merkmals kann nicht durch andere Merkmale überkompensiert werden. Jedes in der Leistungsplanung berücksichtigte Merkmal stellt ein K.-o.-Kriterium dar.

Neben diesen Vorteilen besitzt das Preis-Leistungsmodell jedoch auch Nachteile, die bei seinem Einsatz zu berücksichtigen sind:
- Sofern die Sollgröße erreicht ist, werden zwei Alternativen hinsichtlich eines Merkmals identisch beurteilt. Die Übererfüllung einer Mindestvorgabe wird bei der Entscheidung nicht berücksichtigt.
- Eine Alternative wird als ungeeignet betrachtet, wenn sie eine Sollgröße nicht erreicht. Dabei ist es unerheblich, wie stark die Sollgröße unterschritten wird und welche Eignung die Alternative bei den restlichen Merkmalen aufweist.

Die drei vorgestellten Verfahren zur Bewertung von Investitionen können zu unterschiedlichen Handlungsempfehlungen führen. Es ist nicht garantiert, dass die Investitionsalternative mit dem höchsten Nutzwert gemäß der Nutzwertanalyse auch im Rahmen des Preis-Leistungsmodells als beste Alternative beurteilt wird. Die Entscheidungsträger müssen deshalb zunächst das Bewertungsverfahren identifizieren, das für ihr Entscheidungsproblem am besten geeignet ist (vgl. Hölscher/Schneider, 2014, 393 ff.).

2 Klassische Konzepte der Investitionsrechnung

2.1 Statische Verfahren der Investitionsrechnung

2.1.1 Kostenvergleichsrechnung

Anwendungsbereiche und Kostenarten

Das Ziel der Kostenvergleichsrechnung besteht darin, die Alternative mit der höchsten Wirtschaftlichkeit – im Sinne der niedrigsten Kosten – zu ermitteln. Die größte relative Vorteilhaftigkeit besitzt demnach die Alternative, die langfristig die geringsten Kosten verursacht (vgl. Perridon/Steiner/Rathgeber, 2017, S. 37).

Aus der Tatsache, dass im Rahmen eines Kostenvergleichs die Erlösseite unberücksichtigt bleibt, ergeben sich zwei Folgerungen in Bezug auf die Anwendbarkeit der Kostenvergleichsrechnung:

- Zum einen eignet sich die Kostenvergleichsrechnung ausschließlich für den Vergleich von zwei oder mehreren alternativen Investitionsvorhaben. Für die Beurteilung einer einzelnen Investition kann die Kostenvergleichsrechnung hingegen nicht eingesetzt werden, da die absolute wirtschaftliche Vorteilhaftigkeit einer einzelnen Investition nicht beurteilt werden kann, ohne auch die Erlösseite zu erfassen.
- Zum anderen ist nur der Vergleich von Investitionsobjekten mit identischen qualitativen Leistungsmerkmalen aussagekräftig. Die Alternativen dürfen sich auf der Erlösseite nicht voneinander unterscheiden, d. h. es muss gewährleistet sein, dass infolge der Herstellung von Produkten mit gleicher Qualität sämtliche Investitionsalternativen zu gleichen Absatzpreisen führen.

Bei Investitionsobjekten, die hinsichtlich ihrer quantitativen und ihrer qualitativen Leistungsabgabe identisch sind, d. h. bei gleicher Produktionsmenge und gleicher Produktqualität (und damit gleichem erzielbaren Absatzpreis), ist ein **Periodenkostenvergleich** ausreichend. Unterscheiden sich hingegen die Produktionsmengen, ist ein **Stückkostenvergleich** durchzuführen.

Grundsätzlich sind sämtliche Kosten, die mit einem Investitionsobjekt verbunden sind, in einen Kostenvergleich einzubeziehen. Sofern es sich um mehrperiodige Investitionsvorhaben handelt, ist es zweckmäßig, die Durchschnittskosten pro Periode anzusetzen. Können die Kosten der künftigen Perioden hinreichend genau abgeschätzt werden, ist auf die „echten" Durchschnittskosten zurückzugreifen. Häufig ist jedoch keine verlässliche Prognose möglich. In der Praxis wird dann häufig davon ausgegangen, dass die Kosten der ersten Periode repräsentativ für die gesamte Nutzungsdauer sind. In diesem Fall handelt es sich um sog. „unechte" Durchschnittskosten. Die Art der Ermittlung der Durchschnittskosten beeinflusst natürlich die Genauigkeit des Ergebnisses, denn i. d. R. dürfte die erste Periode kaum die gesamte

DOI 10.1515/9783110353082-003

Laufzeit der Investition hinreichend genau widerspiegeln. Für den eigentlichen Berechnungsvorgang ist es jedoch unerheblich, auf welche Weise die Durchschnittswerte ermittelt werden.

Kosten, die für alle Investitionsalternativen in gleicher Höhe anfallen, nehmen keinen Einfluss auf die Ergebnisse eines Kostenvergleichs. Aus diesem Grund müssen derartige Kosten nicht unbedingt in die Berechnung einbezogen werden (vgl. Kußmaul, 2008b, S. 270). Soll jedoch im Anschluss auch ein Gewinn- oder Rentabilitätsvergleich durchgeführt werden, ist eine vollständige Kostenerfassung erforderlich.

Die in die Rechnung einfließenden Kosten setzen sich aus zwei Kategorien zusammen:

- Zu den **Betriebskosten** zählen zum einen die direkten Kosten der Produktion, wie z. B. Löhne und Lohnnebenkosten, Energiekosten, Materialkosten, Betriebsstoffkosten oder Werkzeugkosten. Zum anderen gehören zu den Betriebskosten auch die Kosten für die Bereitstellung bzw. Aufrechterhaltung der Produktionskapazitäten, beispielsweise die Kosten für die Instandhaltung oder für die Räumlichkeiten.
- Die **Kapitalkosten** repräsentieren die durch die Bindung des Kapitals hervorgerufenen Kosten und bestehen aus den durchschnittlichen jährlichen Abschreibungen, die den Wertverlust des Investitionsobjekts über die Nutzungsdauer abbilden, und den durchschnittlichen jährlichen Zinskosten, die die jährlichen Kosten des gebundenen Kapitals zum Ausdruck bringen.

Der Wertverlust eines Investitionsobjekts über die Nutzungsdauer zeigt sich in der Differenz aus dem Anschaffungswert und dem möglicherweise vorhandenen Restwert zum Ende der Nutzungsdauer. Die Summe der **Abschreibungen** muss diesen Wertverlust ausgleichen. Daher entspricht die durchschnittliche jährliche Abschreibung dem durchschnittlichen jährlichen Wertverlust. Die Abschreibung muss nicht der handels- oder der steuerrechtlichen Abschreibung entsprechen, sondern ihre Ermittlung erfolgt unter betriebswirtschaftlichen Gesichtspunkten und unter Zugrundelegung der voraussichtlichen Nutzungsdauer (vgl. Kußmaul, 2008b, S. 270 f.). Die durchschnittliche jährliche Abschreibung wird bestimmt, indem die Differenz aus den Anschaffungskosten und dem Liquidationserlös durch die Nutzungsdauer (in Jahren) dividiert wird:

$$\varnothing \text{ Abschreibung} = \frac{AW - RW_n}{n}$$

mit: AW = Anschaffungskosten
n = Nutzungsdauer
RW_n = Restwert am Ende der Nutzungsdauer = Liquidationserlös

Die durchschnittlichen jährlichen **Zinskosten** werden durch die Multiplikation des während der Nutzungsdauer durchschnittlich gebundenen Kapitals mit dem Kalkulationszinssatz ermittelt. Die tatsächliche Kapitalaufnahme spielt für die Zinskosten keine Rolle. Für die Berechnung des durchschnittlich gebundenen Kapitals bestehen zwei Alternativen, d. h. es kann zwischen einem kontinuierlichen und einem diskontinuierlichen Amortisationsverlauf unterschieden werden.

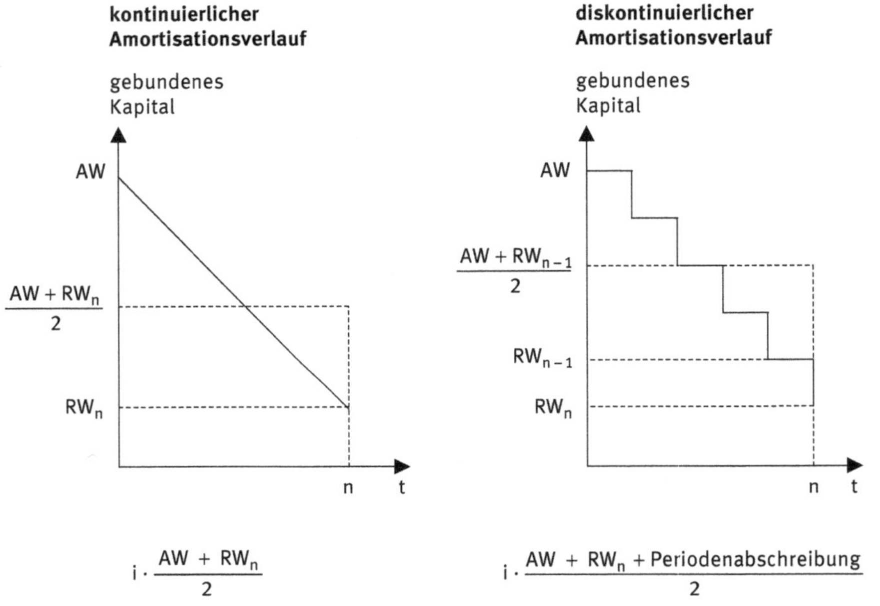

Abb. 2.1: Zinskosten bei kontinuierlichem und diskontinuierlichem Amortisationsverlauf

Bei einem kontinuierlichen Amortisationsverlauf wird davon ausgegangen, dass sich der Wertverlust des Investitionsobjekts gleichmäßig und in einem stetigen Prozess vollzieht. Unterstellt wird dabei eine kontinuierliche Kapitalfreisetzung über den Absatzmarkt (vgl. Bieg/Kußmaul/Waschbusch, 2016b, S. 54). Wie Abb. 2.1 verdeutlicht, ergibt sich die durchschnittliche Kapitalbindung in diesem Fall als arithmetisches Mittel zwischen dem Anschaffungswert und dem Restwert am Ende der Nutzungsdauer:

$$\varnothing \text{ Kapitalbindung} = \frac{AW + RW_n}{2}$$

Im Gegensatz dazu wird bei einem diskontinuierlichen Amortisationsverlauf unterstellt, dass die Wertminderungen erst am Periodenende verrechnet werden. Dies führt dazu, dass die Kapitalbindung vom Periodenanfang während der gesamten Periode kon stant bleibt und sich nicht kontinuierlich abbaut, d. h. die Kapitalbindung während der Periode ist größer als bei einem kontinuierlichen Amortisationsverlauf (vgl. Perridon/Steiner/Rathgeber, 2017, S. 38 f.). Zur Ermittlung der durchschnittlichen Kapitalbindung bei einem diskontinuierlichen Amortisationsverlauf sind die jährlichen Restwerte zu addieren und durch die Nutzungsdauer zu dividieren. Alternativ dazu kann die durchschnittliche Kapitalbindung berechnet werden, indem das arithmetische Mittel aus den Anschaffungskosten und dem Restwert am Ende des vorletzten Jahres der Nutzungsdauer bestimmt wird. Der Restwert am Ende des vorletzten Jahres ergibt sich, indem zum Restwert am Ende der Nutzungsdauer eine Periodenabschreibung addiert wird:

$$\varnothing \text{Kapitalbindung} = \frac{AW + RW_{n-1}}{2} = \frac{AW + RW_n + \text{Periodenabschreibung}}{2}$$

Zur Berechnung der durchschnittlichen Zinskosten ist die durchschnittliche Kapitalbindung mit dem Kalkulationszinssatz zu multiplizieren.

Ein Beispiel soll die Anwendung der Kostenvergleichsrechnung verdeutlichen. Ein Unternehmen beabsichtigt, für die Herstellung eines neuen Produkts eine Maschine anzuschaffen. Hierfür liegen zwei Angebote vor, deren Daten in Tab. 2.1 zusammengestellt sind.

Tab. 2.1: Daten des Beispiels

	A	B
Anschaffungskosten (€)	1.250.000	1.500.000
geplante Nutzungsdauer (Jahre)	5	7
Restwert am Ende der Nutzungsdauer (€)	0	100.000
voraussichtliche jährliche Produktionsmenge (Stk.)	250.000	300.000
variable Betriebskosten pro Stück (€)	2,50	3,50
fixe Betriebskosten pro Jahr (€)	1.065.000	1.000.000
Kalkulationszinssatz (%)	10	

Die jährlichen Betriebskosten setzen sich aus einer fixen und einer variablen Komponente zusammen. Zur Ermittlung der variablen Betriebskosten pro Jahr sind die variablen Stückkosten mit der voraussichtlichen jährlichen Produktionsmenge zu multiplizieren. Bei der durchschnittlichen jährlichen Abschreibung handelt es sich um die durch die Nutzungsdauer dividierte Differenz zwischen den Anschaffungskosten und dem Restwert:

$$\text{Abschreibung}_A = \frac{1.250.000 - 0}{5} = 250.000\,€$$

$$\text{Abschreibung}_B = \frac{1.500.000 - 100.000}{7} = 200.000\,€$$

Für die Berechnung der durchschnittlichen jährlichen Zinskosten wird ein diskontinuierlicher Amortisationsverlauf unterstellt:

$$\text{Zinskosten}_A = 0{,}1 \cdot \frac{1.250.000 + 0 + 250.000}{2} = 75.000\,€$$

$$\text{Zinskosten}_B = 0{,}1 \cdot \frac{1.500.000 + 100.000 + 200.000}{2} = 90.000\,€$$

Die Kostenberechnung ergibt durchschnittliche jährliche Gesamtkosten von 2,015 Mio. EUR für Maschine A und 2,340 Mio. EUR für Maschine B (vgl. Tab. 2.2). Nach dem Kriterium der Gesamtkosten wäre Alternative A somit vorzuziehen. Dabei würde jedoch der Umstand vernachlässigt werden, dass Maschine B eine größere Produktionsmenge ermöglicht, d. h. den höheren Kosten von Maschine B stehen größere Umsatzerlöse gegenüber. Aus diesem Grund kann bei abweichenden Produktionsmengen die wirtschaftliche Vorteilhaftigkeit nur auf der Grundlage der Stückkosten bestimmt werden. Diese sind bei Maschine B um 0,26 EUR geringer als bei der Maschine A. Die Maschine B ist folglich vorteilhafter als die Alternative A.

Tab. 2.2: Beispiel für einen Kostenvergleich (Angaben in EUR)

	A	B
Betriebskosten		
fixe Betriebskosten pro Jahr	1.065.000	1.000.000
variable Betriebskosten pro Jahr	625.000	1.050.000
Kapitalkosten		
durchschnittliche jährliche Abschreibungen	250.000	200.000
durchschnittliche jährliche Zinskosten	75.000	90.000
durchschnittliche Gesamtkosten pro Jahr	2.015.000	2.340.000
Stückkosten	8,06	7,80

Anwendbarkeit der Kostenvergleichsrechnung

Im Beispielfall liegt ein aussagekräftiges Ergebnis vor, da das Investitionsvorhaben mit den geringeren Stückkosten den größeren Output aufweist. Hätte hingegen die Maschine mit den höheren Stückkosten den größeren Output, wäre das Resultat der Kostenvergleichsrechnung nicht aussagekräftig gewesen, da ein geringerer Stückgewinn (bei gleichem Absatzpreis) durch eine größere Absatzmenge kompensiert werden könnte. In einem solchen Fall kann eine Rangfolge nur unter Berücksichtigung der Erlösseite ermittelt werden, d. h. die Kostenvergleichsrechnung ist nicht aussagekräftig und es ist auf eine Gewinnvergleichsrechnung zurückzugreifen.

Abbildung. 2.2 verdeutlicht die Bedingungen, unter denen die Kostenvergleichsrechnung angewendet werden kann. Es wurde bereits darauf hingewiesen, dass ein

Kostenvergleich nur dann durchführbar ist, wenn auch tatsächlich mehrere Alternativen miteinander verglichen werden können, d. h. die Beurteilung eines einzelnen Investitionsobjekts ist alleine auf der Basis der Kosten nicht möglich. Bei einer Gegenüberstellung mehrerer Investitionsalternativen kann ein Kostenvergleich dagegen unter bestimmten Bedingungen eine Rangfolge der Handlungsalternativen liefern. Es ist allerdings zu beachten, dass mit dem Kostenvergleich keine Aussage über die absolute Vorteilhaftigkeit verbunden ist. Auch bei dem Investitionsobjekt mit den geringsten Kosten ist nicht sichergestellt, dass ein Überschuss erwirtschaftet wird.

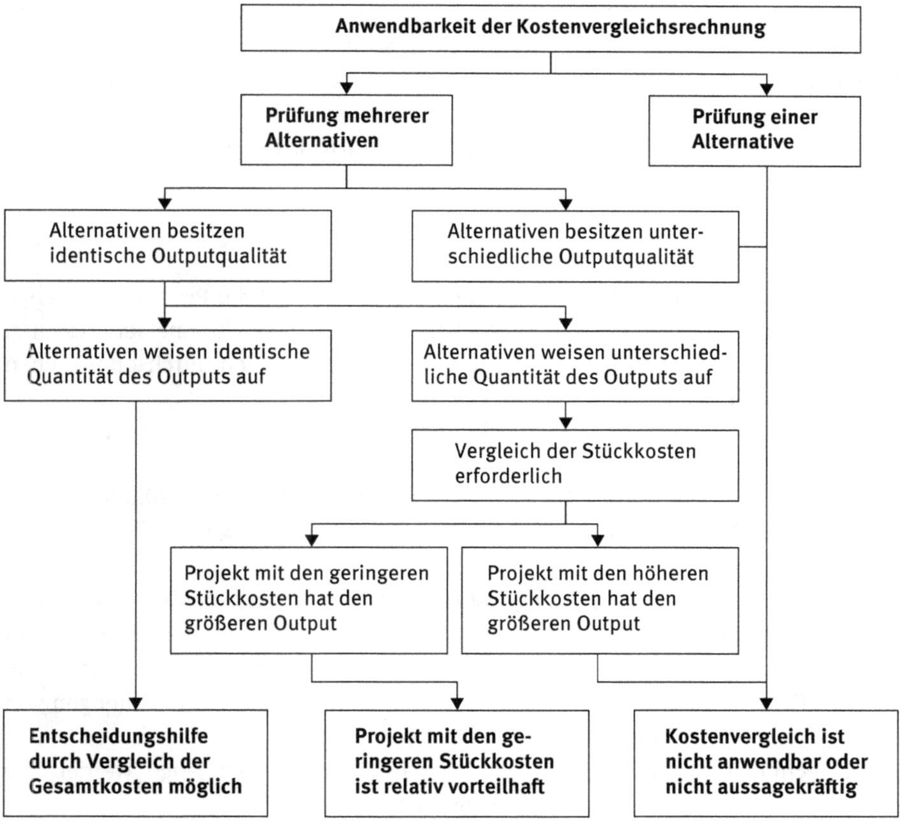

Abb. 2.2: Anwendbarkeit der Kostenvergleichsrechnung (Walz/Gramlich, 2011, S. 116)

Weiterhin ist die Kostenvergleichsrechnung nicht anwendbar bei Investitionsobjekten, die sich hinsichtlich ihrer qualitativen Leistungsabgabe voneinander unterscheiden, denn Qualitätsunterschiede bei den hergestellten Produkten führen i. d. R. zu unterschiedlichen Absatzpreisen, wodurch der Vergleich nicht auf die Kosten beschränkt bleiben kann.

Ermittlung der kritischen Produktionsmenge

Für die Beurteilung der wirtschaftlichen Vorteilhaftigkeit von Investitionsvorhaben genügt es oftmals nicht festzustellen, dass bei einer bestimmten Auslastung eine Anlage kostengünstiger als eine andere arbeitet. Einerseits spielt die Produktionsmenge bei der Entscheidungsfindung eine entscheidende Rolle, andererseits kann jedoch gerade die Anzahl der produzierbaren und absetzbaren Produkteinheiten häufig nicht verlässlich geschätzt werden. Daraus ergibt sich die Notwendigkeit, die sog. „kritische Produktionsmenge" zu ermitteln. Hierbei handelt es sich um die Auslastung, bei der die wirtschaftliche Vorteilhaftigkeit zwischen zwei Investitionsalternativen wechselt. Mathematisch betrachtet handelt es sich bei der kritischen Produktionsmenge um die Menge, bei der die Investitionsalternativen gleiche Kosten pro Periode aufweisen (vgl. Perridon/Steiner/Rathgeber, 2017, S. 41 f.; Blohm/Lüder/Schaefer, 2012, S. 135).

Für jede Investitionsalternative kann eine **Kostenfunktion** der folgenden Art aufgestellt werden:

$$K = K_{fix} + k_{var} \cdot x$$

Die Gesamtkosten pro Jahr ergeben sich demnach aus den mit der Produktionsmenge x multiplizierten variablen Kosten pro Stück (k_{var}) zuzüglich der Summe der Fixkosten (K_{fix}). Die Fixkosten bestehen aus den fixen Betriebskosten, den durchschnittlichen Zinskosten und den durchschnittlichen Abschreibungen.

Im Beispielfall lauten die Kostenfunktionen wie folgt:

$$KA = 2{,}50 \cdot x + 1.065.000 + 250.000 + 75.000 = 2{,}50 \cdot x + 1.390.000$$
$$KB = 3{,}50 \cdot x + 1.000.000 + 200.000 + 90.000 = 3{,}50 \cdot x + 1.290.000$$

Zur Berechnung der kritischen Menge ist der Schnittpunkt der beiden Kostenfunktionen zu ermitteln. Abbildung 2.3 verdeutlicht diesen Zusammenhang bezogen auf das obige Beispiel. Ist die Produktionsmenge geringer als die kritische Menge von 100.000 Stück, ist die Alternative B vorteilhafter als A, bei Produktionsmengen von mehr als 100.000 Stück wäre die Alternative A vorzuziehen.

Zur rechnerischen Ermittlung der kritischen Produktionsmenge werden die beiden Kostenfunktionen zunächst gleichgesetzt:

$$K_{fix,A} + k_{var,A} \cdot x_{krit} = K_{fix,B} + k_{var,B} \cdot x_{krit}$$

Durch Auflösen der Gleichung nach der gesuchten Größe x_{krit} erhält man folgende Gleichung zur Bestimmung der kritischen Produktionsmenge:

$$x_{krit} = \frac{K_{fix,B} - K_{fix,A}}{k_{var,A} - k_{var,B}}$$

Für den Beispielfall ergibt sich somit:

$$x_{krit} = \frac{1.290.000 - 1.390.000}{2,50 - 3,50} = 100.000\,\text{Stk.}$$

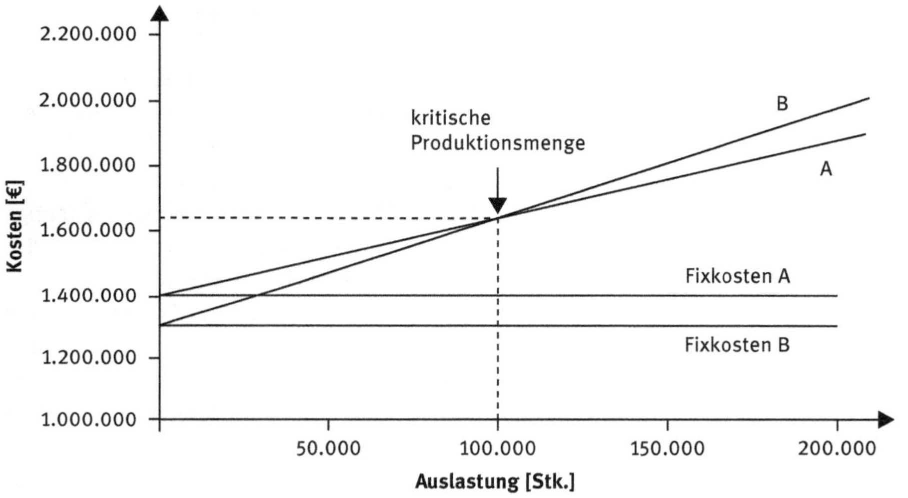

Abb. 2.3: Kritische Produktionsmenge

In einem marktwirtschaftlich orientierten Unternehmen fungiert im Allgemeinen die Maximierung des Gewinns oder der Rentabilität als Oberziel. Vor diesem Hintergrund kann die Kostenvergleichsrechnung nur bedingt aussagekräftige Informationen liefern, da sie nur die relative Vorteilhaftigkeit ermittelt. Zwar kann die Investitionsalternative, die die geringsten Kosten verursacht, bestimmt werden, eine Information über den Gewinn oder die Rentabilität der Investition ist damit aber nicht verbunden.

2.1.2 Gewinnvergleichsrechnung

Ermittlung und Interpretation des Investitionsgewinns

Bei der Gewinnvergleichsrechnung handelt es sich um eine Erweiterung der Kostenvergleichsrechnung. Die wirtschaftliche Vorteilhaftigkeit einer Investition hängt bei der Gewinnvergleichsrechnung vom Investitionsgewinn ab, der der Differenz zwischen den Erlösen und den Kosten der Investition entspricht. Im Gegensatz zur Kostenvergleichsrechnung, die nur für den Vergleich mehrerer Objekte anwendbar ist, liefert die Gewinnvergleichsrechnung auch bei einer einzelnen Investition ein aussagekräftiges Ergebnis, denn eine Investition ist dann als vorteilhaft zu betrachten, wenn sie einen positiven Investitionsgewinn aufweist.

Die Gewinnvergleichsrechnung basiert auf der Kostenvergleichsrechnung, die um die Erlösseite ergänzt wird. Weisen die Investitionsobjekte identische Erlöse auf, führt die Gewinnvergleichsrechnung zwangsläufig zur gleichen Rangfolge wie die Kostenvergleichsrechnung. Bei unterschiedlichen Erlösen kann sich jedoch eine andere relative Vorteilhaftigkeit ergeben.

Für den Beispielfall wird nunmehr die zusätzliche Annahme getroffen, dass auf der Anlage A Produkte höherer Qualität hergestellt werden können. Aus diesem Grund kann für die auf der Anlage A gefertigten Produkte ein höherer Absatzpreis erzielt werden als für die Produkte der Anlage B. Für die Anlage A ergeben sich bei einem Absatzpreis von 8,60 EUR/Stk. für die geplante Produktionsmenge von 250.000 Stück Periodenerlöse in Höhe von 2.150.000 EUR (= 8,60 · 250.000). Bei Anlage B würden sich die Periodenerlöse bei einem Absatzpreis von 8,22 EUR/Stk. und der geplanten Produktionsmenge von 300.000 Stück auf 2.466.000 EUR (= 8,22 · 300.000) belaufen. Werden von den Periodenerlösen die durchschnittlichen Periodenkosten subtrahiert, erhält man den durchschnittlichen Periodengewinn. Wie der Tab. 2.3 entnommen werden kann, betragen die Periodengewinne bei der Anlage A 135.000 EUR und bei der Anlage B 126.000 EUR. Die Investitionsalternative A wäre somit dem Objekt B vorzuziehen.

Tab. 2.3: Gewinnvergleichsrechnung

		A	B
	Erlöse pro Periode (€)	2.150.000	2.466.000
–	Gesamtkosten pro Jahr (€)	2.015.000	2.340.000
=	**Gewinn pro Periode (€)**	**135.000**	126.000
	Nutzungsdauer (Jahre)	5	7
=	**Gesamtgewinn des Investitionsobjekts (€)**	675.000	**882.000**

Bei dieser Einschätzung wird jedoch der Umstand vernachlässigt, dass die beiden Investitionsobjekte unterschiedliche Nutzungsdauern aufweisen. Während das Investitionsobjekt A fünf Jahre genutzt werden kann, beträgt die Nutzungsdauer der Alternative B sieben Jahre. Wird nun statt des durchschnittlichen Periodengewinns der Gesamtgewinn über die jeweilige Nutzungsdauer betrachtet, dann zeigt sich, dass der niedrigere Periodengewinn des Investitionsobjekts B durch dessen längere Nutzungsdauer überkompensiert wird, denn der Gesamtgewinn der Anlage B beläuft sich auf 882.000 EUR gegenüber einem Gesamtgewinn in Höhe von 675.000 EUR bei Investitionsobjekt A.

Die Frage, welche der beiden Betrachtungen zum richtigen Ergebnis führt, lässt sich letztlich nur beantworten, wenn zusätzliche Annahmen getroffen werden. Im Beispielfall steht das Kapital offenbar für mindestens sieben Jahre zur Verfügung. Wird aber die Investition A durchgeführt, dann erstreckt sich die Kapitalanlage nur über einen Zeitraum von fünf Jahren. Es stellt sich somit die Frage, in welcher Form das Kapital im sechsten und siebten Jahr genutzt wird. Eine ähnliche Überlegung ist in Bezug auf die Höhe des Kapitaleinsatzes anzustellen. Investitionsobjekt B erfordert einen höheren Kapitaleinsatz als die Alternative A. Auch hier ist zu fragen, in welcher Weise bei Durchführung der Investition mit dem geringeren Kapitaleinsatz der Differenzbetrag genutzt wird.

Letztlich sind die Ergebnisse der Gewinnvergleichsrechnung beim Vergleich mehrerer Investitionsobjekte nur dann aussagekräftig, wenn Alternativen mit gleichem Kapitaleinsatz und gleicher Nutzungsdauer einander gegenübergestellt werden, andernfalls kann es zu Fehlbeurteilungen kommen (vgl. Bieg/Kußmaul/Waschbusch, 2016b, S. 59 f.).

Kritische Produktionsmenge und Gewinnschwellenanalyse

Im Zusammenhang mit der Kostenvergleichsrechnung wurde gezeigt, wie mithilfe der Ermittlung einer kritischen Produktionsmenge weitere Informationen bezüglich der Rangfolge der Investitionsobjekte gewonnen werden können. Dies geschah vor dem Hintergrund der Überlegung, dass die angesetzte Produktionsmenge der Investitionsalternativen möglicherweise nicht realisiert werden kann, z. B. weil die Produkte nicht in der entsprechenden Menge abgesetzt werden können.

Wenn sich die Investitionsobjekte – wie dies auch im betrachteten Beispiel der Fall ist – in Bezug auf ihre Erlösseite unterscheiden, dann darf die kritische Produktionsmenge nicht auf der Grundlage der Kostenvergleichsrechnung, sondern sie muss mittels der Gewinnfunktionen ermittelt werden. Die Differenz zwischen dem Absatzpreis der Produkte und den stückbezogenen variablen Kosten wird als **Deckungsspanne** bezeichnet. Wird diese Deckungsspanne mit der Produktionsmenge multipliziert, so ergibt sich der Deckungsbeitrag. Dieser Deckungsbeitrag, der den Überschuss der Umsatzerlöse über die gesamten variablen Kosten anzeigt, dient der Deckung der Fixkosten. Daher ergibt sich der Periodengewinn, indem vom Deckungsbeitrag die Periodenfixkosten subtrahiert werden. Bei einer Produktionsmenge von Null wird kein Deckungsbeitrag erzielt, d. h. es entsteht ein Verlust bzw. ein „negativer Gewinn“ in Höhe der Fixkosten. Die Gewinnfunktion eines Investitionsvorhabens besitzt folgendes Aussehen:

$$G = \underbrace{\underbrace{(p - k_{var})}_{\text{Deckungsspanne}} \cdot x}_{\text{Deckungsbeitrag}} - K_{fix}$$

Die Berechnung der **kritischen Produktionsmenge** dient wiederum der Feststellung der Produktionsmenge, bei der die Vorteilhaftigkeit zwischen den Investitionsobjekten wechselt, d. h. es ist der Schnittpunkt der Gewinnfunktionen zu ermitteln:

$$(p_A - k_{var,A}) \cdot x_{krit} - K_{fix,A} = (p_B - k_{var,B}) \cdot x_{krit} - K_{fix,B}$$

Daraus folgt:

$$x_{krit} = \frac{K_{fix,A} - K_{fix,B}}{(p_A - k_{var,A}) - (p_B - k_{var,B})}$$

Für den Beispielfall ergibt sich daraus eine kritische Produktionsmenge von 72.463,77 Stück, d. h. bis zu einer Produktionsmenge von 72.463 Mengeneinheiten führt die Investition B zu einem höheren Periodengewinn, ab einer Ausbringung von 72.464 Mengeneinheiten hat Investition A den größeren Gewinn zur Folge.

$$x_{krit} = \frac{1.390.000 - 1.290.000}{(8{,}60 - 2{,}50) - (8{,}22 - 3{,}50)} = 72.463{,}77 \text{ Stk.}$$

Eine weitere Information, die die Gewinnfunktion liefert, ist die **Gewinnschwelle**, die auch als „Break-even-Point“ bezeichnet wird. Hierbei handelt es sich um die Ausbringungs- bzw. Absatzmenge, ab der sich die Investition in der Gewinnzone befindet. Zur Ermittlung der Gewinnschwelle ist die Nullstelle der Gewinnfunktion zu ermitteln, d. h. die folgende Gleichung ist nach x aufzulösen:

$$G = (p - k_{var}) \cdot x - K_{fix} \overset{!}{=} 0$$

Daraus folgt für die Gewinnschwelle:

$$x_{GS} = \frac{K_{fix}}{p - k_{var}}$$

Im Beispielfall ergibt sich für die Investition A eine Gewinnschwelle von 227.868,65 Mengeneinheiten, d. h. ab einer Produktions- und Absatzmenge von 227.869 Einheiten befindet sich die Investition A in der Gewinnzone. Angesichts des Umstands, dass das Investitionsvorhaben A eine Kapazität von 250.000 Stück aufweist, ist der Spielraum bei der Produktionsmenge eher gering. Ähnliches gilt für die Investition B, die bei einer maximalen Produktionsmenge von 300.000 Mengeneinheiten eine Gewinnschwelle von 273.305,08 Stück besitzt.

$$x_{GS,A} = \frac{1.390.000}{8{,}60 - 2{,}50} = 227.868{,}85 \text{ Stk. bzw. } x_{GS,B} = \frac{1.290.000}{8{,}22 - 3{,}50} = 273.305{,}08 \text{ Stk.}$$

Abb. 2.4 verdeutlicht die Zusammenhänge. Die Schnittpunkte der Gewinnfunktionen mit der Abszisse zeigen die Gewinnschwellen an, die Schnittpunkte mit der Ordinate ergeben sich durch die Fixkosten. Der Schnittpunkt der beiden Funktionsgraphen verdeutlicht die kritische Produktionsmenge, bei der die relative Vorteilhaftigkeit wechselt.

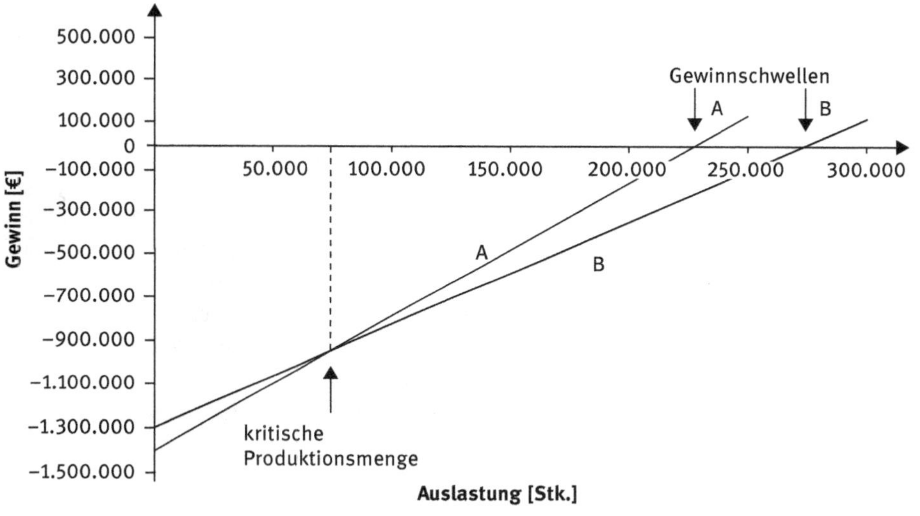

Abb. 2.4: Kritische Produktionsmenge und Gewinnschwelle in der Kostenvergleichsrechnung

2.1.3 Rentabilitätsvergleichsrechnung

Bei einem Vergleich mehrerer Investitionsalternativen anhand von absoluten Kosten- oder Gewinngrößen kann es sein, dass für diese Ergebnisgrößen unterschiedliche Mitteleinsätze erforderlich sind. Weisen z. B. zwei Investitionen einen nominell gleich hohen Gewinn bei unterschiedlichen Kapitaleinsätzen auf, dann sind diese Investitionen nicht gleich vorteilhaft. Die wirtschaftliche Vorteilhaftigkeit eines Investitionsobjekts ist umso größer, je kleiner der Kapitaleinsatz ist, der zur Erwirtschaftung eines bestimmten Gewinns erforderlich ist. Umgekehrt ist diejenige Investition vorteilhafter, die bei gleichem Kapitaleinsatz zu einem größeren Investitionsgewinn führt.

Sind Investitionsalternativen mit unterschiedlichen Kapitaleinsätzen zu verglei chen, dann sollten die Investitionsgewinne bezogen auf den jeweils erforderlichen Mitteleinsatz betrachtet werden. Es ist somit die Frage zu klären, welche Investition smöglichkeit den höchsten Gewinn pro eingesetzter Geldeinheit an Kapital erbringt. Zu diesem Zweck wird der in einer Periode erwirtschaftete Gewinn ins Verhältnis zum durchschnittlich gebundenen Kapital gesetzt. Dadurch wird – anders als bei einer Kosten- oder Gewinnvergleichsrechnung – die unterschiedliche Kapitalbindung verschiedener Investitionsobjekte berücksichtigt. Aus diesem Grund kann sich bei der Rentabilitätsvergleichsrechnung auch eine andere Rangfolge der Investitionsobjekte als bei der Gewinnvergleichsrechnung ergeben (vgl. Bieg/Kußmaul/Waschbusch, 2016b, S. 60).

Zur Ermittlung der **Investitionsrentabilität** eines Investitionsvorhabens muss der durchschnittliche Periodenerfolg eines Investitionsobjekts auf den durchschnittlichen Kapitaleinsatz bezogen werden:

$$\text{Investitionsrentabilität} = \frac{\varnothing \text{ Periodenerfolg}}{\varnothing \text{ Kapitaleinsatz}}$$

Die Investitionsrentabilität stellt ein Maß für die Verzinsung des eingesetzten Kapitals dar. Eine Rentabilitätsrechnung kann sowohl zur Beurteilung einer einzelnen Investition als auch für die Lösung von Auswahlproblemen eingesetzt werden:

- Eine **einzelne Investition** ist dann als vorteilhaft zu betrachten, wenn die Investitionsrentabilität positiv ist, weil dann über die entstehenden Kosten (inkl. der Kapitalkosten) hinaus ein Überschuss erwirtschaftet wird.
- Bei **mehreren Investitionsobjekten** ist dasjenige als das vorteilhafteste zu betrachten, das die größte Investitionsrentabilität aufweist.

Bezogen auf das obige Beispiel ergeben sich für die beiden Investitionsobjekte folgende durchschnittliche Periodenrentabilitäten:

$$R_A = \frac{135.000}{750.000} = 18\,\% \text{ bzw. } R_B = \frac{126.000}{900.000} = 14\,\%$$

Die durchschnittlichen Kapitaleinsätze (750.000 EUR für Investitionsprojekt A und 900.000 EUR für Investitionsprojekt B) wurden bereits bei der Bestimmung der durchschnittlichen jährlichen Zinskosten im Rahmen der Kostenvergleichsrechnung ermittelt. Nach der Rentabilitätsvergleichsrechnung wäre das Investitionsobjekt A dem Objekt B aufgrund der höheren Investitionsrentabilität vorzuziehen.

Die Ergebnisse der Rentabilitätsvergleichsrechnung können im Fall mehrerer Investitionsobjekte eigentlich nur dann miteinander verglichen werden, wenn die Alternativen den gleichen Kapitaleinsatz aufweisen. In dem betrachteten Beispiel sind die Anschaffungskosten bei der Anlage A um 250.000 EUR geringer als bei der Anlage B. Bei Realisierung des Investitionsobjekts A können die noch verfügbaren 250.000 EUR einer anderen Anlage zugeführt werden, deren Rückflüsse bei der Entscheidungsfindung zu berücksichtigen sind.

2.1.4 Statische Amortisationsrechnung

Investitionen sind – weil sie sich auf die Zukunft beziehen – immer mit gewissen Risiken verbunden. Es ist nicht sicher, dass sich die zum Entscheidungszeitpunkt prognostizierten Gewinne, Kosten oder Rentabilitäten tatsächlich in der erwarteten Höhe einstellen. Vor diesem Hintergrund soll mithilfe der statischen Amortisationsrechnung festgestellt werden, wie lange es dauert, bis der Investor zumindest sein investiertes Kapital zurückerhält.

Das Ziel der Amortisationsrechnung besteht darin, den Zeitraum zu ermitteln, der bis zur **Wiedergewinnung der Anschaffungsauszahlung** aus den Einnahmeüberschüssen (Amortisationsdauer) verstreicht. Der Amortisationsrechnung liegt die Vorstellung zugrunde, dass die Rückflüsse aus dem Investitionsobjekt zunächst vollständig für die Amortisation des eingesetzten Kapitals verwendet werden. Überschüsse entstehen folglich erst nach der vollständigen Amortisation des eingesetzten Kapitals.

Die anzusetzenden Einnahmeüberschüsse, die auch als Investitionscashflows bezeichnet werden, lassen sich aus den Ergebnissen der Gewinnvergleichsrechnung ableiten, sie stimmen jedoch nicht mit den Periodengewinnen überein, denn zur Amortisation des Kapitals können neben den Periodengewinnen auch die Abschreibungen, die explizit der Kapitalrückführung dienen, eingesetzt werden. Der Investitionscashflow ist somit wie folgt zu ermitteln:

	Periodengewinn bzw. Kostenersparnis pro Periode
+	durchschnittliche Periodenabschreibung
=	Investitionscashflow

Im Rahmen der Ermittlung des Periodengewinns sind die Zinskosten bereits in Abzug gebracht worden, sodass bei der Amortisationsdauer die Verzinsung des eingesetzten Kapitals in Höhe des Kalkulationszinssatzes berücksichtigt wird.

Da es sich bei den statischen Verfahren der Investitionsrechnung um Durchschnittsrechnungen handelt, kann die Amortisationsdauer berechnet werden, indem die Anschaffungszahlung auf den jährlichen Investitionscashflow bezogen wird:

$$\text{Amortisationsdauer} = \frac{\text{ursprünglicher Kapitaleinsatz}}{\text{Investitionscashflow}}$$

Eine einzelne Investition ist gemäß der Amortisationsrechnung als vorteilhaft zu betrachten, wenn ihre Amortisationsdauer kürzer als eine vorgegebene Soll-Amortisationsdauer ist. Bei einem Vergleich mehrerer Alternativen gilt das Investitionsobjekt als das Vorteilhafteste, das die kürzeste Amortisationsdauer besitzt.

Im Beispielfall ergeben sich Amortisationsdauern von 3,25 Jahren für das Investitionsobjekt A und von 4,6 Jahren für das Objekt B (vgl. Tab. 2.4).

Tab. 2.4: Berechnung der Amortisationsdauer

		A	B
	Periodengewinn (€)	135.000	126.000
+	Periodenabschreibung (€)	250.000	200.000
=	**Investitionscashflow (€)**	385.000	326.000
	Kapitaleinsatz (€)	1.250.000	1.500.000
	Amortisationsdauer (Jahre)	3,25	4,60

Die Amortisationsrechnung zielt auf die Unsicherheit der zukünftigen Cashflows ab. Das Risiko, mit dem zukünftige Zahlungen verbunden sind, ist umso größer, je weiter die Zahlungszeitpunkte in der Zukunft liegen. Je kürzer die Amortisationsdauer ist, desto früher wird der Kapitaleinsatz zurückgeführt, d. h. die mit einem größeren Risiko behafteten späteren Zahlungen werden nicht mehr für die Amortisation benötigt. Dennoch stellt auch die Amortisationsdauer letztlich keinen geeigneten Maßstab für das Investitionsrisiko dar, denn es besteht kein kausaler Zusammenhang zwischen der Amortisationsdauer und den Faktoren, die das Risiko einer Investition bestimmen (vgl. Bieg/Kußmaul/Waschbusch, 2016b, S. 66.).

Eine Aussage über den wirtschaftlichen Erfolg eines Investitionsvorhabens liefert die Amortisationsrechnung nicht. Vor diesem Hintergrund kann die Amortisationsrechnung die anderen Verfahren der statischen Investitionsrechnung nicht ersetzen, sondern allenfalls ergänzen, indem ein zusätzliches Beurteilungskriterium in die Investitionsentscheidung einbezogen wird. Die Amortisationsdauer eignet sich z. B. für die Abgrenzung von Kompetenzen im Rahmen der Investitionsentscheidung (vgl. Hax, 1985, S. 38). Als alleiniges Kriterium für die Entscheidung über die Durchführung oder die Ablehnung von Investitionsobjekten sollte die Amortisationsdauer hingegen nicht verwendet werden.

2.1.5 Aussagekraft statischer Verfahren

Reale Investitionen erstrecken sich i. d. R. über mehrere Planungsperioden, bei den statischen Verfahren der Investitionsrechnung handelt es sich jedoch um Einperiodenmodelle, d. h. die gesamte Nutzungsdauer einer Investition wird auf eine Durchschnittsperiode verdichtet. Im Rahmen dieser Verdichtung gehen mit den Zahlungszeitpunkten Informationen verloren, die für die Entscheidung über ein Investitionsvorhaben relevant sind. Dies führt dazu, dass zeitliche Unterschiede im Auftreten von Zahlungsmittelzu- und -abflüssen nicht berücksichtigt werden. Tatsächlich ist es aber so, dass der Wert von Zahlungen aufgrund von Zinseffekten nicht nur von ihrer nominellen Höhe, sondern auch vom Zeitpunkt ihres Anfalls abhängt.

Eine weitere Schwäche statischer Verfahren ist darin zu sehen, dass im Wesentlichen Erfolgsgrößen in die Berechnung einfließen. Kosten und Erlöse resp. Aufwendungen und Erträge sind jedoch nicht mit Ein- und Auszahlungen gleichzusetzen, sodass derartige Erlösgrößen nicht dazu geeignet sind, die aus einer Investition folgenden Zahlungsströme zutreffend zu beschreiben (vgl. Bieg/Kußmaul/Waschbusch, 2016b, S. 70).

Es wurde bereits darauf hingewiesen, dass Vergleiche mehrerer Investitionsalternativen mittels statischer Verfahren letztlich nur dann zu aussagekräftigen Ergebnissen führen, wenn die Investitionsobjekte hinsichtlich ihrer Nutzungsdauer und des erforderlichen Kapitaleinsatzes übereinstimmen. Die Nichterfüllung dieser Voraussetzungen erfordert die Einbeziehung von Ergänzungs- oder Anschlussinvestitionen in die Investitionsrechnung. Ansonsten besteht die Gefahr eines Vergleichs unvollständiger Alternativen (vgl. Bieg/Kußmaul/Waschbusch, 2016b, S. 71).

Die Vorzüge der statischen Verfahren der Investitionsrechnung bestehen in der Einfachheit der Berechnungen und in der relativ problemlosen Beschaffung der erforderlichen Informationen. Aus diesem Grund besitzen die statischen Verfahren auch eine vergleichsweise große Praxisrelevanz. Wegen der beschriebenen Mängel ist die Anwendung statischer Verfahren jedoch allenfalls im Rahmen von Überschlagsrechnungen akzeptabel.

2.2 Dynamische Verfahren der Investitionsrechnung

2.2.1 Der grundlegende Ansatz dynamischer Verfahren

Zahlungsströme und Zahlungszeitpunkte

Dynamische Verfahren der Investitionsrechnung vermeiden das größte Problem der statischen Verfahren, sie berücksichtigen nämlich die Zeitpunkte, zu denen bestimmte Zahlungen stattfinden. Um zu einer zutreffenden Beurteilung eines Investitionsvorhabens zu kommen, sind Zahlungen, die zu unterschiedlichen Zeitpunkten anfallen, unterschiedliche Werte beizumessen. So ist i. d. R. ein Zahlungseingang von 1.000 EUR zum jetzigen Zeitpunkt einer gleich hohen Zahlung in einem Jahr vorzuziehen, da die früher zufließenden Mittel während des Jahres zinsbringend angelegt werden können. Bei einer zeitlich undifferenzierten Betrachtung wie im Rahmen der statischen Verfahren wird dieser Umstand nicht erfasst.

Bei einem Zinssatz größer als Null ist eine Einzahlung umso vorteilhafter, je früher sie anfällt. Umgekehrt sind bei einem positiven Zinssatz finanzielle Mittel umso weniger wert, je später über sie verfügt werden kann (vgl. Perridon/Steiner/Rathgeber, 2017, S. 54 f.). Allgemein gilt, dass einem Investor zufließende Mittel aus einer Investition erneut angelegt werden können, wodurch sich weitere Zahlungen ergeben. Dieser Zusammenhang wird als **Zinseszinseffekt** bezeichnet.

Die dynamischen Verfahren der Investitionsrechnung basieren im Gegensatz zu den auf Kosten- und Gewinngrößen beruhenden statischen Verfahren auf den

effektiven Zahlungsströmen einer Investition. Somit besteht eine unabdingbare Voraussetzung für die Anwendung dynamischer Verfahren darin, dass für jede Investition ein entsprechender Zahlungsstrom aufgestellt werden kann (vgl. Schierenbeck/Wöhle, 2016, S. 409). Der Zahlungsstrom einer Investition besteht aus einer Abfolge von Einzahlungen und Auszahlungen im Zeitablauf:

- Die Einzahlungen einer Investition werden insbesondere durch die Absatzmärkte bestimmt. Bei Sachinvestitionen ergeben sich die Einzahlungen aus den Umsatzerlösen und ggf. dem Restverkaufserlös für das Investitionsobjekt am Ende der Nutzungsdauer.
- Die mit einer Investition verbundenen Auszahlungen werden dagegen durch die Beschaffungsmärkte determiniert. Es handelt sich vor allem um Zahlungen für Löhne, Produktionsmaterial, Energie, Reparaturen usw. Ebenfalls zu berücksichtigen ist die Anschaffungsauszahlung zum Investitionszeitpunkt.

Um eine korrekte Investitionsrechnung durchführen zu können, ist es erforderlich, die Zahlungszeitpunkte exakt zu ermitteln. Da Zahlungen grundsätzlich zu jedem Zeitpunkt anfallen können, wäre streng genommen eine taggenaue Erfassung sämtlicher Zahlungszeitpunkte notwendig. Derart exakte Schätzungen künftiger Zahlungen erscheinen angesichts des langfristigen Charakters von Investitionen jedoch kaum möglich. Zudem wäre die rechentechnische Verarbeitung einer solchen komplexen Zahlungsreihe äußerst arbeitsaufwändig. Daher behelfen sich die klassischen Verfahren der dynamischen Investitionsrechnung mit verschiedenen **vereinfachenden Annahmen** (vgl. Bieg/Kußmaul/Waschbusch, 2016b, S. 94 f.):

- Der Investitionszeitraum wird in Planungsperioden, üblicherweise in Jahre, unterteilt.
- Es wird unterstellt, dass die durch eine Investition ausgelösten Zahlungen jeweils am Jahresende auftreten. Zahlungen, die während eines Jahrs erfolgen, werden demnach auf das Jahresende „verschoben“.
- Die Anschaffungsauszahlung erfolgt unmittelbar vor Beginn des ersten Jahrs, sozusagen am Ende des Jahrs Null.
- Der Liquidationserlös fließt der Unternehmung am Ende der letzten Periode zu.

Finanzmathematische Grundlagen

Wie bereits gezeigt wurde, sind Investitionen dadurch gekennzeichnet, dass zu unterschiedlichen Zeitpunkten Ein- und Auszahlungen anfallen. Ebenso wurde bereits darauf hingewiesen, dass der Wert einer Zahlung auch von dem Zeitpunkt abhängt, zu dem sie erfolgt. Aus diesem Grund ist es erforderlich, die einzelnen Zahlungen einer Zahlungsreihe miteinander vergleichbar zu machen, indem sie auf einen einheitlichen Zeitpunkt bezogen werden. Dies geschieht durch

- eine Aufzinsung auf den Endzeitpunkt einer Zahlungsreihe oder
- eine Abzinsung auf den Anfangszeitpunkt.

Natürlich kann auch jeder andere Zeitpunkt gewählt werden, was aber in der Investitionsrechnung nicht üblich ist. Erst durch die Ausrichtung auf einen einheitlichen Bezugszeitpunkt ist es möglich, sämtliche mit einer Investition verbundenen Zahlungen zu einer einzigen Größe zu verdichten.

Wird als Bezugszeitpunkt das Ende der Investitionsdauer gewählt, so ergibt sich durch die hierzu erforderliche Aufzinsung der **Endwert**. Mathematisch stellt sich dies wie folgt dar: Ein Anleger verfügt heute ($t = 0$) über einen Kapitalbetrag von $K_0 = 1.000$ EUR, den er für drei Jahre anlegen möchte. Seine Bank bietet ihm eine jährliche Verzinsung von 10 % an. Nach einem Jahr ($t = 1$) wächst der Kapitalbetrag des Anlegers daher auf

$$K_1 = 1.000 + 1.000 \cdot 10\,\% = 1.000 \cdot (1 + 0{,}1) = 1.100\,€ \qquad (1)$$

Der Kapitalbetrag von 1.000 EUR erhöht sich um die Zinszahlung von 100 EUR. Während des zweiten Jahrs verzinst sich nunmehr ein Kapitalbetrag von 1.100 EUR zu 10 %. Am Ende des zweiten Jahres verfügt der Anleger damit über

$$K_2 = 1.100 + 1.100 \cdot 0{,}1 = 1.100 \cdot (1 + 0{,}1) = 1.210\,€ \qquad (2)$$

Es ist auch möglich, den Kapitalbetrag K_2 in Abhängigkeit vom Anfangskapital K_0 auszudrücken, indem Gleichung (1) in Gleichung (2) eingesetzt wird:

$$K_2 = 1.000 \cdot (1 + 0{,}1) \cdot (1 + 0{,}1) = 1.000 \cdot (1 + 0{,}1)^2 = 1.210\,€ \qquad (3)$$

Während des dritten Jahrs verzinst sich daher ein Kapitalbetrag von 1.210 EUR. Als Endkapital nach drei Jahren ergibt sich ein Betrag von

$$K_3 = 1.210 + 1.210 \cdot 10\,\% = 1.210 \cdot (1 + 0{,}1) = 1.331\,€ \qquad (4)$$

Auch dieser Endwert lässt sich in Abhängigkeit vom Startkapital ausdrücken, indem Gleichung (3) in Gleichung (4) eingesetzt wird:

$$K_3 = 1.000 \cdot (1 + 0{,}1)^2 \cdot (1 + 0{,}1) = 1.000 \cdot (1 + 0{,}1)^3 = 1.331\,€$$

Dieser Ansatz kann verallgemeinert werden. Allgemein gilt: Ein Kapitalbetrag K_0 wächst in n Jahren bei einem Zinssatz i auf den Kapitalbetrag

$$K_n = K_0 \cdot (1 + i)^n$$

an. Der Faktor $(1 + i)^n$ wird dabei als **Aufzinsungsfaktor** bezeichnet. Werden die 1.000 EUR beispielsweise für fünf Jahre zu 10 % angelegt, dann steht nach diesen fünf Jahren ein Vermögen von

$$K_5 = 1.000 \cdot (1 + 0{,}1)^5 = 1.610{,}51\,€$$

zur Verfügung.

Alternativ dazu kann auch der sog. **Barwert** einer Zahlung ermittelt werden. Hierbei wird vom Endwert ausgegangen und daraus das Startkapital errechnet, beispielsweise um die Frage zu beantworten, welches Anfangskapital heute erforderlich ist, um nach einem bestimmten Zeitraum ein erforderliches Endkapital zu erreichen bzw. allgemein, um den heutigen Wert künftiger Zahlungen zu ermitteln. Die Berechnungsvorschrift lässt sich aus der oben erläuterten Formel für den Endwert ableiten. Der Unterschied zur vorherigen Betrachtung besteht lediglich darin, dass das Endkapital K_n bekannt ist und nunmehr das Anfangskapital K_0 gesucht wird:

$$K_n = K_0 \cdot (1 + i)^n \Leftrightarrow K_0 = K_n \cdot \frac{1}{(1 + i)^n} = K_n \cdot (1 + i)^{-n}$$

Eine Zahlung von 1.610,51 EUR zum Zeitpunkt t = 5 entspricht somit einer Zahlung von

$$K_0 = 1.610{,}51 \cdot \frac{1}{(1 + 0{,}1)^5} = 1.000\,€$$

zum Zeitpunkt t = 0. Barwert und Endwert lassen sich folglich durch Auf- bzw. Abzinsung ineinander überführen. Beide Beträge sind **ökonomisch gleichwertig**, d. h. es spielt keine Rolle, ob man zum Zeitpunkt t = 0 einen Betrag von 1.000 EUR oder 1.610,51 EUR in t = 5 erhält. Das vorhandene Kapital ist in beiden Fällen gleich, Unterschiede bestehen nur hinsichtlich der Bezugszeitpunkte.

Im Gegensatz zum hier betrachteten Fall einer einzelnen Zahlung, die auf einen anderen Zeitpunkt bezogen wird, fallen bei Investitionsobjekten mindestens zwei Zahlungen an:
- Zu Beginn der Investition ist die Anschaffungsauszahlung zu leisten und
- später kommt es zu mindestens einer Rückzahlung.

Um ein Investitionsvorhaben bewerten zu können, muss demzufolge eine gesamte Zahlungsreihe auf einen einheitlichen Zeitpunkt bezogen werden.

2.2.2 Kapitalwertmethode

Berechnung des Kapitalwerts

Die Anwendung der Kapitalwertmethode setzt voraus, dass für ein Investitionsvorhaben die einzelnen Zeitpunkte, zu denen Zahlungen anfallen, sowie die Beträge der Zahlungen bekannt sind.

Zunächst soll ein einfaches Beispiel betrachtet werden, dessen Zahlungsstruktur in Abb. 2.5 verdeutlicht wird. Die betrachtete Investition A erfordert eine Anschaffungsauszahlung in Höhe von 15.000 EUR. Dieser Auszahlung steht eine Einzahlung in Höhe von 22.500 EUR zum Zeitpunkt t = 3 gegenüber. Zu weiteren Zahlungen kommt es nicht. Der Kalkulationszins beläuft sich auf 10 %. Die zu klärende Frage besteht nun darin, ob diese Investition durchgeführt werden sollte.

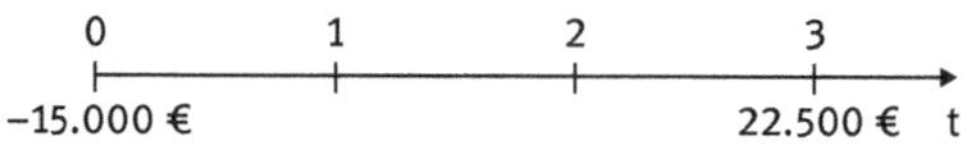

Abb. 2.5: Beispiel für einen Zweizahlungsfall

Zur Lösung dieses Entscheidungsproblems sind die beiden Zahlungen miteinander zu vergleichen. Besitzt die Einzahlung in t = 3 einen größeren Wert als die Auszahlung zu Beginn, dann ist die Investition als vorteilhaft zu beurteilen. Eine direkte Gegenüberstellung der Ein- und der Auszahlung ist jedoch nicht möglich, weil die Zahlungen zu unterschiedlichen Zeitpunkten anfallen, d. h. vor dem Vergleich sind die Zahlungen auf einen einheitlichen Zeitpunkt zu beziehen. Bei der Kapitalwertmethode fungiert grundsätzlich der Zeitpunkt t = 0 als Bezugszeitpunkt, d. h. bei der Kapitalwertmethode handelt es sich um eine Barwertmethode.

Die Auszahlung von 15.000 EUR fällt in t = 0 an, sodass keine Auf- oder Abzinsung erforderlich ist. Die Einzahlung von 22.500 EUR nach drei Jahren ist auf den Investitionszeitpunkt abzuzinsen. Der Barwert dieser Zahlung beläuft sich auf

$$\frac{22.500}{(1+0{,}1)^3} = 16.904{,}58\,€$$

Um in drei Jahren eine Zahlung, die bezogen auf den heutigen Tag einen Wert 16.904,58 EUR besitzt, zu erhalten, sind nur 15.000 EUR auszuzahlen. Daher ist die Investition als vorteilhaft zu klassifizieren und sollte durchgeführt werden.

Allgemein ist eine Investition dann vorteilhaft, wenn die Differenz aus der Summe der Einzahlungsbarwerte und der Summe der Auszahlungsbarwerte positiv ist. Diese Differenz zwischen den abgezinsten Einzahlungen und den abgezinsten Auszahlungen wird als Kapitalwert (C_0) oder Net Present Value (NPV) bezeichnet. Somit ist ein Investitionsvorhaben nur dann lohnend, wenn der Kapitalwert größer Null ist. Im Grenzfall eines Kapitalwerts von genau Null besteht Indifferenz, d. h. für das Vermögen eines Investors ist es gleichgültig, ob die Investition durchgeführt wird oder nicht. Der Kapitalwert der oben beispielhaft betrachteten Investition beläuft sich auf

$$C_0 = -15.000 + \frac{22.500}{(1+0{,}1)^3} = 1.904{,}58\,€$$

Reale Investitionen bestehen i. d. R. nicht nur aus jeweils einer Ein- und einer Auszahlung. Im häufig anzutreffenden Fall mehrerer Zahlungen berechnet sich der Kapitalwert, indem für jedes Jahr t der Investitionsdauer von n Jahren der Saldo aus den periodischen Einzahlungen (E_t) und Auszahlungen (A_t) auf den Zeitpunkt Null abgezinst wird. Der Kapitalwert ergibt sich dann aus der Addition der auf diese Weise berechneten Barwerte:

$$\begin{aligned} C_0 &= (E_0 - A_0) \cdot \frac{1}{(1+i)^0} + (E_1 - A_1) \cdot \frac{1}{(1+i)^1} + \cdots + (E_n - A_n) \cdot \frac{1}{(1+i)^n} \\ &= \sum_{t=0}^{n} (E_t - A_t) \cdot \frac{1}{(1+i)^t} \end{aligned}$$

Häufig beginnt ein Investitionsprojekt mit einer Anschaffungsauszahlung I_0, der noch keine Einzahlungen gegenüberstehen. Diese Zahlung muss nicht abgezinst werden, da sie zum Investitionszeitpunkt stattfindet. Des Weiteren können die Ein- und Auszahlungen, die im gleichen Jahr anfallen, zum sog. Einzahlungsüberschuss ($R_t = E_t - A_t$) saldiert werden. Unter Berücksichtigung dieser Vereinfachungen lässt sich die Kapitalwertformel wie folgt darstellen:

$$C_0 = -I_0 + \sum_{t=1}^{n} \frac{R_t}{(1+i)^t}$$

Vor diesem Hintergrund soll ein weiteres Beispiel betrachtet werden. Die Investition B lässt sich durch die in Tab. 2.5 dargestellte Zahlungsstruktur beschreiben. Im Vergleich zur Investition A zeichnet sich die Investition B durch ein höheres Investitionsvolumen und eine längere Investitionsdauer aus. Außerdem kommt es jährlich zu Einzahlungsüberschüssen.

Tab. 2.5: Zahlungsreihe der Investition B (Angaben in EUR)

Jahr	0	1	2	3	4	5	6
Nettozahlungen	−30.000	2.000	2.500	4.000	5.000	10.000	29.000

Die Kapitalwertberechnung führt bei Investition B zu folgendem Ergebnis:

$$\begin{aligned} C_0 &= -30.000 + \frac{2.000}{1+0{,}1} + \frac{2.500}{(1+0{,}1)^2} + \frac{4.000}{(1+0{,}1)^3} + \frac{5.000}{(1+0{,}1)^4} + \frac{10.000}{(1+0{,}1)^5} + \frac{29.000}{(1+0{,}1)^6} \\ &= 2.883{,}58\,€ \end{aligned}$$

Die Summe der Barwerte der Rückflüsse ist um 2.883,58 EUR größer als die Anschaffungsauszahlung. Auch die Investition B ist daher als vorteilhaft zu beurteilen.

Eine einfachere Berechnung des Kapitalwerts ist möglich, wenn die nominelle Höhe der Rückflüsse im Zeitablauf konstant bleibt, wenn also einer Anschaffungsauszahlung I0 über einen Zeitraum von n Jahren **konstante Rückflüsse** R gegenüberstehen. Die Kapitalwertgleichung lautet in einem solchen Fall wie folgt:

$$C_0 = -I_0 + \frac{R}{1+i} + \frac{R}{(1+i)^2} + \cdots + \frac{R}{(1+i)^n} = -I_0 + R \cdot \left[\frac{1}{1+i} + \frac{1}{(1+i)^2} + \cdots + \frac{1}{(1+i)^n}\right]$$

$$= -I_0 + R \cdot \sum_{t=1}^{n} \frac{1}{(1+i)^t}$$

Beim Faktor

$$\sum_{t=1}^{n} \frac{1}{(1+i)^t}$$

handelt es sich um eine geometrische Reihe, für die gilt:

$$\sum_{t=1}^{n} \frac{1}{(1+i)^t} = \frac{(1+i)^n - 1}{i \cdot (1+i)^n}$$

Die Kapitalwertgleichung für gleichmäßige Rückflüsse lässt sich demnach wie folgt vereinfachen:

$$C_0 = -I_0 + R\frac{(1+i)^n - 1}{i \cdot (1+i)^n}$$

Der Faktor $\frac{(1+i)^n - 1}{i \cdot (1+i)^n}$ wird als **Rentenbarwertfaktor** bezeichnet. Mit seiner Hilfe kann der Barwert einer Zahlungsreihe ermittelt werden, die aus n aufeinander folgenden, gleich hohen Zahlungen R besteht, wobei die Zahlungen R jeweils am Jahresende anfallen.

Beispielhaft wird die Investition C betrachtet, die bei einer Investitionsausgabe von 8.947 EUR fünf Jahre lang zu Einzahlungsüberschüssen von jeweils 2.300 EUR führt. Bei einem Kalkulationszins von 10 % besitzt diese Investition einen Kapitalwert von

$$C_0 = -8.947 + 2.300 \cdot \frac{(1+0{,}1)^5 - 1}{0{,}1 \cdot (1+0{,}1)^5} = -8.947 + 2.300 \cdot 3{,}791 = -228{,}19\text{ €}$$

Der Rentenbarwertfaktor kann die Berechnung des Kapitalwerts erheblich vereinfachen. Bei Anwendung der herkömmlichen Kapitalwertformel hätten alle fünf Einzahlungen auf den Investitionszeitpunkt abgezinst und addiert werden müssen, was zum gleichen Ergebnis geführt hätte.

Die Investition C weist einen Unterschied zu den Beispielen A und B auf, denn es ergibt sich ein negativer Kapitalwert. Dies bedeutet, dass der Barwert der Einzahlungsüberschüsse kleiner ist als die erforderliche Anschaffungsauszahlung. In diesem Fall ist dem Investor anzuraten, die Investition nicht durchzuführen.

Interpretation des Kapitalwerts

Nach der Berechnung des Kapitalwerts stellt sich nunmehr die Frage, wie dieser Betrag zu interpretieren ist. Es wurde bereits darauf hingewiesen, dass der Kalkulationszins die Mindestverzinsung repräsentiert, die ein Investor von einem Investitionsvorhaben erwartet. Darüber hinaus kann eine Investition nur dann vorteilhaft sein, wenn zumindest die Investitionsauszahlung wiedergewonnen wird. Im Folgenden soll daher untersucht werden, ob eine Investition mit einem positiven Kapitalwert diese Bedingungen erfüllt. Die Betrachtung erfolgt am Beispiel der Investition B, deren Kapitalwert sich auf 2.883,58 EUR beläuft.

Tab. 2.6: Zins- und Tilgungsplan für die Investition B (Kalkulationszinssatz = 10 %) (Angaben in EUR)

Jahr	Kapital Jahresanfang	Zahlung	Zinsen	Amortisation	Kapital Jahresende
1	−30.000,00	2.000,00	−3.000,00	−1.000,00	−31.000,00
2	−31.000,00	2.500,00	−3.100,00	−600,00	−31.600,00
3	−31.600,00	4.000,00	−3.160,00	840,00	−30.760,00
4	−30.760,00	5.000,00	−3.076,00	1.924,00	−28.836,00
5	−28.836,00	10.000,00	−2.883,60	7.116,40	−21.719,60
6	−21.719,60	29.000,00	−2.171,96	26.828,04	**5.108,44**

Der in Tab. 2.6 dargestellte **Zins- und Tilgungsplan** verdeutlicht die Überlegungen. Zu Beginn des ersten Jahrs besteht eine Kapitalbindung in Höhe der Anschaffungsauszahlung von 30.000 EUR. Der Rückfluss aus der Investition beläuft sich im ersten Jahr auf 2.000 EUR. Es wird eine Mindestverzinsung in Höhe des Kalkulationszinses von 10 % gefordert, sodass 3.000 EUR (= 30.000 · 10 %) für die Verzinsung des gebundenen Kapitals benötigt werden. Da aber nur ein Einzahlungsüberschuss in Höhe von 2.000 EUR anfällt, kann keine Amortisation des ausstehenden Kapitals erfolgen. Es kommt vielmehr zu einer „negativen Tilgung" von 1.000 EUR, was zu einer Kapitalbindung von 31.000 EUR am Ende des ersten Jahrs führt. Dieser Wert besitzt während des zweiten Jahrs Gültigkeit, sodass für die Verzinsung des gebundenen Kapitals nunmehr 3.100 EUR (= 31.000 · 10 %) benötigt werden. Wiederum ist der Einnahmeüberschuss mit 2.500 EUR kleiner als dieser Betrag, sodass sich das gebundene Kapital um 600 EUR auf 31.600 EUR erhöht.

Für diesen Betrag fallen im dritten Jahr 3.160 EUR an Zinsen an. Der Rückfluss aus der Investition beläuft sich auf 4.000 EUR, der Differenzbetrag von 840 EUR verbleibt für die Amortisation des ausstehenden Kapitals, das sich dadurch auf 30.760 EUR reduziert. Auch im vierten Jahr verringert sich die Kapitalbindung, denn neben den Zinsen von 3.076 EUR verbleiben 1.924 EUR für die Amortisation, wodurch sich ein Restkapital von 28.836 EUR ergibt. Vom Einzahlungsüberschuss des fünften Jahrs in Höhe von 10.000 EUR werden 2.883,60 EUR für die Verzinsung benötigt, die verbleibenden 7.116,40 EUR verringern das ausstehende Kapital auf 21.719,60 EUR. Der Rückfluss aus der Investition beläuft sich im Jahr 6 auf 29.000 EUR, wovon 2.171,96 EUR an Zinsen entnommen werden müssen. Für die Amortisation stehen 26.828,04 EUR zur Verfügung, das Restkapital beläuft sich aber nur noch auf 21.719,60 EUR. Dies bedeutet, dass am Ende der Investitionsdauer ein Überschuss von 5.108,44 EUR vorhanden ist. Durch Abzinsung kann dieser Endwert in den Kapitalwert überführt werden:

$$\frac{5.108,44}{1,1^6} = 2.883,58\,€ = C_0$$

Als Ergebnis ergibt sich der bereits bekannte Kapitalwert in Höhe von 2.883,58 EUR.

Es kann somit festgehalten werden, dass der Investor im Falle eines positiven Kapitalwerts nach der Beendigung der Investition drei Dinge erreicht:

- Zum Ersten sind die eingesetzten Mittel an den Investor zurückgeflossen, d. h. die Amortisation der Investitionsausgabe ist sichergestellt.
- Zum Zweiten verzinsen sich die jeweils noch ausstehenden Beträge zum Kalkulationszins. Dabei werden explizit Zinsen und Zinseszinsen berücksichtigt.
- Zum Dritten ergibt sich ein Überschuss im Sinne eines Vermögenszuwachses, dessen Barwert dem Kapitalwert entspricht.

Dieser Zusammenhang kann wie folgt interpretiert werden: Der Investor könnte zur Finanzierung der Investition einen Kredit zu 10 % aufnehmen und diesen verzinsen und zurückzahlen, darüber hinaus würde sich ein barwertiger Überschuss in Höhe von 2.883,58 EUR ergeben. Anders interpretiert müsste bei einer Kapitalanlagemöglichkeit zu 10 % ein Betrag von 32.883,58 EUR (= 30.000 + 2.883,58) investiert werden, um die gleichen Rückflüsse wie bei der betrachteten Investition zu erreichen.

Die Höhe des Kapitalwerts hängt von verschiedenen Faktoren ab. Zunächst spielt natürlich die Höhe der Ein- und Auszahlungen eine wichtige Rolle. Je größer die Einzahlungen und je geringer die Auszahlungen, desto größer ist der Kapitalwert. Weiterhin wird der Kapitalwert durch die zeitliche Verteilung der Zahlungen beeinflusst. Durch den Abzinsungseffekt sind bei einem positiven Kalkulationszins Einzahlungen umso „wertvoller“, je früher sie erfolgen. Kommt es nämlich schon sehr früh zu hohen Einzahlungen, dann werden diese in einem geringeren Ausmaß abgezinst, als wenn sie zu späteren Zeitpunkten anfallen würden. Dieser Effekt lässt sich sehr gut an der Investition B zeigen, die zu Beginn nur sehr geringe Rückflüsse aufweist. Zum Ende der Investitionsdauer kommt es dafür zu sehr hohen Einzahlungsüberschüssen. Würde die Struktur der Rückflüsse „umgedreht", d. h. in t = 1 mit 29.000 EUR beginnen und in t = 6 mit 2.000 EUR enden, dann würde die Investition statt 2.883,58 EUR einen Kapitalwert von 13.797,98 EUR erbringen:

$$C_0 = -30.000 + \frac{29.000}{1+0{,}1} + \frac{10.000}{(1+0{,}1)^2} + \frac{5.000}{(1+0{,}1)^3} + \frac{4.000}{(1+0{,}1)^4} + \frac{2.500}{(1+0{,}1)^5} + \frac{2.000}{(1+0{,}1)^6}$$
$$= 13.797{,}98\ €$$

Der Kalkulationszins als dritte Einflussgröße auf den Kapitalwert steht für die vom Investor verlangte Mindestverzinsung. Je höher diese Anforderung ist, desto geringer wird der darüber hinaus verbleibende Überschuss in Form des Kapitalwerts, d. h. der Kapitalwert sinkt mit steigendem Kalkulationszins. Ab einem bestimmten Zins ist eine Investition nicht mehr dazu in der Lage, die Zinsforderung des Investors zu erfüllen, sodass sich negative Kapitalwerte ergeben. Abb. 2.6 verdeutlicht diesen Zusammenhang für den Fall der Investition B, bei der der Kapitalwert ab einem Zinssatz von 12,13 % negativ wird.

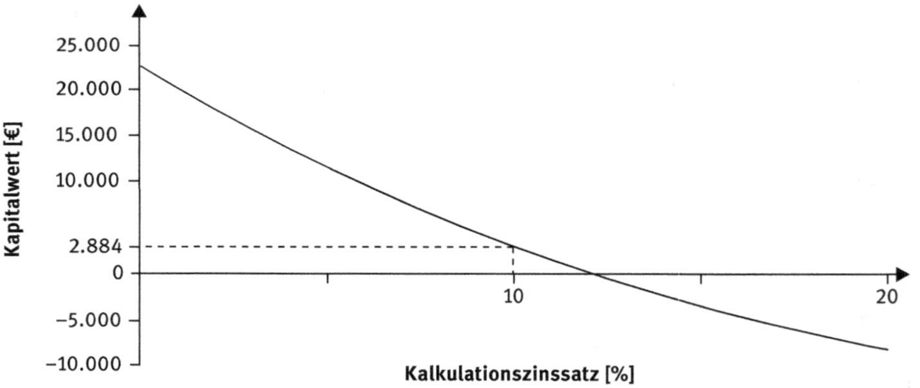

Abb. 2.6: Kapitalwert in Abhängigkeit vom Kalkulationszinssatz (Investition B)

2.2.3 Annuitätenmethode

Die Annuitätenmethode stellt eine Variante der Kapitalwertmethode dar. Beim Kapitalwert handelt es sich um den Gegenwartswert des Überschusses, der über die Wiedergewinnung und die Verzinsung der eingesetzten Mittel hinaus erwirtschaftet wird. In der Praxis wird aber häufig mit jahresbezogenen Größen gearbeitet. Beispielsweise basiert das gesamte externe Rechnungswesen auf einer jahresbezogenen

Perspektive. Viele Entscheidungsträger in einem Unternehmen sind durch eine periodenbezogene Sichtweise geprägt, sodass es manchen Personen schwer fällt, eine Barwertgröße, die einen gesamten Zahlungsstrom, der sich über viele Jahre erstrecken kann, zu einer Kennzahl verdichtet, korrekt zu interpretieren.

An diesem Punkt setzt die Annuitätenmethode an. Die Annuitätenmethode geht vom Kapitalwert aus und verteilt diesen in gleich hohe Raten über die Nutzungsdauer der Investition, d. h. der auf den Zeitpunkt t = 0 bezogene Überschuss wird periodisiert (vgl. Schierenbeck/Wöhle, 2016, S. 415). Im Gegensatz zur Kapitalwertmethode, der das Streben nach der Maximierung des Vermögens zugrunde liegt, trägt die Annuitätenmethode folglich dem **Denken in Periodenerfolgen** Rechnung (vgl. Kußmaul, 2008b, S. 293).

Abbildung 2.7 verdeutlicht die Vorgehensweise bei der Ermittlung der Annuität. Zunächst muss die Zahlungsreihe der Investition in den Kapitalwert überführt werden. In einem zweiten Schritt wird der Kapitalwert dann – wiederum unter Verrechnung von Zinseszinsen – in eine neue (fiktive) Reihe von jährlich gleich hohen Zahlungen umgewandelt, die der ursprünglichen Zahlungsreihe wirtschaftlich gleichwertig ist.

Die Transformation des Kapitalwerts in die konstanten Zahlungen kann unter Anwendung des Rentenbarwertfaktors oder des Wiedergewinnungsfaktors erfolgen, wobei der Wiedergewinnungsfaktor dem Kehrwert des Rentenbarwertfaktors entspricht. Wie bereits dargestellt wurde, können jährlich konstante Zahlungen durch Multiplikation der Rate mit dem Rentenbarwertfaktor in einen Barwert umgewandelt werden. Bei der hier betrachteten Anwendung ist der Barwert in Form des Kapitalwerts bekannt. Gesucht wird stattdessen die jährliche Rate. Diese lässt sich ermitteln, indem der Kapitalwert durch den Rentenbarwertfaktor dividiert oder mit dem Wiedergewinnungsfaktor multipliziert wird:

$$A = C_0 \cdot \frac{1}{\frac{(1+i)^n - 1}{i \cdot (1+i)^n}} = C_0 \cdot \underbrace{\frac{i \cdot (1+i)^n}{(1+i)^n - 1}}_{\text{Wieder-gewinnungs-faktor}}$$

Im Beispielfall (Investition B) ergibt sich eine Annuität von:

$$A = 2.883{,}58 \cdot \frac{0{,}1 \cdot 1{,}1^6}{1{,}1^6 - 1} = 662{,}09\,€$$

Da die Annuität unmittelbar aus dem Kapitalwert abgeleitet wird, sind die Ergebnisse in gleicher Weise zu interpretieren, d. h. eine Investition ist dann vorteilhaft, wenn ihre Annuität positiv ist, weil dann die Verzinsung und Rückführung des investierten Kapitals gesichert ist. Darüber hinaus erlaubt das Investitionsobjekt eine jährliche Entnahme eines Betrags in Höhe der Annuität.

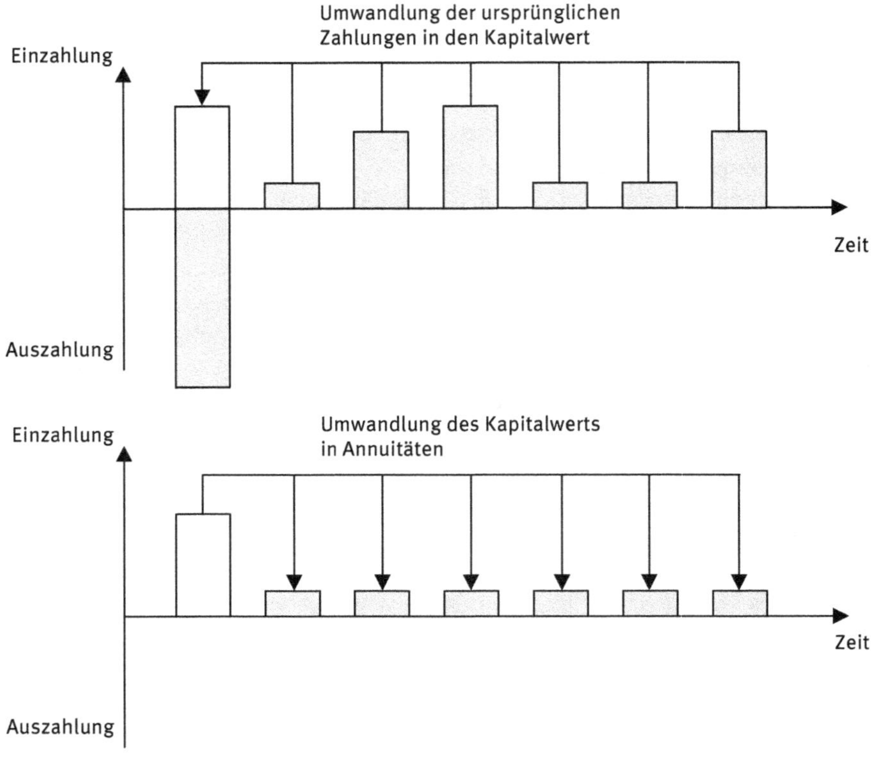

Abb. 2.7: Ermittlung der Annuität

Diese Interpretation der Annuität verdeutlicht Tab. 2.7. Neben der Verzinsung und der Rückzahlung des gebundenen Kapitals kann in jedem Jahr der Laufzeit ein Betrag in Höhe der Annuität von 662,09 EUR entnommen werden. Zum Ende der Investitionsdauer wird dann genau ein Endkapital von Null erreicht, d. h. bei den jährlichen Entnahmen reichen die Investitionsrückflüsse genau aus, um das investierte Kapital zu verzinsen und zurückzuführen.

Tab. 2.7: Zins- und Tilgungsplan bei jährlicher Entnahme der Annuität (Angaben in EUR)

Jahr	Kapitalbindung Jahresanfang	Zahlung	Zinsen	Entnahme	Tilgung	Kapitalbindung Jahresende
1	−30.000,00	2.000,00	−3.000,00	662,09	−1.662,09	−31.662,09
2	−31.662,09	2.500,00	−3.166,21	662,09	−1.328,30	−32.990,39
3	−32.990,39	4.000,00	−3.299,04	662,09	38,87	−32.951,52
4	−32.951,52	5.000,00	−3.295,15	662,09	1.042,76	−31.908,77
5	−31.908,77	10.000,00	−3.190,88	662,09	6.147,03	−25.761,73
6	−25.761,73	29.000,00	−2.576,17	662,09	25.761,74	0,00

2.2.4 Interne Zinsfußmethode

Der Interne Zinsfuß als Vorteilhaftigkeitskriterium

Ein weiteres Verfahren der dynamischen Investitionsrechnung, das sich auf die Kapitalwertmethode zurückführen lässt, ist die Methode des Internen Zinsfußes. Es wurde bereits gezeigt, dass ein positiver Kapitalwert neben der Rückgewinnung und Verzinsung des eingesetzten Kapitals die Erzielung eines Überschusses sicherstellt. Dies bedeutet, dass die Rendite des betrachteten Investitionsvorhabens den Kalkulationszins übersteigt.

Mit einem steigenden Kalkulationszinssatz sinkt der Kapitalwert, weil bei einer höheren geforderten Mindestverzinsung die im Kapitalwert zum Ausdruck kommenden Mehrerträge in „Zinsaufschläge" umgerechnet werden. Bei einem Kapitalwert von Null wurde der gesamte Überschuss transformiert, d. h. die Investition ist nur noch dazu in der Lage, die Investitionsauszahlung zu amortisieren und eine Verzinsung zum Kalkulationszins zu gewährleisten. Darüber hinaus kommt es zu keinem Vermögenszuwachs.

In einer derartigen Situation bringt der Kalkulationszins die Rendite des Investitionsobjekts zum Ausdruck. Dieser Zinssatz, der als „Interner Zinsfuß" bezeichnet wird, kann alleine jedoch noch nicht als Kriterium für die Vorteilhaftigkeit einer Investition fungieren. Eine entsprechende Aussage ist erst dann möglich, wenn die ermittelte Rendite mit der Mindestverzinsung verglichen wird. Aus diesem Grund ist ein Investitionsobjekt nach der Methode des Internen Zinsfußes dann vorteilhaft, wenn der Interne Zinsfuß i_{IZM} den Kalkulationszins übersteigt. Auch zur Lösung eines Auswahlproblems lässt sich der Interne Zinsfuß verwenden. Da der Interne Zinsfuß die Rendite einer Investition angibt, ist eine Investition umso vorteilhafter ist, je größer ihr Interner Zinsfuß ist. Daher ist von mehreren Investitionsalternativen diejenige auszuwählen, deren Interner Zinsfuß am größten ist.

Inhaltlich drückt der Interne Zinsfuß die Verzinsung des jeweils noch nicht amortisierten Kapitals aus. Bei einer Verzinsung zum Internen Zinsfuß reichen die Investitionsüberschüsse gerade aus, um den Kapitaleinsatz wiederzugewinnen und die Mindestverzinsung der jeweils noch gebundenen Mittel sicherzustellen. Tabelle 2.8 zeigt dies anhand eines Zins- und Tilgungsplans für die Investition B. Es wurde bereits im Zusammenhang mit der Kapitalwertkurve darauf hingewiesen, dass die Zahlungsreihe bei einem Kalkulationszins von ca. 12,13 % einen Kapitalwert von Null aufweist. Dieser Zins entspricht dem Internen Zinsfuß.

Tab. 2.8: Interpretation des Internen Zinsfußes (Angaben in EUR)

Jahr	Kapitalbindung Jahresanfang	Zahlung	Zinsen	Tilgung	Kapitalbindung Jahresende
1	−30.000,00	2.000,00	3.639,94	−1.639,94	−31.639,94
2	−31.639,94	2.500,00	3.838,91	−1.338,91	−32.978,85
3	−32.978,85	4.000,00	4.001,36	−1,36	−32.980,21

Tab. 2.8: (fortgesetzt)

Jahr	Kapitalbindung Jahresanfang	Zahlung	Zinsen	Tilgung	Kapitalbindung Jahresende
4	−32.980,21	5.000,00	4.001,53	998,47	−31.981,74
5	−31.981,74	10.000,00	3.880,38	6.119,62	−25.862,12
6	−25.862,12	29.000,00	3.137,88	25.862,12	0,00

Im ersten Jahr besteht die Kapitalbindung der Investition aus der Anschaffungsauszahlung, da es noch nicht zu Rückflüssen gekommen ist. Diese Kapitalbindung ist mit 12,13 % zu verzinsen, was einem Betrag von 3.639,94 EUR (= 30.000 · 12,13 %) entspricht (exakter Zinssatz = 12,133118 %). Der Einzahlungsüberschuss des ersten Jahrs beläuft sich lediglich auf 2.000 EUR, sodass sich die Kapitalbindung im ersten Jahr um 1.639,94 EUR auf 31.639,94 EUR erhöht. Für diese Kapitalbindung fallen zum Zeitpunkt t = 2 Zinsen in Höhe von 3.838,91 EUR an. Da der Einzahlungsüberschuss des zweiten Jahrs in Höhe von 2.500 EUR wiederum die Höhe der Zinsen nicht erreicht, erhöht sich die Kapitalbindung im zweiten Jahr um weitere 1.338,91 EUR. Erst im vierten Jahr kann ein Teil der Kapitalbindung amortisiert werden. Aus der Kapitalbindung zu Beginn des vierten Jahrs resultiert eine Zinszahlung in Höhe von 4.001,53 EUR. Bei einem Einzahlungsüberschuss dieses Jahrs in Höhe von 5.000 EUR verbleibt ein Betrag für die Tilgung der Kapitalbindung in Höhe von 998,47 EUR. Der Einzahlungsüberschuss und die Zinszahlung des fünften Jahrs führen zu einer Kapitalbindung im sechsten Jahr in Höhe von 25.862,12 EUR. Der Einzahlungsüberschuss von 29.000 EUR im sechsten Jahr reicht genau aus, um das ausstehende Kapital zu amortisieren und zu verzinsen, sodass zum Ende der Investitionsdauer das Kapital vollständig wiedergewonnen und verzinst wurde. Darüber hinaus verbleibt jedoch kein weiterer Vermögenszuwachs.

Der Interne Zinsfuß stellt somit ein Maß für die Effektivverzinsung eines Zahlungsstroms dar. Da in der unternehmerischen Praxis das Denken in Renditen weit verbreitet ist, erfreut sich die Methode des Internen Zinsfußes großer Beliebtheit und wird häufig der Kapitalwertmethode vorgezogen (vgl. Bieg/Kußmaul/Waschbusch, 2016b, S. 113).

Ermittlung des Internen Zinsfußes

Da der Interne Zinsfuß dem Zins entspricht, bei dem der Kapitalwert den Wert Null annimmt, besteht die mathematische Aufgabenstellung bei der Berechnung des Internen Zinsfußes darin, die Nullstelle der Kapitalwertfunktion zu ermitteln:

$$C_0 = -I_0 + \sum_{t=1}^{n} R_t \cdot \frac{1}{(1 + i_{IZM})^t} \stackrel{!}{=} 0$$

Bei der Kapitalwertgleichung und einer Investitionsdauer von n Jahren handelt es sich um ein Polynom n-ten Grads. Daher ist bei Nutzungsdauern von mehr als zwei Jahren i. d. R. keine exakte Berechnung des Internen Zinsfußes möglich.

Lediglich im Rahmen der nachfolgend aufgeführten **Spezialfälle** kann der Interne Zinsfuß exakt ermittelt werden:

– Der Zweizahlungsfall ist dadurch gekennzeichnet, dass es neben der Investitionsauszahlung zum Zeitpunkt t = 0 nur noch zu einer Einzahlung zum Zeitpunkt t = n kommt. Zwischenzeitliche Ein- oder Auszahlungen treten dagegen nicht auf. In einem solchen Fall besitzt die Kapitalwertgleichung folgendes Aussehen:

$$C_0 = -I_0 + \frac{R_n}{(1 + i_{IZM})^n}$$

Die Umformung dieser Gleichung führt zur Berechnungsvorschrift für den Internen Zinsfuß im Zweizahlungsfall:

$$i_{IZM} = \sqrt[n]{\frac{R_n}{I_0}} - 1$$

So weist beispielsweise ein Zerobond, der zu einem Kurs von 21,45 % erhältlich ist und der in 20 Jahren zu einem Kurs von 100 % zurückgezahlt wird, eine Rendite von 8 % auf:

$$i_{IZM} = \sqrt[20]{\frac{100}{21{,}45}} - 1 = 0{,}08 = 8\,\%$$

Neben Nullkuponanleihen kommt der Zweizahlungsfall typischerweise auch bei Investitionen in Grundstücke, Edelmetalle oder Kunstwerke vor.

– Ein weiterer Spezialfall, bei dem eine exakte Ermittlung des Internen Zinsfußes möglich ist, liegt bei Investitionen mit jährlich konstanten Rückflüssen vor. Bei gleichmäßigen Rückflüssen R lautet die Kapitalwertformel wie folgt:

$$C_0 = -I_0 + R \cdot RBF_n^{i_{IZM}}$$

Zwar kann aus dieser Gleichung der Zinssatz nicht direkt berechnet werden, allerdings kann ermittelt werden, welchen Wert der Rentenbarwertfaktor annehmen muss:

$$RBF_n^{i_{IZM}} = \frac{I_0}{R}$$

Da die Investitionsdauer n bekannt ist, kann der Wert des Zinssatzes einer hinreichend differenzierten Tabelle von Rentenbarwertfaktoren entnommen werden.

Führt beispielsweise eine Anschaffungsauszahlung von 167.600 EUR in den folgenden fünf Jahren jeweils zu Einzahlungsüberschüssen von 50.000 EUR, dann muss sich der Rentenbarwertfaktor auf 3,352 belaufen:

$$RBF_{5\,J.}^{i_{IZM}} = \frac{167.600}{50.000} = 3{,}352$$

Anhand der in Tab. 2.9 dargestellten Rentenbarwertfaktoren kann nun der Interne Zinsfuß festgestellt werden. Die Investitionsdauer liegt bei fünf Jahren. In der entsprechenden Zeile ist der Rentenbarwertfaktor von 3,352 zu suchen. Dieser Wert findet sich bei einem Kalkulationszinssatz von 15 %, d. h. der Interne Zinsfuß der Zahlungsreihe beläuft sich auf 15 %.

Tab. 2.9: Rentenbarwertfaktoren

		Kalkulationszinssatz					
		5 %	10 %	**15 %**	20 %	25 %	30 %
Laufzeit	1 Jahr	0,952	0,909	0,870	0,833	0,800	0,769
	2 Jahre	1,859	1,736	1,626	1,528	1,440	1,361
	3 Jahre	2,723	2,487	2,283	2,106	1,952	1,816
	4 Jahre	3,546	3,170	2,855	2,589	2,362	2,166
	5 Jahre	4,329	3,791	**3,352**	2,991	2,689	2,436

Der Interne Zinsfuß kann schließlich auch bei Zahlungsreihen, die sich über zwei Jahre erstrecken, exakt berechnet werden. In einem solchen Fall ist die folgende Gleichung zu lösen:

$$C_0 = -I_0 + R_1 \cdot \frac{1}{1 + i_{IZM}} + R_2 \cdot \frac{1}{(1 + i_{IZM})^2} \stackrel{!}{=} 0$$

Bei diesem Ausdruck handelt es sich um eine quadratische Gleichung. Wird $\frac{1}{1+i_{IZM}}$ durch x ersetzt, so folgt daraus:

$$x^2 + \frac{R_1}{R_2} \cdot x - \frac{I_0}{R_2} = 0$$

Gemäß der „p-q-Formel" ergibt sich:

$$x_{1,2} = -\frac{R_1}{2 \cdot R_2} \pm \sqrt{\left(\frac{R_1}{2 \cdot R_2}\right)^2 + \frac{I_0}{R_2}}$$

Die Lösung mit dem Minuszeichen vor der Quadratwurzel führt grundsätzlich zu einer negativen Lösung und ist somit ökonomisch nicht sinnvoll. Des Weiteren ist noch x durch $\frac{1}{1+i_{IZM}}$ zu ersetzen. Die Gleichung für den Internen Zinsfuß lautet dann wie folgt:

$$i_{IZM} = \frac{1}{-\frac{R_1}{2 \cdot R_2} + \sqrt{\left(\frac{R_1}{2 \cdot R_2}\right)^2 + \frac{I_0}{R_2}}} - 1$$

Beispielsweise weist eine Investition, die bei einer Anschaffungsauszahlung von 15.000 EUR zu Einzahlungsüberschüssen von 9.000 EUR im ersten Jahr und von 8.000 EUR im zweiten Jahr führt, einen Internen Zinsfuß von 8,95 % auf:

$$i_{IZM} = \frac{1}{-\frac{9.000\,€}{2 \cdot 8.000\,€} + \sqrt{\left(\frac{9.000\,€}{2 \cdot 8.000\,€}\right)^2 + \frac{15.000\,€}{8.000\,€}}} - 1 = 0{,}0895 = 8{,}95\,\%$$

Abgesehen von den genannten drei Spezialfällen ist eine exakte Berechnung des Internen Zinsfußes nicht möglich, weil es sich dann bei der Kapitalwertgleichung um ein Polynom höheren Grads handelt, das nicht nach i_{IZM} aufgelöst werden kann. In einem derartigen Fall bietet es sich an, auf eine Näherungslösung zurückzugreifen. Eine verbreitete Methode zur Ermittlung einer approximativen Lösung besteht in der linearen Interpolation (vgl. Bieg/Kußmaul/Waschbusch, 2016b, S. 108 ff.).

Eine lineare Interpolation vollzieht sich nach folgendem Prinzip: Zunächst wird ein Kapitalwert $C_{0,A}$ bei einem Zinssatz i_A berechnet. Dabei ist der Zinssatz i_A so zu wählen, dass er sich in der Nähe des vermuteten Internen Zinsfußes befindet. Für den bereits bekannten Beispielfall (Investition B) wurde bei einem Zins von $i_A = 10\,\%$ ein Kapitalwert in Höhe von $C_{0,A} = 2.883{,}58$ EUR ermittelt. Im nächsten Schritt ist ein zweiter Zins i_B zu wählen, bei dem sich ein Kapitalwert mit umgekehrtem Vorzeichen ergibt. Im Beispielfall war der Kapitalwert beim Zins i_A positiv. Dies bedeutet, dass der Interne Zinsfuß größer als i_A sein muss. Um einen negativen Kapitalwert zu erhalten, müsste der zweite Zinssatz größer als i_A sein. Für den Beispielfall wird ein Zins i_B von 13 % angenommen. Der Kapitalwert beläuft sich dann auf –1.076,59 EUR:

$$C_{0,B} = -30.000 + \frac{2.000}{1{,}13} + \frac{2.500}{1{,}13^2} + \frac{4.000}{1{,}13^3} + \frac{5.000}{1{,}13^4} + \frac{10.000}{1{,}13^5} + \frac{29.000}{1{,}13^6} = -1.076{,}59\,€$$

Damit sind zwei Koordinatenpunkte der Kapitalwertfunktion bekannt. Des Weiteren ist sichergestellt, dass sich der Interne Zinsfuß zwischen den beiden Zinssätzen i_A und i_B befindet. Für die Kapitalwertfunktion wird nun zwischen den beiden Koordinatenpunkten (i_A;$C_{0,A}$) und (i_B;$C_{0,B}$) ein linearer Verlauf unterstellt. Dies ermöglicht eine einfache Berechnung der Nullstelle. Es handelt sich jedoch nur um eine approximative Lösung, weil die Kapitalwertfunktion einen gekrümmten Verlauf besitzt. Der Interne Zinsfuß wird durch die Interpolation überschätzt. Abb. 2.8 verdeutlicht diesen Zusammenhang.

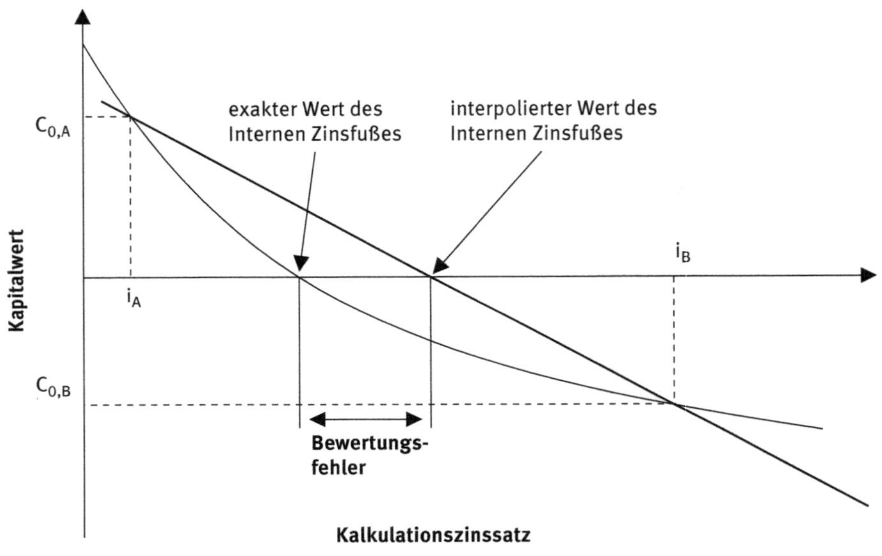

Abb. 2.8: Lineare Interpolation des Internen Zinsfußes

Die Gleichung zur approximativen Berechnung des Internen Zinsfußes beruht auf der Betrachtung zweier Dreiecke mit gleichen Winkeln aber unterschiedlichen Seitenlängen (vgl. Abb. 2.9). Derartige Dreiecke zeichnen sich dadurch aus, dass die Seitenverhältnisse übereinstimmen. Daher gilt:

$$\frac{C_{0,A}}{i_{IZM} - i_A} = \frac{C_{0,A} - C_{0,B}}{i_B - i_A}$$

Die Gleichung zur Berechnung des Internen Zinsfußes lautet somit:

$$i_{IZM} = C_{0,A} \cdot \frac{i_B - i_A}{C_{0,A} - C_{0,B}} + i_A$$

Im Beispielfall beläuft sich der approximierte Interne Zinsfuß daher auf 12,18 %:

$$i_{IZM} = 2.883{,}58 \cdot \frac{13\,\% - 10\,\%}{2.883{,}58 - (-1.076{,}59)} + 10\,\% = 12{,}18\,\%$$

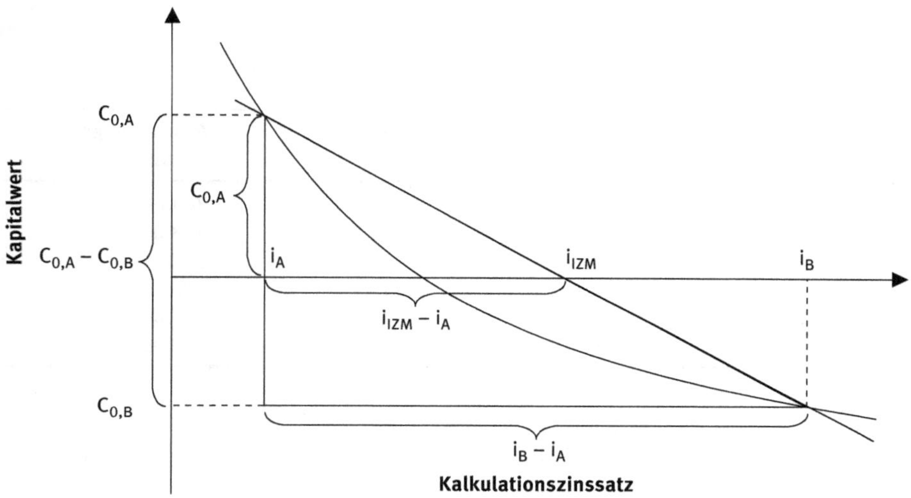

Abb. 2.9: Ermittlung des Internen Zinsfußes

Der exakte Interne Zinsfuß beträgt 12,133 %, d. h. es ist ein Bewertungsfehler von 0,047 Prozent-Punkten aufgetreten. Das Ergebnis ließe sich durch eine erneute Interpolation weiter verbessern, denn die Abweichung ist umso kleiner, je dichter die beiden Versuchszinssätze beieinander liegen. Es ist bekannt, dass der reale Interne Zinsfuß kleiner als der interpolierte Interne Zinsfuß sein muss. Es könnte daher z. B. eine erneute Interpolation zwischen 12 % und 12,18 % durchgeführt werden, was zu einem genaueren Ergebnis führen würde.

2.2.5 Dynamische Amortisationsrechnung

Ziel der dynamischen Amortisationsrechnung ist in Analogie zur statischen Amortisationsrechnung (vgl. Kap. 2.1.4) die Ermittlung der Amortisationsdauer, d. h. des Zeitraums, innerhalb dessen die Anschaffungsauszahlung über die Einnahmeüberschüsse wieder an den Investor zurückgeflossen ist.

Die Berechnung weicht hingegen von der statischen Amortisationsrechnung aufgrund der Tatsache ab, dass die dynamischen Verfahren den Zeitpunkt der Zahlungen über den Zinseszinseffekt berücksichtigen. Entsprechend ermittelt sich die dynamische Amortisationsdauer, indem die Barwerte der laufenden Einzahlungsüberschüsse so lange addiert werden, bis die kumulierten Barwerte dem Kapitaleinsatz entsprechen.

Das Vorgehen zur Berechnung der dynamischen Amortisationsdauer wird in Tab. 2.10 beispielhaft für die Investition B verdeutlicht.

Tab. 2.10: Bestimmung der dynamischen Amortisationsdauer der Investition B (Angaben in EUR)

Jahr	Einzahlungs-überschuss	Überschuss-barwert	kumulierter Barwert		Anschaffungs-auszahlung
1	2.000	1.818,18	1.818,18	<	30.000
2	2.500	2.066,12	3.884,30	<	30.000
3	4.000	3.005,26	6.889,56	<	30.000
4	5.000	3.415,07	10.304,63	<	30.000
5	10.000	6.209,21	16.513,84	<	30.000
6	29.000	16.369,74	32.883,58	<	30.000

Im ersten Jahr wird ein Einzahlungsüberschuss in Höhe von 2.000 EUR erzielt, dessen Barwert sich durch Diskontierung berechnen lässt:

$$\frac{2.000}{1{,}1^1} = 1.818{,}18\,€$$

Der Überschuss des zweiten Jahrs weist einen Barwert von 2.066,12 EUR auf, entsprechend ergibt sich ein kumulierter Barwert in Höhe von 3.884,30 EUR. Bis zum Ende der zweiten Periode wurden folglich 3.884,30 EUR des Kapitaleinsatzes zurückgewonnen. Die Anschaffungsauszahlung in Höhe von 30.000 EUR amortisiert sich innerhalb der Periode 6. Am Ende dieser Periode wird ein kumulierter Barwert von 32.883,58 EUR erzielt. Dies sind 2.883,58 EUR mehr als der Kapitaleinsatz, d. h. von dem Barwert des Einzahlungsüberschusses im sechsten Jahr werden nur 13.486,16 EUR (= 16.369,74 – 2.883,58) für die Amortisation der Investitionsausgabe benötigt. Dies entspricht ca. 82,4 % der gesamten Überschüsse dieser Periode. Geht man davon aus, dass die Einzahlungsüberschüsse gleichmäßig über das Jahr verteilt sind, so ergibt sich eine dynamische Amortisationsdauer von 5,824 Jahren.

Die Interpretation der berechneten Amortisationsdauer beruht – ebenfalls in Analogie zur statischen Amortisationsrechnung – ausschließlich auf **Risikogesichtspunkten.** Eine Investition mit kurzer Amortisationsdauer ist in geringerem Maße mit dem Risiko behaftet, das investierte Kapital nicht zurückzuerhalten. Die Bewertung der Vorteilhaftigkeit der Investition erfordert abermals die Kenntnis der vom Investor geforderten maximalen Amortisationsdauer. Nur wenn diese unterschritten wird, ist die Investition vorteilhaft.

Die Amortisationsdauer stellt jedoch – ebenso wie in der statischen Amortisationsrechnung – keinen Maßstab für die Rendite des Investitionsvorhabens dar. Investitionsprojekte, die erst zu späteren Zeitpunkten hohe Einzahlungsüberschüsse erbringen, werden in der Amortisationsrechnung benachteiligt, da Zahlungen, die erst nach Ablauf der Amortisationsdauer anfallen, keine Berücksichtigung finden (vgl. Bieg/Kußmaul/Waschbusch, 2016b, S. 116). Auch die dynamische Amortisationsrechnung sollte daher im Rahmen der Investitionsentscheidung nur ergänzend zu anderen Methoden verwendet werden.

2.3 Anwendungsfragen der dynamischen Verfahren

2.3.1 Steuern in der Investitionsrechnung

Problemfeld bei der Berücksichtigung von Steuern in der Investitionsrechnung

In der realen Welt sind Unternehmen und Investoren verpflichtet, durch die Zahlung von Steuern den Staat an ihren wirtschaftlichen Tätigkeiten und ihrem wirtschaftlichen Erfolg partizipieren zu lassen. Im Rahmen von unternehmerischen Entscheidungen sind Steuerzahlungen von erheblicher Bedeutung und müssen somit auch bei der Investitionsentscheidung berücksichtigt werden. Steuerzahlungen können dabei bewirken, dass

- sich die Vorteilhaftigkeit einer Investition verringert,
- aus einer unvorteilhaften Investition durch die Steuerwirkungen eine vorteilhafte Investition wird (sog. Steuerparadoxon),
- sich die Rangfolge bei der Betrachtung von mehreren Investitionsalternativen gegenüber dem Nichtsteuerfall verändert oder
- sich die optimale Nutzungsdauer von Investitionsobjekten durch die Wirkungen von Steuern verändert.

Ist einer dieser Effekte bei der Investitionsbewertung zu erwarten, sind für eine entscheidungsrelevante Investitionsbeurteilung Steuerzahlungen zu berücksichtigen (vgl. Schierenbeck/Wöhle, 2011, S. 343 ff.).

In der Realität zeichnen sich Steuersysteme durch eine hohe Komplexität mit einer Vielzahl von unterschiedlichen Steuerarten aus, die auf Basis von unterschiedlichen Bemessungsgrundlagen und Steuersätzen ermittelt werden (vgl. Kruschwitz, 2014, S. 117 ff.). Daher wird oftmals ein vereinfachtes Steuersystem für die Investitionsbewertung unterstellt. So ist es zunächst zweckmäßig, zwischen Kosten- und Gewinnsteuern zu unterscheiden. Kostensteuern (z. B. Kraftfahrzeugsteuer, Grundsteuer, Mineralölsteuer) stellen aus der Perspektive des Unternehmens Kosten dar und lassen sich ohne großen Aufwand als zusätzliche Auszahlung in den Zahlungsstrom der Investition integrieren. Dagegen ist die Berücksichtigung der Gewinnsteuern (z. B. Körperschaftsteuer, Gewerbeertragsteuer, Einkommensteuer) komplizierter und mit höherem Aufwand verbunden. Gewinnsteuern müssen auf das Einkommen und den Gewinn geleistet werden. Für die Ermittlung des Einkommens oder des Gewinns ist die Betrachtung des Investitionszahlungsstroms jedoch nicht ausreichend. Zusätzlich müssen weitere zahlungswirksame und nicht zahlungswirksame Aufwand- und Ertragsgrößen bei der Einkommens- bzw. Gewinnermittlung berücksichtigt werden. Damit der Aufwand für die Ermittlung der Steuerwirkungen in einem vertretbaren Verhältnis zum Nutzen in Form einer realitätsnäheren Investitionsbeurteilung steht, werden oftmals folgende vereinfachende Annahmen getroffen (vgl. Schierenbeck/ Wöhle, 2011, S. 344):

- Für sämtliche Gewinnsteuerarten wird eine einheitliche Bemessungsgrundlage unterstellt, sodass der gesamte Gewinnsteuereffekt durch einen einheitlichen Steuersatz abgedeckt werden kann.
- Gewinne und Einkommen werden proportional versteuert, d. h. der Steuersatz s ist konstant und unabhängig von der Höhe des zu versteuernden Gewinns oder Einkommens. Die in der Realität häufig vorliegende Steuerprogression sowie Freibeträge und -grenzen werden nicht berücksichtigt.
- Die zu versteuernde Ertragsgröße wird durch Kürzung des Periodenüberschusses um Abschreibungen und Fremdkapitalzinsen und ggf. durch Zurechnung von Zinserträgen berechnet

	Periodenüberschuss (R_t)
–	Periodenabschreibungen (AfA_t)
+/–	Periodenzinsaufwand/-ertag (Z_t)
=	zu versteuernder Gewinn (G_t)

- Die Steuerzahlungen auf den zu versteuernden Gewinn werden in der Periode geleistet, in der der Gewinn anfällt. Bei einem negativen zu versteuernden Gewinn erfolgt ein sofortiger Verlustausgleich, der zu einer negativen Steuerzahlung führt.
- Das Unternehmen gibt die Gewinnsteuerzahlungen nicht in Form von Preiserhöhungen an seine Kunden weiter, der Vorsteuerzahlungsstrom ist unabhängig von der Besteuerung.
- Positive und negative Steuerzahlungen können einer Investition direkt zugeordnet werden.

Für die Berücksichtigung der Steuerwirkungen existieren unterschiedliche Modifikationen des Kapitalwertkriteriums (z. B. Basismodell, Bruttomethode, Zinsmodell). Im Folgenden wird jedoch das sog. Standardmodell betrachtet und angewendet, da das Standardmodell zu einem „korrekten" Nachsteuerkapitalwert führt.

Das Standardmodell zur Berücksichtigung von Steuern in der Investitionsrechnung
Im Standardmodell werden die Wirkungen von Steuern sowohl im Zahlungsstrom als auch im Kalkulationszinssatz berücksichtigt (vgl. Bieg/Kußmaul/Waschbusch, 2016b, S. 164). Steuerzahlungen werden unmittelbar zahlungswirksam und verändern den ursprünglichen Zahlungsstrom der Investition, der Zahlungsstrom nach Steuern weicht somit vom ursprünglichen Zahlungsstrom ab. Dabei ist zu berücksichtigen, dass zur Berechnung der Steuerzahlungen nur der Abschreibungsaufwand vom Periodenüberschuss abgezogen wird. Die Zinsaufwendungen bzw. -erträge werden dagegen im Zahlungsstrom nicht direkt berücksichtigt, sondern wie bereits im klassischen Kapitalwertkriterium, durch den Kalkulationszinssatz abgebildet.

Zur Berücksichtigung der Auswirkungen von Zinsaufwendungen und -erträgen auf die Steuerzahlungen muss der Kalkulationszinssatz angepasst werden. Durch die Anpassung ist sicherzustellen, dass die Steuerwirkungen auch im Vergleichsmaßstab berücksichtigt werden:

- Bei einer opportunitätsorientierten Ableitung des Kalkulationszinssatzes ist zu berücksichtigen, dass auch die Erträge der Opportunität zu versteuern sind. Somit ist als Kalkulationszinssatz die Nachsteuerrendite der Opportunität zu verwenden. So kann sichergestellt werden, dass der Nachsteuerzahlungsstrom der Investition mit einer versteuerten Alternative verglichen wird.
- Dagegen ist bei der finanzierungsorientierten Ableitung des Kalkulationszinssatzes zu berücksichtigen, dass die Zinszahlungen einen Aufwand darstellen und den zu versteuernden Gewinn verringern. Dadurch wird ein Teil der zu zahlenden Zinsaufwendungen durch die verringerte Steuerzahlung kompensiert, sodass der effektive Zinsaufwand geringer ausfällt. Dieser geringere Zinsaufwand wird durch eine Korrektur des Kalkulationszinssatzes berücksichtigt.

Sofern der opportunitäts- und finanzierungsorientierte Vorsteuerkalkulationszinssatz identisch ist, resultiert durch die Steuerkorrektur auch ein einheitlicher Nachsteuerkalkulationszinssatz. Insgesamt führt die Berücksichtigung von Steuerzahlungen bei einem positiven Steuersatz zu einem niedrigeren Kalkulationszinssatz. Die Berechnung des steuerkorrigierten Zinssatzes i_s ist mit der folgenden Formel möglich (vgl. Adam, 2000, S. 177):

$$i_{St} = i \cdot (1 - s)$$

mit: i = Kalkulationszinssatz
s = einheitlicher Steuersatz
i_{St} = steuerkorrigierter Zinssatz

Zur Berechnung des Zahlungsstroms nach Steuern werden vom ursprünglichen Zahlungsstrom die Steuerzahlungen abgezogen. Für die Berechnung der periodischen

Steuerzahlung wird die Differenz zwischen dem Periodenüberschuss und den Abschreibungen mit dem einheitlichen Steuersatz multipliziert (vgl. Perridon/Steiner/Rathgeber, 2017, S. 84).

$$ST_t = s \cdot (R_t - AfA)$$

mit: R_t = Periodenüberschuss
AfA = Abschreibungen

Der Zahlungsstrom nach Steuern wird mit dem steuerkorrigierten Zinssatz diskontiert, um den Kapitalwert nach Steuern zu berechnen:

$$C_{0,n.St} = -I_0 + \sum_{t=1}^{n} \frac{R_t - s \cdot (R_t - AfA)}{(1 + i_{St})^t} = -I_0 + \sum_{t=1}^{n} \frac{R_t - ST_t}{(1 + i_{St})^t}$$

Die Anwendung des Standardmodells soll anhand einer Beispielinvestition verdeutlicht werden. Der Vorsteuerzahlungsstrom ist in Tab. 2.11 enthalten, der Kalkulationszinssatz beträgt 10 %. Ohne die Berücksichtigung von Steuern weist die Investition einen Kapitalwert in Höhe von 596,95 EUR auf, die Investition ist somit vorteilhaft.

Tab. 2.11: Zahlungsstrom des Beispiels zum Standardmodell (Angaben in EUR)

Zeitpunkt (t)	0	1	2	3	4
Zahlungen	−20.000	6.000	7.000	7.000	6.000

$$C_{0,v.St} = -20.000 + \frac{6.000}{1 + 0{,}1} + \frac{7.000}{(1 + 0{,}1)^2} + \frac{7.000}{(1 + 0{,}1)^3} + \frac{6.000}{(1 + 0{,}1)^4} = 596{,}95\,€$$

Im Rahmen der Investitionsbewertung sollen nun auch Steuerzahlungen berücksichtigt werden. Der einheitliche Steuersatz auf die Gewinne des Unternehmens beträgt s = 30 %. Die Investitionsauszahlung von 20.000 EUR soll gleichmäßig über die vier Perioden der Investitionslaufzeit abgeschrieben werden, sodass periodische Abschreibungen in Höhe von 5.000 EUR (= 20.000: 4) resultieren. Zunächst ist der steuerkorrigierte Kalkulationszinssatz zu bestimmen, dieser beträgt 7 %.

$$i_{St} = 10\,\% \cdot (1 - 30\,\%) = 7\,\%$$

Für die Kapitalwertberechnung wird der Zahlungsstrom nach Steuern benötigt. Die Zahlungen der einzelnen Perioden verringern sich dabei um die positiven

Steuerzahlungen und erhöhen sich, wenn negative Steuerzahlungen aufgrund eines Periodenverlusts anfallen. Im betrachteten Beispiel verringert sich somit die Zahlung der ersten Periode von 6.000 EUR auf 5.700 EUR (= 6.000 – 0,3 · (6.000 – 5.000)).

Auf Basis des Nachsteuerzahlungsstroms kann mithilfe des steuerkorrigierten Zinssatzes anschließend der Kapitalwert nach Steuern in Höhe von 489,92 EUR berechnet werden:

$$C_{0,n.St} = -20.000 + \frac{6.000 - 0{,}3 \cdot (6.000 - 5.000)}{1 + 0{,}07} + \frac{7.000 - 0{,}3 \cdot (7.000 - 5.000)}{(1 + 0{,}07)^2}$$
$$+ \frac{7.000 - 0{,}3 \cdot (7.000 - 5.000)}{(1 + 0{,}07)^3} + \frac{6.000 - 0{,}3 \cdot (6.000 - 5.000)}{(1 + 0{,}07)^4} = 489{,}92\,€$$

Auch bei der Berücksichtigung von Steuern bleibt die Investition vorteilhaft, jedoch hat sich der Kapitalwert im Vergleich zum Nichtsteuerfall verringert. Während der Investitionslaufzeit müssen im ersten und im vierten Jahr jeweils 300 EUR Steuern gezahlt werden, im zweiten und dritten Jahr fallen sogar Steuerzahlungen von je 600 EUR an. Da jedoch der Kalkulationszinssatz durch die Steuerberücksichtigung von 10 % auf 7 % sinkt, wird ein Teil der zusätzlichen Auszahlungen kompensiert, sodass der Kapitalwert nur um 107,03 EUR (= 586,95 – 489,92) sinkt.

Das Steuerparadoxon im Standardmodell

Im zuvor betrachteten Beispiel ist der Kapitalwert durch die Berücksichtigung von Steuern gesunken. Die Berücksichtigung von Steuern führt jedoch nicht zwangsläufig zu einer Verringerung des Kapitalwerts. Auch eine gegenläufige Entwicklung des Kapitalwerts ist möglich, d. h. der Kapitalwert kann sich durch die Berücksichtigung von Steuern erhöhen. Insbesondere kann eine Investition durch die Berücksichtigung von Steuern einen positiven Kapitalwert aufweisen, während ihr Kapitalwert ohne Betrachtung von Steuern negativ ist (vgl. Götze, 2014, S. 141). Dieser Effekt wird als das Steuerparadoxon bezeichnet (vgl. Schneider, 1992, S. 206 ff.).

Das Steuerparadoxon soll zunächst anhand eines Beispiels verdeutlicht werden. Der Zahlungsstrom der Investition ist in Tab. 2.12 abgebildet, der Kalkulationszinssatz vor Steuern beträgt 10 %, die Steuerquote liegt bei 30 % und die Anschaffungsauszahlung wird gleichmäßig über die Investitionslaufzeit abgeschrieben.

Tab. 2.12: Zahlungsstrom zur Verdeutlichung des Steuerparadoxons (Angaben in EUR)

Zeitpunkt (t)	**0**	**1**	**2**	**3**	**4**
Zahlungen	–20.000	0	9.000	9.000	8.300

Berechnet man für diese Investition den Kapitalwert vor Steuern, erhält man einen negativen Wert von –131,14 EUR, die Investition ist somit unvorteilhaft.

$$C_{0,v.St} = -20.000 + \frac{0}{1+0,1} + \frac{9.000}{(1+0,1)^2} + \frac{9.000}{(1+0,1)^3} + \frac{8.300}{(1+0,1)^4} = -131,14\,€$$

Bezieht man anschließend Steuern in die Investitionsbewertung ein, erhält man einen positiven Kapitalwert in Höhe von 158,58 EUR. Die Investition ist im Steuer-Fall als vorteilhaft zu beurteilen.

$$\begin{aligned} C_{0,n.St} = -20.000 &+ \frac{0 - 0,3 \cdot (0 - 5.000)}{1 + 0,07} + \frac{9.000 - 0,3 \cdot (9.000 - 5.000)}{(1+0,07)^2} \\ &+ \frac{9.000 - 0,3 \cdot (9.000 - 5.000)}{(1+0,07)^3} + \frac{8.300 - 0,3 \cdot (8.300 - 5.000)}{(1+0,07)^4} = 158,58\,€ \end{aligned}$$

Die Änderung der Vorteilhaftigkeit der Investition kann auf die Wirkungen der Steuern auf den Zahlungsstrom und auf den Kalkulationszinssatz zurückgeführt werden. Die Steuerzahlungen verändern den ursprünglichen Zahlungsstrom. Während im zweiten, dritten und vierten Jahr der Einzahlungsüberschuss durch die Steuerzahlungen geringer ausfällt, erhöht sich im ersten Jahr der Einzahlungsüberschuss um 1.500 EUR, da in diesem Jahr eine negative Steuerzahlung anfällt. Zusätzlich verringert sich der Kalkulationszinssatz durch die Steuerkorrektur von 10 % auf 7 %. Beim Steuerparadoxon überkompensieren die positiven Wirkungen, d. h. die Verringerung des Kalkulationszinssatzes und die negative Steuerzahlung zum Ausgleich des Verlusts in der ersten Periode, die positiven Steuerzahlungen im zweiten, dritten und vierten Jahr.

Von zentraler Bedeutung für das Steuerparadoxon ist dabei die Höhe des Steuersatzes. Diese entscheidet, ob die positiven Wirkungen die negativen Konsequenzen der Berücksichtigung von Steuern überkompensieren. Die Abhängigkeit des Kapitalwerts vom Steuersatz wird für das für betrachtete Beispiel in Abb. 2.10 dargestellt. Bei einem Steuersatz von s = 0 % beträgt der Kapitalwert –131,14 EUR. Dieser nimmt zunächst mit einer steigenden Steuerquote zu. Der Kapitalwert der Investition ist positiv, wenn der Steuersatz über 11,50 % liegt. Den maximalen Kapitalwert von 256,82 EUR weist die Investition bei einem Steuersatz von 58,26 % auf. Nachdem die Kapitalwertkurve ihren Hochpunkt überschritten hat, geht der Kapitalwert bei einer weiter steigenden Steuerquote wieder zurück und liegt bei s = 100 % bei 0 EUR.

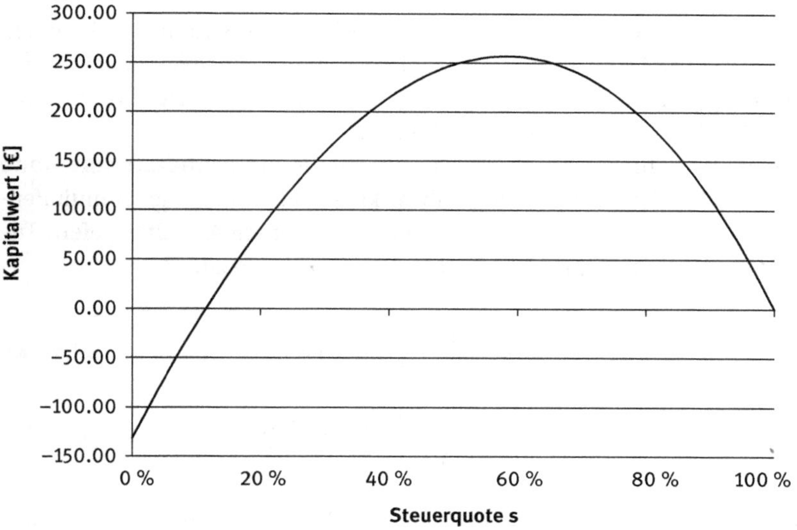

Abb. 2.10: Verlauf der Kapitalwertkurve beim Steuerparadoxon

2.3.2 Auswahlentscheidung zwischen mehreren Investitionsobjekten

Problemfelder bei Auswahlentscheidungen

Die bisherigen Ausführungen beschränkten sich auf die Vorteilhaftigkeitsanalyse einzelner Investitionsprojekte. Neben der Annahme oder Ablehnung einer einzelnen Investition ist bei einer Investitionsentscheidung jedoch häufig auch eine Auswahl aus Investitionsalternativen vorzunehmen. Die folgenden Ausführungen beschäftigen sich mit dem Fall, dass von mehreren Investitionsalternativen nur ein Projekt durchgeführt werden kann.

Die in Kap. 2.2.2 vorgestellte **Kapitalwertmethode** kann auch im Rahmen einer Auswahl zwischen mehreren Investitionsalternativen eingesetzt werden. Vor dem Hintergrund der Interpretation des Kapitalwerts ist der Vergleich mehrerer Investitionsobjekte bei oberflächlicher Betrachtung unproblematisch. Da der Kapitalwert über den Vermögenszuwachs einer Investition informiert, erscheint diejenige Investition am vorteilhaftesten, die den größten Kapitalwert aufweist. Im Folgenden soll die Situation betrachtet werden, dass eine Auswahlentscheidung zwischen den bereits bekannten Investitionen A und B zu treffen ist. Die Kapitalwerte der einzelnen Investitionen berechnen sich zu:

$$C_0^A = -15.000 + \frac{22.500}{(1+0,1)^3} = 1.904,58\,€$$

$$C_0^B = -30.000 + \frac{2.000}{1+0,1} + \frac{2.500}{(1+0,1)^2} + \frac{4.000}{(1+0,1)^3} + \frac{5.000}{(1+0,1)^4} + \frac{10.000}{(1+0,1)^5} + \frac{29.000}{(1+0,1)^6} = 2.883,58\,€$$

Investition A besitzt einen Kapitalwert von 1.904,58 EUR, Investition B weist einen Kapitalwert von 2.883,58 EUR auf. Eine Auswahlentscheidung nach dem Kapitalwertkriterium müsste zugunsten der Investition B ausfallen, da hier der Nettovermögenszuwachs um 979 EUR höher ist als bei Investition A.

Für einen Vorteilhaftigkeitsvergleich kann ebenfalls die **Annuitätenmethode** eingesetzt werden. Vergleichbar dem Kapitalwertkriterium ist nach der Annuitätenmethode diejenige Investition zu wählen, welche eine höhere Annuität liefert. Die Annuitäten für die Investitionsprojekte A und B berechnen sich zu:

$$A^A = 1.904{,}58 \cdot \frac{0{,}1 \cdot 1{,}1^3}{1{,}1^3 - 1} = 765{,}86\,€$$

$$A^B = 2.883{,}58 \cdot \frac{0{,}1 \cdot 1{,}1^6}{1{,}1^6 - 1} = 662{,}09\,€$$

Nach der Annuitätenmethode ist das Investitionsprojekt A vorzuziehen, da dessen Annuität um 103,77 EUR höher ist als die Annuität des Investitionsprojekts B.

Als drittes Verfahren kann schließlich die **Interne Zinsfußmethode** auf die beiden Investitionsalternativen angewendet werden. Der Interne Zinsfuß der Investition A beträgt 14,47 %:

$$C_0^A = -15.000 + \frac{22.500}{(1 + 0{,}1447)^3} = 0$$

Für Investition B berechnet sich der Interne Zinsfuß zu 12,13 %:

$$C_0^B = -30.000\,€ + \frac{2.000\,€}{1 + 0{,}1213} + \frac{2.500\,€}{(1 + 0{,}1213)^2} + \frac{4.000\,€}{(1 + 0{,}1213)^3} + \frac{5.000\,€}{(1 + 0{,}1213)^4} + \frac{10.000\,€}{(1 + 0{,}1213)^5} + \frac{29.000\,€}{(1 + 0{,}1213)^6} = 0$$

Der Interne Zinsfuß als Renditemaßstab übertrifft bei beiden Projekten den Kalkulationszins in Höhe von 10 %. Damit sind beide Investitionen für sich genommen als vorteilhaft zu interpretieren. Da der Interne Zinsfuß die Rendite einer Investition anzeigt, leuchtet es unmittelbar ein, dass eine Investition umso vorteilhafter ist, je größer ihr Interner Zinsfuß ausfällt. In dem Beispielfall ist damit die Investitionsalternative A auszuwählen, da deren Interner Zinsfuß den Internen Zinsfuß von Investition B übersteigt.

Tabelle 2.13 stellt die Ergebnisse der verschiedenen Investitionsrechnungsverfahren zusammenfassend dar. Die Ergebnisse aus Tab. 2.13 zeigen, dass die Entscheidung für eine Investitionsalternative von der verwendeten Methode abhängt. Während nach dem Kapitalwertkriterium Investition B am vorteilhaftesten ist, fällt die Investitionsentscheidung nach der Annuitätenmethode und dem Internen Zinsfußkriterium zugunsten von Investition A aus.

Tab. 2.13: Auswahlentscheidung bei Anwendung unterschiedlicher Investitionsrechnungsverfahren

	Kapitalwert (€)	Annuität (€)	Interner Zinsfuß (%)
Investition A	1.904,58	765,86	14,47
Investition B	2.883,58	662,09	12,13
Investitionsentscheidung	B	A	A

Insbesondere die unterschiedliche Vorteilhaftigkeit nach dem Kapitalwertkriterium und der Annuitätenmethode erscheint zunächst überraschend, da letztere auf der Kapitalwertmethode beruht. Dieser Unterschied lässt sich jedoch dadurch erklären, dass die Investitionen unterschiedliche Laufzeiten besitzen und daher auch die Kapitalwerte auf unterschiedliche Laufzeiten verteilt werden. Die Annuität von Investition B bezieht sich im Vergleich zu Investition A auf eine doppelt so lange Laufzeit. Die Unterschiede in der Bewertung nach der Kapitalwert- und der Annuitätenmethode können dadurch beseitigt werden, dass bei allen zu vergleichenden Investitionsprojekten auf die längste Laufzeit zurückgegriffen wird (vgl. Perridon/Steiner/Rathgeber, 2017, S. 69). Damit ergibt sich die Annuität von Investition A zu:

$$A^A = 1.904{,}58 \cdot \frac{0{,}1 \cdot 1{,}1^6}{1{,}1^6 - 1} = 437{,}31\,€$$

Die Annuität von Investition B ist jetzt größer als die Annuität von Investition A. Damit stimmt die Vorteilhaftigkeit nach der Annuitätenmethode wieder mit der nach dem Kapitalwertkriterium überein. Beziehen sich zwei Investitionen auf die gleiche Laufzeit, dann führen das Kapitalwertkriterium und die Annuitätenmethode immer zur gleichen Rangordnung.

Etwas schwieriger sind die Unterschiede zwischen der Kapitalwertmethode und der Internen Zinsfußmethode zu erklären. Grafisch lässt sich die Problematik der unterschiedlichen Auswahlentscheidungen mithilfe der Kapitalwertfunktionen veranschaulichen.

Abbildung 2.11 zeigt, dass Investition B bei einem Kalkulationszinssatz in Höhe von 10 % einen höheren Kapitalwert gegenüber Investition A aufweist. Darüber hinaus wird deutlich, dass Investition B aufgrund des steileren Verlaufs der Kapitalwertfunktion die x-Achse bei einem im Vergleich zu Investition A niedrigeren Zinssatz schneidet. Der Interne Zinsfuß von Investition B ist damit geringer als der Interne Zinsfuß von Investition A. Unterschiedliche Rangordnungen zwischen Kapitalwert- und Internem Zinsfußkriterium liegen immer dann vor, wenn sich die Kapitalwertfunktionen bei einem Zinssatz schneiden, der sich zwischen dem Kalkulationszinssatz und dem Internen Zinsfuß einer Investition befindet. In dem Beispielfall liegt der Schnittpunkt der beiden Kapitalwertfunktionen bei ca. 11 %.

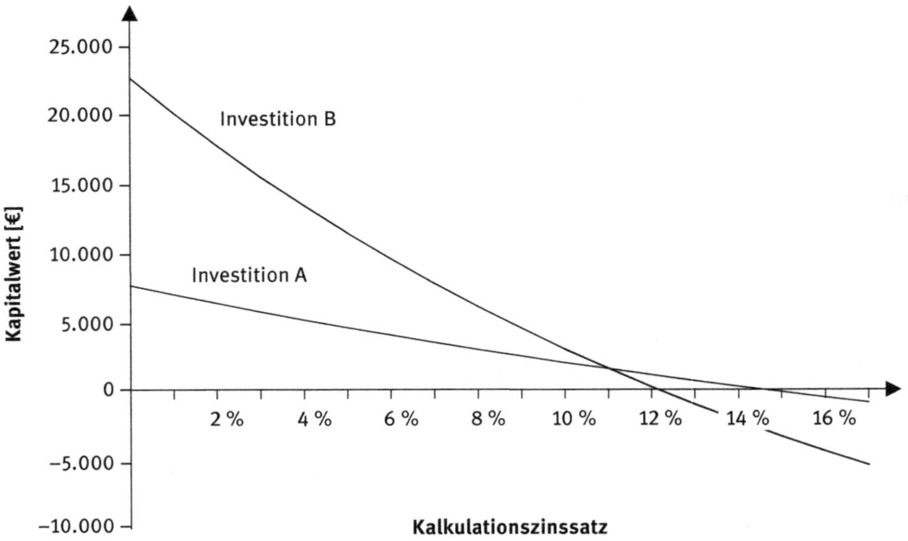

Abb. 2.11: Kapitalwertfunktionen der Investitionen A und B

Grundsätzlich treten bei dem Vorteilhaftigkeitsvergleich von Investitionen immer dann Probleme auf, wenn aufgrund unterschiedlicher Strukturmerkmale der Investitionen Ergänzungs- und/oder Nachfolgeinvestitionen, die auch als **Differenzinvestitionen** bezeichnet werden, zu berücksichtigen sind. Bei den Strukturmerkmalen, welche die Bildung von Differenzinvestitionen erfordern, handelt es sich um (vgl. Kalhöfer, 2006, S. 429):

- die Investitionsdauer,
- die Anschaffungsauszahlung,
- die Summe, d. h. die absolute Höhe der Rückflüsse sowie
- die Struktur, d. h. die zeitliche Verteilung der Rückflüsse.

Sobald die zu vergleichenden Investitionsobjekte in mehr als einem Merkmal Unterschiede aufweisen, ist eine Differenzinvestition in die Betrachtung einzubeziehen. Bei Investitionsalternativen wird dies in der Regel immer der Fall sein. Die Aufgabe von Differenzinvestitionen besteht somit darin, die verschiedenen Investitionen hinsichtlich ihrer Strukturmerkmale miteinander vergleichbar zu machen (vgl. Schierenbeck/Wöhle, 2016, S. 420 f.):

- Durch **Nachfolge-** bzw. **Anschlussinvestitionen** wird für einen Ausgleich der möglicherweise unterschiedlichen Laufzeiten der einzelnen Investitionen gesorgt. Über Anschlussinvestitionen weisen die Vergleichsobjekte eine einheitliche Investitionsdauer auf.

- Durch **Ergänzungsinvestitionen** werden etwaige Differenzen in Bezug auf den Kapitaleinsatz und/oder die Rückflüsse kompensiert, damit die Kapitalbindung bei allen Alternativen die gleiche absolute Höhe und eine identische zeitliche Struktur besitzt.

Mithilfe von Differenzinvestitionen werden die Zahlungsstromdifferenzen aller Zeitpunkte zweier alternativer Investitionsprojekte außer dem Endzeitpunkt des längeren Investitionsprojekts einander angeglichen (vgl. Perridon/Steiner/Rathgeber, 2017, S. 65).

Die Bestimmung des Zahlungsstroms der Differenzinvestition wird in zwei Schritten vorgenommen. Zunächst werden die **Zahlungsstromdifferenzen** $\mathbf{CF_t^\Delta}$ aller Zeitpunkte durch Subtraktion der beiden Zahlungsreihen ermittelt. Dabei wird die Differenz immer so gebildet, dass die Cashflows der nach dem Kapitalwertkriterium schlechteren Investition von denen der besseren subtrahiert werden. Diese Prämisse beruht darauf, dass der Frage nachgegangen werden soll, ob der Kapitalwert der schlechteren Investition unter Berücksichtigung der Differenzinvestition höher ist als der Kapitalwert der ursprünglich besseren Investition. Im vorliegenden Beispiel wird entsprechend folgende Differenzenbildung vorgenommen:

$$CF_t^\Delta = CF_t^B - CF_t^A$$

Der zweite Schritt besteht in der Ermittlung des mit der Investition zusätzlich erzielbaren Endvermögens der Differenzinvestition zum Zeitpunkt $t = n$. Dieses sog. **Zinsergebnis ZE** resultiert aus der Kapitalaufnahme oder -anlage der entsprechenden Differenzbeträge zu einem vorgegebenen Zinssatz z.

$$ZE = \sum_{t=0}^{n} -CF_t^\Delta \cdot (1+z)^{n-t}$$

Die Interpretation des Zinsergebnisses beruht dabei auf der Annahme, dass es sich bei der Differenzinvestition um eine Finanzinvestition handelt: Eine negative Zahlungsstromdifferenz im Zeitpunkt t entspricht einer Kapitalanlage, die im Zeitpunkt $t = n$ einen Zufluss in Höhe des angelegten Betrags zuzüglich der Zinseszinsen verursacht. Umgekehrt führt eine zwischenzeitliche Kapitalaufnahme am Ende der Investitionslaufzeit zu einer Zahlungsverpflichtung, die sich aus dem Tilgungsbetrag und den Zinseszinsen zusammensetzt. Dieses Vorgehen lässt sich auch auf Realinvestitionen übertragen.

Die Konstruktion der Differenzinvestition auf Basis der oben beschriebenen Schritte verdeutlicht Tab. 2.14. Die letzte Zeile dient dem Vergleich der Investition B mit der Investition A inklusive der Differenzinvestition. Hierbei wird deutlich, dass die Cashflows bis einschließlich zum Zeitpunkt $n - 1$ übereinstimmen. Lediglich im Zeitpunkt n weichen die Cashflows um das Zinsergebnis voneinander ab.

Von zentraler Bedeutung für den Vorteilhaftigkeitsvergleich ist die Annahme über die Verzinsung der Differenzinvestition, da diese Einfluss auf das Zinsergebnis der Differenzinvestition hat. Das Interne Zinsfuß- und das Kapitalwertkriterium unterstellen hierbei jeweils eine unterschiedliche implizite Verzinsung der Differenzinvestition. Diese unterschiedlichen Annahmen sind gleichzeitig für die unterschiedlichen Rangfolgen von Internem Zinsfuß- und Kapitalwertkriterium verantwortlich. Neben den impliziten Annahmen kann mit realen Anlage- bzw. Finanzierungsmöglichkeiten für Differenzinvestitionen gearbeitet werden. In diesem Fall werden explizite Differenzinvestitionen gebildet.

Tab. 2.14: Konstruktion der Differenzinvestition (in Anlehnung an Kalhöfer, 2006, S. 430)

Inv. / t	0	1	...	n
A	CF_0^A	CF_1^A	...	CF_n^A
B	CF_0^B	CF_1^B	...	CF_n^B
Δ(B – A)	$CF_0^\Delta = CF_0^B - CF_0^A$	$CF_1^\Delta = CF_1^B - CF_1^A$	...	$CF_n^\Delta = CF_n^B - CF_n^A$
DI	$CF_0^{DI} = CF_0^\Delta$	$CF_1^{DI} = CF_1^\Delta$	...	$CF_n^{DI} = CF_n^\Delta + ZE$
A + DI	$CF_0^A + CF_0^{DI}$	$CF_1^A + CF_1^{DI}$	...	$CF_n^A + CF_n^{DI}$
	$= CF_0^A + CF_0^B - CF_0^A$	$= CF_1^A + CF_1^B - CF_1^A$		$= CF_n^A + CF_n^\Delta + ZE$
	$= CF_0^B$	$= CF_1^B$		$= CF_n^B + \sum_{t=0}^{n} - CF_t^\Delta(1 + z)^{n-t}$

Implizite Differenzinvestition

Bei einem Vergleich zweier Investitionsalternativen nach der Kapitalwertmethode wird implizit unterstellt, dass sich die Differenzinvestition zum Kalkulationszinsfuß verzinst. Nachfolgendes Beispiel soll dies belegen. In Abb. 2.12 sind die Zahlungsreihen der Investitionen A und B aufgeführt. Durch Differenzenbildung ergeben sich zunächst die Zahlungsstromunterschiede, die im Weiteren zur Ermittlung des Zinsergebnisses mit dem Kalkulationszinssatz verzinst werden.

Investition B erfordert zum Zeitpunkt $t = 0$ einen doppelt so hohen Kapitaleinsatz wie Investition A. Um die Investition A mit der Investition B vergleichbar zu machen, müssen zusätzlich zur Investition A weitere 15 TEUR angelegt werden. Diese Kapitalanlage verzinst sich nach der Anlageprämisse mit dem Kalkulationszinssatz in Höhe von 10 % auf das Ende der Laufzeit. Damit ergibt sich zum Zeitpunkt $t = 6$ aus dieser zusätzlichen Kapitalanlage eine Rückzahlung in Höhe von 26,57 TEUR. Zum Zeitpunkt $t = 1$ führt Investition B zu einem Rückfluss in Höhe von 2 TEUR, während bei Investition A keine Zahlung auftritt. Um beide Investitionen miteinander vergleichen zu können, muss zusätzlich zur Investition A ein Kredit in Höhe von 2 TEUR aufgenommen werden. Zinsen und Tilgung dieses Kreditbetrags am Ende der Laufzeit führen zu einem zusätzlich zu zahlenden Betrag in Höhe von –3,22 TEUR. Analog zu den ersten beiden Zeitpunkten sind auch die übrigen Zeitpunkte durch entsprechende Anlage- und Kreditgeschäfte einander anzugleichen.

Investition/t	**0**	**1**	**2**	**3**	**4**	**5**	**6**
A	−15,00	0,00	0,00	22,50	0,00	0,00	0,00
B	−30,00	2,00	2,50	4,00	5,00	10,00	29,00
Δ(B − A)	−15,00	2,00	2,50	−18,50	5,00	10,00	29,00
Bestimmung des Zinsergebnisses (ZE) der Differenzinvestition	$\cdot (1+0{,}1)^6$	$\cdot (1+0{,}1)^5$	$\cdot (1+0{,}1)^4$	$\cdot (1+0{,}1)^3$	$\cdot (1+0{,}1)^2$	$\cdot (1+0{,}1)$	26,57 −3,22 −3,66 24,62 −6,05 −11,00 −29,00
							−1,74
DI	−15,00	2,00	2,50	−18,50	5,00	10,00	27,26
A + DI	−30,00	2,00	2,50	4,00	5,00	10,00	27,26

Abb. 2.12: Verzinsung der Differenzinvestition zum Kalkulationszins (Angaben in TEUR)

Letztlich entsteht durch die Durchführung der Investition A und der Differenzinvestition zum Kalkulationszinssatz eine neue Zahlungsreihe, welche der Investition B bis auf den Zahlungsüberschuss zum Zeitpunkt t = 6 entspricht. Diese neu entstandene Zahlungsreihe hat den gleichen Kapitalwert wie die Investition A. Nachfolgende Kontrollrechnung zeigt dies:

$$C_0^{A+DI} = -30.000 + \frac{2.000}{(1+0{,}1)} + \frac{2.500}{(1+0{,}1)^2} + \frac{4.000}{(1+0{,}1)^3} + \frac{5.000}{(1+0{,}1)^4} + \frac{10.000}{(1+0{,}1)^5} + \frac{27.260}{(1+0{,}1)^6}$$
$$= 1.904{,}58\,€$$

Da die Zahlungsreihe der Investition A und die Zahlungsreihe der Investition A zuzüglich der Differenzinvestition den gleichen Kapitalwert aufweisen, besitzen sie im Vergleich zu Investition B auch die gleiche Kapitalwertdifferenz und führen somit auch zur gleichen Auswahlentscheidung. Allerdings ist nur die Investition A zuzüglich der Differenzinvestition in der Lage, eine echte Vergleichbarkeit zur Investition B herzustellen, denn nur bei diesem Vergleich stimmen alle Zahlungsüberschüsse bis auf den letzten Zahlungszeitpunkt überein. Die Zahlungsdifferenz im letzten Zeitpunkt entspricht dem Zinsergebnis und beträgt 1,74 TEUR (= 29 − 27,26), aus der über Abzinsung auf den Zeitpunkt t = 0 die Kapitalwertdifferenz von Investition A zu B in Höhe von 0,979 TEUR (= 1,74 : $(1 + 0{,}1)^6$) ermittelt werden kann. Eine Auswahlentscheidung durch einen einfachen Vergleich der

Kapitalwerte zweier Investitionen ist folglich nur dann korrekt, wenn sich die Zahlungsstromdifferenzen tatsächlich zum Kalkulationszins verzinsen lassen.

Im Gegensatz zur Kapitalwertmethode geht das Interne Zinsfußkriterium im Rahmen des Vorteilhaftigkeitsvergleichs zweier Investitionsalternativen implizit von einer Verzinsung der Differenzinvestition zum Internen Zinsfuß aus (vgl. Abb. 2.13).

Investition/t	0	1	2	3	4	5	6
A	−15,00	0,00	0,00	22,50	0,00	0,00	0,00
B	−30,00	2,00	2,50	4,00	5,00	10,00	29,00
Δ(B − A)	−15,00	2,00	2,50	−18,50	5,00	10,00	29,00
Bestimmung des Zinsergebnisses (ZE) der Differenzinvestition	$\cdot (1 + 0{,}1447)^6$						33,75
		$\cdot (1 + 0{,}1447)^5$					−3,93
			$\cdot (1 + 0{,}1447)^4$				−4,29
				$\cdot (1 + 0{,}1447)^3$			27,75
					$\cdot (1 + 0{,}1447)^2$		−6,55
						$\cdot (1 + 0{,}1447)$	−11,45
							−29,00
							6,28
DI	−15,00	2,00	2,50	−18,50	5,00	10,00	35,28
A + DI	−30,00	2,00	2,50	4,00	5,00	10,00	35,28

Abb. 2.13: Verzinsung der Differenzinvestition zum Internen Zinsfuß (Angaben in TEUR)

Abweichend zum Kapitalwertkriterium muss die zusätzliche Kapitalanlage in Höhe von 15 TEUR des Zeitpunkts t = 0 mit dem Internen Zinsfuß der Investition A in Höhe von 14,47 % auf das Ende des Betrachtungszeitraums aufgezinst werden. Somit ergibt sich aus dieser Kapitalanlage ein Rückfluss zum Zeitpunkt t = 6 in Höhe von 33,75 TEUR. Ebenso verzinst sich nun die zusätzliche Kreditaufnahme in Höhe von 2 TEUR zum Zeitpunkt t = 1 zum Internen Zinsfuß der Investition A. Abbildung. 2.13 verdeutlicht die Ermittlung des Zinsergebnisses auf Basis der vorliegenden Zahlungsstromdifferenzen.

Die Zahlungsreihe der Investition A zuzüglich der Differenzinvestition ist wiederum bis auf den letzten Zahlungszeitpunkt (t = 6) direkt mit der Investition B vergleichbar. Die Durchführung der Investition A zuzüglich der Differenzinvestition hat zur Folge, dass diese neu entstandene Zahlungsreihe den gleichen Internen Zinsfuß wie Investition A besitzt. Auch dies kann durch eine entsprechende Kontrollrechnung gezeigt werden:

$$C_0^{A+DI} = -30.000 + \frac{2.000}{1+0{,}1447} + \frac{2.500}{(1+0{,}1447)^2} + \frac{4.000}{(1+0{,}1447)^3} + \frac{5.000}{(1+0{,}1447)^4}$$
$$= + \frac{10.000}{(1+0{,}1447)^5} + \frac{35.280}{(1+0{,}1447)^6} = 0\,€$$

Die Zahlungsreihe der Investition A und die Zahlungsreihe der Investition A zuzüglich der Differenzinvestition weisen den gleichen Internen Zinsfuß auf und führen damit im Vergleich zum Internen Zinsfuß der Investition B zur gleichen Auswahlentscheidung nach dem Internen Zinsfußkriterium. Lediglich bei Investition A zuzüglich der Differenzinvestition ist jedoch eine direkte Vergleichbarkeit mit der Investition B möglich, da sich die Zahlungen aller Zahlungszeitpunkte bis auf den Zeitpunkt $t = 6$ entsprechen. Zum Zeitpunkt $t = 6$ liefert Investition A zuzüglich der Differenzinvestition einen um 6,28 TEUR (= 35,28 – 29) höheren Rückfluss als Investition B. In diesem Fall ist folglich die Investition A zuzüglich der Differenzinvestition der Investition B vorzuziehen. Ist es also tatsächlich möglich, die Zahlungsstromdifferenzen zum Internen Zinsfuß der Investition A auszugleichen, so führt ein einfacher Vergleich der beiden Internen Zinsfüße zur korrekten Auswahlentscheidung.

Die jeweils unterschiedlichen impliziten Annahmen des Internen Zinsfußkriteriums und des Kapitalwertkriteriums bezüglich der Differenzinvestition sorgen für die unterschiedlichen Rangfolgen.

Explizite Differenzinvestition

Sowohl die Kapitalwertmethode als auch die Interne Zinsfußmethode treffen im Rahmen von Auswahlentscheidungen implizite Annahmen zur Kompensation von Zahlungsstromdifferenzen. Die Kapitalwertmethode unterstellt eine Anlage resp. Aufnahme der Zahlungsdifferenzen zum Kalkulationszins, die Interne Zinsfußmethode geht von einer Anlage bzw. Aufnahme der Cashflowdifferenzen zum Internen Zinsfuß aus. Die Prämisse der Kapitalwertmethode ist in der Modellwelt des vollkommenen Kapitalmarkts grundsätzlich korrekt. Am vollkommenen Kapitalmarkt können finanzielle Mittel nur zum Kalkulationszinssatz aufgenommen und angelegt werden. Allerdings ist die Realität gerade nicht vollkommen, es liegen vielmehr zahlreiche Kapitalanlage- und Kapitalaufnahmemöglichkeiten mit unterschiedlichen Zinssätzen vor.

Die Interne Zinsfußmethode hingegen unterstellt einen Ausgleich der Zahlungsstromdifferenzen zum Internen Zinsfuß und löst sich damit von der Annahme des vollkommenen Kapitalmarkts. Allerdings leuchtet es nicht ein, dass eine Verzinsung der Differenzinvestition zum Internen Zinsfuß einer bestimmten Investition möglich sein soll. Für einen aussagekräftigen Vergleich sollten vielmehr reale, am Markt beobachtbare Verzinsungsmöglichkeiten bei der Gegenüberstellung mehrerer Investitionsalternativen ihre Berücksichtigung finden. Dies wird mithilfe expliziter Differenzinvestitionen erreicht.

Liegen am Kapitalmarkt Verzinsungsmöglichkeiten für die Zahlungsstromdifferenzen vor, welche vom Kalkulationszins bzw. vom Internen Zinsfuß abweichen, so kann sich eine nach dem Kapitalwertkriterium resp. dem Internen Zinsfußkriterium ermittelte Rangfolge ggfs. umkehren. Dies soll anhand einer expliziten Differenzinvestition zu 12 % verdeutlicht werden. Bei diesem Zinssatz ergibt sich ein Zinsergebnis von 1,67 TEUR. Die Zahlungsüberschüsse der Investition A zuzüglich der Differenzinvestition übersteigen im Zeitpunkt t = 6 folglich die Zahlungsüberschüsse der Investition B um 1,67 TEUR, während sie zu allen anderen Zeitpunkten übereinstimmen. Entsprechend ist es unter Berücksichtigung der expliziten Differenzinvestition zu 12 % besser, sich für die Investition A zu entscheiden. Eine nach der Internen Zinsfußmethode getroffene Entscheidung für A wäre folglich die richtige gewesen. Entsprechend dreht sich die nach dem Kapitalwertkriterium ermittelte Rangfolge unter Berücksichtigung der expliziten Differenzinvestition um.

Investition/t	0	1	2	3	4	5	6
A	−15,00	0,00	0,00	22,50	0,00	0,00	0,00
B	−30,00	2,00	2,50	4,00	5,00	10,00	29,00
Δ(B – A)	−15,00	2,00	2,50	−18,50	5,00	10,00	29,00
Bestimmung des Zinsergebnisses (ZE) der Differenzinvestition	$\cdot (1 + 0{,}12)^6$						29,61
		$\cdot (1 + 0{,}12)^5$					−3,52
			$\cdot (1 + 0{,}12)^4$				−3,93
				$\cdot (1 + 0{,}12)^3$			25,99
					$\cdot (1 + 0{,}12)^2$		−6,27
						$\cdot (1 + 0{,}12)$	−11,20
							−29,00
							1,67
DI	−15,00	2,00	2,50	−18,50	5,00	10,00	30,67
A + DI	−30,00	2,00	2,50	4,00	5,00	10,00	30,67
Die Gegenüberstellung der Zahlungsströme A + DI und B ergibt eine Abweichung in t = 6:							>
B	−30,00	2,00	2,50	4,00	5,00	10,00	29,00

Abb. 2.14: Explizite Differenzinvestition zu 12 % (Angaben in TEUR)

Von entscheidender Bedeutung im Rahmen der Auswahlentscheidung ist derjenige Zinssatz, bei dem die beiden Investitionen gerade gleich vorteilhaft sind. Dies ist genau dann der Fall, wenn die Zahlungsreihen beider Investitionen vollkommen übereinstimmen. Entsprechend ist der Zinssatz gesucht, bei dem sich ein Zinsergebnis von Null ergibt. Im Beispiel muss somit gelten:

$$ZE = 15 \cdot (1 + i_k)^6 - 2 \cdot (1 + i_k)^5 - 2{,}5 \cdot (1 + i_k)^4 + 18{,}5 \cdot (1 + i_k)^3 - 5 \cdot (1 + i_k)^2 - 10 \cdot (1 + i_k)^1 - 29 \overset{!}{=} 0$$

Durch Multiplikation beider Seiten mit $-(1 + i_k)^{-6}$ ergibt sich die Gleichung zur Bestimmung des Internen Zinsfußes der Zahlungsreihe, bei dem der Kapitalwert des Zinsergebnisses gerade Null ist. Der Interne Zinsfuß entspricht dem gesuchten **kritischen Zinssatz** und kann beispielsweise durch lineare Interpolation ermittelt werden.

$$-\frac{ZE}{(1 + i_k)^6} = -15 + \frac{2}{(1 + i_k)^1} + \frac{2{,}5}{(1 + i_k)^2} - \frac{18{,}5}{(1 + i_k)^3} + \frac{5}{(1 + i_k)^4} + \frac{10}{(1 + i_k)^5} + \frac{29}{(1 + i_k)^6} \overset{!}{=} 0$$

$$i_k = 11{,}04\,\%$$

Die Investition A zuzüglich der Differenzinvestition zum Zinssatz von 11,04 % erzeugt den exakt identischen Zahlungsstrom wie Investition B (vgl. Abb. 2.15). Bei diesem Zinssatz ist es folglich gleichgültig, ob Investition A inklusive der Differenzinvestition oder Investition B realisiert wird.

Investition/t	0	1	2	3	4	5	6
A	−15,00	0,00	0,00	22,50	0,00	0,00	0,00
B	−30,00	2,00	2,50	4,00	5,00	10,00	29,00
Δ(B − A)	−15,00	2,00	2,50	−18,50	5,00	10,00	29,00
Bestimmung des Zinsergebnisses (ZE) der Differenzinvestition	$\cdot (1 + 0{,}1104)^6$						28,11
		$\cdot (1 + 0{,}1104)^5$					−3,38
			$\cdot (1 + 0{,}1104)^4$				−3,80
				$\cdot (1 + 0{,}1104)^3$			25,33
					$\cdot (1 + 0{,}1104)^2$		−6,16
						$\cdot (1 + 0{,}1104)$	−11,10
							−29,00
							0
DI	−15,00	2,00	2,50	−18,50	5,00	10,00	29,00
A + DI	−30,00	2,00	2,50	4,00	5,00	10,00	29,00
=							
B	−30,00	2,00	2,50	4,00	5,00	10,00	29,00

Abb. 2.15: Verzinsung der Differenzinvestition zum kritischen Zinssatz (Angaben in TEUR)

Die Bezeichnung des gesuchten Verzinsungsmaßstabs als kritischer Zinssatz beruht darauf, dass die Wahl des Bewertungsverfahrens von diesem Zinssatz abhängt.

Die Auswahlentscheidung zweier Investitionen mit unterschiedlichen Kapitalwerten ist mithilfe des kritischen Zinssatzes wie folgt zu treffen (vgl. Abb. 2.16):

- Liegt der Zinssatz der externen Verzinsungsmöglichkeit unterhalb des kritischen Zinssatzes, so findet kein Vorteilhaftigkeitswechsel statt und die nach dem Kapitalwertkriterium getroffene Entscheidung für B ist beizubehalten.
- Entspricht die externe Verzinsungsmöglichkeit gerade dem kritischen Zinssatz, so erzeugen beide Investitionen den exakt identischen Zahlungsstrom und damit auch den gleichen Kapitalwert.
- Liegt die externe Verzinsung über dem kritischen Zinssatz, so wechselt gegenüber dem Kapitalwertkriterium die Vorteilhaftigkeit. In diesem Fall gelingt es der Differenzinvestition, die Kapitalwertdifferenz auszugleichen und darüber hinaus noch einen positiven Ertrag zu erwirtschaften. Die nach der Internen Zinsfußmethode getroffene Entscheidung für A (zuzüglich der Differenzinvestition) ist korrekt.

Tabelle 2.15 fasst die Ergebnisse für das vorliegende Beispiel nochmals zusammen. Unter Berücksichtigung einer expliziten Differenzinvestition stimmen die Ergebnisse nach der Kapitalwertmethode und der Internen Zinsfußmethode überein. Dies ist damit zu begründen, dass sich die Zahlungsströme durch Einführung der Differenzinvestition nur noch im Zeitpunkt $t = n$ unterscheiden und die Investitionen A + DI und B lediglich in diesem einen Strukturmerkmal voneinander abweichen. Die Auswahlentscheidung nach der Internen Zinsfußmethode ist somit nur noch der Vollständigkeit halber angegeben und für eine Entscheidungsfindung nicht mehr notwendig.

Liegen dem Entscheidungsträger Informationen über die realen Verzinsungsmöglichkeiten am Kapitalmarkt vor, so sollten diese immer in einen Vergleich alternativer Investitionsprojekte einbezogen werden. Nur dann kann eine fehlerhafte Auswahlentscheidung vermieden werden.

Es lässt sich daneben zeigen, dass der kritische Zinssatz dem Zinssatz entspricht, bei dem sich die beiden Kapitalwertfunktionen schneiden (vgl. Abb. 2.11). Dies kann durch Gleichsetzen der beiden Kapitalwertfunktionen verdeutlicht werden.

$$C_{0,A} \stackrel{!}{=} C_{0,B}$$

$$-15 + \frac{22{,}5}{(1+i_k)^3} \stackrel{!}{=} -30 + \frac{2}{(1+i_k)^1} + \frac{2{,}5}{(1+i_k)^2} + \frac{4}{(1+i_k)^3} + \frac{5}{(1+i_k)^4} + \frac{10}{(1+i_k)^5} + \frac{29}{(1+i_k)^6}$$

Fall 1

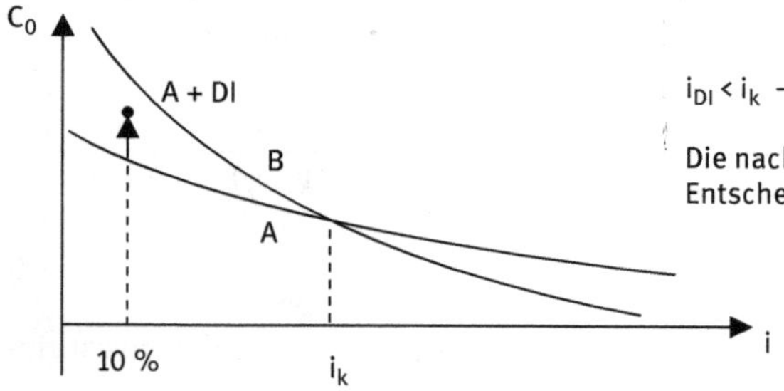

$i_{DI} < i_k$ ⟶ $ZE < 0$ ⟶ $C_{0,A+DI} < C_{0,B}$

Die nach der Kapitalwertmethode getroffene Entscheidung für B ist richtig.

Fall 2

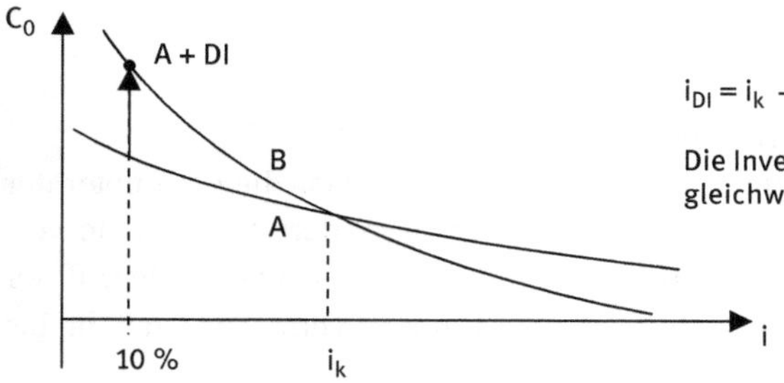

$i_{DI} = i_k$ ⟶ $ZE = 0$ ⟶ $C_{0,A+DI} = C_{0,B}$

Die Investitionen A + DI und B sind gleichwertig.

Fall 3

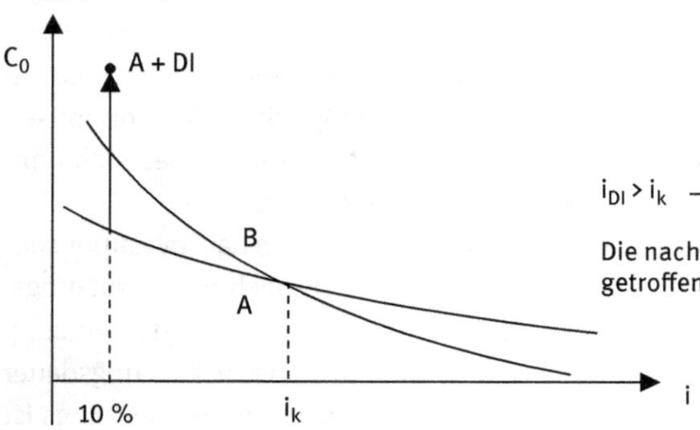

$i_{DI} > i_k$ ⟶ $ZE > 0$ ⟶ $C_{0,A+DI} > C_{0,B}$

Die nach der Internen Zinsfußmethode getroffene Entscheidung für A ist richtig.

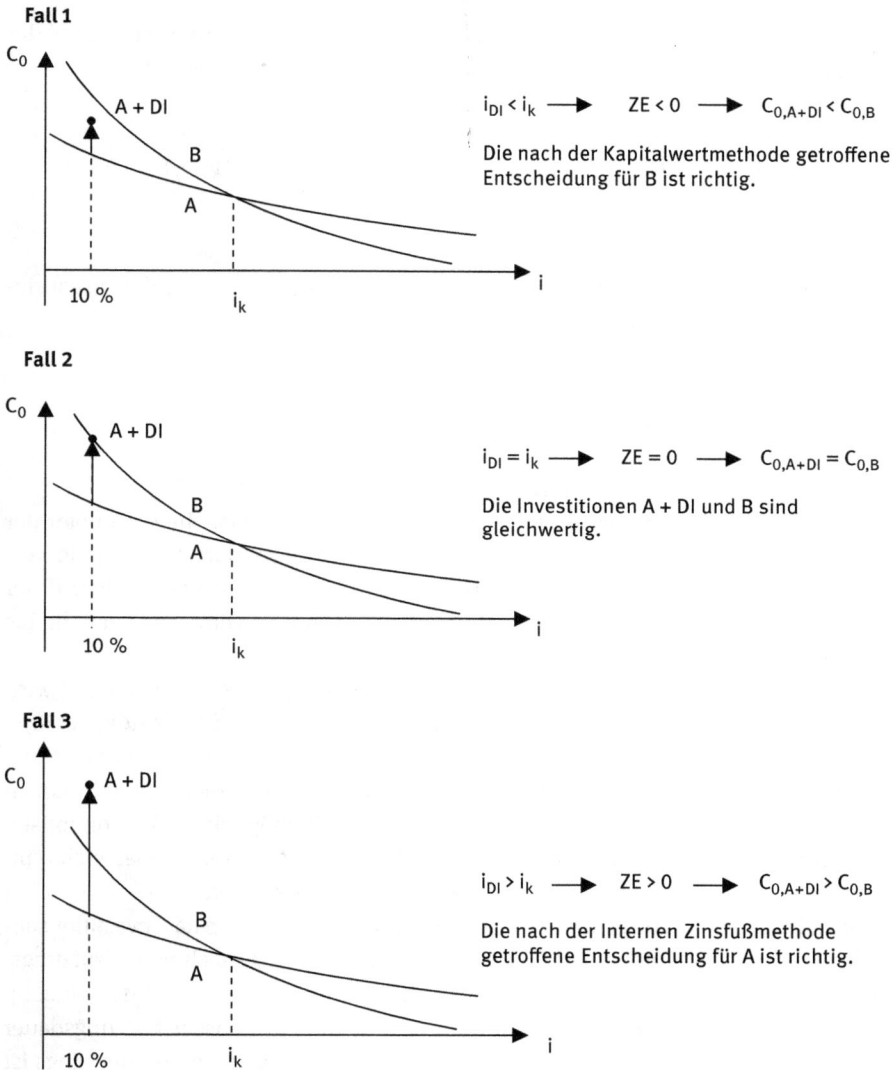

Abb. 2.16: Wahl des Bewertungsverfahrens in Abhängigkeit der Verzinsung der Differenzinvestition

Tab. 2.15: Gegenüberstellung der Auswahlentscheidung ohne explizite Differenzinvestition

		Kapitalwertmethode	**Interne Zinsfußmethode**
ohne explizite Differenzinvestition		B	A
mit expliziter Differenzinvestition	$i_{DI} < i_k$	B	B
	$i_{DI} = i_k$	A + DI = B	A + DI = B
	$i_{DI} > i_k$	A + DI	A + DI

Durch Umformen ergibt sich die Formel zur Berechnung des Internen Zinsfußes der Zahlungsreihe Δ, anhand derer bereits der kritische Zinsfuß bestimmt wurde.

$$15 - \frac{2}{(1+i_k)^1} - \frac{2{,}5}{(1+i_k)^2} + \frac{18{,}5}{(1+i_k)^3} - \frac{5}{(1+i_k)^4} - \frac{10}{(1+i_k)^5} - \frac{29}{(1+i_k)^6} \stackrel{!}{=} 0$$

$$i_k = 11{,}04\,\%$$

Bei einem Kalkulationszinssatz von 11,04 % stimmen die Kapitalwerte der Investitionen A und B folglich überein.

2.3.3 Die optimale Nutzungsdauer

Problemstellung der optimalen Nutzungsdauer

In den bisherigen Überlegungen wurde davon ausgegangen, dass die Parameter der zu analysierenden Investitionsvorhaben feststehen. Insbesondere wurde eine vorgegebene und nicht veränderbare Nutzungsdauer unterstellt. Unter dem Begriff der Nutzungsdauer ist in diesem Zusammenhang der Zeitraum zu verstehen, in dem das Investitionsobjekt zweckentsprechend genutzt werden kann.

Die Nutzungsdauer einer Investition hängt von rechtlichen, technischen und wirtschaftlichen Bestimmungsgrößen ab (vgl. Bieg/Kußmaul/Waschbusch, 2016b, S. 138):

- Die **rechtliche Nutzungsdauer** beinhaltet eine zeitliche Begrenzung der Nutzbarkeit einer Investition aufgrund gesetzlicher oder vertraglicher Vereinbarungen, selbst wenn eine längere Nutzung technisch möglich und ökonomisch sinnvoll wäre. Rechtliche Beschränkungen der Nutzungsdauer ergeben sich typischerweise aus Lizenzen, Patenten, Miet- oder Leasingverträgen.
- Die **technische Nutzungsdauer** beschreibt den Zeitraum, in dem das Investitionsobjekt in technischer Hinsicht adäquat genutzt werden kann. Die technische Nutzungsdauer ist u. a. abhängig von der Bereitschaft des Investors, während der Nutzung Auszahlungen für die Instandhaltung zu leisten, denn die technische Nutzungsdauer lässt sich durch entsprechende Maßnahmen fast beliebig verlängern. Allerdings ist diesbezüglich mit im Zeitablauf steigenden Auszahlungen zu rechnen. Offensichtlich lässt sich i. d. R. die technische Nutzungsdauer ex ante nur schwer bestimmen.
- Die **wirtschaftliche Nutzungsdauer** drückt den Zeitraum aus, in dem eine wirtschaftlich sinnvolle Nutzung einer Investition möglich ist. Die wirtschaftliche Nutzungsdauer ist kleiner oder gleich der technischen Nutzungsdauer, denn eine weitere Nutzung einer Anlage kann unrentabel sein, auch wenn die technische Funktionsfähigkeit noch gegeben ist.

Im Rahmen der Beurteilung eines Investitionsvorhabens ist eine Orientierung an der wirtschaftlichen Nutzungsdauer zweckmäßig. Die Ermittlung der wirtschaftlich optimalen Nutzungsdauer stellt daher eine zu lösende Problemstellung im Rahmen der Investitionsrechnung dar, denn es ist nicht immer sinnvoll, die maximal mögliche Nutzungsdauer auszuschöpfen.

Das Problem der Ermittlung der wirtschaftlich optimalen Nutzungsdauer lässt sich auf die folgenden Fälle zurückführen (vgl. Schierenbeck/Wöhle, 2016, S. 422):

- einmalige Investition,
- einmalige, mehrmalige oder unendliche identische Wiederholung und
- wiederholte nicht identische Investitionen.

Der Begriff „identisch" beschreibt dabei keine physische, sondern eine wirtschaftliche Identität, d. h. die Investitionskette besteht aus Investitionsobjekten, die die gleichen Zahlungsströme aufweisen. In den folgenden Abschnitten werden die ersten beiden Fälle einer eingehenderen Betrachtung unterzogen.

Optimale Nutzungsdauer bei einmaliger Investition

Eine einmalige Investition bedeutet, dass am Ende der Nutzungsdauer der Investition keine neue Sachinvestition mehr vorgesehen ist. Mögliche Anschlussinvestitionen finden nur noch in Form von Finanzanlagen zum Kalkulationszinsfuß statt, welche den Barwert des Investitionsprojekts nicht verändern (vgl. Bieg/Kußmaul/Waschbusch, 2016b, S. 140 f.). Der Kapitalwert einer einmaligen Investition berechnet sich zu:

$$C_0 = -I_0 + \sum_{t=1}^{n} \frac{R_t}{(1+i)^t} + \frac{L_n}{(1+i)^n}$$

mit: R_t = Rückflüsse zum Zeitpunkt t
L_n = Liquidationserlöse am Ende der Nutzungsdauer
t = Periode
n = Ende der Nutzungsdauer
I_0 = Anschaffungsauszahlung

Zur Bestimmung der optimalen Nutzungsdauer n ist die Laufzeit der Investition zu ermitteln, bei welcher der Kapitalwert der Investition sein zeitliches Maximum erreicht. Dabei können grundsätzlich zwei unterschiedliche Berechnungsverfahren eingesetzt werden. Zum einen kann explizit für jede Nutzungsdauer der Kapitalwert ermittelt werden, zum anderen lässt sich die optimale Nutzungsdauer über ein Grenzwertkalkül bestimmen (vgl. Bieg/Kußmaul/Waschbusch, 2016b, S. 141 f.).

Bei der Ermittlung der optimalen Nutzungsdauer über die explizite Berechnung der laufzeitabhängigen Kapitalwerte sind für jede Nutzungsdaueralternative die relevanten Zahlungsströme aufzustellen. Dabei gilt es insbesondere zu berücksichtigen, dass am Ende der Nutzungsdauer ggf. ein von der Laufzeit abhängiger Liquidationserlös anfällt. Die optimale Nutzungsdauer liegt dort, wo der Kapitalwert am größten wird.

Nachfolgendes Beispiel soll die Ermittlung der optimalen Nutzungsdauer verdeutlichen. Tabelle 2.16 zeigt die jährlichen Rückflüsse für ein Investitionsprojekt mit einer technischen Nutzungsdauer von sechs Jahren. Des Weiteren sind die Liquidationserlöse in Abhängigkeit von der Laufzeit des Projekts aufgeführt. So könnte beispielsweise bei einer Laufzeit von nur einem Jahr neben der Investitionsauszahlung in Höhe von 90.000 EUR zum Zeitpunkt t = 0 ein Einzahlungsüberschuss in Höhe von 36.000 EUR und ein Liquidationserlös in Höhe von 66.000 EUR zum Zeitpunkt t = 1 erzielt werden.

Tab. 2.16: Ausgangsdaten des Beispielfalls (Angaben in EUR)

Jahr	Einzahlungsüberschuss	Liquidationserlös
0	−90.000	0
1	36.000	66.000
2	33.000	54.000
3	28.400	33.600
4	18.000	19.500
5	6.900	9.000
6	3.000	5.000

Für jede Nutzungsdauer des Investitionsprojekts ist der Kapitalwert der Anlage zu bestimmen. Tabelle 2.17 fasst die Ergebnisse zusammen.

Tab. 2.17: Kapitalwerte bei unterschiedlichen Nutzungsdauern

Laufzeit (Jahre)	Abzinsung der Zahlungsströme	Kapitalwert (€)
1	$C_0 = -90.000 + \frac{36.000}{1+0,1} + \frac{66.000}{(1+0,1)}$	2.727,27
2	$C_0 = -90.000 + \frac{36.000}{1+0,1} + \frac{33.000}{(1+0,1)^2} + \frac{54.000}{(1+0,1)^2}$	14.628,10
3	$C_0 = -90.000 + \frac{36.000}{1+0,1} + \frac{33.000}{(1+0,1)^2} + \frac{28.400}{(1+0,1)^3} + \frac{33.600}{(1+0,1)^3}$	16.581,52
4	$C_0 = -90.000 + \frac{36.000}{1+0,1} + \frac{33.000}{(1+0,1)^2} + \frac{28.400}{(1+0,1)^3} + \frac{18.000}{(1+0,1)^4} + \frac{19.500}{(1+0,1)^4}$	16.950,34
5	$C_0 = -90.000 + \frac{36.000}{1+0,1} + \frac{33.000}{(1+0,1)^2} + \frac{28.400}{(1+0,1)^3} + \frac{18.000}{(1+0,1)^4} + \frac{6.900}{(1+0,1)^5} + \frac{9.000}{(1+0,1)^5}$	13.504,23
6	$C_0 = -90.000 + \frac{36.000}{1+0,1} + \frac{33.000}{(1+0,1)^2} + \frac{28.400}{(1+0,1)^3} + \frac{18.000}{(1+0,1)^4} + \frac{6.900}{(1+0,1)^5} + \frac{3.000}{(1+0,1)^5} + \frac{5.000}{(1+0,1)^6}$	12.431,73

Bei einer Nutzungsdauer von vier Jahren liegt der größte Kapitalwert in Höhe von 16.950,34 EUR vor. Die Laufzeit des Investitionsprojekts von vier Jahren stellt damit die optimale Nutzungsdauer dar.

Neben der expliziten Berechnung aller laufzeitabhängigen Kapitalwerte kann die optimale Nutzungsdauer auch über den **Grenzgewinn** bestimmt werden. Der Grenzgewinn bezeichnet die Veränderung des Kapitalwerts zwischen zwei benachbarten zeitlichen Nutzungsalternativen. Das Grenzwertkalkül macht sich dabei die Eigenschaft zunutze, dass sich zwei aufeinanderfolgende Nutzungsdaueralternativen nur in der vorletzten und der letzten Zahlungsgröße voneinander unterscheiden (vgl. Kruschwitz, 2014, S. 189). Der Grenzgewinn ermittelt sich zu:

$$\begin{aligned}\Delta C_0 &= C_{0,n} - C_{0,n-1}\\ &= -I_0 + \sum_{t=1}^{n} \frac{R_t}{(1+i)^t} + \frac{L_n}{(1+i)^n} - \left(-I_0 + \sum_{t=1}^{n-1} \frac{R_t}{(1+i)^t} + \frac{L_{n-1}}{(1+i)^{n-1}}\right)\\ &= \frac{R_n + L_n}{(1+i)^n} - \frac{L_{n-1}}{(1+i)^{n-1}}\end{aligned}$$

Der Grenzgewinn ergibt sich damit aus der Differenz zwischen den abgezinsten Nettozahlungen (Einzahlungsüberschuss und Liquidationserlös) der Periode n und dem abgezinsten Liquidationserlös der Periode $n - 1$. Die Nutzungsdauer sollte solange verlängert werden, wie ein positiver Grenzgewinn erzielt werden kann.

Zur Berechnung der optimalen Nutzungsdauer mithilfe des Grenzwertkalküls wird häufig der aufgezinste Grenzwert ermittelt:

$$(1+i)^n \cdot \Delta C_0 = R_n + L_n - L_{n-1} \cdot (1+i) \overset{!}{>} 0$$

Mithilfe dieser Umformung lässt sich die optimale Nutzungsdauer leichter bestimmen. Die Nutzungsdauer sollte demnach solange verlängert werden, wie die Nettozahlungen (Einzahlungsüberschuss und Liquidationserlös) größer sind als der um ein Jahr aufgezinste Liquidationserlös des Vorjahrs. Tabelle 2.18 verdeutlicht die Entscheidungsregel für den Beispielfall:

Tab. 2.18: Bestimmung der optimalen Nutzungsdauer mithilfe des Grenzwertkalküls (Angaben in EUR, vgl. Kruschwitz, 2014, S. 190)

Nutzungsdauer	Nettozahlung des Jahrs n	Liquidationserlös des Vorjahrs	Liquidationserlös des Vorjahrs aufgezinst	Grenzgewinn aufgezinst
n (1)	$R_n + L_n$ (2)	L_{n-1} (3)	$L_{n-1} \cdot (1+i)$ (4)	$(1+i)^n \cdot \Delta C_0$ (5) = (2) – (4)
1	102.000	0	0	102.000
2	87.000	66.000	72.600	14.400

Tab. 2.18: (fortgesetzt)

Nutzungs-dauer	Nettozahlung des Jahrs n	Liquidationserlös des Vorjahrs	Liquidationserlös des Vorjahrs aufgezinst	Grenzgewinn aufgezinst
3	62.000	54.000	59.400	2.600
4	37.500	33.600	36.960	540
5	15.900	19.500	21.450	−5.550
6	8.000	9.000	9.900	−1.900

Spalte 2 stellt die Nettoeinzahlungen des letzten Jahrs in Abhängigkeit von der Nutzungsdauer dar. Werden von diesen die um ein Jahr aufgezinsten Liquidationserlöse des Vorjahrs (Spalte 4) abgezogen, so erhält man in Spalte 5 den aufgezinsten Grenzgewinn. Bis zu einer Nutzungsdauer von vier Jahren ist der Grenzgewinn immer positiv. Alle nachfolgenden Grenzgewinne sind negativ. Folglich liegt sich die optimale Nutzungsdauer auch bei Anwendung der Methode des Grenzgewinns bei vier Jahren.

Optimale Nutzungsdauer bei identischer Wiederholung

Bei einer einmaligen Investition wird unterstellt, dass nach dem Ende der Nutzungsdauer weitere Investitionen nur zum Kalkulationszins durchgeführt werden. In der Praxis werden sich an eine Sachinvestition jedoch üblicherweise weitere Projekte anschließen. Im Folgenden wird zunächst der Fall einer einmaligen identischen Wiederholung einer Investition untersucht.

Die zu optimierenden Nutzungsdauern der beiden Investitionen können nun nicht mehr aus dem Blickwinkel der einzelnen Investitionen betrachtet werden. Vielmehr gilt es, ein **Gesamtmaximum des Kapitalwerts** aus der Summe der Kettenglieder zu ermitteln. Die sich daraus ergebenden optimalen Nutzungsdauern müssen dabei nicht zwangsweise mit den einzelnen Maxima der Investitionen übereinstimmen (vgl. Perridon/Steiner/Rathgeber, 2017, S. 76).

Zur Ermittlung der optimalen Nutzungsdauern der beiden identischen Investitionen kann zunächst wieder auf die Kapitalwertberechnung verwiesen werden. Der Gesamtkapitalwert der beiden Investitionen ergibt sich zu:

$$C_0^{\text{gesamt}} = C_{0,n_1}^1 + \frac{C_{0,n_2}^2}{(1+i)^{n_1}}$$

mit: n_1 = Nutzungsdauer der Grundinvestition
n_2 = Nutzungsdauer der Folgeinvestition
C_{0,n_1}^1 = Kapitalwert der Grundinvestition bei der Nutzungsdauer n_1
C_{0,n_2}^2 = Kapitalwert der Folgeinvestition bei der Nutzungsdauer n_2

Zur Ermittlung der optimalen Nutzungsdauern kann wie folgt vorgegangen werden (vgl. Schierenbeck/Wöhle, 2016, S. 423):

- In einem ersten Schritt wird die optimale Nutzungsdauer der Investition nach den Grundsätzen einer einmaligen Investition bestimmt. Die sich ergebende optimale Nutzungsdauer stellt dabei die optimale Laufzeit der Folgeinvestition dar.
- Um die optimale Laufzeit der Grundinvestition zu bestimmen, wird in einem zweiten Schritt für jede Nutzungsdauer der Kapitalwert unter Einschluss des abgezinsten Kapitalwerts der Folgeinvestition berechnet. Die optimale Nutzungsdauer der Grundinvestition wird durch das Maximum des Gesamtkapitalwerts bestimmt.

Tabelle 2.19 verdeutlicht die Vorgehensweise. Es wird hierbei wiederum auf das Beispiel aus Tab. 2.16 zurückgegriffen.

Tab. 2.19: Berechnung der optimalen Nutzungsdauer bei einmaliger identischer Wiederholung (Angaben in EUR)

Jahre	1	2	3	4	5	6
(1) Kapitalwert der Folgeinvestition $C_0^2(4)$	16.950,34	16.950,34	16.950,34	16.950,34	16.950,34	16.950,34
(2) abgezinster Kapitalwert der Folgeinvestition $C_0^2(4)\frac{1}{(1+i)^{n_1}}$	15.409,40	14.008,55	12.735,05	11.577,31	10.524,83	9.568,03
(3) Zinsen auf den Kapitalwert der Folgeinvestition $C_0^2(4)\left(\frac{1}{(1+i)^{n_1}}-\frac{1}{(1+i)^{n_1-1}}\right)$	1.540,94	1.400,85	1.273,50	1.157,73	1.052,48	956,80
(4) Kapitalwert der Grundinvestition C_{0,n_1}^1	2.727,27	14.628,10	16.581,52	16.950,34	13.504,23	12.431,73
(5) Grenzgewinn der Grundinvestition $C_{0,n_1}^1 - C_{0,n-1}^1$	2.727,27	11.900,83	1.953,42	368,83	−3.446,11	−1.072,50
(6) Gesamtkapitalwert beider Investitionen (2) + (4)	18.136,68	28.636,65	29.316,56	28.527,66	24.029,06	21.999,76

Der erste Schritt zur Bestimmung der optimalen Nutzungsdauern wurde bereits bei der Ermittlung der optimalen Nutzungsdauer einer Einzelinvestition durchgeführt: Das Kapitalwertmaximum der Investition beträgt 16.950,34 EUR bei einer Nutzungsdauer von vier Jahren. Folglich ist dieser Kapitalwert mit der zugehörigen Nutzungsdauer für die Folgeinvestition zu wählen (Zeile 1). In Abhängigkeit von der Laufzeit der Grundinvestition muss das Kapitalwertmaximum unterschiedlich stark diskontiert werden. Zeile 2 verdeutlicht den abgezinsten Kapitalwert der Folgeinvestition in Abhängigkeit von der Laufzeit der Grundinvestition. Im zweiten Schritt ist die Laufzeit der Grundinvestition zu bestimmen. Zeile 4 stellt den Kapitalwert der Grundinvestition bei verschiedenen Laufzeiten der Grundinvestition dar. Die Addition von Zeile 2 und 4 ergibt den Gesamtkapitalwert beider Investitionen (Zeile 6). Der Gesamtkapitalwert beider Investitionen erreicht damit bei einer Nutzungsdauer der Grundinvestition von drei Jahren seinen maximalen Wert.

Die optimale Nutzungsdauer kann auch hier über eine Grenzbetrachtung ermittelt werden. Ausgehend von einer Nutzungsdauer von drei Jahren würde sich bei einer Verlängerung der Nutzungsdauer der Grundinvestition um ein Jahr der Gesamtkapitalwert um den Grenzgewinn der Grundinvestition in Höhe von 368,83 EUR erhöhen (Zeile 5). Gleichzeitig müsste aber auch der Kapitalwert der Folgeinvestition um eine weitere Periode abgezinst werden. Die hieraus resultierenden Zinsen auf den Kapitalwert in Höhe von 1.157,73 EUR (Zeile 3) würden die Kapitalwertsteigerung in Höhe des zusätzlichen Grenzgewinns überkompensieren. Folglich sollte von einer weiteren Verlängerung der Nutzungsdauer der Grundinvestition abgesehen werden. Das optimale Investitionsprogramm des Beispiels lautet damit: Die Grundinvestition sollte eine Laufzeit von drei Jahren, die Folgeinvestition eine Laufzeit von vier Jahren besitzen.

Bei identischer Wiederholung zweier Investitionen gilt allgemein, dass die Nutzungsdauer der Folgeinvestition länger ist als die Nutzungsdauer der Grundinvestition (Gesetz der Ersatzinvestition). Erklären lässt sich dies wie folgt: Die Grenzgewinne der Grundinvestition werden in der Regel mit wachsender Nutzungsdauer sinken. Die Laufzeit der Grundinvestition wird solange verlängert, wie der zusätzliche Grenzgewinn die Zinsen auf den Kapitalwert der Folgeinvestition übersteigt. An die Folgeinvestition schließen sich hingegen keine weiteren Investitionen an, sodass diese Investition so lange genutzt wird, bis der Grenzgewinn negativ wird (vgl. Schneider, 1992, S. 105).

Die obigen Überlegungen können dahingehend erweitert werden, dass eine Investition nicht nur einmal, sondern mehrmals bei endlichem Planungszeitraum wiederholt wird. Vergleichbar der einmaligen identischen Wiederholung einer Investition ist auch bei längeren Investitionsketten zur Bestimmung der optimalen Nutzungsdauer der Gesamtkapitalwert zu maximieren. Ebenso gilt die Regel, dass in einer endlichen identischen Investitionskette die optimale Nutzungsdauer einer Anlage länger als die der vorhergehenden und kürzer als die der nachfolgenden Investition ist. Bei einer Investitionskette aus drei identischen Gliedern hat die Grundinvestition neben den Zinsen auf den Kapitalwert der ersten Folgeinvestition auch die um die Nutzungsdauer der ersten Folgeinvestition diskontierten Zinsen auf den Kapitalwert der zweiten Folgeinvestition zu decken. Bei der ersten Folgeinvestition müssen hingegen nur die Zinsen des Kapitalwerts der zweiten Nachfolgeinvestition berücksichtigt werden (vgl. Schneider, 1992, S. 104). Für längere Investitionsketten können die Überlegungen entsprechend fortgeführt werden.

Da bei einer Unternehmung üblicherweise von einer Fortführung der Unternehmenstätigkeit in der Zukunft ausgegangen wird, ist die Annahme eines unendlichen

Planungszeitraums realitätsnäher. Unter dieser Annahme ergibt sich die Problematik der Bestimmung optimaler Nutzungsdauern bei identischen Investitionsketten mit unendlichem Planungszeitraum.

Es kann an dieser Stelle sicherlich kritisiert werden, dass aufgrund des technischen Fortschritts und veränderter Rahmenbedingungen eine Investition nicht unendlich in die Zukunft identisch fortgeschrieben werden kann. Da sich weit in der Zukunft liegende Investitionsprojekte jedoch nur sehr schwer prognostizieren lassen, ist die Annahme identischer Investitionsprojekte bedingt vertretbar (vgl. Bieg/Kußmaul/Waschbusch, 2016b, S. 148).

Die optimalen Nutzungsdauern der einzelnen Kettenglieder sind wiederum über die Maximierung des Gesamtkapitalwerts der Investitionskette abzuleiten. Der Unterschied zur identischen Wiederholung bei endlichem Planungshorizont besteht darin, dass jede Investition unendlich viele Nachfolgeinvestitionen besitzt. Dies hat zur Folge, dass die optimalen Nutzungsdauern aller Investitionen gleich groß sein müssen. Bei gleicher Nutzungsdauer n sind auch die Kapitalwerte C_0 aller Kettenglieder gleich groß. Allerdings sind die einzelnen Investitionen jeweils um die Nutzungsdauer n voneinander versetzt. Der Gesamtkapitalwert der Investitionskette ergibt sich damit wie folgt (vgl. Schneider, 1992, S. 106):

$$C_{0,\text{gesamt}} = C_0 + \frac{C_0}{(1+i)^n} + \frac{C_0}{(1+i)^{2n}} + \ldots + \frac{C_0}{(1+i)^{\infty n}}$$

Unter Berücksichtigung der Mathematik der geometrischen Reihe lässt sich dieser Term umformen zu:

$$C_{0,\text{gesamt}} = \frac{C_0}{1 - \frac{1}{(1+i)^n}}$$

Eine Erweiterung des Bruchs mit $(1 + i)^n$ führt zur Formel:

$$C_{0,\text{gesamt}} = C_0 \frac{(1+i)^n}{(1+i)^n - 1}$$

Durch Einsetzen des Wiedergewinnungsfaktors $WGF = \frac{i \cdot (1+i)^n}{(1+i)^n - 1}$ in obige Formel ergibt sich der zu maximierende Gesamtkapitalwert schließlich zu:

$$C_{0,\text{gesamt}} = C_0 \frac{WGF_n^i}{i}$$

Mithilfe dieser Gleichung kann die optimale Nutzungsdauer verhältnismäßig einfach ermittelt werden (vgl. Tab. 2.20). Wird der Kapitalwert einer Investition mit dem Wiedergewinnungsfaktor multipliziert, ergibt sich die Annuität. Die optimale Nutzungsdauer einer unendlichen, identischen Investitionskette befindet sich damit beim zeitlichen Maximum der Annuität, d. h. beim höchsten Durchschnittsgewinn, der unendlich oft anfällt. Im Beispiel liegt die optimale Nutzungsdauer bei zwei Jahren für alle Glieder der unendlichen, identischen Investitionskette.

Tab. 2.20: Bestimmung der optimalen Nutzungsdauer bei identischen Investitionsketten bei unendlichem Planungszeitraum

Jahr	**1**	**2**	**3**	**4**	**5**	**6**
Kapitalwert C_0 (€)	2.727,27	14.628,10	16.581,52	16.950,34	13.504,23	12.431,73
Wiedergewinnungsfaktor $WGF = \frac{i \cdot (1+i)^n}{(1+i)^n - 1}$	1,1000	0,5762	0,4021	0,3155	0,2638	0,2296
Annuität (€) $A = C_0 \cdot WGF$	3.000,00	8.428,57	6.667,67	5.347,34	3.562,38	2.854,42
Gesamtkapitalwert (€) $C_{0,gesamt} = C_0 \cdot \frac{WGF_i^n}{i}$	30.000,00	**84.285,71**	66.676,74	53.473,39	35.623,82	28.544,17

3 Moderne Verfahren der Investitionsrechnung

3.1 Vermögensendwertverfahren

3.1.1 Grundkonzeption der Vermögensendwertverfahren

Eine besondere Bedeutung kommt bei den klassischen dynamischen Konzepten dem Kalkulationszins zu, der eine Verzinsung sowohl der Kapitalaufnahme als auch der Kapitalanlage zu einem einheitlichen Zinssatz unterstellt. Diese einschränkende und realitätsferne Prämisse wird im Rahmen des Vermögensendwertverfahrens durch eine Differenzierung der Zinssätze aufgehoben: Während die Kapitalaufnahme zum Sollzinssatz erfolgt, werden überschüssige Mittel zum Habenzinssatz angelegt. In der Regel übersteigt der Sollzinssatz den Habenzinssatz (vgl. Blohm/Lüder/Schaefer, 2012, S. 78). Diese Annahme trifft zumindest immer dann zu, wenn Kapital am Finanzmarkt aufgenommen und angelegt wird. Ansonsten könnten Investoren nämlich Kapital zum niedrigeren Sollzinssatz aufnehmen und zum höheren Habenzinssatz wiederanlegen und somit Arbitragegewinne erzielen. Abweichend hiervon kann der Habenzinssatz den Sollzinssatz übersteigen, wenn von einer Wiederanlage innerhalb des Unternehmens ausgegangen wird (vgl. Altrogge, 1996, S. 376 f.). Schließlich liegt der unternehmerischen Tätigkeit das Ziel zugrunde, mit dem eingesetzten Kapital eine über die Finanzierungskosten hinausgehende Rendite zu erzielen (vgl. Schirmeister, 1990, S. 33).

Ein weiteres zentrales Merkmal des Vermögensendwertverfahrens besteht darin, dass die Zahlungsströme nicht wie bei den klassischen dynamischen Verfahren der Investitionsrechnung auf den Zeitpunkt $t = 0$ abgezinst, sondern vielmehr auf das Ende des Planungszeitraums bezogen werden. Der sich daraus ergebende Betrag stellt den Vermögensendwert der Investition dar und beschreibt die Erhöhung oder Verminderung des Vermögens zum Zeitpunkt $t = n$ (vgl. Blohm/Lüder/Schaefer, 2012, S. 77). Ziel aus Sicht des Investors ist die Erzielung eines maximalen Endvermögens, wobei bei einer reinen Fremdfinanzierung die Schwelle der Vorteilhaftigkeit bei einem Vermögensendwert von Null liegt.

Zur Berechnung des Vermögensendwerts müssen neben dem Soll- und dem Habenzinssatz die Einzahlungen E_t sowie die Auszahlungen A_t der einzelnen Perioden bekannt sein. Die Berechnung des Vermögensendwerts erfolgt durch Rekursion über die Investitionslaufzeit. Hierfür wird der Vermögenswert am Ende einer Periode bestimmt und zur Berechnung in der Folgeperiode als Eingangsparameter verwendet (vgl. Schirmeister, 1990, S. 35 ff.).

Der Vermögenswert in $t = 0$ ergibt sich aus der Differenz zwischen den Einzahlungen E_0 und den Auszahlungen A_0. In der Regel fallen zu Beginn der Investition lediglich Auszahlungen an, die im Rahmen der Kapitalwertmethode auch als Anschaffungsauszahlung I_0 bezeichnet werden (vgl. Kap. 2.2.2). Der Vermögenswert V_0 berechnet sich folglich durch

DOI 10.1515/9783110353082-004

$$V_0 = E_0 - A_0.$$

Der Vermögenswert V_0 stellt die Ausgangsgröße für die Bestimmung des Vermögenswerts der Folgeperiode dar. Zudem gehen neben den Ein- und Auszahlungen auch der aus der Kapitalaufnahme bzw. -anlage resultierende Zinsaufwand ZA_t bzw. -ertrag ZE_t in die Berechnung ein (für t = 1,...,n):

$$V_t = V_{t-1} + E_t + ZE_t - A_t - ZA_t$$

Der Zinsaufwand der Periode t berechnet sich als Produkt aus dem Sollzinssatz i_S und dem Schuldenstand am Ende der vorhergehenden Periode S_{t-1}:

$$ZA_t = i_S \cdot S_{t-1}$$

Ist am Ende der Periode $t-1$ ein Wiederanlagebetrag H_{t-1} vorhanden, so verzinst sich dieser mit dem Habenzinsfuß i_H. Entsprechend ergibt sich der Zinsertrag der Periode t zu

$$ZE_t = i_H \cdot H_{t-1}$$

3.1.2 Erfassung verschiedener Tilgungsmodalitäten

Im Folgenden wird die Berechnung des Vermögensendwerts anhand einer Investition mit den in Tab. 3.1 dargestellten Ein- und Auszahlungen verdeutlicht.

Tab. 3.1: Ein- und Auszahlungen der Beispielinvestition (Angaben in TEUR)

Zeitpunkt (t)	1	2	3	4	5	6
Einzahlungen E_t	0	50	50	45	40	30
Auszahlungen A_t	60	20	28	24	24	24

Es wird angenommen, dass die in t = 0 erforderliche Anschaffungsauszahlung durch einen **Annuitätenkredit** gedeckt wird. Bei dieser Kreditart ist in jeder Periode der gleiche Betrag an den Kreditgeber zu leisten. Dieser sog. Kapitaldienst errechnet sich – in Analogie zur Annuität aus Kap. 2.2.3 – durch Multiplikation des in t = 0 aufgenommenen Kreditbetrags K_0 mit dem Wiedergewinnungsfaktor. Bei der Berechnung des Wiedergewinnungsfaktors kommt der Sollzinssatz zum Tragen, da es sich um eine Kapitalaufnahme handelt:

$$KD_t = K_0 \cdot WGF_{i_S}^n = K_0 \cdot \frac{i_S \cdot (1 + i_S)^n}{(1 + i_S)^n - 1}$$

Im vorliegenden Beispiel ergibt sich bei einer Anschaffungsauszahlung von 60 TEUR und einer Kreditlaufzeit von fünf Jahren ein periodisch zu leistender konstanter Kapitaldienst in Höhe von 17,90 TEUR. Hierbei wird ein Sollzinssatz von 15 % angenommen:

$$KD_t = 60 \cdot \frac{0{,}15 \cdot (1 + 0{,}15)^5}{(1 + 0{,}15)^5 - 1} = 60 \cdot 0{,}2983 = 17{,}90\,\text{T€}$$

Der **Kapitaldienst** setzt sich aus den beiden Komponenten Zinsaufwand ZA_t und Tilgung T_t zusammen:

$$KD_t = ZA_t + T_t$$

Da die Kapitalbindung zu Beginn der Kapitalbereitstellung am höchsten ist und während der Investitionslaufzeit durch bereits geleistete Tilgungen abnimmt, ist der Zinsanteil bei einem Annuitätenkredit am Anfang höher als am Ende. Entsprechend nimmt der Tilgungsanteil als Differenz zwischen dem konstanten Kapitaldienst und dem periodisch abnehmenden Zinsaufwand mit der Laufzeit zu.

Das Schema zur Berechnung des Vermögensendwerts (in Anlehnung an Schirmeister, 1990, S. 64) bei einem Habenzinssatz von 10 % ist in Tab. 3.2 dargestellt. In t = 0 wird zunächst die Anschaffungsauszahlung in Höhe von 60 TEUR geleistet. Da es sich um den Beginn des Investitionsprojekts handelt, fallen keine Einzahlungen an. Der Vermögenswert ist folglich allein durch die Auszahlung bestimmt und beträgt −60 TEUR. Die Berechnungen des Vermögenswerts im oberen Teil des Berechnungsschemas werden durch eine Nebenrechnung zur Erfassung der Kapitalaufnahme- und -anlagevorgänge ergänzt. Hier findet sich in t = 0 die Aufnahme des Annuitätenkredits K_t, die zu einem Schuldenstand von 60 TEUR führt. Zins- und Tilgungsleistungen treten in t = 0 noch nicht auf.

Tab. 3.2: Vermögensendwert bei Annuitätentilgung (Angaben in TEUR)

	Zeitpunkt (t)	0	1	2	3	4	5
	Vermögenswert V_{t-1}	XXX	−60,00	−39,00	−23,46	−6,84	7,02
+	Einzahlungen E_t	0,00	50,00	50,00	45,00	40,00	30,00
+	Zinsertrag ZE_t (i_H = 10 %)	0,00	0,00	1,21	1,74	2,23	2,26
−	Auszahlungen A_t	60,00	20,00	28,00	24,00	24,00	24,00
−	Zinsaufwand ZA_t (i_S = 15 %)	0,00	9,00	7,67	6,13	4,36	2,33
=	**Vermögenswert V_t**	**−60,00**	**−39,00**	**−23,46**	**−6,84**	**7,02**	**12,94**
(1)	Wiederanlagebetrag H_t	0,00	12,10	17,41	22,25	22,58	12,94
(2)	Kapitalaufnahme K_t	60,00	0,00	0,00	0,00	0,00	0,00
	Schuldenstand S_t	60,00	51,10	40,87	29,10	15,56	0,00
	Kapitaldienst KD_t	0,00	17,90	17,90	17,90	17,90	17,90
	Tilgung T_t	0,00	8,90	10,23	11,77	13,53	15,56

Der Vermögenswert V_0 bildet die Ausgangsgröße für die Berechnung des Vermögenswerts am Ende der Periode 1. Neben den Ein- und Auszahlungen (vgl. Tab. 3.1) fällt ein Zinsaufwand in Höhe von 9 TEUR an. Dieser ergibt sich als Produkt aus dem Schuldenstand in $t = 0$ und dem Sollzinssatz (= $60 \cdot 15\,\%$). Der Vermögenswert V_1 beträgt dann –39 TEUR.

Die Nebenrechnung verdeutlicht, inwiefern überschüssige Mittel anzulegen sind oder weiteres Kapital aufzunehmen ist. Werden Überschüsse erzielt, so ergibt sich ein Wiederanlagebetrag H_t. Für dessen Ermittlung wird die Summe aus Auszahlungen, Zinsaufwand und Tilgung von dem Wiederanlagebetrag der Vorperiode zuzüglich der Einzahlungen und des Zinsertrags subtrahiert. Da ein negativer Wiederanlagebetrag nicht auftreten kann, ergibt sich folgende Berechnungsformel (für $t = 1,\dots,n$) (vgl. Schirmeister, 1990, S. 65 f.):

$$H_t = \max\{(H_{t-1} + E_t + ZE_t) - (A_t + ZA_t + T_t); 0\}.$$

Der Tilgungsbetrag entspricht bei einer Annuitätentilgung der Differenz zwischen dem konstanten Kapitaldienst und dem vom Schuldenstand der Vorperiode abhängigen Zinsaufwand:

$$T_t = KD_t - ZA_t$$

Im vorliegenden Fall resultiert für $t = 1$ ein Tilgungsbetrag von 8,90 TEUR und damit ein Wiederanlagebetrag von 12,10 TEUR:

$$T_1 = 17{,}90 - 9{,}00 = 8{,}90\,\text{T€}$$
$$H_1 = \max\{(0 + 50{,}00 + 0) - (20{,}00 + 9{,}00 + 8{,}90); 0\} = \max\{12{,}10; 0\} = 12{,}10\,\text{T€}$$

Übersteigt die Summe aus Auszahlungen, Zinsaufwand und Tilgung hingegen die Summe aus Wiederanlagebetrag der Vorperiode, Einzahlungen und Zinsertrag, so erfolgt keine Wiederanlage, sondern es ist zusätzliches Kapital aufzunehmen. Entsprechend berechnet sich die Kapitalaufnahme nach der folgenden Formel, wobei in Analogie zur Wiederanlage keine negativen Werte auftreten können (für $t = 1,\dots,n$):

$$K_0 = A_0$$
$$K_t = \max\{(A_t + ZA_t + T_t) - (H_{t-1} + E_t + ZE_t); 0\}$$

Mit Kenntnis der Kapitalaufnahme und der Tilgung kann anschließend der neue Schuldenstand berechnet werden (für $t = 1,\dots,n$) (vgl. Schirmeister, 1990, S. 40 f.):

$$S_0 = K_0$$
$$S_t = S_{t-1} + K_t - T_t$$

Im vorliegenden Fall ist keine weitere Kapitalaufnahme notwendig, entsprechend ergibt sich ein Schuldenstand von 51,10 TEUR (= 60 + 0 – 8,90).

Der Vermögenswert der Periode lässt sich nicht nur aus der Hauptrechnung, sondern zur Überprüfung der Richtigkeit der Berechnungen ebenfalls aus der Nebenrechnung herleiten. Da es sich beim Vermögenswert V_t um das Geldvermögen am Ende der Periode t handelt, entspricht der Vermögenswert der Differenz aus Wiederanlagebetrag und Schuldenstand (für t = 0,...,n):

$$V_t = H_t - S_t$$

Dies sei anhand der Beträge in t = 1 gezeigt:

$$V_1 = 12{,}10 - 51{,}10 = -39{,}00 \text{ T€}$$

Am Ende der Investitionsdauer ergibt sich im Beispielfall ein Vermögensendwert von 12,94 TEUR. Die Investition ist folglich vorteilhaft und sollte durchgeführt werden.

Bei der Aufnahme eines Annuitätenkredits besteht bereits im Vorhinein Klarheit über den in jeder Periode zu leistenden Kapitaldienst. Es existiert ein vertraglich fixierter Tilgungsplan, der unabhängig von den prognostizierten Zahlungsströmen zu erfüllen ist.

Neben dem Annuitätenkredit, bei dem in jeder Periode ein konstanter Kapitaldienst mit variablem Tilgungsanteil anfällt, können bei der Kreditaufnahme auch konstante Tilgungszahlungen vereinbart werden. Bei dem sog. **Ratenkredit** wird die Kreditsumme in (meist) gleich große Tilgungsbeträge aufgeteilt. Der pro Periode anfallende Kapitaldienst als die Summe aus Zinsaufwand und Tilgung wird hierbei mit der Zeit geringer, da die aus dem sinkenden Schuldenstand resultierenden Zinszahlungen stetig abnehmen. Tabelle 3.3 zeigt die Berechnung des Vermögensendwerts bei Aufnahme eines Ratenkredits für die bereits in Kap. 3.1.1 betrachtete Investition. Die jährlichen Tilgungsleistungen betragen 12 TEUR (= 60 : 5).

Tab. 3.3: Vermögensendwert bei Ratentilgung (Angaben in TEUR)

	Zeitpunkt (t)	**0**	**1**	**2**	**3**	**4**	**5**
	Vermögenswert V_{t-1}	XXX	−60,00	−39,00	−23,30	−6,43	7,73
+	Einzahlungen E_t	0,00	50,00	50,00	45,00	40,00	30,00
+	Zinsertrag ZE_t (i_H = 10 %)	0,00	0,00	0,90	1,27	1,76	1,97
–	Auszahlungen A_t	60,00	20,00	28,00	24,00	24,00	24,00
–	Zinsaufwand ZA_t (i_S = 15 %)	0,00	9,00	7,20	5,40	3,60	1,80
=	**Vermögenswert V_t**	**−60,00**	**−39,00**	**−23,30**	**−6,43**	**7,73**	**13,90**
(1)	Wiederanlagebetrag H_t	0,00	9,00	12,70	17,57	19,73	13,90
(2)	Kapitalaufnahme K_t	60,00	0,00	0,00	0,00	0,00	0,00
	Schuldenstand S_t	60,00	48,00	36,00	24,00	12,00	0,00
	Kapitaldienst KD_t	0,00	21,00	19,20	17,40	15,60	13,80
	Tilgung T_t	0,00	12,00	12,00	12,00	12,00	12,00

In Analogie zum Annuitätenkredit treten auch beim Ratenkredit zwischenzeitliche Wiederanlagen auf, da die Einzahlungsüberschüsse nicht vollständig für die Begleichung des Kapitaldiensts benötigt werden. Jedoch ist der Vermögensendwert bei Ratentilgung mit 13,90 TEUR höher als bei einer annuitätischen Tilgung, da der Schuldenstand schneller abnimmt und somit der Zinsaufwand kleiner ist.

Neben der Annuitäten- und der Ratentilgung, die eine Rückzahlung des Kreditbetrags in mehreren Teilbeträgen vorsehen, ist eine Gesamttilgung am Ende der Laufzeit möglich (vgl. Perridon/Steiner/Rathgeber, 2017, S. 485). Bei dieser **endfälligen Tilgung** bleibt der Schuldenstand über die Kreditlaufzeit konstant und reduziert sich in der letzten Periode auf Null. In den dazwischenliegenden Perioden fällt demzufolge ein konstanter Zinsaufwand an, der aus den Einzahlungsüberschüssen zu leisten ist. Alle darüber hinausgehenden Überschüsse werden auf dem Wiederanlagekonto verbucht. Die endfällige Tilgung findet sich in der Praxis bei den sog. Festdarlehen. Im Beispiel ergibt sich bei Finanzierung der Investitionsauszahlung mittels Festdarlehen ein Vermögensendwert von 7,27 TEUR (vgl. Tab. 3.4).

Tab. 3.4: Vermögensendwert bei endfälliger Tilgung (Angaben in TEUR)

	Zeitpunkt (t)	**0**	**1**	**2**	**3**	**4**	**5**
	Vermögenswert V_{t-1}	XXX	−60,00	−39,00	−23,90	−8,29	3,88
+	Einzahlungen E_t	0,00	50,00	50,00	45,00	40,00	30,00
+	Zinsertrag ZE_t (i_H = 10 %)	0,00	0,00	2,10	3,61	5,17	6,39
−	Auszahlungen A_t	60,00	20,00	28,00	24,00	24,00	24,00
−	Zinsaufwand ZA_t (i_S = 15 %)	0,00	9,00	9,00	9,00	9,00	9,00
=	**Vermögenswert V_t**	**−60,00**	**−39,00**	**−23,90**	**−8,29**	**3,88**	**7,27**
(1)	Wiederanlagebetrag H_t	0,00	21,00	36,10	51,71	63,88	7,27
(2)	Kapitalaufnahme K_t	60,00	0,00	0,00	0,00	0,00	0,00
	Schuldenstand S_t	60,00	60,00	60,00	60,00	60,00	0,00
	Kapitaldienst KD_t	0,00	9,00	9,00	9,00	9,00	69,00
	Tilgung T_t	0,00	0,00	0,00	0,00	0,00	60,00

Der im Vergleich zum Annuitäten- sowie zum Ratenkredit niedrigere Vermögensendwert ist in der zeitlichen Verschiebung der Tilgung auf das Ende der Laufzeit begründet. Durch die endfällige Rückzahlung ist der Schuldenstand während der Laufzeit konstant, der Zinsaufwand entsprechend höher als bei den anderen beiden Tilgungsformen.

Trotz zeitlich unterschiedlicher Strukturen des Schuldenabbaus weisen die beschriebenen Tilgungsmodalitäten eine Gemeinsamkeit auf: Ihnen allen liegt ein vertraglich fixierter Tilgungsplan zugrunde, der einen **partiellen Kontenausgleich** zwischen dem Schulden- und dem Wiederanlagekonto zur Folge hat. Die Tilgungsbeträge sind hierbei von den Zahlungsüberschüssen während der Kreditlaufzeit unabhängig und stimmen i. d. R. nicht mit diesen überein. Insofern kann es zum einen – wie im Beispiel dargestellt – zu Wiederanlagen kommen, obwohl der Kredit noch nicht vollständig getilgt ist. Zum anderen ist es möglich, dass bei zu niedrigen Zahlungsüberschüssen die Aufnahme weiterer Mittel zur Zahlung des Kapitaldiensts notwendig wird. Im Fall der endfälligen Tilgung ist ein Kontenausgleich zumindest insofern möglich, als dass die Einzahlungsüberschüsse eines Jahres mit den Auszahlungsüberschüssen des gleichen Jahres verrechnet werden können.

Werden die Zahlungsüberschüsse im Gegensatz zum partiellen Kontenausgleich hingegen in jeder Periode in vollem Umfang zur Tilgung der Schulden eingesetzt, so liegt ein **Kontenausgleichsgebot** vor. Hierbei ist eine vollständige Saldierung des Schulden- und des Wiederanlagekontos verpflichtend. Die Tilgung ist in diesem Fall nicht von einem vertraglich fixierten Tilgungsplan, sondern von der Höhe der Zahlungsüberschüsse abhängig. Eine Mittelanlage erfolgt erst nach vollständiger Tilgung der Kredite (vgl. Bieg/Kußmaul/Waschbusch, 2016b, S. 124). In der Praxis findet sich diese laufende Tilgung in Höhe der jeweiligen Zahlungsüberschüsse bei den **Kontokorrentkrediten.**

Das in Kap. 3.1.1 dargestellte Berechnungsschema zur Ermittlung des Vermögensendwerts ist unabhängig von der vorliegenden Tilgungsform einsetzbar. Es ist insofern ein allgemeingültiges Konzept, das an die entsprechenden Tilgungsmodalitäten angepasst werden kann. Bei Vorliegen eines Kontenausgleichsgebots ergibt sich ein Vermögensendwert von 16,92 TEUR (vgl. Tab. 3.5).

Tab. 3.5: Vermögensendwert bei Kontenausgleichsgebot (Angaben in TEUR)

	Zeitpunkt (t)	0	1	2	3	4	5
	Vermögenswert V_{t-1}	XXX	−60,00	−39,00	−22,85	−5,28	9,93
+	Einzahlungen E_t	0,00	50,00	50,00	45,00	40,00	30,00
+	Zinsertrag ZE_t ($i_H = 10\,\%$)	0,00	0,00	0,00	0,00	0,00	0,99
−	Auszahlungen A_t	60,00	20,00	28,00	24,00	24,00	24,00
−	Zinsaufwand ZA_t ($i_S = 15\,\%$)	0,00	9,00	5,85	3,43	0,79	0,00
=	**Vermögenswert V_t**	**−60,00**	**−39,00**	**−22,85**	**−5,28**	**9,93**	**16,92**
(1)	Wiederanlagebetrag H_t	0,00	0,00	0,00	0,00	9,93	16,92
(2)	Kapitalaufnahme K_t	60,00	0,00	0,00	0,00	0,00	0,00
	Schuldenstand S_t	60,00	39,00	22,85	5,28	0,00	0,00
	Kapitaldienst KD_t	0,00	30,00	22,00	21,00	6,07	0,00
	Tilgung T_t	0,00	21,00	16,15	17,57	5,28	0,00

Das Berechnungsschema dient der detaillierten Darstellung der Zahlungsströme und der Finanzierungsvorgänge. Der Vermögensendwert bei Kontenausgleichsgebot kann jedoch auch vereinfacht ermittelt werden. Ist das Vermögen einer Periode kleiner als Null, so findet eine Verzinsung zum Sollzinssatz statt. Bei positivem Vermögen erfolgt dagegen eine Verzinsung zum Habenzinssatz. In formaler Darstellung lässt sich daher das Endvermögen bei Kontenausgleichsgebot rekursiv auch wie folgt ermitteln (für t = 1,...,n) (vgl. Bieg/Kußmaul/Waschbusch, 2016b, S. 124 f.):

$$V_0 = E_0 - A_0$$

$$V_t = E_t - A_t + \begin{cases} V_{t-1} \cdot (1 + i_S) & \text{wenn } V_{t-1} < 0 \\ V_{t-1} \cdot (1 + i_H) & \text{wenn } V_{t-1} > 0 \end{cases}$$

Diese verkürzte Berechnung führt, wie in Tab. 3.6 dargestellt, zu demselben Vermögensendwert wie bei Nutzung des Berechnungsschemas. Im ersten Jahr muss die negative Investitionsauszahlung des Zeitpunkts t = 0 in Höhe von 60 TEUR mit dem Sollzinssatz in Höhe von 15 % verzinst werden. In t = 1 treten Einzahlungen von 50 TEUR und Auszahlungen von 20 TEUR auf (vgl. Tab. 3.1). Insgesamt ergibt sich damit ein Vermögenswert in t = 1 von –39 TEUR. Dieser negative Vermögenswert wird in der Folgeperiode wiederum mit dem Sollzinssatz verzinst. Analog ergeben sich die weiteren Berechnungsschritte des Investitionsprojekts. Am Ende des vierten Jahrs stellt sich ein positiver Vermögenswert ein, sodass im fünften Jahr eine Verzinsung zu dem niedrigeren Habenzinssatz in Höhe von 10 % erfolgt. Der Vermögensendwert des Investitionsprojekts ermittelt sich insgesamt zu 16,92 TEUR und signalisiert damit einen Vermögenszuwachs. Folglich sollte die Investition durchgeführt werden.

Tab. 3.6: Verkürzte Berechnung des Vermögensendwerts bei Kontenausgleichsgebot (Angaben in TEUR)

Jahr	Vermögenswert		
0	0,00 – 60,00	=	–60,00
1	50,00 – 20,00 – 60,00 · (1 + 0,15)	=	–39,00
2	50,00 – 28,00 – 39,00 · (1 + 0,15)	=	–22,85
3	45,00 – 24,00 – 22,85 · (1 + 0,15)	=	–5,28
4	40,00 – 24,00 – 5,28 · (1 + 0,15)	=	9,93
5	30,00 – 24,00 + 9,93 · (1 + 0,10)	=	16,92

Während sowohl beim partiellen Kontenausgleich als auch beim Kontenausgleichsgebot zwischenzeitliche Tilgungen vorgenommen werden, ist ein Einsatz der Zahlungsüberschüsse zur Entlastung des Kredit- bzw. Schuldenkontos beim sogenannten **Kontenausgleichsverbot** nicht zulässig. Vielmehr müssen zwei getrennte Konten geführt werden: Zum einen werden die Einzahlungen und der Zinsertrag auf dem Guthabenkonto vermerkt, zum anderen enthält das Schuldenkonto die Auszahlungen und den Zinsaufwand. Während der Projektlaufzeit besteht zwischen den beiden Konten ein Saldierungsverbot. Folglich erhöhen sich sowohl der Wiederanlagebetrag als auch der Schuldenstand laufend. Der Vermögensendwert wird anschließend durch Verrechnung der beiden Konten am Ende des Planungszeitraums bestimmt (vgl. Bieg/Kußmaul/Waschbusch, 2016b, S. 123).

Bei Anwendung des Berechnungsschemas ergibt sich bei Kontenausgleichsverbot ein Vermögensendwert V_n von –13,38 TEUR (vgl. Tab. 3.7).

Tab. 3.7: Vermögensendwert bei Kontenausgleichsverbot (Angaben in TEUR)

	Zeitpunkt (t)	0	1	2	3	4	5
	Vermögenswert V_{t-1}	XXX	−60,00	−39,00	−25,35	−13,40	−7,44
+	Einzahlungen E_t	0,00	50,00	50,00	45,00	40,00	30,00
+	Zinsertrag ZE_t (i_H = 10 %)	0,00	0,00	5,00	10,50	16,05	21,66
−	Auszahlungen A_t	60,00	20,00	28,00	24,00	24,00	24,00
−	Zinsaufwand ZA_t (i_S = 15 %)	0,00	9,00	13,35	19,55	26,09	33,60
=	**Vermögenswert V_t**	**−60,00**	**−39,00**	**−25,35**	**−13,40**	**−7,44**	**−13,38**
(1)	Wiederanlagebetrag H_t	0,00	50,00	105,00	160,50	216,55	268,21
(2)	Kapitalaufnahme K_t	60,00	29,00	41,35	43,55	50,09	57,60
	Schuldenstand S_t	60,00	89,00	130,35	173,90	223,99	281,59
	Kapitaldienst KD_t	0,00	9,00	13,35	19,55	26,09	33,60
	Tilgung T_t	0,00	0,00	0,00	0,00	0,00	0,00

In Analogie zum Kontenausgleichsgebot kann der Vermögensendwert bei Kontenausgleichsverbot ebenfalls vereinfacht ermittelt werden. Hierbei werden durch Einführung eines positiven und eines negativen Vermögenskontos die Einzahlungen und die Auszahlungen getrennt voneinander erfasst und auf t = n aufgezinst. Die Verzinsung des positiven Vermögenskontos V^+ erfolgt zum Habenzinssatz i_H, die des negativen Vermögenskontos V^- zum Sollzinssatz i_S. Am Ende des Planungszeitraums werden die beiden Vermögenskonten zur Ermittlung des Vermögensendwerts saldiert (vgl. Bieg/Kußmaul/Waschbusch, 2016b, S. 124):

$$V_n = V_n^+ - V_n^- = \sum_{t=0}^{n} E_t \cdot (1 + i_H)^{n-t} - \sum_{t=0}^{n} A_t \cdot (1 + i_S)^{n-t}.$$

Im Beispielfall ergeben sich die Endwerte der beiden Vermögenskonten wie folgt:

$$V_n^+ = 50 \cdot (1 + 0{,}10)^4 + 50 \cdot (1 + 0{,}10)^3 + 45 \cdot (1 + 0{,}10)^2 + 40 \cdot (1 + 0{,}10)^1 + 30 = 268{,}21\ \text{T€}$$

$$V_n^- = 60 \cdot (1 + 0{,}15)^5 + 20 \cdot (1 + 0{,}15)^4 + 28 \cdot (1 + 0{,}15)^3 + 24 \cdot (1 + 0{,}15)^2 + 24 \cdot (1 + 0{,}15)^1 + 24 = 281{,}59\ \text{T€}$$

Durch Subtraktion des Endvermögens des negativen von dem des positiven Vermögenskontos resultiert der Vermögensendwert – wie bereits mittels Berechnungsschema gezeigt – von −13,38 TEUR.

$$V_n = 268{,}21 - 281{,}59 = -13{,}38 \text{ T€}$$

Der negative Vermögensendwert signalisiert eine Verminderung des Vermögens bei Durchführung der Investition. Folglich sollte die Investition bei Kontenausgleichsverbot abgelehnt werden.

Die vorherigen Berechnungen zeigen, dass der Vermögensendwert und somit die Vorteilhaftigkeit der Investition von den gewählten Tilgungsmodalitäten abhängt. Während die Investition bei Kontenausgleichsverbot unterlassen werden sollte, ist sie sowohl bei partiellem Kontenausgleich als auch bei Kontenausgleichsgebot vorteilhaft. Der höchste Vermögensendwert wird bei einer Finanzierung über einen Kontokorrentkredit erzielt. Tabelle 3.8 fasst die Ergebnisse nochmals zusammen.

Tab. 3.8: Investitionsentscheidung bei unterschiedlichen Tilgungsmodalitäten (Angaben in TEUR)

	Kontenausgleichsverbot	**partieller Kontenausgleich**			**Kontenausgleichsgebot**
	keine Tilgung	endfällige Tilgung	Annuitätentilgung	Ratentilgung	Kontokorrenttilgung
Vermögensendwert	−13,38	7,27	12,94	13,90	16,92
Durchführung der Investition	Nein	Ja	Ja	Ja	Ja

Die variierenden Vermögensendwerte sind in den unterschiedlichen Kontoständen während der Investitionslaufzeit begründet. Bei Kontenausgleichsverbot ist eine Tilgung während der Projektlaufzeit ausgeschlossen, vielmehr muss zur Deckung der Auszahlungen und des Zinsaufwands weiteres Kapital aufgenommen werden. Der Schuldenstand steigt dadurch über die Laufzeit an. Zeitgleich werden die durch Einzahlungen und Zinserträge auftretenden Überschüsse angelegt. Sowohl bei partiellem Kontenausgleich als auch bei Kontenausgleichsgebot werden hingegen bestehende Schuldenstände während der Investitionslaufzeit in bestimmter Form getilgt. Zudem wird der Zinsaufwand aus den Zahlungsüberschüssen geleistet und so eine Erhöhung des Schuldenstands vermieden. Da der Sollzinssatz über dem Habenzinssatz liegt, ist es vorteilhafter, die Einzahlungsüberschüsse zur Tilgung der zum höheren Sollzinssatz aufgenommenen Kredite einzusetzen, als diese zum niedrigeren Habenzinssatz anzulegen. Entsprechend ist der Vermögensendwert bei Kontenausgleichsgebot höher als bei Kontenausgleichsverbot. Die Ergebnisse bei partiellem

Kontenausgleich liegen dabei zwischen den beiden Extremen Kontenausgleichsgebot und -verbot, da während der Projektlaufzeit sowohl Tilgungen als auch Wiederanlagen stattfinden.

Die Rangfolge der Tilgungsmodalitäten ist vom Verhältnis zwischen den Zinssätzen für Kapitalaufnahme und -anlage abhängig. Bisher wurde der Fall betrachtet, dass der Sollzinssatz über dem Habenzinssatz liegt. Ist der Sollzinssatz hingegen kleiner als der Habenzinssatz (vgl. Kap. 3.1.1), so ist die Wiederanlage der Tilgung vorzuziehen. Die obige Argumentation dreht sich entsprechend um, das Kontenausgleichsverbot führt zum höchsten und das Kontenausgleichsgebot zum niedrigsten Ergebnis.

Einen Spezialfall stellen die Bedingungen des vollkommenen Kapitalmarkts dar. Stimmen Soll- und Habenzinssatz überein, herrscht Indifferenz zwischen Tilgung und Wiederanlage. Folglich führen alle Tilgungsmodalitäten zum selben Ergebnis. Der Vermögensendwert entspricht in diesem Fall dem mit dem einheitlichen Kalkulationszins aufgezinsten Kapitalwert der Investition. Tabelle 3.9 fasst die Ordnungsbeziehungen in Abhängigkeit des Verhältnisses zwischen Soll- und Habenzinssatz zusammen.

Tab. 3.9: Ordnungsbeziehungen in Abhängigkeit der Zinskonditionen

$i_H < i_S$	$V_n^{Verbot} \leq V_n^{partiell} \leq V_n^{Gebot}$	Tilgung gegenüber Wiederanlage bevorzugen
$i_H > i_S$	$V_n^{Verbot} \geq V_n^{partiell} \geq V_n^{Gebot}$	Wiederanlage gegenüber Tilgung bevorzugen
$i_H = i_S$	$V_n^{Verbot} = V_n^{partiell} = V_n^{Gebot}$	Wiederanlage und Tilgung sind gleichwertig, es gilt: $V_n = C_n = C_0 \cdot (1 + i)^n$ mit $i = i_H = i_S$

3.1.3 Bestimmung des kritischen Sollzinssatzes

Der Vermögensendwert stellt wie der Kapitalwert eine absolute Erfolgsgröße dar. Ziel ist die Ermittlung des Geldvermögenszuwachses, der bei bekanntem Soll- und Habenzinssatz erzielt wird. Im Falle eines positiven Vermögensendwerts kann des Weiteren die Frage gestellt werden, inwieweit sich die Zinskonditionen verschlechtern dürfen, damit das Investitionsprojekt gerade noch vorteilhaft ist. Gesucht wird hierbei der Kreditzinssatz, bei dem das Investitionsprojekt unter Vorgabe eines über die Zeit gleich bleibenden Habenzinssatzes gerade noch einen Vermögensendwert von Null erzielt. Dieser sog. kritische Sollzinssatz kann damit auch als **kritischer Beschaffungszinssatz** für das gebundene Kapital interpretiert werden (vgl. Bieg/Kußmaul/Waschbusch, 2016b, S. 125). Überschreitet der Kreditzins eines Projekts den kritischen Sollzinssatz, so ist die Investition unvorteilhaft.

Das Vorgehen zur Bestimmung des kritischen Sollzinssatzes basiert auf der Vermögensendwertmethode. Grundsätzlich ist die Ermittlung des kritischen Sollzinssatzes über ein Näherungsverfahren möglich (vgl. Blohm/Lüder/Schaefer, 2012, S. 92). In Analogie zu dem in Kap. 2.2.4 vorgestellten Vorgehen zur Bestimmung des

Internen Zinsfußes kann der gesuchte Zinssatz durch eine lineare Interpolation ermittelt werden. Dies wird anhand des Beispiels zur Annuitätentilgung verdeutlicht. Bei einem Sollzinssatz von 15 % und einem Habenzinssatz von 10 % ergibt sich ein Vermögensendwert von 12,94 TEUR (vgl. Tab. 3.2). Bei einer Erhöhung des Sollzinssatzes auf 25 %, nimmt auch der periodisch zu leistende Kapitaldienst zu:

$$KD_t = 60 \cdot \frac{0{,}25 \cdot (1 + 0{,}25)^5}{(1 + 0{,}25)^5 - 1} = 60 \cdot 0{,}3718 = 22{,}31\,\text{T€}$$

Der resultierende Vermögensendwert liegt bei –13,99 TEUR, sodass die Investition bei diesem Sollzins unvorteilhaft wäre (vgl. Tab. 3.10). Da der Kreditgeber Anspruch auf die Rückzahlung des Kreditbetrags hat, muss der Kapitaldienst zulasten des Eigenkapitals geleistet werden. Es kommt demzufolge zu einem Eigenkapitalverzehr in Höhe von –13,99 TEUR.

Tab. 3.10: Bestimmung des Vermögensendwerts (Annuitätentilgung, Sollzinssatz $i_S = 25\,\%$, Angaben in TEUR)

	Zeitpunkt (t)	**0**	**1**	**2**	**3**	**4**	**5**
	Vermögenswert V_{t-1}	XXX	−60,00	−45,00	−35,40	−24,48	−15,74
+	Einzahlungen E_t	0,00	50,00	50,00	45,00	40,00	30,00
+	Zinsertrag ZE_t ($i_H = 10\,\%$)	0,00	0,00	0,77	0,81	0,77	0,21
–	Auszahlungen A_t	60,00	20,00	28,00	24,00	24,00	24,00
–	Zinsaufwand ZA_t ($i_S = 25\,\%$)	0,00	15,00	13,17	10,89	8,03	4,46
=	**Vermögenswert V_t**	**−60,00**	**−45,00**	**−35,40**	**−24,48**	**−15,74**	**−13,99**
(1)	Wiederanlagebetrag H_t	0,00	7,69	8,15	7,65	2,11	0,00
(2)	Kapitalaufnahme K_t	60,00	0,00	0,00	0,00	0,00	0,00
	Schuldenstand S_t	60,00	52,69	43,55	32,13	17,85	0,00
	Kapitaldienst KD_t	0,00	22,31	22,31	22,31	22,31	22,31
	Tilgung T_t	0,00	7,31	9,14	11,42	14,28	17,85

Gemäß der Formel zur linearen Interpolation (vgl. Kap. 2.2.4) ergibt sich ein kritischer Sollzinssatz von 19,8051 %.

$$i_S^* = V_{n,A} \cdot \frac{i_{S,B} - i_{S,A}}{V_{n,A} - V_{n,B}} + i_{S,A}$$

$$i_S^* = 12{,}94 \cdot \frac{0{,}25 - 0{,}15}{12{,}94 - (-13{,}99)} + 0{,}15 = 0{,}198051 \mathrel{\hat{=}} 19{,}8051\,\%$$

Nach weiteren Interpolationsschritten ergibt sich der exakte kritische Sollzinssatz in Höhe von 19,8997 %. Der periodisch zu leistende Kapitaldienst beträgt bei diesem Sollzinssatz 20,02 TEUR, der Vermögensendwert liegt gemäß der zuvor definierten Bedingung bei Null (vgl. Tab. 3.11).

Der kritische Sollzinssatz an sich hat für die Investitionsbewertung keine Aussagekraft. Vielmehr ist zur Interpretation dieser Größe in Analogie zur Internen Zinsfußmethode ein Vergleichszinssatz heranzuziehen (vgl. Kap. 2.2.4). Als Maßstab ist hierbei der Sollzinssatz zu verwenden, zu dem das Investitionsprojekt finanziert werden kann. Ist bei dem gegebenen Zinsgefüge der kritische Sollzinssatz größer als der projektspezifische Sollzinssatz, so ist die Investition vorteilhaft. In diesem Fall ist der Vermögensendwert größer Null. Ist der kritische Sollzinssatz hingegen kleiner als der Vergleichsmaßstab, so sollte die Investition aufgrund der Unvorteilhaftigkeit unterlassen werden:

$$i_S^* \geq i_S \quad \rightarrow \quad V_n \geq 0 \quad \rightarrow \quad \text{Investition vorteilhaft}$$
$$i_S^* < i_S \quad \rightarrow \quad V_n < 0 \quad \rightarrow \quad \text{Investition unvorteilhaft}$$

Bei Annahme einer Annuitätentilgung ist die Investition demzufolge durchzuführen, da der kritische Sollzinssatz den projektspezifischen Sollzinssatz von 15 % übersteigt.

Tab. 3.11: Bestimmung des Vermögensendwerts (Annuitätentilgung, kritischer Sollzinssatz $i_S^* = 19{,}8997$ %, Angaben in TEUR)

	Zeitpunkt (t)	0	1	2	3	4	5
	Vermögenswert V_{t-1}	XXX	−60,00	−41,94	−29,27	−15,38	−3,95
+	Einzahlungen E_t	0,00	50,00	50,00	45,00	40,00	30,00
+	Zinsertrag ZE_t (i_H = 10 %)	0,00	0,00	1,00	1,30	1,52	1,27
−	Auszahlungen A_t	60,00	20,00	28,00	24,00	24,00	24,00
−	Zinsaufwand ZA_t (i_S = 19,8997 %)	0,00	11,94	10,33	8,40	6,09	3,32
=	**Vermögenswert V_t**	**−60,00**	**−41,94**	**−29,27**	**−15,38**	**−3,95**	**0,00**
(1)	Wiederanlagebetrag H_t	0,00	9,98	12,96	15,24	12,74	0,00
(2)	Kapitalaufnahme K_t	60,00	0,00	0,00	0,00	0,00	0,00
	Schuldenstand S_t	60,00	51,92	42,23	30,62	16,70	0,00
	Kapitaldienst KD_t	0,00	20,02	20,02	20,02	20,02	20,02
	Tilgung T_t	0,00	8,08	9,69	11,61	13,93	16,70

Die beschriebene Ermittlung des kritischen Sollzinssatzes ist auf alle Tilgungsmodalitäten anwendbar. In der Literatur finden sich darüber hinaus für das Kontenausgleichsgebot und das Kontenausgleichsverbot spezielle Bezeichnungen:
(1) Die TRM-Methode bei Kontenausgleichsgebot und
(2) die Vermögensrentabilitätsmethode bei Kontenausgleichsverbot.

Zu (1): Die **TRM(Teichroew-Robichek-Montalbano)-Methode** geht von einer Kontokorrenttilgung, also einem Kontenausgleichsgebot, aus (vgl. Bieg/Kußmaul/Waschbusch, 2016b, S. 126). Dies bedeutet, dass die über den Zinsaufwand hinausgehenden Einzahlungsüberschüsse zunächst zur Tilgung des Kredits eingesetzt werden. Formal bestimmt sich der kritische Sollzinssatz demnach durch folgende Rekursionsformel (für t = 1,…,n – 1):

$$V_0 = E_0 - A_0$$

$$V_t = E_t - A_t + \begin{cases} V_{t-1} \cdot (1 + i_S^*) & \text{wenn } V_{t-1} < 0 \\ V_{t-1} \cdot (1 + i_H) & \text{wenn } V_{t-1} > 0 \end{cases}$$

Hierbei muss der kritische Sollzinssatz i_S^* so gewählt werden, dass sich in t = n ein Vermögensendwert von Null ergibt:

$$V_n \stackrel{!}{=} 0$$

Auch in diesem Fall kann der kritische Sollzinssatz mithilfe der linearen Interpolation berechnet werden. Hierfür müssen zwei Wertepaare, bestehend aus Sollzinssatz und zugehörigem Vermögensendwert, ermittelt werden. Neben dem bereits aus Tab. 3.5 bekannten Wertepaar [i_S = 15 %; V_n = 16,92 TEUR] wird der Vermögensendwert bei i_S = 25 % mit V_n = –8,08 TEUR ermittelt (vgl. Tab. 3.12).

Tab. 3.12: Vermögensendwert bei Kontenausgleichsgebot (Sollzinssatz i_S = 25 %, Angaben in TEUR)

Jahr	Vermögenswert		
0	0,00 – 60,00	=	–60,00
1	50,00 – 20,00 – 60,00 · (1 + 0,25)	=	–45,00
2	50,00 – 28,00 – 45,00 · (1 + 0,25)	=	–34,25
3	45,00 – 24,00 – 34,25 · (1 + 0,25)	=	–21,81
4	40,00 – 24,00 – 21,81 · (1 + 0,25)	=	–11,26
5	30,00 – 24,00 – 11,26 · (1 + 0,25)	=	–8,08

Mithilfe eines Iterationsschritts kann der kritische Sollzinssatz der TRM-Methode näherungsweise bestimmt werden:

$$i_S^* = 16{,}92 \cdot \frac{0{,}25 - 0{,}15}{16{,}92 - (-8{,}08)} + 0{,}15 = 0{,}217680 \triangleq 21{,}7680\,\%$$

Der nach mehreren Interpolationsschritten ermittelte exakte kritische Sollzinssatz liegt bei 22,3603 %. Er übersteigt den Sollzinssatz in Höhe von 15 %, die Investition ist bei Finanzierung durch einen Kontokorrentkredit folglich vorteilhaft.

Zu (2): Werden die Periodeneinzahlungen und -auszahlungen nach dem Kontenausgleichsverbot behandelt, so wird der kritische Zinssatz auch als **Vermögensrentabilität** bezeichnet (vgl. Bieg/Kußmaul/Waschbusch, 2016b, S. 127). Aufgrund des Kontenausgleichsverbots ist die Berechnung des kritischen Sollzinssatzes einfach.

Aus der Aufzinsung der positiven Zahlungsströme mit dem gegebenen Habenzinssatz folgt das positive Vermögenskonto. Die Summe der aufgezinsten Auszahlungen muss gerade diesem positiven Vermögenskonto entsprechen, damit sich ein Vermögensendwert von Null ergibt. Es gilt folglich:

$$V_n = V_n^+ - V_n^- = \sum_{t=0}^{n} E_t \cdot (1 + i_H)^{n-t} - \sum_{t=0}^{n} A_t \cdot (1 + i_S^*)^{n-t} \overset{!}{=} 0$$

Da der Habenzinssatz unverändert bei 10 % liegt, weist das positive Vermögenskonto einen Stand von 268,21 TEUR auf (vgl. Tab. 3.7). Hieraus ergibt sich für das Beispiel die folgende Gleichung, die nach dem kritischen Sollzinssatz i_S^* aufzulösen ist:

$$\begin{aligned} V_n = {} & 268{,}21 - 60 \cdot (1 + i_S^*)^5 - 20 \cdot (1 + i_S^*)^4 - 28 \cdot (1 + i_S^*)^3 - 24 \cdot (1 + i_S^*)^2 \\ & - 24 \cdot (1 + i_S^*)^1 - 24 \overset{!}{=} 0 \end{aligned}$$

Dieses Polynom kann wiederum näherungsweise durch eine lineare Interpolation gelöst werden (vgl. Kap. 2.2.4). Da der Vermögensendwert bei Kontenausgleichsverbot unter Annahme eines Sollzinssatzes von 15 % mit –13,38 TEUR negativ ist (vgl. Tab. 3.7), muss der kritische Sollzinssatz niedriger sein als 15 %. Als zweites Wertepaar für die lineare Interpolation wird ein Sollzinssatz von 12 % mit dem dazugehörigen Vermögensendwert von 10,67 TEUR gewählt. Der erste Interpolationsschritt führt hierbei zu einem kritischen Sollzinssatz von 13,331 %:

$$i_S^* = -13{,}38 \cdot \frac{0{,}12 - 0{,}15}{-13{,}38 - 10{,}67} + 0{,}15 = 0{,}133310 \triangleq 13{,}3310\,\%$$

Nach mehrmaliger Interpolation ergibt sich der exakte kritische Sollzinssatz von 13,363 %. Der kritische Sollzinssatz ist erwartungsgemäß kleiner als der projektspezifische Sollzinssatz, demnach sollte die Investition unter Annahme des Kontenausgleichsverbots nicht durchgeführt werden.

3.2 Marktzinsorientierte Investitionsbewertung

3.2.1 Grundlagen des Marktzinsmodells

Die klassischen dynamischen Kalküle der Investitionsrechnung unterstellen, dass die Zinssätze für die Kapitalaufnahme und -anlage unabhängig von der Fristigkeit immer gleich hoch sind. Dies ist in der Realität jedoch nicht der Fall, denn am Geld- und Kapitalmarkt gelten für unterschiedliche Laufzeiten der Geschäfte auch verschiedene Zinssätze.

In der Regel ist dabei der Zinssatz für eine langfristige Kapitalbeschaffung höher als für eine kurzfristige Aufnahme der Mittel (vgl. Schierenbeck/Lister/Kirmse, 2014, S. 67). Abbildung 3.1 zeigt beispielhaft eine **normale Zinsstrukturkurve**, die diesen Zusammenhang verdeutlicht.

Die Differenz zwischen den lang- und den kurzfristigen Zinssätzen kann als eine Art „Laufzeitprämie" interpretiert werden, die der Kapitalgeber dafür erhält, dass er sein Kapital für einen längeren Zeitraum zur Verfügung stellt. Durch die längerfristige Anlage verzichtet der Kapitalgeber auf die Möglichkeit, an eventuellen Zinssteigerungen während der Laufzeit der Geschäfte teilzunehmen. Eine Laufzeitprämie wird der Kapitalgeber folglich immer dann verlangen, wenn er eine Erhöhung des Zinsniveaus erwartet.

Im Gegensatz zu Niedrigzinsphasen besteht in Hochzinsphasen eher die Erwartung fallender Zinsen. In einer solchen Situation ist die langfristige Bindung der Mittel zum (noch) hohen Zinssatz aus der Sicht des Kapitalgebers vorteilhaft. Nachteilig wäre dagegen eine kurzfristige Anlage des Kapitals, da die Mittel dann von einer möglichen Zinssenkung betroffen wären. Aus diesem Grund liegt in Hochzinsphasen häufig eine **inverse Zinsstruktur** vor, bei der die kurzfristigen Zinssätze die Zinssätze für längere Fristigkeiten übersteigen. Die Laufzeitprämie ist in einem solchen Fall Bestandteil der kurzfristigen Zinssätze.

Bei einer **flachen Zinsstruktur** tritt keine Laufzeitprämie auf, d. h. die Höhe der Zinssätze ist hier unabhängig von der Länge der Kapitalbindung. Eine flache Zinsstrukturkurve kann am Finanzmarkt i. d. R. nicht oder nur für eine kurze Zeit bei dem Wechsel zwischen normaler und inverser Zinsstruktur beobachtet werden. Trotz ihres außergewöhnlichen Charakters gehen die klassischen Verfahren der Investitionsrechnung von einem flachen Verlauf der Zinsstrukturkurve aus.

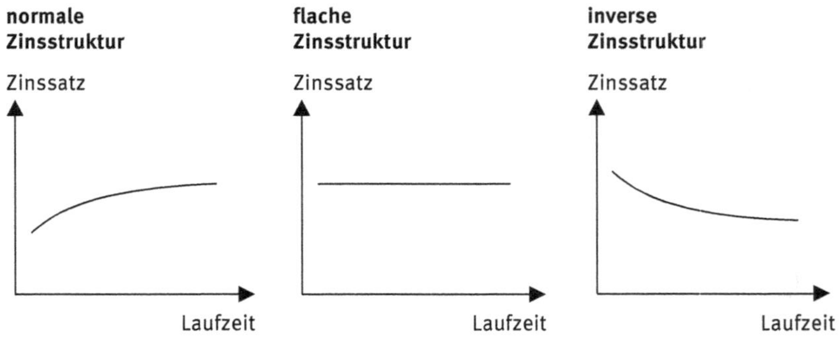

Abb. 3.1: Arten von Zinsstrukturkurven

Eine Berücksichtigung der tatsächlich am Markt vorliegenden Zinsstruktur findet mit der von Schierenbeck entwickelten „Marktzinsmethode" seit Jahren bereits eine breite Akzeptanz in der modernen Bankkalkulation (vgl. Schierenbeck, 2014, S. 40). Es liegt nahe, den Marktzinsgedanken auf die Investitionsrechnung anzuwenden, da die Zahlungsreihen von Bankgeschäften und Investitionen formal identisch sind. Kredite können als Investitionen des Bankbetriebs interpretiert werden (vgl. Schierenbeck/Wöhle, 2016, S. 440 f.). Mit dem „Markzinsmodell der Investitionsrechnung" hat Rolfes das bankbetriebliche Marktzinsmodell auf die Investitionsrechnung übertragen (vgl. Rolfes, 2003, S. 1 f.).

3.2.2 Marktzinsorientierte Bewertungskalküle

Vergleichbar der klassischen Kapitalwertmethode kann auch mit dem Marktzinsmodell der Investitionsrechnung ein Kapitalwert berechnet werden. Der zentrale Unterschied zum klassischen Kapitalwertkriterium ist, dass bei der Bewertung nicht ein über die Laufzeit konstanter, pauschaler Kapitalkostensatz, sondern das am realen Geld- und Kapitalmarkt beobachtbare Marktzinsgefüge zugrunde gelegt wird.

Damit unterscheiden sich das klassische Kapitalwertkriterium und die Marktzinsmethode in den folgenden Punkten (vgl. Rolfes, 2003, S. 121; Schierenbeck/Wöhle, 2016, S. 442):

- Die Investitionsbewertung erfolgt zu den aktuellen, d. h. im Entscheidungszeitpunkt gültigen **Marktzinssätzen**. Die Verwendung realer Zinssätze hat den Vorteil, dass sich die unterstellten Zinssätze auch tatsächlich durch Kapitalanlagen bzw. Kapitalbeschaffungsmaßnahmen realisieren lassen (vgl. Kremers, 2002, S. 188). In der Grundversion der Marktzinsmethode wird angenommen, dass pro Laufzeit nur ein Zinssatz existiert, der Geldaufnahme- also dem Geldanlagezinssatz entspricht.
- Bei der Marktzinsmethode wird grundsätzlich von einer **Fristenkongruenz** von Investition und Finanzierung ausgegangen, d. h. Investitionen werden mit den Zinssätzen für fristengleiche Kapitalanlagen bzw. Finanzierungen bewertet. Wird eine Investition inkongruent finanziert, so kann sich in Abhängigkeit von der Zinsentwicklung ein zusätzlicher Gewinn oder Verlust einstellen. Dieser zusätzliche Erfolgsbeitrag, der auch als Fristentransformationserfolg bezeichnet wird, kann durch die Marktzinsmethode transparent gemacht werden. Der Fristentransformationserfolg wird generell nicht der Investition, sondern dem Finanzmanagement zugeordnet.

Ebenso wie im Rahmen der Endwertverfahren wird auch bei der marktzinsorientierten Investitionsrechnung ein unvollkommener Kapitalmarkt unterstellt. Generell wäre es zwar möglich, die Marktzinsmethode als ein Bewertungskonzept auf dem vollkommenen Kapitalmarkt zu interpretieren, dies würde jedoch der Struktur der Marktzinsmethode widersprechen. Insbesondere wäre auf dem vollkommenen Kapitalmarkt die Erzielung eines Erfolgs aus der Fristentransformation nicht möglich.

Die Methodik zur Berechnung des marktzinsorientierten Kapitalwerts unterscheidet sich von der klassischen Kapitalwertmethode im Wesentlichen dadurch, dass durch die laufzeitabhängigen, unterschiedlich hohen Zinssätze keine „Direktabzinsung" möglich ist (vgl. Rolfes, 2003, S. 147). Es wird davon ausgegangen, dass zu den Geld- und Kapitalmarktzinssätzen Festzinsgeschäfte mit jährlicher Zinszahlung und endfälliger Tilgung abgeschlossen werden könnten.

Der marktzinsorientierte Kapitalwert drückt den barwertigen Überschuss der Investition im Vergleich zu einer fristenkonformen Kapitalbeschaffung aus. Durch entsprechende Geld- und Kapitalmarktgeschäfte kann der Kapitalwert bereits bei Investitionsbeginn realisiert werden. Zur Ermittlung dieses Kapitalwerts müssen alle zukünftigen Investitionszahlungen durch Anlage- und Finanzierungsgeschäfte auf den Wert Null gebracht werden. Eine (positive) Investitionsrückzahlung zum Zeitpunkt $t = 4$ wird beispielsweise durch einen vierjährigen Kredit mit einer Kapitaldienstleistung (Zinsen und Tilgung) in Höhe der Investitionsrückzahlung ausgeglichen. Da dieser Kredit mit jährlichen Zinszahlungen verbunden ist, ergeben sich durch ihn wiederum Zahlungskonsequenzen für die Zwischenzeitpunkte eins bis drei, die durch weitere Geschäfte auf Null gebracht werden müssen. Die einzige Zahlung, welche von den Zahlungen aus den weiteren Glattstellungsgeschäften nicht betroffen ist, ist die Investitionszahlung am Ende der Laufzeit. Folglich ist zur Bestimmung des marktzinsorientierten Kapitalwerts eine retrograde Abzinsung erforderlich.

Anhand des nachfolgenden Beispiels soll die Bestimmung des marktzinsorientierten Kapitalwerts mithilfe der **retrograden Abzinsung** dargestellt werden. Die Zahlungsreihe der Investition des Fallbeispiels ist in Tab. 3.13 angegeben. Des Weiteren liegt die in Abb. 3.1 dargestellte Zinsstruktur vor.

Tab. 3.13: Zahlungsreihe und aktuelle Zinsstruktur des Beispielfalls

Zeitpunkt (t)	**0**	**1**	**2**	**3**	**4**
Investition (€)	−100.000	30.000	35.000	40.000	20.000
Zinssatz (%)		3,00	3,37	3,74	4,01

Bei der retrograden Abzinsung muss zunächst der Investitionsrückfluss des letzten Zahlungszeitpunkts betrachtet werden. Es stellt sich die Frage, in welcher Höhe ein Kredit zum Zeitpunkt $t = 0$ aufgenommen werden muss, damit dessen Zins- und Tilgungsleistungen genau die Investitionszahlung im Zeitpunkt $t = 4$ in Höhe von 20.000 EUR ausgleichen. Wird der Kreditbetrag auf 19.228,92 EUR (= 20.000 EUR : 1,0401) festgelegt, so ergibt sich eine jährliche Zinszahlung in Höhe von 771,08 EUR (= 19.228,92 · 0,0401). Diese Zinszahlung inklusive des Tilgungsvolumens des Kredits ergibt exakt den Betrag von 20.000 EUR (= 771,08 + 19.228,92).

Folglich kann mithilfe einer vierjährigen Finanzierungstranche in Höhe von 19.228,92 EUR zum Zeitpunkt t = 4 ein Zahlungssaldo von Null herbeigeführt werden.

Entsprechende Überlegungen können für den Zeitpunkt t = 3 angestellt werden. Allerdings muss bei der Investitionsrückzahlung in Höhe von 40.000 EUR berücksichtigt werden, dass zu diesem Zeitpunkt bereits eine Zinszahlung der vierjährigen Finanzierungstranche in Höhe von –771,08 EUR vorliegt. Der auszugleichende Betrag reduziert sich daher auf 39.228,92 EUR (= 40.000 – 771,08). Damit muss die dreijährige Finanzierungstranche eine Höhe von 37.814,65 EUR (= 39.228,92 : 1,0374) aufweisen. Mit dieser dreijährigen Finanzierungstranche ist es wiederum möglich, für den Zeitpunkt t = 3 einen Zahlungssaldo von Null zu erreichen. Der Berechnungsweg und die verbleibenden Finanzierungstranchen können Tab. 3.14 entnommen werden.

Tab. 3.14: Ermittlung des marktzinsorientierten Kapitalwerts durch retrogrades Abzinsen (Angaben in EUR)

Zeitpunkt (t)	**0**	**1**	**2**	**3**	**4**
Investition	**−100.000,00**	**30.000,00**	**35.000,00**	**40.000,00**	**20.000,00**
4-jährige Tranche	19.228,92				−19.228,92
Zinsen (4,01 %)		−771,08	−771,08	−771,08	−771,08
3-jährige Tranche	37.814,65			−37.814,65	
Zinsen (3,74 %)		−1.414,27	−1.414,27	−1.414,27	
2-jährige Tranche	31.744,85		−31.744,85		
Zinsen (3,37 %)		−1.069,80	−1.069,80		
1-jährige Tranche	25.965,87	−25.965,87			
Zinsen (3,00 %)		−778,98			
Summe	**14.754,30**	0,00	0,00	0,00	0,00

Insgesamt werden vier verschiedene Finanzierungstranchen mit unterschiedlichen Laufzeiten benötigt, um alle Zahlungszeitpunkte, außer den Zeitpunkt t = 0, auf Null zu stellen. Die Summe aller Finanzierungstranchen führt zu einem Betrag von 114.754,30 EUR, der dem Finanzierungsvolumen resp. dem Barwert aller späteren Investitionszahlungen entspricht. Ein Vergleich mit der Investitionsauszahlung in Höhe von –100.000 EUR ergibt einen **marktzinsorientierten Kapitalwert** in Höhe von 14.754,30 EUR (vgl. Rolfes, 2003, S. 150).

Der entscheidende Vorteil des marktzinsorientierten Kapitalwerts liegt darin, dass dieser Überschuss zum Zeitpunkt t = 0 durch den Abschluss der entsprechenden Geschäfte tatsächlich realisiert werden könnte. Der unterstellte pauschale Kalkulationszinssatz des klassischen Kapitalwertverfahrens wird hingegen i. d. R. nicht mit dem Zinssatz am Geld- und Kapitalmarkt übereinstimmen.

Der Nachteil der retrograden Abzinsung zur Ermittlung des marktzinsorientierten Kapitalwerts liegt in der aufwändigen Bewertungsmethodik, die sich dadurch ergibt, dass zur retrograden Abzinsung Kupongeschäfte mit jährlichen Zinszahlungen eingesetzt werden. Eine Vereinfachung des Bewertungsprozesses kann durch die Verwendung von **Zerobond-Abzinsfaktoren** erreicht werden.

Ein Zerobond ist ein Finanztitel, bei dem lediglich zwei Zahlungen auftreten, eine Zahlung zum Zeitpunkt t = 0 und eine zum Ende der Laufzeit. Zwischenzeitliche Zinszahlungen existieren nicht, da die Zinsen dem Kapital zugeschlagen werden und sich in der Folge mit verzinsen. Die Rückzahlung am Fälligkeitstag besteht somit aus der Tilgung des Kapitals inklusive Zinsen und Zinseszinsen.

Die Zerobond-Abzinsfaktoren werden ermittelt, indem verschiedene Kupongeschäfte so miteinander kombiniert werden, dass eine Zahlungsreihe mit lediglich zwei Zahlungen entsteht: Eine Zahlung zum Zeitpunkt t = 0 und eine Zahlung in Höhe von 1 EUR zum Ende der Laufzeit. Die Konstruktion einer solchen Zahlungsreihe ähnelt der Ermittlung des marktzinsorientierten Kapitalwerts mithilfe der retrograden Abzinsung. Der Vorteil der Berechnung von Zerobond-Abzinsfaktoren ist, dass sie auf jede beliebige Zahlungsreihe angewendet werden können. Sollte sich jedoch die Zinsstrukturkurve ändern, so müssen auch wiederum neue Zerobond-Abzinsfaktoren berechnet werden.

Vor dem Hintergrund der Zinsstruktur aus Tab. 3.13 lassen sich die vier Zerobond-Abzinsfaktoren wie in Tab. 3.15 dargestellt ermitteln. Am Beispiel des Drei-Jahres-Zerobond-Abzinsfaktors soll die Berechnung der Zerobond-Abzinsfaktoren erläutert werden. Um im Zeitpunkt t = 3 eine Auszahlung in Höhe von –1 EUR zu erhalten, muss zum Zeitpunkt t = 0 ein Kredit in Höhe von 0,96395 EUR (= 1 : 1,0374) mit einer Laufzeit von drei Jahren zum Zinssatz von 3,74 % aufgenommen werden. Neben dem Rückzahlungsbetrag in Höhe von 1 EUR bewirkt dieses Geschäft weitere Zinszahlungen in Höhe von –0,03605 EUR in den Zeitpunkten t = 1 und t = 2. Zur Bestimmung des Drei-Jahres-Zerobond-Abzinsfaktors sind ergänzende Kapitalmarktgeschäfte durchzuführen, damit in den Zeitpunkten 1 und 2 ein Zahlungssaldo von Null vorliegt.

Die Zinszahlung aus dem dreijährigen Kredit für den Zeitpunkt t = 2 in Höhe von –0,03605 EUR lässt sich durch eine zweijährige Kapitalanlage zum Zinssatz von 3,37 % ausgleichen. Wird zum Zeitpunkt t = 0 ein Kapitalbetrag in Höhe von 0,03488 EUR (= 0,03605 : 1,0337) für zwei Jahre angelegt, so gleicht dessen Rückfluss zum Zeitpunkt t = 2 gerade die Zinszahlung des dreijährigen Kredits aus.

Tab. 3.15: Berechnung der Zerobond-Abzinsfaktoren

Zeitpunkt (t)	**0**	**1**	**2**	**3**	**4**
4-jährige Tranche	+0,96145				–0,96145
Zinsen (4,01 %)		–0,03855	–0,03855	–0,03855	–0,03855

Tab. 3.15: (fortgesetzt)

Zeitpunkt (t)	**0**	**1**	**2**	**3**	**4**
3-jährige Tranche	−0,03716			+0,03855	
Zinsen (3,74 %)		+0,00139	+0,00139		
2-jährige Tranche	−0,03595		+0,03716		
Zinsen (3,37 %)		0,001211			
1-jährige Tranche	−0,03491	+0,03595			
Zinsen (3,00 %)					
$ZBAF_4$	+0,85342	0,00000	0,00000	0,00000	−1,00000
3-jährige Tranche	+0,96395			−0,96395	
Zinsen (3,74 %)		−0,03605	−0,03605	−0,03605	
2-jährige Tranche	−0,03488		+0,03605		
Zinsen (3,37 %)		+0,00119			
1-jährige Tranche	−0,03386	+0,03488			
Zinsen (3,00 %)					
$ZBAF_3$	+0,89521	0,00000	0,00000	−1,00000	
2-jährige Tranche	+0,96740		−0,96740		
Zinsen (3,37 %)		−0,03260	−0,03260		
1-jährige Tranche	−0,03165	+0,03260			
Zinsen (3,00 %)					
$ZBAF_2$	+0,93575	0,00000	−1,00000		
1-jährige Tranche	+0,97087	−0,97087			
Zinsen (3,00 %)		−0,97087			
$ZBAF_1$	+0,97087	−1,00000			

Zum Zeitpunkt t = 1 fallen nun gleich zwei Zinszahlungen an: Einmal die Zinszahlung des dreijährigen Kredits in Höhe von −0,03605 EUR, zum anderen die Zinsen aus der zweijährigen Kapitalanlage in Höhe von 0,00118 EUR. Durch eine einjährige Kapitalanlage in Höhe von −0,03386 EUR (= 0,03488 : 1,03) können diese beiden Zinszahlungen ausgeglichen werden. Die Summe aus der dreijährigen Kreditaufnahme und den beiden Kapitalanlagen ergibt den Drei-Jahres-Abzinsfaktor in Höhe von 0,89521 (= 0,96395 – 0,03488 – 0,03386). Der Zerobond-Abzinsfaktor repräsentiert den Wert, den 1 EUR zum Zeitpunkt t = 3 im Zeitpunkt t = 0 besitzt (vgl. Rolfes, 2003, S. 172). Eine Investitionsrückzahlung in Höhe von 40.000 EUR zum Zeitpunkt t = 3 besitzt demnach bei der zugrunde liegenden Zinsstruktur einen Barwert von 35.808,46 EUR (= 40.000 · 0,89521).

Auf der Basis der Zerobond-Abzinsfaktoren kann der marktzinsorientierte Kapitalwert wie folgt ermittelt werden:

$$C_0 = -I_0 + \sum_{t=1}^{n} R_t \cdot ZBAF_t$$

mit: I_0 = Investitionsauszahlung
R_t = Einzahlungsüberschüsse der Periode t
$ZBAF_t$ = Zerobond-Abzinsfaktor der Periode t

Der Kapitalwert gemäß Marktzinsmodell entspricht der Summe der mit den Zerobond-Abzinsfaktoren multiplizierten Einzahlungsüberschüsse abzüglich der Investitionsauszahlung zum Zeitpunkt t = 0. Für die Investition des Beispielfalles berechnet sich der Kapitalwert wie in Tab. 3.16 dargestellt.

Tab. 3.16: Ermittlung des Kapitalwerts mithilfe von Zerobond-Abzinsfaktoren

Zeitpunkt (t)	Zahlungen (€)	Zerobond-Abzinsfaktoren	Barwerte (€)
0	−100.000	1,00000	−100.000,00
1	30.000	0,97087	29.126,21
2	35.000	0,93575	32.751,14
3	40.000	0,89521	35.808,46
4	20.000	0,85342	17.068,48
Summe			**14.754,30**

Aus der retrograden Abzinsung und den Zerobond-Abzinsfaktoren ergeben sich (abgesehen von Rundungsdifferenzen) immer die gleichen marktzinsorientierten Kapitalwerte (vgl. Tab. 3.14). Mithilfe von Zerobond-Abzinsfaktoren lässt sich problemlos der marktzinsorientierte Kapitalwert einer Investition berechnen. Über die Abzinsfaktoren werden jedoch nicht die hinter dieser Berechnung stehenden Renditen der einzelnen Laufzeiten erkennbar. Die Zerobond-Renditen berechnen sich allgemein nach folgender Formel:

$$ZBAF_t = \frac{1}{(1 + ZBR_t)^t} \Leftrightarrow ZBR_t = \sqrt[t]{\frac{1}{ZBAF_t}} - 1$$

mit: $ZBAF_t$ = Zerobond-Abzinsfaktor der Periode t
ZBR_t = Zerobond-Rendite der Periode t

Für den Beispielfall ergeben sich die Zerobond-Renditen damit wie folgt:

$$ZBR_1 = \sqrt[1]{\frac{1}{ZBAF_1}} - 1 = \sqrt[1]{\frac{1}{0{,}97087}} - 1 = 0{,}03000 = 3{,}00000\,\%$$

$$ZBR_2 = \sqrt[2]{\frac{1}{ZBAF_2}} - 1 = \sqrt[2]{\frac{1}{0{,}93575}} - 1 = 0{,}03376 = 3{,}37626\,\%$$

$$ZBR_3 = \sqrt[3]{\frac{1}{ZBAF_3}} - 1 = \sqrt[3]{\frac{1}{0{,}89521}} - 1 = 0{,}03759 = 3{,}75876\,\%$$

$$ZBR_4 = \sqrt[4]{\frac{1}{ZBAF_4}} - 1 = \sqrt[4]{\frac{1}{0{,}85342}} - 1 = 0{,}04042 = 4{,}04202\,\%$$

Auch mithilfe der Zerobond-Renditen kann der marktzinsorientierte Kapitalwert ermittelt werden:

$$C_0 = -100.000 + \frac{30.000}{(1+0{,}03)} + \frac{35.000}{(1+0{,}0337626)^2} + \frac{40.000}{(1+0{,}0375876)^3} + \frac{20.000}{(1+0{,}0404202)^4}$$
$$= 14.754{,}30\,€$$

Wiederum ergibt sich der bereits bekannte marktzinsorientierte Kapitalwert in Höhe von 14.754,30 EUR.

Mit dem marktzinsorientierten Kapitalwert steht dem Investor ein absolutes Erfolgskriterium zur Investitionsbeurteilung zur Verfügung. Da in der Praxis das Denken in Renditegrößen weit verbreitet ist, bietet es sich an, ergänzend zum Kapitalwert auch die Investitionsmarge zu ermitteln. Im Rahmen der Internen Zinsfußmethode wurde bereits aufgezeigt, wie hoch die Rentabilität einer Investition mindestens sein sollte: Eine Investition ist dann vorteilhaft, wenn ihr Interner Zinsfuß den Kalkulationszins übersteigt. Die Differenz zwischen dem Internen Zinsfuß und dem Kalkulationszinssatz kann als **Investitionsmarge** bezeichnet werden (vgl. Rolfes, 2003, S. 13). Liegt der Interne Zinsfuß einer Investition beispielsweise bei 12 % und der Kalkulationszins bei 10 %, so berechnet sich die Investitionsmarge zu:

Investitionsmarge	=	Interner Zinsfuß	–	Kalkulationszins
2 %	=	12 %	–	10 %

Unter der Voraussetzung eines einheitlich für den gesamten Kapitaleinsatz geltenden Kalkulationszinssatzes lässt sich die Investitionsmarge leicht ermitteln. Die Marktzinsmethode unterstellt jedoch anstelle eines pauschalen Kalkulationszinssatzes die aktuelle Zinsstrukturkurve, sodass sich die Bestimmung der Investitionsmarge aufwendiger gestaltet.

Eine Renditegröße ist grundsätzlich dadurch definiert, dass eine Erfolgsgröße auf das zur Erzielung dieses Erfolgs eingesetzte Kapital bezogen wird. Mit dem marktzinsorientierten Kapitalwert liegt eine Erfolgsgröße vor, die den auf den Zeitpunkt t = 0 bezogenen Überschuss einer Investition zum Ausdruck bringt. Da es sich bei der Erfolgsgröße um eine Barwertgröße handelt, muss auch das eingesetzte Kapital als Barwertgröße definiert werden. Die Investitionsmarge im Marktzinsmodell ermittelt sich damit als das Verhältnis von marktzinsorientiertem Kapitalwert und Barwert des gebundenen Kapitals (vgl. Schierenbeck/Wöhle, 2016, S. 445 f.):

$$\text{Investitionsmarge} = \frac{\text{Kapitalwert der Investition}}{\text{Barwert des durchschnittlich gebundenen Kapitals}}$$

Zur Berechnung des Barwerts des durchschnittlich gebundenen Kapitals ist die Kapitalbindung über die Laufzeit der Investition zu bestimmen. Da die Kapitalbindung während der Laufzeit der Investition schwankt, wird die Kapitalbasis im Marktzinsmodell fristenspezifisch ermittelt. Der ursprünglich eingesetzte Kapitalbetrag stellt insofern ein Konglomerat von Teilbeträgen mit unterschiedlicher Laufzeit dar.

Das Beispiel in Abb. 3.2 verdeutlicht die Vorgehensweise zur Bestimmung der einzelnen Tranchen. Gegeben sei wiederum die Investition aus Tab. 3.13. Zur Bestimmung der Kapitalbindung über die Laufzeit ist der in Abb. 3.2 dargestellte Zins- und Tilgungsplan aufzustellen. Das eingesetzte Kapital verzinst sich mit dem Internen Zinssatz der Zahlungsreihe in Höhe von 9,9576 %. Eine Verzinsung des gebundenen Kapitals in Höhe des Internen Zinssatzes stellt sicher, dass sich am Ende der Laufzeit eine Kapitalbindung in Höhe von Null ergibt.

Zu Beginn der Investition sind in dem Investitionsprojekt 100.000 EUR gebunden. Diese Kapitalbindung bewirkt zum Zeitpunkt t = 1 eine Zinszahlung in Höhe von 9.957,60 EUR (= 100.000 · 0,099576). Aus dem Investitionsprojekt fließen dem Investor gleichzeitig Rückflüsse in Höhe von 30.000 EUR zu. Folglich können 20.042,45 EUR (= 30.000 − 9.957,55) zur Freisetzung des gebundenen Kapitals eingesetzt werden, sodass sich die Kapitalbindung zum Ende des ersten Jahres auf 79.957,55 EUR reduziert. Der Differenzbetrag in Höhe von 20.042,45 EUR ist damit nur für ein Jahr im Unternehmen gebunden. Analog zum ersten Jahr wird auch für die verbleibenden Jahre die Kapitalbindung bestimmt. Die ursprüngliche Kapitalbindung lässt sich, wie in Abb. 3.2 dargestellt, in vier **Kapitalbindungstranchen** mit unterschiedlichen Laufzeiten aufteilen:

- Tranche 1 in Höhe von 20.042,45 EUR mit einer Laufzeit von einem Jahr
- Tranche 2 in Höhe von 27.038,19 EUR mit einer Laufzeit von zwei Jahren
- Tranche 3 in Höhe von 34.730,53 EUR mit einer Laufzeit von drei Jahren
- Tranche 4 in Höhe von 18.188,84 EUR mit einer Laufzeit von vier Jahren

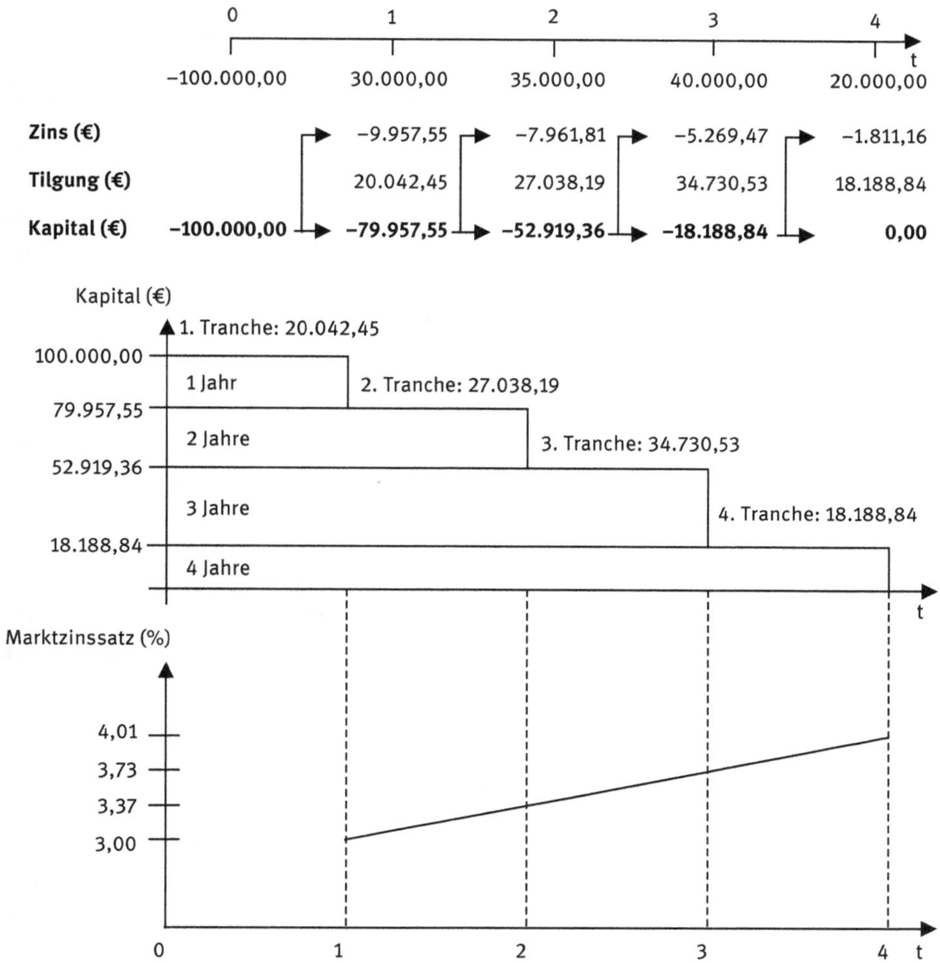

Abb. 3.2: Zins- und Tilgungsplan (vgl. Schierenbeck/Wöhle, 2016, S. 446)

Tabelle 3.17 zeigt den Kapitalbindungsverlauf der Investition. Zu Beginn des Investitionsprojekts ist das gesamte Kapital in Höhe von 100.000 EUR gebunden. Die Kapitalbindung sinkt dann im zweiten Jahr auf 79.957,55 EUR, im dritten Jahr auf 52.919,36 EUR und schließlich im letzten Jahr auf 18.188,84 EUR. Zur Bestimmung des Barwerts des durchschnittlich gebundenen Kapitals sind die einzelnen Kapitalbindungsbeträge mit den zugehörigen Zerobond-Abzinsfaktoren zu multiplizieren. Die Summe aller vier Barwerte ergibt schließlich einen Betrag von 234.804,22 EUR.

Tab. 3.17: Berechnung des Barwerts des durchschnittlich gebundenen Kapitals

Zeitraum (Jahre)	Kapital-bindung (€)	Zerobond-Abzinsfaktor	Barwert (€)
0–1	100.000,00	0,97087	97.087,38
1–2	79.957,55	0,93575	74.820,03
2–3	52.919,36	0,89521	47.374,02
3–4	18.188,84	0,85342	15.522,79
Summe			**234.804,22**

Der marktzinsorientierte Kapitalwert beläuft sich auf 14.754,30 EUR, sodass sich eine Investitionsmarge von 6,2837 % ergibt:

$$\text{Investitionsmarge} = \frac{14.754{,}30}{234.804{,}22} = 0{,}062837 = 6{,}2837\,\%$$

Wie bereits gezeigt wurde, stellt die Investitionsmarge die Differenz zwischen Internem Zinsfuß und dem Kalkulationszins dar. Ist der Interne Zinsfuß bekannt, so kann auch der (durchschnittliche) Kalkulationszinsfuß des Investitionsprojekts berechnet werden:

$$\begin{array}{rlcl} & \text{Interner Zinsfuß} & = & 9{,}9576\,\% \\ - & \text{Investitionsmarge} & = & 6{,}2837\,\% \\ \hline = & \text{Kalkulationszinsfuß} & = & 3{,}6739\,\% \end{array}$$

Der Interne Zinsfuß der Investition in Höhe von 9,9576 % drückt den Investitionserfolg vor Finanzierungskosten aus. Unter Berücksichtigung der Investitionsmarge der Investition in Höhe von 6,2837 % ergeben sich die (durchschnittlichen) Finanzierungskosten in Höhe von 3,6739 % (vgl. Schierenbeck/Lister, 2002, S. 240).

Der marktzinsorientierte Kapitalwert drückt den Gegenwartswert der Überschüsse einer Investition aus. Der Kapitalwert kann daneben jedoch auch in periodischer Form dargestellt werden. Folgende **Verteilungsprinzipien** des Kapitalwerts können unterschieden werden:
- kapitalbindungsproportional
- zeitproportional
- rückflussproportional
- individuell

Für alle Periodisierungen muss gelten, dass die periodisierten Größen dem Kapitalwert wertmäßig äquivalent sind. Im Folgenden sollen die kapitalbindungsproportionale und die zeitproportionale Verteilung vorgestellt werden.

Die **kapitalbindungsproportionale Periodisierung** des Kapitalwerts setzt Informationen über die Höhe des in einem Jahr gebundenen Kapitals voraus. Der Kapitalbindungsverlauf wurde bereits für den Beispielfall in Abb. 3.2 ermittelt. In Spalte 1 der Tab. 3.18 sind die gebundenen Beträge des Beispielfalls noch einmal aufgeführt. Durch Multiplikation der jeweiligen Kapitalbindung mit den entsprechenden Zerobond-Abzinsfaktoren ergeben sich in Spalte 2 die entsprechenden Barwerte des gebundenen Kapitals. Mithilfe der Barwertsumme des gebundenen Kapitals (Spalte 3) kann der prozentuale Anteil der jeweiligen periodischen Kapitalbindung an der gesamten Barwertsumme der Kapitalbindung (Spalte 4) ermittelt werden. Dieser prozentuale Anteil stellt im Rahmen der kapitalbindungsproportionalen Periodisierung den Verteilungsschlüssel für den Kapitalwert (Spalte 5) dar. Der periodische Anteil der einzelnen Perioden lässt sich durch Multiplikation des Verteilungsschlüssels mit dem Kapitalwert errechnen (vgl. Schierenbeck/Lister, 2002, S. 252). Spalte 6 in Tab. 3.18 verdeutlicht die periodischen Anteile am Kapitalwert für den Beispielfall.

Tab. 3.18: Kapitalbindungsproportionale Verteilung des Kapitalwerts (vgl. Rolfes, 2003, S. 186)

	Kapitalbindung (€)	**Barwerte der Kapitalbindung (€)**	**Barwertsumme der Kapitalbindung (€)**	**Anteil der jährlichen Kapitalbindung an der gesamten Kapitalbindung (%)**	**Kapitalwert (€)**	**Periodischer Anteil am Kapitalwert (€)**
Periode	**(1)**	**(2)**	**(3)**	**(4) = (2)/(3)**	**(5)**	**(6) = (4) · (5)**
1	100.000,00	97.087,38	234.804,22	41,35	14.754,30	6.100,64
2	79.957,55	74.820,03	234.804,22	31,86	14.754,30	4.701,44
3	52.919,36	47.374,02	234.804,22	20,18	14.754,30	2.976,82
4	18.188,84	15.522,79	234.804,22	6,61	14.754,30	975,40
Summe		234.804,22	–	100,00	–	14.754,30

Die ermittelten Kapitalwertanteile der einzelnen Perioden stellen Barwertgrößen dar. Zur periodengerechten Zuordnung müssen diese Größen in die zukünftigen Zahlungszeitpunkte transformiert, d. h. aufgezinst werden (vgl. Schierenbeck/Lister, 2002, S. 252). Diese Transformation kann mithilfe der bereits ermittelten Zerobond-Abzinsfaktoren erfolgen. Die Division des Barwertanteils für das erste Jahr in Höhe von 6.100,64 EUR mit dem Ein-Jahres-Zerobond-Abzinsfaktor in Höhe von 0,97087 ergibt einen Überschussbetrag für den Zeitpunkt $t = 1$ in Höhe von 6.283,66 EUR. Die Division der übrigen Barwertanteile mit den entsprechenden Zerobond-Abzinsfaktoren führt zu Beträgen von 5.024,26 EUR für den Zeitpunkt $t = 2$, 3.325,27 EUR für den Zeitpunkt $t = 3$ und schließlich 1.142,92 EUR für den Zeitpunkt $t = 4$ (vgl. Abb. 3.3).

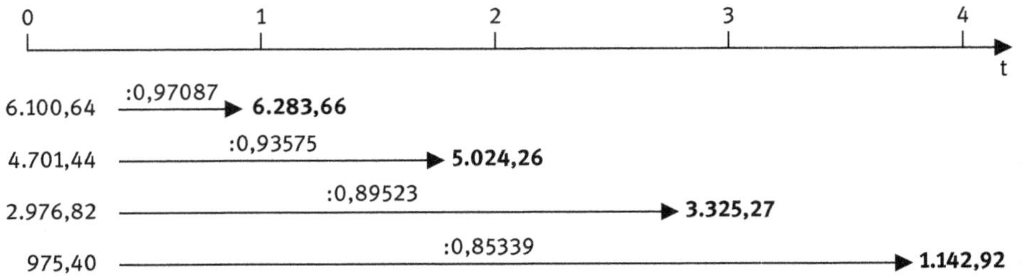

Abb. 3.3: Verteilung der Barwertanteile auf die Laufzeit

Die nach der kapitalbindungsproportionalen Verteilung ermittelten Überschussgrößen hätten alternativ ebenfalls direkt aus der Investitionsmarge ermittelt werden können:

1. Jahr:	6,2835 %	·	100.000,00	=	6.283,66 EUR
2. Jahr:	6,2835 %	·	79.957,55	=	5.024,26 EUR
3. Jahr:	6,2835 %	·	52.919,36	=	3.325,27 EUR
4. Jahr:	6,2835 %	·	18.188,84	=	1.142,92 EUR

Die Multiplikation der Investitionsmarge mit dem jeweils gebundenen Kapital führt zu den gleichen Überschussbeträgen wie die Verteilung über die Anteile an der gesamten Kapitalbindung.

Bei der **zeitproportionalen Verteilung** des Kapitalwerts wird der Kapitalwert in gleich großen Beträgen auf die Laufzeit verteilt. Die zeitproportionale Verteilung des Kapitalwerts entspricht damit der Annuitätenmethode der klassischen dynamischen Investitionsrechnungsverfahren.

Über die Annuitäten (A) kann der Kapitalwert wie folgt berechnet werden:

$$C_0 = A \cdot ZBAF_1 + A \cdot ZBAF_2 + \ldots + A \cdot ZBAF_n$$

Gesucht ist in dieser Gleichung die Annuität A. Durch einfache Umstellungen ergibt sich:

$$C_0 = A \cdot \sum_{t=1}^{n} ZBAF_t \Leftrightarrow A = \frac{C_0}{\sum_{t=1}^{n} ZBAF_t}$$

Im Beispielfall beträgt der marktzinsorientierte Kapitalwert 14.754,30 EUR (vgl. Tab. 3.14). Damit berechnet sich der periodische Überschussbetrag nach zeitproportionaler Verteilung zu:

$$A = \frac{C_0}{\sum_{t=1}^{n} ZBAF_t} = \frac{14.754{,}30}{(0{,}97087 + 0{,}93575 + 0{,}89521 + 0{,}85342)}$$

$$= \frac{14.754{,}30}{3{,}65526} = 4.036{,}46\,€$$

Der Überschussbetrag der Investition in Höhe von 14.754,30 EUR lässt sich folglich in vier gleich große Teilbeträge in Höhe von 4.036,46 EUR über die Laufzeit verteilen. Die periodischen Teilbeträge beziehen sich dabei wiederum auf den Zeitpunkt t = 0 und können wie bei der kapitalbindungsproportionalen Verteilung auf die künftigen Zahlungszeitpunkte transformiert werden.

3.2.3 Der Erfolg aus der Fristentransformation

Ein zentrales Merkmal der Marktzinsmethode ist die Unterstellung der Fristenkongruenz von Investition und Finanzierung. Investitionen werden mit den fristengleichen Zinssätzen bewertet, denn nur bei einer fristenkongruenten Finanzierung kann der Erfolgsbeitrag einer Investition unverfälscht ermittelt werden. Allerdings kann eine Investition tatsächlich auch nicht fristenkongruent (inkongruent) finanziert werden. Durch eine inkongruente Finanzierung kann möglicherweise ein zusätzlicher Überschuss erzielt werden, der dann aber nicht auf die Investition zurückzuführen ist.

Für den Beispielfall soll abweichend von der Annahme einer kongruenten Finanzierung der Investitionszahlungsreihe unterstellt werden, dass der Zahlungsstrom revolvierend mit Ein-Jahres-Geld finanziert wird. Des Weiteren wird angenommen, dass sich die Höhe des Zinssatzes für Ein-Jahres-Geld über die Laufzeit nicht verändert, der Zinssatz also immer konstant bei 3,00 % liegt. Unter dieser Annahme ermittelt sich der Investitionserfolg wie folgt:

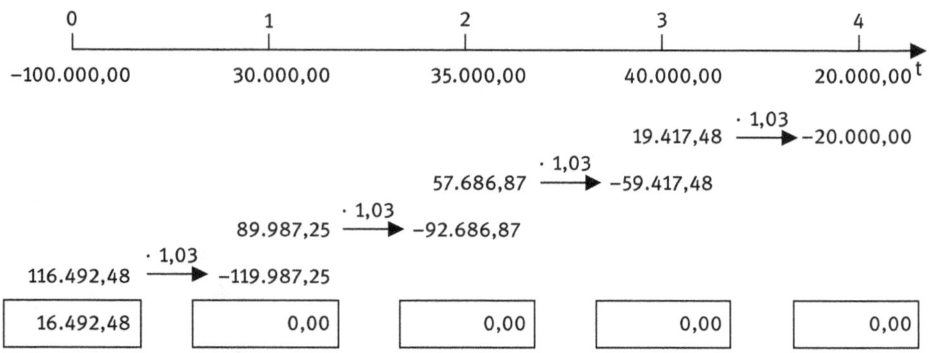

Abb. 3.4: Berechnung des Investitionserfolgs bei inkongruenter Finanzierung

Der Investor nimmt in den Zeitpunkten 0, 1, 2, und 3 Kredite auf, die durch die in jeweils einem Jahr entstehenden Rückflüsse verzinst und getilgt werden können. Mit dieser Finanzierungsannahme wird ein Gesamterfolg in Höhe von 16.492,48 EUR erzielt, der um 1.738,18 EUR höher als der Kapitalwert bei kongruenter Finanzierung (14.754,30 EUR) ist. Eine Zunahme des Kapitalwerts ist auch zu erwarten, da über die gesamt Laufzeit der niedrigste Zinssatz in Höhe von konstant 3,00 % unterstellt worden ist. Der Kapitalwert hätte in diesem Fall ebenso über eine direkte Diskontierung der Zahlungsreihe mit dem konstanten Zinssatz berechnet werden können:

$$C_0 = -100.000 + \frac{30.000}{(1+0{,}03)} + \frac{35.000}{(1+0{,}03)^2} + \frac{40.000}{(1+0{,}03)^3} + \frac{20.000}{(1+0{,}03)^4} = 16.492{,}48\ €$$

Dieser höhere Überschussbetrag ergibt sich jedoch nur dann, wenn tatsächlich der Zinssatz für einjährige Kredite über die gesamte Laufzeit der Investition bei konstant 3,00 % liegt. Folglich ist der Überschussbetrag mit einem Zinsänderungsrisiko verbunden. Sollte der Zinssatz für einjährige Kredite in der Zukunft deutlich steigen, so verringert sich möglicherweise der Überschussbetrag gegenüber der kongruenten Finanzierung.

Mit einer Aufspaltung des Gesamtüberschusses werden die einzelnen Erfolgsbestandteile einer Investition sichtbar (vgl. Rolfes, 2003, S. 155). So lässt sich der Überschuss in Höhe von 16.492,48 EUR in

- den Kapitalwert der Investition in Höhe von 14.754,30 EUR und
- den Fristentransformationserfolg in Höhe von 1.738,18 EUR aufspalten.

Der jeweilige Fristentransformationserfolg beruht auf Entscheidungen des Finanzmanagements und hat nichts mit der Investitionsentscheidung zu tun. Folglich darf der Fristentransformationserfolg auch nicht der Investition zugerechnet werden (vgl. Schierenbeck/Wöhle, 2016, S. 450). Es wäre demzufolge falsch, ein Investitionsprojekt mit negativem marktzinsorientierten Kapitalwert durchzuführen, weil aufgrund einer speziellen Finanzierungsannahme der Kapitalwert positiv geworden ist. In diesem Fall sollte besser die Investition unterlassen und stattdessen ein Bündel von Finanzgeschäften am Geld- und Kapitalmarkt durchgeführt werden.

Tabelle 3.19 zeigt, wie der Fristentransformationserfolg auch ohne die Grundinvestition erzielt werden könnte und welche Geschäfte hierfür am Geld- und Kapitalmarkt abgeschlossen werden müssten. Die Zahlungsrückflüsse der Investition werden durch fristenkongruente Anlagegeschäfte identisch nachgebildet. Dazu müssen insgesamt vier Anlagen mit unterschiedlichen Laufzeiten und Marktzinssätzen getätigt werden. Die Anlagensumme einer fristenkongruenten Nachbildung der Zahlungsrückflüsse beläuft sich zum Zeitpunkt $t = 0$ auf –114.754,30 EUR.

Mithilfe einer Kreditfinanzierung werden anschließend die zukünftigen Zahlungsrückflüsse der Kapitalanlagen zu Null ausgeglichen, sodass der resultierende Überschuss unmittelbar im Zeitpunkt $t = 0$ abgelesen werden kann. Allerdings wird für die

Kredite eine einjährige revolvierende Finanzierung mit einem Zinssatz von 3,00 % unterstellt. Auch für diese inkongruente Finanzierung sind wiederum vier Kredite, allerdings mit gleicher Laufzeit von einem Jahr und einem konstanten Zinssatz in Höhe von 3,00 %, erforderlich. Der aus der Kreditfinanzierung zufließende Betrag zum Zeitpunkt t = 0 beträgt 116.492,48 EUR. Vergleicht man nun die Zahlungsreihe der Anlage und die Zahlungsreihe der Finanzierung miteinander, so gleichen sich die Zahlungen bis auf den Zeitpunkt t = 0 vollständig aus. Zum Zeitpunkt t = 0 kann ein Überschussbetrag in Höhe von 1.738,18 EUR vereinnahmt werden. Dieser Überschussbetrag entspricht exakt dem bereits oben ermittelten Fristentransformationserfolg. Es ist folglich möglich, diesen Überschuss zu realisieren, ohne gleichzeitig die Investition durchführen zu müssen. Realisieren lässt sich dieser Fristentransformationserfolg jedoch wiederum nur, wenn die unterstellte Zinserwartung tatsächlich eintritt.

Tab. 3.19: Fristentransformation am Kapitalmarkt

Zeitpunkt (t)			**0**	**1**	**2**	**3**	**4**
Nr.	**Laufzeit**	**Zinssatz (%)**	**Anlage (€)**				
1	4	4,01	−19.228,92	771,08	771,08	771,08	20.000,00
2	3	3,74	−37.814,65	1.414,27	1.414,27	39.228,92	
3	2	3,37	−31.744,85	1.069,80	32.814,65		
4	1	3,00	−25.965,87	26.744,85			
Zahlungsreihe Anlage (€)			−114.754,30	30.000,00	35.000,00	40.000,00	20.000,00
Nr.	**Laufzeit**	**Zinssatz (%)**	**Kredit (€)**				
1	1	3,00				19.417,48	−20.000,00
2	1	3,00			57.686,87	−59.417,48	
3	1	3,00		89.987,25	−92.686,87		
4	1	3,00	116.492,48	−119.987,25			
Zahlungsreihe Finanzierung (€)			116.492,48	−30.000,00	−35.000,00	−40.000,00	−20.000,00
Zahlungsreihe gesamt (€)			1.738,18	0,00	0,00	0,00	0,00

Die Höhe der Fristentransformationserfolge hängt zum einen von der vorliegenden Zinsstruktur und zum anderen von der Art der Fristentransformation (Verhältnis von durchschnittlicher Investitionslaufzeit zu durchschnittlicher Finanzierungslaufzeit) ab. Tabelle 3.20 verdeutlicht die Beziehungen von Fristentransformation und Zinsstruktur für die Höhe des Fristentransformationserfolgs.

In dem in Abb. 3.4 dargestellten Beispielfall wird von einer positiven Fristentransformation ausgegangen, d. h. die durchschnittliche Investitionslaufzeit ist länger als die Laufzeit der Finanzierungsmittel. Bei einer normalen Zinsstrukturkurve kann in diesem Fall ein positiver Fristentransformationserfolg erzielt werden. Liegt jedoch eine inverse Zinsstruktur vor, so resultiert aus einer positiven Fristentransformation ein negativer Fristentransformationserfolg, da über die gesamte Laufzeit die hohen, kurzfristigen Zinssätze gezahlt werden müssen.

Ist die durchschnittliche Investitionslaufzeit kleiner als die durchschnittliche Finanzierungslaufzeit (Fristentransformation < 1), so kehrt sich die Vorteilhaftigkeit um. Bei inverser Zinsstruktur liegt ein positiver, bei normaler Zinsstruktur ein negativer Fristentransformationserfolg vor. Stimmen die durchschnittliche Investitions- und Finanzierungslaufzeit überein (Fristentransformation = 1), so kann kein Fristentransformationserfolg erzielt werden.

Tab. 3.20: Ausprägungen des Fristentransformationserfolgs (vgl. Schierenbeck/Lister, 2002, S. 247)

Fristentransformation	**Zinsstruktur**	
$\frac{\varnothing \text{ Investitonslaufzeit}}{\varnothing \text{ Finanzierungslaufzeit}}$	**normal**	**invers**
> 1	positiv	negativ
= 1	+/− 0	
< 1	negativ	positiv

3.2.4 Die implizite Differenzinvestition im Marktzinsmodell

Die bisherigen Betrachtungen zum Marktzinsmodell bezogen sich stets auf die Bewertung eines Einzelprojekts. In Analogie zu den klassischen dynamischen Verfahren der Investitionsrechnung stellt sich jedoch ebenfalls die Frage, inwieweit das Konzept für Auswahlentscheidungen zwischen mehreren Investitionsalternativen geeignet ist (vgl. Kap. 2.3.2). Auch dem Marktzinsmodell liegen bestimmte Pauschalannahmen zugrunde, die beim Vergleich zweier Investitionsprojekte in der impliziten Differenzinvestition zum Tragen kommen.

Die Ermittlung des Zahlungsstroms einer Differenzinvestition erfordert neben der Bestimmung der Zahlungsstromdifferenzen CF_t^{Δ} die Kenntnis des Zinsergebnisses ZE. Das Zinsergebnis ergibt sich durch Aufzinsen der Zahlungsstromdifferenzen auf den Endzeitpunkt $t = n$. Da die entsprechenden Kapitalbeträge nicht allein zu Beginn, sondern zu unterschiedlichen Zeitpunkten während der Projektlaufzeit auftreten, müssen die Zinssätze der Geschäfte, die zu einem späteren Zeitpunkt beginnen bekannt sein. Hierfür wird auf **Forward Rates** zurückgegriffen, die die Rendite zukünftiger Geschäfte auf Basis der aktuellen Zinsstruktur angeben (vgl. Schierenbeck, 2014, S. 158).

Die Bestimmung der Forward Rates beruht auf der Idee, dass die einmalige Anlage eines Betrags über einen definierten Zeitraum zum gleichen Ergebnis führen muss, wie die Kombination aus einer kürzeren Anlage und einer darauf folgenden Verlängerung bis zum Ende des Anlagezeitraums, die bereits zum heutigen Zeitpunkt vereinbart wird. Entsprechend können die Forward Rates aus der aktuellen

Zinsstrukturkurve durch Anwendung des Duplikationsansatzes hergeleitet werden (vgl. Schierenbeck, 2014, S. 158). Die Systematisierung der Forward Rates FR(t, LZ) wird anhand des Beginns t sowie der Laufzeit LZ des entsprechenden Geschäfts vorgenommen.

Abbildung 3.5 verdeutlicht das Vorgehen zur Ermittlung der Forward Rate FR(1,1). Im Rahmen einer zweijährigen Anlage von 100 EUR können Rückflüsse von 3,37 EUR im ersten und 103,37 EUR im zweiten Jahr erzielt werden. Alternativ können die 100 EUR auch zunächst für ein Jahr angelegt werden und führen so zu einer Rückzahlung zum Zeitpunkt 1 in Höhe von 103 EUR. Damit die beiden Zahlungsströme zu jedem Zeitpunkt übereinstimmen, müssen davon 99,63 EUR wieder angelegt werden. Die restlichen 3,37 EUR (= 103 − 99,63) können in Analogie zu der zweijährigen Anlage entnommen werden. Damit eine Gleichwertigkeit der Zahlungsströme vorliegt, muss aus der Anlage der 99,63 EUR im Zeitpunkt 2 ein Rückfluss von 103,37 EUR resultieren. Daraus ergibt sich eine Rendite des in t = 1 beginnenden einjährigen Forward-Geschäfts von 3,754 %.

Zeitpunkt	**0**	**1**	**2**
Geldanlage über 2 Jahre zu 3,37 %	−100,00	+3,37	+103,37
Duplikation:			
Geldanlage über 1 Jahr zu 3 %	−100,00 →	+103,00	
Forward-Anlage in t = 1 über 1 Jahr		−99,63	+103,37
Ermittlung der Forward Rate		$FR(1,1) = \frac{103,37}{99,63} - 1 = 3,754\,\%$	

Abb. 3.5: Ableitung der Forward Rate FR(1,1)

Zeitpunkt	**0**	**1**	**2**	**3**	**4**
Geldanlage über 4 Jahre zur ZBR_4 von 4,042 %	−100,00	$\cdot (1 + 0{,}04042)^4$ →			+117,18
Duplikation:					
Geldanlage über 2 Jahre zur ZBR_2 von 3,376 %	−100,00	$\cdot (1 + 0{,}03376)^2$ →	+106,87		
Forward-Anlage in t = 2 für 2 Jahre			−106,87		+117,18
Ermittlung der Forward Rate			$FR(2,2) = \sqrt[2]{\frac{117,18}{106,87}} - 1 = 4,712\,\%$		

Abb. 3.6: Ableitung der Forward Rate FR(2,2)

Bei mehrjährigen zukünftigen Anlagezeiträumen wird der Grundzahlungsstrom in Form eines (synthetischen) Zerobonds abgebildet. Hierfür wird die aktuelle Zinsstruktur über die in Kap. 3.2.2 ermittelten Zerobond-Renditen dargestellt. Abbildung 3.6 verdeutlicht das Vorgehen anhand der Forward Rate FR(2,2).

Die Anlage von 100 EUR zu einer Zerobond-Rendite ZBR_4 von 4,042 % führt in t = 4 zu einem Rückfluss in Höhe von 117,18 EUR. Die Duplikation dieses Zahlungsstroms soll anhand zweier aufeinander folgender Anlagen mit einer Laufzeit von jeweils zwei Jahren vorgenommen werden. Die Anlage der 100 EUR führt in t = 2 zunächst zu einem Rückfluss von 106,87 EUR (ZBR_2 = 3,376 %). Dieser Betrag wird wiederum für zwei Jahre angelegt, um in Analogie zur vierjährigen Anlage in t = 2 einen Rückfluss von Null zu erhalten. Aus dem sich ergebenden Rückfluss in t = 4 resultiert dann eine Forward Rate FR(2,2) von 4,712 %.

Allgemein lassen sich die als Nullkuponzinssätze ausgestalteten Forward Rates, bei denen keine zwischenzeitlichen Zinszahlungen auftreten, gemäß folgender Formel ermitteln (vgl. Schierenbeck/Wiedemann, 1996, S. 33):

$$FR(t, LZ) = \sqrt[LZ]{\frac{(1 + ZBR_{t+LZ})^{t+LZ}}{(1 + ZBR_t)^t}} - 1$$

Tabelle 3.21 fasst die Forward Rates unter Zugrundelegung der Zinsstrukturkurve aus Tab. 3.13 bzw. der dazugehörigen Zerobond-Renditen zusammen. Die Forward Rates können ebenfalls in Form von Kuponzinssätzen angegeben werden, worauf hier jedoch nicht weiter eingegangen werden soll.

Tab. 3.21: Forward Rates als Nullkuponzinssätze (Angaben in %)

Beginn \ Laufzeit (Jahre)	1	2	3	4
0	3,00000	3,37626	3,75876	4,04202
1	3,75389	4,14024	4,39169	
2	4,52803	4,71206		
3	4,89642			

Der Marktzinsmethode liegt die Prämisse zugrunde, dass sich sämtliche Differenzbeträge zwischen zwei Investitionsalternativen mit den entsprechenden Forward Rates verzinsen. Zur Verdeutlichung wird im Folgenden eine dreijährige Investition II [–80.000; +35.000; +40.000; +25.000] hinzugezogen, die mit 13.790,74 EUR einen niedrigeren marktzinsorientierten Kapitalwert aufweist als Investition I. Die Zahlungsstromdifferenzen ergeben sich folglich durch Differenzenbildung zwischen der

Investition I abzgl. der Investition II. Die Ermittlung der impliziten Differenzinvestition ist in Abb. 3.7 dargestellt.

Der marktzinsorientierte Kapitalwert der impliziten Differenzinvestition beträgt gerade Null, entsprechend stimmen die Kapitalwerte der Investition I und der Kombination aus Investition II und der impliziten Differenzinvestition überein. Dies zeigt einerseits, dass die Pauschalannahmen der Marktzinsmethode tatsächlich in der Verzinsung der Differenzbeträge mit den Forward Rates besteht. Andererseits ist eine explizite Differenzinvestition dann erforderlich, wenn der Ausgleich der Zahlungsdifferenzen voraussichtlich nicht zu den Forward Rates vorgenommen werden kann.

Investition/t	**0**	**1**	**2**	**3**	**4**	**marktzinsorientierter Kapitalwert**
I	−100.000,00	30.000,00	35.000,00	40.000,00	20.000,00	14.754,30
II	−80.000,00	35.000,00	40.000,00	25.000,00	0,00	13.790,74
Δ(I – II)	−20.000,00	−5.000,00	−5.000,00	15.000,00	20.000,00	
Bestimmung des Zinsergebnisses	$\cdot 1{,}040424^4$				23.435,00	
		$\cdot 1{,}043923^3$			5.688,11	
			$\cdot 1{,}04713^2$		5.482,31	
				$\cdot 1{,}04896$	−15.734	
					−20.000	
					−1.129,04	
DI	−20.000,00	−5.000,00	−5.000,00	15.000,00	18.870,96	0,00
II + DI	−100.000,00	30.000,00	35.000,00	40.000,00	18.870,96	13.790,74

Abb. 3.7: Implizite Differenzinvestition in der Marktzinsmethode

3.2.5 Marktzinsorientierte Investitionsrechnung bei gespaltener Zinsstruktur

Bisher wurde davon ausgegangen, dass je Laufzeit nur ein Zinssatz vorliegt. In der Realität weichen jedoch die Zinssätze für die Mittelaufnahme und Mittelanlage jedoch voneinander ab, was bereits im Rahmen der Vermögensendwertverfahren betrachtet wurde. Die unterschiedlichen Zinssätze der Anlage und Aufnahme von Kapital werden insbesondere durch Bonitätsaufschläge hervorgerufen, die bei der Kapitalaufnahme anfallen (vgl. Hölscher/Schneider, 2015, S. 46 ff.).

Unter dem Begriff „Bonität" wird dabei die Fähigkeit und Bereitschaft eines Schuldners verstanden, seine Zins- und Tilgungsverpflichtungen vollständig und fristgerecht zu leisten (Steiner/Bruns/Stöckl, 2012, S. 190). Unternehmen werden anhand ihrer Bonität in sog. Bonitätsklassen eingeteilt. Die Unternehmen einer Bonitätsklasse sollen dabei eine möglichst homogene Zahlungsfähigkeit aufweisen (vgl. Schierenbeck/Lister/Kirmße, 2014, S. 310). Durch die Bonitätszuschläge weichen die Zinssätze für die Kapitalanlage und -aufnahme voneinander ab, sodass für die einzelnen Laufzeiten jeweils ein Anlage- und ein Aufnahmezinssatz vorliegen.

Mit geringerer Bonität steigt für einen Gläubiger die Gefahr, dass er auf einen Teil der Forderung verzichten muss, weil das Unternehmen seinen Zahlungsverpflichtungen nicht nachkommt. Die Kapitalgeber reagieren auf diese Gefahr, in dem sie die Höhe des Zinssatzes an die Bonität anpassen. Unternehmen mit geringerer Bonität müssen deshalb für die Kapitalaufnahme einen höheren Zinssatz bezahlen. Durch die Berücksichtigung von Bonitätszuschlägen ergibt sich ein stark ausdifferenziertes Zinsumfeld, das i. d. R. für jede Bonitätsklasse eine eigene Zinsstrukturkurve aufweist (vgl. Abb. 3.8). Die Differenz zwischen der Zinsstrukturkurve der besten Bonität und den Kurven der geringeren Bonitätsklassen wird als Credit Spread bezeichnet (vgl. Wiedemann, 2013, S. 99 ff.). Neben der Bonität wird die Differenz zwischen den Kurven und damit auch der Credit Spread, noch durch weitere Faktoren (bspw. Steuern, Liquidität, Transaktionskosten) beeinflusst, auf die an dieser Stelle jedoch nicht weiter eingegangen werden soll.

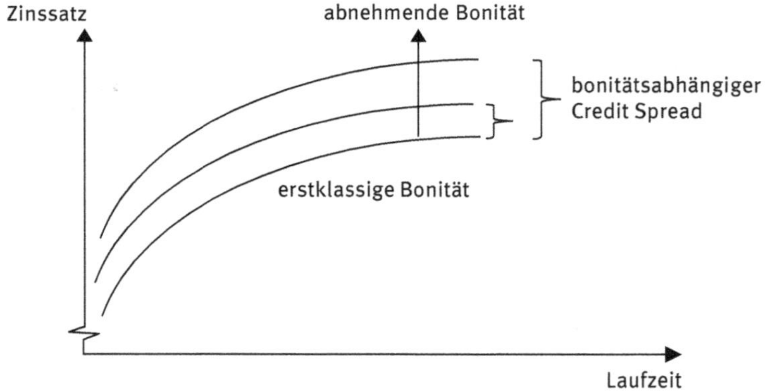

Abb. 3.8: Zinsstruktur bei Berücksichtigung unterschiedlicher Bonitäten

Im Rahmen der marktzinsorientierten Bewertung sind die unternehmensindividuellen Zinssätze bei der Investitionsbeurteilung zu berücksichtigen. Dabei ist jedoch zu beachten, dass für die Beurteilung der Bonität das gesamte Unternehmen betrachtet wird. In die Bonität fließt somit das Gesamtrisiko des Unternehmens ein, das grundsätzlich vom Risiko einer Investition abweichen kann. Aus theoretischer Perspektive müssten die Bewertungszinssätze eigentlich an das Investitionsrisiko und nicht das Gesamtrisiko angepasst werden (vgl. Trautmann, 2007, S. 211 ff.).

Neben dem Sollzinssatz muss in einem bonitätsabhängigen Zinsumfeld auch der Habenzinssatz differenziert betrachtet werden. Das Unternehmen muss entscheiden, in welcher Bonitätsklasse Überschüsse angelegt werden sollen. Beispielsweise können Überschüsse möglichst risikolos, d. h. in die beste Bonitätsklasse investiert werden. Es ist jedoch auch möglich, das Kapital in der gleichen Bonitätsklasse anzulegen, in der das Unternehmen eingestuft ist.

Vor dem Hintergrund bonitätsabhängiger Zinssätze kann die marktzinsorientierte Bewertung folgendermaßen vorgenommen werden:

- Beim Sollzinssatzprinzip wird die bonitätsabhängige Sollzinssatzkurve des Unternehmens verwendet. Mithilfe der Sollzinssätze werden sowohl Ein- als auch Auszahlungsüberschüsse, die aus der Investition resultieren, bewertet. Dieser Bewertung liegt der Gedanke zugrunde, dass Kapitalbedarfe am Geld- und Kapitalmarkt refinanziert werden und Kapitalüberschüsse in der gleichen Bonitätsklasse bzw. im Unternehmen selbst investiert werden.
- Beim Mischzinssatzprinz wird stattdessen ein Durchschnittszinssatz aus dem bonitätsrisikolosen Zinssatz sowie dem unternehmensindividuellen und bonitätsabhängigen Zinssatz gebildet. Das Vorgehen unterstellt, dass aus der Investition neben Kapitalbedarfen auch Kapitalüberschüsse resultieren. Die Kapitalbedarfe müssen zu den bonitätsabhängigen Sollzinssätzen refinanziert werden, während Kapitalüberschüsse möglichst risikolos angelegt werden. Anstatt die Anlage- und Aufnahmegeschäfte in der Kalkulation korrekt abzubilden, stellt das Mischzinssatzprinzip jedoch eine vereinfachendes Näherungsverfahren dar.
- Im Rahmen des sog. Gegenseitenprinzips werden die Zahlungsströme der Investition durch entsprechende gegensätzliche Finanzgeschäfte am Geld- und Kapitalmarkt glattgestellt. Ein positiver zukünftiger Zahlungsüberschuss aus der Investition wird durch eine Kapitalaufnahme im Bewertungszeitpunkt ausgeglichen, während ein negativer Zahlungsüberschuss durch eine Kapitalanlage im Zeitpunkt $t = 0$ neutralisiert wird. Während bei der Kapitalaufnahme die unternehmensindividuellen Sollzinssätze berücksichtigt werden, kann Kapital zu davon abweichenden Zinssätzen am Geld- und Kapitalmarkt angelegt werden.

Beim Soll- und Mischzinssatzprinzip lässt sich der Kapitalwert mithilfe der retrograden Abzinsung, den Zerobond-Renditen und den Zerobond-Abzinsfaktoren berechnen. Das Vorgehen bei der Berechnung ist identisch mit dem Grundmodell der Marktzinsmethode, es werden lediglich die Bonitätszuschläge in die Zinsstrukturkurve integriert. Im Rahmen des Gegenseitenprinzips ist die Investitionsbewertung dagegen mithilfe der retrograden Abzinsung durchzuführen, da bei abweichenden Soll- und Habenzinssätzen die Zerobond-Abzinsfaktoren und Zerobond-Renditen zu abweichenden und nicht korrekten Kapitalwerten führen.

Das Gegenseitenkonzept zur Berechnung des Kapitalwerts einer Investition soll im Folgenden an einem Beispiel verdeutlicht werden. Der marktzinsorientierte Kapitalwert drückt dabei den barwertigen Überschuss der Investition im Vergleich zu den zahlungsstrukturäquivalenten Finanzgeschäften aus. Die zukünftigen Zahlungen der Investition werden mithilfe von Kapitalaufnahmen und -anlagen im Bewertungszeitpunkt neutralisiert, der Kapitalwert der Investition kann somit bereits zum Investitionsbeginn realisiert und vereinnahmt werden.

Die Vorgehensweise im Rahmen des Gegenseitenkonzepts wird anhand der zuvor betrachteten Investition II verdeutlicht. Im Gegensatz zu Kap. 3.2.4 werden jedoch unterschiedliche Zinssätze für die Kapitalaufnahme und -anlage unterstellt, da das Unternehmen für die Kapitalaufnahme jeweils einen Bonitätszuschlag von 0,5 % auf die bonitätsrisikolosen GKM-Zinssätze leisten muss. Überschüssiges Kapital wird dagegen möglichst risikolos angelegt, daher werden für Kapitalanlagen die bonitätsrisikolosen Zinssätze verwendet. Analog zum Grundmodell der Markzinsmethode erfolgt die Bewertung anhand von Geld- und Kapitalmarktgeschäften, die eine endfällige Tilgung bzw. Rückzahlung und periodische Zinszahlungen aufweisen. Die Anlage- und Finanzierungszinssätze für das aktuelle Beispiel sind in Tab. 3.22 angegeben:

Tab. 3.22: Gespaltene Zinsstruktur des aktuellen Beispielfalls (Angaben in %)

Laufzeit (Jahre)	**1**	**2**	**3**	**4**
Bonitätsrisikoloser GKM-Zinssatz	3,00	3,37	3,74	4,01
Refinanzierungszinssatz	3,50	3,87	4,24	4,51

Der Kapitalwert der dargestellten Investitionsreihe kann mithilfe der retrograden Abzinsung bestimmt werden. Dabei wird zunächst die aus der Investition resultierende Zahlung im Zeitpunkt 4 durch ein Kapitalmarktgeschäft ausgeglichen. Die positive Zahlung von 18.000 EUR im Zeitpunkt $t = 4$ kann durch die Rückzahlung einer Kapitalaufnahme von 17.223,23 EUR im Zeitpunkt $t = 0$ ausgeglichen werden. Aus der Aufnahme von 17.223,23 EUR in $t = 0$ resultieren in $t = 4$ eine Zinszahlung in Höhe von –776,77 EUR (= –17.223,23 EUR · 4,51 %) und eine Tilgungsleistung von –17.223,23 EUR. Der Betrag der Zins- und Tilgungsleitung entspricht der Zahlung aus der Investition im Zeitpunkt $t = 4$. Im nächsten Schritt wird für die Zahlung aus der Investition im Zeit $t = 3$ durch ein äquivalentes Finanzgeschäft ein Zahlungssaldo von Null herbeigeführt. Aus der Investition resultiert im Zeitpunkt $t = 3$ eine negative Zahlung, d. h. für die Durchführung der Investition wird in diesem Zeitpunkt ein zusätzlicher Kapitalbetrag benötigt. Die Zahlung im Zeitpunkt $t = 3$ kann durch eine entsprechende Kapitalanlage im Zeitpunkt $t = 0$ ausgeglichen werden. An dieser Stelle werden die Auswirkungen der gespaltenen Zinsstrukturkurve deutlich. Während die 3-jährige Kapitalanlage zu einem Zinssatz von 3,74 % möglich ist, liegt der Zinssatz für die

3-jährige Kapitalaufnahme bei 4,24 %. Beim Ausgleichen der Zahlung aus der Investitionsreihe sind zudem auch die Zinszahlungen aus der 4-jährigen Kapitalaufnahme zu berücksichtigen, die bereits zum Ausgleich der Investitionszahlung in t = 4 abgeschlossen wurde. Der insgesamt auszugleichende Betrag beträgt 30.776,77 EUR (= 30.000 EUR + 776,77 EUR), damit muss die 3-jährige Kapitalanlage eine Höhe von 29.667,21 EUR (= 30.776,77: 1,0374) aufweisen. Durch die Anlage von 29.667,21 EUR am GKM im Zeitpunkt t = 0 kann somit im Zeitpunkt t = 3 ein Zahlungssaldo von Null erreicht werden. Die Berechnung der Ausgleichgeschäfte für die Zahlungen in den Perioden 2 und 1 kann der Tab. 3.23 entnommen werden:

Tab. 3.23: Bestimmung des Kapitalwerts mithilfe der retrograden Abzinsung bei einer gespaltenen Zinsstruktur (Angaben in EUR)

Zeitpunkt (t)	**0**	**1**	**2**	**3**	**4**
Investition	−50.000,00	40.000,00	38.000,00	−30.000,00	18.000,00
4-jährige Kapitalaufnahme (zu 7,50 %)	17.223,23	−776,77	−776,77	−776,77	−18.000,00
3-jährige Kapitalaufnahme (zu 6,00 %)	−29.667,21	1.109,55	1.109,55	30.776,77	
2-jährige Kapitalaufnahme (zu 5,50 %)	36.904,58	−1.428,21	−38.332,79		
1- jährige Kapitalaufnahme (zu 4,50 %)	37.588,97	−38.904,58			
Summe	12.049,56	0,00	0,00	0,00	0,00

Insgesamt werden vier Finanztransaktionen benötigt, um zu jedem zukünftigen Zeitpunkt einen Gesamtzahlungssaldo von Null zu gewährleisten. Dabei werden im Zeitpunkt t = 0 in drei Tranchen insgesamt 91.716,78 EUR aufgenommen und 29.667,21 EUR angelegt. Nach der Verrechnung der Kapitalanlage und -aufnahme mit der Investitionsauszahlung ergibt sich für den Zeitpunkt t = 0 ein Überschuss in Höhe von 12.049,56 EUR. Diese Differenz zwischen dem aufgenommenen und angelegten Kapital sowie der Investitionsauszahlung ergibt den marktzinsorientierten Kapitalwert im Zeitpunkt t = 0, dieser beträgt 12.049,56 EUR (= 91.716,78 EUR – 29.667,21 EUR – 50.000 EUR).

Die Investitionsbewertung mit dem Gegenseitenprinzip führt in diesem Beispiel zum geringsten Kapitalwert und kann als konservativstes Verfahren betrachtet werden. Wird die Investition auf Basis der betrachteten Zinsstrukturkurve mit dem Sollzinssatzprinzip (Mischzinssatzprinzip) bewertet, resultiert ein Kapitalwert in Höhe von 12.461,23 EUR (12.679,13 EUR). Die Höhe des Kapitalwerts hängt damit neben dem Zahlungsstrom und dem Zinsumfeld, auch vom Kalkulationsverfahren ab.

Zusätzlich kann für das betrachtete Beispiel die Ergebniswirkung der Bonität transparent gemacht werden.

Dazu können die Kapitalwerte des Gegenseiten-, des Sollzinssatz- und des Mischzinssatzprinzips mit dem Kapitalwert verglichen werden, der zuvor ohne die Berücksichtigung von Bonitätszuschlägen ermittelt wurde. Die Differenz zwischen dem Kapitalwert bei der Bewertung mit bonitätsrisikolosen Zinssätzen und dem Kapitalwert unter Berücksichtigung von Bonitätsaufschlägen gibt die quantitative Wirkung der Unternehmensbonität an. Bei Verwendung des Gegenseitenprinzips verringert sich der Kapitalwert beispielsweise von 12.898,62 EUR auf 12.049,56 EUR. Die aufgrund der Unternehmensbonität höheren Aufnahmezinssätze bewirken somit eine Verringerung des Kapitalwerts um 849,06 EUR.

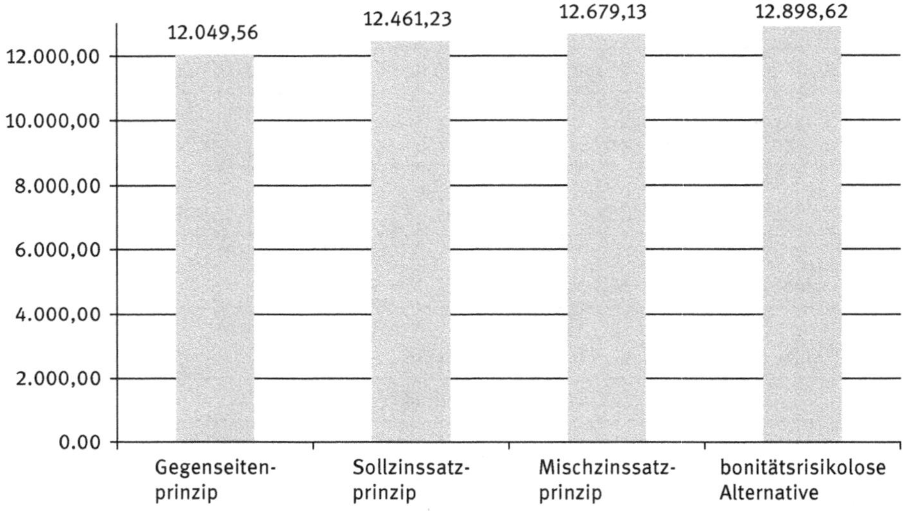

Abb. 3.9: Kapitalwerte der einzelnen Berechnungsprinzipien (Angaben in EUR)

Die Kapitalwerte des Gegenseiten-, des Sollzinssatz- und des Mischzinssatzprinzips sowie der sich ohne Berücksichtigung von Bonitätszuschlägen ergebende Kapitalwert sind in Abb. 3.9 dargestellt.

4 Investitionsentscheidungen unter Unsicherheit

4.1 Unsicherheit in der Investitionsrechnung

In den bisherigen Ausführungen wurde unterstellt, dass die zukünftigen Umweltzustände sicher sind, und damit für jede Investitionsalternative ein eindeutiges Ergebnis ermittelt werden kann. In der Realität dürfte eine derartige Situation so gut wie nie vorliegen. Die Zahlungsreihe einer Investition hängt üblicherweise von einer Vielzahl von Einflussfaktoren ab, die höchstens für einen kurzen Prognosezeitraum mit Sicherheit bekannt sein dürften. Die Prognoseproblematik betrifft alle Komponenten, welche den Ein- und Auszahlungsstrom eines Investitionsprojekts bestimmen, wie insbesondere die Absatzmengen, die Absatzpreise, die Anschaffungskosten und die laufenden Betriebskosten. Ungeachtet dieser Unsicherheiten besitzen die Investitionsrechenverfahren unter Sicherheit in der Praxis eine große Verbreitung (vgl. Perridon/Steiner/Rathgeber, 2017, S. 117 f.).

Im Folgenden soll die Berücksichtigung der Unsicherheit im Rahmen von Investitionsentscheidungen thematisiert werden. In der Literatur werden dabei mit der Entscheidung unter Ungewissheit und der Entscheidung unter Risiko zwei verschiedene Formen von Unsicherheitssituationen unterschieden.

Bei einer **Entscheidung unter Ungewissheit** können keine Wahrscheinlichkeiten für das Eintreten der unsicheren Umweltzustände angegeben werden. Der Investor besitzt vollständige Informationen über seine Handlungsalternativen und kennt die möglichen zukünftigen Entwicklungen. (vgl. Bieg/Kußmaul/Waschbusch, 2016b, S. 195) Er ist jedoch nicht dazu in der Lage, den Umweltzuständen Wahrscheinlichkeiten zuzuordnen. Können hingegen für die Datenkonstellationen Eintrittswahrscheinlichkeiten angegeben werden, so spricht man von einer **Entscheidung unter Risiko**. Die Wahrscheinlichkeiten für das Eintreten der unsicheren Umweltzustände können dabei objektiver oder subjektiver Natur sein.

Objektive Wahrscheinlichkeiten unsicherer Umweltzustände werden aus Häufigkeitsverteilungen der Vergangenheit, aus kombinatorischen Berechnungen oder aus speziellen Stichprobenhochrechnungen abgeleitet. So kann beispielsweise die Wahrscheinlichkeit eines Versicherungsfalls i. d. R. objektiv bestimmt werden, da hier ausreichende Informationen über ähnliche Versicherungsfälle in der Vergangenheit vorliegen. Subjektive Wahrscheinlichkeitsverteilungen stammen häufig aus den unmittelbaren Schätzungen des Entscheidungsträgers. Alternativ hierzu ist es denkbar, subjektive Wahrscheinlichkeiten in einer Diskussion von Fachexperten zu ermitteln (vgl. Troßmann, 2013, S. 237).

Abbildung 4.1 stellt die verschiedenen Dimensionen einer Investitionsentscheidung unter Unsicherheit zusammenfassend dar.

DOI 10.1515/9783110353082-005

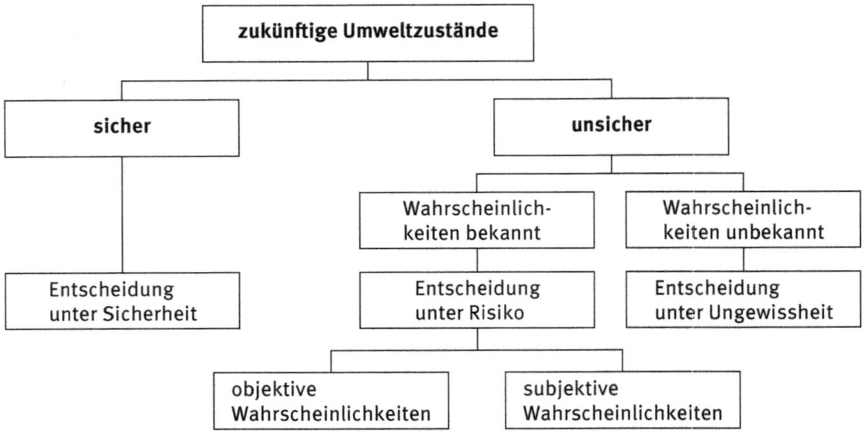

Abb. 4.1: Formen der Investitionsentscheidung unter Unsicherheit (in Anlehnung an Bieg/Kußmaul/Waschbusch, 2016b, S. 186)

Die Methoden der Investitionsrechnung unter Unsicherheit können in traditionelle, entscheidungsorientierte und kapitalmarkttheoretische Ansätze unterschieden werden (vgl. Abb. 4.2). Zu den traditionellen Ansätzen der Investitionsrechnung unter Unsicherheit zählen die Korrekturverfahren und die Sensitivitätsanalyse, bei den entscheidungsorientierten Ansätzen ist zwischen den Entscheidungsregeln bei Unsicherheit, der Risikoanalyse und der Entscheidungsbaumanalyse zu differenzieren. Zentrale kapitalmarkttheoretische Konzepte sind die Portfolio Selection Theory und das Capital Asset Pricing Model. Auf die in Abb. 4.2 dargestellten Verfahren wird im Folgenden genauer eingegangen.

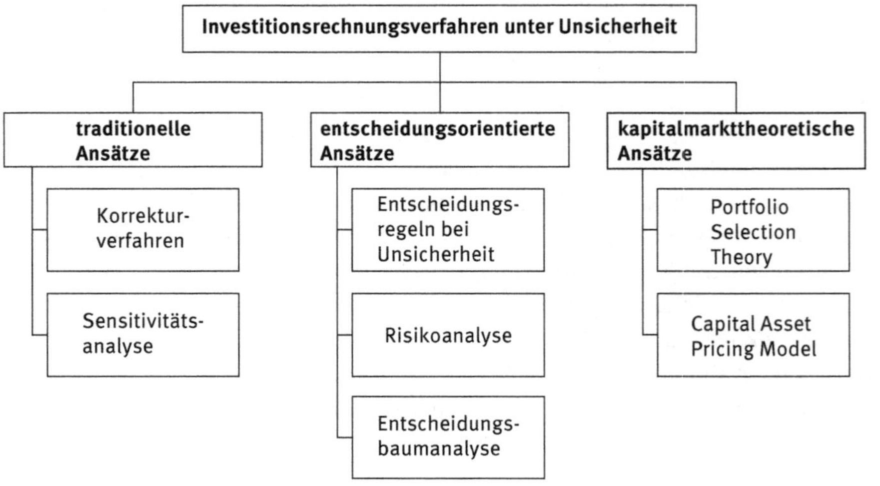

Abb. 4.2: Methoden der Investitionsrechnung unter Unsicherheit (vgl. Schierenbeck/Wöhle, 2016, S. 454)

4.2 Traditionelle Ansätze

4.2.1 Korrekturverfahren

Im Rahmen des Korrekturverfahrens wird die Unsicherheit durch eine Veränderung der für den Fall der Sicherheit geltenden Werte um Risikozuschläge oder -abschläge berücksichtigt. Korrekturen können dabei am Kalkulationszinssatz, an den Rückflüssen sowie bei der Laufzeit vorgenommen werden, wobei allen drei Varianten gemeinsam ist, dass eine höhere Unsicherheit des Investitionsprojekts eine Verminderung des Kapitalwerts zur Folge hat. Durch die Reduktion des Kapitalwerts soll sichergestellt werden, dass der ermittelte Wert mit großer Wahrscheinlichkeit mindestens erzielt werden kann (vgl. Götze, 2014, S. 377). Ein unsicheres Investitionsprojekt sollte folglich nur dann realisiert werden, wenn es auch nach Berücksichtigung der Korrekturen einen positiven Kapitalwert liefert. Die Korrekturverfahren unterstellen damit prinzipiell ein risikoscheues Verhalten des Entscheidungsträgers.

Der **Kalkulationszinssatz** ist dementsprechend umso höher festzusetzen, je höher die Unsicherheit eines Investitionsprojekts ist. Dies hat zur Folge, dass der Kapitalwert mit steigender Unsicherheit des Investitionsprojekts sinkt (vgl. Blohm/Lüder/Schaefer, 2012, S. 227). Von zwei Investitionsprojekten mit gleichen erwarteten Rückflüssen besitzt diejenige Investition den höheren Kapitalwert, welche die geringeren Schwankungen in den Rückflüssen aufweist. Denn das Investitionsprojekt mit den sichereren Rückflüssen besitzt die geringere Unsicherheit und damit wird diesem auch der niedrigere Kalkulationszinssatz zugewiesen.

Ein Beispiel für eine Zuordnung von Unsicherheitsmerkmalen zu Zinssätzen stellt Tab. 4.1 dar. Gesucht wird der Kalkulationszinssatz für ein Investitionsprojekt, bei dem es um die Herstellung und den Vertrieb eines neuen Produkts geht. Der Grad der Unsicherheit des Investitionsprojekts wird über die Kriterien „Markt" (vorhanden oder neu) und „Produktionsverfahren" (bekannt oder neu) festgelegt. Erfordert die Herstellung des Produkts ein neues Produktionsverfahren und existiert für dieses Produkt kein vorhandener Markt, so ist die Unsicherheit bezüglich des Erfolgs des Investitionsprojekts am Größten. In diesem Fall wird folglich ein hoher Zinssatz von 200 % gewählt. Bei vorhandenem Markt und bereits bekanntem Produktionsverfahren ist die Unsicherheit eher gering. Der Zinssatz wird in diesem Fall lediglich mit 8 % angesetzt.

Ebenso kann die Unsicherheit über die Höhe der Rückflüsse zum Ausdruck gebracht werden. Je höher die mit einer Investition verbundene Unsicherheit ist, umso höher sind die Abschläge von den erwarteten Rückflüssen anzusetzen.

Schließlich ist es möglich, die Unsicherheit über eine Verkürzung der Nutzungsdauer zu erfassen. Je größer die mit einem Investitionsprojekt verbundene Unsicherheit ist, umso kürzer ist die anzusetzende Nutzungsdauer. Der Kapitaleinsatz muss sich bei kürzerer Nutzungsdauer in einer kürzeren Zeit amortisieren, damit das Projekt als vorteilhaft beurteilt werden kann (vgl. Perridon/Steiner/Rathgeber, 2017, S. 120 f.).

Tab. 4.1: Kalkulationszinssatz in Abhängigkeit der Unsicherheit (vgl. Blohm/Lüder/Schaefer, 2012, S. 227)

Kategorie	Merkmale	Zinssatz (%)
1	vorhandener Markt – bekanntes Produktionsverfahren	8
2	vorhandener Markt – neues Produktionsverfahren	12
3	neuer Markt – bekanntes Produktionsverfahren	16
4	neuer Markt – neues Produktionsverfahren	20

Neben dem Vorteil der einfachen Anwendbarkeit sind mit dem Korrekturverfahren eine Reihe von Mängeln verbunden (vgl. Blohm/Lüder/Schaefer, 2012, S. 229). So werden die Auswirkungen der Unsicherheiten rein summarisch erfasst. Eine differenzierte Analyse hinsichtlich der einzelnen Einflussgrößen findet nicht statt, sodass die vorgenommenen Korrekturen immer auch eine große subjektive Komponente aufweisen. Des Weiteren werden u. U. bei Einflussparametern Korrekturen vorgenommen, die selbst gar nicht unsicher sind. Dies könnte beispielsweise dann der Fall sein, wenn die Unsicherheit der Rückflüsse über eine verkürzte Nutzungsdauer erfasst wird. Ebenso kann kritisch hinterfragt werden, ob die unterstellte Risikoscheu des Entscheidungsträgers immer zutreffend ist.

4.2.2 Sensitivitätsanalysen

Mithilfe der Sensitivitätsanalyse soll der Zusammenhang zwischen einer unsicheren Inputgröße und dem Zielwert aufgedeckt werden. Eine Sensitivitätsanalyse wird ergänzend zu einem Beurteilungsverfahren bei Sicherheit (z. B. Kapitalwertverfahren oder Internes Zinsfußkriterium) angewendet, wobei die Frage beantwortet werden soll, wie sich das Ergebnis der Investitionsbeurteilung bei Variation einer oder mehrerer Inputgrößen verändert.

Eine in der Praxis häufig angewendete Form der Sensitivitätsanalyse ist das sog. **Drei-Werte-Verfahren**. Bei diesem Verfahren wird eine Investition für die wahrscheinlichste, die günstigste und die ungünstigste Datenkonstellation bewertet. Das nachfolgende Beispiel soll das Drei-Werte-Verfahren verdeutlichen.

Betrachtet wird ein Investitionsprojekt mit einer Anschaffungsauszahlung in Höhe von 22.000 EUR und einer Nutzungsdauer von drei Jahren. Die Rückflüsse des ersten Jahres betragen 10.000 EUR, bezüglich der Rückflüsse der folgenden beiden Jahren besteht jedoch ebenso Unsicherheit wie in Bezug auf den am Ende der Nutzungsdauer erzielbaren Liquidationserlös. Tabelle 4.2 verdeutlicht die Schätzungen der unsicheren Größen für die drei Datenkonstellationen.

Tab. 4.2: Verteilung der Rückflüsse und des Liquidationserlöses (Angaben in EUR)

Datenkonstellation	günstig	wahrscheinlich	ungünstig
Rückflüsse im 2./3. Jahr	12.000	8.000	6.000
Liquidationserlös	3.000	1.500	0

Die Investition soll mithilfe der Kapitalwertmethode bei einem Kalkulationszinssatz von 10 % beurteilt werden. Die Bewertungsfunktion lautet damit wie folgt:

$$C_0 = -22.000 + \frac{10.000}{1,1} + \frac{R_2}{1,1^2} + \frac{R_3}{1,1^3} + \frac{L_3}{1,1^3}$$

mit: C_0 = Kapitalwert der Investition
R_2 = (unsicherer) Rückfluss der Periode 2
R_3 = (unsicherer) Rückfluss der Periode 3
L_3 = (unsicherer) Liquidationserlös der Periode 3

Nach dem Drei-Werte-Verfahren sind die unsicheren Inputgrößen jeweils mit der wahrscheinlichsten, der günstigsten und der ungünstigsten Ausprägung zu belegen:

– Kapitalwert bei der **wahrscheinlichsten Ausprägung** der Inputparameter

$$C_0 = -22.000 + \frac{10.000}{1,1} + \frac{8.000}{1,1^2} + \frac{8.000}{1,1^3} + \frac{1.500}{1,1^3} = 839,97\,€$$

– Kapitalwert bei der **günstigsten Ausprägung** der Inputparameter

$$C_0 = -22.000 + \frac{10.000}{1,1} + \frac{12.000}{1,1^2} + \frac{12.000}{1,1^3} + \frac{3.000}{1,1^3} = 8.277,99\,€$$

– Kapitalwert bei der **ungünstigsten Ausprägung** der Inputparameter

$$C_0 = -22.000 + \frac{10.000}{1,1} + \frac{6.000}{1,1^2} + \frac{6.000}{1,1^3} + \frac{0}{1,1^3} = -3.442,52\,€$$

Die günstigste sowie die wahrscheinlichste Ausprägung der Inputparameter liefern jeweils positive Kapitalwerte. Der ungünstigste Fall zeigt jedoch, dass bei bestimmten Inputparameterkonstellationen auch ein negatives Ergebnis auftreten kann. Eine eindeutige Empfehlung zur Durchführung der Investition kann für den Beispielfall folglich nicht gegeben werden. Der Entscheidungsträger muss vielmehr nach persönlichem Ermessen über die Investitionsdurchführung entscheiden. Eine Entscheidung für oder gegen eine Investition ist nur dann eindeutig möglich, wenn alle drei Fälle das gleiche Vorzeichen aufweisen: Ist der Kapitalwert selbst im günstigsten Fall negativ, so ist die Investition auf jeden Fall abzulehnen, sind alle drei Werte dagegen positiv, so sollte die Investition durchgeführt werden.

Eine weitere Fragestellung im Rahmen der Sensitivitätsanalyse ist die Identifikation kritischer Werte. Bei der **kritischen Werterechnung** wird untersucht, wie stark sich bestimmte Inputgrößen ändern dürfen, ohne dass sich dadurch die Vorteilhaftigkeit der Investitionsentscheidung umkehrt. Wird die Investition mit der Kapitalwertmethode beurteilt, so wird im Rahmen der kritischen Werterechnung gerade die Wertekombination der Inputgrößen gesucht, bei der ein Kapitalwert von Null auftritt.

Im oben aufgeführten Beispiel liegen mit den unsicheren Rückflüssen des zweiten und dritten Jahres und dem Liquidationserlös zwei unsichere Inputgrößen vor. Die kritische Werterechnung ermittelt nun die Kombinationen der beiden Inputparameter, die einen Kapitalwert von Null liefern. Nachfolgende Gleichung muss in diesem Fall erfüllt sein, wobei dann davon ausgegangen wird, dass die Rückflüsse in den Jahren zwei und drei gleich hoch sind:

$$C_0 = -22.000 + \frac{10.000}{1,1} + \frac{R}{1,1^2} + \frac{R}{1,1^3} + \frac{L}{1,1^3} = 0$$

Über eine Umstellung der Kapitalwertgleichung kann der Liquidationserlös in Abhängigkeit von den unsicheren Rückflüssen ausgedrückt werden:

$$L = 17.182 - 2,1 \cdot R$$

Alle Kombinationen von Liquidationserlösen und unsicheren Rückflüssen, welche durch diese Gleichung beschrieben werden, stellen kritische Wertekombinationen dar. Werden beispielsweise im zweiten und dritten Jahr keine Rückflüsse erzielt (R = 0), dann folgt daraus, dass der Liquidationserlös mindestens eine Höhe von 17.182 EUR besitzen muss, damit der Kapitalwert der Investition nicht negativ wird.

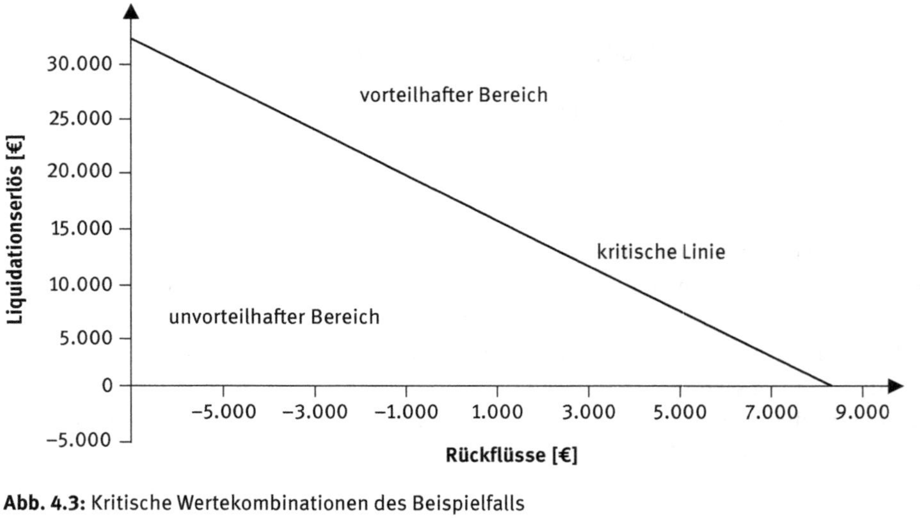

Abb. 4.3: Kritische Wertekombinationen des Beispielfalls

Abbildung 4.3 stellt die kritischen Wertekombinationen grafisch dar. Kombinationen aus Rückflüssen und einem Liquidationserlös unterhalb der kritischen Linie führen zu einem negativen Kapitalwert (unvorteilhafter Bereich), Kombinationen oberhalb der kritischen Linie signalisieren dagegen einen positiven Kapitalwert (vorteilhafter Bereich).

Wird nur eine unsichere Inputgröße betrachtet, so liefert die kritische Wertereсhnung keine Gerade, sondern lediglich einen kritischen Punkt. Allgemein gilt, dass sich bei n unsicheren Inputparametern eine **(n – 1)-dimensionale kritische Punktmenge** bildet (vgl. Bieg/Kußmaul/Waschbusch, 2016b, S. 203 f.).

Die Sensitivitätsanalyse enthält keine Entscheidungsregel und kann somit das Problem der Investitionsentscheidung bei Unsicherheit grundsätzlich nicht lösen. Allerdings liefert das Verfahren Informationen, welche einen Einblick in die Risikostruktur des Investitionsprojekts ermöglichen (vgl. Blohm/Lüder/Schaefer, 2012, S. 234 f.). So können insbesondere diejenigen Inputparameter identifiziert werden, die eine starke Bedeutung für die Outputgröße besitzen. Für diese Inputparameter lohnt es sich, weitere Informationen zu beschaffen, mit welchen die Inputparameter besser prognostiziert werden können. Ein weiterer Vorteil der Sensitivitätsanalyse ist, dass diese mit verhältnismäßig geringem Aufwand durchgeführt werden kann.

Mithilfe der Sensitivitätsanalyse wird häufig die Auswirkung einer unsicheren Inputgröße auf das Gesamtergebnis untersucht. Für die übrigen unsicheren Inputgrößen wird unterstellt, dass diese konstant bleiben. Damit wird implizit von der Unabhängigkeit der Einflussfaktoren ausgegangen, was in der Realität i. d. R. nicht gegeben sein dürfte (vgl. Perridon/Steiner/Rathgeber, 2017, S. 143). Die Sensitivitätsanalyse macht darüber hinaus keine Aussagen über die Wahrscheinlichkeiten von Ergebnisabweichungen (vgl. Götze, 2014, S. 400).

4.3 Entscheidungsorientierte Verfahren

4.3.1 Entscheidungsregeln

Die Sensitivitätsanalyse stellt kein Entscheidungsmodell, sondern vielmehr ein bestimmtes Analyseverfahren dar. Zur Generierung einer Entscheidungsempfehlung muss eine eindeutige **Auswahlvorschrift** vorliegen, wie dies beispielsweise bei den Entscheidungsregeln unter Unsicherheit der Fall ist. Die Entscheidungsregeln unter Unsicherheit zeigen auf, welche Alternative vorzuziehen ist, wenn die Ergebniswerte bei verschiedenen Umweltzuständen zu keiner eindeutige Rangordnung führen (Troßmann, 2013, S. 247).

Bei den Entscheidungsregeln unter Unsicherheit kann grundsätzlich danach unterschieden werden, ob die Regeln auf einer Wahrscheinlichkeitsverteilung aufbauen oder nicht. Abbildung 4.4 zeigt verschiedene Entscheidungsregeln unter Unsicherheit auf, die näher untersucht werden.

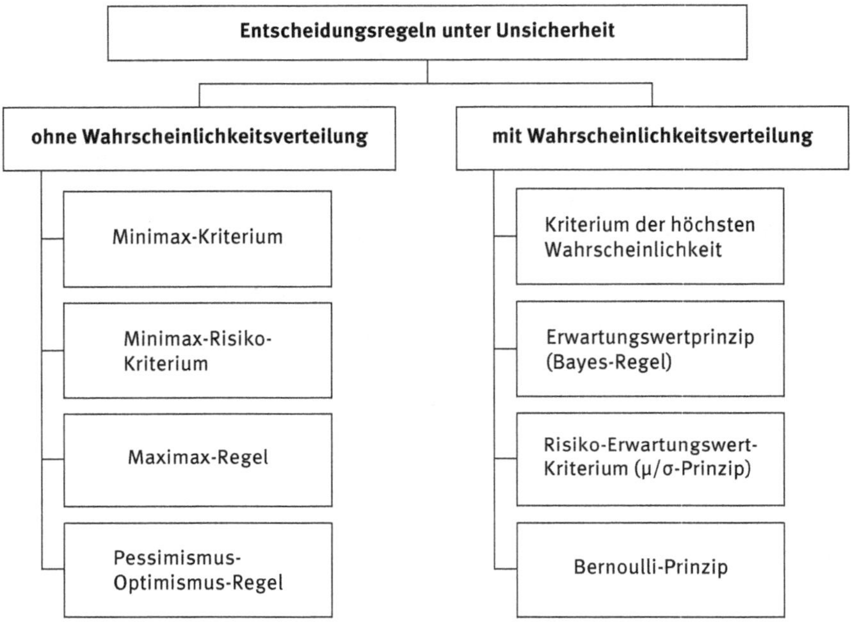

Abb. 4.4: Entscheidungsregeln unter Unsicherheit (in Anlehnung an Schierenbeck/Wöhle, 2016, S. 456 ff.)

Die Entscheidungsregeln unter Unsicherheit ohne Wahrscheinlichkeitsverteilung lassen sich in das Minimax-Kriterium, das Minimax-Risiko-Kriterium, die Maximax-Regel sowie die Pessimismus-Optimismus-Regel unterscheiden.

Zur besseren Verdeutlichung werden die verschiedenen Regeln jeweils an Hand eines Beispiels erläutert. Für den Beispielfall liegen drei Investitionen vor. Die Ergebnisse (z. B. der Kapitalwert) dieser Investitionen werden vor dem Hintergrund dreier unterschiedlicher Umweltzustände (Situationen) untersucht. Tabelle 4.3 stellt die Ergebnisse der Investitionen in Abhängigkeit des jeweiligen Umweltzustands dar.

Tab. 4.3: Ergebnisse der drei Investitionen vor dem Hintergrund unterschiedlicher Umweltzustände (Angaben in EUR)

Situation	1	2	3
Investition 1	20.000	10.000	90.000
Investition 2	80.000	0	70.000
Investition 3	30.000	60.000	50.000

Nach der **Minimax-Regel** ist diejenige Alternative zu wählen, deren Ergebnis im ungünstigsten Fall am besten ist. Die Beurteilung der Alternativen richtet sich nach diesem Kriterium nur nach dem schlechtestmöglichen Fall und bringt damit eine sehr pessimistische Sichtweise zum Ausdruck (vgl. Wöhe, 2016, S. 93).

Die Anwendung dieser Regel auf den Beispielfall ist verhältnismäßig einfach. Für jede Investition wird untersucht, bei welchem Umweltzustand das geringste Ergebnis gegeben ist. Folglich gilt es, die Zeilenminima der Matrix aus Tab. 4.3 zu bestimmen.

Tab. 4.4: Anwendung des Minimax-Kriteriums (Angaben in EUR)

Situation	1	2	3	Minimax-Kriterium
Investition 1	20.000	10.000	90.000	10.000
Investition 2	80.000	0	70.000	0
Investition 3	30.000	60.000	50.000	30.000

Bei Investition 1 liegt das Minimum bei 10.000 EUR (Situation 2), bei Investition 2 bei 0 EUR (Situation 2) und bei Investition 3 bei 30.000 EUR (Situation 1). Nach dem Minimax-Kriterium sollte folglich Investition 3 gewählt werden, da bei dieser Investition das Maximum der Minima vorliegt.

Gemäß dem **Minimax-Risiko-Kriterium** ist diejenige Investitionsalternative umzusetzen, bei der das Bedauern, nicht die beste Alternative gewählt zu haben, minimiert wird. Man bezeichnet diese Regel daher auch als die Regel des minimalen Bedauerns oder als die Savage-Niehans-Regel (vgl. Bamberg/Coenenberg, 2012, S. 115; Wöhe, 2016, S. 93). Zur Berechnung des minimalen Bedauerns muss für jeden Zustand die Ergebnisdifferenz jeder Investition vom maximalen erreichbaren Ergebnis ermittelt werden. Tabelle 4.5 stellt die Ergebnisabweichungen jeder Investition für jeden Zustand des Beispiels dar.

Tab. 4.5: Anwendung des Minimax-Risiko-Kriteriums (Angaben in EUR)

Situation	1	2	3	Minimax-Risiko-Kriterium
Investition 1	60.000	50.000	0	60.000
Investition 2	0	60.000	20.000	60.000
Investition 3	50.000	0	40.000	50.000

Im Zustand 1 wird mit Investition 2 das höchste Ergebnis erzielt. Investition 2 wäre in diesem Fall die richtige Auswahlentscheidung gewesen und das Bedauern hätte demgemäß bei dieser Investition einen Wert von Null. Investition 1 hat hingegen bei Eintritt des Zustands 1 ein Ergebnis von 20.000 EUR zur Folge, woraus ein Bedauern von 60.000 EUR resultiert. Für Investition 3 ergibt sich bei Zustand 1 ein Ergebnis von 30.000 EUR und damit ein Bedauern in Höhe von 50.000 EUR. In der letzten Spalte der Tab. 4.5 wird mit dem Zeilenmaximum das maximale Bedauern jeder Investition aufgeführt. Nach dem Minimax-Risiko-Kriterium ist Investition 3 zu wählen, da bei dieser Investition im Vergleich zu den anderen Investitionsalternativen das maximale Bedauern minimiert wird.

Nach der **Maximax-Regel** wird die Alternative gewählt, die im günstigsten Fall am besten ist. Während die Minimax-Regel von starkem Pessimismus geprägt ist, liegt der Maximax-Regel ein hoher Optimismus zugrunde. Der Entscheidungsträger bezieht lediglich das höchste Ergebnis jeder Investition in die Beurteilung mit ein (vgl. Bamberg/Coenenberg, 2012, S. 113; Wöhe, 2016, S. 93). Tabelle 4.6 verdeutlicht die Anwendung der Maximax-Regel auf den Beispielfall.

Tab. 4.6: Anwendung der Maximax-Regel (Angaben in EUR)

Situation	1	2	3	Maximax-Regel
Investition 1	20.000	10.000	90.000	90.000
Investition 2	80.000	0	70.000	80.000
Investition 3	30.000	60.000	50.000	60.000

In der letzten Spalte sind die höchsten Ergebniswerte jeder Investition aufgeführt. So erzielt Investition 1 bei Situation 3 das höchste Ergebnis (90.000 EUR), Investition 2 bei Situation 1 (80.000 EUR) und Investition 3 bei Situation 2 (60.000 EUR). Nach der Maximax-Regel ist Investition 1 zu wählen, da hier der höchste Maximalwert gegeben ist.

Ein Kompromiss zwischen dem Minimax-Kriterium und der Maximax-Regel stellt die **Pessimismus-Optimismus-Regel**, auch als Hurwicz-Regel bekannt, dar. Bei dieser Regel wird sowohl das schlechteste als auch das beste Ergebnis einer Investitionsalternative in die Auswahlentscheidung einbezogen. Mit einem Optimismusparameter λ ($0 \leq \lambda \leq 1$) wird die Risikoeinstellung des Entscheidungsträgers erfasst. So wird das beste Ergebnis einer Alternative mit λ, das schlechteste Ergebnis einer

Alternative mit $(1 - \lambda)$ gewichtet. Die beiden gewichteten Ergebnisse werden anschließend addiert. Nach der Pessimismus-Optimismus-Regel ist die Alternative zu wählen, welche den größten Gesamtergebniswert aufweist (vgl. Bieg/Kußmaul/Waschbusch, 2016b, S. 197). In Abhängigkeit von der Risikoeinstellung des Investors wird die Höhe des Optimismusparameters festgelegt (vgl. Tab. 4.7). Bei einer Belegung des Optimismusparameters mit einem Extremwert ($\lambda = 0$ oder $\lambda = 1$) führt die Pessimismus-Optimismus-Regel zur Minimax- oder Maximax-Regel.

Tab. 4.7: Der Optimismusparameter der Pessimismus-Optimismus-Regel (Bieg/Kußmaul/Waschbusch, 2016b, S. 197)

$\lambda = 0$	→ Minimax-Regel	Risikoscheu
$0 < \lambda < 0.5$		
$\lambda = 0.5$		Risikoneutralität
$0.5 < \lambda < 1$		Risikofreude
$\lambda = 1$	→ Maximax-Regel	

Für den Beispielfall wird von einem risikofreudigen Entscheidungsträger mit einem Optimismusparameter in Höhe von 0,6 ausgegangen. Die Addition der gewichteten Ergebniswerte ist in der letzten Spalte von Tab. 4.8 dargestellt.

Tab. 4.8: Auswahlentscheidung nach der Pessimismus-Optimismus-Regel (Angaben in EUR)

λ bzw. (1 – λ)	**max**	**min**	**Pessimismus-Optimismus-Regel**
	60 %	**40 %**	
Investition 1	90.000	10.000	58.000
Investition 2	80.000	0	48.000
Investition 3	60.000	30.000	48.000

Die Investition 1 besitzt den größten Gesamtergebniswert. Folglich sollte der Entscheidungsträger Investition 1 wählen.

Zu den Entscheidungsregeln bei Unsicherheit **mit Wahrscheinlichkeitsverteilung** gehören das Kriterium der höchsten Wahrscheinlichkeit, das Erwartungswertprinzip (Bayes-Regel), das Risiko-Erwartungswert-Kriterium und das Bernoulli-Prinzip.

Beim **Kriterium der höchsten Wahrscheinlichkeit** wird lediglich der Umweltzustand berücksichtigt, dessen Eintritt die höchste Wahrscheinlichkeit besitzt. Alle weiteren möglichen Umweltzustände werden vernachlässigt. Die Investitionsentscheidung fällt nach dieser Regel auf die Alternative, welche für den Umweltzustand mit der höchsten Eintrittswahrscheinlichkeit den höchsten Ergebniswert liefert.

Wiederum wird auf das Beispiel aus Tab. 4.3 zurückgegriffen. Allerdings liegen nun für den Eintritt der einzelnen Umweltzustände Wahrscheinlichkeiten vor (vgl. Tab. 4.9).

Tab. 4.9: Auswahlentscheidung nach dem Kriterium der höchsten Wahrscheinlichkeit und der Bayes-Regel (Angaben in EUR)

Situation (Wahrscheinlichkeit)	Kriterium der höchsten Wahrscheinlichkeit			Bayes-Regel
	1 (30 %)	2 (50 %)	3 (20 %)	
Investition 1	20.000	10.000	90.000	29.000
Investition 2	80.000	0	70.000	38.000
Investition 3	30.000	60.000	50.000	49.000

Nach dem Kriterium der höchsten Wahrscheinlichkeit wird lediglich Situation 2 betrachtet, da diese Datenkonstellation mit 50 % die höchste Wahrscheinlichkeit besitzt. Da bei diesem Zustand die Investitionsalternative 3 mit 60.000 EUR den höchsten Ergebniswert aufweist, ist diese Investition auszuwählen.

Ein großer Nachteil des Kriteriums der höchsten Wahrscheinlichkeit ist, dass lediglich ein Teil der vorhandenen Informationen in die Investitionsentscheidung einfließt. Demgegenüber berücksichtigt das **Erwartungswertprinzip** (Bayes-Regel) die komplette Wahrscheinlichkeitsbandbreite. Nach dem Erwartungswertprinzip ist die Investition mit dem höchsten Erwartungswert zu wählen. Der Erwartungswert μ berechnet sich wie folgt:

$$\mu = \sum_{j=1}^{n} w_j \cdot x_j$$

mit: w_j = Wahrscheinlichkeit für den Eintritt des Umweltzustands j
x_j = Ergebniswert bei Umweltzustand j
n = Anzahl der Umweltzustände

Die letzte Spalte in Tab. 4.9 zeigt die Erwartungswerte der Investitionen. Den höchsten Erwartungswert besitzt Investition 3 mit 49.000 EUR. Folglich sollte sich der Investor nach dem Erwartungswertprinzip für Investition 3 entscheiden.

Problematisch am Erwartungswertprinzip ist dessen indifferente Einstellung zum Risiko. So werden zwei Investitionen mit gleich hohem Erwartungswert als gleichwertig angesehen, obwohl die einzelnen Daten eine unterschiedliche Streuung aufweisen können. Ein Verfahren, welches neben dem Erwartungswert zusätzlich das Risiko in der Investitionsbeurteilung berücksichtigt, ist das **Risiko-Erwartungswertkriterium** (μ/σ-Prinzip). Das Risiko wird bei diesem Verfahren über die Standardabweichung gemessen. Die Standardabweichung σ lässt sich wie folgt bestimmen:

$$\sigma = \sqrt{\sum_{j=1}^{n} (x_j - \mu)^2 \cdot w_j}$$

Ist ein Entscheidungsträger risikoavers eingestellt, so wird er bei gleichem Erwartungswert die Investition mit dem geringsten Risiko, also mit der geringsten Standardabweichung wählen. Ein risikofreudiger Investor wird demgegenüber bei gleichem Erwartungswert die Investition mit der höchsten Standardabweichung präferieren. Häufig wird es allerdings nicht möglich sein, auf dieser Basis eindeutige Rangordnungen von Alternativen aufzustellen. Angenommen, ein risikoaverser Entscheidungsträger hat zwischen zwei Investitionsalternativen zu wählen, von denen die eine Investition einen höheren Erwartungswert und eine höhere Standardabweichung besitzt. In diesem Fall gilt es, das individuelle Austauschverhältnis von Risiko und Ertrag des Investors festzulegen. Es muss die Frage beantwortet werden, wie viel zusätzliche Erfolgseinheiten notwendig sind, um eine zusätzliche Risikoeinheit zu kompensieren (vgl. Schierenbeck/Wöhle, 2016, S. 457). Das Austauschverhältnis von Risiko und Ertrag eines Investors wird mithilfe der Risikopräferenzfunktion Φ ausgedrückt:

$$\Phi = \Phi(\mu, \sigma)$$

Risikopräferenzfunktionen können mithilfe einer Schar von Indifferenzkurven mit unterschiedlichem Risikonutzen Φ veranschaulicht werden. Eine Indifferenzkurve ist dadurch gekennzeichnet, dass jede μ/σ-Kombination auf dieser Kurve den gleichen Risikonutzen Φ aufweist und damit von dem Entscheidungsträger als gleichwertig angesehen wird (vgl. Nöll/Wiedemann, 2008, S. 61 f.). Abbildung 4.5 verdeutlicht den Verlauf der Indifferenzkurven für verschiedene Risikoeinstellungen eines Entscheidungsträgers.

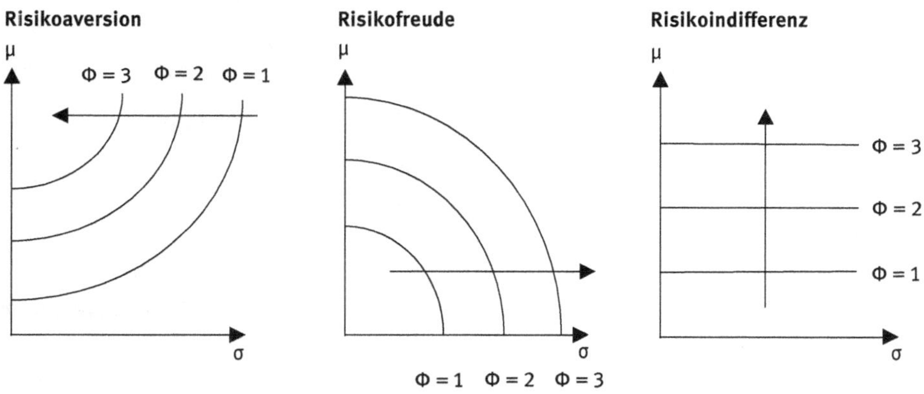

Abb. 4.5: Risikopräferenzfunktionen bei Risikoaversion, Risikofreude und Risikoindifferenz

Mit der Risikoaversion, der Risikofreude und der Risikoindifferenz können grundsätzlich drei unterschiedliche Risikoeinstellungen eines Entscheidungsträgers unterschieden werden:

- Die **Risikoaversion** ist dadurch gekennzeichnet, dass bei konstantem Erwartungswert μ und einer Verringerung der Standardabweichung σ der Risikonutzen Φ steigt. In Abb. 4.5 wird dies durch den eingezeichneten Pfeil verdeutlicht. Der Pfeil schneidet bei abnehmendem Risiko Indifferenzkurven mit zunehmendem Risikonutzen.
- Im Gegensatz zur Risikoaversion nimmt bei einem **risikofreudigen Entscheidungsträger** der Risikonutzen Φ bei konstanten Erwartungswerten μ und steigender Standardabweichung σ zu. Der Pfeil in Abb. 4.5 schneidet bei zunehmender Standardabweichung Indifferenzkurven mit zunehmendem Risikonutzen.
- Für einen **risikoindifferenten Investor** ist die Risikostruktur irrelevant. Eine Steigerung des Risikonutzens ist nur durch eine Erhöhung des Erwartungswerts möglich.

Im Folgenden soll das μ/σ-Prinzip auf den Beispielfall aus Tab. 4.3 angewendet werden. Zunächst sind der Erwartungswert und die Standardabweichung zu ermitteln. Beide Größen können Tab. 4.10 entnommen werden.

Tab. 4.10: Anwendung des μ/σ-Prinzips

Situation (Wahrscheinlichkeit)	1 (30 %)	2 (50 %)	3 (20 %)	Erwartungswert μ	Standardabweichung σ	Risikonutzen Φ
Investition 1	20.000 €	10.000 €	90.000 €	29.000 €	30.805,84 €	19.510
Investition 2	80.000 €	0 €	70.000 €	38.000 €	38.157,57 €	23.440
Investition 3	30.000 €	60.000 €	50.000 €	49.000 €	13.000,00 €	47.310

Darüber hinaus soll davon ausgegangen werden, dass der Investor risikoavers eingestellt ist und eine Risikonutzenfunktion der Form

$$\Phi = \mu - 0{,}00001 \cdot \sigma^2$$

besitzt. Durch das Einsetzen des Erwartungswerts und der Standardabweichung in die Risikonutzenfunktion lässt sich der Risikonutzen jeder Investition ermitteln. Nach dem μ/σ-Prinzip sollte Investition 3 gewählt werden, da bei dieser Investition der Risikonutzen maximiert wird.

Eine weitere bedeutende Entscheidungsregel unter Unsicherheit ist das **Bernoulli-Prinzip**. Das Bernoulli-Prinzip basiert auf der Annahme, dass der Entscheidungsträger eine subjektive Nutzenfunktion besitzt, mit der jedes Ergebnis einer Entscheidungsalternative in einen quantitativen Nutzenwert transformiert werden kann. Der Gesamtnutzen einer Entscheidungsalternative entspricht dem Erwartungswert der Nutzenwerte der wahrscheinlichkeitsverteilten Ergebnisse. Der Entscheidungsträger wählt letztlich die Alternative, welche den Gesamtnutzen maximiert (vgl. Blohm/Lüder/Schaefer, 2012, S. 238).

Über die **Nutzenfunktion** fließt die Risikoeinstellung des Entscheidungsträgers in die Investitionsentscheidung ein. Abbildung 4.6 stellt die drei Grundformen von Nutzenfunktionen dar.

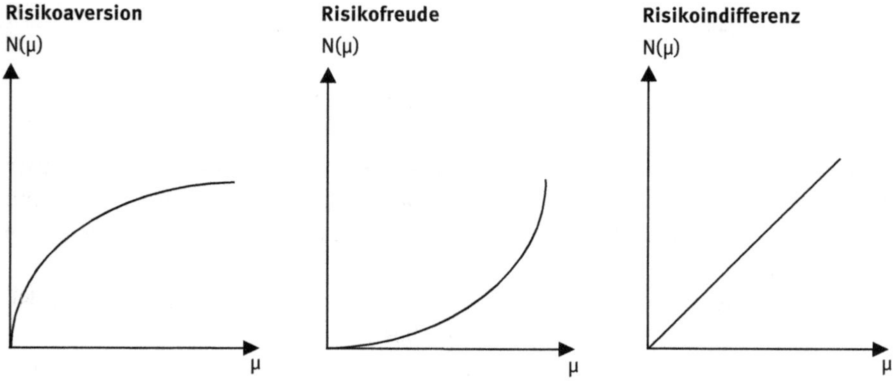

Abb. 4.6: Alternative Nutzenfunktionen

Eine konkave Nutzenfunktion drückt Risikoaversion, eine konvexe Nutzenfunktion Risikofreude und eine lineare Nutzenfunktion Risikoindifferenz des Entscheidungsträgers aus. Am Beispiel der Risikofreude soll diese Aussage verdeutlicht werden, wobei eine Investition betrachtet wird, welche mit einer Wahrscheinlichkeit von jeweils 50 % das Ergebnis E_1 oder das Ergebnis E_2 erbringt.

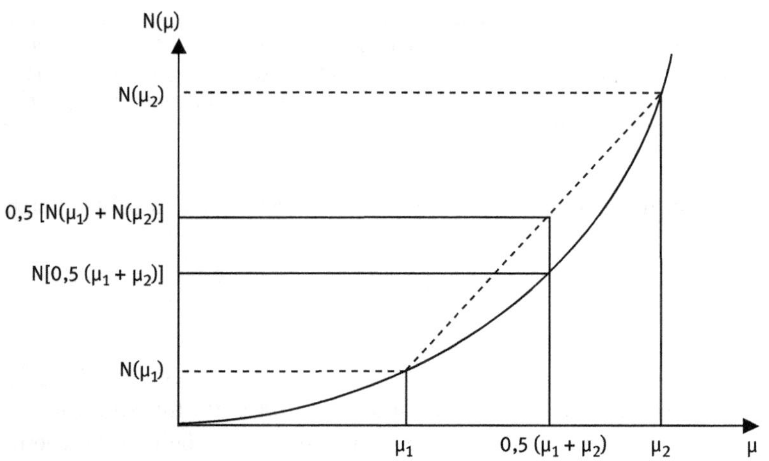

Abb. 4.7: Nutzenfunktion bei Risikofreude (vgl. Perridon/Steiner/Rathgeber, 2017, S. 129)

Abbildung 4.7 verdeutlicht, dass im Falle einer konvexen Nutzenfunktion der erwartete Nutzen

$$0{,}5 \cdot [N(\mu_1) + N(\mu_2)]$$

größer als der Nutzen des Erwartungswerts

$$N[0{,}5 \cdot (\mu_1 + \mu_2)]$$

ist. Folglich wird der Entscheidungsträger das unsichere Ergebnis (μ_1 oder μ_2) dem sicheren Ergebnis ($0{,}5 \cdot (\mu_1 + \mu_2)$) vorziehen. Damit ist ein Entscheidungsträger mit konvexer Risikonutzenfunktion grundsätzlich als risikofreudig zu charakterisieren (vgl. Perridon/Steiner/Rathgeber, 2017, S. 129 f.).

Für das bereits bekannte Beispiel aus Tab. 4.3 wird angenommen, dass ein risikofreudiger Investor folgende Nutzenfunktion besitzt:

$$N(\mu) = 0{,}0005 \cdot \mu^2 + \mu$$

Damit berechnen sich die Nutzenwerte der Investitionsalternativen wie in Tab. 4.11 dargestellt.

Tab. 4.11: Anwendung des Bernoulli-Prinzips

Situation (Wahrscheinlichkeit) E / N(μ)	**1 (30 %)**		**2 (50 %)**		**3 (20 %)**		**Gesamtnutzen**
	μ	**N(μ)**	**μ**	**N(μ)**	**μ**	**N(μ)**	
Investition 1	20.000 €	220.000	10.000 €	60.000	90.000 €	4.140.000	924.000
Investition 2	80.000 €	3.280.000	0 €	0	70.000 €	2.520.000	**1.488.000**
Investition 3	30.000 €	480.000	60.000 €	1.860.000	50.000 €	1.300.000	1.334.000

Investition 2 liefert dem Investor den höchsten Gesamtnutzen. Folglich sollte er sich für diese Investition entscheiden.

4.3.2 Entscheidungsbaumverfahren

Bei den bisher dargestellten Verfahren wurde unterstellt, dass der Investor alle mit einem Investitionsprojekt verbundenen Entscheidungen, auch mögliche Folgeentscheidungen, unmittelbar zum Zeitpunkt $t = 0$ trifft. In der Realität wird ein Entscheidungsträger seine Folgeentscheidungen jedoch von der Entwicklung unsicherer, exogener Einflussparameter im Zeitablauf abhängig machen. Sinkt beispielsweise die Nachfrage nach einem bestimmten Produkt im Zeitablauf, so wird die Folgeinvestition „Erweiterung der Produktionsanlage" für dieses Produkt höchstwahrscheinlich unterbleiben. Mit dem Entscheidungsbaumverfahren steht ein Verfahren zur Verfügung, mit dem zustandsabhängige Folgeentscheidungen in das Kalkül einbezogen werden können. Beim Entscheidungsbaumverfahren wird grundsätzlich zwischen der ursprünglichen Investitionsentscheidung und Folgeentscheidungen, welche die Vorteilhaftigkeit beeinflussen können, unterschieden (vgl. Bieg/Kußmaul/Waschbusch, 2016b, S. 211; Blohm/Lüder/Schaefer, 2012, S. 261 ff.).

Grafisch lässt sich das Entscheidungsfolgeproblem mithilfe eines **Entscheidungsbaums**, der sich aus Kanten und Knoten zusammensetzt, verdeutlichen. Der Pfad vom ersten Entscheidungsknoten über verschiedene Zufallsknoten und weitere Entscheidungsknoten bringt eine vollständige Entscheidung zum Ausdruck (vgl. Perridon/Steiner/Rathgeber, 2017, S. 150 f.). Die Aufgabe des Entscheidungsträgers besteht nun darin, einen optimalen Weg durch den Entscheidungsbaum zu finden, welcher den Erwartungswert der Zielgröße (z. B. Kapitalwert) maximiert. Abbildung 4.8 zeigt die Grundstruktur eines Entscheidungsbaums.

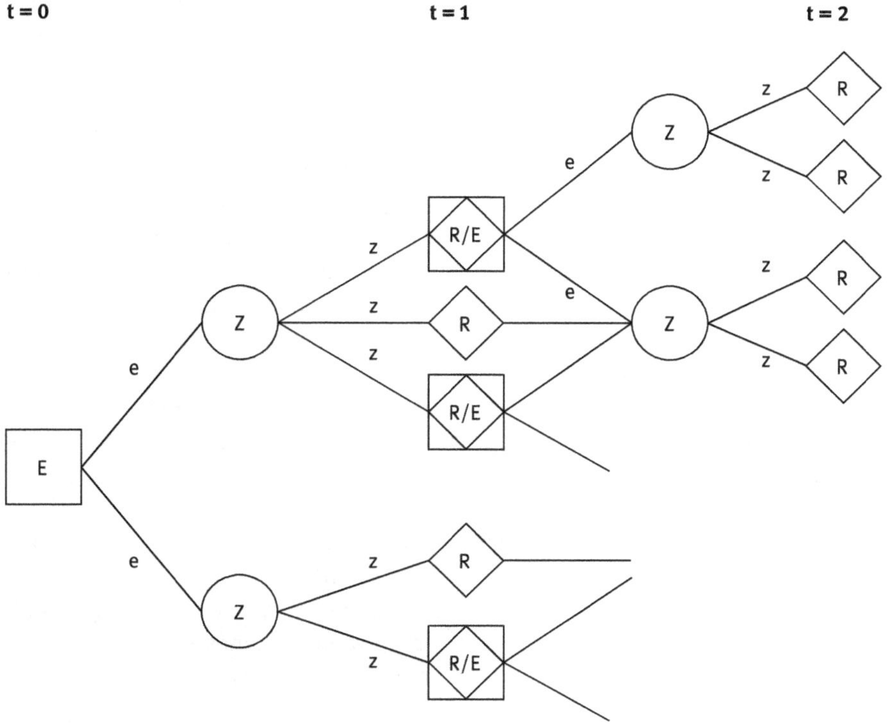

Abb. 4.8: Grundstruktur eines Entscheidungsbaums (vgl. Blohm/Lüder/Schaefer, 2012, S. 262)

Knoten und Kanten haben in einem Entscheidungsbaum folgende Bedeutung (vgl. Bieg/Kußmaul/Waschbusch, 2016b, S. 212):

E	=	Entscheidungsknoten zur Kennzeichnung eines Entscheidungsereignisses
e	=	Kante, die eine Entscheidungsalternative repräsentiert
Z	=	Zufallsknoten, Kennzeichnung des Eintritts eines Zufallsereignisses
z	=	Kante, die einen Zustand repräsentiert, der aus dem Eintritt eines Zufallsereignisses resultiert
R	=	Ergebnisknoten
R/E	=	Knoten, der darstellt, dass ein Ergebnis vorliegt und eine Entscheidung getroffen werden muss

Der erste Schritt des Entscheidungsbaumverfahrens besteht in der Erstellung des Entscheidungsbaums. Dazu müssen zunächst der Planungszeitraum und seine Untergliederung, die Entscheidungsalternativen sowie die möglichen Zustände in den einzelnen Zeitpunkten bekannt sein. Anschließend sind die entscheidungsrelevanten Daten zu ermitteln. Soll die Beurteilung auf Basis der Kapitalwertmethode erfolgen, so sind beispielsweise die Anschaffungsauszahlungen, die Nutzungsdauern, die Liquidationserlöse, die Absatzmengen und -preise etc. festzustellen. Darüber hinaus müssen die Wahrscheinlichkeiten der Umweltzustände sowie der Kalkulationszinssatz festgelegt werden. Ziel des Entscheidungsbaumverfahrens ist es, diejenige zustandsabhängige Entscheidungsfolge zu bestimmen, welche den maximalen Erwartungswert des Entscheidungskriteriums (z. B. Kapitalwert) besitzt (vgl. Götze, 2014, S. 409).

Üblicherweise wird das sog. **Rollback-Verfahren** zur Ermittlung der optimalen Entscheidung verwendet. Grundlage des Rollback-Verfahrens ist eine Optimierung vom Prozessende her. Zunächst werden also die am weitesten in der Zukunft liegenden Entscheidungen betrachtet. Für den letzten Entscheidungsknoten eines Entscheidungsbaums wird die erwartungswertmaximale Entscheidung ermittelt und ausgewählt. Zur Bestimmung der optimalen Entscheidung im vorletzten Entscheidungsknoten sind daher nur die erwartungswertmaximalen Alternativen der letzten Entscheidungsknoten relevant. Das Vorgehen wird sukzessive so lange fortgesetzt, bis der Ursprung des Entscheidungsbaums erreicht ist und die optimale Alternative zu Beginn des Planungszeitraums vorliegt (vgl. Bieg/Kußmaul/Waschbusch, 2016b, S. 212 f.).

Anhand des nachfolgenden Beispiels soll die Ermittlung der optimalen zustandsabhängigen Entscheidungsfolge verdeutlicht werden:

Zur Herstellung eines Produkts ist neben den notwendigen Sachanlagen (Grundstücke, Gebäude, Maschinen) eine Lizenz zur Anwendung eines spezifischen Produktionsverfahrens erforderlich. Da die bisher genutzte Lizenz ausgelaufen ist, steht das Unternehmen vor der Entscheidung, ob die Produktion in den kommenden zehn Jahren weitergeführt oder zum heutigen Zeitpunkt eingestellt werden soll.

Bei Fortführung der Produktion kann das Unternehmen eine Lizenzverlängerung vereinbaren. Hierfür würden im Zeitpunkt der Vereinbarung Kosten in Höhe von 10 Mio. EUR anfallen. Eine Produktion wäre dann bereits ab sofort möglich. Allerdings sind die Nachfrageentwicklung und somit die jährlichen Rückflüsse unsicher.

Alternativ bietet sich dem Unternehmen die Möglichkeit, eigene Forschungs- und Entwicklungsarbeiten durchzuführen, wobei die Entwicklungsabteilung davon überzeugt ist, dass innerhalb von drei Jahren ein eigenes Patent entwickelt werden kann. Während dieser Zeit findet keine Produktion statt. Die im Zeitpunkt $t = 0$ entstehenden Kosten belaufen sich (barwertig) auf 6 Mio. EUR. In den 6 Mio. EUR ist der Verkauf der Maschinen im Zeitpunkt $t = 0$ berücksichtigt. Bei erfolgreichem Abschluss der Arbeiten kann das Unternehmen zum einen das Patent zur Herstellung des Produkts verwenden. Zwar sind auch in diesem Fall die Nachfrageentwicklungen mit Unsicherheiten behaftet, aufgrund der verbesserten Produktqualität ist jedoch mit höherer Wahrscheinlichkeit als beim Erwerb der Lizenz in $t = 0$ von einer Nachfragesteigerung auszugehen. Zum anderen kann das Patent für 4 Mio. EUR verkauft werden. Da das Unternehmen in diesem Fall die Produktion nicht wieder aufnimmt, werden dann alle Grundstücke und Gebäude für 12 Mio. EUR veräußert. Sollten die Forschungs- und Entwicklungsarbeiten hingegen nicht zu einem Patent führen, wäre alleine der Verkauf der Grundstücke und Gebäude für 12 Mio. EUR am Ende des dritten Jahres möglich.

Entscheidet sich das Unternehmen dazu, die Produktion bereits zum heutigen Zeitpunkt einzustellen, könnte im Zeitpunkt $t = 0$ ein Erlös aus der Veräußerung sämtlicher Sachanlagen in Höhe von 16 Mio. EUR erzielt werden. Vor dem Hintergrund dieser Informationen kann der in Abb. 4.9 dargestellte Entscheidungsbaum konstruiert werden. Dieser nimmt eine Untergliederung der Gesamtlaufzeit in zwei Teilperioden vor.

Für die Ermittlung der zu erwartenden Kapitalwerte der einzelnen Investitionsalternativen sind die Rückflüsse in Abhängigkeit von der Nachfrageentwicklung zu bestimmen. Insgesamt können drei unterschiedliche Rückzahlungshöhen unterschieden werden.

- Kommt es zu einer Nachfragesteigerung (N↑), beträgt der jährliche Rückfluss 8 Mio. EUR.
- Bleibt die Nachfrage konstant (N→), werden jährliche Rückflüsse von 5 Mio. EUR erzielt.
- Bei sinkender Nachfrage (N↓) liegen die jährlichen Rückflüsse bei 2 Mio. EUR.

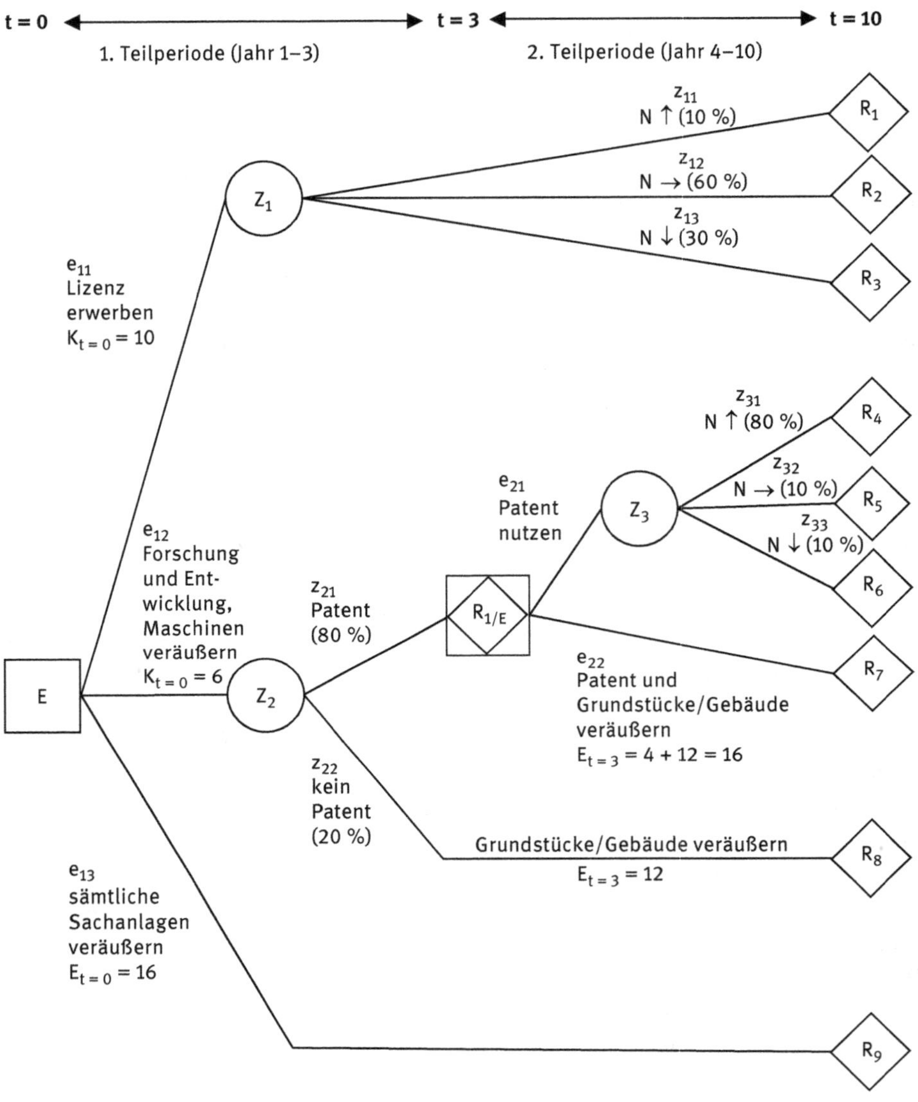

Abb. 4.9: Entscheidungsbaum des Beispielfalls (Angaben in Mio. EUR)

Die jeweiligen Eintrittswahrscheinlichkeiten der einzelnen Zustände können dem Entscheidungsbaum entnommen werden. Tabelle 4.12 fasst die Berechnungen für die vorliegende Entscheidungssituation bei einem Kalkulationszinssatz von 10 % zusammen.

Tab. 4.12: Bestimmung der Kapitalwerte der verschiedenen Entscheidungsalternativen (in Mio. EUR)

Entscheidung in t = 0	Entscheidung in t = 3	Zufallsereignis	Zustände	Rückflüsse 1	2	3	4–10	Barwert (bezogen auf t = 0)	Erwartungswert (bezogen auf t = 0)	Zahlung in t = 0	erwarteter Kapitalwert
			N↑	8	8	8	8	49,157			
e_{11}	–	Z_1	N→	5	5	5	5	30,723	27,036	–10	17,036
			N↓	2	2	2	2	12,289			
Für die Bewertung der Alternative e_{12} ist nach dem Rollback-Verfahren zunächst die Entscheidung zwischen e_{21} und e_{22} zu treffen:											
			N↑	–	–	–	8	29,262			
	e_{21}	Z_3	N→	–	–	–	5	18,289	25,970	Entscheidung für e_{21}: max $[\mu(e_{21});\mu(e_{22})]$ = 25,970	
			N↓	–	–	–	2	7,315			
	e_{22}	–	–	–	–	16	–	12,021	12,021		
			Patent	siehe e_{21}				25,970			
e_{12}	–	Z_2	kein Patent	–	–	12	–	9,016	22,579	–6	16,579
e_{13}	–	–	–	–	–	–	–	–	–	16	16,000

- Bei der Entscheidung für den Erwerb der Lizenz (e_{11}) kann die Produktion sofort beginnen, wobei die Nachfrageentwicklung ein vom Unternehmen nicht beeinflussbares Zufallsereignis darstellt. Der Erwartungswert der Rückflüsse beträgt hierbei 27,036 Mio. EUR:

$$\mu(e_{11}) = 49{,}157 \cdot 0{,}1 + 30{,}723 \cdot 0{,}6 + 12{,}289 \cdot 0{,}3 = 27{,}036 \text{ Mio. €}$$

Wird die notwendige Anschaffungsauszahlung in Höhe von 10 Mio. EUR subtrahiert, ergibt sich der erwartete Kapitalwert dieser Entscheidung:

$$\mu[C_0(e_{11})] = 27{,}036 - 10 = 17{,}036 \text{ Mio. €}$$

- Entscheidet sich das Unternehmen hingegen dafür, Forschungs- und Entwicklungsarbeiten durchzuführen (e_{12}), ist im Falle einer erfolgreichen Patententwicklung eine weitere Entscheidung über die Verwendung des Patents notwendig. Aus diesem Grund wird diese Entscheidungsfolge mithilfe des Rollback-Verfahrens bewertet. Beim Rollback-Verfahren wird zunächst die am weitesten in der Zukunft liegende Entscheidung betrachtet. Im vorliegenden Fall ist dies die Entscheidung über die Nutzung (e_{21}) oder den Verkauf des Patents (e_{22}) zum Zeitpunkt t = 3. Wird das Patent für die Produktion verwendet, so erzielt das Unternehmen in den Perioden vier bis zehn mit Unsicherheit behaftete Rückflüsse. Der Ergebniswert der Entscheidung e_{21} berechnet sich als Erwartungswert der zustandsabhängigen Barwerte:

$$\mu(e_{21}) = 29{,}262 \cdot 0{,}8 + 18{,}289 \cdot 0{,}1 + 7{,}315 \cdot 0{,}1 = 25{,}970 \text{ Mio. €}$$

Demgegenüber führen der Verkauf des Patents sowie der Grundstücke und Gebäude (e_{22}) zu einem Barwert von 12,021 Mio. EUR. Sind die Forschungs- und Entwicklungsarbeiten erfolgreich, sollte sich das Unternehmen folglich in t = 3 für die Nutzung des Patents entscheiden:

$$\max[\mu(e_{21}), \mu(e_{22})] = \mu(e_{21}) = 25{,}970 \text{ Mio. €}$$

Im nächsten Schritt des Rollback-Verfahrens wird nun der Ursprungsknoten untersucht. Für die Entscheidungsalternative e_{12} ergibt sich zunächst ein Erwartungswert von 22,579 Mio. EUR, von dem zur Bestimmung des erwarteten Kapitalwerts noch die Anschaffungsauszahlung in Höhe von 6 Mio. EUR abgezogen werden muss.

$$\mu[C_0(e_{21})] = 25{,}970 \cdot 0{,}8 + 9{,}016 \cdot 0{,}2 - 6 = 16{,}579 \text{ Mio. €}$$

– Die dritte Möglichkeit e_{13} besteht in der sofortigen Veräußerung der Sachanlagen. Der erwartete Kapitalwert dieser Entscheidungsalternative liegt bei $\mu[C_0(e_{13})] = 16$ Mio. EUR.

Der höchste Kapitalwert wird bei der Entscheidung für den Erwerb der Lizenz erzielt. Daher sollte der Investor die Investitionsalternative e_{11} wählen. Eine weitere Entscheidung zu einem späteren Zeitpunkt ist in diesem Fall (bei Datenkonstanz) nicht mehr notwendig.

Das Entscheidungsbaumverfahren ist insbesondere dann geeignet, wenn Entscheidungen von großer Tragweite in mehreren Stufen getroffen werden müssen (vgl. Perridon/Steiner/Rathgeber, 2017, S. 150). Die grafische Darstellung des Entscheidungsproblems mithilfe des Entscheidungsbaums sorgt für eine hohe Transparenz der Entscheidungsalternativen.

Allerdings ist auch eine Reihe von Problemen mit dem Entscheidungsbaumverfahren verbunden. So weisen bei einer großen Zahl an Entscheidungsalternativen und Umweltzuständen die Entscheidungsbäume schnell eine sehr große Komplexität auf, wodurch sich die Berechnung der Optimallösung und die Datenermittlung erheblich erschweren. Die in dem Beispielfall vorgestellte Berechnungsmethodik mittels des Rollback-Verfahrens ist nur bei einer geringen Anzahl unsicherer Größen durchführbar (vgl. Götze, 2014, S. 419). Dem Rollback-Verfahren liegt des Weiteren der maximale Erwartungswert als Entscheidungskriterium zugrunde, womit implizit eine Risikoneutralität des Entscheidungsträgers unterstellt wird. Darüber hinaus wird von diskreten Wahrscheinlichkeitsverteilungen der unsicheren Parameter ausgegangen.

4.3.3 Risikoanalyse

Die Risikoanalyse (vgl. Hertz, 1964, S. 95) zielt darauf ab, durch eine Kombination von Wahrscheinlichkeitsverteilungen bestimmter Inputparameter eine Wahrscheinlichkeitsverteilung für die Zielgröße (z. B. den Kapitalwert) zu generieren (vgl. Müller-Merbach, 1984, S. 211 ff.). Die ermittelte Wahrscheinlichkeitsverteilung der Zielgröße bringt das **Risikoprofil eines Investitionsobjekts** zum Ausdruck. Das Risikoprofil verdeutlicht die aus der Unsicherheit der Inputgrößen resultierenden Konsequenzen für die Vorteilhaftigkeit einer Investition. Im Rahmen der Risikoanalyse sind die in Tab. 4.13 dargestellten fünf Schritte zu unterscheiden (vgl. Blohm/Lüder/Schaefer, 2012, S. 243):

Tab. 4.13: Schritte der Risikoanalyse

1. Schritt	Auswahl der Outputgröße und der unsicheren Inputgrößen
2. Schritt	Schätzung der Wahrscheinlichkeitsverteilungen der Inputgrößen
3. Schritt	Aufstellung der Bewertungsfunktion zur Berechnung der Outputgröße
4. Schritt	Bestimmung der Wahrscheinlichkeitsverteilung der Outputgröße
5. Schritt	Interpretation der Ergebnisse

1. Schritt: Der erste Schritt der Risikoanalyse besteht in der **Auswahl der unsicheren Inputgrößen**, wobei dies die Kenntnis der zu untersuchenden Ergebnisgröße voraussetzt. Wird der Kapitalwert als Zielgröße verwendet, so stellen die Zahlungsströme sowie der Kalkulationszinssatz die relevanten Inputparameter dar. Da der Zahlungsstrom eines Investitionsprojekts durch sehr viele Faktoren beeinflusst wird, ist eine direkte Schätzung der Wahrscheinlichkeitsverteilung der Zahlungen kaum möglich. Folglich müssen zunächst die Größen ermittelt werden, aus denen sich der Zahlungsstrom zusammensetzt. Diese dem Zahlungsstrom zugrunde liegenden Größen sind i. d. R. dem Entscheidungsträger transparenter und können demzufolge leichter und genauer geschätzt werden. Bei der Festlegung der Inputparameter gilt es, einen sinnvollen Detaillierungsgrad zu bestimmen, der auf der einen Seite eine differenzierte Darstellung der Unsicherheit gewährleistet, auf der anderen Seite jedoch einen noch vertretbaren Datenbeschaffungs- und Rechenaufwand mit sich bringt (vgl. Bieg/Kußmaul/Waschbusch, 2016b, S. 206). Für die Inputparameter einer Sachinvestition bieten sich beispielsweise folgende Inputgrößen an, die bei Bedarf weiter aufgespalten werden können (vgl. Blohm/Lüder/Schaefer, 2012, S. 243 f.):
- Absatzmenge pro Periode
- Absatzpreis pro Stück
- variable Stückkosten
- Fixkosten pro Periode

- Investitionsauszahlungen pro Periode
- Nutzungsdauer der Investition

Da für die Kapitalwertbestimmung eine zahlungsstromorientierte Sichtweise eingenommen wird, muss es sich bei den Inputparametern stets um ein- bzw. auszahlungswirksame Größen handeln. Häufig wird in der Literatur auch der Kalkulationszinssatz als unsichere Inputgröße betrachtet. Im Folgenden soll die Risikoanalyse mit der marktzinsorientierten Investitionsrechnung verbunden werden. In diesem Fall wird zur Ermittlung des Kapitalwerts auf die am Geld- und Kapitalmarkt zum Bewertungszeitpunkt real vorliegenden laufzeitabhängigen Zinssätze zurückgegriffen. Insofern unterliegen die Zinssätze keiner Unsicherheit und müssen nicht als unsichere Inputgröße behandelt werden (vgl. Kremers, 2002, S. 204).

2. Schritt: Nach der Festlegung der unsicheren Inputparameter sind im nächsten Schritt die **Wahrscheinlichkeitsverteilungen der Inputparameter** zu ermitteln. Zum einen ist es hierzu möglich, die Wahrscheinlichkeitsverteilungen der Inputparameter über theoretische Verteilungen abzubilden. Zur Bestimmung der Wahrscheinlichkeitsverteilungen müssen dann lediglich die jeweiligen Verteilungsparameter ermittelt werden (vgl. Blohm/Lüder/Schaefer, 2012, S. 245 f.). Lässt sich eine Inputgröße beispielsweise über die Normalverteilung beschreiben, sind lediglich der Erwartungswert und die Standardabweichung zu bestimmen, um die komplette Wahrscheinlichkeitsverteilung zu erhalten (vgl. Grimmer, 2014, S. 138).

Ist für einen Inputparameter kein theoretischer Verteilungstyp anwendbar, so muss die Verteilungsfunktion geschätzt werden. Zu unterscheiden ist hierbei zwischen einer diskreten und einer kontinuierlichen Verteilung. **Diskrete Wahrscheinlichkeitsverteilungen** sind dadurch charakterisiert, dass ein Inputparameter nur eine abzählbare Menge möglicher Ausprägungen annehmen kann. So wird beispielsweise die Nutzungsdauer üblicherweise in ganzen Jahren gemessen. Zur Bestimmung einer diskreten Verteilung sind alle möglichen Ausprägungen mit den zugehörigen Wahrscheinlichkeiten zu ermitteln. **Kontinuierliche Wahrscheinlichkeitsverteilungen** hingegen können generell jeden beliebigen Wert innerhalb eines definierten Wertebereichs annehmen (vgl. Kremers, 2002, S. 204 f.).

Beruht die Verteilungsfunktion der Inputparameter auf historischen Datenreihen, so spricht man von einer objektiven Wahrscheinlichkeitsverteilung. Die Verwendung historischer Daten setzt allerdings voraus, dass die Daten der Vergangenheit auch für die Zukunft Gültigkeit besitzen. Da es sich bei Investitionsprojekten jedoch üblicherweise um einmalige Ereignisse handelt, ist die Übertragung von Daten der Vergangenheit auf die Zukunft problematisch. Bei der Ermittlung der Wahrscheinlichkeitsverteilungen von Inputparametern muss demzufolge i. d. R. auf prognostizierte, subjektive Wahrscheinlichkeitsverteilungen zurückgegriffen werden. Die Verteilung der Inputparameter ergibt sich damit z. B. aus der Einschätzung verschiedener Fachleute eines Unternehmens.

Tab. 4.14: Wahrscheinlichkeiten der Investitionsauszahlung

Investitionsauszahlung (€)	Intervallmitte (€)	Wahrscheinlichkeit (%)	kumulierte Wahrscheinlichkeit (%)
[2.000.000;2.100.000[	2.050.000	20	20
[2.100.000;2.200.000[	2.150.000	25	45
[2.200.000;2.300.000[	2.250.000	35	80
[2.300.000;2.400.000[	2.350.000	15	95
[2.400.000;2.500.000[	2.450.000	5	100

Im vorliegenden Beispiel wird angenommen, dass die Anschaffungsauszahlung einen beliebigen Wert zwischen 2.000 TEUR und 2.500 TEUR annehmen kann. Da die Zuordnung einer Eintrittswahrscheinlichkeit zu jedem einzelnen Wert des Definitionsbereichs nicht praktikabel ist, wird der Wertebereich in Intervalle untergliedert. Die in Tab. 4.14 angegebenen Wahrscheinlichkeiten entsprechen hierbei der Wahrscheinlichkeit, dass die Anschaffungsauszahlung innerhalb des jeweiligen Intervalls liegt (vgl. Kremers, 2002, S. 214).

Die Intervalle der Anschaffungsauszahlungen mit ihren zugehörigen Eintrittswahrscheinlichkeiten ergeben die sog. **Dichtefunktion**. Soll die Frage beantwortet werden, mit welcher Wahrscheinlichkeit die Anschaffungsauszahlung kleiner oder gleich einem vorgegebenen Wert ist, so muss die **Verteilungsfunktion** durch Kumulation der Wahrscheinlichkeiten abgeleitet werden. Die beiden Funktionen sind in Abb. 4.10 dargestellt.

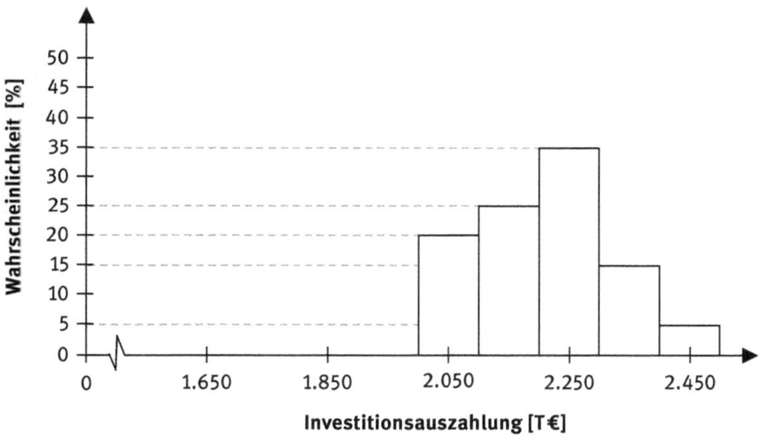

Abb. 4.10a: Dichtefunktion der Investitionsauszahlung

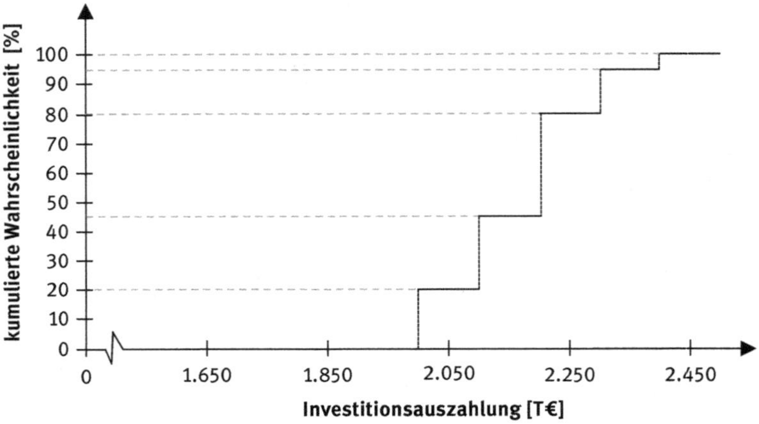

Abb. 4.10b: Verteilungsfunktion der Investitionsauszahlung

Bei der Bestimmung der Wahrscheinlichkeitsverteilung eines Inputparameters kann es ggf. notwendig sein, stochastische Abhängigkeiten zu anderen Inputparametern zu berücksichtigen. Dies ist dann der Fall, wenn die Wahrscheinlichkeitsverteilung eines Inputparameters von der Ausprägung eines anderen Inputparameters abhängt. Beispielsweise ist es möglich, dass der Wertebereich des Absatzpreises von der Ausprägung des Inputparameters „Absatzmenge" beeinflusst wird. In diesen Fällen müssen Korrelationskoeffizienten geschätzt oder bedingte Wahrscheinlichkeitsverteilungen ermittelt werden (vgl. Blohm/Lüder/Schaefer, 2012, S. 247 ff.). Im vorliegenden Beispiel wird von solchen stochastischen Abhängigkeiten zwischen den Inputparametern abstrahiert.

3. Schritt: Die Ermittlung der Wahrscheinlichkeitsverteilung der Entscheidungsgröße setzt voraus, dass der formelmäßige Zusammenhang zwischen den Inputgrößen und der Zielgröße bekannt ist. Hierfür ist im dritten Schritt die **Bewertungsfunktion** zur Bestimmung der Ergebnisgröße festzulegen. Im vorliegenden Beispiel soll die Investitionsbewertung anhand des marktzinsorientierten Kapitalwerts vorgenommen werden. Dieser berechnet sich auf Basis der Zerobond-Abzinsfaktoren allgemein gemäß folgender Formel (vgl. Kap. 3.2.2):

$$C_0 = -I_0 + \sum_{t=1}^{n} R_t \cdot ZBAF_t$$

mit: I_0 = Investitionsauszahlung
R_t = Einzahlungsüberschüsse der Periode t
$ZBAF_t$ = Zerobond-Abzinsfaktor der Periode t

Die periodenbezogenen Einzahlungsüberschüsse lassen sich hierbei aus den im ersten Schritt genannten Inputfaktoren ermitteln. Hierfür ist zunächst die Differenz zwischen dem Absatzpreis und den variablen (zahlungswirksamen) Stückkosten mit der Anzahl der Einheiten zu multiplizieren. Von dem Produkt sind abschließend die (zahlungswirksamen) Fixkosten zu subtrahieren, um die Einzahlungsüberschüsse der Periode zu erhalten.

$$R_t = (p_t - k_{v,t}) \cdot x_t - K_{f,t}$$

mit: p_t = Absatzpreis pro Stück in der Periode t
$k_{v,t}$ = variable Stückkosten in der Periode t
x_t = Absatzmenge in der Periode t
$K_{f,t}$ = Fixkosten in der Periode t

Hieraus folgt für die Bestimmung des marktzinsorientierten Kapitalwerts aus den unsicheren Inputgrößen folgender Zusammenhang:

$$C_0 = -I_0 + \sum_{t=1}^{n} [(p_t - k_{v,t}) \cdot x_t - K_{f,t}] \cdot ZBAF_t$$

Sind neben der Anschaffungsauszahlung I_0 auch zu einem weiteren Zeitpunkt Auszahlungen A_t notwendig, so erweitert sich die Kapitalwertgleichung um den Summanden $A_t \cdot ZBAF_t$.

4. Schritt: Aus den Wahrscheinlichkeitsverteilungen der Inputparameter sowie der Bewertungsfunktion ergibt sich schließlich die **Wahrscheinlichkeitsverteilung für die Outputgröße**. Zur Ermittlung der Wahrscheinlichkeitsverteilung der Zielgröße liegen mit der Vollenumeration, den analytischen Verfahren und den Simulationsverfahren grundsätzlich drei unterschiedliche Verfahren vor. Im Rahmen der **Vollenumeration** werden alle zulässigen Kombinationen der Inputausprägungen mitsamt den zugehörigen Wahrscheinlichkeiten festgestellt. Dieses Verfahren besitzt den Nachteil, dass bereits bei wenigen unsicheren Inputdaten sehr große Datenmengen zu verarbeiten sind.

Die **analytischen Verfahren** setzen hingegen voraus, dass die Wahrscheinlichkeitsverteilungen der Inputgrößen über mathematische Funktionen ausgedrückt werden können. Durch die Zusammenfassung der Wahrscheinlichkeitsverteilungen der einzelnen Inputvariablen ergibt sich letztlich die „Gesamtverteilungsfunktion" der Zielgröße. Die Wechselbeziehungen zwischen den Inputparametern können im analytischen Ansatz über Korrelationskoeffizienten berücksichtigt werden.

In **Simulationsverfahren** gehen im Gegensatz zur Vollenumeration nicht alle möglichen Szenarien, sondern nur eine gewisse Anzahl zufälliger Szenarien ein. Es werden lediglich so viele Szenarien gebildet, wie es nach der Stichprobentheorie für eine gesicherte Aussage erforderlich ist (vgl. Troßmann, 2013, S. 276). Bei jedem Simulationsdurchlauf werden die Zufallsvariablen mit bestimmten Ausprägungen belegt, anschließend wird der (simulierte) Ergebniswert für die Zielgröße bestimmt.

Das Vorgehen der Simulation soll im Folgenden anhand des Inputparameters „Investitionsauszahlung" verdeutlicht werden. Zunächst wird hierbei für jeden

Simulationsdurchlauf eine Zufallszahl zwischen Null und Eins bestimmt. Da Zufallszahlen einer Gleichverteilung unterliegen, sind alle Werte zwischen Null und Eins gleich wahrscheinlich. Anschließend wird diese Zufallszahl an der Verteilungsfunktion des Inputparameters „Investitionsauszahlung" gespiegelt, wodurch sich die entsprechende Ausprägung der Investitionsauszahlung ergibt. Dieses Vorgehen wird mathematisch auch als Inversionsmethode bezeichnet (vgl. Cottin/Döhler, 2013, S. 375). Um trotz der gebildeten Intervalle einen konkreten Wert zu erhalten, wird für jedes zuvor festgelegte Intervall die Intervallmitte bestimmt. Abbildung 4.11 verdeutlicht die Ableitung der Investitionsauszahlung grafisch anhand zweier (beliebiger) Zufallszahlen.

Neben der Investitionsauszahlung sind im vorliegenden Beispiel die Absatzmenge, der Absatzpreis, die Stückkosten, die Fixkosten in den fünf Perioden sowie eine weitere Auszahlung in der Periode t = 3 mit Unsicherheit behaftet, wobei jede Inputgröße eine bestimmte Anzahl an Ausprägungen mit entsprechender Eintrittswahrscheinlichkeit annehmen kann.

Anschaffungsauszahlung [T€]	**Intervallmitte [T€]**	**kumulierte Wahrscheinlichkeit [%]**	**Zufallszahl im Intervall [%]**
[2.000;2.100[	2.050	20	]0;0,2]
[2.100;2.200[	2.150	45	]0,2;0,45]
[2.200;2.300[	2.250	80	]0,45;0,80]
[2.300;2.400[	2.350	95	]0,80;0,95]
[2.400;2.500[	2.450	100	]0,95;1]

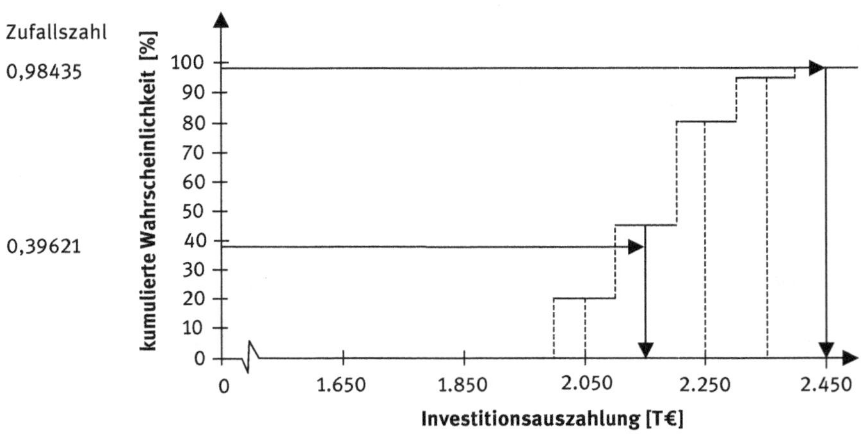

Abb. 4.11: Ableitung der Investitionsauszahlung aus simulierten Zufallszahlen

Zur Erstellung eines Szenarios muss für jede Inputgröße ein Simulationsschritt durchgeführt werden. Die jeweilige Ausprägung der unterschiedlichen Inputparameter kann dann in die Bewertungsgleichung eingesetzt und somit der Kapitalwert dieses Szenarios bestimmt werden. Tabelle 4.15 enthält beispielhaft die Zahlen für ein Szenario, dessen Kapitalwert unter Annahme der angegebenen Zinsstrukturkurve bei 327.787,08 EUR liegt.

Tab. 4.15: Ermittlung eines Szenarios

Zeitpunkt (t)		**0**	**1**	**2**	**3**	**4**	**5**
Absatz-menge	Zufallszahl		0,24047	0,60615	0,98745	0,34896	0,15478
	Ausprägung (Stk.)		5.000	5.250	7.000	5.000	4.000
Absatz-preis	Zufallszahl		0,30412	0,08296	0,72287	0,25479	0,87620
	Ausprägung (€)		790	760	810	780	860
Stück-kosten	Zufallszahl		0,48461	0,69741	0,49215	0,18131	0,75187
	Ausprägung (€)		605	650	610	605	690
Fix-kosten	Zufallszahl		0,28354	0,83542	0,48982	0,02210	0,64789
	Ausprägung (€)		275.000	368.000	288.500	255.650	320.000
Aus-zahlung	Zufallszahl	0,98435			0,68131		
	Ausprägung (€)	2.450.000			500.000		
Zins-struktur	GKM-Zinssatz (%)		3,5	4,0	4,8	5,4	5,8
	ZBAF		0,966184	0,924378	0,867608	0,807456	0,749711

Die Erzeugung einer stabilen Wahrscheinlichkeitsverteilung der Zielgröße erfordert eine große Anzahl an Szenarien und folglich die Durchführung entsprechend vieler Simulationsdurchläufe. Im vorliegenden Beispiel werden 10.000 Szenarien simuliert, um die Bandbreite möglicher Ausprägungen der Ergebnisgröße abzuschätzen. Der kleinste Kapitalwert ergibt sich zu –2.437.550,80 EUR, maximal wird ein Kapitalwert von 2.085.072 EUR erzielt. Für die Darstellung der Dichtefunktion werden Intervalle mit einer Breite von 30.000 EUR gebildet. Die zu dem jeweiligen Intervall gehörende Wahrscheinlichkeit resultiert hierbei aus der relativen Häufigkeit der Kapitalwerte innerhalb dieses Intervalls. Liegen beispielsweise 200 der simulierten Kapitalwerte in einem Intervall, so beträgt die zugehörige Intervallwahrscheinlichkeit 2 % (= 200 : 10.000). Die Verteilungsfunktion der simulierten Häufigkeitsverteilung ergibt sich in Analogie zu Abb. 4.10 durch Kumulation der Wahrscheinlichkeiten der einzelnen Intervalle der Wahrscheinlichkeitsdichte (vgl. Abb. 4.12).

5. Schritt: Der letzte Schritt der Risikoanalyse besteht in der **Ergebnisinterpretation**. Das Ergebnis der Risikoanalyse ist die in Abb. 4.12 dargestellte Wahrscheinlichkeitsverteilung. Der Median dieser Verteilung liegt bei 66.945,42 EUR, d. h. jeweils 50 % aller simulierten Kapitalwerte liegen oberhalb bzw. unterhalb dieses Werts. Ein zweiter wichtiger Wert zur Interpretation der Simulationsergebnisse ist der Erwartungswert. Dieser entspricht dem arithmetischen Mittel der simulierten Kapitalwerte und ergibt sich zu 64.717,52 EUR. Der Vergleich des Erwartungswerts mit dem Median der Verteilung macht deutlich, dass es sich nicht um eine symmetrische Verteilung handelt. In einem solchen Fall würden diese beiden Werte genau übereinstimmen. Vielmehr ist die Verteilung „linksschief“, da das arithmetische Mittel kleiner ist als der Median.

Allgemein kann aus der Verteilungsfunktion abgelesen werden, welches Ergebnis mit welcher Wahrscheinlichkeit erreicht bzw. über- oder unterschritten wird. Beispielsweise lässt sich im vorliegenden Fall ableiten, dass der Kapitalwert mit einer Wahrscheinlichkeit von 44,85 % die Gewinnschwelle nicht erreicht und somit negativ ist. Dies bedeutet gleichermaßen, dass die Wahrscheinlichkeit für einen positiven Kapitalwert bei 55,15 % liegt.

Zudem lässt sich über die „Steilheit“ der Verteilungskurve eine Aussage darüber ableiten, wie stark die Ergebniswerte um den Erwartungswert schwanken. Je steiler die Kurve ist, umso geringer ist die Streuung und damit das Risiko des Investitionsprojekts (vgl. Blohm/Lüder/Schaefer, 2012, S. 250).

Die Risikoanalyse ermöglicht es, eine große Anzahl unterschiedlicher Inputfaktoren, unterschiedlicher Datenkonstellationen und deren Wahrscheinlichkeiten sowie die stochastischen Abhängigkeiten zwischen den Inputfaktoren zu berücksichtigen. Damit können mithilfe der Risikoanalyse komplexe Situationen nachgebildet werden, womit eine hohe Realitätsnähe erreicht wird (vgl. Bieg/Kußmaul/Waschbusch, 2016b, S. 210). Die Risikoanalyse verdeutlicht die Bandbreite möglicher Ausprägungen der Zielgröße und bildet damit eine gute Grundlage für die Entscheidungsfindung (vgl. Götze, 2014, S. 406).

Die Ermittlung des Risikoprofils eines Investitionsprojekts ist jedoch mit einem erheblichen Aufwand verbunden. So muss für jeden unsicheren Inputparameter die Wahrscheinlichkeitsverteilung ermittelt werden. Da für einen Großteil der Inputparameter keine objektiven Wahrscheinlichkeitsverteilungen vorliegen werden, ist das Risikoprofil einer Risikoanalyse unter Umständen durch eine hohe subjektive Komponente beeinflusst. Ein weiteres großes Problem der Risikoanalyse ist die Bestimmung der Abhängigkeiten zwischen den Einflussfaktoren, worauf an dieser Stelle jedoch nicht weiter eingegangen werden soll.

Die Risikoanalyse enthält zunächst keine Entscheidungsregel. Denkbar ist hier jedoch, aus dem Ergebnis der Risikoanalyse eine Performancekennziffer abzuleiten. Unter Rückgriff auf die im Bankmanagement etablierten Kennzahlen zur risikoadjustierten Performancemessung, sog. Risk-adjusted-Performance-Measurement(RAPMn)-Kennziffern, kann eine Maßgröße entwickelt werden, die

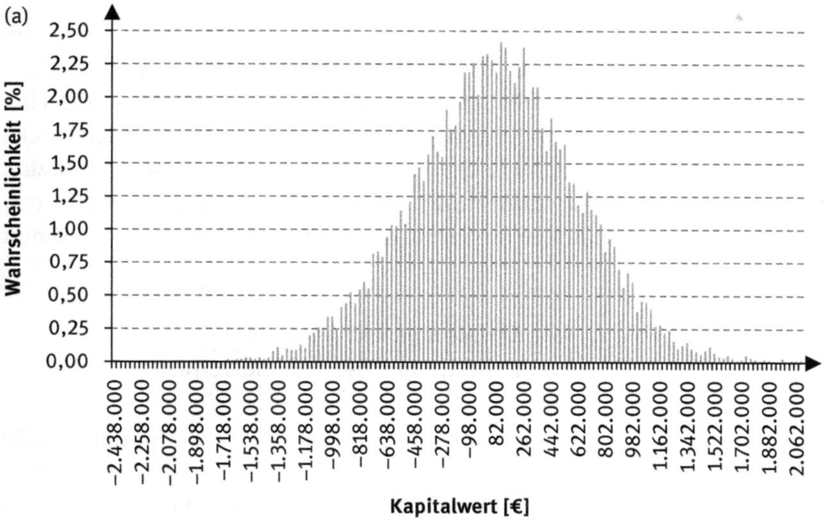

Abb. 4.12a: Dichtefunktion der Ergebnisgröße „Kapitalwert"

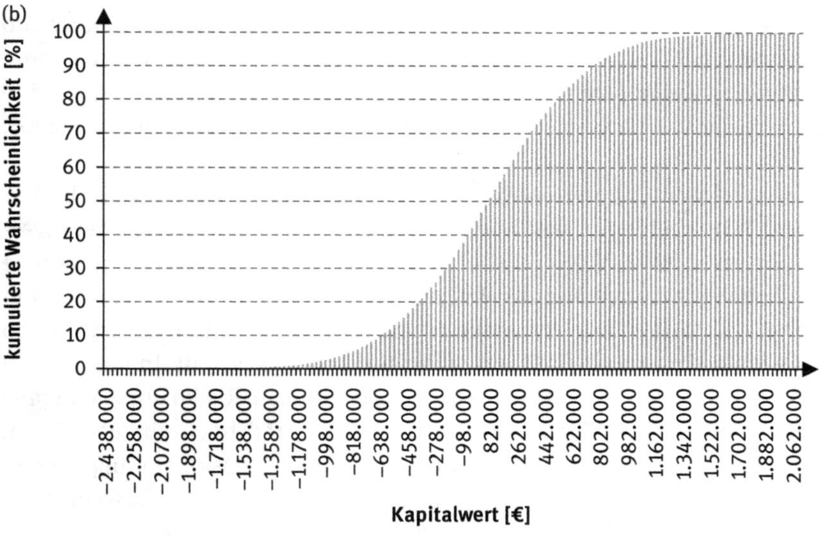

Abb. 4.12b: Verteilungsfunktion der Ergebnisgröße „Kapitalwert"

den erwarteten Erfolg einer Investition ins Verhältnis zum Risiko der Investition setzt (vgl. Matten, 2000, S. 146). Als erwarteter Erfolg der Investition lässt sich dabei der Erwartungswert der Kapitalwerte aller ermittelten Szenarien und als damit verbundenes Risiko der Kapitalwertverlust, der mit einer gewissen Wahrscheinlichkeit maximal eintreten wird, interpretieren. Setzt man die beiden ermittelten Werte zueinander ins Verhältnis, erhält man die unter der Bezeichnung „Return On Risk Adjusted Capital (RORAC)“ bekannte risikoadjustierte Performancekenngröße, die eine Aussage darüber trifft, wieviel Kapitalwertgewinn je eingegangener Einheit Risiko erwartet werden kann. Zur Berechnung des Investitions-RORAC müssen somit zum einen der Erwartungswert der Kapitalwerte und zum anderen der Kapitalwertverlust, der mit einer bestimmten Wahrscheinlichkeit nicht überschritten wird, bestimmt werden.

$$\text{Investitions-RORAC} = \frac{\text{Erwartungswert der Kapitalwerte}}{\text{wahrscheinlicher Maximalverlust}}$$

Im Gegensatz zur Risikoanalyse ermöglichen risikoadjustierte Performancemaße die Entwicklung von Entscheidungsregeln über die absolute sowie relative Vorteilhaftigkeit einer Investition. Grundsätzlich lässt sich festhalten, dass eine Investition mit einer höheren risikoadjustierten Performance einer Investition mit einer niedrigeren Performance vorzuziehen ist. Der Investition mit der höchsten risikoadjustierten Performance ist somit beim Vergleich zweier oder mehrerer Investitionen eine relative Vorteilhaftigkeit zu attestieren. Diese Aussage lässt sich inhaltlich damit begründen, dass bei der Investition mit der höchsten Performance pro Einheit eingegangenen Risikos der höchste Kapitalwertgewinn erzielt werden kann. Da Kapital zum Ausgleich potenzieller Risiken ein knappes Gut ist, nutzt die präferierte Investition das vorgehaltene Kapital am effizientesten aus (vgl. Viemann, 2005, S. 375 ff.).

Neben der Betrachtung der relativen Vorteilhaftigkeit ermöglicht die Definition eines Soll-RORAC eine Aussage über die absolute Vorteilhaftigkeit einer Investition. (vgl. Kremers, 2002, S. 291) Dieser von der Geschäftsführung vorgegebene Sollwert stellt dabei eine Art Mindest-Investitionsperformance dar. Überschreitet die ermittelte risikoadjustierte Investitionsperformance die Mindestvorgabe, so liegt eine absolute Vorteilhaftigkeit der Investitionsalternative vor. In diesem Fall ist das Verhältnis von Erfolgspotenzial zu dafür notwendigem Risiko unter Maßgabe der risikopolitischen Investitionsvorgaben als ausreichend hoch einzuschätzen. Die Unterschreitung des Soll-RORAC wiederum impliziert, dass kein angemessenes Verhältnis zwischen Erfolgspotenzial und dafür notwendigem Risiko besteht. Aus dem Vergleich des Ist-RORAC als tatsächlich erzielter Performance mit dem Soll-RORAC lässt sich als Kenngröße der absoluten Vorteilhaftigkeit einer Investition die im Bankenbereich unter der Bezeichnung „Risk Adjusted Return On Capital (RAROC)“ bekannte Übererfüllung der Mindest-Investitionsperformance definieren:

$$\text{RAROC} = (\text{Ist-RORAC}) - (\text{Soll-RORAC})$$

Geht man davon aus, dass der Verlust über Eigenkapital gedeckt werden muss, kann über die Eigenkapitalkosten des Unternehmens ein Mindestwert für die Investitionsperformance ermittelt werden (vgl. Schierenbeck/Lister/Kirmße, 2008, S. 52 f.).

Im Beispielfall beträgt der Erwartungswert der Kapitalwerte 64.717,52 EUR. Der maximale Kapitalwertverlust, der mit einer Wahrscheinlichkeit von 99 % nicht unterschritten wird, beläuft sich auf 1.177.474,30 EUR. Daraus errechnet sich eine Ist-Investitionsperformance von 5,45 %.

$$\text{Ist-RORAC} = \frac{64.717,52}{1.177.479,30} = 5,5\,\%$$

Liegt die Mindestperformance unterhalb des ermittelten Werts, kann die Investition durchgeführt werden. Angenommen das Unternehmen kalkuliert mit Eigenkapitalkosten von 5 %, so ergibt sich eine Übererfüllung der Mindest-Investitionsperformance von 0,5 %. Der positive Wert zeigt eine absolute Vorteilhaftigkeit der Investition an.

$$\text{Investitions-RAROC} = 5,5\,\% - 5\,\% = 0,5\,\%$$

Die relative Vorteilhaftigkeit könnte in einem weiteren Schritt durch den Vergleich des RORAC mit Handlungsalternativen, die die Mindestperformance übersteigen, festgestellt werden. Die Investition mit der höchsten Investitionsperformance sollte dabei nach den Maßgaben der relativen Vorteilhaftigkeit durchgeführt werden.

4.4 Portfolio- und Kapitalmarkttheorie

Während bisher primär Sachinvestitionen betrachtet wurden, stehen bei der Portfolio- und Kapitalmarkttheorie Wertpapieranlagen im Mittelpunkt. Insbesondere eine Anlage in Aktien ist risikobehaftet, wobei die Portfolio- und Kapitalmarkttheorie allerdings nicht danach strebt, den Kapitalwert einer Anlage in bestimmten Wertpapieren zu ermitteln. Vielmehr geht es in erster Linie darum, ein effizientes Portfolio aufzubauen und die im Kapitalmarktgleichgewicht bei einer bestimmten Anlage zu erwartende Rendite zu bestimmen.

4.4.1 Portfolio Selection Theory

Die von Harry M. Markowitz entwickelte Portfoliotheorie bzw. Portfolio Selection Theory geht den folgenden zwei grundlegenden Fragestellungen nach (vgl. Perridon/Steiner/Rathgeber, 2017, S. 278):

(1) Wie lässt es sich erklären, dass oftmals zur Risikostreuung mehrere Wertpapiere in ein Portfolio aufgenommen werden?
(2) Welche und wie viele Wertpapiere sollten in ein Portfolio aufgenommen werden, wie kann also die Diversifikation eines Portfolios rational gestaltet werden?

Die Entscheidung, welche Wertpapiere gekauft werden sollten, könnte einfach getroffen werden, wenn dem Investor die zukünftigen Zahlungsströme aller zur Auswahl stehenden Papiere genau bekannt wären. In dieser Entscheidungssituation unter Sicherheit ist das Wertpapier auszuwählen, das den höchsten positiven Barwert der Rückflüsse aufweist, eine Diversifikation ist nicht erforderlich. Investitionsentscheidungen müssen aber zukunftsorientiert getroffen werden und sind deshalb im Allgemeinen mit Unsicherheiten behaftet, die sich in einem nicht den Prognosen entsprechenden Zahlungsstrom niederschlagen können. Der Anleger besitzt keine vollständige Sicherheit über die zukünftigen Zahlungsströme. Insbesondere bei Aktien ist dieser Sachverhalt einleuchtend, da i. d. R. weder die Kursentwicklung noch die Dividendenzahlungen der Zukunft bekannt sind. Der Investor steht somit vor dem Problem, sich für eines oder mehrere Wertpapiere entscheiden zu müssen, wobei die zukünftigen Zahlungen aus diesen Wertpapieren nicht mit Sicherheit bekannt sind. Für die Lösung dieses Entscheidungsproblems ist eine eindimensionale Zielfunktion nicht angebracht. Markowitz schlägt daher neben der Rendite mit dem Risiko eine zweite Variable zum Aufbau von Wertpapierportfolios vor (vgl. Steiner/Bruns/Stöckl, 2012, S. 7).

Bevor auf die Konstruktion eines Portfolios unter Berücksichtigung von Rendite-Risiko-Überlegungen eingegangen werden kann, ist die rechnerische Erfassung dieser Größen zu erörtern. Dabei geht es zum einen um die Messung von Rendite und Risiko selbst, zum anderen ist zu klären, wie der Investor das Verhältnis von Risiko und Rendite beurteilt. Das Portfoliomodell lässt sich beispielhaft und recht anschaulich anhand von Aktienportfolios erläutern, sodass die folgenden Ausführungen vorwiegend auf diese Wertpapiere Bezug nehmen.

Im Rahmen der Portfoliotheorie wird zur Risikoerfassung auf das bereits an anderer Stelle erläuterte μ/σ-Prinzip der Entscheidungstheorie zurückgegriffen (vgl. Kap. 4.3.1). Dies bedeutet, dass der Risikonutzen als eine Funktion des Erwartungswerts der Rendite und der Streuung der Renditen abgebildet wird. Werden der Risikonutzen mit Φ, der Erwartungswert der Rendite mit μ und die Streuung der Rendite mit σ bezeichnet, so führt dies zu der folgenden allgemeinen Darstellung des Risikonutzens im μ/σ-Prinzip:

$$\Phi = \Phi(\mu, \sigma)$$

Der Risikonutzen hängt somit vom Erwartungswert und von der Streuung der Rendite ab. Der Erwartungswert der Rendite entspricht dem arithmetischen Mittel der Einzelrenditen, die Streuung wird über die Standardabweichung gemessen.

Die Risikoneigung eines Investors kann mithilfe einer sog. **Risikopräferenzfunktion** abgebildet werden, bei der generell zwischen den grundlegenden

Alternativen Risikoaversion, Risikofreude und Risikoneutralität unterschieden werden kann (vgl. Kap. 4.3.1). Die Portfoliotheorie geht generell von einem risikoscheuen Verhalten der Investoren aus. Darüber hinaus muss für jeden Investor das individuelle Austauschverhältnis zwischen Risiko und Rendite bekannt sein. In diesem Zusammenhang ist z. B. zu untersuchen, auf wie viel Rendite der Investor zugunsten eines geringeren Risikos seines Portfolios verzichten würde. In der grafischen Darstellung bilden alle Punkte mit identischem Austauschverhältnis sog. Indifferenzkurven (vgl. Abb. 4.13). Alle Punkte auf einer Indifferenzkurve haben für den Investor den gleichen Nutzen. Innerhalb der Indifferenzkurvenschar besitzen weiter oben liegende Indifferenzkurven einen höheren Nutzen für den Investor ($A_4 > A_3 > A_2 > A_1$).

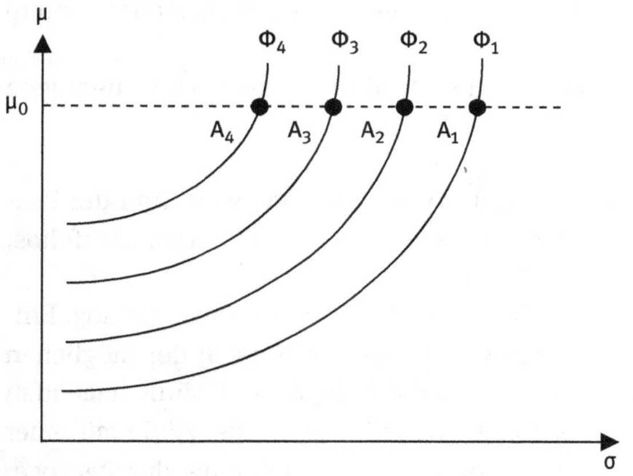

Abb. 4.13: Indifferenzlinien risikoscheuer Investoren

Ein risikoscheuer Investor fordert bei einem höheren Risiko auch eine Zunahme des Erwartungswerts der Rendite, um einen identischen Nutzen zu erreichen. Zudem werden bei Risikoaversion bei gegebenem Erwartungswert der Rendite μ_0 mit sinkendem Risiko Indifferenzlinien höherer Präferenz erreicht. Der Investor wird also bei gegebenem Erwartungswert der Rendite die Alternative mit dem im Vergleich zu den anderen Alternativen geringsten Risiko auswählen.

Neben der Annahme risikoscheuen Verhaltens werden im Portfolio-Selection-Modell noch die folgenden **Prämissen** gesetzt:

- Der Betrachtungszeitraum beträgt eine Periode.
- Die Investoren haben hinsichtlich Rendite und Risiko homogene Erwartungen.
- Es gelten die Merkmale des vollkommenen Kapitalmarkts (vgl. Kap. 1.2), z. B. Informationseffizienz, keine Transaktionskosten und Steuern.

Es gibt zahlreiche Möglichkeiten, mehrere Wertpapiere zu einem Portfolio zusammenzustellen. Jede dieser Möglichkeiten besitzt eine spezifische Kombination von Rendite und Risiko. Werden diese Kombinationen in ein Diagramm eingetragen, in dem auf der

Abszisse das Risiko und auf der Ordinate die Rendite dargestellt sind, bilden die Wertpapierportfolios darin eine Punktwolke. Jeder Punkt repräsentiert ein spezifisches Portfolio. Da den Investoren Risikoaversion unterstellt wird, kommt allerdings nicht jedes der möglichen Portfolios für die Auswahl in Betracht. Der Anleger wird vielmehr aus der Gesamtheit der realisierbaren Portfolios – beispielsweise bei gegebenem Ertrag – dasjenige mit dem geringsten Risiko auswählen. Ein solches Portfolio P wird als risikoeffizient bezeichnet. Ähnliche Überlegungen gelten bei gegebenem Risiko bzw. für Kombinationen aus Rendite und Risiko, sodass zusammenfassend festgehalten werden kann:

Ein **risikoeffizientes Portfolio** ist dann gegeben, wenn zu diesem Portfolio keine Alternative existiert, die (vgl. Perridon/Steiner/Rathgeber, 2017, S. 279)
(1) für den gleichen Erwartungswert der Rendite eine geringere Standardabweichung,
(2) für die gleiche Standardabweichung einen größeren Erwartungswert der Rendite oder
(3) sowohl einen größeren Erwartungswert der Rendite als auch eine niedrigere Standardabweichung aufweist.

Vor dem Hintergrund dieser Bedingungen gibt es – unabhängig vom Grad der Risikoaversion – aus der Menge aller realisierbaren Portfolios nur bestimmte Portfolios, die als risikoeffizient bezeichnet werden können.

In der grafischen Darstellung bilden die risikoeffizienten Portfolios die sog. Effizienzkurve (vgl. Abb. 4.14). Die Effizienzkurve begrenzt den Bereich der möglichen Portfolios nach links. Dabei sind aber nicht alle auf der Begrenzungslinie liegenden Portfolios effizient, sondern nur die Portfolios des Teils der Effizienzlinie mit einer positiven Steigung. Nur dieser, in der grafischen Darstellung mit einer durchgezogenen Linie gezeichnete Abschnitt der Begrenzungslinie, bildet die Effizienzkurve. Der Bereich mit einer negativen Steigung zeigt demgegenüber Portfolios, die bei gleichem Risiko einen niedrigeren Ertrag als andere Portfolios erwirtschaften.

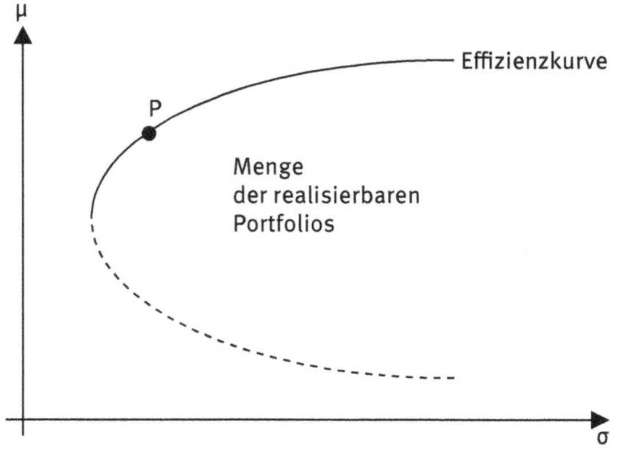

Abb. 4.14: Effizienzgrenze

Wenn ein Portfolio nicht aus lediglich einem, sondern aus mehreren verschiedenen Wertpapieren zusammengesetzt wird, so müssen zur Entscheidungsfindung die Erwartungswerte von Rendite und Risiko (in Form der Standardabweichung) des Gesamtportfolios berechnet werden (vgl. Bruns/Meyer-Bullerdiek, 2013, S. 78):

- Die erwartete Rendite von Mischungen aus n Wertpapieren entspricht der mit ihrem Portfolioanteil (x_i) gewichteten Summe der Einzelrenditen μ_i aller verwendeten Wertpapiere:

$$\mu_P = \sum_{i=1}^{n} x_i \cdot \mu_i$$

Dabei muss die Summe der Einzelgewichte 100 % bzw. 1 betragen:

$$\sum_{i=1}^{n} x_i = 1$$

Der Erwartungswert der Portfoliorendite entspricht damit dem arithmetischen Mittel der Renditen der Wertpapiere.

- Bei der Berechnung des Risikos eines Portfolios wird auf die Standardabweichung abgestellt. Das Portfoliorisiko errechnet sich wie folgt:

$$\sigma_P = \sqrt{\sum_{i=1}^{n} \sum_{j=1}^{n} x_i \cdot x_j \cdot \sigma_{ij}}$$

Dabei bezeichnet σ_{ij} die Kovarianz zwischen den Renditen der Wertpapiere i und j.

Anschaulich kann die Ermittlung des Portfoliorisikos aufgezeigt werden, wenn das Portfolio aus nur zwei Wertpapieren besteht. Die Visualisierung der obigen Summenformel in Tabellenform führt durch das Ersetzen der Indizes i und j durch die Wertpapiere A und B und unter Berücksichtigung der Tatsache, dass die Kovarianz eines Wertpapiers mit sich selbst die eigene Varianz ergibt, zu der in Tab. 4.16 dargestellten Kovarianzmatrix im Zwei-Anlagen-Fall.

Tab. 4.16: Kovarianzmatrix im Zwei-Anlagen-Fall (vgl. Steiner/Bruns/Stöckl, 2012, S. 9)

		Wertpapier A	**Wertpapier B**
		x_A σ_A	x_B σ_B
Wertpapier A	x_A σ_A	$x_A^2 \cdot \sigma_A^2$	$x_A \cdot x_B \cdot \sigma_{AB}^2$
Wertpapier B	x_B σ_B	$x_A \cdot x_B \cdot \sigma_{AB}^2$	$x_B^2 \cdot \sigma_B^2$

Um das Portfoliorisiko zu bestimmen, ist gemäß der obigen Formel die Summe der in der obigen Matrix dargestellten Felder zu bilden. Diese entspricht der Portfoliovarianz, deren Quadratwurzel zur Standardabweichung der Rendite des Portfolios führt:

$$\sigma_P^2 = x_A^2 \cdot \sigma_A^2 + x_B^2 \cdot \sigma_B^2 + 2 \cdot x_A \cdot x_B \cdot \sigma_{AB}^2$$

Weist Wertpapier A einen Anteil von x_A am Gesamtportfolio auf, dann ist der Anteil von B definitionsgemäß $(1 - x_A)$. Die Standardabweichung des Portfolios kann daher auch wie folgt dargestellt werden:

$$\sigma_P = \sqrt{x_A^2 \cdot \sigma_A^2 + (1 - x_A)^2 \cdot \sigma_B^2 + 2 \cdot x_A \cdot (1 - x_A) \cdot \sigma_{AB}^2}$$

Es ist sinnvoll, die Kovarianz durch die Standardabweichungen der Renditen der Wertpapiere A und B und den Korrelationskoeffizienten ρ_{AB} zu ersetzen. Dabei gilt:

$$\sigma_{AB}^2 = \rho_{AB} \cdot \sigma_A \cdot \sigma_B$$

Die Standardabweichung des Portfolios kann somit wie folgt bestimmt werden:

$$\sigma_P = \sqrt{x_A^2 \cdot \sigma_A^2 + (1 - x_A)^2 \cdot \sigma_B^2 + 2 \cdot x_A \cdot (1 - x_A) \cdot \rho_{AB} \cdot \sigma_A \cdot \sigma_B}$$

Anhand der Formel ist erkennbar, dass das Risiko des Wertpapierportfolios
- einerseits vom Anteil x_A des Wertpapiers A
- und andererseits vom Korrelationskoeffizienten ρ_{AB}

abhängt. Die Auswirkungen dieser Parameter auf Rendite und Risiko können bei Betrachtung von drei Extremwerten de s Korrelationskoeffizienten (–1, 0, 1) anschaulich in grafischer Form verdeutlicht werden (vgl. Abb. 4.15). Der Punkt A bezeichnet hierin ein Portfolio, in dem ausschließlich Wertpapiere des Typs A enthalten sind, im Punkt B besteht das Portfolio entsprechend nur aus Wertpapieren des Typs B. Die Verbindungslinien markieren Portfolios aus Mischungen der beiden Wertpapiere in Abhängigkeit vom unterstellten Korrelationskoeffizienten.

Die effizienten Portfolios sind wieder mit der durchgezogenen Linie gekennzeichnet worden. Die Effizienzlinien zu den drei Extremwerten des Korrelationskoeffizienten können wie folgt interpretiert werden:
- Im Falle **unkorrelierter Renditen** (Korrelationskoeffizient $\rho_{AB} = 0$) ist es möglich, durch eine Mischung beider Wertpapiere eine steigende Rendite bei gleicher Standardabweichung zu erreichen. Der Kurvenabschnitt zwischen A und Q ist nicht effizient, denn zwischen den Punkten Q und B befinden sich Portfolios mit

gleichem Risiko und höherem Ertrag. Damit ist nur die Investition in Mischungen, die zwischen Q und B liegen, sinnvoll. Wird der Korrelationskoeffizient von 0 in der Formel zur Berechnung des Portfoliorisikos berücksichtigt, ergibt sich folgender Ausdruck:

$$\sigma_P = \sqrt{x_A^2 \cdot \sigma_A^2 + (1 - x_A)^2 \cdot \sigma_B^2}$$

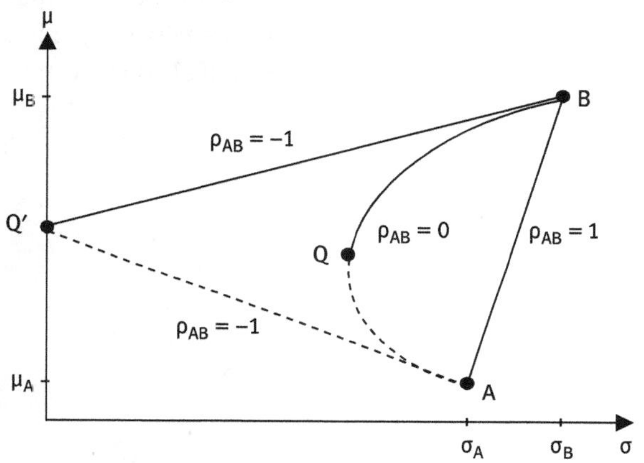

Abb. 4.15: Zusammenhang zwischen Risiko und Rendite im Zwei-Anlagen-Fall (vgl. Albrecht/Maurer, 2016, S. 329)

- Im Falle **vollständig negativ korrelierter Renditen** (Korrelationskoeffizient $\rho_{AB} = -1$) kann durch eine entsprechende Mischung der Wertpapiere die Standardabweichung und damit das Risiko bis auf Null reduziert werden. In Abb. 4.15 ist das entsprechende Portfolio durch den Punkt Q′ gekennzeichnet. Auch bei vollständig negativer Korrelation gilt, dass nur die Mischungen zwischen Q′ und B, nicht aber diejenigen zwischen Q′ und A, effizient sind. Das Einsetzen des Korrelationskoeffizienten von –1 in die Formel zur Berechnung von σ_P führt mithilfe der zweiten binomischen Formel zu folgender Vereinfachung:

$$\sigma_P = |x_A \cdot \sigma_A - (1 - x_A) \cdot \sigma_B|$$

- Im Falle **vollständig positiv korrelierter Renditen** (Korrelationskoeffizient $\rho_{AB} = 1$) können keine Diversifikationseffekte erzielt werden. Damit sind alle Mischungsverhältnisse zwischen den beiden Wertpapieren effizient. Ebenso wie die Rendite ergibt sich auch das Portfoliorisiko additiv aus den gewichteten

Einzelstandardabweichungen. Wird der Korrelationskoeffizient von +1 in die Formel zur Berechnung des Portfoliorisikos eingesetzt, ergibt sich mithilfe der ersten binomischen Formel folgender Ausdruck:

$$\sigma_P = x_A \cdot \sigma_A + (1 - x_A) \cdot \sigma_B$$

Die Grundüberlegungen der Portfoliotheorie sollen an dem einfachen Beispiel aus Tab. 4.17 verdeutlicht werden. Ausgegangen wird wiederum von nur zwei Wertpapieren, von denen isoliert betrachtet eindeutig das Wertpapier B zu bevorzugen ist, denn dieses weist eine höhere Rendite und ein geringeres Risiko auf als das Wertpapier A.

Tab. 4.17: Ausgangsdaten im Zwei-Wertpapier-Fall (Angaben in %)

	Wertpapier A	**Wertpapier B**
μ	4	7
σ	6	5

Um den Effekt der Risikostreuung zu verdeutlichen, sind in Abb. 4.16 beispielhaft das Portfoliorisiko sowie der Portfolioertrag für verschiedene Kombinationen der Wertpapiere A und B sowie für unterschiedliche Korrelationskoeffizienten dargestellt. Liegt keine positive Korrelation vor, kann das Risiko eines Wertpapierportfolios unter den Wert des gewogenen Durchschnittsrisikos der Einzelpapiere gesenkt werden. Im Fall einer Korrelation von –1 ist sogar ein Risiko von Null möglich. Im Beispielfall ist dies bei einem Mischungsverhältnis A: B in Höhe von 45,45 %: 54,55 % der Fall. Hierbei ergibt sich dann eine Portfoliorendite von 5,64 %.

Die Erläuterungen haben gezeigt, dass es eine ganze Reihe von effizienten Portfolios geben kann, aus denen der Investor ein für sich optimales Portfolio auswählen muss. Ein Investor wird sich prinzipiell für das Portfolio entscheiden, das ihm den höchsten Nutzen verspricht. Die Risikoeinstellung eines Investors wird mithilfe von Präferenzfunktionen abgebildet, wobei sich der Grad der im Portfoliomodell unterstellten Risikoaversion aus der Steilheit der Präferenzkurve ergibt. Bei gegebener Risikopräferenzfunktion können unterschiedliche Nutzenniveaus grafisch mithilfe einer Schar von Isonutzenkurven dargestellt werden (vgl. Abb. 4.17). Wie bereits erläutert wurde, zeigt eine Isonutzenkurve diejenigen Kombinationen von Risiko und Rendite, die einem Investor den gleichen Nutzen bringen. Der Nutzen für den Investor ist umso größer, je weiter oben links sich die Isonutzenkurve befindet. Während sich die Isonutzenkurve aus der individuellen Risikopräferenz eines Anlegers ergibt, hängt der Verlauf der Effizienzkurve von der Struktur des Bestands an riskanten Wertpapieren ab.

Wertpapier-anteile		Ren-dite	Risiko (Standardabweichung) bei einem Korrelationskoeffizient von				
A	B	(in %)	1	0,5	0	−0,5	−1
0 %	100 %	7,00	0,0500	0,0500	0,0500	0,0500	0,0500
10 %	90 %	6,70	0,0510	0,0483	0,0454	0,0423	0,0390
20 %	80 %	6,40	0,0520	0,0472	0,0418	0,0356	0,0280
30 %	70 %	6,10	0,0530	0,0467	0,0394	0,0303	0,0170
40 %	60 %	5,80	0,0540	0,0469	0,0384	0,0275	0,0060
50 %	50 %	5,50	0,0550	0,0477	0,0391	0,0278	0,0050
60 %	40 %	5,20	0,0560	0,0492	0,0412	0,0312	0,0160
70 %	30 %	4,90	0,0570	0,0512	0,0446	0,0369	0,0270
80 %	20 %	4,60	0,0580	0,0537	0,0490	0,0439	0,0380
90 %	10 %	4,30	0,0590	0,0567	0,0542	0,0517	0,0490
100 %	0 %	4,00	0,0600	0,0600	0,0600	0,0600	0,0600

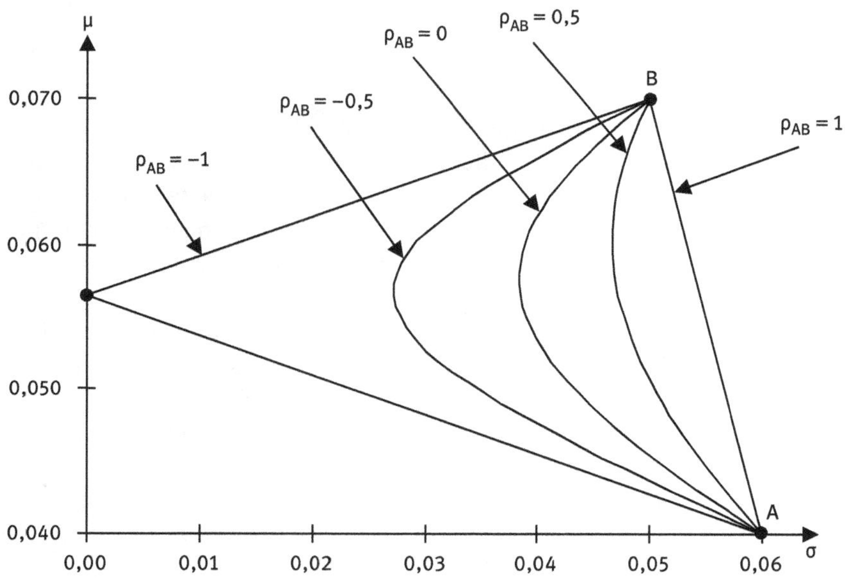

Abb. 4.16: Rendite-/Risikokombinationen bei alternativen Korrelationskoeffizienten

Der Investor wird sich bei gegebener Risikopräferenzfunktion für dasjenige Portfolio entscheiden, das im Tangentialpunkt zwischen der Effizienzlinie (die Linie AB in Abb. 4.17) und einer Isonutzenkurve (in Abb. 4.17 beispielhaft durch die Linien Φ_1 bis

Φ_4 dargestellt) liegt. Dies ist im hier betrachteten Beispiel im Punkt C der Fall. Aus allen effizienten Portfolios hat die durch den Punkt C gegebene Mischung für den hier betrachteten Anleger den höchsten Nutzen zur Folge, da es weiter oben links keinen Berührungspunkt mehr zwischen der Effizienzlinie und einer Isonutzenkurve gibt.

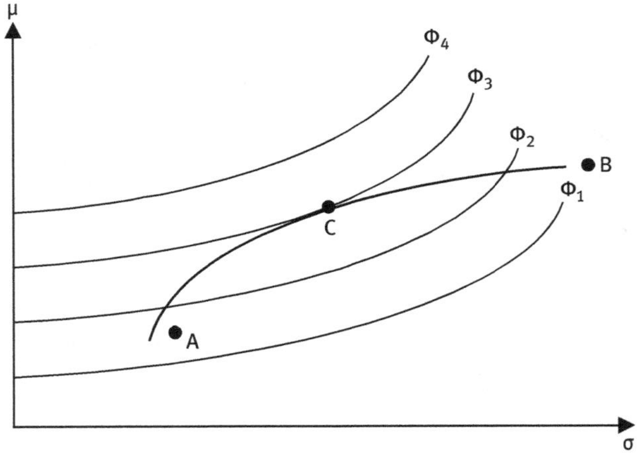

Abb. 4.17: Grafische Bestimmung des optimalen Portfolios (vgl. Perridon/Steiner/Rathgeber, 2017, S. 285)

Beim Portfolio-Selection-Modell handelt es sich um ein Erklärungsmodell für das tatsächlich zu beobachtende Anlegerverhalten: Die Diversifikation zur Risikoreduktion lässt sich empirisch beobachten und theoretisch begründen. Eine weitere Erkenntnis aus dem Modell besteht darin, dass es zur Portfoliooptimierung weniger auf die Anzahl der Wertpapiere in einem Portfolio ankommt, sondern vielmehr auf deren Korrelation.

Andererseits muss aber auch auf einige **Problemfelder** hingewiesen werden, die sich bei der Anwendung der Portfoliotheorie auf reale Entscheidungen ergeben (vgl. Steiner/Bruns/Stöckl, 2012, S. 13 f.; Bieg/Kußmaul, 2000, S. 130 f.):

- Vor technischem Hintergrund ist zunächst die Unterstellung einer beliebigen Teilbarkeit von Wertpapieren problematisch.
- Ferner beantwortet das Modell lediglich die Frage nach den Anteilen der verschiedenen Wertpapiere im Portfolio, es enthält aber keine Aussage über das Timing des Investments.
- Auch liegt eine besondere Schwierigkeit bei der Anwendung in dem immensen Datenaufwand. Für n Wertpapiere werden n erwartete Renditen, n Varianzen und $\frac{1}{2} \cdot (n^2 - n)$ Kovarianzen, in der Summe also $\frac{1}{2} \cdot n^2 + 1{,}5 \cdot n$ Daten benötigt. Für den Deutschen Aktienindex mit lediglich 30 Werten führt das beispielsweise zu 495 Inputdaten.

- Die Zusammenstellung von Wertpapierportfolios nach diesem Modell ist nur unter Verwendung historischer Daten möglich, was gleichzeitig die Unterstellung bedingt, dass die Vergangenheitsdaten auch in der Zukunft Gültigkeit haben.
- Schließlich liegt eine zentrale Problematik in der Bestimmung der individuellen Risikopräferenzfunktion des Anlegers. Das optimale Portfolio kann letztlich nur mithilfe der jeweiligen Risikopräferenzfunktion abgeleitet werden.

Für die praktische Anwendung des Portfolio-Selection-Modells ergeben sich aus den genannten Gründen deutliche Einschränkungen. Die Portfolio Selection Theory macht jedoch das reale Anlegerverhalten nachvollziehbar und bildet die Grundlage für die Modelle der Kapitalmarkttheorie. Innerhalb der Kapitalmarkttheorie besitzt insbesondere das Capital Asset Pricing Model (CAPM) eine zentrale Bedeutung.

4.4.2 Capital Asset Pricing Model

Im Rahmen des Portfolio-Selection-Modells von Markowitz wird zum einen unterstellt, dass alle möglichen Anlageformen risikobehaftet sind. Um das optimale Portfolio bestimmen zu können, setzt die Anwendung der Portfoliotheorie zum anderen die Kenntnis der individuellen Risikonutzenfunktion des Anlegers voraus, da das optimale Portfolio überall auf der Effizienzlinie liegen kann. Das Capital Asset Pricing Model (CAPM) erweitert die Portfoliotheorie zunächst in der Weise, dass neben den riskanten Anlageformen auch eine risikolose Anlageform existiert. Der Begriff „risikolos" bedeutet in diesem Zusammenhang, dass mit diesem Wertpapier mit Sicherheit ($\sigma = 0$) eine bestimmte Rendite ($r_f > 0$) erzielt werden kann.

Für einen Anleger steht damit eine weitere Anlageform zur Verfügung. Neben den risikobehafteten Wertpapieren kann ein Anleger
- entweder alleine in das risikolose Wertpapier investieren, um eine risikolose Rendite in Höhe von r_f zu erzielen
- oder ein gemischtes Portfolio aus dem risikofreien Wertpapier und den isikobehafteten Papieren zusammenstellen.

Im zweitgenannten Fall sind zwei Entscheidungen zu treffen. Zum einen muss die Zusammensetzung des Portfolios der risikobehafteten Wertpapiere bestimmt, zum anderen der Anteil der risikolosen Anlage festgelegt werden. Die erste Entscheidung kann nach der Vorgehensweise im Portfoliomodell anhand von Effizienzüberlegungen getroffen werden, was mithilfe von Abb. 4.18 verdeutlicht werden soll.

Die Effizienzgerade wird durch zwei Punkte bestimmt, nämlich den Ordinatenabschnitt r_f und den Berührungspunkt mit der Effizienzkurve riskanter Portfolios (M). Kombinationen, die nicht auf dieser Linie liegen, können nicht effizient sein, da sie bei gleichem Risiko eine geringere Rendite erbringen oder bei gleicher

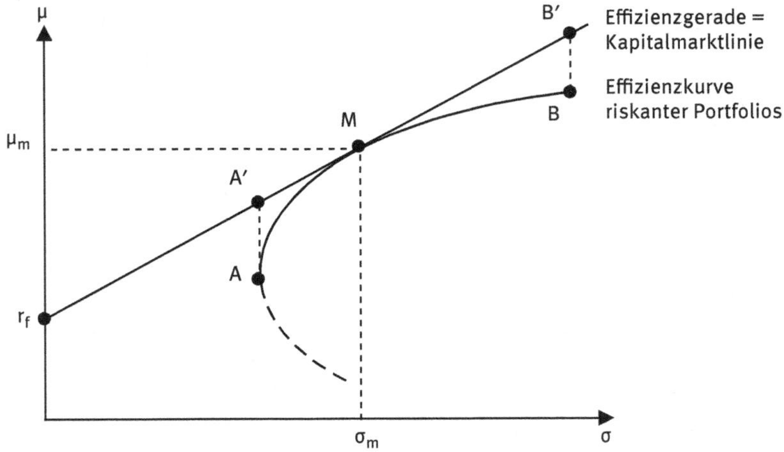

Abb. 4.18: Effizienzgerade im CAPM (vgl. Perridon/Steiner/Rathgeber, 2017, S. 291)

Renditeerwartung ein höheres Risiko aufweisen. Bei den durch die Punkte A und B gekennzeichneten Portfolios kann beispielsweise bei gleichem Risiko durch die Berücksichtigung des risikolosen Wertpapiers der Erwartungswert der Rendite auf die Punkte A′ und B′ gesteigert werden. Während im Fall des Portfolios A′ ein Teil des Kapitals in die risikobehafteten Papiere und der andere Teil in das risikolose Wertpapier investiert wird, nimmt der Investor im Fall des Portfolios B′ einen bestimmten Betrag zum risikolosen Zinssatz r_f auf und legt diesen zusätzlichen Betrag zusammen mit seinem ursprünglichen Budget in die risikobehafteten Wertpapiere an (vgl. Bieg/Kußmaul, 2000, S. 136).

Der Tangentialpunkt M entspricht dem sog. **Marktportfolio**, das aus einer Mischung aller am Markt gehandelten risikobehafteten Wertpapiere besteht. Die aus dem Ordinatenabschnitt r_f und M gebildete Effizienzlinie wird als **Kapitalmarktlinie** bezeichnet und enthält alle effizienten Portfolios, die durch eine Kombination aus dem Marktportfolio und der risikolosen Anlage gebildet werden können.

Das Modell unterstellt homogene Erwartungen aller Investoren. Daher stellen alle Anleger ein Portfolio aus dem risikobehafteten Marktportfolio und der risikolosen Anlagemöglichkeit zusammen. Das Marktportfolio ist dabei aufgrund der übereinstimmenden Erwartungen für alle Investoren gleich. Unterschiede zwischen den Investoren ergeben sich nur bezüglich der Aufteilung zwischen risikolosen und risikobehafteten Wertpapieren entsprechend dem Grad der Risikoaversion. Insofern zerfällt die Anlageentscheidung eines Investors in zwei Schritte:

– In einem ersten Schritt muss die Struktur des risikobehafteten Wertpapierportfolios, d. h. also des Marktportfolios, bestimmt werden. Dies geschieht ohne Bezugnahme auf die anlegerindividuelle Präferenzstruktur bezüglich Rendite und

Risiko. Das Marktportfolio entspricht dem Tangentialpunkt der Effizienzkurve und der im Ordinatenabschnitt r_f beginnenden Kapitalmarktlinie.

- Im zweiten Schritt ist das Investitionsbudget auf das Marktportfolio (in der zuvor ermittelten Zusammensetzung) einerseits und das risikolose Wertpapier andererseits aufzuteilen. Bei dieser Aufteilung muss die individuelle Risikoneigung des Investors berücksichtigt werden.

Die Aufteilung der Investitionsentscheidung in die beiden genannten Schritte wird auch als **Tobin-Separation** bezeichnet (vgl. Spremann, 2008, S. 227).

Die Kapitalmarktlinie kann formal als Geradengleichung mit dem Achsenabschnitt r_f und der Steigung $(\mu_m - r_f) / \sigma_m$ beschrieben werden (vgl. Bruns/Meyer-Bullerdiek, 2013, S. 86 f.):

$$\mu_i = r_f + \frac{\mu_m - r_f}{\sigma_m} \cdot \sigma_i$$

Dabei bezeichnen μ_i den Renditeerwartungswert für das Portfolio i und μ_m den Renditeerwartungswert des Marktportfolios (vgl. auch Abb. 19).

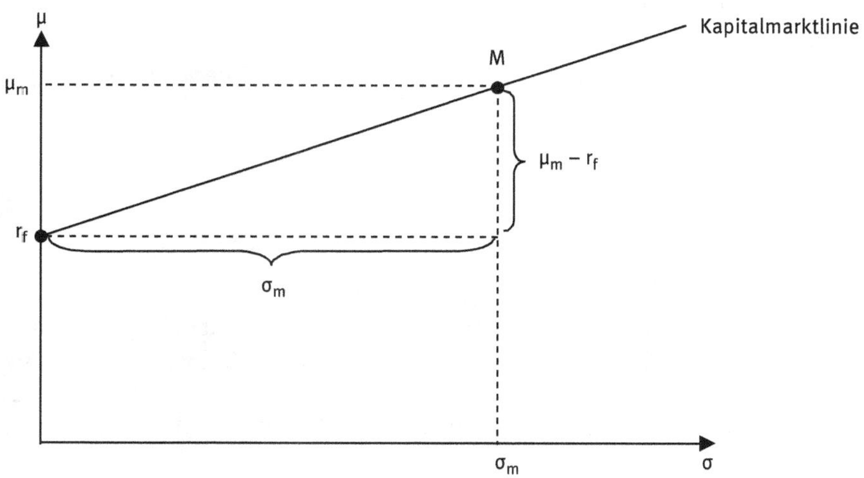

Abb. 4.19: Kapitalmarktlinie (vgl. Albrecht/Maurer, 2016, S. 373)

Die Steigung der Kapitalmarktlinie zeigt den Marktpreis für eine Änderung des Risikos um eine Einheit an. Sie wird daher auch als Preis des Risikos bezeichnet. Bei einer Investition zum risikolosen Zinssatz r_f würde ein Anleger seinen Konsum um eine Periode in die Zukunft verschieben, sodass diese Größe „Preis der Zeit" genannt wird. σ_i drückt schließlich die Höhe des Risikos eines beliebigen Portfolios i aus. In verbaler Form hat die Kapitalmarktlinie damit folgende Struktur:

erwartete Rendite = Preis der Zeit + Preis des Risikos · Höhe des Risikos

Aufbauend auf der Kapitalmarktlinie versucht das Modell der Wertpapierlinie, den Ertrag und das Risiko eines einzelnen risikobehafteten Wertpapiers aus dem Marktportfolio abzuleiten. Dies ist möglich, weil jedes einzelne Wertpapier i Bestandteil des Marktportfolios ist und sein Wert in Relation zu diesem ausgedrückt werden kann (vgl. Steiner/Bruns/Stöckl, 2012, S. 24). Das Modell der Wertpapierlinie zeigt, welchen zusätzlichen Ertrag ein Investor für ein um eine Einheit erhöhtes Risiko erwarten kann.

Ausgehend vom Marktportfolio M kann ein beliebiges Portfolio P konstruiert werden, bei dem der Anteil eines im Marktportfolio enthaltenen Wertpapiers i verändert wird. Dieses Portfolio P setzt sich dann aus einem zusätzlichen Anteil des Wertpapiers i, der mit a bezeichnet wird, und aus einem Anteil des Marktportfolios zusammen, der zwangsläufig den Wert (1 – a) besitzt. Der Erwartungswert sowie die Standardabweichung der Rendite dieses Portfolios können dann mithilfe der bekannten Formeln berechnet werden:

$$\mu_P = a \cdot \mu_i + (1 - a) \cdot \mu_m$$

$$\sigma_P = \sqrt{a^2 \cdot \sigma_i^2 + (1 - a)^2 \cdot \sigma_m^2 + 2 \cdot a \cdot (1 - a) \cdot \sigma_{i,m}}$$

Unter Rückgriff auf die Differenzialrechnung und nach einer Reihe von Umstellungen ergibt sich als Formel für die **Wertpapierlinie**:

$$\mu_i = r_f + (\mu_m - r_f) \cdot \frac{\sigma_{i,m}}{\sigma_m^2}$$

Die Wertpapierlinie zeigt den funktionalen Zusammenhang zwischen
- der erwarteten Rendite eines beliebigen Wertpapiers i im Marktgleichgewicht und
- dem risikofreien Zinssatz, der Rendite des Marktportfolios, der über die Kovarianz gemessenen Beziehung zwischen der Rendite des Wertpapiers i und der Rendite des Marktportfolios sowie dem Risiko der Rendite des Marktportfolios.

Die erwartete Rendite eines risikobehafteten Wertpapiers i entspricht demnach dem risikolosen Zinssatz zuzüglich einer Risikoprämie, die sich aus dem Marktpreis für die Risikoübernahme multipliziert mit der Risikohöhe ergibt (vgl. Perridon/Steiner/Rathgeber, 2017, S. 295).

Um die Anschaulichkeit zu verbessern und die grafische Darstellung in einem zweidimensionalen Koordinatensystem zu ermöglichen, wird die Risikohöhe i. d. R. mithilfe des Korrelationskoeffizienten ausgedrückt und der gesamte Ausdruck als Beta oder Betafaktor (β) bezeichnet.

$$\beta_i = \frac{\sigma_{i,m}}{\sigma_m^2} = \rho_{i,m} \cdot \frac{\sigma_i}{\sigma_m}$$

Die Gleichung der Wertpapierlinie kann damit auch wie folgt dargestellt werden:

$$\mu_i = r_f + (\mu_m - r_f) \cdot \beta_i$$

In grafischer Form ist die Wertpapierlinie in Abb. 4.20 wiedergegeben.

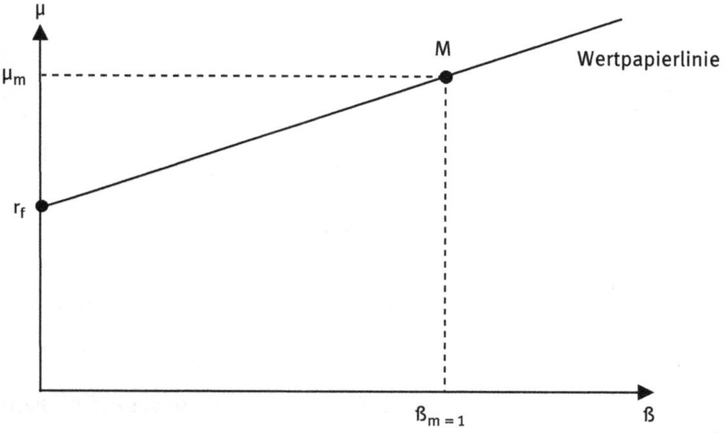

Abb. 4.20: Wertpapierlinie (vgl. Bruns/Meyer-Bullerdiek, 2013, S. 89)

Das risikolose Wertpapier besitzt einen Betafaktor von Null, da seine Kovarianz mit dem Marktportfolio bei Null liegt, d. h. die risikolose Anlage reagiert nicht auf Renditeschwankungen des Marktportfolios. Das Marktportfolio selbst hat ein Beta von Eins, da die Kovarianz des Marktportfolios mit sich selbst der Varianz des Marktportfolios entspricht. Wertpapiere, die sich rechts von M auf der Wertpapierlinie befinden, weisen einen Betafaktor größer als Eins auf. Sie besitzen also ein höheres Risiko als das Marktportfolio, das höhere Risiko wird aber auch mit entsprechend höheren erwarteten Renditen vergütet. Bei Wertpapieren, die sich links vom Marktportfolio auf der Wertpapierlinie befinden, ist der Betafaktor kleiner als Eins. Diese Wertpapiere sind im Vergleich zum Marktportfolio weniger riskant. Sie werfen allerdings auch nur eine geringere erwartete Rendite ab (vgl. Bieg/Kußmaul, 2000, S. 148).

Beim Risiko ist zu beachten, dass der über den Betafaktor gemessene Risikoaufschlag lediglich das marktbezogene, **systematische Risiko** zum Ausdruck bringt, nicht aber das individuelle, **unsystematische Risiko** des Wertpapiers i. Dieses ist außerhalb eines effizienten Portfolios zusätzlich zum systematischen Risiko vorhanden und wird in einem effizienten Portfolio durch Diversifikation beseitigt. Dagegen kann das systematische Risiko nicht wegdiversifiziert werden (vgl. Steiner/Bruns/

Stöckl, 2012, S. 26). Abbildung 4.21 verdeutlicht diesen Zusammenhang grafisch am Beispiel des Wertpapiers WP_i.

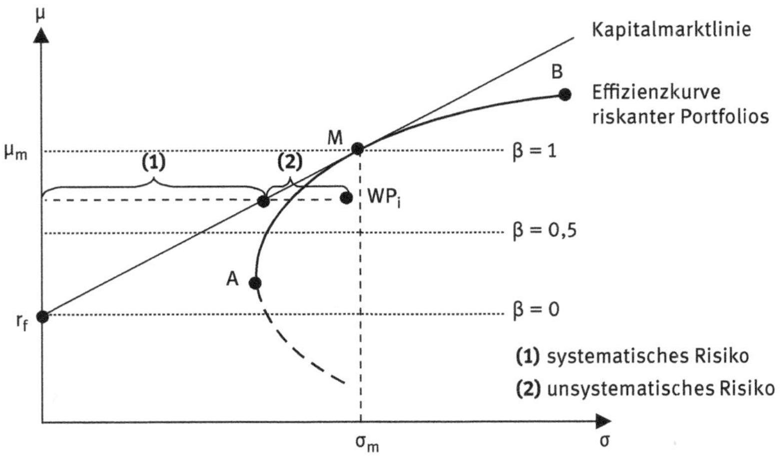

Abb. 4.21: Systematisches und unsystematisches Risiko eines Wertpapiers (vgl. Schierenbeck/Wöhle, 2016, S. 470)

Das CAPM baut auf einer Reihe von Prämissen auf. Die wichtigsten dieser **Prämissen** sind (vgl. Bieg/Kußmaul, 2000, S. 150 f.):

- Es existiert ein vollkommener Kapitalmarkt (vgl. Kap. 1.2) ohne Transaktionskosten und Handlungsbeschränkungen.
- Die Anzahl der am Kapitalmarkt gehandelten Wertpapiere ist vorgegeben, alle Wertpapiere sind beliebig teilbar.
- Es herrscht ein vollkommener Wettbewerb, ein einzelner Investor kann also als Mengenanpasser durch Kauf oder Verkauf eines Wertpapiers dessen Preis nicht beeinflussen.
- Alle Investoren sind risikoscheu, wenn auch mit unterschiedlicher Intensität. Sie treffen ihre Auswahlentscheidungen alleine anhand des Erwartungswerts und der Standardabweichung der Portfoliorendite. Darüber hinaus handeln die Entscheidungsträger rational, wobei sie den Nutzen aus der Investition am Ende des Betrachtungszeitraums maximieren wollen.
- Es existiert ein risikoloser Zinssatz, zu dem Geld in unbegrenzter Höhe aufgenommen und angelegt werden kann.
- Alle Investoren haben den gleichen Informationsstand und daher homogene Erwartungen bezüglich der Renditen, Standardabweichungen und Korrelationen der Wertpapierrenditen.

Die ersten vier Prämissen, die auch für die beiden weiter oben dargestellten Modelle der Portfoliotheorie gelten, können mit Einschränkungen noch als akzeptabel angesehen werden. Die beiden letztgenannten Prämissen sind allerdings problematisch. Ein risikoloser Zinssatz liegt in der Realität nicht vor. Insbesondere die unbegrenzte Kapitalaufnahme zu einem solchen Zinssatz ist in der Praxis nicht möglich, da die Kapitalgeber mit zunehmender Verschuldung des Investors weitere Kredite nur gegen Zahlung eines höheren Zinses zur Verfügung stellen werden. Bezüglich der Bonität ist darüber hinaus zu beobachten, dass von bonitätsmäßig besser einzustufenden Kapitalnachfragern im Allgemeinen ein geringerer Zinssatz gefordert wird als von Kreditsuchenden mit vergleichsweise schlechter Bonität.

Die Annahme, dass alle Investoren die gleichen Erwartungen hinsichtlich der Rendite und der übrigen statistischen Kenngrößen der Wertpapiere haben, ist ebenfalls realitätsfern. Bei diesen Kennzahlen handelt es sich zum einen um zukunftsbezogene Werte, die den Marktteilnehmern nicht bekannt sind und daher geschätzt werden müssen. Selbst wenn alle Anleger den gleichen Informationsstand hätten, könnten sich dennoch unterschiedliche Kennzahlen ergeben, weil die einzelnen Investoren den verschiedenen Informationen vermutlich eine unterschiedliche Bedeutung beimessen würden.

Die Existenz der Kapitalmarktlinie unterstellt homogene Erwartungen und vollkommene Marktbedingungen. Der Tangentialpunkt aus Kapitalmarktlinie und Effizienzkurve definiert das Marktportfolio, woraus für alle rational handelnden und risikoscheuen Investoren dieselbe Zusammensetzung riskanter Wertpapieranlagen resultiert. Die Portfolios der Anleger weisen jedoch durchweg nicht die gleiche Zusammensetzung auf. Das CAPM spiegelt insofern weniger das reale Anlegerverhalten wider, sondern zeigt die unter der Voraussetzung vollkommener Bedingungen herrschende Unabhängigkeit der strukturellen Investitionsentscheidung (also die Zusammensetzung eines Portfolios) von den persönlichen Präferenzen des Anlegers auf (vgl. Bieg/Kußmaul, 2000, S. 152).

5 Verfahren der Unternehmensbewertung

5.1 Grundlagen der Unternehmensbewertung

5.1.1 Anlässe und Werttheorien

Eine besondere Erscheinungsform der Investitionsrechnung stellt die Unternehmensbewertung dar. Während in den bisherigen Ausführungen die Bewertung einzelner Investitionsobjekte im Vordergrund stand, beschäftigt sich die Unternehmensbewertung mit der Bewertung eines Unternehmens als Ganzes. Die Bewertung eines Unternehmens kann dabei auf eine Vielzahl von Anlässen zurückgeführt werden. Beispielsweise wird eine Unternehmensbewertung beim Verkauf von Unternehmensteilen oder ganzen Unternehmen durchgeführt. In diesen Fällen soll über die Unternehmensbewertung der potenzielle Preis des Unternehmens resp. Unternehmensteils festgestellt werden. Die Anlässe zur Bewertung eines Unternehmens werden in der Literatur anhand vielfältiger Kriterien kategorisiert (vgl. Peemöller, 2015, S. 17 ff.; Helms, 2014, S. 8 ff.).

Häufig wird hierbei in Bewertungen mit und ohne **Eigentumswechsel** unterschieden. Ohne Eigentumswechsel werden Unternehmen beispielsweise aus Planungsgründen, zur Bemessung von Steuern oder auch im Rahmen von Kreditwürdigkeitsprüfungen bewertet. Bei Anlässen, die mit einem Eigentumswechsel verbunden sind, lassen sich dominierte und nicht dominierte Situationen differenzieren. **Dominierte Bewertungsanlässe** sind dadurch gekennzeichnet, dass eine Partei Veränderungen in den Eigentumsverhältnissen eines Unternehmens ohne Berücksichtigung der Interessen einer anderen am Unternehmen beteiligten Partei herbeiführen kann. Zu den dominierten Bewertungssituationen gehören beispielsweise die Abfindung von Minderheitsgesellschaftern, Enteignungen zum Wohle der Allgemeinheit sowie die Vergesellschaftung von Privateigentum nach Art. 15 GG. Im Gegensatz zu dominierten Bewertungsanlässen können sich bei **nicht dominierten Bewertungsanlässen** die beteiligten Parteien i. d. R. frei entscheiden, ob sie eine Änderung der Eigentumsverhältnisse herbeiführen möchten. Beispiele für nicht dominierte Bewertungsanlässe sind Unternehmenskäufe und -verkäufe sowie Fusionen (vgl. Abb. 5.1). Unternehmensbewertungen aus nicht dominierten Bewertungsanlässen besitzen eine hohe praktische Relevanz.

Die Fülle von Anlässen zur Unternehmensbewertung und die damit verbundenen unterschiedlichen Zielsetzungen legen die Überlegung nahe, dass es den einen Unternehmenswert nicht geben kann. Wird beispielsweise der Kauf beziehungsweise Verkauf eines Unternehmens vorbereitet, werden die Meinungen der Käufer- und der Verkäuferpartei hinsichtlich des Werts der Unternehmung i. d. R. auseinandergehen, was auf die unterschiedlichen Einschätzungen und Zielsetzungen der beteiligten Parteien zurückzuführen ist. Muss ein Unternehmen etwa aus steuerlichen Gründen

DOI 10.1515/9783110353082-006

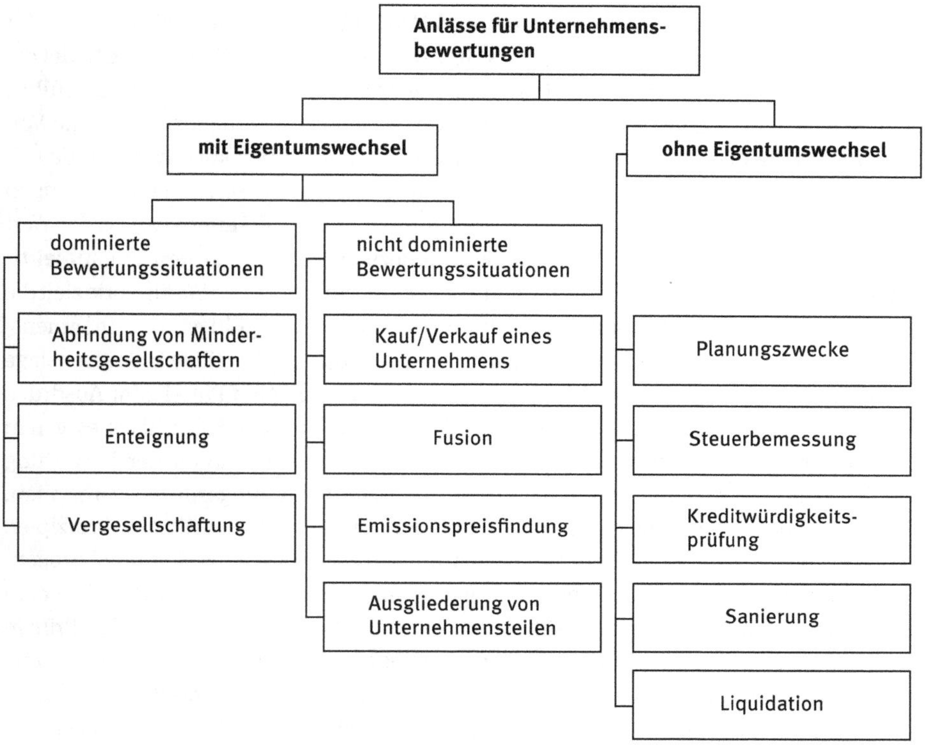

Abb. 5.1: Anlässe der Unternehmensbewertung

bewertet werden, handelt es sich um ein Massenvorgehen und es steht eine möglichst einfache und gut nachprüfbare Bewertung im Vordergrund. Die Bestimmung eines angemessenen Kaufpreises bei einer Unternehmensübernahme zieht i. d. R. hingegen einen individuellen Bewertungsprozess nach sich (vgl. Hering, 2014, S. 25 ff.; Ballwieser/Hachmeister, 2016, S. 1; Kohl/König, 2012, S. 607 ff.). Wenn es also den Unternehmenswert nicht gibt, wovon hängt der Unternehmenswert dann ab? In der Unternehmensbewertungsliteratur folgte auf diese Frage eine breite Diskussion über Sinn und Zweck der Unternehmensbewertung, die letztendlich in der Einsicht mündete, dass der Unternehmenswert immer abhängig vom Bewertungszweck ist. Auf die unterschiedlichen Bewertungszwecke und die damit verbundenen Bewertungsfunktionen soll im Folgenden genauer eingegangen werden.

Über die originären Bewertungszwecke und Unternehmensfunktionen wurde im Laufe der Zeit kontrovers diskutiert. Die vorherrschende Auffassung über den Unternehmenswert lehnte sich an die jeweils aktuelle betriebswirtschaftliche Bewertungstheorie an, wobei sich drei Entwicklungslinien identifizieren lassen. Die im Zeitablauf erste Werttheorie stellt die bis in die 60er Jahre dominierende **objektive Werttheorie** dar, die die Existenz eines objektiven Unternehmenswerts postuliert, der unabhängig von den verschiedenen Interessen von Käufer und Verkäufer als allgemeingültiger Wert für jedermann vorliegt (vgl. Behringer, 2012, S. 56). Kern der objektiven Werttheorie bildet die Substanz des Unternehmens. Als Hauptkritikpunkt an diesem Ansatz wird angeführt, dass es bei Existenz eines allgemeingültigen, objektiven Unternehmenswerts keine Verhandlungen über Unternehmenspreise geben dürfte, weil der objektive Wert gerade von der Interessenlage des Käufers und Verkäufers unabhängig ist. Solche Verhandlungen stellen jedoch das übliche Vorgehen zur Preisfindung dar. Die Erkenntnis, dass der Wert einer Unternehmung sich aus der Objekt-Subjekt Beziehung ableitet, führte zur **subjektiven Werttheorie** (vgl. Helms, 2014, S. 11). Im Gegensatz zur objektiven Werttheorie zielt die subjektive Werttheorie nicht auf die Ermittlung eines allgemein gültigen Unternehmenswerts ab. Der subjektive Unternehmenswert bringt bewusst die jeweilige Interessenslage und die Entscheidungssituation der an der Bewertung beteiligten Partei zum Ausdruck (vgl. Peemöller, 2015b, S. 7). Die „subjektive Bewertung" hat zur Folge, dass es genau so viele Werte eines Unternehmens geben kann wie Parteien, die an der Bewertung beteiligt sind. Der Unternehmenswert ist also mit dem Bewertungssubjekt verbunden. Fester Bestandteil der subjektiven Werttheorie ist die Bewertung nach den Prinzipien der Zukunftsbezogenheit und der Gesamtbewertung. Das Prinzip der Zukunftsbezogenheit besagt, dass nur der Nutzen bewertungsrelevant ist, den das Bewertungsobjekt dem Bewertungssubjekt in der Zukunft stiftet (vgl. Matschke/Brösel, 2013, S. 19 f.). Das Prinzip der Gesamtbewertung betont, dass für den Wert der Unternehmung weniger die Summe der Einzelwerte bewertungsrelevant ist, als vielmehr das zur Disposition stehende Unternehmen als Ganzes inklusive der auftretenden Kombinationseffekte (vgl. Matschke/Brösel, 2013, S. 20). Mit diesen beiden Grundprinzipien wurden wichtige Bausteine der bis heute vorherrschenden Sichtweise zur Unternehmensbewertung gelegt. Allerdings führte der zu starke Fokus auf das Subjekt zu wenig nachvollziehbaren Unternehmenswerten und der Interessenausgleich zwischen den Vertragsparteien gestaltete sich schwierig.

Die bis heute anerkannte Theorie der Unternehmensbewertung ist die **funktionale Werttheorie**, die von der Kölner Schule entwickelt wurde (vgl. Peemöller, 2015b, S. 7 ff.; Hayn, 2003, S. 39). Nach der funktionalen Werttheorie ist der Unternehmenswert zielorientiert und unter Berücksichtigung der Entscheidungssituation des Bewertenden zu bestimmen, d. h. ein mit dieser Methode ermittelter Unternehmenswert ist keine allgemeingültige Größe, sondern das Ergebnis einer subjektiven Bewertung im Kontext des mit der Bewertung verbundenen Zwecks. Eine entscheidende Bedeutung kommt im Rahmen der funktionalen Werttheorie dem Zweck bzw. den Bewertungsfunktionen zu. Als Hauptfunktionen der Unternehmensbewertung können (vgl. Hering, 2014, S. 5)

- die Entscheidungsfunktion,
- die Vermittlungsfunktion und
- die Argumentationsfunktion

unterschieden werden.

Im Rahmen der **Entscheidungsfunktion** fungiert der Bewerter als Berater des potenziellen Käufers oder Verkäufers. Der Berater hat die Aufgabe, einen mit den Interessen seiner Partei übereinstimmenden Grenzwert, d. h. einen höchstens zu zahlenden bzw. einen mindestens zu fordernden Preis für das Bewertungsobjekt zu ermitteln. Prinzipiell soll der Grenzpreis sicherstellen, dass sich die Position des Käufers resp. des Verkäufers bei der Durchführung der Transaktion im Vergleich zu einer Alternativinvestition nicht verschlechtert.

Der Bewerter bereitet einen Entscheidungsakt für seine Partei vor. Er bestimmt einen individuellen Grenzwert, auf dessen Basis spätere Preisverhandlungen stattfinden können. Grenzwerte sind generell subjektiv, da bei ihrer Ermittlung das individuelle Zielsystem, d. h. die mit dem Erwerb oder dem Verkauf des Unternehmens verbundene Absicht, der jeweiligen Verhandlungspartei berücksichtigt werden muss.

Im Rahmen der **Vermittlungsfunktion** versucht ein Bewerter, zwischen den betroffenen Parteien zu vermitteln, d. h. einen Interessenausgleich bezüglich den subjektiven Wertvorstellungen der konfligierenden Verhandlungsparteien herbei zu führen. Das Ziel der Vermittlung besteht somit darin, einen Entscheidungswert, auch Schiedsspruchwert oder Arbitriumwert, zu ermitteln, der für die betroffenen Parteien akzeptabel ist. Gewöhnlich folgt die Ermittlung eines Arbitriumwerts dem Gerechtigkeitspostulat, d. h. eine strittige Wertdifferenz zwischen den Grenzwerten der Verhandlungsparteien wird hälftig aufgeteilt. Prinzipiell kann ein Arbitriumwert nur festgestellt werden, wenn der Grenzwert des Käufers oberhalb des Grenzwerts des Verkäufers liegt.

Gegenstand der **Argumentationsfunktion** ist die Ermittlung eines parteiischen Argumentationswerts für eine Verhandlungspartei, der im Zuge von Vertragsverhandlungen die eigene Position unterstützen soll. Im Gegensatz zum Grenzwert wird der Argumentationswert dem Verhandlungspartner mitgeteilt und gegenüber diesem mit Überzeugung vertreten. Dem Argumentationswert liegt das Ziel zugrunde, den Vertragspartner zu beeinflussen, damit dieser in einen Preis einwilligt, der möglichst nahe bei dessen individuellem Grenzwert liegt. Wichtig ist dabei, dass der Argumentationswert einerseits glaubwürdig ist, um die Gegenpartei zu überzeugen. Andererseits muss er auf einem Niveau fixiert werden, dass noch Spielraum für spätere Verhandlungen lässt.

Das Institut der Wirtschaftsprüfer nennt im IDW S 1 i. d. F. 2008 ebenfalls drei Hauptfunktionen, nämlich die Beratungsfunktion, die Schiedsgutachterfunktion und die Funktion des neutralen Gutachters (vgl. IDW S 1, 2008, S. 5). Während die Beratungsfunktion inhaltlich der Entscheidungsfunktion und die Schiedsgutachterfunktion der Vermittlungsfunktion zuzuordnen ist, gestaltet sich die Zuordnung der Funktion des neutralen Gutachters etwas schwieriger und wird in der Literatur auch nicht einheitlich vorgenommen. Nach dieser Funktion soll ein Wirtschaftprüfer, der als Sachverständiger vor Gericht tätig ist oder die Ausgangslage für Preisverhandlungen ermittelt, einen objektivierten Wert bestimmen. Dieser objektivierte Wert wird ohne Berücksichtigung der subjektiven Wertschätzungen der beteiligten Parteien gebildet (vgl. WP-Handbuch, 2008, S. 8). Ein so ermittelter Unternehmenswert baut auf dem vorhandenen Unternehmenskonzept auf und lässt künftige Entwicklungspotenziale weitgehend unberücksichtigt. Der objektive Unternehmenswert knüpft an die am Bewertungsstichtag vorhandene Ertragskraft des zu bewertenden Unternehmens an. Darüber hinaus wird das Verbleiben des Managements unterstellt. Dieser objektivierte Wert wird in Teilen der Literatur insofern kritisch gesehen, da er ähnliche Probleme wie der objektive Unternehmenswert besitzt. Der objektivierte Unternehmenswert zielt zwar nicht auf die Substanz der Unternehmung ab, dennoch bleibt die Frage offen, wie ein Wert ermittelt werden soll, der ohne die individuellen Wertvorstellungen der betroffenen Parteien auskommt (vgl. Born, 2003, S. 19; Ballwieser/Hachmeister, 2016, S. 4; Matschke/Brösel, 2013, S. 56 ff.).

Neben den dargestellten Hauptfunktionen lassen sich noch einige **Nebenfunktionen** der Unternehmensbewertung identifizieren, wie z. B. die Informations-, die Steuerbemessungs- und die Vertragsgestaltungsfunktion. Bei der Informationsfunktion soll der aus der Bilanz ableitbare Wert eines Unternehmens festgestellt werden (vgl. Peemöller, 2015b, S. 12 f.). Gegenstand der Steuerbemessungsfunktion ist die Bewertung von Unternehmen zum Zwecke der Besteuerung (z. B. im Erbfall), wobei hier detaillierte steuerliche Bewertungsvorschriften angewendet werden müssen. Im Mittelpunkt der Vertragsgestaltungsfunktion steht der Abfindungswert ausscheidender Gesellschafter. Die Regelungen können unterschiedlich ausgestaltet sein und Werte (z. B. Buchwerte), Verfahren, Bewerter oder auch Ziele beinhalten. Die Nebenfunktionen der Unternehmensbewertung besitzen nur eine untergeordnete Bedeutung und werden daher im Folgenden nicht weiter behandelt.

Die funktionale Bewertungslehre versucht über eine Typisierung der Bewertungszwecke Wege zur Bestimmung des Unternehmenswerts vorzugeben. Dabei sind zum einen jedoch der Katalog der Funktionen und zum anderen die Unterscheidung in Haupt- und Nebenfunktionen nicht unstrittig. Zum anderen passen bestimmte Bewertungszwecke, wie z. B. die Bewertung von Strategien oder des gesamten Unternehmens gemäß der wertorientierten Unternehmensführung, nicht in das vorliegende Schema. Ein Kauf oder Verkauf liegt nicht vor, trotzdem sollen jedoch die Auswirkungen bestimmter Maßnahmen auf den Wert des Unternehmens für die Eigentümer ermittelt werden. In der Literatur wird vorgeschlagen, die Funktionen zu ergänzen oder sich von den Funktionen zu lösen und direkt von dem mit der Bewertung verbundenen Zweck auszugehen. *Ballwieser/Hachmeister* nennen als wichtige Zwecke der Bewertung einer Unternehmung die Vorbereitung eigener oder fremder Entscheidungen, die Unterstützung von Argumentationen, die Vermittlung zwischen streitenden Parteien, die Ermittlung von Besteuerungsgrundlagen und die Ermittlung von Bilanzwerten (vgl. Ballwieser/Hachmeister, 2016, S. 1). Der Abgleich dieses Zweckkatalogs mit den Haupt- und Nebenfunktionen der Funktionenlehre zeigt einerseits eine große Schnittmenge und andererseits kann gleichzeitig mit dem Zweck der Vorbereitung eigener oder fremder Entscheidungen die wertorientierte Unternehmensführung als ein Zweck der Unternehmensbewertung eingebunden werden.

5.1.2 Bewertungsrahmen und Bewertungsverfahren

Ähnlich wie die Grundsätze ordnungsmäßiger Buchführung liegen auch für die Unternehmensbewertung allgemein anerkannte Regeln vor, auf deren Grundlage eine Unternehmensbewertung durchzuführen ist. Diese Regeln werden als **Grundsätze ordnungsmäßiger Unternehmensbewertung (GoU)** bezeichnet und dienen insbesondere externen Bewertern, die als Berater oder als neutrale Gutachter für ihre Mandanten tätig werden, als Richtlinie zur Durchführung von Unternehmensbewertungen. Zwei Gründe sprechen für die Anwendung solcher Richtlinien. Erstens sollen auf diese Weise Mandanten vor einem Schaden bewahrt werden, der aus einer unsachgemäßen Bewertung resultieren kann. Zweitens sollen die GoU dazu beitragen, dass die Bewerter Fehler vermeiden, indem alle wesentlichen Kriterien im Zuge einer Unternehmensbewertung berücksichtigt werden. Letztlich verkörpern die GoUs jedoch keine Rechtsnormen, d. h. die Richtlinien sind für die Betroffenen nicht rechtsverbindlich. Die GoUs dienen lediglich der Prävention vor den Folgen einer unsachgemäßen Bewertung.

Das IDW hat einen Standard zu den Grundsätzen der Unternehmensbewertung herausgegeben. Danach können folgende Grundsätze ordnungsmäßiger Unternehmensbewertung differenziert werden (vgl. Peemöller, 2015a, S. 32 ff.):

- **Maßgeblichkeit des Bewertungszwecks:** Die zu treffenden Annahmen sind abhängig vom Bewertungszweck, wobei das IDW die Beratungsfunktion, die Vermittlungsfunktion und die Funktion des neutralen Gutachters, jedoch nicht die Argumentationsfunktion nennt.
- **Bewertung der wirtschaftlichen Unternehmenseinheit:** Die wirtschaftliche Einheit umfasst alle Bereiche des Unternehmens, die zur Erzielung der zukünftigen finanziellen Überschüsse beitragen.
- **Stichtagsprinzip:** Der Wert des Unternehmens wird aus den am Bewertungsstichtag zu erwartenden Zukunftserträgen abgeleitet.
- **Bewertung des betriebsnotwendigen Vermögens:** Gegenstand der Bewertung ist das bestehende Unternehmen mit seinen Chancen und Risiken, d. h. der Bewerter hat von der vorhandenen Ertragskraft auszugehen.
- **Bewertung des nicht betriebsnotwendigen Vermögens:** Die Abgrenzung des nicht betriebsnotwendigen Vermögens ist abhängig von der spezifischen Sichtweise des Bewerters. Das nicht betriebsnotwendige Vermögen ist zu Liquidationswerten anzusetzen.
- **Unbeachtlichkeit des (bilanziellen) Vorsichtsprinzips:** Das bilanzielle Vorsichtsprinzip führt zu einer ungleichen Behandlung von Chancen und Risiken. Im Rahmen der Unternehmensbewertung durch einen neutralen Gutachter darf keiner der Verhandlungspartner benachteiligt werden.
- **Nachvollziehbarkeit der Bewertungsansätze:** Die wesentlichen Annahmen des Bewerters sind im Gutachten aufzuzeigen.

Zur Ermittlung eines Unternehmenswerts vor dem Hintergrund des Bewertungszwecks und der Grundsätze der ordnungsmäßigen Unternehmensbewertung ist ein geeignetes Unternehmensbewertungsverfahren auszuwählen. Die **Verfahren zur Unternehmensbewertung** können in drei Gruppen eingeteilt werden. Zu unterscheiden sind die Einzelbewertungs-, die Gesamtbewertungs- und die Mischverfahren. In Abb. 5.2 werden die verschiedenen Unternehmensbewertungsverfahren diesen drei Gruppen zugeordnet.

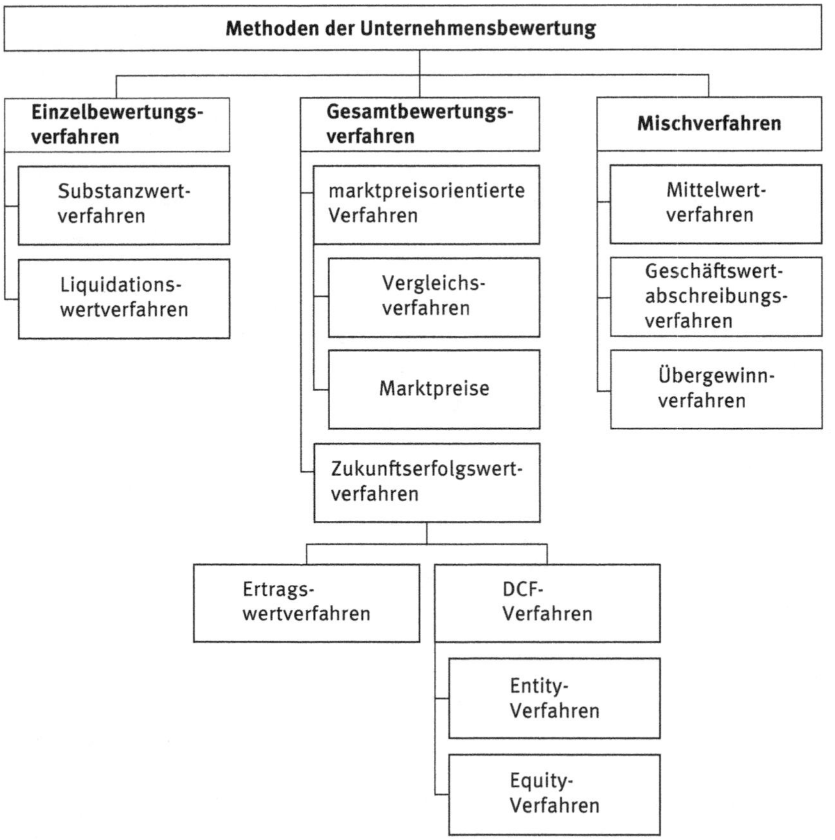

Abb. 5.2: Verfahren der Unternehmensbewertung (vgl. Helms, 2014, S. 16)

Im Rahmen der Einzelbewertungsverfahren werden die einzelnen Bestandteile des Unternehmens (Vermögensgegenstände und Schulden) isoliert betrachtet und bewertet. Innerhalb der Einzelbewertungsverfahren sind das Substanzwert- und das Liquidationswertverfahren zu unterscheiden, die mit unterschiedlichen Wertmaßstäben bei der Bewertung von Vermögensgegenständen und Schulden arbeiten. Während das Liquidationswertverfahren für den Wert von Vermögensgegenständen und Schulden die Liquidation des Unternehmens unterstellt, liegt dem Substanzwertverfahren die Idee der Unternehmensreproduktion zugrunde, es soll also der Betrag ermittelt werden, der notwendig wäre, um das Unternehmen nachzubauen. Der Liquidationswert ist insofern von Bedeutung, weil er eine Wertuntergrenze des Unternehmens darstellt, an dem sich sämtliche Fortführungswerte zu messen haben (vgl. IDW S 1, 2008, S. 4). Eine Unternehmungsfortführung erscheint nur vorteilhaft, wenn der Fortführungswert größer als der Liquidationswert ist.

Die Gesamtbewertungsverfahren gehen von dem beschriebenen Prinzip der Gesamtbewertung aus. Das Unternehmen wird somit als Bewertungseinheit verstanden und der Unternehmenswert ergibt sich aus der Nutzung aller die Aktiva und die Passiva betreffenden finanziellen Vorteile, die den Eigentümern und damit den Eigenkapitalgebern zur Verfügung stehen (vgl. Ballwieser/Hachmeister, 2016, S. 9). Die Substanz der Unternehmung ist auch bei den Gesamtbewertungsverfahren von Relevanz, da die Substanz mit darüber entscheidet, wie hoch der künftige Investitionsbedarf der Unternehmung ist und wie sich entsprechend die Erträge beziehungsweise Cashflows der Unternehmung entwickeln werden.

Zu den Gesamtbewertungsverfahren gehören unterschiedliche Methoden der Unternehmensbewertung, die kurz vorgestellt werden sollen. Innerhalb der Gesamtbewertungsverfahren ist zunächst zwischen den marktpreisorientierten Verfahren und den kapitalwertorientierten Verfahren zu unterscheiden. Die marktpreisorientierten Verfahren können wiederum in zwei Untergruppen aufgeteilt werden. In der einen Untergruppe werden die Marktpreise direkt aus der Marktkapitalisierung abgeleitet (wenn Börsennotierung gegeben), in der anderen Untergruppe wird der Marktpreis indirekt über einen Vergleich mit anderen Unternehmen ermittelt (vgl. Aschauer/Purtscher, 2011, S. 106 f.).

Die Vergleichsverfahren teilen sich wiederum in verschiedene Unterverfahren auf, von denen hier nur stellvertretend das am weitesten verbreitete Multiplikatorverfahren genannt werden soll (zu den weiteren Verfahren vgl. Mandl/Rabel, 1997, S. 42 ff.). Bei den Multiplikatorverfahren werden sog. Marktet Multiples genutzt. Zunächst muss ein geeignetes Vergleichsobjekt ausgewählt werden, anschließend ist eine geeignete Bezugsgröße (Multiples) zu identifizieren und in das Verhältnis zum Marktpreis des vergleichbaren Unternehmens zu setzen. Durch Multiplikation der Bezugsgröße des Bewertungsobjekts mit dem Multiplikator wird anschließend der Unternehmenswert bestimmt (vgl. Löffler, 2007, S. 810).

Die Zukunftserfolgswertverfahren gelten im Gegensatz zu den Multiplikatorverfahren als theoretisch fundiert. Sie bauen auf dem Kapitalwertkalkül der Investitionstheorie auf, wobei die Unternehmen letztendlich als Investitionsobjekte betrachtet werden, deren Eigentümern Mittel in Form von Cashflows oder Erträgen zufließen (vgl. Ballwieser/Hachmeister, 2016, S. 8). Bei den kapitalwertorientierten Verfahren werden diese zukünftigen Zahlungsströme auf den Betrachtungszeitpunkt abgezinst (vgl. Mandl/Rabel, 1997, S. 73).

Im Gegensatz zu den Einzelbewertungsverfahren wird bei den Zukunftserfolgswertverfahren nicht nur das Gesamtbewertungsprinzip zugrunde gelegt, sondern auch die Zukunftsbezogenheit unterstellt. Die Varianten der kapitalwertorientierten

Verfahren unterscheiden sich hinsichtlich der Erfolgsgrößen im Zähler und der verschiedenen Diskontierungszinssätze im Nenner.

Grundsätzlich ist innerhalb der Zukunftserfolgswertverfahren zwischen dem Ertragswertverfahren und den Discounted-Cashflow-(DCF-)Verfahren zu unterscheiden. Das Ertragswertverfahren dominierte lange Zeit im deutschen Sprachraum, was in der Literatur mit einer Diskussion hinsichtlich der Ausgestaltung der einzelnen Einflussgrößen einherging. Mitte der 1980er-Jahre wurde mit der Übernahme der DCF-Modelle aus dem angelsächsischen Raum eine neue Diskussion in der Literatur angestoßen. Gegenstand der Diskussion war die Frage, worin sich Ertragswert- und DCF-Verfahren unterscheiden und wann die Verfahren zu gleichen und wann zu unterschiedlichen Unternehmenswerten führen (vgl. Drukarczyk/Schüler, 2016, S. 9; Ballwieser/Hachmeister, 2016, S. 199). Methodisch wird mithilfe des Ertragswertverfahrens immer unmittelbar der Wert des Eigenkapitals bestimmt, da nur auf den Mittelfluss zwischen Unternehmen und Eigenkapitalgeber abgestellt wird. Bei den DCF-Verfahren hingegen wird zwischen den Entity- und dem Equity-Verfahren unterschieden. Beim Equity-Verfahren wird der Wert des Eigenkapitals ebenso direkt wie beim Ertragswertverfahren errechnet und in Teilen der Literatur daher auch mit diesem gleichgesetzt (vgl. Ballwieser/Hachmeister, 2016, S. 192; anders hingegen Matschke/Brösel, 2013, S. 245; Hering, 2014, S. 269). Die Entity-Verfahren spalten sich dagegen in weitere Unterverfahren auf, denen gemeinsam ist, dass sie zunächst den Wert des gesamten Kapitals (Eigen- und Fremdkapital) bestimmen und dann durch Subtraktion des Fremdkapitalwerts der Wert des Eigenkapitals ermittelt wird.

Bei den Mischverfahren handelt es sich um eine Kombination aus Gesamtbewertungs- und Einzelbewertungsverfahren. Die Idee hierbei ist, mit der Verfahrenskombination sowohl Elemente der Einzelbewertungs- als auch der Gesamtbewertungsverfahren in den Bewertungsprozess einfließen zu lassen (vgl. Mandl/Rabel, 1997, S. 49). Die Mischverfahren lassen sich weiter in das Mittelwert-, das Geschäftswertabschreibungs- und das Übergewinnverfahren aufteilen. Beim Mittelwertverfahren errechnet sich der Unternehmenswert im einfachsten Fall als arithmetischer Mittelwert aus dem Wert des Einzelbewertungsverfahrens und des Gesamtbewertungsverfahrens. Die Geschäftswertabschreibungsverfahren bauen auf dem Gedanken der Mittelwertverfahren auf, berücksichtigen allerdings die Konkurrenzgefahr. Aufgrund der Konkurrenz wird der Gewinn um eine Abschreibung auf den Geschäftswert gekürzt. Beim Übergewinnverfahren wird schließlich angenommen, dass Unternehmen langfristig nur eine Normalverzinsung des eingesetzten Kapitals erwirtschaften können und Mehrgewinne ein Ausdruck überdurchschnittlicher Unternehmensperformance sind, die aber nur zeitlich begrenzt generiert werden können. Der Unternehmenswert errechnet sich bei dieser Verfahrensgruppe aus dem Substanzwert und dem Barwert der Übergewinne (vgl. Mandl/Rabel, 2015, S. 90).

Über die konkrete Anwendung der einzelnen Unternehmensbewertungsverfahren lässt sich keine eindeutige Aussage treffen, da nicht für alle Bewertungsanlässe ein bestimmtes Bewertungsverfahren zwingend vorgeschrieben ist. Im Umkehrschluss bedeutet dies, dass bei sämtlichen nicht rechtlich determinierten Bewertungsanlässen die Verfahrensauswahl demjenigen obliegt, der die Unternehmensbewertung durchführt resp. durchführen lässt. Am weitesten verbreitet sind in Deutschland aus theoretischer und praktischer Perspektive die Ertragswertmethode sowie die Discounted-Cashflow-Verfahren und nur aus praktischer Sichtweise die Multiplikatorverfahren.

5.2 Ertragswert- und Discounted Cashflow-Verfahren

5.2.1 Konzeptionelle Grundlagen

Die auf dem Kapitalwertkalkül aufbauenden Zukunftserfolgswertverfahren ermitteln den Wert der Unternehmung anhand der Diskontierung der zukünftigen Erfolge. Der (Markt-)Wert des Eigenkapitals steht dabei als Zielgröße im Mittelpunkt. Sowohl das Ertragswertverfahren als auch die Discounted-Cashflow-Verfahren lassen sich durch folgende Grundgleichung beschreiben:

$$UW_0 = \sum_{t=1}^{\infty} \frac{EG_t}{(1+i)^t}$$

Die Gleichung verdeutlicht noch einmal die Nähe beider Verfahren zum Kapitalwertkalkül. Bei der im Zähler stehenden Erfolgsgröße (EG) kann es sich um Cashflows oder auch Erträge handeln, die sicher oder unsicher sein können. Im letztgenannten Fall kann nicht mit dem risikolosen Zinssatz abgezinst werden, dieser ist vielmehr um einen Risikozuschlag zu erhöhen. Grundsätzlich besteht aber auch die Möglichkeit, das Risiko im Zähler in Form eines Abschlags zu berücksichtigen (zur Risikoerfassung vgl. Helms, 2014, S. 72 ff.). Neben möglichen Zu- und Abschlägen für das Risiko sind weitere Zu- und Abschläge auch für andere Aspekte denkbar. Die Systematisierung dieser unterschiedlichen Zu- und Abschläge erfolgt häufig anhand sog. Äquivalenzprinzipien. Grundsätzlich geht es bei den Äquivalenzprinzipien darum, eine Vergleichbarkeit zwischen der Zähler- und der Nennergröße der Zukunftserfolgswertverfahren sicherzustellen.

Prinzipiell könnten die Äquivalenzprinzipien auch als eine Konkretisierung der Grundsätze ordnungsmäßiger Unternehmensbewertung verstanden werden (vgl. Moxter, 1991, S. 155 ff.). In der Literatur werden folgende Äquivalenzprinzipien genannt (vgl. Helms, 2014, S. 37; Ballwieser/Hachmeister, 2016, S. 89 ff.; Schultze, 2003, S. 248 ff.; Kuhner/Maltry, 2017, S. 102 ff.; Mandl/Rabel; 1997, S. 75 ff.):

- Risikoäquivalenz: Das Risiko, dass die Cashflows beziehungsweise Erträge von den geplanten Größen abweichen können, muss bei der Bewertung berücksichtigt werden. Das Risiko ist entweder im Zähler durch Abschläge (Sicherheitsäquivalentmethode) oder im Nenner durch Zuschläge (Risikozuschlagsmethode) abzubilden.

- Laufzeitäquivalenz: Die Cashflows beziehungsweise Erträge, die im Zähler des Bewertungskalküls stehen, müssen sich auf denselben Zeitraum wie der Kapitalisierungszinssatz beziehen. Die Zinsstruktur ist zu berücksichtigen, d. h. es muss mit laufzeitspezifischen Zinssätzen diskontiert werden.
- Geldwertäquivalenz: Zur Sicherstellung der gleichen Kaufkraft ist die Geldentwertung zu berücksichtigen. Dies kann durch eine Verringerung des Zählers oder die Erhöhung des Nenners geschehen.
- Kapitaleinsatzäquivalenz: Eine Vergleichbarkeit der Unternehmung mit einer Anlage am Kapitalmarkt ist nur sichergestellt, wenn der Arbeitseinsatz des Eigentümers durch ein fiktives Unternehmergehalt in das Bewertungskalkül einfließt.
- Verfügbarkeitsäquivalenz: Die Verfügbarkeitsäquivalenz fordert, dass sich die Liquiditätsgrade von Zähler und Nenner entsprechen müssen. Relevant wird die Verfügbarkeitsäquivalenz zum Beispiel, wenn Erträge beziehungsweise Cashflows einer GmbH mit den Eigenkapitalkosten einer AG diskontiert werden. Der GmbH-Anteil ist i. d. R. schlechter liquidierbar als der einer AG, was über einen Verfügbarkeitsabschlag im Zähler oder einen Verfügbarkeitszuschlag im Nenner erfasst werden kann.
- Währungsäquivalenz: Die Cashflows beziehungsweise Erträge im Zähler müssen in derselben Währung ausgedrückt werden und eine Vergleichbarkeit mit möglichen Handlungsalternativen, die im Diskontierungszins zum Ausdruck kommen, ist sicherzustellen.

Neben den Äquivalenzprinzipien ist zu beachten, dass zukünftige Erfolge zu diskontieren sind. Problematisch ist dabei, dass mit zunehmender zeitlicher Entfernung vom Bewertungszeitpunkt, die Prognosegüte abnimmt und die geschätzten Erfolgsgrößen mit größeren Unsicherheiten behaftet sind. Aus dieser Problematik heraus sind sog. Phasenmodelle entstanden. Unterschieden wird dabei meistens zwischen zwei oder drei Phasen. Im Rahmen des Dreiphasenmodells lassen sich die Phasen wie folgt einteilen: In Phase I wird ein Zeitraum von bis zu maximal fünf Jahren betrachtet, wobei für diesen Zeitraum von gut abschätzbaren Erfolgsgrößen ausgegangen wird. Für den mittelfristigen Prognosebereich (Phase II) ist wegen der zeitlichen Entfernung eine genaue Prognose nicht mehr möglich. Allerdings können noch allgemeine Trends formuliert und zentrale Positionen grob abgeschätzt werden. Phase III schließt an Phase II an, wobei eine fundierte Schätzung einzelner Werte in dieser Phase nicht mehr möglich ist. In Phase III wird häufig mit einem pauschal ermittelten „**Restwert**" gearbeitet. Im einfachsten Fall wird dabei die letzte noch in Phase II prognostizierte Erfolgsgröße als konstanter Wert für den über den Prognosehorizont hinausgehenden Zeitraum angesetzt (Konzept der ewigen Rente). Dieser Restwert ist mit dem Kapitalkostensatz des Unternehmens zu diskontieren (vgl. Drukarczyk/Schüler, 2016, S. 127 und Ballwieser/Hachmeister, 2016, S. 68):

$$\text{Restwert} = \frac{\text{letzte prognostizierte Erfolgsgröße}}{\text{Kapitalkostensatz}}$$

In der letzten prognostizierten Erfolgsgröße kann über eine Wachstumsrate ferner berücksichtigt werden, wie sich die Cashflows bzw. Erträge im weiteren Verlauf voraussichtlich entwickeln werden. Wird statt des Dreiphasenmodells das Zweiphasenmodell verwendet, vereinfacht sich die Berechnung. Die Phase I beschreibt dann den Zeitraum für die Detailplanung, der i. d. R. spätestens in der Periode 10 endet, die Phase II schließt an die Phase I an, wobei der letzte prognostizierte Erfolg als konstanter Wert für den über den Prognosezeitraum hinausgehenden Zeitraum angesetzt wird. Für die vorgestellten formalen Beziehungen im Rahmen des Ertragswert- und der DCF-Verfahren wird von einem Zweiphasenmodell ausgegangen.

5.2.2 Ertragswertverfahren

Konzeptioneller Rahmen des Ertragswertverfahrens

Als Ertragswert eines Unternehmens wird derjenige **Nutzen** bezeichnet, den dieser für seine Anteilseigner stiftet. Der Nutzen entspricht der Summe aller Vorteile, die den Unternehmenseignern aufgrund ihrer Verfügungsgewalt über das Unternehmen zukommen. Zur Bestimmung des Ertragswerts ist somit die Kenntnis dieses Nutzens erforderlich. Der Nutzen kann prinzipiell aus einer finanziellen und einer nicht finanziellen Komponente, z. B. Prestige oder persönliche Unabhängigkeit, bestehen. Aufgrund der schwierigen Quantifizierbarkeit der nicht finanziellen Komponente bleibt diese jedoch üblicherweise unberücksichtigt. Die finanzielle Nutzenkomponente wird durch die Entnahmen ausgedrückt, die den Anteilseignern aus dem Unternehmen zufließen. Der Ertragswert eines Unternehmens entspricht dabei dem Kapitalbetrag, der aufzuwenden wäre, um Rückflüsse in Höhe der Entnahmen zu generieren.

Der Ertragswert wird über den Barwert aller zukünftigen Entnahmen aus einem Unternehmen berechnet. In formaler Schreibweise ergibt sich der Ertragswert damit wie folgt:

$$UW^{EW} = EK^{EW} = \sum_{t=1}^{n} \frac{E_t}{(1 + k_{EK}^{EW})^t}$$

mit: EK^{EW} = Ertragswert
E_t = zukünftige Entnahmen der Periode t
k_{EK}^{EW} = Eigenkapitalkosten
n = Bewertungshorizont

Die drei wesentlichen Determinanten des Ertragswerts sind die zukünftigen Entnahmen, der Kapitalisierungszinssatz sowie der Bewertungshorizont. Die Formel zur Berechnung des Ertragswerts besitzt dabei nicht nur im Rahmen der Ertragswertmethode Gültigkeit, auch die Discounted-Cashflow-Verfahren stützen sich auf diese Formel. Wird die Bewertungsgleichung auf das im vorherigen Abschnitt beschriebene Zweiphasenmodell erweitert, ergibt sich die folgende Beziehung:

$$UW^{EW} = EK^{EW} = \sum_{t=1}^{T} \frac{E_t}{\prod_{\tau=1}^{t}(1 + k_{EK,\tau}^{EW})} + \frac{E_{T+1}}{k_{EK,T+1}^{EW} \prod_{\tau=1}^{T}(1 + k_{EK,\tau}^{EW})}$$

Die Phase I geht von $t = 1$ bis T, im Zeitpunkt $T + 1$ beginnt die Phase II. Im Rahmen der oben dargestellten Gleichung können ferner die Eigenkapitalkosten periodenspezifisch abgebildet werden.

Angemerkt sei noch, dass vor allem in der älteren Literatur der Ertragswert über die nachhaltig erzielbaren, zukünftigen Gewinne, die über die angenommene Lebensdauer des Unternehmens zu diskontieren waren, ermittelt wurde. Die früher übliche Orientierung an den Periodenerfolgen entspricht allerdings nicht mehr dem Stand der Wissenschaft, auch der IDW S 1 i. d. F. 2008 wendet sich von dieser Vorgehensweise ab. Nach den bestehenden Erkenntnissen der Betriebswirtschaftslehre darf es sich bei der Zählergröße nicht um buchhalterische Größen wie Periodengewinne handeln, stattdessen ist auf die zukünftigen Zahlungsströme zurückzugreifen (vgl. Mandl/Rabel, 2015, S. 67; IDW S 1, 2008, S. 8 ff.).

Ertragsbegriffe und Kalkulationszinssatz

Im Folgenden soll eine moderne Variante des Ertragswertverfahrens vorgestellt werden, die zu einem subjektiven, aus den zukünftigen Zahlungsströmen abgeleiteten Unternehmenswert führt. Die Auffassung, dass der Ertragswert zahlungsstromorientiert bestimmt werden sollte, wurde durch die Aussage von Moxter, dass nur der Ertrag, der dem Eigner tatsächlich zufließt, bewertungsrelevant ist, gefestigt (vgl. Moxter, 1991, S. 79). Durch diese Form des Ertragswertverfahrens kann ein Unternehmenswert errechnet werden, der die individuelle Grenze der Konzessionsbereitschaft eines potenziellen Käufers oder Verkäufers zum Ausdruck bringt (vgl. Mandl/Rabel, 2015, S. 91). Diese subjektive Betrachtungsperspektive hat Auswirkungen auf

- die zu diskontierenden zukünftigen Cashflows (Kapitalisierungsgröße) sowie
- den zur Abzinsung verwendeten Zinssatz (Kapitalisierungszinssatz).

In Bezug auf die zukünftigen Erfolge haben sich eine Reihe unterschiedlicher Zahlungsstrombegriffe herausgebildet, die die eingeführte Entnahmedefinition teils erweitern. Zu berücksichtigen ist dabei, dass im Mittelpunkt des Ertragswertverfahrens der Wert des Eigenkapitals (Nettounternehmenswert) steht. Die zukünftigen Zahlungsströme können insbesondere auf der Basis der drei folgenden Ansätze bestimmt werden:

- Nettocashflow beim (potenziellen) Eigentümer
- Nettoausschüttungen aus dem Unternehmen
- Einzahlungsüberschüsse des Unternehmens

Der **Nettocashflow** repräsentiert den periodischen Saldo aller erwarteten Zu- und Abflüsse von Finanzmitteln beim (potenziellen) Eigentümer eines Unternehmens. Damit fließt in den Nettocashflow nicht nur der Zahlungsstrom zwischen Unternehmen und Anteilseigner ein. Insbesondere sind auch die sich durch den Besitz des Unternehmens ergebenden Steuerzahlungen des Eigentümers sowie mögliche Synergieeffekte mit anderen Unternehmen, die sich im Besitz des Anteilseigners befinden, zu berücksichtigen. Eine exakte Ermittlung des Nettocashflows beim Eigentümer ist damit mit einem hohen Prognoseaufwand verbunden: Auf Unternehmensebene sind eine umfassende Erfolgs- und Finanzplanung, Annahmen über die künftige Kapitalstruktur und darauf aufbauend eine Planung der künftigen Ausschüttungen, Kapitalrückzahlungen sowie Kapitalzuführungen erforderlich. Auf der Ebene des Anteilseigners sind die persönlichen Steuerwirkungen sowie die Synergieeffekte mit anderen sich in seinem Besitz befindenden Unternehmen zu erfassen (vgl. Mandl/Rabel, 2015, S. 59).

Die **Nettoausschüttungen** aus dem Unternehmen umfassen im Gegensatz zum Nettocashflow lediglich die Zahlungen zwischen Unternehmen und Anteilseigner. Den Nettoausschüttungen liegt eine isolierte Betrachtung zugrunde, d. h. mögliche Synergieeffekte des (potenziellen) Anteilseigners mit weiteren in seinem Besitz befindlichen Unternehmen werden nicht berücksichtigt. Allenfalls werden die persönlichen Steuerwirkungen des Anteilseigners in den Bewertungsansatz integriert (vgl. Mandl/Rabel, 2015, S. 59).

In einem weiteren Ansatz entspricht die zu kapitalisierende Größe dem **Einzahlungsüberschuss** des zu bewertenden Unternehmens. Im Fokus der Betrachtung steht nun nicht mehr der Anteilseigner, sondern das zu bewertende Unternehmen. Vereinfachend wird bei diesem Ansatz unterstellt, dass das Unternehmen den kompletten Einzahlungsüberschuss ausschüttet und dieser somit den Anteilseignern zufließt. Synergieeffekte sowie persönliche Steuerwirkungen des Eigentümers bleiben bei der Grundversion dieses Ansatzes unberücksichtigt.

Aus den drei vorgestellten Ansätzen zur Bestimmung der Kapitalisierungsgröße stellt der Nettocashflow beim (potenziellen) Eigentümer den theoretisch korrekten Ertragsbegriff dar (vgl. Mandl/Rabel, 2015, S. 67). Allerdings kann dieser Nettocashflow nur mit sehr hohem Prognoseaufwand ermittelt werden. Die Nettoausschüttungen aus dem Unternehmen und die Einzahlungsüberschüsse des Unternehmens nehmen Vereinfachungen bei der Bestimmung des relevanten Cashflows vor. Diese Vereinfachungen reduzieren die Komplexität, gleichzeitig bleiben damit aber einige für den Anteilseigner relevante Erfolgskomponenten unberücksichtigt. Mit der Wahl der Kapitalisierungsgröße muss zwischen der exakten Erfassung des Erfolgs für den Eigner auf der einen Seite und dem Prognoseaufwand auf der anderen Seite abgewogen werden. Die drei hier vorgestellten Ansätze bilden dabei nur einen Ausschnitt möglicher Ertragswertdefinition.

Neben der Erfolgsgröße muss ebenfalls der Kapitalisierungszinssatz festgelegt werden. Dem **Kapitalisierungszinssatz** liegt beim Ertragswertverfahren eine Opportunitätsüberlegung zugrunde, d. h. der Kapitalisierungszinssatz entspricht der Rendite der bestmöglichen Handlungsalternative des Käufers (Verkäufers). Damit lässt sich der Kapitalisierungszinssatz als eine Mindestverzinsung interpretieren, die der (potenzielle) Eigner erwirtschaften muss, damit sich seine zukünftige Erfolgssituation nicht verschlechtert (vgl. Mandl/Rabel, 2015, S. 63).

Üblicherweise wird zur Bestimmung des Kapitalisierungszinssatzes zunächst von einem Basiszinssatz ausgegangen. Der Basiszinssatz entspricht dem landesüblichen „risikolosen" Zinssatz, der mit relativ sicheren Wertpapieren erwirtschaftet wird und laufzeitäquivalent festgelegt werden kann.

Der Basiszinssatz ist um verschiedene Positionen zu korrigieren. Die Korrekturen des Basiszinssatzes werden mit den oben beschriebenen Äquivalenzprinzipien begründet und sollen damit bewirken, dass Zähler und Nenner des Bewertungskalküls miteinander vergleichbar sind. Beispiele für solche Korrekturen können Risikozuschläge, Zuschläge aufgrund mangelnder Fungibilität oder Geldentwertungsprämien sein. Im Rahmen der subjektiven Unternehmensbewertung ist hierbei von Bedeutung, dass sich die Modifikationen an den individuellen Verhältnissen des (potenziellen) Anteilseigners orientieren müssen, d. h. dass beispielsweise der Risikozuschlag von der individuellen Risikoeinstellung des Investors abhängt (vgl. Mandl/Rabel, 2015, S. 63 ff.). Der Kapitalisierungszinssatz kann damit wie in Tab. 5.1 dargestellt berechnet werden:

Tab. 5.1: Kapitalisierungszinssatz im Ertragswertverfahren

Basiszinssatz (laufzeitäquivalent)	
+	potenzielle Zuschläge zur Äquivalenzerfüllung • ggf. Zuschlag zur Herstellung der Risikoäquivalenz • ggf. Zuschlag zur Herstellung der Geldwertäquivalenz • ggf. Zuschlag zur Herstellung der Kapitaleinsatzäquivalenz • ggf. Zuschlag zur Herstellung der Verfügbarkeitsäquivalenz
=	Kapitalisierungszinssatz

Liegen die Zähler- und die Nennergröße der oben aufgeführten Bewertungsformel vor, so lässt sich der Unternehmenswert durch das Einsetzen dieser Größen in die dargestellte Barwertformel bestimmen. Abschließend sei noch erwähnt, dass es neben dem dargestellten Vorgehen zur Ableitung des Unternehmenswerts in der Literatur noch eine andere Strömung gibt. Diese empfiehlt, den Kalkulationszins durch Rückgriff auf kapitalmarktorientierte Bewertungsverfahren abzuleiten, womit in Bezug auf diesen Aspekt zwischen dem Ertragswertverfahren und dem Equity-Verfahren kein Unterschied mehr besteht (vgl. Drukarczyk/Schüler, 2016, S. 221 ff.).

5.2.3 DCF Methoden

Varianten der DCF-Verfahren

Die aus der angloamerikanischen Bewertungspraxis stammenden Discounted-Cashflow-(DCF-)Verfahren haben auch in Deutschland weite Verbreitung und Anerkennung gefunden. Die DCF-Verfahren beruhen ebenso wie die vorgestellte

Ertragswertmethode auf dem Kapitalwertmodell. Im Vergleich zum Ertragswertverfahren sind die DCF-Verfahren jedoch dadurch gekennzeichnet, dass zur Bestimmung der Kapitalisierungsgröße und des Kapitalisierungszinssatzes auf kapitalmarkttheoretische Überlegungen zurückgegriffen wird.

Im Rahmen der DCF-Verfahren kann grundsätzlich zwischen den Brutto-(Entity-)Methoden und der Netto-(Equity-)Methode unterschieden werden (vgl. Abb. 5.3). Für die Bruttomethoden ist charakteristisch, dass zunächst der Marktwert des Gesamtkapitals ermittelt und darauf aufbauend durch Subtraktion des Marktwerts des Fremdkapitals der Marktwert des Eigenkapitals bestimmt wird. Bei der Nettomethode hingegen wird der Marktwert des Eigenkapitals direkt ermittelt.

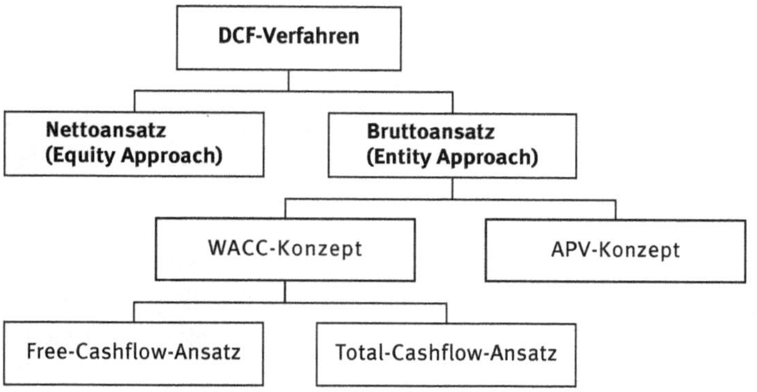

Abb. 5.3: Varianten der DCF-Verfahren

Im Rahmen der Bruttomethoden ist weiter zwischen dem Adjusted-Present-Value-(APV-)Ansatz und dem Weighted-Average-Cost-of-Capital-(WACC-)Ansatz zu differenzieren, wobei letzterer noch einmal in den Free-Cashflow-Ansatz (FCF-Ansatz) und den Total-Cashflow-Ansatz (TCF-Ansatz) unterteilt werden kann. Da die DCF-Verfahren zu den Zukunftserfolgswertverfahren gehören, arbeiten grundsätzlich alle Ansätze nach dem Kapitalwertkalkül. Wie bereits erwähnt, ist somit für jedes Verfahren eine bestimmte Cashflowgröße und ein Kapitalisierungszinssatz zu bestimmen. Dabei sind die verschiedenen Einflussfaktoren auf den Unternehmenswert zu beachten. Neben dem leistungswirtschaftlichen Bereich der Unternehmung ist auch der finanzwirtschaftliche Bereich und damit verbunden die Kapitalstruktur zu berücksichtigen, die die Unternehmung bewusst oder gegebenenfalls auch unbewusst aufgebaut hat. Weiterhin müssen die steuerlichen Effekte in das Kalkül einbezogen werden, die aus einer bestimmten Kapitalstruktur heraus resultieren. Auf das deutsche Steuerrecht angewendet, ergibt sich in Abhängigkeit von der Kapitalstruktur ein Steuervorteil, der Folge der Ungleichbehandlung von Eigen- und Fremdkapital ist. Die Zinsaufwendungen für das Fremdkapital mindern die Steuerbemessungsgrundlage, während Zahlungen an die Eigenkapitalgeber, beispielsweise in Form von Dividenden, nicht steuermindernd geltend gemacht werden können, sondern aus einer Erfolgsgröße nach Steuern zu leisten sind. Die verschiedenen DCF-Verfahren berücksichtigen die resultierenden Effekte auf den Unternehmenswert an unterschiedlichen Stellen, worauf im Weiteren noch näher eingegangen wird. An dieser Stelle kann festgehalten werden, dass bei allen DCF-Verfahren neben der Cashflowgröße und dem Kapitalisierungszinssatz auch der Werteffekt aus den Steuern beachtet werden muss. Die Höhe des Werteffekts hängt unter anderem auch von der Sicherheit des Steuervorteils ab.

In der Unternehmensbewertung ist es bei Anwendung der DCF-Verfahren üblich, eine bestimmte **Finanzierungsstrategie** zu unterstellen. Die größte Verbreitung haben dabei

- die autonome Finanzierungsstrategie und
- die atmende Finanzierungsstrategie gefunden (vgl. Drukarczyk/Schüler, 2016, S. 228).

Im Falle der **autonomen Finanzierung** wird angenommen, dass die Unternehmensleitung bereits zum Bewertungszeitpunkt konkrete Vorstellungen über die künftige Aufnahme und Rückzahlung von Fremdkapital besitzt. Demnach wird das Fremdkapital unabhängig von der Entwicklung des Unternehmenswerts geplant und im Bewertungszeitpunkt deterministisch festgelegt. Unmittelbare Folgen der autonomen Finanzierung sind zum einen die Sicherheit der künftigen Fremdkapitalbestände und zum anderen ein variabler Verschuldungsgrad. Die Abzugsfähigkeit der sicheren Fremdkapitalzinsen von der Steuerbemessungsgrundlage führt zu einem bereits bei Bewertungsbeginn bekannten sicheren Steuervorteil der Fremd- im Vergleich zur Eigenfinanzierung. Bei der **atmenden Finanzierung** muss das Unternehmen dagegen dazu in der Lage sein, eine Zielkapitalstruktur für die künftigen Perioden festzulegen. Dies hat zur Folge, dass sich das Fremdkapital in Abhängigkeit von der Entwicklung des Wertes des Eigenkapitals verändern muss und somit die entstehenden Steuervorteile nicht sicher sind. Die Entwicklung von Eigen- und Fremdkapital sind also aneinander gekoppelt und die beiden Kapitalposten können nicht autonom geplant werden. Die atmende Finanzierung wird aufgrund dieser Orientierung am Unternehmenswert auch als unternehmenswertorientierte Finanzierung bezeichnet (vgl. Baetge et al., 2015, S. 410 f.). Aufgrund der Unsicherheit der Steuervorteile, die aus der anteiligen Fremdfinanzierung resultieren, dürfen die Cashflows, die auf den Steuervorteil zurückzuführen sind, nicht mit dem risikolosen Zinssatz diskontiert werden (vgl. Kruschwitz/Löffler, 2001, S. 109).

Im Folgenden werden die unterschiedlichen Cashflowgrößen und die Kapitalkosten als wesentliche Determinanten des Unternehmenswerts vorgestellt. Anschließend wird die Konkretisierung dieser Größen für die unterschiedlichen DCF-Verfahren erläutert. Der TCF-Ansatz weist dabei eine große Nähe zum FCF-Ansatz auf. Bei beiden Ansätzen wird als Kapitalisierungszinssatz ein durchschnittlicher Kapitalkostensatz verwendet, allerdings berücksichtigt der TCF-Ansatz den Steuervorteil bereits im Cashflow, wohingegen beim FCF-Ansatz der Zähler frei von Kapitalstruktureinflüssen bleibt und diese stattdessen komplett im Nenner abgebildet werden. Die geringere Bedeutung des TCF-Ansatzes sowohl in Theorie als auch Praxis führt dazu, dass oftmals im Rahmen des WACC-Konzepts nur der FCF-Ansatz betrachtet wird. Im Folgenden soll ebenfalls unter dem WACC-Konzept nur der FCF-Ansatz verstanden werden, zumal der TCF-Ansatz sich die Probleme mit dem FCF-Ansatz teilt und keine inhaltlichen Neuerungen mit sich bringt (vgl. Ballwieser/Hachmeister, 2016, S. 191 f.).

Bestimmung von Cashflow und Kapitalkosten

Grundsätzlich werden im Rahmen der DCF-Verfahren alle zahlungswirksamen Komponenten im Zähler des Bewertungskalküls berücksichtigt. Dieser **Free-Cashflow** entspricht dem ausschüttungsfähigen Zahlungsüberschuss, der nicht wieder in das laufende Geschäft in Form von Ersatz- oder Erweiterungsinvestitionen reinvestiert werden muss (vgl. Günther, 1997, S. 95). Der Free-Cashflow enthält also den Teil des Cashflows, der den Kapitalgebern zur Verfügung steht. Eine einheitliche Cashflow-Definition besteht in der Literatur allerdings nicht. Günther stellt beispielsweise vierzehn verschiedene Definitionen vor (vgl. Günther, 1997, S. 112 ff.). Im Folgenden sollen zwei Cashflow-Varianten vorgestellt werden, die in Abhängigkeit von der Finanzierungsstrategie unterschiedlich gut geeignet sind. Gemeinsam ist den beiden Varianten, dass der Free-Cashflow mithilfe der indirekten Methode, d. h. über eine Rückrechnung aus Daten der Gewinn- und Verlustrechnung ermittelt wird. Ausgangspunkt zur Berechnung des Free-Cashflows in der ersten Variante ist das Ergebnis der gewöhnlichen Geschäftstätigkeit gemäß § 275 HGB. Vereinfachend soll im Folgenden angenommen werden, dass weder außerordentliche Erträge noch außerordentliche Aufwendungen zu berücksichtigen sind. Die Subtraktion der Ertragsteuern vom Ergebnis der gewöhnlichen Geschäftstätigkeit führt damit direkt zum Jahresergebnis. Der Jahresüberschuss bzw. -fehlbetrag wird nun zum einen um zahlungsunwirksame Aufwendungen und Erträge korrigiert, zum anderen müssen zusätzlich die Investitionen des Unternehmens in das Anlage- und Umlaufvermögen berücksichtigt werden. Der obere Teil der Tab. 5.2 zeigt dabei die Ermittlung des **Free-Cashflows-Brutto**, der sowohl den Eigen- als auch den Fremdkapitalgebern zur Verfügung steht und von der Kapitalstruktur der Unternehmung abhängig ist. Weiterhin befindet sich auf der unteren linken Seite der **Free-Cashflow-Netto**, auf den lediglich die Anteilseigner einen Anspruch haben.

Die untere rechte Seite der Tab. 5.2 verdeutlicht den **Free-Cashflow bei vollständiger Eigenfinanzierung**, der unabhängig von der gewählten Kapitalstruktur der Unternehmung ist. Die Unabhängigkeit wird dadurch erreicht, dass die Steuerersparnis, die sich aus der Abzugsfähigkeit der Fremdkapitalzinsen von der Steuerbemessungsgrundlage ergibt, vom Free-Cashflow-Brutto subtrahiert wird (vgl. Baetge et al., 2015, S. 373 ff.). Ob der Free-Cashflow-Brutto, -Netto oder der Free-Cashflow bei vollständiger Eigenfinanzierung in der Unternehmensbewertung berücksichtigt wird, hängt von dem gewählten DCF-Verfahren ab. Auf die unterschiedlichen DCF-Verfahren wird noch näher eingegangen.

Tab. 5.2: Ermittlung der verschiedenen Free-Cashflows vom Ergebnis der gewöhnlichen Geschäftstätigkeit ausgehend

kapitalstrukturabhängiger Cashflow		kapitalstrukturunabhängiger Cashflow	
Ergebnis der gewöhnlichen Geschäftstätigkeit		Ergebnis der gewöhnlichen Geschäftstätigkeit	
–	Steuern	–	Steuern
=	Jahresergebnis aus GuV	=	Jahresergebnis aus GuV
+	Zinsen und ähnliche Aufwendungen	+	Zinsen und ähnliche Aufwendungen
+/–	Abschreibungen/Zuschreibungen	+/–	Abschreibungen/Zuschreibungen
+/–	Zuführung/Abnahme Rückstellungen	+/–	Zuführung/Abnahme Rückstellungen
–/+	Zunahme/Abnahme aktiver RAP	–/+	Zunahme/Abnahme aktiver RAP
+/–	Zunahme/Abnahme passiver RAP	+/–	Zunahme/Abnahme passiver RAP
–	Investitionen im Anlagevermögen	–	Investitionen im Anlagevermögen
–/+	Zunahme/Abnahme Working Capital	–/+	Zunahme/Abnahme Working Capital
=	**Free-Cashflow-Brutto** (Total Cashflow)	=	**Free-Cashflow-Brutto** (Total Cashflow)
–	Fremdkapitalzinsen	–	Steuerersparnis wegen Fremdfinanzierung
–	Tilgung	=	**Free-Cashflow bei vollständiger Eigenfinanzierung**
+	Neuverschuldung		
=	**Free-Cashflow-Netto**		

Im Rahmen der zweiten Cashflow-Berechnungsvariante wird der **Free-Cashflow bei vollständiger Eigenfinanzierung** ausgehend von den Earnings before Interest and Taxes (EBIT) ermittelt. Im Gegensatz zu der vorgestellten Free-Cashflow-Definition müssen der Fremdkapitalbestand und die damit verbundenen Zinszahlungen nicht bekannt sein. Als Bemessungsgrundlage für die adjustierten Steuerzahlungen dient das EBIT und somit das Ergebnis vor Zinsen und Steuern. Bei dieser Cashflow-Ermittlung wird also die tatsächlich vorliegende Kapitalstruktur nicht berücksichtigt. Der Vorteil dieser zweiten Berechnungsvariante wird im Rahmen der atmenden Finanzierungsstrategie deutlich, weil dort die Fremdkapitalbestände nicht bekannt sind und der Steuervorteil somit auch nicht quantifiziert werden kann. Über das EBIT kann dennoch der Free-Cashflow bei vollständiger Eigenfinanzierung problemlos berechnet werden.

Der **Kapitalisierungszinssatz**, mit dem im Rahmen der Discounted-Cashflow-Verfahren gearbeitet wird, ergibt sich aus den Kapitalkosten des zu bewertenden Unternehmens. Die Kapitalkosten drücken dabei die Renditeforderungen der Fremdkapital- und der Eigenkapitalgeber aus. Daher ist bei der Bestimmung der Kapitalkosten zwischen den Fremd- und den Eigenkapitalkosten zu unterscheiden. Der gewichtete Mittelwert der Eigen- und Fremdkapitalkosten ergibt schließlich die durchschnittlichen Kapitalkosten.

Tab. 5.3: Ermittlung des Free-Cashflow bei vollständiger Eigenfinanzierung vom EBIT ausgehend

	EBIT
–	Adjustierte Steuern (Steuern auf EBIT)
=	EBI
+/–	Abschreibungen/Zuschreibungen
+/–	Zuführung/Abnahme Rückstellungen
–/+	Zunahme/Abnahme aktiver RAP
+/–	Zunahme/Abnahme passiver RAP
–	Investitionen im Anlagevermögen
–/+	Zunahme/Abnahme des Working Capitals
	Free-Cashflow bei vollständiger Eigenfinanzierung

Die **Fremdkapitalkosten** werden im Rahmen der Unternehmensbewertung in unterschiedlicher Art und Weise ermittelt. Oftmals wird vereinfachend angenommen, dass die Zahlungen an die Fremdkapitalgeber nicht ausfallgefährdet sind und die Fremdkapitalnehmer jederzeit ihren vertraglichen Zins- und Tilgungsleistungen nachkommen können. Ist diese Bedingung erfüllt, können die Fremdkapitalkosten über den risikolosen Zinssatz ausgedrückt werden. Wird die Annahme von risikolosen Fremdkapitalnehmern dagegen als nicht vertretbar angesehen, muss dies bei der Kalkulation der Fremdkapitalkosten berücksichtigt werden. Zum risikolosen Zinssatz muss dann eine Risikoprämie hinzugerechnet werden, die vom Ausmaß der Risikoübernahme der Fremdkapitalgeber abhängt. Zur Ermittlung dieser Risikoprämie können unterschiedliche Verfahren eingesetzt werden, wobei zwischen der direkten Ermittlung von Fremdkapitalkosten, der indirekten Ermittlung von Fremdkapitalkosten durch die Effektivzinsmethode und der indirekten Ermittlung von Fremdkapitalkosten durch die Rating-Methode unterschieden werden kann (vgl. Helms, 2014, S. 143 ff. und Dörschell/Franken/Schulte, 2012, S. 291 ff.). Die steuerliche Abzugsfähigkeit der Fremdkapitalzinsen kann entweder indirekt im Kapitalisierungszinssatz oder direkt im Cashflow erfasst werden.

Die Bestimmung der **Eigenkapitalkosten** eines Unternehmens ist im Vergleich zur Berechnung der Fremdkapitalkosten wesentlich schwieriger, da die Verzinsungsansprüche der Eigenkapitalgeber nicht vertraglich fixiert sind und auch nicht am Markt beobachtet werden können. Im Rahmen der DCF-Verfahren werden die Eigenkapitalkosten i. d. R. über das Capital Asset Pricing Model (CAPM) ermittelt (vgl. Kap. 4.4). Nach dem CAPM setzen sich die Eigenkapitalkosten aus dem risikolosen Zinssatz und einer Risikoprämie für das übernommene Risiko zusammen. Dabei wird im Rahmen der Unternehmensbewertung das gleiche Risikoverständnis wie in der Kapitalmarkttheorie zugrunde gelegt. Die Eigenkapitalgeber investieren in das Unternehmen nur dann, wenn sie eine vom systematischen Risiko abhängige Verzinsung erhalten. Je höher das systematische Risiko, umso höher ist auch die von den Investoren erwartete Rendite. Die Risikoprämie ergibt sich als Differenz zwischen allgemeiner Marktrendite, die häufig aus einem Marktindex abgeleitet wird, und dem risikolosen Zins, multipliziert mit dem Betafaktor.

Die über das CAPM bestimmten Eigenkapitalkosten bilden die kapitalmarkttheoretisch begründeten Ansprüche der Eigenkapitalgeber auf Basis der zum Bewertungszeitpunkt vorliegenden Informationen ab. Die so ermittelten Eigenkapitalkosten entsprechen i. d. R. den Eigenkapitalkosten eines verschuldeten Unternehmens, weil kapitalmarktorientierte Unternehmen nahezu immer verschuldet sind. Zur Anwendung bestimmter DCF-Verfahren sind jedoch auch Informationen zu den Eigenkapitalkosten eines unverschuldeten Unternehmens erforderlich. Weiterhin ist zu beachten, dass sich in Unternehmen, beispielsweise im Zuge einer Unternehmensübernahme, die Kapitalstruktur verändern kann. Es ergeben sich somit zwei Anpassungserfordernisse der über das CAPM ermittelten Eigenkapitalkosten. Zum einen muss es ein methodisches Vorgehen geben, um den Eigenkapitalkostensatz eines unverschuldeten Unternehmens zu ermitteln und zum anderen müssen die geplanten Kapitalstrukturveränderungen im Bewertungskalkül abbildbar sein.

Die möglichen Reaktionen der Eigenkapitalgeber auf Veränderungen der Kapitalstruktur sind auf Basis der Kapitalstrukturtheorien abzuschätzen (Einzelheiten zu den Kapitalstrukturtheorien vgl. Kap. 9). Im Rahmen der Unternehmensbewertung werden die Konsequenzen aus einer Kapitalstrukturveränderung häufig über die Synthese des CAPM mit dem Kapitalstrukturmodell von Modigliani/Miller ermittelt. Später wurden aus der Synthese des CAPM mit dem Modell von Miles/Ezzell Erweiterungen in Bezug auf die Sicherheit des unterstellten Steuervorteils möglich (vgl. Copeland/Weston/Shastri, 2008, S. 717; Drukarczyk/Schüler, 2016, S. 228 f.). Außerdem können über diesen Weg auch die Eigenkapitalkosten eines unverschuldeten Unternehmens berechnet werden. Im Folgenden wird das grundsätzliche Vorgehen für die Synthese des CAPM mit dem Modell von Modigliani/Miller skizziert, wobei von risikolosen Fremdkapitalnehmern ausgegangen wird (zu Erweiterungen auf risikobehaftete Fremdkapitalnehmer vgl. zum Beispiel Helms, 2014, S. 165 ff.). In die Herleitung fließen die Erläuterungen zum CAPM (vgl. Kap. 4) zur Kapitalstrukturtheorie von Modigliani/Miller (vgl. Kap. 9) ein. Der von Modigliani/Miller aufgestellten Beziehung liegt die Annahme zugrunde, dass das Fremdkapitalvolumen zum Bewertungszeitpunkt bekannt ist, was der Prämisse der **autonomen Finanzierungsstrategie** entspricht. Damit gilt bzgl. der Eigenkapitalkosten eines verschuldeten Unternehmens der folgende Zusammenhang (Modigliani-Miller-Gleichung):

$$k_{EK}^{l} = k_{EK}^{u} + (k_{EK}^{u} - k_{FK}) \cdot (1 - s) \cdot \frac{FK^{MW}}{EK^{MW}}$$

mit:
k_{EK}^{l} = Eigenkapitalkosten des verschuldeten Unternehmens
k_{EK}^{u} = Eigenkapitalkosten des unverschuldeten Unternehmens
k_{FK} = Fremdkapitalzinssatz (risikoloser Zinssatz)

FK^{MW} = Marktwert des Fremdkapitals
EK^{MW} = Marktwert des Eigenkapitals
s = Steuerfaktor

Wird die oben aufgezeigte Bewertungsgleichung mit der Formel zur Wertpapierlinie aus dem CAPM gleichgesetzt, ergibt sich Folgendes:

$$k_{EK}^{l} = \underbrace{k_{FK} + (i_m - k_{FK}) \cdot \beta_l}_{\text{CAPM-Gleichung}} = \underbrace{k_{EK}^{u} + (k_{EK}^{u} - k_{FK}) \cdot (1 - s) \cdot \frac{FK^{MW}}{EK^{MW}}}_{\text{Modigliani-Miller-Gleichung}}$$

Die Eigenkapitalkosten eines unverschuldeten Unternehmens lassen sich nun berechnen, indem die oben aufgeführte Gleichung nach k_{EK}^{u} aufgelöst wird.

Um eine Anpassung an variierende Kapitalstrukturen vornehmen zu können, hat sich in der Literatur allerdings ein anderes Vorgehen durchgesetzt. Die Verbindung zwischen CAPM und dem Ansatz von Modigliani/Miller sowie die Anpassung an veränderliche Kapitalstrukturen wird i. d. R. auf Basis der sog. Beta-Kalibrierung vorgenommen (vgl. Copeland/Weston/Shastri, 2008, S. 717 und S. 150; Drukarczyk/Schüler, 2016, S. 228 f.). Dazu werden die Eigenkapitalkosten der verschuldeten und der unverschuldeten Unternehmung über das CAPM abgebildet und mit der Modigliani-Miller-Beziehung gleichgesetzt. Für die Eigenkapitalkosten einer unverschuldeten Unternehmung gilt analog zur verschuldeten Unternehmung folgende CAPM Gleichung:

$$k_{EK}^{u} = k_{FK} + (i_m - k_{FK}) \cdot \beta_u$$

Wird diese Gleichung in den rechten Teil der oben aufgeführten Beziehung eingesetzt, ergibt sich folgender Zusammenhang:

$$k_{FK} + (i_m - k_{FK}) \cdot \beta_l = \underbrace{k_{FK} + (i_m - k_{FK}) \cdot \beta_u}_{k_{EK}^{u}} + (\underbrace{k_{FK} + (i_m - k_{FK}) \cdot \beta_u}_{k_{EK}^{u}} - k_{FK}) \cdot (1 - s) \cdot \frac{FK^{MW}}{EK^{MW}}$$

Diese Beziehung kann aufgelöst nach β_u auch wie folgt geschrieben werden:

$$\beta_u = \frac{\beta_l}{1 + (1 - s) \cdot \frac{FK^{MW}}{EK^{MW}}}$$

Um die Auswirkungen einer Veränderung der Kapitalstruktur auf die Eigenkapitalkosten bestimmen zu können, sind zunächst die Effekte einer Veränderung der Kapitalstruktur auf β_l festzustellen. Dazu ist die soeben ermittelte Beziehung nach β_l aufzulösen:

$$\beta_l = \beta_u \cdot \left(1 + (1 - s) \cdot \frac{FK^{MW}}{EK^{MW}}\right)$$

Mithilfe der Beta-Kalibrierung können somit zum einen die Eigenkapitalkosten einer unverschuldeten Unternehmung durch das Unlevering (Beta wird von der Verschuldung befreit) ermittelt werden, ferner kann auch ein Relevering durchgeführt werden, womit der Beta-Faktor an die geplante Kapitalstruktur angepasst wird. Grundsätzlich ist es durch das aufgezeigte Vorgehen möglich, die Eigenkapitalkosten eines verschuldeten und eines unverschuldeten Unternehmens in einem einfachen Steuersystem zu berechnen und dabei die Konsequenzen aus einer sich verändernden Kapitalstruktur zu berücksichtigen.

Bei **atmender Finanzierung** wird der Verschuldungsgrad deterministisch festgelegt und die Aufnahme beziehungsweise Rückzahlung von Fremdkapital hängt vom Unternehmenswert ab. Die oben beschriebenen Steuervorteile, die sich aus der Fremdfinanzierung ergeben, sind für den Bewertungszeitraum unsicher. Bei atmender Finanzierung sind daher die Eigenkapitalkosten der verschuldeten Unternehmung nicht über die oben vorgestellte Modigliani-Miller-Gleichung zu bestimmen. Miles/Ezzell haben einen Ansatz entwickelt, der auf dem Modell von Modigliani/Miller aufbaut (vgl. Miles/Ezzell, 1980, S. 726 ff.), wobei der Ansatz die Unsicherheit der Fremdkapitalbestände und damit verbunden der Steuervorteile berücksichtigt. Gemäß der Annahmen von Miles/Ezzell ist der Wert des Steuervorteils, der sich aus der anteiligen Fremdfinanzierung in der Periode t ergibt, dabei nur aus der Periode t – 1 betrachtet sicher, da nur aus der Sicht dieser Periode das Fremdkapitalvolumen in t – 1 bekannt und somit der Steuervorteil in t berechenbar ist (vgl. Drukarczyk/Schüler, 2016, S. 208). In allen vor t – 1 liegenden Perioden ist der Steuervorteil unsicher. Wird dieser Sachverhalt berücksichtigt, ergibt sich für die Eigenkapitalkosten des verschuldeten Unternehmens folgender Ausdruck (vgl. Drukarczyk/Schüler, 2016, S. 205 f.; Langenkämper, 2000, S. 81 f.):

$$k_{EK}^{l} = k_{EK}^{u} + (k_{EK}^{u} - k_{FK}) \cdot \underbrace{\frac{1 + k_{FK}(1 - s)}{1 + k_{FK}}}_{\text{nahe 1}} \cdot \frac{FK^{MW}}{EK^{MW}}$$

Deutlich wird bei dem Vergleich der obigen Beziehung mit der von Modigliani/Miller, dass der aus der Abzugsfähigkeit der Fremdkapitalzinsen von der Steuerbemessungsgrundlage resultierende Steuervorteil aufgrund der Unsicherheit des Fremdkapitals sehr viel kleiner wird. Werden die Formelbestandteile, die den Steuervorteil berücksichtigen, miteinander verglichen, führt der Steuervorteil bei Modigliani/Miller zu einem Abschlag von der Risikoprämie in Höhe von (1 – s), wohingegen der Abschlag der Risikoprämie bei Miles/Ezzell bei lediglich $\frac{1 + k_{FK}(1 - s)}{1 + k_{FK}}$ liegt. Die Eigenkapitalkosten des verschuldeten Unternehmens sind bei einer atmenden

Finanzierung somit höher als bei einer autonomen Finanzierungsstrategie. Die Beziehungen zum Unlevern und Relevern der Beta-Faktoren können analog zum oben gezeigten Vorgehen hergeleitet werden, es muss nur anstelle der Beziehung von Modigliani/Miller die oben aufgeführte Gleichung von Miles/Ezzell verwendet werden.

Bevor auf die einzelnen DCF-Verfahren näher eingegangen wird, soll zusammenfassend ein dreistufiges Schema vorgestellt werden, das zur Ableitung des Unternehmenswerts verwendet werden kann. Dieses Schema fasst die bisherigen Erkenntnisse zur Bestimmung des Unternehmenswerts noch einmal zusammen (vgl. Tab. 5.4):

Tab. 5.4: Dreistufiges Schema zur Ermittlung des Unternehmenswerts

Stufe 1	Festlegung der Finanzierungsstrategie und Auswahl des Unternehmensbewertungsverfahrens
Stufe 2	Bestimmung der in das Bewertungskalkül eingehenden Cashflows
Stufe 3	Bestimmung der in das Bewertungskalkül eingehenden Kapitalkosten, bei Veränderungen der Kapitalstruktur sind diese durch Synthese des CAPM und der Kapitalstrukturtheorie zu berücksichtigen

Entity-Methode

Das Ziel der Entity-Methode ist die Ermittlung des Gesamtunternehmenswerts, der sowohl den Marktwert des Eigenkapitals als auch den Marktwert des Fremdkapitals enthält. Zur Bestimmung des Marktwerts des Eigenkapitals muss vom Gesamtunternehmenswert der Marktwert des Fremdkapitals subtrahiert werden.

Der **WACC-Ansatz** ist in der Literatur unter den DCF-Verfahren der populärste Ansatz. Bei diesem Verfahren werden die prognostizierten Free-Cashflows bei vollständiger Eigenfinanzierung mit einem gewichteten Gesamtkapitalkostensatz auf den Zeitpunkt Null diskontiert. Bei der Berechnung des durchschnittlichen Kapitalkostensatzes sind die Eigen- und Fremdkapitalkosten entsprechend der Kapitalstruktur zu berücksichtigen. Hierbei ist zu beachten, dass die Gewichtung mittels der Marktwerte von Eigen- und Fremdkapital vorzunehmen ist.

Der dem WACC-Ansatz zugrunde liegende Free-Cashflow unterstellt, dass das Unternehmen vollständig eigenfinanziert ist. Da jedoch die Fremdkapitalzinsen steuerlich abzugsfähig sind, geht in die Rechnung ein zu geringer Cashflow bzw. eine zu hohe Steuerzahlung ein. Der zu hohe Steuerabzug kann dadurch beseitigt werden, dass der Fremdkapitalzinssatz mit dem Steuerterm $(1 - s)$ multipliziert wird. Die steuerliche Abzugsfähigkeit der Fremdkapitalzinsen wird somit im Diskontierungszinssatz erfasst. Allerdings ist zu beachten, dass der Wert des Steuervorteils, wie oben beschrieben, von der Finanzierungstrategie abhängt. Weiterhin ergeben sich je nach

Finanzierungsstrategie unterschiedliche Konsequenzen für die Kapitalkosten. Die Bewertungsgleichungen unterscheiden sich somit in Abhängigkeit von der Finanzierungsstrategie.

Bei **atmender Finanzierung** sind die Entwicklungen von Eigen- und Fremdkapital aneinander gekoppelt und lediglich der Verschuldungsgrad wird deterministisch festgelegt. Wird von einem konstanten Verschuldungsgrad über den gesamten Bewertungshorizont ausgegangen, berechnet sich der Gesamtkapitalkostensatz damit gemäß folgender, zeitpunktunabhängiger Formel:

$$k_{WACC} = k_{EK}^{l} \cdot \frac{EK^{MW}}{GK^{MW}} + k_{FK} \cdot (1-s) \frac{FK^{MW}}{GK^{MW}}$$

mit: k_{WACC} = durchschnittliche gewogene Kapitalkosten
GK^{MW} = Marktwert des Gesamtkapitals

Diese Beziehung lässt sich bei atmender Finanzierung aufgrund der Kenntnis des Verschuldungsgrads mithilfe folgender Zusammenhänge

$$\frac{FK^{MW}}{EK^{MW}} = V; \; FK^{MW} + EK^{MW} = GK^{MW}$$

wie folgt umformen:

$$k_{WACC} = k_{EK}^{l} \cdot \frac{1}{1+V} + k_{FK} \cdot (1-s) \cdot \frac{V}{1+V}$$

Der Gesamtunternehmenswert bei atmender Finanzierung ergibt sich aus der Diskontierung der Free-Cashflows bei vollständiger Eigenfinanzierung mit den durchschnittlichen Kapitalkosten. Für das Zweiphasenmodell folgt daraus folgende Bewertungsgleichung:

$$UW^{WACC} = \underbrace{\sum_{t=1}^{T} \frac{FCF_t}{(1+k_{WACC})^t}}_{\text{Phase I}} + \underbrace{\frac{FCF_{T+1}}{(1+k_{WACC})^T \cdot k_{WACC}}}_{\text{Phase II}}$$

mit: UW^{WACC} = Unternehmenswert gemäß des WACC-Ansatzes
FCF_t = Free-Cashflow bei vollständiger Eigenfinanzierung der Periode t
FCF_{T+1} = Free-Cashflow bei vollständiger Eigenfinanzierung ab der Periode T + 1

Der erste Term der rechten Seite repräsentiert Phase I, der zweite Term der rechten Seite drückt Phase II des Bewertungsmodells aus.

Bei **autonomer Finanzierung** wird das Fremdkapital bis zum Bewertungshorizont deterministisch festgelegt, woraus sich i. d. R. schwankende Verschuldungsgrade ergeben. Daraus folgt, dass die durchschnittlichen Kapitalkosten periodisch ermittelt werden müssen, weshalb der Nenner der Bewertungsgleichung anzupassen ist:

$$UW^{WACC} = \underbrace{\sum_{t=1}^{T} \frac{FCF_t}{\prod_{\tau=1}^{t}(1 + k_{WACC,\tau})}}_{\text{Phase I}} + \underbrace{\frac{FCF_{T+1}}{k_{WACC,T+1} \prod_{\tau=1}^{t}(1 + k_{WACC,\tau})}}_{\text{Phase II}}$$

Die periodenspezifische Berechnung des WACC ist dazu mittels folgender Formel vorzunehmen:

$$k_{WACC,t} = k^{l}_{EK,t} \cdot \frac{EK^{MW}_{t-1}}{GK^{MW}_{t-1}} + k_{FK} \cdot (1 - s) \cdot \frac{FK^{MW}_{t-1}}{GK^{MW}_{t-1}}$$

Die Formel verdeutlicht eine zentrale Problematik des WACC-Ansatzes bei autonomer Finanzierung: Zur Bestimmung des WACC werden der Marktwert des Gesamtkapitals und des Eigenkapitals benötigt, die gleichzeitig die Zielgrößen der Unternehmensbewertung darstellen. Für die Berechnung des Marktwerts des Gesamtkapitals ist wiederum die Kenntnis des WACC notwendig. Folglich ist die Anwendung des DCF-Verfahrens bei autonomer Finanzierung mit einem **Zirkularitätsproblem** verbunden (vgl. Nippel, 1999, S. 333). Zur Lösung des Zirkularitätsproblems kann eine atmende Finanzierung mit einer konstanten Kapitalstruktur unterstellt oder im Rahmen der autonomen Finanzierungsstrategie rekursiv vorgegangen bzw. mit einem iterativen Verfahren gearbeitet werden (vgl. Hölscher/Helms 2013, S. 15 ff. und die dort genannte Literatur).

Soll ergänzend zum Gesamtunternehmenswert der Marktwert des Eigenkapitals ermittelt werden, so ist vom Gesamtunternehmenswert der Marktwert des Fremdkapitals zu subtrahieren. Der Marktwert des Fremdkapitals ermittelt sich als Barwert der Nettozahlungen an die Fremdkapitalgeber, d. h. die Nettozahlungen an die Fremdkapitalgeber sind mit dem Fremdkapitalkostensatz zu diskontieren und anschließend zu summieren. Das gilt grundsätzlich unabhängig davon, ob eine autonome oder atmende Finanzierungsstrategie unterstellt wird:

$$EK^{WACC} = UW^{WACC} - \sum_{t=1}^{T} \frac{\text{Nettozahlungen an FK} - \text{Geber}_t}{(1 + k_{FK})^t} - \frac{\text{Nettozahlungen an FK} - \text{Geber}_{T+1}}{k_{FK} \cdot (1 + k_{FK})^T}$$

mit: EK^{WACC} = Marktwert des Eigenkapitals gemäß des WACC-Ansatzes

Eine weitere Variante der Entity-Verfahren ist der APV-Ansatz. Dieser Ansatz beruht auf der Idee der isolierten Bewertung von Zahlungsströmen, wobei die Zahlungsströme in die leistungswirtschaftlichen und die finanzwirtschaftlichen Zahlungsströme unterteilt werden (vgl. Drukarczyk/Schüler, 2016, S. 171). Der Wert der Unternehmung im Bewertungszeitpunkt ergibt sich aus den folgenden Komponenten (vgl. Kuhner/Maltry, 2017, S. 227):

	hypothetischer Marktwert des unverschuldeten Unternehmens
+	Werteffekt aus dem Steuervorteil der Verschuldung
–	Marktwert des Fremdkapitals
=	Marktwert des Eigenkapitals

Ausgangspunkt des APV-Ansatzes ist der Marktwert des Gesamtkapitals unter der Annahme vollständiger Eigenfinanzierung. Dieser Marktwert der unverschuldeten Unternehmung ist somit frei von Einflüssen aus einer bestimmten Kapitalstruktur, da die fiktive Finanzierung nur über Eigenkapital unterstellt wird. Hierzu sind die prognostizierten Free-Cashflows bei vollständiger Eigenfinanzierung mit den Renditeforderungen der Eigenkapitalgeber für das unverschuldete Unternehmen abzuzinsen. In einem zweiten Schritt sind die Werteffekte aus der tatsächlichen Kapitalstruktur zu berücksichtigen und somit die Auswirkungen der realen Fremdfinanzierung abzubilden. Aus der steuerlichen Abzugsfähigkeit der Fremdkapitalzinsen folgt ein Werteffekt, der den Marktwert des Gesamtkapitals im Vergleich zu einem rein eigenfinanzierten Unternehmen erhöht. Die Marktwerterhöhung entspricht dem Barwert der Steuerersparnis aus den Fremdkapitalzinsen. Die Summe des Marktwerts des unverschuldeten Unternehmens und der Marktwerterhöhung aufgrund der Fremdfinanzierung führt zum Marktwert des Gesamtkapitals des verschuldeten Unternehmens. Zur Berechnung des Marktwerts des Eigenkapitals ist von diesem Wert der Marktwert des Fremdkapitals abzuziehen (vgl. Mandl/Rabel, 2015, S. 75 f.).

Der Grundgedanke des APV-Ansatzes soll nun wiederum in formaler Form dargestellt werden. Die Bewertungsgleichungen unterscheiden sich dabei in Analogie zum WACC-Ansatz in Abhängigkeit von der Finanzierungsstrategie aufgrund des unterschiedlichen Grades der Unsicherheit des Steuervorteils. Der Gesamtunternehmenswert setzt sich bei **atmender Finanzierung** aus vier Termen zusammen, wobei die ersten beiden Terme in Summe den hypothetischen Marktwert des unverschuldeten Unternehmens ergeben. Der erste Term steht dabei für die Phase I, der zweite Term für die Phase II. Der dritte und vierte Term drücken die Werteffekte aufgrund der Kapitalstruktur aus, auch wiederum im ersten Term für Phase I und im zweiten Term für Phase II. Formal sieht dies wie folgt aus:

$$UW^{APV} = \underbrace{\sum_{t=1}^{T} \frac{FCF_t}{(1 + k_{EK}^u)^t} + \frac{FCF_{T+1}}{(1 + k_{EK}^u)^T \cdot k_{EK}^u}}_{\text{hypothetischer Marktwert des unverschuldeten Unternehmens}}$$

$$+ \underbrace{\sum_{t=1}^{T} \frac{s \cdot k_{FK} \cdot FK_{t-1}^{MW}}{(1 + k_{FK}) \cdot (1 + k_{EK}^u)^{t-1}} + \frac{s \cdot k_{FK} \cdot FK_T^{MW}}{(1 + k_{FK}) \cdot (1 + k_{EK}^u)^{T-1} \cdot k_{EK}^u}}_{\text{Steuervorteil durch den Fremdkapitalbestand}}$$

mit: UW^{APV} = (Gesamt-)Unternehmenswert gemäß des APV-Ansatzes

Die Nenner des dritten und vierten Terms, mit denen der Steuervorteil in der Bewertungsgleichung berücksichtigt wird, drücken aus, dass der Steuervorteil einer Periode t nur vom Zeitpunkt t – 1 sicher ist und somit über eine Periode mit den risikolosen Fremdkapitalkosten diskontiert werden muss. Vom Standpunkt aller früheren Zeitpunkte t – 2, t – 3, ..., t = 0 ist der Steuervorteil dagegen unsicher und muss daher mit dem risikoangepassten Zinssatz k_{EK}^u für vollständig eigenfinanzierte Unternehmen abgezinst werden (vgl. Wallmeier, 1999, S. 1477). Gemäß der Anpassungsformel von Miles/Ezzell wird also unterstellt, dass die Steuervorteile für alle Zeitpunkte vor t – 1 mit dem gleichen Zinssatz zu diskontieren sind, wie die Free-Cashflows bei vollständiger Eigenfinanzierung und damit auch die gleiche Unsicherheit aufweisen.

Für den Fall der **autonomen Finanzierung** berechnet sich der Marktwert des Unternehmens nach dem APV-Ansatz wie folgt:

$$UW^{APV} = \underbrace{\sum_{t=1}^{T} \frac{FCF_t}{(1 + k_{EK}^u)^t} + \frac{FCF_{T+1}}{(1 + k_{EK}^u)^T \cdot k_{EK}^u}}_{\text{hypothetischer Marktwert des unverschuldeten Unternehmens}} + \underbrace{\sum_{t=1}^{T} \frac{s \cdot k_{FK} \cdot FK_{t-1}^{MW}}{(1 + k_{FK})^t} + \frac{s \cdot k_{FK} \cdot FK_T^{MW}}{(1 + k_{FK})^T \cdot k_{FK}}}_{\text{Steuervorteil durch den Fremdkapitalbestand}}$$

Die ersten beiden Terme stimmen mit den Termen für den Fall der atmenden Finanzierung überein. Ein Unterschied ergibt sich hingegen im Nenner des dritten und vierten Terms. Da die Cashflows aus den Steuervorteilen im Zähler des Bewertungskalküls als sicher angenommen werden können, dürfen diese auch nur mit dem risikolosen Fremdkapitalzinssatz diskontiert werden. Der Vergleich der beiden Gleichungen macht deutlich, dass der Werteffekt aus dem Steuervorteil bei autonomer Finanzierung im Vergleich zur atmenden Finanzierung größer ausfällt. Zur Berechnung des Marktwerts des Eigenkapitals ist vom Gesamtunternehmenswert der Marktwert des Fremdkapitals zu subtrahieren:

$$EK^{APV} = UW^{APV} - \sum_{t=1}^{T} \frac{\text{Nettozahlungen an FK} - \text{Geber}_t}{(1 + k_{FK})^t} - \frac{\text{Nettozahlungen an FK} - \text{Geber}_{T+1}}{k_{FK} \cdot (1 + k_{FK})^T}$$

Der Vorteil des APV-Ansatzes ist die Separation der einzelnen wertbildenden Komponenten des Unternehmenswerts. Im Gegensatz zum WACC-Ansatz wird eine klare Trennung zwischen dem Leistungs- und dem Finanzierungsbereich des Unternehmens vorgenommen. Finanzierungs- und Steuereffekte bleiben bei der Ermittlung des Marktwerts des unverschuldeten Unternehmens unberücksichtigt. Die Einflüsse der Kapitalstruktur zeigen sich bei den diskontierten Steuervorteilen aus der Fremdfinanzierung sowie dem Marktwert des Fremdkapitals (vgl. Kuhner/Maltry, 2017, S. 233). Schwierigkeiten bereitet die Bestimmung der Eigenkapitalkosten eines unverschuldeten Unternehmens, die Kenntnis dieser Eigenkapitalkosten ist jedoch zentrale Voraussetzung für die Anwendung des APV-Ansatzes. Eine Möglichkeit zur Bestimmung der Eigenkapitalkosten eines unverschuldeten Unternehmens wurde oben im Rahmen der Kapitalkostenbestimmung aufgezeigt. Weitere Probleme entstehen in Abhängigkeit der gewählten Finanzierungsstrategie. Während bei der autonomen Finanzierung das Verfahren weitgehend unproblematisch eingesetzt werden kann, hängt bei atmender Finanzierung die Entwicklung des Fremdkapitalbestands vom Marktwert des Eigenkapitals ab, womit die Entwicklungen von Eigen- und Fremdkapital aneinander gekoppelt sind und nicht autonom geplant werden können. Die Fremdkapitalbestände lassen sich über den zum Bewertungszeitpunkt festgelegten Verschuldungsgrad erst ermitteln, wenn der Marktwert des Eigenkapitals als gesuchtes Bewertungsergebnis bereits bekannt ist. Es liegt somit bei atmender Finanzierung ein Zirkularitätsproblem vor, welches ähnlich wie beim WACC-Ansatz bei autonomer Finanzierung nur über ein iteratives oder rekursives Vorgehen lösbar ist.

Equity-Methode

Beim Equity-Ansatz handelt es sich um ein Nettoverfahren, bei dem der Marktwert des Eigenkapitals unmittelbar bestimmt wird. Die Kapitalisierungsgröße entspricht bei diesem Konzept dem Free-Cashflow-Netto, also dem Zahlungsmittelüberschuss, der ausschließlich den Anteilseignern zusteht. In Teilen der Literatur werden die ausschließlich den Eigenkapitalgebern zur Verfügung stehenden Cashflows auch als Flows to Equity bezeichnet (vgl. Mandl/Rabel, 1997, S. 367). Als Diskontierungszinssatz ist daher auch nur die Renditeforderung der Eigenkapitalgeber anzusetzen. Die Formeln zur Bestimmung des Unternehmenswerts nach dem Equity-Ansatz unterscheiden sich wiederum in Abhängigkeit von der Finanzierungsstrategie. Ein Unterschied ergibt sich, weil die Eigenkapitalkosten bei atmender Finanzierung aufgrund der Konstanz des Verschuldungsgrads ebenfalls als konstant angenommen werden können, was bei autonomer Finanzierung nicht gilt. Bei **atmender Finanzierung** folgt aus diesen Überlegungen die unten aufgeführte Bewertungsgleichung, die wiederum zwischen der Phase I und der Phase II des Bewertungsprozesses unterscheidet:

$$EK^{Equity} = \underbrace{\sum_{t=1}^{T} \frac{FCF - Netto_t}{(1 + k_{EK}^{l})^t}}_{\text{Phase I}} + \underbrace{\frac{FCF - Netto_{T+1}}{(1 + k_{EK}^{l})^T \cdot k_{EK}^{l}}}_{\text{Phase II}}$$

mit: EK^{Equity} = Marktwert des Eigenkapitals nach dem Equity-Ansatz
$FCF\text{-}Netto_t$ = Free-Cashflow-Netto der Periode t
$FCF\text{-}Netto_{T+1}$ = Free-Cashflow-Netto der Periode t ab der Periode T + 1

Für den Fall der **autonomen Finanzierungsstrategie** ist die Bewertungsgleichung im Nenner anzupassen. Die Anpassung ist notwendig, weil sich die Eigenkapitalkosten i. d. R. von Periode zu Periode aufgrund der variierenden Kapitalstruktur verändern. Werden die periodenspezifischen Eigenkapitalkosten im Bewertungskalkül berücksichtigt, ergibt sich die folgende Bewertungsgleichung:

$$EK^{Equity} = \underbrace{\sum_{t=1}^{T} \frac{FCF - Netto_t}{\prod_{\tau=1}^{t}(1 + {}_{EK,\tau}^{l})}}_{\text{Phase I}} + \underbrace{\frac{FCF - Netto_{T+1}}{\prod_{\tau=1}^{t}(1 + k_{EK,\tau}^{l}) \cdot k_{EK,T+1}^{l}}}_{\text{Phase II}}$$

Eine oberflächliche Betrachtung der Bewertungsgleichungen könnte den Schluss nahe legen, dass der Equity-Ansatz unproblematisch angewendet werden kann, während beim WACC- und APV-Ansatz jeweils in bestimmten Szenarien Zirkularitätsprobleme bestehen. Eine genauere Betrachtung verdeutlicht allerdings, dass der Equity-Ansatz letztendlich weder gegenüber dem WACC- noch gegenüber dem APV-Ansatz Vorteile bringt. Im Falle einer **atmenden Finanzierungsstrategie** ergibt sich ein Zirkularitätsproblem, weil bei der Bestimmung der Free-Cashflows-Netto die Fremdkapitalbestände benötigt werden. Aufgrund der geforderten Einhaltung der Zielkapitalstruktur können die Fremdkapitalbestände allerdings erst berechnet werden, wenn der Unternehmenswert bekannt ist. Eine Lösung des Problems kann durch die Anwendung von iterativen oder rekursiven Berechnungsverfahren erreicht werden. Für den Fall der **autonomen Finanzierungsstrategie** lässt sich der Free-Cashflow-Netto ohne Probleme bestimmen. Die Renditeforderungen der Eigenkapitalgeber hängen vom Verschuldungsgrad ab (vgl. Kap. 9 und die Ausführungen oben), was eine periodenspezifische Ermittlung der Eigenkapitalkosten erfordert. Um die Kapitalstruktur richtig berücksichtigen zu können, müsste der Verschuldungsgrad bekannt sein, was bei der autonomen Finanzierung genau nicht der Fall ist. Somit geht die periodenspezifische Ermittlung der Eigenkapitalkosten, wie bereits im Rahmen des WACC-Ansatzes thematisiert, mit einem Zirkularitätsproblem einher. Weiterhin führt die fehlende Trennung von Leistungs- und Finanzbereich zu dem Nachteil, dass der operative und der finanzielle Bereich bereits im Bewertungskalkül miteinander vermischt werden und eine transparente Darstellung der Bewertungskomponenten nicht vorgenommen wird (vgl. Hölscher/Helms 2013, S. 5).

5.2.4 Ein umfassendes Zahlenbeispiel

Ausgangssituation

Die Ermittlung des Unternehmenswerts anhand der zuvor dargestellten Verfahren soll an einem Beispiel, dem die XY-AG zugrunde liegt, verdeutlicht werden. Das Beispiel zielt darauf ab, einerseits die Anwendbarkeit der Verfahren aufzuzeigen und andererseits die Konvergenz der unterschiedlichen DCF-Verfahren darzustellen. Der Grundgedanke ist dabei, dass die Unternehmensbewertungsverfahren einer Verfahrensklasse bei gleicher Finanzierungsstrategie auch zum gleichen Unternehmenswert führen sollten (vgl. Hölscher/Helms 2013, S. 1). Das Management der XY-AG hat bereits verschiedene Informationen zusammengestellt. Die Bewertung soll auf der Grundlage des bereits vorgestellten Zweiphasenmodells erfolgen. Der Detailplanungszeitraum (Phase I) beträgt dabei drei Jahre und beginnt im Jahr 1. Für die im Jahr 4 startende Phase II wird angenommen, dass die Zahlen für das Jahr 4 eine ausreichende Schätzung für den Fortführungszeitraum über $t = 4$ hinaus darstellen (ewige Rente). Gemäß des in Tab. 5.4 vorgestellten Ablaufschemas zur Bestimmung des Unternehmenswerts ist vom Management der XY-AG zunächst die Finanzierungsstrategie festzulegen. Das Management hat sich für eine atmende Finanzierungsstrategie entschieden und den Verschuldungsgrad V auf 0,6 festgelegt. Aus Tab. 5.5 können des Weiteren der risikolose Zinssatz, der Fremdkapitalkostensatz, der Steuersatz, der Beta-Faktor leveraged und die Rendite des Marktportfolios entnommen werden.

Tab. 5.5: Prämissen zur Bewertung der XY-AG

Risikoloser Zinssatz i_R (%)	5
Fremdkapitalkostensatz k_{FK} (%)	5
Steuersatz s (%)	35
Beta-Faktor leveraged	1,272
Rendite des Marktportfolios r_M (%)	10
Verschuldungsgrad (%)	60

Diese Angaben lassen sich bei einem kapitalmarktorientierten Unternehmen am Kapitalmarkt beobachten und können zur Bestimmung weiterer Größen, wie beispielsweise der Eigenkapitalkosten, herangezogen werden.

Tabelle 5.6 zeigt die vom Management prognostizierten bilanzstrukturellen Werte für die beschriebenen Unternehmensphasen. Der Bilanzaufbau orientiert sich an § 266 HGB, allerdings wurden aus Gründen der Übersichtlichkeit verschiedene Positionen zusammengefasst. Hingewiesen sei darauf, dass die Werte abgesehen vom Jahr 0 aufgrund ihrer Zukunftsbezogenheit Erwartungswerte darstellen. Zu beachten ist, dass sich die in der Bilanz aufgeführten Fremdkapitalbestände aufgrund der atmenden

Finanzierung erst im Zuge der Bewertung ergeben und hier bereits als Vorgriff auf das Ergebnis der Unternehmensbewertung dargestellt werden. Die Unternehmung plant bei atmender Finanzierung den Verschuldungsgrad, der Wert des Eigenkapitals und das sich daraus ergebende Volumen des Fremdkapitals sind aber zu Beginn der Planung unbekannt. Im Rahmen des Beispiels werden die Werte für das Eigen- und das Fremdkapital zur Demonstration der Übereinstimmung aller DCF-Verfahren vereinfachend bereits angegeben.

Tab. 5.6: Bilanzen der XY-AG (Angaben in Mio. EUR)

Jahr	**0**	**1**	**2**	**3**	**4 ff.**
Aktiva					
Anlagevermögen	**47.300,00**	**48.000,00**	**49.500,00**	**50.000,00**	**50.500,00**
immaterielles Vermögen	7.500,00	9.000,00	10.000,00	10.000,00	10.000,00
Sachanlagen	27.800,00	27.000,00	27.500,00	28.000,00	28.500,00
Finanzanlagevermögen	12.000,00	12.000,00	12.000,00	12.000,00	12.000,00
Umlaufvermögen	**24.450,00**	**24.350,00**	**24.650,00**	**24.250,00**	**23.900,00**
Vorräte	7.500,00	7.800,00	7.600,00	7.900,00	7.400,00
Forderungen	15.000,00	14.500,00	14.700,00	14.900,00	15.000,00
Wertpapiere	1.000,00	1.100,00	400,00	500,00	550,00
Bankguthaben	950,00	950,00	950,00	950,00	950,00
Rechnungsabgrenzungsposten	**600,00**	**740,00**	**650,00**	**615,00**	**620,00**
Summe Aktiva	**72.350,00**	**73.090,00**	**73.800,00**	**74.865,00**	**75.020,00**
Passiva					
Eigenkapital	**26.644,72**	**27.269,47**	**28.563,42**	**29.597,18**	**29.467,18**
gezeichnetes Kapital	12.200,00	12.200,00	12.200,00	12.200,00	12.200,00
Kapitalrücklage	13.500,00	13.500,00	13.500,00	13.500,00	13.500,00
Gewinnrücklage	944,72	1.569,47	2.863,42	3.897,18	3.767,18
Fremdkapital	**44.505,28**	**44.920,53**	**44.136,58**	**44.267,82**	**44.552,82**
verzinsliches Fremdkapital	17.005,28	17.420,53	18.136,58	18.752,82	18.752,82
Rückstellungen	20.000,00	19.500,00	18.000,00	18.200,00	18.700,00
Verbindlichkeiten aus Lieferungen und Leistungen	7.500,00	8.000,00	8.000,00	7.315,00	7.100,00
Rechnungsabgrenzungsposten	**1.200,00**	**900,00**	**1.100,00**	**1.000,00**	**1.000,00**
Summe Passiva	**72.350,00**	**73.090,00**	**73.800,00**	**74.865,00**	**75.020,00**

Um die verschiedenen Cashflows, die für die Unternehmensbewertung benötigt werden, zu ermitteln, müssen Daten aus der Plan-Gewinn-und-Verlustrechnung (GuV) vorliegen. Welche Daten im Einzelnen benötigt werden, hängt von der verwendeten

Cashflow-Definition ab. In den vorherigen Abschnitten wurden zwei Möglichkeiten zur Berechnung des Cashflows aufgezeigt. Im Folgenden sollen beide Varianten präsentiert werden, um die Übereinstimmung der Ergebnisse zu zeigen. Allerdings sei noch einmal darauf hingewiesen, dass sich im Rahmen der atmenden Finanzierungsstrategie insbesondere die Cashflow-Ermittlung über das EBIT anbietet, weil hierzu keine Kenntnisse über die Zinszahlungen an die Fremdkapitalgeber vorliegen müssen. Tabelle 5.7 zeigt die einzelnen Positionen der GuV in verkürzter Form, wobei wie bereits festgelegt, ein außerordentliches Ergebnis ausgeschlossen wird. Zur Ermittlung der einzelnen Aufwandspositionen sind Informationen der Buchhaltung sowie des Rechnungswesens der XY-AG erforderlich. Die Position Zinsen und ähnliche Aufwendungen ergibt sich aus dem zinspflichtigen Fremdkapital der Vorperiode multipliziert mit dem Zinssatz des Fremdkapitals. Im Jahr 2 beläuft sich der Zinsaufwand beispielsweise auf 871,03 Mio. EUR (= 17.420,53 · 5 %). Anhand der in Tab. 5.7 gesammelten Angaben kann damit das Ergebnis der gewöhnlichen Geschäftstätigkeit ermittelt werden, welches gleichzeitig die Steuerbemessungsgrundlage darstellt. Die Ertragsteuern berechnen sich aus der Steuerbemessungsgrundlage, also dem Ergebnis der gewöhnlichen Geschäftstätigkeit, multipliziert mit dem Steuersatz. Für das Jahr 2 fallen damit Steuern in Höhe von 1.830,14 Mio. EUR an (= 5.228,97 · 35 %).

Tab. 5.7: Gewinn- und Verlustrechnungen der XY-AG (Angaben in Mio. EUR)

Jahr	**1**	**2**	**3**	**4 ff.**
Umsatzerlöse	52.055,00	53.561,00	54.322,00	54.328,00
– Materialaufwand	12.555,00	12.761,00	12.822,00	12.828,00
– Personalaufwand	17.500,00	18.000,00	18.800,00	18.800,00
– Abschreibungen	6.300,00	6.500,00	6.200,00	6.200,00
– sonstiger betrieblicher Aufwand	10.000,00	10.200,00	10.300,00	10.300,00
– Zinsen und ähnliche Aufwendungen	850,26	871,03	906,83	937,64
Ergebnis der gewöhnlichen Geschäftstätigkeit	**4.849,74**	**5.228,97**	**5.293,17**	**5.262,36**
– Steuern	1.697,41	1.830,14	1.852,61	1.841,83
Jahresergebnis	**3.152,33**	**3.398,83**	**3.440,56**	**3.420,53**

Weiterhin sind zur Ermittlung der Free-Cashflows Informationen zu den Investitionen und den Abschreibungen der XY-AG erforderlich, die Tab. 5.8 entnommen werden können.

Tab. 5.8: Investitionen und Abschreibungen in den einzelnen Perioden (Angaben in Mio. EUR)

Jahr	1	2	3	4 ff.
Investitionen	**7.000,00**	**8.000,00**	**6.700,00**	**6.700,00**
immaterielles Vermögen	3.000,00	2.500,00	1.500,00	1.500,00
Sachanlagen	4.000,00	5.500,00	5.200,00	5.200,00
Finanzanlagevermögen	0	0	0	0
Abschreibungen	**6.300,00**	**6.500,00**	**6.200,00**	**6.200,00**
immaterielles Vermögen	1.500,00	1.500,00	1.500,00	1.500,00
Sachanlagen	4.800,00	5.000,00	4.700,00	4.700,00
Finanzanlagevermögen	0	0	0	0

Auch die Entwicklung des Working Capitals ist zahlungswirksam und muss somit berücksichtigt werden. Zum Working Capital gehören die Vorräte, die Forderungen, die Wertpapiere und das Bankguthaben auf der Aktiv- sowie die Verbindlichkeiten aus Lieferungen und Leistungen auf der Passivseite der Bilanz.

Tab. 5.9: Working Capital in den einzelnen Perioden (Angaben in Mio. EUR)

Jahr	0	1	2	3	4 ff.
Vorräte	7.500,00	7.800,00	7.600,00	7.900,00	7.400,00
+ Forderungen	15.000,00	14.500,00	14.700,00	14.900,00	15.000,00
+ Wertpapiere	1.000,00	1.100,00	400,00	500,00	550,00
+ Bankguthaben	950,00	950,00	950,00	950,00	950,00
– Verbindlichkeiten aus Lieferungen und Leistungen	7.500,00	8.000,00	8.000,00	7.315,00	7.100,00
Working Capital	**16.950,00**	**16.350,00**	**15.650,00**	**16.935,00**	**16.800,00**
Veränderungen gegenüber Vorjahr		**–600,00**	**–700,00**	**1.285,00**	**–135,00**

Mit den gesammelten Angaben können die Stufe 2 und die Stufe 3 des in Tab. 5.4 dargestellten Ablaufschemas bearbeitet werden. Dazu werden für die einzelnen DCF-Verfahren zunächst die zu kapitalisierenden Größen und anschließend der Kapitalisierungszinssatz bestimmt.

Entity-Methode bei atmender Finanzierung

Zunächst soll der **WACC-Ansatz** betrachtet werden, wobei von einer atmenden Finanzierungsstrategie ausgegangen wird. Gemäß Stufe 2 müssen die Free-Cashflows bei vollständiger Eigenfinanzierung berechnet werden. Die Berechnung kann anhand der in Tab. 5.2 und Tab. 5.3 vorgestellten Schemata erfolgen. In Tab. 5.10 wird zunächst das Schema aus

Tab. 5.2 angewendet. Die Steuerersparnis wegen Fremdfinanzierung ergibt sich dabei, in dem der Steuersatz mit den Fremdkapitalzinsen, die aus dem Bestand an verzinslichem Fremdkapital der Vorperiode und dem Fremdkapitalkostensatz folgen, multipliziert wird. Im Jahr 2 beläuft sich der Steuervorteil beispielsweise auf 304,86 Mio. EUR:

$$\text{Steuervorteil in } t = 2 = s \cdot k_{FK} \cdot FK_{t-1}^{MW} = 35\,\% \cdot 5\,\% \cdot 17.420{,}53 = 304{,}86 \text{ Mio. €}$$

Tab. 5.10: Free-Cashflow-Ermittlung bei unterstellter vollständiger Eigenfinanzierung (Angaben in Mio. EUR)

Jahr	1	2	3	4 ff.
Ergebnis der gewöhnlichen Geschäftstätigkeit	**4.849,74**	**5.228,97**	**5.293,17**	**5.262,36**
– Steuern auf Einkommen und Ertrag	1.697,41	1.830,14	1.852,61	1.841,83
Jahresergebnis aus GuV	**3.152,33**	**3.398,83**	**3.440,56**	**3.420,53**
+ Zinsen und ähnliche Aufwendungen	850,26	871,03	906,83	937,64
+/– Abschreibungen/Zuschreibungen	6.300,00	6.500,00	6.200,00	6.200,00
+/– Zuführung/Abnahme Rückstellungen	–500,00	–1.500,00	200,00	500,00
–/+ Zunahme/Abnahme aktiver RAP	–140,00	90,00	35,00	–5,00
+/– Zunahme/Abnahme passiver RAP	–300,00	200,00	–100,00	0
– Investitionen im Anlagevermögen	7.000,00	8.000,00	6.700,00	6.700,00
–/+ Zunahme/Abnahme des Working Capitals	600,00	700,00	–1.285,00	135,00
Free-Cashflow-Brutto	**2.962,59**	**2.259,86**	**2.697,39**	**4.488,17**
– Steuerersparnis wegen Fremdfinanzierung	297,59	304,86	317,39	328,17
Free-Cashflow bei vollständiger Eigenfinanzierung	**2.665,00**	**1.955,00**	**2.380,00**	**4.160,00**

Alternativ wird in Tab. 5.11 der Free-Cashflow bei vollständiger Eigenfinanzierung über das EBIT ermittelt. Das EBIT berechnet sich, indem von den Umsatzerlösen der Materialaufwand, der Personalaufwand, die Abschreibungen und der sonstige betriebliche Aufwand subtrahiert werden. Nachdem das EBIT aus der Gewinn- und Verlustrechnung heraus bestimmt wurde, lässt sich der Free-Cashflow bei vollständiger Eigenfinanzierung berechnen:

Tab. 5.11: Free-Cashflow-Ermittlung bei unterstellter vollständiger Eigenfinanzierung über das EBIT (Angaben in Mio. EUR)

Jahr	1	2	3	4 ff.
EBIT	**5.700,00**	**6.100,00**	**6.200,00**	**6.200,00**
– adjustierte Steuern	1.995,00	2.135,00	2.170,00	2.170,00
EBI	**3.705,00**	**3.965,00**	**4.030,00**	**4.030,00**
+/– Abschreibungen/Zuschreibungen	6.300.00	6.500,00	6.200,00	6.200,00
+/– Zuführung/Abnahme Rückstellungen	–500,00	–1.500,00	200,00	500,00

Tab. 5.11: (fortgesetzt)

Jahr	1	2	3	4 ff.
−/+ Zunahme/Abnahme aktiver RAP	−140,00	90,00	35,00	−5,00
+/− Zunahme/Abnahme passiver RAP	−300,00	200,00	−100,00	0
− Investitionen im Anlagevermögen	7.000,00	8.000,00	6.700,00	6.700,00
−/+ Zunahme/Abnahme des Working Capitals	600,00	700,00	−1.285,00	135,00
Free-Cashflow bei vollständiger Eigenfinanzierung	**2.665,00**	**1.955,00**	**2.380,00**	**4.160,00**

Die adjustierten Steuern ergeben sich aus dem EBIT multipliziert mit dem Steuersatz. Für das Jahr 2 belaufen sich beispielsweise die adjustierten Steuern auf einen Betrag von 2.135,00 Mio. EUR (= 6.100 · 35 %). Zu beachten ist, dass dies nicht die tatsächliche Steuerbelastung für das verschuldete Unternehmen darstellt, sondern die Steuerbelastung die anfallen würde, wenn das Unternehmen annahmegemäß fiktiv unverschuldet wäre. Die Zahlen verdeutlichen die Konsistenz zwischen den beiden Möglichkeiten zur Bestimmung des Free-Cashflows bei vollständiger Eigenfinanzierung. Bei der Vorgehensweise gemäß Tab. 5.11 sind Kenntnisse zu den Fremdkapitalbeständen nicht notwendig, was die Vorteilhaftigkeit dieser Vorgehensweise bei atmender Finanzierung verdeutlicht.

Nach dem der Free-Cashflow bei vollständiger Eigenfinanzierung für die Phase I und die Phase II bestimmt wurde, sind im dritten Schritt des in Tab. 5.4 aufgeführten Ablaufschemas die durchschnittlichen Kapitalkosten zu ermitteln, wobei hier auf die oben vorgestellte Formel zurückgegriffen werden kann. Im Beispiel liegt der Verschuldungsgrad (bezogen auf die Marktwerte) in allen Perioden bei $V = 0{,}6$ (vgl. Tab. 5.5).

$$k_{WACC} = k_{EK}^{l} \cdot \frac{1}{1+V} + k_{FK} \cdot (1 - s) \cdot \frac{V}{1+V}$$

Zur Berechnung der durchschnittlichen Kapitalkosten fehlen noch die Eigenkapitalkosten des verschuldeten Unternehmens. Dazu kann grundsätzlich auf das CAPM oder alternativ auf den bereits vorgestellten Ansatz von Miles/Ezzell zurückgegriffen werden. Beide Gleichungen sind unten noch einmal aufgeführt und führen bezogen auf das Beispiel zum gleichen Ergebnis:

$$k_{EK}^{l} = k_{FK} + (i_m - k_{FK}) \cdot \beta_l$$

oder:

$$k_{EK}^{l} = k_{EK}^{u} + (k_{EK}^{u} - k_{FK}) \cdot \frac{1 + k_{FK}(1 - s)}{1 + k_{FK}} \cdot \frac{FK^{MW}}{EK^{MW}}$$

Für das Beispiel bedeutet dies:

$$k_{EK}^{l} = 0{,}05 + (0{,}1 - 0{,}05) \cdot 1{,}272 = 0{,}1136$$

$$k_{EK}^{l} = 0{,}09 + (0{,}09 - 0{,}05) \cdot \frac{1 + 0{,}05 \cdot (1 - 0{,}35)}{1 + 0{,}05} \cdot 0{,}6 = 0{,}1136$$

Im Anschluss ergeben sich die durchschnittlichen Kapitalkosten wie folgt:

$$k_{WACC} = 0{,}1136 \cdot \frac{1}{1 + 0{,}6} + 0{,}05 \cdot (1 - 0{,}35) \cdot \frac{0{,}6}{1 + 0{,}6} = 0{,}0832$$

Mit den Free-Cashflows bei vollständiger Eigenfinanzierung und dem Kapitalisierungszinssatz lässt sich der Marktwert des Gesamtkapitals ermitteln, wozu die ermittelten Werte in die bekannte Bewertungsformel eingesetzt werden:

$$UW^{WACC} = \sum_{t=1}^{T} \frac{FCF_t}{(1 + k_{WACC})^t} + \frac{FCF_{T+1}}{(1 + k_{WACC})^T \cdot k_{WACC}}$$

$$= \underbrace{\frac{2.665{,}00}{(1 + 0{,}0832)^1} + \frac{1.955{,}00}{(1 + 0{,}0832)^2} + \frac{2.380{,}00}{(1 + 0{,}0832)^3}}_{\text{Phase I}} + \underbrace{\frac{4.160{,}00}{(1 + 0{,}0832)^3 \cdot 0{,}0832}}_{\text{Phase II}}$$

$$= 45.347{,}42 \text{ Mio. €}$$

Unter Verwendung eines Kapitalkostensatzes von 8,32 % (gerundet) ergibt sich ein Unternehmenswert von 45.347,42 Mio. EUR (exakter Wert). Da eine konstante Kapitalstruktur unterstellt wurde, folgt daraus, dass der Marktwert des Eigenkapitals 28.342,14 Mio. EUR beträgt:

$$EK^{MW} = \frac{GK^{MW}}{1 + V} = \frac{45.347{,}42}{1 + 0{,}6} = 28.342{,}14 \text{ Mio. €}$$

Der **APV-Ansatz** führt, wie oben bereits ausgeführt, unter der Annahme einer atmenden Finanzierungsstrategie aufgrund der unsicheren und unbekannten Fremdkapitalbestände zu einer Reihe von Problemen. Von diesen Problemen soll hier abstrahiert werden und vielmehr das konzeptionelle Vorgehen bei der Bewertung mithilfe des APV-Ansatzes dargestellt werden.

Für die Anwendbarkeit des APV-Ansatzes müssen die Eigenkapitalkosten des fiktiv unverschuldeten Unternehmens bekannt sein. Über den im vorherigen Abschnitt vorgestellten Formelapparat ist zunächst der Betafaktor eines fiktiv unverschuldeten Unternehmens zu ermitteln (Unlevern des Beta-Faktors leveraged), anschließend können über die CAPM-Gleichung die Eigenkapitalkosten dieses fiktiv unverschuldeten Unternehmens berechnet werden. Im Folgenden wird die Berechnung für das Beispiel aufgezeigt:

1. Schritt: Ermittlung des Beta-Faktors unleveraged (auf die atmende Finanzierung angepasste Gleichung):

$$\beta^u = \frac{\beta^l}{1+\left(\frac{1+k_{FK}\cdot(1-s)}{1+k_{FK}}\cdot V\right)} = \frac{1{,}272}{1+\left(\frac{1+5\%\cdot(1-35\%)}{1+5\%}\cdot 0{,}6\right)} = 0{,}8$$

2. Schritt: Bestimmung der Eigenkapitalkosten des unverschuldeten Unternehmens:

$$k_{EK}^u = i_R + (r_M - i_R)\cdot\beta^u = 5\,\% + (10\,\% - 5\,\%)\cdot 0{,}8 = 9\,\%$$

Die zu kapitalisierende Größe, der Free-Cashflow bei vollständiger Eigenfinanzierung, ist bereits aus dem WACC-Ansatz bekannt und muss an dieser Stelle nicht noch einmal erläutert und berechnet werden.

Für den vorliegenden Fall der atmenden Finanzierung muss die mithilfe des Ansatzes von Miles/Ezzell angepasste Bewertungsformel des APV-Ansatzes verwendet werden:

$$UW^{APV} = \sum_{t=1}^{T}\frac{FCF_t}{(1+k_{EK}^u)^t} + \frac{FCF_{T+1}}{(1+k_{EK}^u)^T\cdot k_{EK}^u} + \sum_{t=1}^{T}\frac{s\cdot k_{FK}\cdot FK_{t-1}^{MW}}{(1+k_{FK})\cdot(1+k_{EK}^u)^{t-1}} + \frac{s\cdot k_{FK}\cdot FK_T^{MW}}{(1+k_{FK})\cdot(1+k_{EK}^u)^{T-1}\cdot k_{EK}^u}$$

In Tab. 5.10 sind die Steuervorteile der jeweiligen Periode und die Free-Cashflows bei vollständiger Eigenfinanzierung bereits ermittelt worden. Werden die einzelnen Größen in die Bewertungsformel eingesetzt, ergibt sich ein Unternehmenswert in Höhe von 45.347,42 Mio. EUR.

$$UW^{APV} = \frac{2.665{,}00}{(1+0{,}09)} + \frac{1.955{,}00}{(1+0{,}09)^2} + \frac{2.380{,}00}{(1+0{,}09)^3} + \frac{4.160{,}00}{0{,}09\cdot(1+0{,}09)^3}$$
$$+ \frac{297{,}59}{(1+0{,}05)\cdot(1+0{,}09)^{1-1}} + \frac{304{,}86}{(1+0{,}05)\cdot(1+0{,}09)^{2-1}}$$
$$+ \frac{317{,}39}{(1+0{,}05)\cdot(1+0{,}09)^{3-1}}$$
$$+ \frac{328{,}17}{(1+0{,}05)\cdot 0{,}09\cdot(1+0{,}09)^{3-1}} = 45.347{,}42\text{ Mio.€}$$

Das Ergebnis stimmt mit dem Marktwert des Gesamtkapitals, der bereits im Rahmen des WACC-Ansatzes ermittelt wurde, überein. Bei einem konstanten Verschuldungsgrad in Höhe von $V = 0{,}6$ ergibt sich der Marktwert des Eigenkapitals analog zum WACC-Ansatz wie folgt:

$$EK^{MW} = \frac{GK^{MW}}{1+V}\frac{45.347,42}{1+0,6} = 28.342,14\ \text{Mio.}€$$

Equity-Methode bei atmender Finanzierung

Im Rahmen des **Equity-Ansatzes**, müssen gemäß Stufe 2 in Tab. 5.4 zunächst die Free-Cashflows-Netto der einzelnen Perioden ermittelt werden. Deren Bestimmung ist allerdings aufgrund ihrer Abhängigkeit von der gewählten Finanzierungsstrategie problematisch. Da beim Free-Cashflow-Netto die Positionen Zinsen und ähnlichen Aufwendungen, Tilgung und Neuverschuldung berücksichtigt werden müssen, ergibt sich bei atmender Finanzierung ein Zirkularitätsproblem. Die Höhe dieser Größen hängt vom zu berechnenden Unternehmenswert ab, wodurch die Cashflows erst dann berechnet werden können, wenn der Unternehmenswert bereits bekannt ist. Eine Lösung dieses für jede Planungsperiode geltenden Problems kann über rekursive oder iterative Ansätze erfolgen. Im Folgenden soll lediglich mit Rückgriff auf den WACC-Ansatz gezeigt werden, dass der Equity-Ansatz von seiner konzeptionellen Auslegung her zu einem identischen Unternehmenswert wie der WACC-Ansatz und der APV-Ansatz führt.

Die sich für die XY-AG ergebenden Free-Cashflows-Netto können Tab. 5.12 entnommen werden.

Tab. 5.12: Ermittlung der Free-Cashflows-Netto (Angaben in Mio. EUR)

Jahr	**1**	**2**	**3**	**4 ff.**
Ergebnis der gewöhnlichen Geschäftstätigkeit	**4.849,74**	**5.228,97**	**5.293,17**	**5.262,36**
– Steuern	1.697,41	1.830,14	1.852,61	1.841,83
Jahresergebnis aus GuV	**3.152,33**	**3.398,83**	**3.440,56**	**3.420,53**
+ Zinsen und ähnliche Aufwendungen	850,26	871,03	906,83	937,64
+/– Abschreibungen/Zuschreibungen	6.300,00	6.500,00	6.200,00	6.200,00
+/– Zuführung/Abnahme Rückstellungen	–500,00	–1.500,00	200,00	500,00
–/+ Zunahme/Abnahme aktiver RAP	–140,00	90,00	35,00	–5,00
+/– Zunahme/Abnahme passiver RAP	–300,00	200,00	–100,00	0
– Investitionen im Anlagevermögen	7.000,00	8.000,00	6.700,00	6.700,00
–/+ Zunahme/Abnahme des Working Capitals	600,00	700,00	–1.285,00	135,00
Free-Cashflow-Brutto	**2.962,59**	**2.259,86**	**2.697,39**	**4.488,17**
– Zinsen und ähnliche Aufwendungen	850,26	871,03	906,83	937,64
+ Fremdkapitalaufnahmen	415,25	716,05	616,24	0
– Fremdkapitaltilgungen	0	0	0	0
Free-Cashflow-Netto	**2.527,58**	**2.104,88**	**2.406,80**	**3.550,53**

Zur Ermittlung der Eigenkapitalkosten des verschuldeten Unternehmens kann auf die aus dem WACC-Verfahren bereits bekannten Bewertungsgleichen (CAPM oder Ansatz von Miles/Ezzell) zurückgegriffen werden, die selbstverständlich zum gleichen Ergebnis führen:

$$k_{EK}^{l} = k_{FK} + (i_m - k_{FK}) \cdot \beta_l = k_{EK}^{l} = 0{,}05 + (0{,}1 - 0{,}05) \cdot 1{,}272 = 0{,}1136$$

$$k_{EK}^{l} = k_{EK}^{u} + (k_{EK}^{u} - k_{FK}) \cdot \frac{1 + k_{FK}(1 - s)}{1 + k_{FK}} \cdot \frac{FK^{MW}}{EK^{MW}}$$

$$= 0{,}09 + (0{,}09 - 0{,}05) \cdot \frac{1 + 0{,}05 \cdot (1 - 0{,}35)}{1 + 0{,}05} \cdot 0{,}6 = 0{,}1136$$

Durch Einsetzten in die oben vorgestellte Bewertungsformel ergibt sich der Marktwert des Eigenkapitals:

$$EK^{Equity} = \sum_{t=1}^{n} \frac{FCF - Netto_t}{(1 + k_{EK}^{l})^t} + \frac{FCF - Netto_n}{(1 + k_{EK}^{l})^n \cdot k_{EK}^{l}}$$

$$= \underbrace{\frac{2.528}{(1 + 0{,}1136)^1} + \frac{2.105}{(1 + 0{,}1136)^2} + \frac{2.407}{(1 + 0{,}1136)^3}}_{\text{Phase I}} + \underbrace{\frac{3.551}{0{,}1136 \cdot (1 + 0{,}1136)^3}}_{\text{Phase II}}$$

$$= 28.342{,}14 \text{ Mio. €}$$

Der Vergleich der ermittelten Marktwerte des Eigenkapitals zeigt (beispielhaft), dass die Ergebnisse der drei Verfahren übereinstimmen. Es konnte damit gezeigt werden, dass die verschiedenen DCF-Verfahren unter der Voraussetzung einer konsequenten Einhaltung der gesetzten Prämissen zu identischen Unternehmenswerten führen. Im Falle der atmenden Finanzierung erscheint der WACC-Ansatz besonders vorteilhaft, da dieser zirkularitätsfrei und ohne eine explizite Kenntnis der Fremdkapitalbestände angewendet werden kann.

Entity-Methode bei autonomer Finanzierung

Hätte sich das Management nicht für die atmende, sondern die autonome Finanzierungsstrategie entschieden, wäre an verschiedenen Stellen des Bewertungsprozesses anders vorzugehen gewesen. Bei der autonomen Finanzierungsstrategie wird nicht der Verschuldungsgrad fixiert, sondern das Fremdkapital im Bewertungszeitpunkt deterministisch festgelegt. Wird vereinfachend auf die in Tab. 5.5 bis Tab. 5.9 enthaltenen Informationen der XY-AG zurückgegriffen, ergeben sich auch bei autonomer Finanzierung die in Tab. 5.10 enthaltenen Free-Cashflows bei vollständiger Eigenfinanzierung. Ein erster maßgeblicher Unterschied zur atmenden Finanzierung tritt im Rahmen des **WACC-Ansatzes** bei der Ermittlung der durchschnittlichen Kapitalkosten auf. Da der Verschuldungsgrad bei autonomer Finanzierung nicht bekannt ist, müssen die durchschnittlichen Kapitalkosten mithilfe einer periodenspezifischen

Bewertungsformel ermittelt werden. Die im vorderen Teil bereits aufgeführte Formel wird zur besseren Nachvollziehbarkeit hier noch einmal angegeben:

$$k_{WACC,t} = k^{l}_{EK,t} \cdot \frac{EK^{MW}_{t-1}}{GK^{MW}_{t-1}} + k_{FK} \cdot (1 - s) \cdot \frac{FK^{MW}_{t-1}}{GK^{MW}_{t-1}}$$

Bei näherer Betrachtung der Formel wird das beschriebene Zirkularitätsproblem deutlich. Zur Bestimmung der k_{WACC} werden der Marktwert des Gesamtkapitals und des Eigenkapitals benötigt, die gleichzeitig die Zielgrößen der Unternehmensbewertung sind. Die durchschnittlichen Kapitalkosten können aufgrund dieser Zirkularität nur rekursiv oder iterativ abgeleitet werden (vgl. Hölscher/Helms 2013, S. 15 ff.). Weiterhin ist im Rahmen des Bewertungsprozesses zu beachten, dass aufgrund der Fixierung des Fremdkapitalbestands die Steuervorteile als sicher angesehen werden können und damit im Gegensatz zur atmenden Finanzierung keine Risikoprämie von den Eigenkapitalgebern erhoben wird. Vor diesem Hintergrund sind bei sonst gleichen Rahmenbedingungen die Eigenkapitalkosten bei autonomer Finanzierung niedriger als bei atmender Finanzierung. Zur Ermittlung der Eigenkapitalkosten besteht wiederum ein Zirkularitätsproblem (vgl. Hölscher/Helms 2013, S. 22 ff.), wobei die Eigenkapitalkosten ebenso rekursiv oder iterativ abgeleitet werden können. In Tab. 5.13 sind die periodenspezifisch ermittelten Eigenkapitalkosten und durchschnittlichen Kapitalkosten aufgeführt.

Tab. 5.13: Periodische Eigenkapitalkosten und periodische durchschnittliche Kapitalkosten (Angaben in %)

Jahr	1	2	3	4 ff.
Eigenkapitalkosten leveraged k^{l}_{EK}	10,3498	10,3692	10,4038	10,4327
durchnschnittliche Kapitalkosten k_{WACC}	7,8410	7,8501	7,8669	7,8809

Zur Ermittlung des Gesamtunternehmenswerts wird auf die im Rahmen der autonomen Finanzierung anzuwendende Bewertungsformel des WACC-Ansatzes zurückgegriffen:

$$UW^{WACC} = \underbrace{\sum_{t=1}^{T} \frac{FCF_t}{\prod_{\tau=1}^{t}(1 + k_{WACC,\tau})}}_{\text{Phase I}} + \underbrace{\frac{FCF_{T+1}}{k_{WACC,T+1} \prod_{\tau=1}^{t}(1 + k_{WACC,\tau})}}_{\text{Phase II}}$$

Werden die Free-Cashflows bei vollständiger Eigenfinanzierung aus Tab. 5.10 und die durchschnittlichen Kapitalkosten aus Tab. 5.13 in die Formel eingesetzt, ergibt sich der folgende Unternehmenswert:

$$UW^{WACC} = \frac{2.665,00}{1+0,078410} + \frac{1.955,00}{(1+0,078410)(1+0,078501)}$$
$$+ \frac{2.380,00}{(1+0,078410)(1+0,078501)(1+0,078669)}$$
$$+ \frac{4.160,00}{0,078809 \cdot (1+0,078410)(1+0,078501)(1+0,078669)}$$
$$= 48.124,17 \text{ Mio. €}$$

Zur Bestimmung des Gesamtunternehmenswerts über den **APV-Ansatz** ist folgende Bewertungsformel anzuwenden:

$$UW^{APV} = \underbrace{\sum_{t=1}^{T} \frac{FCF_t}{(1+k_{EK}^u)^t} + \frac{FCF_{T+1}}{(1+k_{EK}^u)^T \cdot k_{EK}^u}}_{\text{hypothetischer Marktwert des unverschuldeten Unternehmens}} + \underbrace{\sum_{t=1}^{T} \frac{s \cdot k_{FK} \cdot FK_{t-1}^{MW}}{(1+k_{FK})^t} + \frac{s \cdot k_{FK} \cdot FK_T^{MW}}{(1+k_{FK})^T \cdot k_{FK}}}_{\text{Steuervorteil durch den Fremdkapitalbestand}}$$

Sowohl der hypothetische Marktwert des unverschuldeten Unternehmens als auch der Werteffekt der Fremdfinanzierung können mit den vorliegenden Größen zirkularitätsfrei bestimmt werden:

$$UW^{APV} = \frac{2.665,00}{1,09} + \frac{1.955,00}{1,09^2} + \frac{2.380,00}{1,09^3} + \frac{4.160,00}{1,09^3 \cdot 0,09} + \frac{297,59}{1,05} + \frac{304,86}{1,05^2}$$
$$+ \frac{317,39}{1,05^3} + \frac{328,17}{1,05^3 \cdot 0,05}$$
$$= 41.620,27 + 6.503,90 = 48.124,17 \text{ Mio. €}$$

Der Gesamtunternehmenswert der über den APV-Ansatz bestimmt wurde, stimmt mit dem Gesamtunternehmenswert des WACC-Ansatzes überein. Um ausgehend vom Gesamtunternehmenswert den Marktwert des Eigenkapitals zu berechnen, ist der Marktwert des Fremdkapitals vom Gesamtunternehmenswert zu subtrahieren. Wie bereits gezeigt, ergibt sich der Marktwert des Fremdkapitals über folgende Beziehung:

$$FK^{MW} = \sum_{t=1}^{T} \frac{\text{Nettozahlungen an FK} - \text{Geber}_t}{(1+k_{FK})^t} - \frac{\text{Nettozahlungen an FK} - \text{Geber}_{T+1}}{k_{FK} \cdot (1+k_{FK})^T}$$

Tabelle 5.14 verdeutlicht die Ermittlung der Nettozahlungen an die Fremdkapitalgeber:

Tab. 5.14: Ermittlung der Nettozahlungen (Angaben in Mio. EUR)

Jahr	1	2	3	4 ff.
– Zinsen und ähnliche Aufwendungen	850,26	871,03	906,83	937,64
+ Fremdkapitalaufnahmen	415,25	716,05	616,24	–
– Fremdkapitaltilgungen	–	–	–	–
Nettozahlungen	**435,01**	**154,98**	**290,59**	**937,64**

Werden die Nettozahlungen der Perioden 1 bis 4 in die Formel eingesetzt, ergibt sich der folgende Marktwert des Fremdkapitals:

$$FK^{MW} = \frac{435{,}01}{1{,}05} + \frac{154{,}98}{1{,}05^2} + \frac{290{,}59}{1{,}05^3} + \frac{937{,}64}{1{,}05^3 \cdot 0{,}05} = 17.005{,}28 \text{ Mio. €}$$

Zur Ermittlung des Marktwerts des Eigenkapitals ist nunmehr der Marktwert des Fremdkapitals vom Gesamtunternehmenswert zu subtrahieren:

$$EK^{MW} = UW^{APV,WACC} - FK^{MW} = 48.124{,}17 - 17.005{,}28 = 31.118{,}89 \text{ Mio. €}$$

Equity-Methode bei autonomer Finanzierung
Abschließend soll der Marktwert des Eigenkapitals über den **Equity-Ansatz** ermittelt werden. Zunächst ist analog zur Vorgehensweise im Rahmen der atmenden Finanzierung der Free-Cashflow-Netto zu bestimmen. Im Gegensatz zur atmenden Finanzierung ist dies aufgrund der festgelegten Fremdkapitalvolumina ohne Probleme möglich. Unter Rückgriff auf die in Tab. 5.12 zusammengeführten Informationen ergibt sich der folgende Free-Cashflow-Netto in den einzelnen Perioden:

Tab. 5.15: Free-Cashflow-Netto der einzelnen Perioden (Angaben in Mio. EUR)

Jahr	1	2	3	4 ff.
Free-Cashflow-Netto	2.527,58	2.104,88	2.406,80	3.550,53

Die Bewertungsformel zur Ermittlung des Marktwerts des Eigenkapitals bei autonomer Finanzierungsstrategie ist unten aufgeführt:

$$EK^{Equity} = \underbrace{\sum_{t=1}^{T} \frac{FCF - Netto_t}{\prod_{\tau=1}^{t}(1 + {}^{1}_{EK,\tau})}}_{\text{Phase I}} + \underbrace{\frac{FCF - Netto_{T+1}}{\prod_{\tau=1}^{t}(1 + k^{1}_{EK,\tau}) \cdot k^{1}_{EK,T+1}}}_{\text{Phase II}}$$

Die Zählergrößen können Tab. 5.15 und die Nennergrößen Tab. 5.13 entnommen werden:

$$EK^{Equity} = \frac{2.527,58}{(1+0,103498)} + \frac{2.104,88}{(1+0,103498)(1+0,103692)}$$
$$+ \frac{2.406,80}{(1+0,103498)(1+0,103692)(1+0,104038)}$$
$$+ \frac{3.550,53}{0,104327 \cdot (1+0,103498)(1+0,103692)(1+0,104038)}$$
$$= 31.118,89 \text{ Mio.}$$

Der Vergleich der ermittelten Marktwerte des Eigenkapitals zeigt (beispielhaft), dass die Ergebnisse der drei Verfahren auch bei Annahme der autonomen Finanzierungsstrategie übereinstimmen. Im Falle der autonomen Finanzierung erscheint der APV-Ansatz besonders vorteilhaft, da dieser zirkularitätsfrei und ohne eine explizite Kenntnis des Verschuldungsgrads angewendet werden kann.

Abschließend zeigt Tab. 5.16 noch einmal die wesentlichen Gemeinsamkeiten und Unterschiede der diskutierten DCF-Verfahren hinsichtlich der Cashflow-Definition, des Diskontierungszinssatzes und der Ermittlung des Marktwerts des Eigenkapitals, wobei zusätzlich der nicht weiter diskutierte Total-Cashflow-Ansatz aufgeführt wird. Dieser unterscheidet sich vom Free-Cashflow-Ansatz lediglich in der Art der Berücksichtigung des Steuervorteils.

Tab. 5.16: Gegenüberstellung der DCF-Verfahren (vgl. Mandl/Rabel, 2015, S. 77; Schierenbeck/Wöhle, 2016, S. 491)

Ansatz	**Entity-Ansatz**			**Equity-Ansatz**
	WACC-Ansatz		**APV-Ansatz**	
	Free-Cashflow	**Total Cashflow**		
Cashflow-Definition	Free-Cashflow bei vollständiger Eigenfinanzierung	Free-Cashflow-Brutto	Free-Cashflow bei vollständiger Eigenfinanzierung	FreeCashflow-Netto
Diskontierungszinssatz	durchschnittlicher gewichteter Kapitalkostensatz aus Renditeforderungen der Eigenkapitalgeber für das verschuldete Unternehmen und Fremdkapitalkosten (mit steuerlicher Korrektur des Fremdkapitalkostensatzes)	durchschnittlicher gewichteter Kapitalkostensatz aus Renditeforderungen der Eigenkapitalgeber für das verschuldete Unternehmen und Fremdkapitalkosten (ohne steuerliche Korrektur des Fremdkapitalkostensatzes)	Renditeforderungen der Eigenkapitalgeber für das unverschuldete Unternehmen	Renditeforderungen der Eigenkapitalgeber für das verschuldete Unternehmen

Tab. 5.16: (fortgesetzt)

Ansatz	Entity-Ansatz			Equity-Ansatz
	WACC-Ansatz		APV-Ansatz	
	Free-Cashflow	Total Cashflow		
Ermittlung des Marktwerts des Eigenkapitals	Marktwert des Gesamtkapitals – Marktwert des Fremdkapitals	Marktwert des Gesamtkapitals – Marktwert des Fremdkapitals	Marktwert des unverschuldeten Unternehmens + Steuervorteil aus der Verschuldung – Marktwert des Fremdkapitals	direkte Ermittlung des Marktwerts des Eigenkapitals

5.3 Weitere Verfahren der Unternehmensbewertung

Dem Ertragswert- und den DCF-Verfahren kommt im Rahmen der Unternehmensbewertung eine besondere Bedeutung zu. Wie in Kap. 5.1 erläutert, ist der Unternehmenswert jedoch zweckabhängig zu bestimmen und in bestimmten Situationen kann daher auch die Verwendung eines der in den folgenden Abschnitten beschriebenen Verfahren sinnvoll sein. Eingegangen wird im weiteren Verlauf auf die marktpreisorientierten Verfahren, das Substanz- und Liquidationswertverfahren und die Mischverfahren.

5.3.1 Marktpreisorientierte Verfahren

Die marktpreisorientierten Verfahren der Unternehmensbewertung verfolgen das Ziel, ein Unternehmen anhand tatsächlich bezahlter Preise zu bewerten. Hierbei lassen sich zwei unterschiedliche Ansätze abgrenzen. Zum einen kann die Passivseite der Bilanz eines Unternehmens zu Marktpreisen bewertet werden (Marktpreisverfahren), zum anderen ist es möglich, den Unternehmenswert mittels Vergleichsverfahren zu bestimmen. Während das Marktpreisverfahren nur zur Bewertung börsennotierter Unternehmen herangezogen werden kann, können die Vergleichsverfahren auch zur Wertbestimmung nicht börsennotierter Unternehmen eingesetzt werden.

Marktpreisverfahren

Gemäß dem Marktpreisverfahren ergibt sich der Marktwert eines Unternehmens aus der Summe der Marktwerte des Eigen- und des Fremdkapitals:

$$UW^{MW} = EK^{MW} + FK^{MW}$$

mit: UW^{MW} = Marktwert des Unternehmens
FK^{MW} = Marktwert des Fremdkapitals
EK^{MW} = Marktwert des Eigenkapitals

Der **Marktwert des Eigenkapitals** entspricht dem Börsenwert der Beteiligungspapiere und errechnet sich folglich als Produkt aus Aktienanzahl und Aktienkurs unter Berücksichtigung der jeweiligen Aktiengattung. Dabei wird oft zur Eliminierung von Kursschwankungen nicht der Börsenkurs zum Zeitpunkt der Bewertung, sondern ein Durchschnittskurs eines zurückliegenden Zeitraums verwendet (vgl. Böcking/Novak, 1999, S. 169 f.).

Der **Marktwert des Fremdkapitals** ergibt sich aus dem Barwert der Kapitaldienstleistungen an die Fremdkapitalgeber. Hat sich das zu bewertende Unternehmen über Unternehmensanleihen (Corporate Bonds) finanziert, so sind deren Kurswerte anzusetzen. Die Addition der Marktwerte von Eigen- und Fremdkapital soll nach dem Marktpreisverfahren zum wahren Wert eines Unternehmens führen, da die ermittelten Marktwerte das materielle und immaterielle Vermögen verkörpern und damit die Grundlage für die künftigen Gewinne des Unternehmens bilden (vgl. Betsch/Groh/Lohmann, 2000, S. 187).

Bei der Verwendung des Marktpreisverfahrens zur Unternehmensbewertung werden implizit funktionsfähige und informationseffiziente Kapitalmärkte unterstellt. Denn ein entscheidungsrelevanter Preis eines Unternehmens ist nur dann aus dessen Börsenkurs ableitbar, wenn alle verfügbaren Informationen in den Kurs eingeflossen sind. Kritisch ist in diesem Zusammenhang anzumerken, dass der Börsenkurs eines Unternehmens durch eine ganze Reihe nicht bewertungsrelevanter Faktoren (z. B. Liquiditätslage des Markts, Spekulationsblasen) beeinflusst wird. Derartige Marktunvollkommenheiten stellen die Informationseffizienz von Kapitalmärkten infrage (vgl. Kuhner/Maltry, 2017, 316 f.). Insbesondere auf dem deutschen Kapitalmarkt, der im Vergleich zu den USA eine deutlich geringere Größe aufweist, können begründete Zweifel an der Effizienz des Kapitalmarkts formuliert werden.

Darüber hinaus sollte bei einem effizienten Kapitalmarkt der Marktwert des Eigenkapitals mit dem Kaufpreis für alle Anteile übereinstimmen. Dies ist in der Praxis jedoch nicht zu beobachten. Vielmehr sind bei der Übernahme größerer Aktienpakete sog. Übernahmeprämien und Paketzuschläge zu zahlen (vgl. Ballwieser, 2005, S. 329).

Das Marktpreisverfahren kann als ein Verfahren zur näherungsweisen Berechnung des Werts eines börsennotierten Unternehmens interpretiert werden. Aus dem nach diesem Ansatz ermittelten Unternehmenswert kann insbesondere der Grenzpreis des Verkäufers bei der Übernahme eines solchen Unternehmens abgleitet werden, da die Aktionäre eines Unternehmens mindestens den Börsenwert ihrer Anteile als Verkaufspreis fordern werden.

Vergleichsverfahren

Die Idee der Vergleichsverfahren, die auch Multiplikatorverfahren genannt werden, ist es, den Wert eines Unternehmens aus dem Marktpreis vergleichbarer Unternehmen abzuleiten. Die Vergleichsverfahren beruhen somit auf der Annahme, dass vergleichbare Unternehmen annähernd gleiche Unternehmenswerte besitzen. Damit setzt die Anwendung der Vergleichsverfahren eine möglichst genaue Übereinstimmung des zu bewertenden Unternehmens mit dem Vergleichsobjekt voraus.

Zur Ermittlung eines Unternehmenswerts greifen die Vergleichsverfahren auf sog. **Multiplikatoren** zurück. Unter einem Multiplikator ist eine Verhältniszahl zu verstehen, bei der der Marktpreis eines Vergleichsunternehmens auf eine Transfergröße des Vergleichsunternehmens bezogen wird:

$$\text{Multiplikator} = \frac{\text{Preis des Vergleichsunternehmens}}{\text{Transfergröße des Vergleichsunternehmens}}$$

Die grundlegende Überlegung bei der Verwendung von Multiplikatoren ist, dass der Quotient aus dem Preis eines Vergleichsunternehmens und der Transfergröße des Vergleichsunternehmens mit dem Quotienten aus dem Wert des zu bewertenden Unternehmens und der entsprechenden Transfergröße des Bewertungsobjekts übereinstimmt. Somit kann die folgende Basisformel aufgestellt werden:

$$\frac{\text{Wert des Bewertungsobjekts}}{\text{Transfergröße des Bewertungsobjekts}} = \frac{\text{Preis des Vergleichsunternehmens}}{\text{Transfergröße des Vergleichsunternehmens}}$$

Konkret ist der Unternehmenswert mithilfe der Vergleichsverfahren in drei Schritten zu ermitteln. Im ersten Schritt ist ein passendes Vergleichsunternehmen auszuwählen, im zweiten Schritt eine geeignete Transfergröße zu identifizieren und im dritten Schritt ist der Unternehmenswert durch Multiplikation der festgelegten Transfergröße des Bewertungsobjekts mit dem Multiplikator zu ermitteln.

Zur Identifikation eines geeigneten Vergleichsunternehmens sind folgende Kriterien zu beachten (vgl. Ballwieser/Hachmeister, 2016, S. 214):
- identische oder vergleichbare Märkte bzw. übereinstimmende Branchen
- identische Phase im Lebenszyklus
- vergleichbare Wachstumserwartungen
- vergleichbare Eigentumsverhältnisse
- vergleichbare Größe
- vergleichbare Forschungs- und Entwicklungs-, Produktions- und Vertriebsbedingungen
- vergleichbare Finanzierung
- vergleichbare Regulierungsauflagen

Bei den Transfergrößen ist grundsätzlich zwischen sog. Enterprise-Multiplikatoren und Equity-Multiplikatoren zu unterscheiden. Enterprise-Multiplikatoren führen zum Marktwert des Gesamtkapitals, bei den Equity-Multiplikatoren wird direkt der Marktwert des Eigenkapitals ermittellt. Wichtige Enterprise-Multiplikatoren sind:

- das Ergebnis der gewöhnlichen Geschäftstätigkeit vor Zinsen und Steuern das EBIT (Earnings before Interest and Taxes)
- das Ergebnis der gewöhnlichen Geschäftstätigkeit vor Zinsen, Steuern und Abschreibungen das EBITDA (Earnings before Interest, Taxes, Depreciation and Amortization)
- der Umsatz

Als Equity-Multiplikatoren dienen

- der Gewinn,
- der Free-Cashflow-Netto und
- der Buchwert des Eigenkapitals (vgl. Hayn, 2003, S. 84, Krolle/Schmitt/Schwetzler, 2005, S. 16).

Der Unternehmenswert wird im dritten Schritt durch Multiplikation von Transfergröße und Multiplikator berechnet, wobei dies exemplarisch für den Umsatz dargestellt werden soll:

$$\begin{array}{l}\text{Marktwert des Gesamtkapitals}\\ \text{des Bewertungsobjekts}\end{array} = \underbrace{\frac{\text{Enterprise Value}}{\text{Umsatz}}}_{\text{Multiplikator}} \cdot \text{Umsatz}_{\text{Bewertungsobjekt}}$$

Beispielhaft soll angenommen werden, dass die in Kap. 5.2.4 betrachtete XY-AG als Vergleichsunternehmen der YZ-GmbH geeignet ist. Die YZ-GmbH hat einen Umsatz in Höhe von 60 Mio. EUR im Bewertungszeitpunkt $t = 0$ erzielt. Der Unternehmenswert der YZ-GmbH berechnet sich gemäß der Formel wie folgt (vereinfachend wird angenommen, dass der über die DCF-Verfahren bei atmender Finanzierung ermittelte Unternehmenswert mit dem Marktwert der Aktien der XY-AG und der Umsatz in der Periode 0 mit dem in der Periode 1 übereinstimmt):

$$\begin{array}{l}\text{Marktwert des Gesamtkapitals}\\ \text{der YZ-GmbH}\end{array} = \underbrace{\frac{45.347{,}42}{52.055{,}00}}_{\text{Multiplikator}} \cdot 60 = 0{,}8711 \cdot 60 = 52{,}27 \text{ Mio. €}$$

Die Multiplikatoren unterscheiden sich je nach Branche deutlich. Um einen exemplarischen Eindruck zur Dimension der Umsatzmultiplikatoren zu vermitteln, sind diese in Tab. 5.17 für verschiedene Branchen dargestellt. Weiterhin wird zwischen Börsen-Multiples, Experten-Multiples Small Cap, Experten-Multiples Mid Cap und Experten-Multiples Large Cap unterschieden. Die Börsen-Multiples ergeben sich aus den Kapitalmarktdaten der Unternehmen aus der jeweiligen Branche, die Experten-Multiples werden auf Basis der Befragung von Branchenexperten für unterschiedliche Unternehmensgrößen festgestellt, wobei der Umsatz beim Small Cap unter 50 Mio. EUR liegt, beim Mid Cap zwischen 50 Mio. EUR und 250 Mio. EUR und beim Large Cap über 250 Mio. EUR.

Tab. 5.17: Umsatzmultiplikatoren für unterschiedliche Branchen (Quelle: Werte für Oktober 2015 aus FINANCE, November/Dezember 2015, S. 80)

Branche	**Börsen-Multiples**	**Experten-Multiples Small Cap**		**Experten-Multiples Mid Cap**		**Experten-Multiples Large Cap**	
	Umsatz-Multiple	**Umsatz-Multiple**		**Umsatz-Multiple**		**Umsatz-Multiple**	
		von	**bis**	**von**	**bis**	**von**	**bis**
beratende Dienstleistungen	–	0,62	1,05	0,69	1,11	0,76	1,24
Software	1,06	0,99	1,52	1,14	1,67	1,20	1,89
Telekommunikation	1,73	0,77	1,05	0,83	1,18	1,07	1,53
Medien	3,69	0,74	1,20	1,00	1,46	1,15	1,82
Handel und E-Commerce	0,49	0,61	0,98	0,71	1,11	0,75	1,29
Transport, Logistik und Touristik	0,56	0,54	0,84	0,65	0,99	0,58	0,94
Elektrotechnik und Elektronik	1,92	0,58	0,91	0,68	1,07	0,72	1,07
Fahrzeugbau und -zubehör	1,06	0,63	0,95	0,66	0,99	0,76	1,08
Maschinen- und Anlagenbau	1,27	0,63	0,94	0,67	1,04	0,80	1,20
Chemie und Kosmetik	1,21	0,80	1,20	0,87	1,25	0,99	1,47
Pharma	1,78	1,18	1,61	1,25	1,76	1,29	2,02
Textil und Bekleidung	1,34	0,69	1,00	0,69	1,03	0,86	1,25
Nahrungs- und Genussmittel	0,52	0,77	1,13	0,82	1,20	1,00	1,57
Gas, Strom, Wasser	0,63	0,73	1,09	0,79	1,13	0,87	1,23
Umwelttechnologie und erneuerbare Energie	–	0,76	1,08	0,77	1,21	0,82	1,25
Bau und Handwerk	1,55	0,54	0,78	0,57	0,80	0,56	0,83

Den verschiedenen Varianten der Vergleichsverfahren liegt grundsätzlich die gleiche Vorgehensweise zur Berechnung des Unternehmenswerts zugrunde. Unterschiede bestehen hingegen bei der Ermittlung der Vergleichspreise. Es können in diesem Zusammenhang drei verschiedene Ansätze differenziert werden:

- Beim **Similar-Public-Company-Ansatz** werden als Vergleichspreise die Marktpreise öffentlich notierter Unternehmen herangezogen. Die Anwendung dieses Ansatzes setzt daher voraus, dass die Marktpreise der Anteile der Vergleichsunternehmen bekannt sind. Die Wertermittlung des Bewertungsobjekts wird anhand der oben angegebenen Basisformel vollzogen (vgl. Böcking/Nowak, 1999, S. 171 ff.).
- Im Rahmen des **Recent-Acquisition-Ansatzes** werden die Vergleichspreise nicht aus den Börsenwerten vergleichbarer Unternehmen, sondern aus im Zuge von Unternehmensverkäufen tatsächlich erzielten Preisen abgeleitet. Auch die Wertbestimmung selbst erfolgt in Anlehnung an die oben genannte Basisformel. Problematisch bei der Wertermittlung mithilfe des Recent-Acquisition-Ansatzes ist zum einen die Gewinnung von Vergleichspreisen ehemaliger Unternehmensverkäufe, die i. d. R. lediglich einschlägigen Fachzeitschriften oder Fachgutachten entnommen werden können. Zum anderen ist auf eine zeitliche Nähe der Zeitpunkte von Unternehmensbewertung und Vergleichstransaktion zu achten. Ist dies nicht gegeben, muss der Preis der Vergleichstransaktion durch eine Trendfortschreibung an das aktuelle Niveau angepasst werden (vgl. Buchner/Englert, 1994, S. 1576; Peemöller/Keller/Beckmann, 2008, S. 1264).
- Der **Initial-Public-Offering-Ansatz** wird primär bei der Bewertung von Unternehmen eingesetzt, die vor einer Börsennotierung stehen. Als Vergleichspreise werden bei dieser Methode Emissionspreise von Vergleichsunternehmen herangezogen, die bei deren Börsengang erzielt wurden. Die Wertermittlung erfolgt auch hier in der oben dargestellten Weise mithilfe der Basisformel. Die beim Recent-Acquisition-Ansatz aufgezeigten Problemfelder gelten auch bei diesem Ansatz.

Der Hauptkritikpunkt der Vergleichsverfahren liegt in der fehlenden theoretischen Fundierung dieser Verfahren (vgl. Ballwieser/Hachmeister, 2016, S. 212 ff. und Löffler, 2007, S. 810) und der Frage nach der Gültigkeit der Hypothese einer Wertgleichheit von Bewertungsobjekt und Vergleichsunternehmen, von der bei jedem der drei genannten Verfahren ausgegangen wird. Ein Vergleichsunternehmen, welches bei allen oben genannten Kriterien mit dem Bewertungsobjekt übereinstimmt, wird sich i. d. R. nur sehr schwer finden lassen. Die Identifikation eines geeigneten Vergleichsunternehmens ist jedoch für die Ableitung des Unternehmenswerts von zentraler Bedeutung. Fehlurteile bei der Auswahl des Vergleichsunternehmens können zu einer erheblichen Verzerrung des berechneten Unternehmenswerts führen. Weiterhin ist insbesondere im Zusammenhang mit dem Similar-Public-Company-Ansatz eine Übertragung eines börsennotierten Unternehmenswerts auf ein nicht börsennotiertes Unternehmen problematisch. Das Verfahren unterstellt grundsätzlich eine Wertgleichheit zwischen den Unternehmen, wobei die Umstände, unter denen das zu bewertende Unternehmen an der Börse gehandelt werden würde, nicht näher betrachtet werden. Darüber hinaus erscheint es fragwürdig, aus den Preisen für öffentlich gehandelte

Minderheitsbeteiligungen die Preise für nicht gehandelte Mehrheitsbeteiligungen abzuleiten (vgl. Buchner/Englert, 1994, S. 1578 f.).

Ein großer Vorteil der Vergleichsverfahren ist darin zu sehen, dass die Prognoseproblematik zukünftiger Erfolge umgangen wird. Dies kann jedoch nur durch eine Reduktion des bewertungsrelevanten Umfelds erreicht werden (vgl. Kuhner/Maltry, 2017, S. 315 f.). Die Vergleichsverfahren sind darüber hinaus gut nachvollziehbar und übersichtlich aufgebaut. Die Daten, die als Input für die marktorientierten Verfahren benötigt werden, können aufgrund vielfältiger Datenbanken und Informationsquellen relativ einfach beschafft werden.

Die Multiplikatorverfahren werden häufig zur Plausibilisierung der ermittelten Unternehmenswertergebnisse der Zukunftserfolgswertverfahren eingesetzt, insofern ist weiterhin mit einer hohen Bedeutung dieser Verfahrensklasse zu rechnen.

5.3.2 Substanzwert- und Liquidationswertverfahren

Substanzwertverfahren

Das Substanzwertverfahren gehört zu den Einzelbewertungsverfahren, da die Bewertung der Vermögensgegenstände und Schulden einzeln vorgenommen und das Unternehmen nicht als Bewertungseinheit begriffen wird. Als Substanzwert eines Unternehmens wird der Betrag bezeichnet, der zur Nachbildung resp. Reproduktion eines gleichartigen Unternehmens anfallen würde. Prinzipiell kann der Substanzwert in einen Voll- und einen Teilreproduktionswert unterschieden werden (vgl. Peemöller/Keller/Beckmann, 2008, S. 1259).

- Der **Vollreproduktionswert** ist der Betrag, der bei vollständiger Nachbildung eines Unternehmens notwendig wäre, um das gleiche Ertragspotenzial zu erhalten. Der Vollreproduktionswert umfasst neben den bilanzierungsfähigen Vermögensgegenständen auch die immateriellen, nicht in der Bilanz ansetzbaren Wirtschaftsgüter, wie z. B. Erfindungen, entwickelte Patente und die Qualität der Mitarbeiter, die den „Goodwill" oder „Geschäftswert" eines Unternehmens ausmachen.
- Unter dem **Teilreproduktionswert** ist der Wert der selbständig verkehrsfähigen Wirtschaftsgüter zu verstehen, d. h. es werden nur die Vermögensgegenstände erfasst, die auf der Aktivseite der Bilanz eines Unternehmens ausgewiesen werden müssen. Der Geschäftswert bleibt bei diesem Ansatz unberücksichtigt.

Die immateriellen, nicht bilanzierungsfähigen Vermögensteile stellen einen wichtigen Bestandteil des Unternehmenswerts dar. Somit ermöglicht grundsätzlich nur der Vollreproduktionswert eine geeignete Aussage über den tatsächlichen Wert eines Unternehmens. Die immateriellen Vermögensgegenstände sind in der Praxis jedoch nur schwer bestimmbar, sodass der Substanzwert üblicherweise als Teilreproduktionswert ermittelt wird (vgl. Hayn, 2003, S. 78).

Der Substanzwert, in der Interpretation eines Teilreproduktionswerts, entspricht damit der Summe der in der Handelsbilanz ausgewiesenen, zu Wiederbeschaffungskosten am Bewertungsstichtag bewerteten, betriebsnotwendigen Vermögensgegenstände. Hierbei ist zu beachten, dass diese Vermögenspositionen mit den entsprechenden **Wiederbeschaffungszeitwerten** angesetzt werden müssen, um die technisch und wirtschaftlich begründeten Wertminderungen zu berücksichtigen. Nicht betriebsnotwendige Vermögenspositionen gehen zu ihren Veräußerungserlösen in die Substanzwertberechnung ein. Im Einzelnen orientiert sich die Werteermittlung an den in Tab. 5.18 dargestellten Ansatzpunkten. Sind lediglich Preise für vergleichbare Neuprodukte ermittelbar, so sind diese Preise um Wertminderungen für die tatsächliche Abnutzung der einzelnen Vermögensgegenstände zu reduzieren.

Tab. 5.18: Ansätze zur Substanzwertermittlung (in Anlehnung an Born, 2003, S. 140 ff.)

Bilanzposition	Ansätze zur Wertermittlung
immaterielle Vermögensgegenstände	Ausgaben für eine gleichwertige Beschaffung: Erwerbs- oder Entwicklungskosten
Grundstücke/Gebäude	tatsächlich gezahlte Kaufpreise, Vergleichspreise oder spezielle Schätzungen auf der Basis von Nutzflächen, umbautem Raum, Einheitswert oder Expertenwissen
Sachanlagen	Richtlinien verschiedener Verbände (z. B. VDI) zur Bewertung gebrauchter Anlagen, Sekundärmarktpreise oder Preislisten des Herstellers
Finanzanlagen	diskontierfähige Gläubigerpapiere prinzipiell zum Zeitwert, Teilhaberpapiere je nach Zielsetzung zum Zeitwert, Liquidationswert (z. B. Börsenkurs)
Vorräte	Roh-, Hilfs-, und Betriebsstoffe zu Tagespreisen, fertige Erzeugnisse zu Verkaufspreisen abzüglich Lagerkosten, anteiliger Verwaltungs- und Vertriebskosten sowie Gewinnabschlag, unfertige Erzeugnisse zu Herstellkosten
Forderungen/ Verbindlichkeiten	i. d. R. zum Bilanzansatz, bei Forderungen Ansatz von Wertberichtigungen nach betriebsgewöhnlicher Erfahrung
Rückstellungen	Ansatz bei Schuldcharakter, Prüfung der Angemessenheit der angesetzten Werte
Bank/Kasse	Bewertung zum Nominalwert

Der Preis, der zu zahlen wäre, um die gleichen Aktiva des Unternehmens im gleichen Zustand zu erhalten, wird als Bruttosubstanzwert bezeichnet. Werden vom Brutto-Substanzwert eines Unternehmens dessen Schulden subtrahiert, erhält man den Nettosubstanzwert.

Der Vorteil des Substanzwerts, im Sinne des Teilreproduktionswerts, liegt in der verhältnismäßig einfachen und sicheren Bestimmbarkeit dieses Werts. Darüber hinaus handelt es sich beim Substanzwert um eine objektive, gut nachvollziehbare Größe. Die einfache Bestimmbarkeit des Substanzwerts wird jedoch mit der Vernachlässigung der nicht bilanzierten immateriellen Vermögensgegenstände teuer erkauft. Wird anstelle des Teilreproduktionswerts der Vollreproduktionswert ermittelt, so muss der Vorteil der Praktikabilität deutlich relativiert werden (vgl. Hayn, 2003, S. 79).

Nach herrschender Meinung ist die Substanzwertmethode als alleiniges Verfahren zur Unternehmensbewertung ungeeignet. Vielmehr soll der Substanzwert nach Auffassung des Instituts der Wirtschaftsprüfer (IDW) nur noch dann ermittelt werden, wenn dies ausdrücklich vom Kunden gewünscht wird. Die Bedeutung des Substanzwerts wird vielmehr auf seine Kontroll- und Hilfsfunktion reduziert.

Liquidationswertverfahren

Das Liquidationswertverfahren gehört ebenso wie das Substanzwertverfahren zu den Einzelbewertungsverfahren. Im Gegensatz zum Substanzwertverfahren, bei dem von einer Fortführung der Unternehmung ausgegangen wird, unterstellt das Liquidationswertverfahren die Liquidation und damit oftmals die Zerschlagung der zu bewertenden Unternehmung (vgl. Mandl/Rabel, 2015, S. 88). Beim Liquidationswert wird angenommen, dass das Unternehmen in veräußerungsfähige Einzelteile zerlegt wird, die dann am Markt verkauft werden. Die Summe aus diesen Erlösen abzüglich der Schulden und Liquidationskosten ergibt den Liquidationswert (vgl. Mandl/Rabel, 2015, S. 88 f.).

Um den Liquidationswert eindeutig bestimmen zu können, sind Annahmen bezüglich des Zerschlagungskonzepts erforderlich, insbesondere über den Liquidationszeitraum (Zerschlagungszeitraum) und die einzelnen Ablaufschritte der Liquidation (Zerschlagungsintensität). Während der Zerschlagungszeitraum das Zeitfenster definiert, in dem die Liquidation abgeschlossen werden soll, bestimmt die Zerschlagungsintensität das Ausmaß der Aufsplitterung der Liquidationswerte bei der Liquidation (vgl. Ihlau/Duscha, 2015, S. 828). Zielsetzung hierbei ist es, den Liquidationserlös zu maximieren. Ausgangspunkt zur Bestimmung der einzelnen Liquidationswerte bilden die in der Bilanz erfassten Aktiva (Werte für Vermögensgegenstände) und Passiva (Schulden). Die Vermögensgegenstände werden mit den realisierbaren Verwertungserlösen bewertet, bei den Schulden müssen sämtliche weiteren Belastungen berücksichtigt werden, die bei einer Liquidierung entstehen würden. Die bilanzierten Aktiva müssen dabei um mögliche nicht bilanzierte Vermögensgegenstände ergänzt werden, ebenso ist auf der Passivseite zu prüfen, welche Zahlungen für z. B. Abfindungen, Sozialplanverpflichtungen, Abbruchkosten und Vorfälligkeitsentschädigungen neben den bilanzierten Passiva anfallen können (vgl. Ihlau/Duscha, 2015, S. 815 ff.).

Der Liquidationswert kann unter bestimmten Umständen auch einen Zukunftsbezug aufweisen. Dies ist immer dann der Fall, wenn im Rahmen der Unternehmensliquidation einzelne überlebensfähige Teileinheiten verkauft oder neue Teileinheiten aus der vorhandenen Substanz heraus gebildet werden können.

Da es im Rahmen der Unternehmensbewertung i. d. R. um die Ermittlung eines Wertes bei Fortführung der Unternehmung geht, könnte angenommen werden, dass die Liquidationswertverfahren nur selten zur Anwendung kommen und der Liquidationswert einen „untypischen“ Unternehmenswert darstellt. Der Liquidationswert ist allerdings nicht nur bei einer Liquidation von Bedeutung, weil er eine Wertuntergrenze der bewerteten Unternehmung darstellt, an der sich sämtliche Fortführungswerte zu messen haben (vgl. IDW S 1. 2008, S. 4). Liegt der Fortführungswert unterhalb des Liquidationswerts, stellt die Fortführung der Unternehmung keine sinnvolle ökonomische Alternative dar. Eine große praktische Relevanz besitzt der Liquidationswert darüber hinaus in einem wichtigen Teilbereich der Unternehmensbewertung, welcher bereits im Rahmen der Grundsätze ordnungsmäßiger Unternehmensbewertung genannt wurde. Die Bewertung des nicht betriebsnotwendigen Vermögens erfolgt zum Liquidationswert.

5.3.3 Mischverfahren

Bei den Mischverfahren werden der Substanzwert und der Ertragswert miteinander verknüpft. In Abhängigkeit von der jeweiligen Gewichtung von Substanzwert und Ertragswert können

- das Mittelwertverfahren,
- die Verfahren der befristeten und unbefristeten Geschäftswertabschreibung und
- die Verfahren der Übergewinnabgeltung

differenziert werden. Da die Mischverfahren in einer Zeit entwickelt wurden, in der die klassische Ertragswertmethode dominierte, liegen der Ertragswertkomponente der Mischverfahren häufig noch Gewinne und weniger Zahlungsströme zugrunde. Ebenfalls sind damit die DCF-Verfahren kein Bestandteil der Mischverfahren.

Mittelwertverfahren

Das Mittelwertverfahren besaß in der Praxis lange Zeit eine dominierende Stellung. Aus diesem Grund wird dieses Verfahren häufig auch als „Praktikerverfahren“ bezeichnet (vgl. Schierenbeck/Wöhle, 2016, S. 486). Beim Mittelwertverfahren entspricht der Unternehmenswert dem arithmetischen Mittel aus Substanz- und Ertragswert, wobei der Substanzwert als Teilreproduktionswert interpretiert wird:

$$UW = \frac{SW + EW}{2}$$

Das Mittelwertverfahren basiert auf der Annahme, dass der Vollreproduktionswert eines Unternehmens den maßgeblichen Unternehmenswert darstellt. Aufgrund der Probleme bei der Berechnung des Geschäftswerts ist der Vollreproduktionswert jedoch nur schwer zu bestimmen. Der Teilreproduktionswert vernachlässigt den Geschäftswert und liegt damit unter dem Vollreproduktionswert, er ist jedoch deutlich einfacher zu berechnen. Beim Ertragswert wird angenommen, dass dieser größer ist als der Vollreproduktionswert, was sich auf die Vernachlässigung der Konkurrenzgefahr zurückführen lässt. Als **Konkurrenzgefahr** wird dabei die sich für andere Wettbewerber eröffnende Möglichkeit bezeichnet, das Unternehmen nachzubilden und die sich bietenden Gewinnchancen auszunutzen. Diese Möglichkeit besteht immer dann, wenn der Ertragswert über dem Vollreproduktionswert liegt. Da der Teilreproduktionswert zu niedrig, der Ertragswert i. d. R. zu hoch ist, stellt das Mittelwertverfahren ein Konzept zur näherungsweisen Bestimmung des Vollreproduktionswerts dar (vgl. Jacob, 1960, S. 133).

Das Mittelwertverfahren ist auf der einen Seite einfach anzuwenden und gut nachvollziehbar, auf der anderen Seite aber auch nicht ohne Kritik geblieben. In diesem Zusammenhang ist insbesondere auf die Form der Berücksichtigung der Konkurrenzgefahr hinzuweisen. Die Existenz eines über dem Vollreproduktionswert liegenden Ertragswerts führt nicht zwangsläufig zum Markteintritt zusätzlicher Konkurrenten und damit zum Abbau des den Vollreproduktionswert übersteigenden Gewinns. Die Höhe der zukünftigen Erträge hängt nämlich nicht nur von der fehlenden Konkurrenz ab, sondern wird ebenfalls von sich ständig weiter entwickelnden Produktions-, Verfahrens- und Organisationstechniken beeinflusst. Darüber hinaus muss die von dem Mittelwertverfahren unterstellte Rangreihenfolge, dass der Vollreproduktionswert zwischen Ertragswert und Teilreproduktionswert liegt, nicht zwangsweise gegeben sein. So sind durchaus auch Fälle denkbar, in denen der berechnete Ertragswert unterhalb des Teilreproduktionswerts liegt. In diesen Fällen macht die Anwendung des Mittelwertverfahrens keinen Sinn (vgl. Hayn, 2003, S. 82).

Eine Variante des Mittelwertverfahrens stellt die unterschiedliche Gewichtung des Ertrags- und des Substanzwerts dar. So kann beispielsweise dem Ertragswert das doppelte Gewicht wie dem Substanzwert zugeordnet werden:

$$UW = \frac{SW + 2 \cdot EW}{3}$$

Die unterschiedliche Gewichtung von Ertrags- und Substanzwert kann theoretisch jedoch ebenso wenig fundiert begründet werden, wie die im klassischen Mittelwertverfahren unterstellte Gleichgewichtung (vgl. Mandl/Rabel, 2015, S. 89 f.).

Verfahren der Geschäftswertabschreibung

Den Verfahren der befristeten und unbefristeten Geschäftswertabschreibung liegen grundsätzlich die gleichen Gedanken wie der Mittelwertmethode zugrunde, nämlich, dass der Ertragswert den tatsächlichen Unternehmenswert aufgrund der Konkurrenzgefahr überschätzt und der Substanzwert in Form des Teilreproduktionswerts den Unternehmenswert unterschätzt. Darauf aufbauend stellen die Verfahren der Geschäftswertabschreibung im Gegensatz zur Mittelwertmethode eine differenziertere Betrachtung an.

Die Verfahren der Geschäftswertabschreibung gehen vergleichbar dem Ertragswertverfahren von dem nachhaltig erzielbaren Gewinn aus, der bei normaler Unternehmensleistung zu erwarten ist. Zur Berücksichtigung der Konkurrenzgefahr wird dieser Gewinn um eine Abschreibung auf den Geschäftswert gekürzt. Der Geschäftswert entspricht der Differenz zwischen dem gesuchten Unternehmenswert und dem Substanzwert (vgl. Schierenbeck/Wöhle, 2016, S. 487).

Bei der **unbefristeten Geschäftswertabschreibung** berechnet sich der Unternehmenswert aus der Kapitalisierung der um die Abschreibungen auf den Geschäftswert verminderten Gewinne, wobei von konstanten Gewinnen ausgegangen wird. Angenommen, der gegenwärtige Geschäftswert wird während einer Abschreibungsdauer von fünf Jahren aufgezehrt, so errechnet sich die Abschreibungsrate zu 1/n = 1/5 = 0,2. Die Berücksichtigung jährlicher Abschreibungen (a) auf den Geschäftswert führt zu einer Kürzung des künftigen Jahresgewinns (G) um jeweils a · (UW – SW). Für den Unternehmenswert (UW) des Verfahrens der unbefristeten Geschäftswertabschreibung gilt damit:

$$UW = \frac{G - a \cdot (UW - SW)}{i}$$

Durch eine einfache Umformung kann die nachfolgende Formel für den Unternehmenswert abgeleitet werden (vgl. Schierenbeck/Wöhle, 2016, S. 487):

$$UW = \frac{\frac{G}{i} + \frac{a}{i} \cdot SW}{1 + \frac{a}{i}} = \frac{EW + \frac{a}{i} \cdot SW}{1 + \frac{a}{i}}$$

Der Haupteinwand gegen das Verfahren der unbefristeten Geschäftswertabschreibung ist die Berücksichtigung von Abschreibungen über den Zeitpunkt der vollständigen Abschreibung des Geschäftswerts hinaus („unbefristet"). Gilt ein Abschreibungssatz von 20 %, so dürften nur die Gewinne der ersten fünf Jahre gekürzt werden. Ab dem Jahr sechs müssten die Gewinne vollständig in die Berechnung des Unternehmenswerts einfließen. Dies berücksichtigt das Verfahren der unbefristeten Geschäftswertabschreibung jedoch nicht (vgl. Jacob, 1960, S. 136).

Vor diesem Hintergrund ist das Verfahren der **befristeten Geschäftswertabschreibung** entwickelt worden. Das Verfahren der befristeten Geschäftswertabschreibung berücksichtigt im Gegensatz zu dem Verfahren der unbefristeten Geschäftswertabschreibung die Abschreibungen auf den Geschäftswert nur bis zur vollständigen Aufzehrung des am Anfang vorhandenen Geschäftswerts. Nach der vollständigen Abschreibung des Geschäftswerts gehen die nachfolgenden Gewinne in voller Höhe in die Berechnung des Unternehmenswerts ein. Der Unternehmenswert nach dem Verfahren der befristeten Geschäftswertabschreibung errechnet sich folglich zu:

$$UW = \frac{G}{i} - RBF_n^i \cdot a \cdot (UW - SW)$$

Aus dieser Formel kann mithilfe einiger Umformungen folgende Formel abgeleitet werden:

$$UW = \frac{\frac{G}{i} + a \cdot RBF_n^i \cdot SW}{1 + a \cdot RBF_n^i} = \frac{EW + a \cdot RBF_n^i \cdot SW}{1 + a \cdot RBF_n^i}$$

Auch das Verfahren der befristeten Geschäftswertabschreibung weist logische Mängel auf. Zur Berücksichtigung der Konkurrenzgefahr werden Abschreibungen auf den Geschäftswert gebildet, bis dieser vollständig aufgezehrt ist. Ab diesem Zeitpunkt fließen die Gewinne in voller Höhe, d. h. einschließlich des „Übergewinns", der sich ohne Konkurrenzgefahr ergibt, in die Berechnung des Unternehmenswerts ein. Dieser Dualismus bei der Behandlung der Konkurrenzgefahr ist logisch nicht nachvollziehbar (vgl. Schierenbeck/Wöhle, 2016, S. 487).

Verfahren der Übergewinnabgeltung

Weitere Mischverfahren aus Ertrags- und Substanzwert sind die Verfahren der Übergewinnabgeltung. Grundlegender Gedanke dieser Verfahren ist, dass sich langfristig nur ein Normalgewinn erzielen lässt, der die Verzinsung des Substanzwerts eines Unternehmens mit einem landesüblichen Normalzinssatz sicherstellt (vgl. Schierenbeck/Wöhle, 2016, S. 489). Ein über die Normalverzinsung hinausgehender Übergewinn, der beispielsweise auf eine überdurchschnittliche Unternehmensleistung, eine gute Konjunkturlage oder eine Monopolstellung zurückzuführen ist, wird aufgrund der Konkurrenzgefahr nur als zeitlich begrenzt angesehen. Der Übergewinn (ÜG) ergibt sich damit als Differenz des konstanten Normalertrags und der Normalverzinsung:

$$\ddot{U}G = G - i \cdot SW$$

Auf dieser Basis können die Verfahren der Übergewinnabgeltung in die Verfahren
- der einfachen undiskontierten Übergewinnabgeltung,
- der befristeten diskontierten Übergewinnabgeltung und
- der unbefristeten diskontierten Übergewinnabgeltung differenziert werden (vgl. Moxter, 1991, S. 56).

Bei der **einfachen undiskontierten Übergewinnabgeltung** wird der Geschäftswert, also der Differenzbetrag zwischen Unternehmenswert und Substanzwert, als

Vielfaches des Übergewinns berechnet. Hierzu ist der Faktor n zu bestimmen, der die Dauer angibt, in der ein Übergewinn erzielt werden kann. Der Unternehmenswert berechnet sich damit wie folgt:

$$UW = SW + \text{Geschäftswert}$$
$$UW = SW + n \cdot (G - i \cdot SW)$$

Grundsätzlich problematisch an der einfachen undiskontierten Übergewinnabgeltung ist, dass der Zeitwert der Übergewinne nicht berücksichtigt wird. Diese Problematik wird beim Verfahren der **befristeten diskontierten Übergewinnabgeltung** behoben. An die Stelle des Faktors n tritt der Rentenbarwertfaktor, mit dem die konstanten Übergewinne auf den heutigen Zeitpunkt diskontiert werden. Die Formel zur Berechnung des Unternehmenswerts nach dem Verfahren der diskontierten Übergewinnabgeltung lautet folglich:

$$UW = SW + RBF_n^i \cdot (G - i \cdot SW)$$

Die Erfassung des Zinseffekts hat einen sinkenden Geschäftswert zur Folge, da die Übergewinne als diskontierte Größen in die Unternehmenswertermittlung eingehen.

Statt von einer befristeten kann schließlich auch von einer **unbefristeten diskontierten Übergewinnabgeltung** ausgegangen werden. Zu beachten ist hierbei, dass der Kapitalisierungszinssatz zur Berechnung des Normalgewinns nicht unbedingt mit dem Zinssatz der Übergewinnabgeltung übereinstimmen muss:

$$UW = SW + \frac{G - i \cdot SW}{i_Ü}$$

mit: i = Kapitalisierungszinssatz für den Normalgewinn
$i_Ü$ = Kapitalisierungszinssatz für den Übergewinn

Die verschiedenen Ansätze der Übergewinnabgeltung sind insbesondere im angelsächsischen Raum weit verbreitet. In Deutschland ist hauptsächlich das Stuttgarter Verfahren als spezielle Form der Übergewinnverfahren von Bedeutung, welches vor allem bei steuerlichen Fragen eingesetzt wird (vgl. Bieg/Kußmaul/Waschbusch, 2016b, S. 268 ff.). Die Problematik der Verfahren der Übergewinnabgeltung liegt insbesondere in der Festlegung der Übergewinndauer n. In der praktischen Ausgestaltung ist diese von der subjektiven Festsetzung des Analysten abhängig.

Die Mischverfahren haben in der jüngeren Vergangenheit deutlich an Bedeutung verloren. So hat sich die Erkenntnis durchgesetzt, dass die mehr oder weniger willkürliche Bestimmung eines Unternehmenswerts, der zwischen Substanz- und Ertragswert liegt, keinen verlässlichen Bewertungsansatz darstellt. Alle hier vorgestellten Varianten der Kombinationsverfahren lassen sich nur ansatzweise theoretisch begründen.

Teil II: **Finanzierung**

6 Grundlagen der Unternehmensfinanzierung

6.1 Finanzierungsbegriff und bilanzielle Folgen von Finanzierungsvorgängen

In der Betriebswirtschaftslehre wird der Finanzierungsbegriff unterschiedlich definiert. Teilweise wird die Finanzierung mit der Beschaffung finanzieller Mittel gleichgesetzt. Allerdings gehen die mit der Finanzierung verbundenen Aufgaben zum einen über die reine Beschaffung hinaus, zum anderen ist nicht jeder Finanzierungsvorgang mit einem Zufluss finanzieller Mittel verbunden. In einem umfassenden Ansatz soll im Folgenden unter Finanzierung

- die Versorgung eines Unternehmens mit disponiblem Kapital,
- die Gestaltung der Kapitalstruktur und
- die Kapitalherabsetzung verstanden werden (vgl. Vormbaum, 1995, S. 26).

Der Finanzierungsbegriff enthält dadurch insgesamt vier Kernbereiche. Den Ausgangspunkt zur Definition des Finanzierungsbegriffs bildet die Versorgung eines Unternehmens mit disponiblem Kapital. Disponibel heißt, dass das beschaffte Kapital für unternehmerische Entscheidungen zur Verfügung steht. Der Finanzierung kommt die primäre Aufgabe zu, ein Unternehmen mit Kapital zu versorgen, das der Entscheidungsgewalt der Unternehmensleitung unterliegt. Die Bereitstellung finanzieller Mittel kann dabei zur Durchführung der betrieblichen Leistungserstellung und -verwertung und zur Durchführung außerordentlicher finanztechnischer Vorgänge, wie z. B. Fusion oder Sanierung, erfolgen (vgl. Bieg/Hossfeld, 2008, S. 52).

Die Beschaffung disponiblen Kapitals ist durch eine Zuführung zusätzlichen Kapitals von außen sowie durch die Freisetzung von im Unternehmen gebundenen Kapitals möglich. Die Kapitalzuführung und die Kapitalfreisetzung stellen somit zwei Ausprägungsformen des ersten Elements des Finanzierungsbegriffs dar

Bei der Kapitalzuführung wird einem Unternehmen von außen zusätzliches Kapital zur Verfügung gestellt, sodass sich das Vermögen und das Kapital des Unternehmens erhöhen (vgl. Vormbaum, 1995, S. 27). Nach der Zuführung des Kapitals entscheidet die Unternehmensleitung über seine konkrete Verwendung. Die Verwendung des Kapitals betrifft den Bereich der Investition und ist kein Bestandteil des Finanzierungsvorgangs.

Disponibles Kapital kann auch durch die Freisetzung gebundenen Kapitals in liquider Form beschafft werden. Durch die Freisetzung kommt es zu einem Zufluss von früher in Sach- oder Finanzanlagen investierten Mitteln. Die Freisetzung früher investierter Geldbeträge in liquider Form wird dabei auch als Desinvestition bezeichnet und kann innerhalb und außerhalb des normalen Umsatzprozesses von statten gehen. Desinvestitionen führen, sofern sie erfolgswirksam sind, zu einer Veränderung der Passivseite der Bilanz. Erfolgsneutrale Desinvestitionen haben dagegen keine

DOI 10.1515/9783110353082-007

Auswirkungen auf die Bilanzpassivseite. In jedem Fall jedoch zeigen sich Desinvestitionen in einer Veränderung der Aktivseite aufgrund der mit ihnen einhergehenden Umschichtung von illiquidem Vermögen in liquides Vermögen, dessen Disposition der Unternehmensleitung obliegt.

Neben der Bereitstellung disponiblen Kapitals umfasst der Finanzierungsbegriff die Veränderung der Finanzierungs- resp. Kapitalstruktur eines Unternehmens, was auch als Umfinanzierung bezeichnet wird. Es können grundsätzlich drei Formen von Umfinanzierungen unterschieden werden (vgl. Schierenbeck/Wöhle, 2016, S. 378):

- Prolongation: Die Kapitalüberlassungsfrist wird verlängert.
- Substitution: Die Quelle einer Kapitalbeschaffung wird durch eine andere ersetzt. Eine Substitution liegt z. B. vor, wenn eine Bank einen Kredit kündigt bzw. nicht verlängert und der Kredit bei einer anderen Bank aufgenommen wird.
- Transformation: Eine Kapitalart wird in eine andere umgewandelt, z. B. Umwandlung von Fremdkapital in Eigenkapital.

Schließlich wird dem Begriff „Finanzierung“ auch der Kapitalabfluss zugeordnet. Zu einem Kapitalabfluss kommt es beispielsweise bei einer Rückzahlung von Eigenkapital und Krediten oder bei der Entnahme von Gewinnen. Ebenfalls kann die Verrechnung von Periodenverlusten mit dem Eigenkapital als Kapitalabfluss interpretiert werden. Während die Vermögensstruktur bei der Umfinanzierung konstant bleibt, verringert sich beim Kapitalabfluss das Unternehmensvermögen. Bei beiden Ausprägungen des Finanzierungsbegriffs wird der Unternehmensleitung somit kein zusätzliches frei verfügbares Kapital zur Verfügung gestellt.

Der Begriff „Finanzierung“ bezieht sich nicht nur auf die Beschaffung liquider Mittel, sondern umfasst auch die Zurverfügungstellung von Sacheinlagen oder Rechten. In diesen Fällen sind die Kapitalbeschaffung (Finanzierung) und die Kapitalverwendung (Investition) ein einheitlicher Vorgang. Finanzierung ist also nicht gleichzusetzen mit Geldbeschaffung, sondern umfasst die Kapitalbeschaffung in allen Formen. Ob der Gegenwert des zur Nutzung überlassenen Kapitals in Form von Geld oder anderen Vermögensgegenständen zur Verfügung gestellt wird, spielt für den Finanzierungsvorgang keine Rolle (vgl. Bieg/Hossfeld, 2008, S. 52).

Die bisher erläuterten Elemente des Finanzierungsbegriffs können auch anhand des Ergebnisses des Finanzierungsvorgangs beschrieben werden. Das Ergebnis eines Finanzierungsvorgangs schlägt sich in der Veränderung des Bilanzinhalts des Unternehmens nieder. Anhand der Veränderungen der Bilanz lassen sich wiederum entsprechend Abb. 6.1 vier Arten von Finanzierungsvorgängen unterscheiden (vgl. Vormbaum, 1995, S. 27 ff.).

Zunächst ist zwischen Veränderungen des Kapitalbereichs und des Vermögensbereichs zu differenzieren. Der Kapitalbereich (Passivseite) der Bilanz zeigt, in welcher rechtlichen Form (Eigen- oder Fremdkapital) dem Unternehmen Kapitalbeträge überlassen wurden. Insofern verdeutlicht die Passivseite die Kapitalherkunft. Demgegenüber bringt der Vermögensbereich (Aktivseite) zum Ausdruck, in welchen

Vermögenswerten die Mittel gebunden sind; die Aktivseite weist also die Kapitalverwendung nach.

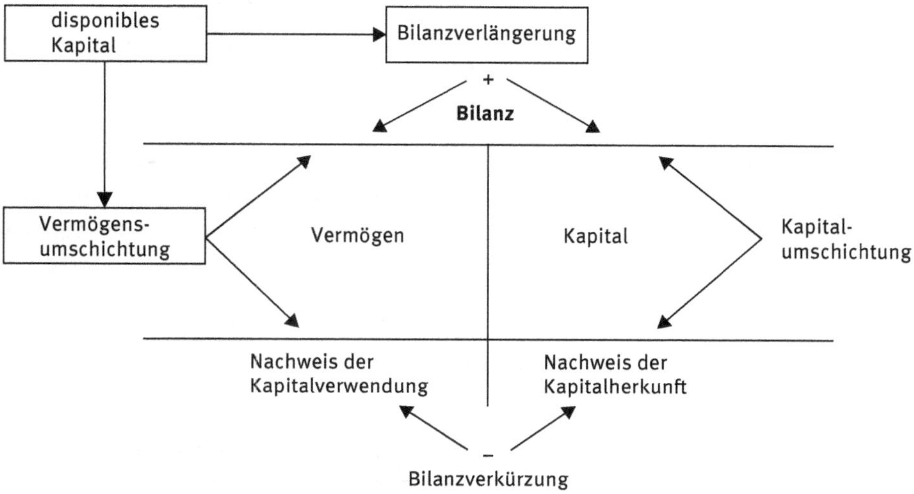

Abb. 6.1: Finanzierungsvorgänge und Bilanzinhalt (vgl. Vormbaum, 1995, S. 27)

Bilanzverlängernde Finanzierungsvorgänge berühren sowohl den Kapitalbereich als auch den Vermögensbereich, indem sie auf beiden Seiten der Bilanz zu einer gleichgroßen Erhöhung der Bilanzsumme führen. Dabei steigen das dem Unternehmen zur Verfügung stehende Vermögen und gleichzeitig das vom Unternehmen aufgenommene Kapital um den gleichen Betrag. Bilanzverlängernde Vorgänge werden in Abb. 6.2 als Kapitalbeschaffung bezeichnet. Durch den Ausweis des neu aufgenommenen Kapitals in Form von Eigen- oder Fremdkapital wird die juristische Position der Kapitalgeber auf der Passivseite der Bilanz dokumentiert. Gleichzeitig führt die Kapitalerhöhung auf der Aktivseite zu einer Zunahme des Vermögens entweder als Zufluss liquider Mittel (Bareinlage) oder als Zunahme der Sachgüter (Sacheinlage). Zu einem bilanzverlängernden Finanzierungsvorgang kommt es dabei auch, wenn das Unternehmen Gewinne einbehält oder über die Bildung von Rückstellungen Mittel an das Unternehmen gebunden werden.

Vermögensumschichtende Finanzierungsvorgänge führen zu einer Umstrukturierung des Vermögens, ohne dass die Summe des Vermögens verändert wird. Es handelt sich hierbei um einen Aktivtausch, bei dem Sachgüter in liquide Mittel umgewandelt werden und somit gebundenes Kapital durch Veräußerung von Vermögensgegenständen freigesetzt wird. Grundsätzlich fällt in diese Kategorie jeder Verkauf eines Vermögensgegenstands, bei dem bisher gebundene Mittel freigesetzt werden und dem Unternehmen liquide Mittel zufließen. Diese liquiden Mittel sind für einen mehr oder weniger langen Zeitraum disponibel. Dabei stellen nur solche Vermögensumschichtungen von gebundenem zu liquidem Vermögen Finanzierungsvorgänge dar, bei denen die liquiden Mittel für einen längeren Zeitraum zur Verfügung stehen. Zu den vermögensumschichtenden Finanzierungsvorgängen gehören insbesondere

- die Veräußerung von Vermögensteilen und
- der Zufluss von Abschreibungsgegenwerten.

Über Abschreibungsgegenwerte kann ein Unternehmen nur zeitlich befristet disponieren, denn diese Mittel sind nur bis zur Ersatzinvestition des abgeschriebenen Vermögensgegenstands verfügbar. Ähnliche Einschränkungen gelten für den Verkauf betriebsnotwendiger Vermögensteile.

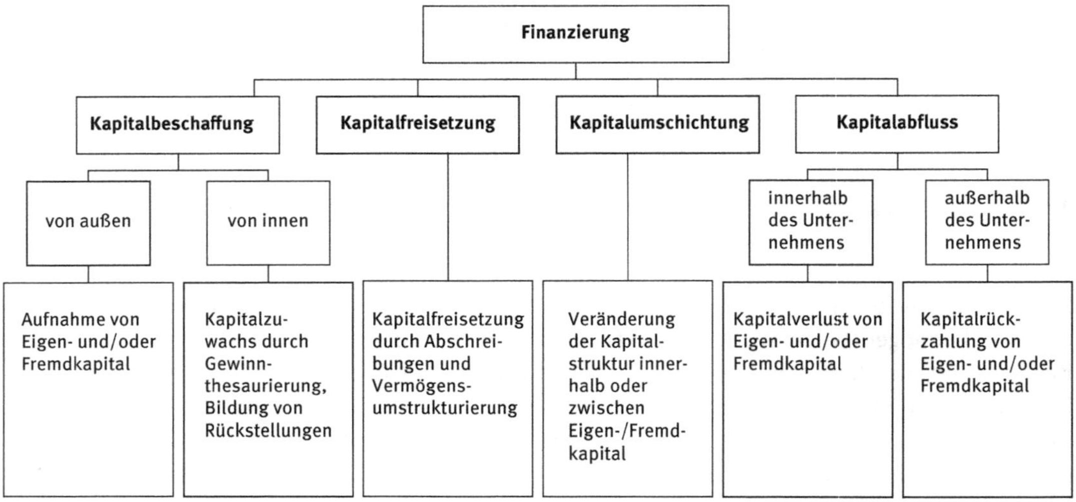

Abb. 6.2: Elemente des Finanzierungsbegriffs (vgl. Bieg/Kußmaul/Waschbusch, 2016a, S. 16)

Darüber hinaus gibt es allerdings auch Finanzierungsvorgänge, die neben einer Vermögensumschichtung gleichzeitig zu einer Bilanzverlängerung führen. Dies ist der Fall, wenn beim Verkauf von Vermögensgegenständen stille Reserven gewinnerhöhend aufgedeckt werden. Stille Reserven stellen die Differenz zwischen einem höheren Marktwert und einem niedrigeren Buchwert dar. Vermögensumschichtende Finanzierungsvorgänge werden in Abb. 6.2 als Kapitalfreisetzung bezeichnet.

Kapitalumschichtende Finanzierungsvorgänge führen lediglich zu einer Umstrukturierung der Passivseite der Bilanz, die Vermögensstruktur und die Bilanzsumme verändern sich demgegenüber nicht. Zu den Maßnahmen der Kapitalumschichtung gehören die Kapitalerhöhung aus Gesellschaftsmitteln, die Veränderung der

Rechtsposition eines Kapitalgebers (z. B. ein Gläubiger wird Eigentümer oder umgekehrt) und die Umwandlung eines kurzfristigen in einen langfristigen Kredit.

Bilanzverkürzende Maßnahmen verändern beide Seiten der Bilanz, indem sowohl der Kapital- als auch der Vermögensbereich um den gleichen Betrag sinken. Die Passivseite verkürzt sich aufgrund der Rückzahlung von Eigen- oder Fremdkapital. Gleichzeitig verringert sich die Aktivseite durch den Abfluss liquider Mittel oder die Verminderung von Sachgütern um den gleichen Betrag. Eine Bilanzverkürzung im Sinne eines Kapitalverlusts innerhalb des Unternehmens liegt im Falle der Verrechnung eines Periodenverlusts mit Eigen- und/oder Fremdkapital vor.

6.2 Systematisierung des disponiblen Kapitals

Die Möglichkeiten zur Beschaffung des disponiblen Kapitals können nach unterschiedlichen Kriterien systematisiert werden (vgl. Perridon/Steiner/Rathgeber, 2017, S. 419 ff.):

- Die Systematisierung nach dem Kriterium der **Rechtsstellung der Kapitalgeber** führt zu einer Unterteilung der Finanzierungsarten in Eigenfinanzierung und Fremdfinanzierung (vgl. Abb. 6.3).

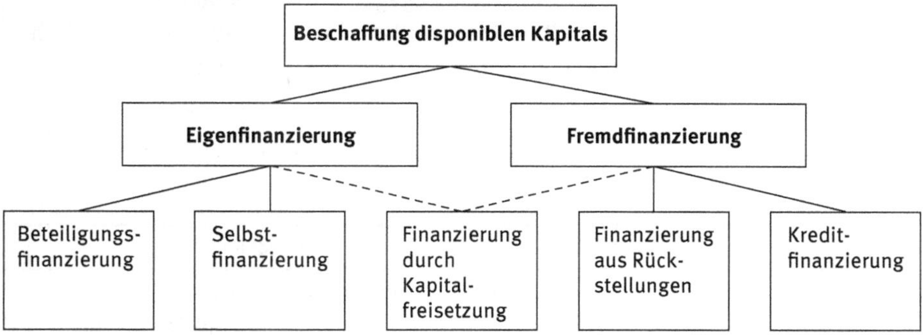

Abb. 6.3: Systematisierung des disponiblen Kaptitals nach der Rechtsstellung des Kapitalgebers

Unter **Eigenfinanzierung** ist die Zuführung oder Erhöhung des Eigenkapitals eines Unternehmens zu verstehen. Die Eigenfinanzierung geht auf Einlagen der Unternehmenseigner oder Gewinne des Unternehmens zurück. Demzufolge wird die Eigenfinanzierung weiterhin in die Beteiligungs- oder Einlagenfinanzierung und die Selbstfinanzierung, auch Finanzierung aus Gewinnen genannt, unterteilt. Die **Fremdfinanzierung** beinhaltet dagegen die Finanzierung mit Fremdkapital. Sie wird weiter unterteilt in die Kreditfinanzierung und die Finanzierung aus Rückstellungen. Rückstellungen bzw. Rückstellungsgegenwerte werden insbesondere aufgrund ungewisser zukünftiger Verbindlichkeiten gebildet und in der Periode ihrer Verursachung zur periodengerechten Erfolgsermittlung als gewinnmindernder Aufwand verbucht. Demzufolge führen Rückstellungen aufgrund der geringeren Gewinnausschüttungen und Gewinnsteuerzahlungen zu einer Minderung der Auszahlungen.

Bei der Finanzierung aus Kapitalfreisetzung kann es sich sowohl um Eigenfinanzierung als auch um Fremdfinanzierung handeln. Die Kapitalfreisetzung resultiert aus Abschreibungen und der Veräußerung von Vermögensgegenständen. Ob die Vermögensgegenstände mit Eigen- oder Fremdkapital finanziert wurden, ist i. d. R. unbekannt. Demzufolge kann sowohl Eigen- als auch Fremdfinanzierung vorliegen. Es ist die Aufgabe des Finanzmanagements, das auf der Aktivseite der Bilanz ausgewiesene Vermögen in seiner Gesamtheit zu finanzieren. Nur in Ausnahmefällen ist eine Zuordnung von einzelnen Positionen der Aktivseite und der Passivseite möglich.

Mit der Unterscheidung zwischen Eigen- und Fremdfinanzierung korrespondiert die Abgrenzung zwischen Eigen- und Fremdkapital. Während das Eigenkapital Haftungskapital darstellt und dementsprechend für Verpflichtungen des Unternehmens Dritten gegenüber haftet, ist das Fremdkapital von der Haftung ausgenommen. Das Fremdkapital selbst begründet vielmehr Rückzahlungsverpflichtungen des Unternehmens gegenüber den Gläubigern. Grundsätzlich steht Eigenkapital unbefristet zur Verfügung, wogegen Fremdkapital i. d. R. terminiert ist und zu den vereinbarten Terminen getilgt werden muss. Die wesentlichen Merkmale von Eigen- und Fremdkapital sind in Tab. 6.1 aufgeführt.

Tab. 6.1: Wesentliche Merkmale von Eigen- und Fremdkapital (vgl. Perridon/Steiner/Rathgeber, 2017, S. 421)

Kriterien	Eigenkapital	Fremdkapital
(1) Haftung	(Mit-)Eigentümerstellung = Haftung mindestens in Höhe der Einlage	Gläubigerstellung = keine Haftung
(2) Ertragsanteil	Teilhabe an Gewinn und Verlust	i. d. R. fester Zinsanspruch, kein GuV-Anteil
(3) Vermögensanspruch	Quotenanspruch, wenn Liquidationserlös > Schulden	Rückanspruch in Höhe der Gläubigerforderung
(4) Unternehmensleitung	i. d. R. berechtigt	grundsätzlich ausgeschlossen, aber teilweise faktische Möglichkeit
(5) zeitliche Verfügbarkeit des Kapitals	i. d. R. zeitlich unbegrenzt	i. d. R. terminiert
(6) Steuerliche Belastung	Gewinn voll belastet mit Einkommen-, Körperschaft-steuer, ferner Gewerbesteuer	Zinsen als Betriebsausgabe (teilweise) steuerlich absetzbar (Einschränkung bei Gewerbesteuer)
(7) finanzielle Kapazität	begrenzt durch finanzielle Kapazität und Bereitschaft der Kapitalgeber	von Ertragskraft und vom Vorliegen bestimmter Sicherheiten abhängig

- Nach dem Kriterium der **Fristigkeit** können die Finanzierungsarten in kurz-, mittel- und langfristige Finanzierungen unterschieden werden. Die zur Abgrenzung nach der Fristigkeit dienenden Zeitabschnitte können dabei unterschiedlich gewählt werden. Eine einheitliche Einteilung existiert nicht. Häufig werden als kurzfristige Kredite solche mit einer Ursprungslaufzeit unter einem Jahr erfasst, während langfristige Kredite eine Laufzeit von mindestens vier Jahren aufweisen. Mittelfristige Kredite sind durch eine Laufzeit zwischen einem und vier Jahren gekennzeichnet.
- Wird als Systematisierungskriterium das **Verhältnis von finanzieller Ausstattung und Finanzbedarf** herangezogen, so kann zwischen Überfinanzierung, Unterfinanzierung und bedarfsgerechter Finanzierung unterschieden werden. Überfinanzierung liegt vor, wenn das vorhandene Finanzierungsvolumen den tatsächlichen Kapitalbedarf übersteigt. Da für das überschüssige Finanzierungsvolumen Renditeansprüche der Kapitalgeber bestehen, die nicht durch eine adäquate Kapitalverwendung erwirtschaftet werden können, ergeben sich aus der Überfinanzierung negative Konsequenzen für die Erfüllung der Renditeansprüche der Kapitalgeber. Gravierender in ihren Auswirkungen ist jedoch die Unterfinanzierung. Wenn der Kapitalbedarf durch die vorhandenen und zusätzlich erlangbaren Finanzmittel nicht gedeckt ist, kann dies zu Zahlungsschwierigkeiten oder sogar zur Illiquidität führen. Problemlos dagegen ist die bedarfsgerechte Finanzierung, bei der sich Finanzierungsvolumen und Kapitalbedarf entsprechen.
- Die Unterscheidung nach dem **Finanzierungsanlass** führt zu einer Unterteilung in Gründungsfinanzierung, Erweiterungsfinanzierung, Umfinanzierung und Sanierungsfinanzierung. Bei der Gründungsfinanzierung handelt es sich um die erstmalige Finanzierung eines Unternehmens. Demgegenüber geht es bei der Erweiterungsfinanzierung darum, das Wachstum des Unternehmens zu finanzieren. Die Umfinanzierung hat auf die Größe des Unternehmens keinen Einfluss, vielmehr wird bei der Umfinanzierung die Kapitalüberlassungsdauer, die Quelle der Kapitalbeschaffung oder die Finanzierungsart verändert. Bei der Sanierungsfinanzierung ist das vorhandene Kapital verbraucht und zur Fortführung des Unternehmens muss neues Kapital beschafft werden.
- Nach dem Kriterium der **Mittelherkunft** wird zwischen Innen- und Außenfinanzierung unterschieden. Grundlage dieser Unterscheidung ist die Trennung zwischen dem Unternehmen einerseits und den Kapitalgebern andererseits. Werden die Mittel vom Unternehmen selbst bereitgestellt, so liegt Innenfinanzierung vor. Wird das Kapital dagegen durch Einlagen der Unternehmenseigner oder Beteiligungen von Gesellschaftern oder durch Kredite von Gläubigern zugeführt und somit von außen bezogen, handelt es sich um Außenfinanzierung (vgl. Bieg/Hossfeld, 2008, S. 54).

Im Rahmen der **Innenfinanzierung** ist weiter zwischen der Innenfinanzierung durch Vermögenszuwachs und durch Vermögensumschichtung zu unterscheiden. Bei der

Innenfinanzierung aus Vermögenszuwachs wird zusätzliches Kapital gebildet, es kommt dadurch zu einer Bilanzverlängerung. Das zusätzliche Kapital tritt in Form der Einbehaltung von Gewinnen (Selbstfinanzierung) oder der Zurückbehaltung von Rückstellungsgegenwerten in Erscheinung. Im Gegensatz zur Innenfinanzierung aus Vermögenszuwachs handelt es sich bei der Finanzierung aus Vermögensumschichtung um die Freisetzung von gebundenem Kapital durch die Einbehaltung von Abschreibungsgegenwerten und den Verkauf von Vermögensteilen. Die Finanzierung aus einbehaltenen Gewinnen, aus Rückstellungs- und Abschreibungsgegenwerten wird auch als Überschussfinanzierung oder Cashflow-Finanzierung bezeichnet.

Die **Außenfinanzierung** kann weiter in die Beteiligungsfinanzierung und die Kreditfinanzierung untergliedert werden. Die Beteiligungsfinanzierung geht mit der Aufnahme neuer Gesellschafter oder mit der Erhöhung bereits bestehender Eigenkapitalpositionen einher. Demgegenüber werden bei der Kreditfinanzierung zusätzliche Mittel von Gläubigern resp. Fremdkapitalgebern bereitgestellt. Die Unterteilung der Finanzierungsformen in Außen- und Innenfinanzierung ist in Tab. 6.2 dargestellt.

Tab. 6.2: Systematisierung des disponiblen Kapitals nach der Mittelherkunft

Außenfinanzierung			**Innenfinanzierung**		
Beteiligungsfinanzierung	**Kreditfinanzierung**		**Selbstfinanzierung**	**Finanzierung aus Rückstellungen**	**Finanzierung aus Vermögensumschichtung**
	kurzfristige Kreditfinanzierung	**langfristige Kreditfinanzierung**			
Zuführung haftenden Kapitals durch Aufnahme neuer Gesellschafter, Aktienemission und dergleichen	z. B. Lieferantenkredit, Wechselkredit, Kontokorrentkredit, Lombardkredit, Kundenanzahlungen	z. B. langfristiger Bankkredit, Schuldscheindarlehen, Anleihe	temporäre oder dauernde Zurückbehaltung erwirtschafteter Gewinne; offen oder verdeckt	temporäre oder dauernde Zurückbehaltung erwirtschafteter Rückstellungsgegenwerte	z. B. Finanzierung durch Abschreibungsgegenwerte, Veräußerung von Teilen des Anlagevermögens, Kapitalfreisetzung durch Lagerabbau

6.3 Entwicklungslinien der Finanzierungstheorie

Die Finanzierungsforschung als wissenschaftlicher Zweig der Finanzwirtschaft stellt ein Teilgebiet der Betriebswirtschaftslehre dar. In der Finanzierungsforschung werden neben Fragestellungen zur Kapitalbeschaffung auch die Verwendung des Kapitals thematisiert, die Finanzierungsforschung beschäftigt sich somit sowohl mit

Finanzierungs- als auch mit Investitionsentscheidungen. Die Zielsetzungen dieser Disziplin haben sich im Laufe der Zeit gewandelt. Zu unterscheiden sind (vgl. Bieg/Kußmaul/Waschbusch, 2016a, S. 20 sowie Perridon/Steiner/Rathgeber, 2017, S. 19 f.):

- die klassischen Finanzierungstheorie,
- die neoklassische Finanzierungstheorie,
- die neoinstitutionalistische Finanzierungstheorie und
- die verhaltensorientierte Finanzierungstheorie.

In diese vier Theorierichtungen lassen sich einzelne Modelle und Modellansätze einordnen, die resultierende Systematisierung der Modelle zur Erklärung und Lösung von Finanzierungsproblemen ist in Abb. 6.4 dargestellt.

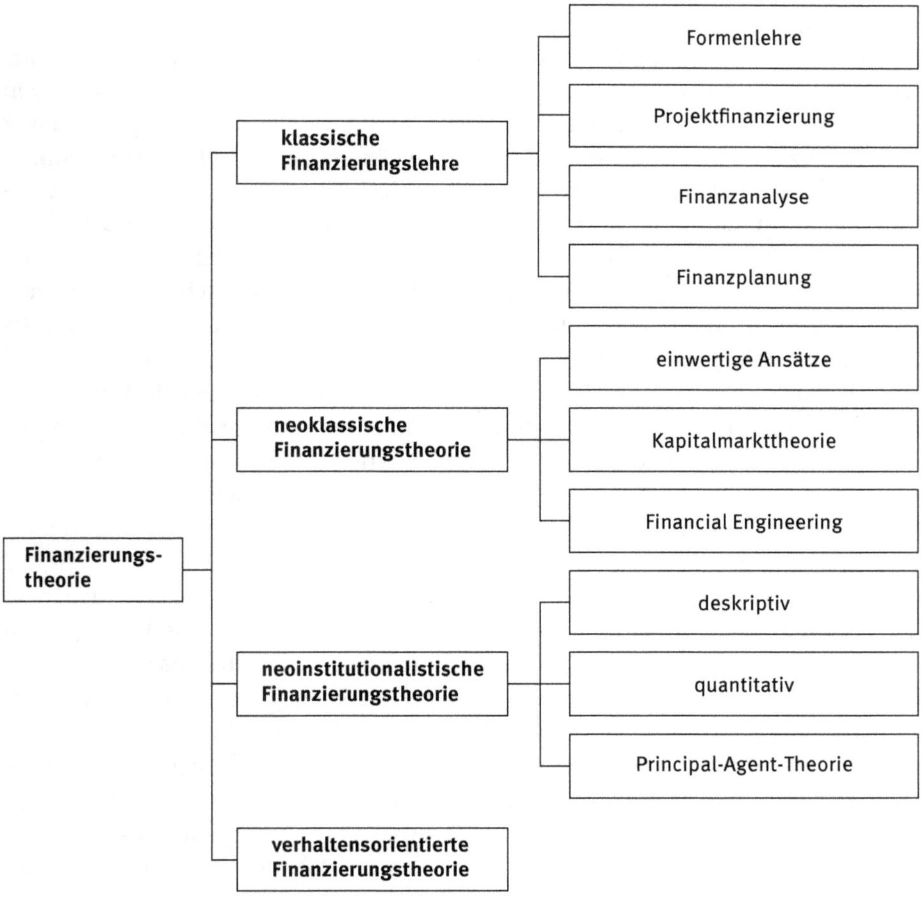

Abb. 6.4: Systematik der Entwicklungslinien der Finanzierungstheorie

Der **klassische Ansatz der Finanzierungslehre** bildete sich in Deutschland Anfang des zwanzigsten Jahrhunderts als Teil der damals als Privatwirtschaftslehre oder Handelswissenschaft bezeichneten Betriebswirtschaftslehre heraus. Wesentliches Merkmal des traditionellen Ansatzes ist das Vorherrschen einer güterwirtschaftlichen Sichtweise.

Die güterwirtschaftliche Perspektive stellt den güterwirtschaftlichen Prozess, der aus Beschaffung, Lagerung, Produktion, Lagerung und Absatz besteht, in den Mittelpunkt der Betrachtung. Der güterwirtschaftliche Prozess entspricht einem Güterstrom, der von den Beschaffungsmärkten durch den Leistungsbereich des Unternehmens auf die Absatzmärkte fließt. Dem Güterstrom entgegen steht ein Geldstrom, der ausgehend von den Absatzmärkten auf die Beschaffungsmärkte gerichtet ist. Der Geldstrom ist das Äquivalent des Güterstroms und umgekehrt, wobei der Güterstrom nach der traditionellen Auffassung eine Vorrangstellung besitzt (vgl. Schmidt/Terberger, 1997, S. 13).

Obwohl der Güterstrom im Mittelpunkt der Betrachtung steht, kann die Geschäftstätigkeit nicht mit dem Güterstrom beginnen. Vielmehr sind zunächst Auszahlungen für die Beschaffung von Produktionsfaktoren erforderlich, um die Leistungserstellung in Gang setzen zu können. Diese Auszahlungen können noch nicht durch Einzahlungen aus dem Absatz der produzierten Güter gedeckt werden, da zwischen Beschaffung und Absatz eine gewisse Zeitspanne liegt, die überbrückt werden muss. Deshalb benötigt ein Unternehmen zunächst Einzahlungen, die die Produktion überhaupt erst ermöglichen. Hier zeigt sich das erste zentrale Problem der klassischen betrieblichen Finanzwirtschaft, die Deckung des Kapitalbedarfs für die Investitionen, die für die Produktion benötigt werden. Darüber hinaus wird deutlich, dass die Investitions- und Finanzierungsaktivitäten gemäß der traditionellen Sichtweise lediglich Hilfsfunktionen des güterwirtschaftlichen Prozesses innerhalb eines Unternehmens darstellen. Um produzieren zu können, muss zunächst investiert werden, wobei die Investitionen wiederum zu finanzieren sind. Demnach stellt die Finanzierung eine Hilfsfunktion für den güterwirtschaftlichen Leistungserstellungsprozess dar (vgl. Schmidt/Terberger, 1997, S. 14).

Nach Aufnahme der Produktion muss allerdings auch sichergestellt werden, dass der Leistungserstellungsprozess aufrechterhalten werden kann. Das Unternehmen sieht sich einem Geflecht von Ein- und Auszahlungen gegenüber, das durch güterwirtschaftliche und finanzwirtschaftliche Vorgänge bedingt ist. Dabei muss sichergestellt werden, dass von der finanziellen Sphäre des Unternehmens keine Störungen des güterwirtschaftlichen Bereichs des Unternehmens ausgehen. Die Sicherung eines Zustands, in dem keine derartigen Störungen auftreten, und der als finanzielles Gleichgewicht bezeichnet wird, stellt das zweite zentrale Problem der klassischen Finanzwirtschaft dar (vgl. Schmidt/Terberger, 1997, S. 15). Dem Finanzbereich eines Unternehmens kommt gemäß der traditionellen Betrachtungsweise damit die Aufgabe zu, den Kapitalbedarf des Unternehmens zu decken, um notwendige Investitionen tätigen zu können, wobei das finanzielle Gleichgewicht gesichert werden muss.

Aus diesen zentralen Aufgaben der betrieblichen Finanzwirtschaft lassen sich vier grundlegende Forschungsschwerpunkte der klassischen Finanzierungslehre ableiten (vgl. Perridon/Steiner/Rathgeber, 2017, S. 21 f.). Zunächst beschäftigt sich die Finanzierungslehre mit der Systematisierung und Beschreibung der unterschiedlichen **Finanzierungsformen**. Ziel ist es, für vorgegebene Investitionsvorhaben die günstigsten internen und externen Finanzierungsquellen zu identifizieren.

In einem zweiten Schwerpunkt der Finanzierungslehre werden die einschneidenden **Finanzierungsanlässe** im Lebenslauf eines Unternehmens behandelt. Betrachtungsgegenstand sind die Ausgestaltung und die Rechtsfolgen von Finanzierungsmaßnahmen, wie Gründung, Fusion, Kapitalherabsetzung oder Liquidation. Aber auch einzelne neue Untersuchungsgebiete haben sich hier in jüngster Zeit etabliert, wie etwa die Projektfinanzierung, das Management-Buy-out und das Going Public.

Als drittes Forschungsgebiet der klassischen Finanzierungslehre ist die **Finanzanalyse** zu nennen. Sie fußt auf dem bilanzorientierten statischen Finanzierungsverhältnis und zielt darauf ab, aus dem Jahresabschluss relevante Informationen abzuleiten, um so Aussagen über die finanzwirtschaftliche Stabilität und Bonität eines Unternehmens zu gewinnen. Den Ausgangspunkt bilden dabei Kennzahlen und Kennzahlenkombinationen, die vor dem Hintergrund von Bilanzstrukturregeln analysiert werden. Empirisch wird versucht, Kennzahlen zu identifizieren, die Prognosen für die Unternehmensentwicklung erlauben. Das Einbeziehen von Kapitalflussrechnungen und Cashflow-Analysen ist dabei Zeichen für den Übergang von der statischen Betrachtungsweise der Finanzierung als einem bilanziellen Vorgang mit steuerlichen und rechtlichen Konsequenzen zu einer zahlungsstromorientierten Auffassung der Finanzierung. Dieser Wandel war Voraussetzung für die Entwicklung des neuesten unter den vier Forschungsschwerpunkten der klassischen Finanzierungslehre, nämlich der **Finanzplanung**. Dieser Forschungsansatz dient nicht mehr nur der Erfassung der finanziellen Auswirkungen der güterwirtschaftlichen Prozesse, sondern hat die Gewährleistung der jederzeitigen Zahlungsfähigkeit des Unternehmens zum Ziel. Deren Aufrechterhaltung ist Grundvoraussetzung für das Überleben des Unternehmens.

Ende der 1950er-Jahre hielt das Konzept der Nutzenmaximierung Einzug in die Finanzierungstheorie. Nach der **neoklassischen Finanzierungstheorie**, der zweiten Entwicklungsrichtung der Finanzierungsforschung, wird als Ziel des Handelns von Wirtschaftssubjekten das Streben nach dem maximalen eigenen Nutzen angenommen. Dabei ist die Nutzenmaximierung zunächst ein abstraktes Ziel, das es für jedes Wirtschaftssubjekt zu konkretisieren gilt. Ende der 1960er-Jahre löste das Konzept der Nutzenmaximierung eine Neuausrichtung der Finanzierungstheorie aus. Die neoklassische Finanzierungstheorie betrachtet die Zielsetzung Nutzenmaximierung als Entscheidungshilfe für die Frage, ob sich das Investieren und Finanzieren überhaupt lohnt. Dabei wird das Unternehmen als ein Instrument nutzenmaximierender Wirtschaftssubjekte interpretiert. Investitions- und Finanzierungsaktivitäten werden fortan nicht mehr aus der übergeordneten güterwirtschaftlichen Sichtweise analysiert, sondern aus dem Blickwinkel eines Wirtschaftssubjekts, das mittels dieser Investitions- und Finanzierungsprozesse seinen eigenen Nutzen zu maximieren sucht. Die finanzwirtschaftliche Sphäre gewinnt folglich eine der güterwirtschaftlichen Sphäre übergeordnete Bedeutung, denn wenn sich finanzielle Aktivitäten nicht als lohnend erweisen, erübrigt sich ein Nachdenken über die Art und Weise der Produktion (vgl. Schmidt/Terberger, 1997, S. 42).

Als Wirtschaftssubjekte, die mithilfe von Investitions- und Finanzierungsentscheidungen ihren Nutzen maximieren wollen, kommen grundsätzlich verschiedene Personen und Personengruppen in Betracht. Neben den Kapitalgebern sind hier die Unternehmensleitung, die Arbeitnehmer, die Kunden und Lieferanten sowie der Staat zu nennen. Die moderne Finanzierungstheorie konzentriert sich auf diejenigen Wirtschaftssubjekte, die die Macht besitzen, Finanzierungsentscheidungen zu fällen. Dies sind die Investoren und Kapitalgeber, zu denen die Eigenkapitalgeber und die Fremdkapitalgeber zählen. Zu den relevanten Wirtschaftssubjekten gehört aber auch die Unternehmensleitung, da in großen Kapitalgesellschaften Finanzierungsentscheidungen häufig von Managern im Auftrag der Aktionäre getroffen werden (vgl. Schmidt/Terberger, 1997, S. 43 f.).

Im Rahmen der **einwertigen Ansätze** wird bei finanzwirtschaftlichen Entscheidungen ein Entscheidungskriterium betrachtet, dessen Maximierung annahmegemäß mit einer Maximierung des Nutzens der Wirtschaftssubjekte einhergeht. Zu den einwertigen Ansätze gehören auch die Investitionsrechenverfahren (z. B. statische oder dynamische Verfahren), die bei sicheren Erwartungen eingesetzt werden. In den einwertigen Ansätzen existiert jeweils ein eindeutiges Entscheidungskriterium, anhand dessen sich die Vorteilhaftigkeit beurteilen lässt. So zeigt ein positiver Kapitalwert eine vorteilhafte Investition an, die bei Gültigkeit der Prämissen für die Unternehmenseigentümer zu einer Nutzenmaximierung führt. Wird die Prämisse der sicheren Erwartungen aufgelöst, werden die Grenzen der einwertigen Ansätze deutlich. Durch die Berücksichtigung von Risikoaspekten ist die Erzeugung einer einwertigen Zielgröße nicht mehr möglich, sodass eine eindeutige Entscheidungsregel fehlt (vgl. Perridon/Steiner/Rathgeber, 2017, S. 23 f.).

Mit der **Kapitalmarkttheorie** hat sich innerhalb der neoklassischen Finanzierungstheorie eine Richtung etabliert, die nach einem Kriterium für die Beurteilung von Zahlungsströmen sucht, das unabhängig von individuellen Konsumpräferenzen ist und gleichzeitig auch Risikoaspekte bei der Entscheidung berücksichtigt. Ausgangspunkt der Kapitalmarkttheorie sind eine Reihe sehr restriktiver Annahmen. Sie unterstellt (vgl. Perridon/Steiner/Rathgeber, 2017, S. 24)

- einen vollkommenen Kapitalmarkt, der dadurch gekennzeichnet ist, dass der Preis zu dem ein Zahlungsstrom zu einem bestimmten Zeitpunkt gehandelt wird, für jeden Marktteilnehmer – egal ob Käufer oder Verkäufer – gleich und gegeben ist und von den Marktteilnehmern nicht beeinflusst werden kann,
- risikoscheue Investoren, die nur dann bereit sind höhere Risiken zu tragen, wenn sie im Gegenzug höhere Renditen erwarten können,

- eine hohe Informationseffizienz, die sich darin zeigt, dass alle Informationen ohne Friktionen zugänglich sind und vollständig berücksichtigt werden und
- eine einperiodische Betrachtung aus Gründen der Vereinfachung.

Unter der Voraussetzung, dass diese Annahmen Gültigkeit besitzen, existiert nach der Kapitalmarkttheorie ein allgemeingültiges Kriterium für die Vorteilhaftigkeit von Investitions- und Finanzierungsentscheidungen. Alle potentiellen Investoren, Kapitalnehmer und Kapitalgeber kommen zu derselben Vorteilhaftigkeitsaussage, wenn als Beurteilungskriterium der maximal am Kapitalmarkt erzielbare Preis des Zahlungsstroms heran gezogen wird. Den maximal erzielbaren Preis, zu dem ein Zahlungsstrom auf dem Kapitalmarkt gehandelt wird, bezeichnet man als dessen Marktwert.

Verfolgen alle Wirtschaftssubjekte ungeachtet ihrer individuellen Präferenzen das Ziel der Marktwertmaximierung, so führt dies auch zur individuellen Nutzenmaximierung. Gewährleistet wird dies durch die Möglichkeit, Transaktionen am Kapitalmarkt vornehmen zu können. Unter einer Transaktion versteht man den Kauf oder Verkauf eines Zahlungsstroms. Entscheidet sich ein Wirtschaftssubjekt für einen marktwertmaximierenden Zahlungsstrom, der allerdings nicht seinen individuellen Präferenzen entspricht, so stellt sich das Wirtschaftssubjekt letztlich dennoch besser, als wenn es den seinen individuellen Präferenzen entsprechenden Zahlungsstrom direkt erwerben würde. Der Vorteil wird realisiert, wenn der marktwertmaximale Zahlungsstrom verkauft und mit dem Verkaufserlös der den individuellen Präferenzen entsprechende Zahlungsstrom gekauft wird. Da der Preis des marktwertmaximalen Zahlungsstroms höher als der des gewünschten Zahlungsstroms ist, bleibt von dem Verkaufserlös noch ein Rest erhalten. Dieser Rest entspricht dem Vorteil, den das Wirtschaftssubjekt durch seine Entscheidung, das Ziel der Marktwertmaximierung zu verfolgen, realisiert. Streben nun alle Wirtschaftssubjekte nach Marktwertmaximierung, so herrscht Einstimmigkeit bezüglich der Beurteilung der Vorteilhaftigkeit von Zahlungsströmen. Zielkonflikte bei der Beteiligung mehrerer Personen an Investitions- oder Finanzierungsentscheidungen sind folglich ausgeschlossen.

Der einheitliche Preis von Zahlungsströmen bildet die Grundlage der **Finanzchemie**, einem weiteren Teilgebiet der neoklassischen Finanzierungstheorie. Die Finanzchemie umfasst mit dem Stripping und dem Replicating zwei unterschiedliche Ansätze. Beim Stripping steht die Ermittlung des Marktwerts von komplexen Finanzierungsinstrumenten im Fokus. Zur Ermittlung des Marktwerts wird das komplexe Finanzierungsinstrument in seine Basisinstrumente aufgespaltet, für die einfachere Bewertungsvorschriften existieren. Im Anschluss werden die ermittelten Marktwerte der Basisinstrumente zusammengefasst, die resultierende Summe ergibt den Marktwert des komplexen Finanzinstruments. Dagegen werden beim Replicating durch eine zielgerichtete Kombination von existierender Finanzinstrumente komplexe Finanztitel geschaffen. Aufgrund der problemorientierten Verknüpfung vorhandener Basisinstrumente zu neuen maßgeschneiderten Finanzinstrumente wird dieser Ansatz häufig auch als Financial Engeneering bezeichnet. Die Finanzchemie ermöglicht es demnach einerseits, die am Markt gehandelten komplexen Finanzinstrumente durch Duplikation (Nachbau) anhand der Basisinstrumente zu bewerten. Anderseits trägt die Finanzchemie dazu bei, dass bedarfsgerecht neue Finanzinstrumente entwickelt werden, die beispielsweise spezifische Risikoeigenschaften aufweisen oder zur Absicherung gegen bestimmte Risiken (Hedging) eingesetzt werden können.

Die Herstellung von Einstimmigkeit durch Marktwertmaximierung nach dem Konzept der Kapitalmarkttheorie funktioniert jedoch nur unter der Prämisse des vollkommenen Kapitalmarkts. Fallen Kauf- und Verkaufspreis eines Zahlungsstroms aufgrund einer Gebühr für einen Vermittler, der die Transaktionen auf dem Kapitalmarkt ermöglicht, auseinander, so führt der Marktmechanismus nicht mehr unbedingt zum gewünschten Erfolg. Entstehen Kosten für einen Finanzintermediär in Form einer Bank oder eines Börsenmaklers, können diese Transaktionskosten den Vorteil, der durch Wahl des höherwertigen Zahlungsstroms entsteht, aufzehren und somit das Wirtschaftssubjekt zur Bevorzugung eines anderen als dem marktwertmaximalen Zahlungsstrom veranlassen.

Die Existenz von Transaktionskosten ist ein Zeichen für das Vorliegen von Marktunvollkommenheiten. Die **neoinstitutionalistische Finanzierungstheorie** untersucht diese Marktunvollkommenheiten und versucht den Ursprung der Funktionsschwächen des Kapitalmarktmechanismus zu identifizieren. Dieser Zweig der modernen Investitions- und Finanzierungstheorie greift die Erkenntnisse der Informationsökonomie auf und geht davon aus, dass zwischen den potenziellen Transaktionspartnern auf dem Kapitalmarkt eine sog. asymmetrische Informationsverteilung vorherrscht (vgl. Schmidt/Terberger, 1997, S. 390 f.). Der Ausgangspunkt bildet also die Vorstellung, dass Käufer und Verkäufer eines auf einem Markt gehandelten Gutes unterschiedliche Informationen über dieses Gut besitzen. Damit löst sich die neoinstitutionalistische Sichtweise von der Vorstellung des vollkommenen Kapitalmarkts und versucht Marktunvollkommenheiten zu analysieren und Mechanismen zur Minderung der negativen Auswirkungen der Marktunvollkommenheiten zu finden.

Im **deskriptiven** Teilbereich der neoinstitutionalistischen Finanzierungstheorie werden die unterschiedlichen Informationsstände der Kapitalgeber und -nehmer identifiziert und die resultierenden Marktunvollkommenheiten herausgearbeitet. Das **quantitative** Teilgebiet versucht die Kosten aus den resultierenden Marktunvollkommenheiten zu quantifizieren und die Auswirkungen der Kosten auf die Vorteilhaftigkeit von finanzwirtschaftlichen Entscheidungen zu ermitteln. Aufgrund der asymmetrischen Informationsstände fallen insbesondere Transaktions- und Informationskosten an, die es bei der Entscheidung zu berücksichtigen gilt. Zusätzliche sind subjektive Präferenzen der Kapitalgeber und -nehmer zu berücksichtigen, die z. B. zu einer unterschiedlichen Bewertung von gleichen Zahlungsströmen führen können.

Zur Verringerung der Transaktions- und Informationskosten werden Entscheidungen von den eigentlichen Kapitalgebern (Prinzipale) an Manager (Agenten) delegiert. Aus der Delegation von Entscheidungsbefugnisse können jedoch Interessenkonflikte resultieren, da die Agenten andere Zielsetzungen haben als ihre Prinzipale. Insbesondere besteht die Möglichkeit, dass die Agenten durch ihre Entscheidungen die Prinzipale schädigen. So können Agenten z. B. sehr risikoreiche Investitionen durchführen, sofern sie am Investitionserfolg durch Bonuszahlungen partizipieren und Verluste bei negativen Entwicklungen dagegen nur von den Prinzipalen als Kapitalgeber getragen werden. Auch nehmen Agenten Vergünstigungen in Anspruch (z. B. luxuriöse Büroausstattung, Firmenwagen), durch die sie u im Vergleich zu den risikotragenden Kapitalgebern unverhältnismäßig vom Unternehmen profitieren. In der **Principal Agent Theory** werden solche Konfliktsituationen untersucht, um Anreiz- und Kontrollsysteme zu entwickeln, die Agenten zu einem Verhalten im Sinne der Prinzipale zwingen. Die aus den Anreiz- und Kontrollsystemen resultierenden Kosten (z. B. Monitoring Costs) sind mit den Vorteilen aus der Erfüllung der Prinzipal-Ziele zu vergleichen. Die Pricipal Agent Theory liefert Erklärungsansätze für die das Verhalten der Prinzipale und Agenten sowie Erkenntnisse zum Umgang mit entstehenden Konfliktsituationen. Die gewonnenen Erkenntnisse sind jedoch nur begrenzt für einzelwirtschaftliche Entscheidungen operationalisierbar und in Form konkreter Handlungsanweisungen zu formulieren.

Insgesamt bietet die neoinstituationalistische Finanzierungstheorie einen Ansatz, um die Schwächen der neo-klassische Perspektive mit ihren realitätsfernen Prämissen zu identifizieren und das Verständnis von finanzwirtschaftlichen Vorgängen auf der Metaebene zu erweitern. Kritisch ist dagegen die Operationalisierbarkeit der gewonnen Erkenntnisse zu beurteilen.

Während in der neoinstitutionalistischen Finanzierungstheorie unterschiedliche Informationsstände und Zielsetzungen bei den Marktakteuren berücksichtigt werden, stehen bei der **verhaltensorientierten Finanzierungstheorie** die Auswirkungen von irrationalem Verhalten auf finanzwirtschaftliche Entscheidungen im Vordergrund. Die Grundlage der verhaltensorientierten Finanzierungstheorie, die auch Behavioral Finance genannt wird, bildet die Erkenntnis, dass bei realen Marktakteuren unterschiedliche Irrationalitäten zu beobachten sind. Die ersten Arbeiten zur verhaltensorientierten Finanzierungstheorie stammen aus den 1970er-Jahren und wurden von Psychologen verfasst (vgl. Kahnemann/Tversky, 1974; Kahnemann, 2014). Sie versuchten darin Marktirrationalitäten zu erklären, für die es in der neoklassischen Finanzierungstheorie keine Begründung gibt.

Nach der verhaltensorientierten Finanzierungstheorie verhalten sich Wirtschaftssubjekte bei der Informationsaufnahme und -verarbeitung sowie bei der darauf aufbauenden Entscheidungsfindung nicht vollständig rational (vgl. Goldberg/von Nitzsch, 2004, S. 52–81). So nehmen die einzelnen Marktakteure nicht alle verfügbaren Informationen auf, vielmehr werden Heuristiken zur Komplexitätsreduzierung eingesetzt und ein Teil der verfügbaren Informationen bleibt unberücksichtigt. Zusätzlich werden die aufgenommenen Informationen nicht von jedem Wirtschaftssubjekt identisch verarbeitet, sodass die gleichen Informationen unterschiedlich beurteilt werden. Bei der anschließenden Entscheidungsfindung sind weitere Irrationalitäten zu beobachten. Beispielsweise treffen Wirtschaftssubjekte Entscheidungen, die nicht zur Nutzenmaximierung gemäß der unterstellten Zielsetzung führen.

Das Ziel der verhaltensorientierten Finanzierungstheorie besteht darin, das tatsächliche Verhalten von Marktakteuren zu erklären und die aus den Irrationalitäten resultierenden Anomalien frühzeitig zu identifizieren. Für die Erklärung einzelner Anomalien existiert dabei eine Vielzahl von nebeneinander stehenden Ansätzen. Die einzelnen Ansätze sind oftmals nur für die Erklärung einer bestimmten Anomalien geeignet, eine Verbindung zwischen den jeweiligen Erklärungsansätzen liegt i. d. R. nicht vor. Die verhaltensorientierte Finanzierungstheorie sieht sich daher dem Vorwurf ausgesetzt, dass sie lediglich ein Flickenteppich unterschiedlicher Ansätze und kein geschlossenes Theoriegebäude darstellt (vgl. Perridon/Steiner/Rathgeber, 2017, S. 330 f.).

7 Instrumente der Unternehmensfinanzierung

7.1 Außenfinanzierung

7.1.1 Beteiligungsfinanzierung

Überblick über die Formen der Beteiligungsfinanzierung

Die Beteiligungsfinanzierung umfasst alle Formen der Beschaffung von Eigenkapital durch Kapitaleinlagen, die dem Unternehmen von außen zugeführt werden. Maßgebliches Unterscheidungskriterium der Beteiligungsfinanzierung von anderen Arten der Außenfinanzierung ist damit die **Rechtsstellung des Kapitalgebers**.

Während der Eigenkapitalgeber eine (Mit-)Eigentümerstellung eingeht, befindet sich der Fremdkapitalgeber in einer Gläubigerposition. Bei dem Kapitalgeber der Beteiligungsfinanzierung kann es sich um einen bereits vorhandenen oder einen neu hinzu tretenden Gesellschafter handeln, der die Funktion des Eigentümers (Einzelunternehmung), des Miteigentümers (Personengesellschaft) oder des Anteilseigners (Kapitalgesellschaften) einnimmt.

Das Eigenkapital ist das Fundament des Finanzierungsaufbaus eines Unternehmens. Nur wenn ausreichend Eigenkapital vorhanden ist, wird es möglich sein, Fremdkapitalgeber an der Finanzierung des Unternehmens zu beteiligen. Insgesamt erfüllt das Eigenkapital die folgenden **Funktionen** (vgl. Bernecker/Seethaler, 1998, S. 22):

- Errichtungsfunktion: Das Startkapital bei Gründung des Unternehmens ist in Form von Eigenkapital aufzubringen.
- Gewinnverteilungsfunktion: Der Anteil eines Gesellschafters am Gewinn hängt von der Höhe des vom einzelnen Gesellschafter bereitgestellten Beteiligungskapitals ab.
- Finanzierungsfunktion: Erst der Einsatz von Kapital zum Erwerb von Aktiva ermöglicht das wirtschaftliche Handeln eines Unternehmens.
- Garantie- bzw. Haftungsfunktion: Zum Schutz der Gläubiger werden Verluste eines Unternehmens (zunächst) über das Eigenkapital ausgeglichen.
- Repräsentationsfunktion: Unternehmen mit hoher Eigenkapitalquote zeichnen sich im Allgemeinen auch durch eine hohe Kreditwürdigkeit resp. Bonität aus.
- Geschäftsführungsfunktion: Durch die Bereitstellung von Eigenkapital hat ein Gesellschafter die Möglichkeit, sich an der Geschäftsführung des Unternehmens zu beteiligen.

Die Gründung eines Unternehmens findet stets in Form der Beteiligungsfinanzierung statt, denn hier müssen die Gesellschafter dem Unternehmen Eigenkapital von außen zur Verfügung stellen, um den Start des Unternehmens zu ermöglichen. Aber auch spätere Erhöhungen des Kapitals eines Unternehmens können in Form einer Beteiligungsfinanzierung erfolgen (vgl. Busse, 2003, S. 68).

DOI 10.1515/9783110353082-008

Die Eigenkapitalerhöhung durch die Gesellschafter geht mit einem Vermögenszuwachs auf der Aktivseite des Unternehmens einher. Die Gesellschafter überlassen dem Unternehmen Vermögenswerte, die passivseitig dem Eigenkapitalzuwachs des Unternehmens entsprechen. Die Bilanz des Unternehmens wird dadurch insgesamt verlängert. Diesen Sachverhalt verdeutlicht Tab. 7.1.

Tab. 7.1: Bilanzverlängerung durch Eigenkapitalüberlassung

Aktiva	Passiva
Vermögen alt	Fremdkapital alt
	Eigenkapital alt
Vermögenszuwachs	Eigenkapital neu

Die Eigenkapitalüberlassung durch die Gesellschafter kann in verschiedenen Formen erfolgen. Sie ist möglich als
- Geldeinlage oder in Form von Wertpapieren,
- Sacheinlage oder
- Einlage von Rechten, wie Lizenzen, Patenten oder anderen immateriellen Vermögensgegenständen (vgl. Busse, 2003, S. 68).

Im Rahmen der Beteiligungsfinanzierung kommt der **Rechtsform eines Unternehmens** eine entscheidende Bedeutung zu. Nach dem üblichen Rechtsformenschema kann zwischen Personen- und Kapitalgesellschaften unterschieden werden. Aus finanzwirtschaftlicher Sicht ist es jedoch zweckmäßiger, nach der Emissionsfähigkeit zu differenzieren. Emissionsfähigkeit liegt vor, wenn ein Unternehmen in der Lage ist, Wertpapiere an der Börse zu emittieren. Demnach kann zwischen emissionsfähigen und nicht emissionsfähigen Unternehmen unterschieden werden. Bei der Emissionsfähigkeit ist darüber hinaus zu unterscheiden, ob Eigen- oder Fremdkapital beschafft werden soll. Im Rahmen der Beteiligungsfinanzierung geht es nur um die Emissionsfähigkeit von Wertpapieren, die Eigenkapitalpositionen verbriefen.

Zu den Unternehmen, die sich Eigenkapital über die Börse beschaffen können, gehören Unternehmen in der Rechtsform einer Aktiengesellschaft (inklusive der Europäischen Aktiengesellschaft) und einer Kommanditgesellschaft auf Aktien. Bei Unternehmen, die in anderen Rechtsformen organisiert sind (Einzelunternehmen, Offene Handelsgesellschaft, Kommanditgesellschaft, Gesellschaft mit beschränkter Haftung, Unternehmergesellschaft, Genossenschaft), handelt es sich um Unternehmen, die keine Eigenkapitaltitel emittieren können. Emissionsfähige Unternehmen haben Zugang zur Börse, ihnen steht der organisierte Kapitalmarkt zur Beschaffung von Eigenkapital zur Verfügung.

Unternehmen, die keine Eigenkapitaltitel emittieren können, sind bei der Eigenkapitalbeschaffung auf kaum institutionalisierte und mit erheblichen Funktionsdefiziten ausgestattete Märkte angewiesen. Daraus ergeben sich für nicht emissionsfähige Unternehmen eine Reihe von Problemen bei der Beteiligungsfinanzierung (vgl. Drukarczyk/Lobe, 2015, S. 323):

- Anleger, die an fungiblen Anlagen interessiert sind, können i. d. R. nicht für eine Beteiligungsfinanzierung gewonnen werden.
- Es existiert kein organisierter Markt für Beteiligungen an nicht emissionsfähigen Unternehmen. Demzufolge gibt es auch keine regelmäßige Preisbestimmung mit genormtem Mechanismus zur Bestimmung der Ein- und Austrittspreise.
- Die Abgabe von Geschäftsführungsbefugnissen der Altgesellschafter an neue Gesellschafter ist häufig unerwünscht.

Im Gegensatz zu nicht börsenfähigen Unternehmen bietet die Beteiligungsfinanzierung emissionsfähigen Unternehmen, insbesondere Aktiengesellschaften, eine Reihe von Vorteilen (vgl. Perridon/Steiner/Rathgeber, 2017, S. 433 f.):

- Aufteilung des Kapitals in kleine Teilbeträge: Durch die Stückelung des gesamten Kapitalbetrags in Aktien mit geringen Bezugskursen wird eine Beteiligung bereits mit einem geringen Kapitaleinsatz möglich.
- Hohe Verkehrsfähigkeit (Fungibilität) der Anteile: Da die Aktien vertretbare Wertpapiere (Effekten) darstellen, sind die Anteile an der Börse handelbar.
- Große Anzahl von Eigentümern: Die spezifische Organisationsform ermöglicht eine große Anzahl von Eigentümern und dadurch die Aufbringung großer Kapitalbeträge.
- Detaillierte rechtliche Ausgestaltung: Die spezifischen Rechte der Eigentümer sind im Aktiengesetz genau geregelt. Hieraus resultiert ein höheres Maß an Sicherheit für die Anteilseigner.

Im Folgenden wird zunächst auf die Beteiligungsfinanzierung emissionsfähiger Unternehmen eingegangen, anschließend stehen die nicht emissionsfähigen Unternehmen im Mittelpunkt.

Beteiligungsfinanzierung emissionsfähiger Unternehmen

Im Rahmen der Beteiligungsfinanzierung emissionsfähiger Unternehmen ist zwischen
(1) den Aktienarten,
(2) den Aktienkursen und
(3) der Kapitalerhöhung zu unterscheiden.

Zu (1): Zu den emissionsfähigen Unternehmen gehören die Aktiengesellschaft (AG oder SE) und die Kommanditgesellschaft auf Aktien (KGaA). Eine Aktiengesellschaft kann entweder als klassische Aktiengesellschaft im Sinne des Aktiengesetzes oder als Europäische Aktiengesellschaft (SE) im Sinne des SE-Einführungsgesetzes firmieren, wobei im Folgenden im Wesentlichen die AG betrachtet wird. Bei den genannten

Rechtsformen besteht die Möglichkeit, Eigenkapital durch die Emission von Aktien zu beschaffen. Die Emission und der Handel der Aktien an der Börse erfordern die Zulassung der Gesellschaft an wenigstens einem Börsenplatz.

Bei der **KGaA** handelt es sich um eine Kombination von Kommandit- und Aktiengesellschaft. Das Kommanditkapital ist in Aktien verbrieft, darüber hinaus haftet aber mindestens ein Komplementär unbeschränkt mit seinem Privatvermögen. Der persönlich haftende Gesellschafter einer KGaA kann seinen Anteil am Eigenkapital durch die Einlage privater Mittel erhöhen, wobei diese Möglichkeit der Erweiterung der Kapitalbasis der KGaA durch die Vermögensverhältnisse des Komplementärs begrenzt ist. Verglichen mit dem Komplementär, beschränkt sich die Haftung bei den Kommanditisten auf die Höhe ihrer Kapitaleinlage. Die Kommanditisten können ihren Anteil an der KGaA im Gegensatz zum Komplementär, insbesondere wenn die Aktien zum Handel an der Börse zugelassen sind, leichter verkaufen. Die KGaA verbindet damit die (Finanzierungs-)Vorteile der Aktiengesellschaft mit der besonderen Bedeutung der persönlich haftenden Gesellschafter einer Kommanditgesellschaft (vgl. Schierenbeck/Wöhle, 2016, S. 41).

Bei einer **Aktiengesellschaft** (AG und SE) verbriefen die Aktien den Anteil des Aktionärs am Gezeichneten Kapital der Gesellschaft. Der Inhaber einer Aktie ist rechtmäßiger Eigentümer eines Teils des Unternehmens. Das Grundkapital, in der Bilanz als gezeichnetes Kapital bezeichnet, bildet mit den Kapital- und Gewinnrücklagen, dem Gewinn- bzw. Verlustvortrag und dem Bilanzgewinn bzw. -verlust das bilanzielle Eigenkapital der Aktiengesellschaft.

Die Stückelung des Grundkapitals in Aktien eröffnet der Aktiengesellschaft die Möglichkeit, sich über die Ausgabe von Aktien zu finanzieren. Aufgrund der nicht begrenzten Anzahl an Anteilseignern können große Kapitalbeträge beschafft werden. Ein weiterer Vorteil für die AG besteht darin, dass das Aktienkapital vonseiten des einzelnen Aktionärs nicht gekündigt werden kann. Der Anteilseigner kann sein Beteiligungsverhältnis jedoch jederzeit durch den Verkauf seiner Aktien an einen anderen Anleger beenden. Von dem Wechsel der Gesellschafter erfährt die AG nur, wenn die Aktien auf den Namen lauten oder die in § 20 Abs. 1 und 4 AktG festgelegten Beteiligungsgrenzen überschritten werden (vgl. Wöhe et al., 2013, S. 83 f.).

Für die Ausgabe von Anteilen an einer AG stehen verschiedene **Aktienarten** zur Verfügung. Die Aktienarten lassen sich anhand der in Abb. 7.1 genannten Kriterien systematisieren.

Nach der **Zerlegung des Grundkapitals** wird zwischen Nennwertaktien, Stückaktien und Quotenaktien unterschieden. Nennwertaktien besitzen einen bestimmten, in Geldeinheiten ausgedrückten Nennbetrag, der auf der Aktie vermerkt ist. Der Nennbetrag muss mindestens 1 EUR betragen und auf volle EUR lauten (§ 8 AktG). Aus der Summe der Aktiennennbeträge ergibt sich das Grundkapital der Aktiengesellschaft. Nennwertaktien dürfen nicht unter ihrem Nennwert ausgegeben werden. Bei einer Ausgabe über pari, d. h. zu einem Preis, der über dem Nennwert liegt, muss der den Nennwert übersteigende Betrag der Kapitalrücklage zugeführt werden.

Seit dem 1.4.1998 ist in Deutschland neben der Nennwertaktie die Emission von Stückaktien erlaubt. Alle Stückaktien verkörpern den gleichen Anteil am Grundkapital, wobei die Anzahl der ausgegebenen Aktien in der Satzung der AG festgelegt werden muss. Stückaktien werden auch als unechte nennwertlose Aktien bezeichnet, da sie keinen aufgedruckten Nennwert besitzen. Ein rechnerischer Nennwert kann jedoch aus dem Verhältnis des Grundkapitals und der Anzahl der Aktien bestimmt werden. Das auf eine Stückaktie entfallende Grundkapital darf nicht weniger als 1 EUR betragen. Auch bei Stückaktien ist eine Unterpariemission nicht zulässig, d. h. der auf die einzelne nennwertlose Aktie entfallende Anteil am Grundkapital ist der niedrigste Preis, zu dem die Aktie ausgegeben werden darf.

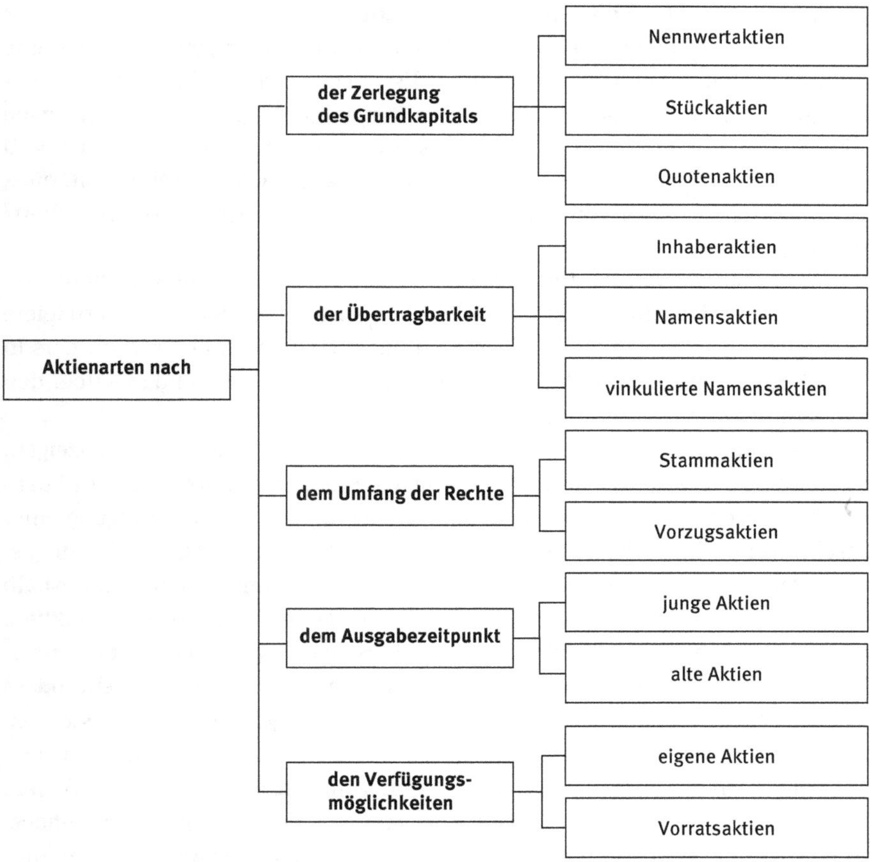

Abb. 7.1: Einteilungskriterien von Aktien (vgl. Olfert/Reichel, 2008, S. 208; Jahrmann, 2009, S. 212)

Bei Quotenaktien handelt es sich um echte nennwertlose Aktien, da sich im Gegensatz zu den Stückaktien kein rechnerischer Nennwert bestimmen lässt. Quotenaktien verbriefen eine bestimmte Quote am Reinvermögen des Unternehmens (z. B. ein Tausendstel oder ein Zehntausendstel). Die jeweilige Quote ergibt sich durch die Anzahl der ausgegebenen Aktien. Veränderungen des Reinvermögens, soweit sie auf den Periodenerfolg und nicht auf Kapitalzuführungen von außen zurückzuführen sind, beeinflussen zwar die nominelle Höhe der Quote nicht, allerdings verändert sich der Kurswert der Quotenaktien. So bleibt z. B. bei einer Zuführung von Gewinnen zu den Rücklagen der quotale Anteil am Reinvermögen konstant. Problematisch dagegen sind Kapitalerhöhungen, bei denen von außen Kapital zugeführt wird, da sie mit der Ausgabe neuer Aktien und damit i. d. R. einer Veränderung der Quoten verbunden sind. Quotenaktien sind in Deutschland nicht zugelassen, sie werden aber vor allem in den USA emittiert (vgl. Jahrmann, 2009, S. 213).

Nach der **Übertragbarkeit** können Inhaberaktien, Namensaktien und vinkulierte Namensaktien unterschieden werden. Die Eigentumsübertragung einer Inhaberaktie erfolgt durch Einigung und Übergabe (§ 929 BGB). Wegen ihrer leichten Übertragbarkeit sind Inhaberaktien besonders gut für den Börsenhandel geeignet. Die Ausgabe von Inhaberaktien ist nur zulässig, wenn das Grundkapital voll eingezahlt ist (§ 10 AktG). Andernfalls werden bis zur vollen Einzahlung des Grundkapitals Interims- oder Zwischenscheine oder von vornherein Namensaktien ausgegeben (vgl. Olfert/Reichel, 2008, S. 209).

Bei Namensaktien erfolgt die Übertragung durch Einigung, Indossament und Übergabe. Aufgrund des Indossaments stellen Namensaktien geborene Orderpapiere dar. Zusätzlich sind der Name, die Adresse und das Geburtsdatum des Aktionärs in das Aktienregister einzutragen (§ 67 Abs. 1 AktG). Ein Aktionär kann dabei über den eigenen Datenbestand Auskunft verlangen.

Die Übertragung einer Namensaktie ist der Gesellschaft gegenüber anzuzeigen, da im Verhältnis zur Gesellschaft nur derjenige als Aktionär gilt, der auch im Aktienregister eingetragen ist. Im Vergleich zu einer Inhaberaktie ist die Übertragung einer Namensaktie durch das Einholen des Indossaments und die Änderung des Aktienregisters schwerfälliger und mit einem höheren Verwaltungsaufwand verbunden. Deshalb waren Namensaktien für den laufenden Handel weniger geeignet als Inhaberaktien. Durch die Entwicklungen im Bereich der Informationstechnologie macht der börsenmäßige Handel von Namensaktien inzwischen jedoch kaum noch Schwierigkeiten, sodass heute viele Unternehmen ihre Aktien auf Namensaktien umgestellt haben. Namensaktien bieten der AG den Vorteil, dass die Aktionäre bekannt sind, direkt angesprochen und Änderungen in den Beteiligungsverhältnissen frühzeitig erkannt werden können. Bei der Ausgabe von Namensaktien müssen das Agio voll und der Nennwert zu mindestens 25 % eingezahlt sein. Dadurch eignen sich Namensaktien für Aktienfinanzierungen, bei denen das Grundkapital nicht in vollem Umfang benötigt wird. Insbesondere bei Versicherungsunternehmen ist das Grundkapital teilweise nicht voll eingezahlt, da Versicherer für den normalen Geschäftsbetrieb nur ein geringes Eigenkapital benötigen und erst im Falle außergewöhnlicher Schadensereignisse ein größeres Haftungskapital vorhanden sein muss (vgl. Perridon/Steiner/Rathgeber, 2017, S. 433).

Die Übertragung von vinkulierten Namensaktien ist zusätzlich von der Zustimmung der Gesellschaft abhängig. Die Vinkulierung soll verhindern, dass nicht erwünschte Personen Anteile an der Gesellschaft erwerben. Im Falle nicht voll eingezahlter Aktien sind darüber hinaus Personen mit zweifelhafter Kreditwürdigkeit unerwünscht. Bei Familiengesellschaften kann durch die Vinkulierung die Übertragung an nicht zur Familie gehörende Personen verhindert oder zumindest kontrolliert werden. Vinkulierte Namensaktien stellen außerdem ein Mittel zur Abwehr von Unternehmensübernahmen dar (vgl. Wöhe, 2016, S. 536).

Nach dem **Umfang der verbrieften Rechte** ist zwischen Stammaktien und Vorzugsaktien zu unterscheiden. Stammaktien verbriefen sämtliche im Aktiengesetz für den Normalfall vorgesehenen Rechte. Folgende Rechte sind mit Stammaktien verbunden (vgl. Bernecker/Seethaler, 1998, S. 26 f.):

- Recht auf Teilnahme an der Hauptversammlung: Verbunden mit dem Recht auf Teilnahme an der Hauptversammlung sind das Antragsrecht, das Auskunftsrecht über Angelegenheiten der Gesellschaft und das Anfechtungsrecht. Gegenstand von Hauptversammlungsbeschlüssen sind die Bestellung der Mitglieder des Aufsichtsrats, die Verwendung des Bilanzgewinns, Maßnahmen der Kapitalbeschaffung sowie der Kapitalherabsetzung und die Auflösung der Gesellschaft.
- Stimmrecht: Zur Wahrung seiner Interessen hat jeder Aktionär das Recht, entsprechend seinem Kapitalanteil an Abstimmungen teilzunehmen. Bei Aktien, die mit einem Vorzug bei der Verteilung des Gewinns ausgestattet sind, kann das Stimmrecht ausgeschlossen werden (§ 139 Abs. 1 AktG).
- Bezugsrecht: Führt eine AG zur Deckung ihres Kapitalbedarfs eine Kapitalerhöhung durch, haben die Aktionäre ein Recht auf Bezug der neu ausgegebenen Aktien, Wandelschuldverschreibungen oder Optionsschuldverschreibungen.
- Recht auf Dividende: Jeder Aktionär nimmt gemäß seiner Beteiligungsquote an den Dividendenausschüttungen der Gesellschaft teil. Bei dem Recht auf Dividende handelt es sich um einen Residualanspruch, d. h. vor der Dividendenausschüttung müssen die Fremdkapitalgeber und die Vorzugsaktionäre bedient werden. Weiterhin ist der Dividendenanspruch auf den Bilanzgewinn beschränkt, wobei über dessen Verwendung per Hauptversammlungsbeschluss entschieden wird.
- Recht auf Beteiligung am Liquidationserlös: Stammaktionäre sind ferner entsprechend ihrer Beteiligungsquote am Liquidationserlös des Unternehmens zu beteiligen. Auch hier handelt es sich um einen Residualanspruch, d. h. erst wenn die Ansprüche der Gläubiger und der Vorzugsaktionäre befriedigt sind, haben die Stammaktionäre einen Anspruch auf einen Anteil am Liquidationserlös. Aufgrund der ungünstigen Rangposition können Stammaktionäre im Falle der Zwangsliquidation des Unternehmens (Insolvenz) in aller Regel nicht mit der Rückzahlung des nominellen Kapitalanteils oder gar des für die Aktie gezahlten Preises rechnen.

Vorzugsaktien sind in Bezug auf eines oder mehrere der genannten Rechte mit Vorzügen ausgestattet (absolute Vorzugsaktien). Sind diese Vorteile mit Nachteilen bei anderen Rechten verbunden, handelt es sich um relative Vorzugsaktien (vgl. Bieg/Kußmaul/Waschbusch, 2016a, S. 88). Im Einzelnen lassen sich die in Abb. 7.2 aufgeführten Arten von Vorzugsaktien unterscheiden.

Stimmrechtsvorzugsaktien gewähren dem Vorzugsaktionär ein mehrfaches Stimmrecht auf der Hauptversammlung. Das mehrfache Stimmrecht kann generell für alle Beschlüsse der Hauptversammlung gelten oder aber auf besondere in der Satzung festgelegte Fälle beschränkt sein. Grundsätzlich ist nach dem Aktiengesetz die Ausgabe von Stimmrechtsvorzugsaktien nicht mehr zulässig, da Stimmrechtsvorzüge dem Grundsatz widersprechen, dass jeder nur so viel Rechte haben soll, wie ihm aufgrund seines Kapitalanteils zustehen (§ 12 Abs. 2 AktG).

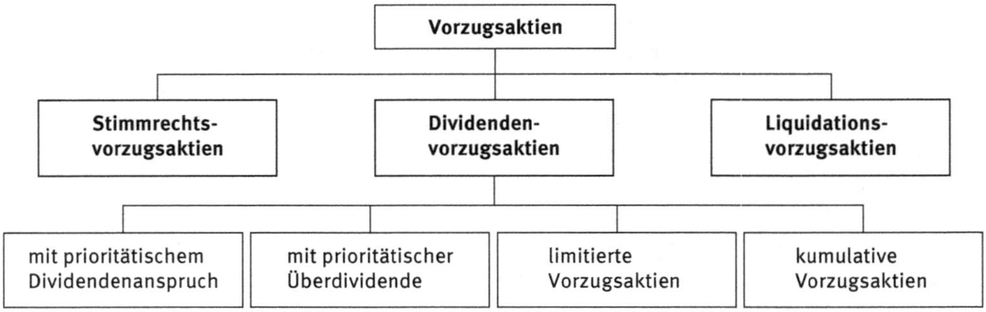

Abb. 7.2: Gattungen von Vorzugsaktien (vgl. Jahrmann, 2009, S. 216)

Die wichtigste Gattung von Vorzugsaktien sind Dividendenvorzugsaktien, die mit einer Veränderung der Dividendenansprüche verbunden sind. Bei Dividendenvorzugsaktien kann das Stimmrecht ausgeschlossen werden, sofern dies mit einem Dividendenvorteil einhergeht. Der Vorzug kann insbesondere in einem auf die Aktie vorweg entfallenden Gewinnanteil oder einem erhöhten Gewinnanteil bestehen (§ 139 Abs. 1 AktG). Stimmrechtslose Vorzugsaktien ermöglichen der Aktiengesellschaft die Beschaffung von Eigenkapital, ohne dass sich die Stimmenverhältnisse in der Hauptversammlung verschieben. Im Gegenzug wird für das fehlende Stimmrecht ein Vorteil in Form eines verbesserten Dividendenanspruchs gewährt. Stimmrechtslose Aktien dürfen jedoch maximal bis zur Hälfte des Grundkapitals ausgegeben werden (§ 139 Abs. 2 AktG). Durch diese Vorschrift soll der Einfluss der stimmberechtigten Aktionäre im Verhältnis zu ihrer Kapitaleinlage begrenzt werden. Auch wenn das normale Stimmrecht ausgeschlossen ist, bedürfen dennoch Hauptversammlungsbeschlüsse, durch die der vereinbarte Vorzug aufgehoben oder beschränkt wird, der Zustimmung der Vorzugsaktionäre (vgl. Wöhe et al., 2013, S. 87). Hierüber haben die Vorzugsaktionäre in einer gesonderten Versammlung mit einer Mehrheit von mindestens 75 % der abgegebenen Stimmen zu beschließen.

Der Dividendenvorzug kann verschiedenartig ausgestaltet sein. Im Folgenden werden einige Möglichkeiten erläutert:

- Bei Vorzugsaktien mit prioritätischem Dividendenanspruch erhalten zunächst die Vorzugsaktionäre ihre Vorzugsdividende, erst anschließend werden die Stammaktionäre bedient. Ein etwaiger Restbetrag des ausschüttungsfähigen Gewinns wird gleichmäßig auf Vorzugsaktien und Stammaktien verteilt. Ein Dividendenvorteil für einen Vorzugsaktionär ergibt sich hier nur, wenn der Bilanzgewinn nicht ausreicht, um die den Vorzugsaktionären zugesagte Dividende auch den Stammaktionären zu zahlen.
- Bei Vorzugsaktien mit prioritätischer Überdividende steht den Vorzugsaktionären neben dem prioritätischen Dividendenanspruch, der ihnen im Falle geringerer Gewinne eine Mindestdividende garantiert, ein bestimmter Dividendenvorzug zu. Die Stammaktionäre können damit den Ausschüttungsvorsprung der Vorzugsaktionäre niemals aufholen (vgl. Bieg/Kußmaul/Waschbusch, 2016a, S. 91).
- Bei limitierten Vorzugsaktien ist die Vorzugsdividende auf einen bestimmten Höchstbetrag begrenzt. Ein darüber hinaus anfallender Gewinn wird nur an die Stammaktionäre verteilt. Einen Vorteil erzielen die Vorzugsaktionäre bei limitierten Vorzugsaktien nur in Zeiten relativ niedriger Gewinne. Je höher der Gewinn jedoch ausfällt, desto mehr kehrt sich der Vorteil in einen Nachteil um.
- Bei kumulativen Vorzugsaktien besteht ein Anspruch auf Vorzugsdividende auch in Verlustjahren. Der Anspruch muss durch Nachzahlungen im nächsten Geschäftsjahr, in dem der Bilanzgewinn dies zulässt, erfüllt werden. Erst wenn alle Nachzahlungen erfolgt sind, werden die Stammaktien bedient. § 140 AktG schreibt kumulative Vorzugsaktien vor, wenn bei Vorzugsaktien das Stimmrecht ausgeschlossen ist. Das Stimmrecht lebt dabei wieder auf, wenn die Vorzugsdividende zwei Jahre hintereinander überhaupt nicht oder nur teilweise gezahlt werden konnte. Das Stimmrecht steht den Vorzugsaktionären dann bis zur vollständigen Nachzahlung der Rückstände zu.

Eine weitere Gattung von Vorzugsaktien stellen Liquidationsvorzugsaktien dar. Liquidationsvorzugaktien gewähren dem Aktionär Sonderrechte bei der Auflösung der Gesellschaft. Das Sonderrecht kann z. B. in der vorrangigen Befriedigung des Vorzugsaktionärs aus dem Liquidationserlös bestehen. Liquidationsvorzugsaktien werden häufig bei Sanierungen oder Kapitalerhöhungen sowie in Zeiten, in denen der Kurs unter pari liegt, emittiert. Allerdings gilt der Vorzug nur gegenüber den Stammaktionären und nicht gegenüber den Gläubigern.

Der Unterscheidung zwischen Stammaktien und Vorzugsaktien liegt das Kriterium des Umfangs der verbrieften Rechte zugrunde. Nach dem Kriterium **Ausgabezeitpunkt** kann zwischen alten und jungen Aktien unterschieden werden. Als junge resp. neue Aktien werden die im Rahmen einer Kapitalerhöhung neu ausgegebenen Aktien bezeichnet. Findet die Kapitalerhöhung während eines Geschäftsjahres statt, steht den jungen Aktien i. d. R. nur für einen Teil des Geschäftsjahres Dividende zu.

Solange die bei der Kapitalerhöhung ausgegebenen jungen Aktien einen abweichenden Dividendenanspruch gegenüber den alten Aktien aufweisen, werden die neu ausgegebenen Aktien als junge Aktien bezeichnet und getrennt an der Börse gehandelt. Mit der Auszahlung der Dividende für das Ausgabejahr entfällt die Unterscheidung junger und alter Aktien. In Abgrenzung zu jungen Aktien gelten als alte Aktien diejenigen Aktien, die schon vor einer Kapitalerhöhung in Umlauf waren.

Nach der **Art der Verfügungsmöglichkeiten** ist zwischen eigenen Aktien und Vorratsaktien zu unterscheiden.

Grundsätzlich darf nach § 56 Abs. 1 AktG eine Aktiengesellschaft keine eigenen Aktien zeichnen. Der Erwerb eigener Aktien führt zur Rückzahlung von Teilen des Grundkapitals, was dem Prinzip des Gläubigerschutzes widersprechen würde. Nach § 71 Abs. 1 AktG ist der Erwerb eigener Aktien jedoch erlaubt, wenn:

(1) der Erwerb notwendig ist, um einen schweren, unmittelbar bevorstehenden Schaden abzuwenden,
(2) die Aktien den Arbeitnehmern der Gesellschaft oder einem mit dem Unternehmen verbundenen Unternehmen zum Kauf angeboten werden sollen,
(3) der Erwerb der Abfindung von Aktionären bei Abschluss eines Beherrschungs- oder Eingliederungsvertrags dient,
(4) die Gesellschaft Aktien unentgeltlich erwirbt oder ein Kreditinstitut eine Einkaufskommission damit ausführt,
(5) der Erwerb im Rahmen einer Gesamtrechtsnachfolge erfolgt,
(6) die Aktien auf Beschluss der Hauptversammlung nach den Vorschriften über die Herabsetzung des Grundkapitals eingezogen werden sollen,
(7) es sich bei der Gesellschaft um ein Kredit- oder Finanzinstitut handelt und die eigenen Aktien (max. 5 %) aufgrund eines Hauptversammlungsbeschlusses zum Wertpapierhandel erworben werden sollen oder
(8) wenn der Erwerb aufgrund einer höchstens 18 Monate geltenden Ermächtigung der Hauptversammlung erfolgt, wobei von der Hauptversammlung der niedrigste und der höchste Gegenwert und der Anteil am Grundkapital, der 10 % nicht übersteigen darf, festgelegt werden müssen. Eigenhandel als Zweck ist ausgeschlossen.

Der Erwerb eigener Aktien ist an mehrere zusätzliche Bedingungen gebunden. Die nach den Punkten (1) bis (3), (7) und (8) erworbenen Aktien dürfen zusammen mit bereits vorhandenen eigenen Aktien in ihrem Gesamtbetrag 10 % des Grundkapitals nicht übersteigen. Weiterhin sind eigene Anteile auf der Passivseite der Bilanz vom gezeichneten Kapital offen abzusetzen (§ 272 Abs. 1a HGB). Für die nach den Punkten (1), (2), (4), (7) und (8) erworbenen eigenen Aktien muss der Nennbetrag oder der höhere Ausgabebetrag in vollem Umfang geleistet worden sein.

Vorratsaktien werden bei der Gründung einer Aktiengesellschaft oder in Ausübung eines Umtausch- oder Bezugsrechts von einem Dritten (z. B. einem Kreditinstitut) übernommen. Vorratsaktien, die auch als Verwaltungs- oder Verwertungsaktien bezeichnet werden, müssen zur Verfügung der Gesellschaft gehalten werden. Solange der Dritte, der die Vorratsaktien übernimmt, die Aktien nicht für eigene Rechnung erworben hat, stehen ihm keinerlei Rechte aus den Aktien zu (vgl. Olfert/Reichel, 2008, S. 213).

Im Unterschied zu eigenen Aktien, die sich vor dem Rückkauf im offenen Handel befanden, sind Vorratsaktien bisher noch nicht gehandelt worden. Vorratsaktien werden ohne in Verkehr zu gelangen direkt vom Dritten für Rechnung der Aktiengesellschaft übernommen. Sowohl bei eigenen Aktien als auch bei Vorratsaktien darf das Stimmrecht nicht ausgeübt werden (vgl. Wöhe et al., 2013, S. 93).

Zu (2): Der Wert von Aktien kommt in **Aktienkursen** zum Ausdruck. Unter einem Kurs ist im engeren Sinne der Preis, der an einer Börse für Wertpapiere, Devisen oder Waren festgestellt worden ist, zu verstehen. Darüber hinaus werden aber auch bestimmte betriebswirtschaftliche Kennzahlen als Kurse bezeichnet. Dementsprechend können für Aktien
- der Börsenkurs,
- der Bilanzkurs und
- der Ertragswertkurs unterschieden werden.

Der **Börsenkurs** ist der Marktpreis, der sich aus dem Angebot und der Nachfrage nach einer Aktie bildet. Der Börsenkurs wird durch eine Vielzahl von Faktoren beeinflusst. Die wesentlichen Einflussfaktoren können zu folgenden Gruppen zusammengefasst werden (vgl. Jahrmann, 2009, S. 235, Pfister/Jungermann/Fischer, 2016, S. 378 ff.):
- unternehmensbedingte Faktoren, z. B. Gewinnsituation, Auftragslage,
- aktienspezifische Faktoren, z. B. Dividendenhöhe, bevorstehende Kapitalerhöhungen,
- branchenbedingte Faktoren, z. B. Umsatzentwicklung der Branche,
- monetäre Faktoren, z. B. Geldmenge, Zinsniveau am Kapitalmarkt,
- wirtschaftspolitische Faktoren, z. B. Konjunktursituation, Steuerpolitik, Sozialpolitik,
- spekulative Faktoren, z. B. Erwartungen der Anleger,
- psychologische Faktoren, z. B. Finanzmarktanomalien wie Herdenverhalten, Überreaktionen.

Der Handel mit Aktien vollzieht sich in verschiedenen **Handelssegmenten**, die sich hinsichtlich ihrer Zulassungsvoraussetzungen unterscheiden. Nach dem Börsengesetz werden die Segmente regulierter Markt und Freiverkehr unterschieden. Der regulierte Markt weist dabei die strengeren Zulassungsanforderungen der beiden Handelssegmente auf. Der Wertpapieremittent muss – zusammen mit einem Kreditinstitut – einen Antrag auf Zulassung eines Wertpapiers zum regulierten Markt bei der Zulassungsstelle einreichen. Die zur Zulassung zu erfüllenden Anforderungen sind in der von der Bundesregierung erlassenen Börsenzulassungsverordnung für den regulierten Markt wie folgt konkretisiert worden:

- Die Gründung und die Satzung resp. der Gesellschaftsvertrag des Emittenten müssen dem Recht des Staates entsprechen, in dem der Emittent seinen Sitz hat.
- Der voraussichtliche Kurswert der emittierten Aktien muss mindestens 1,25 Mio. EUR betragen.
- Der Emittent muss bereits seit drei Jahren bestehen und die letzten drei Jahresabschlüsse vor der Antragsstellung offen gelegt haben.
- Die freie Handelbarkeit der Wertpapiere muss gewährleistet sein.
- Die Stückelung der Wertpapiere muss den Bedürfnissen des Börsenhandels und des Publikums entsprechen.
- Die Urkunden der Wertpapiere müssen einen ausreichenden Schutz vor Fälschung bieten.
- Mindestens 25 % der emittierten Aktien müssen im Besitz des Publikums sein (Streubesitz).

Darüber hinaus ist dem Antrag auf Zulassung zum regulierten Markt ein Unternehmensprospekt beizufügen, an dem sich die Prospekthaftung des Emittenten anknüpft. Gemäß § 5 Wertpapierprospektgesetz muss der Prospekt in leicht analysierbarer und verständlicher Form sämtliche Angaben enthalten, die im Hinblick auf den Emittenten und die angebotenen Wertpapiere notwendig sind, um dem Publikum ein zutreffendes Urteil über die Vermögenswerte und Verbindlichkeiten, die Finanzlage, die Gewinne und Verluste und die Zukunftsaussichten des Emittenten zu ermöglichen.

Für Wertpapiere, die nicht im regulierten Markt gehandelt werden, kann der Emittent einen Antrag auf Zulassung zum **Freiverkehr** stellen. Da der Freiverkehr prinzipiell privatrechtlich organisiert ist, enthält das Börsengesetz keine Zulassungsanforderungen für dieses Handelssegment. Das Börsengesetz verweist lediglich auf die Aufstellung einer Handelsordnung, die eine ordnungsgemäße Durchführung des Handels und der Geschäftsabwicklung gewährleisten muss. Die Börsenaufsicht wird dazu ermächtigt, den Handel zu untersagen, falls ein ordnungsgemäßer Handel nicht mehr gewährleistet erscheint.

Die Börsenkurse der zum Wertpapierhandel zugelassenen Aktien werden börsentäglich festgestellt. Dabei ist zwischen dem Einheitskurs und der fortlaufenden Notierung zu unterscheiden. Der Einheitskurs, auch Kassakurs genannt, wird einmal an jedem Börsentag unter Berücksichtigung aller zu diesem Zeitpunkt vorliegenden Kauf- und Verkaufsorders festgestellt. Folgende Bedingungen müssen vom Einheitskurs erfüllt werden (vgl. Däumler/Grabe, 2013, S. 97; Jahrmann, 2009, S. 235 f.):

- Zum Einheitskurs muss der größtmögliche Umsatz zustande kommen.
- Alle Bestens- und Billigst-Aufträge müssen ausgeführt werden können.
- Alle über dem Einheitskurs limitierten Kaufaufträge müssen ausgeführt werden können.

- Alle unter dem Einheitskurs limitierten Verkaufsaufträge müssen ausgeführt werden können.
- Zum Einheitskurs limitierte Kauf- und Verkaufaufträge müssen zumindest teilweise ausgeführt werden können.

Innerhalb der Kauf- und Verkaufsaufträge muss zwischen limitierten und unlimitierten Aufträgen unterschieden werden. Unter dem Limit eines Kaufauftrags ist der Höchstkurs zu verstehen, zu dem der Käufer gerade noch bereit ist, zu kaufen. Das Limit eines Verkaufsauftrags besteht in dem niedrigsten Kurs, zu dem der Verkäufer noch bereit ist, Aktien abzugeben. Limitierte Aufträge kommen dementsprechend nur dann zur Ausführung, wenn der genannte Kurs realisiert werden kann. Unlimitierte Aufträge werden dagegen zu jedem zustande kommenden Kurs ausgeführt. Der Zusatz „bestens“ kennzeichnet Verkaufsaufträge und signalisiert, dass der Verkäufer einen möglichst hohen Kurs erzielen möchte, tatsächlich akzeptiert der Verkäufer allerdings jeden Kurs. Entsprechend gilt der Zusatz „billigst“ für Kaufaufträge, die zu jedem zustande kommenden Kurs ausgeführt werden sollen.

Ein Beispiel soll die Ermittlung des Einheitskurses verdeutlichen. An einem Börsentag liegen für eine Aktie folgende Kauf- und Verkaufsaufträge vor:

Tab. 7.2: Kauf- und Verkaufsaufträge im Beispielfall

Verkaufsaufträge		**Kaufaufträge**	
Anzahl (Stk.)	**Limit (€)**	**Anzahl (Stk.)**	**Limit (€)**
30	bestens	50	billigst
10	25,00	15	40,00
15	27,50	10	37,50
10	30,00	15	35,00
15	32,50	10	32,50
20	37,50	15	30,00

Die Ermittlung des Einheitskurses kann tabellarisch oder grafisch vorgenommen werden. Bei der tabellarischen Lösung werden bei jedem Kurs die nachgefragten und die angebotenen Stückzahlen miteinander verglichen.

Die zu einem bestimmten Kurs angebotene Menge ergibt sich durch Kumulation beginnend beim niedrigsten Kurs, wobei die Bestens-Aufträge mit einzubeziehen sind. Das zu einem Kurs vorliegende Angebot an Aktien resultiert aus den zum jeweiligen Kurs limitierten, allen niedriger limitierten und den unlimitierten Verkaufsaufträgen. Die Anzahl der angebotenen Aktien soll beispielhaft für einen Kurs von 27,50 EUR ermittelt werden: Zum Kurs von 27,50 EUR werden 30 Aktien angeboten, für die kein Limit gilt, 10 Aktien, bei denen 25 EUR je Aktie und 15 Aktien, aus deren

Verkauf mindestens 27,50 EUR erzielt werden sollen. In der Summe ergibt sich bei einem Kurs von 27,50 EUR ein Angebot von 55 Aktien (vgl. Tab. 7.3).

Tab. 7.3: Tabellarische Ermittlung des Einheitskurses

Kurs (€)	Angebot (Stk.)	Nachfrage (Stk.)	Umsatz (Stk.)
25,00	40	115	40
27,50	55	115	55
30,00	65	115	65
32,50	80	100	80
35,00	80	90	80
37,50	100	75	75
40,00	100	65	65

Demgegenüber erhält man die nachgefragte Menge durch die Kumulation der Stückzahlen beginnend beim höchsten Kurs, wobei alle Billigst-Aufträge zu berücksichtigen sind. Zum Kurs von 37,50 EUR werden beispielsweise 50 Aktien nachgefragt, bei denen kein Limit angegeben wurde, 15 Aktien mit einem Limit von 40 EUR, und zehn Aktien, die auf 37,50 EUR limitiert sind. Insgesamt besteht bei einem Kurs von 37,50 EUR eine Nachfrage nach 75 Aktien.

Der Einheitskurs liegt beim größtmöglichen mengenmäßigen Umsatz. Damit ein Handel zustande kommt, muss zum gleichen Kurs sowohl ein Verkaufsauftrag als auch ein Kaufauftrag vorliegen. Deshalb bestimmt sich der bei einem Kurs zustande kommende Umsatz aus dem Minimum aus angebotener und nachgefragter Menge. Aus Tab. 7.3 ist ersichtlich, dass der maximale mengenmäßige Umsatz bei 80 Stück liegt. Dieser Umsatz könnte sowohl bei einem Kurs von 32,50 EUR als auch bei einem Kurs von 35 EUR realisiert werden. Da wertmäßig der Umsatz bei 35 EUR größer ist als bei 32,50 EUR, wird der Einheitskurs auf 35 EUR festgelegt.

Bei der grafischen Ermittlung der Einheitskurse werden die Angebots- und die Nachfragekurve in ein Koordinatensystem eingezeichnet. Die Angebotskurve ergibt sich aus der kumulierten Anzahl der bei einem Kurs vorliegenden Verkaufsaufträge. Gleichermaßen gibt die Nachfragekurve die kumulierte Menge der bei einem Kurs vorliegenden Kaufaufträge an. Der Schnittpunkt der beiden Kurven entspricht dem Einheitskurs (vgl. Abb. 7.3).

Neben dem Börsenkurs kann für Aktien der **Bilanzkurs** ermittelt werden. Der Bilanzkurs zeigt an, welches Verhältnis das gesamte Eigenkapital zum Grundkapital aufweist. Er informiert über den bilanziellen Substanzwert einer Aktie. Könnten bei einer Liquidation genau die Buchwerte erzielt werden, so gibt der Bilanzkurs an, wie viel Prozent des Nennwerts jeder Aktionär erhalten würde (vgl. Jahrmann, 2009, S. 256 f.). Zu unterscheiden sind

- der einfache Bilanzkurs und
- der korrigierte Bilanzkurs.

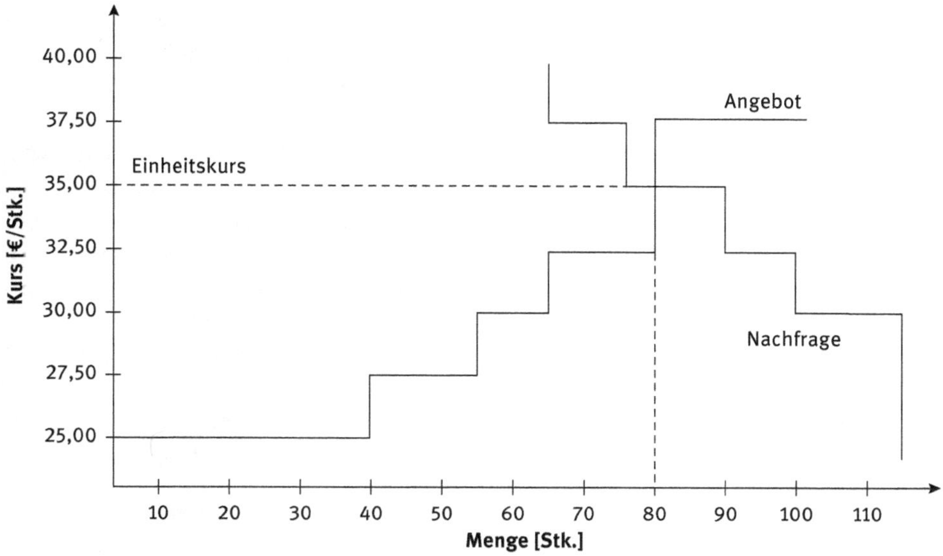

Abb. 7.3: Grafische Ermittlung des Einheitskurses

Beim **einfachen Bilanzkurs** wird das bilanzielle Eigenkapital auf das Grundkapital bezogen. Das bilanzielle Eigenkapital besteht aus dem Grundkapital resp. gezeichneten Kapital, den Rücklagen und dem Gewinn-/Verlustvortrag.

Ein Beispiel soll die Berechnung des einfachen Bilanzkurses verdeutlichen: Eine Aktiengesellschaft besitzt ein bilanzielles Eigenkapital in Höhe von 600.000 EUR, die Zusammensetzung des Eigenkapitals zeigt Tab. 7.4.

Tab. 7.4: Ermittlung des einfachen Bilanzkurses im Beispielfall (Angaben in EUR)

	gezeichnetes Kapital	300.000
+	Kapitalrücklage	100.000
+	Gewinnrücklage	200.000
+	Gewinnvortrag	0
–	Verlustvortrag	0
=	bilanzielles Eigenkapital	600.000

Der Bilanzkurs drückt den bilanziellen Wert eines Unternehmens aus. Im Beispielfall beträgt der Bilanzkurs 200 %.

$$\text{einfacher Bilanzkurs} = \frac{\text{bilanzielles Eigenkapital}}{\text{gezeichnetes Kapital}} = \frac{600.000\ \text{EUR}}{300.000\ \text{EUR}} = 2 = 200\,\%$$

Somit entfällt auf eine Aktie der AG im Nennwert von 1 EUR ein weiteres Eigenkapital in Höhe von ebenfalls 1 EUR. Wird im Falle einer Liquidation tatsächlich der Buchwert des Vermögens erzielt, so bekäme im Beispielfall jeder Aktionär der AG 2 EUR pro Aktie.

Der einfache Bilanzkurs berücksichtigt allerdings nur die bilanziell ausgewiesenen Eigenkapitalbestandteile. Die stillen Reserven, die auf eine Unterbewertung von Vermögensteilen oder eine Überbewertung von Verbindlichkeiten zurückgehen, sind im einfachen Bilanzkurs nicht enthalten. Der korrigierte Bilanzkurs ergibt sich demgegenüber aus dem effektiv bei der Leistungserstellung mitwirkenden Eigenkapital, das um die stillen Reserven höher ist als das bilanzielle Eigenkapital. Die stillen Reserven können dabei allerdings i. d. R. nur subjektiv geschätzt werden, da sie nicht aus der Bilanz ersichtlich sind (vgl. Däumler/Grabe, 2013, S. 100).

Wird in Bezug auf das obige Beispiel unterstellt, dass die AG stille Reserven in Höhe von 120.000 EUR besitzt, beträgt das effektive Eigenkapital der Gesellschaft 720.000 EUR (vgl. Tab. 7.5).

Tab. 7.5: Ermittlung des korrigierten Bilanzkurses im Beispielfall (Angaben in EUR)

	gezeichnetes Kapital	300.000
+	Kapitalrücklage	100.000
+	Gewinnrücklage	200.000
+	Gewinnvortrag	0
–	Verlustvortrag	0
=	bilanzielles Eigenkapital	600.000
+	stille Reserven	120.000
=	korrigiertes Eigenkapital	720.000

Unter Einbeziehung der stillen Reserven ergibt sich ein korrigierter Bilanzkurs von 240 %.

$$\text{korrigierter Bilanzkurs} = \frac{\text{bilanzielles Eigenkapital} + \text{stille Reserven}}{\text{gezeichnetes Kapital}} = \frac{720.000}{300.000} = 2{,}4 = 240\,\%$$

Können im Fall einer Liquidation zusätzlich zum Buchwert des Eigenkapitals die stillen Reserven realisiert werden, entfällt auf eine Aktie im Nennwert von 1 EUR ein Liquidationserlös von 2,40 EUR.

Eine weitere betriebswirtschaftliche Kennzahl, die ebenfalls als Kurs bezeichnet wird, ist der **Ertragswertkurs**. Der Ertragswertkurs orientiert sich an der zukünftigen Ertragskraft des Unternehmens. Bei den bewertungsrelevanten Überschüssen kann es sich um Gewinne, um Cashflows oder Dividenden handeln (vgl. Steiner/Bruns./Stöckl, 2012, S. 241). Unter bestimmten Annahmen führen diese drei alternativen Größen zur Beurteilung der zukünftigen Ertragskraft zum gleichen Ergebnis. Formal definiert ist der Ertragswertkurs als das Verhältnis aus kapitalisiertem Reinertrag (Ertragswert) und gezeichnetem Kapital resp. Anzahl ausgegebener Aktien. Im erstgenannten Fall wird der Ertragswertkurs als Prozentnotierung, im zweitgenannten Fall in Form einer Stücknotierung angegeben. Beide Definitionsgleichungen verdeutlicht Tab. 7.6.

Tab. 7.6: Definitionsgleichungen des Ertragswertkurses

Prozentnotierung	**Stücknotierung**
$\frac{\text{Ertragswert der Gesellschaft}}{\text{gezeichnetes Kapital}} \cdot 100\,\%$	$\frac{\text{Ertragswert der Gesellschaft}}{\text{Anzahl der Aktien}}$

Im Folgenden wird der Ertragswert auf Basis der Kapitalwertmethode quantifiziert, indem mithilfe des Dividendenmodells die künftigen Dividenden kapitalisiert werden (vgl. Steiner/Bruns./Stöckl, 2012, S. 244):

$$EW = \sum_{t=1}^{n} D_t \cdot (1 + i)^{-t}$$

mit: EW = Ertragswert
D_t = Dividende des Jahres t
t = Periode (1, 2, 3, ...)
I = Kalkulationszinsfuß

Unter der Annahme eines unendlichen Planungszeitraums und konstanter Dividende folgt daraus:

$$EW = \frac{D}{i}$$

Mit einem Beispiel soll die Ermittlung des Ertragswertkurses verdeutlicht werden. Eine Aktiengesellschaft besitzt ein gezeichnetes Kapital von 500.000 EUR. Der Nennwert einer Aktie beträgt 10 EUR, sodass 50.000 Aktien in Umlauf sind. Die AG schüttet einen Betrag von 60.000 EUR jährlich aus, wobei von einem unendlichen Planungszeitraum und konstantem Ausschüttungsvolumen ausgegangen werden kann. Ermittelt werden soll der Ertragswertkurs der AG in Stücknotierung und Prozentnotierung bei einem Kalkulationszinsfuß von 8 %. Der Ertragswert beläuft sich auf 750.000 EUR:

$$EW = \frac{60.000}{0{,}08} = 750.000 \text{ EUR}$$

Wird der Ertragswert durch das gezeichnete Kapital oder die Anzahl der umlaufenden Aktien dividiert, erhält man den Ertragswertkurs in Prozent- und Stücknotierung. Der Ertragswertkurs der AG beträgt 150 % oder 15 EUR pro Aktie (vgl. Tab. 7.7).

Tab. 7.7: Ermittlung des Ertragswertkurses im Beispielfall

Prozentnotierung	Stücknotierung
$\frac{\text{Ertragswert der Gesellschaft}}{\text{gezeichnetes Kapital}} \cdot 100$	$\frac{\text{Ertragswert der Gesellschaft}}{\text{Anzahl der Aktien}}$
$= \frac{750.000}{500.000} \cdot 100\,\% = 150\,\%$	$= \frac{750.000}{50.000} = 15\,\frac{€}{\text{Stk.}}$

Der Ertragswertkurs soll ebenso wie der Bilanzkurs den „inneren Wert“ einer Aktie zum Ausdruck bringen. Im Unterschied zum Nennwert, der dem Nominalwert einer Aktie entspricht, zeigt der innere Wert den „wahren Wert“ einer Aktie an. Beim Bilanzkurs wird der innere Wert aus der vorhandenen Vermögenssubstanz abgeleitet, indem neben dem gezeichneten Kapital die Rücklagen und die stillen Reserven auf das gezeichnete Kapital bezogen werden. Demgegenüber wird beim Ertragswertkurs der innere Wert aus den Ertrags- resp. Dividendenerwartungen bestimmt. In beide Kurse fließen deshalb unsichere Größen ein. Sowohl die stillen Reserven als auch die Dividenden sind das Ergebnis einer subjektiven Schätzung. Auch ist der Kalkulationszins, mit dem die Dividenden diskontiert werden, keine objektive Größe. Demgegenüber kommt der Börsenkurs aufgrund eines Ausgleichs zwischen Angebot und Nachfrage nach einer Aktie zustande, d. h. der Börsenkurs wird allenfalls zufällig mit dem Bilanzkurs oder dem Ertragswertkurs übereinstimmen (vgl. Wöhe et al., 2013, S. 96).

Zu (3): Gegenstand der **Kapitalerhöhung** ist die Erhöhung des Grundkapitals einer Aktiengesellschaft. Nach den §§ 182 bis 220 AktG können die in Abb. 7.4 dargestellten Formen einer Kapitalerhöhung unterschieden werden.

Beim Verkauf neuer Aktien steigt das Grundkapital durch (neue) Einlagen der Aktionäre, bei der Ausgabe von Berichtigungsaktien wird das gezeichnete Kapital durch Rücklagen, die bereits zuvor von der Gesellschaft gebildet wurden, erhöht. Zu einem Verkauf neuer Aktien kommt es somit bei der Kapitalerhöhung gegen Einlagen, bei der bedingten Kapitalerhöhung und bei der Kapitalerhöhung mittels eines genehmigten Kapitals.

Eine Kapitalerhöhung bedarf eines entsprechenden Beschlusses der Hauptversammlung, wobei grundsätzlich eine Dreiviertelmehrheit des bei der Beschlussfassung vertretenen Grundkapitals notwendig ist. Sind mehrere Aktiengattungen vorhanden, muss innerhalb jeder Aktiengattung eine Dreiviertelmehrheit vorliegen, wobei die Satzung auch eine andere Kapitalmehrheit bestimmen kann. Darüber hinaus sind Kapitalerhöhungen im Handelsregister einzutragen.

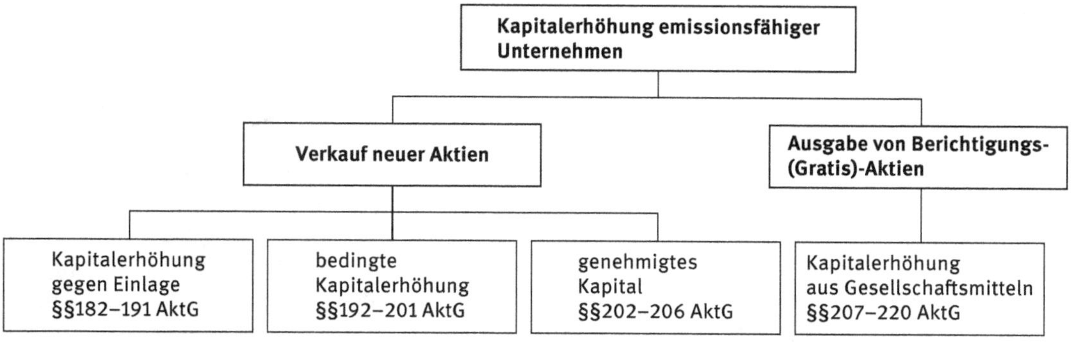

Abb. 7.4: Systematisierung der Arten der Kapitalerhöhung

Bei der **Kapitalerhöhung gegen Einlagen** (ordentliche Kapitalerhöhung) vollzieht sich die Erhöhung des gezeichneten Kapitals durch die Ausgabe junger Aktien. Eine Erhöhung des Nennwerts der bisherigen Aktien ist daher nicht zulässig, vielmehr muss die Kapitalerhöhung durch die Ausgabe neuer Aktien erfolgen. Eine Kapitalerhöhung soll allerdings nur dann vorgenommen werden, wenn keine Einlagen mehr ausstehen, d. h. wenn das Grundkapital voll eingezahlt ist. Bei Versicherungsgesellschaften kann die Satzung etwas anderes bestimmen, da bei Versicherungsunternehmen häufig eine Kapitalerhöhung nicht der weiteren Unternehmensfinanzierung, sondern der Erweiterung der Haftungsbasis dient. Wirksam wird die ordentliche Kapitalerhöhung mit Eintragung der Durchführung der Erhöhung des Grundkapitals im Handelsregister (vgl. Matschke, 1991, S. 87 f.).

Die jungen Aktien werden zum Bezugs- oder Ausgabekurs an alte oder neue Aktionäre verkauft. Der Bezugskurs der jungen Aktien wird durch die Organe der Gesellschaft festgelegt, er stellt sich demzufolge nicht aufgrund von Angebot und Nachfrage ein. Gesetzliche Untergrenze des Bezugskurses ist der Nennwert der Aktien bzw. der auf eine einzelne Stückaktie entfallende Anteil des Grundkapitals. Aus wirtschaftlichen Gesichtspunkten wird der Bezugskurs allerdings nicht unter der Summe aus Nennwert und Emissionskosten liegen. Eine rechtliche Obergrenze existiert nicht, die wirtschaftliche Obergrenze stellt der Kurs der Altaktien im Zeitpunkt der Kapitalerhöhung dar, da es bei einem höheren Bezugskurs sinnvoller wäre, alte Aktien über die Börse zu beziehen. Um einen Kaufanreiz zu bieten, wird der Bezugskurs i. A. leicht unterhalb des aktuellen Börsenkurses festgesetzt.

Der Bezugskurs der jungen Aktien bestimmt die Höhe des Zuflusses liquider Mittel. Werden die Aktien über pari, also zu einem Kurs über dem Nennwert ausgegeben, muss die Differenz zwischen dem Bezugskurs und dem Nennwert (Agio) in die Kapitalrücklage eingestellt werden, in Höhe des Nennwerts kommt es zu einer Erhöhung des gezeichneten Kapitals.

Die Altaktionäre besitzen ein gesetzliches Bezugsrecht auf die neuen Aktien, d. h. die Altaktionäre haben in Höhe ihres Kapitalanteils das Recht, junge Aktien zum Bezugskurs zu erwerben. Aufgrund des Bezugsrechts hat der Altaktionär die Möglichkeit,

- seinen quotalen Anteil am Aktienkapital,
- seinen Stimmrechtsanteil und
- sein Aktienvermögen

aufrechtzuerhalten. Auf besonderen Beschluss der Hauptversammlung kann mit einer Dreiviertelmehrheit des vertretenen Grundkapitals das Bezugsrecht ganz oder teilweise ausgeschlossen werden.

Für das Bezugsrecht kann ein rechnerischer Wert ermittelt werden, der von folgenden Einflussfaktoren abhängt (vgl. Olfert/Reichel, 2008, S. 244):
- Bezugsverhältnis alter zu jungen Aktien,
- Bezugskurs der jungen Aktien und
- Börsenkurs der alten Aktien.

Das Bezugsrecht hat einen rechnerischen Wert, wenn der Bezugskurs der jungen Aktien den Börsenkurs der alten Aktien unterschreitet. In diesem Fall ist der neue Mittelkurs der Aktien geringer als der alte Börsenkurs. Folglich käme es für die Altaktionäre zu einem Vermögensverlust, wenn sie nicht die Möglichkeit hätten, die neuen Aktien zum Bezugskurs zu erwerben. Der rechnerische Wert des Bezugsrechts entspricht der Differenz zwischen dem alten Börsenkurs und dem neuen Mittelkurs der Aktien:

B = Kurs der alten Aktien – neuer Mittelkurs

$$B = K_a - \frac{K_a \cdot a + K_j \cdot j}{a + j}$$

Daraus ergibt sich:

$$B = \frac{K_a - K_j}{\frac{a}{j} + 1}$$

mit: B = rechnerischer Wert des Bezugsrechts
K_a = Kurs der alten Aktien (Börsenkurs)
K_j = Kurs der jungen Aktien (Bezugskurs)
a = Anzahl der alten Aktien
j = Anzahl der jungen Aktien

Wird das Grundkapital während eines Geschäftsjahres erhöht, sind die jungen Aktien häufig für das laufende Jahr nicht in vollem Umfang dividendenberechtigt. In diesem Fall muss der Dividendennachteil der jungen Aktie durch eine Erhöhung des Bezugskurses der jungen Aktien berücksichtigt werden. Bei einem Dividendennachteil gilt demzufolge folgende Formel zur Ermittlung des rechnerischen Werts des Bezugsrechts:

$$B = \frac{K_a - (K_j + d)}{\frac{a}{j} + 1}$$

Dabei repräsentiert d den Dividendennachteil der jungen Aktien, der wie folgt berechnet wird:

$$d = V \cdot \left(1 - \frac{Z_j}{Z_a}\right)$$

mit: d = Dividendennachteil junger Aktien
V = Voraussichtliche Dividende
Z_j = Dividendenberechtigungszeitraum junger Aktien
Z_a = Dividendenberechtigungszeitraum alter Aktien

An einem Beispiel soll die Ermittlung des rechnerischen Werts des Bezugsrechts junger Aktien aufgezeigt werden. Das bisherige Grundkapital einer Aktiengesellschaft beträgt 2.000.000 EUR, die Gesellschaft hat 400.000 Aktien ausgegeben, die zum Zeitpunkt der Kapitalerhöhung zu 7,50 EUR an der Börse notiert werden. Es sollen 100.000 junge Aktien zu einem Bezugskurs von 6 EUR ausgegeben werden, wobei die jungen Aktien ohne Dividendennachteil ausgegeben werden.

Das bisherige Grundkapital von 2.000.000 EUR verteilt sich auf 400.000 Aktien. Demzufolge beträgt der rechnerische Nennwert der alten Aktien 5 EUR pro Stück. Der Marktwert des Unternehmens beläuft sich auf 3.000.000 EUR (= 400.000 · 7,50). Das Grundkapital steigt um 25 % resp. nominell um 500.000 EUR (= 100.000 · 5), der Unternehmung fließen demgegenüber 600.000 EUR (= 100.000 · 6) zu. Daraus ergibt sich ein neues nominelles Grundkapital von 2.500.000 EUR (= 2.000.000 + 500.000). Der Marktwert des Unternehmens steigt nach der Kapitalerhöhung auf 3.600.000 EUR (= 3.000.000 + 600.000). Die Veränderungen des Grundkapitals und des Marktwerts des Unternehmens zeigt Tab. 7.8.

Tab. 7.8: Veränderung des Grundkapitals und des Gesamtwerts bei einer Kapitalerhöhung

Aktienkapital	**Nennwert (€)**	**Kurs (€)**	**Zahl der Aktien (Stk.)**	**Gesamtwert (€)**
bisheriges Grundkapital (alte Aktien)	2.000.000	7,50	400.000	3.000.000
Kapitalerhöhung (junge Aktien)	500.000	6,00	100.000	600.000
neues Grundkapital (nach der Erhöhung)	2.500.000	7,20	500.000	3.600.000

Der neue Mischkurs des Unternehmens ergibt sich aus dem neuen Marktwert des Grundkapitals und der Gesamtzahl der Aktien. Bei einem Unternehmenswert von

3.600.000 EUR und 500.000 Aktien beläuft sich der neue Mischkurs auf 7,20 EUR. Damit sinkt der Kurs der Aktie um 0,30 EUR. Dieser rechnerische Wert des Bezugsrechts ergibt sich ebenfalls über die Bezugsrechtsformel:

$$B = \frac{K_a - K_j}{\frac{a}{j} + 1} = \frac{7{,}50 - 6{,}00}{\frac{4}{1} + 1} = 0{,}30\,€$$

Demzufolge hat das Recht eines Altaktionärs, junge Aktien zu 6 EUR kaufen zu können, einen rechnerischen Wert in Höhe von 0,30 EUR. Ein Aktionär, der vor der Kapitalerhöhung im Besitz von Aktien der Gesellschaft war, hat zwei Möglichkeiten. Einerseits kann er sein Bezugsrecht ausüben und junge Aktien im Verhältnis 4:1 kaufen. Andererseits ist auch eine Veräußerung der Bezugsrechte möglich. In beiden Fällen verändert sich das Vermögen des Aktionärs nicht.

Ergänzend soll nun untersucht werden, wie sich ein Dividendennachteil auf den rechnerischen Wert des Bezugsrechts auswirkt. Wird die Kapitalerhöhung zum 1. April durchgeführt, sind die jungen Aktien nur für ein Dreivierteljahr dividendenberechtigt. Bei einer Dividende für die alten Aktien in Höhe von 1 EUR ergibt sich daraus ein Dividendennachteil von 0,25 EUR.

$$d = V \cdot \left(1 - \frac{Z_j}{Z_a}\right) = 1{,}00 \cdot \left(1 - \frac{9\,\text{Monate}}{12\,\text{Monate}}\right) = 0{,}25\,€$$

Der Dividendennachteil verändert den Wert des Bezugsrechts wie folgt:

$$B = \frac{K_a - (K_j + d)}{\frac{a}{j} + 1} = \frac{7{,}50 - (6{,}00 + 0{,}25)}{\frac{4}{1} + 1} = 0{,}25\,€$$

Durch den Dividendennachteil sinkt der rechnerische Wert des Bezugsrechts von 0,30 EUR auf 0,25 EUR.

Bei der **bedingten Kapitalerhöhung** wird in der Hauptversammlung eine Erhöhung des Grundkapitals beschlossen, die nur in dem Umfang durchgeführt werden soll, wie von einem Umtausch- oder Bezugsrecht Gebrauch gemacht wird, das die Gesellschaft auf die neuen Aktien (Bezugsaktien) gewährt.

Eine bedingte Kapitalerhöhung ist nach § 192 Abs. 2 AktG für folgende drei Zwecke vorgesehen:
- zur Gewährung von Umtausch- oder Bezugsrechten aufgrund von Wandelschuldverschreibungen,
- zur Vorbereitung des Zusammenschlusses mehrerer Unternehmen sowie
- zur Gewährung von Bezugsrechten an Arbeitnehmer und Mitglieder der Geschäftsführung der Gesellschaft oder eines verbundenen Unternehmens.

Nach § 221 Abs. 1 AktG gelten Papiere, bei denen dem Gläubiger ein Umtausch- oder Bezugsrecht auf Aktien eingeräumt wird, als Wandelschuldverschreibungen. In der

Finanzierungspraxis werden Anleihen mit einem Umtauschrecht als Wandelanleihen und Anleihen mit einem Bezugsrecht als Optionsanleihen bezeichnet. Bis zur Aktienrechtsnovelle 2016 wurde ein Umtausch- oder Bezugsrecht aufgrund einer Wandelschuldverschreibung gesetzlich nur den Gläubigern der Wandelschuldverschreibung gewährt. Das neue Gesetz sieht hingegen vor, dass das Umtausch- oder Bezugsrecht auf Aktien sowohl für die Gläubiger als auch die Gesellschaft bestehen kann. Das Bezugs- oder Umtauschrecht gilt bei Wandelschuldverschreibungen zusätzlich zu den Gläubigeransprüchen auf Zinsen und Tilgung, die diese Gläubigerpapiere ohnehin verbriefen.

Bei der klassischen Wandelanleihe haben die Gläubiger das Recht, innerhalb einer bestimmten Frist zu einem festgelegten Verhältnis und gegebenenfalls unter Zuzahlung eines bestimmten Betrags, die Wandelanleihe in Aktien umzutauschen. Bei Ausübung des Umtauschrechts erhält der Kapitalgeber anstelle des Gläubigerpapiers ein Papier, das Eigentümerrechte verbrieft. Der Inhaber wird vom Fremdkapital- zum Eigenkapitalgeber und damit Anteilseigner der Gesellschaft. Bei der klassischen Wandelanleihe hat der Gläubiger also die Berechtigung und damit keine Verpflichtung zur Wandlung. Nach der Änderung des Aktiengesetzes 2016 ist es daneben auch möglich, dass die Wandelanleihe so aufgebaut ist, dass es nach Eintritt bestimmter Voraussetzungen automatisch zur Wandlung der Schuldverschreibung in Aktien der Gesellschaft kommt.

Auf die Emission von Optionsanleihen sind die aktienrechtlichen Vorschriften zur Begebung von Wandelschuldverschreibungen übertragbar (vgl. Bieg/Kußmaul/Waschbusch, 2016a, S. 270). Bei Optionsanleihen besitzt der Kapitalgeber zusätzlich zu seinen Gläubigerrechten ein Bezugsrecht auf Aktien. Aufgrund des Bezugsrechts kann der Inhaber innerhalb einer bestimmten Frist in einem festen Bezugsverhältnis und zu einem festen Bezugskurs neue Aktien der Gesellschaft erwerben. Weiterhin ist es auch hier möglich, dass die Optionsanleihe so aufgebaut ist, dass die Gesellschaft den Gläubiger zum Bezug der Aktien nach Eintritt eines bestimmten Ereignisses verpflichten kann. Im Unterschied zur Wandelanleihe geht bei einer Optionsanleihe das Gläubigerrecht nicht unter, sondern bleibt weiterhin neben der Aktie bestehen.

Bei Unternehmenszusammenschlüssen müssen die Anteilseigner der übernommenen Gesellschaft entschädigt werden. Eine Möglichkeit zur Begleichung der Ansprüche der Altgesellschafter ist hierbei die Bereitstellung von Aktien der aufnehmenden Gesellschaft, wobei eine Kapitalerhöhung nur in dem Umfang erfolgen soll, in dem eine Entschädigung tatsächlich vorgenommen wird. Den Anteilseignern der untergehenden Gesellschaft werden vor der Fusion Umtausch- oder Bezugsrechte auf die Aktien der übernehmenden Gesellschaft eingeräumt. Die Bedingung, an die die Kapitalerhöhung geknüpft ist, ist die Realisierung der Fusion. Kommt die Fusion nicht zustande, werden keine neuen Aktien ausgegeben.

Eine bedingte Kapitalerhöhung ist schließlich auch für den Fall vorgesehen, dass den Mitarbeitern resp. den Mitgliedern der Geschäftsführung Rechte auf den Bezug von Aktien der Gesellschaft eingeräumt werden sollen. Nur in dem Umfang, in dem die Mitarbeiter von ihren Bezugsrechten Gebrauch machen, kommt es zu einer Erhöhung des Grundkapitals der Gesellschaft (vgl. Bieg/Kußmaul/Waschbusch, 2016a, S. 120).

In allen drei genannten Fällen der bedingten Kapitalerhöhung ist das Bezugsrecht der bisherigen Aktionäre ausgeschlossen. Nur bei der Ausgabe von Wandel- bzw. Optionsanleihen muss den bisherigen Aktionären ein Bezugsrecht auf die Wandelanleihe eingeräumt werden. Machen die Aktionäre von dem Bezugsrecht Gebrauch, steht ihnen später gemäß den Anleihebedingungen ein Bezugsrecht auf die jungen Aktien zu (vgl. Wöhe et al., 2013, S. 120).

Der Nennbetrag des bedingten Kapitals darf nach § 192 Abs. 3 AktG die Hälfte und bei Bezugsrechten an Arbeitnehmer oder Mitglieder der Geschäftsführung 10 % des Grundkapitals zur Zeit der Beschlussfassung nicht übersteigen. Diese Einschränkung gilt für Wandelschuldverschreibungen nicht, wenn diese nur zu dem Zweck ausgegeben werden, der Gesellschaft einen Umtausch zu ermöglichen und damit die drohende Zahlungsunfähigkeit oder Überschuldung abzuwenden (§ 192 Abs. 3 AktG). Der Beschluss der Hauptversammlung muss den Zweck, den Kreis der Bezugsberechtigten und den Ausgabekurs oder zumindest die Berechnungsgrundlagen für den Ausgabekurs enthalten. Bei der Gewährung von Bezugsrechten an Arbeitnehmer und Mitglieder der Geschäftsleitung sind ferner Erfolgsziele, Ausübungszeiträume und die Wartezeit für die erstmalige Ausübung der Bezugsrechte festzulegen. Die Wartezeit muss mindestens zwei Jahre betragen.

Im Vergleich zur ordentlichen Kapitalerhöhung bietet die bedingte Kapitalerhöhung den Vorteil, dass das Grundkapital genau um den erforderlichen Betrag erhöht wird, ohne dass ein Rest an jungen Aktien übrigbleibt. Bei beiden Formen der Kapitalerhöhung emittiert die Gesellschaft junge Aktien. Bei der ordentlichen Kapitalerhöhung muss jedoch im Vorhinein bekannt sein, in welchem Umfang das Kapital erhöht werden soll.

Beim **genehmigten Kapital** handelt es sich um eine Ermächtigung des Vorstandes, bei Bedarf das Grundkapital um einen bestimmten Nennbetrag (genehmigtes Kapital) durch Ausgabe junger Aktien gegen Einlagen zu erhöhen. Die Ermächtigung darf für längstens fünf Jahre erteilt werden (Zeitrestriktion), wobei der Nennwert des genehmigten Kapitals die Hälfte des zur Zeit der Ermächtigung vorhandenen Grundkapitals nicht übersteigen darf (Volumensrestriktion). Der Beschluss der Hauptversammlung setzt eine Mehrheit von mindestens 75 % des vertretenen Grundkapitals voraus. Die neuen Aktien sollen nur mit der Zustimmung des Aufsichtsrats ausgegeben werden (§ 202 AktG).

Im Vergleich zur ordentlichen Kapitalerhöhung ist beim genehmigten Kapital zum Zeitpunkt der Beschlussfassung kein aktueller Finanzierungsbedarf gegeben. Dadurch kann der Vorstand günstige Kapitalmarktsituationen für die Kapitalerhöhung ausnutzen sowie einen kurzfristig auftretenden Kapitalbedarf decken. Eine günstige Kapitalmarktsituation ist dadurch gekennzeichnet, dass der Kapitalmarkt nicht von anderen Emittenten stark in Anspruch genommen wird und/

oder sich der Aktienkurs auf einem hohen Niveau befindet, sodass ein attraktives Aufgeld realisiert werden kann. Beim genehmigten Kapital erhält der Vorstand einen größeren Freiraum in seinen finanziellen Dispositionen (vgl. Wöhe et al., 2013, S. 119).

Ebenso wie bei der ordentlichen Kapitalerhöhung kann auch beim genehmigten Kapital das Bezugsrecht der Altaktionäre ausgeschlossen werden. In diesem Fall kann der Vorstand die jungen Aktien der Belegschaft anbieten oder an andere Kapitalgeber veräußern. Bei Ausschluss des Bezugsrechts ist die Ausgabe der jungen Aktien nur dann nicht mit einem Vermögensverlust für die Altaktionäre verbunden, wenn die jungen Aktien zum Tageskurs der alten Aktien veräußert werden. Der Stimmrechtsanteil und der auf die Altaktionäre entfallende quotale Anteil am Aktienkapital der Gesellschaft sinken dennoch.

Bei der **Kapitalerhöhung aus Gesellschaftsmitteln** werden Rücklagen in Grundkapital umgewandelt. Im Unterschied zur ordentlichen, bedingten und genehmigten Kapitalerhöhung stellt die Kapitalerhöhung aus Gesellschaftsmitteln keine Maßnahme der Kapitalbeschaffung dar, da die Summe des Eigenkapitals konstant bleibt. Vielmehr wird im Wege des Passivtauschs gegen die Reduzierung der Rücklagen das Grundkapital erhöht. Es findet also lediglich eine Kapitalumschichtung statt, die die Struktur des Eigenkapitals verändert, aber nicht dessen Höhe (vgl. Bieg/Kußmaul/Waschbusch, 2016a, S. 121).

Bei Gesellschaften, deren Grundkapital in Nennwertaktien zerlegt ist, erfolgt die Kapitalerhöhung durch die Ausgabe neuer Nennwertaktien, die auch als Berichtigungs- oder Gratisaktien bezeichnet werden. Die neuen Aktien werden den Aktionären nach ihrem bisherigen Kapitalanteil zugeteilt. Dies stellt sicher, dass die Beteiligungsquote der Aktionäre am Grundkapital erhalten bleibt. Demgegenüber ist bei Gesellschaften, deren Grundkapital in Stückaktien zerlegt ist, eine Ausgabe neuer Stückaktien nicht unbedingt erforderlich, denn durch die Erhöhung des Grundkapitals erhöht sich automatisch der rechnerische Nennwert einer Stückaktie. Die Erhöhung des rechnerischen Nennwerts entspricht dabei dem Prozentsatz, um den das Grundkapital steigt. Die Kapitalerhöhung aus Gesellschaftsmitteln wird mit der Eintragung des Beschlusses zur Erhöhung des Grundkapitals in das Handelsregister wirksam. Den Aktionären steht dabei ein unentziehbares Bezugsrecht auf die jungen Aktien zu (§ 212 AktG).

Es dürfen nur solche Rücklagen in Grundkapital umgewandelt werden, die in der Bilanz des letzten Jahres als Kapitalrücklage oder Gewinnrücklagen oder als Zuführung zu diesen Rücklagen ausgewiesen wurden (§ 208 Abs. 1 AktG). Stille Rücklagen dürfen erst dann umgewandelt werden, wenn sie aufgelöst, versteuert und in Gewinnrücklagen überführt wurden. Im Einzelnen dürfen umgewandelt werden (vgl. Wöhe et al., 2013, S. 121):

- andere Gewinnrücklagen und deren Zuführungen in voller Höhe, wenn sie der Satzung gemäß einem bestimmten Zweck dienen allerdings nur, sofern die Umwandlung mit diesem Zweck vereinbar ist und

– die Kapitalrücklage und die gesetzliche Rücklage sowie deren Zuführungen, soweit sie zusammen den zehnten oder den satzungsmäßig höheren Teil des Grundkapitals übersteigen.

Im Zuge einer Kapitalerhöhung aus Gesellschaftsmitteln erhalten die Aktionäre – abgesehen vom Sonderfall einer Erhöhung des rechnerischen Nennwerts bei Stückaktien – Berichtigungsaktien. Obwohl dadurch jeder Aktionär mehr Aktien besitzt, steigt jedoch das Vermögen eines Anteilseigners nicht. Das Produkt aus Aktienstückzahl und Kurswert einer Aktie bleibt vielmehr aufgrund des sinkenden Kurswerts je Aktie konstant. Mit Ausgabe der Berichtigungsaktien sinkt der Kurswert einer Aktie, weil sich der ökonomische Unternehmenswert durch die Kapitalumschichtung nicht ändert. Demzufolge kommt es durch die Ausgabe der Berichtigungsaktien auch nicht zu einer Vermögenszunahme der Aktionäre.

Eine Vermögensänderung für die Aktionäre kann sich aber durch die Dividendenpolitik der Gesellschaft ergeben und zwar dann, wenn die Dividende pro Aktie gleich bleibt. Aufgrund der größeren Zahl von Aktien erhält ein Aktionär in diesem Fall einen höheren Ausschüttungsbetrag (vgl. Bieg/Kußmaul/Waschbusch, 2016a, S. 123).

Wird bei Stückaktien lediglich der rechnerische Nennwert erhöht, bleibt die Anzahl der Stückaktien konstant. Der Kurswert der Stückaktien verändert sich zumindest theoretisch, wenn von Börseneinflüssen abgesehen wird, nicht, da sich der unveränderte Unternehmenswert auf eine gleich große Anzahl von Aktien verteilt. Bei einer konstanten Aktienstückzahl und einem gleichbleibenden Kurs pro Aktie verändert sich auch das Vermögen eines Aktionärs nicht.

Eine Kapitalerhöhung aus Gesellschaftsmitteln kommt in folgenden Situationen in Betracht:

– Gewinnrücklagen können über einen entsprechenden Beschluss des den Jahresabschluss feststellenden Organs ausgeschüttet werden. Werden die Gewinnrücklagen aber in Grundkapital umgewandelt, ist ihre Ausschüttung erheblich schwieriger, das garantierte Haftungskapital wird erhöht und die Kreditwürdigkeit der Gesellschaft steigt (vgl. Drukarczyk/Lobe, 2015, S. 351 f.).
– Mit der Kapitalerhöhung aus Gesellschaftsmitteln geht, zumindest bei einer Zunahme der Aktienstückzahl, eine Verringerung des Kurswerts der Aktien einher. Hohe Aktienkurse stellen insbesondere für Kleinanleger ein Hindernis beim Kauf von Aktien dar. Um die Fungibilität der Aktien zu erhöhen, kann es daher sinnvoll sein, den Kurs pro Aktie über eine Kapitalerhöhung aus Gesellschaftsmitteln zu senken.
– Wird bei der Kapitalerhöhung der Dividendensatz pro Aktie beibehalten, steigt aufgrund der größeren Zahl von Aktien faktisch der auf einen Aktionär entfallende Ausschüttungsbetrag. Es findet quasi durch die Kapitalerhöhung aus Gesellschaftsmitteln eine „stille" Dividendenerhöhung statt, da der Dividendensatz pro Aktie gleich bleibt und dementsprechend die Dividendenerhöhung nicht über die Steigerung des Dividendensatzes nach außen angezeigt werden muss (vgl. Wöhe et al., 2013, S. 122).

Beteiligungsfinanzierung nicht emissionsfähiger Unternehmen

Zu den nicht emissionsfähigen Unternehmen zählen die Einzelunternehmung, die Kommanditgesellschaft, die Offene Handelsgesellschaft, die Gesellschaft bürgerlichen Rechts und die Genossenschaft. Obwohl es sich um Kapitalgesellschaften handelt, gehören darüber hinaus die GmbH und die Unternehmergesellschaft zu den nicht emissionsfähigen Unternehmen. Nicht emissionsfähige Unternehmen haben keinen Zugang zur Börse. Damit steht ihnen der organisierte Kapitalmarkt nicht zur Beschaffung von Eigenkapital zur Verfügung, weshalb für diese Unternehmen ein besonderes Problem bei der Beschaffung zusätzlichen Eigenkapitals besteht.

Bei einer **Einzelunternehmung** betreibt ein Kaufmann eine Unternehmung ohne weitere Gesellschafter als Alleininhaber. Hinsichtlich der Versorgung mit Eigenkapital ist die Einzelunternehmung fast vollkommen abhängig von der Person des Unternehmers. Dieser kann das Eigenkapital des Unternehmens jederzeit durch die Zuführung privater Mittel erhöhen, aber auch durch die Entnahme von Betriebsvermögen reduzieren. Damit beschränkt sich die Beteiligungsfinanzierung bei Einzelunternehmungen im Wesentlichen auf den Finanzierungsspielraum des Unternehmers. Alternativ dazu kommt lediglich die Aufnahme eines stillen Gesellschafters in Betracht (vgl. Olfert/Reichel, 2008, S. 182).

Bei der Einzelunternehmung kann es folglich auch keine Interessenkonflikte zwischen dem Kapitalgeber und dem Unternehmen geben, da alle Rechte und Pflichten dem Einzelunternehmer uneingeschränkt zustehen. Zu den Rechten zählen das Recht auf Geschäftsführung und Vertretung, auf Gewinn, auf Entnahme von Vermögen und auf den Liquidationserlös. Demgegenüber muss der Einzelunternehmer aber auch die Pflicht zur Aufbringung des Eigenkapitals, zur Tragung von Verlusten und zur Haftung mit dem Privatvermögen allein tragen (vgl. Däumler/Grabe, 2013, S. 123).

Eine **Offene Handelsgesellschaft** (OHG) hat neben dem Einbringen weiteren Privatvermögens durch die bisherigen Gesellschafter die Möglichkeit, zusätzliche Gesellschafter aufzunehmen. Die Gesellschafter einer OHG haften für alle Verbindlichkeiten der Gesellschaft unbeschränkt, also auch mit ihrem Privatvermögen. Dadurch wird der Kreis potenzieller Gesellschafter wesentlich kleiner. Hinzu kommt, dass zur Führung der OHG alle Gesellschafter berechtigt und verpflichtet sind (§ 114 HGB).

Als Gesellschafter einer OHG kommen nur Personen infrage, die bereit und in der Lage sind, ausreichendes Kapital zur Verfügung zu stellen und an der Geschäftsführung mitzuwirken. Für derartige Beteiligungen existiert kein organisierter Markt, vielmehr sind die Unternehmen und potenzielle Gesellschafter auf persönliche Bekanntschaften, Finanzmakler, Zeitungsanzeigen und das Internet angewiesen. Die Geschäftsbeziehung zwischen den Gesellschaftern erfordert aufgrund der gesamtschuldnerischen Haftung ein enges persönliches Vertrauensverhältnis. Zudem müssen sich die neu hinzukommenden Gesellschafter in die stillen Reserven einkaufen, deren Höhe häufig umstritten ist.

Die Beteiligung an einer OHG ist auf Dauer angelegt. Im Gegensatz zur AG kann ein Gesellschafter dabei seine Anteile nicht einfach veräußern, sondern nur kündigen.

Das Ausscheiden eines Gesellschafters führt zu einer erheblichen finanziellen Belastung der anderen Gesellschafter, da sie dem Ausscheidenden den Gegenwert seines Anteils am Unternehmen auszahlen müssen. Die Beschaffung von Eigenkapital ist daher bei einer OHG mit erheblichen Hemmnissen verbunden (vgl. Rehkugler/Schindel, 1994, S. 103).

Bei einer **Kommanditgesellschaft** (KG) schließen sich zwei oder mehrere Kaufleute unter gemeinsamer Firma zusammen, wobei mindestens ein Gesellschafter unbeschränkt (Komplementär) und ein weiterer Gesellschafter beschränkt (Kommanditist) haften. Zwar treten bei der Aufnahme neuer Komplementäre die gleichen Schwierigkeiten wie bei der OHG auf, demgegenüber ist jedoch die Aufnahme neuer Kommanditisten wesentlich einfacher. Die Kommanditisten haften nur in der Höhe ihrer Einlage und sind an der Geschäftsführung und der Vertretung nicht beteiligt. Die Kommanditisten sind in ihrer Anzahl nicht beschränkt (vgl. Däumler/Grabe, 2013, S. 124).

Die auf die Kommanditanteile begrenzte Haftung der Kommanditisten erleichtert die Kapitalbeschaffung der KG. Es können Gesellschafter aufgenommen werden, die nur einen Teil ihres Vermögens dem Risiko einer unternehmerischen Tätigkeit aussetzen wollen. Aufgrund des Ausschlusses von Geschäftsführung und Vertretung ergeben sich zudem geringere Widerstände der Komplementäre bezüglich einer Aufnahme neuer Teilhafter (Bieg/Kußmaul/Waschbusch, 2016a, S. 71).

Bei einer **Gesellschaft des bürgerlichen Rechts** (GdbR) handelt es sich um die vertragliche Vereinbarung von Personen zur Erreichung eines gemeinsamen Zieles. Die GdbR, auch BGB-Gesellschaft genannt, besteht aus mindestens zwei Gesellschaftern, die sowohl natürliche als auch juristische Personen sein können (vgl. Olfert/Reichel, 2008, S. 193).

Die Haftung der Gesellschafter einer BGB-Gesellschaft erfolgt gesamtschuldnerisch und unbeschränkt, d. h. jeder Gesellschafter haftet mit seinem gesamten Vermögen für die Schulden der Gesellschaft. Die Beteiligungsfinanzierung ist damit ähnlich wie bei der OHG auf das Privatvermögen der Gesellschafter begrenzt. Weiteres Kapital kann nur durch die Aufnahme neuer Gesellschafter beschafft werden.

Die **Gesellschaft mit beschränkter Haftung** (GmbH) verkörpert eine Kapitalgesellschaft mit eigener Rechtspersönlichkeit, die bereits von nur einer Person gegründet werden kann. Die Gesellschafter, bei denen es sich um natürliche oder juristische Personen handeln kann, müssen nicht an der Geschäftsführung beteiligt sein. Von der Gesellschafterversammlung wird vielmehr eine Geschäftsführung bestellt. Die Firma der GmbH muss den Zusatz „mit beschränkter Haftung“ oder „mbH“ enthalten (vgl. Olfert/Reichel, 2008, S. 196).

Das Stammkapital einer GmbH muss mindestens 25.000 EUR betragen. Es ist in die Geschäftsanteile der Gesellschafter aufgeteilt. Die Übertragung von Geschäftsanteilen erfolgt durch Verkauf. Zur Beteiligungsfinanzierung kann die GmbH die Geschäftsanteile der alten Gesellschafter erhöhen oder neue Gesellschafter aufnehmen. Die Aufnahme neuer Gesellschafter und die Erhöhung des Stammkapitals erfordern aber (vgl. Busse, 2003, S. 148):

- die Änderung des Gesellschaftsvertrags mit notarieller Beurkundung,
- den Änderungsvermerk im Handelsregister,
- die notariell beglaubigte Erklärung des neuen Gesellschafters über die Übernahme der Stammeinlage und
- die Veröffentlichung der Handelsregistereintragung.

Diese Formvorschriften erschweren die Beteiligungsfinanzierung einer GmbH. Positiv wirkt sich demgegenüber die Haftungsbeschränkung aus. Durch die Beschränkung der Haftung der Gesellschafter auf die Stammeinlage wird der Kreis der potenziellen Gesellschafter gegenüber Personengesellschaften größer. Allerdings kann im Gesellschaftsvertrag eine Nachschusspflicht vereinbart werden (vgl. Busse, 2003, S. 148).

Die Nachschusspflicht kann betragsmäßig beschränkt oder unbeschränkt gestaltet sein (§ 26 GmbHG). Sie repräsentiert zum einen eine vereinfachte Form der Kapitalerhöhung, weil geringere Formvorschriften als bei einer Änderung der Stammeinlagen gelten. Zum anderen geht mit der Nachschusspflicht eine Vergrößerung der Haftungsbasis einher, sodass die Fremdkapitalbeschaffung erleichtert wird. Zu einer Vergrößerung der Haftungsbasis kommt es bereits, wenn nur die Verpflichtung eingegangen wird, im Falle drohender Zahlungsunfähigkeit der Gesellschaft weitere Mittel zu Verfügung zu stellen. Die Nachschusspflicht stellt für die Gläubiger eine zusätzliche Sicherheit dar, ohne dass sofort finanzielle Mittel fließen müssen (vgl. Bieg/Kußmaul/Waschbusch, 2016a, S. 72).

Die **Unternehmergesellschaft** (UG), umgangssprachlich auch als Mini-GmbH bezeichnet, wurde im Zuge der Reform des GmbH-Rechts durch das am 1. November 2008 in Kraft getretene „Gesetz zur Modernisierung des GmbH-Rechts und zur Bekämpfung von Missbräuchen (MoMiG)“ als existenzgründerfreundliche Variante der klassischen GmbH eingeführt. Die in § 5a GmbHG geregelte UG stellt keine grundsätzlich neue Rechtsform dar, vielmehr handelt es sich um eine GmbH, die im Vergleich zur herkömmlichen GmbH mit einem geringeren Stammkapital gegründet werden kann. Das Stammkapital einer UG muss mindestens 1 EUR betragen und darf im Gegensatz zur herkömmlichen GmbH nicht in Form von Sacheinlagen bereitgestellt werden. Im Rechtsverkehr darf die Unternehmergesellschaft nur mit dem Rechtsformzusatz „Unternehmergesellschaft (haftungsbeschränkt)“ oder „UG (haftungsbeschränkt)“ firmieren (vgl. § 5a GmbHG). Die Regelungen zur Aufteilung des Stammkapitals auf die Gesellschafter, zur Übertragung von Geschäftsanteilen und zur Aufnahme neuer Gesellschafter entsprechen den Regelungen bei der herkömmlichen GmbH. Für die Möglichkeiten der Beteiligungsfinanzierung gelten dementsprechend die oben genannten Vor- und Nachteile sinngemäß.

Bei einer **Genossenschaft** handelt es sich um eine Gesellschaft mit nicht geschlossener Mitgliederzahl, die der Förderung des Erwerbs oder der Wirtschaft der Mitglieder oder deren sozialen und kulturellen Belange durch gemeinschaftlichen Geschäftsbetrieb dient. Eine Genossenschaft muss mindestens drei Mitglieder haben, die natürliche oder juristische Personen sein können. Die Firma einer Genossenschaft muss den Zusatz „eingetragene Genossenschaft“ oder „eG“ enthalten (vgl. Olfert/Reichel, 2008, S. 230).

Das Geschäftsguthaben einer Genossenschaft ist in die Geschäftsanteile der Mitglieder aufgeteilt, wobei die Geschäftsanteile alle gleich groß sein müssen. Die Mitglieder sind zu einer im Statut vorgeschriebenen Einzahlung auf ihren Geschäftsanteil verpflichtet, die mindestens 10 % betragen muss. Die Haftung der Mitglieder ist auf ihren Geschäftsanteil beschränkt. Im Statut kann jedoch eine Nachschusspflicht vorgesehen sein, wonach die Mitglieder im Insolvenzfall einen der Höhe nach beschränkten oder unbeschränkten Betrag nachschießen müssen. Wird die Nachschusspflicht beschränkt, darf die Haftsumme jedoch nicht kleiner als der Geschäftsanteil sein.

Einer Genossenschaft stehen damit drei Wege der Beteiligungsfinanzierung offen. Erstens können in unbeschränkter Zahl neue Mitglieder aufgenommen werden. Zweitens kann jedes Mitglied weitere Geschäftsanteile kaufen, drittens ist es schließlich möglich, die (Mindest-) Einzahlungsquote der Geschäftsanteile zu erhöhen (vgl. Däumler/Grabe, 2013, S. 125).

Neben den rechtsformspezifischen Möglichkeiten der Beteiligungsfinanzierung existieren rechtsformunabhängige Möglichkeiten der Eigenkapitalbeschaffung. Hierzu zählt die im Folgenden dargestellte Private-Equity-Finanzierung.

Formen der Private-Equity-Finanzierung

Bei Private-Equity-Finanzierungen handelt es sich grundsätzlich um Beteiligungsfinanzierungen, die über einen nicht öffentlichen Markt gehandelt werden. Die Private-Equity-Finanzierungen stehen grundsätzlich sowohl emissionsfähigen als auch nicht emissionsfähigen Unternehmen zur Verfügung und erweitern somit deren Möglichkeiten der Eigenkapitalbeschaffung. Unter Private-Equity-Finanzierungen im weiteren Sinne können alle Finanzierungsformen verstanden werden, die nicht über einen öffentlich zugänglichen Handelsplatz, sog. Public-Equity-Finanzierungen, zustande kommen (vgl. Schneck, 2006, S. 253). Diesem Begriffsverständnis folgt auch der Bundesverband deutscher Kapitalbeteiligungsgesellschaften (BVK), der unter dem Oberbegriff „Private Equity“ alle Finanzierungsformen subsumiert, die außerbörslich abgewickelt werden (vgl. Frommann/Dahmann, 2005, S. 6 f.; zu einer abweichenden Definition vgl. z. B. Beck, 2014, S. 57 und Wolf/Hill/Pfaue, 2011, S. 166). In der Finanzierungspraxis weist Private Equity jedoch für nicht emissionsfähige Unternehmen eine deutlich höhere Relevanz auf, da emissionsfähige Unternehmen eher auf börsliche Finanzierungsinstrumente zurückgreifen können (vgl. Bieg/Kußmaul/Waschbusch, 2016a, S. 129 f.).

Auf oberster Ebene können die Private-Equity-Finanzierungen nach dem Finanzierungsanlass in das **Venture Capital** zur Gründungsfinanzierung und die **Buy-out- Finanzierungen** zur Übernahme etablierter Unternehmen differenziert werden (vgl. Schneck, 2006, S. 253).

Venture Capital zur Gründungsfinanzierung
Junge Unternehmen haben häufig das Problem, dass Fremdkapitalgeber aufgrund der kurzen Unternehmenshistorie, der geringen Bonität und dem damit verbundenen hohen Ausfallrisiko sowie dem Mangel an beleihbaren Sicherheiten nicht zu einer Vergabe von Krediten bereit sind. Ebenso steht die Börse nur emissionsfähigen Unternehmen und dabei insbesondere Aktiengesellschaften zur Verfügung. Die Umwandlung in eine AG sowie die Platzierung von Aktien auf dem Kapitalmarkt kommt für viele Unternehmen jedoch erst in einer späteren Unternehmensphase in Betracht (vgl. Bieg/Kußmaul/Waschbusch, 2016a, S. 133 f.; Beck, 2014, S. 15).

Zur Überbrückung dieser Finanzierungslücke beteiligen sich seit den 1970er-Jahren vermehrt Wagniskapitalgeber an jungen Unternehmen, die ein hohes Innovations- und Wachstumspotenzial aufweisen. Als Oberkategorie wird für diese Finanzierung der Begriff „Venture Capital" verwendet, der auch häufig mit Risiko- oder Wagniskapitalfinanzierung übersetzt wird (vgl. Prätsch/Schikorra/Ludwig, 2012, S. 90). Das Venture Capital umfasst dabei alle Formen der Private-Equity-Finanzierung für Gründungsunternehmen. Durch die (Mit-)Finanzierung eines Start-ups eröffnen sich die Venture-Capital-Investoren die Chance, an den Erfolgspotenzialen des Gründungsunternehmens zu partizipieren, was zu einem hohen Wertzuwachs der Beteiligung führen soll (vgl. Bieg/Kußmaul/Waschbusch, 2016a, S. 130 f.; Prätsch/Schikorra/Ludwig, 2012, S. 221).

Zentrales Merkmal einer Venture-Capital-Finanzierung ist die bereits zu Beginn des Investments vereinbarte intensive Beziehung zwischen Investor und Gründer. Der Investor behält sich das Recht vor, direkt auf die strategischen und operativen Entscheidungen der Geschäftsführung des Unternehmens Einfluss nehmen zu können (vgl. Schneck, 2006, S. 259). Das bereitgestellte Eigenkapital wird deshalb auch aktives Eigenkapital genannt.

Weiterhin charakteristisch für eine Venture-Capital-Finanzierung ist der hohe Risikogehalt der Beteiligung, da in einem frühen Unternehmensstadium die Erfolgsaussichten der Geschäftsidee nur schwer prognostizierbar sind. Gleichzeitig kann der Investor durch seine Einflussmöglichkeit das Risiko des finanziellen Misserfolgs begrenzen, wenn davon ausgegangen wird, dass der Wagniskapitalgeber Vorerfahrungen mit ähnlichen Investitionen besitzt. Ebenso wird mit dem Gründer bereits zu Beginn der Investition ein mögliches Ausstiegsszenario vereinbart (vgl. Drukarczyk/Lobe, 2015, S. 357).

Die Vorteilhaftigkeit des Investments bemisst sich für den Private-Equity-Investor nach der realisierten Wertsteigerung der Unternehmensanteile während des Investitionszeitraums. Um das Risiko-/Ertragsprofil zu verbessern, wird Venture Capital für Gründungsunternehmen mit hohem Wachstumspotenzial eingesetzt (vgl. Prätsch/Schikorra/Ludwig, 2012, S. 90; Wöhe/Bilstein/Ernst/Häcker, 2013, S. 169).

Nach der Eigentümerstruktur kann zwischen formellen und informellen Venture-Capital-Transaktionen differenziert werden (vgl. Sewing, 2008, S. 10; Bieg/Kußmaul/Waschbusch, 2016a, S. 130 f.).

Bei einer formellen Venture-Capital-Finanzierung investiert der Kapitalgeber nicht direkt in das Unternehmen, vielmehr tritt eine spezialisierte Beteiligungsgesellschaft als Intermediär zwischen Kapitalgeber und -nehmer auf. Das Kapital wird bei einer solchen Transaktion häufig durch institutionelle Anleger wie Versicherungen und Pensionskassen bereitgestellt (vgl. Wöhe/Bilstein/Ernst/Häcker, 2013, S. 176). Zunächst sammelt der Beteiligungsfonds die Finanzmittel einer großen Zahl von institutionellen Investoren ein, anschließend bündelt er diese Beiträge in einer Fondsstruktur. Häufig werden dabei in einem Beteiligungsfonds zwischen 10 und 20 Einzelinvestitionen zusammengefasst. Um die Streuung noch weiter zu vergrößern, entscheiden sich die meisten Investoren gegenüber einer einzelnen Fondsselektion eher für eine Kapitalanlage in einen Venture-Capital-Dachfonds, der häufig ein Portfolio aus 20 oder mehr Einzelfonds umfasst (vgl. Prätsch/Schikorra/Ludwig, 2012, S. 220 f.).

Ausgehend vom Anlageziel können bei der formellen Venture-Capital-Finanzierung verschiedene Unterformen unterschieden werden. Im Rahmen eines rein renditeorientierten Beteiligungsfonds besteht die Aufgabe des Fondsmanagements im Verwalten der Finanzmittel, in der Sichtung renditeträchtiger Investments, in der Durchführung der eigentlichen Kapitalbeteiligungen sowie im ständigen Monitoring des Beteiligungsportfolios (vgl. Wöhe/Bilstein/Ernst/Häcker, 2013, S. 175).

Bei der Beteiligungsfinanzierung durch einen Corporate-Venture-Capital-Geber steht nicht der finanzielle Erfolg, sondern der potenzielle Know-how-Transfer im Fokus. Gerade in forschungsintensiven Branchen ermöglicht die Beteiligung eines etablierten Unternehmens an einem aufstrebenden Start-up den Zugang zu einer erfolgsversprechenden Technologie oder Dienstleistung. Der Kapitalgeber erreicht dadurch einerseits, dass dem Start-up-Unternehmen ausreichend Kapital für weitere Forschungs- und Entwicklungsarbeiten zur Verfügung steht, wobei dieser die Richtung und Fokussierung der Innovationsanstrengungen gezielt in seinem Sinne steuern kann (vgl. Schneck, 2006, S. 257). Andererseits kann das etablierte Unternehmen die entwickelten Ideen in sein Produktportfolio integrieren und für seinen eigenen wirtschaftlichen Erfolg nutzen. Für den Kapitalnehmer ergeben sich gegenüber einer normalen Venture-Capital-Finanzierung ebenfalls Vorteile, die insbesondere in der höheren Fristigkeit des Engagements sowie einer intensiveren Unterstützung der Forschungs- und Entwicklungsarbeit durch den Kapitalgeber begründet sind (vgl. Bieg/Kußmaul/Waschbusch, 2016a, S. 131).

Eine weitere formelle Beteiligungsform stellt die gemeinwohlorientierte Venture-Capital-Finanzierung dar, bei der als Kapitalgeber hauptsächlich staatliche oder staatsnahe Fördergesellschaften fungieren. Grundsätzlich verfolgen diese Kapitalgeber nicht das Ziel der Gewinnmaximierung, sondern der Förderung einer bestimmten Region, Branche oder Technologie. Gegenüber normalen Venture-Capital-Gesellschaften ist das Beteiligungsverhältnis normalerweise durch eine niedrigere Beteiligungsquote sowie geringere Mitspracherechte gekennzeichnet (vgl. Bieg/Kußmaul/Waschbusch, 2016a, S. 131).

Neben der formellen Venture-Capital-Finanzierung existiert ein informeller Beteiligungsmarkt für Gründungsunternehmen, auf dem insbesondere wohlhabende Privatpersonen (sog. **Business Angels**) direkt in Start-up-Unternehmen investieren (vgl. Schneck, 2006, S. 405). Business Angels besitzen meistens einen persönlichen Bezug zu der Branche des finanzierten Unternehmens. Dadurch können Business Angels z. B. durch persönliche Kontakte oder detaillierte Branchenkenntnisse in einen intensiven Austausch mit den Gründern des Unternehmens treten (vgl. Wöhe/Bilstein/Ernst/Häcker, 2013, S. 172). Das Unternehmen erhält nicht nur finanzielle Mittel, sondern auch einen erfahrenen Mentor, der durch Managementunterstützung und Branchen-Know-how zum Unternehmenserfolg beitragen kann (vgl. Bieg/Kußmaul/Waschbusch, 2016a, S. 132). Die Business-Angel-Finanzierung wird häufig in einer sehr frühen Unternehmensphase eingesetzt, da die Erfolgswahrscheinlichkeit und die Finanzierungsvolumina für institutionelle Kapitalgeber oftmals zu gering sind (vgl. Wöhe/Bilstein/Ernst/Häcker, 2013, S. 170 f.). Der Finanzierungsmarkt im Business-Angel-Bereich ist im Vergleich zum formellen Venture Capital nur gering organisiert, wenig transparent und stark fragmentiert. Das Zusammenfinden von Kapitalgeber und -nehmer erfolgt deshalb häufig durch informelle Netzwerke und persönliche Beziehungen (vgl. Prätsch/Schikorra/Ludwig, 2012, S. 97).

Zielsetzungen eines Business Angels sind neben einer hohen Rendite oftmals auch weitere qualitative Kriterien, die sich z. B. in einem Einbringen ihrer langjährigen Berufserfahrung, der Unterstützung einer erfolgsversprechenden Gründung sowie einer neuen persönlichen Herausforderung äußern können. Vor diesem Hintergrund finden Business- Angel-Finanzierungen häufig in technologie- und forschungsintensiven Branchen statt, da diese einerseits ein hohes Wachstumspotenzial besitzen und hier andererseits eine hohe persönliche Einbindung der Kapitalgeber in die Geschäftsentwicklung vorteilhaft ist (vgl. Schneck, 2006, S. 406). Darüber hinaus gilt die Verbindung aus Start-up-Unternehmen sowie erfahrenem Business Angel als erfolgsversprechend, weil einerseits das Start-up-Unternehmen in seinem Fachgebiet ein hohes Know-how aufweist und andererseits die oftmals fehlenden betriebswirtschaftlichen Kenntnisse durch den Business Angel beigesteuert werden können. Insbesondere schafft der Business Angel durch sein persönliches Netzwerk den Zugang zu weiteren Finanzierungsquellen, bei denen er als Fürsprecher des Unternehmens auftritt. Neben einer rein beratenden Funktion kann der Business Angel auch durch eine entsprechende organisationale Eingliederung direkt in die Entscheidungsprozesse eingebunden werden (vgl. Bieg/Kußmaul/Waschbusch, 2016a, S. 134 f.).

Allen Formen der Venture-Capital-Finanzierung gemeinsam ist die Beschränkung der Beteiligungsdauer, wobei sich diese in Abhängigkeit der verfolgten Strategie des Investors auf einen Zeitraum zwischen drei und sechs Jahren erstreckt. Im Anschluss verfügt der Venture Capitalist über diverse Ausstiegsoptionen, wobei im Folgenden nur die in der Literatur oftmals genannten Formen vorgestellt werden sollen (vgl. Schäfer, 2002, S. 258; Wolf/Hill/Pfaue, 2011, S. 169):

Häufiges Ziel eines Ausstiegs aus dem Unternehmen ist der **Börsengang**, das sog. **Going Public**, bei dem der Investor entweder vollständig aus dem Unternehmen ausscheidet oder noch ein gewisses Beteiligungsverhältnis aufrechterhalten kann. Im Rahmen eines **Buy-back** werden die Unternehmensanteile von dem Alteigentümer, bei einem **Trade Sale** an einen industriellen Investor weiterverkauft. Der Trade Sale kann im Falle einer hohen Überschneidung der Geschäftsinteressen und hoher Synergieeffekte zu einem höheren Verkaufspreis führen, da der neue Besitzer ggf. bereit ist, einen erheblichen Aufschlag auf den aktuellen Unternehmenswert zu bezahlen. Schließlich können die Anteile im Rahmen eines **Secondary Purchase** von einem weiteren Finanzinvestor, wie z. B. einem Venture-Capital-Fonds, übernommen werden (vgl. Bieg/Kußmaul/Waschbusch, 2016a, S. 142 ff.; Schneck, 2006, S. 260).

Der Einsatz einer Venture-Capital-Finanzierung ist für ein Gründungsunternehmen mit verschiedenen Vor- und Nachteilen verbunden. Das Start-up-Unternehmen erhält in einem frühen Stadium Mittel zur weiteren Expansion zur Verfügung gestellt, die es eventuell im Rahmen einer Fremdkapitalfinanzierung nicht bekommen könnte. Weiterhin müssen für diese Kapitalbeträge im Gegensatz zu einer Fremdkapitalfinanzierung keine Zins- und Tilgungsleistungen aufgebracht werden, sodass die Liquidität des Unternehmens nur wenig belastet und gleichzeitig die Eigenkapitalbasis gestärkt wird. Die verbesserte Eigenkapitalbasis kann zu einer Verbesserung des Ratings beitragen, womit günstigere Finanzierungskonditionen anderer Kapitalquellen einhergehen können (vgl. Schneck, 2006, S. 259). Neben der rein finanziellen Ebene bestehen für das Start-up-Unternehmen weitere Vorteile. Der Einstieg eines Venture-Capital-Gebers kann wie ein Multiplikator für weitere Beteiligungsfinanzierungen wirken, da die positive Beurteilung der Erfolgsaussichten durch den Investor gleichzeitig einem Qualitätssiegel gleichkommt (vgl. Bieg/Kußmaul/Waschbusch, 2016a, S. 135). Ein zentraler weiterer Vorteil der Venture-Capital-Finanzierung ist die Bereitstellung von Managementwissen durch die Kapitalgeber (vgl. Wöhe/Bilstein/Ernst/Häcker, 2013, S. 193 f.).

Als nachteilig an der Venture-Capital-Finanzierung kann insbesondere der eingeschränkte zeitliche Horizont des Beteiligungsverhältnisses und der damit verbundene hohe Druck zur Erzielung eines Wertzuwachses angesehen werden. Ebenso müssen die Gründer dem Venture-Capital-Geber Mitbestimmungsrechte einräumen, wodurch es zu Interessenkonflikten und Meinungsverschiedenheiten kommen kann.

Buy-out-Finanzierung zur Übernahme etablierter Unternehmen

Buy-out-Finanzierungen umfassen alle Private-Equity-Investitionen mit dem Ziel der Übernahme eines bereits am Markt etablierten Unternehmens durch einen der Unternehmung nahestehenden Käufer oder eine Käufergruppe (i. d. R. das bisherige Management). Charakteristisch für Buy-out-Finanzierungen sind die oftmals nicht ausreichenden finanziellen Mittel des Käufers resp. der Käufergruppe, wobei die zusätzlichen Finanzmittel dann durch einen unternehmensfremden dritten

Kapitalgeber bereitgestellt werden. Der Kapitalgeber ermöglicht mit seinen Finanzmitteln den Wechsel der Eigentumsverhältnisse an dem Unternehmen, wobei nicht der Investor selbst Eigentümer des Unternehmens wird. Die Rückzahlung des aufgenommenen Kapitals soll im Anschluss vollständig aus den Gewinnen und eventuell vorhandenen stillen Reserven des gekauften Unternehmens erfolgen (vgl. Wolf/Hill/Pfaue, 2011, S. 158).

Dem Kapitalgeber stehen diverse Instrumente zur Verfügung, um trotz der fehlenden Eigentümereigenschaft Einfluss auf das finanzierte Unternehmen ausüben zu können. Ein mögliches Instrument bei der Finanzierung des Kaufs einer Aktiengesellschaft ist die Übernahme eines Aufsichtsratsmandats durch den Investor. Dies ermöglicht es dem Kapitalgeber, direkten Einfluss auf die Unternehmensentscheidungen nehmen zu können (vgl. Wolf/Hill/Pfaue, 2011, S. 174 f.). Des Weiteren können Informationspflichten und Sicherungsklauseln im Finanzierungsvertrag zwischen Investor und neuem Eigentümer des Unternehmens vereinbart werden. Neben der Verpflichtung zur Informationsbereitstellung fordern die Finanzgeber im Rahmen von sog. Covenants ebenfalls häufig die Einhaltung gewisser operativer Zielvorgaben durch den Eigentümer (vgl. Drukarczyk/Lobe, 2015, S. 372). Bei diesen Verpflichtungen zu einem bestimmten zukünftigen Verhalten kann es sich z. B. um die Vorgabe von Kennzahlen zur Vermögens-, Finanz- und Ertragslage handeln. Diese dienen dazu, das bei Vertragsschluss bestehende Risikoniveau während der Finanzierungslaufzeit nicht zu erhöhen. Weiterhin können bspw. explizit die Investitionstätigkeit, die Finanzierungsmöglichkeiten oder bestimmte Dividendenpolitiken eingeschränkt werden.

Initiatoren einer Buy-out-Finanzierung sind oftmals das Management, frühere Mitarbeiter oder ehemalige Eigentümer, da diese bereits einen Einblick in die Prozesse und Vorgänge des Unternehmens haben. Ein einheitliches Motiv für die Durchführung einer Buy-out-Finanzierung existiert nicht. Vielmehr lassen sich unterschiedliche Gründe beobachten, die insbesondere im Bereich der Regelung der Unternehmensnachfolge, einer möglichen Restrukturierung des Geschäftsbetriebs, der Verwirklichung persönlicher Motive wie einer wirtschaftlichen Selbstständigkeit und Flexibilität sowie einer Sicherung des eigenen Arbeitsplatzes bei drohender Insolvenz liegen. Anhand der möglichen Käufergruppen können unterschiedliche Buy-out-Varianten unterschieden werden (vgl. Schäfer, 2002, S. 260):

Bei einem **Management-Buy-out (MBO)** wird das Unternehmen durch das bestehende Management der Gesellschaft unter Einschaltung eines Investors übernommen. Der Management-Buy-out stellt in der Praxis eine häufig zu beobachtende Variante der Buy-out-Finanzierung dar, da die Finanzgeber unterstellen, dass das ehemalige Management das zukünftige Erfolgspotenzial des zu erwerbenden Unternehmens gut einschätzen kann. Dabei bestehen i. d. R tiefgehende Kenntnisse über die Risiko- und Ertragsstruktur, mögliche Forschungs- und Entwicklungspotenziale sowie die Verfassung der Absatz- und Beschaffungsmärkte des Unternehmens. Der Investor bewertet den Verbleib des ursprünglichen Management-Know-hows im übernommenen Unternehmen als positiven Indikator für den zukünftigen Geschäftserfolg (vgl. Schäfer, 2002, S. 259; Prätsch/Schikorra/Ludwig, 2012, S. 98).

Wird das Unternehmen in Form eines **Management-Buy-in (MBI)** erworben, übernimmt ein unternehmensfremdes Management die Finanzierung und gleichzeitig die Geschäftsführung. Das Management ist dabei oftmals mit der Branche des Unternehmens vertraut und kann dadurch die Erfolgsaussichten der Geschäftstätigkeit gut einschätzen. Das notwendige Kapital zum Erwerb der Unternehmung wird i. d. R. ebenfalls nur zum Teil vom übernehmenden Management bereitgestellt. Das restliche Kapital stammt von Investoren, die die Branchenexpertise und die Bewertung der Erfolgsaussichten des erworbenen Unternehmens durch die externen Führungskräfte positiv bewerten (vgl. Wolf/Hill/Pfaue, 2011, S. 159).

Ebenfalls ist eine Buy-out-Finanzierung durch die Kombination beider Käufergruppen möglich, die unter dem Begriff **Buy-in-Management-Buy-out (BIMBO)** geführt wird. Wesensmerkmal dieser Finanzierung ist der Kauf des Unternehmens durch ein unternehmensfremdes Management, welches die Geschäftsführung zusammen mit dem bisherigen Management fortführt. Häufig ist dabei das bisherige Management auch in den Erwerb des Unternehmens eingebunden, sodass das neue und alte Management neben der gemeinsamen Geschäftsführung auch die Finanzierung des Unternehmenskaufs gemeinschaftlich organisieren (vgl. Wolf/Hill/Pfaue, 2011, S. 159).

Eine weitere Buy-out-Variante ist der **Owner-Buy-out (OBO)**, bei dem der Eigentümer das Unternehmen an eine Erwerbergesellschaft veräußert. Das besondere Merkmal gegenüber einem normalen Unternehmensverkauf ist dabei die Beteiligung des Alteigentümers an der Erwerbsgesellschaft. Diese führt dazu, dass dieses Finanzierungsmodell als Buy-out-Finanzierung bezeichnet werden kann, da die Erwerbsgesellschaft zum neuen Eigentümer der Unternehmung wird, aber gleichzeitig der Alteigentümer seine Expertise weiterhin einbringen kann. Anwendung findet dieses Finanzierungsmodell häufig im Rahmen einer frühzeitigen Regelung der Unternehmensnachfolge, bei der der ehemalige Eigentümer noch eine Zeit lang im Unternehmen aktiv sein soll. Der neue Haupteigentümer profitiert noch für einen bestimmten Zeitraum von den Erfahrungen und dem Wissen des Alteigentümers, bis dieser endgültig aus dem Unternehmen durch den Verkauf seiner Anteile ausscheidet (vgl. Wolf/Hill/Pfaue, 2011, S. 159 f.).

Ebenfalls können Mitarbeiter des Unternehmens als Käufer auftreten, wobei diese Buy-out-Finanzierung als **Employee-Buy-out (EBO)** bezeichnet wird. Die Anteile werden auf eine Vielzahl von Mitarbeitern des Unternehmens übertragen, die nach der Transaktion die Mehrheit am Unternehmen halten. Zielsetzung und Motiv dieser Finanzierungsvariante ist oftmals die Sicherung des eigenen Arbeitsplatzes aufgrund einer drohenden Insolvenz oder einer unerwünschten Übernahme. In der Finanzierungspraxis ist diese Variante eher selten anzutreffen, da externe Finanzgeber die oftmals große Anzahl an Neugesellschaftern aufgrund der komplexen Entscheidungsstrukturen ablehnen (vgl. Wolf/Hill/Pfaue, 2011, S. 160; Prätsch/Schikorra/Ludwig, 2012, S. 99).

Neben der Systematisierung gemäß möglicher Käufergruppen eines Unternehmens, kann alternativ eine Differenzierung hinsichtlich des Fremdkapitalanteils am Gesamtfinanzierungsvolumen vorgenommen werden. Insbesondere wird der **Leveraged-Buy-out (LBO)** als eine Sonderform der Buy-out-Finanzierung betrachtet. Dieser ist durch seinen großen Fremdkapitalanteil am Finanzierungsvolumen gekennzeichnet. Oftmals wird in der Praxis bei einem Fremdkapitalanteil von über 50 % von einem Leveraged-Buy-out gesprochen (vgl. Wolf/Hill/Pfaue, 2011, S. 160; Schneck, 2006, S. 258). Hintergrund der Bezeichnungsweise ist die Ausnutzung des Leverage-Effekts bei der Finanzierungsentscheidung, der dazu führt, dass ein höherer Verschuldungsgrad wie ein Hebel auf die Eigenkapitalrendite des Käufers wirkt, solange die Gesamtkapitalrentabilität über dem Fremdkapitalzinssatz liegt (vgl. Kap. 9.1.2.).

Neben dem Kauf des kompletten Unternehmens durch ein unternehmensnahes Management werden im Rahmen eines **Spin-offs** Konzerntochtergesellschaften bzw. Konzernsparten vom Mutterkonzern abgespalten und als rechtlich sowie wirtschaftlich selbstständiges Unternehmen an ein externes oder internes Managementteam veräußert (vgl. Bieg/Kußmaul/Waschbusch, 2016a, S. 133). Der Begriff Spin-off bringt die Sichtweise des Verkäufers zum Ausdruck. Die veräußernde Gesellschaft nutzt den Verkauf häufig, um eine Verschlankung des Unternehmens und eine Konzentration auf Kernkompetenzen zu realisieren. Insbesondere bietet sich ein Spin-off bei forschungsstarken Unternehmen mit einer innovativen Produktidee an, die im Rahmen der normalen Geschäftstätigkeit nicht genutzt werden kann. Das abgespaltene Unternehmen kann dieses Marktpotenzial dann gewinnbringend ausnutzen und hierfür auf bereits bestehendes Know-how ehemaliger Mitarbeiter des Mutterunternehmens zurückgreifen. Kommt es im Rahmen der Neugründung zu einer finanziellen Unterstützung durch das Mutterunternehmen wird auch von einem **„Sponsored Spin-off“** gesprochen (vgl. Prätsch/Schikorra/Ludwig, 2012, S. 100; Wöhe/Bilstein/Ernst/Häcker, 2013, S. 179 f.).

7.1.2 Kreditfinanzierung

Die Beteiligungsfinanzierung dient der Beschaffung von Eigenkapital. Demgegenüber wird einem Unternehmen bei der Kreditfinanzierung Fremdkapital von außen zugeführt. Anhand verschiedener Merkmale können die Unterschiede zwischen Kreditfinanzierung und Beteiligungsfinanzierung deutlich gemacht werden (vgl. Perridon/Steiner/Rathgeber, 2017, S. 448 f.; Bieg/Kußmaul/Waschbusch, 2016a, S. 149):

- Rechtliche Stellung: Eigenkapitalgeber befinden sich durch das Einbringen von Eigenkapital in einer (Mit-)Eigentümerstellung. Demgegenüber erwerben Fremdkapitalgeber kein Eigentum an dem Unternehmen. Es entsteht vielmehr ein schuldrechtliches Verhältnis, bei dem der Fremdkapitalgeber eine Gläubigerposition einnimmt.

- Geschäftsführungsbefugnis: Bei der Kreditfinanzierung liegt keine mitgliedschaftliche Beteiligung des Kreditgebers an dem Unternehmen vor, sodass die Fremdkapitalgeber i. d. R. auch keine Geschäftsführungsbefugnisse besitzen. Allerdings können die Kreditgeber im Einzelfall aufgrund vertraglicher Bestimmungen oder de facto aufgrund informeller Gegebenheiten über Einflussmöglichkeiten verfügen.
- Dauer: Während im Rahmen der Beteiligungsfinanzierung Eigenkapital i. d. R. unbefristet bereitgestellt wird, ist die Kreditüberlassungsdauer befristet. Die Laufzeit eines Kredits ist dabei i. d. R. im Kreditvertrag festgelegt.
- Rückzahlungsanspruch: Der Fremdkapitalgeber hat im Insolvenzfall einen Rechtsanspruch auf Rückzahlung des Kredits in nomineller Höhe. Im Gegensatz zum Eigenkapitalgeber werden die Ansprüche des Fremdkapitalgebers in der Insolvenz bevorzugt erfüllt, allerdings nimmt der Fremdkapitalgeber nicht wie der Eigenkapitalgeber an einem eventuellen Vermögenszuwachs bzw. an den stillen Reserven teil.
- Erfolgsbeteiligung: Die Eigenkapitalgeber sind in Höhe ihres Kapitalanteils am Gewinn und Verlust des Unternehmens beteiligt. Demgegenüber erhalten Fremdkapitalgeber einen von der Ertragslage unabhängigen Zins. Zins- und Tilgungsleistungen der Kreditfinanzierung haben für ein Unternehmen eine feste Liquiditätsbelastung zur Folge, die auch bei liquiditätsmäßiger Anspannung nicht ausgesetzt werden kann. Demgegenüber wird die Vergütung für das Eigenkapital aus dem Gewinn gezahlt, d. h. die Eigenkapitalgeber erhalten eine Ausschüttung nur dann, wenn ein Gewinn erzielt worden ist.
- Besteuerung: Fremdkapitalzinsen sind zur Berechnung der Einkommen-, Körperschaft- und Gewerbesteuer (mit Einschränkungen) als Betriebsausgaben vom Gewinn vor Steuern abziehbar. Die Ausschüttungen auf das Eigenkapital stellen keine Betriebsausgaben dar und unterliegen daher in voller Höhe der Einkommen- bzw. Körperschaft- und der Gewerbesteuer.

Kreditwürdigkeit und Kreditsicherheiten

Bevor ein Kredit gewährt wird, überprüft der Kreditgeber die Kreditwürdigkeit des (potenziellen) Kreditnehmers. Die Beurteilung erstreckt sich dabei auf die Überprüfung

- der Kreditfähigkeit,
- der persönlichen Kreditwürdigkeit und
- der wirtschaftlichen Kreditwürdigkeit (vgl. Schierenbeck/Hölscher, 1998, S. 432 ff.).

Unter **Kreditfähigkeit** ist die Fähigkeit zu verstehen, rechtswirksam Kreditverträge abschließen zu können. Bei natürlichen Personen liegt Kreditfähigkeit vor, wenn sie unbeschränkt geschäftsfähig sind. Dagegen sind juristische Personen des privaten und öffentlichen Rechts kraft Gesetz kreditfähig, es ist lediglich zu prüfen, wer die juristischen Personen rechtswirksam vertreten kann.

Die **persönliche Kreditwürdigkeit** äußert sich in subjektiv-persönlichen Eigenschaften, wie dem Charakterbild, der persönlichen sowie unternehmerischen Situation des Kreditsuchenden und seinem beruflichen Werdegang. Für die Beurteilung dieser Eigenschaften besitzt der persönliche Eindruck eine besondere Bedeutung. Ferner greifen die Kreditgeber auf Informationen gewerblicher Auskunfteien zurück, um sich ein Bild von der Zuverlässigkeit, der fachlichen Qualifikation und den unternehmerischen Fähigkeiten des Kreditnehmers zu machen (vgl. Gräfer/Schiller/Rösner, 2014, S. 120).

Die **wirtschaftliche Kreditwürdigkeit** wird durch die Vermögens-, Finanz- und Ertragslage des Kreditsuchenden bestimmt. Ziel der wirtschaftlichen Kreditwürdigkeitsprüfung ist es, auf der Basis der zukünftigen Ertrags- und Liquiditätslage zu ermitteln, ob der Kreditnehmer die Verpflichtungen aus dem Kreditvertrag – Zins- und Tilgungsleistungen – ordnungsgemäß erfüllen kann. Um dies festzustellen, werden verschiedene Unterlagen, z. B. Jahresabschlüsse, Umsatz- und Auftragsstatistiken, Finanzpläne und Wirtschaftlichkeitsrechnungen, analysiert. Zur Überprüfung der persönlichen und wirtschaftlichen Kreditwürdigkeit setzen Banken heutzutage verstärkt Ratingsysteme ein.

Auch eine Kreditwürdigkeitsprüfung kann die Unsicherheit über die zukünftige Entwicklung nicht beseitigen. Um im Falle des Ausfalls des Kapitaldienstes vor Verlusten geschützt zu sein, verlangt der Kreditgeber Kreditsicherheiten. Die Kreditsicherheiten müssen dabei der Art des Kredits, dem Kreditvolumen und der Kreditlaufzeit angemessen sein (vgl. Bieg/Kußmaul/Waschbusch, 2016a, S. 164).

Nach der **Art der Sicherheit** lassen sich schuldrechtliche Kreditsicherheiten (Personalsicherheiten) und sachenrechtliche Kreditsicherheiten (Realsicherheiten) unterscheiden (vgl. Abb. 7.5). Bei einer schuldrechtlichen Sicherheit haftet dem Kreditgeber – neben dem Kreditnehmer – eine dritte Person für die Erfüllung der Verpflichtungen aus dem Kreditvertrag. Demgegenüber werden dem Kreditgeber bei einer sachenrechtlichen oder dinglichen Sicherheit bestimmte Rechte an Vermögenswerten zur Sicherung seiner Forderungen eingeräumt. Zu den Personalsicherheiten gehören insbesondere die Bürgschaft und die Garantie, als Realsicherheiten gelten z. B. die Verpfändung oder die Sicherungsübereignung beweglicher Sachen, die Zession von Rechten und die Vereinbarung von Rechten an Grundstücken.

Daneben kann nach der **Art der Verbindung von Kredit und Sicherheit** zwischen akzessorischen und nicht akzessorischen Sicherheiten unterschieden werden. Akzessorische Sicherheiten sind vom Bestehen einer Forderung aus einem Kreditvertrag abhängig, d. h. mit dem Erlöschen der Forderung erlischt auch die Kreditsicherheit. Demgegenüber können nicht akzessorische (fiduziarische) Sicherheiten auch ohne das Bestehen einer Forderung in Anspruch genommen werden, sie sind also vom Bestehen der Forderung unabhängig.

Bestand, Umfang und Dauer einer akzessorischen Sicherung hängen vom Bestand, vom Umfang und von der Dauer der gesicherten Forderung ab. Deshalb kann das Sicherungsrecht für sich allein weder begründet noch übertragen werden. Zu den akzessorischen Sicherheiten gehören die Bürgschaft, das Pfandrecht und die Hypothek. Im Gegensatz dazu ist bei der fiduziarischen Sicherheit der Sicherungsnehmer im Außenverhältnis vollständig berechtigter Inhaber der Sicherheit. Der Sicherungsnehmer kann daher unabhängig vom Sicherungszweck von der Sicherheit Gebrauch machen. Von besonderer Bedeutung bei einer fiduziarischen Sicherheit ist das vom Außenverhältnis zu trennende Innenverhältnis. Im Innenverhältnis ist der Sicherungsnehmer gegenüber dem Sicherungsgeber verpflichtet, die Sicherheit nur im Rahmen des vereinbarten Sicherungszwecks zu beanspruchen. Zu den fiduziarischen Sicherheiten zählen die Sicherungsübereignung, die Sicherungszession, die Garantie und die Grundschuld (vgl. Perridon/Steiner/Rathgeber, 2017, S. 452).

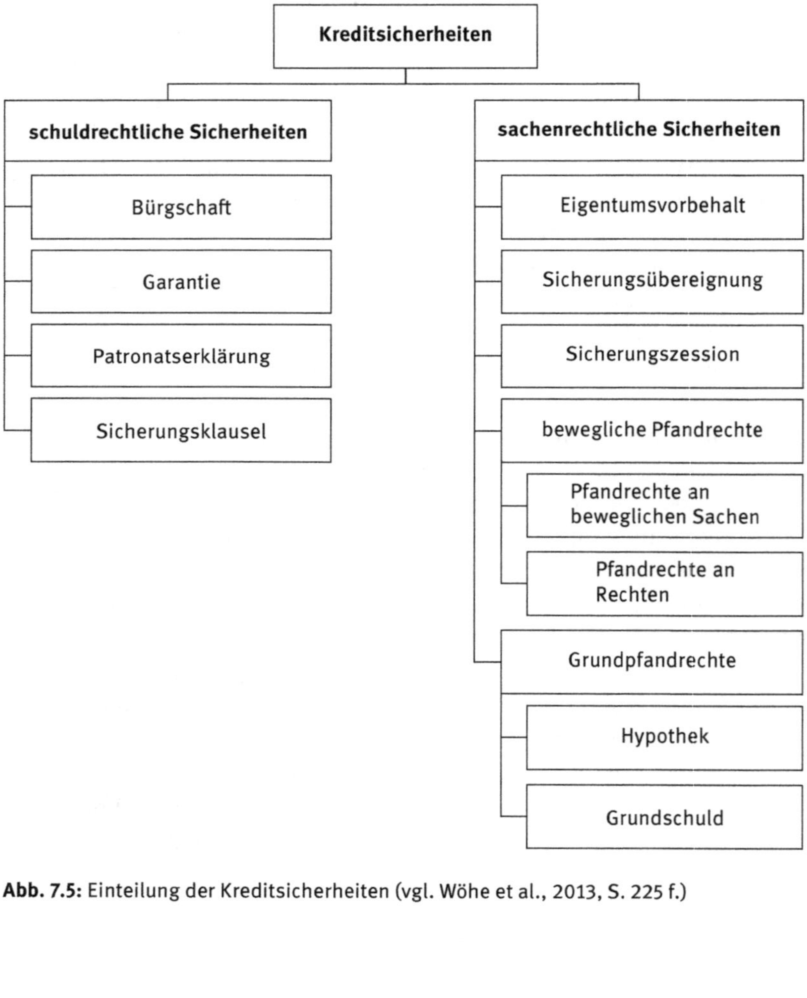

Abb. 7.5: Einteilung der Kreditsicherheiten (vgl. Wöhe et al., 2013, S. 225 f.)

Die **Bürgschaft** ist ein einseitig verpflichtender Vertrag, durch den sich der Bürge dem Gläubiger eines Dritten gegenüber verpflichtet, für die Erfüllung der Verbindlichkeit des Dritten einzustehen (§ 765 BGB). Bei der Verbindlichkeit muss es sich nicht um eine bestehende, vielmehr kann es sich auch um eine bedingte oder zukünftige Verbindlichkeit handeln, die allerdings durch den Vertragsinhalt hinreichend bestimmbar sein muss. Um dem Bürgen die Bedeutung seiner Verpflichtung zu verdeutlichen, verlangt § 766 BGB die Schriftform für den Bürgschaftsvertrag. Diese Formvorschrift entfällt allerdings, wenn die Bürgschaft für den Bürgen ein Handelsgeschäft darstellt (§ 350 HGB).

Zweck des Bürgschaftsvertrags ist die Verpflichtung des Bürgen, für die Erfüllung der Verbindlichkeit des Hauptschuldners einzustehen. Dadurch begründet der Bürge eine eigenständige, neue Verbindlichkeit, für die der Bürge mit seinem Gesamtvermögen haftet. Der Bürge übernimmt also nicht die Schuld des Hauptschuldners, stattdessen wird eine Nebenverbindlichkeit aufgebaut (vgl. Bieg/Kußmaul/Waschbusch, 2016a, S. 165).

Die Nebenverbindlichkeit des Bürgen ist akzessorisch. Besteht also die Hauptverbindlichkeit nicht mehr, so erlischt auch die Nebenverbindlichkeit des Bürgen. Darüber hinaus ist die Nebenverbindlichkeit des Bürgen subsidiär, d. h. der Gläubiger muss zunächst erfolglos versucht haben, eine Begleichung der Verbindlichkeit durch den Schuldner zu erreichen, bevor er den Bürgen in Anspruch nehmen kann. Im Rahmen der sog. Einrede der Vorausklage hat der Bürge dabei das Recht, die Befriedigung des Gläubigers zu verweigern, solange nicht der Gläubiger eine Zwangsvollstreckung gegen den Hauptschuldner ohne Erfolg versucht hat (vgl. Matschke, 1991, S. 186).

Eine Bürgschaft, bei der der Bürge das Recht auf Einrede der Vorausklage besitzt, wird als Ausfallbürgschaft bezeichnet. Hat der Bürge eine Ausfallbürgschaft gestellt, haftet er dem Gläubiger ausschließlich für den durch den Gläubiger nachgewiesenen Ausfall. Im Gegensatz zur Ausfallbürgschaft ist der Bürge bei einer selbstschuldnerischen Bürgschaft zur sofortigen Zahlung an den Gläubiger verpflichtet, wenn der Schuldner seine Verbindlichkeiten nicht vertragsgemäß begleicht.

Bei der **Garantie** handelt es sich – ebenso wie bei der Bürgschaft – um einen einseitig verpflichtenden Vertrag. Durch eine Garantie verpflichtet sich der Garant, für den Eintritt eines zukünftigen Erfolgs einzustehen, insbesondere den Schaden zu übernehmen, der sich aus einem bestimmten Handeln eines anderen ergeben hat. Die Garantie ist gesetzlich nicht besonders geregelt, es gelten folglich die allgemeinen Grundsätze des Schuldrechts (vgl. Bieg/Kußmaul/Waschbusch, 2016a, S. 168).

Im Gegensatz zur Bürgschaft hat die Garantie einen fiduziarischen Charakter, d. h. sie ist nicht akzessorisch. Durch eine Garantie geht der Garant eine neue, selbstständige Verpflichtung gegenüber dem Begünstigten ein, die nicht vom Bestehen oder vom Umfang einer anderen Verbindlichkeit abhängig ist. Somit stellt die Garantie für den Kreditgeber eine wertvollere Sicherheit als eine Bürgschaft dar. Im Außenhandel, bei öffentlichen Ausschreibungen und im Zusammenhang mit Gewährleistungen hat die Garantie deshalb weite Verbreitung gefunden.

Unter den Begriff **Patronatserklärung** fallen eine Vielzahl von Erklärungen unterschiedlichen Gehalts, die auch in ihrer Sicherungsqualität differenziert zu beurteilen sind. Gemeinsames Merkmal der Patronatserklärungen ist, dass sie von einer Muttergesellschaft gegenüber dem Kreditgeber einer Tochtergesellschaft abgegeben werden und Handlungen oder Unterlassungen zur Förderung der Kreditbereitschaft versprechen oder in Aussicht stellen (vgl. Scholz/Lwowski, 2000, S. 391).

Patronatserklärungen wurden ursprünglich eingesetzt, um den bei Garantien oder Bürgschaften notwendigen Bilanzvermerk resp. eine Berichterstattungspflicht zu vermeiden. Ein Bilanzvermerk ist notwendig, sobald für das Mutterunternehmen eine Eventualverbindlichkeit entsteht. Um den Aussagegehalt der Bilanz zu verbessern, wurde später auch für bestimmte Patronatserklärungen eine Vermerk- und Berichterstattungspflicht eingeführt. Der verpflichtende Charakter einer Patronatserklärung ist vom Wortlaut der Erklärung abhängig, dabei ist der Wert von Patronatserklärungen als Sicherheit oft zweifelhaft. Patronatserklärungen lassen sich auf einige Grundformen zurückführen. Beispielsweise kann eine Gesellschaft einer Bank, die ihrer Tochtergesellschaft einen Kredit gewährt, zusagen, für die Dauer des Kreditverhältnisses die Tochter finanziell so ausgestattet zu halten, dass sie ihren Verpflichtungen aus dem Kreditvertrag nachkommen kann oder eine bestimmte Kapitalausstattung bei der Tochter aufrechtzuerhalten. Während derartige Formulierungen nach Auffassung des IDW eine Vermerkpflicht in der Bilanz der Muttergesellschaft auslösen, sind Zusagen, das Gesellschaftsverhältnis beizubehalten oder die Tochter so zu beeinflussen, dass sie ihren Verbindlichkeiten nachkommt, nicht angabepflichtig (vgl. Bieg/Kußmaul/Waschbusch, 2016a, S. 169).

Eine **Sicherungsklausel** stellt die schuldrechtliche Verpflichtung eines Schuldners dar, während der Laufzeit eines Kredits sein Vermögen nicht zum Nachteil des Kreditgebers zu verändern. Eine Sicherungsklausel trägt den Interessen sowohl des Kreditnehmers als auch des Kreditgebers Rechnung. Kreditnehmer sind bestrebt, eine Belastung ihres Vermögens (z. B. durch eine Grundschuld) zu vermeiden. Kreditgeber versuchen demgegenüber, die Besserstellung anderer Gläubiger zu verhindern. Sicherungsklauseln werden vor allem im Emissionsgeschäft und im industriellen Großkreditgeschäft eingesetzt. Die Kreditnehmer sind dabei bestrebt, ihr Standing auf den internationalen Finanzmärkten durch die Abgabe von Sicherungsklauseln zu verbessern.

Generell können zwei Arten von Sicherungsklauseln unterschieden werden. Zum einen kann sich der Kreditnehmer verpflichten, künftig keinen Gläubiger besser als denjenigen Gläubiger zu stellen, gegenüber dem die Zusage abgegeben worden ist. Diese Art der Sicherungsklausel wird auch als Negativerklärung bezeichnet und soll die Zugriffsmöglichkeit des Gläubigers auf das Vermögen des Schuldners sichern. Zum anderen können Sicherungsklauseln auch die Verpflichtung des Kreditnehmers beinhalten, während der Kreditlaufzeit Vorgaben bezüglich bestimmter Kennzahlen zur Vermögens-, Finanz- und Ertragslage einzuhalten. Diese als Kapitalstrukturnormen oder Finanzierungsregeln bezeichneten Kennzahlen sollen die Liquidität oder Ertragskraft des Schuldners erhalten.

Sicherungsklauseln schränken die unternehmerische Entscheidungsfreiheit des Kreditnehmers aufgrund der Verpflichtungen gegenüber dem Kreditgeber stark ein. Dennoch ist ihr Wert als Kreditsicherheit eher gering. Denn im Falle der Insolvenz des Kreditnehmers gewährt eine Sicherungsklausel keine bevorrechtigte Stellung des Kreditgebers gegenüber anderen Gläubigern.

Im Vergleich zu den Sicherungsklauseln stellt der **Eigentumsvorbehalt** keine schuldrechtliche, sondern eine sachenrechtliche Kreditsicherheit dar. Der Eigentumsvorbehalt ist die wichtigste Kreditsicherheit bei Lieferantenkrediten. Bei einem Lieferantenkredit besteht für einen Verkäufer, der Produkte auf Ziel verkauft, die Gefahr, dass der Käufer zahlungsunfähig wird, bevor er den Kaufpreis bezahlt hat. Wird daraufhin das Insolvenzverfahren über das Vermögen des Käufers eröffnet, gehört die Lieferung zur Insolvenzmasse. Der Verkäufer erhält dann für die gelieferte Ware unter Umständen nur einen Teil des Verkaufspreises. Diese Gefahr vermeidet der Verkäufer, wenn er die Ware unter Eigentumsvorbehalt liefert.

Bei Verkauf unter Eigentumsvorbehalt wird die Ware geliefert, der Käufer wird also Besitzer der Ware. Das Eigentum geht aber erst nach vollständiger Zahlung auf den Käufer über. Der Käufer braucht folglich trotz Nutzung der gekauften Güter den Kaufpreis nicht sofort zu entrichten. Erfüllt der Käufer jedoch seine Zahlungsverpflichtungen nicht, so hat der Eigentumsvorbehalt zur Folge, dass der Verkäufer vom Kaufvertrag zurücktreten und die Herausgabe der Ware verlangen kann.

Die Grundform des Eigentumsvorbehalts ist immer dann mit Problemen verbunden, wenn die gelieferte Ware weiterveräußert, verbraucht, vermischt oder in irgendeiner Weise verarbeitet wird. Aus diesem Grund haben sich in der Praxis verschiedene Varianten des Eigentumsvorbehalts entwickelt. Beim verlängerten Eigentumsvorbehalt werden vom Käufer diejenigen Forderungen, die der Käufer durch eine Weiterveräußerung der Ware erhält, im Vorhinein an den Verkäufer abgetreten. Beim erweiterten Eigentumsvorbehalt ist der Eigentumsübergang vom Verkäufer auf den Käufer davon abhängig, ob alle sonstigen Verpflichtungen des Käufers, die nicht aus dem Kaufvertrag, sondern aus der darüber hinaus gehenden Geschäftsverbindung mit dem Verkäufer resultieren, erfüllt worden sind (vgl. Olfert/Reichel, 2008, S. 293).

Charakteristisch für den Eigentumsvorbehalt ist, dass der Kreditgeber bis zur vollständigen Bezahlung Eigentümer der gelieferten Ware bleibt. Der Kreditnehmer erlangt also vorerst nur den Besitz an der Ware. In gleicher Weise wird bei der **Sicherungsübereignung** der Kreditgeber Eigentümer einer Sache, während der Kreditnehmer den unmittelbaren Besitz an der Sache behält. Im Unterschied zum Eigentumsvorbehalt war der Kreditgeber aber nicht schon vor der Sicherungsübereignung der Eigentümer der Ware, sondern das Eigentum wird ihm mit der Sicherungsübereignung erst verschafft.

Nach außen hin erlangt der Kreditgeber bei der Sicherungsübereignung ein uneingeschränktes Eigentum an dem Sicherungsgegenstand. Im Innenverhältnis ist der Gläubiger aber dem Schuldner gegenüber verpflichtet, nur nach dem im Sicherungsvertrag festgelegten Zweck über den Sicherungsgegenstand zu verfügen. Damit handelt es sich bei der Sicherungsübereignung um eine fiduziarische Sicherheit. Der Kreditgeber verpflichtet sich gegenüber dem Kreditnehmer, den Sicherungsgegenstand nur zu verwerten, wenn der Kreditnehmer seinen Verpflichtungen aus dem Kreditverhältnis nicht ordnungsgemäß nachgekommen ist. Der Kreditgeber ist sog. Treuhandeigentümer des Sicherungsgegenstands.

Die Sicherungsübereignung ist kein gesetzlich definiertes Kreditsicherungsinstrument. Dennoch gelten die Bestimmungen des BGB bezüglich des Eigentumsübergangs an einer beweglichen Sache auch für die Sicherungsübereignung. Im Allgemeinen erfordert der Eigentumsübergang neben der Einigung die Übergabe der Sache vom bisherigen an den zukünftigen Eigentümer. Bei der Sicherungsübereignung wird allerdings die Übergabe des Sicherungsgegenstands nach § 930 BGB durch ein Besitzmittlungsverhältnis ersetzt. Dieses Besitzkonstitut kann ein Miet-, Leih- oder Pachtvertrag oder ein ähnlicher Vertrag sein, nachdem der bisherige Eigentümer im unmittelbaren Besitz der Sache bleibt und der Kreditgeber mittelbaren Besitz an der Sache erlangt. Dadurch ist gewährleistet, dass der Kreditnehmer den Sicherungsgegenstand weiterhin nutzen kann (vgl. Büschgen, 1991, S. 70).

Für den Kreditgeber birgt die Sicherungsübereignung jedoch auch Probleme. So besteht die Möglichkeit, dass ein Gegenstand bereits unter Eigentumsvorbehalt steht. In diesem Fall wäre eine Sicherungsübereignung unwirksam. Wird der Sicherungsgegenstand in gemieteten Räumen eingesetzt, unterliegt er dem gesetzlichen Pfandrecht des Vermieters. Außerdem kann der Sicherungsgegenstand bereits einem anderen Kreditgeber übereignet worden sein. Da der Sicherungsgegenstand vom Kreditnehmer genutzt wird, unterliegt er der Gefahr einer Wertminderung. Deshalb muss das Sicherungsgut sachgemäß gepflegt und aufbewahrt werden. Darüber hinaus ist das Risiko des zufälligen Untergangs des Sicherungsguts so weit als möglich durch Versicherungen abzudecken (vgl. Wöhe et al., 2013, S. 234).

Während bei der Sicherungsübereignung bewegliche Sachen als Sicherungsgegenstände dienen, werden bei der **Sicherungszession** Forderungen und andere Rechte als Sicherungsinstrumente eingesetzt. Der Kreditnehmer tritt als Zedent seine Forderungen in einem formfreien Abtretungsvertrag an den Kreditgeber als Zessionar ab. Dabei können sowohl bereits bestehende als auch zukünftige Forderungen abgetreten werden. Allerdings darf der Zessionar nur im Rahmen des Sicherungszwecks über die Forderungen verfügen. Bei der Forderungsabtretung handelt es sich folglich um eine fiduziarische Sicherheit.

Der Forderungsabtretung kommt in der Praxis eine hohe Bedeutung zu. Sie hat die Forderungsverpfändung praktisch bedeutungslos werden lassen, weil eine Verpfändung von Forderungen dem Drittschuldner anzuzeigen ist. Demgegenüber kann eine Forderungsabtretung auch in Form einer stillen Zession ohne Benachrichtigung des Drittschuldners erfolgen. Eine Forderungsabtretung könnte vom Drittschuldner als finanzielle Schwäche aufgefasst werden und somit für den Zedenten kreditschädigend sein. Wird dennoch der Drittschuldner benachrichtigt, handelt es sich um eine offene Zession. In diesem Fall kann der Drittschuldner mit schuldbefreiender Wirkung nur noch an den Zessionar zahlen.

Abtretbar sind einzelne Forderungen (Einzelzession) oder Forderungsmehrheiten aus laufenden Geschäftsbeziehungen (Global- oder Mantelzession). Die Mantelzession ist eine stille Zession, bei der der Zedent dem Zessionar Listen abgetretener Forderungen (Debitorenlisten oder Rechnungskopien) einreicht und sich verpflichtet, andere neue Forderungen an den Zessionar abzutreten, wenn die alten Forderungen aufgrund der Bezahlung erloschen sind. Durch die wiederholte Abtretung von Forderungen durch die Einreichung von Listen wird bei der Mantelzession sichergestellt, dass immer ein bestimmter vereinbarter Gesamtbetrag an Forderungen abgetreten ist, der der zu sichernden Kredithöhe entspricht. Die Abtretung erfolgt bei der Mantelzession mit der Einreichung der Listen, deswegen hat der Zedent hier die Möglichkeit, die Forderungen zu selektieren, die er abtreten will. Bei der Globalzession werden sämtliche gegenwärtigen und zukünftigen Forderungen gegen einen bestimmten Kundenkreis (Forderungsmehrheiten) abgetreten. Der Kundenkreis kann beispielsweise durch die Anfangsbuchstaben des Nachnamens oder durch den Standort spezifiziert werden. Die Globalzession bietet dem Zessionar den Vorteil, dass er bereits mit dem Entstehen der Forderungen Gläubiger ist. Einer besonderen Rechtshandlung, wie das Einreichen von Debitorenlisten, bedarf es bei der Globalzession nicht (vgl. Busse, 2003, S. 337).

Nicht abgetreten werden können Forderungen, für die ein vertragliches oder gesetzliches Abtretungsverbot besteht (z. B. Pfändungsfreigrenzen bei Lohn-/Gehaltsforderungen). Aus Sicht des Zessionars ist es notwendig, die Bonität der Drittschuldner zu überprüfen. Bei größeren Einzelforderungen können Bankauskünfte über den Drittschuldner eingeholt werden. Ferner kann Forderungsausfällen dadurch entgegengewirkt werden, dass die Höhe der abzutretenden Forderungen die Kreditsumme um z. B. 20 bis 30 % übersteigt (vgl. Busse, 2003, S. 337).

Ein gemeinsames Merkmal der zuvor behandelten Sicherheiten Eigentumsvorbehalt und Sicherungsübereignung ist der Übergang des Eigentums am Sicherungsgegenstand auf den Kreditgeber. Im Gegensatz hierzu erwirbt der Kreditgeber beim **Pfandrecht** nicht das Eigentum, sondern nur den Besitz an einer Sache. Innerhalb der Pfandrechte kann unterschieden werden zwischen Pfandrechten an beweglichen Sachen und Rechten und Pfandrechten an Grundstücken (Grundpfandrechte).

Das Pfandrecht an beweglichen Sachen stellt ein dingliches Recht dar, das es dem Sicherungsnehmer gestattet, die verpfändete Sache mit Vorrang vor anderen Gläubigern zu verwerten. Kommt der Schuldner seinen Zahlungsverpflichtungen nicht nach, darf der Sicherungsnehmer das Pfand veräußern und sich aus dem erzielten Geldbetrag befriedigen. Beim Pfandrecht handelt es sich um eine akzessorische Sicherheit, die erlischt, sobald der zu sichernde Kredit getilgt ist (vgl. Wöhe et al., 2013, S. 233).

Die Entstehung eines Pfandrechts an beweglichen Sachen ist an mehrere Voraussetzungen gebunden:

- Es muss eine Forderung bestehen, auf die sich das Pfandrecht bezieht.
- Die Parteien müssen sich einig darüber sein, dass dem Gläubiger das Pfandrecht zustehen soll.
- Das Pfand muss an den Sicherungsnehmer übergeben werden.

Bei der Übergabe des Pfands ist zu beachten, dass das Pfand zwar in den Besitz des Sicherungsnehmers übergeht, aber im Eigentum des Sicherungsgebers bleibt. Die Übergabe erfolgt primär durch die effektive Übergabe der Sache an den Pfandgläubiger, der dadurch unmittelbaren Besitz an der Sache erhält, sie kann aber auch über die Übertragung des mittelbaren Besitzes an der Sache, wenn zum Zeitpunkt der Verpfändung ein Dritter unmittelbarer Besitzer dieser Sache ist, vollzogen werden (vgl. Bieg/Kußmaul/Waschbusch, 2016a, S. 177).

Grundsätzlich wird ein Pfand durch öffentliche Versteigerung verwertet. Bei Pfandsachen, die einen Börsen- oder Marktwert besitzen, ist der freihändige Verkauf durch einen öffentlichen Makler möglich. Die Verwertung des Pfands ist an die Pfandreife gebunden, für die folgende Voraussetzungen gelten:

- Die Forderung, an die das Pfandrecht geknüpft ist, muss ganz oder teilweise fällig sein.
- Die Absicht, den Pfandgegenstand zu verkaufen oder zu versteigern, muss dem Schuldner angedroht werden.
- Bestimmte Wartefristen nach der Androhung sind einzuhalten.

Verpfändet werden können wertvolle und leicht realisierbare einzelne Vermögensgegenstände, z. B. Schmuck, Edelmetalle oder sonstige marktgängige Waren wie Getreide, Zucker und Kaffee. Allerdings ist die Verpfändung nicht für alle Sachen als Sicherheitsleistung geeignet, da die Pfänder dem unmittelbaren Besitz des Sicherungsgebers entzogen werden. Vermögensteile, die für den gewöhnlichen Geschäftsbetrieb eines Unternehmens unabdingbar sind, eignen sich nicht zur Verpfändung.

Neben der Verpfändung von beweglichen Sachen ist auch die Verpfändung von Rechten möglich. Pfandrechte an Rechten können vor allem bei Buchforderungen, aber auch bei Wertpapieren, Gesellschaftsanteilen, Patent- oder Urheberrechten eingeräumt werden. Für die Bestellung eines Pfandrechts an einem Recht gelten die Vorschriften des BGB zur Übertragung von Rechten. Die unübertragbaren Forderungen wie beispielsweise das unpfändbare Arbeitseinkommen oder der Nießbrauch sind nicht pfändbar. Zur Wirksamkeit der Verpfändung einer Forderung ist die Verpfändung dem Schuldner anzuzeigen (vgl. Bieg/Kußmaul/Waschbusch, 2016a, S. 178). Hierin liegt auch der Grund dafür, dass in der Praxis die Sicherungsabtretung (Zession) eine größere Bedeutung besitzt. Eine derartige Anzeige kann nämlich den Ruf des Forderungsinhabers negativ belasten.

Durch die Verpfändung von Grundstücken und grundstücksgleichen Rechten entstehen **Grundpfandrechte**. Bei Grundpfandrechten handelt es sich um dingliche

Verwertungsrechte, die dadurch gekennzeichnet sind, dass der Grundpfandrechtsgläubiger die Zahlung aus dem Grundstück verlangen kann, d. h. das Grundstück selbst dient als Sicherungsgegenstand (vgl. Busse, 2003, S. 367).

Weil bei Grundstücken eine Übergabe des Pfandes nicht möglich ist, entsteht ein Grundpfandrecht durch Eintragung des Pfandrechts in das Grundbuch. Beim Grundbuch handelt es sich um ein vom zuständigen Amtsgericht geführtes öffentliches Register aller Grundstücke eines Bezirks. Jedes Grundstück erhält ein Grundbuchblatt, dessen Bestandsverzeichnis Auskunft über die Art, Lage und Größe des Grundstücks gibt. Die Rechte am Grundstück und deren Veränderungen werden in drei verschiedenen Abteilungen des Grundbuchblatts eingetragen. Dabei ist die dritte Abteilung den Grundpfandrechten vorbehalten.

Die Verwertung von Grundpfandrechten erfolgt nach dem Verfahren der gesetzlichen Zwangsvollstreckung. Der Gläubiger muss also im Wege der gerichtlichen Klage einen vollstreckbaren Titel gegen den Eigentümer erlangen, mit der Folge, dass der Eigentümer die Zwangsvollstreckung in das Grundstück dulden muss (vgl. Scholz/Lwowski, 2000, S. 241). In aller Regel verlangen die Kreditinstitute zur Beschleunigung des Verfahrens, dass sich der Grundstückseigentümer der sofortigen Zwangsvollstreckung unterwirft. Dabei dient die Bestellungsurkunde des Grundpfandrechts bereits als vollstreckbarer Titel. Die Zwangsvollstreckung erfolgt entweder durch Zwangsversteigerung oder durch Zwangsverwaltung. Bei der Zwangsversteigerung erhält der Gläubiger den Versteigerungserlös, bei der Zwangsverwaltung dienen die Nutzungsentgelte des Grundstücks (Miete oder Pacht) zur Befriedigung des Gläubigers.

Die Befriedigung eines Gläubigers hängt weiterhin vom Rang des Grundpfandrechts im Grundbuch ab. Sind mehrere Rechte in verschiedenen Abteilungen des Grundbuchs eingetragen, folgt der Rang der Rechte dem Datum der Eintragung. Bei Rechten in derselben Abteilung ergibt sich der Rang aus der Reihenfolge der Eintragungen.

Grundpfandrechte können in Form einer Hypothek und in Form einer Grundschuld vorliegen. Dabei ist die **Hypothek** eine Grundstücksbelastung, die der Sicherung einer bestehenden Forderung des Hypothekengläubigers dient. Die Hypothek ist streng akzessorisch und somit vom Bestehen und vom Umfang der zugrunde liegenden Forderung abhängig. Die Hypothek entsteht durch
- Einigung zwischen dem Kreditgeber und dem Grundstückseigentümer und
- Eintragung der Hypothek in das Grundbuch unter Nennung
  - des Gläubigers,
  - des Geldbetrags der Forderung,
  - des Zinssatzes und
  - etwaiger Nebenleistungen.

Es können verschiedene Arten von Hypotheken unterschieden werden, deren Besonderheiten für den Erwerb, die Übertragbarkeit und die Verwertung der Rechtsansprüche von Bedeutung sind. Die Grundform einer Hypothek ist die Verkehrshypothek, die durch eine öffentliche Urkunde, den sog. Hypothekenbrief, bestätigt wird. Bei der Verkehrshypothek erwirbt der Gläubiger die Hypothek erst mit dem Entstehen der Forderung und der Übergabe des Hypothekenbriefs. Dadurch kann der Hypothekenbrief abgetreten und verpfändet werden, ohne dass eine Eintragung im Grundbuch notwendig ist. Bei der Verkehrshypothek muss der Gläubiger die Höhe seiner Forderung nicht gesondert nachweisen, wenn er seine Forderung geltend machen will. Eine Buchhypothek ist demgegenüber nur aus dem Grundbuch ersichtlich. Die Buchhypothek erwirbt der Gläubiger mit dem Entstehen der Forderung (vgl. Wöhe et al., 2013, S. 235).

Bei der Sicherungshypothek muss der Gläubiger vor Ausübung seines Pfandrechts die Höhe seiner Forderung nachweisen; er kann sich also nicht auf die Eintragung im Grundbuch berufen. Eine Sicherungshypothek liegt grundsätzlich als Buchhypothek vor, die Ausstellung eines Hypothekenbriefs ist ausgeschlossen. Auch bei einer Höchstbetragshypothek ist die Höhe der Forderung zunächst nachzuweisen, bevor sie geltend gemacht werden kann. Bei einer Höchstbetragshypothek wird nur der Maximalbetrag, bis zu dem ein Grundstück haften soll, in das Grundbuch eingetragen. Die Höchstbetragshypothek stellt grundsätzlich ebenfalls eine Buchhypothek dar.

Die **Grundschuld** ist im Gegensatz zu einer Hypothek ein Grundpfandrecht, das nicht das Bestehen einer Forderung voraussetzt. Die Grundschuld ist damit nicht akzessorisch. Demzufolge ist der Nachweis einer Forderung zur Geltendmachung der Grundschuld nicht erforderlich.

Wird ein Darlehen durch eine Grundschuld gesichert, hat der Darlehensgeber zwei unabhängige Ansprüche. Zum einen besitzt er einen persönlichen Anspruch aus dem gewährten Darlehen, zum anderen kann er einen dinglichen Anspruch aus der Grundschuld geltend machen. Vor einem Missbrauch der Grundschuld wird der Darlehensnehmer durch den Sicherungsvertrag und die sog. Sicherungsabrede geschützt. Der Sicherungsvertrag beschreibt die gesicherte Forderung und legt die Reichweite des Verwertungsrechts aus dem dinglichen Anspruch fest. Der Sicherungsvertrag entspricht dem fiduziarischen Charakter der Grundschuld, da im Innenverhältnis zwischen Darlehensgeber und Darlehensnehmer die Verwertungsrechte des Darlehensgebers im Interesse des Grundstückseigentümers eingeschränkt sind. Entsprechend der Sicherungsabrede darf der Darlehensgeber die Grundschuld nur zur Sicherung seiner persönlichen Ansprüche verwerten, ist also die Darlehensschuld getilgt, darf der Darlehensgläubiger auch keinen Anspruch mehr aus der Grundschuld erheben (vgl. Busse, 2003, S. 386; Wöhe et al., 2013, S. 236).

Ein weiterer Unterschied zwischen Hypothek und Grundschuld liegt darin, dass die Grundschuld anders als die Hypothek kein „geborenes", sondern ein „gekorenes" Sicherungsmittel darstellt. Nach den gesetzlichen Bestimmungen (§§ 1191–1198 BGB) ist die Grundschuld ein Geldbeschaffungsinstrument und kein Sicherungsinstrument. Erst durch den Sicherungsvertrag wird die Grundschuld zum Sicherungsmittel. Aus dieser Eigenschaft erwächst ein wichtiger Vorteil der Grundschuld gegenüber der Hypothek, denn wird im Sicherungsvertrag ein weit gefasster Sicherungszweck vereinbart, der sich nicht nur auf eine einzelne Forderung bezieht, so kann die Grundschuld auch zur Sicherung zukünftiger oder laufender Forderungen eingesetzt werden. Gerade weil der Grundschuld der Bezug zu einer Forderung fehlt, kann sie als Sicherungsinstrument für laufende Kreditverhältnisse mit schwankenden Forderungsbeständen dienen. Die Grundschuld ist damit flexibler einsetzbar als eine Hypothek.

Weitere Vorteile der Grundschuld ergeben sich aus der Möglichkeit, die Grundschuld als Eigentümergrundschuld auszugestalten. Bei einer Eigentümergrundschuld ist die Grundschuld auf den Namen des Grundstückseigentümers eingetragen. Die Eigentümergrundschuld entsteht

- entweder aus einer Hypothek, indem die zugrunde liegende Forderung zurück gezahlt wird und damit die Hypothek mit der Rückzahlung dem Grundstückseigentümer zufällt,
- oder durch Eintragung der Grundschuld auf den Namen des Grundstückseigentümers im Grundbuch.

Einerseits lassen sich Grundstückseigentümer häufig eine Eigentümergrundschuld eintragen, um damit einen bevorzugten Rangplatz für einen später aufzunehmenden Kredit freizuhalten (vgl. Olfert/Reichel, 2008, S. 301). Andererseits kann eine Eigentümergrundschuld, wenn sie in verbriefter Form vorliegt, nacheinander an verschiedene Kreditgeber abgetreten werden. In diesem Fall geht zwar die Grundstücksbelastung aus dem Grundbuch hervor, ob aber tatsächlich und mit wem zurzeit ein Kreditverhältnis besteht, ist aus dem Grundbuch nicht ersichtlich.

Ebenso wie bei der Hypothek kann eine Grundschuld in Form einer Buchgrundschuld und in Form einer Briefgrundschuld vorliegen. Auch im Haftungsumfang und den Verwertungsmöglichkeiten unterscheidet sich die Grundschuld von der Hypothek nicht.

Langfristige Kreditfinanzierung

Als langfristige Kredite werden Kredite mit einer Laufzeit von mehr als vier Jahren bezeichnet. Die Abgrenzung zur mittelfristigen Kreditfinanzierung erfolgt dabei ausschließlich anhand der Ursprungslaufzeit eines Kredits, die tatsächliche Restlaufzeit ist nicht maßgebend.

Abgesehen von der Vernachlässigung der Restlaufzeit ist eine klare Abgrenzung der langfristigen von den kurz- und mittelfristigen Krediten bereits deshalb nicht möglich, weil z. B. der formal kurzfristige Kontokorrentkredit durch eine ständige Prolongation eine materiell mittel- oder sogar langfristige Laufzeit erhalten kann. Bei den im Folgenden behandelten langfristigen Krediten ist die Laufzeit jedoch grundsätzlich auf längere Fristen ausgerichtet, nur in Ausnahmefällen werden hier Laufzeiten von mittlerer Frist, d. h. bis zu vier Jahren, vereinbart.

Grundlage einer langfristigen Kreditfinanzierung ist ein Darlehensvertrag, dessen rechtliche Basis die §§ 607–609 BGB bilden. Danach ist unter einem Darlehensvertrag ein schuldrechtlicher Vertrag zu verstehen, der den Darlehensgeber zur Überlassung von Geld oder anderen vertretbaren Sachen und den Darlehensnehmer zu dessen fristgerechter Rückzahlung sowie der Entrichtung der vereinbarten Zinsen verpflichtet.

Die Modalitäten der langfristigen Kreditfinanzierung hängen im Gegensatz zur kurzfristigen Kreditfinanzierung in starkem Maße von der Unternehmensgröße und dem Unternehmensstanding ab. Die Möglichkeit, Schuldverschreibungen zu emittieren oder Schuldscheindarlehen aufzunehmen, steht nämlich nur Unternehmen zur Verfügung, die die hohen Bonitätsanforderungen des Kapitalmarkts erfüllen und deren Kapitalnachfrage groß genug ist, um direkt an den Kapitalmarkt heranzutreten.

Die Formen der langfristigen Kreditfinanzierung verdeutlicht und systematisiert Abb. 7.6.

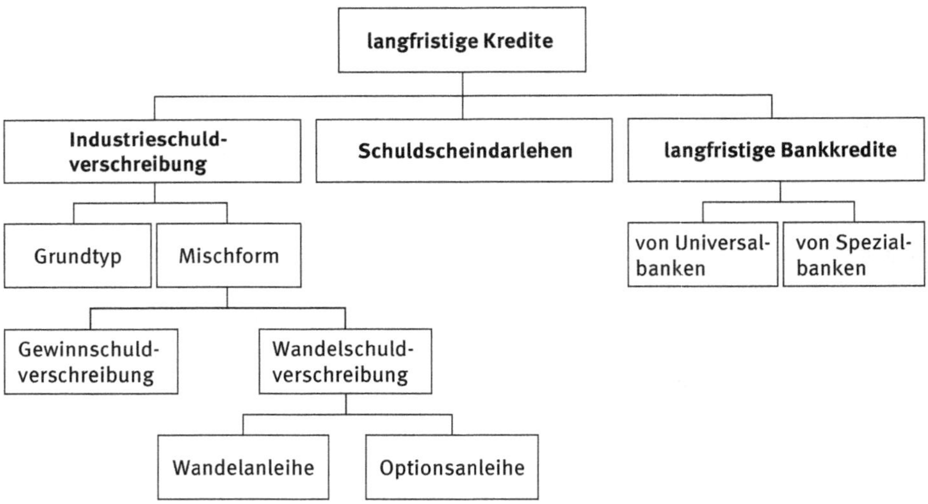

Abb. 7.6: Systematisierung der langfristigen Kredite

Unter einer **Industrieschuldverschreibung** (auch Industrieanleihe, Industrieobligation oder Corporate Bond genannt) ist ein langfristiges, verbrieftes Darlehen zu verstehen, das i. d. R. ein Großunternehmen am in- oder ausländischen Kapitalmarkt aufnimmt. In Abgrenzung zu den Anleihen des Staates oder der Banken bezeichnet man Schuldverschreibungen privater Industrie-, Handels- und Verkehrsunternehmen als Industrieschuldverschreibungen.

Charakteristisch für eine Industrieschuldverschreibung ist, dass sie am Kapitalmarkt platziert wird. Durch die Emission steht dem kreditsuchenden Unternehmen nicht ein einzelner Kreditgeber, sondern eine Vielzahl von dem Unternehmen unbekannten Anlegern gegenüber. Die Industrieanleihe wird aus diesem Grund in Teilschuldverschreibungen zerlegt, d. h. die Gesamtsumme der Kreditschuld wird in Teilbeträge gestückelt. Durch die Stückelung kann eine große Zahl von Geldgebern mobilisiert werden, die in der Summe einen hohen Darlehensbetrag zur Verfügung stellen.

Mit der Schuldverschreibung verpflichtet sich der Schuldner zu einer bestimmten Leistung an den resp. die Gläubiger. Diese Leistung besteht aus der Rückzahlung des aufgenommenen Geldbetrags und der Zahlung von Zinsen. Schuldverschreibungen werden in der Regel als Inhaberpapiere, in seltenen Fällen in der Form von Orderpapieren ausgegeben. Bei Inhaberpapieren erfolgt die Übertragung durch Einigung und Übergabe, bei Orderpapieren ist zusätzlich ein Indossament erforderlich (vgl. Süchting, 1995, S. 150).

Die Ausgabe von Schuldverschreibungen ist nicht an eine besondere Rechtsform gebunden, allerdings werden Industrieschuldverschreibungen häufig von größeren Aktiengesellschaften emittiert. Die Ausgabekosten von Schuldverschreibungen sind relativ hoch. Deshalb rentiert sich die Emission von Schuldverschreibungen erst bei Anleihebeträgen von mehreren Millionen EUR. Daneben erfordert die Börseneinführung, die i. d. R. für die Unterbringung der Anleihe unerlässlich ist, einen bestimmten Mindestbetrag. Schließlich gelten hohe Bonitätsanforderungen, die von den Börsen und aufgrund entsprechender Anlagekriterien von institutionellen Kapitalanlegern an einen Emittenten gestellt werden (vgl. Wöhe et al., 2013, S. 296).

Der Markt für Schuldverschreibungen wird in Deutschland traditionell stark von Bankemissionen und Emissionen öffentlicher Schuldner geprägt. Nach einer Blütezeit Anfang der 1990er-Jahre ging die Emissionstätigkeit im Bereich der Schuldverschreibungen deutscher Industrieunternehmen zurück. Seit dem Jahr 2000 nimmt die Emission von Industrieanleihen wieder zu. Gerade für Mittelständler existierte lange Zeit keine Möglichkeit Fremdkapital am Kapitalmarkt aufzunehmen. Im Jahr 2010 wurde von der Stuttgarter Börse speziell für Mittelstandsanleihen die Emissionsplattform „Bondm" gestartet, woraufhin andere Börsen mit eigenen Angeboten folgten. Obwohl einerseits mit der Schaffung dieses Handelssegments mittelständische Unternehmen eine zusätzliche Finanzierungsalternative erhielten, konnten andererseits verschiedene Eintrittsbarrieren nicht vollständig beseitigt werden. So stehen die geforderten Mindestemissionsvolumina für Mittelständler oftmals in keinem angemessenen Verhältnis zu den mit einer Emission verbundenen Kosten. Weiterhin besitzen die Mittelständler häufig nicht das notwendige Know-how, um einen solch komplexen Finanzierungsvorgang umsetzen zu können (vgl. Bieg/Kußmaul/Waschbusch, 2016a, S. 225 f.). Insgesamt konnte das Mittelstandssegment aufgrund dieser Eintrittsbarrieren noch keinen breiten Kapitalmarktzugang für alle Mittelständler schaffen.

Nach ihren Ausstattungsmerkmalen können die Industrieschuldverschreibungen weiter in den Grundtyp und die Mischformen untergliedert werden. Zu den Ausstattungsmerkmalen des Grundtyps gehören

(1) der Zins,
(2) die Laufzeit,

(3) die Tilgungsmodalitäten und
(4) die Sicherungsformen.

Zu (1): Die **Verzinsung** von Schuldverschreibungen ergibt sich aus den Anleihebedingungen. In der Regel weisen Schuldverschreibungen einen für die Gesamtlaufzeit geltenden Zinssatz auf, sie können jedoch auch mit einer variablen Verzinsung ausgestattet sein (Floating Rate Notes). Die Zinsen werden entweder jährlich oder halbjährlich nachschüssig oder in einem Betrag bei Fälligkeit (Nullkuponanleihen, Zerobonds) gezahlt.

Zu unterscheiden sind der Nominalzins und der Effektivzins einer Schuldverschreibung. Der Nominalzins legt den Zinstyp der Anleihe fest. Üblicherweise wird der Nominalzinssatz in Viertelprozentschritten, z. B. 8 %, 8,25 %, 8,50 %, 8,75 % und 9 %, abgestuft. Durch die Festlegung unterschiedlicher Ausgabe- und Rücknahmekurse kann der Effektivzinssatz vom Nominalzinssatz abweichen. Dadurch erfolgt die Feineinstellung der Rendite resp. des Effektivzinssatzes (vgl. Süchting, 1995, S. 151).

Ein Beispiel soll die Vorgehensweise bei der Feineinstellung verdeutlichen. Ein Industrieunternehmen will eine Industrieschuldverschreibung in Höhe von 100 Mio. EUR mit einer Laufzeit von 10 Jahren und einer Nominalverzinsung von 7 % (jährliche Zinszahlung) emittieren. Am Tag der Emission 01.02.2017 erhält die AG den gesamten Kapitalbetrag von 100 Mio. EUR. In den folgenden Jahren muss die AG jeweils am 31.01. die Zinsen von 7 Mio. EUR an die Gläubiger bezahlen. Am 31.01.2027 wird zusätzlich zur Zinszahlung die Rückzahlung des Kapitalbetrags fällig. Abbildung 7.7 verdeutlicht die Zahlungsreihe aus der Sicht der AG. Die positiven Zahlungsströme fließen der Unternehmung zu, die negativen Zahlungsströme muss die AG leisten. Die Industrieschuldverschreibung soll zur aktuellen Marktrendite begeben werden.

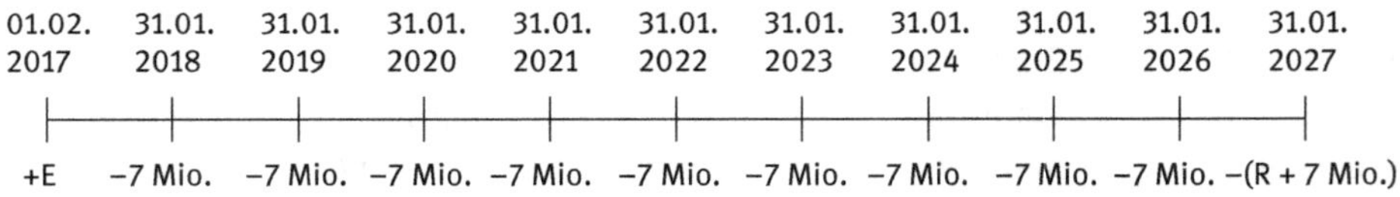

Abb. 7.7: Zahlungsreihe der Industrieschuldverschreibung im Beispielfall

Beträgt die 10-Jahresrendite im Emissionszeitpunkt (01.02.2017) 7 % und soll die Schuldverschreibung wie üblich zu 100 % zurückgezahlt werden, so liegt der Emissionskurs bei 100 %. Fließen der Unternehmung 100 Mio. EUR zu, entspricht die Effektivverzinsung der Schuldverschreibung der Marktrendite von 7 %.

Liegt die Marktrendite am Emissionstag bei 7,25 %, muss bei einer Normalverzinsung von 7 % und bei einem Rückzahlungskurs von 100 % der Emissionskurs verändert werden, um eine Rendite von 7,25 % zu erreichen. Zur Bestimmung des Emissionskurses, sind die Auszahlungen der AG mit 7,25 % abzuzinsen. Es ergibt sich ein Barwert von 98,264 Mio. EUR, sodass die Anleihe zu einem Kurs von 98,264 % emittiert werden müsste.

Zu (2): Die **durchschnittliche Laufzeit** von Industrieschuldverschreibungen liegt zwischen 10 und 20 Jahren. Bei fortschreitender Inflation und der Gefahr steigender Zinsen geht das Interesse der Anleger an Anleihen mit langen Laufzeiten jedoch zurück, denn steigende Kapitalmarktzinsen führen zu Opportunitätsverlusten resp. Kursrückgängen der Anleihe. Der Gläubiger einer Anleihe besitzt i. d. R. nicht das Recht, eine vorzeitige Rückzahlung zum Nennwert zu verlangen. Er hat nur die Möglichkeit, seine Kapitalanlage durch den Verkauf der Schuldverschreibung zum aktuellen Kursniveau zu beenden (vgl. Wöhe et al., 2013, S. 310 f.).

Zu (3): Die **Tilgung** von Industrieschuldverschreibungen kann folgendermaßen ausgestaltet sein:
- Tilgung der Anleihe in einem Betrag am Ende der Laufzeit.
- Tilgung der Anleihe in Raten, wobei die Serien, die Reihen oder die Wertpapiernummern der zu tilgenden Teilschuldverschreibungen durch Auslosung bestimmt werden. Häufig wird die erste Rate des Schuldners zur Tilgung von Schuldverschreibungen erst nach einigen Freijahren gezahlt. Im Falle gleich bleibender Tilgungsraten sinkt die Belastung des Unternehmens im Zeitablauf, weil die jährlichen Zinszahlungen kleiner werden.
- Tilgung der Anleihen durch freihändigen Rückkauf an der Börse. Hierfür wird zunächst ein Tilgungsfonds aufgebaut, der ausschließlich dem Rückkauf eigener Schuldverschreibungen dient. Der freihändige Rückkauf ist für einen Schuldner immer dann von Vorteil, wenn der aktuelle Börsenkurs der Teilschuldverschreibungen unter dem Rückzahlungskurs liegt, weil die vom Emittenten beim Rückkauf zu leistenden Auszahlungen geringer sind als bei planmäßiger Tilgung und sich in Höhe der Differenz zwischen Rückzahlungsbetrag und Rückkaufpreis ein außerordentlicher Erfolg einstellt (vgl. Bieg/Kußmaul/Waschbusch, 2016a, S. 218).

Der Anleiheschuldner kann sich neben den planmäßigen Tilgungen auch das Recht einer vorzeitigen Kündigung vorbehalten. Je nach Vereinbarung kann eine vorzeitige Kündigung jederzeit, nur nach einer bestimmten Anzahl von Kündigungsfreijahren und/oder unter Einhaltung einer bestimmten Kündigungsfrist möglich sein. Durch das Kündigungsrecht behält der Schuldner die Möglichkeit einer flexiblen Tilgungsweise, die der Entwicklung des Zinsniveaus am Kapitalmarkt und dem Kapitalbedarf des Unternehmens angepasst werden kann.

Zu (4): Als **Sicherungsformen** für die Industrieschuldverschreibung kommen Grundpfandrechte, Bürgschaften und Sicherungsklauseln in Betracht. Die gebräuchlichste Sicherungsform ist die dingliche Sicherung durch Grundpfandrechte. Dabei erhält in aller Regel die Grundschuld den Vorzug vor der Hypothek, da die Grundschuld nicht akzessorisch und somit im Insolvenzfall leichter zu handhaben ist. Bürgschaften werden als Sicherungsinstrument für die Industrieobligation in aller Regel nur anerkannt, wenn sie von der öffentlichen Hand abgegeben werden. Sicherungsklauseln sind Bestandteile der Anleihebedingungen und können in Form von Finanzierungsregeln oder Negativklauseln formuliert sein.

Zu den Mischformen der Industrieschuldverschreibung gehören die Gewinnschuldverschreibung und die Wandelschuldverschreibung, wobei Wandelschuldverschreibungen in der Form der Wandelanleihe oder der Optionsanleihe auftreten können. Den Mischformen gemeinsam ist, dass sie neben Merkmalen der Industrieschuldverschreibung auch Elemente der Beteiligungsfinanzierung enthalten.

Gewinnschuldverschreibungen gewähren neben der Tilgung auch Zinsansprüche, die ganz oder teilweise gewinn- oder dividendenabhängig sind. Bei Gewinnschuldverschreibungen werden folglich Rechte von Gläubigern mit den Gewinnansprüchen von Aktionären kombiniert. Die Gewinnbeteiligung kann unterschiedlich ausgestaltet sein. Zum einen kann ein Basiszins mit einem dividendenabhängigen Zusatzzins kombiniert werden, zum anderen ist es möglich, den Zinssatz in voller Höhe an die Dividende zu koppeln. Die genaue Gestaltung der Gewinnbeteiligung ist in den Anleihebedingungen geregelt.

Die Emission von Gewinnschuldverschreibungen bietet sich in Zeiten an, in denen die Platzierung von normalen Schuldverschreibungen schwierig erscheint. Bei Vereinbarung eines Basiszinssatzes erhält der Anleger eine sichere Rendite, die zwar unterhalb derjenigen aus gewöhnlichen Schuldverschreibungen liegt, daneben aber bei guter Ertragslage des Unternehmens mit einer zusätzlichen Gewinnchance verbunden ist (vgl. Gräfer/Schiller/Rösner, 2014, S. 174).

Da durch die Ausgabe von Gewinnschuldverschreibungen die Rechte der Aktionäre berührt werden, bedarf die Emission einer Mehrheit von mindestens 75 % der Stimmen auf der Hauptversammlung. Nach § 221 Abs. 4 AktG ist darüber hinaus den Aktionären ein Bezugsrecht auf die Gewinnschuldverschreibungen einzuräumen (vgl. Süchting, 1995, S. 129).

Wandelanleihen verbriefen dem Inhaber oder der Gesellschaft neben den Rechten aus einer traditionellen Anleihe ein Umtauschrecht in Aktien der emittierenden Unternehmung. Bei Wandelanleihen haben die Gläubiger und seit 2016 die Gesellschaft das Recht, innerhalb einer bestimmten Frist zu einem festgelegten Verhältnis und gegebenenfalls unter Zuzahlung eines bestimmten Betrags, sofern der Gläubiger das Wandlungsrecht besitzt, die Wandelanleihe in Aktien umzutauschen, wobei die Anleihe nach dem Tausch untergeht. Mit dem Umtausch erlischt die Forderung und es entsteht eine Beteiligungsbeziehung zwischen dem Kapitalgeber und dem Emittenten. Nach § 221 Abs. 1 AktG gelten auch Papiere, bei denen dem Gläubiger oder der Gesellschaft ein Bezugsrecht auf Aktien eingeräumt wird, als Wandelschuldverschreibungen; in der Finanzierungspraxis werden diese jedoch als Optionsanleihen bezeichnet.

Wandelanleihen werden ebenso wie Optionsanleihen traditionell im Fall erschwerter Emissionsbedingungen für die Platzierung „normaler“ Finanzierungsinstrumente (Aktien, Schuldverschreibungen) begeben. Erschwerte Emissionsbedingungen ergeben sich

- marktspezifisch bei allgemein niedrigen Aktienkursen und/oder hohem Zinsniveau und/oder
- unternehmensspezifisch bei vorübergehend geringer Ertragskraft der Unternehmung.

Attraktiv wird die Emission von Wandelschuldverschreibungen aus Unternehmenssicht zum einen dadurch, dass im Allgemeinen ein geringerer Zins als für eine gewöhnliche Anleihe gezahlt werden muss. Zum anderen wird bei der Emission von Wandelanleihen ein bedingter Terminverkauf von Aktien zu einem höheren als dem aktuellen Aktienkurs vereinbart. Bei einer sofortigen Kapitalerhöhung wäre demgegenüber der Bezugskurs geringer als der aktuelle Aktienkurs (vgl. Hölscher, 1999, S. 105 f.).

Die Ausgabe von Wandelschuldverschreibungen i. S. v. § 221 AktG in Verbindung mit § 192 AktG ist an folgende Voraussetzungen gebunden:

- Zustimmung der Hauptversammlung, wobei – wenn die Satzung nichts anderes bestimmt – eine Zustimmung mit mindestens 75 % des bei der Beschlussfassung vertretenen Grundkapitals erforderlich ist,
- bedingte Kapitalerhöhung in Höhe des von den Wandelobligationären ggf. beanspruchten Grundkapitals,
- Einräumung eines Bezugsrechts für die Aktionäre, um eine Beeinträchtigung ihrer Rechte zu verhindern. Dieses Bezugsrecht bezieht sich dabei auf die Wandelschuldverschreibung und nicht auf das spätere Recht zum Umtausch in Aktien bzw. zum Kauf von Aktien.

Zur weiteren Kennzeichnung einer Wandelanleihe muss zwischen der Anleihe und den Umtauschmöglichkeiten differenziert werden (vgl. Schierenbeck/Hölscher, 1998, S. 595). Die Anleihebedingungen entsprechen weitestgehend denen einer normalen Schuldverschreibung. Die Laufzeit einer Wandelanleihe beträgt i. d. R. zwischen 15 und 20 Jahren. Die Tilgung erfolgt endfällig, sofern der Gläubiger keinen Umtausch in Aktien bzw. der Schuldner keine vorzeitige Rückzahlung verlangt. Die Gestaltung des Umtauschrechts bezieht sich auf folgende Merkmale:

- Umtauschobjekt: Als Umtauschobjekt werden i. d. R. die Stammaktien des emittierenden Unternehmens verwendet.
- Umtauschzeit: Die Zeitspanne zwischen der frühest- und der letztmöglichen Ausübung des Umtauschrechts wird als Umtauschzeit bezeichnet. Sie kann sich über mehrere Jahre erstrecken oder einzelne Termine resp. Fristen innerhalb dieses Zeitraums umfassen.
- Umtauschverhältnis: Das Umtauschverhältnis gibt an, wie viele Wandelanleihen zum Bezug einer Aktie aus der bedingten Kapitalerhöhung eingetauscht werden müssen. Das Umtauschverhältnis errechnet sich folgendermaßen:

$$\frac{\text{Anzahl Wandelanleihen}}{\text{Anzahl Aktien}} \text{ bzw. } \frac{\text{Anzahl Aktien}}{\text{Anzahl Wandelanleihen}}$$

Bei einem bedingten Kapital von 10 Mio. EUR (2 Mio. Aktien) und Wandelanleihen von 50 Mio. EUR (50.000 Wandelanleihen mit einem Nennwert von jeweils 1.000 EUR) können pro Teilschuldverschreibung 40 Aktien bezogen werden. Der durch das Umtauschverhältnis entstehende Differenzbetrag, der sich aus den zurückzunehmenden Wandelanleihen im Wert von 50 Mio. EUR und den neuen Aktien mit einem Nominalwert von lediglich 10 Mio. EUR ergibt, wird der Kapitalrücklage der Gesellschaft zugeführt.

– Zuzahlung: Für die Ausgabe der jungen Aktien wird von dem emittierenden Unternehmen häufig eine Zuzahlung verlangt. Durch eine zeitliche Staffelung kann das Unternehmen dabei auf den Zeitpunkt der Wandlung Einfluss nehmen. Soll z. B. der Wandlungstermin möglichst weit in der Zukunft liegen, so wird die Zuzahlung zu Beginn der Umtauschfrist vergleichsweise hoch und später niedriger festgesetzt.
– Verwässerungsschutzklauseln: Wird während der Laufzeit der Wandelanleihe eine Kapitalerhöhung durchgeführt, so hat dies i. d. R. einen Kursrückgang bei den Altaktien zur Folge, da die jungen Aktien zu einem niedrigeren Kurs als dem Börsenkurs emittiert werden. Verbunden ist dieser Kursrückgang mit einer Benachteiligung der Inhaber von Wandelanleihen, deren Erwartungen sich hinsichtlich einer positiven Kursentwicklung nicht erfüllen. In solchen Fällen kommen die sog. Verwässerungsschutzklauseln zum Tragen, die dann eine automatische Änderung der Wandlungsbedingungen vorsehen.

Wie bereits erwähnt, weisen **Optionsanleihen** gewisse Ähnlichkeiten mit den Wandelanleihen auf. Bei Optionsanleihen tritt neben das Forderungsrecht nicht ein Wandlungs-, sondern ein Bezugsrecht, das dem Eigentümer einer solchen Anleihe das Recht auf den Bezug von Aktien, Anleihen, Rohstoffen oder Devisen zu einem im Voraus festgesetzten Preis einräumt. Ein derartiges Optionsrecht kann seit der Aktienrechtsnovelle 2016, wie bereits oben beschrieben, auch der emittierenden Gesellschaft eingeräumt werden. Durch die Ausübung des Bezugsrechts wird die Existenz der Forderung nicht berührt.

Hinsichtlich der Emissionsmotive und der Ausstattungsmerkmale entspricht die Optionsanleihe weitgehend der Wandelanleihe. Unterschiede bestehen hingegen im Hinblick auf die Gestaltung des Optionsrechts, das zunächst durch eine eigene Urkunde, den Optionsschein oder Warrant, verbrieft wird. Das Optionsobjekt stellen häufig die Stammaktien des Emittenten oder eines anderen Unternehmens (Equity Linked Issues) dar. Letzteres kann bei verbundenen Unternehmen der Fall sein, wenn beispielsweise der Emittent ein Finanzierungsinstitut der betreffenden AG ist. Der Optionspreis repräsentiert den Bezugskurs der optierbaren Wertpapiere. Das Optionsverhältnis gibt die Stückzahl der beziehbaren Aktien je Einheit der Anleihe an, die Optionszeit, in der das Optionsrecht ausgeübt werden kann, entspricht meist der Laufzeit der Anleihe. Da bei dem Erwerb einer Optionsanleihe zwischenzeitliche Kapitalerhöhungen die Kurserwartungen beeinflussen, sind auch hier entsprechend den Wandelanleihen Verwässerungsschutzklauseln in den Anleihebedingungen enthalten (vgl. Schierenbeck/Hölscher, 1998, S. 597).

Um einen selbstständigen Handel des Optionsrechts zu ermöglichen, kann der Optionsschein von der Anleihe getrennt werden. In der Regel ist dies frühestens zu dem Zeitpunkt möglich, an dem das Optionsrecht erstmalig ausgeübt werden kann. Von diesem Zeitpunkt an ergeben sich Notierungen für folgende Wertpapierarten:

- die Anleihe mit Optionsrecht (Anleihe cum),
- die Anleihe ohne Optionsrecht (Anleihe ex) sowie
- den isolierten Optionsschein (warrant).

Bei der „Anleihe cum" handelt es sich um ein Rentenpapier, das aufgrund des Optionsscheins aktienrechtliche Elemente besitzt. Wird der Optionsschein abgetrennt, orientiert sich die Bewertung der Optionsanleihe allein am allgemeinen Zinsniveau, sodass gegenüber der „Anleihe cum" ein deutlicher Kursabschlag erfolgt. Der isolierte Optionsschein enthält nur noch das Recht zum Bezug bestimmter Vermögenswerte. Aus dem Optionsschein kann kein Recht auf Zinsen, Dividende und auch kein Stimmrecht abgeleitet werden.

Neben den vielfältigen Ausprägungsformen der Industrieschuldverschreibung stellt das **Schuldscheindarlehen** die zweite klassische Form der langfristigen Kreditfinanzierung dar. Unter Schuldscheindarlehen sind Großkredite mit langer Laufzeit und anleiheähnlichen Ausstattungsmerkmalen zu verstehen, die von Unternehmen bei bestimmten Kapitalsammelstellen, die nicht Banken sind, aufgenommen werden (vgl. Drukarczyk/Lobe, 2015, S. 245). Als Kapitalsammelstelle werden Institutionen bezeichnet, deren Geschäftstätigkeit in erheblichem Umfang mit der Haltung finanzieller Mittel verbunden ist und die mit diesen Geldern am Kapitalmarkt auftreten. Zu den Kapitalsammelstellen gehören vor allem Versicherungsgesellschaften, Pensions- und Unterstützungseinrichtungen sowie die Sozialversicherungsträger. Für ein Schuldscheindarlehen ist die Ausstellung eines Schuldscheins nicht konstitutiv, sodass langfristige, von Kapitalsammelstellen gewährte Großkredite auch dann als Schuldscheindarlehen gelten, wenn kein Schuldschein ausgestellt, sondern lediglich ein Darlehensvertrag abgeschlossen worden ist.

Schuldscheine sind gesetzlich nicht definiert und stellen auch keine Wertpapiere im Sinne von § 1 Abs. 1 Depotgesetz dar. Bei einem Wertpapier setzt die Geltendmachung des verbrieften Rechts den Besitz des Papiers voraus. Demgegenüber ist bei einem Schuldscheindarlehen zur Durchsetzung der Forderung der Besitz des Schuldscheins nicht erforderlich. Der Schuldschein stellt in diesem Zusammenhang also lediglich ein beweiserleichterndes Dokument dar (vgl. Bieg, 1997a, S. 308).

Die Laufzeit von Schuldscheindarlehen beträgt üblicherweise bis zu 15 Jahre, dabei setzt die Tilgung i. d. R. erst nach einigen Freijahren ein und erfolgt in gleichen Raten. Von den Kreditnehmern, bei denen es sich überwiegend um sog. erste Adressen, d. h. um Unternehmen bester Bonität, handelt, werden überwiegend erstrangige Grundpfandrechte als Sicherungsinstrument eingesetzt. Da es sich bei den ersten

Adressen vorwiegend um Großunternehmen handelt, stehen Schuldscheindarlehen kleinen und mittleren Unternehmen häufig nicht zur Finanzierung zur Verfügung. Neben den Unternehmen setzen Schuldscheindarlehen vorrangig Länder und Gemeinden als Finanzierungsinstrument ein.

Schuldscheindarlehen sind zwar durch die Abtretung der Forderung übertragbar, aber nicht an der Börse handelbar, wodurch die Fungibilität eingeschränkt ist. Deswegen fallen für Schuldscheindarlehen etwas höhere Zinsen als für Industrieschuldverschreibungen an. Die Effektivverzinsung von Schuldscheindarlehen hängt neben dem Nominalzinssatz, dem Disagio, der Laufzeit und den Tilgungsmodalitäten von der Höhe der Nebenkosten ab. Zu den Nebenkosten gehören die Kosten für die Sicherheitenbestellung und etwaige Provisionen z. B. für als Vermittler tätige Banken. Im Gegensatz zu Industrieschuldverschreibungen entfällt bei Schuldscheindarlehen der Druck der Urkunden und die Einführung an der Börse, sodass die Nebenkosten geringer als bei der Emission einer Anleihe sind (vgl. Wöhe et al., 2013, S. 291 f.).

Die langfristigen Kreditfinanzierungsformen der Industrieschuldverschreibung und des Schuldscheindarlehens werden in Tab. 7.9 noch einmal anhand ausgewählter Merkmale gegenübergestellt.

Tab. 7.9: Gegenüberstellung von Industrieschuldverschreibung und Schuldscheindarlehen (vgl. Schierenbeck/Wöhle, 2016, S. 524)

Merkmal	Industrieschuldverschreibung	Schuldscheindarlehen
Ausgabemöglichkeit	emissionsfähige Unternehmen (i. d. R. nur große Aktiengesellschaften, die zum regulierten Markt zugelassen sind)	bedeutende Unternehmungen, unabhängig von ihrer Rechtsform, soweit sie den Sicherheitsanforderungen (z. B. Einhaltung bestimmter Bilanzrelationen) genügen
Schuldurkunde	Wertpapiere (Übertragung von Inhaberschuldverschreibungen durch Einigung und Übergabe)	kein Wertpapier, sondern nur beweiserleichterndes Dokument; zur Geltendmachung der Forderung ist der Schuldschein nicht erforderlich (Übertragung durch Forderungsabtretung)
Fungibilität der Kapitalanlage (für Kreditgeber)	hohe Fungibilität, da Börsenhandel	geringe Fungibilität, zum Börsenhandel nicht zugelassen
Kreditgeber	anonymer Kapitalmarkt (institutionelle und private Zeichner, auch in Kleinstbeträgen)	Kapitalsammelstellen, speziell Lebensversicherungen
Kapitalaufnahme	Für die Börsenzulassung sind bestimmte Mindestbeträge vorgeschrieben, darüber wird die Aufnahme wegen der fixen Nebenkosten erst ab großen Beträgen (ca. 2,5 Mio. €) lohnend, sukzessive Kapitalaufnahme erschwert.	flexible Anpassung an den Kapitalbedarf möglich durch sukzessive Kapitalaufnahme; bei sehr großen Beträgen können sich Beschränkungen durch die Marktenge ergeben.

Tab. 7.9: (fortgesetzt)

Merkmal	Industrieschuldverschreibung	Schuldscheindarlehen
Tilgung	gemäß Tilgungsplan, darüber hinaus jedoch freihändiger Rückkauf über die Börse möglich; im Allgemeinen nach Ablauf der tilgungsfreien Zeit Kündigungsmöglichkeit des Schuldners vorgesehen	Tilgung nach Darlehensvertrag, freihändiger Rückkauf nicht möglich; im Vertrag kann ein Kündigungsrecht des Schuldners festgeschrieben sein, einseitiges Kündigungsrecht des Schuldners stellt jedoch die Ausnahme dar
Laufzeit	zwischen 10 und 20 Jahren	bis zu 15 Jahren (individuelle Vereinbarung)

Die Beteiligungsfinanzierung über die Börse und die Finanzierung durch Schuldverschreibungen und Schuldscheindarlehen steht überwiegend nur großen Unternehmen zur Verfügung. Gerade kleinen und mittleren Unternehmen bleibt der Zugang zum Kapitalmarkt wegen der Höhe der erforderlichen Beträge und der Bonitätsanforderungen weitestgehend verwehrt. Deshalb sind vor allem diese Unternehmen auf den langfristigen **Bankkredit**, der dritten zentralen Finanzierungsform, angewiesen. Zum einen werden langfristige Bankkredite aber überwiegend nur gegen die Stellung von dinglichen Sicherheiten, die kleinen und mittleren Unternehmen häufig fehlen, gewährt. Zum anderen sind Geschäftsbanken von ihrer Einlagenstruktur her nicht in der Lage, dem langfristigen Kapitalbedarf der Unternehmen gerecht zu werden. Aus diesen Gründen standen langfristige Bankkredite in den vergangenen Jahrzehnten nicht in ausreichendem Maß zur Verfügung. In Bezug auf die Finanzierungsstruktur der kleinen und mittleren Unternehmen wird deshalb auch von einer Kreditlücke im langfristigen Bereich gesprochen (vgl. Perridon/Steiner/Rathgeber, 2017, S. 482; Schierenbeck/Wöhle, 2016, S. 523).

Die Kapitalgeber langfristiger Bankkredite können in Universalbanken und Spezialbanken unterschieden werden. Während von Universalbanken im Prinzip alle vorkommenden Bankgeschäfte angeboten werden, zeichnet sich die Geschäftstätigkeit von Spezialbanken durch die Fokussierung auf zumindest einen Geschäftsbereich aus. Zu den **Universalbanken** zählen die Kreditbanken und die Kreditinstitute des Genossenschaftssektors sowie der Sparkassenorganisation. Wesentliches Merkmal der Kreditbanken ist, dass sie in den Rechtformen des privaten Rechts, als Personengesellschaft (OHG, KG) oder als Kapitalgesellschaft (AG, GmbH), firmieren. Demgegenüber firmieren die Kreditgenossenschaften in der Rechtsform der eingetragenen Genossenschaft. Bei den Sparkassen und den Landesbanken handelt es sich überwiegend um öffentlich-rechtliche Anstalten. Die freien Sparkassen wählen als Rechtsform die Aktiengesellschaft, wobei der Alleinaktionär in der Regel Vereine des bürgerlichen Rechts oder stiftungsähnliche Organisationen sind.

Im Gegensatz zu den Universalbanken bieten **Spezialkreditinstitute** nicht alle Arten von Bankgeschäften an, die Spezialkreditinstitute beschränken ihre Geschäftstätigkeit vielmehr auf einzelne Geschäftsfelder. Zu den Spezialbanken gehören die Realkreditinstitute, die Bausparkassen und die Banken mit Sonderaufgaben. Realkreditinstitute vergeben vornehmlich langfristige Kredite, die grundpfandrechtlich besichert sind. Der Geschäftsbetrieb von Bausparkassen ist darauf ausgerichtet, Einlagen von Bausparern entgegen zu nehmen und den Bausparern aus den angesammelten Beträgen Gelddarlehen für wohnungswirtschaftliche Maßnahmen zu gewähren. Dagegen lässt sich das Tätigkeitsfeld der Kreditinstitute mit Sonderaufgaben aufgrund der Heterogenität der Institute nur schwer allgemein formulieren.

Kurz- und mittelfristige Kreditfinanzierung

Die kurz- und mittelfristige Kreditfinanzierung kann einmal in Form der Geldleihe erfolgen, bei der dem Kreditnehmer direkt Zahlungsmittel überlassen werden. Im Gegensatz dazu wird einem Kreditnehmer bei der Kreditleihe die Kreditwürdigkeit des Kreditgebers, meist eines Kreditinstituts, zur Verfügung gestellt. Durch die Übertragung der Kreditwürdigkeit eines Kreditinstituts verbessert sich die Bonität des Kreditnehmers (vgl. Hölscher, 2001, S. 1374). Ein Handels- oder Warenkredit entsteht schließlich dadurch, dass die Zeitpunkte des Absatzes einer betrieblichen Leistung und der Entrichtung des Kaufpreises auseinanderfallen. Dementsprechend handelt es sich bei einer Kundenanzahlung und bei einem Zielverkauf um einen Handelskredit (vgl. Büschgen, 1991, S. 73 f.). Die Arten der kurz- und mittelfristigen Kredite und ihre Zuordnung zu den drei Grundformen zeigt Abb. 7.8.

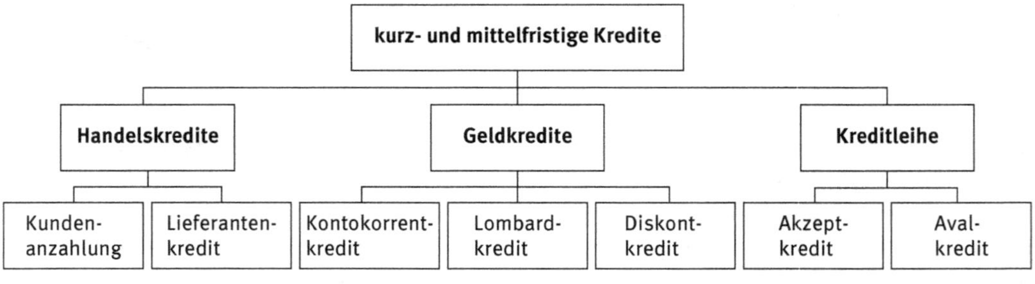

Abb. 7.8: Kurz- und mittelfristige Kreditarten im Überblick

Im Falle der **Kundenanzahlung** leistet der Abnehmer den Kaufpreis ganz oder teilweise vor der Lieferung. Durch die vorzeitige Zahlung räumt der Käufer dem Verkäufer einen Kredit ein, wobei der Lieferant nicht eine Zahlungsverpflichtung, sondern eine bestimmte Sach- oder Dienstleistung schuldet (vgl. Bieg/Kußmaul/Waschbusch, 2016a, S. 228). Kundenanzahlungen treten häufig bei individuell erstellten Anlagen sowie Aufträgen, die einen hohen Kapitalbedarf und/oder eine lange

Kapitalbindungsfrist zur Folge haben, auf (z. B. Maschinenbau, Großanlagenbau, Schiffbau oder Flugzeugbau). Der Kunde finanziert durch seine Anzahlung die Kosten des Herstellers z. B. für Material, Löhne und Gehälter. Dadurch verringert sich obendrein das Risiko des Herstellers, dass der Auftraggeber die Leistung nicht abnimmt oder später die Zahlung nicht mehr erbringen kann. Ggf. werden dem Kunden für seine Vorleistungen keine Zinsen vergütet. In diesem Fall stellt die Kundenanzahlung die günstigste kurzfristige Kreditfinanzierung dar.

Beim **Lieferantenkredit** räumt der Hersteller oder Lieferant einer Ware oder Dienstleistung dem Abnehmer resp. Käufer ein Zahlungsziel ein. Nach Lieferung der Ware oder Dienstleistung kann die Zahlung innerhalb eines bestimmten Zeitraums – der Skontofrist – unter Abzug des Skontos vom Rechnungsbetrag oder innerhalb der Zahlungsfrist ohne Abzug des Skontobetrags erfolgen. Beim Lieferantenkredit fungiert der Lieferant als Kreditgeber, der Abnehmer ist der Kreditnehmer. Für den Lieferantenkredit wird zwar kein expliziter Kreditzins in Rechnung gestellt, kostenlos ist der Lieferantenkredit jedoch nicht. Durch die Inanspruchnahme des Zahlungsziels kann der Abnehmer kein Skonto in Abzug bringen, sodass die Kosten des Lieferantenkredits den Opportunitätskosten eines entgangenen Skontoabzugs entsprechen. Die Höhe des Skontosatzes und damit letztlich die Höhe der Kreditkosten einer Inanspruchnahme des Zahlungsziels sind abhängig von der Länge des Zahlungsziels, von branchenbedingten Usancen und von der Verhandlungsstärke der Geschäftspartner.

Ein Beispiel soll die Ermittlung der Kosten des Lieferantenkredits verdeutlichen. Ein Händler liefert eine Anlage zum Preis von 8.500 EUR. Die Zahlungsbedingungen lauten: „Zahlbar innerhalb von 30 Tagen netto Kasse oder innerhalb von 10 Tagen abzüglich 2 % Skonto." Der Skontosatz von 2 % bezieht sich dabei auf den Rechnungsbetrag von 8.500 EUR und stellt die Kosten für die Kreditgewährung vom zehnten Tag nach Lieferung bis zum dreißigsten Tag nach Lieferung dar. Wird der Skontoabzug genutzt, beläuft sich der Rechnungsbetrag auf lediglich 8.330 EUR (= 98 % · 8500 EUR). Die hinter dem Skontoabzug liegenden Opportunitätskosten in Höhe von 170 EUR sind als Finanzierungkosten für die 20-tägige Gewährung eines Kredits über 8.330 EUR zu verstehen. Um die Kosten des Lieferantenkredits mit anderen Kreditangeboten vergleichen zu können, muss der effektive Jahreszins berechnet werden. Die auf ein Jahr bezogenen Zinskosten ergeben sich, indem der Skontosatz, der für den Zeitraum vom Ablauf der Skontofrist bis zum Verstreichen der Zahlungsfrist gilt (hier: 20 Tage), auf ein ganzes Jahr resp. 360 Zinstage umgerechnet wird:

$$\begin{aligned}\text{Jahreszinssatz} &= \frac{\text{Skontosatz}}{100 - \text{Skontosatz}} \cdot \frac{360}{\text{Zahlungsfrist} - \text{Skontofrist}} \\ &= \frac{2\,\%}{100\,\% - 2\,\%} \cdot \frac{360}{30 - 10} = 36{,}73\,\%\end{aligned}$$

Das Beispiel, in dem durchaus marktgerechte Zahlungsbedingungen verwendet werden, verdeutlicht, dass der Lieferantenkredit erheblich teurer als ein banküblicher

Kontokorrentkredit ist. Die Kreditkosten des Lieferantenkredits sinken allerdings, wenn die Skontobezugsspanne, d. h. also die Länge des Zahlungsziels, verlängert wird. Dies kann dadurch geschehen, dass der Abnehmer den Lieferantenkredit beansprucht, das Zahlungsziel aber überschreitet, ohne dass der Lieferant aufgrund einer schwächeren Marktposition Verzugszinsen erheben kann. Die trotz der hohen Kosten weite Verbreitung des Lieferantenkredits beruht einerseits auf der eher informellen Gewährung eines Lieferantenkredits. Der Abnehmer muss bei einem Lieferantenkredit keinen Kreditantrag stellen und wird auch nicht einer Kreditwürdigkeitsprüfung unterzogen. Ferner besteht durch das Hinauszögern der Zahlung über die Zahlungsfrist hinaus die Möglichkeit der kostenlosen Verlängerung des Kredits. Der Lieferant vereinbart zur Besicherung des Lieferantenkredits häufig einen Eigentumsvorbehalt (vgl. Büschgen, 1991, S. 75 f.).

Der **Kontokorrentkredit** zählt wie der Lombardkredit und der Diskontkredit zu den Geldkrediten. Unter einem Kontokorrentkredit (§§ 355–357 HGB) ist ein Buchkredit zu verstehen, der innerhalb einer bestimmten Kreditgrenze (Kreditlimit) vom Kreditnehmer je nach Bedarf in wechselndem Umfang in Anspruch genommen werden kann. Es wird deshalb oftmals auch von der Einräumung eines Kredits in laufender Rechnung gesprochen. In der Regel wird der Kontokorrentkredit „bis auf Weiteres" mit kurzer Kündigungsfrist oder für eine feste Laufzeit von höchstens einem Jahr gewährt. Damit gehört der Kontokorrentkredit sowohl formalrechtlich als auch von seinem eigentlichen Zweck her zu den kurzfristigen Krediten. Durch fortwährende Prolongation entsteht jedoch faktisch häufig ein mittel- bzw. langfristiges Kreditverhältnis (vgl. Schierenbeck/Hölscher, 1998, S. 371).

Zur Aufnahme eines Kontokorrentkredits ist ein Konto – das Kontokorrentkonto – erforderlich. Auf diesem Konto werden, soweit kein Kredit in Anspruch genommen wird, auch die positiven Kontostände (Sichteinlagen) verbucht. Das kreditsuchende Unternehmen kann den Kontokorrentkredit entsprechend seinem Kapitalbedarf in Anspruch nehmen, sodass die Höhe des Kredits typischerweise stark variiert. Der nicht beanspruchte Teil der Kreditlinie stellt für den Kreditnehmer eine Liquiditätsreserve dar, die es ihm erlaubt, nur einen geringen Kassenbestand zu halten. Darin liegt ein wesentlicher Grund für die weite Verbreitung des Kontokorrentkredits unter den kreditsuchenden Unternehmen. In der Regel wickelt das Unternehmen wesentliche Teile seines Zahlungsverkehrs, insbesondere die sich aus dem Geschäftsverkehr mit dem kreditgewährenden Kreditinstitut ergebenden Zahlungsströme, über das Kontokorrentkonto ab. Die Beliebtheit dieser Finanzierungsform bei den Kreditgebern erklärt sich u. a. dadurch, dass Kreditinstitute durch die Abwicklung des Zahlungsverkehrs Einblick in das Finanzgebaren und die wirtschaftlichen Verhältnisse des Kreditnehmers erhalten. Somit werden die Beurteilung der Kreditwürdigkeit und die Kreditüberwachung erleichtert.

Weiterhin kann der Kontokorrentkredit durch die folgenden Merkmale gekennzeichnet werden (vgl. Bieg/Kußmaul/Waschbusch, 2016a, S. 230):

- Bei mindestens einem der Vertragspartner muss es sich um einen Kaufmann im Sinne des HGB handeln.
- Bei rechtlichen Auseinandersetzungen ist nur der aus der gegenseitigen Verrechnung resultierende Soll- oder Habensaldo von Bedeutung.
- Die Feststellung und Anerkennung des Saldos erfolgt in regelmäßigen Zeitabständen, mindestens jedoch einmal jährlich.
- Der Kreditbetrag wird häufig zur Finanzierung des Umlaufvermögens, aber auch als Zwischen-, Überbrückungs-, Saisonkredit oder als Kredit zur Vorfinanzierung von Bauvorhaben verwendet.
- Der Kontokorrentkredit kann durch Barabhebung, sowie alle Formen des bargeldlosen Zahlungsverkehrs in Anspruch genommen werden.

Die Kosten des Kontokorrentkredits setzen sich aus verschiedenen Komponenten zusammen. Zu nennen sind an erster Stelle die Sollzinsen, die für den in Anspruch genommenen Kredit berechnet werden. Daneben erheben die Banken ggf. für die vom Kreditgeber vorgehaltene, vom Kreditnehmer aber nicht beanspruchte Liquidität eine Kreditprovision. Diese kann in Form eines Zuschlags zu dem Sollzinssatz oder in Form einer Bereitstellungsprovision auftreten. Wird die Kreditlinie ohne ausdrückliche Vereinbarung betragsmäßig oder zeitlich überschritten, fallen Überziehungszinsen an. Als Entgelt für die Kontoführung werden Kontoführungsgebühren erhoben.

Der **Lombardkredit** ist ein Beleihungskredit, der in der Gewährung eines kurzfristigen, auf einen festen Betrag lautenden Darlehens, das durch Verpfändung marktgängiger, beweglicher Vermögensobjekte oder von Rechten des Schuldners besonders gesichert ist, besteht. Als Pfand können Wertpapiere, Waren, Wechsel, Forderungen oder Edelmetalle eingesetzt werden. Für die Entstehung des Pfandrechts sind die Einigung über die Einräumung des Pfandrechts und die unmittelbare Besitzübergabe des Pfandgegenstands erforderlich. Der Kreditnehmer bleibt beim Lombardkredit stets Eigentümer des Pfandgegenstands, der Kreditgeber erhält als Pfandnehmer den Besitz am Pfandgegenstand. Wird die Kreditschuld nicht zurückgezahlt, kann der Kreditgeber den in seinem Besitz befindlichen Pfandgegenstands versteigern. Voraussetzung für die Verwertung sind die Fälligkeit der Forderung, auch als Pfandreife bezeichnet, und die Androhung des Verkaufs mit Nennung der offenstehenden Forderungshöhe. In der Regel darf die Verwertung erst einen Monat nach Androhung erfolgen (vgl. Bieg, 1997b, S. 395).

Die verpfändeten Vermögensgegenstände werden nicht in der vollen Höhe ihres Wertes beliehen. Vielmehr sehen die Kreditinstitute Beleihungsgrenzen für die als Pfand akzeptierten Vermögensgegenstände vor, die einem bestimmten Prozentsatz des Verkaufswerts der Pfänder entsprechen. Die Beleihungsgrenzen schwanken in Abhängigkeit vom verpfändeten Vermögensgegenstand zwischen 50 % und 90 % des Verkaufswerts.

Im Gegensatz zum Kontokorrentkredit ist der Lombardkredit dadurch gekennzeichnet, dass er zu einem fixierten Termin in voller Höhe bereitgestellt wird und auch zu einem festen Termin vollständig zurückgezahlt werden muss. Die Flexibilität des Kontokorrentkredits fehlt dem Lombardkredit, er stellt jedoch eine sinnvolle Alternative dar, wenn die Kreditlinie des Kontokorrentkredits erschöpft ist.

Hinsichtlich der Pfandgegenstände lassen sich verschiedene Formen des Lombardkredits unterscheiden (vgl. Jahrmann, 2009, S. 77 f.; Bieg, 1997b, S. 396):

- Die bedeutendste Form des Lombardkredits ist der Effektenlombard. Die Kreditgewährung erfolgt hier gegen die Verpfändung von vertretbaren Wertpapieren. Der Grund für die Bedeutung dieser Variante des Lombardgeschäfts liegt darin, dass die Beleihung von Wertpapieren relativ leicht zu handhaben und mit verhältnismäßig geringen Kosten verbunden ist. Durch die Beleihungsgrenzen, die je nach Art der Wertpapiere im allgemeinen zwischen 50 % und 80 % des Kurswerts schwanken, weist der Lombardkredit für die Banken ein hohes Maß an Sicherheit auf. Pfandbriefe und Anleihen der öffentlichen Hand werden bis zu 90 % des Kurswerts beliehen. Für ein kreditsuchendes Unternehmen bietet der Effektenlombard den Vorteil, dass die Wertpapiere i. d. R. nicht für die Leistungserstellung des Unternehmens erforderlich sind, sodass die Verpfändung nicht zu einer Störung betrieblicher Prozesse führt. Der Effektenlombard wird besonders dann gewählt, wenn der Kreditnehmer einen kurzfristigen Kapitalbedarf decken will und ein Verkauf der Effekten aufgrund ungünstiger Kurse vermieden werden soll.
- Der Wechsellombard ist i. d. R. teurer als ein Diskontkredit. Deshalb ist der Wechsellombard nur dann von Bedeutung, wenn sich ein auf wenige Tage beschränkter Liquiditätsbedarf ergeben hat und eine Diskontierung länger laufender Wechsel höhere Kosten als die kurzfristige Inanspruchnahme eines Wechsellombards verursachen würde.
- Der Warenlomdardkredit erfordert die Einlagerung der Pfandobjekte bei einem Lagerhalter unter Mitverschluss des Kreditinstituts. Da die Lagerhaltung der Waren mit sehr großem Aufwand verbunden ist, wurde der Warenlombardkredit vom Festkredit mit Sicherungsübereignung weitgehend abgelöst.
- Beim Forderungslombard werden Rechte verpfändet. Voraussetzung für die Entstehung des Pfandrechts ist nach § 1280 BGB die Mitteilung der Verpfändung an den Schuldner der Forderung. Verwendung findet der Forderungslombard vor allen Dingen bei Lebensversicherungsverträgen, die in Höhe des Rückkaufswerts beliehen werden. Ansonsten wird dem Forderungslombard die stille Zession vorgezogen, da bei dieser eine Mitteilung über die Forderungsabtretung an den Schuldner der Forderung nicht notwendig ist.

Der **Diskontkredit,** auch als Wechseldiskontkredit bezeichnet, ist ein kurzfristiger Kredit, den ein Kreditinstitut durch den Ankauf eines nichtfälligen Wechsels dem Veräußerer dieses Wechsels gewährt. Es findet eine Kreditierung vom Zeitpunkt des Ankaufs bis zum Verfalldatum des Wechsels statt. Beim Diskontkredit handelt es sich damit um einen Kredit mit fester Laufzeit (bis zum Verfalltag), darüber hinaus aber auch um einen Festzinskredit. Da sich die Kreditzusage i. d. R. nicht auf den Ankauf eines einzelnen Wechsels beschränkt, sondern häufig ein laufender Ankauf von Wechseln bis zu einem zugesagten Kreditrahmen und die mehrmalige Inanspruchnahme vorgesehen sind, weist der Diskontkredit Parallelen zum Kontokorrentkredit auf.

Zu den grundlegenden Merkmalen des Diskontkredits gehört es, dass kein Kreditvertrag zwischen dem Bezogenen des Wechsels und dem Kreditinstitut, sondern zwischen dem Einreicher und dem Kreditinstitut abgeschlossen wird. Obwohl das Kreditverhältnis damit zwischen Wechseleinreicher und Kreditinstitut besteht, wird der Kredit – bei vereinbarungsgemäßem Verlauf – vom Bezogenen des Wechsels zurückgezahlt, indem die Bank dem Bezogenen den Wechsel vorlegt. Somit erhält der Einreicher des Wechsels bei der Bank den Wechselbetrag abzüglich des Diskonts sowie etwaiger Provisionen und Spesen zum Einreichungszeitpunkt und das Kreditinstitut den Wechselbetrag zum Fälligkeitszeitpunkt (vgl. Schierenbeck/Hölscher, 1998, S. 376).

Der Ablauf eines Diskontkredits ist in Abb. 7.9 schematisch dargestellt.

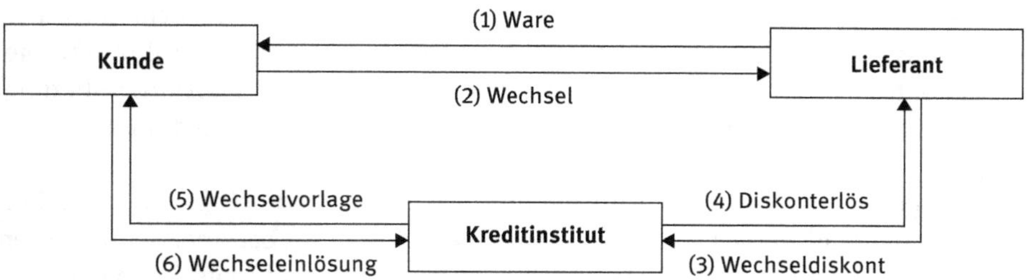

Abb. 7.9: Ablauf eines Diskontkredits

Zunächst kauft der Kunde vom Lieferanten Ware, die der Lieferant an den Kunden übergibt (1). Die „Bezahlung" der Ware erfolgt, indem der Lieferant einen Wechsel auf den Kunden „zieht". Der Kunde akzeptiert den Wechsel und händigt ihn dem Lieferanten wieder aus (2). Der Lieferant reicht den Wechsel bei seinem Kreditinstitut zum Diskont ein (3). Das Kreditinstitut gewährt dem Lieferanten einen Diskontkredit und stellt den Wechselbetrag abzüglich des Diskonts zur Verfügung (4). Bei Fälligkeit des Wechsels legt das Kreditinstitut dem Kunden den Wechsel zur Bezahlung vor (5) und der Kunde löst den Wechsel durch Zahlung der Wechselsumme ein (6). Bis zur Einlösung des Wechsels haftet der Lieferant dem Kreditinstitut für den Fall, dass der Kunde die Wechselsumme nicht zahlt.

Die ehemals große Bedeutung des Diskontkredits in Deutschland ist mit der Vollendung der dritten Stufe der Wirtschafts- und Währungsunion Anfang 1999 stark zurückgegangen. Bis 1998 konnten die Kreditinstitute angekaufte Wechsel an die Deutschen Bundesbank zum Diskontsatz verkaufen. Mit Übergang der Zuständigkeit für die Geld- und Zinspolitik auf die Europäische Zentralbank ist die Möglichkeit der Refinanzierung im Rahmen der Rediskontkontingente entfallen.

Beim **Wechselakzeptkredit** handelt es sich um ein Kreditleihgeschäft, bei dem die Bank einen von ihrem Kunden auf sie gezogenen Wechsel unter der Bedingung akzeptiert, dass der Kunde den Gegenwert des Wechsels spätestens einen Tag vor

Fälligkeit der Bank zur Verfügung stellt. Der Wechsel steht dem Kreditnehmer zur Verfügung, der ihn in mehrfacher Weise verwenden kann (vgl. Schierenbeck/Hölscher, 1998, S. 377):

- Der Kreditnehmer kann das ihm ausgehändigte Akzept zur Begleichung eigener Verbindlichkeiten einsetzen. Häufig sehen Lieferverträge die Bezahlung der Ware durch ein Bankakzept vor, da dieses als besonders sicher gilt.
- Der Kreditnehmer kann den Wechsel ferner bei einer anderen Bank zum Diskont einreichen. In diesem Fall wird dem Kreditnehmer bei einer anderen Bank ein Diskontkredit gewährt. In der Praxis ist diese Vorgehensweise jedoch nicht üblich.
- Der Kreditnehmer kann den Wechsel schließlich durch die Akzeptbank diskontieren lassen. Die Akzeptbank gewährt dem Kreditnehmer nun neben dem reinen Akzeptkredit auch einen Barkredit in Form eines Wechseldiskontkredits. Diese Verwendungsmöglichkeit besitzt in der Praxis aus zwei Gründen eine weit größere Bedeutung als die beiden anderen Verwendungsrichtungen. Zum einen wird es für das Ansehen der Bank als nicht förderlich angesehen, wenn ihre Akzepte unkontrolliert im Umlauf sind. Zum anderen verhindert die Selbstdiskontierung die Kontaktaufnahme des Kreditnehmers zu konkurrierenden Kreditinstituten.

Der Akzeptkredit stellt (in seiner Grundform) ein reines Kreditleihgeschäft dar. Für die Bank tritt damit keine Liquiditätsbelastung auf, wie dieses bei einer Geldleihe der Fall wäre. Durch die Bereitstellung des Gegenwerts des Bankakzepts durch den Kreditnehmer kurz vor Fälligkeit des Wechsels gleichen sich die Zahlungen aus, sodass netto betrachtet keine Liquidität abfließt. Da die Bank jedoch den Wechsel akzeptiert, ist sie rechtlich betrachtet die Hauptschuldnerin des Wechsels. Ein Dritter, der ihr diesen Wechsel vorlegt, kann bei Fälligkeit des Wechsels auf jeden Fall die Einlösung des Wechsels verlangen, da die Wechselforderung losgelöst von anderen Forderungen besteht. Im Außenverhältnis ist die Bank also durch die Akzeptleistung eine wechselmäßige Verpflichtung eingegangen. Demgegenüber ist im Innenverhältnis der Kunde Kreditnehmer und somit Schuldner des Kreditinstituts. Dieses Gläubiger-Schuldner-Verhältnis ergibt sich jedoch nicht aus dem Wechsel selbst, sondern aufgrund des Kreditvertrags, der den Kunden zum Schuldner der Bank werden lässt. Der Akzeptkredit stellt somit für das Kreditinstitut nur eine Eventualverbindlichkeit dar, da die Bank nur dann belastet wird, wenn der Kunde seinen vertraglichen Verpflichtungen nicht nachkommt und den Gegenwert gar nicht oder erst zu spät zur Verfügung stellt.

Die Kosten des Akzeptkredits müssen danach differenziert werden, ob das Bankakzept bei der Bank zum Diskont eingereicht wird oder nicht. Wird lediglich ein reiner Akzeptkredit in Anspruch genommen, ist lediglich die Akzeptprovision zu bezahlen. Die Gepflogenheit, beim reinen Akzeptkredit keine Zinsen, sondern nur eine Provision zu berechnen, resultiert daraus, dass die Bank bei einem ordnungsgemäß abgewickelten Geschäft kein eigenes Kapital einsetzen muss. Damit entfällt die Grundlage einer Zinsberechnung. Die Akzeptprovision ist ein Entgelt dafür, dass der Kreditnehmer unter Einsatz des Namens und des Ansehens der Bank kostengünstige Geschäfte tätigen kann. Diese Provision deckt lediglich das – infolge der erstklassigen Bonität des Kreditnehmers – äußerst geringe Risiko sowie die verhältnismäßig niedrigen Betriebskosten des Akzeptkredits ab. Wird der Akzeptkredit mit einem Diskontkredit verbunden, entsteht für das kreditsuchende Unternehmen zusätzlich ein Diskontaufwand.

Akzeptkredite kommen vor allen Dingen dann zum Einsatz, wenn (vgl. Jahrmann, 2009, S. 71)

- ein Lieferant kein Zahlungsziel gewährt und der Abnehmer der Ware einen Kredit zur Finanzierung des Kaufpreises benötigt,
- die Kosten eines Lieferantenkredits zu hoch sind und der Kunde ein Barzahlungsgeschäft bevorzugt,
- der Name des Unternehmens am Ort oder im Land des Lieferanten unbekannt ist,
- der Lieferant eine Möglichkeit besitzt, dass Bankakzept günstig diskontieren zu lassen oder
- durch die Trennung des Handelsgeschäfts vom Kreditgeschäft besondere Vorteile ausgehandelt werden können.

Seine größte Bedeutung hat der Akzeptkredit im Rahmen von Außenhandelsgeschäften. Das Bankakzept wird hier in einem Handelsgeschäft zwischen dem Schuldner (Importeur) und dem in einem anderen Land beheimateten Gläubiger (Exporteur) als Zahlungsmittel eingesetzt. Die Bonität eines Kreditinstituts tritt an die Stelle der Kreditwürdigkeit des Schuldners, da der Importeur dem Gläubiger häufig nicht hinreichend bekannt ist. Die Kreditwürdigkeit der Bank gewährleistet dem Gläubiger die Einlösung des Wechsels und ermöglicht eine Diskontierung des Wechsels im Land des Gläubigers (vgl. Perridon/Steiner/Rathgeber, 2017, S. 504 f.).

Wie der Wechselakzeptkredit gehört auch der **Avalkredit** zu den Kreditleihgeschäften. Im Rahmen des Avalkredits haftet eine Bank für und im Auftrag eines Kunden gegenüber einem Dritten. Bei Ausfall der Leistungen des Kreditnehmers besitzt der Gläubiger eine erstklassige Sicherheit für seine Ansprüche. Im Einzelnen lässt sich der Avalkredit als eine Kreditgewährung entweder durch ein Haftungsversprechen aus einer Bürgschaft oder aus einer Garantie beschreiben. Bei einer Bürgschaft verpflichtet sich der Bürge gegenüber dem Gläubiger, für die Erfüllung der Verbindlichkeit eines Schuldners einzustehen. Demgegenüber stellt die Garantie ein abstraktes Zahlungsversprechen dar, mit dem der Garantiegeber zusagt, bei Eintreten bestimmter Voraussetzungen Zahlung zu leisten.

Die wesentlichen Anwendungsfälle von Avalkrediten sind (vgl. Wöhe et al., 2013, S. 388):

- die Zollbürgschaft, bei der sich ein Kreditinstitut gegenüber der Zollverwaltung für einen Importeur oder Spediteur verbürgt, sodass die Zollverwaltung dem Kreditnehmer einen Zahlungsaufschub für Zölle gewährt und der Umschlag der Waren vor Abführung der Zölle möglich ist,
- die Frachtstundungsavale zur Absicherung von Stundungen der Frachtgelder im Frachtgeschäft,

- die Bietungsgarantie zur Absicherung von Konventionalstrafen, die in dem Falle verhängt werden, wenn ein Unternehmen, dass bei einer Ausschreibung den Zuschlag erhielt, den Vertrag doch nicht abschließt,
- die Anzahlungsgarantie, die sicher stellt, dass der Auftraggeber seine Anzahlung zurück erhält, wenn die Leistung nicht oder nicht fristgerecht erbracht wird,
- die Lieferungs- und Leistungsgarantie zur Absicherung von Konventionalstrafen im Falle der nicht ordnungsgemäßen Vertragserfüllung und
- die Gewährleistungsgarantie, die der Absicherung von Gewährleistungsansprüchen gegenüber dem Hersteller bzw. Lieferanten einer Leistung vor allem im Baugewerbe dient.

Die Kosten des Avalkredits bestehen für den Kreditnehmer lediglich in der Avalprovision. Diese Avalprovision ergibt sich als Prozentsatz der Bürgschafts- oder Garantiesumme. Die Höhe des Satzes variiert zwischen 0,5 % und 2,5 %. Die Avalprovision richtet sich jedoch nicht nur nach der Höhe der Bürgschaft oder Garantie, sondern ist auch abhängig von der Bonität des Kreditnehmers, der Besicherung sowie der Laufzeit (vgl. Bieg, 1997b, S. 399).

7.1.3 Weitere Finanzierungsformen

Neben der Beteiligungs- und der Kreditfinanzierung existieren weitere Formen der Außenfinanzierung. Von Bedeutung sind die Finanzierung über Leasing, die Finanzierung über Mezzanine-Kapital und das Crowdfunding.

Leasing

Unter Leasing ist ein Rechtsverhältnis zu verstehen, das dem Leasingnehmer die Nutzung eines bestimmten Vermögensgegenstands gegen einen vorher vereinbarten, periodisch anfallenden Betrag ermöglicht. Leasing kann daher mit einer Vermietung oder Verpachtung verglichen werden, es geht jedoch hinsichtlich der Rechte und Pflichten der Vertragsparteien i. d. R. über das Maß üblicher Miet- und Pachtverträge hinaus (vgl. zum Folgenden Schierenbeck/Hölscher, 1998, S. 517 ff.). Das Leasinggeschäft kann anhand verschiedener Kriterien systematisiert werden (vgl. Abb. 7.10).

Nach der **Art des Leasingobjekts** können das Mobilien- und das Immobilienleasing unterschieden werden. Gegenstand des **Mobilienleasings** sind langlebige Konsumgüter und bewegliche Investitionsgüter (z. B. Anlagen und Nutzfahrzeuge). Das Immobilienleasing bezieht sich auf unbewegliche Investitionsgüter, wie z. B. Grundstücke, Gebäude und Betriebsanlagen. Aufgrund der größeren Risiken, die in dem höheren Volumen und der längeren Laufzeit begründet sind, werden die Vertragsbestandteile beim **Immobilienleasing** i. d. R. individuell ausgehandelt. Häufig wird dabei folgendes vereinbart (vgl. Spittler, 2002, S. 52 f.):

- Der Leasinggeber erwirbt das zu bebauende Grundstück und errichtet das Gebäude oder die Anlage.
- Um eine exakte rechtliche und wirtschaftliche Trennung zu erreichen, werden die Leasingobjekte häufig über eine nur für diesen Zweck gegründete Gesellschaft abgewickelt.
- Die Instandhaltung, den Unterhalt und alle mit dem Leasingobjekt verbundenen Risiken trägt der Leasingnehmer.

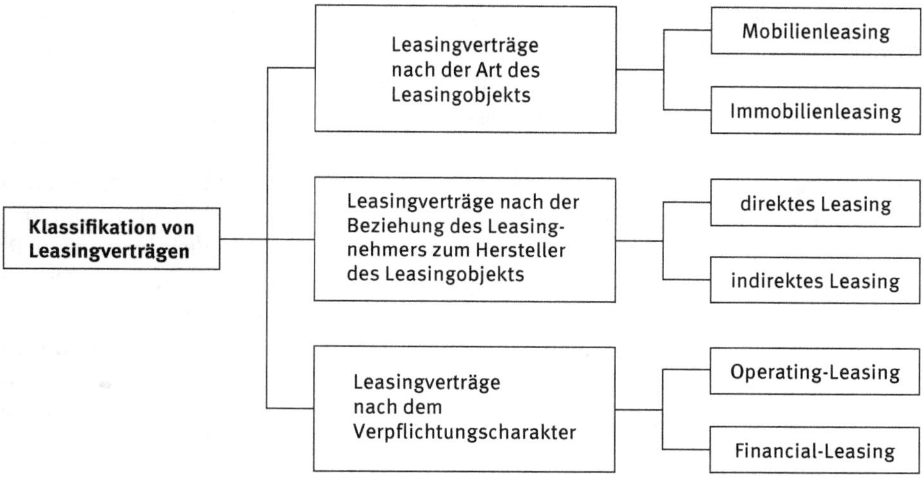

Abb. 7.10: Klassifikation von Leasingverträgen (vgl. Matschke, 1991, S. 321)

Gegenstand von Immobilien-Leasingverträgen sind häufig **Sale-and-Lease-back-Geschäfte.** Beim Sale-and-Lease-back verkauft der zukünftige Leasingnehmer zunächst ein in seinem Eigentum befindliches und von ihm häufig auch genutztes Objekt an eine Leasinggesellschaft, anschließend erwirbt er das Recht zur weiteren Nutzung des gleichen Gegenstands durch den Abschluss eines Leasingvertrags. Dem Leasingnehmer fließt durch das Sale-and-Lease-back einerseits Kapital in Höhe des Verkaufspreises zu, andererseits muss er Finanzmittel für die laufende Abführung der Leasingraten bereitstellen. Die Besonderheiten des Sale-and-Lease-backs bestehen somit im Vergleich zu den übrigen Leasingvarianten insbesondere darin, dass

- der ursprüngliche Eigentümer des Leasingobjekts und der Leasingnehmer identisch sind,
- es sich beim Leasinggegenstand i. d. R. um ein bereits vom Leasingnehmer genutztes Objekt handelt und
- bisher im Objekt gebundenes Kapital freigesetzt wird, sodass dem Leasingnehmer liquide Mittel zur freien Disposition zufließen.

Darüber hinaus werden beim Sale-and-Lease-back höhere Anforderungen an das Objekt und an den Leasingnehmer gestellt. Als Leasingobjekte kommen kaum mobile Wirtschaftsgüter in Betracht, da der Leasingnehmer i. d. R. eine langfristige Kapitalfreisetzung erreichen will, die mit einer vergleichsweise kurzen betriebsgewöhnlichen Nutzungsdauer und hohen periodischen Leasingraten nicht zu verwirklichen ist. Sale-and-Lease-back-Geschäfte werden daher fast ausschließlich mit Immobilien getätigt. Ausschlaggebend für die Leasingfähigkeit eines Gebäudes ist dabei, dass es auch für andere Mieter interessante Nutzungsmöglichkeiten bietet und insoweit von der Leasinggesellschaft nach dem Ende des Leasingvertrags problemlos verkauft bzw. neu verleast werden kann. Dementsprechend sind Gebäude, die nur vom Verkäufer selbst sinnvoll genutzt werden können, für ein Sale-and-Lease-back nicht geeignet.

Die Auswahl des Leasingnehmers besitzt durch die hohe Investitionssumme und die lange Laufzeit bei Sale-and-Lease-back-Geschäften eine besondere Bedeutung. Die Leasinggesellschaften stellen dabei im Rahmen der Bonitätsprüfung ähnlich hohe Anforderungen hinsichtlich Ertragslage, Management, Marktstellung und Produktionsprogramm wie die Banken bei einer Kreditvergabe. Akzeptiert werden i. d. R. nur rentabilitäts- und kapitalstarke Unternehmen, die eine ausreichende Gewähr für eine vertragsgerechte Zahlung der Leasingraten bieten. Zwar kann eine mangelnde Kreditwürdigkeit in Ausnahmefällen durch den Abschluss von Untermietverträgen mit bonitätsmäßig einwandfreien Unternehmen ausgeglichen werden, ein probates Mittel zur Sanierung angeschlagener Unternehmen ist das Sale-and-Lease-back damit jedoch nicht.

Die positiven Auswirkungen des Sale-and-Lease-backs resultieren zunächst aus dem zufließenden Veräußerungspreis und der Verbesserung der Liquiditätssituation des Kreditnehmers. Daneben werden vielfach durch den Verkauf von Gebäuden oder Grund und Boden stille Reserven aufgelöst, die in dem Jahr des Verkaufs zu einer verbesserten Ertragslage führen. Allerdings müssen die stillen Reserven versteuert werden, wenn nicht die Übertragung auf neue Wirtschaftsgüter resp. die Bildung einer steuerfreien Rücklage im Rahmen des § 6b EStG gelingt oder die Inanspruchnahme eines Verlustrück- oder Verlustvortrags nicht möglich ist. Werden die zufließenden Mittel zur Rückzahlung von Fremdkapital eingesetzt, verbessert sich der Verschuldungsgrad des Unternehmens, was allerdings nur ein vordergründiger Effekt ist, da sich an der tatsächlichen Situation des Unternehmens nichts geändert hat und lediglich bilanzielle Verpflichtungen in Off-Balance-Sheet-Positionen umgewandelt worden sind.

Nach der **Beziehung des Leasingnehmers zum Hersteller** des Leasingobjekts sind das direkte und das indirekte Leasing zu unterscheiden:
- Während beim **direkten Leasing** der Produzent selbst als Leasinggeber, d. h. als Vermieter auftritt,
- ist beim **indirekten Leasing** zwischen den Produzenten und den Leasingnehmern eine Leasinggesellschaft eingeschaltet, die mit dem Hersteller den Kaufvertrag abschließt, den Kaufpreis begleicht und das Leasingverhältnis mit dem Leasingnehmer abwickelt (vgl. Abb. 7.11).

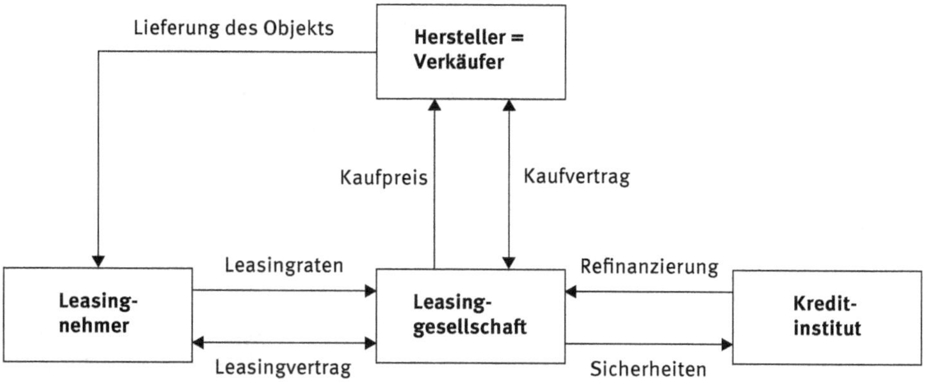

Abb. 7.11: Prinzipieller Ablauf eines indirekten Leasinggeschäfts

Leasinggesellschaften befinden sich häufig in unmittelbarem Besitz von Kreditinstituten, sodass sie sich dort auch die notwendigen Mittel beschaffen. Bei bankunabhängigen Leasinggesellschaften werden die Leasinggegenstände als Sicherheiten für die Aufnahme des erforderlichen Kapitals verwendet.

Nach dem **Verpflichtungscharakter** können das Operating-Leasing und das Financial-Leasing unterschieden werden. Beim **Operating-Leasing** handelt es sich um einen kurzfristigen Vertrag, der vom Mieter unter Einhaltung einer bestimmten Frist gekündigt werden kann. Der Zweck des Operating-Leasings liegt darin, einen Gegenstand für eine wesentlich kürzere Zeit als der technischen Lebensdauer zu nutzen und gewisse mit dem Eigentum verbundene Risiken, wie z. B. das der technischen oder wirtschaftlichen Überholung, auf den Leasinggeber abzuwälzen. Da im Falle einer vorzeitigen Kündigung die Summe der gezahlten Mieten nicht ausreicht, um den Anschaffungspreis auszugleichen, muss sich die Leasing-Gesellschaft u. U. darum bemühen, das Objekt mehrmals zu vermieten. Vor diesem Hintergrund entspricht die Vertragsgestaltung bei Operating-Leasing-Verträgen herkömmlichen Mietverträgen. Damit verbunden ist das Leasingobjekt beim Leasinggeber zu bilanzieren und abzuschreiben. Die Leasingraten stellen für den Leasingnehmer Aufwand dar und sind steuerlich als Betriebsausgaben abzugsfähig.

Das **Financial-Leasing** weist prinzipiell einen längerfristigen Charakter auf. Es ist mit einer unkündbaren Grundmietzeit verknüpft, die die betriebsgewöhnliche Nutzungsdauer des Leasingobjekts i. d. R. aber nicht erreicht. Während der Grundmietzeit kann der Vertrag von beiden Seiten nicht gekündigt werden. Die objektbezogenen Risiken liegen beim Financial-Leasing beim Leasingnehmer. Einer Überalterung durch technische Weiterentwicklungen oder eingeschränkte Absatzmöglichkeiten der Produkte kann daher nicht durch die kurzfristige Rückgabe des Leasingobjekts begegnet werden. Auch die Reparatur- und Instandhaltungskosten sowie die Risiken des Untergangs oder der Verschlechterung des Leasinggegenstands muss der Leasingnehmer tragen, der darüber hinaus i. d. R. verpflichtet ist, die Anlagen zum Neuwert zu versichern.

Da auf den Leasingnehmer damit beim Financial-Leasing ebenso wie bei einem Kauf das Investitionsrisiko entfällt, wird das Financial-Leasing auch als Kreditsubstitut bezeichnet. Die beiden Alternativen direkter Kauf oder Miete unterscheiden sich in rechtlicher und in wirtschaftlicher Hinsicht (vgl. Wöhe, 2016, S.558 ff.):

- Rechtlicher Unterschied: Ein gekauftes Anlagegut ist mit seinen Anschaffungskosten zu aktivieren. Geleaste Güter erscheinen demgegenüber i. d. R. nicht in der Bilanz des Mieters (Leasingnehmers), sondern in der Bilanz des Vermieters (Leasinggebers). Der Mieter ist dem Vermieter gegenüber zur Zahlung der Leasingraten verpflichtet.
- Wirtschaftlicher Unterschied: Die Leasingraten stimmen i. d. R. nicht mit den (alternativen) Finanzierungsraten überein. Der Leasingnehmer muss daher prüfen, welche der beiden Möglichkeiten unter Liquiditäts- und Rentabilitätsgesichtspunkten günstiger für ihn ist.

Es ist zu beachten, dass bei einem Vergleich zwischen dem kreditfinanzierten Kauf und dem Leasing häufig Elemente zu berücksichtigen sind, die einer exakten Quantifizierung nicht zugänglich sind. Dazu zählen z. B. die Beratungsleistung der Leasinggesellschaft bei der Anschaffung komplizierter Investitionsgüter oder die Übernahme von Wartungsarbeiten durch einen spezialisierten (direkten) Leasinggeber beim Operating-Leasing.

Die besonderen Vorteile des Leasings treten beim Financial-Leasing auf, das sich aufgrund verschiedener Merkmale von einem normalen Mietvertrag unterscheidet. Die Vertragsgestaltung sowie die bilanziellen und steuerlichen Probleme des Financial-Leasings sollen daher im Folgenden näher betrachtet werden. Dabei ist zunächst eine Differenzierung nach dem Kriterium des Vertragsinhalts in Voll- und Teilamortisationsverträge erforderlich.

Ein **Vollamortisationsvertrag** wird so kalkuliert, dass der Leasinggeber während der Grundmietzeit die Anschaffungsausgaben, Zinsen und Risikokosten sowie seine Betriebskosten ersetzt bekommt und ihm ein Gewinn zufließt. Die Investition hat sich somit für den Leasinggeber nach Ablauf der Grundmietzeit einschließlich der Kapitalkosten amortisiert. Damit liegt bei einem Vollamortisationsvertrag das Wertminderungsrisiko in vollem Umfang beim Leasingnehmer (vgl. Gabele/Kroll, 2001, S. 34). Für die Zeit nach Ablauf des Grundmietverhältnisses muss eine besondere Vereinbarung getroffen werden. Folgende Vertragstypen lassen sich in diesem Zusammenhang unterscheiden (vgl. Perridon/Steiner/Rathgeber, 2017, S. 524):

- Bei Leasingverträgen ohne Optionsrecht werden für die Zeit nach Ablauf der Grundmietzeit keine Vereinbarungen getroffen. Die Leasingobjekte sind mit Ablauf der Grundmietzeit noch nicht völlig verbraucht, sodass sich der Leasinggeber um eine weitere Vermietung kümmern muss. Der Leasingnehmer kann nicht als wirtschaftlicher Eigentümer des Leasinggegenstands betrachtet werden, da der Leasinggeber nicht auf Dauer von der Verfügung über das Leasingobjekt ausgeschlossen ist.

- Bei Leasingverträgen mit Mietverlängerungsoption hat der Leasingnehmer das Recht, das Vertragsverhältnis nach Ablauf der Grundmietzeit zu verlängern. Die während des Verlängerungszeitraums anfallende Miete beläuft sich häufig nur auf einen geringen Anteil der Grundmiete (ca. 10 %). Durch eine einseitige Willenserklärung kann der Leasingnehmer hier den Leasinggeber von der Verfügung über das Leasingobjekt ausschließen.
- Bei Leasingverträgen mit Kaufoption ist der Leasingnehmer berechtigt, den Leasinggegenstand nach Ablauf der Grundmietzeit zu erwerben. Ähnlich der Mietverlängerungsoption beläuft sich der Kaufpreis dann i. d. R. nur auf einen Bruchteil der Anschaffungskosten.

Im Unterschied zum Voll- ist ein **Teilamortisationsvertrag** nur mit einer teilweisen Amortisation innerhalb der Grundmietzeit verbunden. Während ursprünglich in Deutschland nur Vollamortisationsverträge abgeschlossen wurden, nehmen heutzutage Teilamortisationsverträge einen wesentlichen Anteil am Geschäftsvolumen der Leasinggesellschaften ein.

Da bei den Teilamortisationsverträgen die Anschaffungskosten durch die Leasingraten nur zum Teil abgedeckt werden, muss der Leasinggeber dafür sorgen, dass das Leasingobjekt in irgendeiner Form weitergenutzt wird. In der Regel wird die vollständige Amortisation der Investitionskosten durch weitere, erst am Ende der Grundmietzeit zu leistende Zahlungen erreicht. Wie die folgende Darstellung zeigt, schuldet der Leasingnehmer auch bei den Teilamortisationsverträgen letztlich die gesamten Amortisationskosten (vgl. Gabele/Kroll 2001, S. 56 ff.):

- Liegt ein Leasingvertrag mit einem Andienungsrecht des Leasinggebers vor, so muss der Leasingnehmer den Leasinggegenstand auf Verlangen des Leasinggebers zu dem bereits bei Vertragsabschluss vereinbarten Preis kaufen. Der Leasingnehmer hat nicht das Recht, die Andienung des Objekts zu verlangen. Das Risiko der Wertminderung trägt daher bei dieser Konstruktionsform der Leasingnehmer, da er den Gegenstand auf Verlangen des Leasinggebers erwerben muss, selbst wenn dem Objekt am Markt ein niedrigerer Wert beigemessen wird. Der Leasinggeber hat demgegenüber die Chance der Wertsteigerung, wenn der Marktpreis über den Ausübungspreis steigt und er sein Andienungsrecht nicht wahrnimmt.
- Bei einem Teilamortisationsvertrag mit Mehr- und Mindererlösbeteiligung des Leasingnehmers wird vereinbart, dass der Leasinggegenstand nach Vertragsende veräußert wird und der Leasingnehmer einen Teil des über den noch nicht amortisierten Restbuchwert liegenden Mehrerlöses erhält. Fällt der erzielte Betrag dagegen geringer als der Restbuchwert aus, so ist der Leasingnehmer zur Zahlung der Differenz an den Leasinggeber verpflichtet. Letzteres hat eine nachträgliche Anpassung der Leasingzahlungen an den tatsächlichen Werteverzehr zur Folge, sodass der Leasingnehmer die finanziellen Konsequenzen eines nicht vereinbarungsgemäßen Gebrauchs tragen muss. Zur Anwendung kommt dieses Modell

daher insbesondere dann, wenn der Leasingnehmer auf den Verkaufserlös einen großen Einfluss hat. Dies ist beispielsweise im Rahmen des Kfz-Leasings gegeben, bei dem der Leasingnehmer durch die Inanspruchnahme und Pflege des Fahrzeugs den Verkaufspreis entscheidend beeinflusst.
- Ein Teilamortisationsvertrag kann schließlich auch mit einem Kündigungsrecht des Leasingnehmers ausgestattet sein. Diese Vertragsform erlaubt es dem Leasingnehmer, nach Ablauf der Grundmietzeit das Vertragsverhältnis zu kündigen, wobei er dann eine Abschlusszahlung in Höhe der Differenz zwischen den erbrachten Raten und den Gesamtkosten des Leasinggebers zu leisten hat. Die Schlusszahlung wird jedoch i. d. R. um bis zu 90 % eines etwaigen Verwertungserlöses aus dem Leasingobjekt gekürzt.

Um die Vorteilhaftigkeit des Leasings im Vergleich zum Kauf zu erhöhen, wünschen die Vertragsparteien im Allgemeinen, dass das Leasingobjekt beim Leasinggeber bilanziert, d. h. zu Anschaffungs- oder Herstellungskosten aktiviert und über die betriebsgewöhnliche Nutzungsdauer abgeschrieben wird. Die Leasingraten stellen für den Leasinggeber Betriebseinnahmen und für den Leasingnehmer Betriebsausgaben dar.

Voraussetzung für diese, dem rechtlichen Eigentum entsprechende Zuordnung, ist jedoch, dass der Leasinggeber nicht für die gesamte Nutzungsdauer von der Einwirkung auf das Leasingobjekt ausgeschlossen ist und ihm somit auch das wirtschaftliche Eigentum zusteht. In Einklang mit einem Urteil des Bundesfinanzhofs aus dem Jahre 1970 hat die Finanzverwaltung in mehreren Leasing-Erlassen diese wenig präzise Zurechnungsvorschrift genauer definiert. Danach muss die Grundmietzeit von Financial-Leasing-Verträgen mindestens 40 % und darf höchstens 90 % der betriebsgewöhnlichen Nutzungsdauer betragen, damit das Mietobjekt vom Leasinggeber bilanziert werden kann. Darüber hinaus sind je nach Vertragstyp spezielle Voraussetzungen zu erfüllen, auf die hier nicht näher eingegangen werden soll.

Finanzierung über Mezzanine-Kapital

Neben dem Leasing und den weiter oben erläuterten klassischen Finanzierungsformen hat sich mit der Mezzanine-Finanzierung eine weitere Form der Außenfinanzierung herausgebildet, die sowohl Wesensmerkmale der klassischen Eigen- als auch der Fremdfinanzierung aufweist. Ursprünglich kommt der Begriff „Mezzanine“ von dem italienischen Wort „mezzanino“ und bezeichnet ein Zwischengeschoß in der Architektur (vgl. Eilenberger, 2013, S. 331). Bereits dieser Begriffsursprung weist darauf hin, dass es sich bei Mezzanine-Kapital um eine Mischform aus Eigenkapital und Fremdkapital handelt, das in Abhängigkeit von der Ausgestaltung der Rechtsverhältnisse zwischen Kapitalgeber und -nehmer mehr eigenkapital- oder fremdkapitalähnlich sein kann. Die Ausgestaltungsformen dieser hybriden Kapitalart sind vielfältig. Als wesentliche Kernelemente von Mezzanine-Kapital sind folgende Eigenschaften zu nennen (vgl. Nelles/Klusemann, 2003, S. 6 f.):

- Es besteht eine Nachrangigkeit gegenüber dem Fremdkapital sowie eine Vorrangigkeit gegenüber dem Eigenkapital.
- Aufgrund der Nachrangigkeit ist im Vergleich zum klassischen Fremdkapital ein höheres Entgelt für die Kapitalüberlassung zu leisten, wobei
- das Entgelt für die Kapitalbereitstellung i. d. R. als Betriebsausgabe steuerlich geltend gemacht werden kann.
- Im Gegensatz zum klassischen Eigenkapital wird das Mezzanine-Kapital zeitlich nur befristet bereitgestellt, wobei es im Rahmen einer Bonitätseinstufung allerdings i. d. R. als wirtschaftliches Eigenkapital behandelt wird.

Aufgrund der Nachrangigkeit übernimmt der Kapitalgeber bei der mezzaninen Finanzierung ein höheres Risiko und stellt deshalb auch höhere Renditeforderungen im Vergleich zu klassischen Bankkrediten. Um dennoch die laufenden Finanzierungskosten zu begrenzen, wird das Mezzanine-Kapital häufig mit einer erfolgsabhängigen Komponente ausgestattet. Damit partizipiert der Kapitalgeber am Erfolg bzw. an der Wertsteigerung des Unternehmens.

Neben Wandelschuldverschreibungen, die bereits an anderer Stelle dargestellt worden sind, gehören insbesondere nachrangige Darlehen, stille Beteiligungen und Genussrechte zum mezzaninen Kapital.

Bei einem **nachrangigen Darlehen** handelt es sich um eine fremdkapitalnahe Variante der mezzaninen Finanzierung. Im Unterschied zu einer langfristigen Kreditfinanzierung ist bei Nachrangdarlehen der Rückzahlungsanspruch im Insolvenzfall nachrangig gegenüber anderen Kreditgebern. Ein Kapitalgeber, der einem Unternehmen ein nachrangiges Darlehen gewährt, erhält sein Geld im Insolvenzfall also erst nach den nicht nachrangigen Kapitalgebern zurück.

Partiarische Darlehen unterscheiden sich nur in einem Punkt von Nachrangdarlehen. Während bei partiarischen Darlehen die Vergütung für die Kapitalüberlassung davon abhängt, ob das Unternehmen einen Gewinn erwirtschaftet hat, wird bei Nachrangdarlehen eine feste Mindestverzinsung garantiert, die allerdings durchaus um eine variable Komponente ergänzt sein kann (zum Einsatz partiarischer Darlehen vgl. den folgenden Abschnitt zum Crowdfunding). Bei beiden Formen ist die Haftung auf den Darlehensbetrag beschränkt. Handels- und steuerrechtlich werden die Zinsen für nachrangige und partiarische Darlehen als Betriebsausgaben angesehen, die den steuerpflichtigen Gewinn vermindern.

Nachrangige und partiarische Darlehen werden bilanziell grundsätzlich als Fremdkapital ausgewiesen, zusätzlich erfolgt ein Nachrangvermerk im Anhang. Damit verbessert die Aufnahme von nachrangigen bzw. partiarischen Darlehen zunächst nicht die bilanzielle Eigenkapitalquote, im Gegenteil, das Verhältnis von Eigenkapital zu Fremdkapital wird sich unter gleich bleibenden Bedingungen sogar verschlechtern. Allerdings werden in einem Bewertungsprozess (Rating) Nachrangdarlehen wirtschaftlich dem Eigenkapital zugeordnet, sodass indirekt doch die gewünschte Verbesserung der Eigenkapitalquote erreicht wird. Zudem verbessern sich in der Regel auch die Kreditaufnahmemöglichkeiten.

Beteiligt sich ein Kapitalgeber an einem Unternehmen, ohne dass er nach außen in Erscheinung tritt, so ist er ein stiller Gesellschafter (vgl. Daferner, 2000, S. 153 ff.). Die Vermögenseinlage des stillen Gesellschafters wird als **stille Beteiligung** bezeichnet. Der stille Gesellschafter besitzt zwar gewisse Kontrollrechte, er ist aber grundsätzlich von der Geschäftsführung ausgeschlossen. Die stille Beteiligung ist gesetzlich im HGB geregelt, wobei die Aufnahme eines stillen Gesellschafters grundsätzlich für jede Rechtsform möglich ist. In Abhängigkeit davon, ob der stille Gesellschafter an einem möglichen Vermögenszuwachs der Gesellschaft partizipiert, lassen sich die typische und die atypische stille Gesellschaft voneinander abgrenzen.

Bei einer typischen stillen Gesellschaft ist der stille Gesellschafter am laufenden Gewinn beteiligt, eine Verlustbeteiligung kann vertraglich ausgeschlossen werden. Der typische stille Gesellschafter hat die Ausschüttungen, die er erhält, als Einkünfte aus Kapitalvermögen zu versteuern, die Beteiligung wird also steuerrechtlich einer Geldanlage gleichgesetzt. Bei dem bilanziellen Ausweis der typischen stillen Beteiligung gibt es unterschiedliche Ansätze und Meinungen. Die restriktive Auslegung setzt für den Ausweis der typischen stillen Beteiligung als Eigenkapital eine Verlustbeteiligung voraus (vgl. Nelles/Klusemann, 2003, S. 7). Wird die Verlustbeteiligung des typischen stillen Gesellschafters ausgeschlossen, ist die stille Beteiligung als sonstige Verbindlichkeit auszuweisen. In diesem Fall wird die Vermögenseinlage des typischen stillen Gesellschafters also bilanziell als Fremdkapital behandelt, sodass die Beteiligung für den externen Bilanzleser nicht ersichtlich ist. Scheidet der typische stille Gesellschafter aus dem Unternehmen aus, partizipiert dieser nicht am Vermögenszuwachs der Gesellschaft, es wird lediglich die nominelle Einlage zurückgezahlt.

Demgegenüber sind atypische stille Gesellschafter nicht nur am Gewinn und eventuell am Verlust beteiligt, sondern auch am Vermögenszuwachs der Gesellschaft. Aufgrund seiner weiterreichenden Beteiligung trägt der atypische stille Gesellschafter ein höheres Risiko als der typische stille Gesellschafter. Er gilt deshalb steuerrechtlich als Mitunternehmer und muss seine Gewinne aus der stillen Beteiligung als Einkünfte aus Gewerbebetrieb versteuern. Atypische stille Beteiligungen werden in der Bilanz als eigenkapitalähnlicher Sonderposten ausgewiesen. Scheidet ein atypischer stiller Gesellschafter aus dem Unternehmen aus, so ist eine Unternehmensbewertung erforderlich, um den Auszahlungsbetrag festzustellen, der sich aus dem Eigenkapitalanteil und den anteiligen stillen Reserven zusammensetzt.

Als **Genussscheine** werden Wertpapiere bezeichnet, die sog. Genussrechte verbriefen. Genussrechte sind Gläubigerrechte, die i. d. R. eine Gewinnbeteiligung, teilweise auch eine Beteiligung am Liquidationserlös beinhalten. Ferner kann eine Verlustbeteiligung vereinbart werden. Genussscheine können wie Aktien an der Börse gehandelt werden. Bei Genussscheinen handelt es sich also um aktienähnliche

Wertpapiere, die schuldrechtliche Ansprüche, jedoch keine Mitgliedsrechte verbriefen (vgl. Schierenbeck/Hölscher, 1998, S. 589 f.).

Die Ausgabe von Genussrechten ist an keine Rechtsform gebunden. Mit Ausnahme von in diesem Zusammenhang allgemein gültigen Gesetzen (z. B. Schuldverhältnis nach BGB) ist die Ausgestaltung von Genussrechtskapital nicht detailliert gesetzlich geregelt. Aufgrund der fehlenden gesetzlichen Definition unterliegen Genussscheine inhaltlich einer weitgehend freien Gestaltbarkeit durch den Emittenten (vgl. Schierenbeck/Hölscher, 1998, S. 589). Die Ausgestaltung der Genussscheine kann an die unternehmensspezifischen Bedürfnisse angepasst werden. Je nach Ausgestaltung lässt sich das Genussrechtskapital eher dem Eigen- oder eher dem Fremdkapital zuordnen. Hat der Genussschein eine unbegrenzte Laufzeit und wird eine Beteiligung am Gewinn und am Liquidationserlös vereinbart, so stellt das Genussscheinkapital wirtschaftlich Eigenkapital dar. Wird dagegen das Kapital nach einer bestimmten Laufzeit zurückgezahlt und besteht ein beiderseitiges Kündigungsrecht, so ist das Genussscheinkapital als Fremdkapital anzusehen.

Trotz der weitgehend unbeschränkten Gestaltungsfreiheit können die folgenden vier Grundtypen von Genussscheinen voneinander abgegrenzt werden (vgl. Eilenberger, 2013, S. 333 f.):

- Bei festverzinslichen Genussscheinen ist die in den Genussscheinbedingungen vereinbarte Verzinsung aus dem von der Gesellschaft erwirtschafteten Gewinn vor Ausschüttung an die Eigenkapitalgeber zu leisten. Im Verlustfall unterbleibt zwar die Zinszahlung, sie ist aber bei später anfallenden Gewinnen nachzuholen.
- Erfolgsabhängige Genussscheine beteiligen den Inhaber des Genussrechts direkt am Erfolg der Gesellschaft. Die Höhe der Ausschüttung auf die Genussscheine orientiert sich dabei i. d. R. an der Höhe der an die Eigenkapitalgeber gezahlten Dividenden. Bei erfolgsabhängigen Genussscheinen wird für den Gewinnfall der Gesellschaft des Weiteren häufig eine Mindestausschüttung vereinbart, die jedoch bei ausbleibenden Gewinnen ausgesetzt wird.
- Der dritte Grundtyp, die Genussscheine mit Wandlungs- bzw. Optionskomponente, kommt insbesondere bei Aktiengesellschaften zum Einsatz. Bei dieser Genussscheinart wird dem Inhaber ein Wandlungs- oder ein Optionsrecht eingeräumt. Bei Genussscheinen mit Wandlungsrecht erhält der Inhaber die Möglichkeit, innerhalb einer bestimmten Frist den Genussschein (meist gegen Zahlung eines Aufpreises) in eine Aktie der Gesellschaft umzutauschen, d. h. zu wandeln. Bei den Genussscheinen mit Optionskomponente wird dem Genussschein bei Emission dagegen ein Optionsschein beigefügt, der dem Inhaber das Recht verbrieft, zusätzlich zum Genussschein eine (oder mehrere) Aktie(n) der Gesellschaft gegen Zahlung eines festgelegten Preises innerhalb der Optionsfrist zu erwerben.
- Ferner finden Genussscheine mit Kündigungsrechten Anwendung. Obwohl Genussscheine i. d. R. befristet, d. h. unter Vereinbarung eines konkreten Termins für die Rückzahlung des Kapitals aufgelegt werden, besteht prinzipiell

die Möglichkeit, Genussscheine mit unbegrenzter Laufzeit zu emittieren und in die Genussscheinbedingungen Kündigungsrechte (für den Emittenten) aufzunehmen. Bei dieser Form des Genussrechtskapitals besteht der Vorteil, dass die Kapitalrückzahlung zu einem ökonomisch günstigen Zeitpunkt erfolgen kann. Davon abzugrenzen sind befristete Genussscheine mit Kündigungsrechten, die bei fest definierten Sachverhalten wie z. B. im Fall einer Änderung der steuerlichen Voraussetzungen ausgeübt werden können.

Steuerlich gesehen werden Ausschüttungen auf Genussscheine als Betriebsausgaben behandelt, wenn bei den Genussscheinen eine Beteiligung am Liquidationserlös ausgeschlossen ist. Neben dem Vorteil der steuerlichen Abzugsfähigkeit der Ausschüttungen hat Genussrechtskapital für Unternehmen ferner den Vorteil, dass dem Unternehmen langfristige Finanzierungsmittel zur Verfügung stehen und dass über die Verlustbeteiligung des Genussscheininhabers Risiken mitgetragen werden, ohne dass sich die Eigentumsverhältnisse im Unternehmen verändern. Ein besonderer Vorteil für den Emittenten von Genussscheinen ist ferner darin zu sehen, dass ihm Kapital zur Verfügung steht, das nur bedient werden muss, wenn ein Gewinn erzielt worden ist. Trotzdem verbriefen Genussscheine weder ein Recht zur Teilnahme an der Hauptversammlung noch das gesellschaftsrechtliche Stimmrecht.

Schließlich stellen auch die bereits an anderer Stelle ausführlicher dargestellten **Wandelschuldverschreibungen** eine wichtige Form der mezzaninen Finanzierung dar. Unabhängig davon, ob es sich um eine Wandelanleihe oder um eine Optionsanleihe handelt, sind Wandelschuldverschreibungen dem mezzaninen Kapital zuzuordnen, denn auch bei Wandelschuldverschreibungen handelt es sich um eine Kapitalform, die Merkmale von Fremd- und Eigenkapital miteinander verbindet. Bei Emission stellen Wandelschuldverschreibungen aufgrund des dabei entstehenden Schuldverhältnisses zwar zunächst grundsätzlich Fremdkapital dar, allerdings macht die generelle Möglichkeit der späteren Umwandlung der Anteile in Haftungskapital die Nähe zum Eigenkapital deutlich.

Insgesamt betrachtet bieten mezzanine Finanzierungen die Möglichkeit, die Eigenkapitalquote zu verbessern, ohne dem Kapitalgeber weitreichende Beteiligungsrechte einräumen zu müssen. Obwohl die einzelnen Formen der mezzaninen Finanzierung schon lange existieren, erfahren diese Finanzierungsformen mit ihrer spezifischen Stellung zwischen Eigen- und Fremdfinanzierung speziell auch unter der häufig zitierten Finanzierungsproblematik des Mittelstandes eine besondere Bedeutung. Vor dem Hintergrund des verstärkten Risikobewusstseins der Banken besteht der Vorteil des mezzaninen Kapitals darin, dass dieses zum wirtschaftlichen Eigenkapital gehört und somit die Bonität der Unternehmung verbessert. Gleichzeitig kann das Mezzanine-Kapital so konstruiert werden, dass es steuerlich Fremdkapital darstellt und die mezzaninen Kapitalkosten bei der Ermittlung der Steuerzahlungen als Abzugsgröße in die Bemessungsgrundlage eingehen.

Crowdfunding

Als Crowdfunding werden alle alternativen Finanzierungsinstrumente bezeichnet, bei denen eine Vielzahl von Kapitalgebern ein Projekt oder ein ganzes Unternehmen finanzieren. Der Begriff „Crowdfunding“ stammt dabei aus den USA, lässt sich mit „Schwarmfinanzierung“ übersetzen und deckt verschiedene Formen der Crowd-Finanzierung ab. In Abhängigkeit von der konkreten Ausgestaltung der Crowd-Finanzierung kann es sich um eine eigenkapitalähnliche oder fremdkapitalähnliche Finanzierungsform handeln. Das Hauptmerkmal der Crowd-Finanzierung ist die Zusammenführung vieler Kapitalgeber mit jeweils geringen Investitionsbeträgen auf einer intermediären Internetplattform. Prinzipiell kann das kapitalsuchende Unternehmen diese Crowdfunding-Plattform selbst aufbauen, wobei jedoch in den meisten Fällen auf eine unternehmensexterne Lösung zurückgegriffen wird (vgl. Beck, 2014, S. 13 f.). Die Internetplattform übernimmt dabei verschiedene Funktionen im Rahmen des Finanzierungsprozesses, die im Folgenden kurz vorgestellt werden sollen:

Der Plattformbetreiber nimmt zunächst ein Prescreening der kapitalsuchenden Unternehmen vor, bei dem die Unternehmen auf ihre Eignung für eine Crowd-Finanzierung geprüft werden. Für dieses Prescreening müssen die Unterlagen eines Unternehmens i. d. R. so aufbereitet sein, dass aus dem Businessplan die Geschäftsidee, die finanzielle Situation und die mit der geplanten Unternehmensentwicklung verbundenen Chancen und Risiken eindeutig und stringent hervorgehen. Im Rahmen einer Projektfinanzierung müssen insbesondere die Projektidee und die erwartete wirtschaftliche Entwicklung des Projekts genau dokumentiert sein (vgl. Dorfleitner/Kapitz/Wimmer, 2014, S. 286 f.).

Passen die Geschäftsidee, das Finanzierungsvolumen und der Risikogehalt zu den entsprechenden Zielvorgaben der Plattform, werden zusammen mit dem kapitalsuchenden Unternehmen die Finanzierungsmodalitäten und der Ablauf der Kampagne festgelegt. Dazu müssen neben dem eigentlichen Finanzierungsinstrument die Laufzeit der Kampagne, der Mindestanlagebetrag eines Einzelinvestors, das Mindestinvestitionsvolumen aller Finanzgeber, die sog. Funding-Schwelle, sowie häufig ein maximales Investitionsvolumen, das sog. Funding-Limit, festgelegt werden. Sollte das Funding-Limit überschritten werden und weitere Anleger ein Investmentinteresse besitzen, muss die Plattform einen Zuteilungsmechanismus definieren, wobei häufig das First-come-first-served-Prinzip oder Auktionsverfahren eingesetzt werden (vgl. Dorfleitner/Kapitz/Wimmer, 2014, S. 289). Die Definition einer Ober- und Untergrenze für das gesamte Investitionsvolumen dient dem Anlegerschutz, da einerseits eine zu geringe Finanzierungssumme die Durchführung der Geschäftsidee im Extremfall verhindern kann und der Verlust des eingesetzten Kapitals damit sehr wahrscheinlich ist. Andererseits könnte ein unlimitiertes Funding-Volumen dazu führen, dass die eingezahlten Kapitalbeträge in ihrer vollen Höhe nicht sinnvoll genutzt werden können und damit die Rendite für jeden Investor zu gering ausfällt (vgl. Beck, 2014, S. 20 f.).

Als weitere Dienstleistung stellt die Crowdfunding-Plattform alle vertraglichen Unterlagen, die für eine rechtssichere Gestaltung der Investmentbeziehung zwischen Kapitalgeber und -nehmer notwendig sind, zur Verfügung (vgl. Ilg, 2016, S. 40). Für alle eigenkapitalbasierten Crowdfunding-Formen muss ebenfalls auch der anfängliche Unternehmenswert bestimmt werden, um aus dem Investmentbetrag den Partizipationsanteil jedes einzelnen Investors ableiten zu können. Auch hier tritt die Plattform als Dienstleister auf, wobei die eingesetzten Verfahren häufig nicht offengelegt werden (vgl. Dorfleitner/Kapitz/Wimmer, 2014, S. 287).

Neben der Übernahme der beschriebenen Funktionen gewährleistet die Plattform auch eine professionelle Verwaltung der von den Investoren bereitgestellten Beiträge, indem sie die Gelder einsammelt und nach erfolgreichem Abschluss der Kampagne an das kapitalsuchende Unternehmen weiterleitet. Für diese Dienstleistung wird häufig noch ein weiteres Unternehmen mit einer höheren Finanzstärke und Reputation als finanzieller Treuhänder und Abwickler des Zahlungsverkehrs eingesetzt (vgl. Dorfleitner/Kapitz/Wimmer, 2014, S. 286). Ebenfalls managt die Plattform die Auszahlung aller laufenden Erträge z. B. in Form von Dividenden oder Zins- und Tilgungsleistungen an die Kapitalgeber. Sollte die Kampagne z. B. durch ein zu geringes Investmentvolumen oder einem vorzeitigen Abbruch durch das Unternehmen scheitern, werden die eingezahlten Kapitalbeträge vom Treuhänder an die Investoren zurückbezahlt (vgl. Belleflamme/Omrani/Peitz, 2015, S. 13).

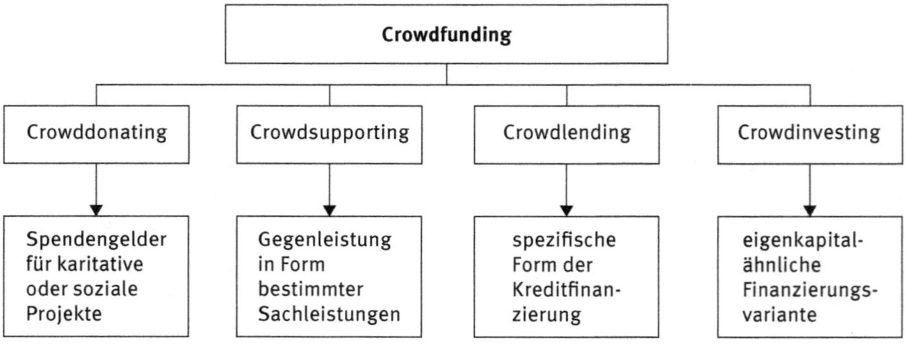

Abb. 7.12: Formen des Crowdfundings

Im Rahmen der Crowdfinanzierung lassen sich vier Ausgestaltungsvarianten differenzieren (vgl. Abb. 7.12). Zwei dieser Varianten, nämlich das Crowddonating und das Crowdsupporting, firmieren zwar unter dem Oberbegriff „Crowdfunding", stellen aber keine klassischen Finanzierungsinstrumente, sondern eher Marketing- bzw. absatzfördernde Instrumente dar. Beim **Crowddonating** sammelt eine spezialisierte Plattform Spendengelder für karitative oder soziale Projekte ohne Gegenleistung ein. Beim **Crowdsupporting**, auch **Reward-based**-Crowdfunding genannt, wird zwar eine Gegenleistung zur Kapitalbereitstellung vereinbart, diese Gegenleistung wird jedoch nicht in finanzieller Form, sondern in Form einer Sachleistung mit teils hoher ideeller Bedeutung für den Investor erbracht. Der Gegenwert der Sachleistung variiert dabei häufig in Abhängigkeit von der Höhe des eingesetzten Kapitalbetrags. Im Gegensatz zu einer klassischen Finanzierung handelt es sich beim Crowdsupporting somit eher um die Vorfinanzierung der Produktentwicklung und -herstellung, die mit der späteren Lieferung der erstellten Leistung einhergeht. Das Risiko liegt dabei nicht im Ausfall des investierten Kapitals, sondern in der späteren Erkenntnis, dass die Produkteigenschaften nicht den eigenen Zielvorstellungen entsprechen (vgl. Belleflamme/Omrani/Peitz, 2015, S. 14).

Die dritte Variante des Crowdfundings wird als **Crowdlending** bezeichnet. Das Crowdlending ist eine crowdbasierte Form der Kreditfinanzierung, bei dem viele Kapitalgeber einen Kredit gewähren, wobei die Investoren als Gegenleistung fest vereinbarte Zins- und Tilgungszahlungen erhalten. Der Kapitalanspruch besteht dabei unabhängig von der finanziellen Situation des Unternehmens, sodass auch im Verlustfall der Rückzahlungsanspruch bestehen bleibt (vgl. Dorfleitner/Kapitz/Wimmer, 2014, S. 284).

In Analogie zur Beteiligungsfinanzierung gibt es schließlich mit dem **Crowdinvesting** eine eigenkapitalähnliche Variante des Crowdfundings, bei der die Kapitalgeber am Unternehmen oder mindestens an dessen Gewinnen beteiligt werden. Die Kapitalgeber werden dabei aus diversen rechtlichen Gründen in den meisten Fällen nicht direkt (Mit-)Eigentümer des Unternehmens, sondern über mezzanine Finanzierungsinstrumente am Erfolg des Unternehmens beteiligt (vgl. Beck, 2014, S. 16). In der Praxis haben sich verschiedene Ausgestaltungsvarianten etabliert, die eine möglichst große Nähe zu einer klassischen Eigenkapitalfinanzierung herstellen sollen. Beim partiarischen Nachrangdarlehen wird der Kapitalgeber z. B. zeitlich befristet über eine gewinn- und wertabhängige Verzinsung am Erfolg des Unternehmens beteiligt. Das Darlehen ist zwar vorrangig gegenüber dem Eigenkapital, aber nachrangig gegenüber anderen Fremdkapitalgebern ausgestaltet, sodass im Insolvenzfall zuerst die Zins- und Tilgungsansprüche der Fremdkapitalgeber bedient werden (vgl. Dorfleitner/Kapitz/Wimmer, 2014, S. 288). Bei der Bestimmung des jährlich variablen Zinssatzes werden typischerweise drei Komponenten integriert. Um den Charakter eines Darlehens zu bewahren, wird häufig ein geringer, erfolgsunabhängiger fixer Basiszinssatz vereinbart. Daneben wird ein erfolgsabhängiger Bonuszins gewährt, der sich in seiner Höhe nach dem ausgewiesenen Gewinn des Unternehmens bemisst. Außerdem wird der Investor an der Wertsteigerung des Unternehmens beteiligt. Dazu wird am Laufzeitende des Darlehens der Unternehmenswert ermittelt und mit dem Wert zu Beginn des Investments verglichen. Die resultierende Werterhöhung wird über einen zusätzlichen Bonuszins partizipationsabhängig an die Investoren ausgeschüttet. Als weitere Option kann die Wertsteigerung auch über den Verkauf des Unternehmens realisiert werden, wobei auch in diesem Fall häufig ein Anspruch auf einen wertabhängigen Bonuszins für die Crowd-Investoren besteht. Die starke Annäherung der mezzaninen Finanzierungsinstrumente an die finanziellen Effekte einer Beteiligungsfinanzierung wird jedoch im Bereich der Mitbestimmungs- und Kontrollrechte nicht umgesetzt. Einzig die Vereinbarung bestimmter Informationsrechte, die über öffentlich verfügbare Informationsquellen hinausgehen, wie z. B. Quartalsreports, ist eine häufig vereinbarte Zusatzklausel im Darlehensvertrag (vgl. Beck, 2014, S. 90 ff.).

Alle aufgezeigten Crowdfunding-Formen, mit Ausnahme des Crowddonatings, bieten dem Kapitalgeber sachliche oder finanzielle Gegenleistungen für die Bereitstellung des Kapitals. Ein weiteres Motiv zur Teilnahme der Kapitalgeber an einer Crowdfunding-Kampagne können emotionale Gründe sein. Die Kapitalgeber sind beispielsweise bei einer Reward-based-Kampagne bereit, einen höheren Betrag als den potenziellen zukünftigen Verkaufspreis der Sachleistung zur Verfügung zu stellen. Ebenso finden sich bei den Finanzierungsvarianten des Crowdfundings oftmals ökologisch oder sozial orientierte Projekte wieder, deren Mehrwert für die Investoren neben den finanziellen Rückflüssen auch in der persönlich als förderungswürdig eingestuften Geschäftsidee liegt.

Für das kapitalsuchende Unternehmen ergeben sich durch den Einsatz der finanzierungsnahen Formen des Crowdfunding diverse Vorteile. Sehr risikoreichen, eher kleinvolumigen Unternehmensgründungen ohne sonstigen Zugang zu weiteren Finanzierungsquellen wird die Möglichkeit eröffnet, ihre Geschäftsidee umzusetzen. Im Unterschied zur klassischen Kapitalaufnahme ist für eine erfolgreiche Kampagnenumsetzung ggf. bereits eine hohe Begeisterungsfähigkeit einer Vielzahl von Kleinanlegern ausreichend. Gerade in einem sehr frühen Stadium ohne entsprechende finanzielle Unternehmenshistorie oder einer fertig entwickelten Produktidee stehen oftmals aufgrund des hohen Ausfallrisikos noch keine Banken oder Venture-Capital-Gesellschaften als Kapitalgeber zur Verfügung. (vgl. Schäfer, 2002, S. 251).

Im Vergleich zu anderen Finanzierungsformen, die ebenfalls in einem so frühen Unternehmensstadium eingesetzt werden können, ergeben sich beim Crowdfunding oftmals geringere Finanzierungskosten bei gleichzeitig geringem Einfluss der Investoren auf die Geschäftsführung. Dies wird beim Vergleich von Crowdfunding und der Finanzierung durch Venture Capital deutlich. Der Wagniskapitalgeber fordert aufgrund des hohen Ausfallrisikos einerseits eine höhere Zielrendite aus dem Investment, die er nach einem möglichen Exit innerhalb einer kurzen Zeitspanne realisieren möchte. Andererseits werden dem Venture Capitalist durch die Beteiligungsfinanzierung auch weitreichende Kontroll-, Informations- und Mitspracherechte eingeräumt. Für viele Gründer ist dies das entscheidende Ausschlusskriterium für den Einsatz von Venture Capital (vgl. Dorfleitner/Kapitz/Wimmer, 2014, S. 300).

Neben den rein finanziellen Vorteilen besitzen Crowdfunding-Plattformen auch ein hohes Marketing- und Marktforschungspotenzial, das zur Vorbereitung des Markteintritts durch eine Steigerung der Bekanntheit und einer Nutzung der Vielzahl von Investoren als Promotoren der Geschäftsidee genutzt werden kann. Deshalb sollten die kapitalsuchenden Unternehmen bei der Auswahl der Plattform neben den Kosten, der Servicequalität und der Anzahl erfolgreich durchgeführter Kampagnen auch auf deren allgemeine Bekanntheit achten (vgl. Belleflamme/Omrani/Peitz, 2015, S. 16).

7.2 Innenfinanzierung

7.2.1 Überblick über die Formen der Innenfinanzierung

Im Gegensatz zur Außenfinanzierung werden die finanziellen Mittel bei der Innenfinanzierung vom Unternehmen selbst aufgebracht. Die Finanzierungswirkungen der Innenfinanzierung sind hauptsächlich in dem betrieblichen Umsatzprozess begründet, daneben können Innenfinanzierungseffekte jedoch auch außerhalb des eigentlichen Umsatzbereichs auftreten. Die Innenfinanzierung aus dem Umsatzprozess wird auch als Überschussfinanzierung oder Cashflow-Finanzierung bezeichnet (vgl. Schierenbeck/Wöhle, 2016, S. 503). Der Finanzierungseffekt der Innenfinanzierung beruht darüber hinaus auf der Veräußerung von Vermögensteilen, mit der ein Rückfluss früher investierter Kapitalbeträge verbunden ist. Werden bei der Veräußerung der Vermögensteile Gewinne erzielt und nicht ausgeschüttet, entsteht ein weiterer Innenfinanzierungseffekt (vgl. Abb. 7.13).

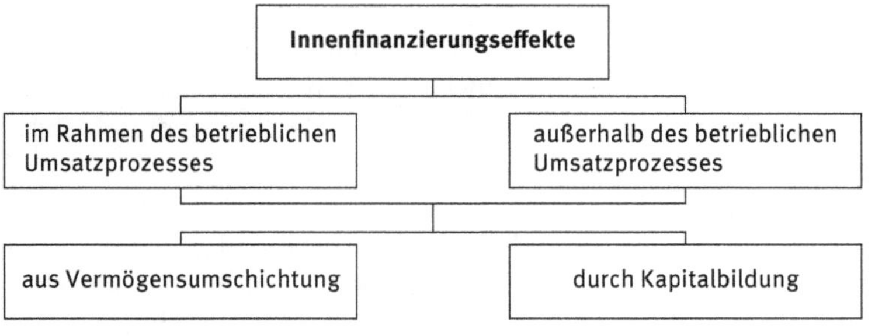

Abb. 7.13: Innenfinanzierungseffekte

Für die meisten kleinen und viele mittelständischen Unternehmen stellt die Innenfinanzierung die wichtigste Finanzierungsquelle dar. Dies liegt zum einen daran, dass diesen Unternehmen der Zugang zum organisierten Kapitalmarkt verwehrt ist, da sie aufgrund ihrer Größe nicht in der Lage sind, börsenfähige Wertpapiere zu emittieren. Zum anderen weisen kleine und mittelständische Unternehmen häufig einen Mangel an banküblichen Sicherheiten auf.

Im Rahmen der Innenfinanzierung werden die finanziellen Mittel vom Unternehmen selbst aufgebracht. Eine Innenfinanzierung ist nur dann möglich, wenn folgende zwei Bedingungen erfüllt sind (vgl. Bieg/Kußmaul/Waschbusch, 2016a, S. 365):

- Dem Unternehmen fließen in einer Periode liquide Mittel aus dem betrieblichen Umsatzprozess oder aus Umsätzen außerhalb der gewöhnlichen Geschäftstätigkeit zu.
- Dem Zufluss liquider Mittel stehen in der gleichen Periode keine respektive geringere Auszahlungen gegenüber, die ihre Ursache in der betrieblichen Leistungserstellung/-verwertung haben oder in Vorgängen außerhalb der gewöhnlichen Geschäftstätigkeit begründet sind.

Der Gewinn einer Periode entspricht nach der Gewinn- und Verlustrechnung dem Saldo von Erträgen und Aufwendungen. Nimmt man vereinfachend an, dass die Erträge den Umsatzerlösen entsprechen und zu Einzahlungen geführt haben, so liegt der Bruttogewinn in liquider Form vor. Aus dem Bruttogewinn sind noch die Fremdkapitalzinsen und die Steuern zu zahlen. Wird nicht der gesamte verbleibende Gewinn ausgeschüttet, steht dem Unternehmen ein Teil der erwirtschafteten Finanzmittel für Finanzierungszwecke zur Verfügung. Die Finanzierung aus einbehaltenen Gewinnen wird als Selbstfinanzierung bezeichnet.

Nicht alle Aufwendungen führen in der gleichen Periode zu Auszahlungen. Dies ist beispielsweise bei der Bildung von Rückstellungen der Fall, bei der in der laufenden Periode Aufwendungen verbucht werden, die erst in späteren Perioden Auszahlungen zur Folge haben. Die Bildung von Rückstellungen stellt Aufwand dar und mindert so den Gewinn. Da die Auszahlungen erst in einer späteren Periode vorzunehmen sind, bleibt der Zahlungsmittelbestand zunächst unverändert. Folglich stehen dem Unternehmen bis zur späteren Auflösung der Rückstellungen liquide Mittel zu Finanzierungszwecken zur Verfügung. Dieser Vorgang wird unter der Bezeichnung „Finanzierung aus Rückstellungsgegenwerten“ betrachtet.

In der gleichen Weise wie die Rückstellungen führen auch Abschreibungen nicht unmittelbar zu Auszahlungen. Mit Abschreibungen wird insbesondere die Wertminderung von Sachgütern erfasst. Da es sich hierbei um einen rein buchhalterischen Vorgang handelt, ist die Bildung von Abschreibungen nicht mit Auszahlungen verbunden. Sind die Abschreibungsgegenwerte dem Unternehmen durch kostendeckend kalkulierte Produktpreise zugeflossen, stehen die liquiden Mittel zunächst für andere Zwecke, d. h. also außerhalb der Finanzierung einer Ersatzbeschaffung, zur Verfügung. Der so erzielte Finanzierungseffekt wird als „Finanzierung aus Abschreibungsgegenwerten“ bezeichnet.

Zu beachten ist die unterschiedliche Wirkung der bisher beschriebenen Formen der Innenfinanzierung auf die Bilanz. Während die Selbstfinanzierung und die Finanzierung aus Rückstellungsgegenwerten (verkürzt formuliert: Finanzierung aus Rückstellungen) die Bilanz verlängern, stellt die Finanzierung aus Abschreibungsgegenwerten (verkürzt formuliert: Finanzierung aus Abschreibungen) lediglich einen Aktivtausch, also eine Vermögensumschichtung dar (vgl. Wöhe, 2016, S. 582).

Sowohl bei der Selbstfinanzierung als auch bei der Finanzierung aus Rückstellungsgegenwerten steigt der Zahlungsmittelbestand an. Mit dieser Vermögensmehrung einher geht eine zusätzliche Kapitalbildung. Bei der Selbstfinanzierung kommt es zu einer Aufstockung des Eigenkapitals, während die Bildung von Rückstellungen mit einer Ausweitung des Fremdkapitals verbunden ist. In beiden Fällen verlängert sich folglich die Bilanz. Dagegen erhöht sich bei der Verrechnung von Abschreibungen die Bilanzsumme nicht. Vielmehr beruht die Finanzierungswirkung von Abschreibungsgegenwerten auf einem Aktivtausch. Abschreibungen erfassen die Wertminderung von Sachgütern und reduzieren so das Vermögen. Gleichzeitig fließt aus dem Markt der Gegenwert der Abschreibungen im Rahmen des Umsatzprozesses in Form liquider Mittel zu. Die Wirkungen auf das Vermögen kompensieren sich dabei genauso wie die Wirkungen auf den Gewinn. Die Aufwendungen in Form der Abschreibungen mindern den Gewinn in gleichem Umfang wie die Abschreibungsanteile der Umsatzerlöse den Gewinn vergrößern. Insgesamt bleibt demzufolge die Bilanz in ihrer Größe unverändert. Der Finanzierungseffekt besteht darin, dass den Abschreibungen während der Nutzungsdauer des betreffenden Vermögensgegenstands keine entsprechenden Auszahlungen gegenüber stehen, sondern erst die Ersatzbeschaffung am Ende der Nutzungsdauer zu einer Auszahlung führt. Die liquiden Mittel können also bis zu ihrer späteren Auszahlung anderweitig eingesetzt werden. In der Bilanz erfolgt lediglich eine Umschichtung von Sachvermögen in liquide Mittel, die bis zur späteren Ersatzbeschaffung des abgeschriebenen Vermögensgegenstands zu Finanzierungszwecken zur Verfügung stehen (vgl. Bieg/Hossfeld, 2008, S. 67 ff.). Die Hintergründe und Elemente einer Innenfinanzierung aus dem betrieblichen Umsatzprozess verdeutlicht Abb. 7.14.

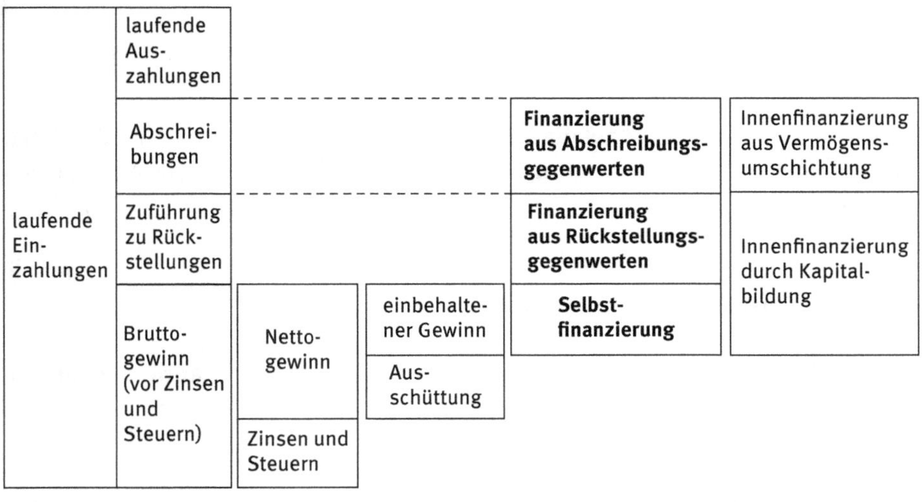

Abb. 7.14: Innenfinanzierung aus laufenden Einzahlungen (in Anlehnung an Hax, 1998, S. 183)

Neben dem Umsatzprozess liegt eine weitere Form der Innenfinanzierung vor, wenn das Unternehmen Einzahlungen außerhalb des betrieblichen Umsatzprozesses, insbesondere aus der Veräußerung von Vermögensgegenständen, erzielt. Werden die Gegenstände genau zum Buchwert veräußert, so handelt es sich bei diesem Vorgang um eine reine Vermögensumschichtung, bei dem gebundenes Kapital in liquide Mittel umgewandelt wird. Die Bilanzsumme bleibt folglich unverändert. Dieser Sachverhalt stellt ebenso wie die Finanzierung aus Abschreibungen eine Vermögensumschichtung dar. Wird beim Verkauf der Vermögensgegenstände ein höherer Verkaufserlös als der Buchwert erzielt, so entsteht obendrein ein Gewinn, der die Bilanz verlängert. Dieser Gewinn steht – sofern er nicht ausgeschüttet wird – genau wie der Gewinn aus dem Umsatzprozess zur Selbstfinanzierung zur Verfügung (vgl. Abb. 7.15).

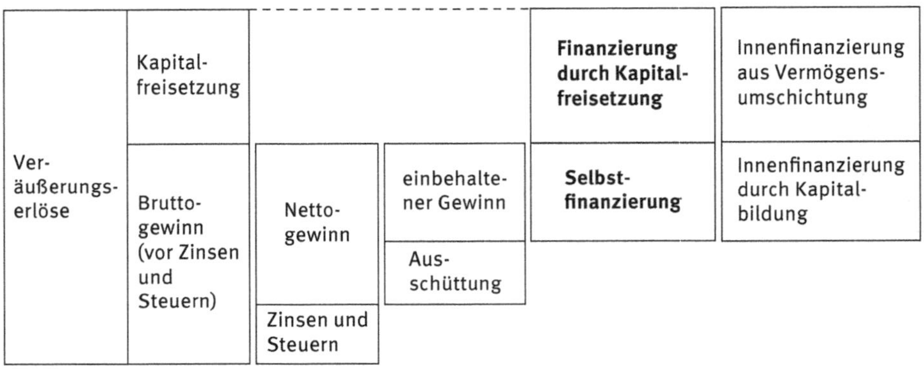

Abb. 7.15: Innenfinanzierung aus Veräußerungserlösen (in Anlehnung an Hax, 1998, S. 183)

Im Folgenden soll zunächst auf die Innenfinanzierungseffekte durch Kapitalbildung, anschließend auf die Finanzierung durch Vermögensumschichtung eingegangen werden.

7.2.2 Innenfinanzierung durch Kapitalbildung

Zur Innenfinanzierung durch Kapitalbildung gehören die Selbstfinanzierung und die Finanzierung aus Rückstellungsgegenwerten.

Selbstfinanzierung

Unter Selbstfinanzierung ist die Finanzierung aus Gewinnen, die ganz oder teilweise im Unternehmen zurückbehalten werden, zu verstehen. In Abhängigkeit von der Form der Finanzierung aus Gewinnen können zwei Arten der Selbstfinanzierung unterschieden werden:

(1) Die offene Selbstfinanzierung beruht auf der teilweisen oder vollständigen Einbehaltung ausgewiesener Gewinne. Sie führt zu einer Erhöhung des bilanziellen Eigenkapitals.
(2) Die stille Selbstfinanzierung erfolgt durch die Reduzierung des auszuweisenden Gewinns und die Bildung von sog. stillen Rücklagen. Die stille Selbstfinanzierung beruht auf Bilanzierungs- und Bewertungswahlrechten und ist aus der Bilanz nicht ersichtlich.

Der Finanzierungseffekt ergibt sich i. d. R. bereits vor dem Akt der bilanziellen Gewinnermittlung und der Gewinnverwendungsentscheidung, da erwirtschaftete Gewinne sofort wieder für Investitionen eingesetzt werden. Neben den beiden zentralen Formen ist ein Selbstfinanzierungseffekt auch mit der zeitlichen Distanz zwischen der Gewinnentstehung und der Gewinnausschüttung sowie der Steuerzahlung verbunden. Die hieraus resultierende Finanzierungswirkung ist jedoch eng begrenzt, sodass auf diese Form der Selbstfinanzierung im Folgenden nicht näher eingegangen werden soll.

Zu (1): Die **offene Selbstfinanzierung** beruht zunächst auf dem in der Gewinn- und Verlustrechnung ausgewiesenen Jahresüberschuss. Der gemäß steuerlichen Vorschriften ermittelte Gewinn unterliegt der Einkommen- resp. Körperschaftsteuer sowie der Gewerbesteuer. Da die offene Selbstfinanzierung aus dem versteuerten Gewinn durchgeführt wird, steht für die Finanzierung nur der Betrag nach Steuern zur Verfügung (vgl. Perridon/Steiner/Rathgeber, 2017, S. 543 f.).

Prinzipiell erfolgt die Einbehaltung ausgewiesener Gewinne

- bei Einzelunternehmen und Personengesellschaften durch die Gutschrift des Gewinns auf dem Kapitalkonto resp. den Kapitalkonten und den Verzicht auf Entnahmen sowie
- bei Kapitalgesellschaften durch Nichtausschüttung und Einstellung des Gewinns in die offenen Rücklagen oder Übertragung auf die Rechnung des folgenden Jahres (Gewinnvortrag) (vgl. Schierenbeck/Wöhle, 2016, S. 539).

In **Einzelunternehmungen** liegt die Gewinnverwendungskompetenz alleine bei dem Einzelunternehmer. Er kann den erzielten Gewinn in der Unternehmung belassen oder entnehmen, wobei eine Thesaurierung von Gewinnen oftmals nur begrenzt möglich ist, weil der Einzelunternehmer i. d. R. seinen Lebensunterhalt aus den Gewinnanteilen finanzieren muss (vgl. Bieg/Kußmaul/Waschbusch, 2016a, S. 379).

Bei der **Offenen Handelsgesellschaft (OHG)** wird der auf einen Gesellschafter entfallende Gewinn seinem Kapitalanteil gutgeschrieben. Fehlt eine entsprechende gesellschaftsvertragliche Regelung, ist nach § 122 HGB jeder Gesellschafter berechtigt, bis zu 4 % seines Kapitalanteils zu entnehmen. Über diesen Betrag hinaus gehende Gewinnanteile des Geschäftsjahres dürfen nur abgezogen werden, soweit dies nicht einen offenbaren Schaden der Gesellschaft zur Folge hat. Demzufolge werden Gewinne bei der OHG grundsätzlich thesauriert, eine Entnahme erfolgt nur auf Verlangen der Gesellschafter. Jeder Gesellschafter hat somit die Möglichkeit, die Höhe seines Teils der Selbstfinanzierung selbst zu bestimmen.

Für die Komplementäre einer **Kommanditgesellschaft (KG)** gelten die gleichen Regelungen zur Thesaurierung und Gewinnentnahme wie für die Gesellschafter einer OHG. Die Gewinnanteile der Kommanditisten stellen Auszahlungsverpflichtungen der Gesellschaft dar, sofern die Kapitaleinlagen der Kommanditisten nicht aufzufüllen sind. Ist die Kapitaleinlage nicht vollständig geleistet, so werden die Gewinne bis zur Höhe der Kapitaleinlage dem Kapitalkonto gutgeschrieben (§ 167 HGB). Gewinne dürfen einem Kommanditisten also nur ausgezahlt werden, wenn die Kapitaleinlage vollständig eingezahlt ist. Per Gesellschafterbeschluss oder per Gesellschaftsvertrag kann alternativ zur Auszahlung der Gewinnanteile auch die Thesaurierung der Gewinne vereinbart werden, allerdings ist dieser Teil des Gewinns der Gewinnrücklage zuzuweisen.

Bei der **stillen Gesellschaft** hat der stille Gesellschafter keine Möglichkeit, über eine Gewinnthesaurierung zu entscheiden, da der ihm zustehende Gewinnanteil auszuzahlen ist. Allerdings kann der Geschäftsinhaber über die Gestaltung der Gewinnbeteiligung des stillen Gesellschafters den Umfang der Selbstfinanzierung regeln. Die Gewinne einer Gesellschaft des bürgerlichen Rechts (GdbR) werden bei Auflösung der Gesellschaft verteilt, sofern vertraglich keine andere Regelung vereinbart wurde. Ist die Gesellschaft von längerer Dauer, kann auch die Entnahme des Gewinns nach Abschluss eines Geschäftsjahres vereinbart werden.

Bei **Kapitalgesellschaften** mit festem Nominalkapital (Aktiengesellschaft, Gesellschaft mit beschränkter Haftung) wird der einbehaltene Gewinn den offenen Rücklagen zugeführt. Nach den §§ 266 und 272 HGB sind bei Kapitalgesellschaften folgende Rücklagearten zu unterscheiden:

- Kapitalrücklage,
- Gewinnrücklagen,
  - gesetzliche Rücklagen,
  - Rücklage für Anteile an einem herrschenden oder mehrheitlich beteiligten Unternehmen,
  - satzungsmäßige Rücklage,
  - andere Gewinnrücklagen.

In die Kapitalrücklage sind nach § 272 Abs. 2 HGB insbesondere folgende Beträge einzustellen:

- Beträge, die bei der Ausgabe von Anteilen (Aktien, GmbH-Anteilen) als Agio über den Nennbetrag resp. rechnerischen Wert hinaus erzielt werden,
- Beträge, die bei der Ausgabe von Schuldverschreibungen für Wandlungsrechte und Optionsrechte zum Erwerb von Anteilen erzielt werden,

- Beträge von Zuzahlungen, die Gesellschafter gegen die Gewährung eines Vorzugs für ihre Anteile leisten (z. B. Ausgabe von Vorzugsaktien) und
- Beträge anderer Zuzahlungen, die Gesellschafter in das Eigenkapital leisten (z. B. satzungsmäßige Nachschüsse).

Da es sich bei den in die Kapitalrücklage einzustellenden Beträgen um Mehrbeträge handelt, die dem Unternehmen von außen zufließen, sind sie nicht der Selbstfinanzierung zuzurechnen. Für die Selbstfinanzierung relevant sind also nur die Gewinnrücklagen.

Im Gegensatz zu der Kapitalrücklage werden die Gewinnrücklagen aus dem Jahresüberschuss generiert. Die Bildung einer gesetzlichen Rücklage ist für Aktiengesellschaften, nicht jedoch für Gesellschaften mit beschränkter Haftung zwingend vorgeschrieben (§ 150 AktG). In die gesetzliche Rücklage sind 5 % des um einen Verlustvortrag aus dem Vorjahr geminderten Jahresüberschusses einzustellen, bis die gesetzliche Rücklage und die Kapitalrücklage zusammen 10 % oder den in der Satzung bestimmten höheren Teil des Grundkapitals erreicht haben. Der in die gesetzliche Rücklage einzustellende Betrag mindert den für die Ausschüttung verfügbaren Jahresüberschuss.

Bezüglich der Auflösung der gesetzlichen Rücklage ist zu unterscheiden, ob die Summe aus gesetzlicher Rücklage und Kapitalrücklage (ausgenommen Beträge aus anderen Zuzahlungen) 10 % oder den durch die Satzung bestimmten höheren Satz bereits erreicht hat oder nicht. Im letztgenannten Fall darf die gesetzliche Rücklage nach § 150 Abs. 3 AktG nur aufgelöst werden,
- um einen Jahresfehlbetrag auszugleichen, sofern er nicht durch einen Gewinnvortrag aus dem Vorjahr gedeckt ist und nicht durch Auflösung anderer Gewinnrücklagen ausgeglichen werden kann oder
- um einen Verlustvortrag aus dem Vorjahr auszugleichen, sofern er nicht durch einen Jahresüberschuss gedeckt ist und nicht durch Auflösung anderer Gewinnrücklagen ausgeglichen werden kann.

Ist die vorgeschriebene Höhe für die Summe aus gesetzlicher Rücklage und Kapitalrücklage erreicht, darf die gesetzliche Rücklage nach § 150 Abs. 4 AktG
- zu den nach § 150 Abs. 3 AktG vorgesehenen Verwendungszwecken herangezogen werden und
- zusätzlich zu einer Kapitalerhöhung aus Gesellschaftsmitteln eingesetzt werden.

Eine Kapitalerhöhung aus Gesellschaftsmitteln durch die Ausgabe von Gratis- oder Berichtigungsaktien stellt jedoch keinen Finanzierungsvorgang, sondern lediglich einen verrechnungstechnischen Vorgang dar. Da dem Unternehmen keine liquiden Mittel zufließen, sondern lediglich ein Passivtausch vorgenommen wird, ist generell mit der Auflösung der gesetzlichen Rücklage kein Finanzierungseffekt verbunden.

Lediglich die Einstellung von Teilen des Jahresüberschusses in die gesetzliche Rücklage hat eine offene Selbstfinanzierung zur Folge. Von der Auflösung der gesetzlichen Rücklage ist selbstverständlich die Frage nach der Verwendung dieses Kapitals in der Vermögenssphäre zu trennen. Die gesetzliche Rücklage stellt keine Liquiditätsreserve dar, auf die bei Zahlungsproblemen zurückgegriffen werden könnte. Vielmehr kann die gesetzliche Rücklage zur Finanzierung sämtlicher Vermögensteile, d. h. auch langfristiger, eingesetzt werden.

Die Rücklage für Anteile an einem herrschenden oder mehrheitlich beteiligten Unternehmen darf aus vorhandenen frei verfügbaren Rücklagen oder bei Aufstellung der Bilanz aus dem Jahresüberschuss gebildet werden. Im letztgenannten Fall ist die Dotierung der Rücklage für eigene Anteile der offenen Selbstfinanzierung zuzurechnen.

Die satzungsmäßigen oder statutarischen Rücklagen werden nach den Bestimmungen der Satzung, des Statuts oder des Gesellschaftsvertrags aufgebaut und können zweckgebunden, z. B. als Rücklagen für die Erhaltung von Teilen des Anlagevermögens, oder auch zweckfrei sein. Da sie aus dem Jahresüberschuss gebildet werden, stellt die Einstellung von Beträgen in die satzungsmäßigen Rücklagen einen Vorgang der offenen Selbstfinanzierung dar.

Die Sammelposition „andere Gewinnrücklagen" beinhaltet all jene Gewinnrücklagen, die nicht gesondert in anderen Rücklagepositionen auszuweisen sind. Die anderen Gewinnrücklagen resultieren aus dem Recht der Organe, die über die Gewinnverwendung beschließen, zumindest Teile des Jahresüberschusses den Gewinnrücklagen zuzuführen.

Stellen Vorstand und Aufsichtsrat den Jahresüberschuss fest, dürfen sie bis zu 50 % des Jahresüberschusses in die anderen Gewinnrücklagen einstellen (§ 58 AktG Abs. 2). Die Satzung kann einen höheren Prozentsatz vorsehen, wobei allerdings die anderen Gewinnrücklagen die Hälfte des Grundkapitals nicht übersteigen dürfen. Weitere Beträge können den anderen Gewinnrücklagen durch die Hauptversammlung im Rahmen des Gewinnverwendungsbeschlusses zugeführt werden.

Für den Fall, dass die Hauptversammlung den Jahresabschluss feststellt, kann die Satzung vorsehen, dass bestimmte Beträge aus dem Jahresüberschuss in die anderen Gewinnrücklagen eingestellt werden müssen. Aufgrund einer derartigen Satzungsbestimmung dürfen allerdings maximal 50 % des Jahresüberschusses den anderen Gewinnrücklagen zugeführt werden, wobei die Beträge, die in die gesetzliche Rücklage einzustellen sind und ein Verlustvortrag vorab vom Jahresüberschuss abzuziehen sind.

Im Gegensatz zu Aktiengesellschaften gilt für die Gesellschafter einer GmbH keine Beschränkung bei der Zuführung von Beträgen zu den anderen Gewinnrücklagen. § 29 Abs. 2 GmbHG sieht für Kapitalgesellschaften in der Rechtsform der GmbH lediglich vor, dass Beträge in die Gewinnrücklagen eingestellt oder als Gewinn vorgetragen werden können, sofern der Gesellschaftsvertrag nichts anderes bestimmt. Die für alle Kapitalgesellschaften geltenden Vorschriften zur Bildung von Rücklagen (§ 272 HGB) sind ebenfalls von Gesellschaften mit beschränkter Haftung anzuwenden.

Zu (2): Gegenstand der **stillen Selbstfinanzierung** ist die Einbehaltung nicht ausgewiesener Gewinne. Das Ziel der stillen Selbstfinanzierung besteht darin, den Gewinn durch die Ausnutzung bilanzpolitischer Maßnahmen niedriger auszuweisen als er tatsächlich ist. Wird die Bildung stiller Rücklagen auch in der Steuerbilanz anerkannt, vollzieht sich die stille Selbstfinanzierung aus unversteuerten Gewinnen (vgl. Perridon/Steiner/Rathgeber, 2017, S. 545).

Prinzipiell kann die Bildung stiller Reserven (vgl. Abb. 7.16) erfolgen
- durch eine Unterbewertung von Aktiva oder
- durch eine Überbewertung von Passiva.

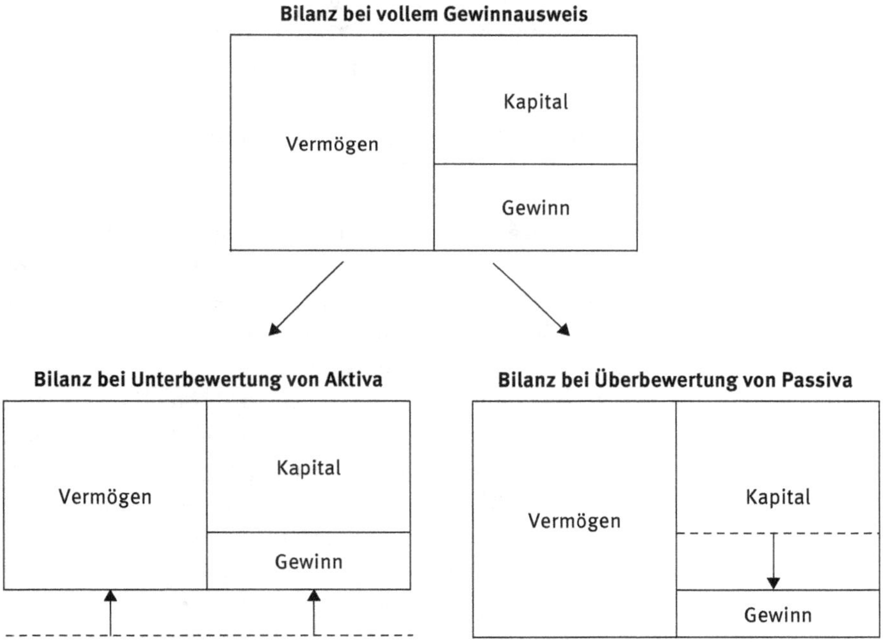

Abb. 7.16: Auswirkungen der Bildung stiller Reserven auf die Bilanz

Für eine **Unterbewertung von Aktiva** sind folgende Ansatzpunkte denkbar (vgl. Bieg/Kußmaul/Waschbusch, 2016a, S. 377):
- Verzicht auf Aktivierung effektiv vorhandener Vermögenswerte (z. B. Nichtaktivierung selbst geschaffener immaterieller Vermögenswerte des Anlagevermögens),
- Verrechnung erhöhter Aufwendungen (z. B. Unterbewertung von Vorräten, Verrechnung von Abschreibungen, die die tatsächlich eingetretenen Wertminderungen übersteigen) und

- Verrechnung verringerter Erträge (z. B. Unterlassung resp. Verbot der Zuschreibung von Wertsteigerungen).

Bei einer Unterbewertung von Aktiva wird die Aktivseite der Bilanz verkürzt, indem Vermögensgegenstände zu einem geringeren als dem tatsächlichen Wert angesetzt werden. Dies geschieht z. B. durch die Verrechnung überhöhter Abschreibungen. Die erhöhten Abschreibungen gehen in die Gewinn- und Verlustrechnung ein und verringern dort den Gewinn. Der verminderte Gewinn wird wiederum auf der Passivseite der Bilanz ausgewiesen. Da sowohl die Aktivseite als auch die Passivseite der Bilanz sinken, kommt es insgesamt zu einer Bilanzverkürzung.

Eine **Überbewertung der Passiva** kann über folgende Maßnahmen erreicht werden (vgl. Bieg/Kußmaul/Waschbusch, 2016a, S. 377):
- Schuldenüberbewertung durch Verrechnung erhöhter Aufwendungen (z. B. überhöhte Zuführungsbeträge zu den Rückstellungen) und
- Schuldenüberbewertung durch Verrechnung verringerter Erträge (z. B. Unterlassung der Auflösung nicht mehr gerechtfertigter Teilbeträge von Rückstellungen).

Bei einer Überbewertung der Passiva steigt der Bestand bestimmter Passivpositionen der Bilanz durch eine erhöhte Aufwands- oder verminderte Ertragsverrechnung. Gleichzeitig reduzieren die erhöhten Aufwendungen und die verminderten Erträge den Gewinn. Da sich die beiden Effekte in ihrer Wirkung auf die Passivseite der Bilanz kompensieren, bleibt die Bilanz in ihrer Summe konstant.

Beide Maßnahmen zur Bildung stiller Reserven haben zur Folge, dass der ausschüttungsfähige und steuerpflichtige Gewinn sinkt. Aus der Nichterkennbarkeit dieser Maßnahmen für Außenstehende resultiert die Bezeichnung stille Selbstfinanzierung. Allerdings setzt die Bildung stiller Reserven eine entsprechende Gestaltung der Bilanz voraus, die nur im Rahmen der Bilanzierungs- und Bewertungsfreiräume des Handelsgesetzbuchs möglich ist. Die Ausschöpfung der Bilanzierungs- und Bewertungsfreiräume bewirkt, dass entsprechende Gewinne nicht ausgewiesen werden, obwohl sie tatsächlich vorhanden sind. Somit nimmt durch die stille Selbstfinanzierung im Gegensatz zur offenen Selbstfinanzierung nicht das bilanzielle, sondern nur das effektive Eigenkapital zu.

Insbesondere im Vergleich zur Beteiligungs- und Kreditfinanzierung weist die Selbstfinanzierung folgende Vorteile auf (vgl. Perridon/Steiner/Rathgeber, 2017, S. 547 ff.; Bieg/Hossfeld, 2008, S. 98 f.):
- Die Selbstfinanzierung fördert die Unabhängigkeit eines Unternehmens vom Kapitalmarkt. Da keine neuen Gesellschafter aufgenommen werden, ergeben sich keine Verschiebungen in den Machtstrukturen im Unternehmen.
- Für die im Rahmen der Selbstfinanzierung beschafften Mittel sind keine Zins- oder Dividendenzahlungen an Kapitalgeber zu leisten.

- Im Vergleich zur Kreditfinanzierung steht das durch Selbstfinanzierung aufgebrachte Kapital unbefristet zur Verfügung. Eine Stellung von Kreditsicherheiten ist nicht erforderlich.
- Die Einbehaltung von Gewinnen stärkt die Eigenkapitalbasis des Unternehmens, wodurch sich die Krisenanfälligkeit verringert und die Kreditwürdigkeit erhöht.
- Die im Rahmen der stillen Selbstfinanzierung gebildeten Reserven ermöglichen es, Gewinnausschüttungen zeitlich zu verlagern. Daraus ergibt sich ein Liquiditätsvorteil, außerdem wird eine Glättung der ausgewiesenen Jahresüberschüsse und eine Kontinuität der ausgeschütteten Dividenden über mehrere Jahre hinweg erreicht.
- Wenn die im Rahmen der stillen Selbstfinanzierung ergriffenen Maßnahmen auch steuerlich anerkannt werden, führt die stille Selbstfinanzierung ferner zu einer kostenlosen Steuerstundung. Eine Versteuerung ist erst dann erforderlich, wenn die stillen Reserven durch Realisierung in Erscheinung treten. Die Steuerstundung hat einen Liquiditäts- und einen Zinsgewinn zur Folge, wobei es zu einer effektiv höheren Steuerbelastung kommt, wenn zwischenzeitlich eine Erhöhung der Steuertarife stattgefunden hat oder wenn im Rahmen der Einkommensteuer die Mehrbelastung bei Auflösung der stillen Reserve die ursprüngliche Einkommensteuerersparnis aufgrund des progressiven Einkommensteuertarifs übersteigt.

Als Nachteil der Selbstfinanzierung kann angeführt werden, dass die einbehaltenen Mittel dem Kapitalmarkt entzogen werden und somit nicht der Lenkungsfunktion des Markts unterliegen. Dies kann volkswirtschaftlich nachteilig sein, da die Finanzierungsmittel unter Umständen nicht dort eingesetzt werden, wo sie den größten Nutzen erzielen. Betriebswirtschaftlich bedeutet dies, dass Selbstfinanzierungsmittel vom Unternehmen ggf. als „kostenlos" angesehen werden, da sie keine laufende Liquiditätsbelastung verursachen. Demzufolge könnten Unternehmen zu Investitionen verleitet werden, die keine ausreichende Rentabilität aufweisen (vgl. Schierenbeck/Wöhle, 2016, S. 539). Diesem Argument ist allerdings entgegenzuhalten, dass die Vorteilhaftigkeit betrieblicher Investitionen über entsprechende Investitionsrechenverfahren und mithilfe eines bestimmten Kalkulationszinses bestimmt wird. Der Kalkulationszins wird i. d. R. aus den Zinsverhältnissen am Kapitalmarkt oder anderweitigen Investitionsmöglichkeiten, nicht jedoch aus den Kosten bestimmter Finanzierungsmittel abgeleitet.

Darüber hinaus geht die als Vorteil angeführte Glättung der ausgewiesenen Jahresüberschüsse mit einer Bilanzverschleierung einher. Durch die Bildung stiller Reserven wird den Jahresabschlussadressaten ein unzutreffendes Bild der wirtschaftlichen Lage des Unternehmens vermittelt.

Finanzierung aus Rückstellungsgegenwerten

Ebenso wie bei der Selbstfinanzierung werden auch durch die Bildung von Rückstellungen finanzielle Mittel an das Unternehmen gebunden. Da die Rückstellungen im Wesentlichen für ungewisse Verbindlichkeiten angesetzt werden, gehören sie in der Bilanz zum Fremdkapital. Die Finanzierung aus Rückstellungen bzw. Rückstellungsgegenwerten ist daher ein Element der Fremdfinanzierung (vgl. Perridon/Steiner/Rathgeber, 2017, S. 554).

Rückstellungen werden zur periodenrichtigen Erfolgsabgrenzung angesetzt. Sie sind für Vorgänge zu bilden, die am Bilanzstichtag hinsichtlich ihres Grundes, ihrer Höhe und/oder ihrer Fälligkeit noch nicht feststehen, deren wirtschaftliche Ursache jedoch in der laufenden Periode liegt. § 249 HGB unterscheidet folgende Fälle, in denen eine Pflicht zum Ansatz von Rückstellungen besteht:

- Rückstellungen für ungewisse Verbindlichkeiten,
- Rückstellungen für drohende Verluste aus schwebenden Geschäften,
- Rückstellungen für im Geschäftsjahr unterlassene Aufwendungen für Instandhaltung, die im folgenden Geschäftsjahr innerhalb von drei Monaten nachgeholt werden oder für im Geschäftsjahr unterlassene Aufwendungen für Abraumbeseitigung, die im folgenden Geschäftsjahr nachgeholt werden und
- Rückstellungen für Gewährleistungen, die ohne rechtliche Verpflichtung erbracht werden.

Die Bildung von Rückstellungen beeinflusst sowohl die Gewinn- und Verlustrechnung als auch die Bilanz eines Unternehmens. Zuführungen zu Rückstellungen reduzieren den Jahresüberschuss, sodass der den Anteilseignern zur Verfügung stehende Ausschüttungsbetrag sinkt. Sofern die Zuführungen zu den Rückstellungen steuerlich als Betriebsausgaben anerkannt werden, mindern sie den steuerpflichtigen Gewinn und damit auch die Steuerzahlungen. Bei der späteren Inanspruchnahme der Rückstellung kann demgegenüber die geleistete Zahlung nicht erneut als (steuermindernder) Aufwand geltend gemacht werden.

Die Bilanzsumme nimmt bei der Finanzierung aus Rückstellungsgegenwerten ebenso wie bei der offenen Selbstfinanzierung zu. Den Zuführungen zu Rückstellungen auf der Passivseite der Bilanz steht ein Zuwachs liquider Mittel auf der Aktivseite gegenüber. Dabei gilt wie bei allen Formen der Innenfinanzierung, dass die finanziellen Mittel sukzessiv während einer Periode anfallen und i. d. R. sofort wieder reinvestiert werden. Über das Volumen gebildeter Rückstellungen kann daher nur angegeben werden, welche Mittel der Unternehmung in der vergangenen Periode über diese Finanzierungsart zur Verfügung standen. Das Volumen der gebildeten Rückstellungen entspricht also nicht dem (Mindest-)Bestand an liquiden Mitteln am Bilanzstichtag.

Von dieser rückwärtsgerichteten, bilanziellen Betrachtung einer Finanzierung aus Rückstellungen sind die Voraussetzungen zur Entstehung eines entsprechenden Finanzierungsvolumens zu unterscheiden. Damit ein Innenfinanzierungseffekt eintritt, müssen folgende Bedingungen erfüllt sein:

- Das Unternehmen berücksichtigt bei der Kalkulation der Absatzpreise die Höhe der zu bildenden Rückstellungen.
- Die finanziellen Gegenwerte der Rückstellungen fließen dem Unternehmen über die im Umsatzprozess erzielten Verkaufserlöse zu.
- Die fremdbestimmten Liquiditätsansprüche werden nicht sofort geltend gemacht.
- Über den bilanziellen Ansatz von Rückstellungen werden die kalkulierten und realisierten Rückstellungsgegenwerte an das Unternehmen gebunden.

Werden die Rückstellungsgegenwerte über den Umsatzprozess verdient, so resultiert aus der zeitlichen Diskrepanz zwischen Aufwandsverrechnung und späterer Auszahlung ein Innenfinanzierungseffekt. Die liquiden Mittel stehen dem Unternehmen bis zur Realisation des Rückstellungszwecks zur freien Disposition zur Verfügung.

Der Finanzierungseffekt der Rückstellungen ist damit abhängig davon,
- ob ohne die Rückstellungen bereits ein Verlust vorliegt oder ob die Rückstellungen verdient wurden,
- wie hoch das Volumen der Rückstellungen ist und wie lange es dauert, bis die zurückgestellten Beträge ausgezahlt werden müssen,
- ob der Gewinn thesauriert oder ausgeschüttet wird und
- in welcher Relation die Neuzuführungen zu den Mittelabflüssen stehen.

Wurden die gebildeten Rückstellungen nicht verdient, entsteht kein Finanzierungseffekt. Im Verlustfall kann also nicht am Jahresende über den Ansatz von Rückstellungen ein Innenfinanzierungsvolumen generiert werden.

Der Innenfinanzierungseffekt ist – im Gewinnfall – umso größer, je höher der Betrag und je länger die Dauer der gebildeten Rückstellung ist. Die Mehrzahl der Rückstellungen ist i. d. R. kurzfristiger Natur, d. h. sie werden in dem auf die Bildung folgenden Geschäftsjahr wieder aufgelöst. Der Finanzierungseffekt derartiger Rückstellungen ist begrenzt, da die finanziellen Mittel nur vom Zeitpunkt der Bildung bis zur Auflösung der Rückstellung zur Innenfinanzierung zur Verfügung stehen. Da entsprechende kurzfristige Rückstellungen für ähnliche Verpflichtungen häufig jährlich immer wieder neu verrechnet werden, kommt es zur Ausbildung eines Bodensatzes an Rückstellungen. Der Bodensatz entspricht den auf Dauer vorhandenen Rückstellungen, die einen permanenten Finanzierungseffekt zur Folge haben (vgl. Perridon/Steiner/Rathgeber, 2017, S. 554 f.).

Den bedeutendsten Finanzierungseffekt lösen jedoch die Pensionsrückstellungen aus. Der Zeitraum zwischen der Bildung und der Auflösung dieser Rückstellungen kann unter Umständen mehrere Jahrzehnte betragen, sodass mit den Gegenwerten der Rückstellungen langfristig geplant werden kann. Darüber hinaus können diese Rückstellungen ein Volumen erreichen, das die Höhe des Grundkapitals übersteigt.

Pensionsrückstellungen sind zu bilden, wenn sich ein Unternehmen seinen Arbeitnehmern gegenüber verpflichtet, Alters-, Invaliden- oder Hinterbliebenenbezüge zu zahlen. Die Pensionsrückstellungen sind bereits vom Jahr der Zusage gegenüber den Arbeitnehmern an in die Bilanz einzustellen und bis zum Eintritt des Versorgungsfalls anzusammeln. Die Zuführungen zu den Pensionsrückstellungen stellen wirtschaftlich betrachtet Lohn- und Gehaltsaufwendungen dar, die erst bei Ausscheiden des Arbeitnehmers aus dem Unternehmen bzw. bei Eintritt des Versorgungsfalls zu Auszahlungen werden. Durch ihren Aufwandscharakter mindern die Pensionsrückstellungen den Gewinn. Die steuerliche Anerkennung setzt voraus, dass die Berechnung der Rückstellungshöhe nach versicherungsmathematischen Grundsätzen erfolgt, wobei die wahrscheinliche Lebenserwartung sowie die Wahrscheinlichkeit einer Invalidität zu berücksichtigen sind. Die Zuführungen zu den Rückstellungen sind so zu bemessen, dass bei Eintritt des Versorgungsfalls der Gesamtbetrag der gebildeten Rückstellungen gerade ausreicht, um die zugesagten Leistungen zu erbringen. Zu berücksichtigen sind dabei auch Zinseffekte. Der Betrag der Pensionsrückstellungen hat dem Barwert der auf diesen Zeitpunkt abgezinsten Versorgungsleistungen zu entsprechen (vgl. Schierenbeck/Wöhle, 2016, S. 543).

Die Leistungen an den Arbeitnehmer werden mit Eintritt des Versorgungsfalls einmalig oder in Form regelmäßiger Zahlungen als Rente erbracht. In Abhängigkeit von diesen Zahlungen müssen die Pensionsrückstellungen erfolgsneutral aufgelöst werden.

Der Einfluss der Gewinnverwendung auf die Finanzierungswirkung von Pensionsrückstellungen soll an einem Beispiel verdeutlicht werden. Eine GmbH erzielte im abgelaufenen Geschäftsjahr einen Gewinn in Höhe von 100.000 EUR. Bei der Kalkulation der Verkaufspreise wurden die für die Mitarbeiter zu bildenden Pensionsrückstellungen in Höhe von 50.000 EUR berücksichtigt. Den Finanzierungseffekt im Falle der vollständigen Thesaurierung verdeutlicht Tab. 7.10.

Bildet die GmbH keine Pensionsrückstellungen, unterliegt der Gewinn in voller Höhe der Besteuerung. Bei einer unterstellten Steuerbelastung von 30 % ergibt sich eine Steuerlast von 30.000 EUR, für die Einbehaltung verbleiben noch 70.000 EUR. Demgegenüber beträgt die abzuführende Steuer lediglich 15.000 EUR, wenn Pensionsrückstellungen von 50.000 EUR angesetzt werden. Der zu versteuernde Gewinn sinkt um die gebildeten Pensionsrückstellungen von 50.000 EUR, die Steuerbelastung entspricht 30 % des Gewinns nach Abzug der gebildeten Pensionsrückstellungen. Einbehalten werden kann in diesem Fall die Differenz aus Gewinn, gebildeten Pensionsrückstellungen und Besteuerung in Höhe von 35.000 EUR. Der Finanzierungseffekt ergibt sich zum einen daraus, dass die gebildeten Pensionsrückstellungen (50.000 EUR) an das Unternehmen gebunden werden. Da aber gleichzeitig der einbehaltene Gewinn um 35.000 EUR sinkt, entsteht lediglich eine Finanzierungswirkung in Höhe der Differenz von 15.000 EUR. Zum anderen kann der Finanzierungseffekt auch aus dem Rückgang der vom Unternehmen abfließenden Zahlungen bestimmt werden. Die Steuerzahlung geht durch die Bildung der Pensionsrückstellungen um 15.000 EUR zurück. Diese Differenz entspricht den durch die Bildung der Pensionsrückstellungen an das Unternehmen gebundenen Mitteln.

Tab. 7.10: Finanzierungswirkung der Bildung von Pensionsrückstellungen bei vollständiger Thesaurierung (Angaben in EUR)

	vollständige Thesaurierung	
ohne Bildung von Pensionsrückstellungen	Gewinn	100.000
	Besteuerung (30 % · 100.000)	−30.000
	Einbehaltung	=70.000
mit Bildung von Pensionsrückstellungen	Gewinn	100.000
	Pensionsrückstellungen	−50.000
	Besteuerung (30 % · (100.000 – 50.000))	−15.000
	Einbehaltung	=35.000
Finanzierungseffekt	(50.000 – 35.000) oder (30.000 – 15.000)	15.000

Bei vollständiger Ausschüttung beträgt der Gewinn nach Besteuerung ebenfalls 70.000 EUR, wenn keine Pensionsrückstellungen gebildet werden (vgl. Tab. 7.11). Werden Pensionsrückstellungen angesetzt, verbleiben nach Abzug der Pensionsrückstellungen in Höhe von 50.000 EUR und der Steuerbelastung in Höhe von 15.000 EUR für die Ausschüttung 35.000 EUR. Bei der vollständigen Ausschüttung beläuft sich der Finanzierungseffekt folglich auf 50.000 EUR. Dieser Effekt zeigt sich zum einen in den gebildeten Pensionsrückstellungen. Durch die Verrechnung von Pensionsrückstellungen werden 50.000 EUR an das Unternehmen gebunden. Eine Reduzierung dieses Effekts durch einen Rückgang der einbehaltenen Gewinne findet im Gegensatz zur vollständigen Thesaurierung nicht statt. Zum anderen zeigt sich die Finanzierungswirkung in der Verminderung der abfließenden Mittel. Die Steuerzahlung verringert sich durch die Bildung von Pensionsrückstellungen um 15.000 EUR, die Ausschüttung sinkt um 35.000 EUR. In der Summe entspricht der Rückgang der abfließenden Beträge dem gesamten Finanzierungseffekt in Höhe von 50.000 EUR.

Tab. 7.11: Finanzierungswirkung der Bildung von Pensionsrückstellungen bei vollständiger Ausschüttung (Angaben in EUR)

	vollständige Ausschüttung	
ohne Bildung von Pensionsrückstellungen	Gewinn	100.000
	Besteuerung (30 % · 100.000)	−30.000
	Ausschüttung	=70.000
mit Bildung von Pensionsrückstellungen	Gewinn	100.000
	Pensionsrückstellungen	−50.000
	Besteuerung (30 % · (100.000 – 50.000))	−15.000
	Ausschüttung	=35.000
Finanzierungseffekt	50.000 oder (35.000 + 15.000)	50.000

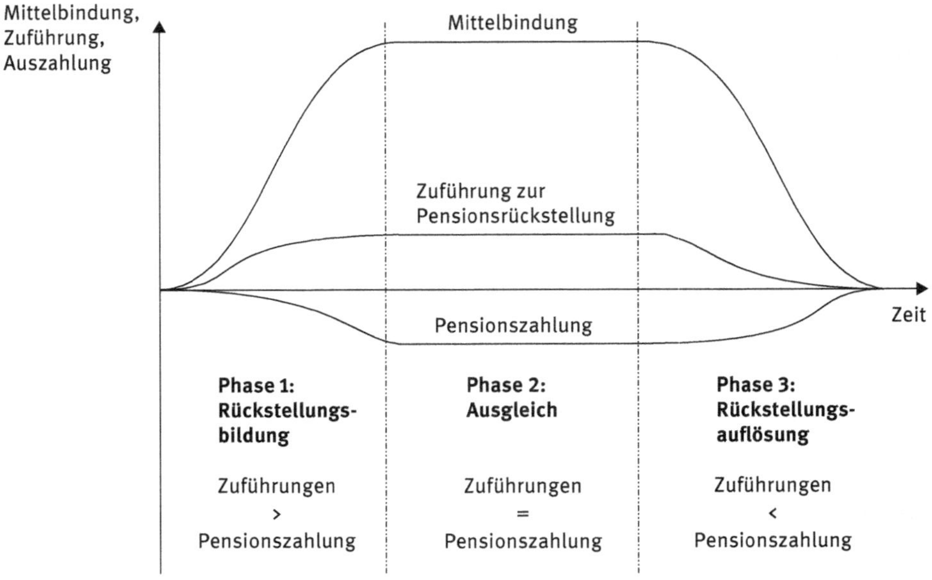

Abb. 7.17: Finanzierungspotenzial von Pensionsrückstellungen (vgl. Wöhe et al., 2013, S. 457)

Den Einfluss der Neuzuführungen und der Pensionszahlungen auf das Volumen der Finanzierung aus Pensionsrückstellungen verdeutlicht Abb. 7.17.

Das Finanzierungspotenzial aus Pensionsrückstellungen lässt sich im Lebenszyklus eines Unternehmens in drei Phasen einteilen:

- In der ersten Phase beginnt das Unternehmen damit, seinen Mitarbeitern Pensionen zuzusagen. In dieser Phase wächst das im Unternehmen gebundene Finanzierungspotenzial an, weil aufgrund der geringen Zahl von Versorgungsfällen die Mittelbindung durch Pensionsrückstellungen die Pensionsauszahlungen übersteigt. Im Laufe der Zeit nimmt die Anzahl der Versorgungsfälle zu, sodass sich ein Zustand einstellt, bei dem den Rückstellungen genauso viele Mittel zugeführt werden, wie Auszahlungen erforderlich sind. Bei Erreichen dieses Gleichgewichts ist das Ende der ersten Phase erreicht.
- In der zweiten Phase bleibt der Gleichgewichtszustand erhalten. Die Höhe der Rückstellungen verändert sich während der zweiten Phase nicht, da die abfließenden Pensionszahlungen den Zuführungen zu den Rückstellungen entsprechen. Das Finanzierungsvolumen bleibt somit konstant, das in der ersten Phase angesammelte Finanzierungsvolumen steht dem Unternehmen zur Verfügung.
- In der dritten Phase beziehen mehr ehemalige Mitarbeiter die zugesagten Pensionen als Neuzusagen erteilt werden. Damit sind die Auszahlungen in ihrer Summe größer als die Neuzuführungen zu den Rückstellungen, wodurch das Finanzierungsvolumen sinkt.

Die zeitübergreifende Analyse macht deutlich, dass ein Unternehmen durch die Bildung von Pensionsrückstellungen ein beachtliches Finanzierungspotenzial aufbauen kann, das ihm praktisch während der gesamten Lebensdauer zur Verfügung steht.

7.2.3 Innenfinanzierung durch Vermögensumschichtung

Zur Innenfinanzierung durch Vermögensumschichtung gehören zunächst die Finanzierung aus Abschreibungsgegenwerten und die Finanzierung aus der Veräußerung von Gegenständen des Anlage- und Umlaufvermögens. Spezielle Erscheinungsformen der Finanzierung aus Veräußerungserlösen stellen die Finanzierung aus Factoring und Asset Backed Securities dar.

Finanzierung aus Abschreibungsgegenwerten

Die Finanzierung aus Abschreibungsgegenwerten resultiert aus dem Zufluss liquider Mittel aus den Umsatzerlösen des betrieblichen Leistungsprozesses. Die Umsatzerlöse enthalten u. a. Gegenwerte verrechneter Abschreibungen. Da der erfolgswirksame Ansatz von Abschreibungen einen Liquiditätsabfluss verhindert, stehen die zugeflossenen liquiden Mittel der Unternehmung bis zu einer Reinvestition in späteren Perioden zur freien Disposition zur Verfügung.

Die abnutzbaren Vermögensgegenstände eines Unternehmens verlieren durch ihren Gebrauch über die Jahre hinweg an Wert. Dem Rechnungswesen eines Unternehmens kommt die Aufgabe zu, das betriebliche Geschehen möglichst realitätsnah abzubilden. Aus diesem Grund werden für den Wertverlust abnutzbarer Wirtschaftsgüter Abschreibungen angesetzt. Die Abschreibungen finden dabei auf zweifache Weise im betrieblichen Rechnungswesen Berücksichtigung. Zum einen werden kalkulatorische Abschreibungen in der Kostenrechnung erfasst und zum anderen gehen bilanzielle Abschreibungen in die Finanzbuchhaltung ein (vgl. Perridon/Steiner/Rathgeber, 2017, S. 549).

Die kalkulatorischen Abschreibungen sollen sicherstellen, dass bei Ausscheiden eines Vermögensgegenstands – z. B. einer Produktionsanlage oder einer Maschine – aus dem Produktionsprozess ein neuer gleichwertiger Gegenstand erworben werden kann. Ziel des Ansatzes kalkulatorischer Abschreibungen ist also die Substanzerhaltung. Zu diesem Zweck werden die kalkulatorischen Wertminderungen bei der Ermittlung der Selbstkosten der betrieblichen Erzeugnisse berücksichtigt. Beim Verkauf der Erzeugnisse wird quasi u. a. die Wertminderung der Vermögensgegenstände durch die Kunden vergütet.

Die erzielten Verkaufserlöse stellen in der Finanzbuchhaltung Erträge dar. Diese Erträge müssen – sofern ihnen keine Aufwendungen gegenüberstehen – versteuert und ggf. an die Anteilseigner ausgeschüttet werden. Eine Ersatzbeschaffung wäre damit aus den erwirtschafteten Abschreibungsgegenwerten nicht mehr möglich. Um dies zu verhindern, werden in der Finanzbuchhaltung bilanzielle Abschreibungen verrechnet, die das für die Ausschüttungen und Steuerzahlungen verfügbare Ergebnis reduzieren und die Abschreibungsgegenwerte an das Unternehmen binden.

Der Finanzierungseffekt aus Abschreibungen besteht letztlich darin, dass die Zuflüsse an liquiden Mitteln früher erfolgen als die Zahlungsmittelabflüsse für die Reinvestition. Gleichzeitig wird in der Periode, in der die Umsatzerlöse entstehen, ein Abfluss finanzieller Mittel durch Gewinnausschüttungen oder Steuerzahlungen durch eine Verrechnung von Abschreibungen verhindert. Es kommt also zu einem Zufluss liquider Mittel, dem in derselben Periode kein auszahlungswirksamer Aufwand gegenüber steht.

Damit die Finanzierungswirkung aus den Abschreibungsgegenwerten eintritt, müssen neben der Bildung bilanzieller Abschreibungen folgende Voraussetzungen erfüllt sein (vgl. Perridon/Steiner/Rathgeber, 2017, S. 552):

- Die für die Erzeugnisse erzielten Preise decken die Selbstkosten inklusive der Abschreibungen ab, d. h. die verrechneten Abschreibungen werden über die Umsatzerlöse verdient.
- Die Abschreibungsgegenwerte fließen dem Unternehmen als Einzahlungen, d. h. in liquider Form, zu.

In der Bilanz zeigt sich die Finanzierung aus Abschreibungsgegenwerten in einem Aktivtausch. Die Höhe des Sachvermögens wird durch die Abschreibungen verringert, das Geldvermögen steigt durch den Zufluss liquider Mittel an. Die Bilanzsumme verändert sich dabei nicht. In der Gewinn- und Verlustrechnung schützen Abschreibungen Teile der Umsatzerlöse vor Ausschüttung und Besteuerung. Die Abschreibungen stehen den Erträgen aus den Umsatzerlösen gegenüber und verringern so im Vergleich zur Situation ohne Verrechnung von Abschreibungen den steuerpflichtigen und ausschüttbaren Gewinn (vgl. Bieg/Hossfeld, 2008, S. 68).

Der Finanzierungseffekt aus Abschreibungsgegenwerten kann

- als Kapitalfreisetzungseffekt oder
- als Kapazitätserweiterungseffekt

interpretiert werden (vgl. Schierenbeck/Wöhle, 2016, S. 540). Hintergrund dieser Differenzierung ist die Frage, ob die über die Abschreibungen freigesetzten Mittel zur Reduzierung des Kapitaleinsatzes oder zum Ausbau der Kapazität eingesetzt werden.

Die **Kapitalfreisetzung** beruht auf der zeitlichen Diskrepanz zwischen der Verrechnung der Abschreibungen, der Erwirtschaftung der Abschreibungsgegenwerte und der erforderlichen Reinvestition. Das folgende Beispiel soll den Kapitalfreisetzungseffekt verdeutlichen. Unterstellt wird dabei, dass die Abschreibungen in voller Höhe durch die Absatzerlöse verdient werden.

Ein Unternehmen kauft in drei aufeinander folgenden Jahren jeweils ein Kopiergerät zu einem Preis von 3.000 EUR. Danach soll die Kapazität von drei Kopiergeräten aufrechterhalten werden. Die Nutzungsdauer der Geräte beträgt drei Jahre. Die Kopiergeräte werden linear abgeschrieben, ein Liquidationserlös kann nicht erzielt werden. Daraus ergibt sich eine jährliche Abschreibung pro Kopiergerät von 1.000 EUR:

$$A = \frac{\text{Anschaffungskosten}}{\text{Nutzungsdauer}} = \frac{3.000}{3} = 1.000\,€$$

Höhe und Verlauf der Kapitalfreisetzung in diesem Beispielfall verdeutlicht Tab. 7.12.

Tab. 7.12: Kapitalfreisetzungseffekt von Abschreibungen (Angaben in EUR)

	Phase des Kapazitätsaufbaus			**Reinvestitionsphase**		
Zeitpunkt (t)	**1**	**2**	**3**	**4**	**5**	**6**
Kopierer 1	1.000	1.000	1.000	1.000	1.000	1.000
Kopierer 2		1.000	1.000	1.000	1.000	1.000
Kopierer 3			1.000	1.000	1.000	1.000
gesamte Jahresabschreibung	1.000	2.000	3.000	3.000	3.000	3.000
kumulierte liquide Mittel	1.000	3.000	6.000	6.000	6.000	6.000
Reinvestitionen	–	–	3.000	3.000	3.000	3.000
Kapitalfreisetzung	1.000	3.000	3.000	3.000	3.000	3.000

Im ersten Jahr verfügt der Kopierservice über ein Kopiergerät. Es werden Abschreibungen in Höhe von 1.000 EUR verrechnet, die einen Finanzierungseffekt in gleicher Höhe zur Folge haben. Im zweiten Jahr kommt ein zweites Kopiergerät hinzu, sodass sich die jährlichen Abschreibungen auf insgesamt 2.000 EUR belaufen. Die kumulierte Kapitalfreisetzung wächst somit auf 3.000 EUR (= 1.000 + 2.000) an. Im dritten Jahr ist die gewünschte Kapazität von drei Kopierern erreicht, sodass sich ein Abschreibungsvolumen von 3.000 EUR ergibt. Folglich sind dem Unternehmen im Laufe der ersten drei Jahre insgesamt 6.000 EUR an liquiden Mitteln zugeflossen.

Mit dem Ende des dritten Jahres erreicht jedoch das zuerst angeschaffte Kopiergerät das Ende seiner Nutzungsdauer. Es ist daher eine Reinvestition zu tätigen, die eine Auszahlung von 3.000 EUR zur Folge hat, wodurch der Abschreibungsbetrag des dritten Jahres gerade aufgezehrt wird. Die gesamte Kapitalfreisetzung beträgt daher weiterhin 3.000 EUR. In allen Folgejahren ist jeweils ein Kopiergerät zu ersetzen, sodass die Abschreibungen jeweils dem erforderlichen Reinvestitionsvolumen entsprechen. Es ergibt sich nach der Phase des Kapazitätsaufbaus folglich eine dauerhafte Kapitalfreisetzung in Höhe von 3.000 EUR oder 33,3 % des gesamten Investitionsvolumens. Dieses freigesetzte Kapital kann für beliebige Zwecke eingesetzt werden, beispielsweise könnte es dazu dienen, den externen Kapitalbedarf von 9.000 EUR auf 6.000 EUR zu reduzieren.

Beim **Kapazitätserweiterungseffekt** wird unterstellt, dass die freigesetzten Mittel sofort wieder in identische Objekte investiert werden. Das Ziel ist also nicht die Aufrechterhaltung einer bestimmten Kapazität, vielmehr wird eine Maximierung der Periodenkapazität angestrebt.

Zur Verdeutlichung des Kapazitätserweiterungseffekts soll das Beispiel zum Kapitalfreisetzungseffekt noch einmal aufgegriffen werden. Im Unterschied zum obigen Fall werden nun die freigesetzten Mittel sofort wieder in identische Kopiergeräte investiert. Diese Vorgehensweise führt zu dem in Tab. 7.13 dargestellten Abschreibungsplan.

Tab. 7.13: Abschreibungsplan zum Kapazitätserweiterungseffekt (Angaben in EUR)

	Phase des Kapazitätsaufbaus			Reinvestitionsphase		
Zeitpunkt (t)	**1**	**2**	**3**	**4**	**5**	**6**
Kopierer 1	1.000	1.000	1.000	1.000	1.000	1.000
Kopierer 2		1.000	1.000	1.000	1.000	1.000
Kopierer 3			1.000	1.000	1.000	1.000
Kopierer 4			1.000	1.000	1.000	1.000
Perioden-Total-Kapazität (Stk.)	1	2	4	4	4	4
gesamte Jahresabschreibung	1.000	2.000	4.000	4.000	4.000	4.000
kumulierte liquide Mittel	1.000	3.000	4.000	5.000	6.000	4.000
Reinvestitionen (Stk.)	–	1	1	1	2	1
Reinvestitionen	–	3.000	3.000	3.000	6.000	3.000
Kapitalfreisetzung	1.000	–	1.000	2.000	–	1.000

Im ersten Jahr fällt eine Abschreibung in Höhe von 1.000 EUR an, im zweiten Jahr werden insgesamt 2.000 EUR für zwei Kopierer abgeschrieben. Die Summe der kumulierten Abschreibungsbeträge beläuft sich auf 3.000 EUR, die zur Anschaffung eines zusätzlichen Kopiergeräts eingesetzt werden. Zusammen mit dem zu Beginn des dritten Jahres ohnehin geplanten Kauf werden somit zwei Kopiergeräte beschafft. Der Kopierservice besitzt nun vier Kopiergeräte, wobei zum Kauf des vierten Geräts ein weiterer externer Kapitaleinsatz nicht notwendig ist. Die Finanzierung erfolgt ausschließlich aus den Abschreibungsgegenwerten. Gegenüber der Ausgangssituation wurde die Kapazität um ein Kopiergerät gesteigert.

Im dritten Jahr ergibt sich eine Abschreibungssumme von 4.000 EUR, die zum Kauf eines Kopiergeräts ausreicht. Dieses ersetzt den Kopierer 1, dessen Nutzungsdauer beendet ist. Es verbleibt eine Kapitalfreisetzung von 1.000 EUR. Im vierten Jahr werden wiederum 4.000 EUR abgeschrieben, sodass insgesamt liquide Mittel in einem Umfang von 5.000 EUR vorhanden sind. Damit kann die Reinvestition für das Kopiergerät 2 finanziert werden, wobei die Kapitalfreisetzung auf 2.000 EUR anwächst. Im fünften Jahr erreichen zwei Kopierer das Ende ihrer Nutzungsdauer. Die aufgelaufenen Mittel betragen 6.000 EUR, die zur Finanzierung der beiden Ersatzgeräte ausreichen. Die Periodenkapazität von vier Kopiergeräten bleibt in den folgenden Jahren erhalten.

Der Kapazitätserweiterungseffekt setzt voraus, dass die Abschreibungen über die Absatzpreise verdient und an das Unternehmen gebunden werden. Obendrein wird unterstellt, dass gleichartige Anlagen erworben werden, konstante Wiederbeschaffungspreise gelten und am Markt entsprechende Absatzmöglichkeiten vorhanden sind. Schließlich werden durch die mit einer Erweiterungsinvestition verbundenen Konsequenzen für das Umlaufvermögen vernachlässigt (vgl. Perridon/Steiner/Rathgeber, 2017, S. 552).

Finanzierung aus Veräußerungsmaßnahmen

Bei der Finanzierung durch Veräußerungsmaßnahmen handelt es sich um eine Kapitalfreisetzung außerhalb des normalen Umsatzprozesses. Ebenso wie bei der Finanzierung aus Abschreibungen führt auch diese Form der Innenfinanzierung nicht zu einer Bildung neuen Kapitals, es wird vielmehr zuvor gebundenes Kapital freigesetzt. Der Finanzierungseffekt dieser Maßnahmen ergibt sich aus der Veräußerung bestimmter Teile des Anlage- oder Umlaufvermögens.

Werden Gegenstände des Anlage- oder Umlaufvermögens veräußert, hat dies einen Aktivtausch zur Folge. Sachvermögen wird in Geldvermögen umgewandelt, das dem Unternehmen zur freien Disposition zur Verfügung steht. Neben dem Aktivtausch kann es auch zu einer Bilanzverlängerung kommen, wenn beim Verkauf der Vermögensgegenstände stille Reserven realisiert werden. Stille Reserven liegen vor, wenn der Marktwert eines Vermögensgegenstands den Buchwert übersteigt. Der in diesem Fall über die Freisetzung des gebundenen Kapitals hinaus erzielte Gewinn unterliegt der Besteuerung und muss eventuell an die Eigentümer des Unternehmens ausgeschüttet werden. Neben die Finanzierung aus Vermögensumschichtung tritt ein Selbstfinanzierungseffekt in Höhe des versteuerten und nicht ausgeschütteten Gewinns (vgl. Schäfer, 2002, S. 489).

Relativ einfach gestaltet sich die Veräußerung von Vermögensgegenständen, wenn nicht betriebsnotwendige Güter verkauft werden. Hierzu rechnen insbesondere Wertpapiere, die bei Finanzierungsengpässen relativ einfach über die Börse wieder veräußert werden können. Daneben ist an den Verkauf nicht benötigter Grundstücke oder von Beteiligungen, die nicht mehr zum Kerngeschäft gehören, zu denken. Problematisch ist natürlich der Verkauf betriebsnotwendiger Vermögensgegenstände, denn durch deren Veräußerung wird ggf. der Leistungserstellungsprozess beeinträchtigt oder gefährdet. Um dies zu verhindern, kann das Sale-and-Lease-back-Verfahren angewendet werden, bei dem Vermögenspositionen verkauft und sofort wieder von dem Unternehmen angemietet werden. Der Vorteil dieser Vorgehensweise besteht darin, dass dem Unternehmen durch den Verkauf liquide Mittel zufließen, dass aber dennoch auf die betriebliche Nutzung der entsprechenden Gegenstände nicht verzichtet werden muss.

Für eine Veräußerung eignen sich unter finanziellen Gesichtspunkten insbesondere solche Vermögensgegenstände des **Anlagevermögens**,
- die zu einem im Vergleich zu ihrer Ertragskraft hohen Preis verkauft werden können,
- die das genutzte Kreditvolumen und Kreditpotenzial nicht negativ beeinflussen,
- die bei ihrer Veräußerung möglichst keinen Buchverlust zur Folge haben,
- deren Veräußerung die Leistungsfähigkeit und die Marktposition des Unternehmens nicht beeinträchtigt sowie
- deren Verkauf zugleich produktpolitischen Zwecken dient, z. B. durch den Verkauf nicht mehr benötigter Maschinen nach einer Straffung des Produktprogramms (vgl. Schierenbeck/Wöhle, 2016, S. 544).

Vermögensumschichtungen innerhalb des **Umlaufvermögens** haben i. d. R. keinen so hohen Finanzierungseffekt wie Veräußerungen von Teilen des Anlagevermögens zur Folge. Das Umlaufvermögen steht dem Unternehmen nicht langfristig zur Verfügung, sondern wird im Rahmen des regulären Umsatzprozesses bereits nach kurzer Zeit wieder veräußert, sodass der aus einem vorgezogenen Verkauf resultierende Liquiditätsgewinn geringer ist. Eine Kapitalfreisetzung im Umlaufvermögen kann prinzipiell erfolgen durch (vgl. Schierenbeck/Wöhle, 2016, S. 544)
- eine Reduzierung der Vorräte (z. B. durch eine Reduzierung des Lagerbestands),
- einen Abbau der Forderungen (z. B. durch die Gewährung erhöhter Zahlungsanreize oder eine verschärfte Kontrolle der Zahlungseingänge) sowie
- eine Verringerung der Liquiditätsreserven (z. B. durch den Verkauf von Wertpapieren).

Genauso wie bei den soeben beschriebenen Varianten der Innenfinanzierung wird auch bei **Rationalisierungsmaßnahmen** mit finanzwirtschaftlichen Folgen bisher gebundenes Kapital frei gesetzt, dass anschließend an anderer Stelle im Unternehmen eingesetzt werden kann. Rationalisierungsmaßnahmen sind dadurch gekennzeichnet, dass nach ihrer Umsetzung eine gegebene Leistung mit geringerem Arbeits-, Zeit- und Kapitalaufwand erbracht werden kann. Die Finanzierungswirkung von Rationalisierungsmaßnahmen besteht folglich in einer Reduzierung der leistungsbedingten Bindung finanzieller Mittel.

Daneben können Rationalisierungsmaßnahmen auch die Steigerung der Effizienz von Produktionsverfahren bewirken. Dadurch wird keine direkte Kapitalfreisetzung erreicht, es kommt vielmehr zu einer Reduktion der Aufwendungen und damit zu einer Erhöhung des Gewinns. Welcher langfristige Finanzierungseffekt hierdurch erzielt wird, hängt von der Gewinnverwendungsentscheidung (ggf. offene Selbstfinanzierung) ab. Rationalisierungsmaßnahmen, die auf die Steigerung der Effizienz von Produktionsverfahren abzielen, bewirken im Gegensatz zu Rationalisierungsmaßnahmen, die lediglich Kapital frei setzen, aber auf jeden Fall einen nachhaltigeren Finanzierungseffekt. Während bei reinen Kapitalfreisetzungen die Liquidität des Unternehmens nur in der Periode, in der die Maßnahmen durchgeführt werden, steigt, sorgt eine Verringerung der Aufwendungen durch Effizienzverbesserung für eine Steigerung der Liquidität in allen folgenden Perioden.

Finanzierung aus dem Verkauf von Forderungen

Ein spezielles Instrument der Innenfinanzierung durch Vermögensumschichtung stellt der Verkauf von Forderungen dar. Als Ansatzpunkte stehen hierbei im Einzelnen das Factoring und der Rückgriff auf Asset Backed Securities zur Verfügung.

Als **Factoring** wird der laufende Ankauf von i. d. R. kurzfristigen Forderungen aus Lieferungen und Leistungen vor Fälligkeit durch ein Factoring-Unternehmen bezeichnet (vgl. zum Folgenden Schierenbeck/Hölscher, 1998, S. 526 ff.).

Grundlage der Geschäftsbeziehungen zwischen Factor und Klient ist ein Factoring-Vertrag, der die Rechte und Pflichten aus dem Forderungsverkauf regelt. In dem Vertrag verpflichtet sich der Veräußerer der Forderungen, sämtliche Forderungen dem Factoring-Institut zum Kauf anzubieten. Lediglich in großen Unternehmen kann diese Pflicht, die den Factor davor schützen soll, nur erheblich risikobehaftete Forderungen zu bekommen, auf bestimmte Absatzgebiete, Produkt- oder Kundengruppen beschränkt werden. Die Anbietungspflicht des Klienten geht mit der Ankaufspflicht des Factors einher, der davon nur dann befreit ist, wenn eine nach banküblichen Gesichtspunkten abgewickelte Kreditwürdigkeitsprüfung zu einem negativen Ergebnis geführt hat. Um Meinungsunterschiede bei dieser Einschätzung zu vermeiden, reicht der Klient vor Beginn der Zusammenarbeit eine Kundenliste ein, die der Factor analysiert und für jeden Kunden mit einem Kreditlimit versieht, in dessen Rahmen der Ankauf der angebotenen Forderungen grundsätzlich zugesagt wird. Das Unternehmen offeriert dem Factor anschließend seine Forderungen lediglich durch Übersendung der Rechnungskopien. Nicht geeignet ist das Factoring für Forderungen gegenüber Endabnehmern, da zum einen der Rechnungsbetrag im Vergleich zu den Bearbeitungskosten zu niedrig ist und zum anderen i. d. R. keine fortwährende Geschäftsbeziehung wie bei Wiederverkäufern besteht. Daneben werden zum Factoring keine langfristigen Forderungen verwendet. Dies resultiert ebenfalls aus der Kreditwürdigkeit des Kunden, die der Factor nur für eine kurze Zeitspanne überblicken kann.

Durch den Ankauf von Forderungen übernimmt der Factor Finanzierungs-, Dienstleistungs- und Delkrederefunktionen. Im Rahmen der Finanzierungsfunktion erwirbt bzw. bei Ausschluss des Ausfallrisikos bevorschusst der Factor die Lieferungen und Leistungen des Klienten. Es kommt zu einer Vermögensumschichtung, d. h. Forderungen werden in liquide Mittel verwandelt. Der Forderungsgegenwert wird i. d. R. wenige Tage nach Einreichung der Rechnungskopien unter Abzug eines Kürzungsbetrags von etwa 10 % gutgeschrieben. Der Restbetrag fließt auf einem Sperrkonto ein und dient dem Ausgleich von Beanstandungen, Rechnungskürzungen und Zahlungsausfällen. Für die Bereitstellung der Forderungsgegenwerte berechnen die Factoring-Gesellschaften Kreditzinsen, die i. d. R. geringfügig über den banküblichen Zinsen liegen, da sich die Gesellschaften selbst bei Kreditinstituten refinanzieren müssen.

Mit der Dienstleistungsfunktion sind insbesondere die folgenden Aufgaben verbunden:
- Führung der Debitorenbuchhaltung
- Bonitätskontrolle
- Mahnwesen
- Beratung und sonstige Sonderleistungen

Inwieweit der Factor am Inkassowesen beteiligt ist, hängt von der Beziehung zwischen dem Klienten und seinen Kunden ab. Hierbei können das offene und das verdeckte Factoring unterschieden werden. Beim offenen Factoring wird die Übertragung der Forderungen auf den Factor den Kunden angezeigt, sodass diese mit befreiender Wirkung nur noch an den Factor Zahlung leisten können. Dagegen werden die Kunden beim verdeckten Factoring von der Abtretung der Forderungen nicht unterrichtet. Sie zahlen weiterhin an den Lieferanten, der die entsprechenden Beträge allerdings auf einem Sonderkonto sammelt.

Im Rahmen der Delkredere- oder Versicherungsfunktion trägt der Factor das wirtschaftliche Risiko der Zahlungsunfähigkeit der Kunden. Der Factor hat in diesem Fall die Forderungen des Klienten nicht nur bevorschusst, sondern sie vielmehr endgültig erworben. Das Delkredererisiko gilt als eingetreten, wenn der Kunde nach Ablauf einer gewissen Zeitspanne nach Ende des Zahlungsziels nicht bezahlt hat. Der Factor muss dann seine Versicherungsleistung erbringen, ohne dass ein spezieller Nachweis wie Insolvenz oder Zwangsvollstreckung erbracht werden müsste. Trägt der Factor zusätzlich zur Finanzierungs- und zur Dienstleistungsfunktion das Delkredererisiko, so ist die umfassendste Form des Factorings erreicht, die daher auch als echtes Factoring (Non-Recourse-Factoring) bezeichnet wird. Entfällt die Delkrederefunktion wird vom unechten Factoring gesprochen.

Um die Vorteilhaftigkeit des Factorings zu ermitteln, sind den entstehenden Finanzierungs-, Dienstleistungs- und Delkrederekosten die Vorteile gegenüberzustellen. Eine exakte Beurteilung ist nur individuell für jedes Unternehmen und nicht allgemeingültig möglich. Generell können jedoch zu den positiven Effekten gerechnet werden:
- eine Rentabilitätserhöhung infolge eines schnelleren Umschlags der Forderungen
- geringere Aufwendungen für Schreibarbeiten, Telefon oder Porti im Mahn- und Inkassowesen
- Senkung der Kosten der Debitorenbuchhaltung
- Verringerung der Verluste aus Insolvenzen von Geschäftspartnern

- Stärkung der Einkaufsposition durch erhöhte Liquidität (Ausnutzung von Skontovorteilen und/oder Preisvorteilen durch Sofortzahlung)
- Freisetzung knapper Managementkapazitäten

Als Nachteil des Factorings wird häufig angeführt, dass der Geschäftspartner aus der Abtretung der Forderungen falsche Schlüsse auf das „Kreditstanding" und die Liquidität des Unternehmens ziehen könnte. Speziell um dieser „Abtretungsscheu" entgegenzuwirken, existiert jedoch das stille Factoring, bei der dem Schuldner die Forderungsabtretung verborgen bleibt.

Im Rahmen einer **ABS-Konstruktion** bildet ein Unternehmen, der sog. „Originator", einen Pool von Finanzaktiva, die nicht mehr in der Bilanz erfasst und in einem Treuhandvermögen verselbstständigt werden sollen. Der Forderungspool wird dazu an eine eigens zu diesem Zweck gegründete Tochtergesellschaft (Special Purpose Vehicle) abgetreten. Diese Zweckgesellschaft tritt fortan als Gläubiger der im Pool enthalten Forderungen auf und erhält die Zins- und Tilgungszahlungen der Schuldner. Zugleich emittiert die Zweckgesellschaft Wertpapiere zu ihrer Refinanzierung, die durch die zugrunde liegenden Forderungen besichert sind. Die Zins- und Tilgungsleistungen der Wertpapiere werden aus den Rückzahlungsbeträgen der Forderungen finanziert. Die Struktur einer Emission von Asset Backed Securities wird in Abb. 7.18 veranschaulicht.

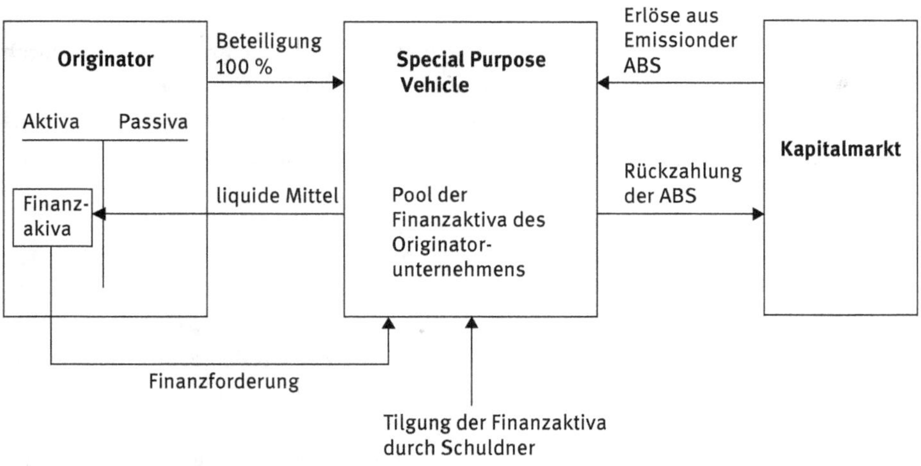

Abb. 7.18: Struktur der Emission von Asset Backed Securities (vgl. Rudolph et al., 2012, S. 49)

Bezüglich der Zahlungsmodalitäten können bei ABS zwei Varianten unterschieden werden:
- das Fondszertifikatskonzept (Pass-through-Struktur) und
- das Anleihekonzept (Pay-through-Struktur).

Bei der Pass-through-Struktur werden die Zins- und Tilgungszahlungen unverändert an die Investoren weitergeleitet. Dadurch wirken sich Zahlungsverzögerungen, Zahlungsausfälle und vorzeitige Tilgungen direkt auf die Käufer der ABS aus, d. h. für die Käufer der ABS sind die Rückzahlungen hinsichtlich Höhe und Zeitpunkt nur schwer planbar. Bei der Pay-through-Struktur wird dieses Risiko durch Zwischenschaltung eines Ausschüttungsmanagements verringert. Durch die Bildung von Tranchen findet bei der Pay-through-Struktur eine zeitliche Umstrukturierung der Zahlungsströme statt. Die laufend eingehenden Zins- und Tilgungszahlungen aus den Forderungen werden gesammelt, zu Tranchen zusammengefasst und zu bestimmten Zeitpunkten zurückgezahlt, sodass sich für die Investoren kalkulierbare Zins- und Rückzahlungsleistungen ergeben (vgl. Rudolph et al., 2012, S. 52).

Aufgrund der speziellen Konstruktion einer ABS-Finanzierung sind nicht alle Vermögenswerte für eine ABS-Struktur verwendbar. Generell müssen geeignete Finanzaktiva folgende Anforderungen erfüllen (vgl. Schierenbeck/Hölscher, 1998, S. 624):

- Die Finanzaktiva müssen separierbar sein, da sie aus dem Gesamtportefeuille des Unternehmens herausgelöst werden.
- Die Finanzaktiva müssen hinsichtlich ihrer Cashflows gut prognostizierbar sein, d. h. es müssen verlässliche Angaben über Zahlungsausfälle, Zahlungsverzögerungen und vorzeitige Tilgungen vorhanden sein.
- Aufgrund der Bündelung der Finanzaktiva zu einem Pool müssen sich durch geografische, demografische und bonitätsmäßige Streuung der Schuldner Portfolioeffekte erzielen lassen.
- Aus den Finanzaktiva muss eine ausreichend große Marge ableitbar sein. Durch diese Marge müssen eventuelle Zahlungsausfälle aufgefangen werden können.
- Die Finanzaktiva sollten aus Gründen des technischen Handlings eine gewisse Mindestlaufzeit und wegen der fixen Emissionskosten ein bestimmtes Mindestvolumen aufweisen.

Fasst man diese Kriterien zusammen, so eignen sich ABS-Finanzierungen typischerweise für Unternehmen mit konstanten oder saisonal hohen Forderungsbeständen, z. B. Handelsunternehmen, da sie eine einmal entwickelte Verbriefungsstruktur häufiger verwenden können. Hinzu kommt, dass die Qualität der verkauften Finanzaktiva durch Rating-agenturen beurteilt wird, sodass auch bonitätsmäßig schlechter eingestufte Unternehmen durch bonitätsmäßig besser geratete ABS-Papiere niedrigere Finanzierungskosten erreichen können als durch andere Kreditaufnahmemöglichkeiten. Des Weiteren müssen die abgetretenen Forderungen nicht mehr bilanziert werden. Wenn die Erlöse aus der Emission der ABS vollständig zur Schuldentilgung verwendet werden, so ergibt sich eine Bilanzverkürzung, die zu einer Verbesserung der Eigenkapitalquote und einer Reihe anderer Bilanzkennzahlen führt (vgl. Schierenbeck/Hölscher, 1998, S. 625).

8 Derivative Instrumente des Finanzmarkts

8.1 Systematisierung derivativer Finanzinstrumente

Der Begriff „Derivat“ hat seinen Ursprung in dem lateinischen Wort „derivare“ bzw. „derivatum“, was mit „ableiten“ bzw. „abgeleitet“ übersetzt werden kann. Diese Bezeichnung ist auf das grundlegende Merkmal eines derivativen Geschäfts zurückzuführen, dass nämlich der Wert dieses Instruments von dem Wert eines anderen Finanztitels, einer Ware oder einer definierten Bezugsgröße abhängt (Rudolph/Schäfer, 2010, S. 15). Das Gesetz über den Wertpapierhandel (WpHG) definiert Derivate über die zeitliche Differenz zwischen dem Geschäftsabschluss und der -erfüllung sowie den zugrundeliegenden Basiswerten. Nach § 2 Abs. 2 WpHG sind Derivate

(1) [...] als Kauf, Tausch oder anderweitig ausgestaltete Festgeschäfte oder Optionsgeschäfte, die zeitlich verzögert zu erfüllen sind und deren Wert sich unmittelbar oder mittelbar vom Preis oder Maß eines Basiswertes ableitet (Termingeschäfte) mit Bezug auf die folgenden Basiswerte,
   (a) Wertpapiere oder Geldmarktinstrumente,
   (b) Devisen oder Rechnungseinheiten,
   (c) Zinssätze oder andere Erträge,
   (d) Indices der Basiswerte der Buchstaben a, b oder c, andere Finanzindices oder Finanzmessgrößen oder
   (e) Derivate;
(2) Termingeschäfte mit Bezug auf Waren [...];
(3) finanzielle Differenzgeschäfte;
(4) [...] Festgeschäfte oder Optionsgeschäfte, die zeitlich verzögert zu erfüllen sind und dem Transfer von Kreditrisiken dienen (Kreditderivate); [...]

Die Deutsche Bundesbank versteht unter Derivaten Finanzinstrumente, die aus einem anderen Finanzprodukt, dem sog. Basiswert, abgeleitet sind und zur Absicherung bestehender Positionen, zur Arbitrage oder für Spekulationszwecke eingesetzt werden können. Ihr Wert bzw. ihr Preis wird von dem Wert des Basiswerts beeinflusst (vgl. Deutsche Bundesbank, 1993, S. 63). Die Definition der Deutschen Bundesbank stellt somit den Verwendungszweck von Derivaten in den Fokus.

Im Mittelpunkt dieses Kapitels stehen Derivate gemäß § 2 Abs. 2 Nr. 1 WpHG, d. h. es werden als Fest- oder Optionsgeschäft ausgestaltete Termingeschäfte betrachtet, denen Wertpapiere zugrunde liegen. Zusätzlich werden mit der Spekulation, dem Hedging und der Arbitrage die von der Deutschen Bundesbank genannten Einsatzgebiete für die dargestellten Derivate untersucht.

Die derivativen Finanzinstrumente, die auch als Termingeschäfte bezeichnet werden, können hinsichtlich der **Art ihrer Erfüllung** in bedingte und unbedingte Termingeschäfte unterschieden werden. Bei einem bedingten Termingeschäft handelt es

DOI 10.1515/9783110353082-009

sich um ein Geschäft, das vom Käufer des Kontrakts nicht zwingend zu erfüllen ist. Der Käufer besitzt vielmehr ein Wahlrecht, die Erfüllung des Geschäfts verlangen zu können. Bei einem unbedingten Termingeschäft sind dagegen sowohl Käufer als auch Verkäufer zur Erfüllung des Geschäfts verpflichtet. Zu den bedingten Termingeschäften zählen insbesondere die Optionen, während die unbedingten Termingeschäfte insbesondere die Swaps und die Futures umfassen. Die Systematisierung der Termingeschäfte in bedingte und unbedingte Termingeschäfte ist in Abb. 8.1 zusammengefasst.

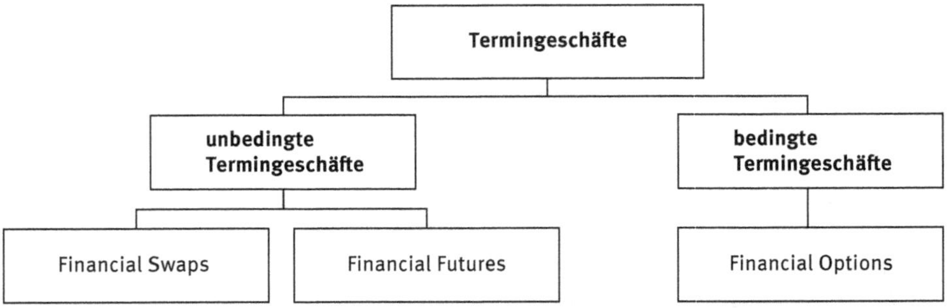

Abb. 8.1: Systematisierung von Termingeschäften

Neben der Systematisierung hinsichtlich der Art der Erfüllung kann eine weitere Unterscheidung hinsichtlich der **Art des Handelsplatzes** vorgenommen werden. Geschäfte, die über eine Börse zustande kommen, werden den börslichen Termingeschäften zugeordnet. Demgegenüber werden Instrumente, die individuell zwischen den Kontraktpartnern vereinbart werden, als außerbörsliche Instrumente bezeichnet. Zu den börslichen Termingeschäften zählen Optionen und Futures, ein außerbörsliches Termingeschäft stellen die Swaps dar. Ferner kann hinsichtlich des Bezugsobjekts zwischen Finanz-, Waren- und sonstigen Termingeschäften unterschieden werden. Zu den Finanztermingeschäften zählen Geschäfte, die sich auf Aktienkurse, Zinssätze oder Devisenkurse beziehen, der Gruppe der Warentermingeschäfte sind beispielsweise Rohstoff-, Energie- oder Agrarderivate zuzuordnen. Ferner können den Termingeschäften Kredite oder auch Naturkatastrophen zugrunde liegen (vgl. Rudolph/Schäfer, 2010, S. 28).

Im Folgenden stehen Financial Swaps, Financial Futures und Financial Options, denen als Bezugsobjekt Aktienkurse und Zinssätze zugrunde liegen, im Mittelpunkt.

8.2 Financial Options

8.2.1 Wesen und grundsätzliche Optionspositionen

Als Option wird der Kauf oder Verkauf des Rechts, eine bestimmte Menge eines bestimmten Basiswerts

- während der Laufzeit jederzeit (amerikanische Option) oder
- an dem vereinbarten Verfalltag (europäische Option)

zu einem bei Vertragsabschluss festgelegten Basispreis kaufen (Kaufoption bzw. Call) oder verkaufen zu können (Verkaufsoption bzw. Put), bezeichnet. Für das Recht des Kaufs bzw. Verkaufs ist vom Käufer der Option die Optionsprämie zu zahlen. Durch den Abschluss der Option erhält der Verkäufer die Optionsprämie und verpflichtet sich zugleich, den Basiswert zu verkaufen (Call) oder zu kaufen (Put). Somit sind an einem Optionsgeschäft immer zwei Parteien beteiligt: Käufer und Verkäufer der Option. Der Verkäufer einer Option wird dabei auch als Stillhalter bezeichnet.

Während der Käufer der Option mit Abschluss des Geschäfts das Recht erwirbt, den Basiswert zu kaufen bzw. zu verkaufen, ist für den Verkäufer mit der Option die Verpflichtung zum Verkauf bzw. Kauf des Basiswerts verbunden. Wird die Option bis zum Verfalltag nicht ausgeübt, verfällt sie. Die unterschiedlichen Optionspositionen sind in Tab. 8.1 zusammengefasst.

Tab. 8.1: Positionen in Optionsgeschäften (vgl. Perridon/Steiner/Rathgeber, 2017, S. 374)

Kontraktposition / Art der Option	Käufer aktives Entscheidungsrecht		Verkäufer passive Verpflichtung	
Kaufoption (Call)	**Recht:**	Bezug des Basiswerts	**Recht:**	Erhalt der Optionsprämie
	Pflicht:	Zahlung der Optionsprämie	**Pflicht:**	Lieferung des Basiswerts
Verkaufsoption (Put)	**Recht:**	Abgabe des Basiswerts	**Recht:**	Erhalt der Optionsprämie
	Pflicht:	Zahlung der Optionsprämie	**Pflicht:**	Kauf des Basiswerts

Ein Optionsgeschäft läuft in zeitlicher Hinsicht in zwei Stufen ab: Die erste Stufe ist der Abschlusszeitpunkt, wobei das Optionsgeschäft durch den Kauf bzw. den Verkauf des Optionsrechts zustande kommt. Zum Abschlusszeitpunkt muss auch die Optionsprämie gezahlt werden. Die zweite Stufe des Geschäfts ist die Ausübung oder der Verfall des Optionsrechts. Bei Ausübung der Option wird der Basiswert zum vereinbarten Basispreis ge- oder verkauft (vgl. Perridon/Steiner/Rathgeber, 2017, S. 375).

In Abhängigkeit von der Art der Option, d. h. ob es sich um einen Call oder einen Put handelt, sowie dem Kauf oder Verkauf der Option ergeben sich unterschiedliche Gewinn- und Verlustprofile. Das Verlustpotenzial für den **Käufer** einer Option ist sowohl im Rahmen eines Calls als auch eines Puts auf die Optionsprämie beschränkt. Der Käufer eines Calls hat unbegrenzte Gewinnmöglichkeiten, während das Gewinnpotenzial eines Puts auf die Differenz aus dem Basispreis und der Optionsprämie beschränkt ist. Demgegenüber weist ein Call für den **Verkäufer** ein theoretisch unbegrenztes Verlustpotenzial auf. Im Rahmen eines Puts kann der Verkäufer einen maximalen Verlust in Höhe der Differenz aus dem vereinbarten Basispreis und der Optionsprämie erleiden. Sowohl bei einem Call als auch einem Put sind die Gewinnmöglichkeiten des Verkäufers auf die Optionsprämie begrenzt.

Der Käufer eines Calls wird sein Recht auf Kauf des Basiswerts wahrnehmen (Ausübung der Option), wenn am Verfalltag der Marktpreis des Basiswerts über dem vereinbarten Basispreis liegt. Ist der Marktpreis des Basiswerts jedoch geringer als der Basispreis, wird er die Option verfallen lassen. Im Falle eines Puts wird der Käufer die Option ausüben, wenn der aktuelle Kurs des Basiswerts am Verfalltag geringer als der vereinbarte Basispreis ist. Der Käufer eines Puts wird sein Verkaufsrecht nicht in Anspruch nehmen, wenn der Marktpreis des Basiswerts über dem vereinbarten Basispreis liegt (vgl. Rudolph/Schäfer, 2010, S. 21 ff.).

Die unterschiedlichen Optionspositionen werden vor dem Hintergrund bestimmter Erwartungen hinsichtlich der Marktpreisentwicklung des Basiswerts eingegangen. Ein Call wird gekauft, wenn steigende Marktpreise erwartet werden, während dem Verkauf eines Calls die Erwartung gleichbleibender bis leicht sinkender Kurse des Basiswerts zugrunde liegt. Der Käufer eines Puts geht von fallenden Kursen aus, wohingegen der Verkäufer gleichbleibende bis leicht steigende Kurse für die Zukunft unterstellt.

Die Gewinn- und Verlustpotenziale sollen anhand eines einfachen Beispiels verdeutlicht werden: Dabei wird von einer Aktienoption mit einem Basispreis von 100 EUR je Basiswert sowie eine Optionsprämie in Höhe von 7 EUR ausgegangen (vgl. Schierenbeck/Hölscher, 1998, S. 658).

- **Kauf einer Kaufoption:** Liegt der Kurs des Basiswerts unterhalb von 100 EUR, wird die Option nicht ausgeübt, denn die Aktie kann am Markt günstiger erworben werden. Ab einem Marktpreis von 100 EUR nimmt der Käufer der Option sein Recht wahr, d. h. er kauft die Aktie zu einem Preis von 100 EUR vom Stillhalter des Calls. Bis zu einem Marktpreis in Höhe von 107 EUR (Basispreis + Optionsprämie) erzielt der Käufer keinen Gewinn aus der Gesamtposition, sondern erleidet einen Verlust in Höhe der Differenz aus dem Marktpreis, dem Basispreis und der Optionsprämie. Dieser Verlust ist jedoch geringer als der Verlust, der bei Nichtausübung der Option in Höhe der Optionsprämie (7 EUR) anfallen würde. Ab einem Marktpreis der Aktie in Höhe von 107 EUR erzielt der Käufer des Calls einen Gewinn.
- **Verkauf einer Kaufoption:** Bei Kursen des Basiswerts unter dem vereinbarten Basispreis von 100 EUR wird die Option vom Käufer nicht ausgeübt und der Verkäufer erzielt einen Gewinn in Höhe der Optionsprämie. Bei Kursen zwischen 100 und 107 EUR erzielt der Verkäufer weiterhin einen Gewinn, der jedoch mit steigenden Kursen abnimmt und schließlich auf 0 EUR sinkt. Ab einem Kurs von 107 EUR ermittelt sich der Verlust des Verkäufers als Differenz aus dem Kurs des Basiswerts und dem Basispreis zuzüglich der bereits vereinbarten Optionsprämie.

- **Kauf einer Verkaufsoption:** Die Option wird ausgeübt, wenn der Marktpreis der Aktie unter dem Basispreis von 100 EUR liegt. Befindet sich der Marktpreis der Aktie zwischen 93 EUR (Basispreis – Optionsprämie) und 100 EUR, erleidet der Käufer bei Ausübung seines Rechts einen Verlust. Dieser Verlust ist jedoch geringer als der bei Nichtausübung entstehende Verlust. Sinkt der Aktienkurs unter 93 EUR, kommt der Käufer in die Gewinnzone, wobei er den maximalen Gewinn erzielt, wenn der Aktienkurs 0 EUR beträgt. In diesem Fall beläuft sich der Gewinn aus dem Put auf 93 EUR.
- **Verkauf einer Verkaufsoption:** Der Gewinn ist für den Verkäufer auf die Optionsprämie in Höhe von 7 EUR begrenzt. Der Verkäufer erleidet einen Verlust, sobald der Kurs des Basiswerts geringer ist als die Differenz aus dem Basispreis und der Optionsprämie (93 EUR). Der Verlust entspricht dann der Differenz aus dem Kurs des Basiswerts, der Optionsprämie und dem Basispreis. Der Verlust kommt zustande, weil der Verkäufer des Puts den Basiswert zum Basispreis abnehmen, aber nur zum gesunkenen Marktpreis wieder verkaufen kann, wobei die erhaltene Optionsprämie diesen negativen Differenzbetrag nicht ausgleicht.

Die Gewinn- und Verlustprofile für Käufer und Verkäufer eines Calls und eines Puts sind in Abb. 8.2 grafisch dargestellt.

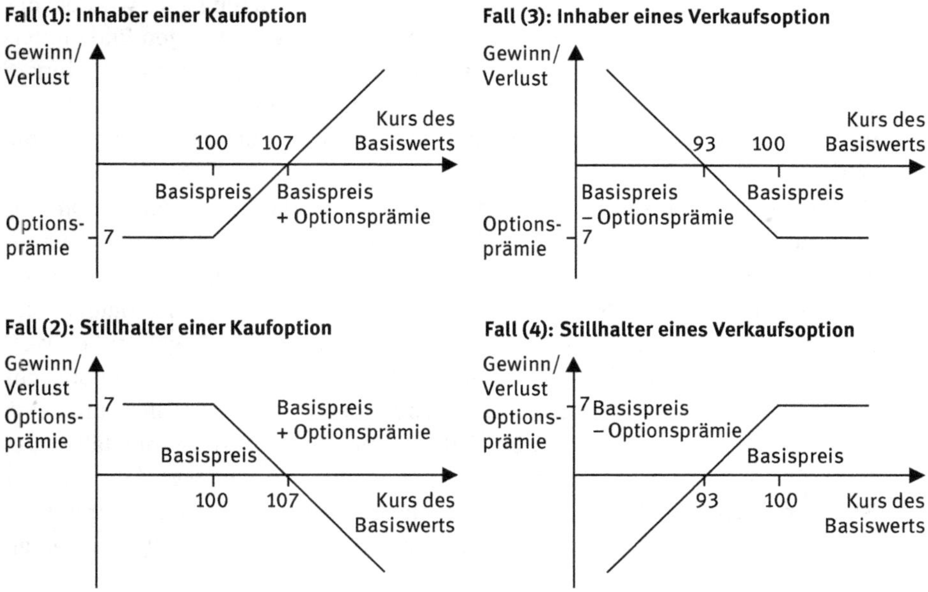

Abb. 8.2: Gewinn- und Verlustprofile einer Kauf- und einer Verkaufsoption (Angaben in EUR, vgl. Schierenbeck/Hölscher, 1998, S. 659)

8.2.2 Die Bewertung von Optionen

Grundlagen der Bewertung
Die Bewertung von Optionen stellt die Grundlage der Entscheidung, ob ein Optionsgeschäft abgeschlossen werden sollte, dar. Nur so kann beurteilt werden, ob es sich bei der zu leistenden Optionsprämie um einen zu hohen, zu niedrigen oder um einen fairen Preis handelt. Ferner dient die Optionsbewertung der Preisfindung bei der Neuemission von beispielsweise Optionsanleihen, Optionsscheinen oder Zertifikaten, die Optionselemente beinhalten (vgl. Perridon/Steiner/Rathgeber, 2017, S. 376).

Während der theoretisch angemessene Optionspreis mithilfe von Optionspreismodellen ermittelt werden kann, ergibt sich die tatsächliche Optionsprämie durch die Angebots- und Nachfragesituation am Markt. Die **Optionsprämie** kann in zwei Komponenten, den inneren Wert und den Zeitwert, zerlegt werden (vgl. Schierenbeck/Hölscher, 1998, S. 662):
- Der **innere Wert** stellt die Differenz aus dem aktuellen Marktpreis (Kurs) des Basiswerts und dem Basispreis dar. Somit handelt es sich bei dem inneren Wert um den Betrag, den der Optionskäufer bei Ausübung der Option und anschließendem Verkauf des Basiswerts am Kassamarkt (Call) bzw. bei Kauf des Basiswerts am Markt und direktem Verkauf des Basiswerts über die Ausübung der Option (Put) realisieren könnte. Während der Optionskäufer den inneren Wert bei einer amerikanischen Option tatsächlich jederzeit realisieren kann, wird bei der Berechnung des inneren Werts einer europäischen Option dagegen fiktiv unterstellt, dass die Ausübung auch vor dem Laufzeitende möglich wäre. Der innere Wert kann nur Werte größer oder gleich Null annehmen, da der Optionskäufer nur bei einem Marktpreis größer (Call) bzw. kleiner (Put) dem Basispreis die Option ausübt.
- Der **Zeitwert** ergibt sich als die Differenz aus dem Marktpreis der Option und dem inneren Wert. Er wird vom Optionskäufer für die Möglichkeit der Gewinnerzielung bei einem im Vergleich zu einem direkten Engagement geringeren Kapitaleinsatz gezahlt. Der Zeitwert hängt insbesondere von der Restlaufzeit der Option ab. Je länger die Restlaufzeit ist, desto höher ist in der Regel der Zeitwert, da die Wahrscheinlichkeit von Kursschwankungen des Basiswerts mit steigender Restlaufzeit zunimmt und dieses Risiko für den Optionsverkäufer durch eine höhere Prämie abzudecken ist. Bei Put-Optionen kann in Ausnahmefällen der Innere Wert über der Optionsprämie liegen, sodass der Zeitwert dann negativ ist. Die meisten Put-Optionen und sämtliche Call-Optionen weisen während der Laufzeit jedoch einen positiven Zeitwert auf, der bis zum Verfalltag auf einen Betrag von Null sinkt.

Werden der Marktpreis des Basiswerts und der Basispreis miteinander verglichen, können drei Fälle unterschieden werden (vgl. Schierenbeck/Hölscher, 1998, S. 663 f.; Perridon/Steiner/Rathgeber, 2017, S. 377 f.):

- Out of the Money (aus dem Geld): Ist der vereinbarte Basispreis bei einem Call höher als der Marktpreis bzw. bei einem Put niedriger als der Marktpreis, liegt die Option „out of the money". In dieser Situation besitzt die Option einen inneren Wert von Null und der Optionsinhaber übt die Option nicht aus.
- At the Money (am Geld): Eine Option ist „at the money", wenn der Marktpreis des Basiswerts dem Basispreis entspricht. Auch in diesem Fall besitzt die Option einen inneren Wert von Null, Ausübung und Nichtausübung der Option sind wirtschaftlich gleichwertig.
- In the Money (im Geld): Wenn der Marktpreis bei einem Call über dem Basispreis und bei einem Put unter dem Basispreis liegt, befindet sich eine Option im Geld. In dieser Situation besitzt die Option einen inneren Wert größer Null, der Optionsinhaber erzielt bei Ausübung der Option einen Gewinn.

Eine At-the-Money-Option weist für den Stillhalter das größte Risiko auf, denn in dieser Situation können bereits kleine Kursschwankungen zu einer Ausübung bzw. Nichtausübung führen. Diese große Unsicherheit muss durch eine hohe Optionsprämie entgolten werden. Demgegenüber ist mit einer weit („deep") im Geld stehenden Option ein geringes Risiko für den Stillhalter verbunden, denn die Option wird mit großer Wahrscheinlichkeit ausgeübt werden. Daher ist der Zeitwert gering, der Anteil des inneren Werts an der Optionsprämie ist hoch (vgl. Perridon/Steiner/Rathgeber, 2017, S. 378).

Der Wert einer Option hängt aufbauend auf diesen Überlegungen (bei Aktienoptionen) von folgenden Determinanten ab: Höhe des Basispreises, Restlaufzeit der Option, aktueller Marktpreis des Basiswerts, Volatilität des Aktienkurses, Zinsniveau, Höhe der Dividende.

Die minimale und die maximale Höhe der Optionsprämie werden durch den aktuellen **Marktpreis** des Basiswerts K sowie den vereinbarten **Basispreis** X beeinflusst. Je größer die Differenz zwischen diesen beiden Größen ist, d. h. desto höher der innere Wert ist, desto höher ist die Optionsprämie (vgl. Perridon/Steiner/Rathgeber, 2017, S. 379).

Die Optionsprämie ist ferner umso größer, je länger die **Restlaufzeit** der Option ist. Bei einer langen Restlaufzeit steigt das Risiko für den Stillhalter, dass die Option ausgeübt wird, da innerhalb dieses Zeitraums der Marktpreis des Basiswerts stärker schwanken kann als bei kurzer Restlaufzeit.

Die **Volatilität** des Aktienkurses bringt die Schwankungsintensität des Aktienkurses um den Mittelwert zum Ausdruck. Sie wird mithilfe der Varianz oder der Standardabweichung quantifiziert. Die Volatilität beeinflusst die Optionsprämie dahingehend, dass eine hohe Volatilität eine hohe, eine geringe Volatilität eine niedrige Optionsprämie zur Folge hat. Dies ist darauf zurückzuführen, dass bei einer hohen Volatilität die Wahrscheinlichkeit des Erreichens des Basispreises größer ist und somit der Stillhalter ein höheres Risiko zu tragen hat. Dieses höhere Ausübungsrisiko muss durch eine höhere Optionsprämie abgegolten werden. Die zukünftige Volatilität des Aktienkurses ist zum Zeitpunkt des Geschäftsabschlusses nicht bekannt, sodass hier Daten aus der Vergangenheit verwendet werden müssen (vgl. Bruns/Meyer-Bullerdiek, 2013, S. 417 f.).

Der Einfluss des **Zinsniveaus** auf die Optionsprämie lässt sich folgendermaßen begründen: Der Verkäufer einer Kaufoption kann das Risiko, den Basiswert bei Optionsausübung zu einem hohen Kurs an der Börse erwerben zu müssen, beseitigen, indem er die Papiere bereits bei Abschluss des Optionsgeschäfts kauft. Der Kauf der Wertpapiere hat eine entsprechende Kapitalbindung und einen Zinsaufwand zur Folge. Da bei einer Erhöhung des Zinsniveaus die Finanzierungskosten ansteigen, wird der Verkäufer einer Kaufoption einen höheren Preis verlangen (vgl. Schierenbeck/Hölscher, 1998, S. 664).

Bei Ausschüttung einer **Dividende** sinkt schließlich der Kurs des Basiswerts. Daher stimmt die Wirkung einer Dividendenzahlung mit einem Kursrückgang des Basiswerts überein: Bei einer Kaufoption sinkt die Optionsprämie, bei einer Verkaufsoption steigt die Optionsprämie an.

Ausgangspunkt der Überlegungen zur Bewertung von Optionen ist der relativ leicht zu bestimmende Wert einer Option am Verfalltag. Am Verfalltag entspricht der Wert C einer Kaufoption dem Maximum aus Null und der Differenz aus dem Preis des Basiswerts K und dem Basispreis X. Formal ausgedrückt ergibt sich der Wert C eines Calls am Verfalltag aus folgendem Zusammenhang (vgl. Perridon/Steiner/Rathgeber, 2017, S. 379):

$$C = \max\{0; K - X\}$$

Liegt der Kurs des Basiswerts am Verfalltag oberhalb des Basispreises, wird der Inhaber des Calls die Option ausüben. Der Wert des Calls entspricht dann genau der Differenz aus dem Preis des Basiswerts und dem Basispreis. Bei einem Kurs des Basiswerts unterhalb des Basispreises lässt der Call-Inhaber die Option verfallen. In diesem Fall ergibt sich für den Call ein Wert von Null (vgl. Steiner/Bruns/Stöckl, 2012, S. 316).

Die Ermittlung des Werts einer Kaufoption soll anhand des folgenden Beispiels verdeutlicht werden: Für eine Kaufoption wurde ein Basispreis von 100 EUR vereinbart. Weist die zugrunde liegende Aktie am Verfalltag einen Kurs in Höhe von 110 EUR auf, besitzt die Option zu diesem Zeitpunkt einen Wert von 10 EUR ($\max\{0; 110 - 100\}$).

Der Wert P eines Puts entspricht dem Maximum aus Null und der Differenz aus Basispreis und dem Preis des Basiswerts K:

$$P = \max\{0; X - K\}$$

Der Put wird nur ausgeübt, wenn der Preis des Basiswerts unterhalb des vereinbarten Basispreises liegt. Ist dies der Fall, besitzt der Put einen Wert in Höhe der Differenz aus dem Basispreis und dem Marktpreis des Basiswerts. Ist der Preis des Basiswerts jedoch höher als der Basispreis, lässt der Put-Inhaber die Option verfallen und der Put hat einen Wert von Null.

Auch dieser Sachverhalt sei an einem Beispiel verdeutlicht: Anstelle der zuvor betrachteten Kaufoption wird eine Verkaufsoption unterstellt, die ebenfalls einen Basispreis von 100 EUR besitzen soll. Liegt der Aktienkurs des Basiswerts am Verfalltag bei 80 EUR, beträgt der Wert der Verkaufsoption 20 EUR (max{0; 100 – 80}).

Die Frage nach dem Wert der Option am Verfalltag spielt jedoch im Rahmen der Optionsbewertung nur eine untergeordnete Rolle. Der Fokus liegt hier vielmehr auf der Frage, welchen Wert eine Option zu einem beliebigen Zeitpunkt besitzt, d. h. wenn sie eine Restlaufzeit von $t > 0$ aufweist. Da der Ausübungspreis nicht zum Bewertungszeitpunkt $t = 0$, sondern erst am Verfalltag zu leisten ist, muss der Basispreis abgezinst werden. Ferner weist eine Option während ihrer Laufzeit nicht nur einen inneren Wert, sondern auch einen Zeitwert auf. Der Wert eines Calls zum Zeitpunkt t beträgt aufbauend auf diesen Überlegungen mindestens das Maximum aus Null und der Differenz aus dem aktuellen Preis des Basiswerts und dem abgezinsten Basispreis:

$$\text{Wertuntergrenze Call} = \max\{0;\ K - X \cdot (1 + r_f)^{-t}\}$$

Befindet sich der Kurs des Basiswerts unter dem abgezinsten Basispreis, ist die Wertuntergrenze der Call-Option Null. Übersteigt der Kurs des Basiswerts dagegen den abgezinsten Basispreis, ist der Preis der Option größer als Null.

Der maximale Wert eines Calls ist durch den Preis des Basiswerts beschränkt. Einen höheren Preis als den Preis des Basiswerts kann ein Call also nicht besitzen (vgl. Steiner/Bruns/Stöckl, 2012, S. 317). Kein rationaler Investor würde für das Recht einen Basiswert zu kaufen mehr bezahlen, als der aktuelle Preis dieses Basiswerts. Wertunter- und -obergrenze eines Calls sind in Abb. 8.3 grafisch dargestellt.

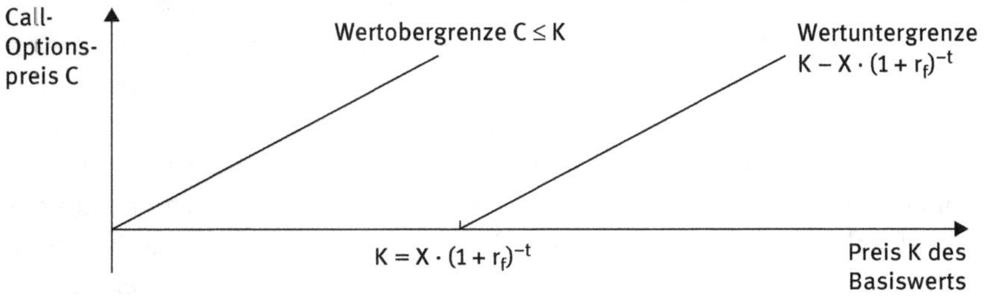

Abb. 8.3: Wertober- und -untergrenze eines Calls (vgl. Perridon/Steiner/Rathgeber, 2017, S. 378)

Die Wertuntergrenze eines Puts entspricht dem Maximum aus Null und der Differenz aus dem abgezinsten Basispreis und dem aktuellen Preis des Basiswerts. Die Wertuntergrenze beträgt somit Null, wenn der Kurs des Basiswerts über dem abgezinsten Basispreis liegt. Befindet sich der Kurs des Basiswerts unter dem abgezinsten Basispreis, weist die Put-Option dagegen einen positiven Wert auf:

$$\text{Wertuntergrenze Put} = \max\{0; X \cdot (1 + r_f)^{-t} - K\}$$

Die Wertobergrenze eines Puts liegt bei dem auf den Betrachtungszeitpunkt abgezinsten Basispreis, denn der größte Gewinn fällt an, wenn der Preis des Basiswerts auf Null gesunken ist. Der Gewinn des Puts stimmt dann mit dem Basispreis überein (vgl. Steiner/Bruns/Stöckl, 2012, S. 317 f.). Der Verlauf von Wertober- und -untergrenze eines Puts kann Abb. 8.4 entnommen werden:

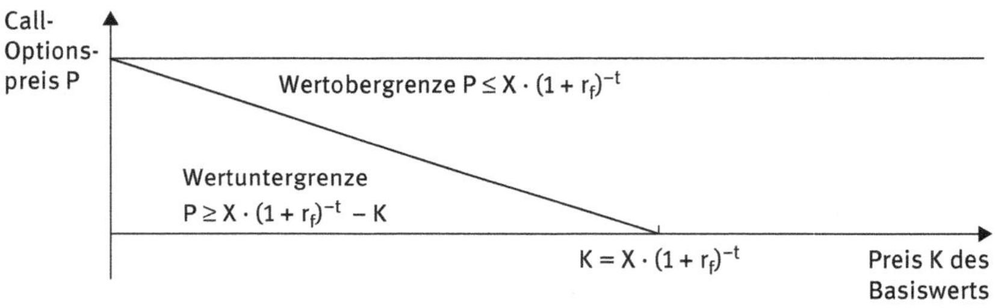

Abb. 8.4: Wertober- und -untergrenze eines Puts (in Anlehnung an Steiner/Bruns/Stöckl, 2012, S. 318)

Zur Bewertung einer Option ist jedoch die Antwort auf die Frage nach der Wertober- und untergrenze nicht ausreichend. Vielmehr ist zur Optionsbewertung der genaue Wert zum Bewertungszeitpunkt zu bestimmen. Dies bedeutet, dass aus den dargestellten Ungleichungen jeweils eine Gleichung zur Ermittlung des Optionswerts abzuleiten ist.

Mit der Frage, welchen Wert eine Option besitzt, beschäftigen sich verschiedene **Optionspreismodelle**. Diese können in statistische oder ökonometrische Bewertungsmodelle sowie Gleichgewichtsmodelle unterschieden werden. Im Rahmen der statistischen Modelle werden die in der Vergangenheit beobachteten Zusammenhänge zwischen dem Optionswert und seinen Einflussfaktoren auf die Zukunft übertragen. Dabei wird unterstellt, dass die empirisch beobachteten Zusammenhänge so auch in der Zukunft gelten werden. Im Rahmen der Gleichgewichtsmodelle wird derjenige Preis gesucht, bei dem das Marktgleichgewicht erreicht ist. Hierbei wird zwischen den partiellen und den vollständigen Gleichgewichtsmodellen unterschieden. Während der verwendete Kalkulationszinssatz im Rahmen der partiellen

Gleichgewichtsmodelle willkürlich festgelegt wird, unterstellen die vollständigen Gleichgewichtsmodelle, dass es möglich ist, durch die Kombination von Kassa- und Termingeschäften ein risikofreies Portfolio aufzubauen. Im Kapitalmarktgleichgewicht besitzt dieses Portfolio die gleiche Rendite wie die risikolose Anlage. Im Rahmen der vollständigen Gleichgewichtsmodelle werden Aktienkursverlaufshypothesen verwendet, wobei unterstellt wird, dass die Wertentwicklung eines Basiswerts einem bestimmten stochastischen Verlauf folgt. Die vollständigen Gleichgewichtsmodelle sind die in der Praxis am häufigsten verwendeten Modelle, wohingegen die partiellen Gleichgewichtsmodelle eine untergeordnete Rolle spielen (vgl. Perridon/Steiner/Rathgeber, 2017, S. 381 ff.). Im Rahmen der vollständigen Gleichgewichtsmodelle haben das Binomialmodell sowie das Black-Scholes-Modell eine weite Verbreitung gefunden. Diese beiden Modelle werden im Folgenden dargestellt.

Das Binomialmodell

Das Binomialmodell unterstellt, dass der Wert des Basiswerts am Ende einer Periode, die als Binomialschritt bezeichnet wird, lediglich zwei möglichen Ausprägungen annehmen kann. Der Wert des Basiswerts kann sich von K_0 auf K_{iu} (= $K_0 \cdot u$) erhöhen oder auf K_{id} (= $K_0 \cdot d$) absinken. Die vom englischen „up“ (bzw. „down“) abgeleitete Variable u (bzw. d) wird daher auch als Aufwärtsfaktor (bzw. Abwärtsfaktor) bezeichnet. Die Wertsteigerung des Basiswerts auf K_1 (= $K_0 \cdot u$) tritt dabei mit der Wahrscheinlichkeit p ein, der Wertrückgang besitzt die komplementäre Wahrscheinlichkeit (1 – p) (vgl. Oehler/Unser, 2002, S. 80). Im einfachsten Fall des Binomialmodells werden nur zwei Zeitpunkte betrachtet. Der Zeitpunkt t = 0 liegt zu Beginn des Binomialschritts, während der Zeitpunkt t = 1 das Ende des Binomialschritts darstellt. Die möglichen Marktwertentwicklungen des Basiswerts sind in Abb. 8.5 dargestellt.

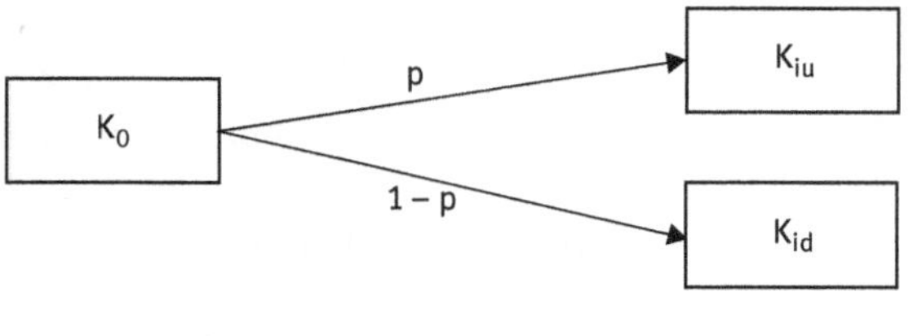

Abb. 8.5: Marktwertentwicklung des Basiswerts im Binomialmodell

Das Binomialmodell bewertet Optionen auf der Grundlage einer Duplikationsstrategie. Dabei wird der Zahlungsstrom der Option mithilfe von Instrumenten, deren Preise bzw. Werte bekannt sind, nachgebildet. Ziel ist die Konstruktion eines Arbitrage-Portfolios. Das Arbitrage-Portfolio gleicht dabei sämtliche Zahlungen, die in den Zeitpunkten t = 0 und t = 1 aus der Option resultieren, vollständig aus. Da gleiche Zahlungsströme den gleichen Wert, d. h. in t = 0 den gleichen Preis, besitzen müssen, entspricht der Preis des Arbitrage-Portfolios dem Preis der Option. Dies setzt jedoch voraus, dass der Wert des Arbitrage-Portfolios bekannt bzw. bestimmbar ist.

Dem Binomialmodell liegt die Annahme eines vollkommenen und vollständigen Kapitalmarkts zugrunde, Transaktionskosten, Einschussleistungen und Steuern beeinflussen die Optionsbewertung daher nicht. Vereinfachend wird unterstellt, dass während der Laufzeit der Option keine Dividenden- und Bezugsrechtszahlungen erfolgen. Mithilfe eines erweiterten Binomialmodells ist jedoch grundsätzlich auch eine Optionsbewertung unter Berücksichtigung von Dividendenzahlungen und Transaktionskosten möglich. Für den gesamten Betrachtungszeitraum gilt ein konstanter risikofreier Zinssatz r_f, ferner werden für den Basiswert diskrete Wertveränderungen angenommen, d. h. die Veränderungen der Marktwerte treten immer zu einem bestimmten Zeitpunkt ein (vgl. Steiner/Bruns/Stöckl, 2012, S. 318 f.).

Zusätzlich zum vollkommenen Kapitalmarkt wird im Rahmen des Binomialmodells ein arbitragefreier Markt in einer risikoneutralen Welt unterstellt (vgl. Hull, 2015, S. 352 f.):

– Auf einem arbitragefreien Markt können die Marktteilnehmer keine risikolosen Gewinne erzielen. Jeder Gewinnchance steht gleichzeitig eine Verlustgefahr gegenüber. Aus dieser Prämisse ergibt sich folgende Beziehung zwischen d, r_f und u:

$$d < (1 + r_f) < u$$

Bei Verletzung dieser Ungleichung kann ein risikoloser Gewinn in unbegrenzter Höhe erzielt werden. Liegt z. B. d über $(1 + r_f)$, würde ein rationaler Investor in $t = 0$ Kapital (in unbegrenzter Höhe) aufnehmen und den Basiswert kaufen. Unabhängig davon, welcher der beiden möglichen Kurse am Ende des Binomialschritts vorliegt, übersteigt der Gewinn aus dem Aktienkauf die Zinszahlungen aus der Kapitalaufnahme.

– Eine risikoneutrale Welt vereinfacht die Bewertung von zukünftigen, aber unsicheren Zahlungen. In der risikoneutralen Welt besitzt der Erwartungswert einer Zahlung den gleichen Wert, wie eine sichere Zahlung mit dem selben Betrag. Ein Investor ist z. B. indifferent zwischen der Möglichkeit an einer Lotterie teilzunehmen, deren Erwartungswert bei 10 EUR liegt oder 10 EUR sicher zu erhalten.

Das Vorgehen im Binomialmodell wird im Folgenden anhand einer Call-Option auf Aktien erläutert. Der Optionspreis kann im Binomialmodell durch die Konstruktion eines Arbitrage-Portfolios als Sicherungsposition oder analytisch durch die Berechnung der Wahrscheinlichkeit p ermittelt werden.

Für die Bewertung mithilfe des **Arbitrage-Portfolios** wird ein Optionshändler unterstellt, der eine Call-Option im Zeitpunkt $t = 0$ zum Preis C verkauft und damit eine Stillhalterposition aufbaut. Der Basiswert der verkauften Option wird mit X bezeichnet. Neben dem Aktienkurs im Zeitpunkt $t = 0$ sind ihm auch der risikolose Zinssatz r_f sowie die beiden Faktoren u und d bekannt. Er erhält somit im Zeitpunkt t = 0 die Optionsprämie C und muss im Zeitpunkt t = 1 eine vom dann vorliegenden Preis des Basiswerts und dem vereinbarten Basispreis abhängige Ausgleichszahlung leisten (vgl. Perridon/Steiner/Rathgeber, 2017, S. 382). Da die beiden möglichen Kursstände im Zeitpunkt t = 1 bekannt sind, ergibt sich der in Tab. 8.2 dargestellte Zahlungsstrom des Stillhalters:

Tab. 8.2: Zahlungsstrom des Stillhalters

	Optionsposition		
Zeitpunkt (t)	**t = 0**	**t = 1**	
Kurs des Basiswerts	K_0	$K_0 \cdot u$	$K_0 \cdot d$
Zahlungen aus Optionsverkauf	$+C$	$-\max(0; K_0 \cdot u - X)$	$-\max(0; K_0 \cdot d - X)$

Der Stillhalter möchte ein Arbitrage-Portfolio konstruieren, mit dem er den dargestellten Zahlungsstrom vollständig absichert. Ihm steht im Zeitpunkt t = 0 der Betrag C zur Verfügung, um das Arbitrage-Portfolio aufzubauen. Die Rückzahlung aus dem Arbitrage-Portfolio soll im Zeitpunkt t = 1 mit den Zahlungsverpflichtungen aus der Option übereinstimmen. Die Zahlungsströme aus dem Arbitrage-Portfolio und der Stillhalterposition müssen identisch sein, jedoch umgekehrte Vorzeichen besitzen.

Im Zeitpunkt t = 0 erwirbt der Stillhalter n Aktien des Basiswerts zur Absicherung seiner Call-Option. Den Kauf der Aktien finanziert er mit dem Verkaufserlös der Call-Option sowie einer zusätzlichen Kreditaufnahme in Höhe von KR. Im Zeitpunkt t = 1 löst der Stillhalter die Sicherungsposition auf, d. h. er verkauft die Aktien und zahlt den Kredit zurück. Die Sicherungsposition und der angestrebte Ziel-Zahlungsstrom der Sicherungsposition sind in Tab. 8.3 dargestellt.

Tab. 8.3: Sicherungsposition des Stillhalters

	Sicherungsposition		
Zeitpunkt (t)	**t = 0**	**t = 1**	
Aktienposition	$-n \cdot K_0$	$+n \cdot K_0 \cdot u$	$+n \cdot K_0 \cdot d$
Kreditposition	$+KR$	$-KR \cdot (1 + r_f)^t$	$-KR \cdot (1 + r_f)^t$
Zahlungen aus Sicherungsposition	$-C$	$+\max(0; K_0 \cdot u - X)$	$+\max(0; K_0 \cdot d - X)$

Die Anzahl der Aktien und der Kreditbetrag sind so zu wählen, dass die Zahlungen aus der Sicherungsposition im Zeitpunkt t = 1 für jedes der beiden Kursszenarien mit der jeweiligen Zahlungsverpflichtung aus dem Optionsverkauf übereinstimmen (vgl. Tab. 8.2 und 8.3). Lediglich das Vorzeichen ist umgekehrt, sodass sich, bei korrekten Aufbau der Sicherungsposition, die Zahlungen aus der Options- und aus der Sicherungsposition vollständig ausgleichen.

Sofern die Anzahl der zu kaufenden Aktien n sowie der aufzunehmende Kreditbetrag KR die zum Ausgleich der Zahlungen benötigt werden, bekannt sind, kann der Wert der Call-Option im Zeitpunkt $t = 0$ bestimmt werden. Aus der Sicherungsposition des Stillhalters lässt sich ein eindeutig bestimmtes Gleichungssystem ableiten, das zwei Gleichungen und zwei Variablen enthält. Zur Aufstellung des Gleichungssystems werden die beiden möglichen Kursszenarien im Zeitpunkt $t = 1$ betrachtet, jedes der beiden Szenarien ergibt eine Gleichung:

$$n \cdot K_0 \cdot u - KR \cdot (1 + r_f)^t = \max(0; K_0 \cdot u - X) \tag{1}$$

$$n \cdot K_0 \cdot d - KR \cdot (1 + r_f)^t = \max(0; K_0 \cdot d - X) \tag{2}$$

Durch einsetzen der Gleichung (1) in die Gleichung (2) erhält man einen Ausdruck, der lediglich die unbekannte Aktienanzahl n enthält. Die restlichen Variablen K_0, d, u und X sind exogen vorgeben und bekannt:

$$n \cdot K_0 \cdot d + \max(0; K_0 \cdot u - X) - n \cdot K_0 \cdot u = \max(0; K_0 \cdot d - X) \tag{2'}$$

Durch Umformen der Gleichung erhält man die Anzahl der Aktien:

$$n = \frac{\max(0; K_0 \cdot d - X) - \max(0; K_0 \cdot u - X)}{K_0 \cdot (d - u)} \tag{2'}$$

Nachdem die Anzahl der Aktien berechnet ist, lässt sich auch der Kreditbetrag KR eindeutig mit Gleichung (1) oder Gleichung (2) bestimmen. im Folgenden wird die Gleichung (1) nach KR aufgelöst:

$$KR = \frac{n \cdot K_0 \cdot u - \max(0; K_0 \cdot u - X)}{(1 + r_f)^t} \tag{1'}$$

Mit Kenntnis des Kreditbetrags und der Anzahl der Aktien, kann der Preis der Call-Option C berechnet werden Dazu wird der Zeitpunkt $t = 0$ betrachtet und die Situation als Gleichung dargestellt:

$$-n \cdot K_0 + KR = -C \tag{3}$$

$$C = n \cdot K_0 - KR \tag{3'}$$

Es zeigt sich, dass bei der gewählten Vorgehensweise für die Berechnung des fairen Call-Preises die Wahrscheinlichkeit p nicht benötigt wird. Es müssen lediglich die beiden möglichen Kursstände zum Zeitpunkt t = 1 bekannt sein, mit welcher Wahrscheinlichkeit sie eintreten, ist für die dargestellte Optionsbewertung unerheblich.

Ein Beispiel soll die Ermittlung des Optionswerts mithilfe des Sicherungsportfolios verdeutlichen: Der aktuelle Aktienkurs einer Aktie K_0 beträgt 200 EUR. Die Aktie dient als Basiswert für eine Call-Option, bei der ein Basispreis in Höhe von 210 EUR vereinbart wurde. Die Laufzeit der Option beträgt 1 Jahr, der risikofreie Zins liegt bei 3 %. Für den Fälligkeitszeitpunkt werden zwei mögliche Kursentwicklungen der zugrunde liegenden Aktie unterstellt. Der Abwärtsfaktor d beträgt 0,7 während der Aufwärtsfaktor u einen Wert von 1,2 aufweist.

Bei den unterstellten Auf- und Abwärtsfaktoren können im Zeitpunkt t = 1 die beiden Kursstände 140 EUR (= 0,7 · 200) und 240 EUR (= 1,2 · 200) vorliegen. Aus der Perspektive des Stillhalters ergibt sich für die Call-Option der folgende Zahlungsstrom (vgl. Tab. 8.4):

Tab. 8.4: Zahlungsstrom der Option im Beispielfall

	Optionsposition		
Zeitpunkt (t)	**t = 0**	**t = 1**	
Kurs des Basiswerts	200	240	140
Zahlungen aus Optionsverkauf	+C	−30	0

Der Stillhalter möchte eine Sicherungsposition konstruieren, aus der bei einem Kursanstieg eine positive Zahlung von 30 EUR (= max(0; $K_0 \cdot u - X$)) und bei einem Kursrückgang eine Zahlung von 0 EUR (= max(0; $K_0 \cdot d - X$)) resultiert. Die dafür benötigte Aktienanzahl und der aufzunehmende Kreditbetrag können mit den zuvor hergeleiteten Gleichungen bestimmt werden:

$$n = \frac{\max(0; K_0 \cdot d - X) - \max(0; K_0 \cdot u - X)}{K_0 \cdot (d - u)} = \frac{0 - 30}{200 \cdot (0{,}7 - 1{,}2)} = 0{,}3 \text{ Aktien} \quad (2')$$

Nachdem die Anzahl der Aktien bekannt ist, kann der benötigte Kreditbetrag berechnet werden:

$$KR = \frac{n \cdot K_0 \cdot u - \max(0; K_0 \cdot u - X)}{(1 + r_f)^t} = \frac{0{,}3 \cdot 200 \cdot 1{,}2 - 30}{(1 + 0{,}03)^1} = 40{,}78\ € \quad (1')$$

Auf Basis der Aktienanzahl n und des Kreditbetrags KR, lässt sich nun der Wert der Call-Option bestimmen:

$$C = n \cdot K_0 - KR = 0{,}3 \cdot 200 - 40{,}78 = 19{,}22\,€$$

Im Anschluss kann anhand der Sicherungsposition verdeutlicht werden, dass aus den beschriebenen Geschäften der zur Absicherung der Optionsposition benötigte Zahlungsstrom resultiert. In Abhängigkeit vom im Zeitpunkt t = 1 vorliegenden Kurs ergibt sich eine Gesamtzahlung von 30 EUR oder 0 EUR. Zur Absicherung eines Calls sind 0,3 Aktien zu erwerben, die mit einem Kaufpreis von 60 EUR (= 0,3 · 200) verbunden sind. Im Zeitpunkt t = 0 wird neben der Kreditaufnahme von 40,78 EUR noch eine Restzahlung von 19,22 EUR benötigt, um die Aktienposition aufbauen zu können (vgl. Tab. 8.5). Die 19,22 EUR entsprechen somit dem fairen Wert einer Call-Option im Zeitpunkt t = 0.

Tab. 8.5: Sicherungsposition des Stillhalters im Beispielfall

	Sicherungsposition		
Zeitpunkt (t)	**t = 0**	**t = 1**	
Aktienposition	−60,00	+72,00	+42,00
Kreditposition	+40,78	−42,00	−42,00
Zahlungen aus Sicherungsposition	−19,22 = C	+30,00	0,00

Für die hier angenommene Aktienkursentwicklungen ist das dargestellte Portfolio aus Aktienkauf, Call-Verkauf und Kreditaufnahme risikolos, da sich für jede unterstellte Wertentwicklung des Basiswerts die Zahlungen aus der Options- und der Sicherungsposition neutralisieren. Sofern der Stillhalter die Call-Option zu ihrem fairen Wert von 19,22 EUR verkauft, ist für dieses Portfolio außer der Kreditaufnahme kein zusätzlicher Kapitaleinsatz erforderlich, sodass das Arbitrage-Portfolio als ein sich selbst finanzierendes Portfolio bezeichnet werden kann.

Neben der Konstruktion einer Sicherungsposition lässt sich der faire Wert der Call-Option auch **analytisch** ermitteln. Dazu ist zunächst die für den Kursanstieg geltende Wahrscheinlichkeit p zu berechnen, mit dieser kann die erwartete Auszahlung der Option im Zeitpunkt t = 1 bestimmt werden. Durch die Diskontierung der erwarteten Auszahlung auf den Zeitpunkt t = 0 erhält man den fairen Wert der Option (vgl. Hull, 2015, S. 359 f.).

In einem arbitragefreien System ist die Wahrscheinlichkeit p eindeutig. Die Wahrscheinlichkeit p kann mithilfe der folgenden Überlegung berechnet werden: Für einen risikoneutralen Investor macht es in einem arbitragefreien System keinen Unterschied, ob er einen bestimmten Kapitalbetrag zum risikolosen Zinssatz anlegt oder in den Basiswert der Option investiert. Der Erwartungswert des Basiswerts und der mit dem risikolosen Zinssatz verzinste Ursprungsbetrag müssen identisch sein. Ist der Erwartungswert des Basiswerts größer als das Ergebnis der risikolosen Anlage, würden in einer risikoneutralen Welt sämtliche Investoren den Basiswert kaufen und keine Kapitalanlagen zum risikolosen Zinssatz tätigen. Im Rahmen eines Arbitrage-Prozesses würde entweder der Kurs des Basiswerts oder der risikolose Zinssatz steigen, bis sich der Markt wieder in seinem arbitragefreien Gleichgewicht befindet. Auf dem arbitragefreien Markt kann die Beziehung zwischen dem Erwartungswert und der risikolosen Anlage durch folgende Gleichung ausgedrückt werden:

$$(1 + r_f) \cdot K_0 = p \cdot u \cdot K_0 + (1 - p) \cdot d \cdot K_0$$

Die linke Seite der Gleichung stellt das Ergebnis der risikolosen Anlage zum Zeitpunkt t = 1 dar, während die rechte Seite den Erwartungswert des Basiswerts für diesen Zeitpunkt angibt. Zur Berechnung des Erwartungswerts wird die Gleichung zunächst nach p aufgelöst:

$$p = \frac{1 + r_f - d}{u - d}$$

Mithilfe der Wahrscheinlichkeit p kann neben dem Erwartungswert des Basiswerts auch die für die Option im Zeitpunkt t = 1 erwartete Auszahlung ermittelt werden. Dazu werden zunächst die beiden möglichen Kursstände $K_0 \cdot d$ und $K_0 \cdot u$ berechnet, aus den Kursständen lässt sich im Anschluss die jeweilige Auszahlung aus der Option ableiten. Die aus den beiden Kursständen resultierenden Auszahlungen können wiederum zur erwarteten Auszahlung der Option verdichtet werden, in dem die beiden Zahlungen mit den Wahrscheinlichkeiten p bzw. 1 – p multipliziert werden (vgl. Abb. 8.6).

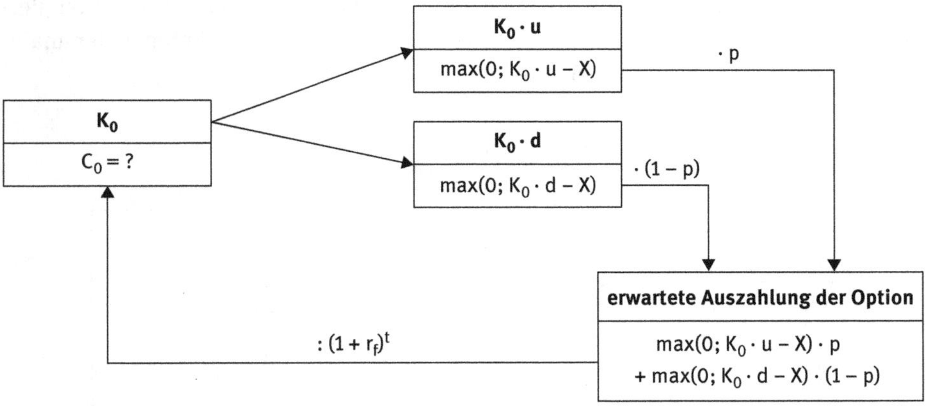

Abb. 8.6: Analytische Bestimmung des Preises einer Call-Option

Sofern die Wahrscheinlichkeit p bereits bestimmt wurde, sind alle für die Berechnung des Call-Preises benötigten Größen bekannt. Die analytische Ermittlung des Optionspreises soll anhand der bereits betrachteten Call-Option verdeutlicht werden:

Vor dem Hintergrund der für das Beispiel geltenden Werte für d, u und r_f, kann die Wahrscheinlichkeit p wie folgt ermittelt werden:

$$p = \frac{1 + r_f - d}{u - d} = \frac{1 + 0{,}03 - 0{,}7}{1{,}2 - 0{,}7} = 0{,}66$$

Die Wahrscheinlichkeit, dass der Kurs auf 240 EUR steigt, beträgt somit 66 %, während ein Kursrückgang auf 140 EUR mit einer Wahrscheinlichkeit von 34 % (= 1 − 0,66) eintreten wird. Bei einem Kursanstieg auf 240 EUR resultiert aus der Option eine Zahlung von 30 EUR, dagegen verfällt sie bei einem Kursrückgang auf 140 EUR und es kommt zu keiner Auszahlung für den Stillhalter. Da die Wahrscheinlichkeiten und die beiden möglichen Auszahlungen bekannt sind, lässt sich nun die erwartete Auszahlung bestimmen:

$$30 \cdot 66\,\% + 0 \cdot 34\,\% = 19{,}80\,€$$

Um den fairen Wert der Call-Option im Zeitpunkt t = 0 zu berechnen, ist die erwartet Auszahlung von 19,80 EUR auf diesen Zeitpunkt mit dem risikolosen Zinssatz zu diskontieren:

$$C = \frac{19{,}80}{(1 + 0{,}03)^1} = 19{,}22\,€$$

Der analytisch ermittelte Optionswert von 19,22 EUR stimmt natürlich mit dem über die Sicherungsposition errechneten Preis überein, beide Verfahren führen unter gleichen Annahmen zu einem identischen Ergebnis. Das Vorgehen im Rahmen der analytischen Berechnung ist in Abb. 8.7 zusammenfassend dargestellt.

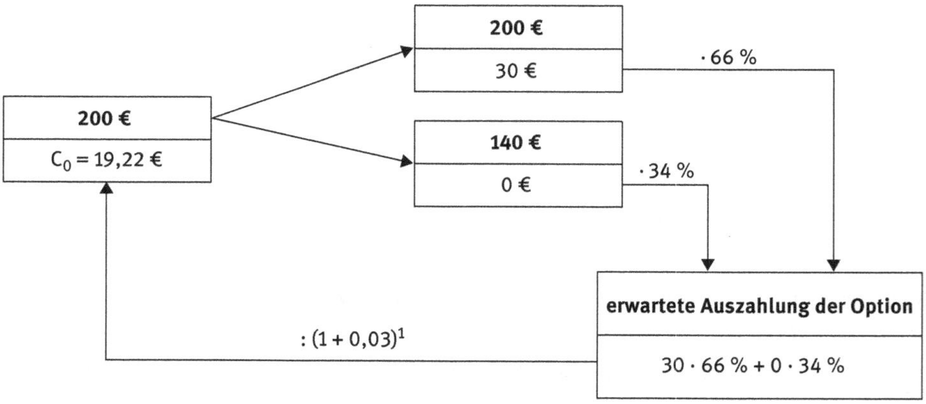

Abb. 8.7: Analytische Bestimmung des Call-Preises im Beispielfall

Die erläuterten Verfahren zur Berechnung des Optionspreises im Binomialmodell sind auch für die Bewertung von Put-Optionen geeignet. Zusätzlich ist eine Bewertung von amerikanischen Optionen mithilfe des gezeigten Verfahrens sowie eine Bewertung über mehrere Binomialschritte möglich. Durch die Berücksichtigung von mehreren Binomialschritten kann die Optionsbewertung stärker an die Realität angenähert werden. Bei einem mehrperiodischen Binomialmodell werden zum Laufzeitende der Option mehr als zwei unterschiedliche Kursstände des Basiswerts zugelassen (vgl. Wiedemann, 2013, S. 197 ff.). Insbesondere für eine mehrperiodische Optionsbewertung bietet sich dabei das analytische Vorgehen an.

Das Black-Scholes-Modell

Das im Jahr 1973 von Fischer Black und Myron Scholes erstmals veröffentlichte und nach ihnen benannte Black-Scholes-Modell ist das bekannteste vollständige Gleichgewichtsmodell, das auch in der Praxis eine hohe Bedeutung besitzt. Es bewertet in seiner Grundform einen europäischen Call. Dem Black-Scholes-Modell liegt wie dem Binomialmodell das Prinzip zugrunde, die zukünftigen Rückflüsse des Calls durch ein äquivalentes, sich selbst finanzierendes Portfolio zu duplizieren. Im Binomialmodell werden für die Kursentwicklung des Basiswerts lediglich zwei mögliche Kursveränderungen innerhalb einer Periode zugelassen, wobei die eine Kursveränderung in einem Kursanstieg und die andere in einem Kursrückgang besteht. Wird die zugrunde gelegte Periode unendlich klein gewählt und strebt die Anzahl der betrachteten Perioden gegen unendlich, kann die Binomialverteilung durch eine Normalverteilung angenähert werden. Diese Überlegungen stellen die Grundlage für das Black-Scholes-Modell dar, das damit im Unterschied zum Binomialmodell mit einem kontinuierlichen anstelle eines diskreten Zufallsprozesses arbeitet (vgl. Oehler/Unser, 2002, S. 84).

Für die Grundform des Black-Scholes-Modells gelten die folgenden Annahmen (vgl. Perridon/Steiner/Rathgeber, 2017, S. 383):

- Leerverkäufe sind unbeschränkt möglich.
- Es fallen keine Transaktionskosten oder Steuern an.
- Der Marktzinssatz für die risikolose Kapitalanlage und Kapitalaufnahme sind identisch, konstant und können für kurzfristige Zeiträume ermittelt werden.
- Dividenden und sonstige Erträge auf die Wertpapiere werden nicht ausgeschüttet.
- Die Aktienkurse folgen einem stetigen Zufallsprozess (geometrische Brown'sche Bewegung), ihre Veränderungen sind log-normalverteilt.

Aufbauend auf diesen Annahmen kann der **Wert eines Calls** im Black-Scholes-Modell mithilfe der folgenden Gleichung bestimmt werden (eine ausführliche Herleitung dieser Formel findet sich beispielsweise in Steiner/Bruns/Stöckl, 2012, S. 342 f.):

$$C = K \cdot N(d_1^{Call}) - X \cdot e^{-r_f \cdot t} \cdot N(d_2^{Call})$$

Diese Gleichung entspricht in ihrer Grundform der bereits bekannten allgemeinen Gleichung zur Bestimmung des Werts eines Calls. Der aktuelle Aktienkurs K und der Basispreis X werden durch die Werte der Verteilungsfunktion der Standardnormalverteilung $N(d_1)$ und $N(d_2)$ so gewichtete, dass der Wert des Calls über der Wertuntergrenze $K - X \cdot e^{-r_f \cdot t}$ liegt und der Zeitwert für Optionen, die am Geld sind, am höchsten ist (vgl. Schierenbeck/Hölscher, 1998, S. 670). $N(d_1)$ kann als die Anzahl der im Arbitrage-Portfolio zu kaufenden Aktien pro Call interpretiert werden. Mit $N(d_2)$ kommt die Wahrscheinlichkeit, dass der Call am Ende der Laufzeit ausgeübt wird, zum Ausdruck. Es handelt sich also hierbei um die Wahrscheinlichkeit, dass der Call zum Ausübungszeitpunkt einen inneren Wert größer Null besitzt (vgl. Steiner/Bruns/Stöckl, 2012, S. 345).

Die Bewertungsfunktion eines Calls gemäß dem Black-Scholes-Modell wird in Abb. 8.8 dargestellt.

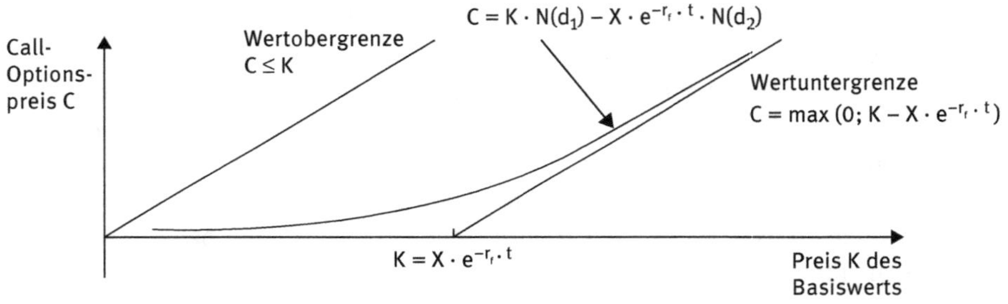

Abb. 8.8: Bewertungsfunktion eines Calls nach dem Black-Scholes-Modell (Perridon/Steiner/Rathgeber, 2017, S. 385)

Die Werte d_1 und d_2 ermitteln sich gemäß folgender Formeln:

$$d_1^{Call} = \frac{\ln\frac{K}{X} + (r_f + \frac{\sigma^2}{2}) \cdot t}{\sigma \cdot \sqrt{t}}$$

$$d_2^{Call} = d_1^{Call} - \sigma \cdot \sqrt{t}$$

Die notwendigen Parameter zur Bestimmung des Optionspreises sind, mit Ausnahme der Volatilität σ des Basiswerts, leicht ermittelbar. Der aktuelle Aktienkurs K, der vereinbarte Basispreis X sowie die Restlaufzeit t sind zum Bewertungszeitpunkt bekannt. Bei der Auswahl des risikolosen Zinssatzes r_f ist zu berücksichtigen, dass die Zinsstrukturkurve laufzeitabhängig ist und insbesondere ein Zinssatz heranzuziehen ist, dessen Laufzeit der Restlaufzeit der Option entspricht. Lediglich die Ermittlung der Volatilität des Aktienkurses ist mit Schwierigkeiten verbunden. Grundsätzlich wird die während der Restlaufzeit der Option vorliegende Volatilität für die Optionsbewertung im Rahmen des Black-Scholes-Modells benötigt. Da diese nicht direkt beobachtbar ist, werden für die Anwendung der Black-Scholes-Formel verschiedene Verfahren zu Volatilitätsschätzung eingesetzt. Zum Beispiel werden für die Ermittlung die historischen Aktienkurse verwendet, die als log-normalverteilt unterstellt werden. Streng genommen wird bei dieser Vorgehensweise jedoch die historische Volatilität ermittelt, die von der zukünftigen Kursvolatilität abweichen kann. Eine weitere Möglichkeit ist die Ermittlung der in den Optionspreisen von am Markt gehandelten Optionen implizit enthaltene Volatilität. Dieses Verfahren setzt jedoch voraus, dass die Preise von ähnlich ausgestatteten Optionen verfügbar sind. (vgl. Perridon/Steiner/Rathgeber, 2017, S. 386). Die Werte für $N(d_1)$ und $N(d_2)$ können der Wertetabelle für die Verteilungsfunktion der Standardnormalverteilung entnommen werden.

Die Bewertung eines Calls mithilfe des Black-Scholes-Modells soll anhand des Beispiels, das bereits im Rahmen des Binomialmodells verwendet wurde, erläutert werden. Folgende Ausgangsdaten werden dabei unterstellt:

Aktueller Aktienkurs K: 200 €
Basispreis X: 210 €
Zinssatz r_f: 3 %
Volatilität σ^2: 0,64
Restlaufzeit t: 1 Jahr

Einzelne Werte der Verteilungsfunktion der Standardnormalverteilung sind in Tab. 8.6 dargestellt:

Tab. 8.6: Verteilungsfunktion der Standardnormalverteilung

d	−0,50	−0,45	−0,40	−0,35	−0,30	−0,25	−0,20	−0,15	−0,10	−0,05
N(d)	0,30854	0,32636	0,34458	0,36317	0,38209	0,40129	0,42074	0,44038	0,46017	0,48006
d	0,00	0,05	0,10	0,15	0,20	0,25	0,30	0,35	0,40	0,45
N(d)	0,50000	0,51994	0,53983	0,55962	0,57926	0,59871	0,61791	0,63683	0,65542	0,67364

Zunächst sind die Werte für d_1 und d_2 gemäß den oben dargestellten Formeln zu bestimmen:

$$d_1^{Call} = \frac{\ln\frac{K}{X} + \left(r_f + \frac{\sigma^2}{2}\right) \cdot t}{\sigma \cdot \sqrt{t}} = \frac{\ln\frac{200}{210} + \left(0{,}03 + \frac{0{,}64}{2} \cdot 1\right)}{0{,}8 \cdot \sqrt{1}} = 0{,}3765$$

$$d_2^{Call} = d_1^{Call} - \sigma \cdot \sqrt{t} = 0{,}3765 - 0{,}8 \cdot \sqrt{1} = -0{,}4235$$

Darauf aufbauend können die Werte für $N(d_1)$ und $N(d_2)$ aus der Tabelle der Verteilungsfunktion der Standardnormalverteilung entnommen werden:

$$N(d_1^{Call}) = 0{,}65542$$
$$N(d_2^{Call}) = 0{,}34458$$

Damit ergibt sich ein Call-Preis in Höhe von 60,86 EUR:

$$C = K \cdot N(d_1) - X \cdot e^{-r_f \cdot t} \cdot N(d_2) = 200 \cdot 0{,}65542 - 210 \cdot e^{-0{,}03 \cdot 1} \cdot 0{,}34458 = 60{,}86\,€$$

Neben dem Optionswert eines Calls kann mithilfe des Black-Scholes-Modells auch der **Wert eines Puts** bestimmt werden. Hierzu ist folgende Formel, für die die gleichen Input-Faktoren wie zur Bestimmung des Preises eines Calls notwendig sind, anzuwenden (vgl. Bruns/Meyer-Bullerdiek, 2013, S. 419):

$$P = X \cdot e^{-r_f \cdot t} \cdot N(d_2^{Put}) - K \cdot N(d_1^{Put})$$

D_1 und d_2 sind gemäß folgender Formeln zu bestimmen (vgl. Bruns/Meyer-Bullerdiek, 2013, S. 419 f.):

$$d_1^{Put} = \frac{\ln \frac{X}{K} - (r_f + \frac{\sigma^2}{2}) \cdot t}{\sigma \cdot \sqrt{t}}$$
$$d_2^{Put} = d_1^{Put} + \sigma \cdot \sqrt{t}$$

Die Ermittlung des Put-Optionswerts soll an dem bereits bekannten Beispiel verdeutlicht werden. Es wird unterstellt, dass es sich bei der zu kaufenden Option um einen Put mit ansonsten gleichen Ausstattungsmerkmalen wie beim Call handelt. Zur Bestimmung der Werte $N(d_1^{Put})$ und $N(d_2^{Put})$ sind zunächst d_1^{Put} und d_2^{Put} festzustellen:

$$d_1^{Put} = \frac{\ln \frac{X}{K} - (r_f + \frac{\sigma^2}{2}) \cdot t}{\sigma \cdot \sqrt{t}} = \frac{\ln \frac{210}{200} - (0{,}03 + \frac{0,64}{2}) \cdot 1}{0{,}8 \cdot \sqrt{1}} = -0{,}3765$$
$$d_2^{Put} = d_1^{Put} + \sigma \cdot \sqrt{t} = -0{,}3765 + 0{,}8 \cdot \sqrt{1} = 0{,}4235$$

Aus der Wertetabelle der Verteilungsfunktion der Standardnormalverteilung können die Werte für $N(d_1^{Put})$ und $N(d_2^{Put})$ abgelesen werden:

$$N(d_1^{Put}) = 0{,}34458$$
$$N(d_2^{Put}) = 0{,}65542$$

Darauf aufbauend ermittelt sich die Prämie für den Put wie folgt:

$$P = X \cdot e^{-r_f \cdot t} \cdot N(d_2^{Put}) - K \cdot N(d_1^{Put}) = 210 \cdot e^{-0{,}03 \cdot 1} \cdot 0{,}65542 - 200 \cdot 0{,}34458 = 64{,}65\,€$$

Neben der dargestellten Formel kann die Prämie eines Puts auch mithilfe der sog. **Put-Call-Parität** bestimmt werden. Der Put-Call-Parität liegt die Überlegung zugrunde, dass bei europäischen Optionen Call- und Putpreis in einer bestimmten

Beziehung zueinander stehen, wenn sie sich auf den gleichen Basiswert beziehen, denselben Basispreis besitzen und die gleiche Restlaufzeit aufweisen. Die Verbindung zwischen Call- und Putpreis kann mithilfe des Arbitrage-Portfolios abgeleitet werden. Hierbei wird unterstellt, dass sowohl ein Call verkauft als auch ein Put gekauft wird. Ferner wird der Basiswert gekauft und zur Finanzierung dieses Aktienkaufs ein endfälliger Kredit in Höhe des abgezinsten Basispreises aufgenommen. Der zu tilgende Kreditbetrag inklusive Zinsen entspricht damit dem vereinbarten Basispreis. Aus der Konstruktion dieser Geschäfte ergeben sich (unter Anwendung stetiger Zinsrechnung) die in Tab. 8.7 dargestellten Zahlungsströme.

Tab. 8.7: Put-Call-Parität (in Anlehnung an Steiner/Bruns/Stöckl, 2012, S. 341)

Zeitpunkt (t)	**t = 0**	**t = 1**	
Kurs des Basiswerts	**K**	**K_d**	**K_u**
Verkauf einer Kaufoption	+C	Option verfällt 0	Option wird ausgeübt $X - K_u$
Kauf einer Aktie	−K	$+K_d$	$+K_u$
Kauf einer Verkaufsoption	−P	Option wird ausgeübt $X - K_d$	Option verfällt 0
Kreditaufnahme	$+ X \cdot e^{-r_f \cdot t}$	−X	−X
Portfoliowert	$0 = C - K - P + X \cdot e^{-r_f \cdot t}$	**0**	**0**

Die zukünftigen Zu- bzw. -abflüsse sind vom Marktpreis des Basiswerts unabhängig. Das Arbitrage-Portfolio ist risikolos, wobei der Portfoliowert zum Zeitpunkt Null beträgt. Besitzt das Arbitrage-Portfolio im Zeitpunkt t = 1 einen Wert von Null, so weist es zwangsläufig auch im Zeitpunkt t = 0 einen Wert von Null auf. Wird die Summe aller Zahlungen im Zeitpunkt t = 0 nach dem Wert des Puts P aufgelöst, kann der Put-Wert, bei bekanntem Call-Wert, gemäß folgender Formel bestimmt werden (vgl. Steiner/Bruns/Stöckl, 2012, S. 340 f.):

$$0 = C - K - P + X \cdot e^{-r_f \cdot t}$$
$$P = C - K + X \cdot e^{-r_f \cdot t}$$

Für das bereits mehrfach verwendete Beispiel ergibt sich unter Verwendung der Put-Call-Parität und bei bekanntem Call-Preis in Höhe von 60,86 EUR ein Put-Preis von 64,65 EUR:

$$P = C - K + X \cdot e^{-r_f \cdot t} = 60{,}86 - 200 + 210 \cdot e^{-0{,}03 \cdot 1} = 64{,}65\,€$$

Der Wert einer Option hängt von verschiedenen Einflussgrößen ab, die in der bereits dargestellten Optionspreisformel zum Ausdruck kommen. Neben dem fairen Preis einer Option können vor diesem Hintergrund verschiedene Sensitivitätskennzahlen, die die Reaktion des Optionswerts in Abhängigkeit von der Veränderung einer Einflussgröße bei Konstanz aller übrigen Größen zum Ausdruck bringen, bestimmt werden. Mathematisch muss zur Ermittlung einer Sensitivitätskennzahl die n-te Ableitung der Optionspreisformel nach einer Variablen gebildet werden. Die Sensitivitätskennzahlen werden durch griechische Buchstaben ausgedrückt, sodass sie auch als „**Optionsgriechen**" bezeichnet werden. Zu den bedeutendsten Kennzahlen zählen das Delta und das Gamma, die im Folgenden näher erläutert werden (vgl. Perridon/Steiner/Rathgeber, 2017, S. 391 ff.; Oehler/Unser, 2002, S. 89; Bruns/ Meyer-Bullerdiek, 2013, S. 422).

Das Optionsdelta bringt die Veränderung des Optionswerts in Abhängigkeit von der Veränderung des Marktwerts des Basiswerts zum Ausdruck. Das **Delta** entspricht der ersten Ableitung der Optionspreisformel nach dem Marktpreis des Basiswerts (vgl. Bruns/Meyer-Bullerdiek, 2013, S. 423):

$$\text{Delta(C)} = \frac{\delta C}{\delta K} = N(d_1^{\text{Call}})$$

$$\text{Delta(P)} = \frac{\delta C}{\delta K} = -N(d_1^{\text{Put}})$$

Bei einer Aktienoption gibt das Delta beispielsweise an, um welchen Betrag sich der Wert der Option verändert, wenn sich der Aktienkurs um einen EUR verändert. Aus dem Delta-Wert kann darüber hinaus abgeleitet werden, wie viele Aktien notwendig sind, um die Wertveränderung einer Option exakt auszugleichen.

Der Delta-Wert eines Calls nimmt Werte zwischen 0 und 1 an, wobei sich die Option bei einem Delta von nahe 0 weit aus dem Geld befindet. Je größer das Delta, desto weiter liegt die Option im Geld, bei einem Delta von 0,5 ist die Option am Geld (vgl. Perridon/Steiner/Rathgeber, 2017, S. 390). Demgegenüber weist das Delta eines Puts Werte zwischen –1 und Null auf (vgl. Bruns/Meyer-Bullerdiek, 2013, S. 424). Liegen die Delta-Werte nahe –1, ist die Option tief im Geld, bei Werten nahe Null ist die Option „deep out of the money". Bei einem Delta von –0,5 entsprechen sich der Marktwert des Basiswerts und der Basispreis in etwa (vgl. Steiner/Bruns/Stöckl, 2012, S. 354). Der Delta-Wert kann auch als Wahrscheinlichkeit für die Ausübung der Option interpretiert werden.

In dem oben angegebenen Beispiel ergibt sich für den Call ein Delta von 0,65542. Bei einem Anstieg des Aktienkurses um einen EUR steigt der Optionswert damit um 0,65542 EUR. Der Delta-Wert des Puts beträgt –0,34458. Demnach sinkt der Optionswert bei einem Anstieg des Aktienkurses um 1 EUR um 0,34458 EUR, fällt hingegen der Aktienkurs um 1 EUR, erhöht sich der Optionswert um 0,34458 EUR.

Wie bereits dargestellt, besitzt die Optionspreisfunktion im Black-Scholes-Modell einen gekrümmten Verlauf. Dadurch nimmt die Genauigkeit des Deltas mit einem Anstieg des Veränderungsbetrags des Marktwerts des Basiswerts ab. Das Optionsdelta liefert folglich nur für geringe Schwankungen des Marktwerts des Basiswerts aussagekräftige Ergebnisse. Vor diesem Hintergrund soll das **Gamma** zu einer größeren Messgenauigkeit führen. Es beschreibt die Sensitivität des Options-Deltas bezüglich einer

Veränderung des Marktwerts des Basiswerts. Zur Ermittlung des Gammas muss die zweite Ableitung der Optionspreisformel nach dem Marktwert des Basiswerts gebildet werden (vgl. Bruns/Meyer-Bullerdiek, 2013, S. 425 f.):

$$\text{Gamma(C)} = \text{Gamma(P)}$$

$$\frac{\delta\text{Delta(C)}}{\delta K} = \frac{\delta\text{Delta(P)}}{\delta K}$$

$$\frac{N'(d_1^{Call})}{K \cdot \sigma \cdot \sqrt{t}} = \frac{N'(d_1^{Put})}{K \cdot \sigma \cdot \sqrt{t}}$$

Das Gamma entspricht der ersten Ableitung des Options-Deltas nach dem Aktienkurs, sodass es auch als der Delta-Wert des Options-Deltas interpretiert werden kann. Die erste Ableitung der Verteilungsfunktion der Standardnormalverteilung N′(d) führt zur Dichtefunktion der Standardnormalverteilung. Deren Funktionswerte können, wie die Werte der Verteilungsfunktion, Tabellen entnommen werden. Darüber hinaus können die Werte für N′(d) gemäß den folgenden Formeln berechnet werden (vgl. Bruns/Meyer-Bullerdiek, 2013, S. 425 f.):

$$N'(d_1^{Call}) = \frac{e^{\left(\frac{-(d_1^{Call})^2}{2}\right)}}{\sqrt{2 \cdot \pi}}$$

$$N'(d_1^{Put}) = \frac{e^{\left(\frac{-(d_1^{Put})^2}{2}\right)}}{\sqrt{2 \cdot \pi}}$$

Das Gamma ist für Calls und Puts gleich groß und immer positiv. Betrachtet man eine Option, die gerade noch im Out-of-the-Money-Bereich bzw. kurz vor dem At-the-Money-Bereich liegt, nimmt das Gamma die größten Werte an, d. h. in diesem Bereich ist die Delta-Elastizität sehr hoch.

Für das obige Beispiel ergibt sich sowohl für den Call als auch den Put ein Gamma-Wert von 0,0023:

$$N'(d_1^{Call}) = \frac{e^{\left(\frac{-(0,3765)^2}{2}\right)}}{\sqrt{2 \cdot \pi}} = 0,3716$$

$$\text{Gamma(C)} = \frac{N'(d_1^{Call})}{K \cdot \sigma \cdot \sqrt{t}} = \frac{0,3716}{200 \cdot 0,8 \cdot \sqrt{1}} = 0,0023\,€$$

$$N'(d_1^{Put}) = \frac{e^{\left(\frac{-(-0,3765)^2}{2}\right)}}{\sqrt{2 \cdot \pi}} = 0,3716$$

$$\text{Gamma(P)} = \frac{N'(d_1^{Put})}{K \cdot \sigma \cdot \sqrt{t}} = \frac{0,3716}{200 \cdot 0,8 \cdot \sqrt{1}} = 0,0023\,€$$

Die 0,0023 drücken aus, dass sich bei einer Veränderung des Aktienkurses um einen EUR der Delta-Wert um 0,0023 EUR verändert.

Neben dem aktuellen Kurs des der Option zugrunde liegenden Basiswerts beeinflusst insbesondere die Volatilität dieses Marktpreises den Wert einer Option. Wie sich eine infinitesimal kleine Veränderung der Volatilität des Marktpreises auf die Höhe der Optionsprämie auswirkt, zeigt die Kennzahl **Vega**. Die Sensitivität des Optionswerts hinsichtlich einer Veränderung der Restlaufzeit wird schließlich mithilfe des **Theta**-Werts zum Ausdruck gebracht.

8.2.3 Anwendungsmöglichkeiten

Optionen können ebenso wie die anderen derivativen Finanzinstrumente zur Spekulation, zur Arbitrage und zum Hedging eingesetzt werden.

Spekulation

Gegenstand der Spekulation ist die gezielte Übernahme von Preisrisiken, um Gewinne aus einer Preisveränderung von Finanztiteln zu erzielen. Eine Risikoposition wird demnach bewusst zur Gewinnerzielung aufgebaut. Durch den Abschluss von Termingeschäften kann die eigene Marktmeinung dabei einfacher und günstiger umgesetzt werden als bei einer direkten Investition in Finanztitel, da ein geringerer Kapitaleinsatz notwendig ist. Ferner sind mit Termingeschäften in der Regel geringere Transaktionskosten verbunden (vgl. Rudolph/Schäfer, 2010, S. 34).

Im Rahmen der Spekulation mit Optionen können singuläre und kombinierte Strategien unterschieden werden. Während die singulären Strategien auf dem Abschluss einzelner Optionsgeschäfte basieren, d. h. es wird jeweils nur eine einzelne Option ge- oder verkauft, werden im Rahmen der kombinierten Strategien gleichzeitig mehrere Optionsgeschäfte getätigt (vgl. Steiner/Bruns/Stöckl, 2012, S. 512).

Die **singulären Strategien** umfassen Long- und Short-Call- sowie Long- und Short-Put-Positionen. Prinzipiell liegt einer Short-Position das Ziel zugrunde, dass die Option nicht ausgeübt wird und die Optionsprämie vereinnahmt werden kann, ohne den Basiswert liefern oder abnehmen zu müssen. Eine Long-Position wird mit der Absicht eingegangen, das Recht zum Kauf bzw. Verkauf bei einer der Erwartung entsprechenden Marktpreisentwicklung auszuüben und hierdurch einen Gewinn zu erzielen (vgl. Bieg, 1998, S. 24).

Bei der Erwartung (stark) steigender Kurse sollte ein Call gekauft (Long Call), bei der Erwartung (stark) sinkender Kurse ein Put gekauft (Long Put) werden. Geht der Investor von gleichbleibenden bis leicht sinkenden Kursen aus, bietet sich der Verkauf eines Calls an (Short Call), erwartet der Investor konstante bis leicht steigende Kurse, kann zu Spekulationszwecken eine Put-Option verkauft werden (Short Put) (vgl. Steiner/Bruns/Stöckl, 2012, S. 512 ff.).

Von den **kombinierten Strategien** soll im Folgenden mit dem Straddle nur eine ausgewählte Strategie näher betrachtet werden. Bei einem **Straddle** handelt es sich um die Kombination aus Put- und Call-Optionen, wobei zwischen einem Short und einem Long Straddle zu unterscheiden ist. Einem Long Straddle liegt die Erwartung zugrunde, dass am Laufzeitende der Option der Aktienkurs deutlich vom Basispreis der Optionen abweicht. Die Richtung der Abweichung ist dabei unerheblich. Bei einem Long Straddle wird sowohl ein Call als auch ein Put gekauft, bei einem Short Straddle werden gleichzeitig ein Call und ein Put verkauft. In beiden Fällen müssen sich die Optionen auf den gleichen Basiswert beziehen, den gleichen Basispreis aufweisen und die gleiche Restlaufzeit besitzen (vgl. Bruns/Meyer-Bullerdiek, 2013, S. 456).

Bei einem Long Straddle wird ein Gewinn erzielt, wenn der untere Break-even-Point unter- bzw. der obere Break-even-Point überschritten wird. Die Break-even-Points stellen die Kurse des Basiswerts dar, bei denen der Gewinn der Optionsposition genau Null beträgt. Der untere Break-even-Point liegt bei der Differenz aus dem Basispreis der Put-Optionen und den beiden Optionsprämien. Bei Kursen des Basiswerts, die unter diesem Punkt liegen, befindet sich der Straddle in der Gewinnzone. Liegt der Kurs des Basiswerts über der Summe des Basispreises des Calls und den beiden Optionsprämien, ist der obere Break-even-Point überschritten und es fällt ebenfalls ein Gewinn an. Weist der Basiswert einen Marktpreis auf, der zwischen diesen beiden Werten liegt, befindet sich der Straddle in der Verlustzone. Theoretisch ist das Gewinnpotential des Long Straddles unbegrenzt, während das Verlustpotenzial auf die Summe der Optionsprämien beschränkt ist. Demnach wird ein Long Straddle in Erwartung sich stark verändernder Kurse abgeschlossen.

Der Aufbau eines Short Straddle ist sinnvoll, wenn für das Laufzeitende erwartet wird, dass sich der Aktienkurs sehr nahe am Basispreis befindet. Während in diesem Fall ein Gewinn erzielt wird, ist die Position bei stärkeren Abweichungen zwischen Aktienkurs und Basispreis mit Verlusten verbunden. Das Gewinnpotenzial ist dabei auf die Summe der Optionsprämien beschränkt, während das Verlustpotenzial unbegrenzt ist (vgl. Schierenbeck/Hölscher, 1998, S. 672 ff.). Der Short Straddle befindet sich in der Gewinnzone, wenn der Kurs des Basiswerts zwischen dem unteren und dem oberen Break-even-Point liegt. Verluste fallen an, wenn der untere Break-even-Point unter- bzw. der obere Break-even-Point überschritten wird.

Die Richtung der Kursveränderung ist für das Ergebnis eines Straddles unerheblich. Denn der Wert des Calls steigt bei (starken) Kurszuwächsen, während der Put in dieser Situation wertlos wird. Demgegenüber gewinnt der Put an Wert, wenn der Kurs des Basiswerts sinkt, in diesem Fall wird dann der Call wertlos.

Die Gewinn- und Verlustprofile eines Long und eines Short Straddle sind in Abb. 8.9 grafisch dargestellt.

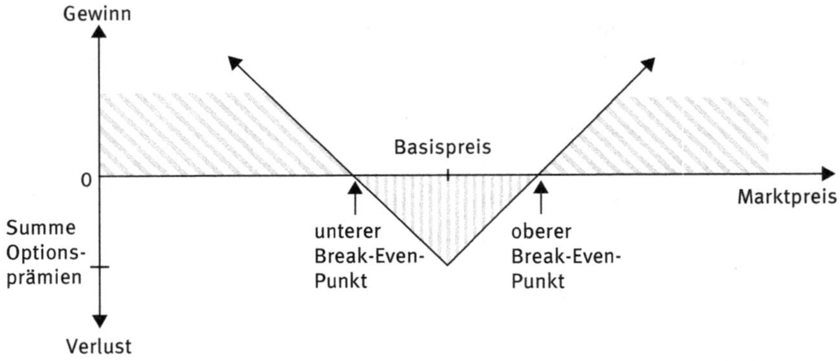

Abb. 8.9a: Gewinn- und Verlustprofil eines Long Straddles (Schierenbeck/Hölscher 1998, S. 673f.)

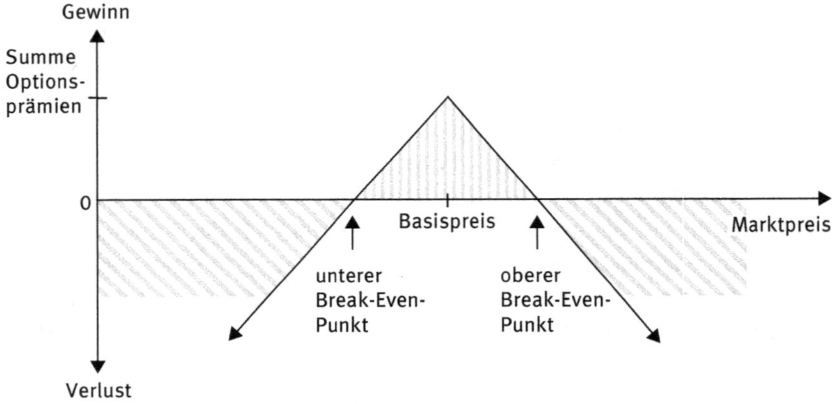

Abb. 8.9b: Gewinn- und Verlustprofil eines Short Straddles (Schierenbeck/Hölscher 1998, S. 673f.)

Neben der beschriebenen Strategie mit Optionen, die einen identischen Verfalltag und Basispreis besitzen sowie sich auf den gleichen Basiswert beziehen, werden auch komplexere Positionen zur Spekulation verwendet. So werden z. B. Optionen mit unterschiedlichen Verfalltagen kombiniert, um am Verfalltag der kurzläufigeren Option einen Gewinn zu erzielen. Zusätzlich kann auch auf die relative Wertentwicklung von Optionen mit unterschiedlichen Basiswerten spekuliert werden. Eine Übersicht der grundlegenden Optionskombinationen ist bspw. bei Rudolph/Schäfer, 2010, S. 38 f. zu finden.

Arbitrage

Der Arbitrage liegt das Ziel zugrunde, Preisungleichgewichte zwischen dem Kassa- und dem Terminmarkt oder innerhalb des Terminmarkts risikolos auszunutzen.

Hierbei kommen wiederum verschiedene Strategien zum Einsatz, die sowohl den Kauf als auch den Verkauf von Calls und Puts sowie den Kauf oder den Verkauf des Basiswerts umfassen (vgl. Bruns/Meyer-Bullerdiek, 2013, S. 483).

Die Erzielung von Arbitrage-Gewinnen mit Optionen setzt voraus, dass ein Call bzw. Put über- oder unterbewertet ist, wobei die Über- bzw. Unterbewertung mithilfe der Put-Call-Parität festgestellt werden kann. Ein Put gilt als überbewertet (unterbewertet), wenn der gemäß Put-Call-Parität ermittelte faire Preis eines Puts kleiner (größer) als der am Markt zu zahlende Put-Preis ist. Um in einer derartigen Situation einen risikolosen Arbitrage-Gewinn zu erreichen, muss die überbewertete Position ver- bzw. die unterbewertete Option gekauft und gleichzeitig eine entgegengesetzte synthetische Position aufgebaut werden (vgl. Rudolph/Schäfer, 2010, S. 96). Eine synthetische Position entsteht dabei, wenn das Gewinn- und Verlustprofil einer Position dem einer anderen Position genau entspricht (vgl. Rudolph/Schäfer, 2010, S. 47). Bei den Arbitrage-Strategien lassen sich die Conversion- und Reversal-Strategie unterscheiden, die beide auf die Ausnutzung von Preisungleichgewichten zwischen Options- und Kassamarkt abzielen. Rein auf den Optionsmarkt konzentriert sich dagegen die Box-Strategie, auf die hier jedoch nicht weiter eingegangen werden soll (vgl. Steiner/Bruns/Stöckl, 2012, S. 402 f.).

Die **Conversion-Strategie** wird eingesetzt, wenn der Marktpreis eines Puts kleiner als der faire Put-Preis gemäß Put-Call-Parität ist. Demnach können Puts zu einem zu geringen Preis gekauft werden. Bezug nehmend auf die Put-Call-Parität ergibt sich demnach folgende Ungleichung:

$$P < C - S + K \cdot e^{-r_f \cdot t}$$

In einer solchen Situation kann ein Arbitrage-Gewinn in Höhe der Fehlbewertung erzielt werden, wenn gleichzeitig ein Put gekauft und zum Aufbau der synthetischen Position ein Call verkauft sowie der Basiswert gekauft werden. Hierbei wird unterstellt, dass der Kauf des Basiswerts durch die Aufnahme eines Kredits finanziert wird. Der Gewinn in $t = 0$ kann risikolos realisiert werden, da während der Laufzeit der Optionen zu jedem Zeitpunkt ein Zahlungssaldo von Null vorliegt. Gewinne bzw. Verluste aus den Optionspositionen sowie der Aktienposition gleichen sich jeweils aus.

Tab. 8.8: Arbitrage-Gewinn im Rahmen der Conversion-Strategie (Angaben in EUR)

Verkauf der Call-Option	+ 60,86
Kauf der Aktie	−200,00
Kreditaufnahme	+203,79
Kauf der Put-Option	− 60,00
Arbitrage-Gewinn	+ 4,65

Die Conversion-Strategie soll anhand des bereits mehrfach betrachteten Beispiels verdeutlicht werden: Eine Aktie besitzt zum Zeitpunkt $t = 0$ einen Marktpreis von 200 EUR. Ein Put, dem diese Aktie als Basiswert zugrunde liegt, weist am Markt eine Optionsprämie in Höhe von 60 EUR auf. Der Basispreis beträgt 210 EUR, die Option hat eine Restlaufzeit von einem Jahr und der risikolose Zins liegt bei 3 %. Die mithilfe der Put-Call-Parität bestimmte faire Optionsprämie des Puts beträgt 64,65 EUR (vgl. Kap. 8.2.2), sodass eine Unterbewertung des Puts vorliegt. Zur Erzielung eines Arbitrage-Gewinns mithilfe der Conversion-Strategie wird ein Call zum Preis von 60,86 EUR verkauft und der Basiswert zum aktuellen Marktpreis von 200 EUR gekauft. Der Aktienkauf wird durch eine Kreditaufnahme finanziert. Das Kreditvolumen entspricht dabei dem auf den Zeitpunkt $t = 0$ abgezinsten Basispreis (bei unterstellter stetiger Zinsrechnung) in Höhe von 203,79 EUR ($= 210 \cdot e^{-0,03}$). Ferner wird der Put zum Preis von 60 EUR gekauft. Hierdurch ergibt sich ein Gewinn in $t = 0$ in Höhe von 4,65 EUR, der genau der Fehlbewertung des Puts (= 64,65 – 60) entspricht (vgl. Tab. 8.8)

Während der Laufzeit ist die so aufgebaute Position risikolos, d. h. unabhängig von der Entwicklung des Marktpreises des Basiswerts besitzt die Gesamtposition einen Wert von Null. Beispielhaft werden in Tab. 8.9 die Zahlungsströme am Laufzeitende für zwei mögliche Kursentwicklungen $K_1 = 100$ EUR und $K_2 = 300$ EUR betrachtet.

Tab. 8.9: Zahlungsströme in t = 1 bei der Conversion-Strategie (Angaben in EUR)

Zeitpunkt (t)	**t = 1**	**t = 1**
Kurs	**$K_1 = 100$**	**$K_2 = 300$**
Short Call	0,00	–(300,00 – 210,00)
Verkauf Aktie	+100,00	+300,00
Kreditrückzahlung	–210,00	–210,00
Long Put	(210,00 – 100,00)	0,00
Gesamt	**0,00**	**0,00**

Die Conversion-Strategie ist dabei nicht nur einsetzbar, wenn ein Put gemäß Put-Call-Parität unterbewertet ist, sondern auch dann, wenn sich nach der Put-Call-Parität ergibt, dass eine Überbewertung eins Calls vorliegt.

Die **Reversal-Strategie** stellt die Umkehrung der Conversion-Strategie dar. Sie wird eingesetzt, wenn ein Put zu hoch bzw. ein Call zu niedrig bewertet ist. Bei Anwendung dieser Strategie wird ein Put verkauft sowie eine synthetische Long-Put-Position durch den Kauf eines Calls und den Leerverkauf des Basiswerts aufgebaut (vgl. Rudolph/Schäfer, 2010, S. 97; Steiner/Bruns/Stöckl, 2012, S. 544). Gleichzeitig erfolgt zum Abschlusszeitpunkt eine Kapitalanlage in Höhe des abgezinsten Basispreises. Durch diese Geschäfte kann zum Abschlusszeitpunkt ein risikoloser Gewinn in Höhe der Fehlbewertung der Option erzielt werden. Unter einem Leerverkauf wird dabei der Verkauf entliehener Wertpapiere verstanden, d. h. der Verkäufer besitzt eine Rückgabeverpflichtung aus einer Wertpapierleihe. Diese Rückgabeverpflichtung muss er durch den Kauf des Wertpapiers erfüllen, wobei das Wertpapier erst in der Zukunft gekauft wird (vgl. Schierenbeck/Hölscher, 1998, S. 574).

Die Reversal-Strategie wird wiederum an dem bereits bekannten Beispiel verdeutlicht: Eine Aktie besitzt in t = 0 einen Marktpreis von 200 EUR. Ein Put auf diese Aktie (Restlaufzeit 1 Jahr, Basispreis 210 EUR) wird zu 66 EUR gehandelt. Der Preis des Calls auf diesen Basiswert liegt bei 60,86 EUR. Der faire Preis des Puts beträgt gemäß Put-Call-Parität 64,65 EUR, d. h. der Put ist überbewertet. Der Marktpreis des Calls entspricht genau dem fairen Optionspreis. Mithilfe der Reversal-Strategie kann die Fehlbewertung der Put-Option ausgenutzt werden. Hierzu wird ein Put verkauft, sodass ein Zufluss in Höhe von 66 EUR entsteht. Gleichzeitig wird eine Call-Option gekauft, wodurch 60,86 EUR abfließen. Durch den Leerverkauf der Aktie zum aktuellen Marktpreis in Höhe von 200 EUR entsteht ein weiterer Zufluss zu diesem Zeitpunkt. Die Gesamtposition ist damit in t = 0 mit einem Zufluss in Höhe von 1,35 EUR verbunden, der genau der Fehlbewertung des Puts (= 66 EUR – 64,65 EUR) entspricht. Die Zu- und Abflüsse im Rahmen der Reversal-Strategie zum Zeitpunkt t = 0 sind in Tab. 8.10 zusammengefasst:

Tab. 8.10: Arbitrage-Gewinn im Rahmen der Reversal-Strategie (Angaben in EUR)

Verkauf der Put-Option	+ 66,00
Leerverkauf der Aktie	+ 200,00
Kauf der Call-Option	– 60,86
Kapitalanlage	– 203,79
Arbitrage-Gewinn	**+ 1,35**

Die so aufgebaute Position ist risikolos, d. h. am Ende der Laufzeit besitzt die Position unabhängig von der Wertentwicklung des Basiswerts einen Wert von Null. Dies ist anhand von zwei möglichen Kursentwicklungen K_1 = 100 EUR bzw. K_2 = 300 EUR in Tab. 8.11 dargestellt:

Tab. 8.11: Zahlungsströme in t = 1 bei der Reversal-Strategie (Angaben in EUR)

Zeitpunkt (t)	**t = 1**	**t = 1**
Kurs des Basiswerts	**K_1 = 100**	**K_2 = 300**
Short Put	(100,00 – 210,00)	0,00
Aktienkauf	–100,00	–300,00
Kapitalrückzahlung	+210,00	+210,00
Long Call	0,00	(300,00 – 210,00)
Gesamtposition	**0,00**	**0,00**

Arbitrage-Gewinne können nur dann erzielt werden, wenn der Investor auf beobachtete Preisunterschiede schnell reagiert und die mit der eingesetzten Strategie verbundenen Transaktionskosten relativ gering sind. Da insbesondere die zeitnahe Reaktion auf Preisunterschiede für Privatanleger nur schwer realisierbar ist, bleiben Arbitrage-Strategien i. d. R. institutionellen Anlegern vorbehalten (vgl. Steiner/Bruns/Stöckl, 2012, S. 547).

Hedging

Das Ziel von Hedging-Strategien besteht darin, eine Position gegen das Risiko von Marktpreisveränderungen abzusichern. Dabei soll durch den Aufbau einer Optionsposition das Preisänderungsrisiko einer anderen Position, beispielsweise einer Aktienposition, eliminiert werden. Die Verluste aus der abzusichernden Position sollen durch die Gewinne aus der Options-Position ausgeglichen werden.

Für den Aufbau der Optionsposition ist zunächst festzulegen, ob die Absicherung für einen bestimmten Zeitpunkt oder während eines Zeitraums erfolgen soll. Im erstgenannten Fall sind die Wertentwicklungen der Grund- und der Optionsposition im davor liegenden Zeitraum nicht relevant. Es muss lediglich sichergestellt werden, dass zum Absicherungszeitpunkt ein bestimmtes Mindestvermögen vorhanden ist. Dagegen wird bei der Absicherung über einen Zeitraum die Wertentwicklung der Gesamtposition in diesem Zeitraum betrachtet. Ziel ist es, dass während des gesamten Zeitraums ein definiertes Mindestvermögen nicht unterschritten wird.

Soll die Grundposition nur für einen bestimmten Zeitpunkt gehedgt werden, wird eine statische Hedging-Strategie eingesetzt. Dynamische Hedging-Strategien werden dagegen verwendet, wenn der Absicherungszeitpunkt nicht genau definiert ist oder die Absicherung über einen Zeitraum angestrebt wird. Bei den statischen Hedging-Strategien wird dabei zu Beginn des Absicherungshorizonts die Hedge-Position aufgebaut und bis zum Ende des Zeitraums konstant gehalten. Dagegen kommt es bei den dynamischen Hedging-Strategien während der Absicherungsperiode zu fortlaufenden Veränderungen der Optionsposition (vgl. Bruns/Meyer-Bullerdiek, 2008, S. 379).

Die Anzahl der für das Hedging benötigten Optionen wird über die Hedge-Ratio bestimmt. Die Hedge-Ratio definiert die notwendige Anzahl an Optionen, die zur Absicherung des Basiswerts erforderlich ist. Während bei der statischen Absicherung die Hedge-Ratio nur einmal bestimmt werden muss, ist im Rahmen des dynamischen Hedging eine kontinuierliche Berechnung der Hedge-Ratio notwendig. Die Hedge-Ratio gibt das Verhältnis von Optionen pro Aktie an, die zur Absicherung benötigt werden. Aus der Anzahl der Aktien und der Hedge-Ratio lässt sich die erforderliche Anzahl der Optionen berechnen.

$$\text{Anzahl der benötigten Optionen} = \text{Anzahl der Aktien im Portfolio} \cdot \text{Hedge-Ratio}$$

Stimmt der Absicherungszeitpunkt mit dem Verfalltag der Optionen überein, kann der Fixed Hedge zur Absicherung einer Aktienposition eingesetzt werden. Beim Fixed Hedge entspricht die Anzahl der Optionen der Zahl der Aktien, die abgesichert werden sollen. Die Hedge-Ratio beträgt damit 1.

$$\text{Hedge-Ratio}_{\text{Fixed Hedge}} = \frac{\text{Anzahl der Aktien im Portfolio}}{\text{Anzahl der Optionen in der Sicherungsposition}} = 1$$

Zur Absicherung einer Aktienposition gegenüber fallenden Kursen werden im Rahmen des Fixed Hedge Puts mit dem Ziel gekauft, dass am Verfalltag der Gewinn der Puts die Verluste aus der Aktienposition ausgleicht (vgl. Steiner/Bruns/Stöckl, 2012, S. 546 f.). Bei einem Kursanstieg der Aktie werden die Put-Optionen am Laufzeitende dagegen nicht ausgeübt und verfallen.

Die Absicherung soll im Folgenden an einem Beispiel verdeutlicht werden. Im Zeitpunkt $t = 0$ hält der Investor 2.000 Aktien eines Unternehmens und beabsichtigt diese nach 6 Monaten zu verkaufen. Die Aktienposition soll gegen Kursschwankungen mithilfe eines Fixed Hedge abgesichert werden. Folgende Ausgangsdaten werden dabei unterstellt:

Aktueller Aktienkurs K: 150 €
Basispreis der Puts X: 150 €
Zinssatz r_f: 3 %
Volatilität der Aktie σ^2: 0,14
Restlaufzeit der Puts: t: 0,5 Jahre
Optionspreis Put in t_0 P_0: 4,83 €

Zunächst kann mithilfe der Ausgangsdaten die Anzahl der benötigten Puts für den Aufbau der Sicherungsposition bestimmt werden:

$$\text{Hedge-Ratio}_{\text{Fixed Hedge}} = \frac{\text{2.000 Aktien}}{\text{Anzahl der Optionen in der Sicherungsposition}} = 1$$

$$\text{Anzahl der Optionen in der Sicherungsposition} = 2.000 \cdot 1 = 2.000 \text{ Puts}$$

Somit müssen insgesamt 2.000 Put-Optionen zu einem Preis von 9.660 EUR (= 2.000 · 4,83 EUR) vom Investor gekauft werden.

Am Verfalltag der Optionen kann der Erfolg der Absicherung für unterschiedliche Kursstände ermittelt werden. Dabei zeigt sich, dass der Verlust der Gesamtposition aus Aktien und Optionen auf die gezahlte Optionsprämie begrenzt ist. Der Gewinn aus der Optionsposition gleicht bei einem Aktienkursrückgang die Verluste aus der Aktienposition aus. Bei einem Kursanstieg lässt der Investor dagegen die Put-Optionen verfallen, er verliert lediglich die gezahlte Optionsprämie. Der Gesamterfolg für beispielhafte Kursstände am Verfalltag ist in Tab. 8.12 dargestellt:

Tab. 8.12: Absicherung mit dem Fixed Hedge (Angaben in EUR)

Aktienkurs am Verfalltag	110	130	150	170	190
Gewinn/Verlust Aktienposition	−80.000	−40.000	0	40.000	80.000
Gewinn/Verlust Optionsposition	70.340	30.340	−9.660	−9.660	−9.660
Gesamterfolg	−9.660	−9.660	−9.660	30.340	70.340

Sofern das Ende des gewünschten Absicherungshorizonts sowie der Verfalltag der Optionen identisch sind und der Basispreis der Option mit dem Aktienkurs zum Zeitpunkt des Positionsaufbaus übereinstimmt, ist der maximale Verlust beim Fixed Hedge auf die gezahlte Optionsprämie beschränkt. Bei einem Aktienkurs von 110 EUR realisiert der Investor mit der Aktienposition einen Verlust von −80.000 EUR (= 2.000 · (110 EUR − 150 EUR)), während mit der Optionsposition ein Gewinn von 70.340 (= 2.000 · (150 EUR − 110 EUR) − 9.660 EUR) erzielt wird. Der Gesamtverlust beläuft sich somit auf −9.660 EUR (= 70.340 EUR − 80.000 EUR). Steigt der Aktienkurs bis zum Verfalltag an, verringert sich der Erfolg der Gesamtposition durch die Absicherung. Bei einem Aktienkurs von 190 EUR wird deshalb statt eines Gewinns von 80.000 EUR aufgrund der gezahlten Optionsprämie von 9.660 EUR nur ein Gewinn von 70.340 EUR erzielt. Die 9.660 EUR stellen die Absicherungskosten des Portfolios dar und können als „Versicherungsprämie“ betrachtet werden. Die Verlustbegrenzung bei einer negativen Kursentwicklung wird somit durch eine verminderte Gewinnpartizipation „erkauft“. Die Gewinne und Verluste der Aktien-, der Options- und der Gesamtposition sind in der Abb. 8.10 in Abhängigkeit vom Aktienkurs am Verfalltag dargestellt.

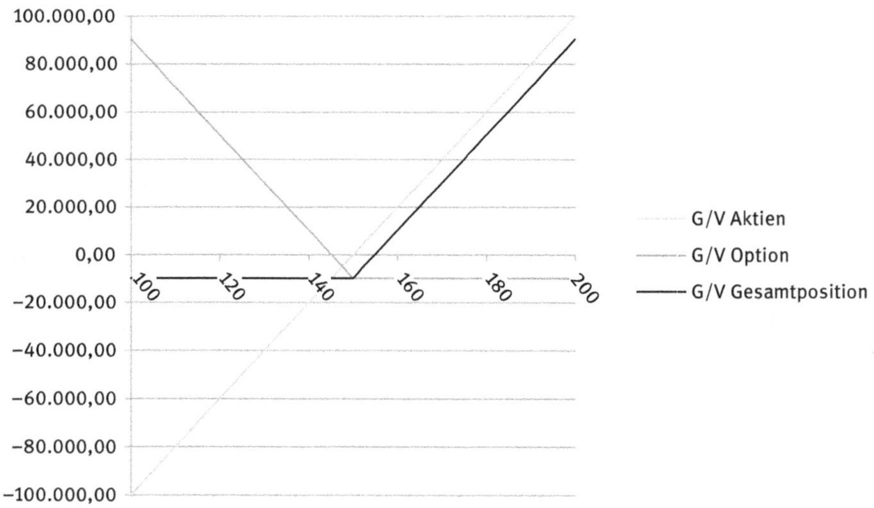

Abb. 8.10: Gewinn- und Verlustdiagramm am Verfalltag (Angaben in EUR)

Beim Fixed Hedge bleibt es dem Absicherer überlassen, welchen Basispreis er wählt. Im Beispiel stimmt der Basispreis mit dem Aktienkurs im Zeitpunkt $t = 0$ überein. Grundsätzlich kann auch ein davon abweichender Basispreis gewählt werden. Je niedriger der Basispreis gewählt wird, desto geringer ist das Mindestvermögen im Absicherungszeitpunkt. Da in diesem Fall die Optionsprämie jedoch geringer ist, fallen auch geringere Absicherungskosten an, sodass bei einer positiven Kursentwicklung des Basiswerts die Gewinnpartizipation der Gesamtposition höher ausfällt. Bei der Festlegung des Basispreises ist daher immer zwischen der Absicherungsqualität und der Gewinnpartizipation abzuwägen.

Um auch während der Optionslaufzeit eine hohe Absicherungsqualität zu erreichen, muss die Hedge-Ratio fortwährend angepasst werden. Dazu kann die dynamische Delta-Hedge-Strategie verwendet werden, bei der die Anzahl der benötigten Optionskontrakte unter Berücksichtigung des Options-Deltas, d. h. der Sensitivität des Optionspreises gegenüber Veränderungen des Aktienkurses, ermittelt wird (vgl. Steiner/Bruns/Stöckl, 2012, S. 546 f.):

$$\text{Anzahl der benötigten Optionen} = \text{Anzahl der Aktien im Portfolio} \cdot \overbrace{\frac{1}{-\text{Options-Delta}}}^{\text{Hedge-Ratio}}$$

Das dynamische Delta-Hedging kann eingesetzt werden, wenn der Absicherungszeitraum ex ante nicht eindeutig bekannt ist oder während des Absicherungszeitraums starke Kursschwankungen erwartet werden. In diesen Fällen muss die Optionsposition durch den Kauf und Verkauf weiterer Optionen kontinuierlich angepasst werden, um die Absicherungsqualität zu verbessern. Zur Berechnung der benötigten Optionen muss während des Absicherungszeitraums regelmäßig das Options-Delta neu berechnet werden. Die Anzahl der für die Absicherung eines Portfolios benötigten Optionen kann dann mithilfe des Options-Deltas bestimmt werden. In Abhängigkeit von der Entwicklung des Options-Deltas sind dann zusätzliche Optionen zu kaufen oder nicht benötigte Optionen zu verkaufen. Steigt zwischen zwei aufeinanderfolgenden Berechnungszeitpunkten der Wert des Options-Deltas, kann ein Teil der gehaltenen Put-Optionen wieder verkauft werden. Verringert sich hingegen das Options-Delta, ist ein Kauf von zusätzlichen Put-Optionen notwendig. Das dynamische Delta-Hedging soll im Folgenden an einem Beispiel verdeutlicht werden. Wieder wird ein Investor betrachtet, der in seinem Portfolio 2.000 Aktien hält. Folgende zusätzliche Ausgangsdaten werden unterstellt:

Aktueller Aktienkurs K: 150 €
Basispreis der Puts X: 150 €
Zinssatz r_f: 3 %
Volatilität der Aktie σ^2: 0,14
Restlaufzeit der Puts: t: 0,5 Jahre
Optionspreis Put in t_0 P_0: 4,83 EUR

Die Aktienposition soll mithilfe des dynamischen Delta-Hedgings für einen Zeitraum von sechs Monaten gegen Kursrückgänge abgesichert werden. Während des Absicherungszeitraums wird mit den Monatsschlusskursen ein Kurs pro Monat betrachtet, die angenommenen Kurse für die einzelnen Monate sind in Tab. 8.13 dargestellt:

Tab. 8.13: Ausgangssituation für das dynamische Delta-Hedging

Zeitpunkt (t)	**0**	**1**	**2**	**3**	**4**	**5**	**6**
Aktienkurs (€)	150	145	152	146	146	143	130
Restlaufzeit (Jahre)	6	5	4	3	2	1	0
Put-Preis (€)	4,83	7,00	3,30	5,72	5,24	7,01	20,00
Options-Delta (€)	−0,42034	−0,57599	−0,37146	−0,59638	−0,6394	−0,86443	–
Hedge-Ratio (€)	2,379	1,736	2,692	1,677	1,564	1,157	–

Der jeweilige Optionspreis und das Options-Delta wurden mit der Black-Scholes-Formel ermittelt. Im Beispiel wird im Folgenden unterstellt, dass die Optionen zu ihrem fairen Wert am Markt gehandelt werden. Mithilfe des Option-Deltas lässt sich die Hedge-Ratio ermitteln und die Anzahl der benötigten Kontrakte für die betrachteten Zeitpunkte bestimmen.

Zu Beginn müssen zur Absicherung 4.758 Optionen (= 2.000 · 2,379) gekauft werden. Da der Put-Preis zu diesem Zeitpunkt 4,83 EUR beträgt, ist der Aufbau der Absicherungsposition mit einer Auszahlung von 22.981,14 EUR (= 4.758 · 4,83 EUR) verbunden. Nach einem Monat hat sich der Aktienkurs auf 145 EUR verringert, dadurch haben sich auch das Options-Delta und der Preis der Put-Optionen verändert. Mithilfe der resultierenden Hedge-Ratio lässt sich die Anzahl der benötigten Put-Optionen zu diesem Zeitpunkt berechnen. Die Hedge-Ratio hat sich verringert, somit werden weniger Optionen zur Absicherung benötigt. Statt den 4.758 Optionen reichen zur Absicherung 3.472 Put-Optionen aus, es können somit 1.286 Optionen zu einem Preis von 7,00 EUR pro Option verkauft werden. Insgesamt resultiert aus dem Verkauf der Optionen eine Einzahlung in Höhe von 9.002,00 EUR. Die benötigten Optionen und die resultierenden Transaktionen sind in der folgenden Tab. 8.14 dargestellt:

Tab. 8.14: Dynamisches Delta-Hedging

Monat	**0**	**1**	**2**	**3**	**4**	**5**	**6**
Anzahl benötigter Optionen (Stk.)	4.758	3.472	5.384	3.354	3.128	2.314	–
Kontraktpreis (€)	4,83	7,00	3,30	5,72	5,24	7,01	20,00
Anzahl zu kaufender Optionen (Stk.)	4.758	–	1.912	–	–	–	–
Anzahl zu verkaufender Optionen (Stk.)	0	1.286	–	2.030	226	814	2.314

Tab. 8.14: (fortgesetzt)

Monat	0	1	2	3	4	5	6
Auszahlungen Optionskauf (€)	22.981,14	–	6.309,60	–	–	–	–
Einzahlungen Optionsverkauf (€)	–	9.002,00	–	11.611,60	1.184,24	5.706,14	46.280,00

Nach sechs Monaten soll die Aktienposition dann verkauft werden, darüber hinaus ist das Laufzeitende der Optionen erreicht. Da der Aktienkurs auf 130 EUR gesunken ist, resultiert aus der Aktienposition ein Verlust von 40.000 EUR (= 2.000 · (150 EUR – 130 EUR)). Insgesamt besitzt der Investor am Ende des Absicherungszeitraums 2.314 Optionskontrakte, die er auch ausübt. Durch die Ausübung erhält er pro Option eine Ausgleichszahlung von 20 EUR (= 150 – 130), sodass aus den Optionen am Verfalltag eine Gesamtzahlung in Höhe von 46.280 EUR resultiert. Durch den Verkauf der Optionen während der Laufzeit und die Ausgleichszahlung am Laufzeitende fließen ihm insgesamt 73.783,98 EUR zu. Insgesamt hat er im Rahmen der Absicherung für 29.290,74 EUR (= 22.981,14 EUR + 6.309,60 EUR) Optionen gekauft, aus der Optionsposition resultiert somit ein Einzahlungsüberschuss von 44.493,24 EUR (= 73.783,98 EUR – 29.290,74 EUR). Der Gewinn aus der Optionsposition übersteigt den Verlust aus der Aktienposition um 4.493,24 EUR, sodass durch die Absicherung trotz fallender Aktienkurse insgesamt ein Gewinn erzielt werden konnte. Für das in diesem Beispiel betrachtete dynamische Delta-Hedging ergibt sich somit ein besseres Ergebnis, als für das zuvor betrachtete statische Hedging. Bei der gleichen Ausgangssituation ergibt sich bei einem Fixed Hedging bei einen Aktienkurs von 130 EUR am Verfalltag ein Verlust von 9.660 EUR (vgl. Tab. 8.12). Das dynamische Delta-Hedging scheint für die Absicherung besser geeignet zu sein, als der statische Fixed Hedge.

In der Realität bestehen jedoch Probleme, die sich insbesondere auf das dynamische Hedging auswirken. So entstehen durch den Kauf oder Verkauf der Optionskontrakte Transaktionskosten, die im betrachteten Beispiel nicht berücksichtigt wurden. Auch werden in der Realität Optionen i. d. R. in Kontrakten mit einem Volumen von 100 oder 1.000 Optionen gehandelt. Durch die normierten Kontraktvolumina ist es oftmals nicht möglich, die genaue Anzahl an benötigten Optionen zu erwerben bzw. zu verkaufen. Darüber hinaus werden Optionen mit dem gewünschten Basispreis nicht immer gehandelt. Das dynamische Delta-Hedging setzt jedoch voraus, dass während des gesamten Absicherungshorizonts Optionen mit dem zu Beginn festgelegten Basispreis angeboten werden.

Ferner stellt die Absicherung mithilfe des Delta-Hedgings lediglich eine Absicherung gegen Kursänderungen dar, eine Absicherung gegen volatilitätsbedingte oder zeitwertbedingte Verluste der Puts bietet es nicht. Um diese Effekte zu vermeiden, sollten sowohl Long- als auch Short-Positionen eingegangen werden, da es so zu

Kompensationseffekten kommt, und der Zeitwertverlust geringer ausfällt bzw. vollkommen vermieden werden kann (vgl. Steiner/Bruns/Stöckl, 2012, S. 547 f.).

8.3 Financial Futures

8.3.1 Wesen und Handel von Financial Futures

Die Financial Futures gehören zu der Gruppe der börsengehandelten, unbedingten Termingeschäfte. Ein Future beinhaltet die vertragliche Verpflichtung, zu einem bestimmten Termin in der Zukunft einen nach Qualität und Quantität genau bestimmten Basiswert zu einem vorher festgelegten Preis (Basispreis) entweder abzunehmen (Long-Position) oder zu liefern (Short-Position). Im Unterschied zu Optionen, bei denen nur der Stillhalter, nicht aber der Käufer eine Verpflichtung eingeht, sind bei einem Future beide Kontraktpartner zur Erfüllung des Geschäfts verpflichtet (vgl. Schierenbeck/Hölscher, 1998, S. 680).

Futures weisen im Vergleich zu außerbörslichen Termingeschäften die folgenden **Besonderheiten** auf (vgl. Uszczapowski, 2012, S. 213 f.):

- Es werden standardisierte Verträge, die sog. Kontrakte, gehandelt, bei denen Basiswert, Verfalldatum, Kontraktgröße und Lieferungsprozedur allgemein festgelegt sind,
- der Handel mit den Terminkontrakten findet an einer Börse, d. h. an einem zentralen Markt statt,
- zwischen Käufer und Verkäufer steht eine Abrechnungsstelle (Clearing-Stelle), die das Erfüllungsrisiko trägt und über ein Margin-System für einen täglichen Gewinn- und Verlustausgleich zwischen den Kontraktpartnern sorgt.

Aufgrund der beidseitigen Erfüllungsverpflichtung entspricht der Gewinn resp. Verlust einer Future-Position der Differenz zwischen dem Marktpreis des Basiswerts und dem Basispreis des Futures. Ist der Marktpreis des Basiswerts bei einer Long-Position (Short-Position) gegenüber dem Kaufpreis (Verkaufspreis) des Futures gestiegen, so ergibt sich für den Inhaber ein Gewinn (Verlust) in Höhe der Marktpreisänderung. Bei gesunkenem Marktpreis des Basiswerts entsteht bei einer Long-Position (Short-Position) ein Verlust (Gewinn) in entsprechender Höhe. Diese Zusammenhänge verdeutlichen die beiden Gewinn- und Verlustprofile in Abb. 8.11.

Futures wurden ursprünglich für den börslichen Handel mit Rohstoffen, Edelmetallen und Agrarprodukten eingesetzt. Aus diesem Grund sind die typischen Basiswerte von Futures physische Waren, wie z. B. Rohöl, Erdgas, Strom, Gold, Silber, Kartoffeln, Mais, Schweinehälften oder Orangensaftkonzentrat. Gemäß des Funktionsprinzips der klassischen Commodity Futures wurden im Laufe der Zeit darüber hinaus die Financial Futures entwickelt, bei denen Finanzinstrumente, wie z. B. festverzinsliche Wertpapiere, Aktien oder Kapitalmarktindizes, als Basiswerte fungieren (vgl. Bieg/Kußmaul/Waschbusch, 2016a, S. 318).

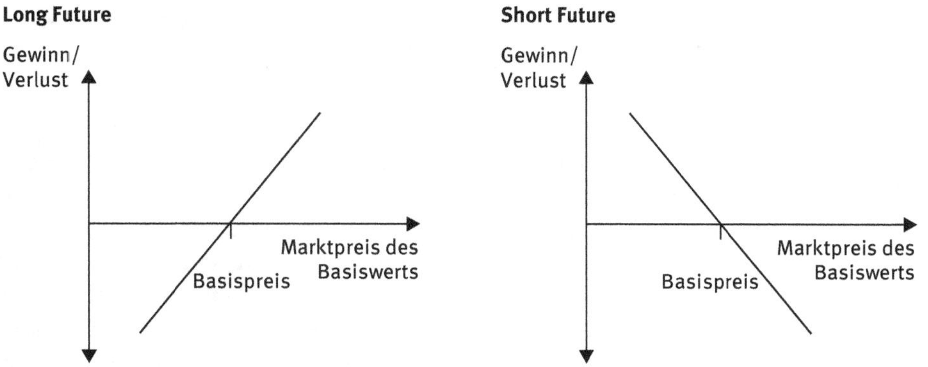

Abb. 8.11: Gewinn- und Verlustprofile eines Long- und eines Short Futures (vgl. Fiebach, 1994, S. 16)

Financial Futures können sich auf unterschiedliche Finanzinstrumente beziehen. Zu unterscheiden sind

- Financial Futures auf konkreter Basis und
- Financial Futures auf abstrakter Basis (vgl. Schierenbeck/Hölscher, 1998, S. 681).

Den Financial Futures auf **konkreter Basis** liegen echte Handelsobjekte zugrunde, sodass eine physische Lieferung des Basiswerts in der Regel möglich ist. Zu den Financial Futures mit konkreter Basis gehören die Zins-Futures (Interest Rate Futures), die Aktien-Futures (Single Stock Futures) und die Währungs-Futures (Currency bzw. FX Futures). Während sich ein Zins-Future auf ein festverzinsliches Wertpapier bezieht, das hinsichtlich Laufzeit, Verzinsung und Nominalbetrag standardisiert ist, liegt einem Aktien-Future eine spezifische Aktie als Basiswert zugrunde. Ein Währungs-Future beinhaltet die Verpflichtung, einen bestimmten Nominalbetrag einer Währung zu einem definierten Termin abzunehmen oder zu liefern.

Bei den Financial Futures auf **abstrakter Basis** ist eine physische Andienung des Basisobjekts in der Regel dagegen nicht möglich bzw. nicht gewünscht. Die Gewinne resp. Verluste bei den Kontraktpartnern werden vielmehr durch einen Barausgleich (Cash Settlement) verrechnet (vgl. Steiner/Bruns/Stöckl, 2012, S. 473). Zu den Futures auf abstrakter Basis gehören die Aktienindex-Futures (Stock Index Futures), die Volatilitätsindex-Futures (Volatility Index Futures) und die Dividenden-Futures (Dividend Futures). Einem Aktienindex-Future liegt als Basiswert ein spezifisches Aktienportfolio zugrunde, das nach definierten Regeln zu einem Index, wie z. B. dem DAX® oder Dow Jones STOXX℠ 50 zusammengefasst worden ist. Mit dem Abschluss eines Aktienindex-Futures treffen die Kontraktpartner die Vereinbarung, das Indexportfolio zum Basispreis zu einem bestimmten Zeitpunkt zu kaufen resp. zu verkaufen (vgl. Bieg/Kußmaul/Waschbusch, 2016a, S. 320). Ein Volatilitätsindex-Future bezieht sich auf die implizite Volatilität einer Indexoption und beinhaltet die Verpflichtung zum Kauf resp. Verkauf des Volatilitätsindexes zum Basispreis an einem bestimmten Termin (vgl. Steiner/Bruns/Stöckl, 2012,

S. 479). Ein Dividenden-Future basiert auf der Dividendenkomponente einer einzelnen Aktie oder eines gesamten Aktienindexes, wie z. B. dem DivDAX® (vgl. Eurex, 2016a, S. 39 ff.).

Die **Kursangabe** eines Futures ist abhängig von den zugrunde liegenden Basiswerten. Der Kurs eines Zins-Futures wird in Prozent notiert, der Kurs eines Aktien-Futures in Geldeinheiten. Die Kursquotierung eines Währungs-Futures erfolgt in der Form Basiswährung/Quotierungswährung. Basiswährung ist dabei die Fremdwährung, die am Laufzeitende gegen die inländische Währung (Quotierungswährung) geliefert oder abgenommen werden muss. Die Kurse von Futures mit abstrakter Basis werden i. d. R. in Form von einheitslosen Punkten angegeben. Dabei wird der Wert eines Indexpunkts in den Future-Spezifikationen definiert. Neben der Quotierung gibt es auch für die kleinsten Kursveränderungen (sog. Ticks) der Futures-Arten keine einheitliche Regelung, auch diese werden in den Futures-Spezifikationen näher definiert (vgl. bspw. Eurex, 2016a).

Der Future-Handel wird über eine **Clearing-Stelle** abgewickelt. Die Clearing-Stelle ist zwischen die beiden eigentlichen Kontraktparteien des Futures geschaltet und fungiert somit für beide Parteien als Vertragspartner. Durch die Clearing-Stelle wird die Erfüllung der Termingeschäfte garantiert und das Erfüllungsrisiko somit ausgeschaltet (vgl. Hull, 2015, S. 60). In Deutschland findet der börsliche Future-Handel im Wesentlichen über die Handelsplattform der Eurex (European Exchange) und deren Clearing-Stelle Eurex Clearing AG statt.

Zugelassen zum Future-Handel an der Eurex sind nur die sog. Clearing-Mitglieder, bei denen es sich um Institute im Sinne von § 1 Abs. 1b KWG oder vergleichbarer internationaler Rechtsnormen handeln muss. Ein Institut kann entweder als General-Clearing-Mitglied oder als Direkt-Clearing-Mitglied zugelassen werden. Während ein General-Clearing-Mitglied sowohl eigene Geschäfte, Geschäfte seiner Kunden als auch Geschäfte von Börsenteilnehmern ohne Clearing-Lizenz abwickeln darf, ist ein Direkt-Clearing-Mitglied nur zur Durchführung eigener Geschäfte und denen eigener Kunden mit eigener Clearing-Lizenz berechtigt. Börsenteilnehmer ohne Clearing-Lizenz müssen ihre Termingeschäfte somit über ein General-Clearing-Mitglied abwickeln. Die verschiedenen möglichen Vertragsbeziehungen werden in Abb. 8.12 veranschaulicht. Der Unterschied zwischen den beiden Arten der Clearing-Mitgliedschaften liegt u. a. in den Kapitalanforderungen. Ein General-Clearing-Mitglied muss über ein haftendes Eigenkapital von 125 Millionen EUR verfügen, um eine Zulassung für das Clearing von Derivaten zu erhalten. Dagegen reichen für ein Direkt-Clearing-Mitglied 12,5 Millionen EUR an haftendem Eigenkapital aus (vgl. Eurex, 2007a, S. 6 ff.).

Bei Eröffnung und während der Laufzeit einer Future-Position muss das Clearing-Mitglied bei der Clearing-Stelle bestimmte Sicherheitsleistungen, die als Einschüsse bzw. **Margins** bezeichnet werden, erbringen. Mit den Margins sollen zum einen die auf der Basis der aktuellen Future-Preise errechneten Verluste des zurückliegenden Börsentags ausgeglichen und zum anderen soll für mögliche Kursverluste des zukünftigen Börsentags vorgesorgt werden. Die Margins gewährleisten somit, dass alle offenen Positionen eines Clearing-Mitglieds stets innerhalb kurzer Zeit glattgestellt werden können (vgl. Eurex, 2007a, S. 14). Die Clearing-Mitglieder können die Einschüsse in Form von Wertpapieren oder Bargeld bei der Clearing-Stelle hinterlegen (vgl. Steiner/Bruns/Stöckl, 2012, S. 446). Die Clearing-Stelle sammelt die von seinen Mitgliedern erbrachten Einschüsse in einem Garantie-Fonds. Der Fonds soll sicherstellen, dass im Falle der Zahlungsunfähigkeit eines Clearing-Mitglieds ausreichend Sicherheiten vorhanden sind, um dessen Geschäfte vollständig zu erfüllen. Die Clearing-Mitglieder müssen wiederum von ihren Kunden Sicherheitsleistungen mindestens in Höhe der Margins einfordern (vgl. Albrecht/Maurer, 2016, S. 712).

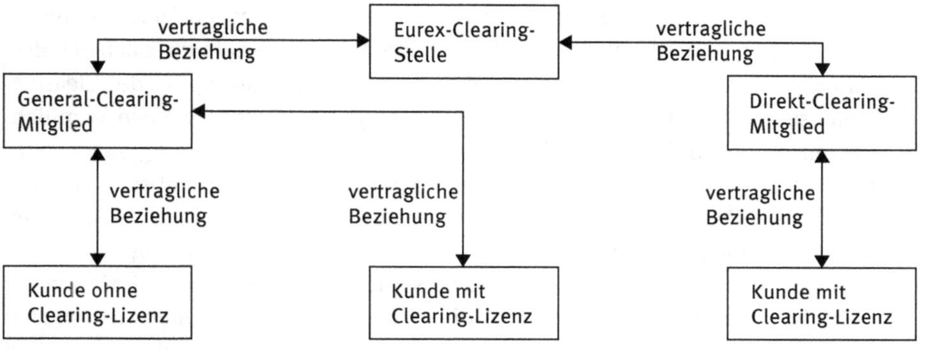

Abb. 8.12: Vertragsbeziehungen an der Eurex (vgl. Eurex, 2007a, S. 8)

Das risikobasierte Margin-System und die verschiedenen Margin-Arten sollen an einem Beispiel verdeutlicht werden. Die Höhe der Margins, die auf einem bei der Clearing-Stelle geführten Konto zu hinterlegen sind, ergibt sich durch ein von der Eurex definiertes risikobasiertes Margin-System. Für Futures unterscheidet das Margin-System der Eurex die folgenden drei Margin-Arten, die einen unterschiedlichen zeitlichen Bezug aufweisen (vgl. Eurex, 2007a, S. 19 ff.):

– **Variation Margin:** Mit der Variation Margin werden die Gewinne resp. Verluste ausgeglichen, die sich aus den Kursschwankungen des Basiswerts innerhalb des zurückliegenden Börsentags bei der Future-Position ergeben haben. Hierzu findet eine börsentägliche Bewertung (mark to market) bestehender Future-Positionen statt. Wird im Rahmen dieser Bewertung festgestellt, dass sich im Vergleich zum Vortag ein Verlust ergeben hat, so ist der Kontraktpartner des Futures zu einem Nachschuss in Höhe des Verlusts verpflichtet. Ist bei einer Position dagegen ein Gewinn angefallen, so erhält der Positionsinhaber die Variation Margin gutgeschrieben, über die er frei verfügen kann. Im Gegensatz zu anderen Margin-Arten stellt die Variation Margin keine Sicherheitsleitung dar, es handelt sich vielmehr um einen täglichen Gewinn- und Verlustausgleich, der in bar abgewickelt wird. Aus der Sicht der Clearing-Stelle stellt die Variation Margin ein Nullsummenspiel dar, da jedem Verlust auf der einen Seite ein Gewinn auf der anderen Seite gegenübersteht. Mit der Mark-to-Market-Bewertung eines Futures wird sichergestellt, dass jede Futures-Position zum täglichen Abrechnungspreis bewertet wird. Durch dieses Vorgehen werden entstandene Gewinne und Verluste „vorgezogen". Am letzten Handelstag einer Future-Position muss somit zur Beendigung des Geschäfts lediglich die Differenz zwischen dem Abrechnungspreis des Vortags zum Schlussabrechungspreis des Kontrakts verrechnet werden.

- **Additional Margin:** Neben dem täglichen Ausgleich der Gewinne resp. Verluste des zurückliegenden Börsentags über die Variation Margin wird eine Additional Margin verrechnet. Mit der Additional Margin wird für potenzielle Glattstellungsverluste vorgesorgt, die innerhalb des nächsten Börsentags entstehen können. Die Additional Margin berücksichtigt dabei ausgehend vom aktuellen Preis des Futures die ungünstigste Preisentwicklung (Worst Case Loss) innerhalb des nächsten Börsentags. Mit der Additional Margin bilden die Kontraktpartner bei der Clearing-Stelle somit einen Deckungsfonds, der die Erfüllung der vertraglichen Verpflichtungen der Kontrahenten auch bei ungünstigster Preisentwicklung sicherstellt. Die Additional Margin wird bei sog. Non-Spread-Positionen erhoben. Von einer Non-Spread-Position wird gesprochen, wenn sich im Portfolio eines Clearing-Mitglieds keine gegenläufigen Futures auf den gleichen Basiswert befinden.
- **Futures Spread Margin:** Darüber hinaus wird eine Future Spread Margin für diejenigen Clearing-Konten verlangt, die mehrere Future-Positionen auf den gleichen Basiswert mit unterschiedlichen Kontraktlaufzeiten enthalten. Zunächst werden gegenläufige, d. h. Long- und Short-Positionen auf den gleichen Basiswert mit identischen Fälligkeitszeitpunkten gegeneinander aufgerechnet (netting). Bei diesen Positionen stehen sich Verlust- und Gewinnmöglichkeiten genau gegenüber, eine Vorsorge vor potenziellen Glattstellungsverlusten ist hier nicht notwendig. Es verbleiben Positionen auf identische Basiswerte, deren Fälligkeitsmonate nicht übereinstimmen. Auch diese Positionen werden einander gegenübergestellt (spreading), da sich ihre Risiken weitgehend ausgleichen. Für das Restrisiko wird dann die Future Spread Margin erhoben, die Verlustgefahren aufgrund einer nicht perfekten Preiskorrelation absichern soll.

Das Margin-System hat für die Clearing-Stelle eine (weitgehende) Ausschaltung des Erfüllungsrisikos von Futures zur Folge, ohne dass von den Kontraktpartnern der gesamte Kontraktwert als Sicherheit hinterlegt werden müsste. Durch die tägliche Verrechnung der Variation Margin, die Berücksichtigung der innerhalb des nächsten Börsentags möglichen Gewinne resp. Verluste über die Additional Margin und die Future Spread Margin vermeidet das Margin-System eine Untersicherung der Future-Positionen, ohne durch eine Übersicherung unnötig viel Marktliquidität zu binden.

Obwohl die Erfüllung eines Futures auf konkreter Basis prinzipiell möglich ist, werden Futures i. d. R. jedoch schon vor dem Verfalltag durch ein Gegengeschäft glattgestellt (vgl. Albrecht/Maurer, 2016, S. 38). Die Glattstellung erfolgt hierbei durch den Aufbau einer kongruenten Gegenposition (Reverse Trade). Beispielsweise kann eine

Long-Position in einem Zins-Future durch den Verkauf eines Zins-Futures mit vergleichbaren Kontraktmerkmalen neutralisiert werden (vgl. Steiner/Bruns/Stöckl, 2012, S. 448).

Eine Future-Position, die nicht durch ein Gegengeschäft glattgestellt worden ist, muss bei Fälligkeit erfüllt werden. Dabei ist grundsätzlich zu unterscheiden zwischen Kontrakten, bei denen am Laufzeitende

- der Basiswert effektiv geliefert wird oder
- ein Barausgleich stattfindet (vgl. Fiebach, 1994, S. 50).

Eine **physische Lieferung** des in den Kontraktbedingungen spezifizierten Finanzinstruments ist bei Terminkontrakten auf mittel- und langfristige Zinsinstrumente (z. B. Euro-Bund-Future, Euro-Bobl-Future, Euro-Buxl-Future und Euro-Schatz-Future) üblich. Dem Käufer eines derartigen Futures werden gegen Zahlung des Kontraktwerts die dem Termingeschäft zugrunde liegenden Finanzinstrumente zur Verfügung gestellt. Möchte der Käufer oder der Verkäufer die physische Erfüllung vermeiden, muss er vor dem Fälligkeitstag ein entsprechendes Gegengeschäft abschließen. Die Abnahmeverpflichtung aus einem Long-Euro-Bund-Future kann z. B. durch den Verkauf eines Euro-Bund-Futures mit gleichem Fälligkeitstermin aufgehoben werden.

Durch **Barausgleich** (Cash Settlement) werden üblicherweise Financial Futures auf kurzfristige Zinsinstrumente (z. B. Euribor und EONIA Futures) sowie Kontrakte, denen ein fiktives Finanzinstrument (z. B. ein Kapitalmarktindex) zugrunde liegt, erfüllt. Bei derartigen Produkten ist der Barausgleich entweder aus Kosten- und/oder Praktikabilitätsgründen oder der Unmöglichkeit einer physischen Erfüllung notwendig. Die Barandienung beinhaltet den Ausgleich der Differenz des Kontraktgegenwerts am Vortag des Erfüllungstermins und demjenigen am Erfüllungstag selbst. Die Kontrakterfüllung über das Cash Settlement entspricht also einer letztmaligen Neuberechnung der Variation Margin.

Aus Gründen der Standardisierung basieren **Zins-Futures** regelmäßig auf einem fiktiven Wertpapier als Basiswert, das in dieser speziellen Ausstattung nicht am Markt gehandelt wird. Deswegen sind zur physischen Andienung üblicherweise eine Reihe ähnlicher Wertpapiere zugelassen, die bestimmte vorgegebene Merkmale aufweisen. So liegt beispielsweise dem an der Eurex gehandelten Euro-Bund-Future eine idealtypische Bundesanleihe mit zehnjähriger Laufzeit, einem Nominalvolumen von 100.000 EUR und einem Nominalzinssatz von 6 % zugrunde. Lieferfähig sind dagegen unabhängig von ihrer Nominalverzinsung sämtliche Anleihen des Bundes, die im Lieferzeitpunkt eine Restlaufzeit zwischen 8½ und 10½ Jahren aufweisen und deren (ursprüngliche) Gesamtlaufzeit unter 11 Jahren liegt. Zusätzlich müssen lieferbare Anleihen ein bestimmtes Mindestvolumen besitzen. Die Restlaufzeiten und Coupons der lieferbaren Anleihen weichen demzufolge von den Kontraktspezifikationen des Euro-Bund-Futures ab (vgl. Geyer/Uttner, 2007, S. 157).

Durch Unterschiede in den Ausstattungsmerkmalen besitzen die lieferbaren Anleihen Marktwerte, die von dem Marktwert des fiktiven Basiswertpapiers abweichen. Ohne einen entsprechenden Ausgleich müsste der Käufer eines Kontrakts daher möglicherweise zu viel oder zu wenig für die gelieferten Wertpapiere bezahlen, je nachdem welche Anleihe effektiv geliefert wird. Um eine wertmäßige Äquivalenz zwischen den verschiedenen lieferfähigen Wertpapieren und der dem Kontrakt zugrunde liegenden Anleihe herbeizuführen, werden sog. **Konversions-** oder **Preisfaktoren** berechnet. Diese Faktoren spiegeln das auf einen bestimmten Fälligkeitstermin bezogene Wertverhältnis einer lieferbaren Anleihe zum jeweiligen Kontraktstandard wider (vgl. Fiebach, 1994, S. 51 f.).

Der **Rechnungsbetrag** (Invoice Amount), den der Käufer dem Verkäufer, d. h. also dem „Lieferanten" der Anleihe zu zahlen hat, wird hierbei durch zwei Komponenten bestimmt:

- dem am letzten Handelstag eines Kontrakts festgestellten offiziellen Schlussabrechnungspreis (Exchange Delivery Settlement Price, kurz: EDSP) sowie
- den vollen bis zum Liefertag angefallenen Stückzinsen, da diese noch dem Verkäufer der Anleihe zustehen.

Sämtliche während der Future-Laufzeit angefallenen Kursgewinne und -verluste werden über die Variation Margin ausgeglichen. Daher muss der Inhaber eines Futures (Long-Position) am Fälligkeitstag den gesamten Rechnungsbetrag zahlen, unabhängig vom Kurs, zu dem der Future abgeschlossen wurde. Gegen die Zahlung des Rechnungsbetrags erhält er vom Verkäufer des Futures eine lieferfähige Anleihe.

Im Fall des Euro-Bund-Futures errechnet sich damit der gesamte vom Käufer zu erbringende Rechnungsbetrag wie folgt (vgl. Albrecht/Maurer, 2016, S. 722):

$$\text{Rechnungsbetrag} = \text{EDSP} \cdot \text{Preisfaktor} \cdot 1.000 + \text{Stückzinsen}$$

Der Rechnungsbetrag ergibt sich demnach aus dem mit dem Preisfaktor gewichteten Schlussabrechnungspreis, zuzüglich der Stückzinsen der gelieferten Anleihe. Der Multiplikator in Höhe von 1.000 ist dabei erforderlich, da sich der EDSP auf einen Nominalwert von 100 EUR bezieht, der Euro-Bund-Future allerdings ein Nominalwert von 100.000 EUR aufweist.

Mit dem Preisfaktor wird der Marktwert der lieferbaren Anleihe mit dem Marktwert der fiktiven Anleihe vergleichbar gemacht. Der Preisfaktor kann mithilfe einer vereinfachten Formel folgendermaßen berechnet werden:

$$PF = \frac{1}{1{,}06^{f}} \cdot \left[\frac{c}{6} \cdot \left(1{,}06 - \frac{1}{1{,}06^{n}}\right) + \frac{1}{1{,}06^{n}}\right] - \frac{c \cdot (1 - f)}{100}$$

mit:

PF = Preisfaktor

f = Zeitraum (als Bruchteil eines Jahres) vom Fälligkeitstag des Futures bis zum nächsten Kupontermin

c = Nominalzinssatz der Anleihe

n = volle Jahre bis zur Fälligkeit der Anleihe

Bei der angegebenen und vereinfachten Formel wird unterstellt, dass der Emissionstag der Anleihe genau ein Jahr vor der ersten Zinszahlung liegt. Der Zinslauf der Anleihe beginnt mit dem Emissionstag und beträgt folglich bis zur ersten Zinszahlung genau ein Jahr. Der Faktor f wird vereinfachend berechnet, indem die ganzen Monate zwischen dem Fälligkeitstermin des Futures und dem nächsten Zinstermin der Anleihe durch zwölf dividiert werden.

Der Preisfaktor gibt somit den rechnerischen Kurs der effektiv lieferbaren Anleihe für den Fall an, dass am Kapitalmarkt ein (horizontales) Renditeniveau von 6 % vorliegt und damit der Nominalverzinsung der fiktiven Anleihe des Euro-Bund-Futures entspricht (vgl. Steiner/Bruns/Stöckl, 2012, S. 462). Die Berechnung des Preisfaktors und des Rechnungsbetrags wird am Beispiel eines Euro-Bund-Futures in Tab. 8.15 dargestellt. Durch Anwendung obenstehender Formel ergibt sich in diesem Fall ein Rechnungsbetrag in Höhe von 101.201,54 EUR.

Tab. 8.15: Ermittlung des Preisfaktors und des Rechnungsbetrags am Beispiel eines Euro-Bund-Futures

(1) Ausgangssituation:
Ein Investor hat einen Euro-Bund-Future verkauft, der am 10. September 2016 fällig ist. Er entscheidet sich, bei Fälligkeit des Kontrakts die 3,5 %-Bundesanleihe mit Fälligkeit am 04. Juli 2026 zu liefern.

(2) Für den Preisfaktor ergeben sich folgende Parameter:

Zinstermin der Anleihe	= 04. Juli (ganzjährig)
Liefertag des Futures	= 10. September 2016
Nominalzinssatz der Anleihe, c	= 3,5 %
Zeitraum (als Bruchteil eines Jahres) vom Liefertag der Anleihe bis zum nächsten Kupontermin, f	$= \frac{\text{Monate (10.09.2016 bis 04.07.2017)}}{12} = \frac{9}{12} = \frac{3}{4}$
Volle Jahre bis zur Fälligkeit der Anleihe, n	= (04.07.2017 – 04.07.2026) = 9 Jahre

(3) Berechnung des Preisfaktors:

$$PF = \frac{1}{1,06^{3/4}} \cdot \left[\frac{3,5}{6} \cdot \left(1,06 - \frac{1}{1,06^9}\right) + \frac{1}{1,06^9}\right] - \frac{3,5 \cdot \left(1 - \frac{3}{4}\right)}{100} = 0,819222$$

(4) Berechnung der Stückzinsen der Anleihe am Liefertag:

$$\text{Stückzinsen} = 0,035 \cdot \frac{68}{366} \cdot 100.000 = 650,27\,€$$

(5) Ermittlung des Rechnungsbetrags (EDSP am 10. September 2016: 122,74 %):
Rechnungsbetrag = 122,74 · 0,819222 · 1.000 + 650,27 = 101.201,54 €

Kommen für die Lieferung mehrere Wertpapiere in Betracht, so muss vor der Andienung ermittelt werden, welches das günstigste lieferbare Papier, das sog. **Cheapest-to-deliver(CtD)-Papier**, ist. Dies geschieht, indem für alle relevanten Papiere die Kosten für den Erwerb der Anleihe auf dem Kassamarkt mit dem nach der obigen Formel ermittelten Rechnungsbetrag, der am Future-Markt erzielt werden könnte, verglichen werden. Der Kontraktverkäufer erzielt einen Mehrerlös, wenn der Rechnungsbetrag den Wert der Anleihe übersteigt. Liegt der Wert der Anleihe dagegen über dem Rechnungsbetrag, entsteht dem Kontraktverkäufer ein Nachteil, da er für den Kauf der Anleihe am Kassamarkt mehr bezahlen müsste, als er im Rahmen der Andienung des Wertpapiers erhalten könnte. Die CtD-Anleihe ist diejenige Anleihe, bei der aus Sicht des Kontraktverkäufers der höchste Mehrerlös erzielt werden könnte bzw. der geringste Mindererlös anfallen würde. Die Bestimmung der CtD-Anleihe wird am Beispiel in Tab. 8.16 verdeutlicht (vgl. Schierenbeck/Hölscher, 1998, S. 691). In diesem Fall ist die Anleihe 1 zu liefern, da diese im Vergleich zu Anleihe 2 aus Sicht des Lieferanten einen Mehrerlös zur Folge hätte. In der Praxis ist ein vergleichsweise hoher Mehrertrag durch die Lieferung einer Anleihe jedoch unüblich. Der letzte Kurs des Futures und somit der EDSP führen im Regelfall zu einer Identität zwischen dem Rechnungsbetrag und dem Marktpreis der CtD-Anleihe. Die restlichen theoretisch lieferbaren Anleihen sind mit einem Mindererlös verbunden.

Tab. 8.16: Bestimmung der CtD-Anleihe für den Euro-Bund-Future (vgl. Steiner/Bruns/Stöckl, 2012, S. 467)

Der EDSP beträgt 122,74 %. Als lieferbar gelten die beiden folgenden Anleihen, die dem Investor in seinem Portfolio zur Auswahl stehen:		
Bundesanleihe	Anleihe 1 3,50 % Anleihe Bund, Fälligkeit 04. Juli 2026	Anleihe 2 3,25 % Anleihe Bund, Fälligkeit 04. Januar 2026
Kurs der Anleihe	102,20 %	102,50 %
Preisfaktor	0,819222	0,826199
Stückzinsen	650,27 € (68 Tage)	2.219,95 € (250 Tage)
Marktpreis der gelieferten Anleihe	102,20 % · 100.000 + 650,27 = 100.850,27 €	102,50 % · 100.000 + 2.219,95 = 104.719,95 €
Rechnungsbetrag	122,74 · 0,819222 · 1.000 + 650,27 = 101.201,54 €	122,74 · 0,826199 · 1.000 + 2.219,95 = 103.627,61 €
Mehr-/Mindererlös bei Lieferung	101.201,54 – 100.850,27 = 351,27 € (Mehrerlös)	103.627,61 – 104.719,95 = –1.092,34 € (Mindererlös)
Ergebnis	Die 3,50 %-Bundesanleihe mit Fälligkeit 04. Juli 2026 ist „Cheapest to deliver“.	

Die physische Andienung eines Zins-Futures wird durch die eigentliche Lieferung der Wertpapiere abgeschlossen. Hierzu müssen die Clearing-Mitglieder mit offenen Short-Positionen der Clearing-Stelle am letzten Handelstag (notification day) mitteilen, welche Wertpapiere sie liefern wollen, um ihre Verpflichtungen zu erfüllen. Über Nacht werden diese Wertpapiere im sog. „allocation process“ mittels eines Zufallsverfahrens den offenen Long-Positionen zugeordnet und die entsprechenden Rechnungsbeträge ermittelt. Diese Daten werden dann am nächsten Handelstag den beteiligten Clearing-Mitgliedern zur Verfügung gestellt. Die effektive Regulierung der Positionen zwischen den Clearing-Mitgliedern erfolgt schließlich an dem darauf folgenden Börsentag (vgl. Schierenbeck/Hölscher, 1998, S. 691).

Ein **Aktien-Future** kann bei Fälligkeit ebenfalls durch physische Lieferung der Aktien, die dem Termingeschäft in einem bestimmten Bezugsverhältnis als Basiswert zugrunde liegen, oder Barausgleich erfüllt werden.

Eine physische Lieferung ist nur bei wenigen Basiswerten verpflichtend. In diesem Fall muss der Verkäufer des Aktien-Futures am dritten Handelstag nach dem letzten Handelstag des Futures unter Berücksichtigung des Bezugsverhältnisses die entsprechende Anzahl an Aktien liefern. Der Käufer des Futures ist dagegen verpflichtet, den Schlussabrechnungspreis zu zahlen (vgl. Eurex, 2016a, S. 35 f.). Sofern der Käufer des Futures nicht am physischen Besitz der Aktien interessiert ist, kann er vor dem letzten Handelstag durch einen Verkauf eines Futures seine offene Position schließen. Die Abnahmeverpflichtung aus der Long-Position und die Lieferverpflichtung aus der Short-Position heben sich dann auf.

Die Erfüllung der Aktien-Futures erfolgt jedoch i. d. R. durch einen Barausgleich nach Handelsschluss des letzten Handelstags. Abhängig vom vorliegenden Abrechnungskurs ist der Käufer (Verkäufer) verpflichtet, dem Verkäufer (Käufer) eine Ausgleichszahlung zu leisten. Die Höhe der Ausgleichszahlung entspricht der Differenz zwischen dem Kurs des Futures am Vortag des Erfüllungstermins und dem Schlussabrechnungspreis. Der Käufer des Futures ist zu einer Ausgleichszahlung verpflichtet, wenn der Schlussabrechnungspreis unter dem Kurs des Futures am Vortag des Erfüllungstermins liegt. Übersteigt der Schlussabrechnungskurs dagegen den vorletzten Future-Kurs, muss der Verkäufer eine Ausgleichszahlung leisten. Zur Berechnung der Ausgleichszahlung aus einem Aktien-Future wird die Differenz zwischen den beiden Kursen mit dem Kontraktvolumen des Futures multipliziert. Das Kontraktvolumen hängt von der Aktie und der Börse ab und beträgt i. d. R. 10, 100 oder 1.000 Aktien (vgl. Eurex, 2016a, S. 140 ff.). Die Ausgleichszahlung kann allgemein mit der folgenden Formel bestimmt werden:

$$\text{Ausgleichszahlung} = (\text{EDSP} - \text{Kurs des Futures am Vortag des Erfüllungstermins}) \cdot V$$

mit: V = Kontraktvolumen

Die Berechnung wird anhand eines kurzen Beispiels verdeutlicht: Ein Investor erwirbt am 21.08.2016 zu einem Kurs von 153,20 EUR einen Aktien-Future, der am 16.09.2016 fällig wird. Am 15.09.2016 liegt ein Future-Kurs von 142,50 EUR vor, der Abrechnungskurs (EDSP) am 16.09.2016 beträgt 136,70 EUR. Das Kontraktvolumen des Futures beläuft sich auf 100 Aktien pro Aktien-Future. In diesem Beispiel muss der Investor am Erfüllungstag 580 EUR an die Clearingstelle bezahlen.

$$\text{Ausgleichszahlung} = (136{,}70 - 142{,}50) \cdot 100 = -580\,€$$

Da sich der Kurs des Aktien-Futures zwischen dem Abschluss der Position und dem Fälligkeitstag verringert hat, war der Kauf des Aktien-Futures für den Investor nachteilig.

8.3.2 Die Bewertung von Financial Futures

Grundlagen der Bewertung

Zur Ermittlung der laufenden Margins und des Schlussabrechnungspreises muss der Preis des Futures bekannt sein. Analog zu anderen Finanzinstrumenten ist auch bei einem Future zwischen

- dem fairen Marktwert und
- dem tatsächlichen Marktpreis des Futures zu unterscheiden (vgl. Bieg, 1998, S. 109).

Der faire Marktwert ergibt sich anhand von ökonomischen Bewertungsmodellen, die häufig arbitrage- und transaktionskostenfreie Märkte voraussetzen und den Marktwert der Terminposition aus einem Duplikationsportfolio ableiten. Im tatsächlichen Marktpreis können darüber hinaus noch weitere, nur schwer messbare Faktoren, wie z. B. die Erwartungen der Marktteilnehmer, Tagesereignisse, Angebots- und Nachfrageverhältnisse und die Marktliquidität, enthalten sein (vgl. Bieg/Kußmaul/Waschbusch, 2016a, S. 322). Die folgenden Ausführungen beschränken sich auf die Ansätze zur Bestimmung des fairen Marktpreises eines Futures.

Da ein Future die Verpflichtung enthält, einen spezifizierten Basiswert zu einem bestimmten Termin abzunehmen oder zu liefern, besteht zwischen den Marktpreisen am Kassamarkt und am Future-Markt ein direkter Ursache-Wirkungs-Zusammenhang. Der Preis eines Futures (Terminkurs) hängt also grundsätzlich von dem Marktpreis seines Basiswerts (Kassakurs) ab (vgl. Bieg, 1998, S. 109). Bei einem Zins-Future ergibt sich der Future-Preis aus dem Marktwert der lieferbaren Anleihen. Im Falle eines Aktien-Futures ist der Future-Preis dementsprechend von dem Kurs der Aktie abhängig, die dem Termingeschäft als Basiswert zugrunde liegt. Für die übrigen Future-Arten gelten vergleichbare Aussagen.

Bezüglich des Zusammenhangs zwischen Kassa- und Terminkurs ist

- die Situation am Abschlusstag und während der Laufzeit des Termingeschäfts von
- der Situation am Fälligkeitstag der Future-Position zu unterscheiden.

Am Abschlusstag und während der Laufzeit eines Futures besteht zwischen dem Kassa- und dem Terminkurs in der Regel eine Preisdifferenz, da zwischen dem physischen Halten eines Basiswerts als Kassa-Position und dem zukünftigen Halten eines Basiswerts durch eine Future-Position ein wertmäßiger Unterschied besteht. Diese Preisdifferenz wird als **Basis** bezeichnet und kann formal wie folgt bestimmt werden (vgl. Albrecht/Maurer, 2016, S. 672):

$$\text{Basis} = \text{Terminkurs} - \text{Kassakurs}$$

Am Verfalltag des Termingeschäfts ist eine physische Andienung des Basiswerts zum Basispreis oder ein Barausgleich der Wertdifferenz zwischen dem Basispreis und dem

Kassakurs erforderlich. Aus der Sicht eines Investors besteht in diesem Zeitpunkt folglich zwischen dem Halten der Kassaposition und dem Halten der Terminposition kein wertmäßiger Unterschied mehr. Daher sind der Preis des Futures (Terminkurs) und der Preis des Basiswerts (Kassakurs) am Verfalltag i. d. R. identisch.

Der Kurs der Terminposition nähert sich im Regelfall jedoch bereits über die Laufzeit des Termingeschäfts an den Kurs der Kassaposition an. Dieser grundsätzliche Zusammenhang ist für zwei Fälle in Abb. 8.13 dargestellt. Im ersten Fall (links dargestellt) liegt der Terminpreis während der Laufzeit des Termingeschäfts stets über dem Kassapreis. Während der Laufzeit ist die Basis demnach stets positiv. Im zweiten Fall befindet sich der Kassapreis über dem Terminpreis, sodass die Basis während der Kontraktlaufzeit stets einen negativen Wert aufweist.

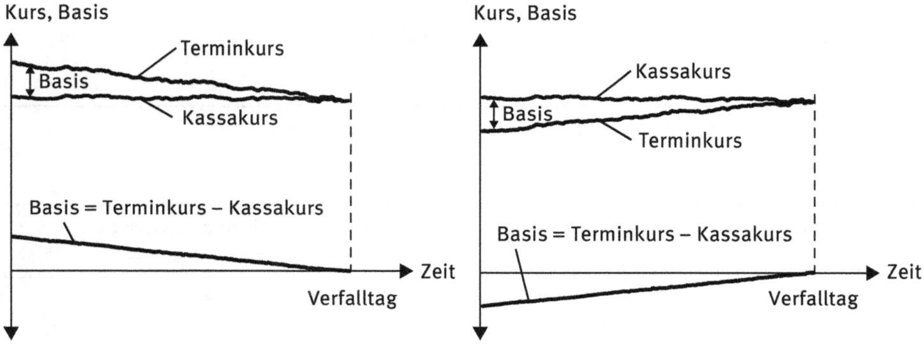

Abb. 8.13: Konvergenz von Kassa- und Future-Preis und Basis (vgl. Hull, 2015, S. 57)

Die Basis ergibt sich aus dem Umstand, dass bei Kauf des Basiswerts am Kassamarkt unmittelbar ein Mittelabfluss in Höhe des aktuellen Marktpreises des Basiswerts stattfindet, der bei der Eröffnung einer Terminposition nicht sofort auftritt. Bei der Terminposition fließen die Mittel vielmehr stückweise während der Laufzeit der Future-Position über die Margins und am Verfalltag im Rahmen der Schlussabrechnung ab. Da der Kassakauf durch einen Kredit oder über eigene Mittel finanziert werden muss, bei der Terminposition zunächst aber kein bzw. ein geringerer Finanzierungsbedarf besteht, werden bei der Terminposition Finanzierungsaufwendungen eingespart, die letztlich zur Entstehung der Basis führen (vgl. Steiner/Bruns/Stöckl, 2012, S. 448). Darüber hinaus wird die Basis durch die Erträge der Kassaposition (z. B. Kuponzins- oder Dividendenzahlungen) beeinflusst, die bei der Terminposition nicht anfallen. Die Ursachen der Basis sind in Tab. 8.17 für den Abschluss- und den Verfalltag der Terminposition nochmals zusammenfassend dargestellt.

Unter Berücksichtigung der genannten Größen kann der Terminkurs eines Futures anhand folgender Gleichung beschrieben werden (vgl. Uszczapowski, 2012, S. 232):

$$\text{Terminkurs} = \text{Kassakurs} + \text{Finanzierungsaufwendungen} - \text{Erträge aus Kassaposition}$$

Im Future-Handel wird die Differenz zwischen den Finanzierungsaufwendungen und den Erträgen aus der Kassaposition als **Cost of Carry** bezeichnet, womit sich die Gleichung wie folgt vereinfachen lässt (vgl. Steiner/Bruns/Stöckl, 2012, S. 450) :

$$\text{Terminkurs} = \text{Kassakurs} + \text{Cost of Carry}$$

Maßgeblich für die Abweichung zwischen dem Kassa- und dem Terminkurs sind demnach die Cost of Carry, die sich in Abhängigkeit vom Basiswert des Futures aus unterschiedlichen Komponenten zusammensetzen.

Tab. 8.17: Gegenüberstellung von Kassa- und Terminposition zur Erklärung der Basis (vgl. Eurex, 2007b, S. 24 f.)

Zeitpunkt / Position	Abschlusstag	Verfalltag
Terminposition	kein Mittelabfluss	Mittelabfluss durch Erwerb des Basiswerts zum Basispreis
Kassaposition	Mittelabfluss durch Kauf des Basiswerts zum Marktpreis	kein Mittelabfluss
	Finanzierung des Kassakaufs	Aufwand aus der Finanzierung des Kassakaufs abzüglich Erträge aus der Kassaposition (z. B. Zins- oder Dividendenzahlungen)

Bewertung von Zins-Futures

Bei einem Zins-Future ergeben sich die Cost of Carry aus den Zinsaufwendungen, die für das Halten der Kassaposition entstehen, abzüglich der Kuponzinszahlungen aus der Kassaposition. Für den Euro-Bund-Future lassen sich die Cost of Carry wie folgt bestimmen (vgl. Steiner/Bruns/Stöckl, 2012, S. 453):

$$CoC = \frac{1}{PF} \cdot \left[(K + SZ) \cdot \left(r_f \cdot \frac{t}{T}\right) - c \cdot N \cdot \frac{t}{T}\right]$$

mit:
- PF = Preisfaktor der CtD-Anleihe
- K = Aktueller Kurs der CtD-Anleihe
- SZ = Stückzinsen pro 100 der CtD-Anleihe
- r_f = Refinanzierungszinssatz
- t = Restlaufzeit des Futures in Tagen

T = Tage des Jahres
c = Nominalzinssatz der CtD-Anleihe
N = 100 (Nominalwert der CtD-Anleihe)

Dabei entspricht der erste Term in der eckigen Klammer den Finanzierungsaufwendungen der Cheapest-to-deliver-Anleihe, die für die Finanzierung des Kassakaufs der Anleihe über die Restlaufzeit des Futures anfallen würden. Der zweite Term in der eckigen Klammer steht für die Zinserträge aus der Kassaposition, die durch das Halten der Kassaposition über die Restlaufzeit des Futures vereinnahmt werden könnten. Da die lieferbare Anleihe nicht der idealtypischen Anleihe des Future-Kontrakts entspricht, wird zur Herstellung der Wertäquivalenz der gesamte Term ferner durch den Preisfaktor dividiert.

Die Bestimmung der Cost of Carry und des fairen Terminkurses wird am Beispiel des oben bereits dargestellten Euro-Bund-Futures in Tab. 8.18 verdeutlicht. Die Bewertung des am 10. September 2016 fälligen Kontrakts wird im Beispiel per 20. August 2016 durchgeführt und führt zu einem fairen Terminkurs in Höhe von 124,77 %. Der Kurs kann folgendermaßen interpretiert werden: Durch den Abschluss eines Long Futures am 20.08.2016 verpflichtet sich der Käufer, am 10.09.2016 eine Bundesanleihe mit zehnjähriger Restlaufzeit und einer Nominalverzinsung von 6 % zu einem Kurs von 124,77 % abzunehmen. Der Kaufpreis ist durch den Future fixiert und unabhängig vom Anleihekurs, der am 10.09.2016 tatsächlich vorliegt.

Tab. 8.18: Bewertung des Euro-Bund-Futures per 20. August 2016 (vgl. Steiner/Bruns/Stöckl, 2012, S. 454 f.)

(1) Ausgangssituation:
Es soll der Euro-Bund-Future, der am 10. September 2016 fällig ist und der durch Lieferung der 3,5 %-Bundesanleihe (CtD-Anleihe) mit Fälligkeit am 04. Juli 2026 erfüllt werden kann, bewertet werden.

(2) Parameter für die Bewertung:

Bewertungstag des Euro-Bund-Futures	=	20. August 2016	PF	=	0,819222
Restlaufzeit des Euro-Bund-Futures, t	=	21 Tage	r_f	=	2 %
Zurückliegender Zinstermin CtD-Anleihe	=	04. Juli 2016	c	=	3,5 %
Kurs CtD-Anleihe am Bewertungstag	=	102,30 %	N	=	100 €
Laufzeit für Stückzinsen der CtD-Anleihe	=	04.07.2016 bis 20.08.2016		=	47 Tage

(3) Berechnung der Stückzinsen pro 100 € der CtD-Anleihe am Bewertungstag:

$$\text{Stückzinsen pro } 100\,€ = 0{,}035 \cdot \frac{47}{366} \cdot 100 = 0{,}45\,€$$

(4) Bestimmung der Cost of Carry pro 100 € Nominalbetrag:

$$\text{CoC} = \frac{1}{0{,}819222} \cdot \left[(102{,}30 + 0{,}45) \cdot \left(0{,}02 \cdot \frac{21}{366}\right) - 0{,}035 \cdot 100 \cdot \frac{21}{366}\right]$$
$$= -0{,}1012 \approx -0{,}10\,€$$

Tab. 8.18: (fortgesetzt)

(5) Berechnung des Terminkurses:
Der Terminkurs (fairer Marktpreis) des Futures am 20. August 2016 setzt sich aus dem Kassakurs der CtD-Anleihe und den Cost of Carry zusammen. Der Kassakurs der Anleihe muss durch den Preisfaktor dividiert werden, womit sich als Terminkurs in Prozentnotierung ergibt:

$$\text{Terminkurs} = \frac{102{,}30}{0{,}819222} + (-0{,}10) = 124{,}77342 \approx 124{,}77\,\%$$

Bewertung von Aktien-Futures

Bei einem Aktien-Future sind die Zinsaufwendungen, die für das Halten der Kassaposition entstehen und die Dividendenzahlungen aus der Kassaposition für die Cost of Carry maßgeblich. Unter Berücksichtigung des Bezugsverhältnisses lassen sich die Cost of Carry eines Aktien-Futures wie folgt bestimmen (vgl. Albrecht/Maurer, 2016, S. 685):

$$\text{CoC} = \frac{1}{B} \cdot \left(K \cdot r_f \cdot \frac{t}{T} - K \cdot d \cdot \frac{t}{T}\right)$$

mit:
B = Bezugsverhältnis Anzahl Futures zu Anzahl Aktien
K = Aktueller Kurs der Aktie
r_f = Refinanzierungszinssatz
t = Restlaufzeit des Futures in Tagen
T = Tage des Jahres
d = Dividendensatz der Aktie

Dabei entspricht der erste Term in der Klammer den Finanzierungsaufwendungen für den Kassakauf einer Aktie zum aktuellen Kurs. Davon werden die Dividendenerträge abgezogen, die sich aus dem Produkt aus der Dividendenrate und dem aktuellen Kurs der Aktie ergeben. Da ein Aktien-Future i. d. R. auf dem Terminkauf resp. -verkauf von mehr als einer Aktie basiert, muss diese Wertdifferenz ferner durch das Bezugsverhältnis dividiert werden.

Aktien-Futures mit einzelnen Aktien als Basiswert werden beispielsweise an der europäischen Börse Eurex gehandelt, die aus einem Zusammenschluss der Deutschen Terminbörse (DTB) und der Swiss Options and Financial Futures Exchange (SOFFEX) hervorgegangen ist. An der Eurex werden derzeit über 1000 Aktien-Futures gehandelt (vgl. Eurex, 2016c, S. 3). Für die Aktien-Futures stehen an der Eurex Laufzeiten bis zum Schlussabrechnungstag der jeweils nächsten 13 Monate sowie die nächsten zwei folgenden Jahresschlussabrechnungstage (Dezember) zur Verfügung. Die kürzeste Restlaufzeit beträgt somit maximal einen Monat, die längste Restlaufzeit maximal drei Jahre. Der Schlussabrechnungstag ist in der Regel der dritte Freitag im Verfallsmonat, bei Futures auf an der italienischen Börse gehandelte Aktien ist es der Handelstag vor dem dritten Freitag im Verfallsmonat.

Die Bewertung eines Aktien-Futures der Eurex wird in Tab. 8.19 am Beispiel des im Dezember 2016 fälligen Kontrakts auf die Aktien der Adidas AG demonstriert.

Tab. 8.19: Bewertung des Futures auf die Aktien der Adidas AG

(1) Ausgangssituation:
Es soll der Aktien-Future, der am 17. Dezember 2016 fällig ist und der durch Lieferung von 100 Aktien der Adidas AG (ISIN: DE000A1EWWW0) erfüllt werden kann, bewertet werden.

(2) Parameter für die Bewertung:

Bewertungstag des Aktien-Futures	=	26. Oktober 2016	r_f	=	2,00 %
Restlaufzeit des Aktien-Futures, t	=	52 Tage	d	=	1,93 % (2016 erwartet)
Kurs der Aktie am Bewertungstag	=	91,07 €	B	=	1: 100

(3) Bestimmung der Cost of Carry pro 100 € Nominalbetrag:

$$\text{CoC} = 100 \cdot \left[91{,}07 \cdot 0{,}02 \cdot \frac{52}{366} - 91{,}07 \cdot 0{,}0193 \cdot \frac{52}{366}\right]$$
$$= 0{,}9057 \approx 0{,}91\,€$$

(4) Berechnung des Terminkurses:
Der Terminkurs (fairer Marktpreis) des Futures am 26. Oktober 2016 setzt sich aus dem Kassakurs der Aktie und den Cost of Carry zusammen:
Terminkurs = 91,07 + 0,91 = 91,98 €

8.3.3 Anwendungsmöglichkeiten

Financial Futures können zur Spekulation, zur Arbitrage und zum Hedging eingesetzt werden.

Spekulation

Ziel der Spekulation ist die gewinnbringende Ausnutzung der Kursschwankungen von Financial Futures (vgl. Schierenbeck/Hölscher, 1998, S. 691). Bei den Spekulationsstrategien ist zu unterscheiden, ob sie

- auf die absolute Kursentwicklung eines Kontrakts (Positions-Trading) oder
- auf die relative Kursentwicklung zwischen zwei oder mehreren Kontrakten (Spread Trading) ausgerichtet sind (vgl. Fiebach, 1994, S. 127).

Das **Positions-Trading** mit Future-Kontrakten stellt die einfachste Form der Spekulation mit Financial Futures dar. In diesem Fall bildet die absolute Kursentwicklung einer Future-Position den Gegenstand der Spekulation. Wird ein Kursanstieg erwartet, wird eine Long-Position aufgebaut, im Falle der Prognose sinkender Kurse wird dagegen ein Future verkauft (vgl. Steiner/Bruns/Stöckl, 2012, S. 496).

Für einen spekulativen Investor ist es mit diesem Ansatz möglich, beispielsweise mit einem Zins-Future auf eine bestimmte Zinsentwicklung zu setzen. Ebenso wie bei den am Kassamarkt gehandelten Anleihen steigt (sinkt) nämlich der Preis eines Zins-Futures, wenn das allgemeine Zinsniveau am Kassamarkt sinkt (steigt). Mit Zins-Futures kann somit auf die zinsänderungsbedingten Kursentwicklungen von

Anleihen spekuliert werden, ohne die Wertpapiere tatsächlich am Kassamarkt kaufen bzw. verkaufen zu müssen. Ein spekulativer Investor wird demzufolge in Erwartung fallender (steigender) Zinsen – eine Entwicklung, die steigende (fallende) Anleihekurse nach sich zieht – Zins-Futures kaufen (verkaufen).

Das Positions-Trading wird anhand des im Rahmen der Bewertung betrachteten Zins-Futures dargestellt. Am 20. August 2016 erwartet ein Investor, dass die Marktzinsen in den kommenden Tagen über alle Laufzeiten ansteigen werden. Auf Basis dieser Zinserwartung geht er von sinkenden Kursen von Bundesanleihen aus. Da ein Leerverkauf von Bundesanleihen für ihn nicht ohne weiteres möglich ist, beschließt er stattdessen eine Short-Position in Bund-Futures mit der Fälligkeit 10. September 2016 einzugehen. Der Bund-Future wird am 20. August 2016 zu seinem fairen Kurs von 124,77 % gehandelt, zu diesem Kurs wird er durch den Investor verkauft. Die erwartete Zinssteigerung tritt ein und der Kurs des Futures geht zurück. Am 9. September 2016 beträgt der entsprechende Bund Future Kurs 118,31 %, der Investor beschließt den Gewinn zu realisieren und die Position durch den Kauf eines gegenläufigen Bund-Futures zu schließen.

Am Fälligkeitstag des Futures heben sich die Verpflichtungen aus der Long- und Short-Position auf. Während der Investor aus dem ursprünglichen Future zur Lieferung einer Anleihe verpflichtet ist, muss er gleichzeitig durch den Kauf des Futures am Vortag eine Anleihe abnehmen. Der Gewinn des Investors durch die vorteilhafte Entwicklung des Future-Kurses wurde bereits über die Margin-Zahlungen realisiert. Insgesamt erzielt der Investor einen Gewinn in Höhe von 6.460 EUR. Der Gewinn der Short Position berechnet sich wie folgt:

$$(F_t - F_{t-1}) \cdot V = (124{,}77\,\% - 118{,}31\,\%) \cdot 100.000 = 6.460\,€$$

mit: F_t = Future-Kurs zum Zeitpunkt der Positionseröffnung
F_{t-1} = Future-Kurs zum Zeitpunkt der Positionsschließung
V = Kontraktvolumen

Übersteigt hingegen der Future-Kurs zum Zeitpunkt der Positionsschließung den zu Beginn vorliegenden Kurs, resultiert für den Investor ein Verlust.

Mit **Spread-Trading-Strategien** sollen demgegenüber aus den relativen Kursveränderungen zwischen mehreren Future-Positionen Spekulationsgewinne erzielt werden. Eine Spread-Trading-Strategie kann sich dabei sowohl

- auf mehrere Futures mit demselben Basiswert und unterschiedlichen Fälligkeiten (Intrakontrakt-Spread) als auch
- auf verschiedene Futures mit unterschiedlichen Basiswerten beziehen (Interkontrakt-Spread) (vgl. Bruns/Meyer-Bullerdiek, 2013, S. 563 ff.).

Beim Intrakontrakt-Spread wird auf eine Einengung oder eine Ausweitung der Preisdifferenz (d. h. des Spreads) zwischen zwei Futures auf denselben Basiswert mit unterschiedlichen Kontraktfälligkeiten spekuliert. Geht ein Investor beispielsweise von parallel steigenden Zinssätzen aus, ist damit gleichzeitig die Erwartung verbunden, dass der Kurs eines Zins-Futures mit späterer Fälligkeit stärker sinken wird als der Kurs eines früher fälligen Kontrakts. Mit dieser Zinsentwicklung geht somit eine Ausweitung des Spreads zwischen den beiden Future-Preisen einher. Diese Preisentwicklung kann durch den Kauf des Futures mit dem früheren Fälligkeitszeitpunkt und den gleichzeitigen Verkauf des Kontrakts mit der längeren Laufzeit gewinnbringend ausgenutzt werden (vgl. Fiebach, 1994, S. 128).

Den Interkontrakt-Spread-Trading-Strategien liegt ein ähnliches Prinzip zugrunde, allerdings sollen hierbei die erwarteten Kursveränderungen zwischen Future-Positionen mit unterschiedlichen Basiswerten ausgenutzt werden. Geht der Investor beispielsweise im langfristigen Bereich von sinkenden und in den mittleren Fristen von konstanten Zinsen aus, ist damit die Erwartung verbunden, dass sich der Spread zwischen dem Euro-Bund-Future, dem fiktive Anleihen mit einer Restlaufzeit zwischen $8\frac{1}{2}$ und $10\frac{1}{2}$ Jahren zugrunde liegen, und dem Euro-Bobl-Future, dessen Basiswerte fiktive Anleihen mit Restlaufzeiten zwischen $4\frac{1}{2}$ und $5\frac{1}{2}$ Jahren bilden, ausweitet. Um den Kursrückgang bei dem Euro-Bund-Future in Relation zu dem weitgehend unveränderten Kurs bei dem Euro-Bobl-Future gewinnbringend auszunutzen, müsste ein Investor einen Euro-Bund-Future verkaufen und gleichzeitig einen Euro-Bobl-Future kaufen (vgl. Steiner/Bruns/Stöckl, 2012, S. 498 f.).

Die genannten Positions-Trading- und Spread-Trading-Strategien sind nicht nur für die beispielhaft aufgegriffenen Zins-Futures, sondern in vergleichbarer Form für weitere Financial Futures, wie z. B. Aktien-Futures, anwendbar. Mit dem Positions-Trading ist durch den im Verhältnis zur Kontraktgröße geringen Kapitaleinsatz dabei die Chance auf hohe Gewinne, aber auch das Risiko erheblicher Verluste verbunden (vgl. Schierenbeck/Hölscher, 1998, S. 692). Bei den Spread-Trading-Strategien ist die offene Position dagegen deutlich kleiner, womit diese Spekulationsstrategien vergleichsweise risikoärmer sind (vgl. Steiner/Bruns/Stöckl, 2012, S. 498). Da sich die Veränderungen der Spreads im Vergleich zu den absoluten Preisänderungen lediglich im Bereich weniger Basispunkte bewegen, sind mit den Spread-Trading-Strategien allerdings nur niedrigere Renditen erzielbar.

Arbitrage

Ein weiteres Motiv zum Kauf bzw. Verkauf von Financial Futures besteht in der Realisierung von Arbitrage-Gewinnen, die sich

- aus Preisunterschieden zwischen gleichartigen Future-Kontrakten an verschiedenen Handelsplätzen oder
- aus Wertunterschieden von vergleichbaren Positionen zwischen dem Kassa- und dem Terminmarkt ergeben können (vgl. Bieg/Kußmaul/Waschbusch, 2016a, S. 326).

Der erstgenannte Ansatz zielt darauf ab, Preisunterschiede zwischen gleichartigen Futures, die an verschiedenen Börsen (beispielsweise an der Eurex und der Euronext) gehandelt werden, auszunutzen. Mithilfe interlokaler, aber zeitgleicher Transaktionen sollen risikolose Gewinne erzielt werden, indem der Future am Handelsplatz des niedrigeren Preises gekauft und an der Börse des höheren Preises sofort wieder verkauft wird (vgl. Schierenbeck/Hölscher, 1998, S. 693).

Der zweitgenannte Ansatz basiert auf der Absicht, Gewinne aus Abweichungen zwischen dem tatsächlichen und dem fairen Marktpreis eines Futures zu erzielen. Je nachdem, ob der Future am Markt gegenüber seinem fairen Marktpreis über- oder unterbewertet ist, kommen hierbei die zwei in Tab. 8.20 dargestellten Strategien in Betracht. Bei der Cash-and-Carry-Arbitrage nutzt ein Marktteilnehmer die Überbewertung eines Terminkontrakts aus, indem er den Future verkauft und das Kassainstrument erwirbt. Bei einer Unterbewertung des Futures kommt es zu einer Umkehrung der beschriebenen Geschäfte. Es wird folglich der Future gekauft und das zugehörige Kassainstrument verkauft. Diese Strategie wird Reversed-Cash-and-Carry-Arbitrage genannt. Die Strategiebezeichnungen beziehen sich hierbei auf den Kassakauf resp. -verkauf (Cash) des Basiswerts und das Halten des Futures bis zur Fälligkeit (carry) (vgl. Bruns/Meyer-Bullerdiek, 2013, S. 580).

Tab. 8.20: Arbitrage-Strategien mit Futures (vgl. Fiebach, 1994, S. 61)

Bewertung / Markt	Überbewertung des Futures	Unterbewertung des Futures	Strategiebezeichnung
Kassamarkt	Long	Short	Cash-and-Carry-Arbitrage
Terminmarkt	Short	Long	Reversed-Cash-and-Carry-Arbitrage

Die Erzielung von Arbitrage-Gewinnen soll an einem Beispiel zur **Cash-and-Carry-Arbitrage** verdeutlicht werden, wobei die Ausgangsdaten des Beispiels aus Tab. 8.18 entnommen wurden. Aus dem Vergleich zwischen dem fairen Future-Preis des am 10. September 2016 fälligen Euro-Bund-Futures in Höhe von 124,77 % und dessen aktuellen Notierung von 125,54 % schließt ein Arbitrageur auf eine Überbewertung des Terminkontrakts. Der Arbitrageur erwirbt daher am 20. August 2016 am Kassamarkt die lieferbare 3,5 %-Bundesanleihe (CtD-Anleihe) mit einem Nominalvolumen von 100.000 EUR zu ihrem tatsächlichen Kurs von 102,30 %. Für den Kassakauf muss folglich ein Betrag in Höhe von 102.300 EUR zuzüglich der bis zum Kaufzeitpunkt aufgelaufenen Stückzinsen in Höhe von 449,45 EUR (= 3,5 % · 100.000 · 47/366) aufgebracht werden. Der Gesamtbetrag von 102.749,45 EUR, der für den Kassakauf der Anleihe vorhanden sein muss, wird zu 2 % am Geldmarkt über die Restlaufzeit des Futures von 21 Tagen finanziert. Am Verfalltag des Futures fallen somit Finanzierungsaufwendungen von 117,91 EUR (= 2 % · 102.749,45 · 21/366) und die Kreditrückzahlung von

102.749,45 EUR an. Darüber hinaus stehen dem Investor am Verfalltag des Futures die Stückzinsen aus der gekauften Anleihe in Höhe von 650,27 EUR (= 3,5 % · 100.000 · 47/366 + 3,5 % · 100.000 · 21/366) zu.

Am Terminmarkt verkauft der Arbitrageur gleichzeitig den genannten Euro-Bund-Future zum tatsächlichen Kurs von 125,54 %. Am Verfalltag des Termingeschäfts führt dies unter Berücksichtigung des Preisfaktors der Anleihe zu einem Erlös in Höhe von 102.845,09 EUR (= 0,819222 · 125,54 % · 100.000). In der Summe entsteht demnach am Verfalltag des Futures ein Überschuss in Höhe von 628,00 EUR (= 650,27 – 102.867,36 + 102.845,09), der risikolos als Arbitrage-Gewinn vereinnahmt werden kann. Die Transaktionen und das Ergebnis dieser Cash-and-Carry-Arbitrage sind in Tab. 8.21 zusammengefasst.

Tab. 8.21: Ermittlung des Arbitrage-Gewinns bei der Cash-and-Carry-Arbitrage bei Fehlbewertung des Futures

Ausgangssituation: tatsächlicher Future-Preis (125,54 %) > fairer Future-Preis (124,77 %)		
Zeitpunkt / **Position**	**Abschlusstag (20.08.2016)**	**Verfalltag (10.09.2016)**
Kassaposition (Long)	Kaufpreiszahlung der Anleihe –102,30 % · 100.000 –3,5 % · 100.000 · 47/366 = –102.749,45 €	Stückzinsertrag der Anleihe 3,5 % · 100.000 · 47/366 +3,5 % · 100.000 · 21/366 = 650,27 €
	Finanzierung des Kassakaufs 102.749,45 €	Zins - und Rückzahlung der Finanzierung des Kassakaufs –2 % · 102.749,45 · 21/365 –102.749,45 = –102.867,36 €
Terminposition (Short)	Terminverkauf (Basispreis: 125,54 %) 0,00 €	Erlös aus dem Terminverkauf 0,819222 · 125,54 % · 100.000 = 102.845,09 €
Summe	0,00 €	628,00 €

Die **Reversed-Cash-and-Carry-Arbitrage**, die im Falle einer Unterbewertung des Futures am Terminmarkt zur Anwendung kommt, wird in analoger Form, jedoch mit den entgegengesetzten Transaktionen und den umgekehrten Vorzeichen der Zahlungen umgesetzt. In diesem Fall wird die Anleihe am 20. August 2016 am Kassamarkt leerverkauft, der Verkaufserlös wird anschließend zum Geldmarktzinssatz angelegt. Am Terminmarkt muss dagegen der Future gekauft werden. Aus der Kassaposition können am Verfalltag die Zinserträge aus dem angelegten Verkaufserlös der leerverkauften

Anleihe vereinnahmt werden. Den Zinserträgen stehen die zu zahlenden Stückzinsen der leerverkauften Anleihe gegenüber. Am Verfalltag wird dann die zuvor am Kassamarkt leerverkaufte Anleihe ausgeliefert, die dem Arbitrageur jedoch aus der Fälligkeit der Long-Future-Position zugeht. Im Saldo ergibt sich auch bei dieser Strategie am Verfalltag ein Arbitrage-Gewinn, sofern der Future zu Beginn unterbewertet ist.

Obwohl derartige Arbitrage-Strategien auch für andere Future-Arten einsetzbar sind, ist zu betonen, dass die dauerhafte Erzielung von Arbitrage-Gewinnen in der Realität nur unter Einschränkungen möglich ist. Im Wesentlichen führen die Transaktionskosten der einzelnen Geschäfte und die erforderlichen hohen Transaktionsvolumina dazu, dass die Arbitrage-Strategien lediglich für bestimmte Gruppen institutioneller Marktteilnehmer erfolgversprechend sind (vgl. Steiner/Bruns/Stöckl, 2012, S. 488). Darüber hinaus sind fundamentale Fehlbewertungen an den organisierten und hochliquiden Terminmärkten nur schwer zu entdecken und – sofern vorhanden – aufgrund der dann direkt einsetzenden Arbitrage-Prozesse nur temporärer Natur.

Bei der dargestellten Arbitrage-Erzielung mit Euro-Bund-Futures ist zu berücksichtigen, dass die CtD-Anleihe am Abschlusstag noch nicht feststeht. Zur Erfüllung des Euro-Bund-Futures stehen mehrere Anleihen zur Verfügung, von denen jede am Verfalltag die CtD-Anleihe sein kann. Wird beim Aufbau der Arbitrage-Position eine Anleihe ge- oder verkauft, die am Verfalltag nicht die CtD-Anleihe ist, kann trotz Fehlbewertung des Bund-Futures ein Verlust aus der Arbitrage-Position resultieren.

Hedging

Neben der Spekulation und der Arbitrage besteht das Hauptanwendungsgebiet für Financial Futures in der Absicherung (Hedging) einer bestehenden oder einer zukünftigen Kassaposition gegen unerwünschte Marktentwicklungen durch den Aufbau einer geeigneten Gegenposition am Terminmarkt (vgl. Steiner/Bruns/Stöckl, 2012, S. 481). In Abhängigkeit von der erwarteten Marktentwicklung (fallende oder steigende Kurse) und der Position (Long oder Short), die abgesichert werden soll, ist das Hedging mit Futures grundsätzlich

- durch einen Long Hedge oder
- durch einen Short Hedge möglich (vgl. Schierenbeck/Hölscher, 1998, S. 694).

Bei einem **Long Hedge** werden Futures gekauft, um das Risiko steigender Kurse zu begrenzen. Der Long Hedge wird eingesetzt, wenn für eine zukünftige Kapitalanlage noch das aktuelle, niedrigere Kursniveau gesichert oder wenn eine Short-Position abgesichert werden soll. Bei einem **Short Hedge** wird demgegenüber eine Verkaufsposition auf dem Financial-Futures-Markt aufgebaut, um das Risiko fallender Kurse am Kassamarkt zu vermindern resp. zu beseitigen. Ein Short Hedge eignet sich daher, um eine bereits bestehende Kapitalanlage oder eine geplante Kapitalaufnahme (z. B. geplante Emission von Fremd- oder Eigenkapitaltiteln) gegen fallende Marktpreise abzusichern.

Die Risikoabsicherung durch einen Long oder Short Hedge zielt somit darauf ab, die Verluste einer Position am Kassamarkt mit den Gewinnen aus der entgegengesetzten Terminposition zu kompensieren. Fällt der Wert der Kassaposition, steht dem Verlust der Gewinn aus der Terminposition gegenüber. Bei umgekehrter Marktpreisentwicklung wird der Gewinn bei der Kassaposition allerdings auch durch den Verlust bei der Terminposition aufgezehrt, da es sich bei Futures um unbedingte Termingeschäfte handelt (vgl. Bieg/Kußmaul/Waschbusch, 2016a, S. 327). Die genannten Zusammenhänge werden an den Gewinn- und Verlustdiagrammen in Abb. 8.14 für die beiden grundsätzlichen Hedging-Positionen verdeutlicht.

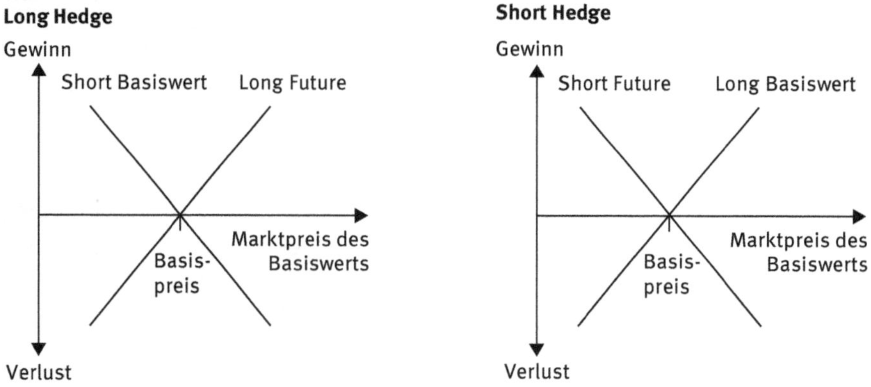

Abb. 8.14: Gewinn- und Verlustdiagramme der grundsätzlichen Hedging-Positionen bei Futures

Das Hedging mit Futures soll im Folgenden am Beispiel der bekannten 3,5 %-Bundesanleihe (CtD-Anleihe) und dem Euro-Bund-Future in Tab. 8.18 verdeutlicht werden. Das an diesem Beispiel erläuterte Grundprinzip des Hedgings ist jedoch analog auf andere Basiswerte des Kassamarkts, wie z. B. Aktien, übertragbar. Im Beispiel soll eine Long-Position in der Bundesanleihe durch einen Short Hedge mit dem Euro-Bund-Future gegen ansteigende Marktzinssätze und damit zurückgehende Anleihekurse abgesichert werden. Ferner wird angenommen, dass der Investor die Bundesanleihe zu dem am 20. August 2016 gültigen Kurs von 102,30 % erwirbt. Inklusive der zu zahlenden Stückzinsen führt der Kassakauf der Bundesanleihe damit zu einer Auszahlung von 102.749,45 EUR (= 102,30 % · 100.000 + 3,5 % · 100.000 · 47/366). Der Kauf der Anleihe wird am Geldmarkt zu einem Zinssatz von 2 % finanziert.

Da ein Zinsanstieg und damit Kursverluste bei der Kassaposition erwartet werden, wird am Terminmarkt gleichzeitig ein Euro-Bund-Future zum Kurs von 124,77 % verkauft (Short Future). Am Verfalltag des Termingeschäfts (10. September 2016) ist der Kurs der Bundesanleihe aufgrund zwischenzeitlich gestiegener Marktzinsätze auf 100,20 % gefallen (vgl. Tab. 8.16). Bei der Kassaposition sind am Verfalltag die

Stückzinsen der Anleihe in Höhe von 650,27 EUR (= 3,5 % · 100.000 · 47/366 + 3,5 % · 100.000 · 21/366) sowie die Aufwendungen für die Finanzierung des Kassakaufs in Höhe von 117,91 EUR (= 2 % · 102.749,45 · 21/366) zuzüglich der Kreditrückzahlung von 102.749,45 EUR zu berücksichtigen. Bei ungesicherter Kassaposition entstünde somit insgesamt ein Verlust in Höhe von 2.017,09 EUR (= 100.850,27 – 102.867,36). Die Situation ohne Sicherungsgeschäft ist in Tab. 8.22 dargestellt.

Tab. 8.22: Verlust bei ungesicherter Long-Position in der (CtD-)Bundesanleihe

Ausgangssituation: Long in (CtD-)Bundesanleihe bei Erwartung steigender Zinssätze		
Position \ **Zeitpunkt**	**Abschlusstag (20.08.2016)**	**Verfalltag (10.09.2016)**
Kassaposition (Long)	Kaufpreiszahlung der Anleihe −102,30 % · 100.000 −3,5 % · 100.000 · 47/366 = −102.749,45 €	Verkauf der Anleihe (Kurs: 100,20 %) 100,20 % · 100.000 + 3,5 % · 100.000 47/366 + 3,5 % · 100.000 · 21/366 = 100.850,27 €
	Finanzierung des Kassakaufs 102.749,45 €	Zins- und Rückzahlung der Finanzierung des Kassakaufs 2 % · 102.749,45 · 21/365 – 102.749,45 = −102.867,36 €
Summe	0,00 €	−2.017,09 €

Durch den Aufbau des Short Hedges kann der Verlust aus der Kassaposition vollständig durch die Gegenposition am Terminmarkt ausgeglichen werden. In diesem Fall ist für den Investor am Verfalltag nicht der Anleihekurs, sondern der im Rahmen des Termingeschäfts vereinbarte Basispreis von 124,77 % von Bedeutung. Durch Erfüllung des Terminkontrakts und Lieferung der Anleihe zu dem am Abschlusstag vereinbarten Basispreis kann am Verfalltag des Sicherungsgeschäfts ein Erlös von 102.217,09 EUR erzielt werden. Die Zins- und Tilgungszahlung des Kredits, der zur Finanzierung der Kassaposition aufgenommen wurde, beläuft sich auf 102.867,36 EUR. Aus der Kassaposition fließen dem Investor ferner die Stückzinsen der Anleihe in Höhe von 650,27 EUR (= 3,5 % · 100.000 · 47/366 + 3,5 % · 100.000 · 21/366) zu. Aus der Gesamtposition ergibt sich am Verfalltag somit kein Zahlungssaldo (= 650,27 – 102.867,36 + 102.217,09 = 0 EUR). Den Aufbau und das Ergebnis des Short Hedge verdeutlicht Tab. 8.23.

Die in Tab. 8.23 dargestellte Short-Hedge-Position ergäbe sich prinzipiell ebenfalls bei der Cash-and-Carry-Arbitrage, wenn der Future am Terminmarkt zu seinem fairen Preis in Höhe von 124,77 % notiert (vgl. Tab. 8.21). Dies zeigt, dass kein Arbitrage-Gewinn erzielbar ist, sofern der tatsächliche Marktpreis dem fairen Marktpreis des Futures entspricht.

Tab. 8.23: Aufbau und Ergebnis eines Short Hedges

Ausgangssituation: Short Hedge der (CtD-)Bundesanleihe bei Erwartung steigender Zinssätze		
Position \ **Zeitpunkt**	**Abschlusstag (20.08.2016)**	**Verfalltag (10.09.2016)**
Kassaposition (Long)	Kaufpreiszahlung der Anleihe −102,30 % · 100.000 −3,5 % · 100.000 · 47/366 = −102.749,45 €	Stückzinsertrag der Anleihe 3,5 % · 100.000 · 47/366 +3,5 % · 100.000 · 21/366 = 650,27 €
	Finanzierung des Kassakaufs 102.749,45 €	Zins- und Rückzahlung der Finanzierung des Kassakaufs 2 % · 102.749,45 · 21/365 − 102.749,45 = −102.867,36 €
Terminposition (Short)	Terminverkauf (Basispreis: 124,77 %) 0,00 €	Erlös aus dem Terminverkauf (mit exaktem, d. h. ungerundetem Preisfaktor und Terminkurs berechnet) 0,819222 · 124,77 % · 100.000 = 102.217,09 €
Summe	0,00 €	0,00 €

Bei der Anwendung von Zins-Futures zur Risikoabsicherung entspricht das Kassainstrument üblicherweise nicht – wie im Beispiel unterstellt – der CtD-Anleihe. Es besteht somit die Gefahr, dass Zinsänderungen bei der Kassaposition und bei der Terminposition zu Wertänderungen in unterschiedlichem Ausmaß führen. Eine vollständige Kompensation der Verluste aus der Kassaposition durch die Gewinne aus der Terminposition wäre in diesem Fall nicht ohne Weiteres möglich. Bei einem Auseinanderfallen der Basis ist es vielmehr erforderlich, die Anzahl der Terminkontrakte anzupassen, sodass eine vollständige Risikoabsicherung der Kassaposition (Perfect Hedge) erreicht werden kann. Zur Berechnung dieser Anzahl muss das optimale Gewichtungsverhältnis zwischen den einzusetzenden Kontrakten im Vergleich zur abzusichernden Kassaposition ermittelt werden (Hedge Ratio). Für die Bestimmung der **Hedge Ratio** werden in der Literatur verschiedene Verfahren vorgeschlagen, die mit unterschiedlichen Fehlerquellen behaftet sind (vgl. Perridon/Steiner/Rathgeber, 2017, S. 356). Mit Fokus auf Zinspositionen sind dabei im Wesentlichen die folgenden Methoden zu unterscheiden (vgl. Schierenbeck/Hölscher, 1998, S. 697):

- **Nominalwertmethode:** Nach der Nominalwertmethode ist eine Identität der Nennwerte von Kassa- und Terminposition herzustellen. Diese Methode ist aufgrund realitätsfremder Annahmen kaum zur Risikoabsicherung geeignet.
- **Preisfaktormethode:** Die Preisfaktormethode basiert auf der Annahme, dass die im Rahmen einer physischen Andienung eingesetzten Preisfaktoren die

unterschiedlichen Reagibilitäten der Kassa- und Terminkurse im Hinblick auf Zinsänderungen wiedergeben.
- **Regressionsfaktormethode:** Zur Anwendung der Regressionsfaktormethode werden zunächst die Zusammenhänge zwischen den Preisveränderungen am Kassa- und Terminmarkt der Vergangenheit statistisch erfasst und ausgewertet. Auf der Basis der historischen Preiszusammenhänge wird anschließend die Zusammensetzung des varianzminimalen Portfolios bestimmt, das sich aus der Kassa- und der Terminposition bilden lässt.
- **Durationsmethode:** Im Rahmen der Durationsmethode wird auf die Modified Duration, die die Kurssensitivität der Kassaposition bei Zinsänderungen zum Ausdruck bringt, zurückgegriffen. Diese Methode hat auf der einen Seite den Vorteil, dass sie – im Gegensatz zur Regressionsmethode – nicht auf historische Datenreihen angewiesen ist. Auf der anderen Seite stehen jedoch bestimmte Nachteile der Durationskennziffer als Risikomaß, wie z. B. der Approximationsfehler und die ausschließliche Abbildbarkeit von Parallelverschiebungen einer flachen Zinsstruktur.
- **Basispunktmethode:** Bei der Basispunktmethode werden die Wertänderungen der Kassa- und der Terminposition, die sich aus einer Zinsänderung um einen Basispunkt ergeben, einander gegenübergestellt. Diese Methode ist zwar eine Verfeinerung der Durationsmethode, sie liefert aber nur sinnvolle Ergebnisse, wenn die Zinsänderungen infinitesimal klein sind.

Neben der Methode zur Bestimmung der notwendigen Kontraktanzahl zur vollständigen Risikoabsicherung wurden in dem oben stehenden Beispiel zum Short Hedge die folgenden Aspekte vernachlässigt (vgl. Schierenbeck/Hölscher, 1998, S. 695 f.):
- die Analyse der Marktpreisentwicklung
- die Risikoanalyse der abzusichernden Position
- die Auswahl des Hedge-Kontrakts
- die Auswahl der geeigneten Laufzeit des Kontrakts

Soll eine bestimmte Position nicht generell gegen Marktpreisveränderungen abgesichert werden, ist vor dem Abschluss einer Hedging-Transaktion eine Prognose der Marktpreisentwicklung erforderlich. Trotz fortschrittlicher Analysemethoden können Fehlprognosen dabei nicht grundsätzlich ausgeschlossen werden. Wäre die dem Beispiel zugrunde liegende Zinsprognose, die von ansteigenden Zinssätzen ausging, nicht eingetreten, sondern wären die Zinssätze gefallen, hätte die Kassaposition keinen Verlust, sondern einen Gewinn nach sich gezogen. Diesem Gewinn stünde in diesem Fall allerdings ein Verlust aus der Terminposition gegenüber. Das Gesamtergebnis des Short Hedges wäre zwar nicht zwangsläufig schlechter ausgefallen, allerdings hätte der Verlust auf dem Terminmarkt vermieden werden können, falls gänzlich auf die Absicherung verzichtet worden wäre.

Bei der Risikoanalyse der Kassaposition ist zu ermitteln, in welchem Ausmaß der Kurs der Kassaposition auf die erwartete Marktentwicklung reagiert. Das Ziel der Risikoanalyse besteht somit zum einen darin, potenzielle Kursrisiken zu identifizieren. Zum anderen ist auf Basis der Ergebnisse der Risikoanalyse zu entscheiden, ob eine Hedging-Transaktion abgeschlossen oder ob auf die Absicherungsmaßnahme am Terminmarkt verzichtet werden soll.

Die Absicherung einer Kassaposition durch den Aufbau einer Gegenposition am Terminmarkt setzt ferner die Auswahl eines geeigneten Hedge-Kontrakts voraus. In obigem Beispiel wurde das Kursrisiko einer 3,5 %-Bundesanleihe (CtD-Anleihe) durch den entsprechenden Euro-Bund-Future abgesichert. In der Praxis ist eine solche Absicherungssituation, in der die Kassaposition dem lieferbaren Basiswert entspricht, jedoch nicht zwangsläufig gegeben. In diesen Fällen muss ein möglichst ähnlicher Terminkontrakt gefunden werden, mit dem die Verluste des Basiswerts ausgeglichen werden können. Ein derartiger Cross Hedge ist dabei umso erfolgversprechender, je mehr sich Kassa- und Future-Instrument in ihrem Kursverhalten entsprechen. Die Gefahr, dass die Absicherung des Basiswerts durch einen Future nicht vollständig gelingt, wird als Basisrisiko bezeichnet.

Der Aufbau einer Hedge-Position erfordert schließlich die Auswahl einer geeigneten Kontraktlaufzeit. Hierzu muss die Dauer des Risikos abgeschätzt werden, d. h. wie lange die abzusichernde Position einem Kursänderungsrisiko ausgesetzt ist bzw. über welche Zeitspanne sie abgesichert werden soll. Bei dem oben dargestellten Short Hedge ist die Kassaposition lediglich bis zum Verfalltag der Futures abgesichert. Für sich daran anschließende Kursrisiken des Kassainstruments müssten weitere Hedging-Maßnahmen ergriffen werden, es kommt zum sog. „Rolling the Hedge".

8.4 Financial Swaps

8.4.1 Wesen und Arten von Financial Swaps

Financial Swaps stellen unbedingte Termingeschäfte dar, bei denen Zahlungsforderungen oder -verbindlichkeiten getauscht werden. Durch den Abschluss eines Swaps verpflichten sich die Vertragspartner, zu bestimmten künftigen Zeitpunkten Zahlungen in bestimmter, von der Marktpreisentwicklung abhängiger Höhe auszutauschen.

Die Swap-Arten können anhand verschiedener Merkmale systematisiert werden. Wird als Systematisierungskriterium der Geschäftsgegenstand herangezogen, können Zins-, Währungs- und Equity Swaps unterschieden werden. Einem Zins-Swap liegt der Austausch von Zinszahlungen zugrunde, bei einem Währungs-Swap werden Fremdwährungen getauscht. Gegenstand eines Equity Swaps ist der Tausch der Kursentwicklungen von Aktien und Aktienportfolios.

Oftmals werden auch Kredit-Swaps als Financial Swaps bezeichnet und zu den unbedingten Termingeschäften gezählt. Im Rahmen eines Kredit-Swaps ist in

Abhängigkeit von der Bonitätsentwicklung bzw. dem Vorliegen eines Ausfallereignisses eines zugrunde liegenden Kreditgeschäfts von einem Vertragspartner, dem sog. Risikokäufer, eine zuvor vereinbarte Ausgleichszahlung an den Risikoverkäufer zu leisten. Demnach kann mithilfe eines Kredit-Swaps das Kreditrisiko auf einen Kontraktpartner transferiert werden. Da die Zahlung aus dem Kredit-Swap an den Eintritt eines bestimmten Ereignisses geknüpft ist, stellt ein Kredit-Swap ein bedingtes und kein unbedingtes Termingeschäft dar. Obwohl der Kredit-Swap als Swap bezeichnet wird, handelt es sich letztendlich um die Variante eines Optionsgeschäfts. Daher wird der Kredit-Swap im Folgenden nicht mehr betrachtet.

Eine weitere Möglichkeit der Systematisierung besteht bezüglich der Frage, ob ein Swap auf die Veränderung der Bilanzaktiv- oder der Bilanzpassivseite abzielt. Hierbei wird zwischen Asset und Liability Swaps unterschieden. Asset Swaps werden eingesetzt, um die Aktivseite einer Bilanz zu gestalten. Dagegen dienen Liability Swaps dazu, die Passivseite einer Bilanz zu verändern. Die Systematisierung in Asset und Liability Swaps kann jedoch nur vorgenommen werden, wenn die Absichten eines Swap-Partners bekannt sind. Grundsätzlich enthalten Swaps immer Zahlungsforderungen und -verbindlichkeiten und wirken sich damit immer auf beide Bilanzseiten aus.

Im Rahmen eines **Zins-Swaps** werden innerhalb eines bestimmten Zeitraums regelmäßig Zinszahlungen ausgetauscht, wobei i. d. R. eine Partei einen Festzinssatz, die andere Partei einen variablen Zinssatz zahlt. Die Höhe der Zinszahlung ist damit zum einen von dem vereinbarten Festzinssatz sowie dem vereinbarten Referenzzinssatz, zum anderen von der Höhe des Kapitalbetrags, auf den sich die vereinbarten Zinssätze beziehen sollen, abhängig. Der Kapitalbetrag wird generell nicht getauscht und dient sowohl für die feste als auch die variable Zinszahlung als Bezugsgröße (vgl. Schierenbeck/Hölscher, 1998, S. 649 ff.).

Zwischen den Swap-Partnern fließen ausschließlich die Zinszahlungen. Die Partei, die sich zur Zahlung eines Festzinses verpflichtet hat, wird als Payer, die Partei, die diesen Festzinssatz erhält und einen variablen Zins zahlen muss, wird als Receiver bezeichnet (vgl. Rudolph/Schäfer, 2010, S. 132). Den grundlegenden Ablauf eines Zins-Swaps verdeutlicht Abb. 8.15.

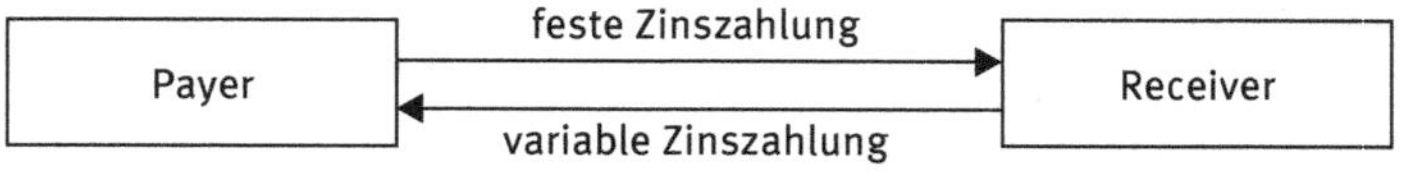

Abb. 8.15: Ablauf eines Zins-Swaps (in Anlehnung an Rudolph/Schäfer, 2010, S. 134)

Ein Zins-Swap wird ohne Zwischenschaltung einer Börse abgeschlossen, sodass insbesondere die Vertragsbedingungen individuell zu vereinbaren sind. Hierzu zählen der Festzinssatz und der variable Zinssatz, die Länge und Anzahl der Zinsperioden, die Zinszahlungstermine, die Zinsberechnungsmethode sowie der zugrunde liegende Nominalbetrag.

Bei einem **Währungs-Swap** verpflichten sich die Kontraktpartner zum Austausch eines Kapitalbetrags sowie der auf diesen Kapitalbetrag zu leistenden Zinszahlungen, wobei sich sowohl der Kapitalbetrag als auch die Zinszahlungen auf unterschiedliche Währungen beziehen. Der Tausch des Kapitalbetrags ist allerdings kein zwingender Bestandteil eines Währungs-Swaps; die auf verschiedene Währungen lautenden Kapitalbeträge werden i. d. R. jedoch ebenfalls getauscht. Ein Währungs-Swap wird vereinbart, wenn zwei Kontraktpartner Kapitalbeträge in unterschiedlichen Währungen, jedoch mit identischen Volumina und Laufzeiten nachfragen.

Hinsichtlich des zeitlichen Ablaufs eines Währungs-Swaps sind drei Teilschritte zu unterscheiden (vgl. Steiner/Bruns/Stöckl, 2012, S. 566; Hull, 2015, S. 222 ff.):
- Zu Beginn der Laufzeit: Tausch der äquivalenten Kapitalbeträge in unterschiedlichen Währungen.
- Während der Laufzeit: Tausch der vereinbarten Zinszahlungen in unterschiedlichen Währungen zu festen Terminen.
- Am Ende der Laufzeit: Rücktausch der Kapitalbeträge, wobei der Wert dieser Beträge nunmehr deutlich unterschiedlich sein kann.

Der grundsätzliche Ablauf eines Währungs-Swaps ist in Abb. 8.16 zusammengefasst.

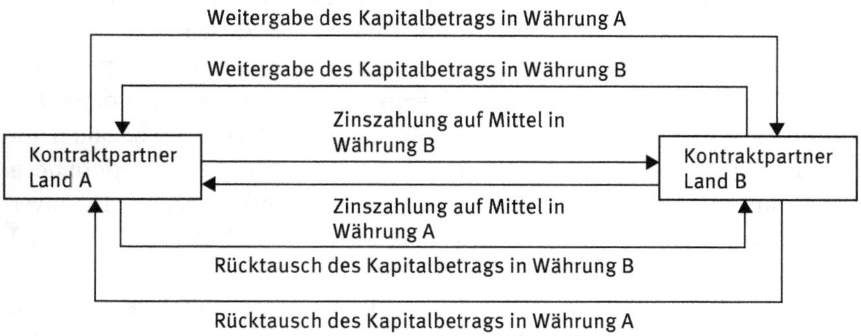

Abb. 8.16: Ablauf eines Währungs-Swaps (in Anlehnung an Schierenbeck/Hölscher, 1998, S. 652)

Im Rahmen von **Equity Swaps** ist mindestens ein Zahlungsstrom an die Entwicklung einer Aktie oder eines Aktienportfolios gekoppelt. Dem Equity Swap liegt, ebenfalls wie dem Zins-Swaps, ein Nominalbetrag zugrunde, der nicht ausgetauscht wird. Zur Berechnung der zu leistenden Zahlung des einen Swap-Partners wird die innerhalb einer bestimmten Periode erzielte Performance einer Aktie oder eines Aktienportfolios mit dem Nominalbetrag multipliziert. Bezüglich der Zahlung des anderen Swap-Partners können zwei Swap-Formen unterschieden werden (vgl. Abb. 8.17):
- **Variante 1:** Der Equity Swap wird zwischen einem Performance-Zahler und einem Zinszahler abgeschlossen. Der Performance-Zahler leistet eine Zahlung, die von der Performance einer Aktie oder eines Aktienportfolios abhängt. Die Zahlung

des Zinszahlers wird dagegen ermittelt, indem der Nominalbetrag mit einem vereinbarten Zinssatz (bspw. Euribor) multipliziert wird.

- **Variante 2:** Beide Swap-Partner sind Performance-Zahler, d. h. die Höhe der Zahlungen wird durch die Performance einer Aktie oder eines Aktienportfolios bestimmt. Die dem Swap zugrunde liegenden Aktien unterscheiden sich zwischen den beiden Swap-Partnern.

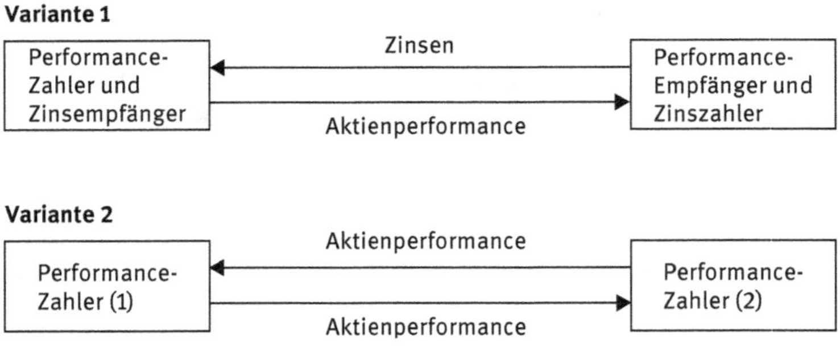

Abb. 8.17: Varianten des Equity Swaps (in Anlehnung an Bruns/Meyer-Bullerdiek, 2013, S. 656)

Die erste Variante wird oftmals zur Absicherung von Aktienportfolios verwendet. Bei einer negativen Performance zahlt der Zinszahler neben den Zinsen auch noch eine Ausgleichszahlung für die negative Performance der Aktie bzw. des Aktienportfolios. Besitzen zwei Investoren unterschiedliche Aktienpositionen und möchten deren Performance tauschen, eignet sich die zweite Swap-Variante. Die Investoren behalten ihre ursprünglichen Aktien weiterhin im Portfolio, sie tauschen lediglich die Performance. Alle sonstigen mit den Aktien verbundenen Rechte (z. B. Stimmrecht auf der Hauptversammlung) werden dagegen nicht getauscht (vgl. Bruns/Meyer-Bullerdiek, 2013, S. 656).

Neben den erläuterten Arten treten an den Märkten spezielle Ausgestaltungsformen von Swaps (z. B. Forward Swaps, Swaptions oder Debt for Equity Swaps) auf, die hier nicht näher betrachtet werden sollen. Im Mittelpunkt stehen daher im Folgenden die Zins-Swaps, auf die auch das weitaus größte Marktvolumen entfällt.

8.4.2 Die Bewertung von Zins-Swaps

Der Wert eines Zins-Swaps entspricht dem Barwert der aus dem Zins-Swap folgenden Zahlungen. Dabei ist zwischen einer Bewertung zum Abschlusszeitpunkt und einer Bewertung während der Laufzeit zu unterscheiden.

Bewertung zum Abschlusszeitpunkt

Da es sich bei einem Zins-Swap um ein unbedingtes Termingeschäft handelt, bei dem beide Parteien Zahlungen zu erbringen haben, müssen sich zum Abschlusszeitpunkt der Barwert der variablen Seite und der Barwert der festen Seite entsprechen, d. h. zu diesem Zeitpunkt besitzt der Swap einen Marktwert von Null. Die Ermittlung des Barwerts der festen Seite ist problemlos möglich, weil die festen Zinszahlungen bereits für die gesamte Laufzeit feststehen. Schwieriger ist die Bewertung der variablen Seite, da die Höhe der variablen Zinszahlungen unbekannt ist und von der Marktzinsentwicklung abhängt. Die variablen Zahlungen werden üblicherweise mithilfe von Forward Rates abgebildet. Die Forward Rates werden als die von allen Marktteilnehmern durchschnittlich erwarteten Zinssätze betrachtet und stellen einen Schätzer für die zukünftigen Zinssätze dar. Der Barwert der variablen Seite wird berechnet, indem die zukünftigen, mithilfe der Forward Rates ermittelten Zinszahlungen durch Verwendung der aktuellen Zinsstrukturkurve auf den Abschlusszeitpunkt diskontiert werden (vgl. Betsch/Groh/Lohmann, 2000, S. 152).

Die Bewertung eines Zins-Swaps zum Abschlussstichtag soll anhand eines Beispiels verdeutlicht werden: Ein Unternehmen hat einen Payer-Zins-Swap mit einer Laufzeit von fünf Jahren abgeschlossen. Es verpflichtet sich zur Zahlung von Festzinsen und erhält dafür variable Zinszahlungen. Es wurden variable Zahlungen in Höhe des (12 Monats-)Euribor (aktuell 5 %) und feste Zinszahlungen in Höhe von 6,15 % vereinbart, das Swap-Volumen beträgt 500.000 EUR. Die zum Abschlusszeitpunkt geltenden Zinssätze sowie die zugehörigen Forward Rates und Zerobond-Abzinsfaktoren sind in Tab. 8.24 dargestellt. Für die folgenden Berechnungen und Beispiele ist dabei zu berücksichtigen, dass die Zahlungsströme und die Barwerte auf Basis der exakten, d. h. ungerundeten, Zinssätze und Zerobond-Abzinsfaktoren berechnet werden.

Tab. 8.24: Zinsstruktur und Forward Rates zum Zeitpunkt t = 0

Laufzeit (Jahre)	**1**	**2**	**3**	**4**	**5**
Zinssatz (%)	5,00	5,30	5,55	5,80	6,15
ZBAF	0,95238	0,90173	0,84993	0,79694	0,73923
Forward Rate (%)	5,00000	5,61685	6,09537	6,64825	7,80760

Zur Bewertung der Festzinsseite werden die in den einzelnen Jahren der Laufzeit anfallenden Zinszahlungen in Höhe von 30.750 EUR (= 6,15 % · 500.000) mit den aktuellen Zinssätzen auf den Abschlusszeitpunkt abgezinst. Somit ergibt sich für die Festzinsseite ein Barwert in Höhe von 130.386,43 EUR (vgl. Tab. 8.25).

Tab. 8.25: Bestimmung des Barwerts der Festzinsseite

Zeitpunkt (t)	**1**	**2**	**3**	**4**	**5**
Zahlung (€)	30.750,00	30.750,00	30.750,00	30.750,00	30.750,00
ZBAF	0,95238	0,90173	0,84993	0,79694	0,73923
Barwert (€)	29.285,71	27.728,26	26.135,22	24.506,00	22.731,23
Summe (€)	130.386,43				

Die variable Seite des Swaps wird mithilfe der Forward Rates abgebildet, anschließend werden die periodischen Zinszahlungen ebenfalls auf den Abschlusszeitpunkt abgezinst (vgl. Tab. 8.26).

Tab. 8.26: Bestimmung des Barwerts der variablen Seite

Zeitpunkt (t)	**1**	**2**	**3**	**4**	**5**
Zahlung (€)	25.000,00	28.084,25	30.476,87	33.241,27	39.038,00
ZBAF	0,95238	0,90173	0,84993	0,79694	0,73923
Barwert (€)	23.809,52	25.324,47	25.903,08	26.491,40	28.857,95
Summe (€)	130.386,43				

Die variable Seite kann über die Forward Rates bewertet werden, ohne dass die tatsächliche Höhe der künftigen Zinssätze bekannt ist. Am Ende des ersten Jahres erhält das Unternehmen eine Zahlung von 25.000 EUR (= 5,00 % · 500.000). Diese Zahlung ergibt sich aus dem aktuellen gültigen 1-Jahres-Zinssatz und ist von der Entwicklung der Zinssätze unabhängig. Da der zukünftige, am Ende des ersten Jahres vorliegende 1-Jahres-Zinssatz noch nicht feststeht, wird die entsprechende Forward Rate als Schätzer verwendet. Der Erwartungswert für die am Ende des zweiten Jahres zu erwartende Zahlung beträgt 28.084,25 EUR (= 5,61685 % · 500.000). Nachdem die erwarteten Zahlungen der variablen Seite bestimmt sind, kann ihr Barwert mithilfe der Zerobond-Abzinsfaktoren berechnet werden. Die Barwertsumme der Zahlungen stellt den Barwert der variablen Seite dar. Es ergeben sich sowohl für die variable als auch für die feste Seite Barwerte in Höhe von 130.386,43 EUR, der Marktwert des Swaps beträgt damit 0 EUR. Bei dem im Beispiel zugrunde liegenden Zins-Swap handelt es sich somit um einen zu marktgerechten (fairen) Bedingungen abgeschlossenen Swap (vgl. Franke/Hax, 2009, S. 381).

Bewertung während der Laufzeit

Während der Laufzeit eines Swaps verändert sich die Restlaufzeit und i. d. R. auch das Zinsgefüge am Kapitalmarkt, sodass der Wert eines Swaps vom ursprünglichen Wert abweicht. Für die Bewertung des Swaps während der Laufzeit können entweder wieder die Forward Rates verwendet oder ein fiktiver Gegen-Swap unterstellt werden.

Sinkende Zinsen bewirken bei einem Payer Swap einen Barwertrückgang, bei einem Receiver Swap eine Barwertzunahme. Bei steigenden Zinssätzen stellt sich dieser Zusammenhang genau umgekehrt dar, wobei es letztlich darauf ankommt, ob der Kassazinssatz für die Restlaufzeit des Swaps niedriger oder höher als der vereinbarte Festzins des Swaps ist.

Dieser Zusammenhang zwischen der Zinssatz- und der Marktwertentwicklung soll anhand des schon bisher betrachteten Beispiels verdeutlicht werden. Dabei wird zunächst die Bewertung mithilfe eines Gegen-Swaps erläutert.

Dem zu bewertenden Swap wird dabei ein fiktiver Gegen-Swap gegenübergestellt. Für diesen Gegen-Swap wird angenommen, dass er zu den aktuell gültigen Konditionen am Markt abgeschlossen werden kann und eine Laufzeit, die der Restlaufzeit des zu bewertenden Swaps entspricht, aufweist. Die aus den beiden Swaps resultierenden Zahlungsreihen werden miteinander verglichen und ihr Saldo mit der aktuellen Zinsstrukturkurve auf den Bewertungszeitpunkt abgezinst. Stimmt der Bewertungszeitpunkt mit dem Zinsanpassungszeitpunkt überein, entsprechen sich die variablen Zahlungen der beiden Swaps, sodass sich hieraus ein Saldo von Null ergibt. Somit müssen zur Bewertung des Swaps ausschließlich die festen Zinszahlungen erfasst werden.

Für das bereits zur Bewertung am Abschlussstichtag betrachtete Beispiel soll nun der Barwert nach einem Jahr bestimmt werden. Zu diesem Zeitpunkt sind für alle Laufzeiten die Zinssätze im Vergleich zur Ausgangssituation gestiegen (vgl. Tab. 8.27).

Tab. 8.27: Zinsstruktur und Forward Rates zum Zeitpunkt t = 1

Laufzeit (t)	**1**	**2**	**3**	**4**	**5**
Zinssatz (%)	5,50	5,60	5,90	6,20	6,50
ZBAF	0,94787	0,89670	0,84152	0,78480	0,72713
Forward Rate (%)	5,50000	5,70571	6,55759	7,22679	7,93203

Der ursprüngliche Payer Swap weist im Zeitpunkt t = 1 noch eine Restlaufzeit von vier Jahren auf, für die Bewertung wird ihm fiktiv ein neu abgeschlossener Receiver Swap mit einer Laufzeit von vier Jahren gegenübergestellt.

Für das Ursprungsgeschäft ergibt sich ein Barwert in Höhe von 106.730,06 EUR, die Festzinsseite des Gegen-Swaps besitzt einen Barwert von 107.597,79 EUR (vgl. Tab. 8.28). Demnach weist der Swap im Zeitpunkt t = 1 einen Marktwert aus Sicht des Festzinszahlers in Höhe von 867,72 EUR auf (Saldo der beiden Barwerte). Aus der Perspektive des Festzinszahlers kann der positive Marktwert folgendermaßen interpretiert werden: Aus dem ursprünglichen Zins-Swap ist er verpflichtet, Festzinszahlungen mit einem Gesamtbarwert von 106.730,06 EUR zu leisten. Würde er dagegen im Bewertungszeitpunkt einen neuen Payer Swap zu Marktkonditionen abschließen, müsste er Festzinszahlungen mit einem Barwert von 107.597,79 EUR erbringen. Da bei beiden Swaps die variablen Zahlungen den gleichen Wert aufweisen, bringt die Differenz zwischen den Barwerten der beiden Festzinsseiten seinen Vorteil aufgrund der Zinsentwicklung zum Ausdruck.

Aufgrund des Marktzinsanstiegs ist der Swap für den Festzinszahler, wie bereits dargestellt, mit einer positiven Wertentwicklung verbunden. In der Ausgangssituation besaß der Swap einen Marktwert von Null, der bis zum Zeitpunkt t = 1 auf 867,72 EUR gestiegen ist. Aus Sicht des Festzinsempfängers hat der Swap hingegen einen negativen Marktwert in Höhe von –867,72 EUR.

Tab. 8.28: Bestimmung des Marktwerts während der Laufzeit (t = 1) mithilfe eines Gegen-Swaps (Angaben in EUR)

Barwert Festzinsseite des Ursprungsswaps in t = 1				
Zeitpunkt (t)	**2**	**3**	**4**	**5**
Zahlung	30.750,00	30.750,00	30.750,00	30.750,00
Barwert	29.146,92	27.573,65	25.876,76	24.132,74
Summe	106.730,06			
Barwert Festzinsseite des Gegen-Swaps in t = 1				
Zeitpunkt (t)	**2**	**3**	**4**	**5**
Zahlung	31.000,00	31.000,00	31.000,00	31.000,00
Barwert	29.383,89	27.797,82	26.087,14	24.328,94
Summe	107.597,79			

Neben der Bewertung mithilfe des fiktiven Gegen-Swaps ist während der Laufzeit auch eine Bewertung mittels Forward Rates möglich. Dazu werden auf Basis der im Bewertungszeitpunkt vorliegenden Zinsstruktur die Forward Rates bestimmt, mit denen die erwarteten Zahlungen der variabel verzinslichen Seite des Swaps berechnet werden. Da die Zahlungen der Festzinsseite bekannt sind, können mithilfe der im Bewertungszeitpunkt vorliegenden Abzinsfaktoren die Barwerte der beiden Seiten bestimmt werden.

Der Einsatz der Forward Rates bei der Neubewertung des Swaps wird am bereits betrachteten Beispiel aufgezeigt. Der ursprünglich abgeschlossene Payer Swap wird wieder in t = 1 bewertet, er hat somit eine Restlaufzeit von vier Jahren. Weiterhin wird die bereits betrachtete Zinsentwicklung unterstellt. Neben den Zinssätzen und den Zerobond-Abzinsfaktoren werden jedoch noch die in der neuen Zinsstruktur enthaltenen Forward Rates benötigt (vgl. Tab. 8.27).

Der Zahlungsstrom der Festzinsseite ist bereits bekannt, vom Festzinszahler sind noch vier Zahlungen in Höhe von jeweils 30.750,00 EUR (= 6,15 % · 500.000) zu leisten. Die vier verbleibenden Zahlungen der variablen Seite werden mithilfe der neuen Forward Rates berechnet. Im Zeitpunkt t = 2 erhält der Festzinszahler eine Zahlung von 27.500,00 EUR (= 5,50 % · 500.000), im Zeitpunkt t = 3 eine Zahlung in Höhe von 28.528,53 EUR (= 5,70571 % · 500.000). Auf die gleiche Weise können sämtliche Zahlungen der variablen Seite berechnet werden. Nachdem die beiden Zahlungsströme berechnet wurden, lassen sich die Barwerte und die beiden Barwertsummen ermitteln (vgl. Tab. 8.29).

Die Barwertsumme der Festzinsseite beträgt 106.730,06 EUR, die Barwertsumme der variablen Seite 107.597,79 EUR. Da der Barwert der variablen Seite mit der Barwertsumme des zuvor betrachteten fiktiven Gegen-Swaps übereinstimmt, beträgt der Marktwert des Ursprungsswaps auch bei dieser Berechnungsvariante 867,72 EUR

(= 197.597,79 – 106.730,06). Beide Berechnungsweisen führen somit zu identischen Ergebnissen.

Tab. 8.29: Bestimmung des Marktwerts während der Laufzeit (t = 1) mithilfe der Forward Rates (Angaben in EUR)

Barwert Festzinsseite (in t = 1)				
Zeitpunkt (t)	**2**	**3**	**4**	**5**
Zahlung	30.750,00	30.750,00	30.750,00	30.750,00
Barwert	29.146,92	27.573,65	25.876,76	24.132,74
Summe	106.730,06			
Barwert variable Seite (in t = 1)				
Zeitpunkt (t)	**2**	**3**	**4**	**5**
Zahlung	27.500,00	28.528,53	32.787,93	36.133,94
Barwert	26.066,35	25.581,65	27.591,71	28.358,08
Summe	107.597,79			

Mit der beispielhaften Bestimmung des Marktwerts eines Swaps im Zeitpunkt t = 1 konnte aufgezeigt werden, dass eine Zinssteigerung zu einer Marktwertzunahme eines Payer Swaps bzw. zu einem Marktwertrückgang eines Receiver Swaps führt. Diese Marktwertentwicklung tritt allerdings nicht bei jeder Zinssteigerung ein. Denn nicht jeder Zinsanstieg führt bei einem Payer-Zins-Swap zwangsläufig zu einer Marktwertzunahme, auch hat nicht jede Zinssenkung bei einem Payer-Zins-Swap einen Marktwertrückgang zur Folge. Umgekehrt gilt diese Aussage auch für einen Receiver-Zins-Swap. Damit der Marktwert eines Payer-Zins-Swaps während der Laufzeit positiv wird, muss der im Bewertungszeitpunkt vorliegende Kassazinssatz für die Restlaufzeit des Swaps höher sein, als der vereinbarte Festzinssatz des Swaps. Die Zinsentwicklung im Beispielfall erfüllt diese Anforderung, indem der in t = 1 am Kassamarkt vorliegende 4-Jahres-Zinssatz mit 6,20 % über dem vereinbarten Festzinssatz in Höhe von 6,15 % liegt.

Der allgemeine Zusammenhang zwischen dem Zinsgefüge und dem Marktwert eines Swaps zeigt Abb. 8.18.

Der Payer Swap besitzt einen positiven Marktwert, wenn der im Bewertungszeitpunkt vorliegende Zinssatz, dessen Laufzeit mit der Restlaufzeit des Swaps übereinstimmt, größer ist als der bei Abschluss vereinbarte Festzinssatz. Ansonsten ist der Marktwert des Payer Swaps negativ. Die waagerechte gestrichelte Linie in Abb. 8.18 zeigt den kritischen Zinssatz. Wenn der entsprechende Zinssatz diese Grenze über- bzw. unterschreitet, wechselt das Vorzeichen des Swap-Marktwerts. Die Zinssatzentwicklungen der übrigen Laufzeiten haben dagegen keinen Einfluss auf das Vorzeichen des Swap-Marktwerts.

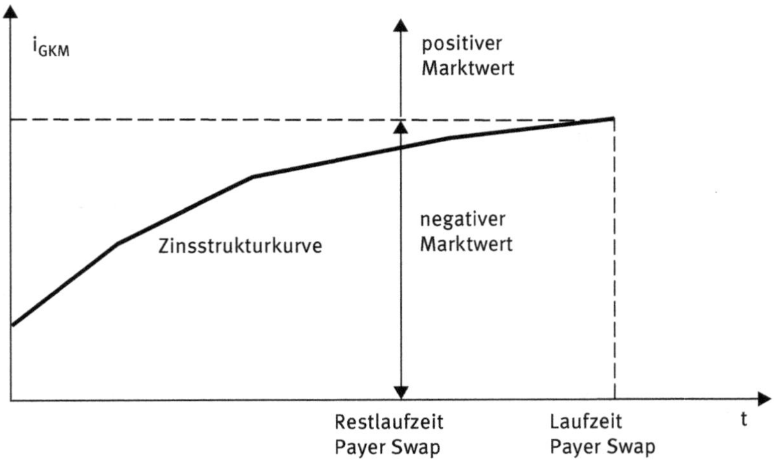

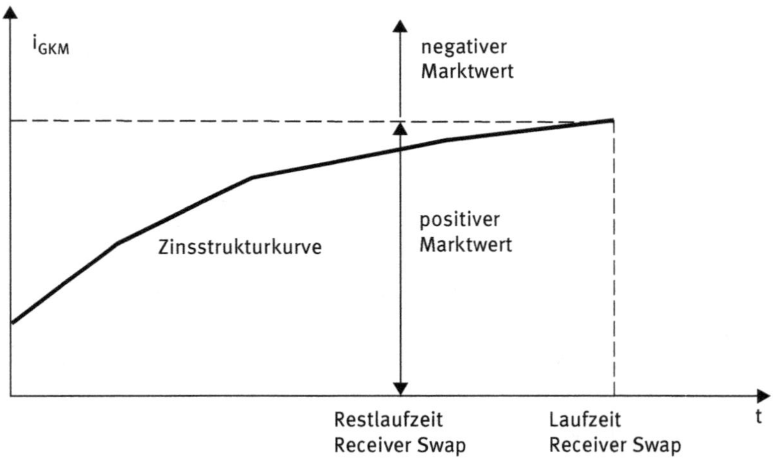

Abb. 8.18: Einfluss der Marktzinssätze auf den Marktwert eines Swaps

8.4.3 Anwendungsmöglichkeiten

Ebenso wie Optionen und Futures können auch Swaps zur Spekulation, zur Arbitrage und zum Hedging eingesetzt werden.

Spekulation

Zielsetzung der Spekulation ist die Erzielung eines Gewinns aus einer bestimmten Marktzinsentwicklung. Wie im Rahmen der Bewertung verdeutlicht wurde, verändert sich der Marktwert eines Zins-Swaps während der Laufzeit in Abhängigkeit von der Entwicklung der Marktzinssätze. In der Erwartung steigender Zinssätze sollte ein Payer Swap abgeschlossen werden, da bei einem Zinsanstieg der Marktwert des Payer Swaps ebenfalls steigt. Die Marktwertzunahme ist dabei in im Laufe der Zeit steigenden Festzinszahlungen, die ein Festzinszahler bei Abschluss eines Gegen-Swaps erhalten würde, begründet. Umgekehrt empfiehlt sich in der Erwartung sinkender Zinsen der Abschluss eines Receiver Swaps. Wie bereits erwähnt, ist jedoch nicht nur die Richtung der Zinsentwicklung, sondern auch die Höhe der Zinsveränderungen für den Marktwert des Swaps relevant.

Dies wird im Folgenden an dem bereits mehrfach betrachteten Swap verdeutlicht. Im Zeitpunkt t = 0 hat das Unternehmen den zuvor dargestellten Payer-Zins-Swap abgeschlossen, da es steigende Marktzinssätze erwartete. Das Unternehmen beabsichtigt, im Zeitpunkt t = 1 einen Gegen-Swap abzuschließen, um einen Marktwertgewinn zu vereinnahmen. Alternativ könnte es auch mit dem Swap-Partner vereinbaren, den Swap gegen die Zahlung des Marktwerts aufzulösen.

Die im Zeitpunkt t = 1 vorliegende Zinsstruktur ist in Tab. 8.30 dargestellt. Aus didaktischen Gründen weicht diese Zinsstruktur von den im Kap. 8.4.2 betrachteten Zinssätzen ab.

Tab. 8.30: Gestiegene Zinskurve im Zeitpunkt t = 1

Laufzeit (t)	**1**	**2**	**3**	**4**	**5**
Zinssatz (%)	5,20	5,40	5,70	5,90	6,30
ZBAF	0,95057	0,90007	0,84628	0,79403	0,73384
Forward Rate (%)	5,20000	5,61122	6,35604	6,57929	8,20284

Offensichtlich sind die Marktzinssätze in sämtlichen Laufzeiten angestiegen, d. h. die erwartete Zinsentwicklung ist tatsächlich eingetreten. Das Unternehmen schließt deshalb einen Receiver Swap mit einer Laufzeit von vier Jahren ab. Während das Unternehmen aus dem ursprünglichen Payer Swap Festzinszahlungen zu leisten hat, erhält es aus dem Receiver Swap feste Zinszahlungen. Die variablen Zinszahlungen aus den beiden Swaps sind genau gegenläufig und heben sich exakt auf. Für das Unternehmen sind daher nur noch die Festzinszahlungen relevant.

Tab. 8.31: Zahlungsströme von Swap und Gegen-Swap in t = 1 (Angaben in EUR)

Payer Swap	**Zeitpunkt (t)**	**2**	**3**	**4**	**5**
	Festzinszahlung	−30.750,00	−30.750,00	−30.750,00	−30.750,00
	variable Zinszahlung	+26.000,00	+28.056,11	+31.780,20	+32.896,47
Receiver Swap	**Zeitpunkt (t)**	**2**	**3**	**4**	**5**
	Festzinszahlung	+29.500,00	+29.500,00	+29.500,00	+29.500,00
	variable Zinszahlung	−26.000,00	−28.056,11	−31.780,20	−32.896,47
	Summenzahlungsstrom	−1.250,00	−1.250,00	−1.250,00	−1.250,00
	Barwert	−1.188,21	−1.125,08	−1.057,85	−992,54
	Summe	−4.363,68			

Tabelle 8.31 enthält die Zahlungsströme des ursprünglichen Payer Swaps und des Gegen-Swaps sowie den resultierenden Gesamtzahlungsstrom. Es zeigt sich, dass bei beiden Swaps die variablen Zahlungen identische Beträge aufweisen, lediglich die Vorzeichen sind spiegelverkehrt. Die aus dem ursprünglichen Payer Swap zu leistenden Festzinszahlungen übersteigen die im Rahmen des Receiver Swaps anfallenden festen Zinszahlungen. In Summe zahlt das Unternehmen pro Periode der Restlaufzeit 1.250 EUR mehr an Zinsen, als es erhält. Wird der Summenzahlungsstrom auf Basis der aktuellen Zinsstruktur diskontiert, erhält man einen negativen Wert. Das Unternehmen erleidet trotz der Zinssteigerung einen Vermögensverlust in Höhe von −4.363,68 EUR. Mit anderen Worten ist der Marktwert des Payer Swaps negativ, da der 4-Jahres-Zinssatz in $t = 1$ mit 5,90 % unter dem vereinbarten Festzinssatz in Höhe von 6,15 % liegt.

Das Eingehen eines Zins-Swaps zum Zweck der Spekulation stellt somit immer eine Wette auf die Zinsentwicklung einer bestimmten Laufzeit dar. Tritt die erwartete Zinsentwicklung nicht ein, resultiert aus dem Swap-Abschluss ein Verlust, den der Investor zu tragen hat. Der Verlust kann dabei grundsätzlich unbegrenzt hoch ausfallen. Eine „Nichtausübung" wie beim Kauf von Optionen ist bei Swaps (unbedingtes Termingeschäft) nicht möglich.

Arbitrage

Das Ziel des Einsatzes von Swaps zur Arbitrage besteht darin, **Marktunvollkommenheiten** zur Erzielung von Arbitrage-Gewinnen auszunutzen. Die Idee, die dieser Verwendung von Swaps zugrunde liegt, wurde bereits von David Ricardo (1772–1823) zur Erklärung des internationalen Güteraustauschs entwickelt. Ricardo zeigt in seiner Theorie der komparativen Kostenvorteile, dass der Tausch von Gütern zwischen zwei Ländern auch dann vorteilhaft ist, wenn das eine Land dem anderen bei der Produktion aller Güter kostenmäßig überlegen ist. Für die Vorteilhaftigkeitsentscheidung ist nämlich nicht die absolute Höhe der Kosten relevant, sondern das Verhältnis der Kostendifferenzen.

Die Verwendung eines Zins-Swaps zum Zwecke der Arbitrage soll eine Reduzierung der Finanzierungskosten bewirken. Um dieses Ziel zu erreichen, müssen folgende Voraussetzungen erfüllt sein (vgl. Schierenbeck/Hölscher, 1998, S. 647 ff.):

- Zwischen den Swap-Parteien muss ein Bonitätsunterschied bestehen.
- Die von den Schuldnern zu zahlenden bonitätsabhängigen Risikoprämien müssen bei den festverzinslichen und den variablen Mitteln unterschiedlich hoch sein.
- Die Swap-Partner müssen über eine hinsichtlich der jeweiligen Zinsberechnungsbasis entgegen gesetzte Interessenlage verfügen, d. h. die an den Märkten schlechter eingestufte Partei muss an den Mitteln, für die der größere Risikoaufschlag gilt, interessiert sein.

Der Einsatz eines Zins-Swaps zur Senkung der Finanzierungskosten soll anhand eines Beispiels verdeutlicht werden: Zwischen einem Kreditinstitut und einem Industrieunternehmen wird ein Zins-Swap über ein Volumen von 500.000 EUR vereinbart, wobei das Kreditinstitut eine bessere Bonität als das Industrieunternehmen besitzt. Die Konditionen, zu denen das Kreditinstitut und das Industrieunternehmen variable bzw. festverzinsliche Mittel bei einer Laufzeit von fünf Jahren aufnehmen können, sind in Tab. 8.32 zusammengefasst.

Tab. 8.32: Kreditkonditionen für variabel und festverzinsliche Mittel

	variabel verzinsliche Mittel	festverzinsliche Mittel
Kreditinstitut	Euribor + 0,5 %	4,0 %
Industrieunternehmen	Euribor + 2,5 %	7,0 %
Zinsdifferenz	2,0 %	3,0 %

Das Kreditinstitut möchte eine variable Verzinsung realisieren, während das Industrieunternehmen an festen Zinsen interessiert ist. Beide Parteien benötigen ein Finanzierungsvolumen von jeweils 500.000 EUR. Bei einer Verwendung der Kreditkonditionen aus Tab. 8.32 und der Zinsstruktur aus Tab. 8.24 würde dem Kreditinstitut für variabel verzinsliche Mittel ein barwertiger Finanzierungsaufwand in Höhe von 510.600,52 EUR entstehen, wobei die variablen Zinszahlungen aus der Forward Rate + 0,5 % resultieren (= (Forward Rate + 0,5 %) · 500.000). Demgegenüber würde der Barwert der festverzinslicher Finanzierungsaufwendungen für das Industrieunternehmen 518.020,89 EUR betragen (vgl. Tab. 8.33).

Tab. 8.33: Bestimmung barwertiger Finanzierungsaufwendungen im Zeitpunkt t = 0 (Angaben in EUR)

Barwert variable Finanzierung Kreditinstitut (Euribor + 0,5 %)					
Zeitpunkt (t)	**1**	**2**	**3**	**4**	**5**
Zahlung	27.500,00	30.584,25	32.976,87	35.741,27	541.538,00
Barwert	26.190,48	27.578,80	28.027,90	28.483,75	400.319,59
Summe	510.600,52				
Barwert feste Finanzierung Industrieunternehmen (7,0 %)					
Zeitpunkt (t)	**1**	**2**	**3**	**4**	**5**
Zahlung	35.000,00	35.000,00	35.000,00	35.000,00	535.000,00
Barwert	33.333,33	31.560,62	29.747,40	27.893,01	395.486,52
Summe	518.020,89				

Wie Tab. 8.32 verdeutlicht, reagieren die Kapitalgeber auf die Bonitätsunterschiede bei festverzinslichen Mitteln stärker als bei den variablen Mitteln. Da damit alle notwendigen Bedingungen eingehalten werden, kann ein barwertiger Kostenvorteil durch den Abschluss eines Zins-Swaps realisiert werden.

Das Kreditinstitut beschafft sich hierfür festverzinsliche Mittel zu einem Zinssatz von 4 %, das Industrieunternehmen verschuldet sich variabel zu Euribor + 2,5 %. Demnach nehmen beide Parteien zunächst das Kapital entgegengesetzt zu ihren eigentlichen Interessen auf. Im Rahmen des Zins-Swaps über 500.000 EUR wird daraufhin vereinbart, dass das Kreditinstitut an das Industrieunternehmen einen variablen Zins zahlt, während das Industrieunternehmen eine Festzinszahlung erbringen muss (vgl. Abb. 8.19).

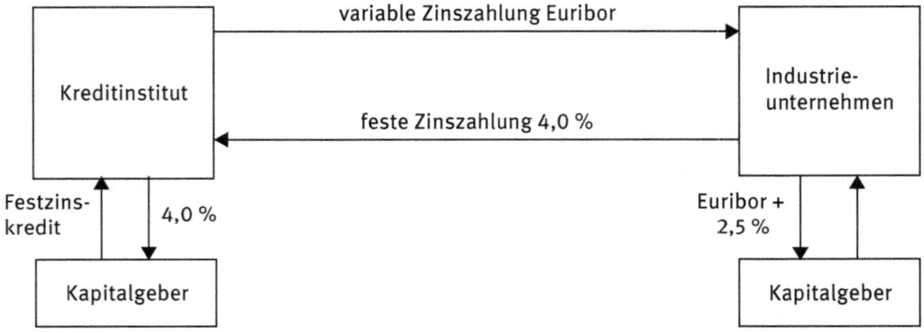

Abb. 8.19: Abwicklung des Zins-Swaps

Die Höhe der jeweils von den beiden Kontraktpartnern zu leistenden Zahlungen ist individuell bei Abschluss des Zins-Swaps zu vereinbaren. Im Beispiel soll der Zinsvorteil in Höhe von 1 % hälftig auf die beiden Parteien verteilt werden, sodass das Kreditinstitut im Rahmen des Swaps eine variable Zinszahlung in Höhe von Euribor, das Industrieunternehmen eine feste Zinszahlung in Höhe von 4 % leisten muss. Bei diesen Konditionen ergibt sich für beide Swap-Parteien ein barwertiger Finanzierungsvorteil in Höhe von 10.600,52 EUR. Die Berechnung des barwertigen Arbitrage-Gewinns verdeutlicht Tab. 8.34.

Tab. 8.34: Bestimmung des barwertigen Arbitrage-Vorteils (Angaben in EUR)

Kreditinstitut (KI)					
Zeitpunkt (t)	**1**	**2**	**3**	**4**	**5**
Kredit (4,0 %)	20.000,00	20.000,00	20.000,00	20.000,00	520.000,00
Zahlung an IU (Euribor)	25.000,00	28.084,25	30.479,87	33.241,27	39.038,00
Zahlung von IU (4,0 %)	−20.000,00	−20.000,00	−20.000,00	−20.000,00	−20.000,00

Tab. 8.34: (fortgesetzt)

Kreditinstitut (KI)					
Zeitpunkt (t)	**1**	**2**	**3**	**4**	**5**
Barwert	23.809,52	25.324,47	25.903,08	26.491,40	398.471,53
Summe	500.000,00	[Arbitragevorteil = 510.600,52 – 500.000,00 = 10.600,52]			
Industrieunternehmen (IU)					
Zeitpunkt (t)	**1**	**2**	**3**	**4**	**5**
Kredit (Euribor + 2,5 %)	37.500,00	40.584,25	42.976,87	45.741,27	551.538,00
Zahlung an KI (4,0 %)	20.000,00	20.000,00	20.000,00	20.000,00	20.000,00
Zahlung von KI (Euribor)	–25.000,00	–28.084,25	–30.476,87	–33.241,27	–39.038,00
Barwert	30.952,38	29.306,29	27.622,59	25.900,65	393.638,46
Summe	507.420,37	[Arbitrage-Vorteil = 518.020,89 – 507.420,37 = 10.600,52]			

Die dargestellte Arbitrage-Form wird häufig als Begründung für die herausragende Stellung von Zins-Swaps im Rahmen der derivativen Finanzmarktinstrumente verwendet. Bei dem oben dargestellten Beispiel wurde jedoch das Ausfallrisiko als Begründung der Bonitätsunterschiede vollständig vernachlässigt, d. h. es wurden lediglich die Nominalzinsen betrachtet. Bei einer adäquaten Abbildung des Ausfallrisikos würde jedoch die Vorteilhaftigkeit dieser Swap-Konstruktion für beide Parteien verschwinden. Die praktische Relevanz dieses anschaulichen Beispiels ist daher als gering einzuschätzen (vgl. Rudolph/Schäfer, 2010, S. 136).

Hedging

Ziel des Hedgings mittels eines Zins-Swaps ist die Absicherung einer Grundposition gegen Marktpreisveränderungen. Sinkende Zinsen wirken sich negativ auf festverzinsliche Verbindlichkeiten aus, deren Marktwert steigt, wenn die Zinsen zurückgehen. Dagegen haben steigende Marktzinsen negative Auswirkungen auf festverzinsliche Vermögenspositionen. Mit einem Zins-Swap kann in Abhängigkeit von der Art des Swaps (Payer oder Receiver Swap) entweder das aus einem Zinsanstieg oder einem Zinsrückgang resultierende Risiko einer negativen Marktwertentwicklung abgesichert werden.

Hält ein Investor z. B. eine festverzinsliche Anleihe, geht ihr Wert bei einem steigenden Marktzinsniveau zurück, er erleidet dadurch einen Vermögensverlust. Der Investor kann sich gegen diesen Vermögensverlust schützen, indem er einen Swap abschließt, dessen Marktwert bei steigendem Zinsniveau zunimmt.

Ein Beispiel soll diese Anwendungsmöglichkeit verdeutlichen: Ein Unternehmen besitzt eine Anleihe mit einem Volumen von 1 Mio. EUR, einem festen Nominalzins in Höhe von 7 % und einer Laufzeit von 5 Jahren. Das Unternehmen befürchtet einen

Anstieg der Marktzinssätze. Um sich gegen eine damit verbundene negative Marktwertentwicklung der Anleihe abzusichern, schließt das Unternehmen einen Payer Swap mit dem gleichen Nominalvolumen ab, bei dem es – auf der Basis der in Tab. 8.24 dargestellten Zinsstruktur – eine feste Zinszahlung von 6,15 % zahlen muss und dafür variable Zinsen erhält. Die variablen Zinsen sind dabei an den Euribor gekoppelt.

Um die Wertänderung der Anleihe und die Absicherungswirkung des Swaps darzustellen, müssen die Barwerte der Anleihe und des Swaps im Zeitpunkt t = 0 betrachtet werden. Zunächst wird der Barwert der Anleihe bestimmt, wozu der Cash-Flow der Anleihe aufgestellt und mit den Zerobond-Abzinsfaktoren abgezinst wird. Der rechnerische Wert der Anleihe im Zeitpunkt t = 0 beläuft sich auf 1.036.041,78 EUR, dessen Berechnung Tab. 8.35 entnommen werden kann:

Tab. 8.35: Berechnung des Barwerts der abzusichernden Anleihe in t = 0

Zeitpunkt (t)	1	2	3	4	5
Zahlung (€)	70.000,00	70.000,00	70.000,00	70.000,00	1.070.000,00
ZBAF	0,95238	0,90173	0,84993	0,79694	0,73923
Barwert (€)	66.666,67	63.121,24	59.494,81	55.786,01	790.973,05
Summe (€)	1.036.041,78				

Zur Absicherung dieser Anleihe gegen zinsinduzierte Wertänderungen wird der oben beschriebene Swap vereinbart. Das Unternehmen zahlt in den nächsten fünf Jahren jeweils 61.500 EUR und erhält dafür pro Jahr eine Zinszahlung, deren Höhe vom jeweiligen Niveau des Euribors abhängt. Der Zins-Swap wird zu Marktkonditionen abgeschlossen, sodass die Barwerte der fixen und der variablen Seite zum Zeitpunkt t = 0 identisch sind.

Die Zinssätze des Beispielfalls steigen, wie vom Unternehmen befürchtet, an. Nach einem Jahr liegt die in Tab. 8.36 dargestellte Zinsstruktur vor:

Tab. 8.36: Zinsstruktur und ZBAF im Zeitpunkt t = 1

Laufzeit (t)	1	2	3	4	5
Zinssatz (%)	6,00	6,30	6,80	7,00	7,40
ZBAF	0,94340	0,88482	0,81993	0,76134	0,69618

Um beurteilen zu können, ob der abgeschlossene Payer Swap den Vermögensverlust erfolgreich kompensieren konnte, ist der Wertverlust der Anleihe aufgrund der Marktzinsänderung zu bestimmen. Hierfür wird die Anleihe im Zeitpunkt t = 1 zunächst auf der Basis der neuen Zinsstruktur bewertet (vgl. Tab. 8.37).

Tab. 8.37: Berechnung des Barwerts der abzusichernden Anleihe in t = 1 mit der neuen Zinsstruktur

Zeitpunkt (t)	2	3	4	5
Zahlung (€)	70.000,00	70.000,00	70.000,00	1.070.000,00
ZBAF	0,94340	0,88482	0,81993	0,76134
Barwert (€)	66.037,74	61.937,56	57.394,83	814.629,88
Summe (€)	1.000.000,00			

Der Marktwert der Anleihe beträgt somit 1.000.000,00 EUR. Es scheint, dass sich der Marktwert der Anleihe aufgrund der Zinssteigerung von 1.036.041,78 EUR auf 1.000.000,00 EUR verringert hat. Bei dieser Betrachtung wird jedoch der Zeiteffekt nicht berücksichtigt. Die Restlaufzeit ist um ein Jahr gesunken, was sich auf den Marktwert der Anleihe ebenfalls ausgewirkt hat.

Zur Abbildung eines zinsänderungsbedingten Wertrückgangs der Anleihe muss der Zeiteffekt eliminiert werden. Hierfür ist der auf der Basis der neuen Zinsstruktur ermittelte Marktwert der Anleihe im Zeitpunkt t = 1 dem hypothetischen Marktwert der Anleihe im Zeitpunkt t = 1, der sich ergeben hätte, wenn keine Zinsänderung eingetreten wäre, gegenüberzustellen. Die Differenz zwischen dem Marktwert der Anleihe im Zeitpunkt t = 1 bewertet auf der Basis der alten Zinsstruktur und auf der Basis der neuen Zinsstruktur, stellt für das Unternehmen einen Vermögensverlust dar.

Wäre der befürchtete Zinsanstieg nicht eingetreten, hätte die Anleihe im Zeitpunkt t = 1 einen Marktwert in Höhe von 1.042.011,78 EUR (vgl. Tab. 8.38). Der Marktwert der Anleihe würde sich somit aufgrund der Restlaufzeitverkürzung erhöhen.

Tab. 8.38: Berechnung des Barwerts der abzusichernden Anleihe in t = 1 mit der alten Zinsstruktur

Zeitpunkt (t)	2	3	4	5
Zahlung (€)	70.000,00	70.000,00	70.000,00	1.070.000,00
ZBAF	0,95238	0,90173	0,84993	0,79694
Barwert (€)	66.666,67	63.121,24	59.494,81	852.729,07
Summe (€)	1.042.011,78			

Über die weitere Marktwertentwicklung bei konstanten Zinssätzen informiert Abb. 8.20. Bis zur Fälligkeit fällt der Marktwert der Anleihe auf 100 %.

Im Zeitpunkt t = 1 beträgt der zinsänderungsbedingte Vermögensverlust aus der Anleiheposition somit 42.011,78 EUR (= 1.042.011,78 − 1.000.000,00). Zur erfolgreichen und vollständigen Absicherung muss dieser Betrag durch die positive Marktwertentwicklung des Payer Swaps ausgeglichen werden.

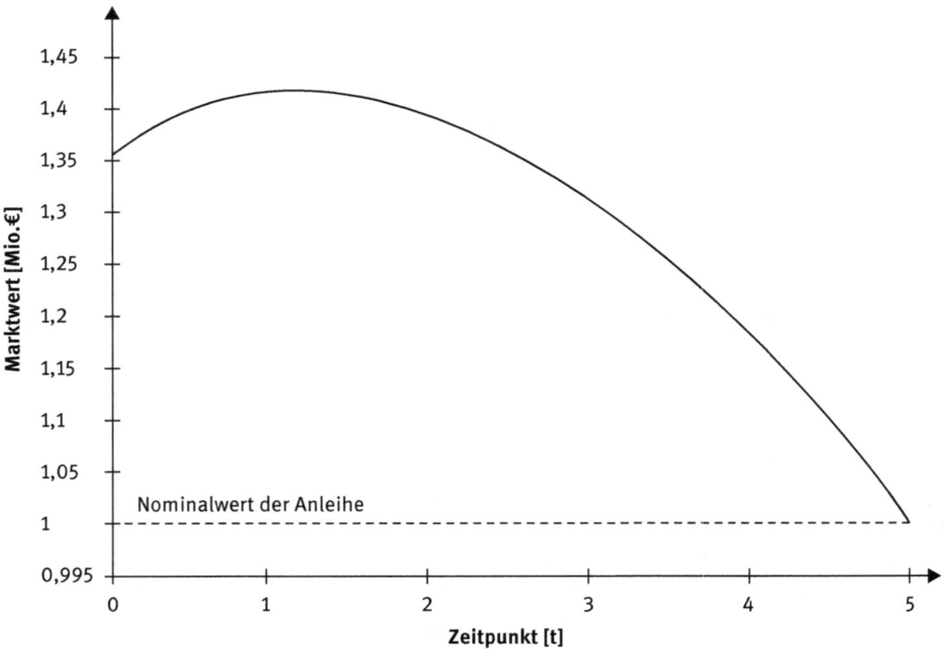

Abb. 8.20: Marktwertentwicklung der Anleihe bei konstanten Zinssätzen

Zur Beurteilung der Absicherungswirkung durch den Payer Swap wird dessen Marktwert im Zeitpunkt t = 1 auf der Basis der neuen Zinsstruktur mit der Methode des fiktiven Gegen-Swaps bestimmt (vgl. Tab. 8.39).

Tab. 8.39: Bestimmung des Swap-Marktwerts in t = 1 (Angaben in EUR)

Barwert Festzinszahlungen Payer Swap (in t = 1)				
Zeitpunkt (t)	**2**	**3**	**4**	**5**
Zahlung	61.500,00	61.500,00	61.500,00	61.500,00
Barwert	58.018,87	54.416,57	50.425,46	46.822,18
Summe	209.683,08			
Barwert Festzinszahlungen Receiver Swap (in t = 1)				
Zeitpunkt (t)	**2**	**3**	**4**	**5**
Zahlung	70.000,00	70.000,00	70.000,00	70.000,00
Barwert	66.037,74	61.937,56	57.394,83	53.293,54
Summe	238.663,67			

Der Marktwert des Payer Swaps beläuft sich auf 28.980,59 EUR (= 238.663,67 – 209.683,08) und unterschreitet damit den aus der Anleihe resultierenden Vermögensverlust um 11.136,72 EUR (= 42.011,78 – 28.980,59).

Zur Kompensation des zinsänderungsbedingten Wertverlusts der Anleihe mit dem Swap ist folglich ein größeres Swap-Volumen erforderlich. Um den Wertverlust der Anleihe in Höhe von 42.011,78 EUR auszugleichen, muss im Zeitpunkt t = 0 ein Payer Swap mit einem Nominalvolumen von 724.826,17 EUR abgeschlossen werden.

$$\text{Benötigtes Nominalvolumen}_{\text{Payer-Swap}} = \frac{42.011{,}78}{28.980{,}59} \cdot 500.000 = 724.826{,}17 \text{ EUR}$$

Es kann jedoch erst am Ende des Absicherungshorizonts beurteilt werden, welches Swap-Volumen zur Absicherung notwendig gewesen wäre. Zu Beginn des Absicherungszeitraums kann lediglich eine Prognose über die Änderungen der Marktzinssätze und die erwartete Wertänderung der Anleihe abgegeben werden. Auf Basis dieser mit Risiko behafteten Prognose muss dann das Swap-Volumen festgelegt werden. Dabei besteht das Risiko, dass beim Nichteintreten der Zinsprognose die Marktwertentwicklung des Swaps von derjenigen der Anleihe abweicht.

9 Kapitalstruktur- und Kennzahlenanalyse

In den vorherigen Kapiteln wurden verschiedene Instrumente des Finanzmarkts vorgestellt. In Kap. 9 sollen nunmehr einige zentrale Bausteine der Finanzanalyse und des Finanzmanagements thematisiert werden. Dabei wird zunächst auf Überlegungen und Theorien zur Gestaltung der Kapitalstruktur eingegangen, anschließend wird der Einfluss des Eigenkapitalanteils am Gesamtkapital auf die Eigenkapitalrentabilität erörtert. Zum Ende dieses Kapitels werden wichtige Größen der finanzwirtschaftlichen Kennzahlenanalyse vorgestellt.

9.1 Kapitalstrukturtheorien als Basis für Kapitalstrukturentscheidungen

9.1.1 Hintergrund für Kapitalstrukturentscheidungen

Eine zentrale Frage, die sich einem Unternehmen stellt, ist die nach der Gestaltung der Kapitalstruktur. Grundsätzlich steht ein Unternehmen dabei vor dem Problem, aus einer Vielzahl von Finanzierungsinstrumenten auswählen und dadurch den Aufbau der Passivseite der Bilanz gestalten zu müssen. Die sich ergebende Kapitalstruktur ist mit Auswirkungen auf die Rentabilitäts- sowie die Risikosituation des Unternehmens und letztendlich den Unternehmenswert verbunden.

In der Finanzwirtschaft lassen sich verschiedene Ansätze und Modelle zur Kapitalstrukturgestaltung unterscheiden, wobei die zentralen Ansätze und Modelle in Abb. 9.1 aufgeführt sind.

Die einzelnen Ansätze und Modelle sind mit unterschiedlichen Schlussfolgerungen zur Gestaltung der Kapitalstruktur und damit auch für die Höhe des Verschuldungsgrads verbunden. Einige Konzepte führen zur Relevanz der Kapitalstruktur, andere zur Irrelevanz für die Rentabilitäts- und Risikosituation eines Unternehmens. Die Ursache für diese heterogenen Aussagen ist in den unterschiedlichen Annahmen der Ansätze und Modelle zu finden.

Unabhängig vom konkreten Kapitalstrukturansatz und -modell wird eine Unternehmung beim Aufbau der Kapitalstruktur immer versuchen, diese so zu gestalten, dass die durchschnittlichen Kapitalkosten minimiert beziehungsweise der Marktwert der Unternehmung maximiert wird. Wie vorzugehen ist, um dieses Ziel zu erreichen, beantworten die Kapitalstrukturansätze beziehungsweise -modelle in unterschiedlicher Art und Weise.

Der zentrale Ausgangspunkt für die weiteren Überlegungen zum Zusammenhang von Kapitalstruktur und Rentabilität beziehungsweise Unternehmenswert ist der Leverage-Effekt. Der Leverage-Effekt beschreibt die funktionale Abhängigkeit

DOI 10.1515/9783110353082-010

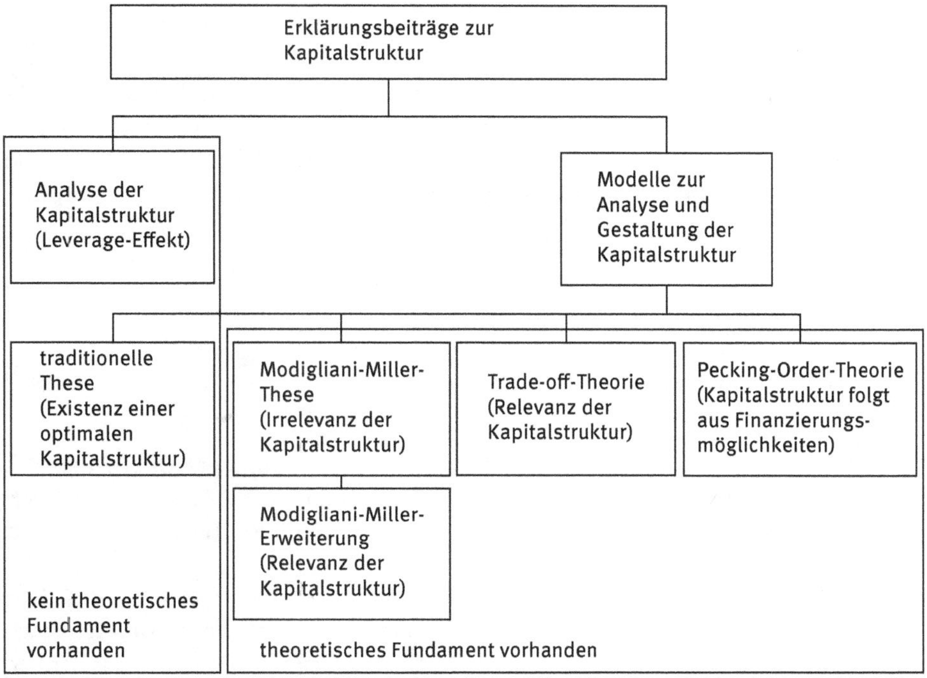

Abb. 9.1: Erklärungsbeiträge zur Kapitalstrukturgestaltung

zwischen dem statischen Verschuldungsgrad und der Eigenkapitalrentabilität. Diesen Grundzusammenhang greift die traditionelle These auf und unterstellt die Existenz einer optimalen Kapitalstruktur. Der optimale Verschuldungsgrad wird allerdings ohne ein Theoriegerüst und lediglich über bestimmte Verhaltensannahmen abgeleitet. Die Kapitalstrukturtheorie von Modigliani/Miller gilt als theoretisch fundiert und basiert auf einem umfangreichen Katalog von Prämissen. Das Grundmodell geht dabei von der Irrelevanz der Kapitalstruktur auf den Unternehmenswert aus, während spätere Modellerweiterungen der Autoren eine Relevanz der Kapitalstruktur auf den Unternehmenswert zeigen. Die Trade-off-Theorie nimmt basierend auf den Überlegungen von Modigliani-Miller-Erweiterungen vor, lockert einen Teil der Prämissen und geht von der Existenz einer optimalen Kapitalstruktur aus. Bei der Pecking-Order-Theorie wiederum handelt es sich um einen Gegenentwurf zur Trade-off-Theorie. Gemäß dieser Theorie hängt die konkrete Kapitalstruktur nur von den vorhandenen Finanzierungsmöglichkeiten am Kapitalmarkt ab. In den Kap. 9.1.2 und 9.1.3 sollen die verschiedenen Ansätze zur Kapitalstrukturgestaltung ausführlich erläutert werden.

9.1.2 Der Leverage-Effekt

Der Leverage-Effekt beschreibt den Einfluss des statischen Verschuldungsgrads eines Unternehmens auf die Eigenkapitalrentabilität. Der statische Verschuldungsgrad entspricht der Relation zwischen den Buchwerten von Fremd- und Eigenkapital und kann direkt aus der Bilanz eines Unternehmens abgeleitet werden:

$$V = \frac{FK}{EK}$$

mit: V = statischer Verschuldungsgrad
FK = Fremdkapital
EK = Eigenkapital

Alternativ ist es auch möglich, den Verschuldungsgrad aus dem Quotienten des Marktwerts des Fremd- und des Eigenkapitals zu ermitteln. Im Folgenden soll vereinfachend unterstellt werden, dass die Buchwertgrößen und die Marktwertgrößen übereinstimmen.

Die Eigenkapitalrentabilität entspricht dem Verhältnis von Jahresüberschuss (vor Steuern) und dem Eigenkapital. Der Jahresüberschuss ist die positive Differenz zwischen Erträgen und Aufwendungen und steht den Eigenkapitalgebern zu. Zur Berechnung der Eigenkapitalrentabilität wird demnach eine Gewinngröße nach Berücksichtigung der Ansprüche der Fremdkapitalgeber auf das von den Unternehmenseignern eingesetzte Kapital bezogen. Die Eigenkapitalrentabilität gibt an, wie sich das Kapital der Unternehmenseigner in der betrachteten Periode verzinst hat.

$$EKR = \frac{JÜ}{EK}$$

mit: EKR = Eigenkapitalrentabilität
JÜ = Jahresüberschuss
EK = Eigenkapital

Das Fremdkapital ist üblicherweise unabhängig vom Gewinn mit einem festen Zinssatz zu verzinsen. Kann eine Verzinsung des Gesamtkapitals erzielt werden, die den Fremdkapitalzinssatz übersteigt, so fällt der gesamte vom Fremdkapital über die Verzinsung des Fremdkapitals hinaus erwirtschaftete Ertragsanteil dem Eigenkapital zu. Die Eigenkapitalrentabilität ist dann umso höher, je kleiner der Anteil des Eigenkapitals am Fremdkapital, d. h. je höher der statische Verschuldungsgrad ist (vgl. Wöhe et al., 2013, S. 46 f.). Dieser Zusammenhang kann auch in allgemeiner Form dargestellt werden.

Das Gesamtkapital ergibt sich aus der Summe von Eigenkapital und Fremdkapital:

$$GK = EK + FK$$

mit: GK = Gesamtkapital

Die Gesamtkapitalrentabilität eines Unternehmens wird über die Relation Kapitalgewinn zum Gesamtkapital ermittelt. Der Kapitalgewinn entspricht dem Gesamtgewinn, der durch das eingesetzte Kapital im Unternehmen erwirtschaftet wurde. Im Gegensatz zum Jahresüberschuss entspricht der Kapitalgewinn somit dem Gewinn vor Fremdkapitalzinsen. Damit ergibt sich für die Gesamtkapitalrentabilität:

$$GKR = \frac{KG}{GK} = \frac{JÜ + \text{Fremdkapitalzinsen}}{EK + FK}$$

mit: GKR = Gesamtkapitalrentabilität
KG = Kapitalgewinn

Folglich kann der Kapitalgewinn eines Unternehmens beschrieben werden als:

$$KG = GKR \cdot (EK + FK)$$

Der Kapitalgewinn kann über die Summe von Jahresüberschuss und Fremdkapitalzinsen berechnet werden. Da sich die Fremdkapitalzinsen als Produkt aus Fremdkapitalzinssatz und Fremdkapital und der Jahresüberschuss als Produkt aus Eigenkapitalrentabilität und Eigenkapital darstellen lassen, folgt hieraus:

$$KG = EKR \cdot EK + FKZ \cdot FK$$

mit: FKZ = Fremdkapitalzinssatz

Durch Gleichsetzen der beiden Gleichungen für den Kapitalgewinn erhält man:

$$GKR \cdot (EK + FK) = EKR \cdot EK + FKZ \cdot FK$$

Wird diese Gleichung nach der Eigenkapitalrentabilität aufgelöst, ergibt sich die sog. **Leverage-Formel**:

$$EKR = GKR + (GKR - FKZ) \cdot \frac{FK}{EK}$$

Die Eigenkapitalrentabilität ermittelt sich demnach aus der Gesamtkapitalrentabilität, dem Fremdkapitalzinssatz und dem statischen Verschuldungsgrad (FK/EK). Die Eigenkapitalrentabilität weicht umso mehr von der Gesamtkapitalrentabilität ab, je größer der Betrag des Klammerausdrucks (GKR – FKZ) und je höher der statische Verschuldungsgrad ist. Der statische Verschuldungsgrad besitzt demnach eine „Hebelwirkung" („leverage" = Hebel) auf die Eigenkapitalrentabilität. Diese Hebelwirkung kann sowohl positiv als auch negativ sein. Ist der Klammerausdruck (GKR – FKZ) positiv, so wird von einem positiven Leverage-Effekt (auch Leverage-Chance) gesprochen, da dann die Eigenkapitalrentabilität mit zunehmendem Verschuldungsgrad deutlich ansteigt. Ist der Klammerausdruck hingegen negativ (Leverage-Risiko), d. h. der Fremdkapitalzinssatz übersteigt die Gesamtkapitalrentabilität, dann sinkt die Eigenkapitalrentabilität unter die Gesamtkapitalrentabilität und kann bei hoher Verschuldung schnell negativ werden (vgl. Schierenbeck/Wöhle, 2016, S. 95 f.).

In Bezug auf die Rentabilitäts- und Risikowirkung kann anhand des Leverage-Effekts somit folgendes festgehalten werden: Bei steigendem Verschuldungsgrad besitzt ein Unternehmen immer weniger Eigenkapital, das für die Haftung und den Verlustausgleich eingesetzt werden kann. Die Differenz aus Gesamtkapitalrentabilität und Fremdkapitalzins kann als Gewinnmarge bezeichnet werden, da das Fremdkapital zum Fremdkapitalzins beschafft werden kann und die Gesamtkapitalrentabilität erwirtschaftet. Eine Steigerung des Verschuldungsgrads führt nun einerseits zu einer Zunahme des mit der Kapitalstruktur verbundenen Risikos, andererseits steigt bei einer positiven Gewinnmarge aber auch die Eigenkapitalrentabilität linear mit zunehmender Verschuldung an. Im Falle einer negativen Gewinnmarge verhält es sich genau umgekehrt. Die Zunahme des Verschuldungsgrads erhöht somit einerseits das Risiko für die Eigenkapitalgeber, liefert aber andererseits auch die Basis für eine Steigerung der Eigenkapitalrentabilität.

Anhand eines Beispiels sollen die formal beschriebenen Auswirkungen im Folgenden noch einmal verdeutlicht werden. Es werden vier identische Unternehmen mit einem Gesamtkapital i. H. v. 1 Mio. EUR betrachtet. Jedes Unternehmen erzielt einen Kapitalgewinn i. H. v. 100.000 EUR. Somit beträgt die Gesamtkapitalrentabilität der Unternehmen A, B, C und D jeweils 10 %. Der Fremdkapitalzinssatz wird mit 6 % unterstellt. Die Unternehmen unterscheiden sich lediglich durch ihre verschiedenen statischen Verschuldungsgrade. Für die vier Unternehmen ergeben sich folgende Eigenkapitalrentabilitäten, die in Tab. 9.1 dargestellt sind:

Tab. 9.1: Beispiel eines positiven Leverage-Effekts

	Unternehmen A	Unternehmen B	Unternehmen C	Unternehmen D
Gesamtkapital (€)	1.000.000	1.000.000	1.000.000	1.000.000
Fremdkapital (€)	–	500.000	750.000	900.000
Eigenkapital (€)	1.000.000	500.000	250.000	100.000
statischer Verschuldungsgrad	0	1	3	9
Kapitalgewinn (€) Gewinn vor FK-Zinsen	100.000	100.000	100.000	100.000
Fremdkapitalzinsen (6 %)	–	30.000	45.000	54.000
Jahresüberschuss (€) Gewinn nach FK-Zinsen	100.000	70.000	55.000	46.000
Eigenkapitalrentabilität (%)	10	14	22	46

Der Gewinn vor Fremdkapitalzinsen beträgt in jedem Unternehmen 100.000 EUR. Der Gewinn nach Fremdkapitalzinsen (d. h. der Jahresüberschuss) beläuft sich im Unternehmen A auf 100.000 EUR und sinkt in Abhängigkeit der Zinsaufwendungen für das Fremdkapital auf 46.000 EUR für das Unternehmen D ab. Die Eigenkapitalrentabilität lässt sich direkt aus der Division von Jahresüberschuss und Eigenkapital berechnen (hier beispielhaft für die Unternehmen B und D):

- Unternehmen B:

$$EKR = \frac{JÜ}{EK} = \frac{70.000}{500.000} = 14\,\%$$

- Unternehmen D:

$$EKR = \frac{JÜ}{EK} = \frac{46.000}{100.000} = 46\,\%$$

Der positive Leverage-Effekt wird bei der Berechnung der Eigenkapitalrentabilität über die Leverage-Formel deutlich (hier beispielhaft für die Unternehmen B und D):

- Unternehmen B:

$$EKR = 10\,\% + (10\,\% - 6\,\%) \cdot \frac{500.000}{500.000} = 14\,\%$$

- Unternehmen D:

$$EKR = 10\,\% + (10\,\% - 6\,\%) \cdot \frac{900.000}{100.000} = 46\,\%$$

Die Gewinnmarge (Betrag des Klammerausdrucks) ist in beiden Szenarien mit 4 % gleich groß. Die Eigenkapitalrentabilität weicht umso mehr von der Gesamtkapitalrentabilität ab, je höher der statische Verschuldungsgrad ist. Der größere Verschuldungsgrad im Unternehmen D „hebelt" daher die Eigenkapitalrentabilität auf den in den betrachteten Szenarien höchsten Wert. Die zunehmende Verschuldung führt damit zu einer höheren Eigenkapitalrentabilität (positiver Leverage-Effekt).

Der Vorteil, bei günstigem Fremdkapital und einer hohen Verschuldung eine höhere Eigenkapitalrentabilität zu erwirtschaften, kann sich jedoch auch in einen Nachteil verwandeln. Dies geschieht dann, wenn die Gesamtkapitalrentabilität unter den Fremdkapitalzinssatz sinkt oder der Fremdkapitalzinssatz über die Gesamtkapitalrentabilität steigt und sich somit eine negative Gewinnmarge einstellt. In diesem Fall geht die Eigenkapitalrentabilität umso stärker zurück, je höher der Verschuldungsgrad, d. h. je höher der prozentuale Anteil des Fremdkapitals am Gesamtkapital ist.

Es besteht sogar die Gefahr, dass es zu einer Verminderung bis hin zum vollständigen Verzehr des Eigenkapitals (Eigenkapitalrentabilität = –100 %) oder noch darüber hinaus kommt (Tatbestand der Überschuldung) (vgl. Wöhe et al., 2013, S. 46 ff.).

Angenommen, die oben betrachteten Unternehmen sind wiederum identisch, unterscheiden sich lediglich in der Kapitalstruktur und erzielen jeweils einen Kapitalgewinn in Höhe von nur 40.000 EUR. Dies wirkt sich wie folgt auf die Eigenkapitalrentabilität aus, wobei weiterhin ein Fremdkapitalzinssatz von 6 % unterstellt wird (vgl. Tab. 9.2).

Tab. 9.2: Beispiel eines negativen Leverage-Effekts

	Unternehmen A	Unternehmen B	Unternehmen C	Unternehmen D
Gesamtkapital (€)	1.000.000	1.000.000	1.000.000	1.000.000
Fremdkapital (€)	–	500.000	750.000	900.000
Eigenkapital (€)	1.000.000	500.000	250.000	100.000
statischer Verschuldungsgrad	0	1	3	9
Kapitalgewinn (€) Gewinn vor FK-Zinsen	40.000	40.000	40.000	40.000
Fremdkapitalzinsen (6 %)	–	30.000	45.000	54.000
Jahresüberschuss (€) Gewinn nach FK-Zinsen	40.000	17.500	–5.000	–14.000
Eigenkapitalrentabilität (%)	4	2	–2	–14

Die Gesamtkapitalrentabilität ergibt sich aus dem Kapitalgewinn bzw. Gewinn vor Fremdkapitalzinsen dividiert durch das Gesamtkapital (40.000 : 1.000.000 = 4 %). Die Eigenkapitalrentabilität kann über die Leverage-Formel wie folgt ermittelt werden (hier beispielhaft für die Unternehmen B und D):

– Unternehmen B:

$$\text{EKR} = 4\,\% + (4\,\% - 6\,\%) \cdot \frac{500.000}{500.000} = 2\,\%$$

– Unternehmen D:

$$\text{EKR} = 4\,\% + (4\,\% - 6\,\%) \cdot \frac{900.000}{100.000} = -14\,\%$$

Da der Fremdkapitalzinssatz die Gesamtkapitalrentabilität übersteigt, ist die Gewinnmarge (Klammerausdruck) negativ. Mit steigendem Verschuldungsgrad nimmt die Eigenkapitalrentabilität daher ab (negativer Leverage-Effekt).

Das Beispiel verdeutlicht die positiven bzw. negativen Wirkungen eines hohen Verschuldungsgrads auf die Eigenkapitalrentabilität, wobei die Höhe der Eigenkapitalrentabilität davon abhängt, ob und inwieweit die Gesamtkapitalrentabilität größer oder kleiner ist als der Fremdkapitalzinssatz. Der Hebeleffekt ergibt sich stets aus der Multiplikation der Differenz (GKR – FKR) mit dem statischen Verschuldungsgrad. In Abb. 9.2 werden beide Faktoren bezüglich ihres gemeinsamen Einflusses auf die Eigenkapitalrentabilität untersucht. Dazu werden auf der Abszisse die Differenz von Gesamtkapitalrentabilität und Fremdkapitalzins und auf der Ordinate der statische Verschuldungsgrad aufgetragen. Den Zusammenhang zwischen den beiden Größen verdeutlichen die Hyperbeln im Koordinatensystem. Für jede Hyperbel gilt, dass jeder Punkt auf einer Kurve die gleiche Eigenkapitalrentabilität besitzt.

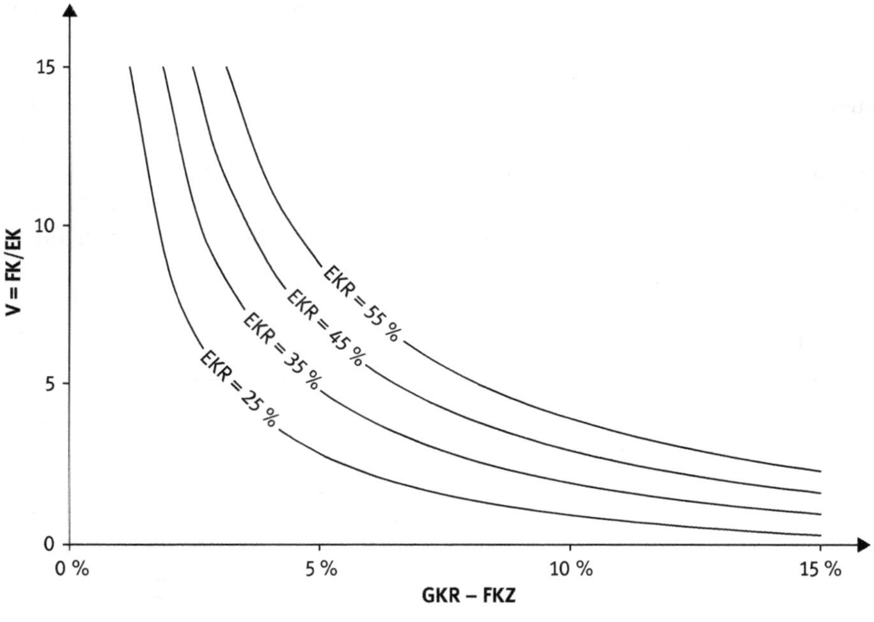

Abb. 9.2: Einfluss der Bestimmungsfaktoren auf die Eigenkapitalrentabilität

Es zeigt sich, dass eine bestimmte Eigenkapitalrentabilität mit unterschiedlichen Kombinationen der beiden dargestellten Einflussfaktoren erreicht werden kann. Darüber hinaus ist ersichtlich, dass bei einer bestimmten Differenz von Gesamtkapitalrentabilität und Fremdkapitalzinssatz die Eigenkapitalrentabilität mit steigendem Verschuldungsgrad zunimmt, wobei die notwendigen Zuwachsraten beim Verschuldungsgrad immer kleiner werden, um den gleichen Effekt auf die Eigenkapitalrentabilität zu erreichen. Die geschilderten Zusammenhänge gelten in entsprechender Weise auch, wenn der Fremdkapitalzinssatz die Gesamtkapitalrentabilität übersteigt. In diesem Fall verringert ein hoher statischer Verschuldungsgrad die Eigenkapitalrentabilität umso mehr, je kleiner die (dann negative) Differenz von

Gesamtkapitalrentabilität und Fremdkapitalzinssatz ausfällt. Demnach kommt im Rahmen der Verschuldungsentscheidung der richtigen Abschätzung der Gesamtkapitalrentabilität und des Fremdkapitalzinssatzes eine entscheidende Bedeutung zu. Dabei ist zu berücksichtigen, dass das spezifische **Verschuldungsrisiko** stets umso größer ist,
- je niedriger die Gesamtkapitalrentabilität im Vergleich zum Fremdkapitalzinssatz ist,
- je größer die Wahrscheinlichkeit ist, dass der Fremdkapitalzinssatz dauerhaft die Gesamtkapitalrentabilität übersteigt und
- je stärker die Geschäftszyklizität ist, d. h. je stärker die Gesamtkapitalrentabilität im Zeitablauf schwankt (vgl. Schierenbeck/Wöhle, 2016, S. 96).

Die Auswirkungen der Schwankungen der Gesamtkapitalrentabilität auf die Eigenkapitalrentabilität sollen anhand eines weiteren Beispiels verdeutlicht werden. Es wird unterstellt, dass die Gesamtkapitalrentabilität 4 %, 8 % oder 12 % beträgt und der Fremdkapitalzinssatz bei 6 % liegt. Werden für jede Variante der Gesamtkapitalrentabilität drei verschiedene Verschuldungsgrade (1, 5, 9) unterstellt, ergeben sich die in Tab. 9.3 aufgeführten Eigenkapitalrentabilitäten.

Tab. 9.3: Einfluss der Geschäftszyklizität

	Szenario 1			**Szenario 2**			**Szenario 3**		
GKR (%)		unteres Extrem 4			Mittelwert 8			oberes Extrem 12	
FKZ (%)		6			6			6	
FK/EK	1	5	9	1	5	9	1	5	9
EKR (%)	2	−6	−14	10	18	26	18	42	66

Abbildung 9.3 zeigt die Ergebnisse in grafischer Form. Dazu wird in einem Koordinatensystem die Eigenkapitalrentabilität in Abhängigkeit vom Verschuldungsgrad dargestellt. Es zeigt sich die vorne beschriebene lineare Abhängigkeit der Eigenkapitalrentabilität vom Verschuldungsgrad, was durch die im Koordinatensystem eingezeichneten Geraden deutlich wird. Die Steigung der Geraden ist umso größer, je größer die Differenz aus Gesamtkapitalrentabilität und Fremdkapitalzins ist. Abbildung 9.3 unterstreicht, dass ein hoher Verschuldungsgrad sich sowohl vorteilhaft als auch nachteilig auf die Eigenkapitalrentabilität eines Unternehmens auswirken kann.

Der Zielwert, den die Unternehmensleitung bei der Gestaltung der Kapitalstruktur und damit des statischen Verschuldungsgrads anstreben sollte, wird einerseits vom Verhalten der Kapitalgeber und andererseits von selbst gewählten Finanzierungsprinzipien der Unternehmensleitung beeinflusst.

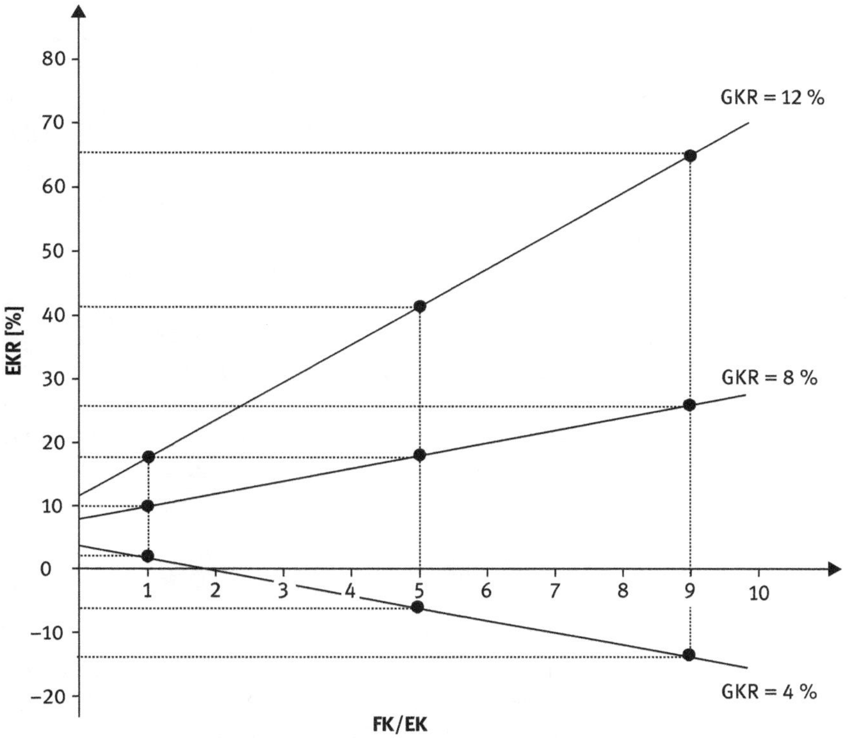

Abb. 9.3: Einfluss der Geschäftszyklizität auf die Eigenkapitalrentabilität (vgl. Schierenbeck/Wöhle, 2016, S. 97)

- Aus der Perspektive der **Kreditgeber** bedeutet ein hoher Verschuldungsgrad eine hohe Ausfallgefahr, da in diesem Fall nur wenig Eigenkapital vorhanden ist, das zur Kompensation sich ggf. einstellender Verluste eingesetzt werden könnte. Übersteigen die Verluste das vorhandene Eigenkapital, kann möglicherweise das bereitgestellte Fremdkapital nicht mehr zurückgezahlt werden.
- Auch aus der Sicht der **Unternehmensleitung** sind die Konsequenzen aus einer Veränderung des Verschuldungsgrads von Interesse. Da der Unternehmensleitung bewusst ist, dass sich Kreditgeber bei der Vergabe von finanziellen Mitteln (auch) am Verschuldungsgrad orientieren, wird sie ihrerseits zur Erhaltung der Kreditfähigkeit darauf achten, den von den Kreditgebern angestrebten Zielwert für den Verschuldungsgrad nicht zu überschreiten.

Darüber hinaus ist jedoch zu berücksichtigen, dass Unternehmen häufig auf Basis der **Eigenkapitalrentabilität** beurteilt werden. Während das Fremdkapital unabhängig von der Ertragslage zu verzinsen ist, hängt die Rentabilität des Eigenkapitals von der Ertragslage ab. Kann eine Verzinsung des Gesamtkapitals erzielt werden, die über dem festen Fremdkapitalzinssatz liegt, so steht der gesamte vom Fremdkapital über die Verzinsung des Fremdkapitals hinaus erwirtschaftete Ertragsanteil dem Eigenkapital zu. Die Eigenkapitalrentabilität fällt dann umso günstiger aus, je kleiner der Anteil des Eigenkapitals am Gesamtkapital ist, d. h. je kleiner die Eigenkapitalquote resp. je höher der statische Verschuldungsgrad ist. Aus der Perspektive der Maximierung der Eigenkapitalrentabilität ist also ein möglichst hoher Verschuldungsgrad anzustreben, solange die Verzinsung des Gesamtkapitals die Verzinsung des Fremdkapitals übersteigt.

Insgesamt lässt sich festhalten, dass die Gestaltung der Kapitalstruktur einem Spannungsfeld aus Sicherheitserwägungen einerseits und Erwägungen zur Maximierung der Eigenkapitalrentabilität andererseits unterliegt. Aus diesem Spannungsfeld heraus folgt die Überlegung, inwieweit die in Abb. 9.1 aufgeführten Ansätze und Modelle zur Kapitalstruktur eine Hilfestellung zur Frage liefern können, wie die Kapitalstruktur konkret aufgebaut werden sollte, welche Kriterien dabei zu beachten sind und ob sich ein optimaler statischer Verschuldungsgrad bestimmen lässt.

9.1.3 Ansätze und Modelle zur Kapitalstrukturgestaltung

Grundzusammenhänge zur Kapitalstrukturbeurteilung

Während der Leverage-Effekt lediglich auf den funktionalen Zusammenhang zwischen dem statischen Verschuldungsgrad eines Unternehmens und der Eigenkapitalrentabilität fokussiert, nehmen die im Folgenden vorgestellten Kapitalstrukturansätze und -modelle eine ganzheitliche Sichtweise ein. Sie berücksichtigen nicht nur die Konsequenzen einer bestimmten Kapitalstruktur auf die Rentabilität der Unternehmung, vielmehr wird auch das mit der jeweiligen Kapitalstruktur verbundene Risiko des Unternehmens beachtet, um aus diesem Zusammenwirken die Entwicklung der Kapitalkosten und des Unternehmenswerts abzuleiten. Mithilfe der Ansätze und Modelle soll ein Erklärungsbeitrag geleistet werden, warum Unternehmen sich für eine bestimmte Kapitalstruktur entscheiden. Letztlich steht die Frage im Vordergrund, wie die Eigen- und Fremdkapitalgeber ihre Renditeforderungen in Abhängigkeit der Kapitalstruktur verändern und wie sich die bewertungsrelevanten Überschüsse bei unterschiedlichen Kapitalstrukturen anpassen. Bei den bewertungsrelevanten Überschüssen kann es sich grundsätzlich sowohl um Gewinngrößen als auch um Cashflows oder Dividenden handeln (vgl. Steiner/Bruns./Stöckl, 2012, S. 241). Diese drei alternativen bewertungsrelevanten Überschüsse lassen sich unter bestimmten Annahmen ineinander überführen und ergeben dann nach Diskontierung mit den zugehörigen Kapitalkosten auch den gleichen Unternehmenswert.

Aus der Sicht der Kapitalgeber ist nur der Überschuss von Relevanz, der den Kapitalgebern auch tatsächlich zufließt. Im Folgenden soll von der Problematik, dass bestimmte Erfolgsgrößen einen Ertrag darstellen, aber zahlungsunwirksam sind und somit nicht im Cashflow Berücksichtigung finden, abstrahiert werden. Vereinfachend wird angenommen, dass der Kapitalgewinn (Gewinn vor Fremdkapitalzinsen) mit dem sog. Free-Cashflow-Brutto übereinstimmt und der Jahresüberschuss (Gewinn nach Fremdkapitalzinsen) dem Free-Cashflow-Netto entspricht. Der Free-Cashflow-Brutto drückt somit einen Cashflow aus, der sowohl den Eigen- als auch den Fremdkapitalgebern zur Verfügung steht, während auf den Free-Cashflow-Netto lediglich die Anteilseigner einen Anspruch haben.

Weiterhin ist für die im Folgenden dargestellten Kapitalstrukturansätze und -modelle zu beachten, dass es sich bei den Unternehmenswerten um Barwerte resp. Marktwerte handelt, die sich aus dem Quotienten der erwarteten Erfolge und der jeweiligen Ansprüche der Kapitalgeber bestimmen lassen.

Für die weitere Analyse der Kapitalstrukturansätze und -modelle sollen zunächst einige zentrale Zusammenhänge aufgezeigt werden. Bei der Definition der Beziehungen ist zu beachten, dass bei den Kapitalstrukturansätzen und -modellen immer die Frage nach der Veränderung der Erwartungshaltung der Kapitalgeber gestellt wird. Somit handelt es sich um erwartete Größen und die im Rahmen des Leverage-Effekts beschriebenen Fremdkapitalzinssätze und Eigenkapitalrentabilitäten werden zu Renditeforderungen der Kapitalgeber. Diese Renditeforderungen der Kapitalgeber werden im Folgenden als Kapitalkosten bezeichnet.

Fremdkapitalkosten (Renditeforderungen der Fremdkapitalgeber): Die Fremdkapitalkosten berechnen sich aus der Relation der Zinsaufwendungen an die Fremdkapitalgeber im Verhältnis zum bereitgestellten Kapital der Fremdkapitalgeber.

$$k_{FK} = \frac{\text{Zinszahlungen an die Fremdkapitalgeber}}{\text{Marktwert des Fremdkapitals}}$$

Eigenkapitalkosten (Renditeforderungen der Eigenkapitalgeber): Die Eigenkapitalkosten entsprechen der Rendite auf das eingesetzte Eigenkapital, wobei im Zähler der den Eigenkapitalgebern zur Verfügung stehende Cashflow bzw. erwartete Jahresüberschuss und im Nenner das eingesetzte Kapital stehen.

$$k_{EK} = \frac{\text{erwarteter Free-Cashflow-Netto bzw. erwarteter Jahresüberschuss}}{\text{Marktwert des Eigenkapitals}}$$

Durchschnittliche Kapitalkosten (Weighted Average Cost of Capital, WACC): Die durchschnittlichen Kapitalkosten ergeben sich aus den mit der Kapitalstruktur gewichteten Renditeforderungen der Eigen- und Fremdkapitalgeber.

$$k_{WACC} = k_{FK} \cdot a + k_{EK} \cdot b$$

mit: a = Anteil des Fremdkapitals am Gesamtkapital zu Marktwerten
b = Anteil des Eigenkapitals am Gesamtkapital zu Marktwerten

Marktwert des Unternehmens: Der Marktwert des Unternehmens berechnet sich aus dem Free-Cashflow-Brutto bzw. dem erwarteten Kapitalgewinn dividiert mit den durchschnittlichen Kapitalkosten:

$$UW = \frac{\text{erwarteter Free-Cashflow-Brutto bzw. erwarteter Kapitalgewinn}}{\text{durchschnittliche Kapitalkosten}}$$

Aus der letztgenannten Formel für den Marktwert des Unternehmens folgt, dass dieser bei zunehmender Verschuldung allein durch eine Veränderung der durchschnittlichen Kapitalkosten beeinflussbar ist. Ob dies realistischerweise unterstellt werden kann, ist bislang in der Literatur nicht eindeutig geklärt. In Abhängigkeit des unterstellten Kapitalstrukturansatzes beziehungsweise Kapitalstrukturmodells wird die Frage nach der optimalen Kapitalstruktur unterschiedlich beantwortet.

Im Folgenden werden als Erfolgsgrößen nur noch Cashflows herangezogen, auf die analog ablaufende Argumentation mit jahresabschlussbezogenen Erfolgsgrößen wird verzichtet.

Traditionelle These und optimaler Verschuldungsgrad

Im Rahmen der traditionellen These wird von keinem geschlossenen Theoriekonstrukt ausgegangen, vielmehr werden Verhaltensannahmen getroffen. Die optimale Kapitalstruktur wird an den minimalen durchschnittlichen Kapitalkosten bzw. dem Maximum des Marktwerts des Unternehmens (Gesamtkapitals) gemessen. Ausgangspunkt der Überlegungen ist, dass mit beginnender Verschuldung die Eigenkapitalkosten (Renditeforderungen der Eigenkapitalgeber) zunächst nicht steigen, sodass die durch den Leverage-Effekt erzielte Zunahme der Eigenkapitalrentabilität (noch) nicht durch höhere Verzinsungsansprüche ausgeglichen wird. Die Begründung hierfür ist darin zu sehen, dass bei einem geringen Fremdkapitalanteil die Eigenkapitalgeber die Verschuldungsrisiken noch als zu gering beurteilen, um einen entsprechenden Risikoaufschlag zu fordern. Gleiches gilt für die Fremdkapitalgeber, die in dieser Situation keine Notwendigkeit sehen, ihre Zinsforderungen um einen Risikoaufschlag zu erhöhen. Daher nehmen die durchschnittlichen Kapitalkosten ab bzw. steigt der Marktwert des Unternehmens an, wenn sich die Verschuldung bei noch geringem absolutem Niveau erhöht (vgl. Bieg/Kußmaul, 2000, S. 55).

Nimmt die Verschuldung jedoch weiter zu, werden die Eigenkapitalgeber, deren Risikoposition im Vergleich zu derjenigen der Fremdkapitalgeber höher ist, ihre Renditeforderungen als Ausgleich für das aus ihrer Sicht steigende Risiko nach oben anpassen. Dennoch können in dieser Situation die durchschnittlichen Kapitalkosten noch sinken. Dies ist dann der Fall, wenn sich die Zunahme der Eigenkapitalkosten gegenüber der durch den Leverage-Effekt hervorgerufenen Steigerung der Eigenkapitalrentabilität „unterproportional" verhält, d. h. wenn die Zunahme der

Eigenkapitalkosten die Verbesserung der Eigenkapitalrentabilität nicht ausgleicht (vgl. Schierenbeck/Lister, 2002, S. 426).

Steigt nun die Verschuldung weiter an, wird dieser Ausgleich immer wahrscheinlicher. Irgendwann wird der Punkt erreicht sein, in dem die Renditeforderungen der Eigenkapitalgeber, neben denen möglicherweise auch die Forderungen der Fremdkapitalgeber zunehmen, so stark angewachsen sind, dass sie den positiven Rentabilitätseffekt der Verschuldung gerade ausgleichen. In diesem Punkt, in dem die durchschnittlichen Kapitalkosten auf ihr Minimum gefallen sind, befindet sich der optimale Verschuldungsgrad (V_{opt}). Die optimale Kapitalstruktur ist also in dem Punkt erreicht, in dem bei einem bestimmten Cashflowniveau (Zählergröße), das den Eigen- und den Fremdkapitalgebern zur Verfügung steht, die durchschnittlichen Kapitalkosten (Nennergröße) bei ihrem minimalen Wert liegen. Nimmt die Verschuldung ausgehend von diesem Punkt weiter zu, steigen die Risiken überproportional an, was zu deutlich ansteigenden durchschnittlichen Kapitalkosten führt. Abbildung 9.4 fasst die dargelegten Zusammenhänge noch einmal grafisch und anhand eines Zahlenbeispiels zusammen.

Wie bereits beim Leverage Effekt gezeigt, werden vier Unternehmen miteinander verglichen, die sich ausschließlich in der Kapitalstruktur unterscheiden, aber leistungswirtschaftlich identisch sind. Die Eigenkapitalkosten belaufen sich im betrachteten Beispiel auf 10,0 % beim Unternehmen A und steigen aufgrund der Veränderungen der Kapitalstruktur auf bis zu 14,0 % beim Unternehmen D an. Die Fremdkapitalkosten erhöhen sich erst ab einem Verschuldungsgrad von 2,3 von 6,0 % auf zunächst 7,0 % und ab einem Verschuldungsgrad von 9 auf 9,0 %.

Werden die Unternehmen A und B miteinander verglichen, befindet sich der Marktwert des Unternehmens B oberhalb des Marktwerts des Unternehmens A und die durchschnittlichen Kapitalkosten des Unternehmens B liegen unter dem entsprechenden Wert des Unternehmens A. Die Eigenkapitalgeber fordern im Unternehmen B einen Risikoaufschlag aufgrund der eingegangenen Verschuldung, der unterhalb des Rentabilitätseffekts bleibt, da die Verschuldungsrisiken noch als gering angesehen werden. Die Fremdkapitalgeber fordern beim Unternehmen B noch keinen Risikoaufschlag. Dies ändert sich bei dem Verschuldungsgrad 2,3, den die Unternehmung C aufweist. Die Eigenkapitalgeber und die Fremdkapitalgeber erhöhen ihre Renditeforderungen und die durchschnittlichen Kapitalkosten nehmen zu. Der positive Rentabilitätseffekt der Verschuldung wird durch die steigenden Kapitalkosten überkompensiert. Bei Unternehmen D (Verschuldungsgrad von 9) sinken der Marktwert des Gesamtkapitals und die durchschnittlichen Kapitalkosten weiter. Hier geht auch die Relation zwischen dem Eigenkapital zu Marktwerten und dem nominellen Eigenkapital zurück.

Bei einem Verschuldungsgrad von 1 : 1 erreichen in diesem Beispiel der Marktwert des Gesamtkapitals und die durchschnittlichen Kapitalkosten ihre Extremwerte. An dieser Stelle befindet sich folglich gemäß der traditionellen These der optimale Verschuldungsgrad.

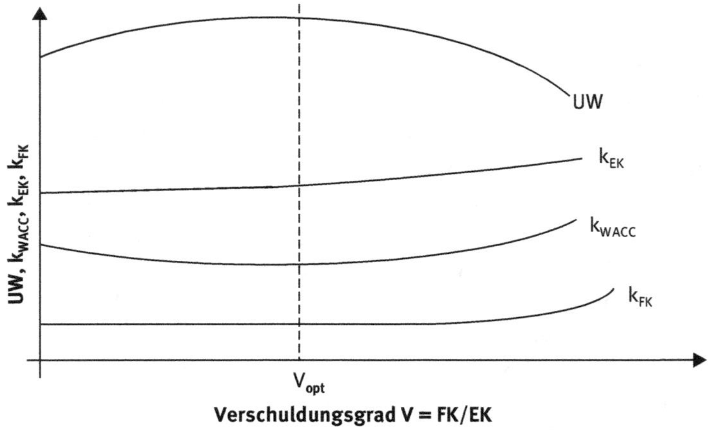

	Unternehmen A	Unternehmen B	Unternehmen C	Unternehmen D
Gesamtkapital (nominal)	1.000.000	1.000.000	1.000.000	1.000.000
Eigenkapital (nominal)	1.000.000	500.000	300.000	100.000
Fremdkapital (nominal)	–	500.000	700.000	900.000
Kapitalgewinn Gewinn vor FK-Zinsen	100.000	100.000	100.000	100.000
Free-Cashflow-Brutto	100.000	100.000	100.000	100.000
Fremdkapitalkosten k_{FK}	6,0 %	6,0 %	7,0 %	9,0 %
Fremdkapitalzinsen	–	30.000	49.000	81.000
Jahresüberschuss Gewinn nach FK-Zinsen	100.000	70.000	51.000	19.000
Free-Cashflow-Netto	100.000	70.000	51.000	19.000
Eigenkapitalrentabilität	10,0 %	14,0 %	17,0 %	19,0 %
Eigenkapitalkosten k_{EK}	10,0 %	12,0 %	15,0 %	18,0 %
EK (Marktwert) = Free-Cashflow-Netto/Eigenkapitalkosten k_{EK}				
absolut	1.000.000,0	583.333,3	340.000,0	105.555,6
in % des EK (nominal)	100,0 %	116,7 %	113,3 %	105,6 %
UW (Marktwert GK)	1.000.000,0	1.083.333,3	1.040.000,0	1.005.555,6
∅ Kapitalkosten k_{WACC}	10,00 %	9,23 %	9,62 %	9,94 %

Abb. 9.4: Kapitalkostenverläufe nach traditioneller Auffassung

Das Modell von Modigliani und Miller

Im Modigliani-Miller-Modell wird die Existenz eines optimalen Verschuldungsgrads bestritten und der oben geschilderten Auffassung somit widersprochen. Das auch als Irrelevanztheorem bezeichnete Kapitalstrukturmodell geht in seiner Grundform von einer Irrelevanz der Kapitalstruktur für die Höhe des Marktwerts des Gesamtkapitals aus. Modigliani/Miller nehmen dazu explizit eine kapitalmarktorientierte Sichtweise ein und treffen dabei die folgenden für die Kapitalmarkttheorie typischen Annahmen, die später teils gelockert wurden (vgl. Modigliani/Miller, 1958, S. 268 ff.):

- Eigen- und Fremdkapital werden auf vollkommenen Märkten gehandelt, es existieren keine Transaktionskosten, es besteht keine Informationsasymmetrie und es existiert ein risikoloser Zinssatz, zu dem Kapital in beliebiger Höhe aufgenommen und angelegt werden kann (vgl. hierzu die näheren Ausführungen zum vollkommenen Kapitalmarkt in Kap. 1).
- Alle Marktteilnehmer haben identische, d. h. homogene, Zukunftserwartungen.
- Es gibt kein Liquiditäts- oder Insolvenzrisiko.
- Unternehmen lassen sich in Risikoklassen einteilen. Die Unternehmen einer Risikoklasse weisen das gleiche leistungswirtschaftliche Risiko auf und unterscheiden sich nur in ihrer Kapitalstruktur.
- Betrachtungsgegenstand des Modells ist eine Periode.
- Das Eigen- und das Fremdkapital werden steuerlich gleich behandelt.

Modigliani/Miller formulieren auf den genannten Prämissen aufbauend drei Theoreme, aus denen heraus ihre Kapitalstrukturüberlegungen deutlich werden:

- Das **erste Theorem** besagt, dass der Unternehmenswert unabhängig von der Kapitalstruktur ist und durch die Kapitalisierung des erwarteten Free-Cashflow-Brutto bzw. des Kapitalgewinns mit dem der Risikoklasse entsprechenden Kapitalkostensatz bestimmt wird (vgl. Helms, 2014, S. 101). Die Gültigkeit dieses Theorems führen Modigliani/Miller auf einen Arbitrage-Prozess zurück. Beispielhaft sollen zunächst zwei Unternehmen der gleichen Risikoklasse, aber mit unterschiedlicher Kapitalstruktur betrachtet werden (vgl. Helms, 2014, S. 101 ff.). Das Unternehmen A und das Unternehmen B besitzen den gleichen Free-Cashflow-Brutto bzw. Kapitalgewinn. Das Unternehmen A ist schuldenfrei, das Unternehmen B weist einen Verschuldungsgrad in Höhe von 1 auf. Zum Beweis ihres Theorems greifen Modigliani/Miller auf die Überlegung zurück, dass die Preise zweier homogener Güter auf einem vollkommenen Markt stets die gleiche Höhe aufweisen müssen. Würde das Unternehmen B wegen des höheren Verschuldungsgrads und der höheren Eigenkapitalrentabilität einen höheren Unternehmenswert besitzen, könnten die Anteilseigner ihre Anteile am Unternehmen B veräußern und Anteile des Unternehmens A erwerben und daraus einen (risikolosen) Wertvorteil generieren. Zum Kauf der Anteile von Unternehmen A würde der Anteilseigner, der Anteile der Unternehmung B zugunsten von Unternehmung A verkauft, sich zusätzlich auf privater Ebene verschulden. Gegebenenfalls auftretende Ungleichgewichte bei den Cashflows bzw. Erträgen, die einem

Anteilseigner der Unternehmung B und einem Anteilseigner der Unternehmung A inklusive der privaten Verschuldung zur Verfügung stehen, werden durch Ausgleichsprozesse, sog. Arbitrage-Prozesse, egalisiert. Durch den Arbitrage-Prozess wird ein Gleichgewichtszustand erzeugt, in dem ein risikoloser Gewinn nicht mehr realisiert werden kann. Tabelle 9.4 zeigt den Arbitrage-Prozess und den Verlauf des Marktwerts eines Unternehmens, der Eigen- und Fremdkapitalkosten sowie der durchschnittlichen Kapitalkosten in Abhängigkeit vom Verschuldungsgrad.

Tab. 9.4: Arbitrage-Prozess nach Modigliani/Miller

	Unternehmen A	**Unternehmen B (vor Arbitrage-Prozess)**	**Unternehmen B (nach Arbitrage-Prozess)**
Gesamtkapital (nominal) (€)	1.000.000	1.000.000	1.000.000
Eigenkapital (nominal) (€)	1.000.000	500.000	500.000
Fremdkapital (nominal) (€)	–	500.000	500.000
Kapitalgewinn (€) Gewinn vor FK-Zinsen	100.000	100.000	100.000
Free-Cashflow-Brutto (€)	100.000	100.000	100.000
Fremdkapitalkosten (k_{FK} = 6 %) (€)	–	30.00	30.000
Jahresüberschuss (€) Gewinn nach FK-Zinsen	100.000	70.000	70.000
Free-Cashflow-Netto (€)	100.000	70.000	70.000
Eigenkapitalrentabilität (%)	10,00	14,00	14,00
Eigenkapitalkosten k_{EK} (%)	10,00	10,00	14,00
Eigenkapital (Marktwert) (€)	1.000.000	700.000	500.000
Eigenkapital (Marktwert) in % des nominellen Eigenkapitals	100,00	140,00	100,00
UW (Marktwert GK) (€)	1.000.000	1.200.000	1.000.000
Ø Kapitalkosten k_{WACC} (%)	10,00	8,33	10,00
Beweis		**vor Arbitrage-Prozess**	**nach Arbitrage-Prozess**
(1) 1-%-Anteil von U B verkaufen (€)		7.000	5.000
(2) Kredit zu 6 % aufnehmen (€)		3.000	5.000
(3) 1-%-Anteil von U A kaufen (€)		10.000	10.000
(4) Transaktionserfolge (a) Gewinn – Kreditzinsen (€) (b) Vergleich zu U B (€) (c) Arbitrageerfolg (€)		 1.000 – 180 = 820 700 120	 1.000 – 300 = 700 700 0

– Das **zweite Theorem** beschäftigt sich mit den Konsequenzen aus diesen Arbitrage-Überlegungen auf die Eigenkapitalkosten in Abhängigkeit vom Verschuldungsgrad. Im Folgenden soll die Beziehung zwischen dem Verschuldungsgrad und den Eigenkapitalkosten abgeleitet werden (vgl. Helms, 2014, S. 102 f.; Modigliani/Miller, 1958, S. 269 ff.). Dazu wird von der Grundüberlegung ausgegangen, dass der Unternehmenswert resp. Marktwert einer unverschuldeten Unternehmung V^u (u: unleveraged, im Beispiel Unternehmung A) gleich dem Unternehmenswert resp. Marktwert einer verschuldeten Unternehmung V^l ist (l: leveraged, im Beispiel Unternehmung B). Die Eigenkapitalkosten entsprechen der Renditeforderung auf das eingesetzte Eigenkapital, wobei der Zähler dem Free-Cashflow-Netto bzw. vereinfacht dem erwarteten Jahresüberschuss entspricht, der den Eigenkapitalgebern zur Verfügung steht und sich aus dem Free-Cashflow-Brutto bzw. vereinfacht dem erwarteten Kapitalgewinn abzüglich der Zinszahlungen an die Fremdkapitalgeber errechnet. Die nachfolgend aufgeführte Formeln lehnen sich bezüglich der Abkürzungen an die im Rahmen des Leverage-Effekts eingeführten Symbole an:

$$k_{EK}^{l} = \frac{KG - k_{FK} \cdot FK^{MW}}{EK^{MW}}$$

Für das unverschuldete Unternehmen gilt damit:

$$k_{EK}^{u} = \frac{JÜ}{EK^{MW}} = \frac{JÜ}{V^{u}}$$

Durch Umformung und unter der Annahme, dass $V^u = V^l$ gilt, kann diese Beziehung auch folgendermaßen geschrieben werden:

$$k_{EK}^{l} = \frac{k_{EK}^{u} \cdot V^{u} - k_{FK} \cdot FK^{MW}}{EK^{MW}}$$

Aus der Annahme gleicher Unternehmenswerte von verschuldetem und unverschuldetem Unternehmen im Gleichgewicht folgt weiterhin:

$$V^{u} = V^{l} = EK^{MW} + (FK^{MW})$$

Einsetzen in die zuvor abgeleitete Beziehung liefert:

$$k_{EK}^{l} = \frac{k_{EK}^{u} \cdot (EK^{MW} + FK^{MW}) - k_{FK} \cdot FK^{MW}}{EK^{MW}}$$

Umformen und Kürzen führt schließlich zu folgendem Ausdruck:

$$k_{EK}^{l} = k_{EK}^{u} + (k_{EK}^{u} - k_{FK}) \cdot \frac{FK^{MW}}{EK^{MW}}$$

Gemäß der abgeleiteten Gleichung ergeben sich die Eigenkapitalkosten eines verschuldeten Unternehmens aus den Eigenkapitalkosten eines unverschuldeten Unternehmens, die als Entgelt für das leistungswirtschaftliche Risiko interpretiert werden können, zuzüglich einer Risikoprämie für das Kapitalstrukturrisiko (vgl. Modigliani/Miller, 1958, S. 271). Anhand dieser Gleichung lässt sich ein entscheidender Unterschied im Vergleich zur traditionellen These und zur rein funktionalen Beziehung des Leverage-Effekts verdeutlichen. Die Gültigkeit der Prämissen vorausgesetzt gilt, dass die über die obige Formel abgeleiteten Eigenkapitalkosten des verschuldeten Unternehmens auch gleichzeitig den von den Eigenkapitalgebern erwarteten Eigenkapitalkosten des verschuldeten Unternehmens entsprechen. Im Gegensatz zum Leverage-Effekt führt zusätzliche Verschuldung nicht rückwirkend zu höheren Renditen der Eigenkapitalgeber, vielmehr ist der Ursache-Wirkungszusammenhang genau umgekehrt. Die Eigenkapitalgeber fordern wegen der höheren Verschuldung höhere Eigenkapitalrenditen. Wird die aus dem zweiten Theorem resultierende Kapitalkostenformel konsequent angewendet, entsteht aus dem Leverage-Effekt kein Vorteil für den Marktwert des Gesamtunternehmens, da durch das Modell bewiesen wird, dass die Verschuldung eben keinen Effekt auf den Marktwert besitzt (vgl. Helms, 2014, S. 103; Drukarczyk, 1993, S. 186). Der Anstieg der Eigenkapitalkosten gleicht die Rentabilitätseffekte jeweils genau aus.

- Das **dritte Theorem** ist letztendlich die Konsequenz aus den beiden vorherigen Theoremen. Es besagt, dass die durchschnittlichen Kapitalkosten unabhängig von der Kapitalstruktur sind und den Eigenkapitalkosten des unverschuldeten Unternehmens entsprechen, solange sich die Unternehmen in einer Risikoklasse befinden.

Abbildung 9.5 zeigt den Verlauf der Marktwerte von Unternehmen einer Risikoklasse, der Eigen- und Fremdkapitalkosten sowie der durchschnittlichen Kapitalkosten in Abhängigkeit vom Verschuldungsgrad auf.

Exemplarisch soll für das Unternehmen B die Berechnung anhand des zuvor eingeführten Formelapparats gezeigt werden. Die Eigenkapitalkosten der verschuldeten Unternehmung B berechnen sich mithilfe der im Rahmen des zweiten Theorems abgeleiteten Formel:

$$k_{EK,B}^{l} = k_{EK}^{u} + (k_{EK}^{u} - k_{FK}) \cdot \frac{FK^{MW}}{EK^{MW}}$$

$$k_{EK,B}^{l} = 10\,\% + (10\,\% - 6\,\%) \cdot \frac{500.000}{500.000} = 14\,\%$$

Die durchschnittlichen Kapitalkosten für das Unternehmen B belaufen sich auf 10 % und entsprechen damit den Eigenkapitalkosten des unverschuldeten Unternehmens A. Trotz der Verschuldung bleiben die durchschnittlichen Kapitalkosten somit konstant, was im dritten Theorem bereits thematisiert wurde:

$$k_{WACC,B} = k_{FK} \cdot a + k_{EK,B}^{l} \cdot b$$

$$k_{WACC,B} = 6\,\% \cdot \frac{500.000}{1.000.000} + 14\,\% \cdot \frac{500.000}{1.000.000} = 10\,\%$$

Der Unternehmenswert des Unternehmens B lässt sich aus dem Free-Cashflow-Brutto dividiert durch die durchschnittlichen Kapitalkosten berechnen und beträgt wie auch für die anderen Unternehmen 1 Million EUR.

$$UW_B = \frac{\text{Free-Cashflow-Brutto}}{\text{durchschnittliche Kapitalkosten}} = \frac{100.000}{10\,\%} = 1.000.000\,€$$

Das Beispiel in Abb. 9.5 verdeutlicht auch noch einmal, dass die Eigenkapitalgeber mit zunehmender Verschuldung die Eigenkapitalkosten so anpassen, dass der Rentabilitätseffekt aus dem Leverage-Effekt genau ausgeglichen wird und der Unternehmenswert des Gesamtkapitals unverändert bleibt. Zusammenfassend kann festgehalten werden, dass in diesem Modell der Gesamtwert eines Unternehmens unabhängig von der Kapitalstruktur ist und nur die Wertanteile, die auf die Eigen- und Fremdkapitalgeber entfallen, unterschiedlich sind. Aufgrund des vollkommenen Kapitalmarkts und der Gleichbehandlung von Fremdkapital auf unternehmerischer und privater Ebene ist jeder Investor in der Lage, eine bestimmte Kapitalstruktur aufzubauen, womit der Unternehmung letztendlich die Möglichkeit, aus der Kapitalstruktur wertsteigernde Effekte zu generieren, genommen wird.

Um trotzdem eine Abhängigkeit des Unternehmenswerts von der Kapitalstruktur erklären zu können, sind die Modellprämissen kritisch zu hinterfragen. In der Literatur ist dies auf unterschiedliche Art geschehen (vgl. Hermanns, 2006, S. 19 ff.). Auf einige Punkte soll im Folgenden eingegangen werden, die wiederum zum Teil auch im Rahmen der nachfolgend behandelten Trade-off- und Pecking-Order-Theorie ausführlich thematisiert werden.

Bezogen auf die Kapitalstruktur in Verbindung mit dem unterstellten vollkommenen Kapitalmarkt ist fraglich, ob folgende Voraussetzungen als realistisch angesehen werden können (vgl. Schierenbeck/Wöhle, 2016, S. 572):

- Anleger besitzen keine persönlichen Präferenzen in Bezug auf ihre Kapitalanlagen,
- Anleger und Unternehmen verfügen über die gleichen Informationen,
- es liegen bei den Anlegern keine unterschiedlichen Erwartungen über die Risiken und Chancen alternativer Anlagen vor,
- Anleger können alle Unternehmen in die ihnen entsprechende Risikoklasse einordnen,
- die Einordnung in die Risikoklassen wird so vorgenommen, dass keine zeitlichen Verzögerungen entstehen und zudem keine Transaktionskosten auftreten,
- es besteht ein einheitlicher, von der Höhe der Verschuldung unabhängiger Fremdkapitalzinssatz und
- die Verschuldung auf privater sowie institutioneller Ebene wird in jeder Hinsicht, d. h. auch steuerlich, gleich behandelt.

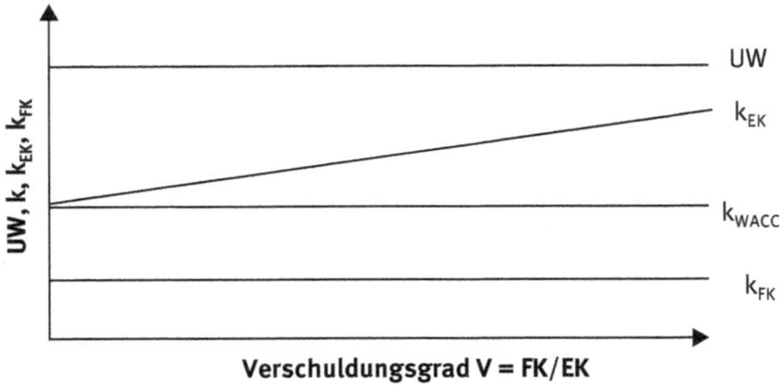

	Unternehmen A	Unternehmen B	Unternehmen C	Unternehmen D
Gesamtkapital	1.000.000	1.000.000	1.000.000	1.000.000
Eigenkapital	1.000.000	500.000	250.000	100.000
Fremdkapital	–	500.000	750.000	900.000
Kapitalgewinn Gewinn vor FK-Zinsen	100.000	100.000	100.000	100.000
Free-Cashflow-Brutto	100.000	100.000	100.000	100.000
Fremdkapitalkosten k_{FK}	6,0 %	6,0 %	6,0 %	6,0 %
Fremdkapitalzinsen	–	30.000	45.000	54.000
Jahresüberschuss Gewinn nach FK-Zinsen	100.000	70.000	40.000	19.000
Free-Cashflow-Netto	100.000	70.000	40.000	19.000
Eigenkapitalrentabilität	10,0 %	14,0 %	22,0 %	46,0 %
Eigenkapitalkosten unverschuldete Unternehmung k_{EK}^{u}	10,0 %	10,0 %	10,0 %	10,0 %
Eigenkapitalkosten k_{EK}^{l}	10,0 %	14,0 %	22,0 %	46,0 %
EK (Marktwert) = Free-Cashflow-Netto/Eigenkapitalkosten k_{EK}				
absolut	1.000.000	500.000	250.000	100.000
UW (Marktwert GK)	1.000.000	1.000.000	1.000.000	1.000.000
∅ Kapitalkosten k_{WACC}	10,00 %	10,00 %	10,00 %	10,00 %

Abb. 9.5: Kapitalkostenverläufe nach dem Modigliani-Miller-Ansatz

Insgesamt erscheinen die Prämissen recht hart und eine vollständige Erfüllung ist auf realen Kapitalmärkten kaum vorstellbar. Dies führte zu einer Reihe von Erweiterungen und neuen Entwicklungen im Rahmen der Kapitalstrukturtheorie. Eine Erweiterung nahmen Modigliani/Miller dabei im Jahr 1963 selbst vor, in dem sie ein vereinfachtes

Steuersystem in ihrem Kalkül berücksichtigten. Im Rahmen des vereinfachten Steuersystems gibt es einen Steuersatz s, der auf die erzielten Gewinne erhoben wird. Die Zinszahlungen, die vom Unternehmen für das aufgenommene Fremdkapital zu leisten sind, minderen die Steuerbemessungsgrundlage (vgl. Kuhner/Maltry, 2017, S. 216). Alle anderen Prämissen bleiben bestehen (vgl. Modigliani/Miller, 1963, S. 433 ff.). In diesem Modell erhält die Fremdfinanzierung aufgrund der Berücksichtigung der Zinszahlungen bei der Ermittlung der Steuerbemessungsgrundlage für die Unternehmung einen Wert, der aus der Ungleichbehandlung von unternehmerischer und privater Verschuldung resultiert. Für die Eigenkapitalgeber eines verschuldeten Unternehmens entsteht gegenüber einem sonst identischen unverschuldeten Unternehmen, bei dem die Verschuldung durch private Verschuldung hergestellt wird, ein Wertvorteil (vgl. Helms, 2014, S. 107; Kuhner/Maltry, 2017, S. 216 ff.). Ist die steuerliche Bemessungsgrundlage ausreichend groß, kann dieser Steuervorteil realisiert werden. Die Bewertungsformel zur Bestimmung der Eigenkapitalkosten des verschuldeten Unternehmens ist, wie unten aufgeführt, anzupassen (vgl. Hölscher/Helms, 2013, S. 233; Modigliani/Miller, 1963, S. 433ff.):

$$k_{EK}^{l} = k_{EK}^{u} + (k_{EK}^{u} - k_{FK}) \cdot (1 - s) \cdot \frac{FK^{MW}}{EK^{MW}}$$

Durch den Wertvorteil aus der Abzugsfähigkeit der Fremdkapitalzinsen von der Steuerbemessungsgrundlage kommt es im Vergleich zu dem Fall ohne die Möglichkeit der steuerlichen Abzugsfähigkeit zu einem um (1 – s) langsameren Anstieg der Risikoprämie (vgl. Hölscher/Helms, 2013, S. 233). Der Einsatz von Fremdkapital senkt somit aufgrund des Steuervorteils die Kapitalkosten. Die niedrigeren Kapitalkosten führen zu einem höheren Unternehmenswert. Die Konsequenz wäre, dass es (rein mathematisch) vorteilhaft wäre, eine Fremdkapitalquote von fast 100 % einzunehmen (abzüglich der gesetzlich vorgesehenen Mindestausstattungen mit Eigenkapital), was allerdings wenig realistisch erscheint. Bei einer solch hohen Fremdkapitalquote drängt sich ohnehin die Frage auf, ob nicht auch von bonitätsabhängigen Fremdkapitalkosten ausgegangen werden müsste und sich daraus nicht ein Zielkonflikt aus den mit zunehmender Verschuldung ansteigenden Bonitätsrisiken und dem steuerlichen Vorteil ergeben könnte. Ein Teil der Erweiterungen der Kapitalstrukturtheorien beschäftigt sich genau mit diesem Zielkonflikt, auf den im folgenden Abschnitt eingegangen werden soll.

Trade-off- und Pecking-Order-Theorie

Die Trade-off-Theorie baut auf der Schlussfolgerung aus dem Irrelevanztheorem von Modigliani/Miller auf, dass eine vorteilhafte Kapitalstruktur nur aus steuerlichen Effekten, Marktunvollkommenheiten und Vertragsproblemen entstehen kann (vgl. Bessler/Drobetz/Thies, 2007, S. 4). Die Trade-off-Theorie spaltet sich in eine

Reihe von Untertheorien auf, wobei sich zwei Bereiche als besonders wichtig herausgestellt haben:

- Das erste Theoriegebiet untersucht den Werteinfluss, der aus dem Trade-off zwischen Steuervorteilen bei einer Veränderung des Verschuldungsgrads und den Auszahlungen des Unternehmens an Dritte entsteht (beispielsweise Insolvenzkosten oder auch Transaktionskosten) (vgl. Bessler/Drobetz/Thies, 2007, S. 4),
- der zweite Theoriebereich beschäftigt sich mit dem Trade-off zwischen Steuervorteilen und Agency-Kosten, die mit Vermögensverschiebungen zwischen verschiedenen Kapitalgebern verbunden sind (vgl. Bessler/Drobetz/Thies, 2007, S. 4). Die Agency-Kosten sind die Summe aller Kosten, die daraus entstehen, dass die Kapitalstrukturentscheidungen nicht vom Prinzipal selbst, sondern vom Agenten ausgeführt werden.

Zunächst soll der erste Theoriebereich, d. h. der Trade-off zwischen Steuervorteil und Insolvenzkosten thematisiert werden. Zu unterscheiden ist dabei zwischen den direkten und den indirekten Insolvenzkosten. Die direkten Insolvenzkosten umfassen die konkreten Kosten des Insolvenzverfahrens, beispielsweise die Kosten des Insolvenzverwalters und des gerichtlichen Verfahrens (vgl. Franke/Hax, 2009, S. 521). Die indirekten Insolvenzkosten entstehen bereits vor Eintritt der Insolvenz, somit können indirekte Insolvenzkosten auch ohne dass es tatsächlich zu einer Insolvenz kommt, auftreten. Eine Zunahme des Verschuldungsgrads durch das Unternehmen erhöht die Wahrscheinlichkeit einer Insolvenz, woraus Reaktionen der Geschäftspartner und der Kunden resultieren können (vgl. Casey, 2012, S. 167; Franke/Hax, 2009, S. 521). Aufseiten der Kunden sind möglicherweise Zweifel an der Lieferfähigkeit der Produkte und der Erbringung von Serviceleistungen und Ersatzteillieferungen zu erwarten, woraus für das Unternehmen Einbußen bei den Erträgen resultieren könnten (vgl. Helms, 2014, S. 108). Dies verdeutlicht, dass bereits das Risiko, möglicherweise durch die gewählte Kapitalstruktur in Zahlungsschwierigkeiten geraten zu können, einen kapitalstrukturrelevanten Faktor darstellt, der bei der Gestaltung der Kapitalstruktur berücksichtigt werden muss. Manche Autoren beschreiben die aufgrund der Kapitalstruktur verursachten Kosten nicht nur als Insolvenzkosten, sondern in abgeschwächter Form auch als Kosten eines Liquiditätsengpasses (vgl. Casey, 2012, S. 167). Kraus/Litzenberger haben den Zusammenhang zwischen Steuervorteil und Insolvenzkosten formal dargestellt und eine für diesen Fall geltende Formel zur Ermittlung der optimalen Kapitalstruktur hergeleitet (vgl. Kraus/Litzenberger, 1973, S. 911 ff.). Demnach wird die Verschuldung so lange erhöht, bis der marginale Steuervorteil der Fremdfinanzierung gerade den marginal erwarteten Insolvenzkosten entspricht (vgl. Schneider, 2010, S. 14; Myers, 1984, S. 577 ff.). Neben Kraus/Litzenberger gibt es eine Reihe weiterer Unterstützer dieses Gedankens, wie beispielsweise Scott und Kim, die ebenfalls den Tradeoff zwischen Steuervorteil und Insolvenzkosten als Kriterium zur Gestaltung der Kapitalstruktur heranziehen (vgl. Scott, 1976, S. 33 ff.; Kim, 1978, S. 45 ff.). Abbildung 9.6 fasst abschließend nochmal die ausgeführten Überlegungen zur Trade-off-Theorie grafisch zusammen.

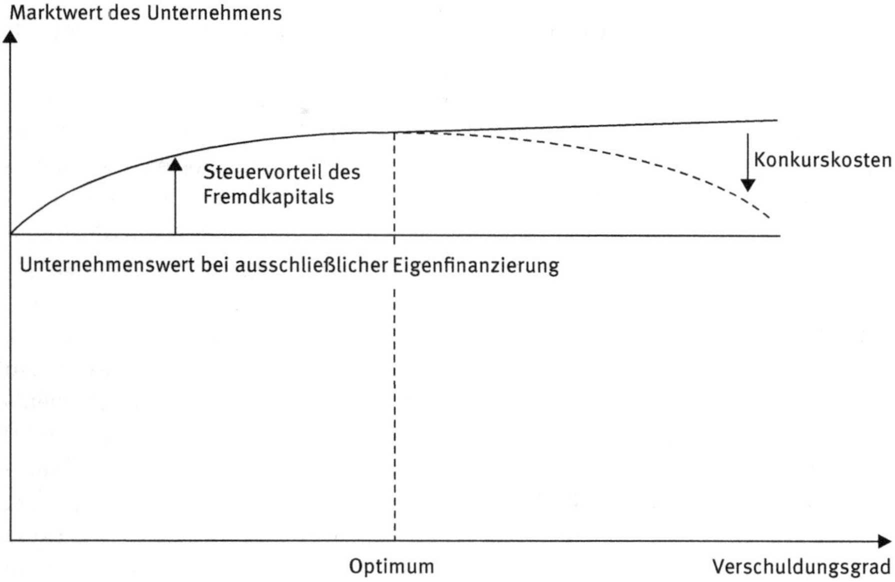

Abb. 9.6: Trade-off-Theorie (in Anlehnung an Shyam-Sunder/Myers, 1999 und Perridon/Steiner/Rathgeber, 2017, S. 586)

Kritik an der Trade-off-Theorie entstand insbesondere aus der empirischen Beobachtung heraus, dass ähnliche Unternehmen völlig unterschiedliche Verschuldungsgrade besitzen, dass sich die Verschuldungsgrade zwischen Steuersystemen, die Fremdkapital zunächst nicht, anschließend aber doch begünstigten, nicht signifikant veränderten und dass eine exakte Quantifizierung der Insolvenzkosten nur schwer möglich ist (vgl. Hermanns, 2006, S. 38; Schneider, 2010, S. 15). Aufgrund dieser empirischen Erkenntnisse wurde gefolgert, dass von den Determinanten Steuervorteil und Insolvenzkosten ein geringerer Einfluss auf die Kapitalstruktur ausgeht als zunächst angenommen (vgl. Schneider, 2010, S. 15).

Eine andere Stoßrichtung erhielt die Trade-off-Theorie durch die Berücksichtigung von Agency-Kosten (vgl. Brennan, 1995, S. 11 f.). Die Verknüpfung der Agency-Theorie mit der Kapitalstrukturtheorie geht ursprünglich auf Jensen/Meckling zurück. Grundgedanke ist dabei, dass sich die Agency-Kosten in Abhängigkeit von der Kapitalstruktur verändern. Die Agency-Beziehung kann dabei als eine Beziehung zwischen Vertragspartnern verstanden werden, wobei der Prinzipal den Agenten mit bestimmten Aufgaben betraut und dabei Entscheidungskompetenzen an den Agenten überträgt (vgl. Jensen/Meckling, 1976, S. 308 f.). Agency-Konflikte treten immer dann auf, wenn der Prinzipal die Handlungen des Agenten nicht vollständig überblicken und kontrollieren kann. Agency-Kosten beinhalten sämtliche Kosten, die aufgrund von Interessenkonflikten innerhalb der Prinzipal-Agenten-Beziehung entstehen. Dazu gehören beispielsweise Überwachungs- und Bindungskosten. Als Überwachungskosten gelten die Aufwendungen zur Überwachung des Agenten. Bindungskosten entstehen wiederum aufgrund der Ressourcen, die der Agent einsetzt, um gegenüber dem Prinzipal glaubhaft ein durch den Prinzipal nicht erwünschtes Verhalten auszuschließen. Als Restgröße verbleiben die Residualkosten, die die Aufwendungen beschreiben, die trotz der Überwachungs- und Bindungsaktivitäten aufgrund der Zielabweichungen zwischen Prinzipal und Agenten auftreten. In Bezug auf die Kapitalstruktur befinden sich die Eigen-, die Fremdkapitalgeber und das Management in einer Prinzipal-Agenten-Beziehung. Kern der Theorie ist die Unterstellung von opportunistischem Verhalten der beteiligten Vertragsparteien (vgl. Schneider, 2010, S. 17). Ein wesentlicher Konflikt zwischen Anteilseigner und Management besteht nach Jensen/Meckling aus dem eigennützigen Umgang des Managements (sofern nicht eine 100 % Eigenkapitalbeteiligung durch das Management besteht) mit Unternehmensressourcen, wobei beispielsweise an eine üppige Geschäftsausstattung und übertriebene Anschaffungen (z. B. überdimensionierte Räumlichkeiten, Firmenjets) zu denken ist. Weiterhin ist es möglich, dass das Management nicht zum Wohle des Unternehmens wertschaffende Investitionen tätigt, sondern lediglich am eigenen Vorteil interessiert ist. Das insgesamt eigennützige Verhalten der Manager führt zu einem Rückgang des Unternehmenswerts. Eine Lösung des beschriebenen Konfliktfelds sieht Jensen in dem Einsatz von Fremdkapital, das zur Disziplinierung des Managements beitragen soll (vgl. Jensen, 1986, S. 324). Der Grundgedanke ist dabei, dass im Gegensatz zum Eigenkapital beim Fremdkapital zwingende vertragliche Vereinbarungen zur Begleichung von Zins- und Tilgungszahlungen bestehen, die das Management zu einem effizienten Einsatz der knappen finanziellen Mittel zwingen und die Zielabweichungen zwischen Prinzipal und Agenten reduzieren. Die Vorteilhaftigkeit eines höheren Verschuldungsgrads für ein Unternehmen aufgrund der Disziplinierung des Managements ist neben dem zuvor diskutierten Steuereffekt ein weiterer Aspekt, der für eine aktive Erhöhung des Verschuldungsgrads spricht. Zu beachten ist allerdings, dass sich mit zunehmenden Verschuldungsgrad die Agency-Kosten des Fremdkapitals erhöhen, z. B. in Form von steigenden Insolvenzkosten aufgrund eines zunehmenden Zielkonflikts zwischen den Fremdkapitalgebern und dem Management bzw. den Eigenkapitalgebern. Demnach fallen die Agency-Kosten des Eigenkapitals mit zunehmendem Verschuldungsgrad, wohingegen die Agency-Kosten des Fremdkapitals steigen. Genau umgekehrt verhält es sich bei einem abnehmenden Verschuldungsgrad. Die Kapitalstruktur erreicht ihr Optimum, wenn der Verschuldungsgrad so gewählt wird, dass sich die Agency-Kosten aus Eigen- und Fremdkapitalfinanzierung im Minimum befinden (vgl. Jensen/Meckling, 1976, S. 333 ff.). Die Agency-Theorie berücksichtigt somit Verhaltensanreize der unterschiedlichen Parteien im Rahmen von Kapitalstrukturentscheidungen, die auf Marktunvollkommenheiten zurückgehen (vgl. Hermanns, 2006, S. 60). Aus dieser Perspektive werden vertragliche Verpflichtungen, Sicherungsnachweise und unterschiedliche Ausgestaltungen von Kontroll- und Mitspracherechten erklärbar (vgl. Helms, 2014, S. 109 f.).

Insgesamt konnten mithilfe der Trade-off-Theorie aus Marktunvollkommenheiten und Vertragsproblemen eine Reihe von Einflussfaktoren auf die Finanzierungsentscheidung abgeleitet werden, ein einheitlicher und geschlossener Theorierahmen existiert allerdings nicht.

Die Pecking-Order-Theorie geht auf Myers/Majluf (vgl. Myers/Majluf, 1984, S. 187 ff.) zurück und wählt eine andere Herangehensweise zur Erklärung der Kapitalstruktur im Unternehmen als dies die bisher vorgestellten Kapitalstrukturtheorien getan haben. Im Rahmen der Pecking-Order-Theorie wird nicht von der Existenz einer optimalen Kapitalstruktur im bisherigen Sinne ausgegangen, sondern unterstellt, dass die Wahl des Finanzierungsinstruments und damit die konkrete Kapitalstruktur von den Finanzierungsmöglichkeiten der Unternehmung abhängt. Da diese sich wiederum in Abhängigkeit der jeweiligen Kapitalmarktsituation im Zeitablauf verändern, ist die Kapitalstruktur ständigen Anpassungen unterworfen. Die Pecking-Order-Theorie wird daher auch als dynamische Kapitalstrukturtheorie bezeichnet. Myers/Majluf unterstellen asymmetrisch verteilte Informationen, die je nach Finanzierungsinstrument sowie der konkreten Markt- und Zeitphase mit unterschiedlichen Informationskosten verbunden sind, woraus eine Präferenzordnung der einzelnen Finanzierungsformen resultiert, die auch den Namen der Theorie erklärt (Hackordnung) (vgl. Myers, 1984, S. 581).

Im Rahmen der Pecking-Order-Theorie gehen Myers/Majluf vereinfachend davon aus, dass die Interessen des Managements und der vorhandenen Anteilseigner identisch sind. Weiterhin wird angenommen, dass Kapital, das nicht durch eine Innenfinanzierung generiert werden kann, von neuen Investoren (Eigen- und Fremdkapitalgebern) bereitgestellt wird (vgl. Hermanns, 2006, S. 72). Die neuen Kapitalgeber gehen wiederum davon aus, dass das Management aufgrund der Informationsasymmetrie über einen Informationsvorsprung verfügt und ziehen aus der Wahl des Finanzierungsinstruments Schlussfolgerungen über den Zustand des Unternehmens (vgl. Myers/Majluf, 1984, S. 188 f.). Um die daraus abgeleitete Reihenfolge der einzelnen Finanzierungsinstrumente besser nachvollziehen zu können, ist nicht nur zwischen Eigen- und Fremdkapital, sondern auch zwischen Innen- und Außenfinanzierung zu unterscheiden.

Nach Myers/Majluf präferieren das Management und die bestehenden Anteilseigner bei der Wahl des Finanzierungsinstruments die Innenfinanzierung, da hier die geringste Informationsasymmetrie besteht. Nur wenn diese Mittel nicht ausreichen, wird auf die Außenfinanzierung ausgewichen. Im Rahmen der Außenfinanzierung greifen die Unternehmen zunächst auf Fremdkapital zurück, da die Ansprüche der Fremdkapitalgeber bei nicht ausfallgefährdeten Unternehmen unabhängig vom Unternehmenserfolg sind, bei Ausfallgefährdung des Unternehmens ist die Abhängigkeit im Vergleich zum Eigenkapital immer noch geringer. Innerhalb der Fremdfinanzierung würde somit zunächst die reine Fremdfinanzierung gewählt, anschließend kämen hybride Finanzierungsinstrumente, wie beispielsweise Wandelanleihen, zum Einsatz (vgl. Bessler/Drobetz/Thies, 2007, S. 6). Die Finanzierung durch die Emission von

Eigenkapital stellt aus Unternehmenssicht die schlechteste Alternative dar. Die Unbeliebtheit, neue Eigenkapitalgeber aufzunehmen, erklärt sich wiederum auch aus der Informationsasymmetrie. Die neuen Eigenkapitalgeber werden Teilhaber am Unternehmenserfolg und verlangen für das übernommene Risiko eine angemessene Verzinsung. Myers/Majluf zeigen, dass es bei der Notwendigkeit, externe Mittel über Eigenkapital aufzunehmen, sinnvoll sein kann, Investitionen mit positivem Kapitalwert zu unterlassen, weil neu zum Unternehmen hinzukommende Anteilseigner mehr als den Kapitalwert abschöpfen und es für die Altaktionäre zu einer Verschlechterung der Vermögensposition kommen kann (vgl. Schneider, 2010, S. 30). Die externen Eigenkapitalgeber wissen wiederum vom Informationsvorsprung des Unternehmens und interpretieren eine externe Kapitalerhöhung entsprechend als schlechtes Signal, da von einer Überbewertung der Unternehmung auszugehen ist (vgl. Bessler/Drobetz/Thies, 2007, S. 5). Die externe Kapitalerhöhung wird also auch von den potenziellen neuen Eigenkapitalgebern als unattraktiv angesehen, weil diese der Auffassung sind, dass eine Emission für die Unternehmung nur dann sinnvoll ist, wenn der Fundamentalwert unter dem aktuellen Wert liegt. Wäre der aktuelle Wert höher, würde das Unternehmen die Aktien zu günstig anbieten, was das Management nicht zulassen würde, da keiner einen besseren Informationsstand über die Unternehmenssituation besitzt, als das Management selbst. Das Management wird folglich immer das Finanzierungsinstrument wählen, das die Unternehmensentwicklung am wenigsten negativ beeinflusst.

Zusammenfassend zeigt Abb. 9.7 noch einmal die beschriebene Finanzierungshierarchie auf. Die Unternehmen bevorzugen die Innen- vor der Außenfinanzierung und bei einer notwendigen Außenfinanzierung wird das Fremdkapital gegenüber dem Eigenkapital präferiert.

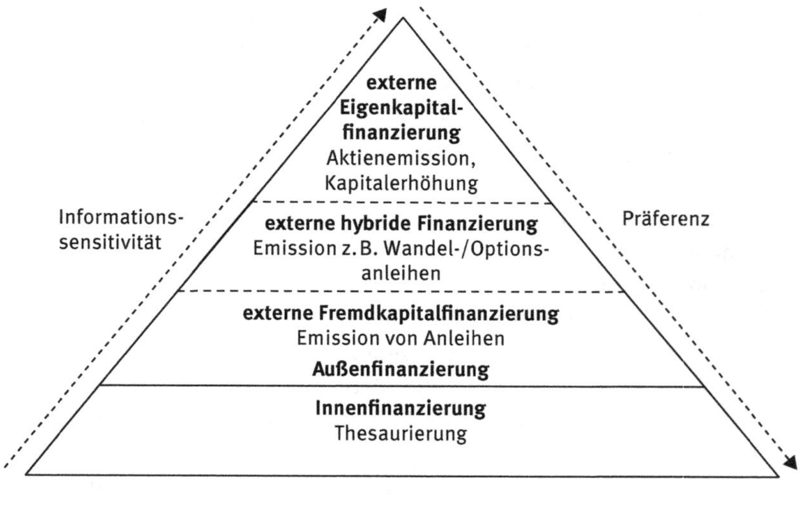

Abb. 9.7: Finanzierungshierarchie gemäß Pecking-Order-Theorie (in Anlehnung an Spremann/ Gantenbein 2005, S. 110)

Die Ausführungen haben gezeigt, dass die Pecking-Order-Theorie im Gegensatz zu den bisherigen Kapitalstrukturtheorien einen anderen Ansatzpunkt wählt und die Unterscheidung zwischen einer internen und einer externen Kapitalzuführung von größerer Bedeutung für die Erklärung der Kapitalstruktur im Unternehmen ist, als die Differenzierung zwischen Eigen- und Fremdkapital. Eine Erklärungskraft besitzt die Theorie vor allem in Bezug auf die empirisch belegte Tatsache, dass Unternehmen ungern eine externe Kapitalerhöhung durchführen. Dies lässt sich aus dem Informationsvorsprung des Managements gegenüber den potenziellen Anteilseignern in Bezug auf den Unternehmenswert erklären. Außerdem lassen sich die empirisch zu beobachtenden negativen Kursreaktionen auf angekündigte Kapitalerhöhungen bei Unternehmen plausibel mit dieser Theorie begründen (vgl. Schneider, 2010, S. 31). Weiterhin kann der geringere Verschuldungsgrad bei profitablen Unternehmen über die Pecking-Order-Theorie erklärt werden, womit diese im Gegensatz zur Trade-off-Theorie steht. Auch der oben im Rahmen der Trade-off-Theorie geäußerte Kritikpunkt, dass Unternehmen der gleichen Branche ganz unterschiedliche Kapitalstrukturen aufweisen, kann über die Pecking-Order-Theorie schlüssig entkräftet werden, weil Unternehmen die Kapitalstruktur nicht deterministisch festlegen, sondern in Abhängigkeit von der gerade vorliegenden Marktphase am Kapitalmarkt.

Abschließend sei angemerkt, dass auch die Pecking-Order-Theorie nicht frei von Kritik ist. So kann beispielsweise mithilfe dieser Theorie nicht begründet werden, warum Unternehmen Eigenkapital emittieren, solange noch andere Finanzierungsmöglichkeiten zur Verfügung stehen (vgl. Myers, 1989, S. 87). Weiterhin ist die Annahme, dass die Eigenkapitalgeber und das Management identische Interessen verfolgen, stark vereinfachend. In empirischen Studien, in denen die Trade-off- und die Pecking-Order-Theorie gegenüber gestellt werden, finden sich bezüglich der Kapitalstrukturgestaltung in Unternehmen in der Regel Anhaltspunkte für beide Theorien (vgl. z. B. Fama/French, 2002, S. 1 ff.; Frank/Goyal, 2003, S. 217 ff.).

9.2 Finanzwirtschaftliche Kennzahlenanalyse

Im Zentrum der finanzwirtschaftlichen Kennzahlenanalyse steht die Untersuchung von Höhe und Zusammensetzung des zur Verfügung stehenden Kapitals, Vermögens sowie der Liquidität des Unternehmens. Zur Ermittlung der Kennzahlen werden neben Informationen aus der Bilanz und der Gewinn- und Verlustrechnung auch Angaben aus der Kapitalflussrechnung eines Unternehmens benötigt. Abbildung 9.8 zeigt verschiedene Kennzahlengruppen, die in diesem Kapitel näher erläutert werden.

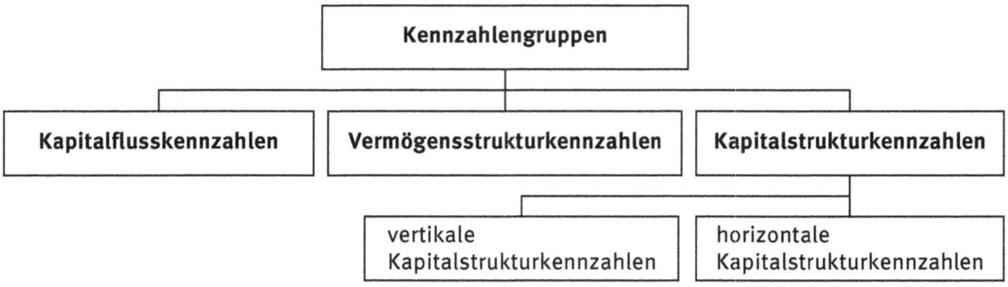

Abb. 9.8: Kennzahlengruppen

9.2.1 Kapitalflusskennzahlen

Kapitalflusskennzahlen werden aus der **Kapitalflussrechnung** eines Unternehmens abgeleitet. Die Kapitalflussrechnung im weiteren Sinne ist ein Planungs- und Kontrollinstrument zur Überwachung der Zahlungsfähigkeit eines Unternehmens, sie bildet damit das liquiditätsbezogene Teilsystem des unternehmerischen Rechnungswesens (vgl. Chmielewicz, 1993, S. 44). Die Kapitalflussrechnung im engeren Sinne stellt eine Finanzierungsrechnung zur Information Außenstehender dar (vgl. Coenenberg/Haller/Schultze, 2016, S. 789).

Anders als die Bilanz, die als Bestandsrechnung Vermögen und Kapital zu einem bestimmten Zeitpunkt erfasst, bringt die zeitraumbezogene Kapitalflussrechnung Bestandsveränderungen bzw. die den Bestandsveränderungen zugrunde liegenden Bewegungen (Umsätze) zum Ausdruck (vgl. Schierenbeck/Wöhle, 2016, S. 607). Die Gewinn- und Verlustrechnung eines Unternehmens ist zwar ebenfalls eine Zeitraumrechnung, allerdings werden in dieser nur erfolgswirksame Vorgänge (Aufwendungen und Erträge) festgehalten. Die Aufwendungen und Erträgen der Gewinn- und Verlustrechnung führen zum Jahresüberschuss. Die Kapitalflussrechnung erfasst im Gegensatz dazu auch erfolgsunwirksame Vorgänge und weist die Finanzmittelbewegungen (Einzahlungen und Auszahlungen) aus (vgl. Perridon/Steiner/Rathgeber, 2017, S. 695 f.). Der Saldo der Kapitalflussrechnung zeigt damit den Zu- bzw. Abfluss an Finanzmitteln an. Er entspricht der Veränderung des in der Bilanz ausgewiesenen Bestands an Finanzmitteln (vgl. Coenenberg/Haller/Schultze, 2016, S. 794). Den Zusammenhang zwischen der Bilanz auf der einen Seite (Bestandsrechnung) und der Gewinn- und Verlustrechnung bzw. Kapitalflussrechnung auf der anderen Seite (Zeitraumrechnungen) verdeutlicht Abb. 9.9.

Zur Verdeutlichung der Liquiditäts- und Erfolgswirksamkeit einzelner Vorgänge werden im Rahmen der Kapitalflussrechnung die Einzahlungen (Mittelherkunft) und Auszahlungen (Mittelverwendung) den Umsätzen auf den Erfolgskonten (Gewinn- und Verlustrechnung) sowie den Veränderungen der Bilanz unmittelbar gegenübergestellt. In Abb. 9.10 sind mögliche Kapitalflusskennzahlen dargestellt, die sich aus

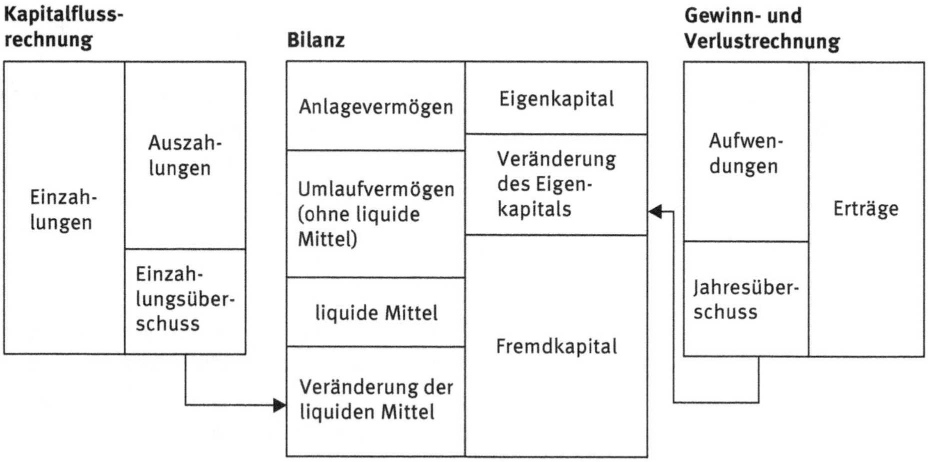

Abb. 9.9: Zusammenhänge zwischen Bilanz und Kapitalflussrechnung bzw. Gewinn- und Verlustrechnung (vgl. Coenenberg/Haller/Schultze, 2016, S. 793)

der zuvor dargestellten Kapitalflussrechnung ableiten lassen. Kapitalflusskennzahlen bringen allgemein das Verhältnis zwischen der unternehmerischen Investitionstätigkeit und der Erwirtschaftung finanzieller Mittel zum Ausdruck.

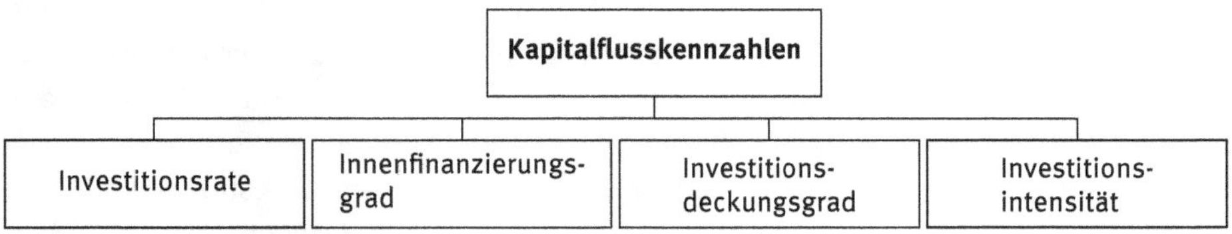

Abb. 9.10: Kapitalflusskennzahlen

Die **Investitionsrate** ergibt sich durch die Division von (Anlage-)Investitionen und Umsatzerlösen. Sie zeigt damit auf, in welchem Verhältnis die vom Unternehmen getätigten (Anlage-)Investitionen zu den Umsatzerlösen stehen:

$$\text{Investitionsrate} = \frac{\text{(Anlage-)Investitionen}}{\text{Umsatzerlöse}}$$

Die Umsatzerlöse stellen eine Position der Gewinn- und Verlustrechnung dar. Das Volumen der (Anlage-)Investitionen ergibt sich aus dem Saldo des Anlagebereichs in der Kapitalflussrechnung. Alternativ kann diese Größe auch aus der Bilanz bzw. der Gewinn- und Verlustrechnung abgeleitet werden. Hierzu sind die Nettoveränderungen des Anlagevermögens gemäß Bilanz um die Abschreibungen auf Anlagen zu erhöhen (vgl. Schierenbeck/Wöhle, 2016, S. 810 f.).

Der **Innenfinanzierungsgrad** oder auch Investitionsdeckungsgrad (vgl. Coenenberg/Haller/Schultze, 2016, S. 1095) zeigt das Verhältnis zwischen dem Cashflow bzw. den Umsatzüberschüssen und den getätigten (Anlage-)Investitionen:

$$\text{Innenfinanzierungsgrad} = \frac{\text{Cashflow}}{\text{(Anlage-)Investitionen}}$$

Als Cashflow werden die eigenerwirtschafteten Mittel bzw. das Innenfinanzierungsvolumen eines Unternehmens bezeichnet (zu einer Unterscheidung verschiedener Cashflowgrößen vgl. Kap. 5). Der Cashflow kann direkt mithilfe unternehmensinterner Informationen ermittelt werden. Hierzu sind die zahlungswirksamen Aufwendungen von den zahlungswirksamen Erträgen zu subtrahieren. Zahlungswirksame Erträge und Aufwendungen führen in der Periode ihrer Erfolgswirksamkeit gleichzeitig auch zu Einzahlungen bzw. Auszahlungen. Zahlungswirksame Aufwendungen entstehen z. B. durch den Barkauf von Rohstoffen oder die Zahlung von Löhnen (vgl. Baetge/Kirsch/Thiele, 2004, S. 130).

Bei der indirekten Ermittlung des Cashflows wird als Ausgangspunkt auf den Jahresüberschuss zurückgegriffen. Der Jahresüberschuss ist das Ergebnis der Gewinn- und Verlustrechnung und enthält sowohl einzahlungswirksame (auszahlungswirksame) als auch einzahlungsunwirksame (auszahlungsunwirksame) Erträge (Aufwendungen). Da es sich beim Cashflow um den Überschuss der zahlungswirksamen Erträge über die zahlungswirksamen Aufwendungen handelt, müssen aus dem Jahresüberschuss die nicht zahlungswirksamen Positionen entfernt werden. Die nicht zahlungswirksamen Aufwendungen haben dabei den Jahresüberschuss vermindert (z. B. Abschreibungen oder Zuführungen zu Rückstellungen). Ebenso haben die nicht zahlungswirksamen Erträge den Jahresüberschuss erhöht (z. B. Umsätze, für die noch keine Einzahlungen vorliegen und Erträge aus der Auflösung von Rückstellungen). Bei der indirekten Ermittlung des Cashflows ist daher der Jahresüberschuss um die Aufwendungen zu erhöhen, die in der betrachteten Periode nicht zu einer Auszahlung geführt haben, und um die Erträge zu vermindern, die in der betrachteten Periode keine Einzahlungen bewirkt haben. Aus dieser Vorgehensweise ergibt sich die Bezeichnung „indirekte Ermittlung“, da der Cashflow aus dem Jahresüberschuss und den zahlungsunwirksamen Vorgängen abgeleitet wird (vgl. Baetge/Kirsch/Thiele, 2004, S. 130 f.).

In Tab. 9.5 werden die direkte und indirekte Ermittlung des Cashflows noch einmal einander gegenübergestellt.

Zur korrekten Ermittlung des Cashflows sind folglich Informationen über die Zahlungswirksamkeit der Erträge und Aufwendungen erforderlich. Während unternehmensintern diese Informationen vorliegen, muss bei einer externen Analyse aus der Gewinn- und Verlustrechnung abgeleitet werden, welche Aufwendungen/Erträge

Tab. 9.5: Direkte und indirekte Ermittlung des Cashflows (vgl. Baetge/Kirsch/Thiele, 2004, S. 130 f.)

direkte Ermittlung		indirekte Ermittlung	
	einzahlungswirksame Erträge		Jahresüberschuss
–	auszahlungswirksame Aufwendungen	–	einzahlungsunwirksame Erträge
=	Cashflow	+	auszahlungsunwirksame Aufwendungen
		=	Cashflow

zahlungswirksam und welche zahlungsunwirksam gewesen sind. Wenn alle Informationen bezüglich der Zahlungswirksamkeit vorhanden sind, liefern die direkte und die indirekte Methode das gleiche Ergebnis für den Cashflow.

Einzelne Positionen der Gewinn- und Verlustrechnung enthalten sowohl zahlungswirksame als auch zahlungsunwirksame Vorgänge. Wird Kunden beispielsweise ein Zahlungsziel gewährt, d. h. nicht alle verkauften Waren sind in der gleichen Periode bezahlt worden, erhöhen sich die Forderungen aus Lieferungen und Leistungen. Zur Ermittlung der tatsächlichen Einzahlungen aus dem Umsatzprozess müssen die Umsatzerlöse demnach um den Erhöhungsbetrag der Forderungen vermindert werden. Analog sind die Umsatzerlöse bei einem Rückgang der Forderungen zu erhöhen. Bei indirekter Ermittlung über die Gewinn- und Verlustrechnung sind darüber hinaus gerade bei Positionen wie den sonstigen Erträgen und Aufwendungen zusätzliche Angaben zur Zahlungswirksamkeit erforderlich, um den Cashflow korrekt bestimmen zu können (vgl. Baetge/Kirsch/Thiele, 2004, S. 132 f.).

In der Praxis wird der Cashflow i. d. R. (vor allem bei externen Analysen) nach der indirekten Methode ermittelt. Häufig wird dabei auf vereinfachte Berechnungsformeln zurückgegriffen. Eine übliche Vorgehensweise zur (indirekten) Ermittlung des Cashflows ist in Tab. 9.6 dargestellt.

Tab. 9.6: Vereinfachte Ermittlung des Cashflows

vereinfachte Ermittlung des Cashflows	
	Jahresüberschuss
+	Abschreibungen
+	Zuwachs der langfristigen Rückstellungen
=	Cashflow

Generell gibt der Innenfinanzierungsgrad an, welches Potenzial das Unternehmen besitzt, Investitionen direkt aus dem eigenerwirtschafteten Finanzmittelüberschuss zu finanzieren. Die Kennzahl informiert damit indirekt darüber, inwiefern das Unternehmen auf die Außenfinanzierung und damit auf unternehmensexterne Kapitalgeber angewiesen ist.

Aus der Verbindung von Investitionsrate und Innenfinanzierungsgrad ergibt sich die **Finanzkraft** des Unternehmens. Zur Berechnung der Finanzkraft ist der Cashflow durch die Umsatzerlöse zu dividieren. Die Finanzkraft kann damit auch als Produkt von Investitionsrate und Innenfinanzierungsgrad dargestellt werden:

$$\frac{\text{Cashflow}}{\text{Umsatzerlöse}} = \frac{\text{(Anlage-)Investitionen}}{\text{Umsatzerlöse}} \cdot \frac{\text{Cashflow}}{\text{(Anlage-)Investitionen}}$$

$$\downarrow \qquad\qquad \downarrow \qquad\qquad \downarrow$$

$$\text{Finanzkraft} = \text{Investitionsrate} \cdot \text{Innenfinanzierungsgrad}$$

Den Zusammenhang zwischen der Investitionsrate und dem Innenfinanzierungsgrad zeigt Abb. 9.11 in grafischer Form.

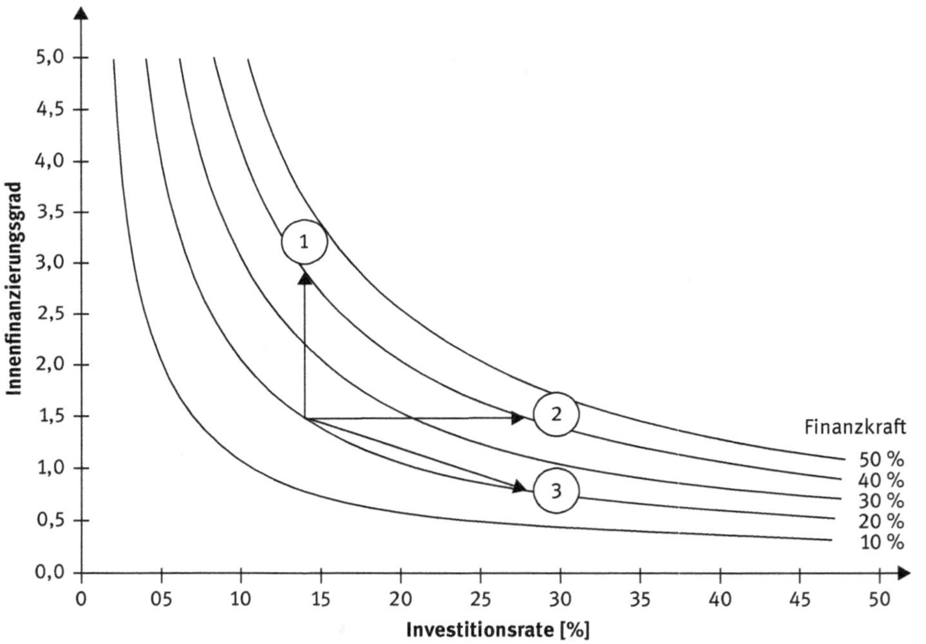

Abb. 9.11: Zusammenhänge zwischen Innenfinanzierungsgrad und Investitionsrate (vgl. Schierenbeck/Wöhle, 2016, S. 811)

In Abb. 9.11 wird deutlich, dass bei einer Steigerung des Innenfinanzierungsgrads die Finanzkraft des Unternehmens bei gleich bleibender Investitionsrate zunimmt (Pfeil 1). Dies tritt ein, wenn bei sonst unveränderten Größen der Cashflow des Unternehmens größer wird. Ebenso steigt die Finanzkraft, wenn sich bei sonst unveränderten Größen die Investitionsrate erhöht (Pfeil 2). Eine solche Steigerung ist denkbar, wenn gleich hohe (Anlage-)Investitionen bei geringeren Umsatzerlösen realisiert werden können. Weiterhin wird deutlich, dass eine Steigerung der Investitionsrate bei gleichbleibender Finanzkraft nur durch eine Reduzierung des Innenfinanzierungsgrads, d. h. durch einen Rückgang des aus dem Cashflow finanzierten Teils der (Anlage-)Investitionen, erreicht werden kann (Pfeil 3). Die Investitionsrate ist umso höher, je größer die Finanzkraft und je geringer der Innenfinanzierungsgrad ist (vgl. Schierenbeck/ Wöhle, 2016, S. 811).

Der **Investitionsdeckungsgrad** beschäftigt sich mit der Finanzierung aus Abschreibungen. Bei dieser Kapitalflusskennzahl werden die Abschreibungen auf Anlagen auf die Anlageinvestitionen bezogen:

$$\text{Investitionsdeckungsgrad} = \frac{\text{Abschreibungen auf Anlagen}}{\text{(Anlage-)Investitionen}}$$

Der Investitionsdeckungsgrad gibt an, in welcher Höhe die angesetzten Abschreibungen in Sachanlagen reinvestiert wurden. Bei einem Investitionsdeckungsgrad kleiner als 1 investiert ein Unternehmen über die Abschreibungsgegenwerte hinaus in Sachanlagen (Erweiterungs- oder Wachstumspolitik). In diesem Fall reichen die Abschreibungsgegenwerte zur Finanzierung der Anlageinvestitionen nicht aus und es müssen weitere finanzielle Mittel z. B. über einen Bankkredit beschafft werden. Je niedriger der Investitionsdeckungsgrad ist, desto größer ist der Anteil der Neuinvestitionen im Unternehmen. Liegt ein Investitionsdeckungsgrad größer als 1 vor, werden die angesetzten Abschreibungen nicht in vollem Umfang reinvestiert (Schrumpfungs- oder Konsolidierungspolitik). Bei einem Investitionsdeckungsgrad von 1 gleichen sich die Abschreibungen und Sachanlageinvestitionen gerade aus und es werden lediglich Erhaltungsinvestitionen getätigt (vgl. Ossola-Haring, 2006, S. 100 f.).

Bei der **Investitionsintensität** werden die (Anlage-)Investitionen auf das Netto-Anlagevermögen am Jahresanfang bezogen:

$$\text{Investitionsintensität} = \frac{\text{(Anlage-)Investitionen}}{\text{Nettoanlagevermögen (zum Jahresanfang)}}$$

Die Kapitalflusskennzahl Investitionsintensität steht – ähnlich wie der Investitionsdeckungsgrad – für die Wachstumsprozesse im Unternehmen. Wenn der Bestand an Nettoanlagevermögen (d. h. dem Anlagevermögen zu Anschaffungskosten abzüglich Abschreibungen) aufgrund von z. B. alten Gebäuden und Maschinen sehr gering ist und daher in der betrachteten Periode in einem großen Umfang Investitionen in das Anlagevermögen durchgeführt wurden, liegt eine hohe Investitionsintensität vor. Je größer diese Kennzahl und damit die Investitionsneigung des Unternehmens sind, desto besser ist die Zukunftsvorsorge des Unternehmens.

Die Investitionsintensität kann im Jahresvergleich auch sinken, wenn beispielsweise Investitionen in die Vorperiode vorgezogen wurden. In diesem Fall sind in der betrachteten Periode weniger Anlageinvestitionen erforderlich und gleichzeitig steigt das Nettanlagevermögen. Beide Effekte führen zu einer geringeren

Investitionsintensität. Die Investitionsintensität kann ferner zurückgehen, wenn aufgrund fehlender Investitionsmöglichkeiten keine oder nur wenige Investitionen (bei gleichbleibendem Anlagevermögen) vorgenommen wurden.

9.2.2 Vermögensstrukturkennzahlen

Die Vermögensstruktur bringt die Zusammensetzung des Vermögens eines Unternehmens zum Ausdruck (vgl. Schierenbeck/Lister, 2002, S. 128). Vermögensstrukturkennzahlen beziehen sich daher auf die Aktivseite der Bilanz. Die verschiedenen Vermögensstrukturkennzahlen nehmen eine Strukturierung des Vermögens nach seiner zeitlichen Bindung vor. Diese Strukturierung ermöglicht Aussagen bezüglich der Liquiditätslage des Unternehmens. Mit einer abnehmenden Bindungsdauer der Vermögensgegenstände erhöht sich das Liquiditätspotenzial und die Gefahr einer Illiquidität sinkt. Gleichzeitig hängt die Anpassungsfähigkeit des Unternehmens an geänderte Rahmenbedingungen (z. B. Beschäftigungs- und Strukturveränderungen) wesentlich von der Zusammensetzung des Vermögens ab (vgl. Coenenberg/Haller/Schultze, 2016, S. 1068). In Abb. 9.12 sind mögliche Vermögensstrukturkennzahlen dargestellt.

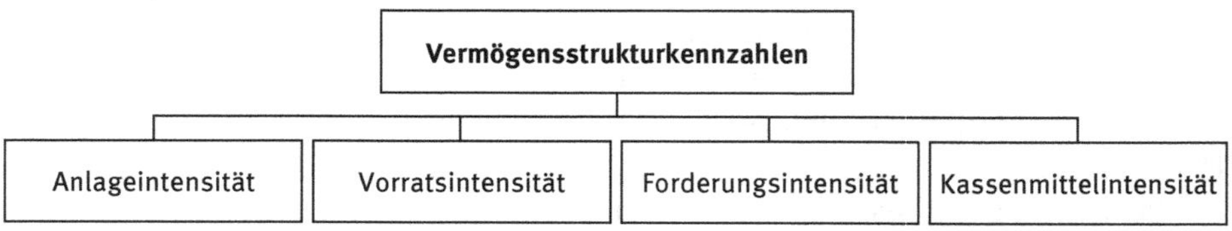

Abb. 9.12: Vermögensstrukturkennzahlen

Die **Anlagenintensität** entspricht der Relation von (Netto-)Anlagevermögen und Gesamtvermögen (Bilanzsumme):

$$\text{Anlagenintensität} = \frac{\text{(Netto-)Anlagenvermögen}}{\text{Gesamtvermögen}}$$

Die Anlagenintensität gibt damit Auskunft darüber, welcher Anteil des Gesamtvermögens aus Anlagevermögen besteht. Diese Intensitätskennzahl zeigt damit an, welcher Teil des Vermögens langfristig gebunden ist.

Bei einem geringen Anlagevermögen bzw. einer geringen Anlagenintensität liegen geringere fixe Kosten, die unter anderem aus Abschreibungen bestehen, vor. Zudem ist weniger Kapital langfristig gebunden, sodass die Möglichkeit gegeben ist, flexibler auf Beschäftigungsschwankungen zu reagieren oder schneller eine

Produktionsumstellung durchzuführen. Mit sinkender Dauer der Vermögensbindung sind die Vermögensgegenstände ferner (tendenziell) schneller bzw. einfacher liquidierbar, wodurch das Risiko der Illiquidität sinkt. Eine niedrige Anlagenintensität kann jedoch auch ein Indiz für veraltete Anlagen sein, d. h. die vorhandenen Anlagen sind bereits teilweise oder vollständig abgeschrieben. In diesem Fall besteht die Gefahr, dass der technische Fortschritt verpasst wird oder in Zukunft erhebliche Investitionen erforderlich sind (vgl. Perridon/Steiner/Rathgeber, 2017, S. 638).

Die **Vorratsintensität** zeigt den Anteil der Vorräte am Gesamtvermögen an:

$$\text{Vorratsintensität} = \frac{\text{Vorräte}}{\text{Gesamtvermögen}}$$

Diese Kennzahl drückt aus, welche Vorratspolitik vom Unternehmen verfolgt wird (vgl. Küting/Weber, 2015, S. 135). In der Regel wird davon ausgegangen, dass eine hohe Vorratsintensität ungünstig für ein Unternehmen ist. Grund hierfür sind die mit einem hohen Bestand an Vorräten verbundenen Lagerhaltungs- und Kapitalbindungskosten. Die Vorratsintensität kann auf Absatzschwierigkeiten hinweisen, d. h. die Vorratsbestände steigen aufgrund eines mangelnden Absatzes an. Die Vorratsintensität kann allerdings auch ein Indiz für Änderungen der Vorratswirtschaft sein. Daher sollte die Vorratsintensität eines Unternehmens stets im Vergleich über mehrere Perioden beurteilt werden. Nur auf diese Weise sind Änderungen der Vorratspolitik erkennbar.

Auf den Bestand an Vorräten und damit die Vorratsintensität wirken vielfältige Einflussfaktoren. So erfordert z. B. eine Erweiterung der Produktpalette eine größere Lagerhaltung. Auch beeinflussen moderne Produktionskonzepte wesentlich den Bestand an Vorräten. Bei einer Fertigung nach dem Just-in-Time-Prinzip werden die Vorprodukte beispielsweise unmittelbar vor der Produktion angeliefert, sodass keine oder nur eine geringe Vorratshaltung notwendig ist (vgl. Baetge/Kirsch/Thiele, 2004, S. 216 ff.). Des Weiteren führen auch Preisschwankungen zu einer Veränderung des in den Vorräten gebundenen Kapitals. Auch können geänderte Bewertungsmethoden (z. B. Wechsel von der Durchschnittsmethode zur Methode nach der Verbrauchsfolge) den Wert der Vorräte erheblich beeinflussen, ohne dass eine Änderung der Lagerhaltungspolitik damit verbunden sein muss (vgl. Küting/Weber, 2015, S. 136). Neben der direkten Beeinflussung der Zählergröße sind bei der Betrachtung der Vorratsintensität auch Veränderungen des Gesamtvermögens zu berücksichtigen (z. B. Wertänderung des Anlagevermögens durch Abschreibungen).

Bei der **Forderungsintensität** werden die Warenforderungen durch das Gesamtvermögen dividiert:

$$\text{Forderungsintensität} = \frac{\text{Warenforderungen}}{\text{Gesamtvermögen}}$$

Die Forderungsintensität gibt Auskunft über den Anteil der Forderungen am Gesamtvermögen, d. h. wie viel des gesamten Kapitals in Forderungen gebunden ist. Diese Kennzahl steht in direkter Verbindung zu den vom Unternehmen erzielten Umsatzerlösen. Sofern Kunden gekaufte Waren nicht sofort bezahlen, stellen die Umsatzerlöse zahlungsunwirksame Erträge dar und erhöhen damit den Forderungsbestand. Forderungen stehen in gewisser Weise für Einzahlungen in der Zukunft. Eine Verringerung der Forderungsintensität bedeutet, dass dem Unternehmen durch die Begleichung der Forderungen liquide Mittel zugeflossen sind.

Die Forderungsintensität ist ein Indikator für das Forderungsmanagement eines Unternehmens. Eine hohe Forderungsintensität kann eine schlechte Rechnungsstellungspolitik bedeuten. Den Kunden werden unter Umständen zu lange Zahlungsziele eingeräumt. Weiterhin ist auch die Struktur der Kunden von Bedeutung. Kunden mit einer schlechten Zahlungsmoral oder Bonität führen zu einer Erhöhung der Forderungsintensität. Im Gegensatz dazu steht eine Verringerung der Forderungsintensität für eine Verbesserung der Zahlungsmoral der Kunden. Außerdem sind an einer verringerten Forderungsintensität unmittelbar Verbesserungen im Forderungsmanagement des Unternehmens zu erkennen. Wird z. B. das Mahnwesen im Unternehmen ausgebaut, kann dies zu einer Verringerung der ausstehenden Forderungen und der Forderungsintensität führen.

Die **Kassenmittelintensität** steht für den Anteil der liquiden Mittel am Gesamtvermögen:

$$\text{Kassenmittelintensität} = \frac{\text{liquide Mittel}}{\text{Gesamtvermögen}}$$

Zu den liquiden Mitteln gehören die Bilanzpositionen Kassenbestand, Bundesbankguthaben, Guthaben bei Kreditinstituten und Schecks. Ein hoher Bestand an liquiden Mitteln und damit eine hohe Kassenmittelintensität erhöht die Wahrscheinlichkeit, zukünftigen Zahlungsverpflichtungen nachkommen zu können. Allerdings ist die Höhe der in der Bilanz ausgewiesenen liquiden Mittel letztlich keine aussagekräftige Größe für die Liquidität eines Unternehmens, da sich die in der Bilanz ausgewiesenen liquiden Mittel auf einen bestimmten Stichtag beziehen (vgl. Baetge/Kirsch/Thiele, 2004, S. 221 f.). Der erforderliche Liquiditätsbedarf wird jedoch im Wesentlichen durch die künftigen Auszahlungsverpflichtungen determiniert. Das heißt, selbst wenn ein großer Bestand an liquiden Mitteln vorliegt, kann dieser unter Umständen dennoch nicht ausreichen, um die Zahlungsverpflichtungen der Zukunft erfüllen zu können (vgl. Küting/Weber, 2015, S. 137). Da Aussagen bezüglich der künftigen Liquiditätsbelastung i. d. R. nicht unmittelbar aus der Kassenmittelintensität abgeleitet werden können, ist die Aussagefähigkeit der Kennzahl begrenzt.

Obwohl die Wahrscheinlichkeit, zukünftigen Zahlungsverpflichtungen nachkommen zu können, durch eine hohe Kassenmittelintensität steigt, ist ferner zu berücksichtigen, dass liquide Mittel oftmals keine oder nur geringe Erträge liefern.

Eine hohe Kassenmittelintensität hat damit negative Auswirkungen auf die Rentabilität eines Unternehmens. Die Kennzahl der Kassenmittelintensität ist damit immer unter Berücksichtigung der zukünftigen Auszahlungen zu interpretieren. Nur wenn in der Zukunft große Auszahlungen getätigt werden müssen, sind eine hohe Kassenmittelintensität und damit eine negative Beeinflussung der Rentabilität des Unternehmens akzeptabel.

Insgesamt kann mit der Kassenmittelintensität nicht die künftige Zahlungsfähigkeit, sondern vielmehr nur die Liquiditätssituation am Bilanzstichtag beurteilt werden. Hier muss allerdings berücksichtigt werden, dass der Bestand an liquiden Mitteln und damit auch die Kassenmittelintensität leicht durch bilanzpolitische Maßnahmen beeinflusst werden können. Eine Kreditaufnahme unmittelbar vor dem Bilanzstichtag erhöht beispielsweise die Liquidität und den Kassenmittelbestand. Aus dieser Erhöhung können hingegen keine Aussagen bezüglich des Potenzials des Unternehmens abgeleitet werden, allen künftigen Zahlungsverpflichtungen nachkommen zu können.

Bei Vermögensstrukturkennzahlen werden verschiedene Positionen der Aktivseite der Bilanz auf das Gesamtvermögen bezogen. Generell können für die dargestellten Vermögensstrukturkennzahlen keine Normwerte formuliert werden, d. h. es existieren keine allgemein gültigen Vorgaben für die Vermögensstrukturkennzahlen. Die Kennzahlen werden vielmehr von vielen unterschiedlichen Faktoren beeinflusst.

Der **Branchenzugehörigkeit** eines Unternehmens kommt dabei eine besondere Bedeutung zu. So ist beispielsweise die Anlagenintensität in der Energiewirtschaft oder dem Schiffs- oder Maschinenbau vergleichsweise hoch (vgl. Ossola-Haring, 2006, S. 56 f.). In diesen Branchen ist ein großer Teil des Vermögens in den zur Produktion notwendigen Anlagen gebunden. Auch auf die Vorratsintensität hat die Branchenzugehörigkeit einen wesentlichen Einfluss. Die Vorratshaltung und damit auch die Vorratsintensität sind in Unternehmen des produzierenden Gewerbes höher als beispielsweise in der Dienstleistungsbranche. Der Handel erreicht einen Großteil seiner Umsatzerlöse mithilfe des Umlaufvermögens, d. h. in diesem Wirtschaftszweig ist der überwiegende Teil des Gesamtvermögens z. B. in den Vorräten und Forderungen gebunden, was zu einer hohen Vorrats- und Forderungsintensität führt. Da für die einzelnen Vermögensstrukturkennzahlen keine allgemeingültigen Normwerte existieren, sollten zur Beurteilung der jeweiligen Kennzahl Vergleichswerte aus der gleichen Branche herangezogen werden. Aufgrund der unterschiedlichen Ausprägungen in den einzelnen Branchen, sinkt insbesondere bei branchenübergreifenden Vergleichen die Aussagekraft der Vermögensstrukturkennzahlen.

Neben der Branchenzugehörigkeit sind weitere – teilweise damit in enger Verbindung stehende – Einflussfaktoren für die Vermögensstrukturkennzahlen von Bedeutung. Ein weiterer Faktor ist beispielsweise die **Geschäftspolitik** (vgl. Schierenbeck/ Wöhle, 2016, S. 804). So haben Sale-and-Lease-back-Geschäfte (vgl. Kap. 7.1.3) einen unmittelbaren Einfluss auf die Vermögensstrukturkennzahlen. Ein im Anlagevermögen des zukünftigen Leasingnehmers befindlicher Anlagevermögensgegenstand wird beim Sale-and-Lease-back veräußert (Verringerung Anlageintensität). Durch diesen Vorgang fließen dem Leasingnehmer im Falle einer Barzahlung liquide Mittel zu (Erhöhung Kassenmittelintensität) oder die Forderungen gegenüber dem Leasinggeber steigen (Erhöhung Forderungsintensität). Gleichzeitig müssen vom Leasingnehmer Finanzmittel für die in Zukunft anfallenden Leasingraten bereitgestellt werden. Diese Bereitstellung liquider Mittel hat direkte Auswirkungen auf die zukünftige Kassenmittelintensität.

Neben der Geschäftspolitik sind auch die **Produktionstiefe** sowie der **Automatisierungsgrad** der Fertigungsprozesse für die Vermögensstrukturkennzahlen von Bedeutung. So führen ein höherer Automatisierungsgrad und eine größere Produktionstiefe in der Regel zu kostenintensiveren Produktionsanlagen, was die Anlagenintensität beeinflusst. Auch ist mit einer steigenden Produktionstiefe unter Umständen eine größere Vorratshaltung an Roh-/Hilfs-/Betriebsstoffen sowie Halb- und Fertigerzeugnissen verbunden (Erhöhung Vorratsintensität). Auch hier lassen sich jedoch wiederum keine allgemeingültigen Aussagen ableiten.

9.2.3 Kapitalstrukturkennzahlen

Mit den Kapitalstrukturkennzahlen werden die Art und die Zusammensetzung des Kapitals untersucht. Im Mittelpunkt steht dabei die Frage nach der Kapitalherkunft (Quelle) und der Überlassungsdauer des Kapitals (vgl. Coenenberg/Haller/Schultze, 2016, S. 1074 f.). Kapitalstrukturkennzahlen sind ein Indikator für die Kreditwürdigkeit eines Unternehmens. Diese ist vor allem vor dem Hintergrund der Prolongation bzw. Substitution des zu Verfügung gestellten Kapitals von Bedeutung (vgl. Küting/Weber, 2015, S. 138). Wie in Abb. 9.13 dargestellt, ist zwischen vertikalen und horizontalen Kapitalstrukturkennzahlen zu unterscheiden.

Vertikale Kapitalstrukturkennzahlen beziehen sich auf die Passivseite der Bilanz und spiegeln damit die Art und die Zusammensetzung der Kapitalquellen wider. Die vertikalen Kapitalstrukturkennzahlen informieren insbesondere darüber, wie das Unternehmen sich außenfinanziert hat bzw. welche Verschuldungspolitik vom Unternehmen betrieben wird (vgl. Schierenbeck/Wöhle, 2016, S. 802). Durch die Bezeichnung „vertikal" wird zum Ausdruck gebracht, dass Passivpositionen der Bilanz aufeinander bezogen werden (vgl. Franke/Hax, 2009, S. 114). Zu unterscheiden sind Kennzahlen zum statischen und dynamischen Verschuldungsgrad und zur Verschuldungsstruktur (Verschuldungsintensität).

Der **statische Verschuldungsgrad** drückt die (Eigen- und Fremd-)Kapitalproportionen für die Finanzierung des Vermögens aus. Beim statischen Verschuldungsgrad wird das von Fremdkapitalgebern bereitgestellte Kapital auf das Kapital der

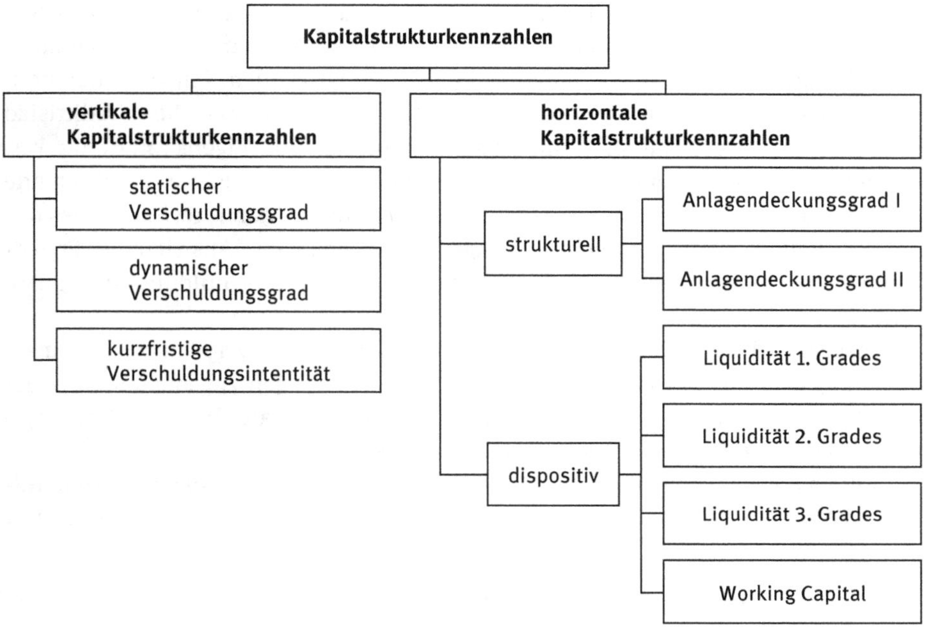

Abb. 9.13: Kapitalstrukturkennzahlen

Unternehmenseigner bezogen. Er gibt damit wieder, über wie viel Fremdkapital ein Unternehmen bezogen auf eine Einheit Eigenkapital verfügt:

$$\text{statischer Verschuldungsgrad} = \frac{\text{Fremdkapital}}{\text{Eigenkapital}}$$

Je größer der statische Verschuldungsgrad eines Unternehmens ist, desto größer ist auch die Abhängigkeit von Fremdkapitalgebern. Wie in Kap. 9.1.2 gezeigt, besitzt der statische Verschuldungsgrad eine entscheidende Bedeutung für den Leverage-Effekt. Beim Leverage-Effekt wird der Einfluss des Verschuldungsgrads auf die Eigenkapitalrentabilität untersucht.

Zur Festlegung des optimalen statischen Verschuldungsgrads müssen die Finanzierungsprinzipien bzw. die Verschuldungspolitik des Unternehmens berücksichtigt werden. Der statischen Verschuldungsgrad wirkt als Hebel auf die Eigenkapitalrentabilität (Leverage-Effekt). Solange die Gesamtkapitalrentabilität größer ist als der Fremdkapitalzinssatz, hat die Verschuldung positive Auswirkungen auf die Eigenkapitalrentabilität (positiver Leverage-Effekt). Aus der Perspektive der Maximierung der Eigenkapitalrentabilität ist also ein möglichst hoher statischen Verschuldungsgrad anzustreben, sofern die Verzinsung des Gesamtkapitals die Verzinsung des Fremdkapitals übersteigt.

Bei der Festlegung eines Zielwerts für den unternehmensspezifischen statischen Verschuldungsgrad müssen neben den Finanzierungsprinzipien des Unternehmens auch die Erwartungen der Kapitalgeber berücksichtigt werden. Ein zu hoher statischer Verschuldungsgrad kann für externe Kreditgeber ein zu hohes Kreditrisiko bedeuten. In diesem Fall steht nur wenig Haftungskapital (Eigenkapital) zur Verfügung, sodass das Eigenkapital unter Umständen nicht ausreicht, um auftretende Verluste zu kompensieren. Die Fremdkapitalgeber müssen damit rechnen, dass das bereitgestellte Kapital nicht mehr zurückgezahlt werden kann. Aus Sicht der Fremdkapitalgeber ist damit ein möglichst geringer statischer Verschuldungsgrad anzustreben.

Insgesamt lässt sich festhalten, dass die Gestaltung der Kapitalstruktur einem Spannungsfeld aus Sicherheitserwägungen und Erwägungen zur Maximierung der Eigenkapitalrentabilität unterliegt. Die mit dem optimalen statischen Verschuldungsgrad verbundene Problematik wurde in Kap. 9.1.3 erläutert.

Neben dem statischen Verschuldungsgrad gibt es den **dynamischen Verschuldungsgrad**, der dem Quotienten aus Effektivverschuldung und Cashflow entspricht:

$$\text{dynamischer Verschuldungsgrad} = \frac{\text{Effektivverschuldung}}{\text{Cashflow}}$$

Der dynamische Verschuldungsgrad verdeutlicht die Schuldentilgungskraft eines Unternehmens und gibt an, wie viele Jahre es dauern würde, um die Effektivverschuldung des Unternehmens bei sonst gleichen Bedingungen aus dem laufenden, als konstant angenommenen Cashflow zu tilgen (Tilgungsdauer). Die Effektivverschuldung ergibt sich aus den Verbindlichkeiten abzüglich des innerhalb einer Periode liquidierbaren monetären Umlaufvermögens (vgl. Tab. 9.7). Das monetäre Umlaufvermögen besteht grundsätzlich aus den Forderungen und sonstigen Vermögensgegenständen, den Wertpapieren und den liquiden Mitteln (vgl. Coenenberg/Haller/Schultze, 2016, S. 1045). Zur Berechnung der Effektivverschuldung sind allerdings Positionen mit einer Restlaufzeit größer als einem Jahr nicht in die Betrachtung mit einzubeziehen bzw. aus dem monetären Umlaufvermögen zu entfernen (vgl. Coenenberg/Haller/Schultze, 2016, S. 1088; Perridon/Steiner/Rathgeber, 2017, S. 659).

Tab. 9.7: Ermittlung der Effektivverschuldung (vgl. Perridon/Steiner/Rathgeber, 2017, S. 659)

Effektivverschuldung	
	gesamte Verbindlichkeiten (lang- und kurzfristig)
–	monetäres Umlaufvermögen (soweit es innerhalb eines Jahres liquidierbar ist)
=	Effektivverschuldung

Je kleiner der Wert des dynamischen Verschuldungsgrads ist, desto schneller ist ein Unternehmen in der Lage, seine effektiven Schulden mit den im Umsatzprozess erwirtschafteten Mitteln zu tilgen. Ein Unternehmen mit einem geringen dynamischen Verschuldungsgrad ist damit von seinen Gläubigern relativ unabhängig, da es in der Lage ist, in einer kurzen Zeit die Verbindlichkeiten aus eigener Kraft zu tilgen. Ein geringer dynamischer Verschuldungsgrad kann somit auch als Ausdruck für die finanzielle Stabilität eines Unternehmens interpretiert werden (vgl. Baetge/Kirsch/Thiele, 2004, S. 276).

Beim dynamischen Verschuldungsgrad ist allerdings zu beachten, dass der Cashflow eine vergangenheitsorientierte Größe darstellt, d. h. der Cashflow bezieht sich auf die Ein- und Auszahlungen eines zurückliegenden Zeitraums. Der dynamische Verschuldungsgrad kann daher nur als Schuldentilgungskraft bzw. Tilgungsdauer interpretiert werden, wenn in der Zukunft mit einem gleich bleibenden Cashflow gerechnet werden kann. Auch muss die Effektivverschuldung als konstant angenommen werden bzw. darf sie sich nicht wesentlich ändern, um die Aussagekraft dieser Kapitalstrukturkennzahl nicht zu stark einzuschränken.

Die **kurzfristige Verschuldungsintensität** steht für das Verhältnis des kurzfristigen Fremdkapitals am gesamten Fremdkapital:

$$\text{kurzfristige Verschuldungsintensität} = \frac{\text{kurzfristiges Fremdkapital}}{\text{Fremdkapital}}$$

Als kurzfristiges Fremdkapital werden in der Regel Verbindlichkeiten mit einer Laufzeit von weniger als einem Jahr bezeichnet. Kurzfristiges Fremdkapital muss früher (innerhalb der nächsten Periode) zurückgezahlt werden als langfristiges Fremdkapital bzw. kann von den Kapitalgebern unmittelbar zurückgefordert werden (vgl. Baetge/Kirsch/Thiele, 2004, S. 230). Die kurzfristige Verschuldungsintensität gibt daher Auskunft über das Kapitalentzugsrisiko, d. h. wie groß der Anteil des Kapitals ist, das kurzfristig zurückgefordert werden kann. Je geringer der Anteil des kurzfristigen Fremdkapitals am gesamten Fremdkapital ist (bzw. je größer der Anteil des langfristigen Fremdkapitals), desto geringer ist das Risiko eines finanziellen Ungleichgewichts (vgl. Schierenbeck/Wöhle, 2016, S. 804).

Mit der kurzfristigen Verschuldungsintensität ist auch das Problem der Anschlussfinanzierung verbunden. Wenn einem Unternehmen notwendige finanzielle Mittel nicht (mehr) in einem ausreichenden Umfang zur Verfügung stehen, müssen Anschlussfinanzierungen gefunden werden. Für Unternehmen mit einem hohen Anteil an kurzfristigem Fremdkapital besteht das Risiko, dass solche Anschlussfinanzierungen nicht gefunden werden können und damit die Finanzierung der weiteren Geschäftstätigkeit unter Umständen nicht gesichert ist.

Horizontale Kapitalstrukturkennzahlen stellen eine Verbindung zwischen Investition, Finanzierung sowie der Liquidität eines Unternehmens her. Es wird die zeitliche Struktur der genutzten Kapitalquellen im Verhältnis zur Kapitalbindung und Kapitalfreisetzung analysiert. Bei den horizontalen Kapitalstrukturkennzahlen handelt es sich um Kennzahlen, welche die Deckung unterschiedlicher Vermögenspositionen (Aktivseite der Bilanz) durch entsprechende Kapitalpositionen (Passivseite der Bilanz) untersuchen. Durch die Bezeichnung „horizontal" wird zum Ausdruck gebracht, dass Passivpositionen der Bilanz mit Aktivpositionen verknüpft werden. Mit horizontalen Kapitalstrukturkennzahlen wird gleichzeitig untersucht, ob eine fristenkongruente Finanzierung vorliegt.

Nach dem Prinzip der Fristenkongruenz sollte zwischen der Bindungsdauer der investierten Mittel und der entsprechenden Kapitalüberlassungsdauer mindestens Übereinstimmung vorliegen (vgl. Küting/Weber, 2015, S. 155). Horizontale Kapitalstrukturkennzahlen können in strukturelle und dispositive Kennzahlen untergliedert werden. Bei den strukturellen Kapitalstrukturkennzahlen werden langfristige Vermögens- und Kapitalpositionen ins Verhältnis gesetzt. Insbesondere die Anlagendeckungsgrade sind hier zu nennen. Dispositive Kennzahlen zielen auf die kurzfristigen Positionen der Aktiv- und Passivseite ab. Bei diesen kurzfristigen Kapitalstrukturkennzahlen sind vor allem die verschiedenen Liquiditätsgrade sowie das sog. Working Capital von Bedeutung (vgl. Abb. 9.13).

Beim Anlagendeckungsgrad wird die Relation zwischen langfristigen Kapital- und Vermögenspositionen ermittelt. Zu unterscheiden sind zwei Formen des **Anlagendeckungsgrads**:

$$\text{Anlagendeckungsgrad I} = \frac{\text{Eigenkapital}}{\text{(Netto-)Anlagevermögen}} \quad \text{und}$$

$$\text{Anlagendeckungsgrad II} = \frac{\text{Eigenkapital} + \text{langfristiges Fremdkapital}}{\text{(Netto-)Anlagevermögen}}$$

Der strukturelle bzw. langfristige Charakter der Kennzahlen wird an den zur Berechnung verwendeten Positionen der Aktiv- und Passivseite der Bilanz deutlich. Beim Eigenkapital handelt es sich um Kapital, dass dem Unternehmen durch die Unternehmenseigner ohne eine zeitliche Befristung zur Verfügung gestellt wurde. Hierbei kann es sich um Kapital handeln, das von außen zugeführt wurde (Beteiligungsfinanzierung) oder von innen durch einen Verzicht auf Gewinnausschüttung im Unternehmen verblieben ist (Selbstfinanzierung; vgl. Kap. 7.2.2) (vgl. Coenenberg/Haller/Schultze, 2016, S. 331). Das Anlagevermögen beinhaltet gemäß § 247 Abs. 2 HGB die Vermögensgegenstände, die dazu bestimmt sind, dauerhaft dem Geschäftsbetrieb des Unternehmens zu dienen. Zusätzlich zum Eigenkapital wird beim Anlagendeckungsgrad II das langfristige Fremdkapital berücksichtigt. Auch hier werden nur Bestandteile erfasst, die langfristig dem Unternehmen zur Verfügung stehen. Dies sind unter anderem die langfristigen Verbindlichkeiten, daneben aber auch langfristige Rückstellungen (insbesondere Pensionsrückstellungen) sowie Darlehen von betriebszugehörigen Pensions- und Unterstützungskassen (vgl. Perridon/Steiner/Rathgeber, 2017, S. 656).

Die Kennzahlen der Anlagendeckungsgrade sind aus Überlegungen zum Gläubigerschutz entstanden. Es wird davon ausgegangen, dass Gegenstände des Anlagevermögens langfristig gebunden sind und auch im Falle der Liquidation nur schwer bzw. nur unter Wert veräußert werden können. Auf der anderen Seite wird unterstellt, dass Gegenstände des Umlaufvermögens (z. B. Vorräte) in relativ kurzer Zeit wieder zu Liquidität werden. Aus diesem Ansatz resultiert, dass die Gegenstände des Anlagevermögens möglichst mit langfristigem Kapital zu decken sind und die Gegenstände des Umlaufvermögens über kurzfristiges Kapital finanziert werden können.

Problematisch bei dieser Vorgehensweise ist die Zuordnung von Vermögensgegenständen des Anlage- und Umlaufvermögens zur lang- bzw. kurzfristigen Kapitalbindung. Diese fristenkongruente Zuordnung von Positionen der Passivseite zu Positionen der Aktivseite ist in der Regel nicht möglich, da allein aus der Bilanz weder die effektiven Fristigkeiten der Kapitalpositionen, noch die potenzielle Liquidierbarkeit der Vermögenspositionen ersichtlich ist. So kann beispielsweise auch langfristiges Kapital kurzfristig gekündigt werden oder eine Prolongation kurzfristiger Verbindlichkeiten erfolgen (vgl. Schierenbeck/Wöhle, 2016, S. 806). Auf der Seite der Vermögenspositionen können auch z. B. Vorräte einen langfristigen Charakter haben.

Auch bei den dispositiven Kapitalstrukturkennzahlen werden Vermögenspositionen (Aktivseite) mit Kapitalpositionen (Passivseite) verknüpft. Als Bezugsgröße dient nunmehr jedoch das kurzfristige Fremdkapital. Unter Berücksichtigung der unterschiedlichen Fristigkeiten der einbezogenen Aktivpositionen ergeben sich folgende **Liquiditätsgrade**:

$$\text{Liquidität 1. Grades} = \frac{\text{liquide Mittel}}{\text{kurzfristiges Fremdkapital}}$$

$$\text{Liquidität 2. Grades} = \frac{\text{monetäres Umlaufvermögen}}{\text{kurzfristiges Fremdkapital}}$$

$$\text{Liquidität 3. Grades} = \frac{\text{Umlaufvermögen}}{\text{kurzfristiges Fremdkapital}}$$

Wesentlicher Bestandteil des kurzfristigen Fremdkapitals sind die Verbindlichkeiten mit einer Restlaufzeit von weniger als einem Jahr. Zusätzlich werden in der Regel zu diesen kurzfristigen Verbindlichkeiten unter anderem Steuerrückstellungen, sonstige Rückstellungen und Dividendenzahlungen hinzugerechnet (vgl. Coenenberg/Haller/Schultze, 2016, S. 1051).

Die verschiedenen Liquiditätsgrade unterscheiden sich nur durch die jeweilige Zählergröße. Bei der Liquidität 1. Grades werden die liquiden Mittel (Kassenbestand, Zentralbankguthaben und Guthaben bei Kreditinstituten) auf das kurzfristige Fremdkapital bezogen. Die Liquidität 2. Grades beurteilt das Verhältnis von monetärem Umlaufvermögen (Liquide Mittel, Forderungen und Wertpapiere) zum kurzfristigen

Fremdkapital. Bei der Liquidität 3. Grades werden zusätzlich zum monetären Umlaufvermögen die Vorräte erfasst (vgl. Coenenberg/Haller/Schultze, 2016, S. 1086). Bei der Liquidität 2. und 3. Grades werden damit neben den tatsächlich vorhandenen liquiden Mitteln auch kurzfristig liquidierbare Vermögensgegenstände des Umlaufvermögens zur Beurteilung der Liquidität berücksichtigt.

Die Liquidität eines Unternehmens ist umso besser, je höher die Liquiditätsgrade sind. Allerdings ist hierbei zu beachten, dass eine zu hohe Liquidität die Rentabilität des Unternehmens negativ beeinflusst, da die freien Mittel in der Regel rentabler angelegt werden könnten (vgl. Perridon/Steiner/Rathgeber, 2017, S. 657 f.). Die Vorhaltung nicht benötigter liquider Mittel ist daher zu vermeiden, sofern diese keinen oder nur einen geringen Renditebeitrag leisten. Die Sicherstellung einer ausreichenden Liquidität ist unter anderem auch für Kreditvergabeentscheidungen relevant und hat damit sowohl für die Beschaffung von weiterem Kapital als auch für die Prolongation bzw. Substitution von vorhandenem Kapital eine erhebliche Bedeutung (vgl. Küting/Weber, 2015, S. 159).

Ebenso wie bereits bei den Anlagendeckungsgraden erwähnt, ist bei der Interpretation der Liquiditätsgrade die Zuordnung von Vermögenspositionen (Aktivseite) zu Kapitalpositionen (Passivseite) als kritisch anzusehen. Die fristenkongruente Zuordnung von Positionen der Aktiv- zu Positionen der Passivseite der Bilanz ist in der Regel nicht möglich. So werden beispielsweise Forderungen und Vorräte auf das kurzfristige Fremdkapital bezogen, ohne die tatsächlichen Liquidationsmöglichkeiten dieser Positionen zu berücksichtigen. Auch werden Zahlungsverpflichtungen wie z. B. Löhne nicht in die Betrachtung mit einbezogen (vgl. Schierenbeck/Wöhle, 2016, S. 806).

Neben diesem Aspekt ist weiter zu berücksichtigen, dass die in die Liquiditätsgrade einfließenden Größen durch bilanzpolitische Maßnahmen beeinflusst werden können. Die Aufnahme eines kurzfristigen Kredits kurz vor dem Bilanzstichtag führt beispielsweise zu einer Bilanzverlängerung. In diesem Fall nehmen sowohl die liquiden Mittel als auch die kurzfristigen Verbindlichkeiten zu und verändern damit die Liquiditätsgrade. Neben der Veränderung der Liquiditätsgrade ist allerdings zu berücksichtigen, dass sich auch andere Kennzahlen des Unternehmens verändern (vgl. Baetge/Kirsch/Thiele, 2004, S. 266). Das in Abb. 9.14 dargestellte Beispiel verdeutlicht die Beeinflussung einer Bilanz durch die Aufnahme eines Kredits (Laufzeit 6 Monate) in Höhe von 160 EUR unmittelbar vor dem Bilanzstichtag. Diese Kreditaufnahme führt zu einer Erhöhung des kurzfristigen Fremdkapitals. Gleichzeitig nehmen die liquiden Mittel und damit das (monetäre) Umlaufvermögen zu. Das Beispiel zeigt neben der Veränderung der Bilanz zusätzlich die Veränderungen der Liquidität 1. Grades sowie des statischen Verschuldungsgrads.

Durch die Aufnahme des kurzfristigen Kredits verbessert sich die Liquidität 1. Grades unmittelbar vor dem Bilanzstichtag um 20 Prozentpunkte. Im Beispiel wird allerdings auch deutlich, dass sich durch die Verbesserung der Liquidität gleichzeitig andere Kennzahlen des Unternehmens verändern. Beispielhaft ist der statische Verschuldungsgrad aufgeführt, der sich von 0,9 auf 2,5 erhöht. Diese Veränderung geht mit einer größeren Abhängigkeit von den Fremdkapitalgebern einher und ist daher negativ zu beurteilen. Insgesamt können die Liquiditätsgrade damit zwar verhältnismäßig einfach durch bilanzpolitische Maßnahmen verbessert werden, allerdings ist diese Veränderung der Liquiditätsgrade stets vor dem Hintergrund (der Veränderung) der Gesamtsituation des Unternehmens zu beurteilen.

Bilanz vor der Kreditaufnahme

Aktiva			Passiva
Anlagevermögen	100	Eigenkapital	100
Umlaufvermögen		Fremdkapital	
liquide Mittel	30	kurzfristig	40
Vorräte	60	langfristig	50
Bilanzsumme	190	Bilanzsumme	190

$$\text{Liquidität 1. Grades} = \frac{30}{40} = 75\,\%$$

$$\text{Verschuldungsgrad} = \frac{40 + 50}{100} = 0{,}9$$

Bilanz nach der Kreditaufnahme

Aktiva			Passiva
Anlagevermögen	100	Eigenkapital	100
Umlaufvermögen		Fremdkapital	
liquide Mittel	190	kurzfristig	200
Vorräte	60	langfristig	50
Bilanzsumme	350	Bilanzsumme	350

$$\text{Liquidität 1. Grades} = \frac{190}{200} = 95\,\%$$

$$\text{Verschuldungsgrad} = \frac{200 + 50}{100} = 2{,}5$$

Abb. 9.14: Veränderung von Bilanz und Kennzahlen bei Aufnahme eines kurzfristigen Kredits

Ein weiteres Problemfeld wird an dem zuvor aufgezeigten Beispiel deutlich. Nach der Veränderung der Bilanz liegt die Liquidität 1. Grades bei 95 %. Der Liquiditätsgrad hat sich zwar erhöht, allerdings ist aus dem höheren Kennzahlenwert nicht ersichtlich, dass im folgenden Jahr aufgrund der Laufzeit des Kredits von 6 Monaten eine Liquiditätsbeanspruchung durch die Rückzahlung des Kredits auftreten wird. Auch eine für den Folgemonat beschlossene Investition kann beispielsweise eine erhebliche Belastung der Liquidität zur Folge haben. Die zukünftige Veränderung der Liquiditätssituation durch Aus- und Einzahlungen wird in den Liquiditätsgraden nicht berücksichtigt. Die Liquidität eines Unternehmens ist aber nur dann gewahrt, wenn die vorhandenen Vermögenswerte eine fristgerechte Erfüllung aller Zahlungsverpflichtungen gewährleisten, worüber die Liquiditätsgrade keine konkrete Aussage treffen.

Die fehlende Berücksichtigung künftiger Zahlungsmittelbewegungen beruht auf der Verwendung von Daten aus der Bilanz, die stets einen Vergangenheitsbezug aufweisen. Die aus den Liquiditätsgraden abgeleiteten Aussagen bezüglich der Liquiditätssituation des Unternehmens besitzen nur unmittelbar für den Bilanzstichtag Gültigkeit. Eine Übertragung dieser Ergebnisse auf die zukünftige Zahlungsfähigkeit des Unternehmens ist schwierig, da die Liquiditätsgrade kurzfristige Positionen enthalten, die unter Umständen zum Zeitpunkt der Bilanzveröffentlichung bereits keine Gültigkeit mehr besitzen (vgl. Baetge/Kirsch/Thiele, 2004, S. 266). Die Aussagekraft der Liquiditätsgrade ist daher insbesondere mit abnehmender Fristigkeit der einbezogenen Vermögens- und Kapitalpositionen begrenzt (vgl. Coenenberg/Haller/Schultze, 2016, S. 1086). Dennoch kann eine schlechte Liquidität bzw. können im Zeitvergleich schlechter werdende Liquiditätsgrade als ein Indiz für Gefährdungen der Liquidität interpretiert werden.

Eine weitere dispositive Kapitalstrukturkennzahl ist das sog. **Working Capital.** In diese Kennzahl fließen die gleichen Kapital- und Vermögenspositionen wie bei der Liquidität 3. Grades ein. Allerdings wird nicht wie bei den Liquiditätsgraden eine Verhältniszahl gebildet, sondern ein absoluter Wert ermittelt:

$$\text{Working Capital} = \text{Umlaufvermögen} - \text{kurzfristiges Fremdkapital}$$

Das Working Capital zeigt den Überschuss des Umlaufvermögens über das kurzfristige Fremdkapital an. Da das Anlagevermögen alle Vermögensgegenstände beinhaltet, die dauerhaft dem Geschäftsbetrieb des Unternehmens dienen sollen (§ 247 Abs. 2 HGB), enthält das Umlaufvermögen alle Vermögensgegenstände, die nicht zur Aufrechterhaltung des Geschäftsbetriebs ständig im Unternehmen vorhanden sein müssen. Die Vermögensgegenstände des Umlaufvermögens können in der Regel leichter liquidiert werden, um z. B. kurzfristiges Fremdkapital zu tilgen. Die Differenz zwischen dem gesamten Umlaufvermögen und dem kurzfristigen Fremdkapital verdeutlicht damit den Teil des Umlaufvermögens, der nicht zur Deckung von kurzfristigem Fremdkapital notwendig ist.

Der Vorteil der Kennzahl „Working Capital" gegenüber der Liquidität 3. Grades liegt darin, dass das Working Capital weniger anfällig für bilanzpolitische Maßnahmen ist. Bei einer gleichzeitigen Erhöhung des Umlaufvermögens und des kurzfristigen Fremdkapitals bleibt das Working Capital – im Gegensatz zur Liquidität 3. Grades – unverändert. Das sich an Abb. 9.14 anschließende Beispiel in Abb. 9.15 zeigt diesen Zusammenhang auf.

Das Working Capital beider Bilanzen ist vor und nach der Aufnahme des kurzfristigen Kredits in Höhe von 160 EUR gleich groß, da sich sowohl das Umlaufvermögen als auch das kurzfristige Fremdkapital um den gleichen Betrag erhöht haben. Die bilanzpolitische Maßnahme hat damit in diesem Beispiel den Überschuss des Umlaufvermögens über das kurzfristige Fremdkapital nicht beeinflusst. Die Finanzlage des Unternehmens hat sich allerdings durch die Kreditaufnahme wesentlich geändert. Die liquiden Mittel sind ebenso wie das kurzfristige Fremdkapital um 160 EUR gestiegen, was dazu geführt hat, dass die Liquidität 1. Grades größer geworden ist.

Die Liquidität 3. Grades berechnet sich aus dem Umlaufvermögen bezogen auf das kurzfristige Fremdkapital (Forderungen und Wertpapiere fehlen in dem Beispiel). Der erste Teil der Berechnung entspricht der Liquidität 1. Grades, die aufgrund der Kreditaufnahme ansteigt. Das Verhältnis der Vorräte zum kurzfristigen Fremdkapital nimmt ab, weil die konstant gebliebenen Vorräte, auf ein gestiegenes kurzfristiges Fremdkapital bezogen werden. Daher geht die Liquidität 3. Grades insgesamt zurück.

Bei Liquiditätsgraden unterhalb von 100 % führt eine Bilanzverlängerung (Bilanzverkürzung) zu einer Erhöhung (Verminderung) der Liquiditätsgrade (vgl. im Beispiel Liquidität 1. Grades). Umgekehrt hat eine Bilanzverlängerung bei Liquiditätsgraden oberhalb von 100 % eine Verminderung (Erhöhung) der Liquiditätsgrade zur Folge (vgl. im Beispiel Liquidität 3. Grades). Solange eine gleichmäßige Erhöhung sowohl des Umlaufvermögens als auch des kurzfristigen Fremdkapitals erfolgt, schlägt sich diese Veränderung der Liquidität allerdings nicht im Working Capital nieder (vgl. Perridon/Steiner/Rathgeber, 2017, S. 658). Zum Vergleich der Liquiditätssituation zwischen Unternehmen unterschiedlicher Größe bieten sich daher eher die Liquiditätsgrade an, wobei hier die bereits aufgezeigten Kritikpunkte zu berücksichtigen sind. Das Working Capital sollte aufgrund der Kritikpunkte der Liquiditätsgrade zusätzlich zur Beurteilung der Liquiditätslage herangezogen werden (vgl. Baetge/Kirsch/Thiele, 2004, S. 271).

Bilanz vor der Kreditaufnahme

Aktiva			Passiva
Anlagevermögen	100	Eigenkapital	100
Umlaufvermögen		Fremdkapital	
liquide Mittel	30	kurzfristig	40
Vorräte	60	langfristig	50
Bilanzsumme	190	Bilanzsumme	190

Working Capital = 90 − 40 = 50

$$\text{Liquidität 1. Grades} = \frac{30}{40} = 75\ \%$$

$$\text{Liquidität 3. Grades} = \frac{90}{40} = 225\ \%$$

Bilanz nach der Kreditaufnahme

Aktiva			Passiva
Anlagevermögen	100	Eigenkapital	100
Umlaufvermögen		Fremdkapital	
liquide Mittel	190	kurzfristig	200
Vorräte	60	langfristig	50
Bilanzsumme	350	Bilanzsumme	350

Working Capital = 250 − 200 = 50

$$\text{Liquidität 1. Grades} = \frac{190}{200} = 95\ \%$$

$$\text{Liquidität 3. Grades} = \frac{250}{200} = 125\ \%$$

Abb. 9.15: Liquiditätsgrade und Working Capital bei Aufnahme eines kurzfristigen Kredits

Teil III: **Fragen und Fallstudien**

10 Investition

10.1 Fragen zur Wiederholung

10.1.1 Fragen zu Kapitel 1

(1) Systematisieren Sie den Begriff der Investition.
(2) Erläutern Sie die unterschiedlichen Ausprägungen des Investitionsbegriffs.
(3) Welche Merkmale lassen sich einer Investition zuordnen?
(4) Geben Sie einen Überblick über die möglichen Investitionsobjekte.
(5) Was ist neben dem Investitionsobjekt eine weitere Systematisierungsmöglichkeit von Investitionen?
(6) Zeigen Sie differenziert die einzelnen Phasen des Investitionsprozesses auf. Gehen Sie dabei insbesondere auf die Planungsphase ein.
(7) Welche Faktoren sind bei der Beurteilung von Investitionen zu berücksichtigen? Warum bildet die Investitionsrechnung dabei nur einen Teil der Konsequenzen einer Investitionsentscheidung ab?
(8) Welche Anforderungen werden an den Kalkulationszinssatz gestellt?
(9) Welche Entscheidungen können gemäß des Fisher-Theorems auf dem vollkommenen Kapitalmarkt voneinander unabhängig getroffen werden?
(10) Nehmen Sie eine Kategorisierung der verschiedenen Investitionsrechnungsverfahren vor.
(11) Erläutern Sie die wesentlichen Unterschiede zwischen den statischen und den dynamischen Verfahren der Investitionsrechnung.
(12) Welche Methoden gehören zu den statischen und den dynamischen Verfahren der Investitionsrechnung?
(13) Welche Kritikpunkte können gegen die qualitative Bewertung von Investitionen im Rahmen der Nutzwertanalyse angeführt werden?

10.1.2 Fragen zu Kapitel 2

Fragen zu Kapitel 2.1

(1) Nennen Sie die Grundidee und die Anwendungsgebiete der Kostenvergleichsrechnung.
(2) Wann ist im Rahmen der Kostenvergleichsrechnung ein Periodenkostenvergleich nicht ausreichend und auf welche Alternative sollte dann zurückgegriffen werden?
(3) Welche Kosten sind bei der Kostenvergleichsrechnung zu berücksichtigen und welche Kategorien sind zu unterscheiden?
(4) Für die Berechnung des durchschnittlich gebundenen Kapitals wird zwischen dem kontinuierlichen und dem diskontinuierlichen Amortisationsverlauf

DOI 10.1515/9783110353082-011

differenziert. Beschreiben Sie die Unterschiede dieser beiden Varianten und belegen Sie Ihre Ausführungen anhand eines Beispiels.

(5) Die Kostenvergleichsrechnung ist nur unter bestimmten Voraussetzungen einsetzbar. Konstruieren Sie einen Fall, bei dem bei identischer Outputqualität die Kostenvergleichsrechnung nicht verwendet werden kann.

(6) Was ist unter dem Begriff der kritischen Produktionsmenge zu verstehen?

(7) Welche Rolle spielt die kritische Produktionsmenge bei der Prüfung der Vorteilhaftigkeit von Investitionen? Unterstreichen Sie Ihre Ausführungen mit einer aussagekräftigen Grafik.

(8) Beschreiben Sie, warum die Gewinnvergleichsrechnung eine Erweiterung der Kostenvergleichsrechnung darstellt und welche Folgerungen für die Beurteilung der Investitionen sich daraus ergeben?

(9) Wodurch entsteht die Gefahr von Fehlbeurteilungen bei der Gewinnvergleichsrechnung? Wie lässt sich diese Gefahr vermeiden?

(10) Was ist unter der Gewinnschwelle zu verstehen, und welche Rolle spielt in diesem Zusammenhang der Deckungsbeitrag?

(11) Beschreiben Sie die grundsätzliche Idee der Rentabilitätsrechnung.

(12) Warum kann sich bei der Rentabilitätsvergleichsrechnung eine andere Rangfolge der Investitionsalternativen als bei der Gewinnvergleichsrechnung ergeben?

(13) Worin besteht der Aussagewert der statischen Amortisationsrechnung im Vergleich zu den anderen statischen Verfahren der Investitionsrechnung?

(14) Skizzieren Sie die wesentlichen Vor- und Nachteile der vorgestellten statischen Investitionsrechenverfahren.

Fragen zu Kapitel 2.2

(1) Beschreiben Sie die Unterschiede der dynamischen Verfahren im Vergleich zu den statischen Verfahren der Investitionsrechnung.

(2) Was ist unter einem Zahlungsstrom zu verstehen?

(3) Grenzen Sie den Endwert vom Barwert ab. Welche Idee liegt den Begrifflichkeiten zugrunde?

(4) Definieren Sie den Kapitalwert einer Investition. Wann ist eine Investition nach diesem Kriterium vorteilhaft?

(5) Stellen Sie die Kapitalwertformel auf. Wie vereinfacht sich diese bei konstanten Rückflüssen?

(6) Welchen Sachverhalt verdeutlicht der Zins- und Tilgungsplan bei der Interpretation des Kapitalwerts?

(7) Inwieweit hat die zeitliche Verteilung der Zahlungen Einfluss auf die Höhe des Kapitalwerts?

(8) Zeigen Sie grafisch den Zusammenhang zwischen dem Kapitalwert und dem Kalkulationszins auf.

(9) Erläutern Sie die Idee der Annuitätenmethode. Worin besteht der Zusammenhang zur Kapitalwertmethode?
(10) Interpretieren Sie die Aussage des Internen Zinsfußes.
(11) Bei welchen Spezialfällen ist eine exakte Ermittlung des Internen Zinsfußes möglich, und wann müssen Interpolationsverfahren zum Einsatz kommen?
(12) Skizzieren Sie das Vorgehen zur Bestimmung des Internen Zinsfußes durch lineare Interpolation. Zeigen Sie dieses auch anhand einer aussagekräftigen Grafik auf, und verdeutlichen Sie dabei, wie eine möglichst genaue Lösung bestimmt werden kann.
(13) Nennen Sie das Ziel der dynamischen Amortisationsrechnung. Worin bestehen die Unterschiede zur statischen Variante und wie ist die Aussagekraft im dynamischen Fall einzuschätzen?

Fragen zu Kapitel 2.3

(1) Wie beeinflussen Steuerzahlungen den Zahlungsstrom einer Investition?
(2) Erläutern Sie für die finanzierungs- und die opportunitätsorientierte Perspektive, wieso im Standardmodell der Kalkulationszinssatz anzupassen ist.
(3) Stellen Sie die Formel zur Berechnung des Kapitalwerts nach Steuern im Standardmodell auf.
(4) Was ist unter dem Steuerparadoxon zu verstehen?
(5) Warum können Unterschiede bei der Vorteilhaftigkeitsbeurteilung zwischen Annuitäten- und Kapitalwertmethode auftreten und wie lassen sich diese beseitigen?
(6) Der Vergleich der Vorteilhaftigkeit von Kapitalwert- und Interner Zinsfußmethode kann zu unterschiedlichen Ergebnissen führen. Wie lässt sich diese Tatsache erklären?
(7) Was unterstellen das Kapitalwert- bzw. das Interne Zinsfußkriterium implizit bezüglich der Verzinsung der Differenzinvestition?
(8) Worin besteht der Unterschied zwischen impliziter und expliziter Differenzinvestition?
(9) Weshalb kann sich bei einer expliziten Differenzinvestition die Vorteilhaftigkeit der Investitionsalternativen verändern? Überlegen Sie sich ein Beispiel.
(10) Welchen Sachverhalt beschreibt der kritische Zinssatz beim Vergleich von zwei Investitionsobjekten?
(11) Unterscheiden Sie drei Fälle, anhand derer deutlich wird, dass die Vorteilhaftigkeit einer Investition von der Höhe des Zinssatzes der Differenzinvestition abhängt. Welche Rolle nehmen dabei der Kalkulationszins und der kritische Zinssatz ein?
(12) Welchen Zinssatz beschreibt der Schnittpunkt zweier Kapitalwertfunktionen?
(13) Erläutern Sie die der Bestimmung der optimalen Nutzungsdauer zugrunde liegende Problematik. Zeigen Sie die Bestimmungsgrößen auf, die die optimale Nutzungsdauer beeinflussen.

(14) Welche Fälle sind zur Bestimmung der wirtschaftlich optimalen Nutzungsdauer zu unterscheiden?
(15) Beschreiben Sie die beiden Verfahren, mit denen die optimale Nutzungsdauer bei einmaliger Investition ermittelt werden kann.
(16) Wie lässt sich die optimale Nutzungsdauer bei einmaliger identischer Wiederholung bestimmen? Nennen Sie zwei Möglichkeiten.
(17) Welche Erweiterungen sind vorzunehmen, wenn eine Investition nicht nur einmalig, sondern mehrmals oder sogar unendlich oft identisch wiederholt werden soll?
(18) Nennen Sie die Gleichung, mit der sich die optimale Nutzugsdauer bei identischen Investitionsketten mit unendlichem Planungszeitraum bestimmen lässt. Wie ist die Annuität in diesen Zusammenhang einzuordnen?

10.1.3 Fragen zu Kapitel 3

Fragen zu Kapitel 3.1

(1) Skizzieren Sie die Konzeption des Vermögensendwertverfahrens.
(2) Angenommen, die Anschaffungsauszahlung einer Investition wird durch einen Annuitätenkredit finanziert, wie wird der Kapitaldienst ermittelt und welcher Zinssatz muss angewendet werden?
(3) Zeigen Sie, wie sich im Rahmen der Vermögensendwertverfahren der Wiederanlagebetrag bei Annuitätentilgung bestimmen lässt.
(4) Wann ist bei der Annuitätentilgung eine zusätzliche Kapitalaufnahme notwendig und wie wird diese berechnet?
(5) Beschreiben Sie das Wesen der Ratentilgung. Worin besteht der Unterschied zur Annuitätentilgung?
(6) Warum ist bei endfälliger Tilgung von einem höheren Zinsaufwand auszugehen?
(7) Welche Tilgungsmodalitäten unterstellen einen partiellen Kontenausgleich?
(8) Beschreiben Sie die verkürzte Berechnung des Vermögensendwerts bei Kontenausgleichsgebot. Welche Tilgungsmodalität gilt in diesem Fall?
(9) Erläutern Sie das Vorgehen zur Ermittlung des Vermögensendwerts unter der Annahme des Kontenausgleichverbots.
(10) Zeigen Sie tabellarisch auf, wie sich die Vorteilhaftigkeit der Tilgungsmodalitäten in Abhängigkeit von der Höhe der Zinssätze verändert.
(11) Was ist unter dem Begriff des kritischen Sollzinssatzes zu verstehen und wie ist dessen Aussagekraft zu beurteilen?
(12) Beschreiben Sie das Vorgehen und das Ziel der TRM-Methode.
(13) Wie wird der kritische Zinssatz bei unterstelltem Kontenausgleichsverbot auch bezeichnet? Nennen Sie die Berechnungsschritte.

Fragen zu Kapitel 3.2

(1) Welcher Sachverhalt wird durch die verschiedenen Zinsstrukturkurven abgebildet? Inwieweit findet dieses im Marktzinsmodell Berücksichtigung?

(2) Nennen Sie die Unterschiede zwischen dem klassischen Kapitalwertkriterium und dem Marktzinsmodell.

(3) Wie lässt sich der marktzinsorientierte Kapitalwert mithilfe der retrograden Abzinsung bestimmen? Verdeutlichen Sie ihre Ausführungen an einem Beispiel.

(4) Worin besteht der wesentliche Vorteil des marktzinsorientierten Kapitalwerts im Vergleich zum Ergebnis des klassischen Kapitalwertverfahrens?

(5) Was ist unter einem Zerobond zu verstehen? Wie werden die Zerobond-Abzinsfaktoren bestimmt und worin besteht der Vorzug der Zerobond-Abzinsfaktoren im Vergleich zur retrograden Abzinsung?

(6) Stellen Sie die Beziehung auf, mit der sich der marktzinsorientierte Kapitalwert auf Basis der Zerobond-Abzinsfaktoren ermitteln lässt.

(7) Welcher Zusammenhang besteht zwischen den Zerobond-Abzinsfaktoren und den Zerobond-Renditen?

(8) Wie ist die Investitionsmarge im Marktzinsmodell definiert?

(9) Zeigen Sie anhand eines Beispiels auf, wie sich der Barwert des durchschnittlich gebundenen Kapitals, der zur Bestimmung der Investitionsmarge benötigt wird, ermitteln lässt.

(10) Die Periodisierung des Kapitalwerts kann anhand welcher Verteilungsprinzipien vorgenommen werden?

(11) Erläutern Sie, wie der Kapitalwert bei der kapitalbindungsproportionalen Periodisierung verteilt wird.

(12) Welchem klassischen dynamischen Investitionsrechnungsverfahren entspricht die zeitproportionale Verteilung? Stellen Sie die Beziehung zur Bestimmung der periodischen Teilbeträge auf.

(13) Beschreiben Sie, wie durch Fristentransformation ein zusätzlicher Erfolg erzielt werden kann. Warum ist eine Aufspaltung des Gesamtüberschusses in einzelne Erfolgsbestandteile vor diesem Hintergrund sinnvoll?

(14) Zeigen Sie tabellarisch die möglichen Ausprägungen des Fristentransformationserfolgs auf.

(15) Definieren Sie, was unter Forward Rates zu verstehen ist und erläutern Sie deren Ermittlung.

(16) Welche Prämisse liegt der Marktzinsmethode bzgl. der Verzinsung der Differenzbeträge zweier Investitionsalternativen zugrunde?

(17) Was ist unter dem Begriff der Bonität zu verstehen?

(18) Nennen und erläutern Sie die Prinzipien, um bonitätsabhängige Zinssätze in die marktzinsorientierte Investitionsrechnung zu integrieren.

10.1.4 Fragen zu Kapitel 4

Fragen zu Kapitel 4.1

(1) Nennen Sie die verschiedenen Dimensionen einer Investitionsentscheidung unter Unsicherheit.
(2) Welche Methoden sind bei der Investitionsrechnung unter Unsicherheit zu unterscheiden?

Fragen zu Kapitel 4.2

(1) Stellen Sie dar, wie die Unsicherheit beim Korrekturverfahren berücksichtigt wird. Bei welchen Parametern kann die Unsicherheit erfasst werden?
(2) Beurteilen Sie das Korrekturverfahren.
(3) Nennen Sie die Idee der Sensitivitätsanalyse und erläutern Sie das Drei-Werte-Verfahren.
(4) Wie ist zur Identifikation kritischer Werte mithilfe der Sensitivitätsanalyse vorzugehen? Unterstreichen Sie ihre Ausführungen mit einem Beispiel.
(5) Geben Sie eine kurze Einschätzung zur Aussagekraft einer Sensitivitätsanalyse ab.

Fragen zu Kapitel 4.3

(1) Geben Sie einen Überblick über die verschiedenen Entscheidungsregeln bei Unsicherheit.
(2) Zeigen Sie anhand eines Beispiels auf, warum die Minimax-Regel eine sehr pessimistische und die Maximax-Regel eine sehr optimistische Sichtweise zum Ausdruck bringen.
(3) Warum wird das Minimax-Risiko-Kriterium auch als die Regel des minimalen Bedauerns bezeichnet?
(4) Warum ist die Pessimismus-Optimismus-Regel ein Kompromiss zwischen der Minimax- und der Maximax-Regel? Welche Rolle spielt dabei der Optimismusparameter?
(5) Stellen Sie anhand eines Beispiels die Auswahlentscheidung nach dem Kriterium der höchsten Wahrscheinlichkeit und der Bayes-Regel vor. Welchen Vorteil besitzt die Bayes-Regel gegenüber dem Kriterium der höchsten Wahrscheinlichkeit?
(6) Beim Risiko-Erwartungswert-Kriterium wird neben dem Erwartungswert auch das Risiko in der Investitionsbeurteilung berücksichtigt. Welche Rolle spielen dabei die Standardabweichung und die Risikopräferenzfunktion?
(7) Erläutern Sie das Bernoulli-Prinzip. Gehen Sie dabei insbesondere darauf ein, wie die Risikoeinstellung des Entscheidungsträgers über die subjektive Nutzenfunktion in die Investitionsentscheidung einfließt.
(8) Warum ist das Entscheidungsbaumverfahren für mehrstufige Entscheidungen geeignet? Skizzieren Sie die Vorgehensweise des Entscheidungsbaumverfahrens.

(9) Wie wird unter Anwendung des Rollback-Verfahrens eine optimale Entscheidung beim Entscheidungsbaumverfahren ermittelt?
(10) Nennen Sie die Probleme, die mit dem Entscheidungsbaumverfahren verbunden sind.
(11) Welche Schritte sind zur Durchführung einer Risikoanalyse zu unterscheiden?
(12) Im Rahmen der Risikoanalyse ist eine Wahrscheinlichkeitsverteilung der Outputgröße zu bestimmen. Welche Verfahren können dabei zur Anwendung kommen?
(13) Erläutern Sie ausführlich, wie sich mithilfe des Simulationsverfahrens die Wahrscheinlichkeitsverteilung für die Outputgröße bei der Risikoanalyse ermitteln lässt.
(14) Beurteilen Sie die Aussagekraft der Risikoanalyse. Welche Kennziffer kann zur Einschätzung der Performance einer Investition genutzt werden?

Fragen zu Kapitel 4.4

(1) Stellen Sie die Grundgedanken der Portfoliotheorie dar.
(2) Wie wird das Risiko in der Portfoliotheorie erfasst?
(3) Welche Prämissen liegen der Portfoliotheorie zugrunde?
(4) Nennen Sie die Eigenschaften eines risikoeffizienten Portfolios. Unterstreichen Sie ihre Ausführungen anhand einer Grafik.
(5) Wie werden die Erwartungswerte von Rendite und Risiko berechnet, wenn sich das Portfolio nicht aus lediglich einem, sondern aus mehreren verschiedenen Wertpapieren zusammensetzt?
(6) Zeigen Sie den Zusammenhang zwischen Risiko und Rendite im Zwei-Anlagen-Fall auf. Gehen Sie bei Ihrer Betrachtung insbesondere auf die drei Extremwerte (–1; 0; 1) des Korrelationskoeffizienten ein.
(7) Wie wird die individuelle Risikopräferenz bzw. das Nutzenniveau des Investors ausgedrückt? Erläutern Sie, wie zusammen mit den effizienten Portfolios die optimale Entscheidung für den Anleger ermittelt wird.
(8) Nennen Sie die Problemfelder, die sich bei Anwendung der Portfoliotheorie auf reale Entscheidungen ergeben.
(9) Welche Erweiterung nimmt das Capital Asset Pricing Model (CAPM) gegenüber der Portfoliotheorie vor?
(10) Wie kommt die Kapitalmarktlinie im Rahmen des Capital Asset Pricing Models (CAPM) zustande und was drückt die Steigung dieser Linie aus?
(11) Beschreiben Sie, welche Schritte der Investor bei einer Anlageentscheidung nach der Tobin-Separation zu treffen hat.
(12) Welchen funktionalen Zusammenhang beschreibt die Wertpapierlinie? Nennen Sie die Gleichung und gehen Sie insbesondere auf den Betafaktor ein.
(13) Was ist unter dem systematischen und dem unsystematischen Risiko zu verstehen und warum wird nur das systematische Risiko im Modell berücksichtigt?
(14) Nennen Sie die Prämissen des Capital Asset Pricing Models (CAPM) und beurteilen Sie diese kritisch.

10.1.5 Fragen zu Kapitel 5

Fragen zu Kapitel 5.1

(1) Nennen Sie die Anlässe für Unternehmensbewertungen.

(2) Zeigen Sie die drei Entwicklungslinien im Rahmen der Unternehmensbewertung auf.

(3) Welche Hauptfunktionen der Unternehmensbewertung werden in der funktionalen Werttheorie unterschieden? Erläutern Sie diese Hauptfunktionen und gehen Sie dabei auch auf die Nebenfunktionen ein.

(4) Wie lauten die Grundsätze ordnungsmäßiger Unternehmensbewertung, die vom IDW definiert wurden?

(5) Zeigen Sie anhand eines Schaubilds, welche Verfahren der Unternehmensbewertung unterschieden werden können.

Fragen zu Kapitel 5.2

(1) Erläutern Sie die Idee auf denen die Zukunftserfolgswertverfahren beruhen.

(2) Geben Sie einen Überblick über die im Rahmen der Unternehmensbewertung bestehenden Äquivalenzprinzipien.

(3) Aufgrund welcher Problematik sind sogenannte Phasenmodelle entstanden und was drückt in diesem Zusammenhang der Restwert aus?

(4) Skizzieren Sie den konzeptionellen Rahmen des Ertragswertverfahrens.

(5) Anhand welcher Ansätze können bei der Ertragswertmethode die zukünftigen Erträge ermittelt werden?

(6) Erläutern Sie, wie der Kapitalisierungszinssatz beim Ertragswertverfahren bestimmt wird.

(7) Beschreiben Sie die verschiedenen Varianten der DCF-Verfahren.

(8) Im Rahmen der DCF-Verfahren ist eine Finanzierungsstrategie festzulegen. Erläutern Sie die beiden häufig unterstellten Finanzierungsstrategien.

(9) Welche Free-Cashflows sind im Rahmen der DCF-Verfahren zu unterscheiden?

(10) Wie lassen sich die Fremd- und Eigenkapitalkosten bestimmen? Gehen Sie dabei insbesondere auf die Ermittlung der Eigenkapitalkosten im Rahmen der DCF-Verfahren ein.

(11) Zeigen Sie tabellarisch das dreistufige Schema zur Ermittlung des Unternehmenswerts auf.

(12) Erläutern Sie den WACC-Ansatz und nennen Sie die Bewertungsgleichung zur Ermittlung des Gesamtunternehmenswerts für beide Finanzierungsstrategien.

(13) Welches Problem kann im Zuge der Unternehmensbewertung mithilfe des WACC-Ansatzes auftreten und welche Lösungsmöglichkeiten bestehen?

(14) Beim APV-Ansatz wird der Marktwert des Eigenkapitals komponentenweise ermittelt. Erläutern Sie die einzelnen Komponenten und setzen Sie sich kritisch mit dem APV-Ansatz auseinander.

(15) Nennen Sie die Gleichung zur Ermittlung des Marktwerts des Eigenkapitals mithilfe des Equity-Ansatzes.
(16) Zeigen Sie anhand eines Beispiels, wie sich die durchschnittlichen Kapitalkosten bei atmender Finanzierung bestimmen lassen.
(17) Vergleichen Sie die Bewertungsgleichungen in Abhängigkeit der gewählten Finanzierungsstrategie. Welche Unterschiede und Gemeinsamkeiten können Sie identifizieren?
(18) Stellen Sie die verschiedenen DCF-Verfahren tabellarisch gegenüber.

Fragen zu Kapitel 5.3
(1) Wie wird der Unternehmenswert mithilfe der Marktpreisverfahren ermittelt?
(2) Erläutern Sie die Idee der Vergleichsverfahren. Warum werden diese Verfahren auch als Multiplikatorverfahren bezeichnet?
(3) Geben Sie einen Überblick über wichtige Multiplikatoren.
(4) Welche Ansätze innerhalb der Vergleichsverfahren existieren zur Bestimmung der Vergleichspreise?
(5) Worin besteht der Hauptkritikpunkt und was sind die Vorteile bei der Unternehmensbewertung mithilfe der Vergleichsverfahren?
(6) Erläutern Sie die verschiedenen Varianten der Substanzwertmethode.
(7) Wie werden die Wertansätze der einzelnen Bilanzpositionen im Rahmen der Substanzwertmethode ermittelt?
(8) Erläutern Sie kurz das Liquidationswertverfahren.
(9) Im Rahmen der Kombinationsverfahren kann zwischen drei Ansätzen differenziert werden. Nennen Sie diese Ansätze und erklären Sie das Mittelwertverfahren.
(10) Auf welchen Grundlagen beruhen die Konzepte der Geschäftswertabschreibung? Gehen Sie dabei ausführlich auf die beiden Varianten ein.
(11) Die Verfahren der Übergewinnabgeltung sind eine weitere Ausprägungsform der Kombinationsverfahren. Beschreiben Sie die verschiedenen Konzepte der Übergewinnabgeltung.

10.2 Fallstudien

10.2.1 Fisher-Theorem

Frau Lug hat von ihrer verstorbenen Erbtante 10.000 EUR geerbt. Bisher hat sie von den „freundlichen Gaben" ihrer Mitmenschen gelebt, d. h. sie besitzt neben dieser Erbschaft kein weiteres Vermögen und hat auch keine sonstigen Einkünfte. Im gegenwärtigen Zeitpunkt $t = 0$ muss sie sich daher entscheiden, wie sie ihr Erbe verwenden soll.

Da Frau Lug auch in der Vergangenheit nie über ein größeres Vermögen verfügt hat, möchte sie den Geldbetrag auf keinen Fall längerfristig aufheben. Stattdessen will sie ihn spätestens im Zeitpunkt t = 1 vollständig für Konsumgüter ausgegeben haben.

Als Frau Lug darüber nachdenkt, wie sie die 10.000 EUR verwenden sollte, wird ihr bewusst, dass sie gegenwärtigen Konsum dem zukünftigen Konsum vorzieht. Ihre Gegenwartspräferenz ist jedoch nicht so stark ausgeprägt, dass sie die 10.000 EUR vollständig in t = 0 für Konsumgüter ausgeben möchte, auch in t = 1 soll noch ein Teil des Vermögens zur Verfügung stehen.

(a) Zunächst denkt Frau Lug darüber nach, einen Teil des Erbes direkt für Konsumgüter auszugeben und den restlichen Teil des geerbten Geldbetrags sicher unter ihrer Matratze für ein Jahr aufzubewahren. In Abb. 10.1 sind die in dieser Situation möglichen Konsumkombinationen sowie die Indifferenzkurven von Frau Lug dargestellt.

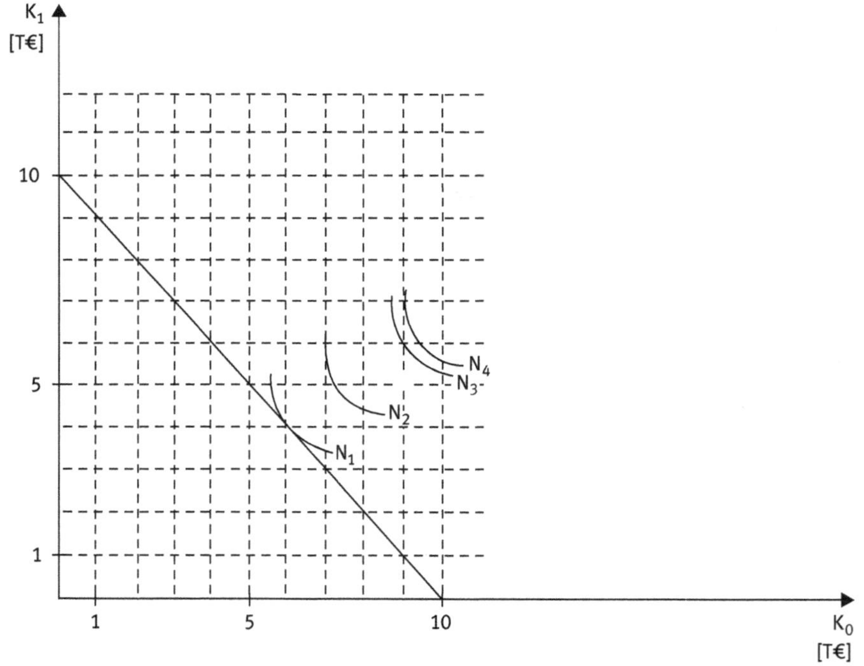

Abb. 10.1: Situation in der Aufgabe (a)

Ermitteln Sie die nutzenmaximale Konsumkombination K_0/K_1 für Frau Lug und geben Sie das für sie maximal mögliche Nutzenniveau an.

(b) Bevor Frau Lug ihre Erbschaft gemäß der ermittelten Struktur verwendet, macht sie ein befreundeter Finanzberater auf mögliche Investitionsprojekte aufmerksam. Der Finanzberater hat für sie eine Vielzahl unterschiedlicher Investitionsobjekte ermittelt und diese bereits nach der jeweils resultierenden Rendite aufsteigend sortiert. In Abb. 10.2 sind die sich ergebende Realinvestitionskurve sowie die Indifferenzkurven von Frau Lug eingezeichnet.

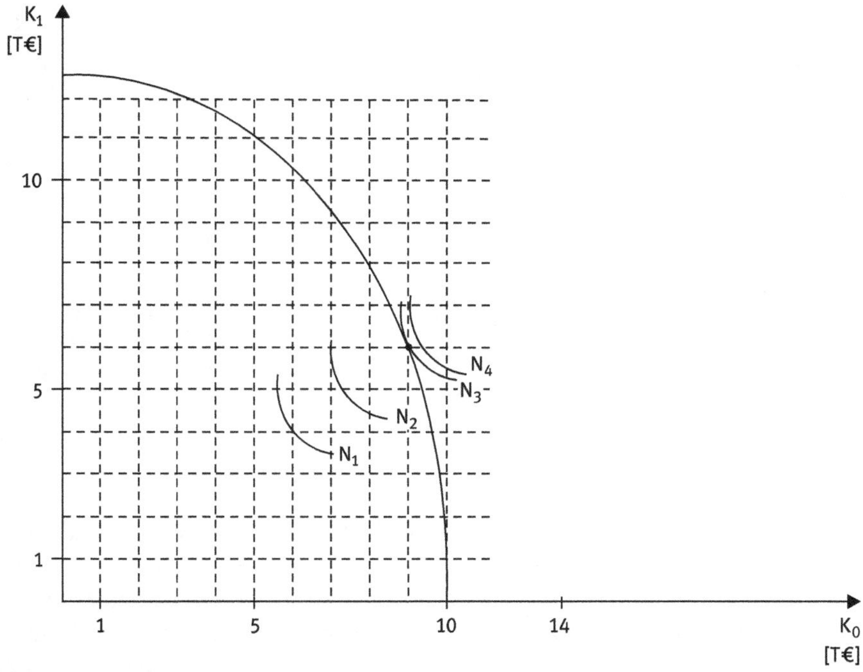

Abb. 10.2: Situation in der Aufgabe (b)

Stellen Sie unter Berücksichtigung der Realinvestitionskurve die nutzenmaximale Aufteilung des Vermögens fest und ermitteln Sie die Werte für $K_{0,L}$ und $I_{0,L}$. Bestimmen Sie ferner die Höhe des aus dieser Aufteilung resultierenden Konsums $K_{1,L}$ sowie das sich daraus ergebende Nutzenniveau. Wie hat sich das Nutzenniveau im Vergleich zur vorherigen Situation verändert?

(c) Kurz bevor Frau Lug ihr Vermögen nach der zuvor ermittelten optimalen Aufteilung in $K_{0,L}$ und $I_{0,L}$ disponiert, fällt ihrem Finanzberater ein, dass zusätzlich Transaktionen am Kapitalmarkt durchgeführt werden können. Frau Lug kann am Kapitalmarkt für ein Jahr Kapital zum risikolosen Zinssatz r aufnehmen oder anlegen. Abb. 10.3 stellt zusätzlich zur Realinvestitionskurve und den Indifferenzkurven die sich daraus ergebende Kapitalmarktlinie dar.

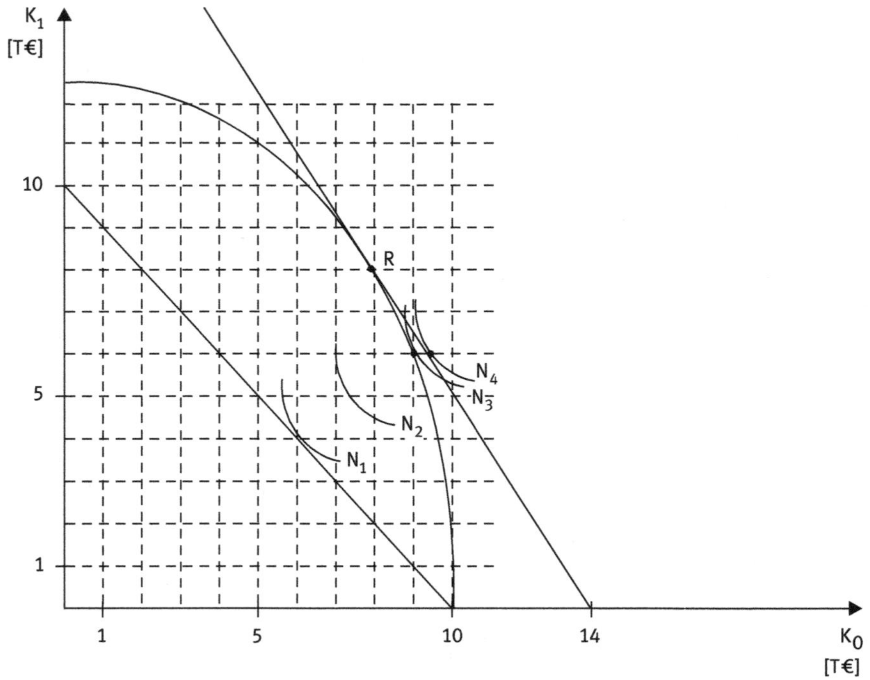

Abb. 10.3: Situation in der Aufgabe (c)

Ermitteln Sie für den gegenwärtigen Zeitpunkt $t = 0$, welchen Betrag Frau Lug konsumieren, in Realinvestitionen investieren und am Kapitalmarkt anlegen oder aufnehmen sollte. Bestimmen Sie zusätzlich den sich ergebenden Konsum $K_{1,L}$ und welchen Betrag Frau Lug in $t = 1$ aufgrund der Kapitalmarktgeschäfte erhält oder zurückzahlen muss. Welches Nutzenniveau kann Frau Lug erreichen?

10.2.2 Einsatz qualitativer Verfahren

Die Turbulence AG ist ein Dienstleister für die Erstellung von aussagekräftigen Wetterprognosen für Luftfahrtgesellschaften. Für die Verbesserung der Prognosequalität von Wettervorhersagen für das Gebiet „Indischer Ozean" plant das Unternehmen nach einigen Flugzeugabstürzen in dieser Region die Inbetriebnahme eines eigenen Wettersatelliten. Die Unternehmensleitung diskutiert vor diesem Hintergrund mit der Entwicklungsleiterin Frau Esthal die von dem Satelliten zu erfüllenden Anforderungen. Im Zentrum der Diskussion stehen vor allem die relevanten Zielkriterien und die Rangfolge dieser Kriterien zueinander.

Frau Esthal und die Geschäftsleitung können sich darauf einigen, dass der Kapitalwert der Investition die größte Bedeutung besitzt. Darauf folgt in der Rangfolge die Qualität der gelieferten Daten und daran anschließend das Gewicht des Satelliten, welches insbesondere die Kosten für den Raketenstart determiniert. Den letzten Platz teilen sich der abgedeckte Analysebereich der Sensoren auf der Erdoberfläche sowie die garantierte Verfügbarkeit des Satelliten seitens des Herstellers. Frau Esthal hat diese Rangfolgeinformationen bereits verwendet, um mittels des Matrixverfahrens eine Kriteriengewichtung vorzunehmen:

Tab. 10.1: Kriteriengewichtung (Angaben in %)

Kriterium	Kapitalwert	Datenqualität	Gewicht	Analyseoberfläche	Verfügbarkeit
Gewichtung	33	27	20	10	10

Nach der Festlegung der Zielkriterien und der Gewichtungssätze holt Frau Esthal drei Angebote von verschiedenen Herstellern von Wettersatelliten ein. Die Angebote der Hersteller enthalten auch Informationen über die Eigenschaften der Anlagen bezogen auf die einzelnen Zielkriterien.

Tab. 10.2: Auflistung der Angebotsinformationen

Kriterium	Modell „Earth"	Modell „Wind"	Modell „Fire"
Kapitalwert (Mio. €)	2,1	1,9	3,1
Datenqualität	gut	hoch	angemessen
Gewicht (Kg)	1.900	1.800	2.150
Analyseoberfläche (Mio. km^2)	195	188	200
Verfügbarkeit	ausreichend	hoch	gering

Die Angaben der Hersteller zu den qualitativen Kriterien der Datenqualität und der Verfügbarkeit sind nicht einheitlich und entsprechen nicht dem angestrebten Bewertungsschema. Frau Esthal bittet daher 20 Experten im Bereich Wettersatelliten, eine Rangfolge der Anlagen für die beiden qualitativen Kriterien zu bestimmen.

Tab. 10.3: Rangfolge der Anlagen für die Kriterien Datenqualität und Verfügbarkeit

Modell „Earth"			
	Rang 1	Rang 2	Rang 3
Datenqualität	5	12	3
Verfügbarkeit	6	9	5

Tab. 10.3: (fortgesetzt)

Modell „Wind“			
	Rang 1	Rang 2	Rang 3
Datenqualität	12	3	5
Verfügbarkeit	15	2	3
Modell „Fire“			
	Rang 1	Rang 2	Rang 3
Datenqualität	4	4	12
Verfügbarkeit	2	5	13

In einem vorgelagerten Schritt hat Frau Esthal bereits maximale und minimale Werte für die quantitativ messbaren Zielkriterien mit der Geschäftsleitung festgelegt, die bei der Vorauswahl der Satelliten verwendet wurden:

Tab. 10.4: Maximale und minimale Werte der quantitativ messbaren Zielkriterien

Zielkriterium	**maximaler Wert**	**minimaler Wert**
Kapitalwert (Mio. €)	3,5	1,5
Gewicht (Kg)	1.600	2.300
Analyseoberfläche (Mio. km^2)	210	170

(a) Frau Esthal möchte für die Bewertung der Investitionsentscheidungen den Zielerreichungsgrad der einzelnen Alternativen für die jeweiligen Zielkriterien bestimmen. Unterstützen Sie Frau Esthal bei der Berechnung der Zielerreichungsgrade. Trennen Sie dabei zwischen quantitativen und qualitativen Kriterien. Was wird in diesem Zusammenhang unter dem Zielerreichungsgrad verstanden? Die einheitliche Punkteskala soll sich von 1 (Minimalwert) bis 10 Bewertungspunkte (Maximalwert) erstrecken.

(b) Bestimmen Sie im nächsten Schritt die Teilnutzenwerte der einzelnen Zielkriterien. Ermitteln Sie ferner den Gesamtnutzenwert der drei Investitionsalternativen. Für welchen Wettersatelliten sollte sich die Turbulence AG auf der Basis der Nutzwertanalyse entscheiden?

(c) Der Finanzvorstand Herr E. Xakt ist mit den Ergebnissen der Nutzwertanalyse nicht einverstanden. Das Satellitenmodell „Wind“ weist den geringsten Kapitalwert auf. Die Berücksichtigung der monetären Wirkung erscheint ihm bei der durchgeführten Nutzwertanalyse zu gering.

Herr E. Xakt bittet Sie, die Analyse der Vorteilhaftigkeit auf Basis des Preis-Leistungsmodells durchzuführen, wobei für die quantitativen nicht monetären Kriterien folgende Mindestanforderungen vereinbart wurden:

Tab. 10.5: Mindestanforderungen der quantitativen nicht monetären Kriterien

Zielkriterium	Mindestanforderung
Gewicht (Kg)	maximal 2.200
Analyseoberfläche (Mio. km^2)	minimal 190 Mio. km^2

Für die nicht quantitativen nicht monetären Kriterien der Datenqualität und der Verfügbarkeit wurde hinsichtlich der Mindestanforderungen vereinbart, dass nicht mehr als 75 % der befragten Experten das Satellitenmodell mit einem dritten Rang bewertet haben dürfen. Unterstützen Sie den Finanzvorstand bei der Entscheidung für einen Wettersatelliten nach dem Preis-Leistungsmodell.

10.2.3 Statische Verfahren der Investitionsrechnung

Die TransPFALZ AG ist ein etablierter Hersteller sportlicher Mountainbikes im gehobenen Preissegment. Das aktuelle Produktsortiment umfasst dabei konventionelle geländegängige Fahrräder mit unterschiedlichsten Rahmen- und Federungsarten. In den letzten Jahren musste das Unternehmen durch geänderte Kundenbedürfnisse im Mountainbikesegment kontinuierlich Umsatzeinbußen hinnehmen. Dies hat den Vorstand dazu bewogen, die strategische Ausrichtung und dabei insbesondere das Produktportfolio des Unternehmens kritisch zu hinterfragen. Nach dem Besuch einer Fachmesse für Fahrräder beschließt die Leiterin der Produktentwicklung Frau Elmstein, dem Vorstand die Entwicklung von elektronisch unterstützen Mountainbikes, sogenannten E-MTBs, als strategische Neupositionierung vorzuschlagen. Im Rahmen der Vorstandspräsentation möchte sie auch die finanzielle Vorteilhaftigkeit der Produktinnovation herausstellen. Da ihr dazu das notwendige Fachwissen fehlt, bittet sie Sie bei dieser Aufgabe um Unterstützung.

Für die Berechnung der Vorteilhaftigkeit ist dabei insbesondere die Entscheidung zwischen zwei grundsätzlichen Produktionsvarianten der E-MTBs relevant. Bei Variante 1 werden Motor, Batterie und Steuerungseinheit von einem Zulieferer eingekauft und in den bestehenden Rahmen eingebaut. Dies ist insgesamt mit geringen Investitionskosten in den Maschinenpark verbunden. Jedoch konnte durch Marktanalysen festgestellt werden, dass die Kundennachfrage nach einem solchen Produkt eher gering ausfallen wird. Bei Variante 2 handelt es sich um eine komplette Eigenentwicklung des Motors, der Batterie und der Steuerungseinheit, wobei diese fast unsichtbar in den Rahmen integriert werden könnten. Die Eigenentwicklung ist jedoch mit entsprechend hohen Entwicklungs- und Investitionskosten verbunden. Die Marktforschung konnte ein gesteigertes Kundeninteresse nach einem solchen Produkttyp feststellen, das insbesondere auf der höheren ästhetischen Einstufung der integrierten Form beruht. Die prognostizierten Absatzzahlen der Produktvarianten berücksichtigen neben den unterschiedlichen Kundeninteressen auch das Verhalten der Mitbewerber, weshalb nach einer Phase steigender Absatzzahlen ab dem fünften Jahr ein Absatzrückgang durch den Markteintritt von Mitbewerbern erwartet wird.

In Tab. 10.6 sind die relevanten Kenngrößen für die Berechnung der finanziellen Vorteilhaftigkeit aufgeführt. Dabei ist zu beachten, dass die Nutzungsdauer der neu erworbenen Maschinen aus Vereinfachungsgründen für beide Investitionsalternativen mit sechs Jahren angenommen wird.

Tab. 10.6: Produktionsvarianten der E-MTBs

	Variante 1	**Variante 2**
Anschaffungskosten Liquidationserlös	1.800.000 € 0 €	4.750.000 € 250.000 €
Anzahl der produzierten und verkauften E-MTBs	Jahr 1: 2.000 E-MTBs/Jahr Jahr 2 bis Jahr 4: Steigerung um jeweils 500 E-MTBs/Jahr Jahr 5: 1.800 E-MTBs/Jahr Jahr 6: 1.600 E-MTBs/Jahr	Jahr 1: 3.500 E-MTBs/Jahr Jahr 2 bis Jahr 4: Steigerung um jeweils 700 E-MTBs/Jahr Jahr 5: 1.500 E-MTBs/Jahr Jahr 6: 700 E-MTBs/Jahr
Kosten für Neuentwicklung und jährliche Produktüberarbeitung	Jahr 1: 1.100.000 €/Jahr Jahr 2 bis Jahr 6: 140.000 €/Jahr	Jahr 1: 3.600.000 €/Jahr Jahr 2 bis Jahr 6: 240.000 €/Jahr
Instandhaltungskosten für Wartung und Reparatur der Maschinen	Jahr 1 bis Jahr 2: 50.000 €/Jahr Jahr 3 bis Jahr 4: 40.000 €/Jahr Jahr 5 bis Jahr 6: 60.000 €/Jahr	Jahr 1 bis Jahr 2: 120.000 €/Jahr Jahr 3 bis Jahr 4: 100.000 €/Jahr Jahr 5 bis Jahr 6: 140.000 €/Jahr
Personalkosten	Jahr 1: 680.000 €/Jahr Jahr 2 bis Jahr 4: Reduktion um jeweils 60.000 €/Jahr Jahr 5 bis Jahr 6: 470.000 €/Jahr	Jahr 1: 1.350.000 €/Jahr Jahr 2 bis Jahr 3: Reduktion um jeweils 100.000 €/Jahr Jahr 4 bis Jahr 6: 1.080.000 €/Jahr
Kosten für Roh-, Hilfs- und Betriebsstoffe	Jahr 1: 200 €/E-MTB jedes Jahr Reduktion um 10 €/E-MTB	Jahr 1: 300 €/E-MTB jedes Jahr Reduktion um 21 €/E-MTB
Kosten für Zulieferteile	Jahr 1 bis Jahr 6: 600 €/E-MTB	Jahr 1 bis Jahr 6: 100 €/E-MTB
Kalkulationszins	10 %	10 %

(a) Bereiten Sie das Zahlenmaterial für die Vorstandspräsentation auf, indem Sie die fixen sowie variablen Kostenkomponenten zusammenstellen. Führen Sie anschließend einen Kostenvergleich auf Gesamtkosten- sowie Stückkostenbasis durch. Unterstellen Sie einen diskontinuierlichen Amortisationsverlauf sowie eine Berechnung auf der Basis eines durchschnittlichen Jahres. Welche Variante weist eine höhere finanzielle Vorteilhaftigkeit auf? Beurteilen Sie abschließend die Aussagekraft der beiden Bewertungsmethoden.

(b) Neben der Kostenseite der beiden Alternativinvestitionen bittet Frau Elmstein Sie, die prognostizierten Absatzpreise in die Vorteilhaftigkeitsanalyse der Vorstandspräsentation zu integrieren. Erweitern Sie dazu die Kostenvergleichsrechnung um die Erlösseite und führen Sie eine Gewinnvergleichsrechnung durch. Folgende Absatzpreise wurden dabei von Frau Elmstein bereits ermittelt:

Tab. 10.7: Absatzpreise der E-MTB Varianten

	Variante 1	**Variante 2**
Absatzpreis	Jahr 1: 1.250 €/E-MTB jedes weitere Jahr: Erhöhung um 50 €/E-MTB	Jahr 1: 1.250 €/E-MTB jedes weitere Jahr: Erhöhung um 100 €/E-MTB

(c) Es besteht eine große Unsicherheit bezüglich der prognostizierten Absatzmenge der E-MTBs. Aus diesem Grund interessiert sich Frau Elmstein für die Produktionsmenge an EMTBs, die durchschnittlich pro Jahr hergestellt werden müssten, um gerade noch einen Gewinn zu erzielen. Mit dieser Information könnte Sie gegenüber dem Vorstand argumentieren, dass eine bestimmte Variante einem geringeren Absatzrisiko unterliegt, da die Gewinnzone bereits bei einer kleineren Menge erreicht wird.

(d) Frau Elmstein ist aus früheren Gesprächen mit dem Vorstand bereits darüber informiert, dass dieser das Denken in relativen Kenngrößen gewöhnt ist. Um auf die Frage bezüglich der relativen Vorteilhaftigkeit einer Investitionsalternative vorbereitet zu sein, bittet Frau Elmstein Sie um die Ermittlung der Investitionsrentabilität.

(e) Als letztes Kriterium möchte Frau Elmstein erfahren, wie viel Zeit vergeht, bis das eingesetzte Kapital wiedergewonnen wurde. Berechnen Sie dazu die Amortisationsdauer und erläutern Sie zusätzlich, wie diese Kennzahl zu interpretieren ist.

10.2.4 Dynamische Verfahren der Investitionsrechnung

Die PumpeDüse AG ist ein Hersteller von Einspritzsystemen für Schiffsmotoren. Um die in die Jahre gekommenen Produktionssysteme des Unternehmens auf den aktuellen Stand der Technik zu bringen, hat der Vorstandsvorsitzende Herr Clausen ein Projekt zur Steigerung der Energieeffizienz der Fertigung unter dem Namen „Green Efficiency“ gestartet. Im besonderen Blickpunkt steht dabei der Ersatz des konventionellen Härteofens durch ein System zum Induktionshärten der Werkstücke. Zur Beurteilung der Vorteilhaftigkeit des Systems hat der Vorstand bereits ein Angebot für die Anlage „Induction“ eingeholt, wobei die folgenden charakteristischen Kennzahlen ermittelt wurden. Zu beachten ist, dass alle angegebenen Kosten zahlungswirksam sind. Ebenso sollte berücksichtigt werden, dass die Materialkosten durch eine internationale Beschaffungsstrategie in Dollar anfallen und somit eine Konvertierung in Eurobeträge notwendig ist.

Tab. 10.8: Aufstellung der Informationen zur Anlage „Induction“

Anschaffungskosten	1.000.000 €
Liquidationserlös am Ende der Nutzungsdauer	100.000 €
jährliche Produktionskapazität	3.500 Stk./Jahr mit jährlicher Steigerungsrate von 10 %
Energiekosten	3 €/Stk. mit konstanter jährlicher Steigerung von 0,25 €/Stk.
Materialkosten	30 $/Stk.
Wechselkurs	0,92 €/$ mit jährlicher Steigerungsrate von 1,5 %
Instandhaltungskosten	50.000 €/Jahr
benötigtes Bedienerpersonal	zu Beginn 20 Mitarbeiter jährlich 2 Mitarbeiter Rationalisierungspotenzial
Personalkosten	50.000 €/Mitarbeiter jährliche Lohnsteigerung: 2,5 %
Absatzpreis	300 €/Stk.

Herr Clausen favorisiert die Beurteilung der Vorteilhaftigkeit auf Basis der statischen Investitionsrechnung. Sie erläutern Herrn Clausen, dass ein großer Nachteil dieser Verfahren in der Vernachlässigung der Zahlungszeitpunkte besteht. Dabei ist es für die Vorteilhaftigkeit der Investition relevant, wann Zahlungen geleistet werden. Aus Unternehmenssicht ist eine Einzahlung umso vorteilhafter, je früher diese geleistet wird, umgekehrt wird eine Auszahlung umso besser eingestuft, je später diese zu erbringen ist. Um diese Aspekte bei der Bewertung der Vorteilhaftigkeit zu berücksichtigen, schlagen Sie Herrn Clausen den Einsatz einer dynamischen Investitionsrechnung vor.

(a) Ermitteln Sie den Zahlungsstrom der Investition und berechnen Sie deren Kapitalwert. Unterstellen Sie dazu einen Kalkulationszinssatz von 10 % und eine Nutzungsdauer der Anlage von sechs Jahren. Wie lässt sich der resultierende Kapitalwert interpretieren?
(b) Bei früheren statischen Vorteilhaftigkeitsanalysen gelang es Herrn Clausen leicht, einen Überblick über die Einflussgrößen auf die Kosten- und Erlöskomponenten zu gewinnen. Bei der dynamischen Berechnung ist dies für Herrn Clausen nicht intuitiv möglich. Erläutern Sie deshalb, welche Faktoren allgemein die Höhe des

Kapitalwerts bestimmen. In welcher Weise beeinflussen Veränderungen dieser Faktoren den Kapitalwert?

(c) Herr Clausen möchte seinen Vorstandskollegen aufzeigen, welchen gleich großen jährlichen Überschüssen der Kapitalwert der Investition entspricht. Ermitteln Sie dazu die Annuität der Investition.

(d) Ebenfalls soll den Vorstandsmitgliedern die Vorteilhaftigkeit der Investition über eine Rentabilitätskennzahl vermittelt werden. Berechnen Sie dazu den Internen Zinsfuß der Investition mittels des Verfahrens der linearen Interpolation. (Hinweis: Der Interne Zinsfuß ist kleiner 18 %.)

(e) Als letzten Gesichtspunkt interessiert sich Herr Clausen für den Zeitraum, bis zu dem die Anschaffungskosten über die Einzahlungsüberschüsse an das Unternehmen zurückgeflossen sein werden. Ermitteln Sie dazu die dynamische Amortisationsdauer der Investition.

10.2.5 Steuern in der Investitionsrechnung

Frau Neuhof ist Vorstandsvorsitzende der Reservoir AG, einem Unternehmen, das sich auf neuartige Systeme zur Speicherung von Strom aus erneuerbaren Energiequellen spezialisiert hat. Frau Neuhof plant nach ersten erfolgsversprechenden Testverkäufen den Aufbau einer automatisierten Fertigungsanlage für die kürzlich entwickelten Speichersysteme. Die Nutzungsdauer der Fertigungsanlage beträgt auf Grund des kurzen Lebenszyklus der Systeme vier Jahre, die Anschaffungsauszahlung hat eine Höhe von 800.000 EUR. Die Rückflüsse können der Tab. 10.9 entnommen werden.

Tab. 10.9: Rückflüsse Fertigungsanlage der Reservoir AG (Angaben in EUR)

Zeitpunkt (t)	**1**	**2**	**3**	**4**
Rückflüsse R_t	285.000	330.000	380.000	450.000

(a) Frau Neuhof bittet Sie um Ihre Mithilfe bei der Bewertung der Vorteilhaftigkeit der Investition. Ermitteln Sie dazu den Kapitalwert der Investition. Unterstellen Sie dabei einen Kalkulationszins von 10 %.

(b) Der Steuerberater der Reservoir AG weist Frau Neuhof darauf hin, dass der mit der Investition verbundene Gewinn versteuert werden muss. Berechnen Sie den Kapitalwert nach Steuern nach dem Standardmodell. Gehen Sie dabei von einem Steuersatz von 30 % aus, wobei die Anschaffungsauszahlung gleichmäßig über die Nutzungsdauer abgeschrieben werden soll. Es wird damit gerechnet, dass nach der geplanten Nutzungsdauer kein Liquidationserlös erzielt werden kann.

(c) Frau Neuhof ist unsicher, ob das ermittelte Ergebnis korrekt ist. Zeigen Sie Frau Neuhof mittels der Methode des Vermögensendwerts, dass der berechnete Kapitalwert nach Steuern fehlerfrei ist.

(d) Kurz vor der Entscheidung über die Durchführung der Investition wird bekannt, dass der Staat die geplante Investition über eine Sonderabschreibung im ersten Jahr in Höhe von 40 % der Investitionssumme fördert. Wie wirkt sich diese Förderung auf die Höhe des Kapitalwerts nach Steuern aus? Worauf ist die Veränderung des Kapitalwerts zurückzuführen?

10.2.6 Optimale Nutzungsdauer

Im Rahmen einer Vorstandssitzung der Pfiffikus AG, dem Weltmarktführer im Bereich großindustrieller Nähmaschinen, wird über die Investition in eine neue vollautomatisierte Schweißanlage beraten. Durch die bereits durchgeführten dynamischen Vorteilhaftigkeitsanalysen kann sich der Vorstand schnell auf den Kauf und die Installation der Anlage „RoboticWELD" einigen. Herr Leimen, im Vorstand zuständig für Produktionsentscheidungen, kritisiert dabei jedoch die unterstellte Nutzungsdauer von sechs Jahren bei der Analyse. Er argumentiert gegenüber seinen Vorstandskollegen, dass eine solch lange Nutzungsdauer nachteilig hinsichtlich der auftretenden Betriebs- und Instandhaltungskosten sowie der Erfüllung der Kundenbedürfnisse sei. Bei einer kürzeren Nutzungsdauer könnte durch die Nutzung der Potenziale des fortschreitenden technischen Wandels eventuell eine höhere Wirtschaftlichkeit der Investition realisiert werden. Herr Leimen überträgt Ihnen deshalb die Aufgabe, diesen Sachverhalt zu prüfen. In der Tab. 10.10 hat Herr Leimen bereits die Rückflüsse während der Investitionsdauer sowie die möglichen Liquidationserlöse bei Verkauf der Maschine am Ende der betrachteten Perioden zusammengefasst. Unterstellen Sie bei den folgenden Berechnungen einen Kalkulationszinssatz von 10 %.

Tab. 10.10: Rückflüsse und Liquidationserlöse der Anlage „RoboticWELD" (Angaben in EUR)

Jahr	Rückflüsse (R_t)	Liquidationserlös (LE_t)
0	−5.100.000	
1	−1.220.000	2.500.000
2	3.504.000	1.200.000
3	5.071.000	750.000
4	6.751.000	500.000
5	900.000	350.000
6	−620.000	

(a) Unterstützen Sie Herrn Leimen bei der Ermittlung der optimalen Nutzungsdauer einer einmaligen Investition in die Anlage „RoboticWELD". Bestimmen Sie die optimale Nutzungsdauer einer einmaligen Investition über die Berechnung der Kapitalwerte sowie über das Verfahren des Grenzgewinns.

(b) Herr Leimen bittet Sie ebenfalls darum, die optimale Nutzungsdauer bei einer mehrfachen Wiederholung der Investition zu ermitteln. Da Ihnen keine Angaben über mögliche Anschlussinvestitionen vorliegen, unterstellen Sie dabei eine zweimalige Wiederanlage des freiwerdenden Kapitals in die untersuchte Anlage. Welche allgemeine Aussage lässt sich hinsichtlich der optimalen Nutzungsdauer bei mehrfacher identischer Wiederholung treffen?
(c) Als letzte Kenngröße wünscht sich Herr Leimen die Berechnung der optimalen Nutzungsdauer unter der Prämisse, dass die Investition unendlich oft identisch durchgeführt werden könnte.

10.2.7 Differenzinvestition

Herr Hungerbrunnen ist Controller der Ritterstein AG, die sich auf die Manufaktur von Wegmarken und -zeichen für Wanderwege spezialisiert hat. Zur Erweiterung des Produktionsprogramms des Unternehmens stehen zwei Investitionsalternativen in Blechstanzmaschinen zur Auswahl. Maschine 1 ist eine manuelle Blechstanzmaschine, die nur mit geringen Investitionsauszahlungen verbunden ist. Bei Maschine 2 handelt es sich um eine vollautomatische Blechstanzmaschine, die mit entsprechend hohen Auszahlungen einhergeht. Im Folgenden sind die mit den Investitionsalternativen verbundenen Zahlungsströme für eine Laufzeit von vier Jahren aufgeführt. Der Kalkulationszinssatz soll mit 10 % angenommen werden.

Tab. 10.11: Zahlungsströme der Investitionsalternativen (Angaben in EUR)

Zeitpunkt (t)	**0**	**1**	**2**	**3**	**4**
Maschine 1	−20.000	4.500	6.000	8.700	9.200
Maschine 2	−100.000	36.000	28.000	31.000	35.000

(a) Der Vorstand der Ritterstein AG bittet Herr Hungerbrunnen um die Bewertung der Investitionsalternativen mittels der Verfahren der Kapitalwertmethode und der Internen Zinsfußmethode. Unterstützten Sie Herrn Hungerbrunnen bei der Ermittlung der gewünschten Kennzahlen. Welche Schlussfolgerungen lassen sich bezüglich der Vorteilhaftigkeit ziehen? (Hinweis: Der Interne Zinsfuß ist kleiner 14 %.)
(b) Herr Hungerbrunnen hat im Rahmen des Studiums gelernt, dass die Kapitalwertmethode und die Methode des Internen Zinsfußes unterschiedliche implizite Annahmen über die Verzinsung der Differenzinvestition enthalten. Unterstützen Sie Herrn Hungerbrunnen bei der Analyse dieses Sachverhalts, indem Sie durch Beispielrechnungen die Verzinsungshypothesen belegen.
(c) Herr Hungerbrunnen zweifelt die Praktikabilität der impliziten Verzinsungshypothesen an. Stattdessen möchte er für den Vergleich der Alternativen einen

selbstdefinierten Zinssatz verwenden. Er bittet Sie deshalb die Alternativen auf Basis einer Differenzinvestition zu 11 % zu vergleichen.

(d) Als Letztes bittet Herr Hungerbrunnen Sie ebenfalls um die Ermittlung des kritischen Zinssatzes der Differenzinvestition, bei dem die Vorteilhaftigkeit der Alternativen wechselt. Verwenden Sie dazu das Verfahren der linearen Interpolation sowie die bereits ermittelten Zinsergebnisse der Aufgabenteile (b) und (c).

10.2.8 Vermögensendwertverfahren

Die REKCENOH AG ist ein Lebensmittelhersteller, der sich auf die Produktion von Ostalgie-Nahrungsmitteln spezialisiert hat. Da der Markt durch ein stark gestiegenes Wettbewerbsumfeld eine gewisse Sättigung erfahren hat und der Vorstandsvorsitzende Herr Kalkofen davon ausgeht, dass der Umsatz in diesem Marktsegment in den nächsten Jahren zurückgehen wird, ist der Einstieg in den Markt für Erfrischungsgetränke geplant. Nachdem erste Kundenbefragungen über den Geschmack der entwickelten Limonade erfolgsversprechend verlaufen sind, beauftragt Herr Kalkofen Sie, die Vorteilhaftigkeit der Investition in eine Abfüllanlage zu überprüfen. Die Anschaffungskosten für eine gebrauchte Abfüllanlage mit einer angemessenen Abfüllkapazität betragen 600.000 EUR. Da die Maschine bereits deutliche Abnutzungserscheinungen aufweist, werden eine wirtschaftlich sinnvolle Nutzungsdauer von vier Jahren und ein möglicher Verkauf der Maschine an einen Verschrottungsbetrieb für 50.000 EUR unterstellt.

Nach Experteneinschätzungen wird der Markt für Ostalgie-Getränke in den nächsten Jahren einen großen Aufschwung erfahren. Im Jahr 1 der Produktion wird von einer abgesetzten Limonadenmenge von 100.000 Liter ausgegangen, wobei ein jährlicher Anstieg von 10.000 Litern plausibel erscheint. Als Startangebot soll der Verkaufspreis im Jahr 1 und im Jahr 2 bei 2,50 EUR/Liter liegen, im Jahr 3 und im Jahr 4 ist bereits ein Preis von 3,00 EUR/Liter geplant. Für die Herstellung des Produkts fallen mengenabhängige Auszahlungen im ersten Jahr in Höhe von 0,60 EUR/Liter an. Durch Effizienz- und Rationalisierungsmaßnahmen reduzieren sich diese Auszahlungen im Jahr 2 auf 0,55 EUR/Liter, im Jahr 3 auf 0,51 EUR/Liter und im Jahr 4 auf 0,47 EUR/Liter.

(a) Herr Kalkofen ist mit der Menge der gegebenen Informationen aus der Marktprognose überfordert. Er bittet Sie deshalb darum aus den Angaben einen jährlichen Zahlungsstrom zu ermitteln.

(b) Herr Kalkofen möchte zur Bewertung der Vorteilhaftigkeit der Investition die Methode des Vermögensendwerts einsetzen. Er erinnert sich dabei zuerst an die im Studium vermittelten Inhalte bezüglich der Berücksichtigung unterschiedlicher Finanzierungsmodalitäten und dabei insbesondere an zwei Extremformen. Er bittet Sie deshalb um die Berechnung des Vermögensendwerts der Investition bei einem unterstellten Kontenausgleichsverbot sowie einem Kontenausgleichsgebot. Wie lassen sich die resultierenden Ergebnisse interpretieren? Gehen Sie davon aus, dass die Finanzierung zu einem Sollzinssatz (i_S) in Höhe von 6 % möglich ist. Eventuelle Kapitalanlagen können zu einem Habenzinssatz (i_H) von 4 % getätigt werden.

(c) Herr Kalkofen argumentiert nach der Analyse der Ergebnisse aus Aufgabenteil b), dass die unterstellten Finanzierungsformen unrealistisch sind. Für die Finanzierung der Abfüllanlage sollen deshalb ein Investitionskredit mit Ratentilgung in Höhe von 300.000 EUR mit einer Laufzeit von vier Jahren und ein endfälliger Kredit ebenfalls mit einer Laufzeit von vier Jahren in Höhe von 300.000 EUR aufgenommen werden. Die Zinssätze sollen weiterhin mit $i_S = 6\,\%$ und $i_H = 4\,\%$ angenommen werden.
Unterstützen Sie Herrn Kalkofen bei der Berechnung des Vermögensendwerts der Investition in die Abfüllanlage, wenn die angegebenen Kreditformen verwendet werden. Sollte die REKCENOH AG die Investition durchführen?

(d) Der Finanzvorstand Herr Mielke zweifelt die Sinnhaftigkeit einer reinen Fremdkapitalfinanzierung der Investition an und schlägt vor, einen Anteil von 60 % des Investitionsvolumens über die Aufnahme von Eigenkapital zu finanzieren. Darüber hinaus benötigtes Kapital kann über einen Kontokorrentkredit mit einem Zinssatz von 8 % beschafft werden. Wie verändert sich der Endwert im Vergleich zu einer vollständigen Fremdfinanzierung?

10.2.9 Marktzinsorientierte Investitionsbewertung

Die Helau AG ist ein deutschlandweit operierender Großhändler für Karnevalsartikel. In der letzten Zeit konnte das Unternehmen eine verstärkte Nachfrage nach Verkleidungsartikeln für Haustiere feststellen, die aber von den üblichen Produzenten der Kostüme nicht im Produktsortiment enthalten sind. Um diesen Markt zu erschließen und die Nachfrage der Kunden befriedigen zu können, plant die Helau AG den Aufbau einer eigenen Fertigung für Tierverkleidungsartikel. Dazu müssen Zuschnitt- und Nähautomaten im Wert von 295.000 EUR angeschafft werden. Der Investitionscontroller Herr Aschbach möchte für die Beurteilung der Vorteilhaftigkeit erstmals das marktzinsorientierte Modell zur Investitionsbewertung einsetzen. Aufgrund mangelnder praktischer Erfahrung mit dieser Methode bittet Herr Aschbach Sie um Unterstützung, wobei er bereits die folgenden Prognosen für die möglichen Rückflüsse aus dem Investitionsprojekt für die nächsten vier Jahre angestellt hat:

Tab. 10.12: Prognostizierte Rückflüsse des Investitionsprojekts der Helau AG (Angaben in EUR)

Zeitpunkt (t)	**1**	**2**	**3**	**4**
Zahlungsstrom	71.000	65.000	83.000	95.000

Daneben hat Herr Aschbach Beratungsgespräche mit der Hausbank der Helau AG geführt und dabei die aktuell beobachtbaren laufzeitabhängigen Marktzinssätze in Erfahrung gebracht. Die Zinssätze der Zinsstrukturkurve sind in Tab. 10.13 aufgeführt. Die Zinssätze beziehen sich dabei auf Festzinsgeschäfte mit endfälliger Tilgung und jährlicher Zinszahlung.

Tab. 10.13: Zinsstruktur (Angaben in %)

Laufzeit (t)	**1**	**2**	**3**	**4**
GKM-Zinssatz	2,3	2,7	3,1	3,3

(a) Berechnen Sie den marktzinsorientierten Kapitalwert durch retrograde Abzinsung der Investitionszahlungsreihe sowie durch die Verwendung von Zerobond-Abzinsfaktoren und Zerobond-Renditen. Bestimmen Sie hierfür zunächst die fehlenden Zerobond-Abzinsfaktoren sowie Zerobond-Renditen.

(b) Neben dem absoluten Erfolgskriterium wünscht Herr Aschbach ebenfalls die Ermittlung eines relativen Erfolgsmaßstabs. Ermitteln Sie zu diesem Zweck die Investitionsmarge im Rahmen des Marktzinsmodells. Welche Schlussfolgerung kann aus dem ermittelten Ergebnis hinsichtlich der durchschnittlichen Finanzierungskosten gezogen werden? (Hinweis: Der Interne Zinsfuß der Investition beträgt 2,4035 %.)

(c) Herr Aschbach will sich mit dem ermittelten Ergebnis nicht abfinden. Laut Aussage eines befreundeten Finanzberaters ist davon auszugehen, dass die Zinsstrukturkurve keine Änderung erfahren wird. Herr Aschbach schlägt daher vor, das Investitionsprojekt unter Zugrundelegung einer einjährigen revolvierenden Finanzierung zu einem Zinssatz von 2,3 % zu finanzieren. Berechnen Sie den Investitionserfolg bei dieser kapitalstrukturinkongruenten Finanzierungsvariante.

(d) Der Vorstand der Helau AG lehnt den Aufbau einer eigenen Fertigung für Haustierkostüme aufgrund des berechneten Kapitalwerts ab. Neben diesem Investitionsprojekt wurde in der Vergangenheit bereits ein Projekt zum Aufbau eines hochautomatisierten Lagerhaltungssystems geplant und hinsichtlich seiner Vorteilhaftigkeit bewertet. Bei unveränderter Zinsstruktur ergibt sich aus der folgenden Zahlungsreihe ein marktzinsorientierter Kapitalwert von 3.567,59 EUR.

Tab. 10.14: Zahlungsstrom eines alternativen Investitionsprojekts (Angaben in EUR)

Zeitpunkt (t)	**0**	**1**	**2**	**3**	**4**
Zahlungsstrom	−180.000	47.250	49.500	53.000	48.000

Für die Präsentation der Vorteilhaftigkeitsanalyse im Rahmen der nächsten Sitzung des Investitionsausschusses bittet Herr Aschbach Sie, den Kapitalwert in periodische Überschussgrößen zu transformieren, wobei dazu das Verfahren der kapitalbindungsproportionalen Periodisierung eingesetzt werden soll.

Hinweis: Der Interne Zinsfuß des Investitionsprojekts beträgt 3,85 %.

10.2.10 Investitionsentscheidungen unter Unsicherheit

Der Landmaschinenhersteller Grumbeer AG plant den Vertrieb von selbstfahrenden Kartoffelvollerntern auf dem europäischen Markt. Aktuell ist das Unternehmen nur mit konventionellen Vollerntern auf dem Markt vertreten, da das Marktpotenzial für selbstfahrende Maschinen durch die kleinen und wenig zusammenhängenden Ackerflächen als zu gering angesehen wurde. Auf dem amerikanischen Markt wird ein solches Produkt jedoch bereits hergestellt und erfolgreich vertrieben. Aufgrund intensiver Kundenbefragungen und einer wahrgenommenen höheren Automatisierungsbereitschaft der Landwirte beschließt der Vorstand die Produkteinführung von selbstfahrenden Kartoffelvollerntern auf dem europäischen Markt. Der Vorstand hat für die zukünftige Vertriebsinitiative drei mögliche Produktionsszenarien entwickelt.

In Variante 1 wird der selbstfahrende Kartoffelvollernter, der bereits in den USA produziert wird, in die EU importiert und nach einigen regulatorisch notwendigen Modifikationen verkauft. Im Rahmen von Variante 2 wird das Konzept des Badge-Engineering verfolgt, bei dem ein selbstfahrender Kartoffelvollernter eines chinesischen Konkurrenten, der in Europa aktuell nicht aktiv ist, zugekauft und unter eigenem Namen in Europa vertrieben wird. Variante 3 umfasst den Aufbau einer eigenen Produktion für selbstfahrende Kartoffelvollernter in Europa.

Die jeweiligen Varianten weisen hinsichtlich des durchsetzbaren Endpreises und des Marktpotenzials durch die unterschiedliche Qualität der Produkte deutliche Differenzen auf. Die Varianten unterscheiden sich jedoch auch hinsichtlich des Kapitaleinsatzes und der notwendigen Auszahlungen während des Betrachtungszeitraums. Prinzipiell besitzt die Variante 3 ein gutes Marktpotenzial, da der mögliche Absatzpreis und das Volumen gegenüber den anderen Varianten am erfolgversprechendsten sind. Jedoch beinhaltet diese Variante wegen des hohen Kapitaleinsatzes und der hohen fixen Produktionskosten auch das größte Risiko. Die Varianten 1 und 2 sind mit den geringsten Investitionsauszahlungen, aber auch mit dem geringsten Erfolgspotenzial verbunden.

Herr Iggelbach ist Finanzvorstand der Grumbeer AG und bittet Sie, die Auswirkungen der Unsicherheit bei der Investitionsentscheidung durch verschiedene Methoden zu berücksichtigen und sinnvoll zu bewerten. In einem ersten Schritt hat Herr Iggelbach für die jeweiligen Produktionsvarianten auf Basis eines wahrscheinlichen Szenarios die Investitionsauszahlung, die Absatzmengen, die Absatzpreise sowie die fixen und variablen Auszahlungen für eine Nutzungsdauer von vier Jahren prognostiziert. Die Informationen sind in den folgenden Tabellen dargestellt:

Tab. 10.15: Aufstellung der Informationen der unterschiedlichen Produktionsvarianten

Variante 1					
t	**0**	**1**	**2**	**3**	**4**
Investitionsauszahlung (€)	−3.000.000				
Absatzmenge (Stk.)		105	116	128	141
Absatzpreis (€)		90.000	85.500	81.225	77.164
fixe Auszahlungen (€)		300.000	290.000	280.000	270.000
variable Auszahlungen (€)		40.000	41.500	43.000	44.500
Variante 2					
t	**0**	**1**	**2**	**3**	**4**
Investitionsauszahlung (€)	0				
Absatzmenge (Stk.)		80	80	80	80
Absatzpreis (€)		75.000	74.250	73.508	72.773
fixe Auszahlungen (€)		25.000	25.000	25.000	25.000
variable Auszahlungen (€)		60.000	58.800	57.624	56.472
Variante 3					
t	**0**	**1**	**2**	**3**	**4**
Investitionsauszahlung (€)	−20.000.000				
Absatzmenge (Stk.)		150	154	158	162
Absatzpreis (€)		110.000	113.300	116.699	120.200
fixe Auszahlungen (€)		260.000	273.000	286.650	300.983
variable Auszahlungen (€)		50.000	49.250	48.511	47.783

(a) Herr Iggelbach möchte als erste Methode zur Abbildung der Unsicherheit das Drei-Werte-Verfahren einsetzen. Dazu wurde bereits in einem vorgelagerten Schritt ermittelt, dass die Absatzmengen und die Absatzpreise den größten Einfluss auf die Höhe des Kapitalwerts besitzen. Zusätzlich sind diese Eingangsgrößen mit einer großen Prognoseunsicherheit behaftet. Für die Anwendung des Drei-Werte-Verfahrens sollen die folgenden Zu- oder Abschläge auf die jährlichen Eingangsgrößen verwendet werden.

Tab. 10.16: Zu- und Abschläge für die Anwendung des Drei-Werte-Verfahrens

Eingangsgröße	**Szenario**	**Variante 1**	**Variante 2**	**Variante 3**
Absatzmengenveränderung (%)	günstig	10	5	15
	wahrscheinlich	0	0	0
	ungünstig	−15	−40	−5
Absatzpreisveränderung (€)	günstig	5.000	2.000	6.000
	wahrscheinlich	0	0	0
	ungünstig	−10.000	−25.000	−15.000

Berechnen Sie die Kapitalwerte für die einzelnen Szenarien unter der Prämisse eines Kalkulationszinssatzes von 5 %. Welche Informationen können den resultierenden Kapitalwerten entnommen werden?

(b) Nach Ansicht von Herrn Iggelbach stellen die Investitionsauszahlung und der Absatzpreis der ersten Variante einen weiteren Unsicherheitsfaktor dar. Unterstützen Sie Herrn Iggelbach bei der Ermittlung der Sensitivität des Kapitalwerts auf Veränderungen dieser beiden Größen, in dem Sie die kritische Linie ermitteln, bei der sich ein Kapitalwert von null ergibt. Unterstellen Sie weiterhin einen Kalkulationszinssatz von 5 % und gehen Sie bei der Absatzmenge von den wahrscheinlichen Ausprägungen aus. Der Absatzpreis soll als konstant über alle Perioden angenommen werden. Wie lassen sich die Ergebnisse interpretieren? Stellen Sie ferner die kritische Linie grafisch dar, wobei die Bandbreite der Investitionsauszahlung von 2.000.000 EUR bis 5.000.000 EUR reichen soll.

(c) Herrn Iggelbach missfällt an den bereits eingesetzten Verfahren, dass diese keine eindeutige Aussage über die vorteilhafteste Investition treffen. Er bittet Sie deshalb, in einem ersten Schritt die bereits unter (a) ermittelten Kapitalwerte der einzelnen Szenarien mithilfe der Entscheidungsregeln unter Unsicherheit zu bewerten. Da keine Eintrittswahrscheinlichkeiten der Szenarien vorliegen, sollen das Minimax-Kriterium, das Minimax-Risiko-Kriterium, die Maximax-Regel sowie die Pessimismus-Optimismus-Regel zum Einsatz kommen. Da Herr Iggelbach ein eher pessimistischer Mensch ist, soll bei der Pessimismus-Optimismus-Regel ein Optimismusparameter von $\lambda = 15\,\%$ verwendet werden.

(d) Herr Iggelbach bittet Sie ebenfalls, die Entscheidungsregeln unter Unsicherheit bei bekannter Wahrscheinlichkeitsverteilung anzuwenden. Ermitteln Sie die vorteilhafteste Investition unter dem Kriterium der höchsten Wahrscheinlichkeit, des Erwartungsprinzips sowie des Risiko-Erwartungswert-Kriteriums. Nehmen Sie dazu an, dass das wahrscheinlichste Szenario eine Wahrscheinlichkeit von 50 %, das günstige Szenario von 20 % und das ungünstigste Szenario von 30 % besitzt. Die Risikonutzenfunktion soll $\Phi = \mu - 2 \cdot \sigma$ betragen.

(e) Als letzte Variante möchte Herr Iggelbach das Verfahren des Entscheidungsbaums einsetzen. Er reduziert das Entscheidungsproblem dabei auf die Varianten 1 und 3, da bei Variante 2 bisher in keiner Methode eine Vorteilhaftigkeit festgestellt werden konnte. Die Auswirkungen der Alternativen sind abhängig von unsicheren Zukunftsentwicklungen, die weitere Entscheidungen erforderlich machen. Herr Iggelbach hat die möglichen Entwicklungen in folgendem Entscheidungsbaum dargestellt. Die sich in den 22 Szenarien einstellenden Rückflüsse können Abb. 10.4 entnommen werden. Bei allen Zahlungsgrößen handelt es sich grundsätzlich um barwertige Angaben. Welche der beiden Alternativen sollte er wählen?

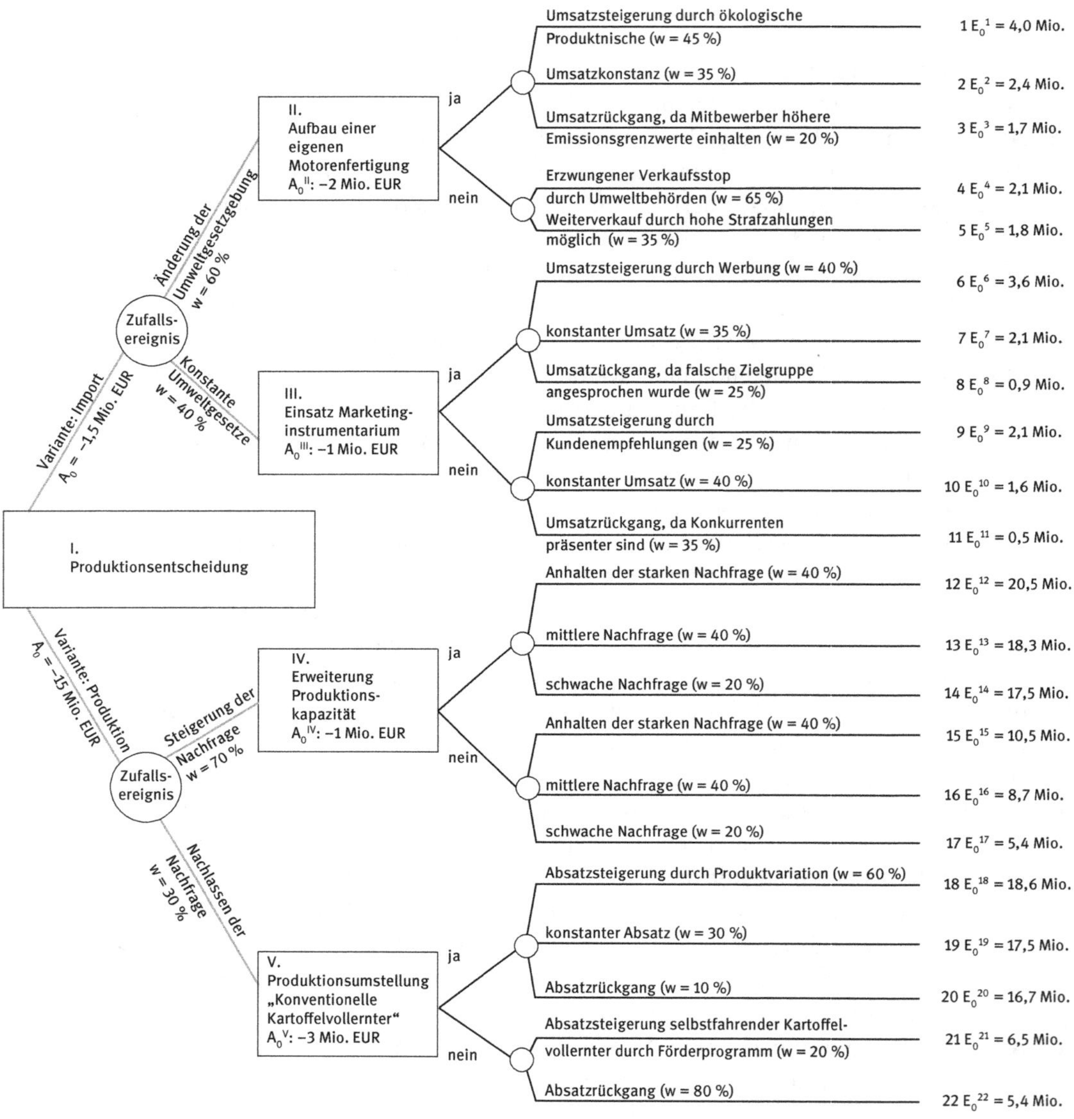

Abb. 10.4: Darstellung des Entscheidungsbaums

10.2.11 Portfolio-Selection-Theory

Der Portfoliomanager Reisdorf ist bei der SchwarzFels Vermögensverwaltung für die Gestaltung und Steuerung von Wertpapierportfolios verantwortlich. Beim Aufbau der Portfolios orientiert sich die SchwarzFels Vermögensverwaltung an der etablierten Portfoliotheorie nach Markowitz, die neben der Rendite insbesondere auch das Risiko einer Anlage berücksichtigt. Für den Aufbau seines Teilportfolios stehen Herrn

Reisdorf Aktien der Chevalier AG und der Wiesenläufer AG zur Verfügung. Während sich die Chevalier AG auf die Herstellung von Maschinenteilen spezialisiert hat, produziert die Wiesenläufer AG komfortable Schuhe.

Für die beiden Aktien konnte die Research-Abteilung bereits den Erwartungswert der Renditen sowie die Standardabweichung der Renditen bestimmen, die Werte sind in Tab. 10.17 angegeben. Zusätzlich hat die Research-Abteilung auch den Korrelationskoeffizienten für die beiden Aktien ermittelt, dieser beträgt −0,1.

Tab. 10.17: Erwartungswerte und Standardabweichungen der Renditen der beiden Aktien (Angaben in %)

	Aktie Chevalier AG	Aktie Wiesenläufer AG
μ	3	6
σ	7	9

Herr Reisdorf denkt über unterschiedliche Portfolio-Zusammensetzungen nach. Von der Geschäftsführung der SchwarzFels Vermögensverwaltung hat er bereits die Rendite- und Risikowerte für unterschiedliche Portfoliozusammensetzungen erhalten (vgl. Tab. 10.18).

Tab. 10.18: Rendite- und Risikowerte alternativer Portfoliozusammensetzungen (Angaben in %)

Portfolio	P_1	P_2	P_3	P_4	P_5	P_6	P_7	P_8	P_9	P_{10}	P_{11}
Anteil Aktie Chevalier AG	100	90	80	70	60	50	40	30	20	10	0
Anteil Aktie Wiesenläufer AG	0	10	20	30	40	50	60	70	80	90	100
μ	3,00	3,30	?	3,90	4,20	4,50	4,80	5,10	5,40	5,70	6,00
σ	7,00	6,27	?	5,35	5,25	5,42	5,83	6,44	7,20	8,06	9,00

Leider fehlen in der Tabelle der Erwartungswert und die Standardabweichung der Rendite für das Portfolio, das zu 80 % aus Aktien der Chevalier AG und zu 20 % aus Aktien der Wiesenläufer AG besteht.

(a) Ermitteln Sie den Erwartungswert der Rendite und die Standardabweichung der Rendite für das 80-zu-20-Portfolio. Beurteilen Sie das Risiko des Portfolios vor dem Hintergrund des jeweiligen Risikos der Aktie der Chevalier AG und der Wiesenläufer AG.

(b) Ermitteln Sie die Zusammensetzung, den Erwartungswert und die Standardabweichung der Rendite des sogenannten Minimum-Varianz-Portfolios, das sich aus den beiden Aktien konstruieren lässt. Als Minimum-Varianz-Portfolio wird dabei das Portfolio mit dem minimalen Risiko bezeichnet.

(c) Zeichnen Sie die Portfolios P_1 bis P_{11} in ein Rendite-Risiko-Diagramm ein. Welche Portfolios sind effizient und welche Portfolios sind nicht effizient?

(d) Die Geschäftsführung macht Herrn Reisdorf darauf aufmerksam, dass er zu einem Zinssatz von 2 % risikolos Kapital aufnehmen und anlegen kann. Herr Reisdorf möchte vor diesem Hintergrund ein Portfolio mit einer erwarteten Rendite von 9,1 % konstruieren. Die Geschäftsführung verlangt jedoch, dass in diesem Portfolio Aktien der Chevalier AG mit einem Anteil von 30 % enthalten sind. Berechnen Sie den Anteil der Aktien der Wiesenläufer AG für dieses Portfolio. Bestimmen Sie den Anteil der risikolosen Kapitalanlage bzw. -aufnahme. Ermitteln Sie schließlich auch die Standardabweichung der Rendite für dieses Portfolio.

10.2.12 Unternehmensbewertung

Die Geschäftsführung der Value AG, einem marktführenden Unternehmen im Bereich der Nahrungsmittelindustrie, hat Sie beauftragt, den Unternehmenswert auf Basis der Discounted-Cashflow-Verfahren zu bestimmen. Es soll geprüft werden, inwieweit der Unternehmenswert gemäß der Discounted-Cashflow-Verfahren (DCF-Verfahren) mit dem über die marktpreisorientierten Multiplikatorverfahren ermittelten Wert übereinstimmt.

Die Geschäftsführung hat Ihnen vielfältige Zahlen und Erläuterungen zusammengestellt, aus denen hervorgeht, dass die Geschäftsentwicklung der Value AG in den nächsten Jahren voraussichtlich stabil verlaufen wird, mit einem leicht positiven Trend. Die Planzahlen liegen für die Perioden 1 bis 4 detailliert vor. Für die Zeit nach der Periode 4 geht die Geschäftsleitung der Value AG davon aus, dass die Daten ab $t = 4$ eine ausreichende Schätzung für den Fortführungszeitraum darstellen (Phase II).

Aus strategischen Gründen ist die Geschäftsleitung zu der Annahme gelangt, dass sie den Umfang des verzinslichen Fremdkapitals der Value AG für die nächsten Jahre prognostizieren kann. Weiterhin ist davon auszugehen, dass die Kosten für das Fremdkapital über den gesamten Bewertungszeitraum hinweg konstant bei 5 % liegen werden.

Gehen Sie außerdem davon aus, dass sich die Eigenkapitalkosten der Value AG unter der fiktiven Annahme der ausschließlichen Finanzierung durch Eigenkapital auf 9 % belaufen. In den kommenden Jahren ist mit einer pauschalen Steuerbelastung von 30 % zu rechnen.

Folgende Zahlen wurden Ihnen aus der Plan-Erfolgsrechnung der Unternehmung bereits zur Verfügung gestellt:

Tab. 10.19: Plan GuV der Value AG (Angaben in Mio. EUR)

Jahr	**1**	**2**	**3**	**4 ff.**
Plan GuV				
Umsatzerlöse	36.400,00	37.450,00	38.010,00	38.010,00
– Materialaufwand	8.771,00	8.913,10	8.968,40	8.970,50
– Personalaufwand	12.250,00	12.600,00	13.160,00	13.160,00
– Abschreibungen	4.410,00	4.550,00	4.340,00	4.340,00
– sonstiger betrieblicher Aufwand	7.000,00	7.140,00	7.210,00	7.210,00
EBIT	**3.969,00**	**4.246,90**	**4.331,60**	**4.329,50**
– Zinsen und ähnliche Aufwendungen	665,00	682,50	700,00	717,50
Ergebnis der gewöhnlichen Geschäftstätigkeit	**3.304,00**	**3.564,40**	**3.631,60**	**3.612,00**
– Steuern	991,20	1.069,32	1.089,48	1.083,60
Jahresergebnis	**2.312,80**	**2.495,08**	**2.542,12**	**2.528,40**

Weiterhin wurden Ihnen die folgenden Plan-Bilanzen der Value AG ausgehändigt:

Tab. 10.20: Bilanz der Value AG (Angaben in Mio. EUR)

Jahr	**0**	**1**	**2**	**3**	**4 ff.**
Aktiva					
Anlagevermögen	**33.110,00**	**33.600,00**	**34.650,00**	**35.000,00**	**35.350,00**
immaterielles Vermögen	5.250,00	6.300,00	7.000,00	7.000,00	7.000,00
Sachanlagen	19.460,00	18.900,00	19.250,00	19.600,00	19.950,00
Finanzanlagevermögen	8.400,00	8.400,00	8.400,00	8.400,00	8.400,00
Umlaufvermögen	**18.200,00**	**18.130,00**	**17.640,00**	**18.060,00**	**17.815,00**
Vorräte	5.250,00	5.460,00	5.320,00	5.530,00	5.180,00
Forderungen	11.200,00	10.920,00	10.570,00	10.780,00	10.885,00
Bankguthaben	1.750,00	1.750,00	1.750,00	1.750,00	1.750,00
Rechnungsabgrenzungsposten	**420,00**	**518,00**	**455,00**	**431,00**	**434,00**
Summe Aktiva	51.730,00	52.248,00	52.745,00	53.491,00	53.599,00

Tab. 10.20: (fortgesetzt)

Jahr	0	1	2	3	4 ff.
Passiva					
Eigenkapital	**18.340,00**	**18.718,00**	**19.775,00**	**20.580,00**	**20.489,00**
Fremdkapital insgesamt	**32.550,00**	**32.900,00**	**32.200,00**	**32.211,00**	**32.410,00**
davon verzinsliches Fremdkapital	13.300,00	13.650,00	14.000,00	14.350,00	14.350,00
Rückstellungen	14.000,00	13.650,00	12.600,00	12.740,00	13.090,00
Verbindlichkeiten aus L. u. L.	5.250,00	5.600,00	5.600,00	5.121,00	4.970,00
Rechnungsabgrenzungsposten	**840,00**	**630,00**	**770,00**	**700,00**	**700,00**
Summe Passiva	**51.730,00**	**52.248,00**	**52.745,00**	**53.491,00**	**53.599,00**

Die Investitionen und Abschreibungen der Value AG entwickeln sich in den Perioden 1 bis 4 wie folgt:

Tab. 10.21: Entwicklung der Investitionen und Abschreibungen (Angaben in Mio. EUR)

Jahr	1	2	3	4 ff.
Investitionen	**4.900,00**	**5.600,00**	**4.690,00**	**4.690,00**
immaterielles Vermögen	2.100,00	1.750,00	1.050,00	1.050,00
Sachanlagen	2.800,00	3.850,00	3.640,00	3.640,00
Finanzanlagevermögen	0,00	0,00	0,00	0,00
Abschreibungen	**4.410,00**	**4.550,00**	**4.340,00**	**4.340,00**
immaterielles Vermögen	1.050,00	1.050,00	1.050,00	1.050,00
Sachanlagen	3.360,00	3.500,00	3.290,00	3.290,00
Finanzanlagevermögen	0,00	0,00	0,00	0,00

(a) In Abhängigkeit von der Finanzierungsstrategie kann es im Rahmen der DCF-Verfahren zu Zirkularitätsproblemen kommen. Erläutern Sie anhand einer Tabelle, bei welcher Finanzierungsstrategie welches Verfahren zirkularitätsfrei anwendbar ist. Definieren Sie dafür zunächst die autonome sowie die atmende Finanzierungsstrategie. Welches DCF-Verfahren würden Sie auf Basis der vorliegenden Informationen verwenden?

(b) Ermitteln Sie den Free-Cashflow-Brutto, den Free-Cashflow bei vollständiger Eigenfinanzierung und den Free-Cashflow-Netto. Wenn Sie die Cashflows vom EBIT ausgehend berechnen, auf welche Informationen können Sie dann bei der Bestimmung des Free-Cashflows bei vollständiger Eigenfinanzierung verzichten?

(c) Zur Berechnung des Unternehmenswerts soll der APV-Ansatz zur Anwendung kommen. Erläutern Sie kurz den APV-Ansatz und berechnen Sie anschließend den Marktwert des unverschuldeten Unternehmens. Ermitteln Sie außerdem den Wert des Tax Shields und den Marktwert des Fremdkapitals. Wie hoch sind der Gesamtunternehmenswert und der Marktwert des Eigenkapitals?

(d) Warum entspricht der Marktwert des verzinslichen Fremdkapitals dem Buchwert des verzinslichen Fremdkapitals der Value AG?

(e) Berechnen Sie den Gesamtunternehmenswert und anschließend den Marktwert des Eigenkapitals mithilfe des WACC-Ansatzes. Sie können dazu davon ausgehen, dass durch Iteration bereits die folgenden periodenspezifischen durchschnittlichen Kapitalkosten ermittelt wurden:

Tab. 10.22: Durchschnittliche Kapitalkosten der Value AG (Angaben in %)

Zeitpunkt (t)	**1**	**2**	**3**	**4 ff.**
k_{WACC}	7,96230	7,96889	7,99057	8,00628

(f) Berechnen Sie anschließend den Wert der Value AG mithilfe des Equity-Ansatzes. Auch für dieses Verfahren wurden durch Iteration bereits folgende Eigenkapitalkosten ermittelt:

Tab. 10.23: Eigenkapitalkosten der Value AG (Angaben in %)

Zeitpunkt (t)	**1**	**2**	**3**	**4 ff.**
k_{EK}^{l}	10,61090	10,63844	10,62730	10,63068

(g) Zeigen Sie abschließend auf, wie groß der Anteil des Fortführungswerts (Phase II) des WACC-Ansatzes am Gesamtunternehmenswert ist. Berechnen Sie ebenfalls, wie hoch der Fortführungswert wäre, wenn eine Unternehmensfortführung von 10, 25, 50, 150 Jahre unterstellt werden würde. Wie hoch ist die Abweichung zwischen dem Fortführungswert gemäß ewiger Rente und dem Fortführungswert, der bei der 10-, 25-, 50-, 150-jährigen Unternehmensfortführung folgt? Gehen Sie weiterhin davon aus, dass die Cashflows und Kapitalkosten nach $t = 4$ konstant bleiben.

(h) Zur Plausibilisierung des über die DCF-Verfahren ermittelten Unternehmenswerts soll im Folgenden ergänzend die Multiplikationsbewertung zum Einsatz kommen. Zur Branche passende Multiplikatoren wurden bereits von börsennotierten Vergleichsunternehmen und durch Expertenbefragungen erhoben. Die Experten haben eine Spannweite der Multiplikatoren auf Basis von vergleichbaren Unternehmen beziehungsweise Transaktionen der Branche angegeben. Die Daten sind in Tab. 10.24 zusammengestellt. Berechnen Sie die Bandbreite von Gesamtunternehmenswerten gemäß der Multiplikatormethode und vergleichen Sie diesen Wert mit dem über die DCF-Verfahren ermittelten Gesamtunternehmenswert.

Tab. 10.24: Multiplikatoren vergleichbarer Unternehmen und vergleichbarer Transaktionen

	Börsen EBIT-Multiple	Experten EBIT-Multiple vergleichbarer Unternehmen		Experten EBIT-Multiple vergleichbarer Transaktionen	
		von	bis	von	bis
Nahrungsmittelbranche	8,3	6,6	8,7	7,7	10,4

10.3 Lösungen zu den Fallstudien

10.3.1 Fisher-Theorem

(a) Frau Lug kann im besten Fall das Nutzenniveau N_1 erreichen. Dazu müsste sie den Betrag $K_{0,L} = 6.000$ EUR direkt konsumieren und 4.000 EUR für ein Jahr unter die Matratze legen. Der Konsum $K_{1,L}$ im Zeitpunkt $t = 1$ liegt somit bei 4.000 EUR (vgl. Abb. 10.5).

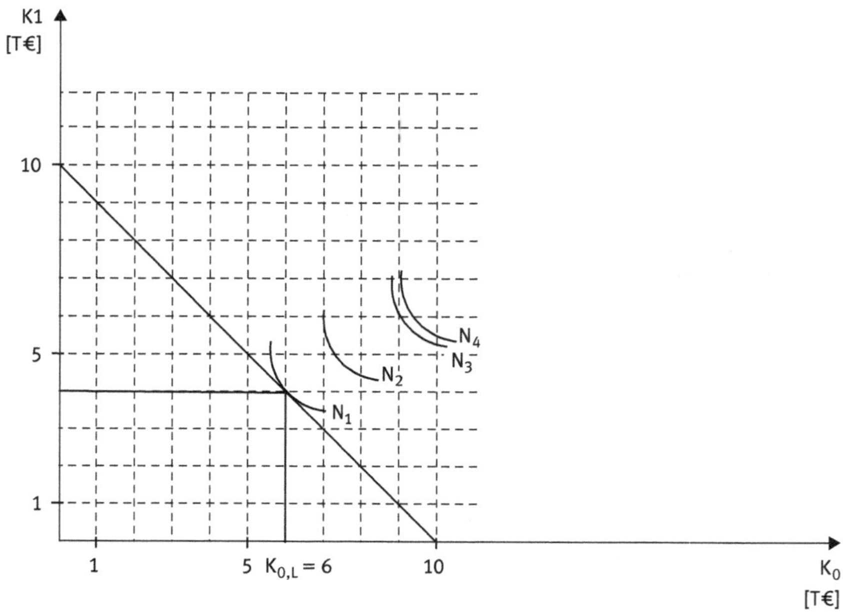

Abb. 10.5: Grafische Lösung Aufgabe (a)

(b) Durch die Berücksichtigung von Realinvestitionen kann Frau Lug das höhere Nutzenniveau N_3 erreichen. Um dieses Nutzenniveau zu erreichen, ist die Konsumkombination im Tangentialpunkt zwischen der Indifferenzkurve N_3 und der Realinvestitionskurve zu bestimmen. Diese liegt bei $K_{0,L} = 9.000$ EUR und $K_{1,L} = 5.000$ EUR vor. Diese Konsumkombination wird erreicht, wenn in $t = 0$ ein Betrag von 9.000 EUR konsumiert und 1.000 EUR in Realinvestitionen investiert werden. Die Rückflüsse aus den Realinvestitionen in Höhe von 5.000 EUR in $t = 1$ stehen dann zu Konsumzwecken zur Verfügung (vgl. Abb. 10.6).

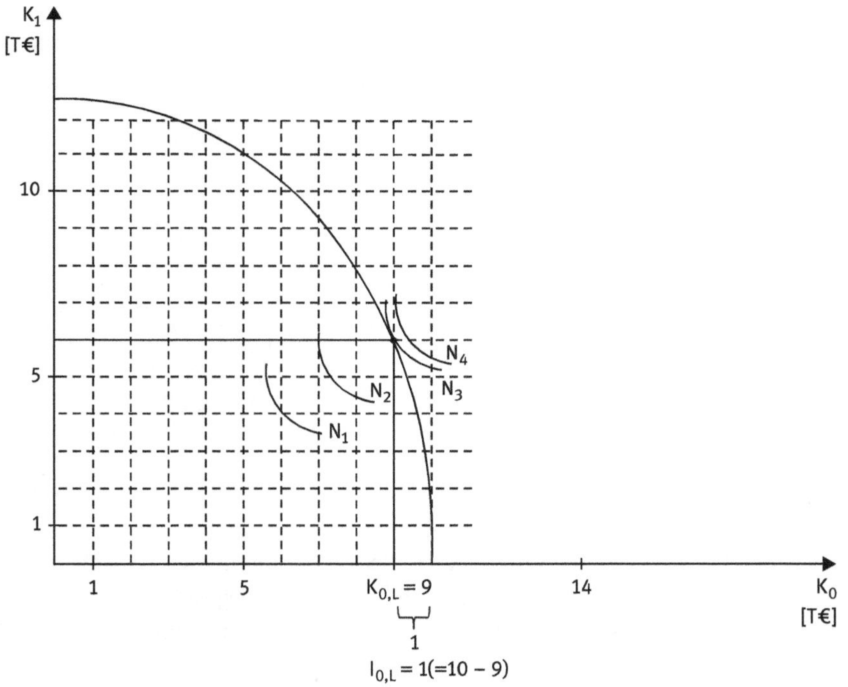

Abb. 10.6: Grafische Lösung Aufgabe (b)

(c) Aufgrund der Gegenwartspräferenz von Frau Lug nimmt sie in $t = 0$ zusätzlich $D_{0,L} = 1.500$ EUR am Kapitalmarkt auf und investiert $I_{0,L} = 2.000$ EUR in Realinvestitionsobjekte. Es stehen daher noch 9.500 EUR zum Konsum in $t = 0$ zur Verfügung, sodass $K_{0,L}$ 9.500 EUR beträgt. In $t = 1$ fließen aus den Realinvestitionsobjekten insgesamt 8.000 EUR an Frau Lug zurück, davon werden $D_{1,L} = 2.000$ EUR für Zins- und Tilgungszahlungen benötigt. Somit stehen noch 6.000 EUR für den Konsum $K_{1,L}$ zur Verfügung (vgl. Abb. 10.7). Es wird dadurch das höhere Nutzenniveau N_4 erreicht.

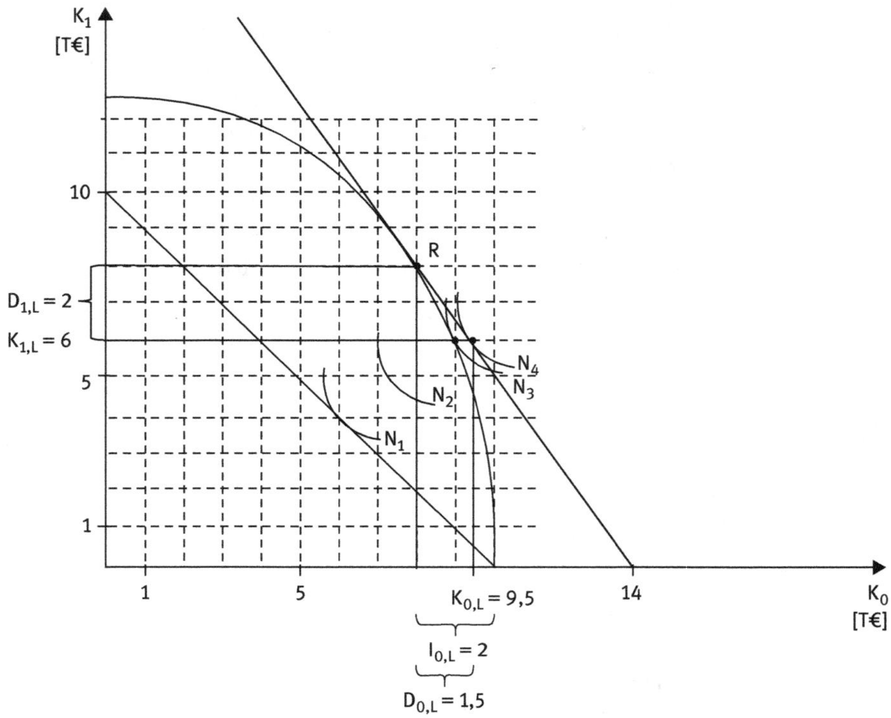

Abb. 10.7: Grafische Lösung Aufgabe (c)

10.3.2 Einsatz qualitativer Verfahren

(a) Der Zielerreichungsgrad gibt an, inwieweit die ermittelten Ergebniserwartungen dem vorgegebenen Ziel entsprechen. Um die Zielerreichungsgrade unterschiedlicher Kriterien vergleichbar zu machen, werden diese auf eine einheitliche Punkteskala übertragen.

$$\text{Zielerreichungsgrad(quantitativ)} = \frac{k_{j,i} - k_{j,min}}{k_{j,max} - k_{j,min}} \cdot (BP_{max} - BP_{min})$$

$$ZG(\text{Kapitalwert}_{Earth}) = \frac{K_{j,i} - K_{j,min}}{K_{j,max} - K_{j,min}} \cdot (BP_{max} - BP_{min}) = \frac{2{,}1 - 1{,}5}{3{,}5 - 1{,}5} \cdot (10 - 1) = 2{,}70$$

$$ZG(\text{Gewicht}_{Earth}) = \frac{1.900 - 2.300}{1.600 - 2.300} \cdot (10 - 1) = 5{,}14$$

$$ZG(\text{Analyseoberfläche}_{Earth}) = \frac{195 - 170}{210 - 170} \cdot (10 - 1) = 5{,}63$$

Die Zielerreichungsgrade der anderen Modelle können auf dem gleichen Weg ermittelt werden.

Tab. 10.25: Zielerreichungsgrade der Modelle „Wind" und „Fire"

	Zielerreichungsgrade	
	Modell „Wind"	**Modell „Fire"**
Kapitalwert	1,80	7,20
Gewicht	6,43	1,93
Analyseoberfläche	4,05	6,75

Bei den qualitativen Kriterien muss zunächst der mittlere Rang der einzelnen Alternativen für ein Kriterium bestimmt werden.

$$\text{mittlerer Rang } \overline{R} = \frac{1}{n} \cdot \sum f_{i,r} \cdot r^{inv} = \frac{1}{n} \cdot \sum f_{i,r} \cdot (R + 1 - r)$$

$$\text{mittlerer Rang } \overline{R}(\text{Earth, Datenqualität}) = \frac{1}{n} \cdot \sum f_{i,r} \cdot r^{inv} = \frac{1}{20} \cdot (5 \cdot 3 + 12 \cdot 2 + 3 \cdot 1) = 2{,}10$$

$$\text{mittlerer Rang } \overline{R}(\text{Wind, Datenqualität}) = \frac{1}{20} \cdot (12 \cdot 3 + 3 \cdot 2 + 5 \cdot 1) = 2{,}35$$

$$\text{mittlerer Rang } \overline{R}(\text{Fire, Datenqualität}) = \frac{1}{20} \cdot (4 \cdot 3 + 4 \cdot 2 + 12 \cdot 1) = 1{,}60$$

$$\text{mittlerer Rang } \overline{R}(\text{Earth, Verfügbarkeit}) = \frac{1}{n} \cdot \sum f_{i,r} \cdot r^{inv} = \frac{1}{20} \cdot (6 \cdot 3 + 9 \cdot 2 + 5 \cdot 1) = 2{,}05$$

$$\text{mittlerer Rang } \overline{R}(\text{Wind, Verfügbarkeit}) = \frac{1}{20} \cdot (15 \cdot 3 + 2 \cdot 2 + 3 \cdot 1) = 2{,}60$$

$$\text{mittlerer Rang } \overline{R}(\text{Fire, Verfügbarkeit}) = \frac{1}{20} \cdot (2 \cdot 3 + 5 \cdot 2 + 13 \cdot 1) = 1{,}45$$

Nach der Bestimmung der mittleren Ränge lässt sich der Zielerreichungsgrad auf derselben Skala abbilden, wie bei den quantitativen Kriterien.

$$ZG = \frac{\overline{R} - r^{inv}_{min}}{r^{inv}_{max} - r^{inv}_{min}} \cdot (BP_{max} - BP_{min})$$

$$ZG(\text{Earth, Datenqualität}) = \frac{2{,}1 - 1}{3 - 1} \cdot (10 - 1) = 4{,}95$$

$$ZG(\text{Wind, Datenqualität}) = \frac{2{,}35 - 1}{3 - 1} \cdot (10 - 1) = 6{,}08$$

$$ZG(\text{Fire, Datenqualität}) = \frac{1{,}6 - 1}{3 - 1} \cdot (10 - 1) = 2{,}70$$

$$\text{ZG(Earth, Verfügbarkeit)} = \frac{2{,}05-1}{3-1} \cdot (10-1) = 4{,}73$$

$$\text{ZG(Wind, Verfügbarkeit)} = \frac{2{,}6-1}{3-1} \cdot (10-1) = 7{,}20$$

$$\text{ZG(Fire, Verfügbarkeit)} = \frac{1{,}45-1}{3-1} \cdot (10-1) = 2{,}03$$

Alle Zielerreichungsgrade zeigt zusammenfassend Tab. 10.26:

Tab. 10.26: Zielerreichungsgrade der Modelle „Earth“, „Wind“ und „Fire“

	Zielerreichungsgrade		
	Modell „Earth“	**Modell „Wind“**	**Modell „Fire“**
Kapitalwert	2,70	1,80	7,20
Gewicht	5,14	6,43	1,93
Analyseoberfläche	5,63	4,05	6,75
Datenqualität	4,95	6,08	2,70
Verfügbarkeit	4,73	7,20	2,03

(b) Die Teilnutzenwerte und der Gesamtnutzenwert der drei Modelle können der folgenden Tabelle entnommen werden:

Tab. 10.27: Teilnutzenwerte und Gesamtnutzenwert der Modelle „Earth“, „Wind“ und „Fire“

		Modell „Earth“		**Modell „Wind“**		**Modell „Fire“**	
	Gewichtigungs-faktor	**Zielerreichungsgrad**	**Teilnutzen**	**Zielerreichungsgrad**	**Teilnutzen**	**Zielerreichungsgrad**	**Teilnutzen**
Kapitalwert	0,33	2,70	0,89	1,80	0,59	7,20	2,38
Gewicht	0,20	5,14	1,03	6,43	1,29	1,93	0,39
Analyseoberfläche	0,10	5,63	0,56	4,05	0,41	6,75	0,68
Datenqualität	0,27	4,95	1,34	6,08	1,64	2,70	0,73
Verfügbarkeit	0,10	4,73	0,47	7,20	0,72	2,03	0,20
Summe	1		4,29		4,65		4,38

Die Geschäftsleitung der Turbulence AG sollte sich unter den gegebenen Annahmen für das Modell „Wind“ entscheiden, da dieses den größten Gesamtnutzenwert aufweist.

(c) Im Rahmen des Preis-Leistungsmodells muss eine Alternative alle Nebenbedingungen des ersten Moduls erfüllen, um für das zweite Modul (Preisplanung) berücksichtigt zu werden.

Tab. 10.28: Prüfung der Mindestanforderungen im Rahmen des Preis-Leistungsmodells

	Modell „Earth"	Modell „Wind"	Modell „Fire"	Mindestanforderung
Datenqualität (Anzahl dritter Plätze bei Expertenbefragung)	3	5	12	max. 15
Gewicht (Kg)	1.900	1.800	2.150	max. 2.200
Analyseoberfläche (Mio. km^2)	195	**188**	200	min. 190
Verfügbarkeit (Anzahl dritter Plätze bei Expertenbefragung)	5	3	13	max. 15

Die Wettersatelliten „Earth" und „Fire" erfüllen alle nicht monetären Nebenbedingungen. Das Modell „Wind", das bei der Nutzwertanalyse den höchsten Gesamtnutzenwert aufgewiesen hat, muss aufgrund einer zu geringen Analyseoberfläche aus der weiteren Betrachtung ausgeschlossen werden.

Die beiden verbleibenden Alternativen werden im Anschluss hinsichtlich ihrer monetären Ausprägung, also hinsichtlich des Kapitalwerts verglichen. Das Modell „Fire" weist mit 3,1 Mio. EUR einen höheren Kapitalwert als das Modell „Earth" mit einem Wert von 2,1 Mio. EUR auf. Somit ist der Wettersatellit „Fire" nach dem Preis-Leistungsmodell zu bevorzugen.

10.3.3 Statische Verfahren der Investitionsrechnung

(a) Zur Bestimmung der Vorteilhaftigkeit der E-MTB-Varianten auf Basis eines Kostenvergleichs sind zuerst die durchschnittlichen jährlichen fixen sowie variablen Gesamtkosten zu ermitteln. Anschließend können darauf basierend die durchschnittlichen Stückkosten pro E-MTB berechnet werden. Da diese auf der Basis eines durchschnittlichen Jahres ermittelt werden sollen, erfolgt die Relativierung der Gesamtkosten pro Periode über die durchschnittliche Anzahl produzierter E-MTBs. Diese werden folgendermaßen ermittelt:

$$\text{Variante 1: } \frac{2.000 + 2.500 + 3.000 + 3.500 + 1.800 + 1.600}{6} = 2.400 \text{ Stück}$$

$$\text{Variante 2: } \frac{3.500 + 4.200 + 4.900 + 5.600 + 1.500 + 700}{6} = 3.400 \text{ Stück}$$

Tab. 10.29: Kostenvergleich der E-MTB-Varianten

	Variante 1	Variante 2
(1) Abschreibungen		
Anschaffungskosten (€)	1.800.000	4.750.000
– Liquidationserlös (€)	0	250.000
= Abschreibungsvolumen (€)	1.800.000	4.500.000
÷ Nutzungsdauer (Jahre)	6	6
= kalkulatorische Abschreibung (€)	300.000	750.000
(2) Zinskosten		
Anschaffungskosten (€)	1.800.000	4.750.000
+ Liquidationserlös (€)	0	250.000
+ Abschreibung des letzten Jahres (€)	300.000	750.000
= Kapitalbindung insgesamt (€)	2.100.000	5.750.000
· Hälfte	0,5	0,5
= durchschnittliche Kapitalbindung (€)	1.050.000	2.875.000
· Zinssatz (%)	10	10
= kalkulatorische Zinsen (€)	105.000	287.500
(3) Gesamte fixe Kosten		
Kosten für Neuentwicklung und jährliche Produktüberarbeitung (€)	300.000	800.000
+ Instandhaltungskosten (€)	50.000	120.000
+ Personalkosten (€)	550.000	1.165.000
+ kalkulatorische Abschreibungen (€)	300.000	750.000
+ kalkulatorische Zinsen (€)	105.000	287.500
= gesamte fixe Kosten (K_f) (€)	1.305.000	3.122.500
(4) Gesamte variable Kosten		
Roh-, Hilfs- und Betriebsstoffe (€)	423.000	878.950
+ Zulieferkosten (€)	1.440.000	340.000
= gesamte variable Kosten (K_v) (€)	1.863.000	1.218.950
variable Stückkosten (€)	776,25	358,51
(5) Gesamtkosten pro Periode		
gesamte fixe Kosten (€)	1.305.000	3.122.500
+ gesamte variable Kosten (€)	1.863.000	1.218.950
= Gesamtkosten pro Periode (€)	**3.168.000**	**4.341.450**
(6) Stückkosten		
Gesamtkosten pro Periode (€)	3.168.000	4.341.450
÷ durchschnittliche Anzahl produzierter E-MTBs (Stk.)	2.400	3.400
= Stückkosten (€)	**1.320,00**	**1.276,90**

Auf Basis der Gesamtkosten ist Alternative A vorteilhafter. Der Gesamtkostenvergleich ist jedoch nicht aussagekräftig, da eine unterschiedliche Quantität der E-MTB-Varianten vorliegt. Hinsichtlich der Stückkosten ist Alternative B zu bevorzugen. Der Vergleich der finanziellen Vorteilhaftigkeit auf Basis der Stückkosten ist aussagekräftig, da die Alternative mit den geringeren Stückkosten den größeren Output aufweist.

(b) Zur Ermittlung des Gewinns ist die Differenz zwischen den durchschnittlichen Erlösen und den Kosten einer Investitionsalternative zu berechnen.

Tab. 10.30: Gewinnvergleichsrechnung der E-MTB-Varianten

	Variante 1	Variante 2
durchschnittliche Erlöse pro Jahr (€)	3.285.000,00	4.921.666,67
– durchschnittliche Kosten pro Jahr (€)	3.168.000,00	4.341.450,00
= **durchschnittlicher Gewinn pro Jahr (€)**	**117.000,00**	**580.216,67**
· Nutzungsdauer (Jahre)	6	6
= **Gesamtgewinn über 6 Jahre** (€)	**702.000,00**	**3.481.300,02**

Nach der Gewinnvergleichsrechnung sind beide Varianten vorteilhaft, da sie zu einem Gewinn führen. Jedoch weist Variante 2 gegenüber Variante 1 einen höheren Gewinn auf, sodass die Eigenentwicklung der Zuliefervariante vorzuziehen ist.

(c) Die Break-even-Analyse ergänzt die Gewinnvergleichsrechnung um die Angabe der Ausbringungsmenge, bei der sich die Investition erstmals in der Gewinnzone befindet, wobei folgende Formel zur Berechnung eingesetzt wird:

$$x_{BE} = \frac{\text{Fixe Gesamtkosten}}{\text{Stückdeckungsbeitrag}} = \frac{K_{fix}}{p - k_{var}}$$

Der Stückdeckungsbeitrag lässt sich alternativ auch folgendermaßen berechnen:

$$\text{Stückdeckungsbeitrag} = \frac{\text{durchschnittliche Erlöse pro Jahr} - \text{Variable Kosten pro Jahr}}{\text{durchschnittliche Anzahl produzierter E-MTBs}}$$

$$= \frac{3.285.000 - 1.863.000}{2.400} = 592{,}50 \text{ EUR}$$

Tab. 10.31: Break-even-Analyse der E-MTB-Varianten

	Variante 1	Variante 2
fixe Gesamtkosten (€)	1.305.000,00	3.122.500,00
÷ Stückdeckungsbeitrag (€)	592,50	1.089,03
= Break-even-Point (Stk.)	**2.202**	**2.867**

Mittels der Analyse des Break-even-Points kann aufgezeigt werden, dass bei Variante 1 der Abstand zwischen der geplanten Produktionsmenge und der Gewinnschwelle eher gering ist. Bereits eine kleine Abweichung führt somit zu einem

Verlust. Bei Variante 2 ist der Abstand deutlich größer, sodass auch bei einer höheren Unterschreitung der geplanten Produktionsmenge kein Verlust eintritt.

(d) Bei der Investitionsrentabilität wird der durchschnittliche Gewinn auf den durchschnittlichen Kapitaleinsatz bezogen.

Tab. 10.32: Berechnung der Investitionsrentabilität der E-MTB-Varianten

	Variante 1	Variante 2
durchschnittlicher Gewinn pro Jahr (€)	117.000,00	580.216,67
÷ durchschnittlicher Kapitaleinsatz pro Jahr (€)	1.050.000,00	2.875.000,00
= **Investitionsrentabilität (%)**	**11,14**	**20,18**

Auf Basis der Investitionsrentabilität ist Variante 2 zu bevorzugen, da diese eine höhere Investitionsrentabilität aufweist. Das Verhältnis zwischen durchschnittlichem Periodengewinn und dafür notwendigem Kapitaleinsatz ist bei Variante 2 höher.

(e) Bei der Ermittlung der Amortisationsdauer wird der ursprüngliche Kapitaleinsatz, also die Anschaffungskosten, auf den durchschnittlichen jährlichen Investitionscashflow bezogen, der sich zusammensetzt aus dem Periodengewinn zuzüglich der jährlichen Abschreibungen.

Tab. 10.33: Berechnung der Amortisationsdauer der E-MTB-Varianten

	Variante 1	Variante 2
Anschaffungskosten (€)	1.800.000,00	4.750.000,00
÷ durchschnittlicher Gewinn pro Jahr + jährliche Abschreibung (€)	417.000,00	1.330.216,67
= **Amortisationsdauer (Jahre)**	**4,32**	**3,57**

Die Amortisationsdauer von Alternative 2 ist geringer als die von Variante 1. Die Amortisationsdauer enthält keine Aussage über die Wirtschaftlichkeit der Investition. Sie sollte somit nicht als alleiniges Entscheidungskriterium genutzt werden. Die Amortisationsdauer trifft lediglich eine Aussage darüber, wie schnell das eingesetzte Kapital zurückgewonnen werden kann. Je eher dies geschieht, umso geringer ist tendenziell die mit einer Investitionsalternative verbundene Unsicherheit.

10.3.4 Dynamische Verfahren der Investitionsrechnung

(a) Aus den Angaben in der Aufgabenstellung kann folgender Zahlungsstrom abgeleitet werden:

Tab. 10.34: Berechnung des Kapitalwerts der Anlage „Induction“

Zeitpunkt (t)	**0**	**1**	**2**	**3**	**4**	**5**	**6**
Produktions-kapazität (Stk.)		3.500	3.850	4.235	4.659	5.125	5.638
Absatzpreis (€)		300,00	300,00	300,00	300,00	300,00	300,00
Energiekosten pro Stk. (€)		3,00	3,25	3,50	3,75	4,00	4,25
Materialkosten pro Stk. (€)		27,60	28,01	28,43	28,86	29,29	29,73
Investitionsaus-zahlung (€)	−1 Mio.						
Liquidationserlös (€)							100.000,00
Einzahlungen (€)		1.050.000,00	1.155.000,00	1.270.500,00	1.397.700,00	1.537.500,00	1.691.400,00
Energiekosten (€)		−10.500,00	−12.512,50	−14.822,50	−17.471,25	−20.500,00	−23.961,50
Materialkosten (€)		−96.600,00	−107.838,50	−120.401,05	−134.458,74	−150.111,25	−167.617,74
Instandhaltung (€)		−50.000,00	−50.000,00	−50.000,00	−50.000,00	−50.000,00	−50.000,00
Personalkosten (€)		−1.000.000,00	−922.500,00	−840.500,00	−753.823,44	−662.287,73	−565.704,11
Zahlungsreihe (€)	−1 Mio.	−107.100,00	62.149,00	244.776,45	441.946,57	654.601,02	984.116,65
Abzinsungsfaktor	1,0000	0,9091	0,8264	0,7513	0,6830	0,6209	0,5645
Barwert (€)	−1 Mio.	−97.364,61	51.359,93	183.900,55	301.849,51	406.441,77	555.533,85
Kapitalwert (€)		**401.721,00**					

Der Kapitalwert ist positiv, sodass die Investition als vorteilhaft angesehen werden kann. Die Investition in die Anlage „Induction" sollte nach der Kapitalwertmethode durchgeführt werden.

Ein positiver Kapitalwert kann dabei folgendermaßen interpretiert werden:

- Zum Ersten fließen die eingesetzten Mittel an den Investor zurück, d. h. die Amortisation der Investitionsausgabe ist sichergestellt.
- Zum Zweiten verzinst sich das jeweils noch ausstehende Kapital zum Kalkulationszins. Dabei werden explizit Zinsen und Zinseszinsen berücksichtigt.
- Zum Dritten ergibt sich ein Überschuss im Sinne eines Vermögenszuwachses, dessen Barwert dem Kapitalwert entspricht.

(b) Folgende Faktoren beeinflussen die Höhe des Kapitalwerts:

- Höhe des Kalkulationszinssatzes i: Je kleiner der Kalkulationszinssatz, desto größer der Kapitalwert.
- Saldo der Zahlungsreihe: Je größer die (positive) Zahlungsdifferenz, desto größer wird der Kapitalwert.
- Zeitliche Verteilung der Einzahlungsüberschüsse: Je früher Einzahlungen stattfinden, und je später Auszahlungen erfolgen, desto höher ist der Kapitalwert.

(c) Die Annuitätenmethode dient dazu, den Kapitalwert auf gleich große Raten über die Nutzungsdauer der Investition zu verteilen. Dazu ist die folgende Formel anzuwenden:

$$A = \frac{C_0}{RBF_i^n} = \frac{C_0}{\frac{(1+i)^n - 1}{i \cdot (1+i)^n}}$$

Es resultieren folgende Werte:

$$RBF_{10\,\%}^6 = \frac{(1+0{,}1)^6 - 1}{0{,}1 \cdot (1+0{,}1)^6} = 4{,}3553$$

$$A = \frac{C_0}{RBF_{10\,\%}^6} = \frac{401.721{,}00}{4{,}3553} = 92.237{,}27\ €$$

Die Investition ist nach der Annuitätenmethode als vorteilhaft einzustufen, da die ermittelte Annuität positiv ist.

(d) Der Interne Zinsfuß stellt die Verzinsung des jeweils noch nicht amortisierten Kapitals dar, wobei bei einer Verzinsung zum Internen Zinsfuß die Investitionsüberschüsse ausreichen, um den Kapitaleinsatz wiederzugewinnen und die Mindestverzinsung des jeweils noch gebundenen Kapitals sicherzustellen.

Dabei ergeben sich zunächst für Kalkulationszinssätze von 10 % und 18 % folgende Kapitalwerte:
- $C_{0,A}$ (i = 10 %) = 401.721,00 €
- $C_{0,B}$ (i = 18 %) = –18.561,93 €

Daraus folgt:
- Interner $\text{Zinsfuß}_{1.\ \text{Iteration}}$ = 17,65 %
- Interner $\text{Zinsfuß}_{\text{Real}}$ = 17,57 %

Mittels des Verfahrens zur approximativen Berechnung des Internen Zinsfußes über die lineare Interpolation errechnet sich bei Zinssätzen von 10 % und 18 % ein Wert von 17,65 %, wobei die Abweichung zum realen Wert, der über ein Tabellenkalkulationsprogramm ermittelt wurde, mit (17,57 % – 17,65 % =) –0,08 % gering ausfällt. Die Investition ist als vorteilhaft zu bewerten, da der Interne Zinsfuß größer als der Kalkulationszinssatz ist.

(e) Die dynamische Amortisationsdauer stellt eine Methode dar, um festzustellen, wann die Anschaffungsauszahlung über die Einzahlungsüberschüsse wieder an den Investor zurückgeflossen ist.

Tab. 10.35: Ermittlung des kumulierten Barwerts der Einzahlungsüberschüsse (Angaben in EUR)

Jahr	Einzahlungs-überschuss	Überschuss-barwert	kumulierter Barwert		Anschaffungs-auszahlung
1	–107.100,00	–97.364,61	–97.364,61	<	1.000.000,00
2	62.149,00	51.359,93	–46.004,68	<	1.000.000,00
3	244.776,45	183.900,55	137.895,87	<	1.000.000,00
4	441.946,57	301.849,51	439.745,38	<	1.000.000,00
5	654.601,02	406.441,77	846.187,15	<	1.000.000,00
6	984.116,65	555.533,85	1.401.721,00	>	1.000.000,00

Die Anschaffungsauszahlung amortisiert sich innerhalb der sechsten Periode. Am Ende dieser Periode besteht ein kumulierter Barwert der Einzahlungsüberschüsse von 1.401.721,00 EUR, wobei dieser 401.721,00 EUR oberhalb der Anschaffungsauszahlung liegt. Vom Überschussbarwert des sechsten Jahres werden nur 153.812,85 EUR (= 555.533,85 – 401.721,00) zur Amortisation der Investition benötigt. Dies entspricht einem Anteil von 27,69 % (= 153.812,85 / 555.533,85) des gesamten Überschussbarwerts dieser Periode. Wenn von der Annahme ausgegangen wird, dass die Einzahlungsüberschüsse konstant über die Periode anfallen, so ergibt sich eine dynamische Amortisationsdauer von 5,2769 Jahren.

10.3.5 Steuern in der Investitionsrechnung

(a) Zur Berechnung des Kapitalwerts werden die Rückflüsse aus der Investition auf den Zeitpunkt t = 0 diskontiert und mit der Anschaffungsauszahlung verrechnet.

Tab. 10.36: Berechnung des Kapitalwerts der Investition (Angaben in EUR)

Zeitpunkt (t)	**0**	**1**	**2**	**3**	**4**
Rückflüsse R_t	−800.000,00	285.000,00	330.000,00	380.000,00	450.000,00
Barwert v.St. mit i = 10 %	−800.000,00	259.090,91	272.727,27	285.499,62	307.356,05
Kapitalwert $C_{0,v.St.}$	**324.673,86**				

Die Investition ist ohne die Berücksichtigung von Steuern als vorteilhaft einzustufen, da ein positiver Kapitalwert in Höhe von 324.673,86 EUR resultiert.

(b) Im Standardmodell werden die Wirkungen von Steuern sowohl im Zahlungsstrom als auch im Kalkulationszinssatz berücksichtigt, da einerseits Steuerzahlungen den Zahlungsstrom verringern und andererseits die steuermindernde Wirkung von Zinszahlungen über den Kalkulationszinssatz abgebildet wird.
Zur Berechnung des Kapitalwerts nach Steuern werden folgende Größen benötigt:
- Anschaffungsauszahlung = 800.000 €
- i = Kalkulationszinssatz = 10 %
- s = einheitlicher Steuersatz = 30 %
- i_S = steuerkorrigierter Zinssatz = 7 %

Tab. 10.37: Berechnung des Kapitalwerts der Investition nach Steuern (Angaben in EUR)

Zeitpunkt (t)	**0**	**1**	**2**	**3**	**4**
Rückflüsse (R_t)	−800.000,00	285.000,00	330.000,00	380.000,00	450.000,00
AfA		200.000,00	200.000,00	200.000,00	200.000,00
$\text{Steuern}_t = s \cdot (R_t - \text{AfA})$		25.500,00	39.000,00	54.000,00	75.000,00
Rückflüsse (R_t) nach Steuern = $R_t - \text{Steuern}_t$		259.500,00	291.000,00	326.000,00	375.000,00
Barwert nach Steuern mit i_S = 7 %	−800.000,00	242.523,36	254.170,67	266.113,11	286.085,70
Kapitalwert $C_{0,n.St.}$	**248.892,85**				

Der Kapitalwert nach Steuern beträgt 248.892,85 EUR, wodurch die Investition auch unter Berücksichtigung von Steuern noch vorteilhaft ist. Der Kapitalwert ist jedoch gegenüber dem Kapitalwert ohne die Berücksichtigung von Steuern in Höhe von 324.673,86 EUR deutlich gesunken.

(c) Die Methode des Vermögensendwerts kann eingesetzt werden, um die Effekte der Berücksichtigung von Steuern in der Investitionsbewertung aufzuzeigen.

Tab. 10.38: Vermögensendwert der Investition (Angaben in EUR)

Zeitpunkt (t)	**1**	**2**	**3**	**4**
Rückflüsse (R_t)	285.000,00	330.000,00	380.000,00	450.000,00
Afa	200.000,00	200.000,00	200.000,00	200.000,00
FK-Zinsen$_t$ = Restkredit$_{t-1}$ · Kalkulationszins	80.000,00	59.650,00	34.725,50	4.556,29
Steuerbemessungsgrundlage = R_t – AfA – FK-Zinsen$_t$	5.000,00	70.350,00	145.274,50	245.443,72
Steuern = Steuerbemessungsgrundlage · Steuersatz	1.500,00	21.105,00	43.582,35	73.633,11
Tilgung$_t$ = R_t – FK-Zinsen$_t$ – Steuern	203.500,00	249.245,00	301.692,15	371.810,60
Restkredit$_t$ (+) resp. Vermögen$_t$ (–) = Restkredit$_{t-1}$ – Tilgung$_t$	596.500,00	347.255,00	45.562,85	–326.247,75
Endwert				**326.247,75**
Kapitalwert = 326.247,75 / $1{,}07^4$	**248.892,85**			

Auch mittels des vollständigen Finanzplans resultiert ein Kapitalwert von 248.892,85 EUR, womit das in Aufgabenteil b) berechnete Ergebnis als korrekt angesehen werden kann.

(d) Die Sonderabschreibung wird über die Veränderung der jährlichen Abschreibungsbeträge integriert. Alle sonstigen Eingangsgrößen der Kapitalwertermittlung bleiben erhalten. Es resultiert folgende Rechnung:

Tab. 10.39: Berechnung des Kapitalwerts nach Steuern bei staatlicher Förderung (Angaben in EUR)

Zeitpunkt (t)	**0**	**1**	**2**	**3**	**4**
Rückflüsse (R_t)	–800.000,00	285.000,00	330.000,00	380.000,00	450.000,00
AfA		320.000,00	160.000,00	160.000,00	160.000,00
Steuern$_t$ = s · (R_t – AfA)		–10.500,00	51.000,00	66.000,00	87.000,00
Rückflüsse (R_t) nach Steuern = R_t – Steuern$_t$		295.500,00	279.000,00	314.000,00	363.000,00
Barwert nach Steuern mit i_S = 7 %	–800.000,00	276.168,22	243.689,41	256.317,53	276.930,96
Kapitalwert $C_{0,n.St.}$	**253.106,12**				

Der Kapitalwert ist durch die Sonderabschreibung um 4.213,27 EUR angestiegen. Die lässt sich darauf zurückführen, dass durch die Sonderabschreibung die positiven steuerlichen Effekte der Fremdkapitalfinanzierung in frühere Perioden verschoben werden. Die Steuerzahlungen verringern sich in Periode 1 und erhöhen sich dafür in den Perioden 2 bis 4. Die Summe der insgesamt über die vier Jahre zu leistenden Steuerzahlungen ist bei dem Fall der linearen Abschreibung sowie der Sonderabschreibung jedoch mit 193.500 EUR konstant. Der Anstieg des Barwerts resultiert daher aus dem Diskontierungseffekt der Kapitalwertmethode, der bei einer Verschiebung von Auszahlungen in spätere Perioden zu einem Anstieg des Kapitalwerts führt.

10.3.6 Optimale Nutzungsdauer

(a) Bei der einmaligen Investition wird am Ende der Nutzungsdauer keine neue Sachanlageinvestition mehr vorgenommen. Stattdessen wird als Anschlussinvestition die Finanzanlage zum Kalkulationszinsfuß unterstellt, wobei sich dadurch der Barwert des Investitionsprojekts nicht verändert (vgl. Abb. 10.8).
Grundidee:

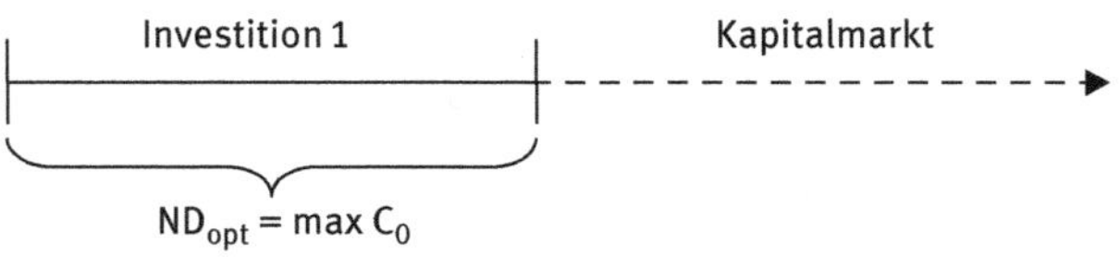

Abb. 10.8: Grundidee der optimalen Nutzungsdauer einer einmaligen Investition

Verfahren 1: Explizite Berechnung des Kapitalwerts für jede Nutzungsdauer

Tab. 10.40: Explizite Berechnung des Kapitalwerts für jede Nutzungsdauer (Angaben in EUR)

Zeitpunkt (t)	0	1	2	3	4	5	6
Anschaffungsauszahlung	5.100.000,00						
R_t		−1.220.000,00	3.504.000,00	5.071.000,00	6.751.000,00	900.000,00	−620.000,00
LE_t	5.100.000,00	2.500.000,00	1.200.000,00	750.000,00	500.000,00	350.000,00	300.000,00
Diskontierungsfaktor	1,0000	0,9091	0,8264	0,7513	0,6830	0,6209	0,5645
C_{0t}		−3.936.352,00	−2.321.716,40	1.059.920,90	5.448.878,90	**5.883.503,90**	5.485.548,90

Ergebnis: Die optimale Nutzungsdauer bei einmaliger Investition liegt bei fünf Jahren Laufzeit, da an dieser Stelle der Kapitalwert sein Maximum erreicht.

Verfahren 2: Berechnung der optimalen Nutzungsdauer über den Grenzgewinn

Bei diesem Verfahren ist keine explizite Berechnung der laufzeitabhängigen Kapitalwerte notwendig. Stattdessen wird die Investition so lange durchgeführt, wie ein Grenzgewinn entsteht. Die Investition sollte in der Periode abgebrochen werden, bei der letztmalig ein positiver Grenzgewinn anfällt. Dieser beschreibt die Differenz zwischen dem Zusatzgewinn durch die Verlängerung der Investition um eine Periode ($= G_t = R_t + LE_t$) und dem auf die Periode t aufgezinsten Liquidationserlös der Periode t − 1 ($= V_t = LE_{t-1} \cdot (1 + i)$). Es ergibt sich folgende Berechnung:

Tab. 10.41: Berechnung der Nutzungsdauer über den Grenzgewinn (Angaben in EUR)

Zeitpunkt (t)	1	2	3	4	5	6
G_t	1.280.000,00	4.704.000,00	5.821.000,00	7.251.000,00	1.250.000,00	−320.000,00
V_t	0,00	2.750.000,00	1.320.000,00	825.000,00	550.000,00	385.000,00
Grenzgewinn	1.280.000,00	1.954.000,00	4.501.000,00	6.426.000,00	700.000,00	−705.000,00

Auch nach der Methode des Grenzgewinns liegt die optimale Nutzungsdauer bei fünf Jahren, da in Periode 6 der Grenzgewinn bereits negativ ist. Eine Verlängerung der Laufzeit der Investition über fünf Jahre hinaus würde zu keiner weiteren Erhöhung des Kapitalwerts der Investition führen. Mit der Methode des Grenzwertkalküls kann nur die optimale Nutzungsdauer festgestellt werden, jedoch keine Aussage darüber getroffen werden, ob die Investition grundsätzlich vorteilhaft ist.

(b) Die Grundidee bei einer Investitionskette aus drei identischen Gliedern ist, dass ein Gesamtmaximum des Kapitalwerts aus der Summe der drei Kettenglieder erreicht wird. Dazu wird zuerst die optimale Nutzungsdauer einer einmaligen Investition bestimmt. Die sich ergebende optimale Nutzungsdauer stellt die optimale Laufzeit der dritten Investition dar. Um die optimale Laufzeit von Investition II festzustellen, wird in einem zweiten Schritt für jede Nutzungsdauer der Kapitalwert unter Einschluss des abgezinsten Kapitalwerts der Folgeinvestition berechnet. Die optimale Nutzungsdauer der zweiten Investition liegt dort, wo das Maximum des Gesamtkapitalwerts erreicht wird. Das gleiche Vorgehen ist für die Berechnung der optimalen Nutzungsdauer von Investition I anzuwenden, wobei hierbei das Maximum des Gesamtkapitalwerts aus dem abgezinsten maximalen Kapitalwert der Folgeinvestitionen II und III sowie des Kapitalwerts von Investition I ermittelt werden muss.

Die allgemeine Aussage bei der Berechnung der optimalen Nutzungsdauer einer endlichen Investitionskette lautet, dass in einer endlichen identischen Investitionskette die optimale Nutzungsdauer einer Anlage länger als die der vorhergehenden und kürzer als die der nachfolgenden Investition ist.

Berechnung für Investition III:

Die optimale Nutzungsdauer von Investition III ergibt sich aus der Berechnung für eine einmalige Investition aus Aufgabenteil (a) zu fünf Jahren.

Berechnung für Investition II:

Tab. 10.42: Berechnung der optimalen Nutzungsdauer der zweiten Investition (Angaben in EUR)

Zeitpunkt (t)	1	2	3	4	5	6
Grundinvestition $C_{0\,II}$	−3.936.352,00	−2.321.716,40	1.059.920,90	5.448.878,90	5.883.503,90	5.485.548,90
$C_{0max\,III}$ Folgeinvestition	5.883.503,90	5.883.503,90	5.883.503,90	5.883.503,90	5.883.503,90	5.883.503,90
abgezinstes $C_{0max\,III}$ Folgeinvestition	5.348.639,91	4.862.399,92	4.420.363,56	4.018.512,33	3.653.193,03	3.321.084,57
Summe	1.412.287,91	2.540.683,52	5.480.284,46	9.467.391,23	**9.536.696,93**	8.806.633,47

$$ND_{opt} = \max\left\{C_{0II_t} + \frac{1}{(1+i)^t} C_{0maxIII}\right\} = 5\,\text{Jahre}$$

Die optimale Nutzungsdauer der zweiten Investition bestimmt sich über die Maximierung des Gesamtkapitalwerts bestehend aus der Grundinvestition II und dem abgezinsten Kapitalwertmaximum der Folgeinvestition III. Bei einer Nutzungsdauer von 5 Jahren von Investition II und einer Nutzungsdauer von 5 Jahren von Investition III ergibt sich das Kapitalwertmaximum in Höhe von 9.536.696,93 EUR.

Berechnung für Investition I:

Tab. 10.43: Berechnung der optimalen Nutzungsdauer der ersten Investition (Angaben in EUR)

Zeitpunkt (t)	1	2	3	4	5	6
Grundinvestition $C_{0\,I}$	−3.936.352,00	−2.321.716,40	1.059.920,90	5.448.878,90	5.883.503,90	5.485.548,90
$C_{0max\,II+III}$ Folgeinvestitionen	9.536.696,93	9.536.696,93	9.536.696,93	9.536.696,93	9.536.696,93	9.536.696,93
abgezinstes $C_{0max\,II+III}$ Folgeinvestitionen	8.669.724,48	7.881.567,71	7.165.061,56	6.513.692,32	5.921.538,48	5.383.216,80
Summe	4.733.372,48	5.559.851,31	8.224.982,46	**11.962.571,22**	11.805.042,38	10.868.765,70

$$ND_{opt} = \max\left\{C_{0I_t} + \frac{1}{(1+i)^t} C_{0maxII+III}\right\} = 4\,\text{Jahre}$$

Die optimalen Nutzungsdauern von Investition II und III sind mit jeweils 5 Jahren bereits festgestellt worden. Für die erste Investition wird die optimale Nutzungsdauer ebenfalls über die Maximierung des Gesamtkapitalwerts aus der Grundinvestition I und dem abgezinsten Kapitalwertmaximum der beiden Folgeinvestitionen II und III bestimmt. Die drei Investitionen weisen folgende optimale Nutzungsdauern, bei denen sich ein Maximum des gemeinsamen Kapitalwerts in Höhe von 11.962.571,22 EUR über die Laufzeit ergibt, auf:

- Investition I: 4 Jahre
- Investition II: 5 Jahre
- Investition III: 5 Jahre

Die drei Investitionen besitzen damit eine Gesamtlaufzeit von 14 Jahren.

(c) Die optimalen Nutzungsdauern der Investitionen unter der Annahme unendlich häufiger Wiederholung lassen sich über die Maximierung des Gesamtkapitalwerts der Investitionskette ableiten. Der Unterschied zur identischen Wiederholung bei endlichem Planungshorizont besteht darin, dass jede Investition unendlich viele Nachfolgeinvestitionen besitzt. Dies hat zur Folge, dass die optimalen Nutzungsdauern aller Investitionen gleich groß sein müssen. Bei gleicher Nutzungsdauer sind auch die Kapitalwerte C_0 aller Kettenglieder gleich groß. Allerdings sind die einzelnen Investitionen jeweils um die Nutzungsdauer n voneinander versetzt. Die optimale Nutzungsdauer bei unendlich häufiger Wiederholung lässt sich über die Maximierung der Annuität der Investition ermitteln.

$$\text{Annuität:} \quad A = \frac{C_0}{RBF_i^n} \text{ mit } RBF_i^n = \frac{(1+i)^n - 1}{i \cdot (1+i)^n}$$

Tab. 10.44: Optimale Nutzungsdauer bei unendlich häufiger identischer Wiederholung

Zeitpunkt (t)	1	2	3	4	5	6
C_0 (€)	−3.936.352,00	−2.321.716,40	1.059.920,90	5.448.878,90	5.883.503,90	5.485.548,90
RBF	0,9091	1,7355	2,4869	3,1699	3,7908	4,3553
Annuität (€)	−4.329.943,90	−1.337.779,54	426.201,66	**1.718.943,47**	1.552.048,09	1.259.511,15
Gesamtkapitalwert (€)	−43.299.439,00	−13.377.795,40	4.262.016,60	**17.189.434,70**	15.520.480,90	12.595.111,50

Bei unendlich häufiger Wiederholung der Investition ergibt sich eine optimale Nutzungsdauer jeder Einzelinvestition von vier Jahren, wobei daraus ein Gesamtkapitalwert von 17.189.434,70 EUR resultiert.

10.3.7 Differenzinvestition

(a) Kapitalwert und Interner Zinsfuß der beiden Alternativen können Tab. 10.45 entnommen werden:

Tab. 10.45: Kapitalwert und Interner Zinsfuß der Investitionsalternativen

	Kapitalwert	**Interner Zinsfuß**
Maschine 1	1.869,75 €	13,77 %
Maschine 2	3.064,00 €	11,48 %
Investitionsentscheidung	Maschine 2	Maschine 1

Anhand der ermittelten Kapitalwerte sowie der Internen Zinsfüße kann nachvollzogen werden, dass die Vorteilhaftigkeitsentscheidung von der gewählten Methode abhängt. Nach der Kapitalwertmethode ist Maschine 2 zu bevorzugen, da diese einen höheren Kapitalwert aufweist. Wird jedoch der Interne Zinsfuß zur Bewertung herangezogen, weist Maschine 1 eine höhere Vorteilhaftigkeit auf.

(b) Implizite Differenzinvestition nach der Kapitalwertmethode:

Tab. 10.46: Implizite Differenzinvestition nach der Kapitalwertmethode (Angaben in EUR)

Zeitpunkt (t)	**0**	**1**	**2**	**3**	**4**
Maschine 1 (M1)	−20.000,00	4.500,00	6.000,00	8.700,00	9.200,00
Maschine 2 (M2)	−100.000,00	36.000,00	28.000,00	31.000,00	35.000,00
Δ (M2 − M1)	−80.000,00	31.500,00	22.000,00	22.300,00	25.800,00
Bestimmung des Zinsergebnisses (ZE) der Differenzinvestition bei einem Zinssatz von 10 %				Endwert DI (t = 0)	117.128,00
				Endwert DI (t = 1)	−41.926,50
				Endwert DI (t = 2)	−26.620,00
				Endwert DI (t = 3)	−24.530,00
				Endwert DI (t = 4)	−25.800,00
				ZE	−1.748,50
DI	−80.000,00	31.500,00	22.000,00	22.300,00	24.051,50
M1 + DI	−100.000,00	36.000,00	28.000,00	31.000,00	33.251,50
Kapitalwert (M1 + DI)	1.869,75				

Die Zahlungsreihe von Maschine 1 sowie die Zahlungsreihe von Maschine 1 zuzüglich der Differenzinvestition besitzen den gleichen Kapitalwert. Daraus kann abgeleitet werden, dass bei Verwendung des Kapitalwerts als Vergleichskriterium zweier Investitionsalternativen unterstellt wird, dass die Zahlungsstromdifferenzen zum Kalkulationszinssatz ausgeglichen werden können. Wäre dies nicht der Fall, würden die Kapitalwerte von Maschine 1 und Maschine 1 inklusive Differenzinvestition voneinander abweichen.

Implizite Differenzinvestition nach der Internen Zinsfußmethode:

Tab. 10.47: Implizite Differenzinvestition nach der Internen Zinsfußmethode (Angaben in EUR)

Zeitpunkt (t)	0	1	2	3	4
Maschine 1 (M1)	−20.000,00	4.500,00	6.000,00	8.700,00	9.200,00
Maschine 2 (M2)	−100.000,00	36.000,00	28.000,00	31.000,00	35.000,00
Δ (M2 – M1)	−80.000,00	31.500,00	22.000,00	22.300,00	25.800,00
Bestimmung des Zinsergebnisses (ZE) der Differenzinvestition bei einem Zinssatz von 13,77 %				Endwert DI (t = 0)	134.029,69
				Endwert DI (t = 1)	−46.386,74
				Endwert DI (t = 2)	−28.475,95
				Endwert DI (t = 3)	−25.370,71
				Endwert DI (t = 4)	−25.800,00
				ZE	7.996,30
DI	−80.000,00	31.500,00	22.000,00	22.300,00	33.796,30
M1 + DI	−100.000,00	36.000,00	28.000,00	31.000,00	42.996,30
Kapitalwert (M1 + DI)	−9,90				

Unterstellt man den Ausgleich der Zahlungsstromdifferenzen zum Internen Zinsfuß, so ergibt sich ein Kapitalwert des Zahlungsstroms von Maschine 1 inklusive Differenzinvestition von genau null. (Aufgrund von Rundungsdifferenzen in der Aufgabe −9,90 EUR) Dies entspricht der Aussage, dass auch diese Zahlungsreihe einen Internen Zinsfuß von 13,77 % aufweist. In diesem Szenario kann die Entscheidung auf Basis der Internen Zinsfußmethode getroffen werden.

(c) Bewertung der Differenzinvestition auf der Basis eines Zinssatzes von 11 %:

Tab. 10.48: Bewertung der Differenzinvestition mit Zinssatz 11 % (Angaben in EUR)

Zeitpunkt (t)	0	1	2	3	4
Maschine 1 (M1)	−20.000,00	4.500,00	6.000,00	8.700,00	9.200,00
Maschine 2 (M2)	−100.000,00	36.000,00	28.000,00	31.000,00	35.000,00
Δ (M2 – M1)	−80.000,00	31.500,00	22.000,00	22.300,00	25.800,00
Bestimmung des Zinsergebnisses (ZE) der Differenzinvestition bei einem Zinssatz von 11 %				Endwert DI (t = 0)	121.445,63
				Endwert DI (t = 1)	−43.080,38
				Endwert DI (t = 2)	−27.106,20
				Endwert DI (t = 3)	−24.753,00
				Endwert DI (t = 4)	−25.800,00
				ZE	706,06
DI	−80.000,00	31.500,00	22.000,00	22.300,00	26.506,06
M1 + DI	−100.000,00	36.000,00	28.000,00	31.000,00	35.706,06

Der Vergleich der Zahlungsreihe von Maschine 2 sowie Maschine 1 inklusive Differenzinvestition verdeutlicht, dass diese bis auf den Zeitpunkt 4 identisch sind. Da Maschine 1 inklusive der Differenzinvestition zu diesem Zeitpunkt mit einer höheren Zahlung verbunden ist, ist bei einem unterstellten Ausgleich der Zahlungsstromdifferenzen zu 11 % Maschine 1 inklusive der Differenzinvestition zu bevorzugen.

(d) Der kritische Zinssatz kann mittels des Verfahrens der linearen Interpolation ermittelt werden, wobei zur Interpolation auf die bereits berechneten positiven und negativen Zinsergebnisse der Aufgabenteile (b) und (c) zurückgegriffen werden kann:

$$i_{krit} = ZE_{neg} \cdot \frac{i_{pos} - i_{neg}}{ZE_{neg} - ZE_{pos}} + i_{neg} = -1.748{,}50 \cdot \frac{11\,\% - 10\,\%}{-1.748{,}50 - 706{,}06} + 10\,\% = 10{,}71\,\%$$

Geht man davon aus, dass die Zahlungsstromdifferenzen zu einem Zinssatz kleiner 10,71 % angelegt bzw. beschafft werden können, so ist Maschine 2 zu bevorzugen. Wird eine Anlage der Differenzen zu größer 10,71 % unterstellt, so besitzt Maschine 1 inklusive Differenzinvestition die größere Vorteilhaftigkeit.

10.3.8 Vermögensendwertverfahren

(a) Der zu ermittelnde Zahlungsstrom setzt sich aus den Komponenten Kauf der Abfüllanlage, Verkaufserlöse der Produkte und den mengenabhängigen Auszahlungen für die Produktion zusammen.

Tab. 10.49: Ermittlung der jährlichen Zahlungsströme der „REKCENOH AG“

Zeitpunkt (t)	0	1	2	3	4
abgesetzte Menge (Liter)		100.000	110.000	120.000	130.000
Verkaufspreis (€)		2,50	2,50	3,00	3,00
variable Auszahlungen (€)		0,60	0,55	0,51	0,47
Abfüllanlage (€)	−600.000,00				50.000,00
Verkaufseinzahlungen (€)		250.000,00	275.000,00	360.000,00	390.000,00
Produktionsauszahlungen (€)		−60.000,00	−60.500,00	−61.200,00	−61.100,00
Zahlungsstrom (€)	−600.000,00	190.000,00	214.500,00	298.800,00	378.900,00

(b) Kontenausgleichsverbot:
Beim Kontoausgleichsverbot wird die Differenz zwischen dem positiven und dem negativen Vermögenskonto gebildet, um den Vermögensendwert zu bestimmen.

Berechnung des positiven Vermögenskontos V_T^+ (mit $i_H = 4\,\%$):

$$V_T^+ = 250.000 \cdot 1{,}04^3 + 275.000 \cdot 1{,}04^2 + 360.000 \cdot 1{,}04 + 440.000$$
$$= 1.393.056\,€$$

Berechnung des negativen Vermögenskontos V_T^- (mit $i_S = 6\,\%$):

$$V_T^+ = 600.000 \cdot 1{,}06^4 + 60.000 \cdot 1{,}06^3 + 60.500 \cdot 1{,}06^2 + 61.200 \cdot 1{,}06^1 + 61.100$$
$$= 1.022.896{,}94\,€$$

Berechnung des Vermögensendwerts V_T

$$V_T = V_T^+ - V_T^- = 1.393.056{,}00 - 1.022.896{,}94 = 370.159{,}06\,€$$

Beim Kontenausgleichsverbot wird das negative Vermögenskonto nicht getilgt. Auf dem negativen Vermögenskonto müssen grundsätzlich Zinsen in Höhe von 6 % des Schuldenstands gezahlt werden, wohingegen für die positiven Vermögensbestandteile nur eine Verzinsung von 4 % erzielt werden kann.

Kontenausgleichsgebot:
Beim Kontoausgleichsgebot werden keine getrennten Konten für Einzahlungen und Auszahlungen geführt. Stattdessen werden Zahlungsüberschüsse sofort zur Tilgung einer Finanzierung eingesetzt.

Tab. 10.50: Berechnung des Vermögensendwerts bei Kontenausgleichsgebot (Angaben in EUR)

Jahr	Vermögensendwert		
0		=	−600.000,00
1	−600.000 · 1,06 − 60.000 + 250.000	=	−446.000,00
2	−446.000 · 1,06 − 60.500 + 275.000	=	−258.260,00
3	−258.260 · 1,06 − 61.200 + 360.000	=	25.044,40
4	25.044,40 · 1,04 − 61.100 + 440.000	=	404.946,18

Der Vermögensendwert liegt beim Kontenausgleichsgebot deutlich oberhalb des Wertes beim Kontenausgleichsverbot. Dies resultiert aus dem geringeren Schuldenstand gegenüber dem Kontenausgleichsverbot, wodurch in Summe weniger Zinsen gezahlt werden müssen. Allgemein lässt sich feststellen, dass das Ausgleichsgebot und -verbot zwei Extremformen der Finanzierung darstellen. Die

Vermögensendwerte bei praxisüblichen Tilgungsmodalitäten werden zwischen diesen beiden Extremformen liegen.

(c) Bei der Berücksichtigung der angegebenen Kreditformen zur Finanzierung der Investition muss der Vermögensendwert schrittweise von Periode zu Periode ermittelt werden.

Tab. 10.51: Berechnung des Vermögensendwerts bei Raten- und endfälliger Tilgung (Angaben in EUR)

	Zeitpunkt (t)	**0**	**1**	**2**	**3**	**4**
	Vermögenswert V_{t-1}		−600.000,00	−446.000,00	−259.840,00	19.566,40
+	Einzahlungen E_t		250.000,00	275.000,00	360.000,00	440.000,00
+	Zinsertrag ZE_t $i_H = 4\,\%$		0,00	3.160,00	7.606,40	15.782,66
−	Auszahlungen A_t	600.000,00	60.000,00	60.500,00	61.200,00	61.100,00
−	Zinsaufwand ZA_t $i_S = 6\,\%$		36.000,00	31.500,00	27.000,00	22.500,00
=	**Vermögensendwert V_t**	−600.000,00	−446.000,00	−259.840,00	19.566,40	**391.749,06**
	Wiederanlage H_t	0,00	79.000,00	190.160,00	394.566,40	391.749,06
Ratentilgung	Kapitalaufnahme K_t	300.000,00	0,00	0,00	0,00	0,00
	Schuldenstand S_t	300.000,00	225.000,00	150.000,00	75.000,00	0,00
	Kapitaldienst KD_t	0,00	93.000,00	88.500,00	84.000,00	79.500,00
	Tilgung T_t	0,00	75.000,00	75.000,00	75.000,00	75.000,00
endfällige Tilgung	Kapitalaufnahme K_t	300.000,00	0,00	0,00	0,00	0,00
	Schuldenstand S_t	300.000,00	300.000,00	300.000,00	300.000,00	0,00
	Kapitaldienst KD_t	0,00	18.000,00	18.000,00	18.000,00	318.000,00
	Tilgung T_t	0,00	0,00	0,00	0,00	300.000,00

Die REKCENOH AG sollte die Investition durchführen, da ein positiver Vermögensendwert in Höhe von 391.749,06 EUR erwartet wird.

(d) Die teilweise Finanzierung der Investition mit Eigenkapital hat eine entsprechende Einzahlung, aber keine laufenden Auszahlungen zur Folge.

Tab. 10.52: Berechnung des Vermögensendwerts bei Aufnahme von Eigenkapital (Angaben in EUR)

	Zeitpunkt (t)	0	1	2	3	4
	Vermögenswert V_{t-1}		−240.000,00	−69.200,00	139.764,00	444.154,56
+	Einzahlungen E_t		250.000,00	275.000,00	360.000,00	440.000,00
+	Zinsertrag ZE_t $i_H = 4\,\%$		0,00	0,00	5.590,56	17.766,18
−	Auszahlungen A_t	600.000,00	60.000,00	60.500,00	61.200,00	61.100,00
−	Zinsaufwand ZA_t $i_S = 8\,\%$		19.200,00	5.536,00	0,00	0,00
=	**Vermögensendwert V_t**	−240.000,00	−69.200,00	139.764,00	444.154,56	**840.820,74**
	Wiederanlage H_t	0,00	0,00	139.764,00	444.154,56	840.820,74
Kontokorrentkredit	Kapitalaufnahme K_t	240.000,00	0,00	0,00	0,00	0,00
	Schuldenstand S_t	240.000,00	69.200,00	0,00	0,00	0,00
	Kapitaldienst KD_t	0,00	190.000,00	74.736,00	0,00	0,00
	Tilgung T_t	0,00	170.800,00	69.200,00	0,00	0,00
EK	Eigenkapitalzuführung	360.000,00				

Bei einer gemischten Finanzierung über Eigen- und Fremdkapital erwirtschaftet die Investition einen Vermögensendwert von 840.820,74 EUR, was deutlich über dem Wert bei einer reinen Fremdkapitalfinanzierung aus Aufgabenteil (c) liegt. Der Endwert der Investition muss allerdings mit einer Anlage des Eigenkapitals auf dem Kapitalmarkt verglichen werden. Wird eine mögliche Anlage des Eigenkapitals zu 4 % unterstellt, ergibt sich ein Endwert von $360.000 \cdot 1{,}04^4 = 421.149{,}08$ EUR, der den Endwert der Investition deutlich unterschreitet. Für die Entscheidung für oder gegen die Investition in die Abfüllanlage bedeutet dies, dass durch die Durchführung der Investition gegenüber den Anlage des Kapitals auf dem Kapitalmarkt ein zusätzlicher Vermögensendwert von (840.820,74 − 421.149,08) = 419.671,66 EUR erzielt werden kann.

10.3.9 Marktzinsorientierte Investitionsbewertung

(a) Zuerst soll die Methode der retrograden Abzinsung der Investitionszahlungsreihe angewendet werden. Hierfür werden vier verschiedene Finanzierungstranchen mit unterschiedlichen Laufzeiten benötigt, um zu allen Zahlungszeitpunkten, außer dem Zeitpunkt t = 0, einen Zahlungssaldo von null zu erhalten.

Tab. 10.53: Berechnung des marktzinsorientierten Kapitalwerts durch retrograde Abzinsung

Zeitpunkt (t)	**0**	**1**	**2**	**3**	**4**
Zinssatz (%)		2,30	2,70	3,10	3,30
Zahlung (€)	−295.000	71.000	65.000	83.000	95.000
Kapitalaufnahme 4 Jahre (€)	91.965,15				−91.965,15
Zins für 4-Jahres-Tranche (€)		−3.034,85	−3.034,85	−3.034,85	−3.034,85
Kapitalaufnahme 3 Jahre (€)	77.560,77			−77.560,77	
Zins für 3-Jahres-Tranche (€)		−2.404,38	−2.404,38	−2.404,38	
Kapitalaufnahme 2 Jahre (€)	57.994,91		−57.994,91		
Zins für 2-Jahres-Tranche (€)		−1.565,86	−1.565,86		
Kapitalaufnahme 1 Jahr (€)	62.556,12	−62.556,12			
Zins für 1-Jahres-Tranche (€)		−1.438,79			
Summe GKM-Tranchen (€)	**290.076,95**	0,00	0,00	0,00	0,00
Anschaffungsauszahlung (€)	−295.000,00				
Kapitalwert (€)	**−4.923,05**				

Es resultiert ein negativer Kapitalwert, weshalb die Investition prinzipiell abzulehnen ist.
Im Folgenden soll der marktzinsorientierte Kapitalwert mittels der Berechnung von Zerobond-Abzinsfaktoren und Zerobond-Renditen ermittelt werden. Die dazu notwendigen Schritte sind im Folgenden dargestellt.
Berechnung der Zerobond-Abzinsfaktoren:

Tab. 10.54: Vorgehen zur Ermittlung der Zerobond-Abzinsfaktoren

Zeitpunkt (t)	**0**	**1**	**2**	**3**	**4**
4-jährige Tranche	0,96805				−0,96805
Zinsen (3,3 %)		−0,03195	−0,03195	−0,03195	−0,03195
3-jährige Tranche	−0,03099			0,03099	
Zinsen (3,1 %)		0,00096	0,00096	0,00096	
2-jährige Tranche	−0,03017		0,03017		
Zinsen (2,7 %)		0,00081	0,00081		
1-jährige Tranche	−0,02949	0,02949			
Zinsen (2,3 %)		0,00068			
$ZBAF_4$	0,87741	0,00000	0,00000	0,00000	−1,00000
Zeitpunkt (t)	**0**	**1**	**2**	**3**	
3-jährige Tranche	0,96993			−0,96993	
Zinsen (3,1 %)		−0,03007	−0,03007	−0,03007	

Tab 10.54: (fortgesetzt)

Zeitpunkt (t)	**0**	**1**	**2**	**3**
2-jährige Tranche	−0,02928		0,02928	
Zinsen (2,7 %)		0,00079	0,00079	
1-jährige Tranche	−0,02862	0,02862		
Zinsen (2,3 %)		0,00066		
$ZBAF_3$	0,91204	0,00000	0,00000	−1,00000
Zeitpunkt (t)	**0**	**1**	**2**	
2-jährige Tranche	0,97371		−0,97371	
Zinsen (2,7 %)		−0,02629	−0,02629	
1-jährige Tranche	−0,02570	0,02570		
Zinsen (2,3 %)		0,00059		
$ZBAF_2$	0,94801	0,00000	−1,00000	
Zeitpunkt (t)	**0**	**1**		
1-jährige Tranche	0,97752	−0,97752		
Zinsen (2,3 %)		−0,02248		
$ZBAF_1$	0,97752	−1,00000		

Berechnung der Zerobond-Renditen:

Tab. 10.55: Vorgehen zur Ermittlung der Zerobond-Renditen

Zeitpunkt (t)	**1**	**2**	**3**	**4**
Marktzinssatz (%)	2,3	2,7	3,1	3,3
ZBAF (retrograd)	0,97752	0,94801	0,91204	0,87741
ZBR (%)	2,300	2,705	3,117	3,324

Berechnung des Kapitalwerts mit ZBAF:

$$C_0 = -295.000 + 71.000 \cdot 0{,}97752 + 65.000 \cdot 0{,}94801 + 83.000 \cdot 0{,}91204 + 95.000 \cdot 0{,}87741 = -4.922{,}16\,€$$

Berechnung des Kapitalwerts mit ZBR:

$$C_0 = -295.000 + \frac{71.000}{1{,}023} + \frac{65.000}{1{,}02705^2} + \frac{83.000}{1{,}03117^3} + \frac{95.000}{1{,}03324^4} = -4.924{,}06\,€$$

Die drei dargestellten Verfahren weisen bis auf Rundungsdifferenzen einen identischen Kapitalwert auf.

(b) Für die Ermittlung der Investitionsmarge im Rahmen des Marktzinsmodells wird der marktzinsorientierte Kapitalwert durch den Barwert des durchschnittlich gebundenen Kapitals dividiert. Der Kapitalwert wurde bereits in Aufgabenteil (a) mit −4.922,16 EUR berechnet. Es verbleibt die Ermittlung der Barwerte des durchschnittlich gebundenen Kapitals. Dazu ist zuerst ein Zins- und Tilgungsplan aufzustellen, wobei das jeweils noch gebundene Kapital zum Internen Zinsfuß in Höhe von 2,4035 % verzinst wird. Der Differenzbetrag aus Einzahlungsüberschuss und Zinszahlung reduziert das jeweils noch gebundene Kapital der Investition.

Tab. 10.56: Bestimmung des gebundenen Kapitals der Investition (Angaben in EUR)

Zeitpunkt (t)	**0**	**1**	**2**	**3**	**4**
Zahlungsstrom	−295.000,00	71.000,00	65.000,00	83.000,00	95.000,00
Zinszahlung		−7.090,33	−5.554,26	−4.125,48	−2.229,73
Tilgung		63.909,67	59.445,74	78.874,52	92.770,27
Kapitalbindung	295.000,00	231.090,33	171.644,59	92.770,07	0,00

Zu Beginn ist das gesamte Kapital in Höhe von 295.000 EUR gebunden. Die Kapitalbindung sinkt dann zu Beginn des zweiten Jahres auf 231.090,33 EUR, zu Beginn des dritten Jahres auf 171.644,59 EUR und schließlich zu Beginn des letzten Jahres auf 92.770,07 EUR. Zur Bestimmung des Barwerts des durchschnittlich gebundenen Kapitals sind die einzelnen Kapitalbindungsbeträge mit den zugehörigen Zerobond-Abzinsfaktoren zu multiplizieren. Die Summe aller vier Barwerte ergibt schließlich einen Betrag von 745.388,46 EUR.

Tab. 10.57: Bestimmung des Barwerts des durchschnittlich gebundenen Kapitals

Zeitraum	**gebundenes Kapital zu Beginn des Jahres (€)**		**Zerobond-Abzinsfaktor**		**Barwert (€)**
Jahr 1	295.000,00	·	0,97752	=	288.368,40
Jahr 2	231.090,33	·	0,94801	=	219.075,94
Jahr 3	171.644,59	·	0,91204	=	156.546,73
Jahr 4	92.770,07	·	0,87741	=	81.397,39
Barwert des durchschnittlich gebundenen Kapitals					745.388,46

Die Division des marktzinsorientierten Kapitalwerts durch den Barwert des durchschnittlich gebundenen Kapitals ergibt die Investitionsmarge der Investition:

$$\text{Investitionsmarge} = \frac{-4.922{,}16}{745.388{,}46} = -\,0{,}006603 = -\,0{,}6603\,\%$$

Die Investitionsmarge ist negativ, womit analog zum Kapitalwertkriterium keine vorteilhafte Investition vorliegt. Sind die Investitionsmarge und der Interne Zinsfuß bekannt, kann der Kalkulationszinssatz ermittelt werden, der den durchschnittlichen Finanzierungskosten der Investition entspricht:

Tab. 10.58: Ermittlung des Kalkulationszinssatzes (Angaben in %)

	Interner Zinsfuß	=	2,4035
–	Investitionsmarge	=	–0,6603
=	Kalkulationszins	=	3,0638

(c) Bei fristeninkongruenter Finanzierung wird der Zahlungsstrom retrograd unter Zugrundelegung einer einjährigen Finanzierung zu 2,3 % glattgestellt.

Tab. 10.59: Fristeninkongruente Finanzierung (Angaben in EUR)

Jahr	0	1	2	3	4
Zahlungsstrom	–295.000,00	71.000,00	65.000,00	83.000,00	95.000,00
Kapitalaufnahme Jahr 3				92.864,13	–95.000,00
Kapitalaufnahme Jahr 2			171.910,19	–175.864,13	
Kapitalaufnahme Jahr 1		231.583,76	–236.910,19		
Kapitalaufnahme Jahr 0	295.780,81	–302.583,76			
Gesamtüberschuss	**780,81**	0,00	0,00	0,00	0,00

Der Überschuss in Höhe von 780,81 EUR lässt sich in
- den Kapitalwert der Investition von –4.922,16 EUR und
- den Fristentransformationserfolg von (= 780,81 – (–4.922,16) = 5.702,97 EUR aufspalten.

Das Bewertungsergebnis wird zwar durch die Annahme einer fristeninkongruenten Finanzierung positiv, jedoch könnte über ein Bündel von Finanzgeschäften am Geld- und Kapitalmarkt auch der höhere Fristentransformationserfolg erzielt werden. Dazu werden vier Anlagetranchen mit Laufzeiten von ein bis vier Jahren gebildet, die die Zahlungsströme der Investition replizieren. Diese Anlagen werden durch eine fristeninkongruente Kreditaufnahme finanziert. Dies veranschaulicht Tab. 10.60.

Tab. 10.60: Alternative Refinanzierung durch die Bildung von Anlagetranchen

Jahr			0	1	2	3	4
Nr.	Laufzeit (Jahre)	Zinssatz (%)	Anlage (€)				
1	4	3,3	−91.965,15	3.034,85	3.034,85	3.034,85	95.000,00
2	3	3,1	−77.560,77	2.404,38	2.404,38	79.965,15	
3	2	2,7	−57.994,91	1.565,86	59.560,77		
4	1	2,3	−62.556,12	63.994,91			
Zahlungsreihe Anlage (€)			−290.076,95	71.000,00	65.000,00	83.000,00	95.000,00
Nr.	Laufzeit (Jahre)	Zinssatz (%)	Kredit (€)				
1	1	2,3				92.864,13	−95.000,00
2	1	2,3			171.910,20	−175.864,13	
3	1	2,3		231.583,77	−236.910,20		
4	1	2,3	295.780,81	−302.583,77			
Zahlungsreihe Finanzierung (€)			295.780,81	−71.000,00	−65.000,00	−83.000,00	−95.000,00
Zahlungsreihe gesamt (€)			5.703,86	0,00	0,00	0,00	0,00

Als Gesamtergebnis resultiert eine Zahlungsstromdifferenz von null in den Jahren eins bis vier. Im Jahr 0 kann ein Überschuss von 5.703,86 EUR generiert werden, der dem bereits ermittelten Fristentransformationserfolg entspricht.

(d) Bei der kapitalbindungsproportionalen Verteilung des Kapitalwerts muss analog zu Aufgabenteil (b) zuerst die noch bestehende Kapitalbindung jeder Periode der Investitionslaufzeit bestimmt werden.

Tab. 10.61: Berechnung der Kapitalbindung der Alternativinvestition (Angaben in EUR)

Zeitpunkt (t)	0	1	2	3	4
Zahlungsstrom	−180.000,00	47.250,00	49.500,00	53.000,00	48.000,00
Zins		6.930,00	5.377,68	3.678,97	1.780,11
Tilgung		40.320,00	44.122,32	49.321,03	46.219,89
Kapitalbindung	180.000,00	139.680,00	95.557,68	46.236,65	~0

Anschließend wird analog zu Aufgabenteil (b) der Barwert des durchschnittlich gebundenen Kapitals durch Multiplikation des gebundenen Kapitals zu Beginn eines Jahres mit dem entsprechenden Zerobond-Abzinsfaktor ermittelt.

Tab. 10.62: Berechnung des Barwerts des durchschnittlich gebundenen Kapitals der Alternativinvestition

Zeitraum (Jahre)	Gebundenes Kapital zu Beginn des Jahres (€)		Zerobond-Abzinsfaktor		Barwert (€)
0–1	180.000,00	·	0,97752	=	175.953,08
1–2	139.680,00	·	0,94801	=	132.418,14
2–3	95.557,68	·	0,91204	=	87.152,00
3–4	46.236,65	·	0,87741	=	40.568,32
Barwert des durchschnittlich gebundenen Kapitals					436.091,54

Anschließend kann berechnet werden, welchen Anteil die barwertigen jährlichen Kapitalbindungsbeträge an der gesamten Kapitalbindung aufweisen. Diese Anteile werden dann dazu genutzt, den marktzinsorientierten Kapitalwert auf die einzelnen Perioden zu verteilen.

Tab. 10.63: Berechnung der periodisierten Kapitalwertanteile

Periode	Kapitalbindung (€)	Barwert Kapitalbindung (€)	Barwertsumme der Kapitalbindung (€)	Anteil der jährlichen Kapitalbindung an der gesamten Kapitalbindung (%)	Kapitalwert (€)	periodischer Anteil am Kapitalwert (€)
1	180.000,00	175.953,08	436.091,54	40,36	3.567,59	1.439,44
2	139.680,00	132.418,14	436.091,54	30,36	3.567,59	1.083,29
3	95.557,68	87.152,00	436.091,54	19,98	3.567,59	712,97
4	46.236,65	40.568,32	436.091,54	9,30	3.567,59	331,88
Summe		436.091,54		100,00		3.567,59

Schließlich werden diese periodisierten Kapitalwertanteile mittels Aufzinsung auf die entsprechenden Zeitpunkte transformiert. Zur Aufzinsung kann auf die Zerobond-Renditen oder die Kehrwerte der Zerobond-Abzinsfaktoren zurückgegriffen werden.

Tab. 10.64: Variante 1: Zeitpunkttransformation der periodisierten Kapitalwertanteile (Angaben in EUR)

Zeitpunkt (t)	0	1	2	3	4
Kapitalwertanteil 1. Jahr	1.439,44	**1.472,55**			
Kapitalwertanteil 2. Jahr	1.083,29		**1.142,70**		
Kapitalwertanteil 3. Jahr	712,97			**781,74**	
Kapitalwertanteil 4. Jahr	331,88				**378,25**

Ein äquivalentes Ergebnis ergibt sich bei Multiplikation der Investitionsmarge mit den laufzeitabhängigen Kapitalbindungsbeträgen.

$$\text{Investitionsmarge} = \frac{3.567{,}59}{436.091{,}54} = 0{,}81808\,\%$$

Tab. 10.65: Variante 2: Zeitpunkttransformation der periodisierten Kapitalwertanteile (Angaben in EUR)

Jahr		Kapitalwertanteil
1. Jahr:	0,81808 % · 180.000,00	= 1.472,54
2. Jahr:	0,81808 % · 139.680,00	= 1.142,69
3. Jahr:	0,81808 % · 95.557,68	= 781,74
4. Jahr:	0,81808 % · 46.236,65	= 378,25

10.3.10 Investitionsentscheidungen unter Unsicherheit

(a) Der Kapitalwert der Produktionsvarianten wird über folgende Formel ermittelt, wobei die Absatzmenge x sowie der Absatzpreis p in Abhängigkeit der Szenarien bestimmt werden müssen.

$$C_0 = -I_0 + \sum_{t=1}^{n} \frac{(p_t - k_{v,t}) \cdot x_t - K_{f,t}}{(1+i)^t}$$

Für die drei Szenarien ergeben sich folgende Kapitalwerte:

Tab. 10.66: Kapitalwerte der unterschiedlichen Szenarien (Angaben in EUR)

Szenario	Variante 1	Variante 2	Variante 3
günstig	17.820.046,17	5.163.307,61	24.793.231,36
wahrscheinlich	13.632.364,29	4.345.862,37	15.485.927,74
ungünstig	7.325.885,82	−1.683.082,69	5.799.988,79

Variante 1 und 3 weisen in allen Szenarien einen positiven Kapitalwert auf und sind deshalb grundsätzlich vorteilhaft. Variante 2 kann unter ungünstigen Umweltbedingungen mit einem negativen Kapitalwert verbunden sein.
Bezüglich der Reihenfolge der Vorteilhaftigkeit besitzt Variante 3 im günstigen und wahrscheinlichsten Fall, Variante 1 im ungünstigsten Fall den höchsten Kapitalwert. Eine eindeutige Aussage über die vorteilhafteste Investition kann anhand des Drei-Werte-Verfahrens nicht getroffen werden.

(b) Bei der kritischen Werterechnung wird die Ausprägung einer Eingangsgröße bzw. die Kombinationen mehrerer Eingangsgrößen ermittelt, bei der ein Kapitalwert von Null resultiert. Für den gegebenen Fall der Unsicherheit über die Höhe der Investitionsauszahlung und des Absatzpreises müssen alle bekannten Größen in die Kapitalwertgleichung eingesetzt werden und diese gleich Null gesetzt werden.

$$0 = -I_0 + \frac{(p - 40.000) \cdot 105 - 300.000}{1{,}05^1} + \frac{(p - 41.500) \cdot 116 - 290.000}{1{,}05^2} + \frac{(p - 43.000) \cdot 128 - 280.000}{1{,}05^3} + \frac{(p - 44.500) \cdot 141 - 270.000}{1{,}05^4}$$

Löst man diese Formel nach dem Absatzpreis auf, ergibt sich die kritische Linie des Zusammenhangs zwischen der Investitionsauszahlung und dem Absatzpreis, der zu einem Kapitalwert des Investition 1 von genau Null führt.

$$p = \left(I_0 + \frac{40.000 \cdot 105 + 300.000}{1{,}05} + \frac{41.500 \cdot 116 + 290.000}{1{,}05^2} + \frac{43.000 \cdot 128 + 280.000}{1{,}05^3} + \frac{44.500 \cdot 141 + 270.000}{1{,}05^4}\right) / \left(\frac{105}{1{,}05} + \frac{116}{1{,}05^2} + \frac{128}{1{,}05^3} + \frac{141}{1{,}05^4}\right)$$

$$p = \frac{I_0}{431{,}79} + \left(\frac{4.500.000}{1{,}05} + \frac{5.104.000}{1{,}05^2} + \frac{5.784.000}{1{,}05^3} + \frac{6.544.500}{1{,}05^4}\right) / 431{,}79$$

$$p = \frac{I_0}{431{,}79} + \frac{19.295.805{,}76}{431{,}79}$$

$$p = \frac{I_0}{431{,}79} + 44.687{,}94$$

Grafisch lässt sich diese Geradengleichung im Bereich der Investitionsauszahlung von 2.000.000 EUR bis 5.000.000 EUR folgendermaßen darstellen (vgl. Abb. 10.9):

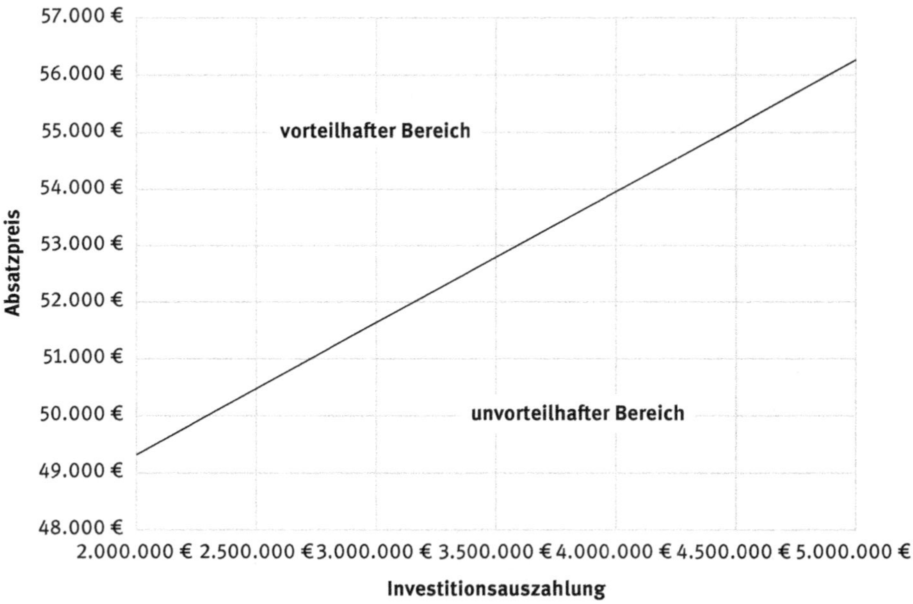

Abb. 10.9: Darstellung der kritischen Linie

(c) Minimax-Kriterium: Wähle die Alternative, die im ungünstigsten Fall am besten ist.

Tab. 10.67: Anwendung des Minimax-Kriteriums (Angaben in EUR)

	Kapitalwert des Szenarios			Minimax-Kriterium
	günstig	wahrscheinlich	ungünstig	
Variante 1	17.820.046	13.632.364	7.325.886	**7.325.886**
Variante 2	5.163.308	4.345.862	−1.683.083	−1.683.083
Variante 3	24.793.231	15.485.928	5.799.989	5.799.989

Nach dem Minimax-Kriterium ist Variante 1 zu wählen.

Minimax-Risiko-Kriterium: Wähle die Alternative bei der das Bedauern, nicht die beste Alternative gewählt zu haben, minimiert wird.

Tab. 10.68: Anwendung des Minimax-Risiko-Kriteriums (Angaben in EUR)

	entgangener Kapitalwert des Szenarios			Minimax-Risiko-Kriterium
	günstig	wahrscheinlich	ungünstig	
Variante 1	6.973.185	1.853.563	0	6.973.185
Variante 2	19.629.924	11.140.065	9.008.969	19.629.924
Variante 3	0	0	1.525.897	**1.525.897**

Nach dem Minimax-Risiko-Kriterium ist Variante 3 zu wählen.

Maximax-Kriterium: Wähle die Alternative, die im günstigsten Fall am besten ist.

Tab. 10.69: Anwendung des Maximax-Kriteriums (Angaben in EUR)

	Kapitalwert des Szenarios			Maximax-Kriterium
	günstig	wahrscheinlich	ungünstig	
Variante 1	17.820.046	13.632.364	7.325.886	17.820.046
Variante 2	5.163.308	4.345.862	−1.683.083	5.163.308
Variante 3	24.793.231	15.485.928	5.799.989	**24.793.231**

Nach dem Maximax-Kriterium ist Variante 3 zu wählen.

Pessimismus-Optimismus-Regel: Wähle die Alternative, welche den größten Gesamtergebniswert aus der Gewichtung des besten und des schlechtesten Ergebnisses je Variante aufweist.

Tab. 10.70: Anwendung der Pessimismus-Optimismus-Regel (Angaben in EUR)

	Kapitalwert des Szenarios		Pessimismus-Optimismus-Regel
	Max.	Min.	
	$\lambda = 15\,\%$	$(1 - \lambda) = 85\,\%$	
Variante 1	17.820.046	7.325.886	**8.900.010**
Variante 2	5.163.308	−1.683.083	−656.124
Variante 3	24.793.231	5.799.989	8.648.975

Nach der Pessimismus-Optimismus-Regel ist Variante 1 zu wählen.

(d) Kriterium der höchsten Wahrscheinlichkeit: Wähle die Alternative, die im wahrscheinlichsten Fall am besten ist.

Tab. 10.71: Anwendung des Kriteriums der höchsten Wahrscheinlichkeit (Angaben in EUR)

	Kapitalwert des Szenarios			**höchste Wahrscheinlichkeit**
	20 %	**50 %**	**30 %**	
	günstig	**wahrscheinlich**	**ungünstig**	
Variante 1	17.820.046	13.632.364	7.325.886	13.632.364
Variante 2	5.163.308	4.345.862	−1.683.083	4.345.862
Variante 3	24.793.231	15.485.928	5.799.989	**15.485.928**

Nach dem Kriterium der höchsten Wahrscheinlichkeit ist Variante 3 zu wählen.

Erwartungswertprinzip: Wähle die Alternative mit dem höchsten Erwartungswert. Nach dem Erwartungswertprinzip ist Variante 3 zu wählen.

Tab. 10.72: Anwendung des Erwartungswertprinzips (Angaben in EUR)

	Kapitalwert des Szenarios			**Erwartungswertprinzip**
	20 %	**50 %**	**30 %**	
	günstig	**wahrscheinlich**	**ungünstig**	
Variante 1	17.820.046	13.632.364	7.325.886	12.577.957
Variante 2	5.163.308	4.345.862	−1.683.083	2.700.668
Variante 3	24.793.231	15.485.928	5.799.989	**14.441.607**

Risiko-Erwartungswert-Kriterium: Wähle die Alternative, die das beste Austauschverhältnis aus Ertrag und Risiko aufweist.

Tab. 10.73: Anwendung des Risiko-Erwartungswert-Kriteriums (Angaben in EUR)

	Kapitalwert des Szenarios			Erwartungswert = μ	Standardabweichung = σ	Risikonutzen
	20 %	50 %	30 %			
	günstig	wahrscheinlich	ungünstig			
Variante 1	17.820.046	13.632.364	7.325.886	12.577.957	4.313.232	**3.951.493**
Variante 2	5.163.308	4.345.862	−1.683.083	2.700.668	3.053.040	−3.405.411
Variante 3	24.793.231	15.485.928	5.799.989	14.441.607	7.754.472	−1.067.338

Nach dem Risiko-Erwartungswert-Kriterium ist Variante 1 zu wählen.

(e) Im Rahmen eines Entscheidungsbaums stellt jeder Pfad des Entscheidungsbaums die Folgen einer möglichen Entscheidung unter Zugrundelegung eines bestimmten potenziellen Szenarios dar. Es sollte die zustandsabhängige Entscheidungsfolge gewählt werden, die zu einem maximalen Kapitalwert führt. Dazu ist methodisch das Rollback-Verfahren einzusetzen, welches ausgehend von den am weitest zurückliegenden Entscheidungsmöglichkeiten sukzessive die optimale Entscheidungsfolge zum Ursprungsknoten hin entwickelt. Dafür ist in jedem Entscheidungsknoten die barwertmaximierende Entscheidung zu bestimmen. Diese ist in der folgenden Darstellung für jeden Entscheidungsknoten fett markiert.

Tab. 10.74: Rollback-Verfahren (Angaben in Mio. EUR)

Entscheidungsknoten II				
Aufbau Motorenfertigung	Einzahlungsbarwert	4 · 0,45 + 2,4 · 0,35 + 1,7 · 0,2	=	2,98
	Auszahlungsbarwert			−2,00
	Summe			0,98
kein Ausbau	Einzahlungsbarwert	2,1 · 0,65 + 1,8 · 0,35	=	**2,00**
Entscheidungsknoten III				
Einsatz Marketing	Einzahlungsbarwert	3,6 · 0,4 + 2,1 · 0,35 + 0,9 · 0,25	=	2,40
	Auszahlungsbarwert			−1,00
	Summe			**1,40**
kein Marketing	Einzahlungsbarwert	2,1 · 0,25 + 1,6 · 0,4 + 0,5 · 0,35	=	1,34
Entscheidungsknoten IV				
Erweiterung Produktion	Einzahlungsbarwert	20,5 · 0,4 + 18,3 · 0,4 + 17,5 · 0,2	=	19,02
	Auszahlungsbarwert			−1,00
	Summe			**18,02**
keine Erweiterung	Einzahlungsbarwert	10,5 · 0,4 + 8,7 · 0,4 + 5,4 · 0,2	=	8,76

Tab 10.74: (fortgesetzt)

Entscheidungsknoten V			
Produktionsumstellung	Einzahlungsbarwert	18,6 · 0,6 + 17,5 · 0,3 + 16,7 · 0,1	= 18,08
	Auszahlungsbarwert		−3,00
	Summe		**15,08**
keine Umstellung	Einzahlungsbarwert	6,5 · 0,2 + 5,4 · 0,8	= 5,62
Entscheidungsknoten I			
Variante 1: Import	Einzahlungsbarwert	2,00 · 0,6 + 1,40 · 0,4	= 1,76
	Auszahlungsbarwert		−1,5
	Summe		0,26
Variante 3: Produktion	Einzahlungsbarwert	18,02 · 0,7 + 15,08 · 0,3	= 17,14
	Auszahlungsbarwert		−15,0
	Summe		**2,14**

Nach der Entscheidungsbaumanalyse sollte Herr Iggelbach Variante 3 wählen, da bei der Investition in eine eigene Produktion der höchste Kapitalwert resultiert. Weiterhin kann festgestellt werden, dass innerhalb des Szenarios der eigenen Produktion bei einer steigenden Nachfrage eine Erweiterung der Produktion durchgeführt werden sollte und bei einer sinkenden Nachfrage die Produktion auf konventionelle Kartoffelvollernter umgestellt werden sollte.

10.3.11 Portfolio Selection Theory

(a) Berechnung des Erwartungswerts der Rendite:

$$\mu_P = 80\,\% \cdot 3\,\% + 20\,\% \cdot 6\,\% = 3{,}60\,\%$$

Berechnung der Standardabweichung der Rendite:

$$\sigma_P = \sqrt{(80\,\% \cdot 7\,\%)^2 + (20\,\% \cdot 9\,\%)^2 - 2 \cdot 0{,}1 \cdot 80\,\% \cdot 20\,\% \cdot 7\,\% \cdot 9\,\%} = 5{,}71\,\%$$

Das Risiko des Portfolios in Höhe von 5,71 % unterschreitet die Risikowerte der beiden Aktien (7 % bzw. 9 %) deutlich. Durch die Mischung der Aktien im Portfolio konnte eine Risikoreduzierung aufgrund des Diversifikationseffekts erzielt werden.

(b) Dasjenige Portfolio, das die geringste Varianz aufweist, wird als Minimum-Varianz-Portfolio bezeichnet. Die Ermittlung des Minimum-Varianz-Portfolios stellt ein Optimierungsproblem dar, für dessen Lösung zunächst der Anteil der Aktie der Wiesenläufer AG (X_2) durch den Anteil der Aktie der Chevalier AG (X_1) ausgedrückt wird.

$$X_2 = 1 - X_1$$

Anschließend ist das Optimierungsproblem zu formulieren, dabei soll durch die Variation des Anteils der Aktie der Chevalier AG die Varianz des Portfolios minimiert werden:

$$\min_{X_1} \sigma_P^2 = (X_1 \cdot \sigma_1)^2 + [(1 - X_1) \cdot \sigma_2]^2 + 2 \cdot X_1 \cdot (1 - X_1) \cdot \sigma_1 \cdot \sigma_2 \cdot \rho_{12}$$

Zur Ermittlung des Anteils X_1 im Minimum-Varianz-Portfolio ist die erste Ableitung der angegebenen Gleichung gleich Null zu setzen:

$$\frac{\partial \sigma_P^2}{\partial X_1} = 2 \cdot X_1 \cdot \sigma_1^2 + 2 \cdot (1 - X_1) \cdot \sigma_2^2 + 2 \cdot \sigma_1 \cdot \sigma_2 \cdot \rho_{12} - 4 \cdot X_1 \cdot \sigma_1 \cdot \sigma_2 \cdot \rho_{12} = 0$$

Zur Bestimmung des Anteils der Aktie der Chevalier AG am Minimum-Varianz-Portfolio ist der abgeleitete Ausdruck nach X_1 aufzulösen:

$$X_1^{MVP} = \frac{\sigma_2^2 - \sigma_1 \cdot \sigma_2 \cdot \rho_{12}}{\sigma_1^2 + \sigma_2^2 - 2 \cdot \sigma_1 \cdot \sigma_2 \cdot \rho_{12}}$$

Der Anteil der Aktie der Chevalier AG am Minimum-Varianz-Portfolio beträgt somit 61,22 %:

$$X_1^{MVP} = \frac{9\%^2 - 7\% \cdot 9\% \cdot (-0{,}1)}{7\%^2 + 9\%^2 - 2 \cdot 7\% \cdot 9\% \cdot (-0{,}1)} = 61{,}22\%$$

Die Aktien der Wiesenläufer AG sind dementsprechend mit einem Anteil von 38,78 % (= 100 % − 61,22 %) im Minimum-Varianz-Portfolio enthalten. Die Rendite des Minimum-Varianz-Portfolios beträgt 4,16 %, das Risiko beläuft sich auf 5,24 %.

$$\mu_P^{MVP} = 61{,}22\% \cdot 3\% + 38{,}78\% \cdot 6\% = 4{,}16\%$$

$$\sigma_P^{MVP} = \sqrt{(61{,}22\% \cdot 7\%)^2 + (38{,}78\% \cdot 9\%)^2 - 2 \cdot 0{,}1 \cdot 61{,}22\% \cdot 38{,}78\% \cdot 7\% \cdot 9\%}$$
$$= 5{,}24\%$$

(c) Das Risiko-Rendite-Diagramm stellt sich wie folgt dar (vgl. Abb. 10.10):

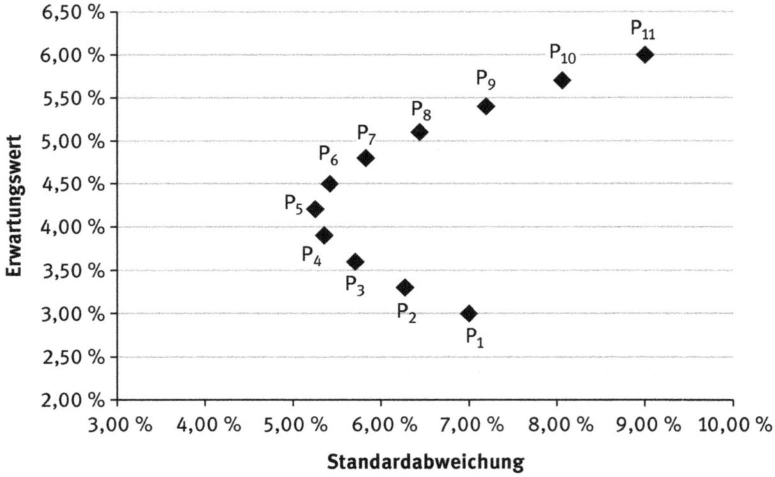

Abb. 10.10: Rendite-Risiko-Diagramm

Nicht effizient sind die Portfolios P_1, P_2, P_3 und P_4. Wie der Abb. 10.10 entnommen werden kann, befinden sich die Portfolios auf dem unteren Ast der Effizienzkurve, die vier Portfolios sind daher nicht effizient.

Die Effizienz der Portfolios kann zusätzlich auf Basis der bekannten Rendite- und Risikowerte beurteilt werden. Die vier Portfolios werden z. B. vom Portfolio P_5 dominiert. P_5 weist ein geringeres Risiko (5,25 % < 5,35 % < 5,71 % < 6,25 % < 7,00 %) auf und besitzt gleichzeitig eine höhere zu erwartende Rendite (4,20 % > 3,90 % > 3,60 % > 3,30 % > 3,00 %). Für die Portfolios P_1, P_2, P_3 und P_4 existiert somit mindestens ein Portfolio, das bei einem geringeren Risiko eine höhere Rendite erwarten lässt. P_1, P_2, P_3 und P_4 können somit nicht effizient sein.

Die Portfolios P_5 bis P_{11} sind dagegen effizient und liegen auf dem effizienten Rand. Die Effizienz des Portfolios P_5 kann unter Berücksichtigung des zuvor ermittelten Minimum-Varianz-Portfolios beurteilt werden. Portfolio P_5 weist gegenüber dem Minimum-Varianz-Portfolio zwar ein höheres Risiko auf (5,25 % > 5,24 %), dafür übersteigt jedoch auch die Rendite von P_5 die Rendite des Minimum-Varianz-Portfolios (4,20 % > 4,16 %).

Von P_5 nach P_{11} nimmt jeweils das Risiko zu, es steigt aber auch die Rendite an. Daher wird keins der sechs Portfolio von einem der anderen dominiert, sodass alle effizient sind.

(d) Die Struktur des Portfolios kann analytisch ermittelt werden.

Der Anteil der Aktie der Chevalier AG (X_1), der Anteil der Aktie der Wiesenläufer AG (X_2) und der Anteil der risikolosen Kapitalanlage (X_3) müssen zusammen weiterhin 100 % betragen:

$$X_1 + X_2 + X_3 = 100\,\% \qquad \text{(I)}$$

Zusätzlich ist der Anteil der Aktie der Chevalier AG fest vorgegeben:

$$X_1 = 30\,\% \qquad \text{(II)}$$

Das Portfolio soll insgesamt einen Erwartungswert für die Rendite von 9,1 % aufweisen:

$$X_1 \cdot 3\,\% + X_2 \cdot 6\,\% + X_3 \cdot 2\,\% = 9{,}1\,\% \qquad \text{(III)}$$

Es ergibt sich somit ein lineares Gleichungssystem, das drei Gleichungen mit drei unbekannten Variablen aufweist und somit eindeutig bestimmt ist. Für X_2 ergibt sich ein Anteil von 170 %. X_3 weist einen negativen Anteil von –100 % auf, d. h. es ist eine Kapitalaufnahme in Höhe des zu Beginn zur Verfügung stehenden Vermögens durchzuführen. Die Rendite des sich ergebenden Portfolios beläuft sich wie gewünscht auf 9,1 %:

$$\mu_P = X_1 \cdot 3\,\% + X_2 \cdot 6\,\% + X_3 \cdot 2\,\% = 30\,\% \cdot 3\,\% + 170\,\% \cdot 6\,\% + (-100\,\%) \cdot 2\,\% = 9{,}1\,\%$$

Da die Standardabweichung der risikolosen Kapitalaufnahme 0 % beträgt, sind für die Berechnung des Portfoliorisikos nur die Aktien der Chevalier AG und der Wiesenläufer AG zu berücksichtigen:

$$\sigma_P = \sqrt{(30\,\% \cdot 7\,\%)^2 + (170\,\% \cdot 9\,\%)^2 - 2 \cdot 0{,}1 \cdot 30\,\% \cdot 170\,\% \cdot 7\,\% \cdot 9\,\%} = 15{,}23\,\%$$

Im Vergleich zu den Portfolios P_1 bis P_{11}, die nur aus den Aktien der Chevalier AG und der Wiesenläufer AG bestehen, kann die erwartete Rendite durch die risikolose Kapitalaufnahme deutlich gesteigert werden. Mit dieser Renditesteigerung geht jedoch auch eine erhebliche Zunahme des Risikos einher.

10.3.12 Unternehmensbewertung

(a) **Autonome Finanzierungsstrategie**: Bei der autonomen Finanzierungsstrategie wird das Fremdkapital zum Bewertungszeitpunkt deterministisch festgelegt. Das Fremdkapital wird somit unabhängig von der Entwicklung des Unternehmenswerts geplant. Eine unmittelbare Folge der autonomen Finanzierung sind zum einen die Sicherheit der künftigen Fremdkapitalbestände und zum anderen ein variabler Verschuldungsgrad. Die Abzugsfähigkeit der sicheren Fremdkapitalzinsen von der Steuerbemessungsgrundlage führt zu einem bereits bei

Bewertungsbeginn bekannten sicheren Steuervorteil der Fremd- im Vergleich zur Eigenfinanzierung.

Atmende Finanzierungsstrategie: Bei der atmenden Finanzierung muss das Unternehmen dagegen dazu in der Lage sein, eine Zielkapitalstruktur für die künftigen Perioden festzulegen. Dies hat zur Folge, dass sich das Fremdkapital in Abhängigkeit von der Entwicklung des Wertes des Eigenkapitals verändert und somit die entstehenden Steuervorteile nicht sicher sind. Die Entwicklung von Eigen- und Fremdkapital sind somit aneinander gekoppelt und können nicht autonom geplant werden. Aufgrund der Unsicherheit der Steuervorteile, die aus der anteiligen Fremdfinanzierung resultieren, dürfen die Cashflows die auf den Steuervorteil zurückzuführen sind, nicht mit dem risikolosen Zinssatz diskontiert werden.

Im vorliegenden Fall wird das Fremdkapital der Value AG im Bewertungszeitpunkt deterministisch geplant. Es liegt also eine autonome Finanzierungsstrategie vor. Somit bietet sich der APV-Ansatz an, da über dieses Verfahren der Unternehmenswert zirkularitätsfrei ermittelt werden kann.

Tab. 10.75: Zusammenhang Finanzierungsstrategie und DCF-Verfahren

	WACC	**APV**	**Equity**
autonom	Zirkularität bei der Kapitalkostenermittlung	zirkularitätsfrei	Zirkularität bei der Kapitalkostenermittlung
atmend	zirkularitätsfrei	Zirkularität bei der Bestimmung des Steuervorteils	Zirkularität bei der Cashflowgröße

(b) Free-Cashflow-Brutto und Free-Cashflow-Ermittlung bei unterstellter vollständiger Eigenfinanzierung vom Ergebnis der gewöhnlichen Geschäftstätigkeit ausgehend:

Tab. 10.76: Free-Cashflow-Ermittlung bei unterstellter vollständiger Eigenfinanzierung (Angaben in Mio. EUR)

Jahr	**1**	**2**	**3**	**4 ff.**
Ergebnis der gewöhnlichen Geschäftstätigkeit	**3.304,00**	**3.564,40**	**3.631,60**	**3.612,00**
– Steuern auf Einkommen und Ertrag	991,20	1.069,32	1.089,48	1.083,60
Jahresergebnis aus GuV	**2.312,80**	**2.495,08**	**2.542,12**	**2.528,40**
+ Zinsen und ähnliche Aufwendungen	665,00	682,50	700,00	717,50
+/– Abschreibungen/Zuschreibungen	4.410,00	4.550,00	4.340,00	4.340,00
+/– Zuführung/Abnahme Rückstellungen	–350,00	–1.050,00	140,00	350,00
–/+ Zunahme/Abnahme aktiver RAP	–98,00	63,00	24,50	–3,50

Tab 10.76: (fortgesetzt)

Jahr	1	2	3	4 ff.
+/– Zunahme/Abnahme passiver RAP	–210,00	140,00	–70,00	0,00
– Investitionen im Anlagevermögen	4.900,00	5.600,00	4.690,00	4.690,00
–/+ Zunahme/Abnahme des Working Capitals	420,00	490,00	–899,50	94,50
Free-Cashflow-Brutto	**2.249,80**	**1.770,58**	**2.087,12**	**3.336,90**
– Steuerersparnis wg. Fremdfinanzierung	199,50	204,75	210,00	215,25
Free-Cashflow bei vollständiger Eigenfinanzierung	**2.050,30**	**1.565,83**	**1.877,12**	**3.121,65**

Free-Cashflow-Ermittlung bei unterstellter vollständiger Eigenfinanzierung über das EBIT:

Tab. 10.77: Free-Cashflow-Ermittlung bei unterstellter vollständiger Eigenfinanzierung über das EBIT (Angaben in Mio. EUR)

Jahr	1	2	3	4 ff.
EBIT	**3.969,00**	**4.246,90**	**4.331,60**	**4.329,50**
– adjustierte Steuern	1.190,70	1.274,07	1.299,48	1.298,85
EBI	**2.778,30**	**2.972,83**	**3.032,12**	**3.030,65**
+/– Abschreibungen/Zuschreibungen	4.410,00	4.550,00	4.340,00	4.340,00
+/– Zuführung/Abnahme Rückstellungen	–350,00	–1.050,00	140,00	350,00
–/+ Zunahme/Abnahme aktiver RAP	–98,00	63,00	24,50	–3,50
+/– Zunahme/Abnahme passiver RAP	–210,00	140,00	–70,00	0,00
– Investitionen im Anlagevermögen	4.900,00	5.600,00	4.690,00	4.690,00
–/+ Zunahme/Abnahme des Working Capitals	420,00	490,00	–899,50	94,50
Free-Cashflow bei vollständiger Eigenfinanzierung	**2.050,30**	**1.565,83**	**1.877,12**	**3.121,65**

Wird der Free-Cashflow bei vollständiger Eigenfinanzierung vom EBIT ausgehend berechnet, muss der Fremdkapitalbestand nicht bekannt sein, da vom Ergebnis vor Berücksichtigung der Kapitalstruktur ausgegangen wird. Diese Cashflow-Ermittlung bietet sich bei der atmenden Finanzierungsstrategie an.

Ermittlung des Free-Cashflow-Netto vom Free-Cashflow-Brutto ausgehend:

Tab. 10.78: Free-Cashflow-Netto-Ermittlung ausgehend vom Free-Cashflow-Brutto (Angaben in Mio. EUR)

Jahr	1	2	3	4 ff.
FCF-Brutto	**2.249,80**	**1.770,58**	**2.087,12**	**3.336,90**
– Zinsen und ähnliche Aufwendungen	665,00	682,50	700,00	717,50
+ Fremdkapitalaufnahmen	350,00	350,00	350,00	–
– Fremdkapitaltilgungen	–	–	–	–
FCF-Netto	**1.934,80**	**1.438,08**	**1.737,12**	**2.619,40**

(c) Der APV-Ansatz beruht auf der Idee der isolierten Bewertung von Zahlungsströmen, wobei die Zahlungsströme nach den leistungswirtschaftlichen und finanzwirtschaftlichen Bereichen strukturiert werden. Der Wert der Unternehmung im Bewertungszeitpunkt setzt sich aus folgenden Komponenten zusammen:

Tab. 10.79: Ermittlung des Unternehmenswerts (Angaben in Mio. EUR)

hypothetischer Marktwert des unverschuldeten Unternehmens
+ Werteffekt aus dem Steuervorteil der Verschuldung
– Marktwert des Fremdkapitals
= Marktwert des Eigenkapitals

Der Marktwert der unverschuldeten Unternehmung ist frei von Einflüssen aus einer bestimmten Kapitalstruktur, da die fiktive Finanzierung nur über Eigenkapital unterstellt wird. Der Werteffekt aus dem Steuervorteil ergibt sich aus der tatsächlichen Kapitalstruktur der Value AG.
Ermittlung des Gesamtunternehmenswerts:

$$UW^{APV} = \underbrace{\sum_{t=1}^{T} \frac{FCF_t}{(1+k_{EK}^u)^t} + \frac{FCF_{T+1}}{(1+k_{EK}^u)^T \cdot k_{EK}^u}}_{\text{Hypothetischer Marktwert des unverschuldeten Unternehmens}} + \underbrace{\sum_{t=1}^{T} \frac{s \cdot k_{FK} \cdot FK_{t-1}^{MW}}{(1+k_{FK})^t} + \frac{s \cdot k_{FK} \cdot FK_T^{MW}}{(1+k_{FK})^T \cdot k_{FK}}}_{\text{Steuervorteil durch den Fremdkapitalbestand}}$$

$$UW^{APV} = \frac{2.050,30}{1,09} + \frac{1.565,83}{1,09^2} + \frac{1.877,12}{1,09^3} + \frac{3.121,65}{1,09^3 \cdot 0,09} + \frac{199,50}{1,05} + \frac{204,75}{1,05^2}$$
$$+ \frac{210,00}{1,05^3} + \frac{215,25}{1,05^3 \cdot 0,05} = 31.431,60 + 4.275,94 = 35.707,54 \text{ Mio. €}$$

Der Gesamtunternehmenswert setzt sich aus dem hypothetischen Marktwert des unverschuldeten Unternehmens in Höhe von 31.431,60 Mio. EUR und dem Wert des Tax Shields in Höhe von 4.257,94 Mio. EUR zusammen.

Marktwert des Fremdkapitals:

$$FK^{MW} = \sum_{t=1}^{T} \frac{\text{Nettozahlungen an FK} - \text{Geber}_t}{(1 + k_{FK})^t} - \frac{\text{Nettozahlungen an FK} - \text{Geber}_{T+1}}{k_{FK} \cdot (1 + k_{FK})^T}$$

Nettozahlungen:

Tab. 10.80: Ermittlung der Nettozahlungen (Angaben in Mio. EUR)

Jahr	1	2	3	4 ff.
– Zinsen und ähnliche Aufwendungen	665,00	682,50	700,00	717,50
+ Fremdkapitalaufnahmen	350,00	350,00	350,00	–
– Fremdkapitaltilgungen	–	–	–	–
Nettozahlungen	**315,00**	**332,50**	**350,00**	**717,50**

$$FK^{MW} = \frac{315{,}00}{1{,}05} + \frac{332{,}50}{1{,}05^2} + \frac{350{,}00}{1{,}05^3} + \frac{717{,}50}{1{,}05^3 \cdot 0{,}05} = 13.300 \text{ Mio. €}$$

Marktwert des Eigenkapitals (originärer Unternehmenswert):

$$EK^{MW} = UW^{APV} - FK^{MW} = 35.707{,}54 \text{ Mio. €} - 13.300 \text{ Mio. €} = 22.407{,}54 \text{ Mio. €}$$

(d) Die jährlichen Zinsaufwendungen für das verzinsliche Fremdkapital ergeben sich aus dem Nominalzinssatz in Höhe von 5 % und dem verzinslichen Fremdkapitalvolumen. Die Renditeforderung der Fremdkapitalgeber entspricht genau diesen 5 %. Die Fremdkapitalgeber befriedigen somit ihre Renditeansprüche vollständig aus den jährlichen Zinszahlungen. Dieser Zinssatz wird auch als Diskontierungszinssatz der Nettozahlungen herangezogen, womit der Buchwert und der Marktwert des Fremdkapitals übereinstimmen müssen.

(e) Der Gesamtunternehmenswert der Value AG lässt sich mithilfe der nachfolgenden Formel bestimmen. Dabei ist zu beachten, dass die durchschnittlichen Kapitalkosten aufgrund der veränderlichen Kapitalstruktur periodenspezifisch im Bewertungskalkül abzubilden sind:

$$UW^{WACC} = \sum_{t=1}^{T} \frac{FCF_t}{\prod_{\tau=1}^{t}(1 + k_{WACC,\tau})} + \frac{FCF_{T+1}}{k_{WACC,T+1} \prod_{\tau=1}^{t}(1 + k_{WACC,\tau})}$$

$$UW^{WACC} = \frac{2.050,30}{1 + 0,0796230} + \frac{1.565,83}{(1 + 0,0796230)(1 + 0,0796889)}$$
$$+ \frac{1.877,12}{(1 + 0,0796230)(1 + 0,0796889)(1 + 0,0799057)}$$
$$+ \frac{3.121,65}{0,0800628 \cdot (1 + 0,0796230)(1 + 0,0796889)(1 + 0,0799057)}$$
$$= 35.707,54 \text{ Mio. €}$$

Der Marktwert des Eigenkapitals folgt aus der Subtraktion des verzinslichen Fremdkapitalbestands vom Gesamtunternehmenswert:

$$EK^{MW} = UW^{WACC} - FK^{MW} = 35.707,54 \text{ Mio. €} - 13.300 \text{ Mio. €} = 22.407,54 \text{ Mio. €}$$

(f) Der Marktwert des Eigenkapitals der Value AG bestimmt sich über die unten aufgeführte Formel. Die Eigenkapitalkosten der Value AG sind aufgrund der sich verändernden Kapitalstruktur periodenspezifisch im Bewertungskalkül zu berücksichtigen:

$$EK^{MW} = \sum_{t=1}^{T} \frac{\text{FCF-Netto}_t}{\prod_{\tau=1}^{t} (1 + k^l_{EK,\tau})} + \frac{\text{FCF-Netto}_{T+1}}{k^l_{EK,T+1} \prod_{\tau=1}^{t} (1 + k^l_{EK,\tau})}$$
$$= \frac{1.934,80}{(1 + 0,1061090)} + \frac{1.438,08}{(1 + 0,1061090)(1 + 0,1063844)}$$
$$+ \frac{1.737,12}{(1 + 0,1061090)(1 + 0,1063844)(1 + 0,1062730)}$$
$$+ \frac{2.619,40}{0,1061090 \cdot (1 + 0,1063844)(1 + 0,1062730)(0,1063068)}$$
$$= 22.407,54 \text{ Mio. €}$$

(g) Der zentrale Einfluss des Fortführungswerts am Gesamtunternehmenswert wird durch die unten dargestellte Berechnung deutlich.

Der Fortführungswert auf Basis des WACC-Ansatzes berechnet sich wie folgt:

$$\frac{3.121,65}{0,0800628 \cdot (1 + 0,0796230)(1 + 0,0796889)(1 + 0,0799057)} = 30.973,95 \text{ Mio. €}$$

Tab. 10.81: Anteil des Fortführungswerts am Gesamtunternehmenswert

Gesamtunternehmenswert (Mio. €)	35.707,54
Fortführungswert Gesamtkapital (Mio. €)	30.973,95
Anteil am Gesamtunternehmenswert (%)	86,74

Der Anteil des Fortführungswerts am Gesamtunternehmenswert beläuft sich auf 86,74 %. Das Zwei-Phasen-Modell unterstellt in Phase II, dass der letzte prognostizierte Free-Cashflow bei vollständiger Eigenfinanzierung als konstanter Wert für eine unendliche Lebensdauer anfällt. Je kürzer der Zeitraum ist, den die Unternehmung tatsächlich noch besteht, umso größer ist die Abweichung zwischen tatsächlichem Fortführungswert und dem durch die ewige Rente unterstellten Fortführungswert (abstrahiert von möglichen Liquidationserlösen). Der Barwertfaktor ermöglicht die Ermittlung des Fortführungswerts in $t = 3$ bei einer über n Jahre laufenden Zahlungsreihe (hier: jedes Jahr 3.121,65 Mio. EUR). Besteht das Unternehmen nach $t = 3$ lediglich nur noch 10 Jahre ist der Fortführungswert der ewigen Rente um 86,193 % größer als der Fortführungswert, der über den Barwertfaktor ermittelt werden kann. Nach 50 Jahren beträgt die Abweichung lediglich noch 2,172 % und nach 150 Jahren nur noch 0,001 %.

Tab. 10.82: Fortführungswert gemäß Barwertfaktor und ewiger Rente im Vergleich

nach	10 Jahren	25 Jahren	50 Jahren	150 Jahren
Barwertfaktor	6,708	10,669	12,225	12,490
Fortführungswert Barwertfaktor (Mio. €)	16.635,36	26.457,78	30.315,47	30.973,66
Fortführungswert ewige Rente (Mio. €)	30.973,95	30.973,95	30.973,95	30.973,95
prozentuale Abweichung zwischen Fortführungswert ewige Rente und Fortführungswert Barwertfaktor (%)	86,193	17,069	2,172	0,001

(h) Der Gesamtunternehmenswert gemäß Multiplikatorverfahren berechnet sich wie folgt:

Tab. 10.83: Multiplikatoren vergleichbarer Unternehmen und vergleichbarer Transaktionen

	Börsen EBIT-Multiple	Experten EBIT-Multiple vergleichbarer Unternehmen		Experten EBIT-Multiple vergleichbarer Transaktionen	
		von	bis	von	bis
Nahrungsmittelbranche	8,3	6,6	8,7	7,7	10,4

Gesamtunternehmenswert jeweils auf Basis des ersten Planjahrs der Periode 1 gerechnet:
Gesamtunternehmenswert Börsen EBIT-Multiple:
$8{,}3 \cdot 3.969{,}00 = 32.942{,}70$ Mio. EUR

Gesamtunternehmenswert Experten EBIT-Multiple vergleichbarer Unternehmen:
Minimaler Wert: $6{,}6 \cdot 3.969{,}00 = 26.195{,}40$ Mio. EUR
Maximaler Wert: $8{,}7 \cdot 3.969{,}00 = 34.530{,}30$ Mio. EUR

Gesamtunternehmenswert Experten EBIT-Multiple vergleichbarer Transaktionen:
Minimaler Wert: $7{,}7 \cdot 3.969{,}00 = 30.561{,}30$ Mio. EUR
Maximaler Wert: $10{,}4 \cdot 3.969{,}00 = 41.277{,}60$ Mio. EUR
Gemäß der Multiplikatorbewertung ergibt sich eine Bandbreite zwischen 26.195,40 Mio. EUR und 41.277,60 Mio. EUR.

Gesamtunternehmenswert gemäß DCF-Verfahren:
30.973,95 Mio. EUR

Der Unternehmenswert gemäß DCF-Verfahren liegt somit innerhalb der Bandbreite der Multiplikatorverfahren. Zu beachten ist, dass der EBIT-Multiplikator von der Kapitalstruktur abstrahiert, mögliche Effekte daraus sich also nicht im Gesamtunternehmenswert niederschlagen. Weiterhin ist zu beachten, dass die Multiplikatorbewertung hinsichtlich der Wachstumsaussichten und der Risiken eine identische Entwicklung zu den Vergleichsunternehmen unterstellt, die nicht gegeben sein muss.

11 Finanzierung

11.1 Fragen zur Wiederholung

11.1.1 Fragen zu Kapitel 6

(1) Beschreiben Sie die vier Kernbereiche, die der Finanzierungsbegriff in einem umfassenden Ansatz enthält.
(2) Was ist unter dem disponiblen Kapital zu verstehen?
(3) Geben Sie mithilfe eines Schaubilds einen Überblick über die verschiedenen Elemente des Finanzierungsbegriffs.
(4) Welcher Zusammenhang besteht zwischen den einzelnen Elementen des Finanzierungsbegriffs und der Bilanz?
(5) Bei welchen Finanzierungsvorgängen wird einem Unternehmen disponibles Kapital zur Verfügung gestellt?
(6) Grenzen Sie die verschiedenen Arten der Eigen- und Fremdfinanzierung voneinander ab.
(7) Erläutern Sie die wesentlichen Abgrenzungskriterien von Eigen- und Fremdkapital.
(8) Anhand welcher Kriterien können die Finanzierungsarten systematisiert werden? Gehen Sie bei Ihren Ausführungen detailliert auf das Kriterium der Mittelherkunft ein.
(9) Nennen Sie die vier unterschiedlichen Entwicklungslinien der Finanzierungstheorie.
(10) Zeigen Sie die beiden zentralen Probleme der klassischen Finanzwirtschaft auf und erläutern Sie die daraus ableitbaren vier grundlegenden Forschungsschwerpunkte der klassischen Finanzierungslehre.
(11) Was ist das Ziel der neoklassischen Finanzierungstheorie?
(12) Beschreiben Sie die Zielsetzung der Kapitalmarkttheorie. Gehen Sie dabei insbesondere auf die Marktwertmaximierung ein.
(13) Nennen und erläutern Sie die beiden Teilbereiche der Finanzchemie.
(14) Welche zentralen Annahmen der neoklassischen Finanzierungstheorie löst die neoinstitutionalistische Finanzierungstheorie auf?
(15) Welche Situationen werden im Rahmen der Principal Agent Theory untersucht?
(16) Welche Auswirkungen stehen bei der verhaltensorientierten Finanzierungstheorie im Vordergrund?

DOI 10.1515/9783110353082-012

11.1.2 Fragen zu Kapitel 7

Fragen zu Kapitel 7.1

(1) Erläutern Sie die Rechtsstellung des Kapitalgebers bei einer Beteiligungsfinanzierung und stellen Sie die Funktionen von Eigenkapital im Unternehmen dar.
(2) Worin bestehen die Vorteile von Aktiengesellschaften bei der Beschaffung von Eigenkapital gegenüber nicht emissionsfähigen Unternehmen?
(3) Beschreiben Sie, nach welchen Kriterien Aktien systematisiert werden können.
(4) Nach dem Umfang der verbrieften Rechte kann zwischen Stamm- und Vorzugsaktien unterschieden werden. Welche Rechte sind mit Stammaktien verbunden und welche Gattungen können innerhalb der Vorzugsaktien unterschieden werden?
(5) Welche Faktoren beeinflussen den Börsenkurs einer Aktie?
(6) Welche Bedingungen müssen vom sogenannten Einheitskurs erfüllt werden? Verdeutlichen Sie die Ermittlung des Einheitskurses anhand eines Beispiels.
(7) Erklären Sie anhand eines Beispiels, was unter dem einfachen Bilanzkurs und dem korrigierten Bilanzkurs zu verstehen ist. Welche Schwierigkeit besteht bei der Ermittlung des korrigierten Bilanzkurses?
(8) Systematisieren Sie die verschiedenen Arten von Kapitalerhöhungen emissionsfähiger Unternehmen.
(9) Nennen Sie die Einflussfaktoren zur Bestimmung des Wertes von Bezugsrechten bei der Ausgabe neuer Aktien und stellen Sie anschließend die Gleichung zur Bestimmung des rechnerischen Werts von Bezugsrechten auf.
(10) Erläutern Sie die drei Zwecke, für die eine bedingte Kapitalerhöhung nach § 192 Abs. 2 AktG vorgesehen ist.
(11) Welche Handlungsoption wird dem Vorstand im Rahmen des genehmigten Kapitals eingeräumt?
(12) Beschreiben Sie die Kapitalerhöhung aus Gesellschaftsmitteln für den Fall, dass die Grundkapitalanpassung der Gesellschaft in Nennwertaktien bzw. in Stückaktien erfolgt.
(13) In welchen Situationen ist eine Kapitalerhöhung aus Gesellschaftsmitteln sinnvoll?
(14) Erläutern Sie die Möglichkeiten der Beteiligungsfinanzierung bei nicht emissionsfähigen Unternehmen. Gehen Sie dabei auf die verschiedenen Gesellschaftsformen ein.
(15) Strukturieren Sie die unterschiedlichen Formen der Private-Equity-Finanzierung.
(16) Geben Sie einen Überblick zur Venture-Capital-Finanzierung und gehen Sie explizit auf die Vor- und Nachteile dieser Finanzierungsform ein.
(17) Erläutern Sie die Motive von Buy-out-Finanzierungen. Welche verschiedenen Buy-out-Formen sind zu unterscheiden?
(18) Anhand welcher Merkmale kann die Kredit- von der Beteiligungsfinanzierung abgegrenzt werden?

(19) Der Kreditgewährung geht eine Prüfung der Kreditwürdigkeit des potenziellen Kreditnehmers voraus. Nennen Sie die bei einer Kreditwürdigkeitsprüfung notwendigen Beurteilungsschritte.
(20) In welche Kategorien können Kreditsicherheiten eingeteilt werden?
(21) Unterscheiden Sie die akzessorische von der fiduziarischen Sicherheit.
(22) Beschreiben Sie die Merkmale einer Bürgschaft und einer Garantie als Kreditsicherungsinstrumente.
(23) Wie ist die Sicherungsqualität einer Patronatserklärung bei Kreditgeschäften zu beurteilen?
(24) Erläutern Sie das Instrument des Eigentumsvorbehalts zur Absicherung von Krediten und vergleichen Sie den Eigentumsvorbehalt mit der Sicherheitsübereignung.
(25) Erläutern Sie das Pfandrecht als Sicherungsinstrument.
(26) Beschreiben Sie, wodurch eine Hypothek entsteht und welche Ausprägungsformen einer Hypothek existieren.
(27) Worin bestehen die wesentlichen Unterschiede zwischen einer Hypothek und einer Grundschuld? Nennen Sie auch die Vorteile, die eine Grundschuld gegenüber einer Hypothek besitzt.
(28) Systematisieren Sie die Formen der langfristigen Kreditfinanzierung und geben Sie die rechtliche Basis für langfristige Kreditfinanzierungen an.
(29) Charakterisieren Sie die Industrieschuldverschreibung.
(30) Erläutern Sie die vier Ausstattungsmerkmale des Grundtyps einer Industrieschuldverschreibung.
(31) Wie funktioniert eine Gewinnschuldverschreibung?
(32) Was ist unter einer Wandelschuldverschreibung zu verstehen und an welche Voraussetzungen ist die Ausgabe einer solchen Anleihe gebunden?
(33) Nennen Sie Gemeinsamkeiten und Unterschiede zwischen der Options- und der Wandelanleihe.
(34) Was ist unter einem Schuldscheindarlehen zu verstehen?
(35) Stellen Sie anhand aussagekräftiger Merkmale die Unterschiede zwischen der Industrieschuldverschreibung und dem Schuldscheindarlehen dar.
(36) Wodurch lassen sich Universalbanken und Spezialkreditinstitute voneinander abgrenzen?
(37) Geben Sie anhand eines Schaubilds einen Überblick über die kurz- und mittelfristigen Kreditarten.
(38) Erläutern Sie die beiden Ausprägungsformen der Handelskredite.
(39) Welche Merkmale kennzeichnen den Kontokorrentkredit und womit ist die Beliebtheit dieser Kreditart zu erklären?
(40) Was ist charakteristisch für einen Lombardkredit? Unterscheiden Sie die verschiedenen Formen des Lombardkredits.
(41) Beschreiben Sie die einzelnen Ablaufschritte, die bei der Gewährung eines Diskontkredits zu durchlaufen sind.

(42) Warum ist der Akzeptkredit in seiner Grundform ein reines Kreditleihgeschäft?
(43) Was ist unter einem Avalkredit zu verstehen? Nennen Sie die wesentlichen Anwendungsfälle.
(44) Klassifizieren Sie anhand ausgewählter Kriterien das Leasinggeschäft.
(45) Wie funktioniert das sogenannte Sale-and-Lease-back-Geschäft? Nennen Sie die positiven Auswirkungen, die mit dieser Finanzierungsart verbunden sind.
(46) Zeigen Sie anhand eines Schaubilds den prinzipiellen Ablauf eines indirekten Leasinggeschäfts auf.
(47) Worin bestehen die wesentlichen Unterschiede zwischen Operating- und Financial-Leasing?
(48) Grenzen Sie den Vollamortisationsvertrag vom Teilamortisationsvertrag ab.
(49) Welche Eigenschaften sind Kernelemente von Mezzanine-Kapital?
(50) Nennen Sie die Einsatzgebiete von Mezzanine-Kapital und erläutern Sie, welche Finanzierungsformen zu mezzaninem Kapital gehören.
(51) Grenzen Sie die vier Grundtypen von Genussscheinen voneinander ab.
(52) Welche Möglichkeiten und Vorteile bieten insgesamt mezzanine Finanzierungen?
(53) Unterscheiden Sie die vier Formen des Crowdfunding und erläutern Sie anschließend die jeweilige Ausprägung.
(54) Welche Motive lassen sich für die Finanzierung durch Crowdfunding identifizieren?
(55) Nennen und definieren Sie die vier Ausgestaltungsvarianten von Crowdfunding.

Fragen zu Kapitel 7.2

(1) Beschreiben Sie die Möglichkeiten der Innenfinanzierung, die im Rahmen des betrieblichen und außerhalb des betrieblichen Umsatzprozesses bestehen.
(2) Erläutern Sie die zwei Arten der Selbstfinanzierung.
(3) Beschreiben Sie, welche Möglichkeiten der offenen Selbstfinanzierung einer OHG und einer KG zur Verfügung stehen.
(4) Nennen Sie das Ziel der stillen Selbstfinanzierung und erläutern Sie, welche Rolle dabei die Unterbewertung von Aktiva bzw. die Überbewertung von Passiva spielt.
(5) Welche Vorteile besitzt die Selbstfinanzierung gegenüber der Beteiligungs- und Kreditfinanzierung? Welchen Nachteil weist die Selbstfinanzierung auf?
(6) Welche Bedingungen müssen erfüllt sein, damit aus Rückstellungen ein Innenfinanzierungseffekt entstehen kann?
(7) Verdeutlichen Sie die besondere Rolle von Pensionsrückstellungen im Rahmen der Finanzierung aus Rückstellungen.
(8) Zeigen Sie anhand eines Schaubilds das Finanzierungspotenzial von Pensionsrückstellungen im Lebenszyklus eines Unternehmens auf.
(9) Woraus entsteht der Finanzierungseffekt aus Abschreibungen und welche Bedingungen müssen dazu erfüllt sein?
(10) Erläutern Sie den Kapitalfreisetzungs- und den Kapazitätserweiterungseffekt im Rahmen der Finanzierung aus Abschreibungsgegenwerten.

(11) Beschreiben Sie, wie aus der Veräußerung von Vermögensgegenständen und der Rationalisierung ein Finanzierungseffekt entstehen kann.
(12) Nennen Sie die Vor- und Nachteile des Factorings als Instrument der Innenfinanzierung.
(13) Zeigen Sie anhand eines Schaubilds die Struktur von Asset Backed Securities auf.

11.1.3 Fragen zu Kapitel 8

Fragen zu Kapitel 8.1

(1) Systematisieren Sie die Termingeschäfte hinsichtlich der Art der Erfüllung.
(2) An welchen Handelsplätzen können Termingeschäfte abgeschlossen werden?

Fragen zu Kapitel 8.2

(1) Erläutern Sie die vier Grundpositionen von Optionsgeschäften. Wie groß ist das jeweilige maximale Verlustpotenzial?
(2) Verdeutlichen Sie anhand eines Schaubilds die Gewinn- und Verlustprofile eines Calls und eines Puts.
(3) Wie sind der Zeitwert und der innere Wert definiert und welche drei Fälle sind bei dem Vergleich von Marktpreis des Basiswerts und Basispreis zu unterscheiden?
(4) Beschreiben Sie die Faktoren, die den Wert einer Option beeinflussen.
(5) Zeigen Sie grafisch die Wertober- und -untergrenze eines Calls auf.
(6) Welche Idee und welche Annahmen liegen dem Binomialmodell zugrunde?
(7) Was ist unter einem arbitragefreien Markt zu verstehen?
(8) Stellen Sie die Vorschrift zur Berechnung der Wahrscheinlichkeit p eines Kursanstiegs dar.
(9) Was ist unter der Sicherungsposition im Binomialmodell zu verstehen?
(10) Auf welchen Annahmen und welcher Idee beruht das Black-Scholes-Modell?
(11) Nennen Sie die Gleichung zur Bestimmung des Optionswerts im Black-Scholes-Modell und erläutern Sie die einzelnen Parameter.
(12) Was drückt die sogenannte Put-Call-Parität aus?
(13) Beschreiben Sie die Anwendungsmöglichkeit von Optionen als spekulatives Instrument. Gehen Sie dabei auch auf den Straddle ein.
(14) Welches Ziel verfolgt die Arbitrage als Anwendungsmöglichkeit von Optionen? Erläutern Sie in diesem Zusammenhang die Conversion-Strategie.
(15) Erklären Sie, warum die Reversal-Strategie die Umkehrung der Conversion-Strategie ist.
(16) Worin besteht die Zielsetzung von Hedging-Strategien?
(17) In welchem Verhältnis stehen die Aktien- und Optionsanzahl beim Fixed Hedge?
(18) Wie funktioniert das Delta Hedging und welchen Nachteil des Delta Hedgings überwindet das Gamma Hedging?

Fragen zu Kapitel 8.3

(1) Welche Besonderheiten weisen Futures im Vergleich zu außerbörslichen Termingeschäften auf?
(2) Erläutern Sie die Funktionsweise von Financial Futures anhand eines Gewinn- und Verlustdiagramms.
(3) Wie unterscheiden sich Futures auf konkreter Basis von Futures mit abstrakter Basis?
(4) Nennen und erläutern Sie die verschiedenen Margin-Arten des risikobasierten Margin-Systems der Eurex.
(5) Erklären Sie die Möglichkeiten zur Erfüllung eines Future-Kontrakts.
(6) Welche Besonderheiten sind bei der physischen Erfüllung von Zins-Futures zu beachten?
(7) Zeigen Sie die Ursachen der Basis auf, die sich als Differenz zwischen dem Kassa- und dem Terminkurs ergibt.
(8) Welche Faktoren sind bei der Bestimmung der Cost of Carry von Zins-Futures zu berücksichtigen? Welche Determinanten beeinflussen die Cost of Carry bei Aktien-Futures?
(9) Grenzen Sie das Positions-Trading und das Spread Trading voneinander ab.
(10) Bauen Sie für den Fall der Über- und den Fall der Unterbewertung eines Futures jeweils ein Portfolio auf, mit dem ein Arbitrage-Gewinn realisiert werden kann und erläutern Sie die jeweilige Arbitrage-Strategie.
(11) Erläutern Sie das Prinzip der beiden grundsätzlichen Hedging-Positionen, die bei Financial Futures eingenommen werden können.
(12) Nennen Sie verschiedene Methoden zur Bestimmung der optimalen Hedge-Ratio bei Zins-Futures.
(13) Erläutern Sie weitere Aspekte, die im Rahmen der Risikoabsicherung einer Kassaposition für den Aufbau der Gegenposition am Terminmarkt und die Auswahl des Hedge-Kontrakts von Bedeutung sind.

Fragen zu Kapitel 8.4

(1) Systematisieren Sie die Swaps nach dem Geschäftsgegenstand und erläutern Sie die einzelnen Ausprägungsformen kurz.
(2) Stellen Sie die beiden Varianten des Equity Swaps dar und erläutern Sie diese.
(3) Erläutern Sie die Absicherung eines Aktienportfolios mithilfe eines Equity Swaps.
(4) Im Rahmen der Bewertung zum Abschlusszeitpunkt müssen bei Zins-Swaps die feste und die variable Seite bewertet werden. Verdeutlichen Sie anhand eines Beispiels die Vorgehensweise.
(5) Wie wird der Marktwert eines Zins-Swaps während der Laufzeit bestimmt?
(6) Resultiert aus einem Zinsanstieg stets eine Marktwertsteigerung für einen Payer Swap?
(7) In welchen Marktsituationen sollten Zins-Swaps zur Spekulation eingesetzt werden?

(8) Wie können Zins-Swaps zur Reduzierung der Finanzierungskosten verwendet werden? Beschreiben Sie diese Anwendungsmöglichkeit anhand eines Beispiels.
(9) Wie kann sich ein Unternehmen mithilfe von Zins-Swaps gegen das Risiko steigender bzw. sinkender Zinsen absichern? Verdeutlichen Sie ihre Ausführungen anhand eines Beispiels.

11.1.4 Fragen zu Kapitel 9

Fragen zu Kapitel 9.1

(1) Welche zentralen Ansätze und Modelle lassen sich in der Finanzwirtschaft zur Kapitalstrukturgestaltung unterscheiden?
(2) Welchen Zusammenhang beschreibt der Leverage-Effekt? Leiten Sie zur Verdeutlichung ihrer Ausführungen die Leverage-Formel her.
(3) Gehen Sie auf die spezifischen Risiken des Leverage-Effekts ein und erläutern Sie anhand eines Beispiels, wie aus einer Leverage-Chance ein Leverage-Risiko wird.
(4) Beschreiben Sie die Grundüberlegungen der traditionellen These und gehen Sie dabei auf die unterstellten Verhaltensannahmen der Kapitalgeber ein. Wie verlaufen die Kapitalkosten nach traditioneller Auffassung?
(5) Erläutern Sie den von Modigliani/Miller entwickelten Ansatz zur Kapitalstruktur und zeigen Sie den Kapitalkostenverlauf nach diesem Modell auf. Wie lässt sich das Irrelevanztheorem in Zusammenhang mit diesem Ansatz bringen?
(6) Erläutern Sie die drei Theoreme von Modigliani/Miller und verdeutlichen Sie daran deren Kapitalstrukturüberlegungen.
(7) Um welche Trade-offs geht es im Rahmen der Trade-off-Theorie?
(8) Worin unterscheidet sich die Pecking-Order-Theorie von der Trade-off-Theorie und dem Irrelevanztheorem von Modigliani/Miller?
(9) Zeigen Sie durch eine Abbildung die Finanzierungshierarchie gemäß der Pecking-Order-Theorie auf.

Fragen zu Kapitel 9.2

(1) Verdeutlichen Sie die Zusammenhänge zwischen der Bilanz, der Gewinn- und Verlustrechnung und der Kapitalflussrechnung.
(2) Wie wird der Innenfinanzierungsgrad berechnet? Gehen Sie bei ihren Ausführungen insbesondere auf die Ermittlung des Cashflows ein.
(3) Zeigen Sie den Zusammenhang zwischen Investitionsrate und Innenfinanzierungsgrad grafisch auf.
(4) Definieren und erläutern Sie die Investitionsintensität.
(5) Nennen Sie verschiedene Vermögensstrukturkennzahlen und erläutern Sie, welche Strukturierung des Vermögens diese Kennzahlen vornehmen.
(6) Worauf ist bei der Interpretation der Vermögensstrukturkennzahlen zu achten? Können Normwerte definiert werden?

(7) Systematisieren Sie die verschiedenen Ausprägungsformen von Kapitalstrukturkennzahlen.

(8) Erläutern Sie die Definition des dynamischen Verschuldungsgrads.

(9) Definieren Sie die beiden Kennzahlen zum Anlagendeckungsgrad und erläutern Sie, aus welchen Überlegungen heraus diese Kennzahlen entstanden sind.

(10) Definieren Sie die Liquiditätsgrade 1 bis 3. Setzen Sie sich anschließend kritisch mit diesen Kennzahlen auseinander.

(11) Zeigen Sie anhand eines Beispiels, dass die Kennzahl „Working Capital" weniger anfällig für bilanzpolitische Maßnahmen als die Liquidität 3. Grades ist.

11.2 Fallstudien

11.2.1 Beteiligungsfinanzierung

Die Zipline Adventures AG ist eine Betreibergesellschaft von Abenteuer- und Kletterparks. Die Geschäftsleitung der Zipline Adventures AG berät über die Möglichkeiten zur Finanzierung eines neuen Abenteuerparks in der Region des Biosphärenreservats Pfälzerwald. Die Investitionssumme für die Neueröffnung beträgt 750.000 EUR, wobei diese je zu 70 % für Grundstücke und Bauten und zu 30 % für technische Anlagen und Maschinen verwendet werden soll. Die reine Fremdfinanzierung ist aufgrund der mit der Investition verbundenen hohen Risiken und der geringen Eigenkapitalbasis der Zipline Adventures AG nur zu sehr schlechten Konditionen zu realisieren. Daher entschließt sich die Geschäftsleitung, nur 50 % der Investitionssumme über neues Fremdkapital und den restlichen Betrag über eine Kapitalerhöhung zu beschaffen. Die vereinfachte Bilanz des Unternehmens vor Durchführung der Finanzierungsmaßnahmen sieht wie folgt aus:

Tab. 11.1: Bilanz der Zipline Adventures AG zum 31.12.2015 (Angaben in EUR)

Aktiva		**Passiva**	
I. Anlagevermögen		**I. Eigenkapital**	
Grundstücke und Bauten	3.600.000	gezeichnetes Kapital	500.000
technische Anlagen und Maschinen	2.540.000	Kapitalrücklage	480.000
II. Umlaufvermögen		Gewinnrücklage	360.000
Vorräte	850.000	Gewinnvortrag	25.000
Forderungen aus Lieferungen und Leistungen	1.450.000	**II. Rückstellungen**	
		Rückstellungen für Pensionen	650.000
Kassenbestand	1.225.000	**III. Verbindlichkeiten**	7.500.000
		Verbindlichkeiten gegenüber Kreditinstituten	150.000
		Verbindlichkeiten aus Lieferungen und Leistungen	
	9.665.000		9.665.000

(a) Auf der Hauptversammlung vom 01.03.2015 wurde der Vorstand für drei Jahre ermächtigt, das Grundkapital durch Ausgabe junger Aktien um 250.000 EUR zu erhöhen. Am 04.01.2016 wird die Kapitalerhöhung im vollen Genehmigungsumfang durchgeführt. Der Tageskurs der Zipline Adventures AG Aktien am Tag vor der Kapitalerhöhung beträgt 45 EUR. Der Nennwert der Aktien liegt bei 25 EUR. Der Finanzvorstand Herr Donsieders ist mit dem Ablauf und den Bedingungen der Kapitalerhöhung sowie der Fremdkapitalfinanzierung nicht vertraut und bittet Sie deshalb um die Beantwortung der folgenden Fragen:
   (1) Zu welchem Bezugskurs müssen die jungen Aktien ausgegeben werden, um das benötigte Eigenkapital zu erhalten?
   (2) Wie lautet das Bezugsverhältnis von alten zu jungen Aktien?
   (3) Wie hoch ist der rechnerische Wert des Bezugsrechts pro alter Aktie?
   (4) Zu welchem Kurs werden die Altaktien nach der Kapitalerhöhung an der Börse gehandelt?
   (5) Welches Aussehen hat die vereinfachte Bilanz der Zipline Adventures AG nach der vollständigen Durchführung aller Fremd- und Eigenkapitaltransaktionen?
   (6) Welcher Verschuldungsgrad und einfacher Bilanzkurs liegen vor und nach den Finanzierungstransaktionen vor?

(b) Der Altaktionär Herr Linden besitzt 800 alte Aktien der Zipline Adventures AG. Unterstützen Sie Herrn Linden bei der Analyse seiner Vermögenssituation, wenn er die Kapitalerhöhung nur zu 65 % mitträgt und die restlichen Bezugsrechte an der Börse verkauft.

(c) Um das garantierte Haftungskapital und damit die Kreditwürdigkeit für eine Fremdkapitalfinanzierung eines weiteren Abenteuerparks zu erhöhen, plant die Geschäftsleitung der Zipline Adventures AG, nach Abschluss der vorherigen Finanzierung eine Kapitalerhöhung aus Gesellschaftsmitteln durch die Ausgabe von Gratisaktien durchzuführen. Dabei soll pro alter Aktie ein drittel Gratisaktie ausgegeben werden. Das erforderliche Kapital soll aus der Gewinnrücklage entnommen werden. Herr Donsieders bittet Sie abermals um Ihre Unterstützung. Welche bilanziellen Effekte ergeben sich durch die Ausgabe von Gratisaktien? Wie verändern sich der Verschuldungsgrad und der einfache Bilanzkurs?

(d) Nach Abschluss aller Kapitalmaßnahmen haben sich die erwarteten Erfolge der neuen Projekte nicht eingestellt. Nach Unstimmigkeiten mit dem Vorstand über die weitere strategische Ausrichtung beschließt Herr Linden deshalb, einen Teil seiner Aktien zu verkaufen. Er hat dazu seiner depotführenden Bank einen Verkaufsauftrag über 450 Aktien mit einem Limit von 48,90 EUR erteilt.

Für Aktien der Zipline Adventures AG liegen dem zuständigen Makler an der Börse folgende Kauf- und Verkaufsaufträge vor:

Tab. 11.2: Kauf- und Verkaufsaufträge für Aktien der Zipline Adventures AG

Verkaufsaufträge		**Kaufaufträge**	
Anzahl (Stk.)	**Limit (€)**	**Anzahl (Stk.)**	**Limit (€)**
1.000	bestens	1.500	billigst
800	45,8	760	49,8
650	47,5	640	49,1
900	48,9	860	48,9
450	49,1	970	48,5
640	50,3	150	47,5

Ermitteln Sie vor dem Hintergrund der vorliegenden Kauf- und Verkaufsaufträge den Einheitskurs der Zipline Adventures AG. Stellen Sie zudem tabellarisch fest, wie viele der limitiert und unlimitiert vorliegenden Aufträge bei dem festgestellten Einheitskurs ausgeführt werden. Wird der Verkaufsauftrag von Herrn Linden ausgeführt?

11.2.2 Kreditfinanzierung über ein Annuitätendarlehen

Die Biwak AG ist ein Hersteller professioneller Trekkingzelte. Zur Sortimentserweiterung im Bereich besonders witterungsbeständiger Zelte soll eine Maschine zur Herstellung von Nylonplanen beschafft werden. Nach intensiver Marktrecherche hat der Einkaufsleiter Herr Steigberg bei einem etablierten Lieferanten ein verbindliches Angebot mit einem Investitionsvolumen von 200.000 EUR eingeholt.

(a) Herr Steigberg bittet Sie in ihrer Funktion als Treasurer, mögliche Finanzierungsalternativen der Investition zu analysieren und zu bewerten. Nach Rücksprache mit einer regionalen Bank A schlagen Sie Herrn Steigberg die Finanzierung mittels eines Annuitätendarlehens vor, wobei Ihnen die Bank einen Zinssatz von 6 % p. a. angeboten hat. Herr Steigberg kennt sich im Bereich der Finanzierungsarten nur wenig aus und bittet Sie deshalb um die Beantwortung folgender Fragen:
   (1) Wie hoch ist die jährliche Annuität bei einer Laufzeit des Kredits von 20 Jahren?
   (2) Wie hoch ist der Tilgungsanteil der letzten Annuität?
   (3) Welche Gesamtlaufzeit würde sich ergeben, wenn maximal ein jährlicher Kapitaldienst von 15.000 EUR vom Unternehmen verkraftet werden könnte? Wie hoch wäre in diesem Fall die Schlussrate?

(b) Herr Steigberg ist mit der angebotenen Finanzierung von Bank A nicht zufrieden, da der ermittelte jährliche Kapitaldienst die Liquidität des Unternehmens zu stark belasten würde. Er hat deshalb eine überregionale Bank B aufgefordert, ein Alternativangebot zu unterbreiten. Diese hat ihm folgenden Kredit angeboten:
   - Disagio: 6 %
   - Nominalzins i_S: 4 % p. a.

- Tilgungssatz t_S im ersten Tilgungsjahr: 1,5 % p. a.
- erstes Jahr ist zins- und tilgungsfrei

Ermitteln Sie für Herrn Steigberg folgende Informationen:

(1) Wie hoch ist das benötigte Kreditvolumen?
(2) Welcher jährliche Kapitaldienst resultiert bei der angebotenen Finanzierung? Ist der Kapitaldienst niedriger als bei dem Angebot von Bank A?
(3) Welche Laufzeit wird benötigt, um den Kredit vollständig zu tilgen?
(4) Bei welchem Tilgungssatz würde sich analog zum ersten Kredit eine Kreditlaufzeit von 20 Jahren ergeben?

11.2.3 Kreditfinanzierung und Leasing

Die Fetzenberg AG ist eine Betreibergesellschaft von Fußballstadien. Zur Finanzierung neuer Großbildleinwände im Stadioninnenraum mit einem Investitionsvolumen von 100 Mio. EUR möchte der Finanzvorstand Herr Rau zwei Finanzierungsvarianten miteinander vergleichen. Neben dem fremdfinanzierten Kauf der Investitionsobjekte steht auch die Finanzierung mittels Leasing durch eine Leasinggesellschaft zur Auswahl. Herr Rau ist sich unsicher, welche Finanzierungsalternative vorteilhafter ist. Er bittet Sie deshalb um Unterstützung bei der Entscheidungsfindung.

(a) Aus einer vor kurzem besuchten Vorlesung im Fach „Investition und Finanzierung" ist Ihnen das Konzept des Vermögensendwerts zur Beurteilung der Vorteilhaftigkeit von Investitionen bekannt. Sie schlagen Herrn Rau vor, in einem ersten Schritt den Vermögensendwert der Investition unter Berücksichtigung der beiden Finanzierungsalternativen zu ermitteln. Folgende Informationen sind Ihnen von Herrn Rau bereits über die Investition und die Finanzierungsvarianten bereitgestellt worden:

Tab. 11.3: Zahlungsstrom aus der Investition in die Großbildleinwände (Angaben in Mio. EUR)

Zeitpunkt (t)	1	2	3	4	5
Zahlungsstrom	60	35	30	30	30

Angaben Kreditfinanzierung:
Nominalvolumen: 100 Mio. EUR
Laufzeit: 5 Jahre
Zinssatz: 10 %
Tilgung: Ratentilgung mit jährlich 20 Mio. EUR

Angaben Leasing:
Laufzeit: 5 Jahre
Leasingraten: Die Leasingraten können Tab. 11.4 entnommen werden:

Tab. 11.4: Darstellung der Leasingraten (Angaben in Mio. EUR)

Zeitpunkt (t)	1	2	3	4	5
Leasingraten	59,00	17,00	17,00	17,00	17,00

Ermitteln Sie den Vermögensendwert unter Berücksichtigung der beiden Finanzierungsvarianten. Gehen Sie dabei davon aus, dass freie Mittel zu einem Zinssatz von 5 % angelegt werden können. Welche Finanzierungsvariante sollte ausgewählt werden?

(b) Herr Rau ist mit den durchgeführten Analysen zur Vorteilhaftigkeit der Finanzierungsvarianten unzufrieden, da Steuereffekte vernachlässigt wurden. Er bittet Sie deshalb um die Integration von Steuern in die Vermögensendwertberechnungen. Folgende Annahmen sollen zusätzlich zu Aufgabe (a) berücksichtigt werden:
   - Unterstellen Sie beim Leasing eine steuerliche Zurechnung des wirtschaftlichen Eigentums an den Großbildleinwänden beim Leasinggeber.
   - Die Großbildleinwände werden linear abgeschrieben.
   - Der Steuersatz beträgt einheitlich 30 %. Spezifische Effekte unterschiedlicher Steuerarten sind nicht zu berücksichtigen.

11.2.4 Finanzierung aus Abschreibungen

Die Ahoi AG ist ein Yachtcharterunternehmen, das sich auf die Vermietung von Luxussportbooten auf dem Bodensee spezialisiert hat. Nachdem der Geschäftsbetrieb auf Grund mangelnder Nachfrage zu Verlusten geführt hat, beschließt die Geschäftsleitung den Einstieg in den Markt für Partyboote. Von dieser Investition erhofft sich das Unternehmen, seine Abhängigkeit vom Luxussegment im Bootsbereich zu verringern und stattdessen stärker auf dem touristisch dominierten Massenmarkt aktiv zu sein. Die Unternehmensidee des neu aufzubauenden Geschäftsfelds basiert auf der stundenweisen Vermietung von motorisierten Schwimmringen mit integrierter Grillfunktion. Für diese Investition steht Eigenkapital in Höhe von 250.000 EUR zur Verfügung, mit dem fünf Grillboote zu je 50.000 EUR beschafft werden können. Aufgrund der intensiven Nutzung der Boote ist mit einer Nutzungsdauer von nur vier Jahren zu rechnen. Der Vorstandsvorsitzende der Ahoi AG Herr J. Hook bittet Sie um ihre Mithilfe bei der Analyse der Möglichkeiten zur Finanzierung aus Abschreibungen, die sich in den ersten acht Jahren ergeben.

(a) Herr Hook möchte wissen, wie groß die freigesetzten Kapitalbeträge im Rahmen des Kapitalfreisetzungseffekts sind. Dabei soll zuerst von einem vollständigen Kapazitätsaufbau in $t = 0$ ausgegangen werden. Was ändert sich an der Kapitalfreisetzung, wenn die Kapazität von fünf Partybooten sukzessive über eine Anschaffung von jeweils einem Partyboot pro Jahr aufgebaut wird? Erläutern Sie ferner für beide Varianten die dabei eintretenden bilanziellen Folgen.

(b) Herr Hook möchte wissen, wie die Ahoi AG bei einem Erfolg des Partybootkonzepts die Kapazität erweitern kann, falls die Kapitalbeträge bis auf Weiteres in der Unternehmung belassen werden. Unterscheiden Sie dabei die Ergebnisse bei einem kompletten Kapazitätsaufbau in $t = 0$ und einem sukzessiven Kapazitätsaufbau. Ermitteln Sie ebenfalls die dabei eintretenden bilanziellen Effekte.

11.2.5 Finanzierung aus Rückstellungen

Die Fluggesellschaft Kranich AG bietet Premiumflüge nach Nordamerika und China an. Herr Spar hat als Vorstand der Kranich AG mit seinen Piloten eine betriebliche Altersvorsorge vereinbart. Der Vorstand beabsichtigt, die nötigen Rückstellungen für die Altersvorsorge aus der laufenden Geschäftstätigkeit zu bilden. Der Finanzberater G. Wieft hat auf Basis von versicherungsmathematischen Rechnungen die Höhe der erwarteten Pensionszahlungen bestimmt. Es ist zu erwarten, dass ab dem Jahr 2023 bis zum Jahr 2027 Pensionszahlungen zu leisten sind, die Höhe der Zahlungen beträgt in jedem Jahr voraussichtlich 1.010.253,99 EUR. Die Zahlungen werden jeweils am Jahresende geleistet. Der Geschäftsführer Herr Spar möchte im Jahr 2016 Rückstellungen bilden, aus denen diese Zahlungen geleistet werden können. Er unterstellt dabei, dass das in den Rückstellungen gebundene Kapital zu 6 % p. a. verzinst werden kann.

(a) Berechnen Sie für das Jahr 2016 den gegenwärtigen Wert der zukünftigen Pensionszahlungen.
Hinweis: Der Kalkulationszinssatz entspricht dem steuerlichen Rechnungszinsfuß von aktuell 6 % (vgl. § 6a EStG).

(b) Herr Spar erwartet für das Jahr 2016, dass die Kranich AG 50.000 Sitze für Flüge nach Nordamerika und 35.000 Sitze für Flüge nach China verkaufen wird. Herr Spar hat für beide Flugziele die variablen Aufwendungen berechnet:
- Nordamerika: 360 EUR/Sitzplatz
- China: 400 EUR/Sitzplatz

Neben den variablen Aufwendungen fallen für den Flugbetrieb fixe Aufwendungen in Höhe von 3.100.000 EUR/Jahr an. Herr Spar erwartet, dass ein Sitzplatz für einen Flug nach China zu einem Preis von 450 EUR/Sitzplatz verkauft werden kann. Welchen Preis müssen die Sitzplätze für Flüge nach Nordamerika mindestens aufweisen, wenn die Rückstellungen aus der laufenden Geschäftstätigkeit vollständig im Jahr 2016 zugeführt werden sollen und die Kranich AG keinen Verlust erleiden will.

(c) Die Märkte für Premiumflüge nach Nordamerika und China haben sich im Jahr 2016 sehr positiv entwickelt. Die Kranich AG konnte alle angebotenen Sitzplätze verkaufen und dabei im Falle der Nordamerika-Verbindungen einen Erlös von 450 EUR und im Falle der China-Verbindungen von 500 EUR pro Sitzplatz vereinnahmen. Der Vorstand der Kranich AG berät in der nächsten Vorstandssitzung über die Möglichkeiten zur Gewinnverwendung. Ein Teil des Vorstands ist für eine vollständige Gewinnausschüttung, während die restlichen Vorstandsmitglieder die Gewinne thesaurieren möchten. Ermitteln Sie den Gewinn vor und

nach Pensionsrückstellungen im Jahr 2016. Welcher zusätzliche Finanzierungseffekt entsteht bei einer vollständigen Einbehaltung der Gewinne? Wie hoch ist dann das gesamte Volumen der Innenfinanzierung?
Hinweis: Der Steuersatz für die Kranich AG beträgt 30 %.

11.2.6 Financial Options

Herr Sohn wird in einem Jahr aus einer Erbschaft einen größeren Geldbetrag erhalten. Als engagierter Aktienenthusiast überlegt er bereits jetzt, wie er diesen Zahlungseingang nutzbringend einsetzen könnte. Herr Sohn hat sich ebenfalls als leidenschaftlicher Langstreckenläufer vor kurzem als Wearable einen Fitnesstracker für die Messung und Protokollierung des Lauffortschritts gekauft und damit überaus positive Erfahrungen gemacht. Er plant nun, den Geldbetrag in einem Jahr vollständig in Aktien des aufstrebenden Unternehmens für Fitness-Wearables SpyOnMe AG zu investieren. Da sich der Aktienkurs aufgrund von Datenschutzproblemen der Fitnesstracker gerade auf einem sehr tiefen Niveau befindet und allgemein von einem bevorstehenden starken Kursanstieg im Wearables-Segment ausgegangen wird, soll der aktuell niedrige Kaufpreis mithilfe von Optionen abgesichert werden.

(a) Stellen Sie tabellarisch die mit den verschiedenen Optionspositionen verbundenen Rechte und Pflichten zusammen. Welche Optionsposition sollte Herr Sohn zweckmäßigerweise wählen?

(b) Herr Sohn bekommt von Herrn Wucher, der bei dem Finanzdienstleister Nepp AG beschäftigt ist, ein Angebot für eine Call-Option auf Aktien der SpyOnMe AG zu einem Preis von 49 EUR. Stellen Sie fest, ob es sich bei diesem Angebot um einen fairen Preis handelt, indem Sie die Zahlungsstruktur des Grundgeschäfts und eines Arbitrage-Portfolios des Stillhalters aufstellen und den theoretischen Preis einer Call-Option berechnen, wenn die folgenden Angaben bekannt sind:
   - Aktienkurs in $t = 0$: 200 EUR,
   - Aktienkursentwicklung in $t = 1$: Abwärtsfaktor: 80 % sowie Aufwärtsfaktor: 125 %,
   - Risikoloser Zinssatz: 10 %,
   - Basispreis der Option: 200 EUR.

   Unterstellen Sie, dass der Stillhalter genau eine Call-Option verkaufen möchte und dass die Aktien beliebig teilbar sind.

(c) Ermitteln Sie den fairen Wert der Call-Option aus Aufgabe (b) ebenfalls mittels des analytischen Verfahrens.

(d) Ein befreundeter Finanzmakler rät Herrn Sohn, den Wert einer Option besser mithilfe des Black-Scholes-Modells zu bestimmen. Ermitteln und interpretieren Sie für Herrn Sohn den Optionspreis anhand dieses Modells. Wie sind eventuelle Unterschiede in den ermittelten Optionswerten gegenüber dem Binomialmodell zu erklären?

Neben den in Aufgabenteil (b) gegebenen Werten ist über die Aktie der SpyOnMe AG bekannt, dass die Varianz der Kursentwicklung $\sigma^2 = 0{,}0498$ beträgt. Runden Sie Zwischenschritte bei der Berechnung immer auf zwei Nachkommastellen. Ferner gilt:

$$C = K \cdot N(d_1^{Call}) - X \cdot e^{-r_f \cdot t} \cdot N(d_2^{Call})$$

$$d_1^{Call} = \frac{\ln \frac{K}{X} + (r_f + \frac{\sigma^2}{2}) \cdot t}{\sigma \cdot \sqrt{t}}; \; d_2^{Call} = d_1^{Call} - \sigma \cdot \sqrt{t}$$

Ausschnitt aus der Verteilungsfunktion der Standardnormalverteilung:

Tab. 11.5: Ausschnitt aus der Verteilungsfunktion der Standardnormalverteilung

d	0	0,20	0,34	0,56	0,71	1,00	1,50	1,89	2,20	3,80
N(d)	0,500	0,5793	0,6331	0,7123	0,7611	0,8413	0,9332	0,9706	0,9861	0,9999

(e) Herr Sohn beschließt, den Kauf von 100 Aktien der SpyOnMe AG mithilfe von Call-Optionen durchzuführen, die an einer Terminbörse zu dem in Teil (b) ermittelten fairen Preis angeboten werden. Stellen Sie das Gewinn- und Verlustprofil dieser Position grafisch dar. Welcher Aktienkurs muss in t = 1 mindestens erreicht werden, damit sich das Eingehen der Optionsposition lohnt? Stellen Sie die notwendigen Transaktionen in den Zeitpunkten t = 0 und t = 1 dar und berechnen Sie den effektiven Kaufpreis der Aktien bei Ausübung der Option.

(f) Der Aktienkurs ist nach 4 Monaten auf 235 EUR, der Optionspreis auf 38 EUR gestiegen. Wie ist die Option zu klassifizieren? Wie hoch sind innerer Wert und Zeitwert der Option?

(g) An der Terminbörse werden neben den Optionen auf die SpyOnMe AG auch Optionen auf Aktien des Konkurrenten FitSafe AG gehandelt. Zu einem Preis von 35,50 EUR werden Call-Optionen mit einer Restlaufzeit von einem Jahr und einem Basispreis von 90 EUR angeboten. Der aktuelle Aktienkurs der FitSafe AG liegt bei 110 EUR. Herr Sohn ist jedoch nicht an einer Call-Option interessiert, sondern bevorzugt den Kauf einer Put-Option. Ermitteln Sie den fairen Preis einer entsprechenden Verkaufsoption mithilfe der Put-Call-Parität. Unterstellen Sie dabei weiterhin einen risikolosen Zinssatz von 10 %.

(h) Der Preis für eine Verkaufsoption liegt am Markt momentan um 10 % höher als der in Aufgabenteil (g) ermittelte faire Preis. Bestimmen Sie eine geeignete Arbitrage-Strategie, mit der diese Situation gewinnbringend ausgenutzt werden kann. Belegen Sie die Vorteilhaftigkeit dieser Strategie rechnerisch.

(i) Herr Sohn erhält von Herrn Wucher einen weiteren Anlagetipp. Dieser empfiehlt ihm, sowohl einen Call als auch einen Put mit identischen Basispreisen von 230 EUR und Restlaufzeiten von zwei Jahren auf Aktien der UpOrDown AG zu erwerben. Die

Prämie des Calls beläuft sich auf 12 EUR, die Prämie des Puts liegt bei 26 EUR. Herr Sohn bittet Sie, die Gesamtposition graphisch zu verdeutlichen. Insbesondere interessiert Herrn Wucher, in welchen Kursregionen des Basiswerts er einen Gewinn erzielt bzw. einen Verlust erleidet? Von welchen Erwartungen geht Herr Wucher aus?

11.2.7 Financial Swaps

Herr Lampert ist bei der Profit Bank AG beschäftigt und dort für das Management von Zinsänderungsrisiken zuständig. Die Profit Bank AG hält am 31.12.2015 eine festverzinsliche Anleihe mit einer Restlaufzeit von fünf Jahren, einer Nominalverzinsung von 7 % und einem Volumen von 500.000 EUR. Im Rahmen einer strategischen Planungssitzung des Führungsgremiums der Bank wurde über das aktuelle Zinsumfeld diskutiert. Die einhellige Meinung war, dass von einem in der Zukunft steigenden Zinsniveau auszugehen ist. Herr Lampert leitet daraus ab, dass die festverzinsliche Anleihe gegen zinsbedingte Wertverluste abgesichert werden muss. Die aktuellen GKM-Zinssätze, Zerobond-Abzinsfaktoren und Forward Rates können Sie der folgenden Tab. 11.6 entnehmen (Zinsniveau für 31.12.2015):

Tab. 11.6: Aufstellung der Informationen zur Zinsstruktur für den 31.12.2015

Laufzeit (Jahre)	1	2	3	4	5
Zinssatz (%)	4,50	4,80	5,30	5,70	6,40
ZBAF	0,956938	0,910369	0,855682	0,799233	0,727987
ZBR (%)	4,5000	4,8072	5,3326	5,7625	6,5554
Forward Rate (%)	4,5000			7,0628	9,7868

(a) Unterstützen Sie Herrn Lampert bei der Ermittlung der zinsänderungsbedingten Wertveränderung der Anleihe nach einem Jahr, wenn die folgende prognostizierte Zinsstruktur vorliegt (Zinsniveau für 31.12.2016):

Tab. 11.7: Aufstellung der Informationen zur Zinsstruktur für den 31.12.2016

Laufzeit (Jahre)	1	2	3	4	5
Zinssatz (%)	5,00	5,50	6,00	6,90	7,30
ZBAF	0,952381	0,898217	0,838645	0,761873	0,697175
ZBR (%)	5,0000	5,5138	6,0410	7,0359	7,4810
Forward Rate (%)	5,0000	6,0302	7,1033	10,0768	9,2801

(b) Herr Lampert möchte den absehbaren Marktwertverlust der Anleihe mithilfe eines Zins-Swaps absichern. Erläutern Sie Herrn Lampert, welcher Swap-Typ bei der vorliegenden Zinserwartung notwendig ist. Sie schließen am 31.12.2015 einen entsprechenden Swap zu Marktkonditionen ab. Der Swap besitzt ein Volumen von 500.000 EUR und eine Laufzeit von fünf Jahren. Als variabler Zins wird der 1-Jahres-Zins verwendet. Um die zukünftigen variablen Zinszahlungen quantifizieren zu können, berechnen Sie zunächst die aus der aktuellen Zinsstruktur ableitbaren Forward Rates der Zeitpunkte 1 und 2 mit einjähriger Laufzeit. Bestimmen Sie anschließend den Marktwert des Swaps am 31.12.2015.

(c) Nach Abschluss des in Aufgabe (b) beschriebenen Swaps möchte Herr Lampert von Ihnen wissen, wie groß der Marktwert des Swaps am 31.12.2016 ist, wenn das erwartete Zinsniveau eingetreten ist. Verwenden Sie zur Berechnung des Marktwerts die Forward Rates sowie das Verfahren eines fiktiven Gegen-Swaps. Reicht der Marktwert des Swaps aus, um die Verluste aus der Anleihe vollständig zu kompensieren? Welches Volumen wäre dafür notwendig gewesen? Zeigen Sie, dass das ermittelte Volumen zu einem vollständigen Ausgleich der zinsänderungsbedingten Wertänderung führt.

11.2.8 Financial Futures

Frau Harzofen ist eine erfolgreiche Unternehmensberaterin und widmet sich in ihrer Freizeit passioniert der Anlage ihres Vermögens am Kapitalmarkt. Insbesondere hat sie sich auf den Handel mit Future-Kontrakten spezialisiert. Am 10.03.2016 macht der Future-Handelsplatz Eurex Frau Harzofen darauf aufmerksam, dass ein von ihr in der Vergangenheit verkaufter Euro-Bund-Future (Short Future) mit einem Nominalwert von 100.00 EUR fällig ist. Sie wird deshalb aufgefordert, den Future durch die Lieferung einer Bundesanleihe zu erfüllen. Als lieferbar gelten die in Tab. 11.8 angegebenen Bundesanleihen, die sich beide im Portfolio von Frau Harzofen befinden.

Tab. 11.8: Bundesanleihen aus dem Portfolio von Frau Harzofen

	Anleihe 1	**Anleihe 2**
Kupon (%)	5,00	5,50
letzter Zinstermin	16.01.2016	10.11.2015
Fälligkeit	16.01.2025	10.11.2026
Kurs der Anleihe (%)	99,80	100,50

(a) Der Schlussabrechnungspreis (Exchange Delivery Settlement Price: EDSP) des Future-Kontrakts beträgt am 10.03.2016 105,80 %. Unterstützen Sie Frau Harzofen bei der Bestimmung der Cheapest-to-deliver-Anleihe. Gehen Sie dabei und in den folgenden Aufgaben vereinfachend davon aus, dass ein Monat 30 Tage hat.

(b) Am 25.04.2016 erwirbt Frau Harzofen insgesamt 10 neue Bundesanleihen mit den folgenden Eigenschaften:
  - Nominalverzinsung: 4,25 %
  - jährlicher Zinstermin: 12.10

- Fälligkeit: 12.10.2025
- Kurs am 25.04.2016: 96,84 %

Frau Harzofen möchte die gekauften Anleihen kurzfristig gegen steigende Marktzinsen und den damit verbundenen Kursrückgang absichern. Eine befreundete Finanzberaterin bietet ihr zu diesem Zweck am 25.04.2016 den Abschluss eines Euro-Bund-Futures zu einem Kurs von 106,50 % an, der mit der oben dargestellten Anleihe erfüllt werden kann. Bei dieser Anleihe handelt es sich um die Cheapest-to-deliver-Anleihe für den angebotenen Future. Der Verfalltag des Futures ist der 10.06.2016. Überprüfen Sie, ob es sich dabei um ein faires Angebot handelt. Hinweis: Der Refinanzierungszinssatz liegt bei 4 % p. a. Rechnen Sie jeweils mit sechs Nachkommastellen.

(c) Frau Harzofen konnte den Future zu dem in Aufgabenteil (b) berechneten fairen Kurs verkaufen. Bestimmen Sie das Absicherungsergebnis für den 10.06.2016, falls der Kurs der Bundesanleihen auf 85,30 % gefallen ist und Frau Harzofen die Bundesanleihen zu diesem Kurs am 10.06.2016 verkauft.
Hinweis: Frau Harzofen sichert jede Anleihe mit einem Future ab. Rechnen Sie jeweils mit sechs Nachkommastellen.

11.2.9 Leverage-Effekt und Kapitalstrukturtheorie

Die Fit and Healthy AG betreibt Fitnessstudios. Aufgrund des starken Wettbewerbs in diesem Marktsegment ist die Gesamtkapitalrentabilität (GKR) in den letzten Jahren stark rückläufig. Darunter leidet auch die Eigenkapitalrentabilität (EKR), auf die die Aktionäre besonders zur Einschätzung des Erfolgs der Fit and Healthy AG achten. In einer extra einberufenen Vorstandssitzung konnten zwei Steuerungsbereiche identifiziert werden, die zu einer Steigerung der Rentabilität beitragen könnten. Einerseits könnte eine Produktivitätssteigerung im leistungswirtschaftlichen Bereich der Unternehmung die Gesamtkapitalrentabilität erhöhen. Andererseits werden Ansatzpunkte auf Grundlage finanzwirtschaftlicher Theorien diskutiert, aus denen sich positive Effekte auf die Eigenkapitalrentabilität der Fit and Healthy AG ergeben könnten.

Nach mehrstündigen kontroversen Diskussionen, bei denen der Finanzvorstand eifrig versuchte, seinen Kollegen einen Einblick in die vielfältigen Kapitalstrukturansätze zu vermitteln, konnte kein abschließender Konsens bezüglich weiterer zu ergreifender Maßnahmen erzielt werden. Unterstützen Sie als ausgewiesener Kapitalstrukturexperte die Fit and Healthy AG, indem Sie die Fragen beantworten.

(a) Lange Zeit diskutierte der Vorstand kontrovers, ob sich aus einer Veränderung der Kapitalstruktur Rentabilitätseffekte ergeben können. Die konkreten Auswirkungen wurden dazu anhand unterschiedlicher Kapitalstrukturen erörtert. In Tab. 11.9 finden Sie die notwendigen Informationen, um die Gesamt- und die Eigenkapitalrentabilität für die unterschiedlichen Szenarien berechnen zu können:

Tab. 11.9: Informationen zur Berechnung der Gesamt- und Eigenkapitalrentabilität der „Fit and Healthy AG“

Szenario	I	II	III
Kapitalgewinn (Mio. €)	20	20	20
Bilanzsumme (Mio. €)	200	200	200
Fremdkapitalzinssatz (%)	6	6	6
Eigenkapital (Mio. €)	200	100	50

Ermitteln Sie die Gesamtkapitalrentabilität (GKR) und die Eigenkapitalrentabilität (EKR) der Fit and Healthy AG für die unterschiedlichen Kapitalstrukturen. Welche Rentabilität kann bei dieser Konstellation nur beeinflusst werden? Wie nennt sich der zu beobachtende Effekt und wie lässt sich das Ergebnis vor dem Hintergrund dieses Effekts interpretieren?

(b) Das Vorstandsmitglied, das für den Bereich Marketing und Vertrieb verantwortlich ist, äußert starke Zweifel, inwieweit der in (a) unterstellte Kapitalgewinn in der Zukunft weiterhin realisierbar ist. Daraufhin wird die Frage diskutiert, wie sich die Gesamt- und die Eigenkapitalrentabilität verändern, wenn die Bilanzsumme und der Fremdkapitalzinssatz konstant bleiben, der Kapitalgewinn allerdings verschiedene Ausprägungen annimmt. Die möglichen Ausprägungen sind in Tab. 11.10 für die drei Szenarien zusammengefasst:

Tab. 11.10: Ausprägungen von Kapitalgewinn und Kapitalstruktur

Szenario	I	II	III
Kapitalgewinn (Mio. €)	4 oder 6 oder 8 oder 10 oder 12 oder 14 oder 16 oder 18 oder 20		
Bilanzsumme (Mio. €)	200	200	200
Fremdkapitalzinssatz (%)	6	6	6
Eigenkapital (Mio. €)	200	100	50

Berechnen Sie für die neun möglichen Kapitalgewinne und die drei Szenarien, wie sich die Gesamtkapitalrentabilität (GKR) und die Eigenkapitalrentabilität (EKR) entwickeln würden. Um den Kapitalstruktureffekt zu verdeutlichen, stellen Sie ihre Berechnungen auch grafisch dar, indem Sie für jedes Szenario die Eigenkapitalrentabilität in Abhängigkeit von der Gesamtkapitalrentabilität abtragen. Interpretieren Sie das vorliegende Ergebnis.

(c) Nachdem die Wirkungszusammenhänge zwischen dem Verschuldungsgrad, der Gesamtkapitalrentabilität und der Eigenkapitalrentabilität aufgezeigt wurden, bildet sich im Vorstand die Meinung heraus, dass die Verschuldung zugunsten der Eigenkapitalrentabilität erhöht werden sollte. Der Finanzvorstand merkt dazu an, dies habe allerdings keinen Effekt auf den Wert der Unternehmung. Verwundert und verwirrt schauen ihn seine Kollegen an. Erläutern Sie kurz die hinter diesem

Argument stehende Kapitalstrukturtheorie und die damit im Zusammenhang stehenden drei Theoreme. Leiten Sie mithilfe der unten angegebenen beiden Beziehungen die Formel von Modigliani/Miller, die aus dem zweiten Theorem folgt, her:

$$\text{für die unverschuldete Unternehmung gilt: } k_{EK}^{u} = \frac{JÜ}{V^{u}}$$

$$\text{für die verschuldete Unternehmung gilt: } k_{EK}^{l} = \frac{KG - k_{FK} \cdot FK^{MW}}{EK^{MW}}$$

Gehen Sie außerdem darauf ein, was unter den Eigenkapitalkosten der unverschuldeten und der verschuldeten Unternehmung zu verstehen ist. Zeigen Sie anschließend, wie sich die Eigenkapitalkosten der verschuldeten Unternehmung in Abhängigkeit des Verschuldungsgrads gemäß dieser Theorie entwickeln. Gehen Sie außerdem auf die Entwicklung des Unternehmenswerts ein. Nehmen Sie dazu vereinfachend an, dass die Buch- und Marktwerte der Fit and Healthy AG sowie der Kapitalgewinn und der Free-Cashflow-Brutto sowie der Gewinn nach Fremdkapitalzinsen und der Free-Cashflow-Netto übereinstimmen.

(d) Wie würde sich der Wert des Unternehmens entwickeln, wenn nicht auf die Kapitalstrukturtheorie von Modigliani/Miller, sondern auf die traditionelle These zurückgegriffen würde? Gehen Sie dazu davon aus, dass die Kapitalgeber ihre Verzinsungsansprüche noch nicht anpassen.

(e) Einer der Vorstandskollegen merkt an, dass Fremdkapital steuerlich doch anderes als Eigenkapital behandelt wird. Er kann sich nicht vorstellen, dass dies keinen Einfluss auf die Kosten des Eigenkapitals haben soll. Der Finanzvorstand erklärt, dass dies ein berechtigter Einwand sei und dazu eine Erweiterung des Kapitalstrukturmodells aus (c) notwendig wird, das diesen Effekt berücksichtigt. Zeigen Sie die Veränderung der Bewertungsformel im Vergleich zur Herleitung in Aufgabenteil (c), die sich aufgrund der steuerlichen Ungleichbehandlung von Fremd- und Eigenkapital ergibt. Bestimmen Sie anschließend die Eigenkapitalkosten der verschuldeten Unternehmung bei Berücksichtigung eines Steuersatzes s in Höhe von 30 %. Ermitteln Sie auch die Veränderungen der Eigenkapitalkosten im Vergleich zu Aufgabenteil (c).

(f) Die Vorstandssitzung endet an dieser Stelle. Sie finden jedoch, dass in der Vorstandssitzung zwei wichtige Kapitalstrukturtheorien überhaupt nicht diskutiert wurden. Geben Sie abschließen einen kurzen Überblick zur Trade-off- und Pecking-Order-Theorie.

11.2.10 Finanzwirtschaftliche Kennzahlenanalyse

Die Espensteig AG ist ein Hersteller von sportlichem und modernem Kletterzubehör im mittleren Preissegment. Dabei hat sich das Unternehmen auf die Produktion von Wanderstöcken, Gamaschen und Eispickeln spezialisiert. Frau Schmalenberg ist die Leiterin der Finanzberichterstattung des Unternehmens und hat in dieser Funktion bereits die Ausgangsdaten der Bilanz und der Gewinn- und Verlustrechnung für das Jahr 2015 ermittelt.

Tab. 11.11: Bilanz der Espensteig AG im Jahr 2015 (Angaben in TEUR)

Aktiva		Passiva	
I. Anlagevermögen		**I. Eigenkapital**	
Grundstücke und Bauten	6.230	gezeichnetes Kapital	18.500
technische Anlagen und Maschinen	11.250	Kapitalrücklage	4.640
Betriebs- und Geschäftsausstattung	3.980	Gewinnrücklage	3.830
Beteiligungen	5.500	**II. Fremdkapital**	
II. Umlaufvermögen		Verbindlichkeiten	
Roh-, Hilfs- und Betriebsstoffe	6.470	Verbindlichkeiten gegenüber	
unfertige Erzeugnisse	3.890	Kreditinstituten	
fertige Erzeugnisse	2.610	davon fällig vor Ablauf eines Jahres	10.490
Forderungen aus Lieferungen und Leistungen	13.950	davon mit einer Restlaufzeit von mehr als fünf Jahren	6.540
Bankguthaben	870	Verbindlichkeiten aus Lieferungen und Leistungen	8.750
Kasse	443		
		Bilanzgewinn	2.443
Bilanzsumme	55.193		55.193

Tab. 11.12: Gewinn- und Verlustrechnung der „Espensteig AG" im Jahr 2015 (Angaben in TEUR)

Gewinn- und Verlustrechnung	
Erträge	**103.970**
Umsatzerlöse Wanderstöcke	44.730
Umsatzerlöse Gamaschen	37.480
Umsatzerlöse Eispickel	21.760
– **Aufwendungen**	**101.527**
Materialverbrauch	31.240
Fertigungslohn	35.240
Fertigungsgemeinkosten	
Abschreibungen	9.420
sonstige Gemeinkosten	7.630
Zinsen	2.520
Verwaltung und Vertrieb	
Abschreibungen	2.580
sonstige Verwaltungskosten	11.850
Steuern	1.047
= **Jahresüberschuss**	**2.443**
– **Rücklagenbildung**	**0**
= **Bilanzgewinn**	**2.443**

Ferner ist bekannt, dass das Anlagevermögen der Espensteig AG zu Beginn des Jahres 2015 33.460 TEUR betrug und im gleichen Jahr Anlageinvestitionen in Höhe von 6.540 TEUR getätigt wurden. Der Bilanzgewinn soll vollständig ausgeschüttet werden und ist daher als Fremdkapital zu interpretieren. Frau Schmalenberg bittet Sie um Unterstützung bei der Ermittlung verschiedener Kennzahlen für die Präsentation des Jahresabschlusses im Rahmen des nächsten Investorentreffens.

(a) Berechnen und interpretieren Sie für die Espensteig AG mögliche Kapitalflusskennzahlen.
(b) Analysieren Sie die Vermögensstruktur mithilfe der Vermögensstrukturkennzahlen.
(c) Ermitteln Sie die horizontalen sowie die vertikalen Kapitalstrukturkennzahlen.

11.3 Lösungen zu den Fallstudien

11.3.1 Beteiligungsfinanzierung

(a) Der gesamte Kapitalbedarf von 750.000 EUR soll hälftig über Eigen- und Fremdkapital gedeckt werden, sodass jeweils 375.000 EUR an neuem Eigen- und Fremdkapital benötigt werden.

(1) Der Bezugskurs der jungen Aktien bestimmt die Höhe des Zuflusses liquider Mittel, wobei dieser über die Organe der Gesellschaft festgelegt wird. Er stellt sich demzufolge nicht aufgrund von Angebot und Nachfrage ein.

Tab. 11.13: Ermittlung des Bezugskurses

Anzahl junger Aktien (Stk.): j = 250.000/25	=	10.000
Bezugskurs (€/Aktie): 375.000/10.000	=	37,50

Bei Durchführung der Kapitalerhöhung in vollem Genehmigungsumfang müssen insgesamt 10.000 junge Aktien ausgegeben werden. Sollen insgesamt 375.000 EUR an neuem Eigenkapital vereinnahmt werden, müssen diese 10.000 Aktien zu einem Bezugskurs von 37,50 EUR ausgegeben werden.

(2) Das Bezugsverhältnis gibt an, wie viele alte Aktien ein Aktionär besitzen muss, um ein Anrecht auf den Bezug genau einer jungen Aktie zu besitzen.

Tab. 11.14: Ermittlung des Bezugsverhältnisses

Anzahl alter Aktien (Stk.): a = 500.000/25	=	20.000
Bezugsverhältnis: a/j = 20.000/10.000	=	2

Bei der geplanten Kapitalerhöhung entsteht für einen Altaktionär ein Bezugsrecht für eine junge Aktie, wenn er zwei alte Aktien besitzt.

(3) Das Bezugsrecht hat einen rechnerischen Wert, wenn der Bezugskurs der jungen Aktien den Börsenkurs der alten Aktien unterschreitet. Die Einflussfaktoren auf die Höhe des Bezugsrechts sind das Bezugsverhältnis, der Bezugskurs sowie der Börsenkurs der alten Aktien. Die Höhe der Dividende und ein etwaiger Dividendenanteil der neuen Aktien werden in der Aufgabe vernachlässigt.
Der Wert des Bezugsrechts pro alte Aktie beträgt:

$$\frac{45{,}00 - 37{,}50}{2 + 1} = 2{,}50\,€$$

Das Bezugsrecht kann entweder zu dem rechnerischen Wert veräußert werden, oder dazu genutzt werden, die jungen Aktien zum Bezugskurs zu erwerben.

(4) Sowohl die Altaktien als auch die jungen Aktien werden nach der Kapitalerhöhung zum neuen Mittelkurs der beiden Aktien gehandelt. Dabei werden die Kurse der jungen und alten Aktien mit ihrem jeweiligen Stückanteil gewichtet. Es ergibt sich folgender neuer Mittelkurs:

$$\frac{45{,}00 \cdot 20.000 + 37{,}50 \cdot 10.000}{20.000 + 10.000} = 42{,}50\,€$$

(5) Die durchgeführten Fremd- und Eigenkapitaltransaktionen beeinflussen die Passivseite der Bilanz in den Positionen „Gezeichnetes Kapital“, „Kapitalrücklage“ und „Verbindlichkeiten gegenüber Kreditinstituten“. Die Aktivseite wird in den Positionen „Grundstücke und Bauten“ sowie „Technische Anlagen und Maschinen“ durch die Kapitalmaßnahmen und die Investitionen verändert.

Tab. 11.15: Bilanz der Zipline Adventures AG zum 04.01.2016 (Angaben in EUR)

Aktiva		**Passiva**	
I. Anlagevermögen		**I. Eigenkapital**	
Grundstücke und Bauten	4.125.000	gezeichnetes Kapital	750.000
technische Anlagen und Maschinen	2.765.000	Kapitalrücklage	605.000
		Gewinnrücklage	360.000
II. Umlaufvermögen		Gewinnvortrag	25.000
Vorräte	850.000	**II. Rückstellungen**	
Forderungen aus Lieferungen und Leistungen	1.450.000	Rückstellungen für Pensionen	650.000
Kassenbestand	1.225.000	**III. Verbindlichkeiten**	
		Verbindlichkeiten gegenüber Kreditinstituten	7.875.000
		Verbindlichkeiten aus Lieferungen und Leistungen	150.000
	10.415.000		10.415.000

(6) Der Verschuldungsgrad entspricht dem Quotienten aus dem vorhandenen Fremdkapital und dem vorhandenen Eigenkapital. Vor der Kapitalerhöhung liegt folgender Verschuldungsgrad vor:

$$V_{vor} = \frac{650.000 + 7.500.000 + 150.000}{500.000 + 480.000 + 360.000 + 25.000} = 6{,}08$$

Nach der Kapitalerhöhung verringert sich der Verschuldungsgrad wie folgt:

$$V_{nach} = \frac{650.000 + 7.875.000 + 150.000}{750.000 + 605.000 + 360.000 + 25.000} = 4{,}99$$

Die Kapitalmaßnahmen führen dazu, dass sich der Verschuldungsgrad von 6,08 auf 4,99 verringert.
Ebenso kann die Kapitalmaßnahme hinsichtlich ihrer Auswirkungen auf den Bilanzkurs untersucht werden. Der Bilanzkurs zeigt an, welches Verhältnis das gesamte Eigenkapital zum gezeichneten Kapital aufweist und informiert damit über den bilanziellen Substanzwert einer Aktie. Je höher dieser ausfällt, desto mehr Eigenkapitalanspruch entfällt rechnerisch auf einen gewissen Nennwertanteil. Der einfache Bilanzkurs vor und nach der Kapitalmaßnahme berechnet sich folgendermaßen:

$$\text{einfacher Bilanzkurs}_{vor} = \frac{500.000 + 480.000 + 360.000 + 25.000}{500.000} = 273\,\%$$

$$\text{einfacher Bilanzkurs}_{nach} = \frac{750.000 + 605.000 + 360.000 + 25.000}{750.000} = 232\,\%$$

Der Bilanzkurs bringt zum Ausdruck, dass im Falle einer Liquidation des Unternehmens, sofern der Buchwert des Vermögens erzielt werden kann, jeder Aktionär vor der Kapitalerhöhung 273 % des Nennwerts einer Aktie ($2{,}73 \cdot 25$ EUR = 68,25 EUR) und nach der Kapitalerhöhung 232 % des Nennwerts einer Aktie ($2{,}32 \cdot 25$ EUR = 58 EUR) erhalten würde.

(b) Durch das Bezugsrecht erleiden die Altaktionäre keinen Vermögensverlust. Dies kann auch rechnerisch gezeigt werden:

Tab. 11.16: Ermittlung des Vermögens vor und nach der Kapitalerhöhung

	Aktien/Bezugsrechte (Stk.)	Kurs (€/Stk.)		Wert (€)
Vermögen vor Kapitalerhöhung	800	45,0	=	**36.000**
Wert der alten Aktien nach Kapitalerhöhung	800	42,5	=	34.000
– Bezug von jungen Aktien zu €	(0,65 · 800 / 2)	37,5	=	9.750
+ Wert der jungen Aktien nach Kapitalerhöhung	(0,65 · 800 / 2)	42,5	=	11.050
+ Erlöse durch Verkauf von Bezugsrechten	(1 – 0,65) · 800	2,5	=	700
Vermögen nach Kapitalerhöhung				**36.000**

Die Vermögenssituation von Herrn Linden vor und nach der Kapitalerhöhung verdeutlicht, dass sein Vermögen konstant bleibt.

(c) Die Zusammensetzung des Eigenkapitals nach der Kapitalerhöhung aus Gesellschaftsmitteln lässt sich folgendermaßen bestimmen:

$$\begin{aligned}\text{gezeichnetes Kapital (neu)} &= \text{gezeichnetes Kapital (alt)}\\ &+ \text{Kapitalerhöhung (1 Gratisaktie pro 3 alte Aktien)}\\ &= 750.000 \text{ EUR} + 250.000 \text{ EUR} = 1.000.000 \text{ EUR}\end{aligned}$$

$$\text{Kapitalrücklage (neu)} = \text{Kapitalrücklage (alt)} = 605.000 \text{ EUR}$$

$$\begin{aligned}\text{Gewinnrücklage (neu)} &= \text{Gewinnrücklage (alt)} - \text{Umwandlung in gezeichnetes Kapital}\\ &= 360.000 \text{ EUR} - 250.000 \text{ EUR} = 110.000 \text{ EUR}\end{aligned}$$

$$\text{Gewinnvortrag (neu)} = \text{Gewinnvortrag (alt)} = 25.000 \text{ EUR}$$

Tab. 11.17: Bilanz der Zipline Adventures AG nach Ausgabe von Gratisaktien (Angaben in EUR)

Aktiva		**Passiva**	
I. Anlagevermögen		**I. Eigenkapital**	
Grundstücke und Bauten	4.125.000	gezeichnetes Kapital	1.000.000
technische Anlagen und Maschinen	2.765.000	Kapitalrücklage	605.000
II. Umlaufvermögen		Gewinnrücklage	110.000
Vorräte	850.000	Gewinnvortrag	25.000
Forderungen aus Lieferungen und Leistungen	1.450.000	**II. Rückstellungen**	
Kassenbestand	1.225.000	Rückstellungen für Pensionen	650.000
		III. Verbindlichkeiten	
		Verbindlichkeiten gegenüber Kreditinstituten	7.875.000
		Verbindlichkeiten aus Lieferungen und Leistungen	150.000
	10.415.000		10.415.000

Durch eine Kapitalerhöhung aus Gesellschaftsmitteln wird die Summe des Eigenkapitals nicht verändert, sondern lediglich die Zusammensetzung variiert, weshalb sich der Verschuldungsgrad nicht verändert. Dies kann mittels der folgenden Rechnung nachvollzogen werden:

$$V_{\text{nach}} = \frac{650.000 + 7.875.000 + 150.000}{1.000.000 + 605.000 + 110.000 + 25.000} = 4{,}99\,\%$$

Ebenfalls kann die Auswirkung der Kapitalerhöhung aus Gesellschaftsmitteln auf den Bilanzkurs untersucht werden.

$$\text{einfacher Bilanzkurs}_{\text{nach}} = \frac{1.000.000 + 605.000 + 110.000 + 25.000}{1.000.000} = 174\,\%$$

Der Bilanzkurs hat sich von 232 % auf 174 % verringert, was einem Substanzwert je Aktie von 25 EUR · 1,74 = 43,50 EUR entspricht. Da gleichzeitig die Anzahl der Aktien gestiegen ist, erleidet ein Altaktionär keinen Vermögensverlust.

(d) Zur Ermittlung des Einheitskurses mittels der tabellarischen Berechnungsvariante werden die nachgefragten und die angebotenen Stückzahlen bestimmter Kurse miteinander verglichen.

Tab. 11.18: Tabellarische Ermittlung des Einheitskurses

Kurs (€)	Angebot (Stk.)	Nachfrage (Stk.)	Umsatz (Stk.)
45,80	1.800	4.880	1.800
47,50	2.450	4.880	2.450
48,50	2.450	4.730	2.450
48,90	3.350	3.760	**3.350**
49,10	3.800	2.900	2.900
49,80	3.800	2.260	2.260
50,30	4.440	1.500	1.500

Der Einheitskurs beträgt 48,90 EUR, da zu diesem Kurs der größtmögliche Umsatz zustande kommt. Der mengenmäßige Umsatz von 3.350 Aktien verteilt sich wie folgt auf die verschiedenen Käufer/Verkäufer:

Tab. 11.19: Verteilung des mengenmäßigen Umsatzes auf die Käufer/Verkäufer

Auftrag	Anzahl (Stk.)	Limit (€)	Ausführung (Stk.)	Summe (Stk.)
Kauf	1.500	billigst	1.500	
Kauf	760	49,80	760	
Kauf	640	49,10	640	
Kauf	860	48,90	450	
Kauf	970	48,50	0	
Kauf	150	47,50	0	3.350
Verkauf	1.000	bestens	1.000	
Verkauf	800	45,80	800	
Verkauf	650	47,50	650	
Verkauf	900	48,90	900	
Verkauf	450	49,10	0	
Verkauf	640	50,30	0	3.350

Herr Lindens Verkaufsauftrag kann vollständig ausgeführt werden, da zum festgestellten Einheitskurs alle Verkaufsaufträge zur Ausführung kommen.

11.3.2 Kreditfinanzierung über ein Annuitätendarlehen

(a) Bei einem Annuitätenkredit ist der Kapitaldienst konstant, d. h. in jedem Jahr ist ein gleich großer Betrag an die Bank zu bezahlen. Da der Schuldenstand am Anfang am höchsten ist, ist der Zinsanteil am Anfang hoch und entsprechend der Tilgungsanteil am Kapitaldienst gering ausgeprägt. Im Verlauf der Rückzahlung kehrt sich dieser Anteil um, sodass der Tilgungsanteil immer weiter anwächst.

(1) Zur Ermittlung des jährlich gleich hohen Kapitaldiensts kann auf den Wiedergewinnungsfaktor zurückgegriffen werden:

$$KD_t = K_0 \cdot WGF^n_{i_S} = K_0 \cdot \frac{i_S \cdot (1+i_S)^n}{(1+i_S)^n - 1}$$

Für die dargestellte Finanzierung ergibt sich folgender Kapitaldienst:

$$KD_t = 200.000 \cdot \frac{0{,}06 \cdot (1+0{,}06)^{20}}{(1+0{,}06)^{20} - 1} = 200.000 \cdot 0{,}087185 = 17.436{,}91\,€$$

(2) Der Tilgungsanteil der Annuität im Jahr 20 ergibt sich aus der Überlegung, dass dieser dem Schuldenstand im Jahr 19 entsprechen muss. Daraus ergibt sich folgende Berechnung:

$$KD_{20} = T_{20} \cdot (1 + i) \Rightarrow T_{20} = \frac{KD_{20}}{(1 + i)} = \frac{17.436{,}91}{(1+0{,}06)} = 16.449{,}92\,€$$

(3) Zur Beantwortung der Frage muss die Formel für die Annuität nach n aufgelöst werden. Nach einigen Umformungen ergibt sich folgender Zusammenhang:

$$KD_t = K_0 \cdot \frac{i_S \cdot (1+i_S)^n}{(1+i_S{}^n) - 1}$$

$$KD_t \cdot ((1+i_S)^n - 1) = (1+i_S)^n \cdot K_0 \cdot i_S \Leftrightarrow KD_t \cdot (1+i_S)^n - KD_t = (1+i_S)^n \cdot K_0 \cdot i_S$$

$$-KD_t = (1+i_S)^n \cdot (K_0 \cdot i_S - KD_t) \Leftrightarrow \frac{-KD_t}{(K_0 \cdot i_S - KD_t)} = (1+i_S)^n$$

$$\ln\left(\frac{-KD_t}{(K_0 \cdot i_S - KD_t)}\right) = n \cdot \ln(1+i_S) \Leftrightarrow n = \frac{\ln\left(\frac{-KD_t}{K_0 \cdot i_S - KD_t}\right)}{\ln(1+i_S)}$$

$$n = \frac{\ln\left(\frac{-15.000}{200.000 \cdot 0{,}06 - 15.000}\right)}{\ln(1+0{,}06)} = \frac{\ln(5)}{\ln(1{,}06)} = 27{,}62 \text{ Jahre}$$

Bei einem maximal möglichen Kapitaldienst von 15.000 EUR pro Jahr verlängert sich die Kreditlaufzeit auf 27,62 Jahre, sodass nach der 27. Rate in Höhe von 15.000 EUR noch eine verminderte 28. Rate gezahlt werden muss. Die Höhe der Schlussrate in Höhe von 9.415,63 EUR kann mittels eines Zins- und Tilgungsplans ermittelt werden.

Tab. 11.20: Zins- und Tilgungsplan (Angaben in EUR)

Jahr	Schuldenstand zum Ende des Jahrs	Zinszahlung	Tilgung	Kapitaldienst
0	200.000,00	–	–	–
1	197.000,00	12.000,00	3.000,00	15.000,00
2	193.820,00	11.820,00	3.180,00	15.000,00
3	190.449,20	11.629,20	3.370,80	15.000,00
4	186.876,15	11.426,95	3.573,05	15.000,00
5	183.088,72	11.212,57	3.787,43	15.000,00
6	179.074,04	10.985,32	4.014,68	15.000,00
7	174.818,48	10.744,44	4.255,56	15.000,00
8	170.307,59	10.489,11	4.510,89	15.000,00
9	165.526,05	10.218,46	4.781,54	15.000,00
10	160.457,61	9.931,56	5.068,44	15.000,00
11	155.085,07	9.627,46	5.372,54	15.000,00
12	149.390,17	9.305,10	5.694,90	15.000,00
13	143.353,58	8.963,41	6.036,59	15.000,00
14	136.954,79	8.601,21	6.398,79	15.000,00
15	130.172,08	8.217,29	6.782,71	15.000,00
16	122.982,40	7.810,32	7.189,68	15.000,00
17	115.361,34	7.378,94	7.621,06	15.000,00
18	107.283,02	6.921,68	8.078,32	15.000,00
19	98.720,00	6.436,98	8.563,02	15.000,00
20	89.643,20	5.923,20	9.076,80	15.000,00
21	80.021,79	5.378,59	9.621,41	15.000,00
22	69.823,10	4.801,31	10.198,69	15.000,00
23	59.012,49	4.189,39	10.810,61	15.000,00
24	47.553,24	3.540,75	11.459,25	15.000,00
25	35.406,43	2.853,19	12.146,81	15.000,00
26	22.530,82	2.124,39	12.875,61	15.000,00
27	8.882,67	1.351,85	13.648,15	15.000,00
28	–	532,96	8.882,67	9.415,63

(b) Bei dem dargestellten Kredit mit fest vorgegebenem Tilgungsanteil handelt es sich um eine in der Praxis übliche Darstellungsform eines Annuitätenkredits. Der Unterschied zum regulären Annuitätendarlehen ist dabei, dass aus der Kombination von Zins- und Tilgungsanteil direkt die jährliche Annuität bestimmt wird. Ein Rückgriff auf den Wiedergewinnungsfaktor ist nicht notwendig. Die Berechnung des Kapitaldiensts erfolgt gemäß folgender Formel:

$$KD_t = K_0 \cdot (i_S + t_S)$$

(1) Bei dem Kredit liegt ebenfalls ein Disagio vor, das bewirkt, dass nicht das vollständige Nominalvolumen des Kredits ausgezahlt wird. Um die Investition finanzieren zu können, muss das Kreditvolumen erhöht werden. Da ein Disagio von 6 % gleichbedeutend ist mit einer Auszahlungsquote von 94 %, kann das Volumen folgendermaßen bestimmt werden:

$$K_0 = \frac{\text{Investitionsvolumen}}{1 - \text{Disagio}} = \frac{200.000}{0{,}94} = 212.765{,}96\,€$$

Bei einem Disagio von 6 % muss ein Kredit mit einem Nominalvolumen von 212.765,96 EUR aufgenommen werden, um eine Investition in Höhe von 200.000 EUR finanzieren zu können.

(2) Um den Kapitaldienst des Kredits berechnen zu können, muss zunächst das erste zins- und tilgungsfreie Jahr berücksichtigt werden. Für dieses muss zwar noch keine Zahlung geleistet werden, dennoch erhöht sich durch die auflaufenden Zinsen der Schuldenstand. Dieser beträgt zu Beginn des Jahrs 2:

$$S_2 = 212.765{,}96 \cdot (1 + 0{,}04) = 221.276{,}60 \text{ EUR}$$

Für diesen Schuldenstand kann nun der jährlich gleich hohe Kapitaldienst berechnet werden:

$$KD_t = 221.276{,}60 \cdot (0{,}04 + 0{,}015) = 12.170{,}21 \text{ EUR}$$

Der Kapitaldienst ist im Vergleich mit dem Finanzierungsangebot von Bank A deutlich niedriger.

(3) Auf Basis des ermittelten jährlichen Kapitaldiensts und des Kreditvolumens kann die Kreditlaufzeit analog zu (a) berechnet werden:

$$n = \frac{\ln\left(\frac{-KD_t}{K_0 \cdot i - KD_t}\right)}{\ln(1 + i)} = \frac{\ln\left(\frac{-12.170{,}21}{221.276{,}60 \cdot 0{,}04 - 12.170{,}21}\right)}{\ln(1 + 0{,}04)} = \frac{\ln(3{,}6667)}{\ln(1{,}04)} = 33{,}13 \text{ Jahre}$$

Anschließend ist noch zu berücksichtigen, dass das erste zins- und tilgungsfreie Jahr zur ermittelten Laufzeit hinzuaddiert werden muss, sodass eine Gesamtlaufzeit des Kredits von 34,13 Jahren resultiert. Es ist ersichtlich, dass der geringere jährliche Kapitaldienst im Vergleich mit dem Angebot von Bank A mit einer deutlich längeren Gesamtlaufzeit des Kredits einhergeht.

(4) Um den Tilgungssatz zu ermitteln, der zu einer Gesamtlaufzeit von 20 Jahren führt, muss der Kapitaldienst für einen Zinssatz von 4 %, einer Laufzeit von 19 Jahren und ein Kreditvolumen von 221.276,60 EUR ermittelt werden:

$$KD_t = 221.276{,}60 \cdot \frac{0{,}04 \cdot (1+0{,}04)^{19}}{(1+0{,}04)^{19}-1} = 221.276{,}60 \cdot 0{,}076139 = 16.847{,}70\ \text{EUR}$$

Anschließend kann die Formel zur Ermittlung des Kapitaldiensts aus der Zins- und Tilgungsrate verwendet und umgeformt werden:

$$KD_t = 221.276{,}60 \cdot (0{,}04 + t_S) = 16.847{,}70\ \text{EUR}$$

$$t_S = \frac{16.847{,}70}{221.276{,}60} - 0{,}04 = 0{,}036139$$

Um bei den gegebenen Kreditspezifika eine Laufzeit von 20 Jahren zu erhalten, müsste eine anfängliche Tilgungsrate von 3,6139 % vereinbart werden.

11.3.3 Kreditfinanzierung und Leasing

(a) Für die **Kreditfinanzierung** ergibt sich der folgende Vermögensendwert:

Tab. 11.21: Bestimmung des Vermögensendwerts bei Kreditfinanzierung (Angaben in Mio. EUR)

	Zeitpunkt (t)	**0**	**1**	**2**	**3**	**4**	**5**
	Vermögenswert V_{t-1}		−100,00	−50,00	−21,50	4,43	32,65
+	Rückflüsse (R_t)	−100,00	60,00	35,00	30,00	30,00	30,00
+	Zinsertrag ZE_t (i_H = 5 %)		0,00	1,50	1,93	2,22	2,63
−	Zinsaufwand ZA_t (i_S = 10 %)		10,00	8,00	6,00	4,00	2,00
=	**Vermögenswert V_t**	−100,00	−50,00	−21,50	4,43	32,65	**63,28**
	Wiederanlagebetrag H_t	0,00	30,00	38,50	44,43	52,65	63,28
Kreditfinanzierung	Kapitalaufnahme K_t	100,00	0,00	0,00	0,00	0,00	0,00
	Schuldenstand S_t	100,00	80,00	60,00	40,00	20,00	0,00
	Kapitaldienst KD_t	0,00	30,00	28,00	26,00	24,00	22,00
	Tilgung T_t	0,00	20,00	20,00	20,00	20,00	20,00

Die Ermittlung des Vermögensendwerts bei einer **Leasingfinanzierung** stellt sich wie folgt dar:

Tab. 11.22: Bestimmung des Vermögensendwerts bei Leasingfinanzierung (Angaben in Mio. EUR)

Zeitpunkt (t)	0	1	2	3	4	5
Vermögenswert V_{t-1}		0,00	1,00	19,05	33,00	47,65
+ Rückflüsse (R_t)		60,00	35,00	30,00	30,00	30,00
+ Zinsertrag ZE_t (i_H = 5 %)		0,00	0,05	0,95	1,65	2,38
– Leasingrate		59,00	17,00	17,00	17,00	17,00
= **Vermögenswert V_t**	0,00	1,00	19,05	33,00	47,65	63,04
Wiederanlagebetrag H_t	0,00	1,00	19,05	33,00	47,65	63,04

Die Finanzierung der Investition in die Großbildleinwände mittels Kredit führt zu einem höheren Vermögensendwert als bei der Finanzierung mittels Leasing. Die Finanzierung der Großbildleinwände über einen Kredit ist somit als vorteilhafter anzusehen.

(b) Bei der Integration von steuerlichen Effekten in das Vermögensendwertverfahren muss die jährliche Steuerzahlung in Abzug gebracht werden. Im Rahmen der **Kreditfinanzierung** ist dabei insbesondere zu berücksichtigen, dass die (linearen) Abschreibungen und die Fremdkapitalzinsen die Steuerbemessungsgrundlage reduzieren. Es ergibt sich folgender Vermögensendwert:

Tab. 11.23: Bestimmung des Vermögensendwerts bei Kreditfinanzierung unter Berücksichtigung von steuerlichen Effekten (Angaben in Mio. EUR)

	Zeitpunkt (t)	0	1	2	3	4	5
	Vermögenswert V_{t-1}		−100,00	−59,00	−33,37	−9,63	15,63
+	Rückflüsse (R_t)	−100,00	60,00	35,00	30,00	30,00	30,00
+	Zinsertrag ZE_t (i_H = 5 %)		0,00	1,05	1,33	1,52	1,78
–	FK-Zinsen$_t$ = Schuldenstand$_{t-1}$ · Kreditzins		10,00	8,00	6,00	4,00	2,00
	AfA		20,00	20,00	20,00	20,00	20,00
	Steuerbemessungsgrundlage = R_t + Zinsertrag$_t$ – AfA – FK-Zinsen$_t$		30,00	8,05	5,33	7,52	9,78
–	Steuern = Steuerbemessungsgrundlage · Steuersatz		9,00	2,42	1,60	2,26	2,93
=	**Vermögenswert V_t**	−100,00	−59,00	−33,37	−9,63	15,63	**42,48**
	Wiederanlagebetrag H_t	0,00	21,00	26,64	30,37	35,63	42,48
Kreditfinanzierung	Kapitalaufnahme K_t	100,00	0,00	0,00	0,00	0,00	0,00
	Schuldenstand S_t	100,00	80,00	60,00	40,00	20,00	0,00
	Kapitaldienst KD_t	0,00	30,00	28,00	26,00	24,00	22,00
	Tilgung T_t	0,00	20,00	20,00	20,00	20,00	20,00

Bei der Leasingfinanzierung der Großbildleinwände sinkt die Steuerbemessungsgrundlage auf Grund der wirtschaftlichen Zurechnung des Leasingobjekts beim Leasinggeber um die Leasingraten. Es resultiert folgender Vermögensendwert:

Tab. 11.24: Bestimmung des Vermögensendwerts bei Leasingfinanzierung unter Berücksichtigung von steuerlichen Effekten (Angaben in Mio. EUR)

Zeitpunkt (t)	0	1	2	3	4	5
Vermögenswert V_{t-1}		0,00	0,70	13,32	22,89	32,79
+ Rückflüsse (R_t)		60,00	35,00	30,00	30,00	30,00
+ Zinsertrag ZE_t (i_H = 5 %)		0,00	0,04	0,67	1,14	1,64
− Leasingrate		59,00	17,00	17,00	17,00	17,00
Steuerbemessungsgrundlage = R_t + $Zinsertrag_t$ − Leasingrate		1,00	18,04	13,67	14,14	14,64
− Steuern = Steuerbemessungsgrundlage · Steuersatz		0,30	5,41	4,10	4,24	4,39
= **Vermögenswert V_t**	0,00	0,70	13,32	22,89	32,79	**43,04**
Wiederanlagebetrag H_t	0,00	0,70	13,32	22,89	32,79	43,04

Nach der Integration von Steuereffekten weist die Finanzierung mittels Leasing (43,04 Mio. EUR) einen höheren Vermögensendwert als die Kreditfinanzierung (42,48 Mio. EUR) auf und ist damit zu bevorzugen.

11.3.4 Finanzierung aus Abschreibungen

(a) Die jährliche Abschreibungshöhe bei einer unterstellten linearen Abnutzung beträgt:

$$\frac{50.000}{4} = 12.500\,€$$

Die Analyse der Abschreibungseffekte erfolgt mittels eines tabellarischen Vorgehens. Hierbei wird für jedes Jahr ermittelt, wie hoch die Beträge der Kapitalfreisetzung sind und in welcher Höhe Mittel zur Reinvestition eingesetzt werden. Daraus ergibt sich, je nach unterstelltem Kapazitätsaufbau über die Zeit, der Finanzierungseffekt aus Abschreibungen.

Bei einem **kompletten Kapazitätsaufbau in t = 0** werden die fünf Boote zu Beginn des Jahrs t = 0 angeschafft. Hieraus ergibt sich folgender Verlauf der Beträge zur Kapitalfreisetzung und zur Reinvestition.

Tab. 11.25: Ermittlung der Kapitalfreisetzung bei vollständigem Kapazitätsaufbau in t = 0 (Angaben in EUR)

Jahr	1	2	3	4	5	6	7	8
Boot 1	12.500	12.500	12.500	12.500	12.500	12.500	12.500	12.500
Boot 2	12.500	12.500	12.500	12.500	12.500	12.500	12.500	12.500
Boot 3	12.500	12.500	12.500	12.500	12.500	12.500	12.500	12.500
Boot 4	12.500	12.500	12.500	12.500	12.500	12.500	12.500	12.500
Boot 5	12.500	12.500	12.500	12.500	12.500	12.500	12.500	12.500
kumulierte Abschreibung	62.500	62.500	62.500	62.500	62.500	62.500	62.500	62.500
Reinvestition	0	0	0	250.000	0	0	0	250.000
Kapital-freisetzung	62.500	125.000	187.500	0	62.500	125.000	187.500	0

Es wird ersichtlich, dass der Betrag der Kapitalfreisetzung bis zum Jahr 4 auf 250.000 EUR ansteigt. Diese Summe kann dann am Ende des Jahrs 4 dazu eingesetzt werden, nach dem Ende der Nutzungsdauer fünf neue Partyboote anzuschaffen.

Bei einem kompletten Kapazitätsaufbau der Partyboote ergibt sich in den betrachteten acht Jahren folgende bilanzielle Veränderung durch den Kapitalfreisetzungseffekt:

Tab. 11.26: Bilanzielle Veränderungen durch einen vollständigen Kapazitätsaufbau in t = 0 für Jahr 0 bis 4 (Angaben in EUR)

Jahr		0	1	2	3	4
Aktiva	Sachanlagen	250.000	187.500	125.000	62.500	250.000
	Kassenbestand	0	62.500	125.000	187.500	0
Passiva	Eigenkapital	250.000	250.000	250.000	250.000	250.000

Tab. 11.27: Bilanzielle Veränderungen durch einen vollständigen Kapazitätsaufbau in t = 0 für Jahr 5 bis 8 (Angaben in EUR)

Jahr		5	6	7	8
Aktiva	Sachanlagen	187.500	125.000	62.500	250.000
	Kassenbestand	62.500	125.000	187.500	0
Passiva	Eigenkapital	250.000	250.000	250.000	250.000

Im Rahmen der Kapitalfreisetzung wird davon ausgegangen, dass die Abschreibungen durch den betrieblichen Umsatzprozess in das Unternehmen zurückfließen und damit am Periodenende als liquide Mittel zur Verfügung stehen. In einer bilanziellen Betrachtung hat dies zur Folge, dass der Wert der Boote abnimmt und dafür im Umlaufvermögen der Kassenbestand im gleichen Maße steigt. Ab Ende des dritten Jahrs stehen wieder genug liquide Mittel zur Verfügung um fünf neue Boote anzuschaffen, womit wieder der bilanzielle Zustand des Zeitpunkts t = 0 eintritt. Die ersten vier Jahre bilden damit eine Art Kreislauf, der sich ab t = 4 wiederholt. Bei einem sukzessiven Kapazitätsaufbau werden die Partyboote nicht sofort in vollem Umfang angeschafft, sondern jährlich ein zusätzliches Boot gekauft, bis die gewünschten fünf Partyboote zur Verfügung stehen.

Tab. 11.28: Ermittlung der Kapitalfreisetzung bei sukzessivem Kapazitätsaufbau in t = 0 (Angaben in EUR)

Jahr	1	2	3	4	5	6	7	8
Boot 1	12.500	12.500	12.500	12.500	12.500	12.500	12.500	12.500
Boot 2		12.500	12.500	12.500	12.500	12.500	12.500	12.500
Boot 3			12.500	12.500	12.500	12.500	12.500	12.500
Boot 4				12.500	12.500	12.500	12.500	12.500
Boot 5					12.500	12.500	12.500	12.500
kumulierte Abschreibung	12.500	25.000	37.500	50.000	62.500	62.500	62.500	62.500
Reinvestition				50.000	50.000	50.000	50.000	100.000
Kapital-freisetzung	12.500	37.500	75.000	75.000	87.500	100.000	112.500	75.000
				Ersatz Boot 1	Ersatz Boot 2	Ersatz Boot 3	Ersatz Boot 4	Ersatz Boot 5 und 1

Anhand des Verlaufs der Kapitalfreisetzung ist ersichtlich, dass diese ausreicht, um die Maschinen am Ende ihrer Nutzungsdauer auszutauschen. Im Vergleich zum kompletten Kapazitätsaufbau in t = 0 wird ab Periode 3 ein Betrag von 75.000 EUR dauerhaft freigesetzt, in einzelnen Perioden ist die Kapitalfreisetzung sogar noch deutlich größer als 75.000 EUR.

Bei einem sukzessiven Kapazitätsaufbau der Partyboote ergeben sich in den betrachteten 8 Jahren folgende bilanzielle Veränderungen durch den Kapitalfreisetzungseffekt:

Tab. 11.29: Bilanzielle Veränderungen durch einen sukzessiven Kapazitätsaufbau für Jahr 0 bis 4 (Angaben in EUR)

Jahr		0	1	2	3	4
Aktiva	Sachanlagen	50.000	87.500	112.500	125.000	175.000
	Kassenbestand	200.000	162.500	137.500	125.000	75.000
Passiva	Eigenkapital	250.000	250.000	250.000	250.000	250.000

Tab. 11.30: Bilanzielle Veränderungen durch einen sukzessiven Kapazitätsaufbau für Jahr 5 bis 8 (Angaben in EUR) II

Jahr		**5**	**6**	**7**	**8**
Aktiva	Sachanlagen	162.500	150.000	137.500	175.000
	Kassenbestand	87.500	100.000	112.500	75.000
Passiva	Eigenkapital	250.000	250.000	250.000	250.000

Zu Beginn verringert sich der Kassenbestand insbesondere durch die Neuanschaffung eines Partyboots jährlich. Zum Ende des vierten Jahrs treten zusätzlich Reinvestitionen in bereits vollständig abgeschriebene Partyboote auf. Mit steigender Anzahl an gekauften Booten erhöht sich der Kapitalfreisetzungseffekt, der zu einer Verringerung des Wertes der Maschinen im Bestand und zu einer Erhöhung des Kassenbestands analog zum vollständigen Kapazitätsaufbau in t = 0 führt.

(b) Das Vorgehen bei der Ermittlung des Kapazitätserweiterungseffekts ist ähnlich wie das bei der Ermittlung des Kapitalfreisetzungseffekts. Einziger Unterschied ist, dass das Ziel nicht in einer möglichst hohen Kapitalfreisetzung besteht, sondern ein möglichst hoher Bootsbestand erreicht werden soll. Dies hat zur Folge, dass das freigesetzte Kapital sofort zur Anschaffung neuer Grillboote eingesetzt wird. Die Anschaffung eines weiteren Boots am Ende einer Periode ist möglich, wenn die Abschreibungen dieser Periode und die Kapitalfreisetzung der Vorperioden die Kosten für den Kauf eines weiteren Boots überschreiten. Bei einem unterstellten kompletten Kapazitätsaufbau in t = 0 ergibt sich folgender Erweiterungsverlauf.

Tab. 11.31: Ermittlung der Kapazitätserweiterung bei vollständigem Kapazitätsaufbau in t = 0

Jahr	**1**	**2**	**3**	**4**	**5**	**6**	**7**	**8**
Bestand (Stk.)	5	6	7	9	6	7	8	8
Abschreibung (€)	62.500	75.000	87.500	112.500	75.000	87.500	100.000	100.000
zur Reinvestition verfügbare liquide Mittel (€)	62.500	87.500	125.000	137.500	112.500	100.000	100.000	100.000
Reinvestition (Stk.)	1	1	2	2	2	2	2	2
Reinvestition (€)	50.000	50.000	100.000	100.000	100.000	100.000	100.000	100.000
Kapitalfreisetzung (€)	12.500	37.500	25.000	37.500	12.500	0	0	0

Der Bestand an Booten schwankt zu Beginn stark und pendelt sich dann auf einem konstanten Niveau von acht Partybooten ein. Bis zur sechsten Periode entsteht zusätzlich zum Kapazitätsaufbau auch noch ein geringer Kapitalfreisetzungseffekt, der durch nicht verbrauchte liquide Mittel entsteht.

Bei einem kompletten Kapazitätsaufbau der Partyboote in t = 0 ergibt sich in den betrachteten acht Jahren folgende bilanzielle Veränderung durch den Kapazitätserweiterungseffekt:

Tab. 11.32: Bilanzielle Veränderung durch den Kapazitätserweiterungseffekt bei einem vollständigen Kapazitätsaufbau in t = 0 für Jahr 0 bis 4 (Angaben in EUR)

Jahr		**0**	**1**	**2**	**3**	**4**
Aktiva	Sachanlagen	250.000	237.500	212.500	225.000	212.500
	Kassenbestand	0	12.500	37.500	25.000	37.500
Passiva	Eigenkapital	250.000	250.000	250.000	250.000	250.000

Tab. 11.33: Bilanzielle Veränderung durch den Kapazitätserweiterungseffekt bei einem vollständigen Kapazitätsaufbau in t = 0 Jahr 5 bis 8 (Angaben in EUR)

Jahr		**5**	**6**	**7**	**8**
Aktiva	Sachanlagen	237.500	250.000	250.000	250.000
	Kassenbestand	12.500	0	0	0
Passiva	Eigenkapital	250.000	250.000	250.000	250.000

Die bilanzielle Betrachtung macht deutlich, dass der Maschinenbestand über die gesamte Laufzeit einen sehr hohen Wert aufweist, wohingegen der Kassenbestand nur sehr gering ausgeprägt ist.

Der Verlauf der Abschreibungen und der Kapitalfreisetzung bei einem sukzessiven Aufbau der Kapazität in Tab. 11.34 verdeutlicht, dass auch dort ein Endniveau von acht Partybooten erreicht wird. Durch den langsameren Anstieg der liquiden Mittel aus der Kapitalfreisetzung können aus den Abschreibungen deutlich später Kapazitätserweiterungseffekte generiert werden.

Tab. 11.34: Ermittlung der Kapazitätserweiterung bei sukzessivem Kapazitätsaufbau in t = 0

Jahr	**1**	**2**	**3**	**4**	**5**	**6**	**7**	**8**
Bestand (Stk.)	1	2	3	5	6	7	8	8
Abschreibung (€)	12.500	25.000	37.500	62.500	75.000	87.500	100.000	100.000
aus Kapitalfreisetzung verfügbare liquide Mittel (€)	12.500	37.500	75.000	87.500	112.500	100.000	100.000	100.000
Reinvestition (Stk.)	0	0	1	1	2	2	2	2
Reinvestition (€)	0	0	50.000	50.000	100.000	100.000	100.000	100.000
Kapitalfreisetzung (€)	12.500	37.500	25.000	37.500	12.500	0	0	0

Die bilanzielle Betrachtung des Kapazitätserweiterungseffekts bei einem sukzessiven Aufbau der Kapazität zeigt, dass im Gegensatz zum kompletten Kapazitätsaufbau in t = 0 in den Anfangsjahren ein höherer Kassenbestand vorliegt. Dieser erhöht die finanzielle Flexibilität der Unternehmung in den Jahren 1 bis 3. Ab dem vierten Jahr unterscheiden sich die Varianten des Kapazitätsaufbaus in ihrer bilanziellen Auswirkung nicht mehr voneinander.

Tab. 11.35: Bilanzielle Veränderung durch den Kapazitätserweiterungseffekt bei einem sukzessiven Kapazitätsaufbau für Jahr 0 bis 4 (Angaben in EUR)

Jahr			**0**	**1**	**2**	**3**	**4**
Aktiva	Sachanlagen		50.000	87.500	112.500	175.000	212.500
	Kassenbestand	aus dem Anfangskapital	200.000	150.000	100.000	50.000	0
		aus der Kapitalfreisetzung	0	12.500	37.500	25.000	37.500
		Gesamt	200.000	162.500	137.500	75.000	37.500
Passiva	Eigenkapital		250.000	250.000	250.000	250.000	250.000

Tab. 11.36: Bilanzielle Veränderung durch den Kapazitätserweiterungseffekt bei einem sukzessiven Kapazitätsaufbau für Jahr 5 bis 8 (Angaben in EUR)

Jahr			**5**	**6**	**7**	**8**
Aktiva	Sachanlagen		237.500	250.000	250.000	250.000
	Kassenbestand	aus dem Anfangskapital	0	0	0	0
		aus der Kapitalfreisetzung	12.500	0	0	0
		Gesamt	12.500	0	0	0
Passiva	Eigenkapital		250.000	250.000	250.000	250.000

11.3.5 Finanzierung aus Rückstellungen

(a) Zur Ermittlung des gegenwärtigen Wertes der zukünftigen Pensionszahlungen muss der Barwert dieser Zahlungsströme bezogen auf das Jahr 2016 ermittelt werden.

$$\frac{1.010.253{,}99}{1{,}06^7}+\frac{1.010.253{,}99}{1{,}06^8}+\frac{1.010.253{,}99}{1{,}06^9}+\frac{1.010.253{,}99}{1{,}06^{10}}+\frac{1.010.253{,}99}{1{,}06^{11}}$$
$$= 3.000.000\ \text{EUR}$$

Tab. 11.37: Zahlungen und Barwert des Pensionsvertrags (Angaben in EUR)

Jahr	2016	2017–2022	2023	2024	2025	2026	2027
Zeitpunkt (t)	0	1–6	7	8	9	10	11
Zahlungen			1.010.253,99	1.010.253,99	1.010.253,99	1.010.253,99	1.010.253,99
Barwert			671.876,60	633.845,85	597.967,78	564.120,55	532.189,20
Summe	3.000.000						

Der Barwert der zukünftigen Pensionszahlungen beträgt 3.000.000 EUR. Um die Pensionszahlungen von 1.010.253,99 EUR in den Jahren 2023 bis 2027 leisten zu können, muss im Jahre 2016 ein Betrag von 3.000.000 EUR den Rückstellungen zugeführt werden.

(b) Zur Ermittlung des Mindestpreises für Flüge nach Nordamerika müssen die Aufwendungen den Erträgen gegenübergestellt werden. Hierzu werden zunächst die variablen und fixen Aufwendungen berechnet und diese anschließend mit den bereits bekannten Erträgen gleichgesetzt. Durch das Auflösen nach dem Preis pro Sitzplatz für einen Flug nach Nordamerika kann der Mindestertrag ermittelt werden.

$$\text{variable Aufwendungen}_{\text{Nordamerika}} = 50.000 \cdot 360 = 18.000.000\,€$$
$$\text{variable Aufwendungen}_{\text{China}} = 35.000 \cdot 400 = 14.000.000\,€$$

$$\text{variable Aufwendungen}_{\text{Ges}} = 18.000.000 + 14.000.000 = 32.000.000\,€$$
$$\text{fixe Aufwendungen} = 3.100.000\,€$$
$$\text{Rückstellungsaufwand} = 3.000.000\,€$$
$$\text{Gesamtaufwand} = 38.100.000\,€$$

$$\text{Ertrag} - \text{Aufwand} = 0 \Rightarrow \text{Aufwand} = \text{Ertrag}$$
$$38.100.000 = 35.000 \cdot 450 + 50.000 \cdot \text{Preis}_{\text{Nordamerika}}$$
$$\text{Preis}_{\text{Nordamerika}} = 447\,€ / \text{Sitzplatz}$$

Der Preis pro Sitzplatz muss mindestens bei 447 EUR liegen, damit die Kranich AG im Jahr 2016 die Pensionsrückstellungen vollständig bilden kann und zusätzlich keinen Verlust erleidet.

(c) Der Gewinn vor Rückstellungen des Jahrs 2016 in Höhe von 4.900.000 EUR errechnet sich, indem von den Gesamterlösen die variablen und fixen Aufwendungen abgezogen werden. Bringt man die Pensionsrückstellungen in Abzug, ergibt sich ein Gewinn nach Pensionsrückstellungen in Höhe von 1.900.000 EUR.

Tab. 11.38: Ermittlung des Gewinns nach Pensionsrückstellungen für das Jahr 2016

	Nordamerika	China
verkaufte Sitzplätze (Stk.)	50.000	35.000
Stückerlös (€)	450	500
Gesamterlöse (€)	22.500.000	17.500.000
k_{var} (€)	360	400
Summe variable Kosten (€)	18.000.000	14.000.000
K_{fix} (€)	3.100.000	
Gewinn vor Pensionsrückstellungen (€)	4.900.000	
Pensionsrückstellungen (€)	3.000.000	
Gewinn nach Pensionsrückstellungen (€)	1.900.000	

Die Höhe der offenen Selbstfinanzierung ist abhängig von der Gewinnverwendung. Bei einer vollständigen Einbehaltung gilt Folgendes:

Tab. 11.39: Finanzierungseffekt der offenen Selbstfinanzierung bei vollständiger Einbehaltung der Gewinne (Angaben in EUR)

Gewinn nach Pensionsrückstellungen	1.900.000
Steuern (30 % · 1.900.000)	−570.000
Gewinn nach Steuern	1.330.000

Bei vollständiger Einbehaltung der Gewinne entspricht der Finanzierungseffekt der offenen Selbstfinanzierung dem Gewinn nach Pensionsrückstellungen und Steuern. Der Finanzierungseffekt liegt damit bei 1.330.000 EUR, die den offenen Rücklagen zugeführt werden. Das gesamte Innenfinanzierungsvolumen beläuft sich auf 4.330.000 EUR.

11.3.6 Financial Options

(a) Tab. 11.40 stellt die Rechte und Pflichten der verschiedenen Optionspositionen dar:

Tab. 11.40: Übersicht über die Rechte und Pflichten der verschiedenen Optionspositionen

Partei	Recht bzw. Pflicht	Optionstyp	
		Call-Option	**Put-Option**
Käufer-/Long-Position (hat Ausübungsrecht)	Recht	Kauf des Basiswerts zum Ausübungspreis innerhalb der bestimmten Periode	Verkauf des Basiswerts zum Ausübungspreis innerhalb der bestimmten Periode
	Pflicht	Zahlung der Optionsprämie	Zahlung der Optionsprämie
Stillhalter-/Short-Position (hat kein Ausübungsrecht)	Recht	Erhalt der Optionsprämie	Erhalt der Optionsprämie
	Pflicht	Lieferung des Basiswerts zum Ausübungspreis innerhalb der bestimmten Periode	Abnahme des Basiswerts zum Ausübungspreis innerhalb der bestimmten Periode

Herr Sohn sollte eine Call-Option kaufen, da er dadurch an steigenden Kursen des Basiswerts profitiert.

(b) Der Zahlungsstrom des Stillhalters ist gekoppelt an den Kursverlauf des Basiswerts zum Zeitpunkt $t = 1$, wobei sich dieser aus den Auf- und Abwärtsfaktoren der möglichen Aktienkursentwicklung ergibt. Aus der Perspektive des Stillhalters sieht der Zahlungsstrom wie folgt aus:

Tab. 11.41: Zahlungsstrom des Stillhalters (Angaben in EUR)

	t = 0	t = 1	
Kurs des Basiswerts	200	250	160
Zahlungsstrom Short Call	49	−50	0
		Ausübung der Option	keine Ausübung der Option

Der Stillhalter baut eine Sicherungsposition auf, aus der bei einem Kursanstieg eine positive Zahlung von 50 EUR und bei einem Kursrückgang eine Zahlung von 0 EUR resultiert. Anhand des kreditfinanzierten Kaufs von 0,5556 Aktien lässt sich verdeutlichen, dass mit den beschriebenen Geschäften der zur Absicherung der Optionsposition benötigte Zahlungsstrom verbunden ist. Die Anzahl der benötigten Aktien kann über folgende Formel bestimmt werden:

$$n = \frac{C_{1d} - C_{1u}}{K_{1d} - K_{1u}} = \frac{0 - 50}{160 - 250} = 0{,}5556 \text{ Aktien}$$

Tab. 11.42: Gesamtzahlungsstrom des Sicherungsgeschäfts (Angaben in EUR)

	t = 0	t = 1	
Zahlungsstrom Aktienposition	−111,12	138,90	88,90
Zahlungsstrom Kreditposition	80,82	−88,90	−88,90
Gesamtzahlungsstrom	−30,30	50,00	0,00

Der faire Wert dieser Call-Option beträgt 30,30 EUR, sodass der Angebotspreis von Herrn Wucher in Höhe von 49 EUR kein faires Angebot darstellt.

(c) Beim analytischen Verfahren ist zunächst die Wahrscheinlichkeit p zu berechnen, mit der es zu einem Kursanstieg kommt. Diese Information wird dann dazu genutzt, die erwartete Auszahlung in t = 1 zu ermitteln. Um den fairen Wert der Call-Option im Zeitpunkt t = 0 zu bestimmen, ist die erwartete Auszahlung mit dem risikolosen Zinssatz zu diskontieren. Es resultieren folgende Werte, wobei das Ergebnis identisch zu Aufgabenteil (b) ist.

Tab. 11.43: Ermittlung der erwarteten Auszahlung über das analytische Verfahren

Rechenschritte	Werte
p (%)	66,667
1 − p (%)	33,333
erwartete Auszahlung Option t = 1 (€)	33,33
erwartete Auszahlung Option t = 0 (€)	30,30

Die Wahrscheinlichkeit für einen Kursanstieg lässt sich nach folgender Formel bestimmen:

$$p = \frac{1 + r_f - d}{u - d} = \frac{1 + 0{,}1 - 0{,}8}{1{,}25 - 0{,}8} = 0{,}66667 = 66{,}667\,\%$$

Im Anschluss kann die erwartete Auszahlung im Zeitpunkt t = 1 über folgende Rechnung ermittelt werden:

$$\begin{aligned} &\max(0;\ K_0 \cdot u - X) \cdot p + \max(0;\ K_0 \cdot d - X) \cdot (1 - p) \\ &= \max(0;\ 200 \cdot 1{,}25 - 200) \cdot 0{,}66667 + \max(0;\ 200 \cdot 0{,}80 - 200) \cdot (1 - 0{,}66667) \\ &= 50 \cdot 0{,}66667 + 0 \cdot 0{,}33333 = 33{,}33\,€ \end{aligned}$$

Wird diese erwartete Auszahlung auf den Zeitpunkt t = 0 abgezinst, ergibt sich der faire Wert der Call-Option in Höhe von

$$C = \frac{33{,}33\,€}{(1 + 0{,}10)^1} = 30{,}30\,€$$

(d) Für die Ermittlung des Werts der Call-Option auf Basis des Black-Scholes-Modells sind die Faktoren d_1 und d_2 zu bestimmen. Anschließend können diese in die Optionspreisformel eingesetzt werden, um den Wert des Calls zu berechnen.

$$d_1^{Call} = \frac{\ln\frac{K}{X} + \left(r_f + \frac{\sigma^2}{2}\right) \cdot t}{\sigma \cdot \sqrt{t}} = \frac{\ln\frac{200}{200} + \left(0,1 + \frac{0,0498}{2}\right) \cdot 1}{\sqrt{0,0498} \cdot \sqrt{1}} = 0{,}56$$

$$d_2^{Call} = d_1^{Call} - \sigma \cdot \sqrt{t} = 0{,}56 - \sqrt{0{,}0498} \cdot \sqrt{1} = 0{,}34$$

$$C = K \cdot N(d_1^{Call}) - X \cdot e^{-r_f \cdot t} \cdot N(d_2^{Call}) = 200 \cdot N(0{,}56) - 200 \cdot e^{-0{,}1 \cdot 1} \cdot N(0{,}34)$$
$$= 200 \cdot 0{,}7123 - 200 \cdot e^{-0{,}1 \cdot 1} \cdot 0{,}6331 = 27{,}89\,€$$

Der Preis gemäß dem Black-Scholes-Modell weicht damit deutlich vom Preis des Bionomialmodells ab. Die Abweichungen lassen sich auf die unterschiedlichen Kursannahmen und die unterstellte Art der Verzinsung zurückführen. Im Detail gelten folgende Unterschiede.

Tab. 11.44: Unterschiede zwischen Binomialmodell und dem Black-Scholes-Modell

	Binomialmodell	**Black-Scholes-Modell**
unterschiedliche Kursannahmen	2 mögliche Kurse: $K_1 = 160$ oder $K_1 = 250$	Aktienkurse folgen einem Zufallspfad, ihre Veränderungen sind log-normalverteilt.
Art der Verzinsung	diskret exponentiell: $CF_t = CF_0 \cdot (1 + r_f)^t$	Stetig: $CF_t = CF_0 \cdot e^{r_f} \cdot t$

(e) Vor dem Hintergrund einer Optionsprämie von 30,30 EUR und einem Basispreis von 200 EUR ergibt sich folgendes Gewinn- und Verlustprofil:

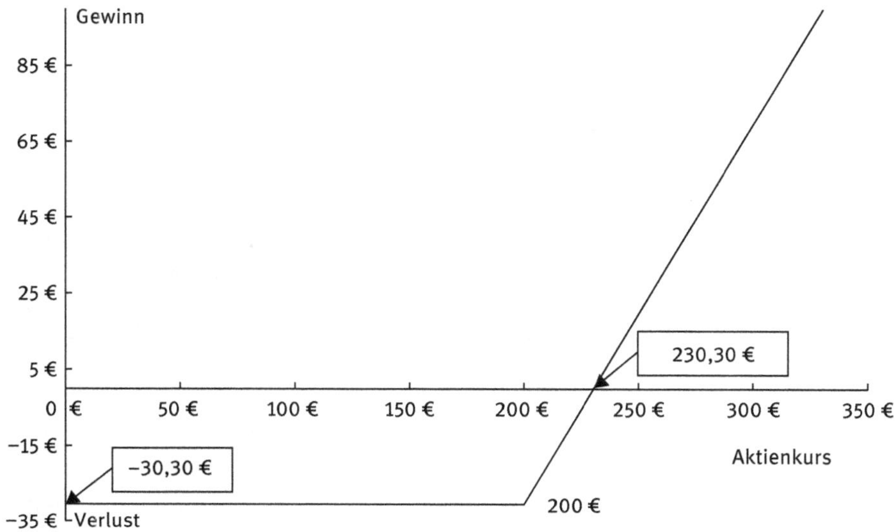

Abb. 11.1: Gewinn- und Verlustprofil der Option

Damit sich das Eingehen der Optionsposition lohnt, muss zum Zeitpunkt t = 1 ein Aktienkurs von mindestens 230,30 EUR vorliegen. Übersteigt der Kurs zu diesem Zeitpunkt den Wert von 230,30 EUR, resultiert aus der Optionsposition ein Gewinn, darunter liegende Kurse führen zu einem Verlust aus der Optionsposition.
Diese Aussage kann auch anhand der Transaktionen im Rahmen der Optionsposition nachvollzogen werden. Es ergibt sich ein Kaufpreis der Aktie von 230,30 EUR, sodass bei höheren Kursen als 230,30 EUR ein Gewinn erzielt wird.

Tab. 11.45: Transaktionen im Rahmen der Optionsposition (Angaben in EUR)

Zeitpunkt (t)	**Transaktionen**	
0	Kauf von 100 Call-Optionen zum Preis von je 30,30 €	3.030,00
1	Kauf der Aktien zum Basispreis von 200 €	20.000,00
	Gesamtkaufpreis	23.030,00
	Kaufpreis je Aktie	230,30

(f) Die Optionsprämie kann in zwei Komponenten, den inneren Wert und den Zeitwert, zerlegt werden. Der innere Wert stellt die Differenz aus dem aktuellen Marktpreis (Kurs) des Basiswerts und dem Basispreis dar. Der Zeitwert ergibt sich als Differenz aus dem Marktpreis der Option und dem inneren Wert. Es handelt sich im vorliegenden Fall um eine In-the-Money-Option, da der Marktpreis über dem Basispreis liegt.

Tab. 11.46: Komponenten der Optionsprämie (Angaben in EUR)

Innerer Wert	235 – 200 = 35
Zeitwert	38 – 35 = 3
Klassifizierung	In-the-money

(g) Der Put-Call-Parität liegt die Überlegung zugrunde, dass Call- und Put-Preis in einer bestimmten Beziehung zueinander stehen, wenn sie sich auf den gleichen Basiswert beziehen, denselben Basispreis besitzen und die gleiche Restlaufzeit aufweisen. Der Preis eines Puts kann, bei bekanntem Call-Preis, gemäß folgender Formel ermittelt werden:

$$P = C_0 - K_0 + X \cdot e^{-r_f \cdot t} = 35{,}50 - 110 + 90 \cdot e^{-0{,}10 \cdot 1} = 6{,}94\,€$$

(h) Da der faire Preis gemäß Put-Call-Parität geringer ist als der aktuelle Marktpreis der Put-Option, liegt eine Situation der Überbewertung des Puts vor. Zur Ausnutzung dieser Situation kann auf die Reversal-Strategie zurückgegriffen werden. Dabei wird ein Put verkauft sowie eine synthetische Long-Put-Position durch den Kauf eines Calls und den Leerverkauf des Basiswerts aufgebaut. Gleichzeitig erfolgt zum Abschlusszeitpunkt eine Kapitalanlage in Höhe des abgezinsten Basispreises. Es folgt daraus für den Zeitpunkt t = 0 ein Portfoliowert von 0,69 EUR.

Tab. 11.47: Anwendung der Reversal-Strategie (Angaben in EUR)

	t = 0
Verkauf einer Put-Option	7,63
Leerverkauf eine Aktie	110,00
Kauf einer Call-Option	–35,50
Kapitalanlage	–81,44
Portfoliowert = Arbitrage-Gewinn	0,69

Für den Zeitpunkt t = 1 resultiert bei beliebigen Kursständen jeweils ein Wert der Gesamtposition von null:

Tab. 11.48: Bestimmung der Gesamtposition (Angaben in EUR)

	Verfalltag in t = 1 (zwei beliebige Beispielkurse)	
Kurs des Basiswerts	70	150
Zahlungsstrom Short Put	–20	0
Kauf einer Aktie	–70	–150

Tab. 11.48: (fortgesetzt)

	Verfalltag in t = 1 (zwei beliebige Beispielkurse)	
Zahlungsstrom Long Call	0	60
Kapitalrückzahlung	90	90
Gesamtposition	0	0

(i) Aus dem Basispreis von 230 EUR, dem Preis des Calls von 12 EUR und dem Preis des Puts in Höhe von 26 EUR kann folgendes Gesamtprofil abgeleitet werden.

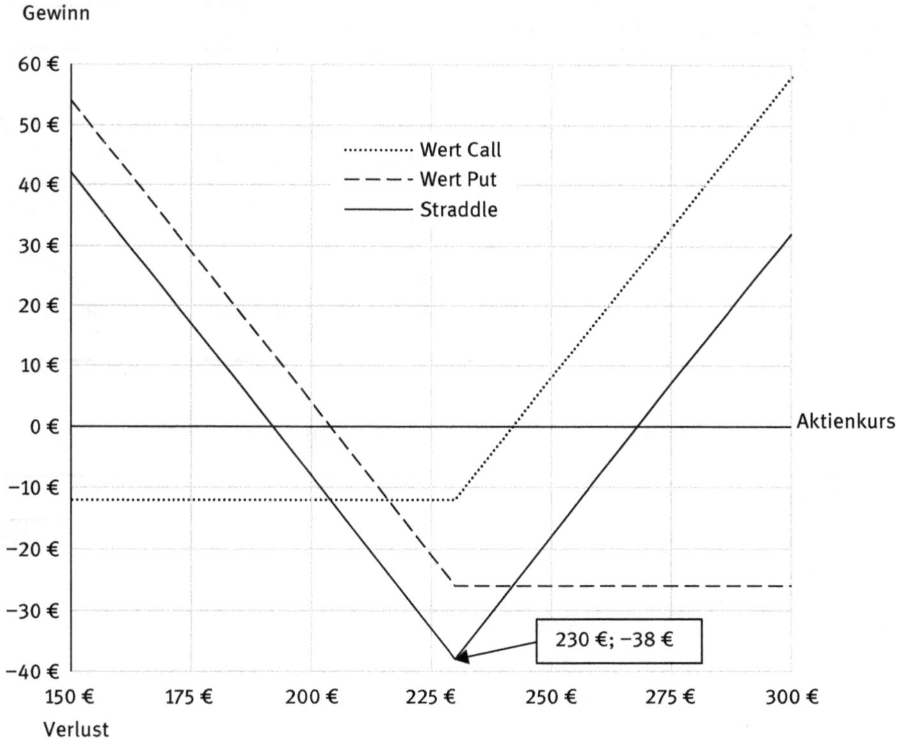

Abb. 11.2: Gesamtprofil

Herr Sohn erzielt einen Gewinn, wenn der Kurs des Basiswerts zwischen null und 192 EUR oder oberhalb von 268 EUR liegt. Im Kursintervall von 192 bis 268 EUR fällt ein Verlust an. Herr Wucher muss daher davon ausgehen, dass starke Kursveränderungen bei der Aktie der UpOrDown AG auftreten werden, die Richtung der Kursveränderung spielt dabei keine Rolle.

11.3.7 Financial Swaps

Für die folgenden Berechnungen ist zu berücksichtigen, dass die Zahlungsströme und die Barwerte auf Basis der exakten, d. h. ungerundeten, Zinssätze und Zerobond-Abzinsfaktoren berechnet werden.

(a) Zur Ermittlung der zinsbedingten Wertänderung ist der Barwert der Anleihe, der bei konstanten Zinssätzen am 31.12.2016 vorliegt, mit dem Barwert der Anleihe bei geändertem Zinsniveau zu vergleichen.

Tab. 11.49: Ermittlung des Barwerts der Anleihe bei ursprünglichem Zinsniveau

Barwert der Anleihe am 31.12.2016 (ursprüngliches Zinsniveau)					
Bewertungszinssätze zum 31.12.2015					
Laufzeit (Jahre)	1	2	3	4	5
Zinssatz (%)	4,50	4,80	5,30	5,70	6,40
ZBAF	0,956938	0,910369	0,855682	0,799233	0,727987
ZBR (%)	4,5000	4,8072	5,3326	5,7625	6,5554
Berechnung der Barwerte zum 31.12.2016					
Zeitpunkt (31.12.)	2016	2017	2018	2019	2020
Zahlung (€)		35.000	35.000	35.000	535.000
Barwert (€)		33.492,82	31.862,92	29.948,86	427.589,84
Summe (€)	522.894,44				

Tab. 11.50: Ermittlung des Barwerts der Anleihe bei geändertem Zinsniveau

Barwert der Anleihe am 31.12.2016 (neues Zinsniveau)					
Bewertungszinssätze zum 31.12.2016					
Laufzeit (Jahre)	1	2	3	4	5
Zinssatz (%)	5,00	5,50	6,00	6,90	7,30
ZBAF	0,952381	0,898217	0,838645	0,761873	0,697175
ZBR (%)	5,0000	5,5138	6,0410	7,0359	7,4810
Berechnung der Barwerte zum 31.12.2016					
Zeitpunkt (31.12.)	2016	2017	2018	2019	2020
Zahlung (€)		35.000	35.000	35.000	535.000
Barwert (€)		33.333,33	31.437,60	29.352,59	407.602,04
Summe (€)	501.725,56				

Bei Eintritt der prognostizierten Zinsstruktur würde sich der Marktwert der Anleihe von 522.894,44 EUR auf 501.725,56 EUR verringern. Dies entspricht einer zinsänderungsbedingten Wertverringerung von 21.168,88 EUR.

(b) Die Forward Rates stellen die Rendite zukünftiger Geschäfte auf Basis der aktuellen Zinsstruktur dar. Zur Berechnung dieser Zinssätze wird auf einen Duplikationsansatz zurückgegriffen.

Tab. 11.51: Berechnung der Forward Rate FR (1,1) zum Bewertungszeitpunkt 31.12.2015

Zeitpunkt (t)	0	1	2
Geldanlage über 2 Jahre zu 4,8 % (€)	−100,00	4,80	104,80
Duplikation			
Geldanlage über 1 Jahr zu 4,5 % (€)	−100,00	104,50	
Forward-Anlage in t = 1 über 1 Jahr (€)		−99,70	104,80
Ermittlung Forward Rate FR(1,1) (%)	(104,8 € / 99,7 €) − 1 = 5,1153		

Tab. 11.52: Berechnung der Forward Rate FR (2,1) zum Bewertungszeitpunkt 31.12.2015

Zeitpunkt (t)	0	1	2	3
Geldanlage über 3 Jahre zu ZBR_3 von 5,3326 % (€)	−100,00			116,87
Duplikation				
Geldanlage über 2 Jahre zur ZBR_2 von 4,8072 % (€)	−100,00		109,85	
Forward-Anlage in t = 2 über 1 Jahr (€)			−109,85	116,87
Ermittlung Forward Rate FR(2,1) (%)	(116,87 € / 109,85 €)−1 = 6,3911			

Da von steigenden Zinssätzen ausgegangen wird, muss ein Payer Swap abgeschlossen werden. Bei diesem zahlt die Bank feste Zinsen und erhält variable Zahlungen vom Swap-Partner. Bei dem zum 31.12.2015 vorliegenden Zinsniveau zahlt die Bank einen Zinssatz von 6,4 % und erhält den 1-Jahres-Zins, der im ersten Jahr bei 4,5 % liegt.

Tab. 11.53: Berechnung des Barwerts der variablen und der Festzinsseite zum 31.12.2015

Bewertungszinssätze zum 31.12.2015						
Laufzeit (Jahre)		1	2	3	4	5
Zinssatz (%)		4,50	4,80	5,30	5,70	6,40
ZBAF		0,956938	0,910369	0,855682	0,799233	0,727987
ZBR (%)		4,5000	4,8072	5,3326	5,7625	6,5554
Berechnung des Barwerts der Festzinsseite zum 31.12.2015						
Zeitpunkt (31.12.)	2015	2016	2017	2018	2019	2020
Zahlung (€)		32.000,00	32.000,00	32.000,00	32.000,00	32.000,00
Barwert (€)		30.622,01	29.131,82	27.381,81	25.575,47	23.295,57
Summe (€)	136.006,68					

Tab. 11.53: (fortgesetzt)

Berechnung des Barwerts der variablen Seite zum 31.12.2015						
Zeitpunkt (31.12.)	2015	2016	2017	2018	2019	2020
Forward Rate (%)		4,5000	5,1153	6,3911	7,0628	9,7868
Zahlung (€)		22.500,00	25.576,73	31.955,61	35.314,00	48.934,07
Barwert (€)		21.531,10	23.284,27	27.343,83	28.224,13	35.623,35
Summe (€)	136.006,68					

Der Marktwert des Swaps beträgt zum Abschlusszeitpunkt null, da sich die Barwerte der festen und der variablen Seite entsprechen.

(c) Bei der Berechnung mittels Forward Rates werden die variablen Zinszahlungen über den in der aktuellen Zinsstruktur enthaltenen Forward Rates ermittelt.

Tab. 11.54: Berechnung des Barwerts der variablen und der Festzinsseite zum 31.12.2016 mittels Forward Rates

Bewertungszinssätze zum 31.12.2016					
Laufzeit (Jahre)	0	1	2	3	4
Zinssatz (%)		5,00	5,50	6,00	6,90
ZABF		0,952381	0,898217	0,838645	0,761873
ZBR (%)		5,0000	5,5138	6,0410	7,0359
Berechnung des Barwerts der Festzinsseite zum 31.12.2016					
Zeitpunkt (31.12.)	2016	2017	2018	2019	2020
Zahlung (€)		32.000,00	32.000,00	32.000,00	32.000,00
Barwert (€)		30.476,19	28.742,95	26.836,65	24.379,93
Summe (€)	110.435,73				
Berechnung des Barwerts der variablen Seite zum 31.12.2016					
Zeitpunkt (31.12.)	2016	2017	2018	2019	2020
Forward Rate (%)		5,0000	6,0302	7,1033	10,0768
Zahlung (€)		25.000,00	30.150,75	35.516,63	50.384,01
Barwert (€)		23.809,52	27.081,92	29.785,86	38.386,21
Summe(€)	119.063,52				
Barwert Swap (€)	8.627,79				

Im Rahmen der Bewertung mittels eines fiktiven Gegen-Swaps wird den ursprünglichen Festzinszahlungen eine Reihe von Festzinszahlungen gegenübergestellt, die sich aus der neuen Zinsstruktur und der kürzeren Restlaufzeit ergibt.

Tab. 11.55: Berechnung des Barwerts der Festzinsseite des Gegen-Swaps (Angaben in EUR)

Zeitpunkt (31.12.)	2016	2017	2018	2019	2020
Barwert Festzinsseite des Ursprung-Swaps am 31.12.2016					
Zahlung		32.000,00	32.000,00	32.000,00	32.000,00
Barwert		30.476,19	28.742,95	26.836,65	24.379,93
Summe	110.435,73				
Barwert Festzinsseite des Gegen-Swaps am 31.12.2016					
Zinszahlungen		34.500,00	34.500,00	34.500,00	34.500,00
Barwert		32.857,14	30.988,49	28.933,27	26.284,62
Summe	119.063,52				
Barwert Swap	8.627,79				

Der Abschluss des Swaps führt bei Eintreten der unterstellten Zinsentwicklung zu einer Barwertzunahme des Swaps von null auf 8.627,79 EUR. Der in Aufgabenteil (a) ermittelte Barwertverlust aus der Anleihe in Höhe von 21.168,88 EUR übersteigt diesen Barwertzugewinn deutlich, sodass das vereinbarte Swap-Volumen von 500.000 EUR für einen vollständigen Barwertausgleich nicht ausreicht. Das Volumen des Swaps hätte um den Faktor:

$$\frac{21.168,88}{8.627,79} = 2,4536$$

größer ausgewählt werden müssen. Dies entspricht einem Swap-Volumen von

$$500.000 \cdot \frac{21.168,88}{8.627,79} = 1.226.784,74 \text{ EUR.}$$

Berechnung des Barwerts des Swaps mit dem erhöhten Volumen:

Tab. 11.56: Berechnung des Barwerts der variablen und der Festzinsseite mittels Forward Rates bei erhöhtem Volumen (Angaben in EUR)

Bewertungszinssätze zum 31.12.2016					
Laufzeit (Jahre)		1	2	3	4
Zinssatz (%)		5,00	5,50	6,00	6,90
ZABF		0,952381	0,898217	0,838645	0,761873
ZBR (%)		5,0000	5,5138	6,0410	7,0359
Berechnung des Barwerts der Festzinsseite zum 31.12.2016					
Zeitpunkt (31.12.)	2016	2017	2018	2019	2020
Zahlung (€)		78.514,22	78.514,22	78.514,22	78.514,22
Barwert (€)		74.775,45	70.522,82	65.845,59	59.817,86
Summe (€)	270.961,73				

Tab. 11.56: (fortgesetzt)

Berechnung des Barwerts der variablen Seite zum 31.12.2016					
Zeitpunkt (31.12.)	2016	2017	2018	2019	2020
Forward Rate (%)		5,0000	6,0302	7,1033	10,0768
Zahlungsstrom (€)		61.339,24	73.976,97	87.142,52	123.620,66
Barwert (€)		58.418,32	66.447,38	73.081,67	94.183,24
Summe (€)	292.130,61				
Barwert Swap (€)	21.168,88				

Der Barwerterhöhung des Swaps mit vergrößertem Nominalvolumen entspricht der Barwertverringerung der Festzinsanleihe bei der unterstellten Marktzinsveränderung.

11.3.8 Financial Futures

(a) Zur Bestimmung der Cheapest-to-deliver-Anleihe muss die Differenz aus Rechnungsbetrag des Future-Kontrakts und dem Marktpreis der gelieferten Anleihe bestimmt werden. Aus Sicht des Future-Verkäufers ist es vorteilhaft, wenn der Rechnungsbetrag den Marktpreis übersteigt, da daraus ein Mehrerlös bei Lieferung resultiert. Deshalb sollte bei mehreren lieferfähigen Anleihen diejenige ausgewählt werden, bei der die Differenz aus Rechnungsbetrag und Marktpreis am größten ist. Bevor der Rechnungsbetrag und der Marktpreis bestimmt werden können, muss zuerst der Preisfaktor ermittelt werden. Dieser wird eingesetzt, um den Marktwert der lieferbaren Bundesanleihen mit dem Marktwert der fiktiven Anleihe des Future-Kontrakts vergleichbar zu machen. Es ergibt sich folgender Wert:

Tab. 11.57: Ermittlung des Preisfaktors

	Anleihe 1	**Anleihe 2**
Kupon (%)	5,00	5,50
letzter Zinstermin	16.01.2016	10.11.2015
nächster Zinstermin	16.01.2017	10.11.2016
Fälligkeit	16.01.2025	10.11.2026
Kurs der Anleihe (%)	99,80	100,50
Zeitraum vom Verfalltag bis zum nächsten Kupontermin (als Bruchteil eines Jahrs auf Monatsbasis)	$\frac{\text{Monate (10.03.2016 bis 16.01.2017)}}{12} = \frac{10}{12} = \frac{5}{6}$ Jahre	$\frac{\text{Monate (10.03.2016 bis 10.11.2016)}}{12} = \frac{8}{12} = \frac{2}{3}$ Jahre
volle Jahre bis zur Fälligkeit der Anleihe	8 Jahre	10 Jahre
Preisfaktor	0,932745	0,961072

Der Preisfaktor bestimmt sich für Anleihe 1 gemäß folgender Formel:

$$PF = \frac{1}{1{,}06^{\frac{5}{6}}} \cdot \left[\frac{5}{6} \cdot \left(1{,}06 - \frac{1}{1{,}06^{8}}\right) + \frac{1}{1{,}06^{8}}\right] - \frac{5 \cdot (1 - \frac{5}{6})}{100} = 0{,}932745$$

Für Anleihe 2 ergibt sich der Preisfaktor nach folgender Rechnung:

$$PF = \frac{1}{1{,}06^{\frac{2}{3}}} \cdot \left[\frac{5{,}5}{6} \cdot \left(1{,}06 - \frac{1}{1{,}06^{10}}\right) + \frac{1}{1{,}06^{10}}\right] - \frac{5{,}5 \cdot (1 - \frac{2}{3})}{100} = 0{,}961072$$

Auf Basis dieses Vergleichsmaßstabs können der Marktpreis und der Rechnungsbetrag bestimmt werden.

Tab. 11.58: Bestimmung der Cheapest-to-deliver-Anleihe

	Anleihe 1: 5,00 % Anleihe Bund, Fälligkeit 16.01.2025	**Anleihe 2: 5,50 % Anleihe Bund, Fälligkeit 10.11.2026**
Kurs der Anleihe (%)	99,80	100,50
Preisfaktor	0,932745	0,961072
Tage seit letztem Zinstermin	54 Tage	120 Tage
Stückzinsen (€)	100.000 · 0,05 · 54/360 = 750,00	100.000 · 0,055 · 120/360 = 1.833,33
Marktpreis der gelieferten Anleihe (€)	100.000 · 0,998 + 750 = 100.550,00	100.000 · 1,005 + 1.833,33 = 102.333,33
Rechnungsbetrag (€)	105,8 · 0,932745 · 1.000 + 750 = 99.434,42	105,8 · 0,961072 · 1.000 + 1.833,33 = 103.514,75
Mehr(+)–/Minder(–)-erlös bei Lieferung (€)	–1.115,58	1.181,42
Ergebnis		CtD-Anleihe

Frau Harzofen sollte Anleihe 2 auswählen, da dort ein Mehrerlös erzielt wird. Bei Anleihe 1 resultiert ein Mindererlös, was aus Perspektive des Kontraktverkäufers nicht optimal ist.

(b) Bei der Analyse der Vorteilhaftigkeit des Angebots muss der Terminkurs, d. h. der faire Marktpreis des Future-Kontrakts bestimmt werden. Dieser kann anschließend mit dem angebotenen Kurs der Finanzberaterin verglichen werden. Liegt der faire Kurs oberhalb des Angebotskurses, ist dieses Geschäft vorteilhaft, im umgekehrten Fall sollte das Angebot nicht angenommen werden. Zur Berechnung des Terminkurses sind folgende Daten gegeben:

Tab. 11.59: Aufstellung der Informationen zur Ermittlung des Terminkurses

Kupon (%)	4,25
Kaufdatum Anleihe	25.04.2016
Fälligkeit Anleihe	12.10.2025
zurückliegender Zinstermin CtD-Anleihe	12.10.2015
nächster Zinstermin	12.10.2016
Kurs der Anleihe am 25.04.2016 (%)	96,84
Verfalltag Future	10.06.2016
Kurs des Future (%)	106,50
Refinanzierungszinssatz (%)	4

Aus den gegebenen Größen kann nach Berechnung des Preisfaktors, der Stückzinsen pro 100 EUR der CtD-Anleihe sowie der Cost of Carry der Terminkurs ermittelt werden. Es resultieren folgende Ergebnisse:

Tab. 11.60: Ermittlung des Terminkurses

Restlaufzeit des Futures in Tagen	45
Tage seit letztem Zinstermin	193
Zeitraum vom Verfalltag bis zum nächsten Kupontermin (in Bruchteil eines Jahrs auf Monatsbasis)	$\frac{\text{Monate (10.06.2016 bis 12.10.2016)}}{12} = \frac{4}{12} = \frac{1}{3}$ Jahre
volle Jahre bis zur Fälligkeit der Anleihe	2016 – 2025 = 9 Jahre
Preisfaktor	0,877374
Stückzinsen pro 100 € (€)	2,278472
Cost of Carry (%)	−0,040641
Terminkurs (%)	110,334182

Die oben dargestellten Werte ergeben sich gemäß folgender Rechnungen:

$$PF = \frac{1}{1{,}06^{\frac{1}{3}}} \cdot \left[\frac{4{,}25}{6} \cdot \left(1{,}06 - \frac{1}{1{,}06^9}\right) + \frac{1}{1{,}06^9}\right] - \frac{4{,}25 \cdot (1 - \frac{1}{3})}{100} = 0{,}877374$$

$$\text{Stückzinsen pro 100 EUR} = 0{,}0425 \cdot \frac{193}{360} \cdot 100 = 2{,}278472\,€$$

$$\text{Cost of Carry} = \frac{1}{0{,}877374} \cdot \left[(96{,}84 + 2{,}278472) \cdot \left(0{,}04 \cdot \frac{45}{360}\right) - 0{,}0425 \cdot 100 \cdot \frac{45}{360}\right]$$

$$= -0{,}040641\,\%$$

$$\text{Terminkurs} = \frac{96{,}84\,\%}{0{,}877374} + (-0{,}040641\,\%) = 110{,}334182\,\%$$

Das Angebot der befreundeten Finanzberaterin ist fair, da der angebotene Kurs von 106,50 % unterhalb des fairen Marktpreises des Future-Kontrakts von 110,33 % liegt. Das Angebot sollte somit angenommen werden.

(c) Durch den Aufbau des Absicherungsgeschäfts kann Frau Harzofen den Kursverlust aus der Kassaposition vollständig durch die Gegenposition am Terminmarkt ausgleichen. In diesem Fall ist für Frau Harzofen am Verfalltag nicht der Anleihekurs in Höhe von 85,30 %, sondern der im Rahmen des Termingeschäfts vereinbarte Basispreis von 103,919585 % von Bedeutung.

Tab. 11.61: Aufbau des Absicherungsgeschäfts von Frau Harzofen (Angaben in EUR)

Position	Abschlusstag (25.04.2016)	Verfalltag (10.06.2016)
Kassa-position (Long)	Kaufpreiszahlung der Anleihe $-10 \cdot 100.000 \cdot (0,9124 + \frac{193}{360} \cdot 0,0425)$ $= -935.184,72$	Stückzinsertrag der Anleihe $10 \cdot 100.000 \cdot \frac{238}{360} \cdot 0,0425$ $= 28.097,22$
	Finanzierung des Kassakaufs 935.184,72	Zins- und Tilgungszahlung der Finanzierung $-935.184,72 \cdot (1 + 0,04 \cdot \frac{45}{360})$ $= -939.860,64$
Termin-position (Short)	Terminverkauf (Basispreis: 103,919585 %) 0	Erlös aus dem Terminverkauf 10 · 0,877374 · 1,03919585 · 100.000 = 911.763,42
Summe	0,00	0,00

Aus der Gesamtposition ergibt sich am Verfalltag kein Zahlungssaldo, sodass das Zinsänderungsrisiko vollständig abgesichert werden konnte.

11.3.9 Leverage-Effekt und Kapitalstrukturtheorie

(a) Für die Fit and Healthy AG lässt sich die Eigenkapitalrentabilität folgendermaßen berechnen, wobei für Szenario I exemplarisch gilt:

$$FK = GK - EK = 200 \text{ Mio. €} - 200 \text{ Mio. €} = 0 \text{ Mio. €}$$

$$GKR = \frac{KG}{GK} = \frac{20 \text{ Mio. €}}{200 \text{ Mio. €}} = 10\,\%$$

$$EKR = GKR + (GKR - FKZ) \cdot \frac{FK}{EK} = 10\,\% + (10\,\% - 6\,\%) \cdot \frac{0 \text{ Mio. €}}{200 \text{ Mio. €}} = 10{,}00\,\%$$

Tab. 11.62: Berechnung der Gesamt- und Eigenkapitalrentabilität der Fit and Healthy AG

Szenario	I	II	III
Kapitalgewinn (Mio. €)	20	20	20
Bilanzsumme (Mio. €)	200	200	200
Fremdkapitalzinssatz (%)	6	6	6
Eigenkapital (Mio. €)	200	100	50
Fremdkapital (Mio. €)	0	100	150
GKR (%)	10,0	10,0	10,0
EKR (%)	10,0	14,0	22,0

In der vorliegenden Konstellation ist nur die Eigenkapitalrentabilität beeinflussbar, da der Kapitalgewinn konstant bleibt.

Der Effekt mit dem formal die Wirkung einer veränderten Kapitalstruktur auf die Eigenkapitalrentabilität nachvollzogen werden kann, heißt Leverage-Effekt. Der Leverage-Effekt sagt aus, dass mit steigender Fremdkapitalquote die Eigenkapitalrentabilität zunimmt, wenn die Gesamtkapitalrentabilität größer als der Fremdkapitalzinssatz ist, also GKR > FKZ gilt. Der Verschuldungsgrad (FK/EK) wirkt sich dabei als eine Art „Hebel" auf die Eigenkapitalrentabiltät aus.

(b) In der folgenden Abb. 11.3 ist die Eigenkapitalrentabilität in Abhängigkeit von der Gesamtkapitalrentabilität dargestellt:

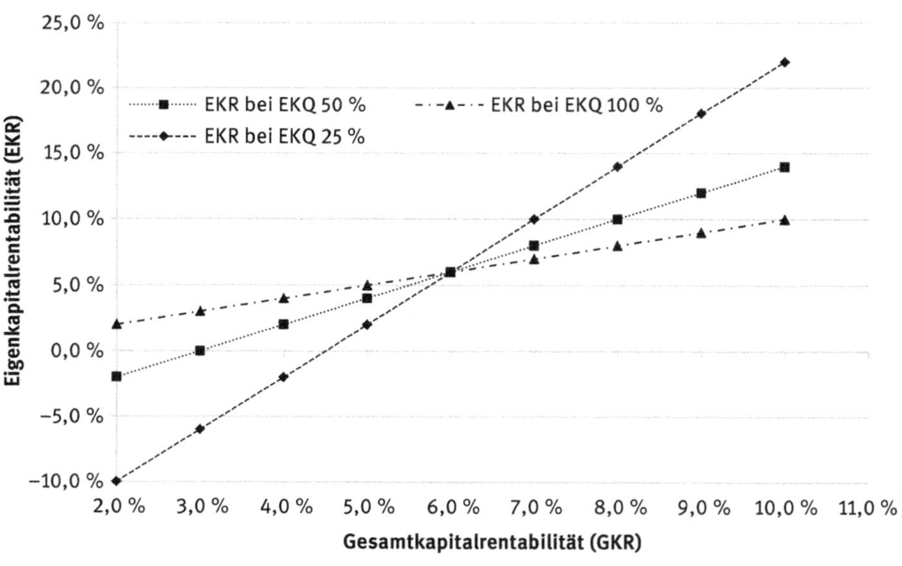

Abb. 11.3: Eigenkapitalrentabilität in Abhängigkeit von der Gesamtkapitalrentabilität

Tab. 11.63: Interpretation der Kapitalstruktureffekte

Szenario	Interpretation
Szenario I: EKQ = 100 %:	bis zu einer GKR < 6 % beste Alternative ab einer GKR > 6 % schlechteste Alternative
Szenario II: EKQ = 50 %:	bis zu einer GKR < 6 % besser als Szenario III, aber schlechter als Szenario I ab einer GKR > 6 % besser als Szenario I, aber schlechter als Szenario III
Szenario III: EKQ = 25 %:	bis zu einer GKR < 6 % schlechteste Alternative ab einer GKR > 6 % beste Alternative

Stimmen die Gesamtkapitalrentabilität und der Fremdkapitalzins überein (im Beispiel bei 6 %), hat die Verschuldung keinen Einfluss auf die erzielte Eigenkapitalrentabilität. Übersteigt die Gesamtkapitalrentabilität den Fremdkapitalzins, geht von einem steigenden Verschuldungsgrad eine positive, im anderen Fall eine negative Wirkung auf die Eigenkapitalrentabilität aus. Die Gerade verläuft dabei umso steiler, je höher der Verschuldungsgrad ist.

Der Verlauf verdeutlicht, dass in Phasen einer hohen Gesamtkapitalrentabilität das Vorhalten von wenig Eigenkapital zu einem starken Anstieg der Eigenkapitalrentabilität führt, in Zeiten einer niedrigen Gesamtkapitalrentabilität hingegen eine höhere Eigenkapitalquote auch zu einer höheren Eigenkapitalrentabilität beiträgt.

(c) In der von Modigliani/Miller entwickelten Kapitalstrukturtheorie wird die Existenz eines optimalen Verschuldungsgrades bestritten. Daraus folgt, dass die Steigerung der Eigenkapitalrentabilität nicht zwangsläufig zu einem Anstieg des Unternehmenswerts führt. Aus der Theorie von Modigliani/Miller folgt vielmehr, dass die Eigenkapitalkosten mit zunehmender Verschuldung von den Eigenkapitalgebern so angepasst werden, dass der Rentabilitätseffekt aus dem Leverage-Effekt genau ausgeglichen wird und dadurch keine Änderung des Unternehmenswerts eintreten kann. Lediglich die Wertanteile zwischen Eigen- und Fremdkapitalgebern teilen sich unterschiedlich auf.

Die Beweisführung von Modigliani/Miller geschieht über drei Theoreme:

Das **erste Theorem** besagt, dass der Unternehmenswert unabhängig von der Kapitalstruktur ist und durch die Kapitalisierung des erwarteten Cashflows mit dem der Risikoklasse entsprechenden Kapitalkostensatz bestimmt wird.

Das **zweite Theorem** beschäftigt sich mit der Entwicklung der Eigenkapitalkosten in Abhängigkeit vom Verschuldungsgrad.

Das **dritte Theorem** ergibt sich in Konsequenz aus den beiden vorherigen Theoremen. Es besagt, dass die durchschnittlichen Kapitalkosten unabhängig von der Kapitalstruktur sind.

Die Eigenkapitalkosten der unverschuldeten Unternehmung setzen sich aus einem risikolosen Zinssatz und einer Risikoprämie für das leistungswirtschaftliche Risiko zusammen. Um die Eigenkapitalkosten der verschuldeten Unternehmung berechnen zu können, ist die Beziehung von Modigliani/Miller herzuleiten: Die Gleichung zu den Eigenkapitalkosten des verschuldeten Unternehmens kann auch wie folgt geschrieben werden:

$$k_{EK}^{l} = \frac{k_{EK}^{u} \cdot V^{u} - k_{FK} \cdot FK^{MW}}{EK^{MW}}$$

Im Gleichgewicht gilt, dass die Unternehmenswerte von verschuldetem und unverschuldetem Unternehmen übereinstimmen:

$$V^{u} = V^{l} = EK^{MW} + (FK^{MW})$$

Einsetzen in die obere Bewertungsgleichung führt zu dem folgenden Ausdruck:

$$k_{EK}^{l} = \frac{k_{EK}^{u} \cdot (EK^{MW} + FK^{MW}) - k_{FK} \cdot FK^{MW}}{EK^{MW}}$$

Umformen und kürzen führt zu der von Modigliani/Miller entwickelten Beziehung:

$$k_{EK}^{l} = k_{EK}^{u} + (k_{EK}^{u} - k_{FK}) \cdot \frac{FK^{MW}}{EK^{MW}}$$

Die Eigenkapitalkosten der verschuldeten Unternehmung berechnen sich aus den Eigenkapitalkosten der unverschuldeten Unternehmung und einem Risikozuschlag für das Kapitalstrukturrisiko. Dabei ergeben sich die Eigenkapitelkosten der unverschuldeten Unternehmung aus einem risikolosen Zinssatz zuzüglich einer Risikoprämie für das leistungswirtschaftliche Risiko.
Werden die entsprechenden Daten für die „Fit and Healthy AG“ in die oben hergeleitete Beziehung eingesetzt, folgen daraus die in der Tab. 11.64 aufgeführten Eigenkapitalkosten des verschuldeten Unternehmens:

Tab. 11.64: Übersicht der Eigenkapitalkosten (Angaben in %)

Szenario	I	II	III
k_{EK}^{u}	10,0	10,0	10,0
k_{EK}^{l}	10,0	14,0	22,0

Tab. 11.65: Entwicklung des Unternehmenswerts in Abhängigkeit von der Kapitalstruktur nach Modigliani/Miller

Szenario	I	II	III
Gesamtkapital (nominal) (Mio. €)	200,0	200,0	200,0
Eigenkapital (nominal) (Mio. €)	200,0	100,0	50,0
Fremdkapital (nominal) (Mio. €)	0,0	100,0	150,0
Kapitalgewinn (Mio. €)	20,0	20,0	20,0
Zinsaufwand (Mio. €)	0,0	6,0	9,0
Jahresüberschuss (Mio. €)	20,0	14,0	11,0
Free-Cashflow-Netto (Mio. €)	20,0	14,0	11,0
EKR (%)	10,0	14,0	22,0
k_{EK}^{l} (%)	10,0	14,0	22,0
EK (Marktwert) = JÜ/Eigenkapitalkosten	200,0	100,0	50,0
Marktwert FK (Mio. €)	0,0	100,0	150,0
UW (Marktwert GK) (Mio. €)	**200,0**	**200,0**	**200,0**
durchschnittliche Kapitalkosten (%)	**10,0**	**10,0**	**10,0**

(d) Nach der traditionellen These würde der Marktwert des Gesamtkapitals mit zunehmender Verschuldung steigen. Ausgangspunkt der Überlegungen ist, dass mit zunehmender Verschuldung die Eigenkapitalkosten (Renditeforderungen der Eigenkapitalgeber) zunächst nicht steigen, sodass die durch den Leverage-Effekt erzielte Zunahme der Eigenkapitalrentabilität (noch) nicht durch höhere Eigenkapitalkosten ausgeglichen wird. Die Begründung hierfür ist darin zu sehen, dass bei einem geringen Fremdkapitalanteil die Eigenkapitalgeber die Verschuldungsrisiken noch als zu gering beurteilen, um einen entsprechenden Risikoaufschlag zu fordern. Zu beachten ist, dass im Rahmen der traditionellen These von keinem geschlossenen Theoriekonstrukt ausgegangen wird.

Tab. 11.66: Entwicklung des Unternehmenswerts in Abhängigkeit von der Kapitalstruktur nach traditioneller These

Szenario	I	II	III
Gesamtkapital (nominal) (Mio. €)	200,0	200,0	200,0
Eigenkapital (nominal) (Mio. €)	200,0	100,0	50,0
Fremdkapital (nominal) (Mio. €)	0,0	100,0	150,0
Kapitalgewinn (Mio. €)	20,0	20,0	20,0
Zinsaufwand (Mio. €)	0,0	6,0	9,0
Jahresüberschuss (Mio. €)	20,0	14,0	11,0
Free-Cashflow-Netto (Mio. €)	20,0	14,0	11,0
EKR (%)	10,0	14,0	22,0
k_{EK}^{l} (%)	10,0	10,0	10,0

Tab. 11.66: (fortgesetzt)

Szenario	**I**	**II**	**III**
EK (Marktwert) = Jahresüberschuss/ Eigenkapitalkosten	200,0	140,0	110,0
Marktwert FK (Mio. €)	0,0	100,0	150,0
UW (Marktwert GK) (Mio. €)	**200,0**	**240,0**	**260,0**
durchschnittliche Kapitalkosten (%)	**10,0**	**8,3**	**7,7**

(e) Zur Berücksichtigung des steuerlichen Effekts muss die oben hergeleitete Beziehung modifiziert werden. Die Eigenkapitalkosten der unverschuldeten Unternehmung bestimmen sich bei einfachem Steuersystem wie folgt:

$$k_{EK}^{u} = \frac{JÜ \cdot (1 - s)}{V^{u}}$$

Wird eine anteilige Fremdfinanzierung unterstellt, ergeben sich die Eigenkapitalkosten des verschuldeten Unternehmens über die unten stehende Beziehung:

$$k_{EK}^{l} = \frac{(KG - k_{FK} \cdot FK^{MW}) \cdot (1 - s)}{EK^{MW}}$$

Im Gleichgewicht gilt, dass die Unternehmenswerte von verschuldetem und unverschuldetem Unternehmen sich um den Steuervorteil $s \cdot k_{FK} \cdot FK^{MW}$ unterscheiden:

$$V^{l} = EK^{MW} + FK^{MW} = \frac{JÜ \cdot (1 - s)}{k_{EK}^{u}} + \frac{s \cdot k_{FK} \cdot FK^{MW}}{k_{FK}} = V^{u} + s \cdot FK^{MW}$$

$$\Rightarrow V^{u} = EK^{MW} + FK^{MW} - s \cdot FK^{MW}$$

Einsetzen und anschließendes Umformen liefert:

$$k_{EK}^{l} = \frac{k_{EK}^{u} \cdot (EK^{MW} + FK^{MW} - s \cdot FK^{MW}) - k_{FK} \cdot FK^{MW} \cdot (1 - s)}{EK^{MW}}$$

$$k_{EK}^{l} = k_{EK}^{u} + \frac{(k_{EK}^{u} - k_{FK}) \cdot (1 - s) \cdot FK^{MW}}{EK^{MW}}$$

$$\Rightarrow k_{EK}^{l} = k_{EK}^{u} + (k_{EK}^{u} - k_{FK}) \cdot (1 - s) \cdot \frac{FK^{MW}}{EK^{MW}}$$

Werden die Zahlen des Beispiels in die oben hergeleitete Beziehung eingesetzt, ergeben sich die unten aufgeführten Eigenkapitalkosten der verschuldeten Unternehmung. Gegenüber dem Fall ohne Steuervorteil steigen die Eigenkapitalkosten der verschuldeten Unternehmung langsamer an. Die Abzugsfähigkeit der Fremdkapitalzinsen von der Steuerbemessungsgrundlage führt zu einem um (1 – s) langsameren Anstieg der Risikoprämie und erklärt den Wertvorteil aus Steuern.

Tab. 11.67: Übersicht der Eigenkapitalkosten nach Veränderung (Angaben in %)

Szenario	I	II	III
k^l_{EK} mit Steuern	10,0	12,8	18,4
Veränderung	0,0	1,2	3,6

(f) Die **Trade-off-Theorie** baut auf der Schlussfolgerung aus dem Irrelevanztheorem von Modigliani/Miller auf, dass eine vorteilhafte Kapitalstruktur nur aus steuerlichen Effekten, Marktunvollkommenheiten und Vertragsproblemen entstehen kann. Tiefergehend können eine Reihe von Untertheorien unterschieden werden, wobei zwei Gebiete eine besondere Bedeutung besitzen. Der erste Theoriebereich untersucht den Werteinfluss, der aus dem Trade-off zwischen den Steuervorteilen bei einer Veränderung des Verschuldungsgrads und den veränderten Zahlungen des Unternehmens aus Insolvenz- und Transaktionskosten entsteht. Der zweite Theoriebereich beschäftigt sich mit dem Trade-off zwischen Steuervorteilen und Agency-Kosten, die mit Vermögensverschiebungen zwischen verschiedenen Kapitalgebern verbunden sein können.
Die **Pecking-Order-Theorie** wählt eine andere Herangehensweise zur Erklärung der Kapitalstruktur im Unternehmen als dies die bisher vorgestellten Kapitalstrukturtheorien tun. Im Rahmen der Pecking-Order-Theorie wird nicht von der Existenz einer optimalen Kapitalstruktur im bisherigen Sinne ausgegangen, sondern unterstellt, dass die Wahl eines Finanzierungsinstruments von den Finanzierungsmöglichkeiten der Unternehmung abhängt und aus gewissen Markt- und Zeitphasen heraus erklärt werden kann. Die Kapitalstruktur ist somit ständigen Anpassungen unterworfen. Die Pecking-Order-Theorie wird daher auch als dynamische Kapitalstrukturtheorie bezeichnet.

11.3.10 Finanzwirtschaftliche Kennzahlenanalyse

(a)

$$\text{Investitionsrate} = \frac{\text{(Anlage-)Investitionen}}{\text{Umsatzerlöse}} = \frac{6.540}{44.730 + 37.480 + 21.760} = 6{,}29\,\%$$

Die Investitionsrate gibt allgemein das Verhältnis aus unternehmerischer Investitionstätigkeit und der Erwirtschaftung finanzieller Mittel wider. Bei der Espensteig AG wurden 6,29 % der Umsatzerlöse in neue Anlagen investiert.

$$\text{Innenfinanzierungsgrad} = \frac{\text{Cashflow}}{\text{(Anlage-)Investitionen}} = \frac{2.443 + 2.580 + 9.420}{6.540} = 220{,}84\,\%$$

Der Innenfinanzierungsgrad gibt an, welches Potenzial ein Unternehmen besitzt, Investitionen direkt aus dem eigenwirtschaftlichen Finanzmittelüberschuss zu finanzieren. Bei der Espensteig AG beträgt der Grad der Innenfinanzierung 220,84 %. Das Unternehmen war in der Lage, die Investitionen vollständig durch eigenerwirtschaftete Mittel zu finanzieren.

$$\text{Finanzkraft} = \frac{\text{Cashflow}}{\text{Umsatzerlöse}} = \frac{2.443 + 2.580 + 9.420}{44.730 + 37.480 + 21.760} = 13{,}89\,\%$$

Die Finanzkraft stellt dar, wie hoch der Anteil der Umsatzerlöse ist, der als Finanzmittelüberschuss im Unternehmen verbleibt. Im vorliegenden Fall beläuft sich der Anteil der Umsatzerlöse, der in liquider Form und damit zur Innenfinanzierung zur Verfügung steht, auf 13,89 %.

$$\text{Investitionsdeckungsgrad} = \frac{\text{Abschreibungen auf Anlagen}}{\text{(Anlage-)Investitionen}} = \frac{9.420 + 2.580}{6.540} = 183{,}49\,\%$$

Der Investitionsdeckungsgrad gibt an, in welcher Höhe die angesetzten und verdienten Abschreibungen in Sachanlagen reinvestiert wurden. Im Falle der Espensteig AG ist der Investitionsdeckungsgrad größer 100 %, wodurch deutlich wird, dass die Abschreibungen nicht in vollem Umfang reinvestiert wurden.

(b)

$$\text{Anlagenintensität} = \frac{\text{(Netto-)Anlagenvermögen}}{\text{Gesamtvermögen}} = \frac{6.230 + 11.250 + 3.980 + 5.500}{55.193} = 48{,}85\,\%$$

Die Anlagenintensität sagt aus, welcher Anteil des Gesamtvermögens sich aus Anlagevermögen zusammensetzt, d. h. welcher Teil des Vermögens langfristig gebunden ist. Bei der Espensteig AG sind 48,85 % des Gesamtvermögens in Anlagevermögen gebunden.

$$\text{Vorratsintensität} = \frac{\text{Vorräte}}{\text{Gesamtvermögen}} = \frac{6.470 + 3.890 + 2.610}{55.193} = 23{,}50\,\%$$

Die Vorratsintensität sagt aus, welcher Anteil des Gesamtvermögens sich aus Vorräten zusammensetzt. Bei der Espensteig AG sind 23,50 % des Gesamtvermögens in Vorräten (Roh-, Hilfs- und Betriebsstoffe sowie fertige und unfertige Erzeugnisse) gebunden.

$$\text{Forderungsintensität} = \frac{\text{Warenforderungen}}{\text{Gesamtvermögen}} = \frac{13.950}{55.193} = 25{,}27\,\%$$

Die Forderungsintensität ermittelt den Anteil der Forderungen am Gesamtvermögen. Bei der Espensteig AG sind 25,27 % des Gesamtvermögens in Forderungen aus Lieferungen und Leistungen gebunden.

$$\text{Kassenmittelintensität} = \frac{\text{liquide Mittel}}{\text{Gesamtvermögen}} = \frac{870 + 443}{55.193} = 2{,}38\,\%$$

Die Kassenmittelintensität ermittelt den Anteil liquider Mittel am Gesamtvermögen. Bei der Espensteig AG entfallen 2,38 % des Gesamtvermögens auf liquide Mittel.

(c)

Vertikale Kapitalstrukturkennzahlen

$$\text{statischer Verschuldungsgrad} = \frac{\text{Fremdkapital}}{\text{Eigenkapital}} = \frac{10.490 + 6.540 + 8.750 + 2.443}{18.500 + 4.640 + 3.830} = 104{,}65\,\%$$

Der statische Verschuldungsgrad zeigt das Verhältnis von Fremdkapital zu Eigenkapital an. Bezogen auf eine Einheit Eigenkapital verfügt die Espensteig AG über 1,0465 Einheiten Fremdkapital.

$$\text{dynamischer Verschuldungsgrad} = \frac{\text{Effektivverschuldung}}{\text{Cashflow}}$$

$$= \frac{10.490 + 6.540 + 8.750 + 2.443 - 13.950 - 870 - 443}{2.443 + 2.580 + 9.420} = 89{,}73\,\%$$

Der dynamische Verschuldungsgrad quantifiziert die Fähigkeit des Unternehmens, die effektive Verschuldung durch den laufenden Finanzmittelüberschuss zu tilgen. Es würde bei der Espensteig AG bei sonst gleichen Bedingungen 0,8973 Jahre dauern, um die Effektivverschuldung aus dem Cashflow zurückzuführen.

$$\text{kurzfristige Verschuldungsintensität} = \frac{\text{kurzfristiges Fremdkapital}}{\text{Fremdkapital}}$$

$$= \frac{10.490 + 8.750 + 2.443}{10.490 + 6.540 + 8.750 + 2.443} = 76{,}83\,\%$$

Die kurzfristige Verschuldungsintensität setzt das kurzfristige Fremdkapital zum gesamten Fremdkapital ins Verhältnis und zeigt damit auf, wie hoch das Risiko der kurzfristigen Rückforderung des zur Verfügung gestellten Kapitals durch die Fremdkapitalgeber ist. Im Falle der Espensteig AG sind 76,83 % des gesamten Fremdkapitals mit einer kurzen Laufzeit verbunden.

Horizontale Kapitalstrukturkennzahlen

$$\text{Anlagendeckungsgrad I} = \frac{\text{Eigenkapital}}{\text{(Netto-)Anlagevermögen}}$$

$$= \frac{18.500 + 4.640 + 3.830}{6.230 + 11.250 + 3.980 + 5.500} = 100{,}04\,\%$$

$$\text{Anlagendeckungsgrad II} = \frac{\text{Eigenkapital} + \text{langfristiges Fremdkapital}}{\text{(Netto-)Anlagevermögen}}$$

$$= \frac{18.500 + 4.640 + 3.830 + 6.540}{6.230 + 11.250 + 3.980 + 5.500} = 124{,}30\,\%$$

Die beiden Anlagendeckungsgrade stellen eine Beziehung zwischen der Fristigkeit der Vermögens- und der Kapitalpositionen her, wobei überprüft wird, ob Kapitalpositionen mit langfristigem Charakter auch entsprechend hohe Vermögenspositionen mit langfristiger Bindungsdauer gegenüberstehen. Da bei der Espensteig AG beide Anlagendeckungsgrade größer eins sind, ist das langfristige Vermögen des Unternehmens langfristig finanziert.

$$\text{Liquidität 1. Grades} = \frac{\text{liquide Mittel}}{\text{kurzfristiges Fremdkapital}} = \frac{870 + 443}{10.490 + 8.750 + 2.443}$$

$$= 6{,}06\,\%$$

$$\text{Liquidität 2. Grades} = \frac{\text{monetäres Umlaufvermögen}}{\text{kurzfristiges Fremdkapital}} = \frac{870 + 443 + 13.950}{10.490 + 8.750 + 2.443}$$

$$= 70{,}39\,\%$$

$$\text{Liquidität 3. Grades} = \frac{\text{Umlaufvermögen}}{\text{kurzfristiges Fremdkapital}}$$

$$= \frac{870 + 443 + 13.950 + 2.610 + 3.890 + 6.470}{10.490 + 8.750 + 2.443} = 130{,}21\,\%$$

Die drei Liquiditätsgrade überprüfen mit unterschiedlichem Umfang an einbezogenen Positionen des Umlaufvermögens die Übereinstimmung der kurzfristigen Kapitalbindungsdauer von Vermögens- und Kapitalpositionen. Die Liquidität eines Unternehmens ist dabei umso besser, je höher die Liquiditätsgrade sind. Im

Falle der Espensteig AG kann ab der Liquidität 3. Grades das kurzfristige Fremdkapital vollständig durch die betrachtete Vermögensposition getilgt werden. Hierfür müssten jedoch neben leicht liquidierbaren Positionen der liquiden Mittel und der Forderungen auch die Vorräte des Unternehmens eingesetzt werden.

$$\begin{aligned}\text{Working Capital} &= \text{Umlaufvermögen} - \text{kurzfristiges Fremdkapital}\\ &= (870 + 443 + 13.950 + 2.610 + 3.890 + 6.470)\\ &\quad - (10.490 + 8.750 + 2.443) = 6.550\end{aligned}$$

Das Working Capital überträgt die Grundidee der Liquidität 3. Grades auf eine absolute Kennzahl. Im Falle der Espensteig AG übersteigt das Umlaufvermögen das kurzfristige Fremdkapital um 6.550 TEUR. Dieser Teil des Umlaufvermögens ist damit nicht zur kurzfristigen Deckung des Fremdkapitals notwendig.

Literatur

Adam, D.: *Investitionscontrolling*, 3. Aufl., München 2000.

Albrecht, P./Maurer, R.: *Investment- und Risikomanagement: Modelle, Methoden, Anwendungen*, 4. Aufl., Stuttgart 2016.

Altrogge, G.: *Investition*, 4. Aufl., München/Wien 1996.

Aschauer, E./Purtscher, V.: *Einführung in die Unternehmensbewertung*, Wien 2011.

Baetge, J./Kirsch, H.-J./Thiele, S.: *Bilanzanalyse*, 2. Aufl., Düsseldorf 2004.

Baetge, J./Niemeyer, K./Kümmel, J./Schulz, R. (Baetge et al.): Darstellung der Discounted Cashflow-Verfahren (DCF-Verfahren) mit Beispiel, in: Peemöller, V. H. (Hrsg.): *Praxishandbuch der Unternehmensbewertung*, 6. Aufl., Herne 2015, S. 353–508.

Ballwieser, W.: Die Ermittlung impliziter Eigenkapitalkosten aus Gewinnschätzungen und Aktienkursen: Ansatz und Probleme, in: Schneider, D./Rückle, D./Küpper, H.-U./ Wagner, F. W. (Hrsg.): *Kritisches zur Rechnungslegung und Unternehmensbesteuerung*, Berlin 2005, S. 321–337.

Ballwieser, W./Hachmeister, D.: *Unternehmensbewertung: Prozess, Methoden und Probleme*, 5. Aufl., Stuttgart 2016.

Ballwieser, W.: Verbindungen von Ertragswert- und Discounted-Cashflow-Verfahren, in: Peemöller, V. H. (Hrsg.): *Praxishandbuch der Unternehmensbewertung*, 6. Aufl., Herne 2015, S. 509–520.

Bamberg, G./Coenenberg, A. G.: *Betriebswirtschaftliche Entscheidungslehre*, 15. Aufl., München 2012.

Beck, R.: *Crowdinvesting – Die Investition der Vielen*, 3. Aufl., Kulmbach 2014.

Behringer, S./Lühn M.: *Cash-flow und Unternehmensbeurteilung: Berechnungen und Anwendungsfelder für die Finanzanalyse*, 11. Aufl., Berlin 2016.

Behringer, S.: *Unternehmensbewertung der Mittel- und Kleinbetriebe*, 5. Aufl., Berlin 2012.

Belleflamme, P./Omrani, N./Peitz, M.:The economics of crowdfunding platforms, in: *Information Economics and Policy*, Vol. 33, 2015, S. 11–28.

Bellinger, B./Vahl, G.: *Unternehmensbewertung in Theorie und Praxis*, 2. Aufl., Wiesbaden 1992.

Bernecker, M./Seethaler, P.: *Grundlagen der Finanzierung*, München/Wien 1998.

Bessler, W./Drobetz, W./Thies, S.: *Kapitalkosten*, in: Bartmann, D./Burger, A./Burkhardt, T. u. a. (Hrsg.): Knapps Enzyklopädisches Lexikon des Geld-, Bank- und Börsenwesens, 5., neu bearbeitete Aufl, Frankfurt am Main 2007, Artikel Nr. 3001.

Betsch, O./Groh, A./Lohmann, L. G. E.: *Corporate Finance: Unternehmensfinanzierung, M&A und innovative Kapitalmarktfinanzierung*, 2. Aufl., München 2000.

Bieg, H.: *Die Kreditfinanzierung* (Teil III), in: *Der Steuerberater*, 48. Jg. (1997a), S. 306–313.

Bieg, H.: *Die Kreditfinanzierung* (Teil V), in: *Der Steuerberater*, 48. Jg. (1997b), S. 394–402.

Bieg, H.: *Finanzmanagement mit Futures*, in: *Der Steuerberater*, 49. Jg. (1998), Nr. 3, S. 104–112.

Bieg, H./Hossfeld, C.: *Finanzierungsentscheidungen*, in: Küting, K. (Hrsg.): *Saarbrücker Handbuch der Betriebswirtschaftlichen Beratung*, 4. Aufl., Herne/Berlin 2008, S. 45–160.

Bieg, H./Kußmaul, H./Waschbusch, G.: *Finanzierung*, 3. Aufl., München 2016a.

Bieg, H./Kußmaul, H./Waschbusch, G.: *Investition*, 3. Aufl., München 2016b.

Bieg, H./Kußmaul, H.: *Investitions- und Finanzierungsmanagement*, Band III: Finanzwirtschaftliche Entscheidungen, München, 2000.

Blohm, H./Lüder, K./Schaefer, C.: *Investition: Schwachstellenanalyse des Investitionsbereichs und Investitionsrechnung*, 10. Aufl., München 2012.

Böcking, H.-J./Nowak, K.: Marktorientierte Unternehmensbewertung: Darstellung und Würdigung der marktorientierten Vergleichsverfahren vor dem Hintergrund der deutschen Kapitalmarktverhältnisse, in: *Finanz-Betrieb*, 1. Jg. (1999), Heft 8, S. 169–176.

DOI 10.1515/9783110353082-013

Born, K.: *Unternehmensanalyse und Unternehmensbewertung*, 2. Aufl., Stuttgart 2003.
Brenken, A./Papenfuß, H.: *Unternehmensfinanzierung mit ABS*, Frankfurt am Main 2007.
Brennan, M. J.: Corporate Finance Over the Past 25 Years, in: *Financial Management*, Vol. 24, No. 2, 1995, S. 9–22.
Breuer, W.: *Finanzierungstheorie: Eine systematische Einführung*, 3. Aufl., Wiesbaden 2013.
Bruns, C./Meyer-Bullerdiek, F.: *Professionelles Portfoliomanagement: Aufbau, Umsetzung und Erfolgskontrolle strukturierter Anlagestrategien*, 5. Aufl., Stuttgart 2013.
Buchner, R./Englert, J.: Die Bewertung von Unternehmen auf der Basis des Unternehmensvergleichs, in: *Betriebsberater*, 49. Jg. (1994), Heft 23, S. 1573–1580.
Büschgen, H. E.: Grundlagen betrieblicher Finanzwirtschaft: Unternehmensfinanzierung, 3. Aufl., Frankfurt am Main 1991.
Busse, F.-J.: *Grundlagen der betrieblichen Finanzwirtschaft*, 5. Aufl., München/Wien 2003.
Casey, C.: Kapitalstrukturanalyse und Trade-Off-Theorie: Theoretische Überlegungen und branchenspezifische Reaktionsmuster der DAX-Gesellschaften, in: *Betriebliche Forschung und Praxis*, 64. Jg., Heft 2, 2012, S. 163–189.
Chmielewicz, K.: Integrierte Finanz-, Bilanz- und Erfolgsplanung, in: Gebhardt, G./Gerke, W./Steiner, M. (Hrsg.): *Handbuch des Finanzmanagements: Instrumente und Märkte der Unternehmensfinanzierung*, München 1993, S. 43–66.
Coenenberg, A. G., Haller, A., Schultze, W.: Jahresabschluss und Jahresabschlussanalyse, 24. Aufl., Stuttgart 2016.
Copeland, A./Weston, J. F./Shastri, K.: *Finanzierungstheorie und Unternehmenspolitik: Konzept der kapitalmarktorientierten Unternehmensfinanzierung*, 4. Aufl., München 2008.
Daferner, S.: *Eigenkapitalausstattung von Existenzgründungen im Rahmen der Frühphasenfinanzierung*, Sternenfels 2000.
Däumler, K.-D./Grabe, J.: *Betriebliche Finanzwirtschaft: Mit Fragen und Aufgaben, Antworten und Lösungen, Tests und Tabellen*, 10. Aufl., Herne 2013.
Deutsche Bundesbank: Bilanzunwirksame Geschäfte deutscher Banken, in: *Monatsbericht* Oktober 1993, S. 47–69.
Dorfleitner, G./Kapitz, J./Wimmer, M.: Crowdinvesting als Finanzierungsalternative für kleine und mittlere Unternehmen, in: *Die Betriebswirtschaft*, 74. Jg. (2014), Heft 5, S. 282–303.
Dörschell, A./Franken, L./Schulte, J.: *Der Kapitalisierungszinssatz in der Unternehmensbewertung: Praxisgerechte Ableitung unter Verwendung von Kapitalmarktdaten*, 2. Aufl., Düsseldorf 2012.
Drukarczyk, J./Schüler, A.: *Unternehmensbewertung*, 7. Aufl., München 2016.
Drukarczyk, J./Lobe, S.: *Finanzierung*, 11. Aufl., Konstanz und München 2015.
Drukarczyk, J.: *Theorie und Politik der Finanzierung*, 2. Aufl., München 1993.
Eilenberger, G.: *Betriebliche Finanzwirtschaft: Einführung in Investition und Finanzierung, Finanzpolitik und Finanzmanagement von Unternehmungen*, 8. Aufl., München 2013.
Eurex: Single Stock Futures at Eurex Exchange, 2014.
Eurex: Clearing: Risk Based Margining, Frankfurt am Main 2007a, http://www.eurexclearing.com/blob/888708/c3fc6bc04f9daecf9f878bab7fc61230/data/ec_risk_based_margining_de.pdf, Abruf: 22.02.2017.
Eurex: Zinsderivate: Fixed Income Handelsstrategien, Frankfurt am Main 2007b, http://deutsche-boerse.com/cma/dispatch/de/binary/gdb_content_pool/imported_files/public_files/10_downloads/15_cma/15_Lehrgaenge/Fixed_income_handelsstrategien.pdf, Abruf: 22.02.2017.
Eurex: Clearing-Bedingungen der Eurex Clearing AG, Frankfurt am Main 2016b, http://www.eurexchange.com/blob/113028/0ddb8b2b8b631e39e4f304d59247117a/data/contract_specifications_de_ab_2016_11_07.pdf, Abruf: 22.02.2017.

Eurex: Kontraktspezifikationen für Futures-Kontrakte und Optionskontrakte an der Eurex Deutschland und der Eurex Zürich, Frankfurt am Main 2016a, http://www.eurexchange.com/blob/113028/0ddb8b2b8b631e39e4f304d59247117a/data/contract_specifications_de_ab_2016_11_07.pdf, Abruf: 22.02.2017.

Eurex: Clearing-Bedingungen der Eurex Clearing AG, Frankfurt am Main 2016b, http://www.eurexchange.com/blob/exchange-de/4188–139212/115098/50/data/clearing_conditions_de.pdf_ab-2014_02_10.pdf, Abruf: 22.02.2017.

Eurex: Single Stock Futures at Eurex Exchange, Frankfurt am Main 2016c, https://www.eurexchange.com/blob/236908/0c60bf619c079f8d7b387ccbee30cb89/data/presentation_eurex-single-stock-futures-feb2016.pdf, Abruf: 22.02.2017.

Fama, E. F./French, K. R.: Testing Trade-Off and Pecking Order Predictions About Dividends and Debt, in: *Review of Financial Studies,* Vol. 15, No. 1, 2002, S. 1–33.

Fiebach, G.: *Risikomanagement mit Zins-Futures und Futures-Optionen,* Bern/Stuttgart/Wien 1994.

Fisher, I.: *The Theory Of Interest – As Determined By Impatience To Spend Income and Opportunity To Invest It,* New York 1930.

Frank, M. Z./Goyal, V. K.: *Testing the pecking order theory of capital structure, in: Journal of Financial Economics,* Vol. 67, No. 2, 2003, S. 217–248.

Franke, G./Hax, H.: *Finanzwirtschaft des Unternehmens und Kapitalmarkt,* 6. Aufl., Berlin/Heidelberg 2009.

Frommann, H./Dahmann, A.: *Zur Rolle von Private Equity und Venture Capital in der Wirtschaft,* Berlin 2005.

Fugmann, O.: *Instrumente zur langfristigen Finanzplanung: Ein Vergleich unter besonderer Berücksichtigung von Koordinationsaspekten*, Bayreuth 2000.

Gabele, E./Kroll, M.: *Leasingsverträge optimal gestalten,* 3. Aufl., Wiesbaden 2001.

Geyer, C./Uttner, V.: *Praxishandbuch Börsentermingeschäfte: Erfolgreich mit Optionen, Optionsscheinen und Futures,* Wiesbaden 2007.

Glaser, H.: *Liquiditätsreserven und Zielfunktionen in der kurzfristigen Finanzplanung: Lineare Ansätze zur Finanzplanung,* Wiesbaden 1982.

Gleißner, W.: *Grundlagen des Risikomanagements im Unternehmen,* 2. Aufl., München 2011.

Goldberg, J./ von Nitzsch R.: *Behavioral Finance*, 4. Aufl., München 2004.

Götze, U.: *Investitionsrechnung: Modelle und Analysen zur Beurteilung von Investitionsvorhaben,* 7. Aufl., Berlin/Heidelberg 2014.

Gräfer, H./Schiller, B./Rösner, S.: *Finanzierung: Grundlagen, Institutionen, Instrumente und Kapitalmarkttheorie,* 8. Aufl., Berlin 2014.

Grimmer, A.: Statistik im *Versicherungs- und Finanzwesen. Eine anwendungsorientierte Einführung,* Wiesbaden 2014.

Günther, T.: *Unternehmenswertorientiertes Controlling,* München 1997.

Hauschildt, J./Sachs, G./Witte, E.: *Finanzplanung und Finanzkontrolle: Disposition – Organisation,* München 1981.

Hax, H.: Finanzierung, in: Bitz, M. u. a. (Hrsg.): *Vahlens Kompendium der Betriebswirtschaftslehre,* Band I, 4. Aufl., München 1998, S. 175–235.

Hax, H.: *Investitionstheorie,* 5. Aufl., Würzburg/Wien 1985.

Hayn, M.: *Bewertung junger Unternehmen,* 3. Aufl., Berlin 2003.

Heldt, P.: *Organisation der finanziellen Führung: Empirische Bestandsaufnahme und Zeitvergleich,* Berlin 2002.

Helms, N.: *Finanzierungseffekte in der Unternehmensbewertung. Integration einer differenzierten Kapitalstruktur in das Bewertungskalkül aus einer risikoorientierten Sichtweise. Dissertation Universität Kaiserslautern,* Aachen 2014.

Hermanns, J.: *Optimale Kapitalstruktur und Market Timing – Empirische Analyse börsennotierter deutscher Unternehmen,* Wiesbaden 2006.

Hering, T.: *Unternehmensbewertung,* 3. Aufl., München 2014.

Hertz, D. B.: Risk Analysis in Capital Investment, in: *Harvard Business Review,* 42. Jg. (1964), Heft 1, S. 95–106.

Hölscher, R.: Die Bewertung von Wandelanleihen unter besonderer Berücksichtigung der Daimler-Benz Wandelanleihe 1997/2002 mit Pflichtwandlung am Ende der Laufzeit, in: *Die Unternehmung,* 53. Jg. (1999), Heft 2, S. 105–119.

Hölscher, R.: Finanzierung von und in Gründungsunternehmen, in: *Dimensionen der Unternehmensgründung. Erfolgsaspekte der Selbständigkeit,* Hrsg.: H. Corsten, Berlin 2002a, S. 201–230.

Hölscher, R.: Von der Versicherung zur integrativen Risikobewältigung: Die Konzeption eines modernen Risikomanagements, in: Hölscher, R./Elfgen, R. (Hrsg.): *Herausforderung Risikomanagement: Identifikation, Bewertung und Steuerung industrieller Risiken,* Wiesbaden 2002b.

Hölscher, R.: Investitionsentscheidungen aus Sicht des Shareholder-Value-Ansatzes, in: *technologie & management,* 46. Jg. (1997a), Heft 2, S. 20–23.

Hölscher, R.: Kreditarten, in: Gerke, W./Steiner, M. (Hrsg.): *Handwörterbuch des Bank- und Finanzwesens (HWF),* 3. Aufl., Stuttgart 2001, S. 1372–1386.

Hölscher, R.: Marktzinsorientierte Investitionsrechnung, in: *Wirtschaftswissenschaftliches Studium,* 26. Jg. (1997b), Heft 26, S. 54–61.

Hölscher, R./Kremers, M.: Die Zukunft ist keine Zahl, in: *Frankfurter Allgemeine Zeitung, Beilage: Die 100 größten Unternehmen,* Nr. 155, 08. Juli 2009, S. U4.

Hölscher, R./Helms, N.: Konvergenz von APV- und WACC-Verfahren unter Auflösung des Zirkularitätsproblems (Teil 1), in: *Wirtschaftswissenschaftliches Studium,* 42. Jg., Heft 5, 2013, S. 231–237.

Hölscher, R./Helms, N.: Entity- und Equity-Verfahren bei autonomer Finanzierungsstrategie, in: Hölscher, Reinhold (Hrsg.): *Studien zum Finanz-, Bank und Versicherungsmanagement,* Band 17, 2013, unter: https://lff.wiwi.uni-kl.de/fileadmin/lff.wiwi.uni-kl.de/Publikationen/Studien/LFF_Studie_Band_17_Entity-_und_Equity-Verfahren_bei_autonomer_Finanzierungsstrategie_geschuetzt.pdf, Abruf: 22.02.2017.

Hölscher, R./Schneider, J.: Multidimensionale Investitionsbewertung, Einsatz von Checklistenverfahren, Nutzwertanalyse und Preis-Leistungsmodellen zur Lösung mehrdimensionaler Investitionsentscheidungen, in: *Wirtschaftswissenschaftliches Studium,* 43. Jg., 2014, Heft 7, Teil 2: Lösung, S. 393–397.

Hölscher, R:/Schneider, J.: Bonität bei der marktzinsorientierten Investitionsrechnung berücksichtigen, in: *Controlling & Management Review,* Sonderheft 2/2015, S. 46–52.

Hommel, M./Dehmel, I.: *Unternehmensbewertung case by case,* 7.Aufl., Frankfurt am Main 2013.

Hull, J: *Optionen, Futures und andere Derivate,* 9. Aufl., Hallbergmoos 2015.

IDW (Hrsg.): WP Handbuch 2008: Wirtschaftsprüfung, Rechnungslegung, Beratung, Band II 13. Aufl., Düsseldorf 2007.

IDW (Hrsg.): IDW Standard: Grundsätze zur Durchführung von Unternehmensbewertungen (IDW S 1 i. d. F. 2008), Düsseldorf 2008.

Ihlau, S./Duscha, H.: Liquidationswert, in: Peemöller, V. (Hrsg.): *Praxishandbuch der Unternehmensbewertung: Grundlagen und Methoden, Bewertungsverfahren, Besonderheiten bei der Bewertung,* 5. Aufl., Herne 2015, S. 807–830.

Ilg, M.: Crowdfunding – Chancen und Risiken für Unternehmen und Investoren, Herausforderungen für Finanzcontroller, in: *Controller Magazin,* (2016), Heft 1, S. 40.

Jacob, A.-F./Klein, S.: *Investment Banking: Methoden und Konzepte,* Wiesbaden 1996.

Jacob, H.: Die Methoden zur Ermittlung des Gesamtwertes einer Unternehmung: Eine vergleichende Betrachtung, 1. Teil: Der formale Vergleich der Bewertungsverfahren, in: *Zeitschrift für Betriebswirtschaft,* 30. Jg. (1960), Heft 3, S. 131–147.

Jahrmann, F.-U.: *Finanzierung*, 6. Aufl., Herne 2009.

Jensen, M./Meckling, W.: Theory of the Firm: Managerial Behavior, Agency Costs, and Capital Structure, in: *Journal of Financial Economics*, Vol. 3, No. 4, 1976, S. 305–360.

Jensen, M. C.: Agency Costs of Free Cash Flow, Corporate Finance, and Takeovers, in: *American Economic Review*, Vol. 76, No. 2, 1986, S. 323–329.

Kahnemann, D./Tversky, A.: Judgment under Uncertainty: Heuristics and Biases. In: *Science, New Series*, Vol. 185, No. 4157, 1974, S. 1124–1131.

Kahnemann,D.: *Schnelles Denken, langsames Denken*, 8. Aufl., München 2014.

Kalhöfer, C.: Differenzinvestition und kritischer Zinssatz bei Auswahlentscheidungen, in: *Wirtschaftswissenschaftliches Studium*, 35. Jg. (2006), Heft 8, S. 428–433.

Kim, E. H.: A Mean-Variance Theory of Optimal Capital Structure and Corporate Debt Capacity, in: *The Journal of Finance*, Vol. 33, No. 1, 1978, S. 45–63.

Kohl, T./König, J.: Das vereinfachte Ertragswertverfahren im Lichte des aktuellen Kapitalmarktumfeldes, in: *Betriebs Berater*, 67. Jg., Heft 10, 2012, S. 607–611.

Kraus, A./Litzenberger, R. H.: A State-preference model of optimal financial Leverage, in: *The Journal of Finance*, Vol. 28, No. 4, 1973, S. 911–922.

Kremers, M.: *Risikoübernahme in Industrieunternehmen: Der Value-at-Risk als Steuerungsgröße für das industrielle Risikomanagement, dargestellt am Beispiel des Investitionsrisikos*, Sternenfels/Berlin 2002.

Krolle, S./Schmitt, G./Schwetzler, B.: *Multiplikatorverfahren in der Unternehmensbewertung: Anwendungsbereiche, Problemfälle, Lösungsalternativen*, Stuttgart 2005.

Kruschwitz, L.: *Investitionsrechnung*, 14. Aufl., München 2014.

Kruschwitz, L./Husmann, S.: *Finanzierung und Investition*, 7. Aufl., München 2012.

Kruschwitz, L./Löffler, A.: *DCF-Verfahren, Finanzierungspolitik und Steuervorteile*, in: Seicht, G. (Hrsg.): Jahrbuch für Controlling und Rechnungswesen 2001, Wien 2001, S. 101–116.

Kuhner, C./Maltry, H.: *Unternehmensbewertung*, 2. Aufl., Berlin/Heidelberg 2017.

Kußmaul, H.: Kernbereiche der Unternehmensführung, Teil C: Investitionsrechnung, in: Küting, K. (Hrsg.): *Saarbrücker Handbuch der Betriebswirtschaftlichen Beratung*, 4. Aufl., Herne 2008b, S. 251–341.

Küting, K./Weber, C.-P.: *Die Bilanzanalyse: Beurteilung von Abschlüssen nach HGB und IFRS*, 11. Aufl., Stuttgart 2015.

Langenkämper, C.: *Unternehmensbewertung*, Wiesbaden 2000.

Leslie, K./Michaelis, M. P.: *The Real Power of Real Options, The McKinsey Quarterly*, 6. Jg. (1997), Heft 3, S. 97–108.

Löffler, A.: Was kann die Wirtschaftswissenschaft für die Unternehmensbewertung (nicht) leisten?, in: *Die Wirtschaftsprüfung*, 60. Jg., Heft 19, 2007, S. 808–811.

Löhnert, P. G./Böckmann, U. J.: Multiplikatorverfahren in der Unternehmensbewertung, in: Peemöller, V. H. (Hrsg.): *Praxishandbuch der Unternehmensbewertung*, 6. Aufl., Herne 2015, S. 785–806.

Lücke, W.: *Investitionslexikon*, 2. Aufl., München 1991.

Mandl, G./Rabel, K.: Methoden der Unternehmensbewertung (Überblick), in: Peemöller, V. H. (Hrsg.): *Praxishandbuch der Unternehmensbewertung*, 6. Aufl., Herne 2015, S. 51–94.

Mandl, G./Rabel, K.: *Unternehmensbewertung: Eine praxisorientierte Einführung*, Wien 1997.

Marx, M.: *Finanzmanagement und Finanzcontrolling im Mittelstand*, Ludwigsburg/Berlin 1993.

Matschke, M. J.: *Finanzierung der Unternehmung*, Herne/Berlin 1991.

Matschke, M. J./Brösel, G.: *Unternehmensbewertung: Funktionen - Methoden -Grundsätze*, 4. Aufl., Wiesbaden 2013.

Matschke, M. J./Hering, T./Klingelhöfer, H. E.: *Finanzanalyse und Finanzplanung*, München/Wien 2002.

Matten, C.: *Managing Bank Capital: Capital Allocation and Performance Measurement*, 2. Aufl., Chichester NY 2000.

Merton, R. C.: Option Pricing When Underlying Stock Returns Are Discontinuous, in: *Journal of Financial Economics*, 3. Jg. (1976), Heft 1–2, S. 125–144.

Michel, P.: *Integration jahresabschlussbezogener Restriktionen in die finanzplanbasierte Investitionsbewertung*, Aachen 2013.

Miles, J. A./Ezzell, J. R.: The Weighted Average Cost of Capital, Perfect Capital Markets and Project Life: A Clarification, in: *Journal of Financial and Quantitative Analysis*, 15. Jg. (1980), Heft 3, S. 719–730.

Modigliani, F./Miller, M. H.: The Cost of Capital, Corporation Finance and the Theory of Investment, in: *The American Economic Review*, Vol. 48, No. 3, 1958, S. 261–297.

Modigliani, F./Miller, M. H.: Corporate Income Taxes and the Cost of Capital: A Correction, in: *The American Economic Review*, Vol. 53, No. 3, 1963, S. 433–443.

Moxter, A.: *Grundsätze ordnungsmäßiger Unternehmensbewertung*, Nachdruck der 2. Aufl., Wiesbaden 1991.

Müller-Merbach, H.: Risikoanalyse, in: *Management-Enzyklopädie*, Bd. 8, 2. Aufl., München 1984, S. 211–217.

Myers, S. C.: Still Searching for Optimal Capital Structure, in: Kopcke, R. W./Rosengren, E. S. (Hrsg.): *Are the Distinctions Between Debt and Equity Disappearing?*, Federal Reserve Bank of Boston, 1989, S. 80–95.

Myers, S. C.: The Capital Structure Puzzle, in: *The Journal of Finance*, Vol. 39, No. 3, 1984, S. 575–592.

Myers, S. C./Majluf, N. S.: Corporate financing and investment decisions when firms have information that investors do not have, in: *Journal of Financial Economics*, Vol. 13, No. 2, 1984, S. 187–221.

Nelles, M./Klusemann, M.: Die Bedeutung der Finanzierungsalternative Mezzanine-Capital im Kontext von Basel II für den Mittelstand, in: *Finanz-Betrieb*, 5. Jg. (2003), Heft 1, S. 1–10.

Nippel, P.: Zirkularitätsprobleme in der Unternehmensbewertung, in: *Betriebswirtschaftliche Forschung und Praxis*, 51. Jg. (1999), Heft 3, S. 333–347.

Nöll, B./Wiedemann, A.: *Investitionsrechnung unter Unsicherheit: Rendite-/Risikoanalyse von Investitionen im Kontext einer wertorientierten Unternehmensführung*, München 2008.

Oehler, A./Unser, M.: *Finanzwirtschaftliches Risikomanagement*, 2. Aufl., Berlin 2002.

Olfert, K./Reichel, C.: *Finanzierung*, 14. Aufl., Ludwigshafen (Rhein)/Kiel 2008.

Ossola–Haring, C.: *Handbuch Kennzahlen zur Unternehmensführung: Kennzahlen richtig verstehen, verknüpfen und interpretieren*, 3. Aufl., Landsberg am Lech 2006.

Padberg, C./Padberg, T.: *Grundzüge der Corporate Finance: Einführung in die Investition und Finanzierung*, Berlin 2006.

Peemöller, V. H.: Grundsätze ordnungsmäßiger Unternehmensbewertung, in: Peemöller, V. H. (Hrsg.): *Praxishandbuch der Unternehmensbewertung*, 6. Aufl., Herne 2015, S. 31–50.

Peemöller, V. H.: Wert und Werttheorien, in: Peemöller, V. H. (Hrsg.): *Praxishandbuch der Unternehmensbewertung*, 6. Aufl., Herne 2015, S. 1–16.

Peemöller, V. H./Beckmann, C.: *Der Realoptionsansatz*, in: Peemöller, V. H. (Hrsg.): *Praxishandbuch der Unternehmensbewertung*, 6. Aufl., Herne 2015, S. 1445–1476.

Peemöller, V. H./Keller, B./Beckmann, C.: Unternehmensbewertung, in: Küting, K. (Hrsg.): *Saarbrücker Handbuch der betriebswirtschaftlichen Beratung*, 4. Aufl., Herne 2008, S. 1229–1294.

Peemöller, V. H./Kunowski, S.: Ertragswertverfahren nach IDW, in: Peemöller, V. H. (Hrsg.): *Praxishandbuch der Unternehmensbewertung*, 6. Aufl., Herne 2015, S. 277–352.

Perridon, L./Steiner, M./Rathgeber, A.: *Finanzwirtschaft der Unternehmung*, 17. Aufl., München 2017.

Pfister, H.-R./Jungermann, H./Fischer, K.: *Die Psychologie der Entscheidung: Eine Einführung,* 4. Aufl., Berlin, 2016
Prätsch, J./Schikorra, U./Ludwig, E.: *Finanzmanagement,* 4. Aufl., Berlin/Heidelberg/New York 2012.
Rams, A.: Strategisch-dynamische Unternehmensbewertung mittels Realoptionen, in: *Die Bank,* o.Jg. (1998), Heft 11, S. 676–680.
Rehkugler, H.: *Grundzüge der Finanzwirtschaft,* München 2007.
Rehkugler, H./Schindel, V.: *Finanzierung,* 6. Aufl., München 1994.
Rolfes, B.: *Moderne Investitionsrechnung,* 3. Aufl., München/Wien 2003.
Rometsch, S./Kolb, C.: Das Comeback der Industrieanleihe – verdrängen Corporate Bonds den syndizierten Kredit?, in: *Zeitschrift für das gesamte Kreditwesen,* 52. Jg. (1999), Heft 6, S. 296–298.
Rudolph, B./Hofmann, B./Schaber, A./Schäfer, K. (Rudolph et al.): *Kreditrisikotransfer: Moderne Instrumente und Methoden,* 2. Aufl., Berlin/Heidelberg 2012.
Rudolph, B./Schäfer, K.: *Derivative Finanzmarktinstrumente: Eine anwendungsbezogene Einführung in Märkte, Strategien und Bewertung,* 2. Aufl., Berlin/Heidelberg 2010.
Schäfer, H.: *Unternehmensfinanzen,* 2. Aufl., Heidelberg 2002.
Schäfer, H.: *Unternehmensinvestitionen. Grundzüge in Theorie und Management,* 2. Aufl., Heidelberg 2005.
Schierenbeck, H./Hölscher, R.: *BankAssurance: Institutionelle Grundlagen der Bank- und Versicherungsbetriebslehre,* 4. Aufl., Stuttgart 1998.
Schierenbeck, H./Lister, M.: *Value-Controlling: Grundlagen wertorientierter Unternehmensführung,* 2. Aufl., München/Wien 2002.
Schierenbeck, H./Wiedemann, A.: *Marktwertrechnungen im Finanzcontrolling,* Stuttgart 1996.
Schierenbeck, H./Wöhle, C.: *Grundzüge der Betriebswirtschaftslehre,* 19. Aufl., Berlin 2016.
Schierenbeck, H./Wöhle, C.: Barwert- und Endwertmodelle der dynamischen Investitionsrechnung mit Gewinnsteuern – Theoretische Grundlagen und Anwendung in einer immobilienwirtschaftlichen Fallstudie, in: Francke, H.-H./Rehkugler, H. (Hrsg.): *Immobilienökonomie und Immobilienbewertung,* 2. Aufl., München 2011, S. 341–377.
Schierenbeck, H./Lister, M./Kirmße, S.: *Ertragsorientiertes Bankmanagement,* Band 1: Messung von Rentabilität und Risiko im Bankgeschäft, 9. Aufl., Wiesbaden 2014.
Schierenbeck, H./Lister, M./Kirmße, S.: *Ertragsorientiertes Bankmanagement,* Band 2: Risiko-Controlling und integrierte Rendite-/Risikosteuerung, 9. Aufl., Wiesbaden 2008.
Schira, J.: *Statistische Methoden der VWL und BWL – Theorie und Praxis,* 4. Aufl., München/Boston 2012.
Schirmeister, R.: Theorie finanzmathematischer Investitionsrechnungen bei unvollkommenem Kapitalmarkt, München 1990.
Schirrmeister, R./Reimsbach, D.: Finanzierungsprämissen einer Integration von Ertragsteuern in die Marktzinsmethode in: *Wirtschaftswissenschaftliches Studium,* 43. Jg., 2014, Heft 4, S. 186–193.
Schmidt, R. H./Terberger, E.: *Grundzüge der Investitions- und Finanzierungstheorie,* 4. Aufl., Wiesbaden 1997.
Schneck, O.: *Finanzierung: Eine praxisorientierte Einführung mit Fallbeispielen,* 2. Aufl., München 2004.
Schneck, O.: *Handbuch Alternative Finanzierungsformen,* Weinheim 2006.
Schneeweiß, C.: Kostenwirksamkeitsanalyse, Nutzwertanalyse und Multi-Attributive Nutzentheorie, in: *Wirtschaftswissenschaftliches Studium,* 19. Jg., 1990, Heft 1, S. 13–18.
Schneider, D.: *Investition, Finanzierung und Besteuerung,* 7. Aufl., Wiesbaden 1992.
Schneider, H.: *Determinanten der Kapitalstruktur: Eine meta-analytische Studie der empirischen Literatur. Dissertation EBS Universität für Wirtschaft und Recht,* Wiesbaden 2010.
Scholz, H./Lwowski, H.-J.: *Das Recht der Kreditsicherung,* 8. Aufl., Berlin 2000.
Schultze, W.: *Methoden der Unternehmensbewertung: Gemeinsamkeiten, Unterschiede, Perspektiven,* 2. Aufl., Düsseldorf 2003.

Scott, J. H.: A theory of optimal capital structure, in: *The Bell Journal of Economics*, Vol. 7, No. 1, 1976, S. 33–54.
Sewing, B.: *Exit-Management in Private Equity – Eine qualitative Untersuchung großer Buyout-Gesellschaften*, Wiesbaden 2008.
Shyam-Sunder, L./Myers, S.C.: Testing static tradeoff against pecking order models of capital structure, in: *Journal of Financial Economics*, Vol. 51, No. 2 1999, S. 219–244.
Specht, K./Gohout, W.: *Grundlagen der Kapitalmarkttheorie und des Portfoliomanagements*, München 2009.
Spittler, H. J.: *Leasing für die Praxis*, 6. Aufl., Köln 2002.
Spremann, K.: *Finance*, 4.Aufl., München 2010.
Spremann, K.: *Portfoliomanagement*, 4. Aufl., München 2008.
Spremann, K./Gantenbein, P.: *Kapitalmärkte*, Stuttgart 2005.
Steiner, M./Bruns, C./Stöckl, S.: *Wertpapiermanagement*, 10. Aufl., Stuttgart 2012.
Süchting, J.: *Finanzmanagement: Theorie und Politik der Unternehmensfinanzierung*, 6. Aufl., Wiesbaden 1995.
Trautmann, S.: *Investitionen: Bewertung, Auswahl, Risikomanagement*, 2. Aufl., Berlin/Heidelberg/New York 2007.
Troßmann, E.: *Investition als Führungsentscheidung: Projektrechnungen für Controller*, 2. Aufl., München 2013.
Uszczapowski, I.: *Optionen und Futures verstehen: Grundlagen und neue Entwicklungen*, 7. Aufl., München 2012.
Viemann, C. (Risikoadjustierte Performancemaße, 2005): *ZP-Stichwort: Risikoadjustierte Performancemaße*, in: Zeitschrift für Planung & Unternehmenssteuerung, Vol. 16 (2005), Heft 3, S. 373–380.
Vormbaum, H.: *Finanzierung der Betriebe*, 9. Aufl., Wiesbaden 1995.
Wallmeier, M.: Kapitalkosten und Finanzierungsprämissen, in: *Zeitschrift für Betriebswirtschaft*, 69. Jg. (1999), Heft 12, S. 1473–1490.
Walz, H./Gramlich, D.: *Investitions- und Finanzplanung: Eine Einführung in finanzwirtschaftliche Entscheidungen unter Sicherheit*, 8. Aufl., Frankfurt am Main 2011.
Wiedemann, A.: *Die Passivseite als Erfolgsquelle*, Wiesbaden 1998.
Wiedemann, A.: *Financial Engineering: Bewertung von Finanzinstrumenten*, 6. Aufl, Frankfurt am Main 2013.
Wöhe, G./Bilstein, J./Ernst, D./Häcker, J. (Wöhe et al.): *Grundzüge der Unternehmensfinanzierung*, 11. Aufl., München 2013.
Wöhe, G.: *Einführung in die Allgemeine Betriebswirtschaftslehre*, 26. Aufl., München 2016.
Wolf, B./Hill, M./Pfaue, M.: *Strukturierte Finanzierungen: Grundlagen des Corporate Finance, Technik der Projekt- und Buy-Out-Finanzierung, Asset-Backed-Strukturen*, 2. Aufl., Stuttgart 2011.
Wossidlo, P. R.: Finanzplanung, in: Cramer, J. E. u. a. (Hrsg.): Lexikon des Geld-, Bank- und Börsenwesens, Band 1, Frankfurt am Main 1999, S. 681–692.
Zangemeister, C.: *Erweiterte Wirtschaftlichkeitsanalyse (EWA): Grundlagen, Leitfaden und PC-gestützte Arbeitshilfen für ein „3-Stufen-Verfahren" zur Arbeitssystembewertung*, 2. Auflage, Dortmund/Berlin 2000.
Zantow, R.: *Finanzwirtschaft der Unternehmung: Die Grundlagen des modernen Finanzmanagements*, 3. Aufl., München 2011.
Zimmermann, G.: *Investitionsrechnung: Fallorientierte Einführung*, 2. Aufl., München 2003.

Register

DOI 10.1515/9783110353082-014

www.ingramcontent.com/pod-product-compliance
Lightning Source LLC
Chambersburg PA
CBHW081210220326
41598CB00037B/6738